中国资本市场投资词典

张新文　主编

中国财政经济出版社

图书在版编目（CIP）数据

中国资本市场投资词典／张新文主编．—北京：中国财政经济出版社，2014.12

ISBN 978－7－5095－5831－7

Ⅰ.①中…　Ⅱ.①张…　Ⅲ.①资本市场－中国－词典
Ⅳ.①F832.5－61

中国版本图书馆 CIP 数据核字（2014）第 274665 号

责任编辑：付克华　　　　责任校对：胡永立
封面设计：汪俊宇

中国财政经济出版社出版
URL：http：//www.cfeph.cn
E－mail：cfeph@cfeph.cn

社址：北京市海淀区阜成路甲 28 号　邮政编码：100142
发行处电话：88190406　财经书店电话：64033436
北京鹏润伟业印刷有限公司印刷　各地新华书店经销
787×1092 毫米　32 开　37.25 印张　1 500 000 字
2015 年 5 月第 1 版　2015 年 5 月北京第 1 次印刷
定价：480.00 元
ISBN 978－7－5095－5831－7/F·4716
（图书出现印装问题，本社负责调换）
本社质量投诉电话：010－88190744
打击盗版举报热线：010－88190492、QQ：634579818

《中国资本市场投资词典》编委会

付军宁	蒋　明	易叶舟	付　强	陈正宪	林培富
刁慧娜	张　静	刘　旼	魏　娜	赵　静	董恩彤
田　天	董彦杰	霍彦均	雷　洋	龚　飒	李安冬
伍军辉	郑　旭	巴祥松	漆升筑	邱　莉	郑志勇
张竞竞	孙　静	邢琳琦	苗广斌	黄光霖	曹桢桢
胡春莎	秦熠群	朱　玉	金　钰	张佳倩	张蓉梅
王广辉	吴　洁	解一辉	丁　颖	宋亚辉	梁洪昀
叶乐天	梁　珉	王鸿冰	乔　梁	蔡　晓	翟　峰
刘国娜	王　雁	郭晓婧	王　涛	沈　毅	孙志晨
路彩营	金　钰	朱晓燕	郭　朋	王学勤	刘　琛
于　力	李　路	刘　宇	李　钟	王彦鹏	李　莉
林　慧	应昊良	吴光静	周　勇	周　兢	陈　瑞
郑亚男	蒋　雪	解前勇	刘海龙	庞康梅	郭　恭
郭　娉	王墨蓝	徐华飞	童　项	高裔妮	许福民

《中国资本市场投资词典》顾委会

鸣　谢

支持单位（排名不分先后）：

中国证券监督管理委员会
上海证券交易所
深圳证券交易所
中国金融期货交易所
上海期货交易所

大连商品交易所
郑州商品交易所
中国证券业协会
中国期货业协会
中国证券投资基金业协会
中国上市公司协会
中国证券登记结算有限责任公司
中国证券金融股份有限公司
北京证券期货研究院
中证中小投资者服务中心有限责任公司
海通证券股份有限公司
国泰君安证券股份有限公司
中国证券投资者保护基金有限责任公司
中国证监会河南证监局
中原证券股份有限公司
中央财经大学证券期货研究所
中国农业大学期货与金融衍生品研究中心
北京工商大学证券期货研究所
上海外国语大学国际金融贸易学院
华东师范大学商学院
河南工业大学经济贸易学院
广发期货有限公司
中国国际期货有限公司
中国期货保证金监控中心
上海东证期货有限公司
江苏弘业期货有限公司
华夏基金管理有限公司
嘉实基金管理有限公司
中邮创业基金管理有限公司
华商基金管理有限公司
银华基金管理有限公司
银华财富资本管理（北京）有限公司
泰达宏利基金管理有限公司
东方基金管理有限责任公司
长盛基金管理有限公司
建信基金管理有限责任公司

智又盈传播顾问机构
普凯资本管理有限公司
天相投资顾问有限公司
上海上外网络教育发展有限公司
上海大智慧股份有限公司
北京拓尔思信息技术股份有限公司
中国小金牛金融家协会有限公司
九次方大数据公司
东海岸国际投资（北京）有限公司

鸣谢：

个人（排名不分先后）

张永伟	程三国	白永明	刘大为	周慧东	葛一苗
罗　凯	杨　柳	屠　强	张立中	郑博宇	袁　东
周小舟	何　勤	周云辉	钱宗宝	石　龙	庞魁霞
甚传立	刘　轶	陈　鹏	陈晓健	初　壮	范　宇
付惟龙	何龙灿	李大勇	陈　翔	李国秋	李瑾君
林海中	刘　明	汤　斌	汪明文	于海涛	张　军
赵菊峰	黄建山	赵帅特	朱海燕	王　玫	沈　宇
徐　可	胡　强	于　成	沈梁军	施水才	廖培鸿
王宏明	胡爱文	胡　燕	侯纯清	徐仕达	范晓微
苑　茵	吴　翔	沈方舟	吴张珺	李　丛	杨　帅
魏博静	张　帆	申丁南	郭白宜	徐晓晔	唐倩倩
肖　梦	郑　凯	蔡素梅	徐　悦	王　天	章登军
文　亮	陈　思	李保玉	王　芊	徐　蔚	茹　超
王叁寿	王雅涛	吴化建	赵云涛	王任宏	李　雪
叶　青	汪　萌	罗小青	纪　巍	黄园园	雷　辰
罗广杰	宋锦智	孙羽微	赵　思	黄　昭	张城源
刘若曦	姜力云	耿竞迪	蔡　笑	王　阳	陈　实
胡　娜	于　点	吕晓光	程　钢	秦　谊	葛晓萍
王　旭					

序　一

《中国资本市场投资词典》（以下简称《投资词典》）的编委会请我为《投资词典》写个序。翻读初稿后，我便欣然应允。因为这本《投资词典》远不只是一般意义的工具书，更是普及资本市场知识、提高投资者金融素质教育、实现保护投资者合法权益的重要手段。

中国资本市场作为市场经济体系的重要组成部分，具有促进资本形成、优化资源配置、调整经济机构、完善公司治理等多方面的作用，虽然仍处于“新兴加转轨”的阶段，未来发展潜力巨大。近年来，党中央国务院高度重视资本市场的改革开放和健康发展，相继发布了《关于推进资本市场改革开放和稳定发展的若干意见》(2004)、《关于进一步促进资本市场健康发展的若干意见》（2014）等纲领性文件，将发展资本市场提升到国家战略任务的高度，对资本市场改革做出全面部署。

值得一提的是，2013年国务院首次为加强中小投资者合法权益保护单独发文——《关于进一步加强资本市场中小投资者合法权益保护工作的意见》(2013)。中国证监会正在组织修改完善与之配套的规定和部门规章，把保护投资者的相关要求嵌入到监管工作的各个环节。在投资者服务方面，证监会正不断强化中小投资者教育服务，提高风险防范意识，健全完善投诉处理、纠纷解决、维权救济等工作机制。同时，设立为中小投资者提供服务的专门机构，为中小投资者自主维权提供教育、法律、信息、技术等方面服务，接受中小投资者委托并提供调解、和解服务，帮助中小投资者反映诉求，公益性持股行权维权等。

此外，交易所、证券公司、基金公司、期货公司等各类市场参与主体，会计师、律师事务所等中介服务机构，以及证券、期货、基金和上市公司协会等自律组织，也按照相关规定应各司其职，努力做好相应的工作，形成合力，促进投资者金融素养的切实提高。大家都意识到，开展投资者教育，提高投资者金融素养不是权宜之计，而是一项长期性、系统性工作，是保护投资者工作的重要组成部分。这是非常可喜的进步。

作为中国证监会首任主席，我深知投资者的成熟度是资本市场完善和发展的重要标志之一。我们的市场只有20余年历史，但是仍以散户投资者为主。正因市场发展之快，对投资者的金融素养提出了更高要求。现有的金融教育体系显然远远不能适应资本市场的快速发展。如何提高中小投资者的金融素养，可谓任重道远。

“金融素养”一词，对于中国资本市场广大中小投资者而言，仍是相对陌生。我很高兴，《投资词典》中收纳了“金融素养”这个词条。我个人理解，它是指一个人对金融知识、常识的了解和掌握，理解自身财务状况以及采取相应行动的能力。金融素养的缺乏可能导致个人理财决策失误、并对个人财务健康造成损害。

2008年全球金融危机爆发以来，世界各主要经济体均就危机根源展开了诸多研究，其中一项工作就是全面反思忽视金融消费者权益保护的问题。各国普遍达成的一致观点认为，提高国民金融素养是消费者、投资者抵御系统性风险的一个重要手段。前美联储主席伯南克在2011年4月“美国金融扫盲月”的讲话中明确提到“最近的危机证实了金融素养和正确的金融决策是至关重要的，这种重要性不仅体现在家庭的经济福祉上，也体现在整体经济系统的健康稳定上”。换而言之，金融素养对于投资者而言是自身福利必不可少的基础，对于维护一个国家或地区的经济前景而言则是至关重要的。

在过去的十几年里，欧美各主要发达国家已逐渐将国民金融素养作为金融市场稳定的重要支撑，启动了相应的普及性教育，虽然名称不一，如美国叫做“金融扫盲”，新加坡称之为“金融教育”。后危机时代，国际金融环境日趋复杂，给金融发展带来了前所未有的挑战，同时也对金融教育提出了新的要求。越来越多的国家和组织认识到提升民众金融素养的重要性及必要性。提高消费者金融素养、普及金融教育已经成为世界组织和各个国家制定政策目标最重要的关注点，相信不久也会纳入中国资本市场监管和投资者教育体系之中。

借此写序之机，我要向《投资词典》全体编写人员和关心它出版发行的专家、学者和业内人士表示敬意和感谢。他们中很多名字我非常熟悉。他们来自中国证监会系统、证券期货经营和服务机构、学术界，在直接参与中国资本市场建设和研究的同时，本着公益之心、呕心沥血、历经三年，完成这本《投资词典》的编撰工作。不仅规范了我国证券期货投资领域的专用术语，展现了我国资本市场现行运行及特色语汇，收录了资本市场主要的法律法规及相关制度，同时如实记录了我国资本市场20余年发展轨迹、现状与趋势。这些可敬的专业人士在有意无意之中，还主动承担了普及资本市场知识教育的工作，填补了资本市场监管体系未能及时有精力涵盖的重要领域。

因此，我愿意隆重推荐这本《投资词典》，希望它能成为普通投资者、潜在投资者的必备工具书、科普读物和教科书。《投资词典》分为基础知识、股票、债券、基金、期货、IT资讯等六大部分，近3000词条，100余万字。它兼具权威性、专业性、学术性、实用性和普及性，有助于读者了解中国资本市场的运行全貌，提高金融素养，引导价值投资的理念。它不仅是普通投资者可以翻阅学习的、具有中国资本市场特色的投资词典，而且还可供资本市场专业人士、大专院校学生和翻译者查阅使用。总之，这本《投资词典》具有较高的实用性和普及性。

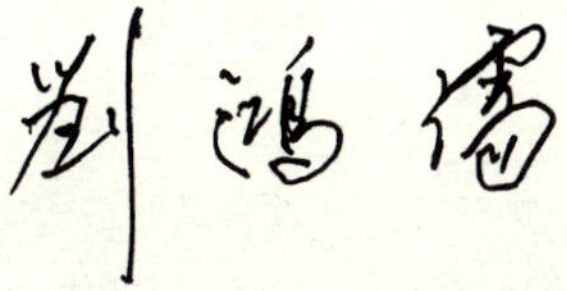

中国证监会首任主席

2014年7月于北京

序　二

2011年，世界著名的证券投资大师巴菲特在推荐霍华德·马克斯出版的《投资最重要的事》一书时说过："要想在一生中获得投资的成功，并不需要顶级的智商、超凡的商业头脑或秘密的信息，而是需要一个稳妥的知识体系作为决策的基础，并且有能力控制自己的情绪，使其不会对这种思考框架造成侵蚀。"在巴菲特看来，一个稳妥的知识体系对于投资者非常重要。为了构建具有本土特色，面向广大投资者的中国资本市场投资知识体系，一批来自中国证监会、证券交易所、期货交易所、证券公司、基金公司等机构的资深专业人士，联合编撰了《中国资本市场投资词典》。

中国资本市场是一个新兴加转轨的市场，起步晚，发展快，变化大。作为一本很有特色的工具书，《中国资本市场投资词典》紧扣资本市场的层次结构、制度规则和市场运行特点，贴近中国资本市场实际。词典按词条内容归属分类，包括股票、债券、基金、期货等各个市场，涉及市场基础知识、信息技术与资讯，覆盖面广，内容全面。词典以"投资"为中心，按照理论观点、原理概念、产品类别、发行承销、交易操作、准入退市、投资分析、市场监管、投资者教育与保护等逻辑顺序编撰，强化了投资知识的实用性，方便普通投资者解决遇到的实际问题。词典有助于投资者全面了解资本市场结构、产品、运行、交易、规则、监管等，学习投资相关知识，提高投资分析能力，增强投资风险意识，树立理性投资理念，是投资者了解中国资本市场的重要读本。

中国资本市场投资者以中小投资者为主。中小投资者群体人数多，规模大。截至2014年10月，深圳证券市场有效账户数为11666.19万户，其中99.65%为个人投资者开户；中小投资者交易参与度高，是市场流动性的主要提供者，据统计，2014年深圳市场个人投资者市场交易占比达87.07%，投资规模100万元以下中小投资者的市场交易占比达41.04%。据深交所历年的投资者现状调查情况分析，中小投资者群体普遍缺乏系统的资本市场投资知识，且每年有大量的新投资者加入，资金来源大多以自有节余资金为主，有的甚至是家庭成员未来生存必需（如教育、医疗、养老等）的储蓄资金，其抗风险能力非常有限。中国资本市场投资者上述特点，加上不同层次市场对投资者的适当性要求，决定了投资者教育工作任务繁重而艰巨，责任重大。

深交所始终高度重视投资者服务教育工作，坚持以投资者需求为导向，把对投资者的服务教育和保护贯穿于工作的各个层面，不断完善市场基础设施，为投资者提供安全、稳定、高效的交易服务；优化投资者的市场信息环境，督促上市公司公平、及时、准确、完整地披露信息，努力以易得、易懂、易用的方式拓展投资者的信息渠道；强化上市公司治理，进一步保障投资者的股东权利；积极组织实施投资者适当性管理。经过多年的努力，深交所打造了“服务365”投资者服务教育体系。一是持续办好三项投资者教育主题活动：带领更多的投资者“走进上市公司”，了解真实的深市上市公司，引导价值投资理念；开展“走进券商营业部”活动，将深交所服务的触手伸向全国6000多个证券营业部；举办“投资者教育走进校园”活动，让年轻的大学生们感受资本市场的特点。二是进一步完善“六位一体”的投资者服务平台：以“互动易”畅通投资者与上市公司互动沟通渠道，以“投票易”畅通投资者参与公司治理渠道，以“投知易”实现投资者教育从说教式向体验式转变，以“分析易”推动分层次、分类别投资者教育，以“呼叫易”畅通咨询投诉渠道，以“征集易”畅通交易所与中小投资者沟通渠道。三是不断健全五大投资者教育信息发布平台，整合“传统媒体”“互联网”“微博”“微信”“移动APP”五大信息渠道，并配套“投资者之家”线上线下互动展馆，全面编织投资者教育立体网。通过以上举措，使深交所的投资者服务教育工作融入365

天，融入投资者的生活。

投资者服务教育是市场发展的基础，关系亿万投资者切身利益。当前，随着全面深化改革的推进和经济转型升级步伐的加快，资本市场正迎来历史性的发展机遇，此时尤其需要重视夯实市场发展的基础，把目光投向投资者群体，特别是中小投资者群体。深交所将在中国证监会的指导下，与全行业共同努力，不断提升投资者服务水平，为加快多层次资本市场发展创造更好的环境。

宋丽萍

深圳证券交易所总经理

2015 年 1 月

序　三

很荣幸，应《中国资本市场投资词典》编委会的邀请为本书作序，本人一直从事与基金监管相关的工作，现就基金业的发展谈谈自己的看法。

许多研究认为，公募基金最早诞生于1772 年的荷兰。1868 年，在英国伦敦成立的“海外和殖民地政府信托”是公认的最早的基金机构。1924 年，在美国成立了世界上第一只公司型可赎回份额的开放式基金——马萨诸塞投资信托基金。如果把私募股权投资和其他投资管理考虑在内，其起源可以追溯到更早的时间。中国基金管理人和公、私募基金都发展的比较晚。1993 年市场上出现了投资基金，后来经过清理整顿，1998 年被认为是规范的公募基金的开端。17 年以来，中国公募基金行业的发展取得了巨大成就，已成为资本市场最主要的机构投资者之一。私募股权（包括私募创业基金）早在 20 世纪后期就已进入中国，为创业和科技企业特别是互联网相关企业的蓬勃发展发挥了不可替代的作用。私募证券基金在21 世纪初的快速发展，对活跃资本市场和发现价值起到了积极的推动作用。基金业作为一个整体行业，已成为社会公众，包括中低收入城镇居民、养老金的保值增值、机构资产配置、家族资产运作乃至公司资产配置和并购、增加百姓财产性收入发挥了日益重要的作用；促进了金融体系改革的深化，支持了实体经济的发展，已成为我国金融体系重要的组成部分；有力地推动了资本市场制度、社会保障体系和经济的改革与发展。

基金一般是以金融资产信托关系为基础、受托义务（fiduciary duty）相关制度为保障的一种投资组织安排形式。在具体实践中受托义务被赋予四重内涵：尽责义务、忠实义务、专业能力义务和道德义务。

合伙制基金是否属于信托关系还有争议。不同于产生于古埃及和罗马法的信托制，合伙制产生于《旧约》时代的犹太人契约制度。两种制度在法律责任和利益分享等方面有很大的不同。但是在投资行为和规范运行与监管方面，欧美国家对它们的监管已经趋同。

我国基金行业是一个建立在《信托法》和《证券投资基金法》基础上的新兴行业。《合伙企业法》的诞生，极大地推动了合伙型基金的发展。近年来，各类公、私募管理人和资产规模有了巨大的发展。随着市场的实践，相关法律将会有进一步的完善。

基金部分秉承《中国资本市场投资词典》的编写方式，力图从投资者的视角出发，内容上以公募基金为主，同时兼顾私募基金，兼具实用性和学术性，便于学习和查阅。除此之外。由于基金行业发展时间并不长，许多内容需要市场实践后上升到理论和法律层面，希望在一段时间后对此词典修改时加以完善。

孙　杰

中国基金业协会首任会长

2015 年 5 月 12 日于北京

序　四

应《中国资本市场投资词典》编委会的邀请为本书作序，本人一直从事与资本市场信息技术相关的工作，现就资本市场信息技术谈谈自己的看法。目前，中国资本市场正处于改革开放与国际化的发展过程中，信息技术对资本市场发展愈发重要，因此，将信息技术相关用语规范化、标准化，保持与国际标准用语的一致性显得十分必要。

信息技术编写组在参考大量文献资料的基础上，经过严格的筛选整编，编出了中国资本市场投资词典－信息技术部篇。这一部分在兼顾资本市场信息技术基本术语的同时，重点收集了近年来出现的新技术、新业务方面的词汇。内容主要包括信息技术基础、信息技术应用、资讯信息等方面。对于每一个词条，给出了对应的英文名称、中文定义和释义，内容丰富、实用。有利于规范行业对于技术用语的统一理解，避免词义混淆。对于资本市场信息技术领域的专业人员来说，它是一部必备的工具书，对于其他专业的人员，它又是可以解疑释惑的参考书。

另一个重大的应用领域，就是行业正在制定的《证券期货业数据模型》。在这个模型中，大量使用了这本词典中定义的各种术语，作为数据命名的基本元素，从而大大地提高了数据命名的规范性。由此也可以看出，这本词典在未来一定会体现出很大的应用价值。

张　野

中国证监会信息中心主任

2015 年 1 月 10 日

前 言

我国的资本市场是社会主义市场经济发展的产物，它不仅是改革开放的成果，而且也是市场经济从低级阶段发展到高级阶段的重要标志。通过资本市场将资金和各种生产要素市场化，使产业资本得到充分集中和高速流转，这些都极大地促进了国民经济的发展。

中国资本市场建立的时间不长，或者说不很长，属于新兴的资本市场，其体系本身和市场投资人还不甚成熟，特别是自然人投资者中的多数，甚至是绝大多数，对市场认识还不够充分，对投资产品特性、投资方法、投资判断、风险控制、权益保护、责任担当等一系列知识还不够清楚。这些极大地影响和阻碍了资本市场的健康发展和繁荣稳定，也限制了资本市场在国民经济发展中作用的发挥。因此，提供一本从投资者教育角度出发的《中国资本市场投资词典》就有了必要性。

在书稿完成出版之际，编著者认为以下几点应提示读者：

1. 词典内容的范围。为保证词典的针对性、简明性和实用性，本词典的选词范围有以下限定：(1) 以我国国内资本市场用词为主，而不是国际资本市场全部用词。所选词汇虽然相当数量是从国外借鉴而来，但受中国经济和资本市场发展实际的限制，主要选用了那些国内常用的词汇，这既符合投资人需求实际，也符合词典名称要求。(2) 以资本市场用词为主，除了选用与资本市场投资直接相关的词汇之外，尽量少用或不用过多的经济或金融类词汇，以保证词典的简明实用。(3) 以选用资本市场投资专用类词汇为主，而不是广义范围的资本市场全部词汇，以保证词典的投资专用性。

2. 词典的内容体系。词典编者从词典的实用性出发，不是按发音字母或偏旁部首设计检索目录和内容体系，而是创建了适合投资者使用的有系统、有分类的教科书式的目录体系和内容体系。同时，为便于词汇查阅，还专门编制了汉语拼音辅助目录。如此，本词典就同时具备了系统学习和个词查阅的两种功能，从而提高了词典的实用性。

3. 词典的相关责任。作为主编，我创作了词典的目录体系和内容体系，选择或指导选择了词汇，设定了词条格式和写作方式，但对于词条的演绎或诠释，则是依据分工，由相关承担者完成。进一步来说，由于受精力和能力的限制，我仅对部分有代表性词条的释义进行了审阅，并发现了一些共性的问题和一些错误与不足，但未能对全部词条进行审阅。因此，词条释义的正确与否、准确与否、借鉴与否，主要由相关部分的负责人和词条作者负责。

4. 词典主编鸣谢。词典从创意到内容安排、体系安排，曾咨询和征询过众多专家学者的意见，他们包括证监会机关，相关科研机构和高校，相关协会、公司、交易所等。以上机构和人员对词典体系的形成和写作的落实做出了重大贡献。在此，我以个人和写作团队的名义，对他们表示衷心的感谢。具体鸣谢对象见后记。

张新文

2014 年 6 月于北京

目　录

第一部分　资本市场知识篇

目录

第二部分 股票及衍生品篇

目
录

目录

第三部分　基金篇

目录

第四部分 债券篇

第五部分　期货及衍生品篇

目录

第六部分　信息技术与资讯篇

目

录

第一部分　资本市场知识篇

编写说明

资本市场投资词典按照资本市场知识、股票及衍生品、基金、债券、期货及衍生品、信息技术与资讯的编写结构布局。股票及衍生品、基金、债券、期货及衍生品是资本市场的具体组成部分，资本市场知识、信息技术与资讯则是以上各部分需要共同了解的知识与资讯。从这个角度上讲，资本市场知识篇与以上各篇在编写内容上是共同与类别、一般与具体或宏观与微观的关系。

根据资本市场知识篇与其他各篇的上述关系，资本市场知识篇词条的编写主要依据以下原则：一是共同性。资本市场知识篇编写的词条，是基于整个资本市场，是股票及衍生品、基金、债券、期货及衍生品投资各篇都需要了解的共同知识，但不包括以上各篇的类别投资知识。二是一般性。资本市场知识的内容非常广泛，非常丰富。因此，资本市场知识篇编写的词条在内容上属于一般意义上的词条，如资本市场体系、主要资本市场的一般介绍、影响资本市场的一般因素等，各类别的具体投资知识词条由各类别篇编写。三是宏观性。就层次而言，投资知识包括宏观、中观和微观三个层次。资本市场知识篇编写的词条在确保共同性的前提下，注重宏观层面词条的编写，淡化中观层面词条的编写，放弃微观层面词条的编写。

此外，为了贯彻《中国资本市场投资词典》编写的总体要求，资本市场知识篇在词条选择上体现了实用性、针对性的原则，在编写内容上强调了权威性、准确性的原则，在文字组织上贯彻了通俗性、易懂性的原则。结合中国资本市场的特点，本篇在编写结构上主要由市场概况、市场机构、监管自律机构、宏观经济、海外市场等五部分组成。

一、市场概况[1]

（一）基本概念

词条名称：**资本市场**

英　　文：**capital market**

定义：资本市场亦长期金融市场或长期资金市场，是为一年以上资本性或准资本性融资产品提供发行和交易服务的有形或无形的市场总和。它包括股票及衍生品市场、债券及衍生品市场、中长期资金借贷品市场；广义的资本市场还包括为国民经济发展和企业经营运行发挥稳定作用的期货市场。

释义：资本市场上的交易对象是一年以上的长期证券。因为在长期金融活动中，涉及资金期限长、风险大，类似于资本投入，故称之为资本市场。它包括中长期信贷市场、股票市场和债券市场，后两者亦合称为证券市场。在资本市场上，资金供应者主要是储蓄银行、保险公司、信托投资公司及各种基金和个人投资者；而资金需求方主要是企业、社会团体、政府机构等。其交易对象主要是中长期信用工具，如股票、债券等。

例证：与资本市场相对应的是货币市场（Money Market）。货币市场是短期资金市场，是指融资期限在一年以下的金融市场。由于该市场所容纳的金融工具，主要是政府、银行及工商企业发行的短期信用工具，具有期限短、流动性强和风险小的特点。在货币供应量层次划分上被置于现金货币和存款货币之后，称之为“准货币”，所以将该市场称为“货币市场”。相对于资本市场为中长期资金的供需提供服务，货币市场则为季节性、临时性资金的融通提供可行之径。就其结构而言，货币市场包括同业拆借市场、票据贴现市场、短期政府债券市场、证券回购市场、大额可转让定期存单市场等。

与货币市场相比，资本市场特点主要有：（1）融资期限长。资本市场的资金供求至少在一年以上，也可以长达几十年，甚至无到期日；而货币市场的资金供求期限短，通常在一年以内；（2）流动性相对较差。在资本市场上筹集到的资金多用于解决中长期融资需求，故流动性和变现性相对较弱；而在货币市场上，资金流动性强，证券可以迅速变现；（3）风险大而收益较高。在资本市场上，由于融资期限较长，发生重大变故的可能性较大，市场价格容易波动，投资者需承受较大风险；同时，作为对风险的报酬，其收益也较高。而在货币市场上，由于资金融通期限短，变现迅速，市场呈现低风险、低收益的态势。

与资本市场容易混淆的是证券市场。证券市场是股票、债券、投资基金份额与衍生证券等有价证券发行和交易的场所。它是资本市场的主要部分和典型形态。一般来说，资本市场概

---

① 撰写：戴益文；审核：肖立见；单位：深圳证券交易所综合研究所。

念更强调中长期资金融通的功能，而证券市场侧重于有价证券的发行与交易。

词条名称：**资本市场体系**

英　　文：**capital market system**

定义：资本市场体系有两种解释，一是就市场形态而言，是指货币资本市场、债务市场、产权交易市场、证券市场、投资基金市场等不同形态的资本市场的总和；二是就市场参与要素而言，是指由交易市场主体、市场服务机构、市场中介机构、市场监管机构、市场自律机构等构成一个完整的市场系统。

释义：资本市场不能简单等于货币市场，也不能简单等于证券市场，资本市场是一个体系，包括各种表现形态的资本转让，如货币资本市场、债务市场、产权交易市场和一部分生产要素市场等。这些市场由于资本的表现形态不同，在市场上所从事转让活动的对象和行为主体也不同，但其实质都是一样的，即都是以资本增值为目的的资本交易，都是资本运行。这些不同形态的资本市场的总和，形成了一个完整的资本市场体系。

词条名称：**资本市场层次**

英　　文：**capital market tiers**

定义：资本市场层次是指针对质量、规模、风险程度不同的企业，为满足多样化市场主体的资本需求而建立起来的不同市场层次。

释义：在资本市场上，不同的投资者与融资者都有不同的规模大小和主体特征，存在着对资本市场金融服务的不同需求。投资者与融资者对投融资金融服务的多样化需求决定了资本市场应该是一个多层次的市场体系。这种多层次的资本市场能够对不同风险特征的筹资者和不同风险偏好的投资者进行分层分类管理，以满足不同性质的投资者与融资者的金融需求，并最大限度地提高市场效率与风险控制能力。

英美等发达资本市场形成了条块结合、有集中、有分散的市场层次体系。其中，全国性、集中市场主要是为大型企业融资服务的；二板市场的上市标准要比集中市场低，同时还设计出几套不同的标准，由不同规模的企业自己选择适宜的标准进行上市融资；更低层次的三板市场则基本取消盈利、规模等条件，为更低层级的小微企业提供融资和股份转让服务。

中国的资本市场从 1990 年沪、深两市开办至今，已经形成了主板、中小板、创业板、三板（含新三板）市场、产权交易市场、股权交易市场等多种股份交易平台，具备了发展多层次资本市场的雏形。主板市场存在于上海和深圳两家证券交易所，主要服务于成熟的大型企业。中小板市场主要为处于产业化初期的中小型企业提供资金融通，上市标准比主板市场略低，以适应中小企业的发展条件。创业板市场旨在为创新型和成长型企业提供金融服务，为自主创新型企业提供融资平台。三板（含新三板）市场、产权交易市场是上海、深圳两家证券交易所之外的交易市场，亦即我国的场外交易市场。

词条名称：**资本市场功能**

英　　文：**capital market function**

定义：资本市场功能是指资本市场所特有的职能，表现为在市场经济运行过程中所发挥的功能性作用。

释义：资本市场是现代金融市场的重要组成部分，其本义是指长期资金的融通关系所形成的市场。但市场经济发展到今天，资本市场的意义已远超出其原始内涵，而成为社会资源配置和各种经济交易的多层次的市场体系。在高度发达的市场经济条件下，资本市场的功能可界定为3个方面：(1) 资金融通。资本市场是中长期资金融通的市场，将中长期资金从投资者传递至需求方，是资本市场的基本职能。(2) 资源配置。资本市场通过评价、选择与监督机制，引导资金流向效益更高的企业、机构与部门，发挥出优化配置资源的功能。(3) 产权中介。资本市场通过对企业经营机制的改造、为企业提供资金融通、传递产权交易信息和提供产权中介服务，而在企业产权重组的过程中发挥着重要的作用。

词条名称：**资本市场投资品种**

英　　文：**investment product on capital market**

定义：资本市场投资品种是指资本市场上流通的各种投资工具的总和。

释义：资本市场投资工具主要是用于满足投资者的投资需求。一般来说，资本市场的投资工具包括股票、债券、投资基金份额、信托产品及其衍生证券产品等几大类。在成熟的资本市场上，投资品种根据风险收益特征呈现出丰富多样与差异化的发展格局。

就目前中国资本市场的现状而言，投资品种主要集中在股票、债券、投资基金份额、信托产品等方面，各种抵押贷款资产证券化产品、房地产信托投资基金、股票权证等产品仍然很少或欠缺。中国资本市场的投资品种尚属单调，难以满足众多投资者的多样化的投资需求。

词条名称：**证券市场**

英　　文：**securities market**

定义：证券市场是指有价证券发行与交易的场所。通常意义上，证券市场是指股票、债券、投资基金份额、金融衍生证券等有价证券发行与交易的场所。

释义：证券市场是市场经济发展到一定阶段的产物，以证券发行与交易的方式实现筹资与投资的对接，有效化解资本的供求矛盾与资本结构调整的难题。证券市场是资本市场的重要组成部分。

证券市场的构成要素主要包括证券市场参与者、证券市场交易工具和证券发行与交易场所等3个方面。(1) 证券市场参与者。包括证券发行人、证券投资者（包括机构投资者与个人投资者)、证券市场中介机构（包括证券公司、律师事务所、会计事务所、资产评估机构、证券信用评级机构、财务顾问机构等)、自律性组织（包括证券交易所、证券登记结算公司与证券业协会等）以及证券监管机构。（2）证券市场交易工具。主要包括股票、债券、投资基金份额与衍生证券；证券发行市场多是无形市场，是发行人通过发行证券筹资的市场。（3）证券发行与交易场所。包括有组织的证券交易所交易市场与场外交易市场。

根据有价证券的品种不同，证券市场可分为股票市场、债券市场、基金市场、期货市场、权证市场等。根据上市公司规模、监管要求等差异，证券市场分为主板市场、中小板市场、创业板市场、三板（含新三板）市场、产权交易市场等多个层次的市场。

证券市场与一般商品市场存在区别，主要体现在：（1）交易对象不同。一般商品市场的交易对象是各种具有不同使用价值、能满足人们某种特定需要的商品。而证券市场的交易对象是作为经济权益凭证的股票、债券、投资基金等有价证券。（2）交易目的不同。证券交易的目的是为了实现投资收益，或为了筹集资金。而购买商品的目的主要是为了满足某种消费的需要。（3）交易对象的价格决定不同。商品市场的价格，其实质是商品价值的货币表现，而证券市场的证券价格实质是利润的分割，是预期收益的市场表现。（4）市场风险不同。一般商品市场由于实行的是等价交换原则，价格波动较小，市场前景的可预测性较强，因而风险较小。而证券市场的影响因素复杂多变，价格波动性大且有不可预测性，投资者的投资能否取得预期收益具有较大的不确定性，所以风险较大。

词条名称：**股票市场**

英　　文：**stock market**

定义：股票市场是指股票发行和流通的场所，也可以说是指对已发行的股票进行买卖和转让的场所，包括股票发行市场（一级市场）与流通市场（二级市场）两部分。

释义：在股票市场上，股份公司通过面向社会发行股票，迅速集中大量资金，实现生产的规模经营；而社会上分散的资金盈余者本着“利益共享、风险共担”的原则投资股份公司，谋求财富的增值。股票市场是证券市场的一部分。

股票市场是伴随着股份公司的出现而形成的。股票在发行市场完成发行后，可在流通市场进行转让。通过股票发行，大量货币资金流入股市，进入到发行股票的企业，促进了资本的集中，提高了企业资本的有机构成，大大加快了商品经济的发展。另一方面，通过股票的流通，使小额资金汇集起来，从而加快了资本的集中与积累。所以，股票市场一方面为股票的流通转让提供了基本的场所，一方面也可以刺激人们购买股票的欲望，为一级股票市场的发行提供保证；同时由于股市的交易价格能比较客观地反映出股票市场的供求关系，股市也能为一级市场股票的发行提供价格及数量等方面的参考依据。

在中国，股票市场是股份公司筹集资金的重要市场，也是广大公众投资者参与投资的重要市场。每年，数以百计的股份公司申请公开发行股票，以筹集企业发展所需要的长期资金。

股票市场更聚集了过亿的中小个人投资者与为数众多的机构投资者，成为大众投资、分享企业发展成果的重要市场。1984 年 11 月，中国第一股即完成发行，但当时股票主要是在场外市场进行交易，有组织的股票市场则是在上海与深圳两家证券交易所成立后逐步形成的。

投资者在证券公司以实名开立证券账户、并在银行开立对应的资金账户后，即可参与到股票市场中来，既可在一级市场参与新股申购，也可在二级市场进行买卖。

词条名称：**债券市场**

英　　文：**bond market**

定义：债券市场包括发行市场和交易市场。债券发行市场，亦称债券一级市场，是指发行新债券的市场。债券交易市场，亦称债券次级市场，是指已发行在外的债券的流通市场。

释义：与股票发行市场一样，债券发行市场的主要功能也在于通过发行有价证券，将资金从投资人手中转移至发行人手中，发行人再通过生产经营活动将筹措到的资金投入生产或流通的各个部门，从而促进社会经济发展。债券发行市场为企业融资提供渠道，实现货币转化为资本的投资转换。在我国，债券发行市场发行的债券种类主要有国债、地方政府债券、公司（企业）债券、金融债以及境外机构在我国境内发行的熊猫债。根据发行债券主体与监管主体的不同，我国债券发行市场又可分为国债发行市场、公司债发行市场、企业债发行市场等。

在我国，债券交易市场包括证券交易所与全国银行间债券市场两大场所。证券交易所债券交易市场是以非银行金融机构和个人为主体的场内市场，该市场采用连续竞价方式交易，债券的托管与结算都在中国证券登记结算公司。该市场交易的债券包括国债、上市公司发行的公司债（普通公司债与可转债等）、地方政府发行的地方政府债、地方政府融资平台城投公司发行的城投债等。

词条名称：**期货市场**

英　　文：**futures market**

定义：期货市场是进行期货交易的场所，是在现货市场的基础上发展起来的高度组织化和高度规范化的市场形式。

释义：商品期货交易所是买卖期货合约的场所，是商品期货市场的核心。期货市场基本上是由四个部分组成，包括期货交易所、期货结算所、期货经纪公司与期货交易者（包括套期保值者和投机者）。期货分为商品期货与金融期货，相应地，期货市场也分为商品期货市场与金融期货市场。

（二）市场分类

词条名称：**股票主板市场**

英　　文：**Main board**

定义：股票主板市场亦股票一板市场，指传统意义上的为大型成熟企业提供融资服务的证券市场（通常指股票市场），是一个国家或地区证券发行、上市及交易的主要场所。

释义：主板市场先于创业板市场产生，是资本市场最重要的组成部分，在很大程度上能够反映一国或地区的经济发展状况。主板市场对发行人的营业期限、股本大小、盈利水平、最低市值等方面的要求标准较高，上市企业多为大型成熟企业，具有较大的资本规模以及稳定的盈利能力。一般而言，各国或地区主要的证券交易所代表该国或地区的主板市场。在中国，上海证券交易所与深圳证券交易所主板代表主板市场。

词条名称：**股票中小板市场**

英　　文：**SME board**

定义：股票中小板市场亦中小企业板市场，是指发行上市时流通股本规模相对较小的（通常低于1亿股）、主要是中小型企业聚集上市的市场板块。中小板市场是介于主板市场与创业板市场之间的一个市场板块，在中国，中小板市场特指深圳证券交易所中小企业板市场。

释义：根据2004年5月25日发布的《深圳证券交易所设立中小企业板块实施方案》，中小企业板块是主板市场的组成部分，在主板市场的制度框架下运行，同时又是主板市场中相对独立的板块。设立中小企业板块是为了贯彻《国务院关于推进资本市场改革开放和稳定发展的若干意见》中关于分步推进创业板市场建设的要求所作出的具体安排，旨在为推出创业板市场摸索和积累经验。2004年5月17日，经国务院批准，中国证监会正式批复，同意深圳证券交易所在主板市场内设立中小企业板块。5月27日，中小企业板块正式启动。6月25日，新和成等首批8家公司在中小企业板挂牌上市。

中小企业板定位于为主业突出、具有成长性和科技含量的中小企业提供融资渠道和发展平台。中小企业板是现有主板市场的一个组成部分，其发行上市条件与主板相同，但发行规模相对较小，成长较快，而且上市后要遵循更为严格的规定，目的在于提高公司治理结构和规范运作水平，增强信息披露透明度，保护投资者权益。中小企业板将为创业板市场的设立积累监管经验及运作经验，有利于促进创业板市场的推出。

词条名称：**股票创业板市场**

英　　文：**Growth Enterprise Board**（又译：**ChiNext**）

定义：股票创业板市场着眼于创业，是为了适应自主创新企业及其他成长型创业企业发展需要而设立的市场，有的也称为二板市场、另类股票市场、增长性股票市场。在中国，创业板市场特指深圳创业板市场。

释义：深圳创业板市场是主板市场之外的一个完全独立的股票市场，其宗旨是为新兴、有增长潜力的企业提供一个筹集资金与资本运作的渠道。与主板市场只接纳成熟的、已形成足够规模的企业上市不同，创业板以自主创新企业及其他成长型创业企业为服务对象，具有上市门槛低、信息披露监管严格等特点。与中小企业板主要服务于即将或已经进入成熟期、盈利能力强、但规模较主板小的中小型企业相比，创业板更加突出企业的高成长性，要求企业具备一定的自主创新能力，在科技创新、制度创新与管理创新等方面具备较强的竞争优势。

2009年10月23日，深圳创业板市场正式启动。10月30日，首批28家企业在创业板挂牌上市。

词条名称：股票外资股（B股）市场

英　　文：B-share market

定义：股票外资股市场是指我国境内股份有限公司面向境外投资者发行并在我国境内上市的外资股的交易市场，亦B股市场。

释义：B股市场于1992年建立。在当时的历史条件下，我国外汇储备较为稀缺，以发行外资股的形式，吸引境外投资者以外汇投资于境内资本市场，成为一条既利用外资又不增加外债的新思路。1992年2月1日，上海真空电子发行了第一只B股，在上海证券交易所上市，以美元计价交易。同年2月28日，深南玻B在深圳证券交易所上市，以港币计价交易。B股市场由此建立起来。到2004年底，一共有111家企业发行了B股。但到2005年后，B股市场再无新股发行，市场融资功能几近消失。

B股市场在建立之初，只对境外投资者开放，交易一度比较活跃。但随着越来越多的境内公司到境外上市融资，B股市场逐渐丧失活力。2001年2月，监管层允许境内居民个人投资B股，境内投资者逐渐成为B股市场的主要投资主体。

词条名称：全国中小企业股份转让系统

英　　文：National Equties Exchange and Quotations，缩写NEEQ

定义：全国中小企业股份转让系统是经国务院批准设立的全国性证券交易场所，为非上市公众公司提供挂牌与公开转让的平台，也称“新三板”。

释义：2013年1月16日，全国中小企业股份转让系统正式揭牌运营，全国中小企业股份转让系统有限责任公司为其运营管理机构。2012年9月20日，公司在国家工商总局注册成立。

全国中小企业股份转让系统与沪、深证券交易所一样，均是国务院批准设立的全国性证券交易场所；但不同的是，全国中小企业股份转让系统是组织安排非上市股份公司股份的公开转让，沪、深证券交易所是为经首次公开发行（IPO）并上市的股份公司提供公开交易服务。从投资者适当性角度来看，全国中小企业股份转让系统具有比较明确的投资者准入门槛，注册资本500万元人民币以上的法人机构和实缴出资总额500万元人民币以上的合伙企业，允许参与挂牌公司股票公开转让，个人投资者门槛为拥有证券类资产市值300万元人民币以上；沪、深证券交易所的投资者门槛则基本未设限。

全国中小企业股份转让系统前身为2006年1月设立的中关村科技园区非上市股份有限公司代办股份报价转让系统。2012年8月，中关村科技园区非上市股份有限公司代办股份报价转让系统的试点园区范围首次扩容，除北京中关村科技园区外，还包括上海张江、武汉东湖与天津滨海高新科技园区。

词条名称：**股票场外交易市场**

英　　文：**over-the-counter market**

定义：股票场外交易市场是指在证券交易所以外的股票交易市场的总称，简 OTC 市场。

释义：场内与场外市场的核心区别是交易发生在场内还是场外。一般来讲，证券交易所市场是场内市场，还有大量交易发生在证券交易所之外，即所谓的场外交易市场。

提到股票场外交易市场，通常都会以美国证券市场中的场外市场为例。在美国，场外市场非常发达。从发展过程来看，交易所为主的场内市场是在场外市场的基础上逐渐发展起来的。从市场规模与深度来看，场外市场更远超过场内市场，场外市场交易的企业股票达上万种，交易所上市的股票则不过数千种，且场外市场也是交易所上市股票的重要交易场所；场外市场更多交易庞大数目的衍生产品。一般来讲，美国证券市场场外交易市场包括券商柜台交易市场（又可分为第三市场、第四市场、衍生品市场、ATS 等）和分值股票市场（包括 OTCBB、粉单市场、PORTAL 市场等）。

但在中国，股票交易市场的发展情况与美国的情形存在很大差异。一直以来，中国证券市场都是以证券交易所市场为主导，几乎没有成规模的股票场外交易市场。1992 年 7 月成立的全国自动报价系统（STAQ）、1993 年 4 月成立的金融市场报价、信息和交易系统（NET）是在交易所之外交易股票的市场，算是场外市场的范畴，但后来都被清理整顿。2006 年 1 月成立中关村代办股份转让系统，亦即“新三板”，在此市场挂牌的企业采取协议转让的方式进行股份转让，被视作股票场外交易市场。另外，也有研究将全国各地广泛存在的区域性股权交易场所视作股票场外交易市场的重要组成部分。

词条名称：**股票权证市场**

英　　文：**warrant market**

定义：股票权证市场是指股票权证发行和交易的场所。在香港，权证亦“窝轮”。

释义：股票权证投资价值的体现，完全基于所对应的股票价格走势的预期。不过，权证具有以小博大的特点，权证市场的波动性较之于股票市场更强。

中国深沪股票权证市场出现第一只权证可以追溯到 1992 年 6 月，飞乐股份（大飞乐）发行了第一只配股权证。1992 年 10 月 30 日，深宝安发行了第一只认股权证。但早期权证市场投机气氛浓厚，权证暴涨暴跌，不多的几只权证交易于 1996 年 6 月底被监管机构叫停。权证市场复活则归因于 2005 年开启的股权分置改革，权证作为股权分置改革进程中降低非流通股东向流通股东支付对价的一种工具而推出，后又演变成分离交易可转债的附属方式，成为上市公司融资的一种途径。2005 年 8 月 22 日，第一只股改权证——宝钢认购权证于上海证券交易所挂牌上市。2005 年 11 月 23 日，第一只认沽权证——武钢认沽权证于上海证券交易所挂牌上市。最多时，权证市场有 20 多只权证在交易。

中国权证市场发行的都是欧式权证，等到期才能行权。权证市场实行 T+0 的交易制度，免收印花税及更低的交易佣金，比正常的股票交易更有吸引力。但这也同时助长了权证市场的投机炒作氛围。最高峰时，权证市场日成交量高达千亿元，超过沪深两市股票成交额的总和，权证交易价格远远超出权证的内在价值，充分反映出权证市场投机炒作气氛极其浓厚。强烈的炒作氛围使得监管层对权证市场的发展趋于谨慎。随着股权分置改革逐步完成，股改权证渐次因到期退出历史舞台，最后一只权证长虹 CWB1 认股权证于 2011 年 8 月 11 日结束交易，权证市场也再别证券市场。

词条名称：股权投资市场

英　　文：equity investment market

定义：股权投资市场是指进行股权投资的金融市场。

释义：股权投资，是指企业（或者个人）购买其他企业（准备上市、未上市公司）的股票或以货币资金、无形资产和其他实物资产直接投资于其他企业，最终目的是为了获得较大的经济利益，这种经济利益可以通过分得利润或股利获取，也可以通过其他方式取得。

在股权投资市场，投资通常是长期的（至少在一年以上），且投资规模相对较大，同时风险也大；对企业而言，股权投资能为企业提供长期资金。股权投资的利润空间相当广阔，一是企业的分红，二是一旦企业上市则会有更为丰厚的回报；同时还可以享受企业的配股、送股等等一系列优惠措施。在我国，随着中小板与创业板的成立，股权投资市场也快速发展起来。大量的风险投资机构与私募股权投资机构通过股权投资参与到拟公开发行上市的企业中，待其上市后，再通过二级市场退出。成功上市的项目，往往给初始的股权投资带来很高的回报。

词条名称：股票一级市场

英　　文：primary market

定义：股票一级市场是指股票从发行人手中转移到认购人手中、资金从投资者转移到发行人的场所，亦股票发行市场、股票初级市场。

释义：股份公司增资扩股、新股份公司成立，都要通过发行市场，都要借助于发行、销售股票来筹集资金，使资金从供给者手中转入需求者手中。股票发行市场没有固定场所，可以在投资银行、信托投资公司和证券公司等处发行，也可以在市场上公开出售新股票；股份发行没有统一的发行时间，由股票发行者根据自己的需要和市场行情走向自行决定何时发行。

股票发行市场的参与者主要是作为发行者的股份公司、承销商和投资者。发行者的股票发行规模和投资者的实际投资能力，决定着发行市场的股票容量和发达程度；承销商作为中介机构，沟通发行人与投资者各自的需求，使发行事务能够顺利进行。股票发行市场就以承销商为中心，一手联系发行者，一手联系投资者，积极开展股票发行活动。

各国（地区）为加强对股票发行市场的管理，对新股发行制定了一系列严格的规定。例如，政府部门制订新股发行的基准条件，只有符合条件的公司才能获许发行，公司在公开发行新股时，必须坚持经营公开、财务公开和行政公开的制度。同时，还对新股发行中的一些违法行为订有处罚条例，以保证发行市场的正常交易。

根据发行的对象不同，股票发行方式分为公开发行与非公开发行；相应地，股票一级市场也分为公开发行市场与非公开发行市场。

词条名称：**股票公开发行市场**

英　　文：**public issuance market**

定义：股票公开发行市场是指向不特定的发行对象、或者向累计超过二百人的特定对象销售股票的股票发行市场。

释义：在股票公开发行市场，股份公司通过公开发行新股（首次公开发行或向累计超过二百人的特定对象配售股票）来筹集资金，发行的新股可以在证券交易所上市进行流通。公开发行市场具有3点优势：（1）可以提高发行人的知名度，使其能够在较短的时间内募集到大量资金；（2）公开发行的证券可以上市流通，从而提高证券的流动性与吸引力；（3）发行范围广泛，筹资潜力大。

在我国，股票公开发行市场是股份公司进行直接融资的最重要渠道之一，近年来，每年都有数百家股份公司希望通过在公开发行市场进行首次公开募股来筹集所需资金，并实现上市流通。在我国，股票公开发行市场受到中国证监会的严格监管；在公开发行市场发售股票，必须报经中国证监会核准后才能进行。

词条名称：**股票非公开发行市场**

英　　文：**non-public issuance market**

定义：股票非公开发行市场是指发行者向特定发行对象销售股票的股票发行市场。

释义：在非公开发行市场，发行人只针对特定少数人进行股票发售，而不采取公开的招募行为。我国证券法律、法规中没有使用过“非公开发行”一词，而是使用“定向募集”的概念。在我国，定向募集包括对基金、法人的定向募集和对自然人的定向募集。向基金、法人的定向募集包括对证券投资基金的配售、对法人的配售；向自然人的定向募集主要有公司职工股与内部职工股两种形式。相应地，股票非公开发行市场限于向基金、法人及自然人通过定向募集的方式销售股票的发行市场。

在股票公开发行市场，公众投资者在证券公司开立证券与资金账户后，即可参与新股发行的申购；但在非公开发行市场，公司只向特定对象进行招募，因此即便投资者已是一家已公开发行公司的股东，也可能受限于发行方式，而无法参与该公司的定向募集。

词条名称：**股票二级市场**

英　　文：**secondary market**

定义：股票二级市场是指买卖已发行在外的股票的市场。亦称次级市场。

释义：股票经过一级市场承销后，即进入二级市场。二级市场是股票转让、买卖和流通的枢纽。股票二级市场的主要功能在于为已发行的股票提供流动性，使股票持有者随时可以卖掉手中的有价证券，得以变现。二级市场同时可以为股票定价来向股票买卖双方表明证券的市场价格。

狭义的股票二级市场主要是指大型、活跃而有秩序的场内交易的市场，即是证券交易所市场。广义的股票二级市场还包括没有固定场所的场外交易市场。在我国，股票二级市场一般是指有组织的证券交易所交易市场。

股票二级市场与一级市场的区别在于：上市公司通过一级市场取得所需资金，其交易量基本代表上市公司为扩大生产所需的资本增加量。当政府、工商企业、金融机构与个人有闲置资金时，可通过二级市场进行投资，其交易量只代表已发行股票所有权的转移，并不代表社会总资本量的增加。二级市场不仅为一级市场发行的股票提供流动性，引导资金流向，其交易价格的变动更能反映出经济体的宏观经济状况，因此，有“股市是宏观经济的晴雨表”之说法。我国的股票二级市场主要是指沪深证券交易所组成的场内交易市场。投资者在证券公司开立证券账户后，即可参与二级市场的股票买卖。

词条名称：**股票一级半市场**

英　　文：**pre-IPO market**

定义：股票一级半市场是指股票在公开发行后、上市前，一部分发行时没有机会参与认购，或因资金状况等原因不能或不愿参与认购的人，由于对未来的股价表现看好或出于收集炒作筹码等目的，向原始股东购买股票而形成的一个特殊市场。

释义：一级半市场是介于发行市场（一级市场）与交易市场（二级市场）之间的一个股票转让市场，没有固定的场所。一级半市场是一种不规范的市场。一级半市场的交易主要分为两种情况：一种情况是，在遗留问题股和内部职工股上，由于当初股票发行时价格较为便宜且对投资人的资格有一定限制，很多人没有条件买到原始股，一些市场意识与投资意识较强的人利用股票发行与上市之间有较长的时间间隔，而使投资人对所持股票产生不同的价值认识，以高价向原始股东购买，以赚取上市交易价与所付价格的差价。另一种情况实际上是炒作认股权，在我国股市发展早期，股票发行曾采用认购申请表和存单方式，只有持有中签的申请表或存单，方可认购股票，因此，申请表或存单就成为交易的对象。

词条名称：**基金发行市场**

英　　文：**fund issuance market**

定义：基金发行市场是指证券投资基金管理人向投资者发行基金的市场。

释义：在我国，证券投资基金管理人可自行向投资者发行新基金或持续发行老基金的份额，也可通过商业银行、证券公司及其他基金代销机构向投资者发售基金，因此，基金发行市场既可存在于基金管理人与投资者之间，也可存在于基金管理人、基金代销机构与投资者之间。

词条名称：**基金交易市场**

英　　文：**fund trading market**

定义：基金交易市场是指已发行在外的基金的流通市场。

释义：在我国，封闭式基金在证券交易所上市，其交易方式类似股票，交易市场在证券交易所。普通的开放式基金并不存在集中交易的市场，一般来说，基金持有人在卖出基金时，实际上是按照卖出当日的基金净值将手中持有的基金份额卖给基金管理机构，相当于基金管理人赎回基金份额，其实质是减少了发行在外的基金份额；而投资者买基金，是申购行为，相当于基金管理人发行基金份额。因此，对普通的开放式基金而言，投资者的买卖行为与股票的交易并不相同。

创新型开放式基金（如ETF、LOF及部分开放式分级基金）在首次公开发行完成后会在证券交易所挂牌上市，投资者可以像买卖股票一样在场内交易基金份额，但投资者在场外的买卖则同普通开放式基金买卖行为一样，与通常意义上的证券交易有别。总而言之，上市基金的交易市场是在证券交易所这一场内市场，非上市基金的申赎在场外完成，但场外市场不能算是基金的交易市场。

词条名称：**公司债发行市场**

英　　文：**corporate bond issuance market**

定义：公司债发行市场是指上市公司发行公司债券的市场。

释义：虽然《公司法》对公司债券的定义是指公司依照法定程序发行、约定在一定期限内还本付息的有价证券，发行主体可以是股份有限公司与有限责任公司，但公司债发行市场的发行主体基本圈定为上市公司。同时，在该市场发行的公司债期限都在一年以上。

在我国，上市公司发行公司债时，需经中国证监会核准后方可发行，且发行的公司债在证券交易所上市交易。投资者主体是机构，开立证券账户的个人投资者也可以参与该市场公司债发行时的申购。

词条名称：**企业债发行市场**

英　　文：**enterprise bond issuance market**

定义：企业债发行市场是指中央政府部门所属机构、国有独资企业或国有控股企业发行企业债券的市场。

释义：一般来讲，企业债发行市场的发行主体基本限定在国有经济部门；发行企业债券募集的资金主要用于固定资产投资和技术革新改造方面，并与政府部门审批的项目直接相联。在我国，企业债发行市场受到国家发改委的严格监管，企业债发行需由国家发改委和国务院审批，要求银行予以担保；一旦债券发行，审批部门则不再对发债主体的信息披露和市场行为进行监管。企业债的发行受到行政机制的严格控制。企业债发行市场基本是面向银行间债券市场的机构投资者，个人投资者无法参与该市场企业债发行的申购。

词条名称：**国债发行市场**

英　　文：**treasury bond issuance market**

定义：国债发行市场亦国债一级市场或初级市场，是指国债发行的市场，是国债交易的初始环节，是中央财政代表国家政府作为债务人与债权人之间发生的债权与债务关系的总和。

释义：国债发行市场的发行主体财政部，其职能是完成国债发行，使中央财政筹集到所需资金，为资金富余者提供投资并获取收益的机会。国债发行市场的活动包括中央财政与国债承销机构和一般认购者的证券交易。在国债发行过程中，中央财政始终处于主动地位，它依据市场状况设计国债发行条件，选择国债发行对象和发行方式等。中央财政所作的任一决定，须以一定的发行目的为前提和一定的政策原则为指导。国债发行是否成功，首先要看其是否满足国债发行目的，是否符合国债发行原则。

词条名称：**债券交易市场**

英　　文：**bond trading market**

定义：债券交易也就是债券的买卖、转让和流通，由此形成的市场就叫做债券交易市场。

释义：债券交易市场有两种类型，一种是场内债券交易市场，即通常所说的交易所债券交易市场，另一种是场外债券交易市场，也叫柜台债券交易市场或店头债券交易市场。交易所债券市场是最规范的债券交易市场，它有集中的、固定的交易场所和交易时间，有严密的组织和管理规则，采用公开竞价方式进行交易，有完善的交易设备和较高的操作效率。除交易所债券交易市场外，其他债券交易市场都是场外债券交易市场，这类市场上交易的大多数债券都是没有在交易所挂牌上市的债券，但也包括一部分上市债券，这部分上市债券之所以到场外去交易，目的就是为了免交付给经纪人的拥金，减少交易成本。场外交易市场的参与者较为复杂，不管是债券经纪商、债券经纪人，还是债券的普通卖方和买方，都可以进入场外债券交易市场进行债券交易。

词条名称：**商品期货市场**

英　　文：**commodity futures market**

定义：商品期货市场是指进行商品期货交易的场所。

释义：商品期货交易所是买卖商品期货合约的场所，是商品期货市场的核心。商品期货主要包括农副产品、金属产品、能源产品等几大类。在我国，商品期货交易所包括上海期货交易所、大连商品交易所与郑州商品交易所。经中国证监会批准，三大商品期货交易所可以上市交易的期货商品有以下种类：（1）上海期货交易所交易铜、铝、锌、天然橡胶、燃油、黄金、钢材期货等；（2）大连商品交易所交易大豆、豆粕、豆油、塑料、棕榈油、玉米、PVC 期货、焦炭期货等；（3）郑州商品交易所交易小麦、棉花、白糖、PTA、菜籽油、稻谷期货、甲醇期货等。

词条名称：**金融期货市场**

英　　文：**financial futures market**

定义：金融期货市场是指进行金融期货产品交易的场所。

释义：在我国，金融期货交易所只有中国金融期货交易所一家。中国金融期货交易所目前交易的金融期货产品仅有沪深 300 指数期货一种，于 2010 年 4 月 16 日上市交易。目前，中国金融期货交易所正在开发国债期货产品。

词条名称：**产权交易市场**

英　　文：**property rights trading market**

定义：产权交易市场亦产权交易所，是指为各类企业各种形式的产权（包括股权、林权、矿权、文化艺术品所有权、知识产权及其他资产所有权或收益权等）提供有偿转让服务的一种交易场所。这些企业产权一般为非公开上市的产权。

释义：产权交易市场是中国改革过程中出现的特殊产物，产生于 20 世纪 80 年代中后期中国第一次股份制改革的高潮中，全国各地先后设立了 200 多家产权交易所，比较著名的有山东淄博的 STAQ 系统、成都红庙子市场等。全国还成立了一些区域性联盟组织，如长江共同体、黄河共同体等。1997 年末 1998 年初，出于防范金融风险、整顿金融秩序的考虑，在中央统一的规定下，涉及拆细交易和股权交易的产权交易所被视为“场外非法股票交易”明令关闭，其他的产权交易所实际上也处于半关闭或半停业状态，只有上海、深圳等少数产权交易所尚在正常开展业务。

2000 年是中国产权交易市场出现转机的一年。一是许多地方恢复、规范、重建了产权交易所，一些比较敏感的业务如“非上市股份有限公司股权登记托管业务”重新得到肯定，河南、厦门、青岛、深圳等相继出台了有关政策并开始开展业务；二是实质上具有产权交易性质并更具有创新能力的技术产权交易市场在各地蓬勃兴起，如上海、北京、深圳、成都、西安、重庆；三是风险投资公司和因债转股政策的实施接收了大量国有资产的国有资产经营公司，纷纷将“退出机制”瞄向各地的产权交易所。这些动向进一步证明产权交易市场具有经济发展的内在需求。

词条名称：**地方股份转让中心**

英　　文：**regional share transfer center**

定义：地方股份转让中心是指区域内设立的为非上市非公众公司提供股份流转的交易场所，也称“区域性股权交易市场”或“四板市场”。

释义：地方股份转让中心是地方政府设立的交易场所，主管机构是地方政府，挂牌交易的公司必须是非上市非公众公司，即公司没有公开发行行为（简而言之，公司股东人数不得超过200人）。与之不同的是，全国中小企业股份转让系统（新三板）是全国性的证券交易场所，主管机构是中国证监会，挂牌交易的公司是非上市公众公司，挂牌公司可以在此平台上进行股份公开转让。

地方股份转让中心与区域内产权交易所也存在区别：一般来讲，区域内产权交易所交易的是产权，不仅包括企业的股权，也包括林业、矿业、艺术品等诸多产品的产权，交易的产品的范围非常宽泛，不过交易一般是一次性的；地方股份转让中心多是交易股份公司的股权、债权及部分证券类产品，交易一般是持续性的。

二、市场机构①

（一）交易市场主体

词条名称：上海证券交易所

英　　文：Shanghai Stock Exchange

定义：上海证券交易所简上交所或上证所，1990年11月26日由中国人民银行总行批准成立，于1990年12月19日正式营业，是中国大陆两所证券交易所之一，是为证券集中交易提供场所和设施，组织和监督证券交易，履行国家有关法律、法规、规章、政策规定的职责，实行自律管理的法人，由中国证监会监督管理。

释义：上交所的主要职能包括：提供证券交易的场所和设施；制定证券交易所的业务规则；接受上市申请，安排证券上市；组织、监督证券交易；对会员、上市公司进行监管；管理和公布市场信息。上海证券交易所集中上市企业主要包括国民经济支柱型企业、重点企业、基础行业企业和高新科技型企业。截至2011年年底，上证所拥有931家上市公司，上市股票975只，股票市价总值14.84万亿元。

词条名称：深圳证券交易所

英　　文：Shenzhen Stock Exchange

定义：深圳证券交易所简深交所，1990年12月1日试营业，中国大陆两所证券交易所之一，是为证券集中交易提供场所和设施，组织和监督证券交易，履行国家有关法律、法规、规章、政策规定的职责，实行自律管理的法人，由中国证监会监督管理。

释义：深圳证券交易所于1989年11月15日开始筹建，1990年12月1日开始集中交易（试营业），1991年4月11日由中国人民银行总行批准成立，并于同年7月3日正式成立。深交所的主要职能包括：提供证券交易的场所和设施；制定业务规则；接受上市申请、安排证券上市；组织、监督证券交易；对会员进行监管；对上市公司进行监管；管理和公布市场信息；中国证监会许可的其他职能。

深交所致力于建设中国多层次资本市场体系，支持中国中小企业发展，是全球范围内较为独特的一家证券交

① 撰写：李明达、俎耀华、戴益文；审核：肖立见；单位：深圳证券交易所综合研究所。

易所。深交所目前已确立了包含主板、中小企业板、创业板等多层次资本市场体系架构。中小企业板于2004年5月正式推出；中关村科技园区非上市公司股份报价转让于2006年1月开始试点；创业板于2009年10月正式启动。截至2011年底，深交所共有上市公司1411家，市值6.6万亿元，上市基金产品151只，挂牌债券品种321只。

词条名称：**全国中小企业股份转让系统有限责任公司**

英　　文：**National Equities Exchange and Quotations Co. , Ltd.**

定义：全国中小企业股份转让系统是经国务院批准设立的全国性证券交易场所。全国中小企业股份转让系统有限责任公司为其运营管理机构，是经国务院批准设立的中国证监会直属机构。公司致力于为非上市股份公司的股份公开转让、融资、并购等相关业务提供服务；为市场参与者提供信息、技术服务。

释义：全国中小企业股份转让系统有限责任公司于2012年9月20日正式成立，注册资本30亿元。上海证券交易所、深圳证券交易所、中国证券登记结算有限责任公司、上海期货交易所、中国金融期货交易所、郑州商品交易所、大连商品交易所为公司股东单位。新三板的经营宗旨是：坚持公开、公平、公正的原则，完善市场功能，加强市场服务，维护市场秩序，推动市场创新，保护投资者及其他市场参与主体的合法权益，推动场外交易市场的健康发展，促进民间投资和中小企业发展，有效服务实体经济。

词条名称：**区域性证券市场**①

英　　文：**Regional securities market**

定义：区域性证券市场是指在某一区域内设立并主要为某一区域企业、机构和投资者提供证券流转或交易的场所。

释义：对于区域性证券市场，可以从以下三个方面进行理解：（1）区域性。区域性，可以是省级区域、地市级区域，也可以是比省级大、比全国性小的区域，如东北地区、华东地区等。区域大小取决于设立、监管的政府级别或市场影响力。目前，中国区域性证券市场主要是省一级区域性证券市场；（2）证券市场类别。证券市场按其流转证券的类别可分为股票市场、基金市场、债券市场等。有的区域性证券市场是单一的证券市场，如股权市场；有的区域性证券市场是综合性证券市场，包括股权、债券、基金流转等。目前，中国区域性证券市场以单一性证券市场见多，尤其以区域性股权市场见多；（3）场外市场。证券市场是分层次的，有世界性、全国性、区域性、地方性证券市场的划分，也有场内市场与场外市场的划分。在中国，深交所、上交所属于全国性场内证券市场，全国中小企业股份转让系统（新三版）属于全国性的场外市场，天津股权交易所、重庆股份转让系统、前海股权交易中心、广州股权交易中

① 撰写：戴益文；审核：肖立见；单位：深圳证券交易所综合研究所。

心等就是区域性场外证券市场。

区域性证券市场的形成和发展有其必然性。由于一个国家或地区的中小企业数量巨大，而统一的证券市场容量有限，无法满足绝大多数中小企业不断增长的融资需求。更为重要的是，各地经济发展水平不平衡，企业经营状况参差不齐，影响力和知名度具有一定的地域性，所以国家很难制定一个统一的上市标准去适用所有的中小企业。为解决这个矛盾，积极探索构建地方性、区域性证券市场，既是市场的需要，也有地方政府的推动。区域性证券市场上市证券的标准一般比较低，可以满足中小企业多样化、个性化的融资需求，实现投资渠道和投资品种的多元化，是全国性统一证券市场的重要补充。

发展区域性证券市场需要合理引导和有效监管。我国在不改变现有监管格局的情况下，依法授权地方政府对地方性、区域性证券市场履行监管职责，可调动地方政府发展地方经济、活跃地方市场的积极性。

词条名称：**上海期货交易所**

英　　文：**Shanghai Futures Exchange**

定义：上海期货交易所简称上期所，是根据国务院的决定，将上海金属交易所、上海粮油商品交易所、上海商品交易所统一合并成立的期货交易所，于1999年12月开始运作。

释义：上海期货交易所是不以营利为目的的事业法人单位，采取会员制的组织模式，并接受中国证监会集中统一的监督管理。上海期货交易所目前上市交易的有黄金、白银、铜、铝、锌、铅、螺纹钢、线材、燃料油、天然橡胶等十种期货合约。上海期货交易所现有会员200多家（其中期货经纪公司会员占近80%），在全国各地开通远程交易终端700多个。

按照《上海期货交易所章程》，会员大会是其权力机构，由全体会员组成；理事会是会员大会的常设机构，下设监察、交易、结算、会员资格审查、调解、财务、技术、有色金属产品、能源化工产品、黄金钢材产品等10个专门委员会。上期所拥有适用、可靠的计算机交易系统，通过高容量光纤及数据专线、双向卫星、三所联网等通讯手段确保前台和远程交易的实时和安全可靠。同时，通过中心数据库实现结算、资金、交割、异地交割仓库、风险监控等系统数据的实时同步传送和交换。上期所实行保证金和每日无负债结算制度，通过指定的结算银行每天对会员的交易进行集中清算，会员负责对其客户交易进行清算。交易所实行实物交割履约制度，合约到期须在规定期限内，以实物交割方式履约。上期所还通过新闻媒体报道、电话咨询交流、举办多种形式的培训班、开展各种形式的对外交流等形式，向会员、投资者及社会提供咨询、培训等服务。

词条名称：**大连商品交易所**

英　　文：**Dalian Commodity Exchange**

定义：大连商品交易所简称大商

所，成立于1993年2月28日，是经国务院批准并由中国证监会监督管理的中国大陆四家期货交易所之一。

释义：大商所目前上市交易的有玉米、黄大豆1号、黄大豆2号、豆粕、豆油、棕榈油、线型低密度聚乙烯、聚氯乙烯和焦炭共计9个期货品种。截至2010年底，大连商品交易所共有会员188家，指定交割库83个，投资者开户数超过120万户，分布在全国28个省、直辖市、自治区。从1993年开业至2010年底，大商所累计成交期货合约38.04亿手，累计成交额146.56万亿元，实现实物交割1332万吨。大商所的期货交易，在发现商品价格、保护农民利益、引导农产品生产与流通、为市场主体提供避险工具等方面，发挥了重要作用。

词条名称：郑州商品交易所

英　　文：**Zhengzhou Commodity Exchange**

定义：郑州商品交易所简称郑商所，是经国务院批准成立的我国首家期货市场试点单位，是中国大陆四家期货交易所之一，隶属中国证监会监督管理。

释义：郑商所原为远期现货交易所，1993年推出标准化期货合约交易，实现向期货市场发展。郑商所按照《期货交易管理条例》和《期货交易所管理办法》履行职能，依据《郑州商品交易所章程》、《郑州商品交易所交易规则》及其实施细则和办法实行自律性管理，遵循公开、公平、公正和诚实信用的原则，为期货合约集中竞价交易提供场所、设施及相关服务，并对期货交易进行一线监管。郑商所实行会员制，会员大会是郑商所的权力机构，由全体会员组成；理事会是会员大会的常设机构，下设战略发展、品种、监察、交易、交割、会员资格审查、调解、财务、技术等9个专门委员会。截止2010年底，郑商所共有会员215家，分布在全国27个省（市）、自治区，其中期货公司会员173家，占会员总数的80%；非期货公司会员42家，占会员总数的20%。

郑商所目前上市交易的期货品种有小麦、棉花、白糖、精对苯二甲酸、菜籽油、早籼稻、甲醇。郑商所实行保证金制、每日涨跌停板制、每日无负债结算制、实物交割制等期货交易制度，并积极适应市场发展要求，不断优化制度安排，更新监管理念，丰富监管手段，及时控制和化解市场风险，确保市场平稳运行。郑商所拥有功能完善的交易、交割、结算、风险监控、信息发布和会员服务等电子化系统。会员和投资者也可以通过远程交易系统进行期货交易。期货交易行情信息通过路透社、彭博资讯等多条报价系统向国内外同步发布。

郑商所注重加强对外交流与合作。1995年6月加入国际期权（期货）市场协会。先后与美国芝加哥期权交易所、芝加哥商业交易所、纽约－泛欧交易所集团、日本关西农产品交易所、东京谷物交易所、巴西期货交易所、印度多商品交易所、尼日利亚证券与商品交易所、香港交易及结算所有限公司等多家期货交易所签订了友好合作协议，定期交换市场信息，进一步扩大了郑商所在国际上的影响力。

词条名称：中国金融期货交易所

英　　文：China Financial Futures Exchange

定义：中国金融期货交易所简称中金所，是经国务院同意，中国证监会批准，由上海期货交易所、郑州商品交易所、大连商品交易所、上海证券交易所和深圳证券交易所共同发起设立的金融期货交易所。

释义：中金所于 2006 年 9 月 8 日在上海期货大厦内挂牌，成为继上海期货交易所、大连商品交易所、郑州商品交易所之后，中国内地第四家期货交易所，也是中国内地第一家金融衍生品交易所。中国金融期货交易所的组织形式采用公司制，这也使中国金融期货交易所成为中国内地首家采用这一组织形式的交易所。2010 年 4 月 16 日，中国内地第一个股指期货合约沪深 300 指数期货合约上市交易。

中国金融期货交易所的主要职能是：组织安排金融期货等金融衍生品上市交易、结算和交割；制订业务管理规则；实施自律管理；发布市场交易信息；提供技术、场所、设施服务；中国证监会许可的其他职能。中国金融期货交易所实行结算会员制度，会员分为结算会员和非结算会员，结算会员按照业务范围分为交易结算会员、全面结算会员和特别结算会员。实行结算会员制度，形成多层次的风险控制体系，强化了中国金融期货交易所的整体抗风险能力。中国金融期货交易所采用电子化交易方式，不设交易大厅和出市代表。金融期货产品的交易均通过交易所计算机系统进行竞价，由交易系统按照价格优先、时间优先的原则自动撮合成交。采用电子化交易方式体现了中国金融期货交易所的高效、透明、国际化的发展思路。

词条名称：交易所债券市场

英　　文：exchange bond market

定义：交易所债券市场是指通过证券交易所固定收益证券综合电子平台进行交易的整体体系，包括参与主体、交易的客体、交易方式和交易制度等。交易所债券市场上交易的债券包括：国债、公司债券、企业债券、分离交易的可转换公司债券中的公司债券，交易方式既包括现货交易，也包括质押式回购交易。

释义：交易所债券市场通过交易所的交易系统和证券登记结算有限责任公司的后台结算系统完成债券交易和结算，资金清算由清算银行完成，机构投资者和个人通过券商进行债券交易结算。

中国交易所债券市场包括上海证券交易所和深圳证券交易所两个债券市场，投资者实行会员制，市场参与者主要包括证券公司、基金公司、保险公司、企业和个人等投资者。在两个证券交易所上市的债券有国债、企业债券、可转换债券等。在进行交易时，遵循“价格优先、时间优先”的原则，采用公开竞价的方式进行。证券公司代理客户买卖债券，从中赚取佣金或手续费。投资者在进行债券回购业务时，通过证券商向交易所申报“回购登记”，交易所及中国证券登记结算有限责任公司根据"回购登记"申报，将该投资者账户下债券当日交易结束后的实际余额，按比例折合成"标准券"，相应记入证券商回购结算主席位的标准债券账户，当日投资者可通过证券商回购结算主席位将该债券用于回购业务。

词条名称：**银行间债券交易市场**

英　　文：**interbank bond market**

定义：银行间债券交易市场是指依托于中国外汇交易中心暨全国银行间同业拆借中心和中央国债登记结算公司，包括商业银行、农村信用联社、保险公司、证券公司、基金公司、各类财务公司等金融机构进行债券买卖和回购的市场。

释义：银行间债券交易市场成立于1997年，经过几年的迅速发展，存量规模与交易量已超过交易所债券市场，成为中国债券市场的主体部分。记账式国债的大部分、中央银行票据、金融债、企业债、短期融资券、中期票据、资产支持证券、熊猫债券等，都在该市场交易。银行间债券市场完全是机构投资者参与的市场。

就流通的债券存量而言，全国银行间债券市场的存量占到整个债券市场存量的90%以上，交易量更是占到整个债券市场交易量的95%以上。

（二）市场服务机构

词条名称：**中国证券登记结算有限责任公司**

英　　文：**China Securities Depository and Clearing Co.，Ltd.**

定义：中国证券登记结算有限责任公司简称中登公司、中国结算公司，是依据《中华人民共和国证券法》和《中华人民共和国公司法》组建的，由上海证券交易所、深圳证券交易所作为公司的两个股东，各持50%股份的登记结算有限责任公司，总资本人民币12亿元。

释义：中登公司总部设在北京，下设上海、深圳和北京数据技术公司三家分公司。中国证监会是公司的主管部门。2001年3月30日，按照《证券法》关于证券登记结算集中统一运营的要求，经国务院同意，中国证监会批准，中国结算公司组建成立。同年9月，中国结算上海、深圳分公司正式成立。从2001年10月1日起，中国结算公司承接了原来隶属于上海和深圳证券交易所的全部登记结算业务，标志着全国集中统一的证券登记结算体制的组织架构已经基本形成。

中国结算公司的宗旨是，建立一个符合规范化、市场化和国际化要求，具有开放性、拓展性特点，有效防范市场风险和提高市场效率，能够更好地为中国证券市场未来发展服务的集中统一的证券登记结算体系。中国结算公司按照《证券法》和《证券登记结算管理办法》的相关规定，履行下列职能：（1）证券账户、结算账户的设立和管理；（2）证券的存管和过户；证券持有人名册登记及权益登记；（3）证券和资金的清算交收及相关管理；（4）受发行人的委托派发证券权益；（5）依法提供与证券登记结算业务有关的查询、信息、咨询和培训服务；（6）中国证监会批准的其他业务。

词条名称：**中国证券投资者保护基金有限责任公司**

英　　文：**China Securities Investor Protection Fund Co.，Ltd.**

定义：中国证券投资者保护基金有限责任公司简称中投保公司，根据中国证监会、财政部、中国人民银行发布的《证券投资者保护基金管理办法》，由国务院批准同意设立的国有独资的保护基金公司。

释义：中投保公司于2005年8月30日在国家工商总局注册成立，由国务院出资，财政部一次性拨付注册资金63亿元。其主要职责包括筹集、管理和运作证券投资者保护基金；监测证券公司风险，参与证券公司风险处置工作；证券公司被撤销、关闭和破产，或被证监会采取行政接管、托管经营等强制性监管措施时，按照国家有关政策规定对债权人予以偿付；组织、参与被撤销、关闭或破产证券公司的清算工作；管理和处分受偿资产，维护基金权益；发现证券公司经营管理中出现可能危及投资者利益和证券市场安全的重大风险时，向证监会提出监管、处置建议；对证券公司运营中存在的风险隐患会同有关部门建立纠正机制。

为及时监测可能危及投资者利益和证券市场安全的重大风险，中投保公司在做好证券公司风险处置工作的基础上，致力于建设证券市场交易结算资金监控系统和基于可扩展性商业语言（XBRL）的资本市场电子化信息披露系统，全面加强对证券市场的风险监测。同时，积极开展证券公司和上市公司投资者保护评价工作，探索建立投资者教育、投资者调查和投资者呼叫组成的多层次投资者教育和服务体系。

词条名称：**中国期货保证金监控中心有限责任公司**

英　　文：**China Futures Margin Monitoring Center Co.，Ltd.**

定义：中国期货保证金监控中心有限责任公司简称中期保公司，是经国务院同意、中国证监会决定设立，于2006年3月16日在国家工商行政管理总局注册登记的期货保证金安全存管机构，是非营利性公司制法人。

释义：中期保公司的股东单位有上海期货交易所、郑州商品交易所、大连商品交易所及中国金融期货交易所。2009年1月，中国期货保证金监控中心上海总部成立。中国期货保证金监控中心的主管部门是中国证监会，其业务接受中国证监会领导、监督和管理。其主要职能是：（1）建立和完善期货保证金监控、预警机制，及时发现并向监管部门报告影响期货保证金安全的问题；（2）为期货投资者提供有关期货交易结算信息查询及其他服务；（3）代管期货投资者保障基金，参与期货公司风险处置；（4）负责期货市场运行监测监控系统建设，并承担期货市场运行的监测、监控及研究分析等工作；（5）承担期货市场统一开户工作；（6）为监管机构、交易所等提供信息服务；（7）中国证监会规定的其他职能。

词条名称：**中国证券金融股份有限公司**

英　　文：**China Securities Finance Co.，Ltd.**

定义：中国证券金融股份有限公司简称中证金公司，是经国务院决定，中国证券监督管理委员会批准，由上海证券交易所、深圳证券交易所和中国证券登记结算有限责任公司共同发起设立的证券类金融机构。

释义：中证金公司致力于运用市场机制为融资融券业务提供转融通服务，对证券公司融资融券业务运行情况进行监控，监测分析全市场融资融券交易，运用市场化手段防控风险，健全融资融券交易机制，完善资本市场功能，促进资本市场发展。

词条名称：**中证资信发展有限责任公司**

英　　文：**China Securities Credit Rating Development Co.，Ltd.**

定义：中证资信发展有限责任公司简称中证发展公司，是由中国证监会批准成立和监督管理的证券类金融机构，注册资本为人民币30亿元。

释义：中证发展公司由上海证券交易所、深圳证券交易所、上海期货交易所、中国证券登记结算有限责任公司和中国金融期货交易所股份有限公司共同出资设立。中证发展公司的主要职责是：（1）负责资本市场征信平台信息系统及诚信信息数据库的建设、运行和维护；（2）研究开发资本市场征信产品，开展各类市场主体的信用评级活动，为市场主体开展融资、并购重组、证券期货投资等业务提供征信、信用服务；（3）通过持有股权、基金、债券等方式，引导和推动资本市场创新实践；（4）服务和保障资本市场人才队伍建设；（5）培育和发展各类机构投资者；（6）宣传和推介我国资本市场，促进金融领域国际交流与合作；（7）研究资本市场发展的前沿性、开创性和基础性、制度性课题，提供资本市场研究咨询服务；（8）研究和反映各类市场主体的政策诉求，为监管机构、自律组织和各类市场主体之间的沟通与联系提供服务；（9）中国证监会批准和委托的其他业务。

词条名称：**中证资本市场运行统计监测中心有限责任公司**

英　　文：**China Securities Capital Market Operation Statistics Monitoring Center Co.，Ltd.**

定义：中证资本市场运行统计监测中心有限责任公司简称中证统计监测中心，是由中国证监会批准成立和监督管理的公司制法人，主要从事中国资本市场运行统计监测工作。

释义：中证统计监测中心由中国证券登记结算公司、中国期货保证金监控中心、上证所信息网络有限公司和深圳证券信息有限公司4家单位共同出资设立，其中中证结算公司为第一大股东。中证统计监测中心的主要职责是：（1）收集和整理证券期货市场、其他金融市场及宏观经济运行等相关数据信息；（2）开展资本市场运行的相关分析和研究工作；（3）评估市场运行质量和效率；（4）监测证券期货市场风险；（5）承担中国证监会统计部门委托的统计分析工作；（6）为中国证监会及其派出机构和市场参与人提供统计服务与支持。

词条名称：**中证中小投资者服务中心有限责任公司①**

英　　文：**China Securities Inyestor Services Co.，Ltd**

定义：投资者服务中心，是由中国证监会批准成立和直接管理的证券金融类公益机构。

释义：投资者服务中心由上海证券交易所、深圳证券交易所、上海期货交易所、中国证券登记结算有限责任公司和中国金融期货交易所股份有限公司共同出资设立。投资者服务中心的主要职责是为中小投资者自主维权提供教育、法律、信息、技术等服务，具体如下：（1）面向中小投资者开展公益性宣传和教育；（2）为中小投资者自主维权提供法律、信息、技术服务；（3）公益性持有证券等品种，以股东身份行权和维权；（4）受中小投资者委托，提供调解、和解服务；（5）代表中小投资者，向政府机构、监管部门反映诉求；（6）中国证监会委托的其他业务。

词条名称：**中国资本市场学院**

英　　文：**China Capital Market Institute**

定义：中国资本市场学院是中国证监会根据资本市场快速发展的需要、着眼于资本市场整体布局而成立的资本市场人才教育培训服务机构，致力于对资本市场各类从业人员进行各类职业和资格培训，为资本市场的创新发展提供智力支持，培养高端人才。

释义：中国资本市场学院2012年8月13日在深圳登记设立，是中国证监会直接管理的非营利性事业单位。由深交所、上交所、上期所、中金所、大商所、郑商所六家证券期货交易所及中国证券登记结算公司共同出资建设。学院定位为高层次、市场化、国际化的研究平台、特色教育平台、高端培训平台，以及在此基础上衍生的咨询顾问平台、设计开发平台、信息智库平台，集研究、教育、培训于一体。注重自身特色和品牌打造，强调高起点、高标准、高质量、严要求，在整合资源能力、课程研发设计和系列化、中国资本市场案例中心建设、研究课题的过程管理及深化应用、培训项目的精细化流程化管理、国际双向交流、业务模式创新、信息技术的应用等方面逐步形成特色和优势。

词条名称：**北京证券期货研究院②**

英　　文：**Beijing Securities and Futures Research Institute**

定义：北京证券期货研究院是上

---

① 撰写：蔡素梅；审核：彭俊衡；单位：中证中小投资者服务中心有限责任公司。

② 撰写：王蕴哲，单位：北京证券期货研究院；审核：刘宇宙，单位：中国证监会研究中心。

海证券交易所出资设立、中国证监会研究中心牵头管理、于2012年经批准成立的一家高端的证券期货研究机构。证监会研究中心负责研究院与证监会的联系、组织、协调工作，并对研究院课题研究进行宏观管理和业务指导，确保研究方向的正确性和研究成果的质量。

释义：北京证券期货研究院定位为支持中国证券期货市场和经济金融领域改革发展的高端智库，主要职责是研究中国资本市场和经济社会前瞻性、全局性和战略性问题，以及证监会重大政策和相关制度问题，设计改革方案，提供决策建议，推动中国资本市场及经济社会的改革开放和健康发展。

北京证券期货研究院是一家非营利性机构，按照市场化机制运作。人才按照公开招聘的方式选拔，研究院提供具有竞争力的市场化薪酬待遇，并建立与中国证监会的人才交流机制。

词条名称：**北京拓尔思信息技术股份有限公司**

英　　文：**Beijing TRS Information Technology Co. , Ltd.**

定义：北京拓尔思信息技术股份有限公司简拓尔思公司，是国家规划布局内重点软件企业，注册资本为人民币2.04亿元，2011年6月在深圳创业板首次公开发行股票（IPO）上市，股票简称“拓尔思”，代码300229。

释义：拓尔思公司隶属软件和信息服务业，业务方向为中文信息处理，公司的主营业务是从事以非结构化信息处理为核心的软件研发、销售和技术服务，核心软件产品包括企业搜索、内容管理和文本挖掘等相关平台和应用软件；从事相关行业的信息化工程咨询、开发、实施和维护服务；提供基于非结构化信息智能处理技术的在线软件运营和信息服务。拓尔思公司总部设在北京，在上海、广州、深圳、成都、长沙、南京、杭州、青岛、济南等全国主要中心城市设有分支机构。

词条名称：**信披媒体**

英　　文：**designated media for Corporate information disdosure**

定义：信披媒体是指为上市公司和基金公司提供信息披露平台、为投资者提供各类证券投资资讯的报刊、电子媒体的统称。

释义：目前，中国证监会指定的进行信息披露的新闻媒体包括沪深证券交易所、各期货交易所官方网站，以及《中国证券报》、《上海证券报》、《证券时报》与《证券日报》等纸质报刊。上海证券交易所与深圳证券交易所网站是其上市公司、基金、债券、专项资产管理产品的指定信息披露网站；上海期货交易所、大连商品交易所、郑州商品交易所和中国金融期货交易所网站为其挂牌交易的期货产品提供必要的信息披露；《中国证券报》、《上海证券报》、《证券时报》和《证券日报》是指定的上市公司、基金公司、证券公司等进行信息披露的刊物。此外，广播、电视和其他网站、报刊等也传播证券市场资讯。

（三）市场中介机构

词条名称：**证券公司**

英　　文：**securities company**

定义：证券公司在中国是指依照《公司法》和《证券法》的规定设立的，并经国务院证券监督管理机构审查批准而成立的专门经营证券业务、具有独立法人地位的有限责任公司或者股份有限公司。

释义：证券公司是专门从事有价证券买卖的法人企业，分为证券经营公司和证券登记公司。狭义的证券公司是指证券经营公司，是经主管机关批准并到有关工商行政管理局领取营业执照后专门经营证券业务的机构。它具有证券交易所的会员资格，可以承销发行、自营买卖或自营兼代理买卖证券。普通投资人的证券投资都要通过证券公司来进行。

在不同的国家，证券公司有着不同的称谓。在美国，证券公司被称作投资银行（Investment Bank）或者证券经纪商（Broker-Dealer）；在英国，证券公司被称作商人银行（Merchant Bank）；在欧洲大陆（以德国为代表），由于一直沿用混业经营制度，投资银行仅是全能银行（Universal Bank）的一个部门；在东亚（以日本为代表），则被称为证券公司（Securities Company）。从证券经营公司的功能区分，可分为：（1）证券经纪商，即证券经纪公司。代理买卖证券的证券机构，接受投资人委托、代为买卖证券，并收取一定手续费即佣金；（2）证券自营商，即综合型证券公司，除了证券经纪公司的权限外，还可以自行买卖证券的证券机构，其资金雄厚，可直接进入交易所为自己买卖股票；（3）证券承销商，以包销或代销形式帮助发行人发售证券的机构。实际上，许多证券公司是兼营这三种业务的。按照各国现行的做法，证券交易所的会员公司均可在交易市场进行自营买卖，但专门以自营买卖为主的证券公司为数极少。另外，一些经过认证的创新型证券公司，还具有创设权证的权限。

词条名称：**基金公司**

英　　文：**fund company**

定义：全证券投资基金管理公司，是指经中国证监会批准，在中国境内设立，从事证券投资基金管理业务的企业法人。公司董事会是基金公司的最高权力机构。基金公司发起人是从事证券经营、证券投资咨询、信托资产管理或者其他金融资产管理的机构。

释义：从狭义来说，基金公司仅指经主管机关批准的、可以从事证券投资基金管理业务的基金管理公司（公募基金公司）；从广义来说，基金公司分公募基金公司和私募基金公司。公募基金公司的经营业务以及人员活动受证监会监管，其从业人员属于基金业从业人员；私募基金公司不受监管（新基金法可能会将私募基金纳入证监会监管）。从组织形式上说，基金公司分为公司制基金公司和有限合伙制基金公司。实践来看，公募基金公司全部为公司制基金公司，私募基金公司既采用公司制的，也有采用有限合伙制的。

词条名称：**期货公司**

英　　文：**futures company**

定义：期货公司是指依法设立的、接受客户委托、按照客户的指令、以自己的名义为客户进行期货交易并收取交易手续费的中介组织。

释义：期货公司的职能主要是根据客户指令代理买卖期货合约、办理结算和交割手续；对客户账户进行管理，控制客户交易风险；为客户提供期货市场信息，进行期货交易咨询，充当客户的交易顾问等。2007 年 3 月 16 日，中国颁布的《期货交易管理条例》对期货公司的定位、业务范围等进行了新的调整。“期货经纪公司”改为“期货公司”。

词条名称：**基金托管银行**

英　　文：**fund custodian bank**

定义：基金托管银行是指具有托管资格，接受基金管理公司或其他客户的委托，进行安全保管所托基金的资产，并办理有关资金清算、安全估值、会计核算、监督基金管理人投资运作等业务的银行。

释义：基金托管银行一般按照基金托管净值的一定比例向基金公司收取基金托管费。基金托管银行的业务包括证券投资基金托管、开放式基金和其他基金托管。其他托管业务是指除开放式和封闭式基金托管业务以外的基金托管业务，主要有：全国社会保障基金托管、证券公司受托投资托管、合格境外机构投资者（QFII）证券投资托管和企业年金托管等。

词条名称：**会计师事务所**

英　　文：**accounting firm**

定义：会计师事务所是指依法独立承担注册会计师业务的中介服务机构。

释义：会计师事务所是由有一定会计专业水平、经考核取得证书的会计师（如中国的注册会计师、美国的执业会计师、英国的特许会计师、日本的公认会计师等）组成的、受当事人委托承办有关审计、会计、咨询、税务等方面业务的组织。中国对从事证券相关业务的会计师事务所和注册会计师实行许可证管理制度。

词条名称：**律师事务所**

英　　文：**law firm**

定义：律师事务所是律师执行职务进行业务活动的工作机构。律师事务所在组织上受司法行政机关和律师协会的监督和管理。

释义：律师事务所在规定的专业活动范围内，接受中外当事人的委托，提供各种法律服务；负责具体分配和指导所属律师的业务工作；根据需要，经司法部批准，可设立专业性的律师事务所，有条件的律师事务所可按专业分工的原则在内部设置若干业务组。目前在中国，有合伙制律师事务所、律师个人开办的事务所和律师合作开办的合作制律师事务所等组织形式。

词条名称：**资信评级机构**

英　　文：**credit rating institution**

定义：资信评级机构是指由专职

机构使用科学的评价方法，对在经济活动中的借贷信用行为的可靠性和安全性程度进行分析，并用专用符号作出评估报告的一种金融信息服务机构。

释义：资信评级机构的主要业务可从3个方面来理解：（1）资信评级的根本目的是揭示受评对象违约风险的大小，而不是其他类型的投资风险，如利率风险、通货膨胀风险等；（2）资信评级评价是经济主体按合同约定如期履行特定债务或其他经济义务的能力和意愿，而不是企业的价值或经营业绩；（3）资信评级是独立的第三方资信评级机构利用其自身的技术优势和专业经验，就各经济主体和金融工具的信用风险大小发表的一种专家意见。因此，资信评级是衡量发债主体能否按时对各类所负债务如约还本付息的可能性或预期损失的综合评估，是对债务偿还风险的综合评价。

词条名称：**资产评估事务所**

英　　文：**asset appraisal firm**

定义：资产评估事务所是指组织专业人员依照国家数据资料，按照特定的目的，遵循适当的原则、方法和计价标准，对资产价格进行评定估算的专门机构。

释义：资产评估是在产权变动时才需要进行。对于一个企业来说，产权不可能经常发生变动，委托方和被委托方的关系是一次性服务。资产评估的目的、范围完全由委托方（资产占有单位）决定。中国证券市场上的资产评估业务主要涉及3个方面：（1）国有企业的股份制改造需要进行评估；（2）上市公司资产重组需要进行资产评估；（3）上市公司年度报告也可能涉及资产评估。上市公司每年公布年度报告或中期报告时，如果公司资产价值发生非经营性因素的变动，如土地使用权的增值等，也需要进行资产评估。

词条名称：**投资咨询公司**

英　　文：**investment consultation firm**

定义：投资咨询公司在西方国家中称为投资顾问，是证券投资者的职业性指导者，包括机构和个人，主要业务是向顾客提供参考性的证券市场统计分析资料，对证券买卖提出建议，代拟某种形式的证券投资计划等。

释义：投资咨询公司主要根据客户的要求，收集大量的基础信息资料，进行系统的研究分析，向客户提供分析报告和操作建议，帮助客户建立投资策略，确定投资方向。此类公司的咨询业务主要包括：（1）接受政府、证券管理机关和有关业务部门的委托，提供宏观经济及证券市场方面的研究分析报告和对策咨询；（2）接受证券投资者的委托，提供证券投资、市场法规等方面的业务咨询；（3）接受公司委托，策划公司证券的发行与上市方案；（4）接受证券经营机构的委托，策划有关的证券事务方案，担任顾问；（5）编辑出版证券市场方面的资料、刊物和书籍等；（6）举办有关证券投资咨询的讲座、报告会、分析会等；（7）发表证券投资咨询的文章、评论、报告，以及通过公众传播媒体和电信设备系统提供证券投资咨询服务。

词条名称：**私募资金投资企业**

英　　文：**private equity investment firm**

定义：私募资金投资企业是指主要通过非公开方式面向少数机构投资者或个人募集资金，并将所募资金对上市或非上市公司进行权益性投资的企业，也称“私募投资基金”。

释义：私募资金投资企业的募集对象相对公募基金要窄，只能通过非公开方式募集资金，因此，其募资对象多是资金实力雄厚、资本构成质量较高的机构或个人投资者。

根据其投资对象的不同，私募资金投资企业可分为不同类型：如是对非上市公司进行股权投资或通过参与定向发行来实现对上市公司的权益性投资的（简而言之，投资的是一级股权市场），则称作“私募股权投资基金”；如是通过在二级市场买卖股票对上市公司进行投资的，则称作“私募证券投资基金”。

三、监管自律机构[①]

（一）市场监管机构

词条名称：**中国证监会**

英　　文：**China Securities Regulatory Commission**

定义：中国证监会全称中国证券监督管理委员会，abbr. CSRC，是依照中国法律、法规和国务院授权，统一监督管理全国证券期货市场、维护证券期货市场秩序、保障其合法运行的国务院直属事业单位。

释义：中国证监会成立于1992年10月，是全国证券期货市场的专管部门。中国证监会内设18个职能部门，在全国设立了36个证券监管局，在上海、深圳设有证券监管专员办事处。中国证监会的主要职责包括：（1）研究和拟订证券期货市场的方针政策、发展规划；起草证券期货市场的有关法律、法规，提出制定和修改的建议；制定有关证券期货市场监管的规章、规则和办法；（2）垂直领导全国证券期货监管机构，对证券期货市场实行集中统一监管；（3）监管股票、可转换债券、证券公司债券和国务院确定由证监会负责的债券及其他证券的发行、上市、交易、托管和结算；监管证券投资基金活动；批准企业债券的上市；监管上市国债和企业债券的交易活动；（4）监管上市公司及其按法律法规必须履行有关义务的股东的证券市场行为；（5）监管境内期货合约的上市、交易和结算；按规定监管境内机构从事境外期货业务；（6）管理证券期货交易所；按规定管理证券期货交易所的高级管理人员；归口管理证券业、期货业协会；（7）监管证券期货经营机构、证券投资基金管理公司、证券登记结算公司、期货结算机构、证券期货投资咨询机构、证券资信评级机构；审批基金托管机构的资格并监管其基金托管业务；制定有关机构

---

① 撰写：陈建丽、戴益文；审核：肖立见；单位：深圳证券交易所综合研究所。

高级管理人员任职资格的管理办法并组织实施；指导中国证券业、期货业协会开展证券期货从业人员资格管理工作；（8）监管境内企业直接或间接到境外发行股票、上市以及在境外上市的公司到境外发行可转换债券；监管境内证券、期货经营机构到境外设立证券、期货机构；监管境外机构到境内设立证券、期货机构、从事证券、期货业务；（9）监管证券期货信息传播活动，负责证券期货市场的统计与信息资源管理；（10）会同有关部门审批会计师事务所、资产评估机构及其成员从事证券期货中介业务的资格，并监管律师事务所、律师及有资格的会计师事务所、资产评估机构及其成员从事证券期货相关业务的活动；（11）依法对证券期货违法违规行为进行调查、处罚；（12）归口管理证券期货行业的对外交往和国际合作事务；（13）承办国务院交办的其他事项。

词条名称：**中国证监会派出机构**

英　　文：**regional office of China Securities Regulatory Commission**

定义：中国证监会派出机构是依据中国证监会的授权对辖区内的证券期货业务活动进行监督管理的机构，包括证券监管局和证券监管专员办事处。

释义：截至2012年，中国证监会在全国22个省、5个自治区、4个直辖市和5个计划单列市共设立了36个证券监管局，主要职责包括：认真贯彻、执行国家法律、法规和方针、政策，依据中国证监会的授权对辖区内的上市公司、证券经营机构、期货经营机构、证券投资咨询机构、期货投资咨询机构以及从事证券业务的律师事务所、会计师事务所、资产评估机构等中介机构的证券业务活动进行监督管理；依法查处辖区内前述监管范围的违法违规案件，调解证券期货业务纠纷和争议；履行中国证监会授予的其他职责。中国证监会于1997年在上海和深圳设立证券监管专员办事处，办事处设专员1名，副专员1至2名，由中国证监会任命，任期2年，办事处向中国证监会定期报告工作，其主要监管对象是上交所和深交所。

词条名称：**股票发行审核委员会**

英　　文：**Issuance Examination Committee**

定义：股票发行审核委员会简发审委，是依法成立的，审核发行人公开发行股票申请和可转换公司债券等中国证监会认可的其他公开发行证券申请的专门机构。

释义：发审委委员由中国证监会的专业人员和中国证监会系统外的有关专家组成，通过召开发审委会议进行审核工作。发审委设会议召集人，委员以个人身份出席发审委会议，依法履行职责，独立发表审核意见，以记名投票方式对发行申请进行表决。主板发审委委员为25名，创业板发审委委员为35名。发审委委员每届任期1年，可连任，但连任最长不超过3届，且主板与创业板发审委委员不得相互兼任。

发审委的具体职责为：（1）根据有关法律、行政法规和中国证监会的规定，审核股票发行申请是否符合相关条件；（2）审核保荐人、会计师事务所、律师事务所、资产评估机构等证券服务机构及相关人员为股票发行所出具的有关材料及意见书；（3）审核中国证监会有关职能部门出具的初审报告；（4）依法对股票发行申请提出审核意见。

发审委会议审核发行人公开发行股票申请和可转换公司债券等证监会认可的其他公开发行证券申请，每次参加会议的委员为7名，同意票数达到5票为通过；审核上市公司非公开发行股票申请和证监会认可的其他非公开发行证券申请，每次参加会议的委员为5名，同意票数达到3票为通过。

词条名称：**上市公司并购重组审核委员会**

英　　文：**Listed Company Merger, Acquisition and Reorganization Examination Committee**

定义：上市公司并购重组审核委员会简称并购重组委，是依法成立的，审核上市公司的重大资产重组、以新增股份向特定对象购买资产、实施合并、分立以及中国证监会规定的其他并购重组事项的专门机构。

释义：并购重组委委员由中国证监会的专业人员和中国证监会系统外的有关专家组成，委员人数为25名。委员每届任期1年，可连任，但连任最长不超过3届。并购重组委通过并购重组委会议履行职责，委员以个人身份出席会议，依法履行职责，独立发表审核意见并以记名投票方式对并购重组申请进行表决。每次参加并购重组委会议的委员为5名，表决投票时同意票数达到3票为通过。

并购重组委的具体职责包括：（1）根据有关法律、行政法规和中国证监会的相关规定，审核上市公司并购重组申请是否符合相关条件；（2）审核财务顾问、会计师事务所、律师事务所、资产评估机构等证券服务机构及相关人员为并购重组申请事项出具的有关材料及意见书；（3）审核中国证监会有关职能部门出具的初审报告；（4）依法对并购重组申请事项提出审核意见。

词条名称：**上市公司并购重组专家咨询委员会**

英　　文：**Listed Company Merger, Acquisition and Reorganization Experts Consultation Committee**

定义：上市公司并购重组专家咨询委员会简称并购重组委专家咨询委，是对上市公司并购重组规则的制订、审核中的重大疑难问题、重大创新事项，并购重组监管审核中涉及的法律、会计、资产评估、产业政策等问题，并购重组的审核标准等提供专家咨询意见以及对并购重组申请人的申诉和上市公司破产重组事项等提供评审意见的中国证监会非常设机构。

释义：并购重组委专家咨询委由中国证监会会内外法律、会计、资产评估等领域的专家组成，人数不超过35名。并购重组委咨询专家委员由中国证监会聘任，也可商请相关行业自律组织、主管单位推荐人选。咨询专家委员每届任期3年，可连任。专家咨询委根据需要可以设立法律、会计、资产评估等专业小组，专家咨询委通过召开全体会议、评审会议、专题会议等方式开展工作。全体会议至少每年召开1次，研究会商并购重组市场发展和监管中的重大问题，总结分析审核工作并提出意见和建议。评审会议参会委员不得少于7人，会议讨论形成评审意见草稿，提交投票表决，过半数同意即通过。当并购重组监管审核中涉及法律、会计、资产评估、产业政策等问题及其他重大疑难问题时，证监会可以提请相关委员召开专题会议。

词条名称：**中国证监会行政处罚委员会**

英　　文：**Administrative Sanction Committee of China Securities Regulatory Commission**

定义：中国证监会行政处罚委员会简称行政处罚委，是依法对中国证监会立案调查的证券期货案件进行审理、根据法律规定提出处理意见的专门机构。

释义：行政处罚委设办公室，是其日常办事机构。委员会委员由中国证监会工作人员和证券、期货交易所等其他机构专家组成。行政处罚委员会实行“主审—合议”的案件审理制度，行政处罚案件由1名委员主审，2名委员合议，重大、疑难、复杂案件由委员会集体讨论研究。委员会可以聘请专家提供专业咨询意见，专家由委员会从立法、司法、行政及教学科研等单位中聘任。行政处罚委员会职责包括：制定证券期货违法违规认定规则；草拟与行政处罚案件审理、听证有关的规定、细则；审理稽查部门移交的案件；依照法定程序主持听证；拟订行政处罚和市场禁入意见；必要时对相关部门提出建议函；监督、检查、指导证监会系统的行政处罚工作。

词条名称：**中国证监会稽查总队**

英　　文：**Enforcement Contingent of China Securities Regulatory Commission**

定义：中国证监会稽查总队简称稽查总队，是以承办证券期货市场重大、紧急、跨区域案件以及上级批办的其他案件为主要职责的中国证监会直属事业单位。

释义：稽查总队内设20个职能处室，分别是办公室（党委办公室）、调查一处至调查十五处、内审一处、内审二处、技术支持处和纪检（监察）室。办公室（党委办公室）负责总队行政事务和党务管理工作；调查一处至调查十五处负责承办证券期货市场内幕交易、市场操纵、虚假陈述、欺诈发行等重大、紧急、敏感类及跨区域案件调查，十五个调查处分别由五个调查大队负责协调；内审一、二处交叉分工，负责总队各调查处提交的调查终结案件的内审复核工作；技术支持处负责案件调查电子取证、信息协查、稽查办案技术支持系统开发等相关技术服务工作；纪检（监察）室负责总队廉政建设与纪检监察工作。

（二）市场自律机构

词条名称：**中国上市公司协会**

英　　文：**China Association for Public Companies**

定义：中国上市公司协会是依据《中华人民共和国证券法》和《社会团体登记管理条例》等相关规定成立的，由上市公司及相关机构等，以资本市场统一规范为纽带，维护会员合法权益而结成的全国性自律组织，是非营利性的社会团体法人。中国证监会为其业务主管部门。

释义：中国上市公司协会成立于2012年，最高权力机构为会员代表大会，理事会是会员代表大会的执行机构，监事会是协会工作的监督机构，协会设会长一名，执行副会长一名，副会长若干名。中国上市公司协会以会员为主体，构建会员代表大会、理事会、监事会协调运转的治理结构，致力于建设新型社会中间组织，积极表达会员的发展诉求，维护会员整体利益，提供高端专业服务，传导自律规范需求，进而促进资本市场体系的成熟和完善。

中国上市公司协会的宗旨是遵守宪法、法律、法规和国家政策，遵守社会道德风尚；遵循资本市场公开、公平、公正原则；恪守“服务、自律、规范、提高”的基本职责，践行服务理念，维护会员合法权益，促进提高上市公司质量，进而促进资本市场体系的完善和成熟；引导上市公司遵守公司、证券法律法规、部门规章和规范性文件，规范运作，自觉履行社会责任；倡导积极健康的股权文化和诚信文化；推动上市公司持续健康发展，增强核心竞争力和国际影响力。协会是上市公司共同利益的代言人和守护人，承担四项任务：一是致力于提高上市公司质量；二是促进完善公司治理；三是推动建立良好的公司文化；四是为会员企业的共同利益服务。

词条名称：**中国证券业协会**

英　　文：**Securities Association of China**

定义：中国证券业协会是具有独立法人地位，由经营证券业务的金融机构自愿组成的行业自律组织。

释义：中国证券业协会成立于1991年，采取会员制的组织形式，权力机构为全体会员组成的会员大会，执行机构为理事会，监督机构为监事会。协会实行会长负责制，设专职会长一名，副会长若干名，会长、副会长任期四年，连任最长不超过两届。协会宗旨是：在国家对证券业实行集中统一监督管理的前提下，进行证券业自律管理；发挥政府与证券行业间的桥梁和纽带作用；为会员服务，维护会员的合法权益；维持证券业的正当竞争秩序，促进证券市场的公开、公平、公正，推动证券市场的健康稳定发展。协会的自律管理具体包括对会员单位的自律管理、对从业人员的自律管理和对代办股份转让系统的自律管理等。协会以“法制、监管、自律、规范”为方针，以“自律、服务、传导”为主要职能。此外，负责证券业从业人员资格考试、认定和执业注册管理；负责组织证券公司高级管理人员资质测试和保荐代表人胜任能力考试等工作。

词条名称：**中国期货业协会**

英　　文：**China Futures Association**

定义：中国期货业协会是依法设立的，由期货公司、从事期货业务或相关活动的机构等组成的全国期货行业自律性组织，是非营利性的社会团体法人。

释义：中国期货业协会成立于2000年，协会由会员、特别会员和联系会员组成。会员是指经中国证监会审核批准设立的期货公司、从事期货业务或相关活动的机构。特别会员是指经中国证监会审核批准设立的期货交易所。联系会员是指经各地方民政部门审核批准设立的地方期货业社会团体法人。会员大会是协会的最高权力机构，理事会是协会常设权力机构，由会员理事、特别会员理事和非会员理事组成，理事任期四年，可连选连任。理事会下设专业委员会，为理事会的议事机构。协会实行会长负责制，设会长一名，副会长若干名，秘书长一名，会长、副会长和秘书长任期四年，可连选连任。协会宗旨是在国家对期货业实行集中统一监督管理的前提下，进行期货业自律管理；发挥政府与期货行业间的桥梁和纽带作用，为会员服务，维护会员的合法权益；坚持期货市场的公开、公平、公正，维护期货业的正当竞争秩序，保护投资者利益，推动期货市场的健康稳定发展。

词条名称：**中国基金业协会**

英　　文：**Asset Management Association of China**

定义：中国基金业协会全中国证券投资基金业协会，是依法成立的、由证券投资基金公司及相关机构等组成的、以资本市场统一规范为纽带、维护会员合法权益而结成的全国性自律组织，是非营利性的社会团体法人。

释义：中国基金业协会成立于2012年6月，最高权力机构为会员代表大会，理事会是会员代表大会的执行机构。基金业协会的会员包括基金公司、基金托管机构、基金销售机构、基金销售支付结算机构以及基金评价机构五类机构。基金业监事会是协会工作的监督机构。基金业协会共设专职会长一名，专职副会长若干名，兼职副会长九名，监事长一名；设秘书一名，副秘书长若干名。其中，会长、专职副会长由中国证监会提名，理事会选举产生；兼职副会长由会长从会员理事中提名，理事会选举产生；监事长由会员代表担任，监事会选举产生；秘书长、副秘书长由中国证监会推荐，会长提名，理事会选举产生。基金业理事会的规模为30人，其中基金管理公司会员理事21人，基金托管机构会员理事4人，非会员理事为5人。其中，会员理事将由会员大会选举产生。非会员理事由中国证监会委派。非会员理事不超过理事总数的20%。基金业监事会规模为5人，其中基金管理公司会员监事4人，基金托管机构会员监事1人。

基金业协会的主要职责是调查、收集、反映业内意见和建议，研究、论证业内相关政策与方案，草拟或审议证券投资基金业务有关规则、职业标准、工作指引和自律公约，协助开展业内教育培训、国际交流与合作等；发挥桥梁纽带作用，通过行业自律和行政监管的良性互补和有机互动，降低市场监管成本，提高市场监管效率。

词条名称：**地方自律性组织**

英　　文：**regional self-regulatory organization**

定义：地方自律性组织是指某一区域内的证券业自律性组织机构。

释义：地方自律性组织包括各省（市）的上市公司协会、证券（期货）业协会等。另外，也有部分省市因聚集了数量不少的资产管理机构而成立区域性基金同业公会，如上海市基金同业公会、深圳投资基金同业公会等。地方自律性组织旨在对区域内的上市公司、证券公司、基金公司等进行自律性监督管理。

四、宏观经济

（一）国民经济综合指标①

词条名称：**国民经济**

英　　文：**national economy**

定义：国民经济是指一个国家社会经济活动的总称，由互相联系、互相影响的经济环节、经济层次、经济部门和经济地区构成。

释义：国民经济中的经济环节包括生产、交换、分配、消费各环节；经济层次包括微观经济活动、中观经济活动和宏观经济活动各个层次；经济部门包括工业、农业、建筑业、商业、通讯、文化、教育、科研等生产部门和非生产部门；经济地区包括国内不同经济区域以及国与国之间的经济区域和国际性区域。

国民经济不同于地区经济，国民经济在空间上大于地区经济，在层次上高于地区经济，在结构上复杂于地区经济。国民经济也不同于宏观经济，国民经济是就范围和总体而言的，宏观经济是就层次而言的。就同一范围而言，宏观经济只是国民经济的一个较高的层次，而国民经济还包括宏观经济以外的其他层次和其他方面。

词条名称：**国民经济结构**

英　　文：**national economic structure**

定义：国民经济结构是指国民经济诸要素的排列次序、空间配置、聚集状态、构造方式以及各要素之间相互联系、相互依存、相互制约的关系。

释义：国民经济结构具有多重含义：(1) 从一定社会生产关系的总和来考察，国民经济结构主要通过不同的生产资料所有制经济成分的比重和构成来表现；(2) 从国民经济各部门和社会再生产的各个方面的组成和构造考察，国民经济结构包括产业结构（如一、二、

---

① 撰写：肖立见、俎耀华；审核：阙紫康、肖立见；单位：深圳证券交易所综合研究所。

三次产业的构成，农业、轻工业、重工业的构成等）、分配结构（如积累与消费的比例及其内部的结构等）、交换结构（如价格结构、进出口结构等）、消费结构、技术结构、劳动力结构等；(3) 从所包含的范围来考察，国民经济结构可分为国民经济总体结构、部门结构、地区结构，以及企业结构等；(4) 从不同角度进行专门研究的需要来考察，国民经济结构可分为经济组织结构、产品结构、人员结构、就业结构、投资结构、能源结构、材料结构等等。

国民经济结构的各个组成部分之间，都是有机联系在一起的，具有客观制约性，不是随意建立任何一种经济结构都是合理的。一个国家的经济结构是否合理，主要看它是否适合本国实际情况，能否充分利用国内外一切有利因素，能否合理有效地利用人力、物力、财力和自然资源，能否保证国民经济各部门协调发展，能否促进科技进步和劳动生产率提高，是否既有利于促进近期的经济增长又有利于长远的经济发展。

随着社会分工和生产社会化的不断发展，国民经济的结构也在不断变化。在近代和现代国家的国民经济中，在一般情况下，农业是国民经济的基础，工业是国民经济的主导，农业和工业的发展带动了运输业、建筑业等的发展，然后商业和服务业也随着发展起来，并且在整个国民经济中所占的比重愈来愈大。现代科学技术的发展，社会分工的进一步扩大，新的生产活动和非生产活动又不断地分化出来，形成新的生产部门与非生产部门。因此，一个国家国民经济的部门结构，可以反映出国民经济现代化的水平。

词条名称：**国民经济核算**

英　　文：**national economic accounting**

定义：国民经济核算是指对国民经济活动进行整体的、系统的核算，即以社会再生产全过程为对象的宏观经济核算。

释义：国民经济核算有广义和狭义之分。广义上是指关于国民经济核算的理论、方法、指标体系。世界各国主要采用的核算体系分为两大类：国民核算体系和物质产品平衡表体系。狭义上专指国民核算体系，又称国民账户体系，是从国民经济总体出发，按照借贷必相等的原则，对社会产品的生产、分配、流通和使用进行综合考察和统一核算的制度。

国民经济核算以一定经济理论为指导，综合应用统计核算、会计核算、业务核算，从实物资产、金融资产、物质产品和劳务等各个角度，以各种流量和存量的形式，对能反映整个国民经济状况的各种重要指标及其组成部分作系统的测定，并把各种指标组成一个系统来综合描述一国（或地区）国民经济的联系和结构的全貌。形象具体地说，国民经济核算是对一定范围和一定时间的人力、物力、财力资源与利用进行计量；对生产、分配、交换、消费进行计量；对经济运行中形成的总量、速度、比例、效益进行计量。一个国家或一个地区、部门、企业在一定时期拥有多少人力、物力、财力，怎样利用它们进行经济、科技、社会活动，取得多少成果、形成多少收入，国家、集体、个人三者之间如何进行分配，积累与消费比例如何，投入与产出、供给与需求、部门与部门、环节与环节之间的比例是否协调，纵向、横向比较发展变化如何，等等，都需要采用科学的方法进行测量和计算。这种测量和计算，就叫国民经济核算。它是适应国民经济与社会发展需要而逐步形成并发展起来的。

国民经济核算从数量上系统地反映国民经济运行状况及社会再生产过程中生产、分配、交换、使用各个环节之间以及国民经济各部门之间的内在联系，为国家宏观经济管理提供依据。国内生产总值、国民生产总值等就是通过国民经济核算出来的总量指标。

词条名称：**国内生产总值**

英　　文：**gross domestic product，缩写 GDP**

定义：国内生产总值（GDP）是指按市场价格计算的一个国家（或地区）所有常住单位在一定时期内生产活动的最终成果。对于一个地区来说，称为地区生产总值或地区 GDP。

释义：GDP 有 3 种表现形态，即价值形态、收入形态和产品形态。（1）从价值形态看，它是所有常住单位在一定时期内生产的全部货物和服务价值超过同期投入的全部非固定资产货物和服务价值的差额，即所有常住单位的增加值之和；（2）从收入形态看，它是所有常住单位在一定时期内创造并分配给常住单位和非常住单位的初次收入之和；（3）从产品形态看，它是所有常住单位在一定时期内最终使用的货物和服务价值与货物和服务净出口价值之和。

在实际核算中，GDP 有 3 种计算方法：（1）支出法。是从产品的使用出发，把一年内购买的各项最终产品的支出加总而计算出的该年内生产的最终产品的市场价值。这种方法又称最终产品法、产品流动法；（2）收入法。是从收入的角度，把生产要素在生产中所得到的各种收入相加来计算的 GDP，即把劳动所得到的工资、土地所有者得到的地租、资本所得到的利息以及企业家才能得到的利润相加来计算 GDP。这种方法又叫要素支付法、要素成本法；（3）生产法。是指按提供物质产品与劳务的各个部门的产值来计算 GDP。生产法又叫部门法。这种计算方法反映了 GDP 的来源。运用生产法进行计算时，各生产部门要把使用的中间产品的产值扣除，只计算所增加的价值。商业和服务等部门也按增值法计算。卫生、教育、行政、家庭服务等部门无法计算其增值，就按工资收入来计算其服务的价值。三种方法分别从不同的方面反映 GDP 及其构成。

词条名称：**国民生产总值**

英　　文：**gross national product，缩写 GNP**

定义：国民生产总值（GNP）是指一个国家（或地区）所有常住单位在一定时期内收入初次分配的最终结果。

释义：一国常住单位从事生产活动所创造的增加值在初次分配中主要分配给该国的常住单位，但也有一部分以生产税及进口税（扣除生产和进口补贴）、劳动者报酬和财产收入等形式分配给非常住单位；同时，国外生产所创造的增加值也有一部分以生产税及进口税（扣除生产和进口补贴）、劳动者报酬和财产收入等形式分配给该国的常住单位，从而产生了国民总收入的概念。它等于国内生产总值加上来自国外的净要素收入。和国内生产总值核算一样，国民生产总值也有三种核算方法。

GDP和GNP作为国民收入核算的两个指标，反映了统计上的两种原则。GNP是与所谓国民原则联系在一起的。按照这一原则，凡是本国国民（包括本国公民以及常驻外国但未加入外国国籍的居民）所创造的收入，不管生产要素是否在国内，都被计入本国的GNP，而外国公司在该国子公司的利润收入则不应被记入该国的GNP。GDP是与所谓国土原则联系在一起的。按照这一原则，凡是在本国领土上创造的收入，不管是不是本国国民创造的，都被计入本国的GDP。特别是，外国公司在某一国资公司的利润都应计入该国的GDP。而该国企业在外国子公司的利润就不应被计入。根据以上说明，以对外要素收入净额来表示本国生产要素在世界其他国家获得的收入减去本国付给外国生产要素在本国获得的收入，则GNP与GDP的关系式：

GNP = GDP + 对外要素收入净额

GNP反映一个国家的经济水平。按可比价格计算的GNP，可以计算不同时期不同地区的经济发展速度（经济增长率）。

词条名称：**就业人员**

英　　文：**employed population**

定义：就业人员，亦就业人口，是指在16周岁及以上、从事一定社会劳动并取得劳动报酬或经营收入的人员。

释义：就业人员通常包括以下三类：第一类是作为雇佣者在企业、政府部门或家庭中工作并领取劳动报酬的人，这类人通常被称为雇佣就业者；第二类是在自己的企业中工作，以经营利润为收入的人，这类人通常被称为自营收入者；第三类是在自家的企业中工作但不领取报酬的人，这类人通常被称为无薪家庭帮工。

就业人员被广泛用作宏观经济分析的就业指标，是因为它与经济周期有着密切的联系，可以反映宏观经济现状及其走势的变动。在经济运行处于良好状态、市场需求比较旺盛时，企业就会增加用工、扩大生产规模，从而导致就业人员增加；当企业感到市场需求减少时，他们就会降低产量减少用工，从而导致就业人员的减少或少增。

词条名称：**城镇就业人员**

英　　文：**urban employed population**

定义：城镇就业人员，亦城镇就业人口，是指在城镇地区从事非农业活动的就业人口。

释义：城镇就业人员可分为两大类别：（1）单位就业人员。是指在各级国家机关、政党机关、社会团体及企事业单位中工作，取得工资或其他形式的劳动报酬的全部人员。包括在岗职工、再就业的离退休人员、民办教师以及在各单位中工作的外方人员和港澳台方人员、兼职人员、借用的外单位人员和第二职业者。不包括离开本单位仍保留劳动关系的职工。各单位的就业人员反映了各单位实际参加生产或工作的全部劳动力。（2）城镇私营和个体就业人员。一是城镇私营企业就业人员，是指在工商管理部门注册登记、其经营地址设在县城关镇（含县城关镇）以上的私营企业就业人员，包括私营企业投资者和雇工。二是城镇个体就业人员，是指在工商管理部门注册登记、并持有城镇户口或在城镇长期居住、经批准从事个体工商经营的就业人员，包括个体经营者和在个体工商户劳动的家庭帮工和雇工。

词条名称：**城镇登记失业人员**

英　　文：**urban registered unemployed population**

定义：城镇登记失业人员是指有非农业户口、在一定的劳动年龄内（16周岁至退休年龄）、有劳动能力、无业而要求就业、并在当地劳动保障部门进行失业登记的人员。

释义：不同类别的城镇失业人员，登记方法有所不同。没有就业经历的城镇户籍人员，在户籍所在地登记；农村进城务工人员和其他非本地户籍人员在常住地稳定就业满6个月的，失业后可以在常住地登记。

词条名称：**城镇登记失业率**

英　　文：**urban registered unemployed rate**

定义：城镇登记失业率是指在报告期末城镇登记失业人数占期末城镇从业人员总数与期末实有城镇登记失业人数之和的比重。

释义：其中，期末城镇从业人员总数包括：（1）城镇单位就业人员（扣除使用的农村劳动力、聘用的离退休人员、港澳台及外方人员）；（2）城镇单位中的不在岗职工、城镇私营业主、个体户主、城镇私营企业和个体就业人员。计算公式为：

失业率城镇登记 = 城镇登记失业人数/（城镇单位就业人员 - 使用的农村劳动力 - 聘用的离退休人员 - 聘用的港澳台及外方人员） + 不在岗职工 + 城镇私营业主 + 城镇个体户主 + 城镇私营企业及个体就业人员 + 城镇登记失业人数） ×100%

词条名称：**财政收入**

英　　文：**fiscal revenue**

定义：财政收入是指国家财政参与社会产品分配所取得的收入，是实现国家职能的财力保证。

释义：财政收入主要包括税收收入和非税收入：（1）各项税收：包括国内增值税、国内消费税、进口货物增值税和消费税、出口货物退增值税和消费税、营业税、企业所得税、个人所得税、资源税、城市维护建设税、房产税、印花税、城镇土地使用税、土地增值税、车船税、船舶吨税、车辆购置税、关税、耕地占用税、契税、烟叶税等；（2）非税收入：包括专项收入、行政事业性收费、罚没收入和其他收入。

词条名称：**财政支出**

英　　文：**fiscal expenditure**

定义：财政支出是指国家财政将筹集起来的资金进行分配使用，以满足经济建设和各项事业的需要。

释义：财政支出主要包括：（1）一般公共服务：指政府提供基本公共管理与服务的支出；（2）外交：指政府外交事务支出；（3）国防：指政府用于国防方面的支出；（4）公共安全：指政府维护社会公共安全方面的支出；（5）教育：指政府教育事务支出；（6）科学技术：指用于科学技术方面的支出；（7）文化教育与传媒：指政府在文化、文物、体育、广播影视、新闻出版等方面的支出；（8）社会保障和就业：指政府在社会保障与就业方面的支出；（9）医疗卫生：指政府医疗卫生方面的支出；（10）环境保护：指政府环境保护支出；（11）城乡社区事务：指政府城乡社区事务支出；（12）农林水事务：指政府农林水事务支出；（13）交通运输：指政府交通运输和邮政业方面的支出；（14）工业商业金融等事务：指政府对工业、商业及金融等方面的支出。

词条名称：**税收收入**

英　　文：**tax revenue**

定义：税收收入是指国家按照预定标准，向经济组织和居民无偿地征收实物或货币所取得的一种财政收入，是国家预算资金的重要来源。

释义：不同国家，税种和税率都可能不同。目前中国的税收收入结构，流转税和所得税居于主体地位。具体有以下来源：增值税、消费税、营业税、企业所得税、个人所得税、外国投资企业和外国企业所得税、城市维护建设税、车船使用税、房产税、屠宰税、牲畜交易税、集市交易税、国有企业工资调节税、奖金税、固定资产投资方向调节税、资源税、烧油特别税、筵席税、印花税等。税收历来是国家财政收入的主要来源。从19世纪末到20世纪80年代，西方各主要国家的税收，一般都占财政收入的80%以上，例如美国税收收入总额占财政收入的比重已超过90%。

词条名称：**财政赤字**

英　　文：**fiscal deficit**

定义：财政赤字是财政支出大于财政收入而形成的差额，由于会计核算中用红字处理，所以称为财政赤字。它反映着一国政府的收支状况。财政赤字是财政收支未能实现平衡的一种表现，是一种世界性的财政现象。

释义：一国之所以会出现财政赤字，有许多原因。有的是为了刺激经济发展而降低税率或增加政府支出，有的则因为政府管理不当，引起大量的逃税或过分浪费。当一个国家财政赤字累积过高时，对国家的长期经济发展而言，并不是一件好事，对于该国货币亦属长期的利空，且日后为了要解决财政赤字只有靠减少政府支出或增加税收，这两项措施，对于经济或社会的稳定都有不良的影响。

词条名称：**国债**

英　　文：**treasury bond**

定义：国债，亦国家公债，是指国家以其信用为基础，按照债的一般原则，通过向社会筹集资金所形成的债权债务关系。

释义：国债是由国家发行的债券，是中央政府为筹集财政资金而发行的一种政府债券，是中央政府向投资者出具的、承诺在一定时期支付利息和到期偿还本金的债权债务凭证。由于国债的发行主体是国家，所以它具有最高的信用度，被公认为是最安全的投资工具。

国债是国家信用的主要形式。中央政府发行国债的目的往往是弥补国家财政赤字，或者为一些耗资巨大的建设项目以及某些特殊经济政策乃至为战争筹措资金。由于国债以中央政府的税收作为还本付息的保证，因此风险小，流动性强，利率也较其他债券低。

词条名称：**国债余额**

英　　文：**treasury bond balance**

定义：国债余额是指中央政府历年的预算差额，即预算赤字和预算盈余相互冲抵后的赤字累计额和经全国人大常委会批准的特别国债的累计额。分中央政府历年的预算差额和出现特殊情况需要增加年度预算赤字或发行特别国债。

释义：国债余额由两部分构成，一是中央政府历年的预算差额，即预算赤字和预算盈余相互冲抵后的赤字累计额；二是出现特殊情况需要增加年度预算赤字或发行特别国债，由全国人大常委会审议批准追加的年末国债余额限额。这一限额将是“最后一道防线”，当年期末国债余额不得突破这一限制。而国债借新还旧部分将由财政部自行运作。这一管理方式借鉴了国际通行做法，能有效管理国债规模，防范财政风险。国债余额是中央政府以后年度必须偿还的国债价值总额，能够客观反映国债负担情况。

词条名称：**国债负担率**

英　　文：**debt-to-GDP ratio**

定义：国债负担率，亦国民经济承受能力，是指国债累计余额占国内生产总值（GDP）的比重。这一指标着眼于国债存量，反映了整个国民经济对国债的承受能力。

释义：国债负担率反映着国家累积债务的总规模，是研究控制债务问题和防止出现债务危机的重要依据。一国的 GDP 值越大，国债负担率越小，则国债的发行空间越大。国际公认的国债负担率的警戒线为发达国家不超过 60%，发展中国家不超过 45%。

词条名称：**外债余额**

英　　文：**foreign debt balance**

定义：外债余额是指国有商业银行总行及其境内外分支机构，向境外的金融机构或其他企业、机构、个人筹借并供境内使用且尚未偿还的，以外国货币承担契约性偿还义务的所有债务总额。

释义：外债余额包括外国商业银行（机构）贷款、出口信贷、发行除股票以外的境外有价证券（含境外外币债券、可转换债券，大额可转让存单和中期票据等)、国际融资租赁、项目融资、非中国居民的存款等。

词条名称：外债偿还率

英　　文：**debt service ratio**

定义：外债偿还率是指一国当年外债的还本付息额在当年商品和服务出口收入中所占的比率。

释义：外债偿还率的计算公式为：

外债偿还率 = 本年度外债还本付息额/本年度商品劳务出口收汇额 ×100%

外债偿还率是用于衡量一国还款能力的主要参考数据。国际上一般把20%定为偿债率的安全指标，超过这一指标，就有发生偿债危机的可能。通常情况下，一个国家的偿债率达到或超过20%，就很难在国际上获得贷款。即使获得贷款，也要付出高昂的利息，并受许多条件的限制。但偿债率仅是一个参考依据，并不是说超过了20%就一定会发生债务危机，因为一国的偿还能力除了取决于所借外债的种类、期限和数量以外，还取决于一国的经济增长速度和出口贸易的增长速度，或者说取决于一国的经济实力。

词条名称：外债负债率

英　　文：**liability ratio of foreign debt**

定义：外债负债率是指一国的外债余额与经济总规模（GNP 或 GDP）的比率，用于测度一国经济增长对外债的依赖程度，或一国外债的整体风险。

释义：国际公认的标准是外债负债率应该控制在20%以下，即20%是所谓的“警戒线水平”。由于负债率是将外债与经济总规模结合起来分析外债状况，所以，利用负债率测算一国经济对外债的依赖程度是一个较好的指标，但用它来测度一国的外债风险、外债负担和外债偿付能力却不可靠，其原因在于GDP是用本币表示的总产出，它不是一国的对外货币性债权，而外债必须用外汇偿还，所以GDP与偿付能力没有直接关系。不过，GDP能够影响一国的国际信誉和外债的国际评级，并进而影响一国的举债能力。

词条名称：外债债务率

英　　文：**foreign debt ratio**

定义：外债债务率是指年末债务余额占当年出口收入与非贸易收入之和的比例。

释义：外债债务率的计算公式为：

外债债务率 =（外债余额/外汇总收入）×100%

国际上通常认为外债债务率的警戒线为100%，即年末外债余额不应大于当年出口收入和非外贸收入之和，否则可能发生偿债困难。该指标反映一国最大限度的举债能力，比重应越小越好，一般不应超过100%。当债务率超过100%，说明该国外债过大，外债负担过重，外汇收人难以满足偿债需求。

词条名称：居民消费价格指数

英　　文：**consumer price index**

定义：居民消费价格指数，亦CPI，是反映一定时期内城乡居民所购买的生活消费品和服务项目价格变动趋势和程度的相对数，是对城市居民消费价格指数和农村居民消费价格指数进行综合汇总计算的结果。

释义：CPI的统计意义主要体现在3个方面：（1）反映通货膨胀状况。通货膨胀的严重程度是用通货膨胀率来反映的，它说明了一定时期内商品价格持续上升的幅度；（2）反映货币购买力变动。货币购买力是指单位货币能够购买到的消费品和服务的数量。消费者物价指数上涨，货币购买力则下降；反之则上升。消费者物价指数的倒数就是货币购买力指数；（3）反映对职工实际工资的影响。CPI提高意味着实际工资的减少，CPI下降意味着实际工资的提高。

词条名称：**商品零售价格指数**
英　　文：**retail price index**
定义：商品零售价格指数，亦称RPI，是反映一定时期内城乡商品零售价格变动趋势和程度的相对数。

释义：商品零售价格的变动与国家的财政收入、市场供需的平衡、消费与积累的比例关系有关。因此，该指数可以从一个侧面对上述经济活动进行观察和分析。

词条名称：**工业品出厂价格指数**
英　　文：**producer's price index for manufactured products**
定义：工业品出厂价格指数，亦PPI，是反映一定时期内全部工业产品出厂价格总水平的变动趋势和程度的相对数。

释义：其中全部工业产品包括工业企业售给本企业以外所有单位的各种产品和直接售给居民用于生活消费的产品。PPI可以观察出厂价格变动对工业总产值及增加值的影响。

词条名称：**固定资产投资价格指数**
英　　文：**price index of investment in fixed assets**
定义：固定资产投资价格指数是反映一定时期内固定资产投资品及取费项目的价格变动趋势和程度的相对数。

释义：固定资产投资额是由建筑安装工程投资完成额、设备工器具购置投资完成额和其他费用投资完成额三部分组成。编制固定资产投资价格指数应首先分别编制上述三部分投资的价格指数，然后采用加权算术平均法求出固定资产投资价格总指数。该指数可以准确地反映固定资产投资中涉及的各类投资品和取费项目价格变动趋势和变动幅度。

词条名称：**工资总额**
英　　文：**total payroll**
定义：工资总额指各单位在一定时期内直接支付给本单位全部就业人员的劳动报酬总额。

释义：工资总额的计算原则应以直接支付给就业人员的全部劳动报酬为根据。各单位支付给就业人员的劳动报酬以及其他根据有关规定支付的工资，不论是计入成本的还是不计入成本的，不论是按国家规定列入计征奖金税项目的还是未列入计征奖金税项目的，不论是以货币形式支付的还是以实物形式支付的，均包括在工资总额内。

词条名称：**平均工资**

英　　文：**average wage**

定义：平均工资指企业、事业、机关单位的就业人员在一定时期内平均每人所得的货币工资额。

释义：它表明一定时期职工工资收入的高低程度，是反映就业人员工资水平的主要指标。计算公式为：

平均工资 = 报告期实际支付的全部就业人员工资总额 ÷ 报告期全部就业人员平均人数

词条名称：**城镇居民可支配收入**

英　　文：**disposable income of urban residents**

定义：城镇居民可支配收入指家庭成员得到可用于最终消费支出和其他非义务性支出以及储蓄的总和，即居民家庭可以用来自由支配的收入。

释义：城镇居民可支配收入是家庭总收入扣除交纳的个人所得税、个人交纳的社会保障支出以及记账补贴后的收入。计算公式为：

可支配收入 = 家庭总收入 - 交纳个人所得税 - 个人交纳的社会保障支出 - 记账补贴

其中，家庭总收入是指调查户中生活在一起的所有家庭成员在调查期得到的工资性收入、经营性收入、财产性收入、转移性收入的总和，不包括出售财物和借贷收入。收入的统计标准以实际发生的数额为准，无论收入是补发还是预发，只要是调查期得到的都应如实计算，不作分摊。

词条名称：**农村居民家庭纯收入**

英　　文：**net income of rural families**

定义：农村居民家庭纯收入是指农村居民家庭全年总收入中，扣除从事生产和非生产经营费用支出、缴纳税款和上交承包集体任务金额以后剩余的，可直接用于进行生产性、非生产性建设投资、生活消费和积蓄的那一部分收入。

释义：它是反映农民家庭实际收入水平的综合性指标。农村居民家庭纯收入包括从事生产和非生产性的经营收入、取自在外人口寄回带回和国家财政救济、各种补贴等非经营性收入；既包括货币收入，又包括自产自用的实物收入，但不包括向银行、信用社和向亲友借入等属于借贷性的收入。

农村居民家庭纯收入和城镇居民可支配收入存在4个方面的区别：（1）从指标含义上看，城镇居民可支配收入是指城镇居民的实际收入中能用于安排日常生活的收入。而农民纯收入，则是指农民的总收入扣除相应的各项费用性支出后，归农民所有的收入；（2）从形态构成上看，城镇居民可支配收入只有价值形态，它只是反映城镇居民的现金收入情况。而农民纯收入的实际形态有价值、实物两种形态，不但反映了农民的现金收入情况，也反映了农民的实物收入情况；（3）从可支配内容看，城镇居民可支配收入是全部用于安排日常生活的收入。而农民纯收入除了用做生活消费，其中有相当一部分要留做追加的生产基金，用于农民的生产和扩大再生产。(4) 从反映实际收入角度看，农民纯收入基本上反映了农民收入的真实水平。而城镇居民可支配收入中没有包括城市居民在医疗、住房等方面间接获得的福利性收入。

词条名称：**城乡居民储蓄余额**

英　　文：**balance of savings deposit of urban and rural residents**

定义：城乡居民储蓄余额是指某一时点城乡居民存入银行及农村信用社的储蓄金额。

释义：包括城镇居民储蓄存款和农民个人储蓄存款，不包括居民的手存现金和工矿企业、部队、机关、团体等单位的存款。一定时期城乡居民储蓄余额除以同期城乡居民总数，即为城乡居民人均储蓄余额。它反映一定时期一个国家或地区城乡居民的储蓄水平。

（二）国民经济行业指标①

词条名称：**全社会固定资产投资**

英　　文：**total investment in fixed assets**

定义：全社会固定资产投资是以货币形式表现的、一定时期内全社会建造和购置固定资产的工作量以及与此有关的费用的总称。

释义：全社会固定资产投资是反映固定资产投资规模、结构和发展速度的综合性指标，又是观察工程进度和考核投资效果的重要依据。全社会固定资产投资按登记注册类型可分为国有、集体、联营、股份制、私营和个体、港澳台商、外商、其他等类别。

词条名称：**全社会建设总规模**

英　　文：**total scale of construction**

定义：全社会建设总规模是指在报告期内所有施工项目的计划总投资。

释义：与此相对应还有在两个概念：(1) 在建总规模，是指在报告期末所有在建项目的计划总投资；(2) 在建净规模，是指报告期末所有在建项目扣除未投产项目累计完成投资的余额，即期末在建项目尚需的投资总量。

在建净规模 = 在建总规模 − 未投产项目（期末在建）累计完成投资

词条名称：**房地产开发投资**

英　　文：**real estate development and development**

定义：房地产开发投资是指各种登记注册类型的房地产开发公司、商品房建设公司及其他房地产开发法人单位和附属于其他法人单位实际从事房地产开发或经营活动的单位统一开发的房屋建筑物和配套的服务设施以及土地开发工程的投资。

释义：房地产开发投资的房屋建筑物和配套的服务设施包括统代建、拆迁还建的住宅、厂房、仓库、饭店、宾馆、度假村、写字楼、办公楼等，土地开发工程包括如道路、给水、排水、供电、供热、通讯、平整场地等基础设施工程。房地产开发投资不包括单纯

---

① 撰写：俎耀华；审核：肖立见；单位：深圳证券交易所综合研究所。

的土地交易活动。

词条名称：**粮食生产量**

英　　文：**grain yield**

定义：粮食生产量是指全社会生产的粮食总产量。包括国有经济经营的、集体统一经营的和农民家庭经营的粮食产量，还包括工矿企业办的农场和其他生产单位的产量。

释义：粮食除包括稻谷、小麦、玉米、高粱、谷子及其他杂粮外，还包括薯类和豆类。其产量计算方法，豆类按去豆荚后的干豆计算；薯类（包括甘薯和马铃薯，不包括芋头和木薯）1963 年以前按每 4 公斤鲜薯折 1 公斤粮食计算，从 1964 年开始改为按 5 公斤鲜薯折 1 公斤粮食计算。城市郊区作为蔬菜的薯类（如马铃薯等）按鲜品计算，并且不作粮食统计。其他粮食一律按脱粒后的原粮计算。

词条名称：**棉花生产量**

英　　文：**cotton yield**

定义：棉花生产量指全社会生产的棉花总产量，包括春播棉和夏播棉产量。

释义：棉花产量按皮棉计算，不包括木棉。棉花是世界上最主要的农作物之一，具有产量多、生产成本低等特点。棉纤维能制成多种规格的织物，从轻盈透明的巴里纱到厚实的帆布和厚平绒都能生产，适于制作各类衣服、家具布和工业用布。

词条名称：**油料生产量**

英　　文：**oilseed yield**

定义：油料生产量是指全社会生产的全部油料作物的生产总量。

释义：油料包括花生、油菜籽、芝麻、向日葵籽、胡麻籽（亚麻籽）和其他油料。不包括大豆、木本油料和野生油料。花生以带壳干花生计算油料产量。

词条名称：**农作物播种面积**

英　　文：**sown area of farm crops**

定义：农作物播种面积是指实际播种或移植农作物的面积。

释义：凡是实际种植有农作物的面积，不论种植在耕地上还是种植在非耕地上，均包括在农作物播种面积中。在播种季节基本结束后，因遭灾而重新改种和补种的农作物面积也包括在内。目前，农作物播种面积主要包括粮食、油料、棉花、麻类、糖料、烟叶、药材、蔬菜、瓜类和其他农作物等十大类。

词条名称：**工业总产值**

英　　文：**gross industrial output value**

定义：工业总产值是指工业企业在一定时期内生产的以货币形式表现的工业最终产品或提供工业性劳务活动的总价值量。它反映一定时间内工业生产的总规模和总水平。

释义：1995 年全国工业普查对工业总产值（原规定）的内容及计算原则和方法做了某些修订，修订后的工业总产值（新规定）包括 3 项内容：（1）本期生产成品价值。是指企业本期生产，并在报告期内不再进行加工，经检验、包装入库的全部工业成品

（半成品）价值合计，包括企业生产的自制设备及提供给本企业在建工程、其他非工业部门和福利部门等单位使用的成品价值；（2）对外加工费收入。是指企业在报告期内完成的对外承接的工业品加工（包括用定货者来料加工产品）的加工费收入和对外工业修理作业所取得的加工费收入；（3）自制半成品在制品期末期初差额价值。是指企业报告期在制品期末减期初的差额价值。本指标一般可以从会计核算资料中取得。如果会计产品成本核算中不计算半成品、在制品的成本，则总产值中也不包括这部分价值，反之则包括。

词条名称：**工业增加值**

英　　文：**industrial added value**

定义：工业增加值是指工业企业在报告期内以货币表现的工业生产活动的最终成果。

释义：工业增加值有两种计算方法：（1）生产法，即工业总产出减去工业中间投入加上应交增值税；（2）收入法，即从收入的角度出发，根据生产要素在生产过程中应得到的收入份额计算，具体构成项目有固定资产折旧、劳动者报酬、生产税净额、营业盈余，这种方法也称要素分配法。

词条名称：**工业主营业务收入**

英　　文：**industrial main business income**

定义：工业主营业务收入是指工业企业从事主营业务生产、经营活动所取得的营业收入。

释义：主营业务收入在各行业会计制度中的名称叫法不同，但一律按各行业会计制度或报表定义的口径进行填报，其中工业企业主营业务收入也称为“产品销售收入”。

词条名称：**工业利润总额**

英　　文：**industrial gross profit**

定义：工业利润总额是指工业企业在生产经营过程中各种收入扣除各种耗费后的盈余，反映企业在报告期内实现的盈亏总额。

释义：工业利润总额包括营业利润、补贴收入、投资净收益和营业外收支净额。根据会计“利润表”中的对应指标的本期累计数填列。

词条名称：**工业总资产负债率**

英　　文：**industrial total debt asset ratio**

定义：工业总资产负债率是指工业企业负债总额与资产总额的比率。

释义：该指标既反映企业经营风险的大小，也反映企业利用债权人提供的资金从事经营活动的能力。计算公式为：

$$资产负债率(\%)=\frac{负债总额}{资产总额}\times 100\%$$

资产与负债均为报告期期末数。

词条名称：**工业总资产贡献率**

英　　文：**industrial total asset contribution rate**

定义：工业总资产贡献率是指工业企业利税、利息总额与平均资金总额的比率。

释义：工业总资产贡献率反映企业全部资产的获利能力，是企业经营业绩和管理水平的集中体现，是评价和考核企业盈利能力的核心指标。计算公式为：

$$\text{总资产贡献率（\%）}=\frac{\text{利润总额}+\text{税金总额}+\text{利息支出}}{\text{平均资金总额}}\times 100\%$$

公式中，税金总额为产品销售税金及附加与应交增值税之和。平均资产总额为期初期末资产之和的算术平均值。

词条名称：产能利用率

英　　文：capacity utilization

定义：产能利用率，亦设备利用率，是工业总产出对生产设备的比率。

释义：简单地理解，产能利用率就是实际生产能力到底有多少在运转发挥生产作用。其计算公式：实际产能/设计产能×100%

一些国家统计产能利用率数据时，一般涵盖的范围包括制造业、矿业、公用事业、耐久商品、非耐久商品、基本金属工业、汽车业及汽油等8个项目。代表上述产业的产能利用程度。当产能利用率超过95%以上，代表设备使用率接近全部，通货膨胀的压力将随产能无法应付而急速升高，在市场预期利率可能升高情况下，对一国货币是利多。反之，如果产能利用率在90%以下，且持续下降，表示设备闲置过多，经济有衰退的现象，在市场预期利率可能降低情况下，对该国货币是利空。国际市场一般最为重视美国的产能利用数据。在美国，一般每月中旬公布前一个月的数据。

词条名称：工业产品销售率

英　　文：sales rate of industrial products

定义：工业产品销售率是指工业企业工业销售产值与工业总产值的比率。

释义：工业产品销售率的计算公式为：

$$\text{产品销售率(\%)}=\frac{\text{工业销售产值}}{\text{工业总产值(现价)}}\times 100\%$$

该指标反映工业产品已实现销售的程度，是分析工业产销衔接情况，研究工业产品满足社会需求的指标。

词条名称：工业成本费用利润率

英　　文：ratio of profits to total industrial costs

定义：工业成本费用利润率是指工业利润总额与成本费用总额的比率。

释义：工业成本费用利润率的计算公式为：

$$\text{成本费用利润率(\%)}=\frac{\text{利润总额}}{\text{成本费用总额}}\times 100\%$$

公式中的成本费用总额为产品销售成本、销售费用、管理费用、财务费用之和。该指标反映工业企业投入的生产成本及费用的经济效益，同时也反映工业企业降低成本所取得的经济效益。

词条名称：能源生产总量

英　　文：total energy production

定义：能源生产总量是指一定时期内全国一次能源生产量的总和。

释义：一次能源生产量包括原煤、

原油、天然气、水电、核能及其他动力能（如风能、地热能等）发电量，不包括低热值燃料生产量、生物质能、太阳能等的利用和由一次能源加工转换而成的二次能源产量。该指标是观察全国能源生产水平、规模、构成和发展速度的总量指标。

词条名称：**能源消费总量**

英　　文：**total energy consumption**

定义：能源消费总量是指一定时期内全国各行业和居民生活消费的各种能源的总和。

释义：能源消费总量包括原煤和原油及其制品、天然气、电力消耗量，不包括低热值燃料、生物质能和太阳能等的利用。能源消费总量可分为3个部分：（1）终端能源消费量。指一定时期内，全国生产和生活消费的各种能源在扣除了用于加工转换二次能源消费量和损失量以后的数量；（2）能源加工转换损失量。指一定时期内，全国投入加工转换的各种能源数量之和与产出各种能源产品之和的差额；（3）能源损失量。指一定时期内，能源在输送、分配、储存过程中发生的损失和由客观原因造成的各种损失量，不包括各种气体能源放空、放散量。能源消费总量是观察全社会能源消费水平、构成和增长速度的总量指标。

词条名称：**货（客）运量**

英　　文：**freight（passenger）traffic volume**

定义：货（客）运量是指在一定时期内全社会各种运输工具实际运送的货物（旅客）数量。

释义：货运按吨计算，客运按人计算。货物不论运输距离长短、货物类别，均按实际重量统计。旅客不论行程远近或票价多少，均按一人一次客运量统计；半价票、小孩票也按一人统计。

货（客）运量是反映运输业为国民经济和人民生活服务的数量指标，也是制定和检查运输生产计划、研究运输发展规模和速度的重要指标。

词条名称：**货物（旅客）周转量**

英　　文：**turnover volume of freight（passenger）traffic**

定义：货物（旅客）周转量是指在一定时期内，由各种运输工具运送的货物（旅客）数量与其相应运输距离的乘积之总和。

释义：计算货物周转量通常按发出站与到达站之间的最短距离，也就是计费距离计算。计算公式为：

货物（旅客）周转量 = Σ（货物（旅客）运输量 × 运输距离）

该指标可以反映运输业生产的总成果，也是编制和检查运输生产计划，计算运输效率、劳动生产率以及核算运输单位成本的主要基础资料。

词条名称：**民用汽车拥有量**

英　　文：**volume of civil motor vehicles**

定义：民用汽车拥有量是指报告期末，在公安交通管理部门按照《机动车注册登记工作规范》，已注册登记领有民用车辆牌照的全部汽车数量。

释义：汽车拥有量统计主要有下列分类：（1）根据汽车结构分为载客汽车、载货汽车及其他汽车；（2）根据汽车所有者不同分为个人（私人）汽车、单位汽车；（3）根据汽车的使用性质分为营运汽车、非营运汽车；（4）根据汽车大小规格不同，载客汽车分为大型、中型、小型和微型，载货汽车分为重型、中型、轻型和微型。

词条名称：**大宗商品**

英　　文：**bulk commodity**

定义：大宗商品是指可进入流通领域，但非零售环节，具有商品属性并用于工农业生产与消费使用的大批量买卖的物质商品。

释义：在金融投资市场，大宗商品指同质化、可交易、被广泛作为工业基础原材料的商品，如原油、有色金属、农产品、铁矿石、煤炭等。包括三个类别，即能源商品、基础原材料和农副产品。

大宗商品主要有3类：（1）农副产品：玉米、大豆、小麦、稻谷、燕麦、大麦、黑麦、猪腩、活猪、活牛、小牛、大豆粉、大豆油、可可、咖啡、棉花、羊毛、糖、橙汁、菜籽油等，其中大豆、玉米、小麦被称为三大农产品期货；（2）金属产品：金、银、铜、铝、铅、锌、镍、钯、铂；（3）化工产品：原油、取暖用油、无铅普通汽油、丙烷、天然橡胶等。

大宗商品具有以下几个特点：（1）价格波动大。只有商品的价格波动较大，有意回避价格风险的交易者才需要利用远期价格先把价格确定下来；（2）供需量大。期货市场功能的发挥是以商品供需双方广泛参加交易为前提的，只有现货供需量大的商品才能在大范围进行充分竞争，形成权威价格；（3）易于分级和标准化。期货合约事先规定了交割商品的质量标准，因此，期货品种必须是质量稳定的商品，否则，就难以进行标准化；（4）易于储存、运输。商品期货一般都是远期交割的商品，这就要求这些商品易于储存、不易变质、便于运输，保证期货实物交割的顺利进行。

词条名称：**社会商品零售总额**

英　　文：**total volume of retail sales**

定义：社会商品零售总额是指各种经济类型的批发零售贸易业、餐饮业、制造业和其他行业对城乡居民和社会集团的消费品零售额和农民对非农业居民零售额的总和。

释义：社会商品零售总额由3部分构成：（1）国民经济各部门向消费者出售消费品；（2）向农村出售农业生产资料；（3）农民对非农业居民直接零售的总额。社会商品零售总额反映社会商品购买力的实现程度，以及零售市场的规模状况。社会商品零售总额的大小、变化，由社会商品供给和有支付能力的商品需求的规模所决定，是研究人民生活水平、社会零售商品购买力、社会生产、货币流通和物价的发展变化趋势的重要资料。

词条名称：**货物进出口总额**

英　　文：**total volume of import and export goods**

定义：货物进出口总额是指实际

通过我国海关进出口的货物总额。

释义：货物进出口包括以下类别：(1) 对外贸易实际进出口货物；(2) 来料加工装配进出口货物；(3) 国家间、联合国及国际组织无偿援助物资和赠送品，华侨、港澳台同胞和外籍华人捐赠品；(4) 租赁期满归承租人所有的租赁货物；(5) 进料加工进出口货物；(6) 边境地方贸易及边境地区小额贸易进出口货物（边民互市贸易除外）；(7) 中外合资企业、中外合作经营企业、外商独资经营企业进出口货物和公用物品；(8) 到、离岸价格在规定限额以上的进出口货样和广告品（无商业价值、无使用价值和免费提供出口的除外）；(9) 从保税仓库提取在中国境内销售的进口货物；(10) 其他进出口货物。中国规定出口货物按离岸价格统计，进口货物按到岸价格统计。进出口总额是观察一个国家对外贸易总规模的重要指标。

词条名称：**货物出口额**

英　　文：**volume of export goods**

定义：货物出口额亦称为出口贸易总额或出口总额，是指一定时期内一国从国内向国外出口的商品的全部价值。

释义：货物出口包括常住单位向非常住单位出售或无偿转让的各种货物的价值。货物的出口和进口都按离岸价格计算。

词条名称：**货物进口额**

英　　文：**volume of import goods**

定义：货物进口额亦称为进口贸易总额或进口总额，是指一定时期内一国从国外向国内进口的商品的全部价值。

释义：货物进口包括常住单位从非常住单位购买或无偿得到的各种货物的价值。

词条名称：**贸易顺差**

英　　文：**trade surplus**

定义：贸易顺差，亦称出超，是指在一定年度一国出口贸易总额大于进口贸易总额，表示该国当年对外贸易处于有利地位。

释义：贸易顺差的大小在很大程度上反映一国在一定年份对外贸易活动状况。通常情况下，一国不宜长期大量出现对外贸易顺差，因为此举很容易引起与有关贸易伙伴国的摩擦。与此同时，大量外汇盈余通常会致使一国市场上本币投放量随之增长，因而很可能引起通货膨胀压力。

词条名称：**贸易逆差**

英　　文：**trade deficit**

定义：贸易逆差，亦称入超，是指一国在一定年度内进口贸易总值大于出口总值，反映该国当年在对外贸易中处于不利地位。

释义：当一个国家出现贸易逆差时，即表示该国外汇储备减少，其商品的国际竞争力削弱，该国在该时期内的对外贸易处于不利地位。大量的贸易逆差将使国内资源外流加剧，外债增加，影响国民经济正常有效运行。因此，政府应该设法避免出现长期的贸易逆差。

词条名称：合同利用外资额

英　　文：contract utilization of foreign capital

定义：合同利用外资额是指直接利用外资的合同外资额，是根据外商投资企业合同（章程）规定，外方投资者应缴付的注册资本。

释义：合同利用外资额包括外方从企业获得的利润对企业的再投资以及批准的企业投资总额内的外方股东贷款（2002年以前还包括以企业名义从境内外借入的其他外资）。

词条名称：实际利用外资额

英　　文：actual utilization of foreign capital

定义：实际利用外资额是指合同利用外资额的实际到位资金。

释义：实际利用外资额的核算，一般以会计师事务所对企业的验资报告为准，包括实际直接利用外资和新增对外借款。其中新增对外借款是指报告期内对外借款的提款数额。

（三）综合金融①

词条名称：金融

英　　文：finance

定义：金融是指货币的发行、流通和回笼，贷款的发放和收回，存款的存入和提取，汇兑的往来等经济活动。

释义：金融的本质或核心是价值交换，可以是不同时间点、不同地区的价值在同一个市场中的交换。金融的构成要素包括5个方面：（1）金融对象：货币（资金）。由货币制度所规范的货币流通具有垫支性、周转性和增值性；（2）金融方式：以借贷为主的信用方式为代表；（3）金融机构：通常区分为银行和非银行金融机构；（4）金融场所：即金融市场，包括资本市场、货币市场、外汇市场、保险市场、衍生性金融工具市场等；（5）制度和调控机制：对金融活动进行监督和调控等。金融各要素间的主要关系是：金融活动一般以信用工具为载体，并通过信用工具的交易，在金融市场中发挥作用来实现货币资金使用权的转移，金融制度和调控机制在其中发挥监督和调控作用。

词条名称：金融体系

英　　文：financial system

定义：金融体系是指一个经济体中资金流动的基本框架，它是资金流动的工具（金融资产）、市场参与者（中介机构）和交易方式（市场）等各金融要素构成的综合体。

释义：由于金融活动具有很强的外部性，在一定程度上可以视为准公共产品。因此，政府的管制框架也是金融体系中一个密不可分的组成部分。各个国家或地区金融制度不同，金融体系架构也有可能不同。目前世界上存在两大不同的金融体系：一是以英美为代表的市场主导型金融体系，二是以法德日为代表的银行主导型金融体系。

---

① 撰写：尚林，单位：中国人民银行广州分行；审核：阙紫康，单位：深圳证券交易所综合研究所。

就构成而言，金融体系大致包括5个方面部分：（1）金融调控体系。一是作为国家宏观调控体系的组成部分，包括货币政策与财政政策的配合、保持币值稳定和总量平衡、健全传导机制、做好统计监测工作，提高调控水平等；二是金融宏观调控机制，包括利率市场化、利率形成机制、汇率形成机制、资本项目可兑换、支付清算系统、金融市场（货币、资本、保险）的有机结合等；（2）金融企业体系，包括中央银行、商业银行、政策性银行、农村信用社、金融资产管理公司、证券公司、保险公司、信托投资公司等金融机构；（3）金融监管体系。包括健全金融风险监控、预警和处置机制，实行市场退出制度，增强监管信息透明度，接受社会监督，处理好监管与支持金融创新的关系，建立监管协调机制等；（4）金融市场体系，包括资本市场、期货市场、外汇市场、债券市场、银行业同业拆借市场、保险市场等；（5）金融环境体系，包括建立健全现代产权制度、完善公司法人治理结构、建设全国统一市场、建立健全社会信用体系、转变政府经济管理职能、深化投资体制改革等。

词条名称：**国际金融中心**

英　　文：**international financial center**

定义：国际金融中心是指聚集了大量金融机构和相关服务产业，全面集中地开展国际资本借贷、债券发行、外汇交易、保险等金融服务业并具有国际影响力的城市或地区。

释义：金融市场齐全、服务业高度密集、对周边地区甚至全球具有辐射影响力，是国际金融中心的基本特征。

国际金融中心主要有3种分类：（1）根据参与者的不同，国际金融中心可分为在岸型和离岸型。在岸型金融中心允许居民和非居民客户共同参与交易活动，如纽约、伦敦等；离岸型金融中心则将各项交易活动严格限制在非居民客户之间，如卢森堡、开曼群岛等；（2）根据金融交易发生与否，国际金融中心可分为功能型和记账型。如果金融机构在当地金融市场为客户提供服务或从事实质性金融交易，并创造就业和收入机会，那么该地区就是功能型的国际金融中心，如香港、新加坡等。如果不发生实质性的业务活动，只是为发生在其他地区的金融交易提供合法的登记场所，则称其为记账型国际金融中心；（3）根据地理空间的不同，国际金融中心可分为全球型和地区型。前者如纽约、伦敦、东京，后者如香港、法兰克福、巴黎等。

词条名称：**信用**

英　　文：**credit**

定义：信用一般意义上是指能够履行诺言而取得的信任。

释义：人类历史发展到今天，“信用”这个词已经包含着极其丰富的内涵：（1）从伦理道德层面看，信用主要是指参与社会和经济活动的当事人之间所建立起来的、以诚实守信为道德基础的“践约”行为；（2）从法律层面看，《民法通则》中规定“民事活动应当遵守自愿、公平、等价有偿、诚实守信的原则”；《合同法》中要求“当事人对他人诚实不欺，讲求信用、恪守诺言，并且在合同的内容、意义及适用等方面产生纠纷时要依据诚实信用原则来解释合同”；（3）从经济学层面看，信用是指在商品交换或者其他经济活动中授信人在充分信任受信人能够实现其承诺的基础上，用契约关系向受信人放贷，并保障自己的本金能够回流和增值的价值运动；（4）在信用创造学派的眼中，信用就是货币，货币就是信用，信用创造货币，信用形成资本。

词条名称：**融资**

英　　文：**financing**

定义：融资全称为资金融通，是指在经济过程中，资金供求双方运用各种金融工具调节资金盈余的活动，是所有金融交易活动的总称。

释义：融资一般分为直接融资和间接融资两种。

词条名称：**间接融资**

英　　文：**indirect financing**

定义：间接融资是指拥有暂时闲置货币资金的单位通过存款的形式，或者购买银行、信托、保险等金融机构发行的有价证券，将其暂时闲置的资金先行提供给这些金融中介机构，然后再由这些金融机构以贷款、贴现等形式，或通过购买需要资金的单位发行的有价证券，把资金提供给这些单位使用，从而实现资金融通的过程。

释义：间接融资具有以下特征：（1）间接性。在间接融资中，资金需求者和资金初始供应者之间不发生直接借贷关系；资金需求者和初始供应者之间由金融中介发挥桥梁作用。资金初始供应者与资金需求者只是与金融中介机构发生融资关系；（2）相对的集中性。间接融资通过金融中介机构进行。在多数情况下，金融中介并非是对某一个资金供应者与某一个资金需求者之间一对一的对应性中介；而是一方面面对资金供应者群体，另一方面面对资金需求者群体的综合性中介，在间接融资中，金融机构具有融资中心的地位和作用；（3）信誉的差异性较小。相对于直接融资来说，间接融资的信誉程度较高，风险性也相对较小，融资的稳定性较强；（4）全部具有可逆性。通过金融中介的间接融资均属于借贷性融资，到期均必须返还，并支付利息，具有可逆性。（5）融资的主动权掌握在金融中介手中。在间接融资中，资金主要集中于金融机构，资金贷给谁不贷给谁，并非由资金的初始供应者决定，而是由金融机构决定。

间接融资具有以下优点：（1）银行等金融机构网点多，吸收存款的起点低，能够广泛筹集社会各方面闲散资金，积少成多，形成巨额资金；（2）在间接融资中，由于金融机构的资产、负债是多样化的，融资风险便可由多样化的资产和负债结构分散承担，从而安全性较高；（3）降低融资成本。金融机构的出现是专业化分工协作的结果，它具有了解和掌握借款者有关信息的专长，而不需要每个资金盈余者自己去搜集资金赤字者的有关信息，因而降低了整个社会的融资成本。间接融资的局限性主要体现在：由于资金供给者与需求者之间加入了金融机构中介，隔断了资金供求双方的直接联系，在一定程度上减少了投资者对投资对象经营状况的关注和筹资者在资金使用方面的压力和约束。

词条名称：**直接融资**

英　　文：**direct financing**

定义：直接融资，亦称直接金融，是间接融资的对称，是一种没有金融中介机构介入的资金融通方式。在这种融资方式下，资金盈余单位通过直接与资金需求单位协议，或在金融市场上购买资金需求单位所发行的有价证券，将货币资金提供给需求单位使用。

释义：商业信用、企业发行股票和债券，以及企业之间、个人之间的直接借贷，均属于直接融资。直接融资具有以下特征：（1）直接性。在直接融资中，资金的需求者直接从资金的供应者手中获得资金，并在资金的供应者和资金的需求者之间建立直接的债权债务关系；（2）分散性。直接融资是在无数个企业之间、政府与企业和个人之间、个人与个人之间，或者企业与个人之间进行的，较为分散。（3）信誉上的差异性较大。直接融资的企业或者个人，其信誉好坏有较大的差异，债权人往往难以全面深入了解债务人的信誉状况，从而带来融资信誉的较大差异和风险性；（4）部分不可逆性。在直接融资中，通过发行股票所取得的资金，是不需要返还的。投资者无权中途要求退回股金，而只能到市场上去出售股票，股票只能够在不同的投资者之间互相转让；（5）相对较强的自主性。在直接融资中，在法律允许的范围内，融资者可以自己决定融资的对象和数量。

直接融资是以股票、债券为主要金融工具的一种融资机制。这种资金供给者与资金需求者通过股票、债券等金融工具直接融通资金的场所，即为直接融资市场，也称证券市场。直接融资能最大可能地吸收社会游资，直接投资于企业生产经营之中，从而弥补了间接融资的不足。

词条名称：**社会融资总量**

英　　文：**total social financing**

定义：社会融资总量是指一定时期内（每月、每季或每年）实体经济从金融体系获得的全部资金总额，这里的金融体系为整体金融的概念，从机构看，包括银行、证券、保险等金融机构；从市场看，包括信贷市场、债券市场、股票市场、保险市场以及中间业务市场等。

释义：社会融资规模的内涵主要体现在3个方面：（1）金融机构通过资金运用对实体经济提供的全部资金支持，即金融机构资产的综合运用，主要包括人民币各项贷款、外币各项贷款、信托贷款、委托贷款、金融机构持有的企业债券、非金融企业股票、保险公司的赔偿和投资性房地产等；（2）实体经济利用规范的金融工具、在正规金融市场、通过金融机构服务所获得的直接融资，主要包括银行承兑汇票、非金融企业股票筹资及企业债的净发行等；（3）其他融资，主要包括小额贷款公司贷款、贷款公司贷款、产业基金投资等。社会融资总量是全面反映金融与经济关系，以及金融对实体经济资金支持的总量指标。

词条名称：**金融市场**

英　　文：**financial market**

定义：金融市场，亦称资金市场，是指资金供应者和资金需求者双方通过信用工具进行交易而融通资金的市场。

释义：广而言之，金融市场是实现货币借贷和资金融通、办理各种票据和有价证券交易活动的市场。从不同的角度考察，金融市场有如下分类：（1）按地理范围可分为：国际金融市场、国内金融市场。（2）按经营场所可分为：有固定场所和操作设施的有形金融市场、以营运网络形式存在的无形金融市场；（3）按融资交易期限可分为：长期资金市场（资本市场）、短期资金市场（货币市场）；（4）按交易性质可分为：发行市场、流通市场；（5）按交易对象可分为拆借市场、贴现市场、大额定期存单市场、证券市场（包括股票市场和债券市场）、外汇市场、黄金市场和保险市场；（6）按交割期限可分为：金融现货市场、金融期货市场；（7）按交易标的物可分为货币市场、资本市场、金融衍生品市场、外汇市场、保险市场、黄金及其他投资品市场。

与其他市场相比，金融市场具有3大特征：（1）金融市场是以资金为交易对象的市场；（2）金融市场交易之间不是单纯的买卖关系，更主要的是借贷关系，体现了资金所有权和使用权相分离的原则；（3）金融市场可以是有形市场，也可以是无形市场。

词条名称：**金融机构**

英　　文：**financial institution**

定义：金融机构是指专门从事货币信用活动的中介组织。

释义：金融机构通常提供以下一种或多种金融服务：（1）在市场上筹资从而获得货币资金，将其改变并构建成不同种类的更易接受的金融资产，这类业务形成金融机构的负债和资产；（2）代表客户交易金融资产，提供金融交易的结算服务；（3）自营交易金融资产，满足客户对不同金融资产的需求；（4）帮助客户创造金融资产，并把这些金融资产出售给其他市场参与者；（5）为客户提供投资建议，保管金融资产，管理客户的投资组合。

我国的金融机构，按地位和功能可分为中央银行、银行、非银行金融机构和外资、侨资、合资金融机构四大类。2010年，中国人民银行发布了《金融机构编码规范》，从宏观层面统一了我国金融机构分类标准，首次明确了我国金融机构涵盖范围，界定了各类金融机构具体组成，规范了金融机构统计编码方式与方法。（1）货币当局：中国人民银行、国家外汇管理局；（2）监管当局：中国银监会、中国证监会、中国保监会；（3）银行业存款类金融机构：银行、城市信用合作社（含联社）、农村信用合作社（含联社）、农村资金互助社、财务公司；（4）银行业非存款类金融机构：信托公司、金融资产管理公司、金融租赁公司、汽车金融公司、贷款公司、货币经纪公司；（5）证券业金融机构：证券公司、证券投资基金管理公司、期货公司、投资咨询公司；（6）保险业金融机构：财产保险公司、人身保险公司、再保险公司、保险资产管理公司、保险经纪公司、保险代理公司、保险公估公司、企业年金；（7）交易及结算类金融机构：交易所、登记结算类机构；（8）金融控股公司：中央金融控股公司、其他金融控股公司；（9）其他：小额贷款公司。

词条名称：**中国人民银行**

英　　文：**The People's Bank of China**

定义：中国人民银行简称央行或人行，是中华人民共和国的中央银行，国务院组成部门之一，成立于 1948 年 12 月 1 日。中国人民银行根据《中华人民共和国中国人民银行法》的规定，在国务院的领导下依法独立执行货币政策，履行职责，开展业务，不受地方政府、各级政府部门、社会团体和个人的干涉。中国人民银行总行位于北京。

释义：中国人民银行的主要职责为：（1）拟订金融业改革和发展战略规划，承担综合研究并协调解决金融运行中的重大问题、促进金融业协调健康发展的责任，参与评估重大金融并购活动对国家金融安全的影响并提出政策建议，促进金融业有序开放；（2）起草有关法律和行政法规草案，完善有关金融机构运行规则，发布与履行职责有关的命令和规章；（3）依法制定和执行货币政策；制定和实施宏观信贷指导政策；（4）完善金融宏观调控体系，负责防范、化解系统性金融风险，维护国家金融稳定与安全；（5）负责制定和实施人民币汇率政策，不断完善汇率形成机制，维护国际收支平衡，实施外汇管理，负责对国际金融市场的跟踪监测和风险预警，监测和管理跨境资本流动，持有、管理和经营国家外汇储备和黄金储备；（6）监督管理银行间同业拆借市场、银行间债券市场、银行间票据市场、银行间外汇市场和黄金市场及上述市场的有关衍生产品交易；（7）负责会同金融监管部门制定金融控股公司的监管规则和交叉性金融业务的标准、规范，负责金融控股公司和交叉性金融工具的监测；（8）承担最后贷款人的责任，负责对因化解金融风险而使用中央银行资金机构的行为进行检查监督；（9）制定和组织实施金融业综合统计制度，负责数据汇总和宏观经济分析与预测，统一编制全国金融统计数据、报表，并按国家有关规定予以公布；（10）组织制定金融业信息化发展规划，负责金融标准化的组织管理协调工作，指导金融业信息安全工作；（11）发行人民币，管理人民币流通；（12）制定全国支付体系发展规划，统筹协调全国支付体系建设，会同有关部门制定支付结算规则，负责全国支付、清算系统的正常运行；（13）经理国库；（14）承担全国反洗钱工作的组织协调和监督管理的责任，负责涉嫌洗钱及恐怖活动的资金监测；（15）管理征信业，推动建立社会信用体系，从事与中国人民银行业务有关的国际金融活动，按照有关规定从事金融业务活动和承办国务院交办的其他事项等。

词条名称：**商业银行**

英　　文：**commercial bank**

定义：商业银行，从一般意义上讲，是指以经营存、放款，办理转账结算为主要业务，以营利为主要经营目标的金融企业。

释义：最初使用“商业银行”这个概念，是因为这类银行在发展初期，只承做“商业”短期放贷业务。放款期限一般不超过一年，放款对象一般为商人和进出口贸易商。人们将这种主要吸收短期存款，发放短期商业贷款为基本业务的银行，称为商业银行。我国的商业银行是指依照《中华人民共和国商业银行法》和《中华人民共和国公司法》设立的吸收公众存款、发放贷款、办理结算等业务的企业法人。

从各国金融业的情况看，商业银行是金融业务范围最为广泛、实力最为雄厚的金融机构，大致可以分为4个类型：（1）单一制类型，指每一个商业银行仅由其自身构成，不设任何分支机构；（2）分行制类型，即在总行下面设置许多分支机构，这些分支机构遍布国内外；（3）集团制类型，由一家股权公司控制两家或两家以上的银行；（4）连锁制类型，又称联合制，即形式上两家或两家以上银行各自独立经营，但实际上所有权操纵在一个集团手中。

中国的商业银行大致分为4类：（1）国有商业银行，如中国工商银行、中国银行等；（2）股份制商业银行，如交通银行、中信实业银行、光大银行、华夏银行等；（3）城市信用合作银行和农村信用合作银行；（4）外资性的银行。

商业银行的职能是由它的性质所决定的，主要有信用中介职能、支付中介职能、信用创造功能、金融服务职能。商业银行主要业务经营范围包括：（1）吸收公众存款；（2）发放短期、中期和长期贷款；（3）办理国内外结算；（4）办理票据承兑与贴现；（5）发行金融债券；（6）代理发行、代理兑付、承销政府债券；买卖政府债券、金融债券；（7）代理发行股票以外的有价证券；买卖、代理买卖股票以外的有价证券；（8）资产托管业务；（9）从事同业拆借；买卖、代理买卖外汇；结汇、售汇业务；（10）从事银行卡业务；（11）提供信用证服务及担保；（12）代理收付款项及代理保险业务；（13）提供保管箱服务；（14）财务顾问、资信调查、咨询、鉴证业务；（15）经银行业监督管理机构批准的其他业务。

词条名称：**存款**

英　　文：**deposit**

定义：存款是指存款人在保留所有权的条件下把资金或货币暂时转让或存储到银行或其他金融机构，或者是说把使用权暂时转让给银行或其他金融机构的资金或货币。

释义：存款是最基本也是最重要的金融行为或活动，也是银行最重要的信贷资金来源。没有存款就没有贷款，也就没有银行。从产生时间来看，存款早于银行。中国在唐代就出现了专门收受和保管钱财的柜坊，存户可凭类似支票的“帖”或其他信物支钱。中世纪在欧洲出现的钱币兑换商也接受顾客存钱，属钱财保管性质，不支付利息，是外国银行存款业务的萌芽。

随着银行和其他金融机构的出现，银行的存款业务得到了迅速发展。存款可按多种方式分类，按产生方式可分为原始存款和派生存款；按期限可分为活期存款和定期存款；按存款者的不同，可分为单位存款和个人存款。

词条名称：**定期存款**

英　　文：**fixed deposit**

定义：定期存款是指存款人将现金存入在银行机构开设的定期储蓄账户内，事先约定以固定期限为储蓄时间，以高于活期存款的利息获得回报，期满后可领取本金和利息的一种储蓄形式。

释义：定期存款是存款人在保留所有权的条件下，把使用权暂时转让给银行的资金或货币，是银行最重要的信贷资金来源。定期存款是银行与存款人双方在存款时事先约定期限、利率，到期后支取本息的存款。定期存款存期短则3个月，长则5年，存期选择余地大，利息收益较稳定。如果存款人在未满约定储蓄期限的时候提取定期存款，银行通常会按照活期存款的方式来处理这笔业务。储户在需要领取大额存款之前，往往会被要求提前一天通知银行申请预约提取，以备银行准备足够的现金予以支付。

词条名称：**贷款**

英　　文：**loan**

定义：贷款是指银行或其他金融机构按一定利率和必须归还等条件出借货币资金的一种信用活动形式。

释义：广义的贷款指贷款、贴现、透支等出贷资金的总称。银行通过贷款的方式将所集中的货币和货币资金投放出去，可以满足社会扩大再生产对补充资金的需要，促进经济的发展。同时，银行也可以由此取得贷款利息收入，增加银行自身的积累。

根据不同的分类标准，贷款有多种分类：（1）按照贷款期限划分：中长期贷款（贷款期限在5年以上）、中期贷款（贷款期限在1～5年）、短期贷款（贷款期限在1年（含）以内）、透支（没有固定期限的贷款）；（2）按币种划分：本币贷款、外币贷款；（3）按照贷款人性质分为：银行贷款（自营贷款）、银团贷款、委托贷款（公积金贷款就是一种典型的委托贷款）、特定贷款；（4）按贷款主体性质划分：经济组织贷款、企业单位贷款、事业单位贷款、个人贷款；（5）按照贷款用途划分，企业（经济组织）类贷款可分为：固定资产投资贷款、项目融资贷款、一般固定资产贷款、流动资金贷款、铺底流动资金贷款、临时流动资金周转贷款、票据贴现。个人类贷款可分为个人经营类贷款、个人消费类贷款、住房抵押贷款（俗称按揭）等。

词条名称：存贷比
英　　文：loan-to-deposit ratio
定义：存贷比全称存贷款比率，是指银行的贷款总额与存款总额的比率。

释义：对于银行，存贷款比率的计算公式是：

存贷款比率＝各项贷款总额/各项存款总额×100%

按照中国人民银行的规定，各项贷款总额包括短期贷款、中长期贷款、逾期贷款、应收押汇和贴现；各项存款总额包括活期存款、应解汇款、保证金、长期存款和长期储蓄存款。存贷比越高，表明负债对应的贷款资产越多，银行的流动性就越低。为保持银行的流动性，中国人民银行规定，银行的各项贷款与存款的比例不得超过75%，外汇项不得超过85%。

词条名称：信贷额度
英　　文：credit line
定义：信贷额度，亦称贷款限额，是借款企业与银行在协议中规定的借款最高限额。

释义：信贷额度的有效期限通常为1年。一般情况下，在信贷额度内，企业可以随时按需要支用借款。但是，银行并不承担必须贷款的义务。如果企业信誉恶化，即使在信贷限额内，企业也可能得不到借款。此时，银行不会承担法律责任。

词条名称：利率
英　　文：interest rate
定义：利率，亦称利息率，表示一定时期内利息量与本金的比率，通常用百分比表示。

释义：利率计算公式是：利息率＝利息量/本金÷时间×100%

从借款人的角度来看，利率是使用资本的单位成本，是借款人使用贷款人的货币资本而向贷款人支付的价格；从贷款人的角度来看，利率是贷款人借出货币资本所获得的报酬率。影响利息率高低的因素，主要有资本的边际生产力或资本的供求关系。此外还有承诺交付货币的时间长度以及所承担风险的程度。利率是经济学中一个重要的金融变量，几乎所有的金融现象、金融资产均与利率有着或多或少的联系。

利率是调节货币政策的重要工具，亦用以控制投资、通货膨胀及失业率等，继而影响经济增长。利率通常由国家的中央银行控制，在美国由联邦储备委员会管理。现在，所有国家都把利率作为宏观经济调控的重要工具之一。当经济过热、通货膨胀上升时，便提高利率、收紧信贷；当过热的经济和通货膨胀得到控制时，便会把利率适当地调低。当前，世界各国频繁运用利率杠杆实施宏观调控，利率政策已成为各国中央银行调控货币供求，进而调控经济的主要手段，利率政策在中央银行货币政策中的地位越来越重要。合理的利率，对发挥社会信用和利率的经济杠杆作用有着重要的意义。

词条名称：**存款准备金率**

英　　文：**deposit reserve ratio**

定义：存款准备金率是指中央银行要求的商业银行存款准备金占其存款总额的比例。

释义：存款准备金是指金融机构为保证客户提取存款和资金清算需要而准备的在中央银行的存款。准备金本来是为了保证支付的，但它却带来了一个意想不到的“副产品”，就是赋予了商业银行创造货币的职能，可以影响金融机构的信贷扩张能力，从而间接调控货币供应量。存款准备金率现已成为中央银行货币政策的重要工具，是传统的三大货币政策工具之一。

词条名称：**存贷利率差**

英　　文：**interest rate spread between loan and deposit**

定义：存贷利率差，亦称存贷利差，是指存款利率与贷款利率之差。

释义：一般而言，只有计算相同期限的存贷款利差才是有意义的，如一年期存款利率与贷款利率之差。正常情况下，银行的存贷利率差为正，即银行贷款利率高于存款利率。

词条名称：**银行资本充足率**

英　　文：**bank capital adequacy ratio**

定义：银行资本充足率是指银行自身资本和加权风险资产的比率，代表了银行对负债的最后偿债能力。

释义：银行用少量资本运营大量债权资产，以此来获得高回报率，这就是“杠杆原理”，但这也是银行产生系统风险的根源之一。为了让金融业在众多风险面前有足够的抵抗能力，最低限度地降低金融业暴发危机引起的社会动荡，1988 年在瑞典巴塞尔召开的巴塞尔银行监管委员会会议上确定了 8% 的资本充足率要求，中国在 20 世纪 90 年代中后期开始的金融体制改革中，也确立了这个风险控制指标。

词条名称：**银行核心资本充足率**

英　　文：**bank core capital adequacy ratio**

定义：银行核心资本充足率是指银行核心资本与加权风险资产总额的比率。

释义：银行核心资本又叫一级资本和产权资本，包括普通股、盈余、优先股、未分配利润、储户账户。巴塞尔委员会规定的银行资本充足率，要求资本充足率达到 8%，核心资本充足率达到 4%。

词条名称：**银行不良贷款**

英　　文：**non-performing bank loans**

定义：银行不良贷款，亦称非正常贷款或有问题贷款，是指借款人未能按原定的贷款协议按时偿还商业银行的贷款本息，或者已有迹象表明借款人不可能按原定的贷款协议按时偿还商业银行的贷款本息而形成的贷款。中国曾经将不良贷款定义为呆账贷款、呆滞贷款和逾期贷款（即“一逾两呆”）的总和。

释义：一般而言，借款人若拖延还本付息达 3 个月之久，贷款即会被视为不良贷款。商业银行在确定不良贷款已无法收回时，应从利润中予以注销。预期贷款无法收回但尚未确定时，则应在账面上提列坏帐损失准备。

商业银行贷款按风险基础可分为5类：（1）正常类贷款。定义为借款人能够履行合同，没有足够理由怀疑贷款本息不能按时足额偿还；（2）关注类贷款。定义为尽管借款人目前有能力偿还贷款本息，但存在一些可能对偿还产生不利影响的因素；（3）次级类贷款。定义为借款人的还款能力出现明显问题，完全依靠其正常营业收入无法足额偿还贷款本息，即使执行担保，也可能会造成一定损失；（4）可疑类贷款。定义为借款人无法足额偿还贷款本息，即使执行担保，也肯定要造成较大损失；（5）损失类贷款。定义为在采取所有可能的措施或一切必要的法律程序之后，本息仍然无法收回，或只能收回极少部分。对各项贷款进行分类后，其后三类贷款合计为不良贷款。

词条名称：**银行不良贷款率**

英　　文：**non-performing bank loans ratio**

定义：银行不良贷款率是指银行不良贷款占总贷款余额的比重。

释义：银行不良贷款率的计算公式是：

不良贷款率 =（次级类贷款 + 可疑类贷款 + 损失类贷款）/各项贷款 ×100%

金融机构不良贷款率是评价金融机构信贷资产安全状况的重要指标之一。不良贷款率高，说明金融机构收回贷款的风险大；不良贷款率低，说明金融机构收回贷款的风险小。

词条名称：**银行拨备**

英　　文：**bank provision**

定义：银行拨备是指商业银行贷款损失准备和银行资产损失准备。

释义：银行拨备，包括3个方面：（1）一般拨备（亦称一般准备），是指用于弥补尚未识别的可能性损失的拨备，主要用于信用卡透支、贴现、银行承兑汇票垫款、信用证垫款、担保垫款、进出押汇、拆出资金、应收账款、投资（包括股权、债权）等。一般拨备的计提标准原则上应不低于风险资产的期末余额的1%；（2）专项拨备（亦称专项准备），是指根据《贷款风险分类指导原则》，对贷款进行风险分类后，按每笔贷款损失的程度计提的用于弥补专项损失的拨备。根据人民银行《贷款损失准备计提指引》及财政部有关文件规定，在五级分类中，商业银行按关注2%、次级25%、可疑50%、损失100%的拨备率计提；（3）特种拨备（亦称特种准备），是指针对某一国家、地区、行业或某一类贷款风险计提的拨备。由银行根据不同类别贷款的特殊风险情况、风险损失概率及历史经验自行确定。

银行拨备对提高银行消化不良资产的能力具有关键性作用。银行拨备的作用在于真实反映资产的公允价值。银行拨备是利润还是费用的实质取决于拨备是否能够弥补未来贷款可能出现的损失。银行拨备是银行用来平滑各年度收益水平的蓄水池，经营效益上升时提高拨备的计提水平，经营效益下降时通过释放拨备来维持盈利水平。

词条名称：**银行拨备覆盖率**

英　　文：**bank provision coverage ratio**

定义：银行拨备覆盖率，亦称拨备充足率、不良贷款拨备覆盖率，是指银行贷款可能发生的呆、坏账准备金的使用比率。

释义：银行拨备覆盖率的计算公式为：

拨备覆盖率＝(一般准备＋专项准备＋特种准备)/(次级类贷款＋可疑类贷款＋损失类贷款)

不良贷款拨备覆盖率是衡量商业银行贷款损失准备金计提是否充足的一个重要指标。该项指标从宏观上反映银行贷款的风险程度及社会经济环境、诚信等方面的情况。依据《股份制商业银行风险评级体系（暂行）》，拨备覆盖率是实际计提贷款损失准备对不良贷款的比率，该比率最佳状态为100%。拨备覆盖率是银行的重要指标，这个指标考察的是银行财务是否稳健，风险是否可控。

词条名称：**银行监管**

英　　文：**bank regulation**

定义：银行监管有广义和狭义两种理解。从狭义上讲，银行监管是指国家金融监管机构对银行业金融机构的组织及其业务活动进行监督和管理的总称。广义的银行监管不仅包括国家金融监管机构对银行业金融机构的外部监管或他律监管，也包括银行业金融机构的内部监管或自律监管。

释义：世界各国的银行业监管体制可分为两种类型：一是设立专门的银行业监管机构，完全分离中央银行的监管职能；二是中央银行与其他金融管理机关共同行使金融监管权。

我国银行业监管的主要原则是：依法、公开、公正和效率的原则，独立监管原则，审慎监管原则，协调监管原则，跨境合作监管原则。银行业监管是一国金融监管体系的重要组成部分。尽管在不同的历史时期，各国金融监管的内容、手段及程度有所变化，但与其他行业相比，以银行业为主体的金融业从来都是各国管制最严格的行业。究其原因，主要是由金融业本身的特殊性及其在现代市场经济中的重要地位决定的。

词条名称：**中国银监会**

英　　文：**China Banking Regulatory Commission**

定义：中国银监会全称中国银行业监督管理委员会，是中国银行业监管机构，是国务院直属事业单位。

释义：中国银监会的主要工作目标：（1）通过审慎有效的监管，保护广大存款人和消费者的利益；（2）通过审慎有效的监管，增进市场信心；（3）通过宣传教育工作和相关信息披露，增进公众对现代金融的了解；（4）努力减少金融犯罪。

中国银监会的主要职责：（1）依照法律、行政法规制定并发布对银行业金融机构及其业务活动监督管理的规章、规则；（2）依照法律、行政法规规定的条件和程序，审查批准银行业金融机构的设立、变更、终止以及业务范围；（3）对银行业金融机构的董事和高级管理人员实行任职资格管理；（4）依照法律、行政法规制定银行业金融机构的审慎经营规则；（5）对银行业金融机构的业务活动及其风险状况进行非现场监管，建立银行业金融机构监督管理信息系统，分析评价银行业金融机构的风险状况；（6）对银行业金融机构的业务活动及其风险状况进行现场检查，制定现场检查程序，规范现场检查行为；（7）对银行业金融机构实行并表监督管理；（8）会同有关部门建立银行业突发事件处置制度，制定银行业突发事件处置预案，明确处置机构和人员及其职责；（9）处置措施和处置程序，及时、有效地处置银行业突发事件；（10）负责统一编制全国银行业金融机构的统计数据、报表，并按照国家有关规定予以公布；（11）对银行业自律组织的活动进行指导和监督；（12）开展与银行业监督管理有关的国际交流、合作活动；（13）对已经或者可能发生信用危机，严重影响存款人和其他客户合法权益的银行业金融机构实行接管或者促成机构重组；（14）对有违法经营、经营管理不善等情形银行业金融机构予以撤销；（15）对涉嫌金融违法的银行业金融机构及其工作人员以及关联行为人的账户予以查询；（16）对涉嫌转移或者隐匿违法资金的申请司法机关予以冻结；（17）对擅自设立银行业金融机构或非法从事银行业金融机构业务活动予以取缔；（18）负责国有重点银行业金融机构监事会的日常管理工作等。

词条名称：**商业保险**

英　　文：**commercial insurance**

定义：人们一般所说的保险就是指商业保险，亦称保险。即投保人根据合同约定，向保险人支付保险费，保险人对于合同约定的可能发生的事故因其发生所造成的财产损失承担赔偿保险金责任，或者当被保险人死亡、伤残、疾病或者达到合同约定的年龄、期限时承担给付保险金责任的商业保险行为。

释义：商业保险具有以下4个方面的特征：（1）商业保险的经营主体是商业保险公司；（2）商业保险所反映的保险关系是通过保险合同体现的；（3）商业保险的对象可以是人和物（包括有形的和无形的），具体标的有人的生命和身体、财产以及与财产有关的利益、责任、信用等；（4）商业保险的经营要以盈利为目的，而且要获取最大限度的利润，以保障被保险人享受最大程度的经济保障。

商业保险大致可分为财产保险、人身保险、责任保险、信用保险、津贴型保险、海上保险等。商业保险具有经济补偿、资金融通和社会管理功能。经济补偿功能是保险的基本功能，也是保险区别于其他行业的最鲜明的特征。资金融通功能是在经济补偿功能的基础上发展起来的，社会管理功能是保险业发展到一定阶段并深入到社会生活诸多层面之后产生的一项重要功能。

词条名称：**投保人**

英　　文：**insurance applicant**

定义：投保人根据中国保险法的规定，投保人是指与保险人订立保险合同，并按照保险合同负有支付保险费义务的人。

释义：投保人可以是自然人，也可以是法人。中国的保险法规定，订立保险合同，保险人应当向投保人说明保险合同的条款内容，并可以就保险标的或者被保险人的有关情况提出询问，投保人应当如实告知。投保人故意隐瞒事实，不履行如实告知义务的，或者因过失未履行如实告知义务，足以影响保险人决定是否同意承保或者提高保险费率的，保险人有权解除保险合同。

投保人应当具备以下 3 个条件：（1）投保人必须具有相应的权利能力和行为能力，否则所订立的保险合同不发生法律效力；（2）投保人对保险标的必须具有保险利益，即对保险标的具有法律上承认的利益，否则投保人不能与保险人订立保险合同，若保险人在不知情的情况下与不具有保险利益的投保人签订了保险合同，该保险合同无效；（3）投保人应承担支付保险费的义务，不论投保人为自己利益还是为他人利益订立保险合同，均应承担支付保险费的义务。

投保人具有以下权力：（1）请求保险公司承担必要、合理的费用；（2）请求保险公司降低保险费。被保险财产的危险程度明显减少时，保险公司应当降低保险费，并按日计算，退还相应的保险费；（3）请求复效。在分期付款的人身保险合同中，如果投保人超过 60 日不缴纳续期保险费，合同效力中止。但自合同效力中止之日起两年内，投保人有权提出恢复合同的请求；（4）指定和变更受益人。根据保险法的规定，投保人的主要义务是：按约定交付保险费，如实告知的义务，及时通知的义务，提供证明、资料的义务，对因自己违法而取得赔偿或给付予退赔的义务。

词条名称：**保险人**

英　　文：**insurer**

定义：根据中国保险法规定，保险人又称“承保人”，是指与投保人订立保险合同，并承担赔偿或者给付保险金责任的保险公司。

释义：在中国，保险人是法人，公民个人不能作为保险人。保险人的具体形式有保险股份有限公司、相互保险公司、相互保险社、保险合作社、国有保险公司及专业自保公司。

保险人具有以下特点：（1）保险人是依法成立并有经营保险业务许可的法人，保险公司不仅成立合法，而且已申请保险业务经营许可证；（2）保险人是保险基金的组织、管理、使用人。保险人通过收取保险人保险费建立保险基金，经营保险业务，保险的分配、使用、投资必须依法进行；（3）保险人承担在发生保险事故时给付保险金的义务。

保险人的权利主要有：（1）对保险标的的检查、建议权；（2）投保人、被保险人违约时增加保险费或合同解除权；（3）经被保险人同意采取安全预防措施权；（4）危险增加而增加保险费或合同解除权；（5）代位赔偿请求权；（6）除合同有相反约定外，保险标的部分损失时，保险人有权终止合同。保险人终止合同的，应提前15日通知投保人并退还相应的保险费。

保险人的主要义务为：（1）说明告知合同内容，免责条款等的义务；（2）赔偿和给予保险金的义务；（3）及时签单的义务；（4）对于被保险人的任何信息和涉及保险条款相关协定内容等的保密义务。

词条名称：**被保险人**

英　　文：**insurant**

定义：被保险人是指其财产或人身受保险合同保障、享有保险金请求权的人。

释义：人身保险合同中的被保险人是指以其生命或者身体为保险标的，所以被保险人只能是自然人，既可以是成人，也可以是儿童，但如果是儿童的话，须由其父母或监护人投保。

在保险合同中，被保险人具有以下特征：（1）被保险人是保险事故发生时遭受损失的人。在人身保险中，被保险人是其生命或健康因危险事故的发生而遭受直接损失的人；在财产保险中，被保险人必须是财产的所有人或其他权利人；（2）被保险人是享有保险金请求权的人；（3）被保险人的资格一般不受限制，被保险人可以是投保人自己，也可以是投保人以外的第三人；被保险人也可以是无民事行为能力人，但是在人身保险中，只有父母才可以为无民事行为能力人投保以被保险人死亡为给付保险金条件的保险。

词条名称：**受益人**

英　　文：**insurance beneficiary**

定义：受益人是指人身保险合同中由被保险人或者投保人指定的享有保险金请求权的人，即保险金的最终获取人。

释义：在保险合同中，受益人具有以下特征：（1）受益人享有保险金请求权；（2）受益人由被保险人或者投保人指定；（3）受益人一般没有资格限制，受益人无需受民事行为能力或保险利益的限制；但是若投保者为与其有劳动关系的人投保人身保险时，不得指定被保险人及其近亲属以外的人为受益人。

如果投保人既不是被保险人，也不是受益人，那么投保人对于人身保险合同只承担缴纳保险费义务，而并不享有什么权利。当投保人为自己的利益投保时，投保人、被保险人为同一人，被保险人或投保人一般会指定自己的家庭成员、亲属为受益人，也可以指定其他任何人为受益人。在一份人身保险合同中，可以只指定一名受益人，也可以指定若干名受益人。投保人、受益人与被保险人之间应存在保险利益关系，即一定利害损失关系，如夫妻、父母与子女、债权人与债务人等。

词条名称：**保险合同**

英　　文：**insurance contract**

定义：保险合同是投保人与保险

人约定保险权利义务关系的协议。其中，投保人是指与保险人订立保险合同，并按照保险合同负有支付保险费义务的人。保险人是指与投保人订立保险合同，并承担赔偿或者给付保险金责任的保险公司。

释义：保险合同主要涉及以下几个方面的重要事项：（1）保险合同有效订立。包括两个方面：一是双方商定了保险合同的条款，即保险合同已经成立；二是保险合同对双方发生法律约束力，即保险合同生效；（2）保险合同主体。保险合同的主体分为保险合同当事人、保险合同关系人和保险合同辅助人三类；（3）保险合同客体。保险合同的客体是指保险法律关系的客体，即保险合同当事人权利义务所指向的对象；（4）保险合同内容。主要包括投保人的有关保险标的的情况、保险价值与保险金额、保险风险、保险费率、保险期限违约责任与争议处理以及双方当事人的应尽义务与享受的权利；（5）保险合同成立。保险合同一般成立的要件有：投保人提出保险要求、保险人同意承保、保险人与投保人就合同的条款达成协议；（6）保险合同生效。保险合同生效的要件按照民法通则和合同法的规定确定；（7）保险合同形式。保险合同采用保险单和保险凭证的形式签订。

词条名称：**退保**

英　　文：**cancellation of insurance**

定义：退保是指在保险合同没有完全履行时，经投保人向被保险人申请，保险人同意，解除双方由合同确定的法律关系，保险人按照保险法及合同的约定退还保险单的现金价值。

释义：一般情况下，非人身险定期保险单中都订有解除保险合同的条款，订明任何一方在到期前注销保险单的条件，以维护各自利益不致因保险合同的继续而受到损害。退保后应退还相应的保险费。如果保险单尚未生效即退保，被保险人原则上可收回全部保险费，但保险人也有权收取最低额的保险费。若属保险人要求解除合同，对未到期部分的保险费则应按日计算并退还被保险人。

退保有两种类型：（1）犹豫期退保。指投保人在合同约定的犹豫期内的退保。一般保险公司规定投保人收到保单后十天为犹豫期。通常保险公司会扣除工本费后退还全部保费；（2）正常退保。超过犹豫期的退保视为正常退保。通常领取过保险金的保单，不得申请退保。正常退保一般要求保单经过一定年度后，投保人可以提出解约申请，寿险公司应自接到申请之日起30天内退还保单现金价值。

词条名称：**保费**

英　　文：**premium**

定义：保费，亦称保险费，是投保人为取得保险保障，按保险合同约定向保险人支付的费用。

释义：根据保费的收付情况，保费可分为3种状况：（1）应收保费：按保险合同约定，保险人应向投保人收取的保险费；（2）未收保费：按保险合同约定的保费应缴日已至，但保险人尚未收到的保险费；（3）预收保费：保险人在保险合同生效前或续期保费应缴日前向投保人预收的保险费。

保险费多少是根据保险金额、保险费率、保险期限、保险人的年龄职业等因素计算决定的。通常保险合同上会载明保险费的数额并明确支付方式。保险金额高，保险期限长，投保人支付的保险费就越多。投保人只有统一支付或者已经支付保险费的前提下，才能获得保险人承担保险损害赔偿的承诺。保险合同没有保险费约定的，保险合同无效。如投保人未能按规定交付保险费，则保险合同效力随之停止。保费逾期不交，将直接影响到投保人利益，如可能产生滞纳利息，导致保单失效从而无法获得理赔。

词条名称：保险费率

英　　文：**rate of premium**

定义：保险费率，亦称费率、保费率，是应缴纳保险费与保险金额的比率。

释义：保险费率是保险人按单位保险金额向投保人收取保险费的标准。保险费率一般由纯费率和附加费率两部分组成。纯保险费率的计算公式是：

纯保险费率 = 保险额损失率 + 稳定系数

其中：保险额损失率 = 保险赔款总额/总保险金额 ×1000‰

附加费率的计算公式是：

附加费率 = （保险业务经营的各项费用 + 适当的利润）/纯保险收入总额

习惯上，将由纯费率和附加费率两部分组成的费率称为毛费率。纯费率也称净费率，是保险费率的主要部分，它是根据损失概率确定的。按纯费率收取的保险费叫纯保费，用于保险事故发生后对被保险人进行赔偿和给付。附加费率是保险费率的次要部分，按照附加费率收取的保险费叫附加保费。它是以保险人的营业费用为基础计算的，用于保险人的业务费用支出、手续费支出以及提供部分保险利润等。

词条名称：保额

英　　文：**insured amount**

定义：保额全称保险金额，是指保险人承担赔偿或者给付保险金责任的最高限额，也是保险公司支付合理费用赔偿的最高限额和计算保险费的主要依据。

释义：保额一般有3种确定方法：（1）财产保险中，保额根据保险价值而定，有效的保险金额必须在保险价值限度内；（2）责任、信用保证保险中，由保险双方事人在签订保险合同时依据投保标的的具体情况商定一个最高的赔偿限额，有些责任保险投保时虽然并不确定保额，但会确定保险总赔偿限额和单次或单人赔偿限额；（3）人身保险中，由于人的生命价值难以用货币衡量，所以不能依据人的生命价值确定保额，而是根据被保险人的经济保障需要与支付保险费的能力由保险双方当事人协商确定保额。

保额与保险价值的数量关系依具体情况而定：（1）保额 = 保险价值，在一般财产保险中，常以保险标的的实际价值作为保额；（2）保额 > 保险价值，多在货物运输险中，允许在货物的实际价值加上货物销售的合理利润作为保额；（3）保额＜保险价值，在一般财产保险中，允许保额低于标的的实际价值，其不足部分则视为被保险人的自保；（4）保额按统一标准确定，不由投保人选择，多在强制性保险或部分人身保险和责任保险中采用；（5）不事先确定保额，多在农业保险中采用，发生赔偿时，按当时的实际损失计算赔偿；（6）保额根据投保人的支付能力和保障需求确定，一般人寿保险中多采用。

词条名称：**保费收入**

英　　文：**premium written**

定义：保费收入是指保险公司为履行保险合同规定的义务而向投保人收取的对价收入。

释义：保费收入所带来的经济效果是保险公司现金资产的流入，并且保险公司利用资金流入与流出的时间差，通过资金运用以及对保险风险的集中与分散的管理，形成损益。

保费收入的主要内涵是：（1）保费收入是由于投保人依据保险合同的约定向保险人缴付保险费而形成的。从经济角度观察，保险费是保户为形成共同风险保障而分摊的资金；从法律角度观察，保险费是保户为获得赔付请求而付出的代价；（2）保费收入是保险公司最主要的资金流入渠道，同时也是保险人履行保险责任最主要的资金来源。从资产层面看，保险费收取形成了保险资金的流入，是保险资产增长的主要动力；从负债层面看，由于保险资金的流入前提是保险人要履行约定的保险责任，因此资金流入的结果造成了保险负债的增加。

词条名称：**保险赔付**

英　　文：**insurance compensation**

定义：保险赔付简称赔付，是赔偿和给付的合称。保险公司在出险后依据保险合同的约定向保户支出的保险金有赔偿和给付两种，合称赔付。

释义：赔偿多用于财产保险，赔付多适用于人身保险。赔偿是指保险公司根据保险财产出险时的受损情况，在保险额的基础上对被保险人的损失进行的赔偿。保险赔偿是一种补偿性质的赔偿，它只对实际损失的部分进行赔偿，最多与受损财产的价值相当，而永远不会多于受保财产的原有价值。

人身保险是以人的生命或身体作为保险标的的，而人的生命和身体是不能用金钱来衡量的，因此，人身保险出险使生命或身体受到的损害是不能用金钱赔偿得了的。因此，保险公司在出险时，只能在保单约定的额度内对被保险人或受益人给付保险金，也就是说人身保险是以给付的方式支付保险金的。

词条名称：**赔付率**

英　　文：**loss ratio**

定义：赔付率是指一定会计期间赔款支出与保费收入的百分比。

释义：赔付率的计算公式是：

赔付率＝（赔款支出÷保费收入）×100%

这里的赔款支出在实际的会计核

算上，仅指事故已经发生且赔款已经支付的那部分；而对事故已经发生，赔付责任也已开始，只不过因为某种原因尚未结案或未实际支付款项的部分则未计算在内。除非在一种极理想的状态下，即事故一旦发生而赔款立即支付时，赔款支出才包含了已发生的全部赔付责任。但事实上这一理想状态是不可能存在的。为此，现已经明确规定，即无论考察哪一会计期间的赔付率，赔款支出都应加上当期未决赔款。为简便起见，姑且将赔款支出与未决赔款之和统称为责任赔款。某一特定会计期间的赔款支出即使是责任赔款，它与保费收入也不一定是对应的。

词条名称：**保险准备金**

英　　文：**insurance reserve**

定义：保险准备金是指保险人为保证其如约履行保险赔偿或给付义务，根据有关法律规定或业务特定需要，从保费收入或盈余中提取的与其所承担的保险责任相对应的一定数量的基金。

释义：为了保证保险公司的正常经营，保护被保险人的利益，各国一般都以保险立法的形式规定保险公司应提存保险准备金，以确保保险公司具备与其保险业务规模相应的偿付能力。

保险准备金主要有总准备金、未到期责任准备金、未决赔款准备金、再保险准备金等。保险人提取保险准备金的主要原则是：（1）保障被保险人利益的原则。被保险人作为保险活动当事人的重要一方，保障其合法利益是无可争议的。保险公司必须以保障被保险人利益为原则，提取各项责任准备金；（2）保证偿付能力的原则。保险公司要拥有一定的偿付能力，就必须提取各项责任准备金，以备不时之需，否则保障被保险人的利益也就无从谈起。

词条名称：**保险公司偿付能力**

英　　文：**solvency**

定义：保险公司偿付能力是指保险公司偿还债务的能力，具体表现为保险公司是否有足够的资产来匹配其负债，特别是履行其给付保险金或赔款的义务。

释义：保险公司偿付能力可以分为两类：（1）最低偿付能力。是指保险公司必须满足的偿付能力要求，即由保险法规规定的保险公司在存续期间必须达到的保险公司认可资产与认可负债差额；（2）实际偿付能力。是指根据保险监管法规、会计准则调整后的认可资本，即认可资产减去认可负债的差额。保险公司的认可资产减去认可负债的差额必须大于保险法规规定的金额，否则保险公司即被认定为偿付能力不足。

保险是信用的象征。保险业作为经营风险的特殊行业，其是否具有偿付能力意义十分重大：（1）偿付能力是保险公司生存的前提；（2）偿付能力是维护被保险人利益的基本保证；（3）偿付能力是实现保险业可持续发展的需要；（4）偿付能力是保险监管的核心内容。

词条名称：**偿付能力充足率**

英　　文：**adequacy ratio of solvency**

定义：偿付能力充足率是指保险公司实际资本与最低资本的比率。保险公司应当具有与其风险和业务规模相适应的资本，确保偿付能力充足率不低于100%。

释义：保险公司实际资本，是指认可资产与认可负债的差额。保险公司的最低资本，是指根据监管机构的要求，保险公司为吸收资产风险、承保风险等有关风险对偿付能力的不利影响而应当具有的资本数额。

对偿付能力充足率小于100%的保险公司，中国保监会可将该公司列为重点监管对象，根据具体情况采取以下监管措施：（1）对偿付能力充足率在70%以上的公司，中国保监会可要求该公司提出整改方案并限期达到最低偿付能力额度要求，逾期未达到的，可对该公司采取要求增加资本金、责令办理再保险、限制业务范围、限制向股东分红、限制固定资产购置、限制经营费用规模、限制增设分支机构等必要的监管措施，直至其达到最低偿付能力额度要求；（2）对偿付能力充足率在30%～70%之间的公司，中国保监会除采取前款所列措施外，还可责令该公司拍卖不良资产、责令转让保险业务、限制高级管理人员的薪酬水平和在职消费水平、限制公司的商业性广告、责令停止开展新业务以及采取中国保监会认为必要的其他措施；（3）对偿付能力充足率小于30%的公司，中国保监会除采取前两款所列措施外，还可根据《保险法》的规定对保险公司进行接管。

词条名称：**保险监管**

英　　文：**insurance regulation**

定义：保险监管是指国家或地区对本国或本地区保险业的监督管理。

释义：一个国家或地区保险监管制度通常由两部分构成：（1）国家通过制定保险法律法规，对本国保险业进行宏观指导与管理；（2）国家专门的保险监管职能机构依据法律或行政授权对保险业进行行政管理，以保证保险法规的贯彻执行。

保险监管的主要内容有：市场准入监管、公司股权变更监管、公司治理监管、内部控制监管、资产负债监管、资本充足性及偿付能力监管、保险交易行为监管、网络保险监管、再保险监管、金融衍生工具监管等。

在发达市场经济国家的保险法规和国际保险监管组织文件中，保险监管目标大体包括3方面：维护被保险人的合法权益、维护公平竞争的市场秩序、维护保险体系的整体安全与稳定。一些新兴市场经济国家的保险监管机构除了履行法定监管职责之外，还承担着推动本国保险业发展的任务。

词条名称：**中国保监会**

英　　文：**China Insurance Regulatory Commission**

定义：中国保监会全称中国保险监督管理委员会，成立于1998年11月18日，是中国商业保险的主管机关，国务院直属事业单位。

释义：中国保监会的工作目标是为了深化金融体制改革，进一步防范和化解金融风险，根据国务院授权履行行政管理职能，依照法律、法规统一监督和管理保险市场。主要职责是：（1）拟订有关商业保险的政策法规和行业规则；（2）依法对保险企业的经营活动进行监督管理和业务指导，依法查处保险企业违法违规行为，保护被保险人的利益；（3）维护保险市场秩序，培育和发展保险市场，完善保险市场体系，推进保险改革，促进保险企业公平竞争；（4）建立保险业风险的评价与预警系统，防范和化解保险业风险，促进保险企业稳健经营与业务的健康发展。

词条名称：**信托**

英　　文：**trust**

定义：信托是指委托人基于对受托人的信任，将其财产权委托给受托人，由受托人按照委托人的意愿以自己的名义，为受益人的利益或其他特定目的进行管理或处分的行为。

释义：信托的本质是“受人之托，代人理财”，是一种多边信用关系。这种多边信托信用关系的建立，必须根据法定程序才能成立，并将各方关系人的条件、权利和义务通过信托合同加以确定，以保证当事人的合法权益。现代信托已成为一种以财产为核心，信用为基础，委托、受托为主要方式的财产运用和管理制度。

信托的基本特征：（1）委托人对受托人的信任，这是信托关系成立的前提；（2）信托财产及财产权的转移，是信托成立的基础；（3）信托关系是多方的，有委托人、受托人、受益人。并且受托人以自己的名义管理处分信托财产；（4）信托是一种由他人进行财产管理、运用、处分的财产管理制度。

财产管理是信托的基本职能，主要体现在：（1）管理内容上的广泛性：自然人、法人、其他依法成立的组织、国家等的一切财产（无形资产，有形资产），都可以是信托管理的对象；（2）管理目的的特定性：为受益人的利益；（3）管理行为的责任性：发生损失，只要符合信托合同规定，受托人不承担责任；如违反规定的受托人的重大过失导致的损失，受托人有赔偿责任；（4）管理方法的限制性：受托人管理处分信托财产，只能按信托目的来进行，不能按自己需要随意利用信托财产。

词条名称：**信托业务**

英　　文：**trust business**

定义：信托业务是以信用委托为基础的一种经济行为，即掌握资金（或财产）的部门（或个人），委托信托机构代其运用或管理，信托机构遵循其议定的条件与范围，对其资金或财产进行运用管理并按时归还。

释义：由于信托业务是代人管理或处理资财，因此，信托机构一要有信誉，二要有足够的资金。信托业务范畴含商事信托、民事信托、公益信托等领域。

国际上的金融信托业务，主要是经营处理一般商业银行存、放、汇以外的金融业务，随着各国经济的发展，市场情况日趋复杂，客户向银行提出委托代为运用资金、财产，或投资于证券、股票、房地产的信托业务，与日俱增。

中国国内信托业务依照《信托投资公司管理办法》的规定，可分为如下10种：（1）受托经营资金信托业务；（2）受托经营动产、不动产及其他财产的信托业务；（3）受托经营法律、行政法规允许从事的投资基金业务，作为投资基金或者基金管理公司发起人从事投资基金业务；（4）经营企业资产的重组、购并及项目融资、公司理财、财务顾问等中介业务；（5）受托经营国务院有关部门批准的国债、政策性银行债权、企业债券等债券的承销业务；（6）代理财产的管理、运用与处分；（7）代保管业务；（8）信用鉴证、资信调查及经济咨询业务；（9）以固有财产为他人提供担保；（10）中国人民银行批准的其他业务。

词条名称：**信托机构**

英　　文：**trust institution**

定义：信托机构是指从事信托业务，在信托业务中充当受托人的法人金融机构。

释义：信托机构主要有两种组织形式：（1）单一信托机构。是指专业信托机构，具有完全独立法人资格，专门办理金融信托业务的经济组织；（2）附属于其他机构的信托机构。是指本身不具有独立法人资格或本身虽具有独立的法人资格但受到另一机构控制的信托机构。

信托机构的主要特点是：（1）从事信托业务，充当受托人；（2）主要发挥财产事务管理职能；（3）利润来源主要是信托报酬；（4）业务经营中要遵循信托的基本要求，即信托财产独立性要求。

词条名称：**信托委托人**

英　　文：**trust settler**

定义：信托委托人，亦称委托人，是信托财产的原始所有者。在信托关系中，委托人所拥有的权利，最主要的是信托财产的授予权，即委托人可以向受托人授权，要求受托人遵循一定的目的，对信托财产进行经营、管理、使用和处理，为受益人享受信托利益尽最大的努力。

释义：信托委托人的权利：（1）知情权，即委托人有权了解其信托财产的管理运用、处分及收支情况，并有权要求受托人作出说明；委托人有权查阅、抄录或者复制与其信托财产有关的信托账目以及处理信托事务的其他文件；（2）变更信托财产管理方法权，即委托人对设立信托时未能预见的特别事由，致使信托财产的管理方法不利于实现信托目的或者不符合受益人的利益时，委托人有权要求受托人调整该信托财产的管理方法；（3）撤销权、恢复原状请求权和赔偿损失请求权，即受托人违反信托目的处分信托财产或者因违背管理职责、处理信托事务不当致使信托财产受到损失的，委托人有权申请人民法院撤销该处分行为，并有权要求受托人恢复信托财产的原状或者予以赔偿；（4）解任受托人权，即受托人违反信托目的处分信托财产或者管理运用、处分信托财产有重大过失的，委托人有权依照信托文件的规定解任受托人，或者申请人民法院解任受托人。

信托委托人的义务：根据信托设立的基本要求，委托人应该承担的主要义务是：（1）保证信托财产合法性的义务，即必须保证设立信托的信托财产是委托人合法所有的财产；（2）不损害债权人利益的义务，即委托人设立信托不得损害其债权人利益。

词条名称：**信托受托人**

英　　文：**trustee**

定义：信托受托人，亦称财产受托管理人、信托管理人、受托人，是指信托关系中依信托意图管理被授予的信托财产并承担受托义务的当事人。

释义：受托人的权利：（1）取得报酬的权利；（2）优先受偿的权利，即受托人因处理信托事务所支出的费用、对第三人所负债务，以信托财产承担。受托人以其固有财产先行支付的，对信托财产享有优先受偿的权利。

受托人的义务：（1）为受益人的最大利益处理信托事务的义务；（2）诚实、信用、谨慎、有效管理信托财产的义务；（3）不利用信托财产为自己谋取利益的义务；（4）不混同信托财产和自有财产的义务；（5）不擅自利用信托财产进行关联交易的义务；（6）对信托财产进行独立财务处理的义务；（7）保存处理信托事务完整记录的义务；（8）向受益人支付利益的义务。

词条名称：**信托受益人**

英　　文：**trust beneficiary**

定义：信托受益人是指享受信托财产本身的利益及由信托财产所增加的收益的人。

释义：只享受信托财产本身利益的人，称为本金受益人；只享受信托财产增值收益的人，称为收益受益人。受益人是几个当事人时，称为共同受益人。

信托受益人的权利：（1）享有信托受益权，即受益人自信托生效之日起享有信托受益权；（2）放弃信托受益权，即受益人通过放弃信托受益权导致信托终止或者重新确定信托受益权归属的法律后果；（3）转让信托受益权，即受益人的信托受益权可以依法转让和继承；（4）受益人可以依法行使委托人的法定权利。

受益人的法律地位在信托法中被确定为是在信托中享有信托受益权的人，受益人主体及权利确立与信托文件的规定有关，信托文件无论是以信托合同或者是其他契约形式的法律文件表现，根据契约当事人不能为第三人设定义务的基本缔约原则，受益人只能是单纯的受益人，而不能对其附加义务。从根本上说，受益人的法律地位正是由于他所享有权利决定的，或者说，受益人身份和他所享有的权利是密不可分的。因此，信托受益权是信托受益人依法享有的、不能附加任何义务的权利。

词条名称：**信托产品**

英　　文：**trust product**

定义：信托产品是指信托机构基

于信托的一般要求而开发的、面向投资者发行的、投向特定项目的理财产品。

释义：信托产品一般具有风险低、回报相对稳定等特征。信托品种在产品设计上非常多样，各自都具有不同的特点。各个信托品种在风险和收益潜力方面可能会有很大的分别。信托产品可分为4类：（1）贷款信托类。是指通过信托方式吸收资金用来发放贷款的信托方式。这类信托产品，是目前数量最多的一种；（2）权益信托类。是通过对能带来现金流的权益设置信托的方式来筹集资金，其突出优点就是实现了公司无形资产的变现，从而加快了权益拥有公司资金的周转，实现了不同成长性资产的置换；（3）融资租赁信托。信托公司以设立信托计划的方式募集信托资金，将其运用于融资租赁业务，通过严格专业化、流程化的管理，通过定期收取租金，实现信托收益，为社会投资人提供安全、稳定回报的理财服务；（4）不动产信托。以土地与地上或地下的各种建筑设施等不动产为标的而开发的信托产品。

词条名称：**信托监管**

英　　文：**trust regulation**

定义：信托监管是指政府有关部门代表国家对从事信托活动的机构及其业务进行监督管理的行政行为。

释义：信托监管不限于政府监管，在信托业领域，自律组织的监管也发挥重要作用。信托监管的主要内容是信托法律监管、信托行政监管和信托业的自律。信托监管的主要目标是保护投资者利益、维护信托市场的公平竞争和促进信托业金融功能发挥。信托监管的主要原则是维护信托业整体效益、兼顾各方主体利益公平。

词条名称：**外汇**

英　　文：**foreign exchange**

定义：外汇是以外币表示的用于国际结算的支付凭证。

释义：外汇具有双重含义，即有动态和静态之分。外汇的静态概念，又有狭义和广义之分：（1）狭义的外汇，是指以外国货币表示的、为各国普遍接受的、可用于国际间债权债务结算的各种支付手段。它具备可支付性、可获得性和可交换性的特点。（2）广义的外汇，是指一国拥有的一切以外币表示的资产。国际货币基金组织（IMF）对此的定义是：“外汇是货币行政当局（中央银行、货币管理机构、外汇平准基金及财政部）以银行存款、财政部库存、长短期政府债券等形式保有的在国际收支逆差时可以使用的债权。”中国于1997年修正颁布的《外汇管理条例》规定：外汇，是指下列以外币表示的可以用作国际清偿的支付手段和资产：一是国外货币，包括铸币、钞票等；二是外币支付凭证，包括票据、银行存款凭证、邮政储蓄凭证等；三是外币有价证券，包括政府公债、国库券、公司债券、股票、息票等；四是特别提款权、欧洲货币单位；五是其他外汇资产。外汇的动态概念，是指货币在各国间的流动，以及把一个国家的货币兑换成另一个国家的货币，借以清偿国际间债权、债务关系的一种专门性的经营活动。它是国际间汇兑的简称。

中国对外汇主要有以下分类：(1) 按外汇管制程度分现汇、额度外汇；(2) 按交易性质分贸易外汇、非贸易外汇；(3) 按外汇使用权分中央外汇、地方外汇和专项外汇；(4) 其他分类：留成外汇、调剂外汇、自由外汇、营运外汇、周转外汇额度和一次使用的外汇额度、居民外汇和非居民外汇等。

词条名称：汇率

英　　文：**foreign exchange rate**

定义：汇率，亦称外汇行市、汇价，是一国货币兑换另一国货币的比率，是以一种货币表示另一种货币的价格。

释义：由于世界各国货币的名称不同，币值不一，所以一国货币对其他国家的货币要规定一个兑换率，即汇率。各国货币之所以可以进行对比，能够形成相互之间的比价关系，原因在于它们都代表着一定的价值量，这是汇率的决定基础。在金本位制度下，黄金为本位货币。两个实行金本位制度的国家的货币单位可以根据它们各自的含金量多少来确定他们之间的比价，即汇率。如在实行金币本位制度时，英国规定 1 英镑的重量为 123.27447 格令，成色为 22 开金，即含金量 113.0016 格令纯金；美国规定 1 美元的重量为 25.8 格令，成色为千分之九百，即含金量 23.22 格令纯金。根据两种货币的含金量对比，1 英镑 = 4.8665 美元，汇率就以此为基础上下波动。在纸币制度下，各国发行纸币作为金属货币的代表，并且参照过去的做法，以法定规定纸币的含金量，称为金平价，金平价的对比是两国汇率的决定基础。但是纸币不能兑换成黄金，因此，纸币的法定含金量往往形同虚设。所以在实行官方汇率的国家，由国家货币当局（财政部、中央银行或外汇管理当局）规定汇率，一切外汇交易都必须按照这一汇率进行。在实行市场汇率的国家，汇率随外汇市场上货币的供求关系变化而变化。汇率对国际收支，国民收入等具有影响。

汇率的主要分类：(1) 按国际货币制度的演变分为固定汇率、浮动汇率；(2) 按制订汇率的方法分为基本汇率、套算汇率；(3) 按银行买卖外汇的角度分为买入汇率、卖出汇率、中间汇率、现钞汇率；(4) 按银行外汇付汇方式分为电汇汇率、信汇汇率、票汇汇率；(5) 按外汇交易交割期限分为即期汇率、远期汇率；(6) 按对外汇管理的宽严区分为官方汇率、市场汇率；(7) 按银行营业时间分为开盘汇率、收盘汇率。

词条名称：外币

英　　文：**foreign currency**

定义：外币全称外国货币，是指本国货币以外的其他国家或地区的货币。

释义：外币也指在一个官方的货币区域内所使用的一种其他货币或者利用一种其他货币所提出的付款要求，常用于企业因贸易、投资等经济活动引起的对外结算业务中。目前，世界上的主要外币有美元、欧元、英镑、日元、澳元、加拿大元等。

词条名称：**外汇市场**

英　　文：**foreign exchange market**

定义：外汇市场是指经营外币和以外币计价的票据等有价证券买卖的市场，是金融市场的主要组成部分。

释义：按市场的外部形态分类，外汇市场可分为：（1）有形外汇市场，也称为具体的外汇市场，是指有具体的固定场所的外汇市场。这种市场最初流行于欧洲大陆，故其组织形式被称为大陆方式；（2）无形外汇市场，也称为抽象的外汇市场，是指没有固定、具体场所的外汇市场。这种市场最初流行于英国和美国，故其组织形式被称为英美方式。目前，这种组织形式不仅扩展到加拿大、东京等其他地区，而且也渗入到欧洲大陆。而且，世界上的外汇交易市场就是无形市场，没有具体地点，没有中心交易所，所有的交易都是在银行之间通过网络进行的。世界上的任何金融机构、政府或个人每天24小时随时都可参与交易。目前，外汇交易市场，已成为全球最大的金融产品市场。

词条名称：**外汇管制**

英　　文：**control of foreign exchange**

定义：外汇管制，亦称外汇管理，是指对外汇的收支、买卖、借贷、转移以及国际间结算、外汇汇率和外汇市场所实施的一种限制性的政策措施。

释义：目前，中国外汇管理体制基本上属于部分外汇管制，即对经常项目的外汇交易不实行或基本不实行外汇管制，但对资本项目的外汇交易进行一定的限制。中国外汇体制改革的目标是，在经常项目下可兑换的基础上，创造条件，逐步放开，推进资本项目下可兑换，从而实施人民币的完全可兑换。所谓经常项目可兑换。是指对属于经常项目下的各类交易，包括进出口货物、支付运输费、保险费、劳务服务、出境旅游、投资利润、借债利息、股息、红利等，在向银行购汇或从外汇账户上支付时不受限制。

词条名称：**汇率制度**

英　　文：**exchange rate regime**

定义：汇率制度，亦称汇率安排，是各国普遍采用的确定本国货币与其他货币汇率的体系。是各国或国际社会对于确定、维持、调整与管理汇率的原则、方法、方式和机构等所作出的系统规定。

释义：按照汇率变动幅度的大小，汇率制度可分为固定汇率制和浮动汇率制：（1）固定汇率制，是指以本位货币本身或法定含金量为确定汇率的基准，汇率比较稳定的一种汇率制度。在不同的货币制度下具有不同的固定汇率制度；（2）浮动汇率制，是指一国不规定本币与外币的黄金平价和汇率上下波动的界限，货币当局也不再承担维持汇率波动界限的义务，汇率随外汇市场供求关系变化而自由上下浮动的一种汇率制度。浮动汇率制在历史上早就存在过，但真正流行是1972年以美元为中心的固定汇率制崩溃以后。

词条名称：**黄金储备**

英　　文：**gold reserve**

定义：黄金储备指一国货币当局

持有的、用以平衡国际收支、维持或影响汇率水平、作为金融资产持有的黄金。它在稳定国民经济、抑制通货膨胀、提高国际资信等方面有着特殊作用。黄金储备的管理意义在于实现黄金储备最大可能的流动性和收益性。作为国际储备的主要形式之一，黄金储备在流动性上有其自身存在的局限性，因此应考虑其适度规模的问题。

释义：1965年十国集团《创造性储备资产研究小组的报告》对储备定义所作的表述为：一国货币当局所持有的、当国际收支出现赤字时可直接或有保障地通过同其他资产的兑换，用来支持其汇率水平的所有资产。对黄金储备概念的表述主要有如下两种：一种是把黄金储备看作是一种货币性黄金，即一国货币当局作为金融资产所持有的黄金；另一种是指各国中央银行及其他官方机构为应付国际收支上的需要所持有的黄金总额。这两种表述方式的共同点在于都把黄金看作为一种金融资产，可见非金融用途的黄金不在黄金储备范围之内。从概念的外延来看，前者所指黄金储备似乎包含的内容很广，而后者仅是指一国的中央银行及官方所持有的黄金，而且其目的性十分明确，即是为应付国际收支上的需要所持有的黄金。可是，作为金融资产的黄金并不一定都是黄金储备，因为作为金融资产的黄金，其形式是多种多样的，其用途也是多方面的，如一些国家的银行把黄金作为一种信贷资产同其他信贷工具一起运用；有的则把黄金作为货币形式的投资手段，以商品形式来实现利润的最大化。这种形式的黄金，尽管它是属于金融资产，但不应列为黄金储备范围之内。因此，只有那些由一国中央银行控制的、为了平衡国际收支、在一定程度上可以维持或影响汇率水平、相对稳定的作为金融后备资产的黄金才是真正的黄金储备。

黄金储备量作为国际储备的一个部分，只是衡量国家财富的一个方面，黄金储备量高则抵御国际投资基金冲击的能力就强，有助于弥补国际收支赤字，有助于维持一国的经济稳定，不过过高的黄金储备量会导致央行的持有成本增加，因为黄金储备的收益率从长期来看基本为零，而且在金本位制度解体以后黄金储备的重要性已大大降低。截至2012年6月底，中国黄金储备维持在1054吨，国家发行的纸币数肯定不止这么多。

黄金储备作为一国的国际储备资产的重要组成部分，其储备量的多寡关系到一国对外经济贸易的资信程度。它在稳定国民经济、抑制通货膨胀、提高国际资信等方面有着特殊作用。这种作用无论是在发达国家还是在发展中国家都是相当显著的。

词条名称：外汇储备

英　　文：foreign exchange reserve

定义：外汇储备，亦称外汇存底，指一国政府所持有的国际储备资产中的外汇部分，即一国政府保有的以外币表示的债权，是一个国家货币当局持有并可以随时兑换外国货币的资产。

释义：外汇储备有狭义和广义两种统计口径：（1）狭义的外汇储备，

是一个国家经济实力的重要组成部分，是一国用于平衡国际收支、稳定汇率、偿还对外债务的外汇积累；（2）广义的外汇储备，是指以外汇计价的资产，包括现钞、国外银行存款、国外有价证券等。外汇储备是一个国家国际清偿力的重要组成部分，同时对于平衡国际收支、稳定汇率有重要的影响，其主要功能是：一是调节国际收支，保证对外支付；二是干预外汇市场，稳定本币汇率；三是维护国际信誉，提高融资能力；四是增强综合国力，抵抗金融风险。

词条名称：**国际收支**

英　　文：**international balance of payment**

定义：国际收支是指一定时期内一个国家或地区与世界其他国家或地区之间发生的各项经济活动的货币价值之和。

释义：国际收支有狭义与广义两个层面的含义：（1）狭义的国际收支。是指一个国家或者地区在一定时期内，由于经济、文化等各种对外经济交往而发生的，必须立即结清的外汇收入与支出；（2）广义的国际收支。是指一个国家或者地区内居民与非居民之间发生的所有经济活动的货币价值之和。

国际收支是由一个国家对外经济、政治、文化等各方面往来活动而引起的。生产社会化与国际分工的发展，使得各国之间的贸易日益增多，国际交往日益密切，从而在国际间产生了货币债权债务关系，这种关系必须在一定日期内进行清算与结算，从而产生了国际间的货币收支。国际间的货币收支及其他以货币记录的经济交易共同构成了国际收支的主要内容。各国政府可以选择的国际收支调节手段包括财政政策、货币政策、汇率政策、直接管制和其他措施等。

词条名称：**国际收支平衡表**

英　　文：**balance of payment presentation**

定义：国际收支平衡表是反映一定时期一国同外国的全部经济往来的收支流量表，包括贸易、非贸易、资本往来以及储备资产的实际动态所作的系统记录，是国际收支核算的重要工具。

释义：国际收支平衡表是按照“有借必有贷，借贷必相等”的复式记账原则来系统记录每笔国际经济交易。这一记账原则要求，对每一笔交易要同时进行借方记录和贷方记录，贷方记录资产的减少、负债的增加；借方记录资产的增加、负债的减少。国际收支平衡表的主要内容包括以下4个方面：

（1）经常项目。主要反映一国与他国之间实际资源的转移，是国际收支中最重要的项目。经常项目包括货物（贸易）、服务（无形贸易）、收益和单方面转移（经常转移）四个项目。经常项目顺差表示该国为净贷款人，经常项目逆差表示该国为净借款人。

（2）资本与金融项目。反映的是国际资本流动，包括长期或短期的资本流出和资本流入，是国际收支平衡表的第二大类项目。资本项目包括资本转移和非生产、非金融资产的收买或出售，前者主要是投资捐赠和债务注销；后者主要是土地和无形资产（专利、版权、商标等）的收买或出售。金融账户包括直接投资、证券投资（间接投资）和其他投资（包括国际信贷、预付款等）。

（3）净差错与遗漏。为使国际收支平衡表的借方总额与贷方总额相等，编表人员人为地在平衡表中设立该项目，来抵消净的借方余额或净的贷方余额。

（4）储备与相关项目。包括外汇、黄金和分配的特别提款权（SDR）。特别提款权是以国际货币基金组织为中心，利用国际金融合作的形式而创设的新的国际储备资产。国际货币基金组织（IMF）按各会员国缴纳的份额，分配给会员国的一种记账单位，1970年正式由IMF发行，各会员国分配到的SDR可作为储备资产，用于弥补国际收支逆差，也可用于偿还IMF的贷款。又被称为“纸黄金”。

国际收支平衡表中的主要计算公式有：

国际收支总差额 = 经常账户差额 + 资本与金融账户差额 + 净差错与遗漏

国际收支总差额 + 储备资产变化 = 0

各项差额 = 该项的贷方数字减去借方数字

通过国际收支平衡表，可综合反映一国的国际收支平衡状况、收支结构及储备资产的增减变动情况，为制定对外经济政策，分析影响国际收支平衡的基本经济因素，采取相应的调控措施提供依据，并为其他核算表中有关国外部分提供基础性资料。

词条名称：**国际收支调节**

英　　文：**balance of payment adjustment**

定义：国际收支调节是指编表国家在国际收支分析的基础上，根据本国经济发展需要调节国际收支各个项目的差额和总额，达到一定目标的宏观行为过程。

释义：国际收支调节目标是达到均衡状态，实现宏观经济总目标。国际收支调节原则：一是按国际收支失衡的类型而定；二是不与一国经济的内部均衡目标发生冲突；三是注意国际影响，减少国际纠纷。

中国国际收支调节的具体措施包括：（1）实行适度扩张的财政政策和货币政策；（2）保持稳定或略有上升的汇率水平；（3）加大对外投资力度，同时保持一定规模的外资流入；（4）加强国际间的协调与合作。

（四）货币政策与宏观调控①

词条名称：**货币政策**

英　　文：**monetary policy**

定义：货币政策是指政府或中央银行为影响经济活动所采取的措施，尤指控制货币供给以及调控利率的各项措施，用以达到特定或维持政策目标。

释义：货币政策有狭义和广义之分：（1）狭义货币政策。是指中央银行为实现其特定的经济目标而采用的各种控制和调节货币供应量或信用量

---

① 撰写：肖林，单位：中国人民银行广州分行；审核：阙紫康，单位：深圳证券交易所综合研究所。

的方针和措施的总称，包括信贷政策、利率政策和外汇政策；（2）广义货币政策。是指政府、中央银行和其他有关部门所有有关货币方面的规定和采取的影响金融变量的一切措施。

根据货币政策对总产出的影响方面，可把货币政策分为两类：（1）扩张性货币政策，亦称积极货币政策。在经济萧条时，中央银行采取措施降低利率，由此引起货币供给增加，刺激投资和净出口，增加总需求，称为扩张性货币政策；（2）紧缩性货币政策，亦称稳健货币政策。经济过热、通货膨胀率太高时，中央银行采取一系列措施减少货币供给，以提高利率、抑制投资和消费，使总产出减少或放慢增长速度，使物价水平控制在合理水平，称为紧缩性货币政策。

运用货币政策所采取的主要措施包括：控制货币发行、控制和调节对政府的贷款、推行公开市场业务、调整存款准备金率、调整再贴现率、选择性信用管制和直接信用管制等。

词条名称：**货币政策工具**

英　　文：**monetary policy tools**

定义：货币政策工具是指中央银行为达到货币政策目标而采取的手段。

释义：货币政策工具可分为 3 种：（1）一般性货币工具，也称常规性货币工具，是指中央银行所采用的、对整个金融系统的货币信用扩张与紧缩产生全面性或一般性影响的手段，是最主要的货币政策工具，包括存款准备金制度、再贴现政策、和公开市场业务，被称为中央银行的“三大法宝”。主要是从总量上对货币供应量和信贷规模进行调节。一般性货币政策工具多属于间接调控工具；（2）选择性工具。是指中央银行针对某些特殊的信贷或某些特殊的经济领域而采用的货币政策工具，以某些个别商业银行的资产运用与负债经营活动或整个商业银行资产运用与负债经营活动为对象，侧重于对银行业务活动质的方面进行控制，是常规性货币政策工具的必要补充。常见的选择性货币政策工具主要包括：消费者信用控制、证券市场信用控制、不动产信用控制、优惠利率、特种存款等。选择性货币政策工具多属于直接调控工具；（3）补充性工具。除以上常规性、选择性货币政策工具外，中央银行有时还运用一些补充性货币政策工具，对信用进行直接控制和间接控制。包括信用直接控制工具和信用间接控制工具等。前者指中央银行依法对商业银行创造信用的业务进行直接干预而采取的各种措施，主要有信用分配、直接干预、流动性比率、利率限制、特种贷款；后者指中央银行凭借其在金融体制中的特殊地位，通过与金融机构之间的磋商、宣传等，指导其信用活动，以控制信用，其方式主要有窗口指导、道义劝告。

词条名称：**货币政策中介目标**

英　　文：**intermediate target of monetary policy**

定义：货币政策中介目标是指中央银行在执行货币政策时以货币政策工具首先影响利率或货币供给量等货币变量。通过这些变量的变动，中央银行的政策工具间接地影响产出、就业、物价和国际收支等最终目标变量。因此，利率或货币供给量等货币变量被称为货币政策中介目标。

释义：货币政策中介目标的选择主要是依据一国经济金融条件和货币政策操作对经济活动的最终影响确定的。由于货币政策中介目标具有特殊的传导机制和调控作用，可为货币政策的实施提供数量化的依据，因此，准确地选择货币政策中介目标，是实现货币政策最终目标的重要环节。中央银行选择货币政策中介目标的主要标准有3个：（1）可测性。央行能对这些作为货币政策中介目标的变量加以比较精确的统计；（2）可控性。央行可以较有把握地将选定的中介目标控制在确定的或预期的范围内；（3）相关性。作为货币政策中介目标的变量与货币政策的最终目标有着紧密的关联性。

词条名称：货币供应量

英　　文：monetary supply

定义：货币供应量是指一国在某一时点上为社会经济运转服务的货币存量，它由包括中央银行在内的金融机构供应的存款货币和现金货币两部分构成。

释义：参照国际通用原则，根据实际情况，中国人民银行将中国货币供应量指标分为以下层次：

M0：流通中的现金。

M1：M0＋企业活期存款＋机关团体部队存款＋农村存款＋个人持有的信用卡类存款。

M2：M1＋城乡居民储蓄存款＋企业存款中具有定期性质的存款＋外币存款＋信托类存款。

M3：M2＋金融债券＋商业票据＋大额可转让存单等。

M4：M3＋其他短期流动资产。

其中，M1是通常所说的狭义货币量，流动性较强，是国家中央银行重点调控对象；M2是广义货币量，M2与M1的差额是准货币，流动性较弱；M3是考虑到金融创新的现状而设立的，暂未测算。

词条名称：宏观经济

英　　文：macro-economy

定义：宏观经济是指整个国民经济或国民经济总体及其经济活动和运行状态。

释义：一般认为，宏观经济一词是1933年由挪威经济学家RAGNAR FRISCH（1895～1973年）在建立“宏观经济学”时所提出。宏观经济的主要目标是高水平的、快速增长的产出率、低失业率和稳定的价格水平。反映宏观经济的主要指标有：总供给与总需求、国民经济的总值及其增长速度、国民经济中的主要比例关系、物价的总水平、劳动就业的总水平与失业率、货币发行的总规模与增长速度、进出口贸易的总规模及其变动等。

词条名称：宏观经济政策

英　　文：macro-economy policy

定义：宏观经济政策是指国家或政府有意识、有计划地运用一定的政策工具，调节控制宏观经济的运行，以达到一定的政策目标。

释义：宏观经济政策主要有财政政策、货币政策、收入分配政策和对外经济政策等等。宏观经济政策的主要目标有：持续均衡的经济增长、充分就业、物价水平稳定、国际收支平衡。

词条名称：宏观调控

英　　文：macro-economy control

定义：宏观调控是指国家综合运用各种手段对国民经济进行的调节与控制。

释义：在市场经济中，商品和服务的供应及需求是受价格规律及自由市场机制所影响。市场经济带来经济增长，但会引发通货膨胀，而高潮后所跟随的衰退却使经济停滞甚至倒退，这种周期波动对社会资源及生产力都构成严重影响。所以宏观调控是着重以整体社会的经济运作，透过人为调节供应与需求，来达到经济协调均衡发展的目标。宏观调控是保证社会再生产协调发展的必要条件，也是国家管理经济的重要职能。在中国，宏观调控的主要任务是：保持经济总量平衡，抑制通货膨胀，促进重大经济结构优化，实现经济稳定增长。

词条名称：宏观调控手段

英　　文：macro-economy control measure

定义：宏观调控手段是指国家基于调控的目标而采取的合理、合法和有效的经济、行政、法律手段的总称。

释义：国家宏观调控手段一般分为3种：（1）经济手段。是指政府在自觉依据和运用价值规律的基础上借助于经济杠杆的调节作用，对国民经济进行宏观调控。经济杠杆是对社会经济活动进行宏观调控的价值形式和价值工具，主要包括价格、税收、信贷、工资等；（2）法律手段。是指政府依靠法制力量，通过经济立法和司法，运用经济法规来调节经济关系和经济活动，以达到宏观调控目标的一种手段；（3）行政手段。是指依靠行政机构，采取强制性的命令、指示、规定等行政方式来调节经济活动，以达到宏观调控目标的一种手段。行政手段具有权威性、纵向性、无偿性及速效性等特点。

词条名称：宏观经济监测

英　　文：macro-economy monitoring

定义：宏观经济监测是指政府在宏观经济管理过程中，对宏观经济运行状况及其结果所进行的监督、测量、分析、预测和评估。

释义：通过宏观经济监测，获取宏观经济运行的相关信息，可以为正确估计当前宏观经济运行形势，预测未来时期宏观经济运行的可能发展趋势，迅速反映宏观经济调控效果提供科学依据，以便进一步作出科学有效的宏观调控决策。

宏观经济监测任务主要有：揭示宏观经济运行与宏观经济管理目标和宏观经济政策之间的吻合或背离程度，进行宏观经济运行总体态势的分析和评价，为正确制定和有效实施宏观经济调控政策和调控措施提供科学依据。

宏观经济监测内容主要有：监测宏观经济运行的总体态势、监测宏观经济景气的变动态势、监测宏观经济政策及调控的实施效果、监测国际经济环境的变化。

宏观经济监测指标体系。是指由一系列相互联系、相互补充的宏观经济指标构成的体系，主要由以下指标构成：（1）经济增长和结构变动的指标。如：GDP增长率，主要产品和服务的增长率，农、轻、重的比例，投资和消费的比例，一、二、三次产业的比例；产业结构、投资结构、分配结构、就业结构和消费结构的动态等；（2）社会总供给变动的指标。如：主要工农业产品的产量及增长指标；外贸进口总额和主要产品进口量指标等；（3）社会总需求变动的指标。如：投资总额及其增长指标；消费总额及其增长指标；出口总额和主要产品出口量指标；银行贷款规模、货币发行量、财政支出总量、职工工资总额等；（4）市场行情和社会总供求平衡状况的指标。如：商品零售价格指数、居民消费价格指数、集市贸易价格指数、生产资料价格指数、房地产价格指数、市场汇率、利率、股票市场价格指数等等。还有一些反映关系国计民生的重要生产资料、消费品库存量指标以及财政、信贷、外汇变动及其平衡状况的指标等；（5）经济效益变动的指标。如：工业企业产品销售率、资金利税率、劳动生产率、成本利润率、流动资金周转天数、生产能力利用率等。

词条名称：**采购经理指数**

英　　文：**Purchasing Managers Index，缩写 PMI**

定义：从国际上看，采购经理指数（PMI）是一套月度发布的综合性的经济先行指标体系，PMI涵盖着生产与流通、制造业与非制造业等领域，分为制造业PMI、服务业PMI，也有一些国家建立了建筑业PMI。

释义：制造业PMI最早起源于美国20世纪30年代，经过几十年的发展，该体系现包含新订单、产量、雇员、供应商配送、库存、价格、积压订单、新出口订单、进口等商业活动指标。以上各项指标指数基于对样本企业采购经理的月度问卷调查所得数据合成得出，再对生产、新订单、雇员、供应商配送与库存五项指标加权计算得到制造业PMI综合指数。

目前，全球已有20多个国家建立了PMI体系。PMI是通过对采购经理的月度调查汇总出来的指数，反映了经济的变化趋势。PMI计算出来之后，可以与上月进行比较。如果PMI大于50%，表示经济上升，反之则趋向下降。一般来说，汇总后的制造业综合指数高于50%，表示整个制造业经济在增长，低于50%表示整个制造业经济在下降。

五、海外市场

（一）海外主要证券交易所[①]

词条名称：**纽约—泛欧交易所集团**

英　　文：**NYSE Euronext**

定义：纽约—泛欧交易所集团是世界最大股票交易所——纽约证券交易所与由阿姆斯特丹、布鲁塞尔、里

① 撰写：陈嘉懿；审核：肖立见；单位：深圳证券交易所综合研究所。

斯本、巴黎证券交易所和伦敦国际金融期货交易所组成的泛欧证券交易所合并而成。金融市场的整合使得纽约泛欧交易所集团可以为投资者提供一个巨大、知名度较高、具有高度流动性的市场。

释义：纽约—泛欧交易所是世界上最大、最具流动性的市场，有30.4万亿美元的上市公司总市值，平均日交易量达1413亿美元。纽约—泛欧交易所也是全球性的市场：世界最大100家上市公司中有80家在纽约证券交易所上市；并且可以用世界主流货币美元和欧元进行美国与欧洲两地上市、交易和募集资本。纽约—泛欧交易所集团整合欧洲4个国家（比利时、法国、荷兰和葡萄牙）的证券交易所，纽约—泛欧交易所欧洲平台是欧洲上市公司市值总和、中央买卖盘记录交易量最大的证券交易所，这一模式集中了市场流动性，为买方和卖方创造最佳价格。纽约—泛欧交易所为全世界的客户交易证券市场产品，提供一个统一的泛欧市场，产品包括股票、封闭式基金、债券、交易所指数基金、认股权证等。纽约—泛欧交易所主板市场和纽约—泛欧交易所创业板，即中小企业市场，采取同样的无国界架构和运营方式，为所有上市公司服务，具备更强的金融透明度。其交易平台经过充分整合，客户只需在一端接入即可交易任何辖区的产品。纽约—泛欧交易所集团同时提供资讯服务，从事市场数据和市场信息的发行和出售，也负责管理纽约—泛欧交易所集团的欧洲指数。纽约—泛欧交易所集团的客户包括世界上160个国家的发行商、发行人、资讯供应商和金融机构。

词条名称：**纳斯达克—OMX集团**

英　　文：**NASDAQ OMX Group**

定义：纳斯达克—OMX集团是纳斯达克证券交易所与北欧证券交易商瑞典OMX公司并购后的新集团，于2007年5月25日宣布成立。纳斯达克—OMX集团将纳斯达克的品牌、电子交易平台和以客户为中心的业绩与OMX的全球技术服务平台的客户基础、北欧交易所、衍生能力与跨境交易一体化结合在一起。

释义：纳斯达克（NASDAQ）是美国的一个电子证券交易机构，是由纳斯达克股票市场公司所拥有与操作的。NASDAQ是全国证券业协会行情自动传报系统（National Association of Securities Dealers Automated Quotations system）的缩写，创立于1971年，迄今已成为世界最大的股票市场之一。OMX北欧交易所是一个高度一体化、高效的证券与衍生产品市场。合并后的纳斯达克—OMX集团平均每天交易量达610亿美元，拥有39个国家的大约4000家上市公司，市场总资本大约5.5万亿美元。

纳斯达克—OMX集团现阶段拥有24个交易市场、3个结算中心和5个中央证券存管机构，横跨全球六大洲，是全球最大的交易所之一。在24个交易市场中，18个是股票交易市场，其他6个是期权、衍生品、固定收益及商品交易市场。纳斯达克—OMX集团拥有多元化的指数系统，拥有将近2000个指数，可覆盖不同的资产类别、国家和行业，是许多投资机构的投资策略基准。

词条名称：**伦敦证券交易所**

英　　文：**London Stock Exchange**

定义：伦敦证券交易所是全球金融市场的核心，亦是最国际化的交易所，已经有来自70个不同国家的3000家公司在伦敦交易所上市，同时有超过400家公司会员，会员主要是投资银行和证券经纪公司。

释义：伦敦证券交易所是世界上历史最悠久的证券交易所之一，有超过300年的历史。从17世纪末伦敦交易街的露天市场开始，作为当时买卖政府债券的“皇家交易所”，至1773年交易商将交易地点从露天场所迁入室内，随后将其更名为“证券交易所”。1801年3月3日，伦敦证券交易所以会员认购的形式重新开业，现代意义上的伦敦证券交易所正式成立。2001年7月，伦敦证券交易所在伦敦主板市场挂牌上市。2007年6月，伦敦证券交易所宣布与意大利证券交易所合并成为伦敦交易所集团。伦敦交易所分为4个市场，包括主板（Main Market）、创业板（Alternative Investment Market，AIM）、专业证券市场（Professional Securities Market，PSM，供债券及存托凭证上市）以及专业基金市场SFM（Specialist Fund Market，供专业投资基金上市）。

词条名称：**东京证券交易所**

英　　文：**Tokyo Stock Exchange**

定义：东京证券交易所是经内阁总理大臣批准开设的、交易所有价证券市场的股份公司。有价证券交易具有高度的公共性，所以东京证券交易所的章程规定，公司的运营以“为有助于保护公益和投资者，公正、顺畅地进行有价证券等的交易”为宗旨，同时明确指出，即使是股份公司组织形态，公司运营也将继续保证所开设的市场具有高度公共性。

释义：东京证券交易所以前是会员组织性质的法人，根据修订的证券交易法，证券交易所可以采用股份公司的组织形态，因此，东京证券交易所于2001年11月1日进行组织调整，变更为股份公司。东京证券交易所作为证券流通市场的中枢机构，拥有以下主要功能：（1）提供交易的场所；（2）交易的管理；（3）有价证券上市；（4）上市证券的管理；（5）交易参与者的管理。

词条名称：**香港联合交易所**

英　　文：**Hong Kong Exchanges and Clearing Limited**

定义：香港联合交易所，亦称香港联交所，全称为香港交易及结算有限公司。香港交易所营运香港的证券及衍生产品市场以及两个市场的结算所。香港交易所于2000年上市，现为全球市值最大的交易所集团之一。

释义：香港交易所是香港联合交易所有限公司、香港期货交易所有限公司和香港中央结算有限公司的控股公司。香港交易所旗下的市场机构成功带领香港金融服务业由一本地主导的市场，发展成为亚洲区内吸引世界各地投资基金的中央市场。香港交易所于2000年6月与香港的证券及期货市场完成合并之后上市。作为一家市场主导并向股东负责的机构，香港交易所致力把握亚洲区内以至世界各地的商机。香港交易所的业务运作分由多个专责部门执行，由管理层和董事会直接领导及监察。董事会是最高决策机关，负责制定香港交易所的目标、使命、策略、政策和业务规划，并监察管理层的执行工作。香港交易所是香港中央证券及衍生产品市场的营运机构兼前线监管机构，职责范围包括：监管上市发行人；执行上市、交易及结算规则；以及主要在机构层面向交易所及结算所的客户提供服务。交易所及结算所的客户包括发行人及直接服务投资者的中介人，例如，投资银行或保荐人、证券及衍生产品经纪、托管银行和资讯供应商等。而交易所及结算所提供的服务则包括交易、结算及交收、存管及代理人以及资讯服务。

词条名称：**多伦多交易所集团**

英　　文：**TMX Group Inc.**

定义：多伦多交易所集团是一家综合性的、拥有多元资产的交易所集团。多伦多交易所集团不仅经营包括证券、固定收益和能源在内的多元资产的现货和衍生品市场，同时也为全球金融机构提供清算、数据产品、投资者关系及其他服务。

释义：多伦多交易所集团拥有多伦多证券交易所、蒙特利尔交易所、加拿大衍生金融产品清算公司、蒙特利尔气候交易所、固定收益经纪有限公司、天然气交易所及数据产品服务公司。多伦多证券交易所分为主板和创业板。主板是一个领先的全球性交易市场，为众多成熟公司提供了一个充满活力的市场。创业板作为一个面向新兴企业的公开创业资本市场，为成长型公司提供了一个募集资本、扩大资产、产品和服务的市场。多伦多证券交易所主板拥有1587家发行人，总市值达2万亿加元；创业板拥有2250家发行人，总市值达487亿加元。

词条名称：**德意志交易所集团**

英　　文：**Deutsche Börse AG**

定义：德意志交易所集团成立于1993年，作为世界领先的交易所为投资者、金融机构和公司提供进入全球金融市场的通道，其业务涵盖了从现货及期货的交易，交易后的结算、托管到市场信息的提供以及电子交易平台开发的整个有价证券交易的价值链。德意志交易所集团主要包括德国法兰克福证券交易所和欧洲期交所。

释义：德意志交易所通过其面向业务流程的商业模式提高资本市场的效率，这能够使证券发行商在受益于低成本发行的同时，投资者也享受到高度的流通性和优惠的交易成本带来的优势。目前，德意志交易所集团在欧洲、美洲及亚洲共有3000多个员工为其客户服务。它在德国、卢森堡、瑞士、西班牙和美国都设有分公司，并在伦敦、巴黎、芝加哥、纽约、香港、里斯本、迪拜、新加坡、东京、莫斯科和北京设有代表处。德意志交易所本身亦在法兰克福证券交易所上市，其股票被作为蓝筹股纳入了德国法兰克福指数DAX当中。DAX是德国重要股价指数，它包括了在法兰克福证券交易所高级市场挂牌交易的股票中流动性最强、市值最大的30个德国企业。

词条名称：**澳大利亚证券交易所**

英　　文：**Australian Stock Exchange**

定义：澳大利亚证券交易所是由澳大利亚股票交易所和悉尼期货交易所在2006年合并后组成，总部设在澳大利亚悉尼，是世界十大证券交易所之一。

释义：澳大利亚证券交易所是根据澳大利亚国会立法《澳大利亚证券交易及国家保证金法案》注册后，于1987年4月1日开业。澳大利亚实际上只有澳大利亚证券交易有限公司一家证交所，其他6个州的证券交易所均是其全资子公司。澳大利亚证券交易所的主要作用是为证券及其相关产品提供并维护一个公正、有效、信息通畅、有国际竞争性的市场，保证投资者及各个公司在产品市场上的信心。澳大利亚证券交易所的主要活动包括提供交易系统、结算清算系统及证券市场调节的管理。

词条名称：**新加坡证券交易所**

英　　文：**Singapore Exchange**

定义：新加坡证券交易所简称新交所，是亚太地区首家集证券及金融衍生产品交易于一体的企业股份制化的交易所，是亚洲最为国际化的交易所之一。

释义：新加坡证券交易所为客户提供广泛的股票指数衍生产品，特别侧重亚洲三大经济体——中国、印度和日本。新交所是管理亚洲资本和投资风险的重要场所，超过40%的新交所上市公司位于新加坡以外的国家，新交所是亚洲最为国际化的交易所。除了提供从交易与结算到结算与存托服务的完整服务链以外，新交所同时还是亚洲开创性的中央结算所。新交所总部设在亚洲最为全球化的城市，集中了新加坡岛国的AAA级实力及稳定性，是亚洲最具优势的金融和大宗商品结算所。新加坡证券交易所主要有两个交易板块：主板和凯利板（Catalist）。新加坡资本市场实行披露制，主板要求以国际标准为基准，且与发达国家司法管辖权的最佳实践保持一致；凯利板则由保荐人监督执行。

词条名称：**印度国家证券交易所**

英　　文：**National Stock Exchange of India**

定义：印度国家证券交易所是一个位于印度孟买的证券交易所，是印度第二大证券交易所，按照交易量排名世界第三（仅次于美国纽约股票交易所和纳斯达克交易所）。

释义：印度国家证券交易所是一个全国性、以电子化交易为主的资本交易市场，其中包括股票、股票衍生品、货币期货和期权等。印度国家证券交易所已经广泛分布于1500个地区，有超过23万个终端，可供应超过10个资产类别和许多新兴产品。印度国家证券交易所还积极与国际各大交易所合作，建立相互挂牌上市协议。

词条名称：**巴西证券期货交易所**

英　　文：**BM&F Bovespa**

定义：巴西证券期货交易所简称巴西交易所，于2008年由巴西期货交易所（BM&F）和圣保罗证券交易所（Bovespa）合并而成立。两家公司合并之后，按照市场价值成为世界上较大的交易所，美洲第二大交易所，拉丁美洲最大交易所。

释义：巴西交易所服务范围广泛，如提供股票、证券、金融资产、指数、利率、农畜商品和外汇期货、现货合同上市及基金；公布报价；发行市场指数；发展系统及软件；推动技术的更新和其他事宜。巴西交易所有以下几个分支：结算部、市场监察部、结算银行及巴西商品交易所。证券结算部负责结算、清盘、风险管理、集中保管中心和证券借贷服务。交易所市场监管部（BSM）负责监察市场参与者和结算及/或保管人员在CBLC的交易和所进行的活动。巴西商品交易所提供农产品的现货交易，并经由其电子交易系统提供政府部门招标服务等。

词条名称：**韩国交易所**

英　　文：**Korea Exchange**

定义：韩国交易所简写为KRX，总部设在韩国釜山广域市。2005年1月，韩国证券交易所（KSE）、韩国期货交易所（KOFEX）及韩国创业板市场（KOSDAQ）合并，正式更名为韩国交易所。

释义：1956年2月11日，大韩证券交易所在韩国首尔建立，标志韩国证券业开始启动，当时该交易所的交易活动以政府债券交易为主，股票交易很少。此后，随着经济发展，韩国资本市场也得到了较快发展。1963年大韩证券交易所重组，成为政府所有的非盈利公司，并更名为韩国证券交易所，是韩国主要股票、债券、股价指数期货、股价指数期权等现货和衍生商品交易的证券市场。韩国创业板市场建立于1996年7月，成立创业板市场的主要目的是为扶植高新技术产业，特别是中小型风险企业，为这些企业创造一个直接融资的渠道。

词条名称：**台湾证券交易所**

英　　文：**Taiwan Stock Exchange**

定义：台湾证券交易所成立于1961年，历年来不断致力于市场规模的扩大以及新观念、新科技、新产品的引进，创造一个公平、效率、安全的交易环境。

释义：台湾交易所的经营目标为：推动台商与岛外企业上市，发展新金融商品，提升服务水平，提升台湾为国际公认之已开发资本市场，整合资本市场，强化国际竞争力。

（二）海外主要期货市场①

词条名称：**芝加哥期权交易所**

英　　文：**Chicago Board Options Exchange，缩写 CBOE**

定义：芝加哥期权交易所是美国最大的期权交易所，成立于1973年4月26日，由芝加哥期货交易所（CBOT）的会员所组建，推出标准化

---

① 撰写：陈嘉懿、戴益文；审核：肖立见；单位：深圳证券交易所综合研究所。

合约，使期权交易产生革命性的变化。

释义：芝加哥期权交易所是世界第一家以期权产品为主的交易所，1985年推出股票期权，1989年推出利率期权产品，1990年推出长期期权LEAPS，1992年推出类股指期权，2003年推出VIX指数期货。芝加哥期权交易所的股票期权分为买权与卖权，目前产品约有1500种股票及美国存托凭证（ADRs）的期权。芝加哥期权交易所目前共计推出52种指数期权合约，另外推出利率期权、FLEX（Flexible Exchange）期权、LEAPS期权等。

词条名称：**芝加哥商业交易所集团**

英　　文：**CME Group**

定义：芝加哥商业交易所集团是全球金融衍生品交易服务龙头，集团旗下拥有4个主要交易中心：芝加哥商品交易所（CME）、纽约商业交易所（NYMEX）、芝加哥商品期货交易所（CBOT）和纽约商品交易所（COMEX）。

释义：芝加哥商业交易所集团提供全球化投资服务，全球最多样的衍生性金融商品都可在单一电子交易平台Globex取得。2007年7月9日美国芝加哥商业交易所（CME）和芝加哥期货交易所（CBOT）最终合并成功，成为全球最大的衍生品交易所，缔造了全球最庞大的期货期权交易市场——芝加哥商业交易所集团（CME集团）。合并后的公司被称为芝加哥商业交易所集团，总部设在芝加哥。合并后的公司资产总额据估计达到250亿美元，芝加哥商业交易所占其中的180亿美元，芝加哥期货交易所约占其中的70亿美元。合并后的交易所交易品种涉及利率、外汇、农业和工业品、能源以及诸如天气指数等其他衍生产品。CME表示，由两个行业内领先的公司合并为一个公司，有助于巩固其在竞争日益激烈的环境中的成长能力。2010年执行了31亿笔期货与期权合约，涵括所有类别资产，总值近1千万亿美元。交易方式包括交易所期货与期权买卖和中央场外清算业务。所有交易均受到CME清算系统的中央对手机制保护。

词条名称：**纽约商品交易所**

英　　文：**New York Mercantile Exchange**

定义：纽约商品交易所是由芝加哥商业交易所集团（CME Group of Chicago）拥有并运营的商品期货交易所，是全球最具规模的商品交易所之一。

释义：纽约商品交易所由The New York Mercantile Exchange（NYMEX）和The Commodity Exchange（COMEX）于1994年合并组成，有NYMEX及COMEX两大分部。纽约商品交易所于2006年11月17日在纽约证券交易所上市，2008年3月17日被芝加哥商业交易所集团收购。

纽约商品交易所的商品交易主要涉及能源和稀有金属两大类产品，包括轻质低硫原油、天然气、取暖油、布伦特原油、柴油、电力期货、丙烷、煤炭、铀、铂金、钯铂合金、黄金、白银、铜、铝。其中，COMEX分部负责黄金、白银、铜、铝的期货和期权合约，其余品种的合约在NYMEX分部上市交易。在纽约商品交易所，能源产品交易大大超过其他产品的交易；纽约商品交易所交易方式主要是期货和期权交易，到目前为止，期货交易量远远超过期权交易量。

词条名称：**纽约期货交易所**

英　　文：**New York Board of Trade**

定义：纽约期货交易所现名美国期货交易所（ICE），是 Intercontinental Exchange（ICE）旗下的全资子公司，作为一家商品期货交易所，挂牌交易的品种包括基准原糖、棉花、可可、咖啡和橙汁合约，同时也是罗素指数期货和期权、美元指数和外汇期货的独家交易场所。纽约期货交易所是世界上最早一家交易棉花期货和期权的交易所。

释义：纽约期货交易所成立于1998年，是由纽约棉花交易所（New York Cotton Exchange）和咖啡、糖、可可交易所（Coffee Sugar Cocoa Exchange）合并而来的。2006年9月14日，ICE收购纽约期货交易所（NYBOT），后者成为ICE的一个单元，并于2007年9月改名为ICE，即美国期货交易所（ICE Futures US）。

词条名称：**伦敦国际金融期货交易所**

英　　文：**London International Financial Futures and Options Exchange，**缩写 **LIFFE**

定义：伦敦国际金融期货交易所主营纽约—泛欧交易所集团的国际衍生品业务，涵盖了交易所集团中阿姆斯特丹、布鲁塞尔、里斯本、巴黎和伦敦等分支机构的衍生品业务。

释义：伦敦国际金融期货交易所每天交易量超过1.8万亿欧元（2.55万亿美元），是世界上交易值排名第二的交易所，为世界上31个国家800个网点的客户提供电子即时交易，交易的衍生产品范围广泛，使用交易所最先进的交易平台 LIFFE CONNECT。LIFFE CONNECT 电子交易平台可为客户提供完成交易所各种期货和期权合约服务。它是一个透明的指令驱动系统，可向任何市场参与者转发所有订单（包括现价和市场深度分析）并进行匿名操作。该系统具备了快速有效地完成复杂衍生品交易的功能。LIFFE CONNECT 是一个强大稳定的交易平台，能够应付动荡的市场条件，该平台亦被世界上其他证券市场采用。

词条名称：**伦敦商品交易所**

英　　文：**London Commerce Exchange**

定义：伦敦商品交易所是世界上最早成立的商品期货交易所之一，交易品种主要有软性产品和农产品（包括可可、咖啡与白糖）的期货交易，其交易的可可期货合约一直是全球现货可可定价参照基准。

释义：伦敦商品交易所于1996年被伦敦国际金融期货期权交易所（London International Financial Futures and Options Exchange，LIFFE）收购，后者又于2002年被泛欧证券交易所（Euronext）合并。2007年，纽约证券交易所（New York Stock Exchange，NYSE）与泛欧证券交易所合并，合并后的公司称作纽约泛欧证券交易所（NYSE Euronext）。现在，伦敦商品交易所在纽约泛欧证券交易所旗下的 NYSE LIFFE 分部进行运营。

词条名称：伦敦金属交易所

英　　文：**London Metal Exchange，缩写 LME**

定义：伦敦金属交易所成立于 1877 年，是世界首个有色金属交易市场，也是世界上最大的有色金属交易所，全世界超过 80% 的有色金属在此交易。

释义：伦敦金属交易所采用国际会员资格制，其中超过 95% 的交易来自海外市场。交易品种有有色金属、稀有金属和钢铁。伦敦金属交易所的交易方式是公开喊价交易，此种交易在“圈”内进行，也被称作是“圈内交易”，它的运行有 24 小时电话下单市场与 LME select 屏幕交易系统的支持。伦敦金属交易所每天都公布一系列官方价格，这些价格在业内被作为金属现货合同定价的依据。

词条名称：伦敦国际石油交易所

英　　文：**International Petroleum Exchange，缩写 IPE**

定义：伦敦国际石油交易所是欧洲最重要的能源期货和期权的交易场所，成立于 1980 年，目前已发展成世界第二大能源期货和期权交易所。

释义：伦敦国际石油交易所是世界石油交易中心之一，伦敦国际石油交易所的原油价格是观察国际市场油价走向的一个晴雨表。1981 年 4 月，伦敦国际石油交易所推出重柴油（Gasoil）期货交易，合约规格为每手 100 吨，最小变动价位为 25 美分/吨，重柴油在质量标准上与美国取暖油十分相似。该合约是欧洲第一个能源期货合约，上市后比较成功，交易量一直保持稳步上升的走势。目前在世界范围内来看，有两种基准原油，一种是 WTI，在美国纽约商业交易所（NYMEX）进行交易；另一种是布伦特，在英国伦敦国际石油交易所进行交易。2000 年 4 月，IPE 完成了改制，成为了一家营利性公司。2001 年 6 月，IPE 被洲际交易所（Intercontinental Exchange）收购，成为这家按照美国东部特拉华州（Delaware）法律成立的公司的全资子公司。

（三）海外主要金融组织机构[①]和中介机构

词条名称：国际货币基金组织

英　　文：**International Monetary Fund，缩写 IMF**

定义：国际货币基金组织是根据 1944 年 7 月在布雷顿森林会议签订的《国际货币基金协定》，于 1945 年 12 月 27 日在华盛顿成立，与世界银行并列为世界两大金融机构之一，其职责是监察货币汇率和各国贸易情况，提供技术和资金协助，确保全球金融制度运作正常。

释义：国际货币基金组织成立目

---

① 撰写：刘灿辉，单位：深圳证券所博士工作站；审核：肖立见，单位：深圳证券交易所综合研究所。

的是通过一个常设机构来促进国际货币合作及国际金融体系的稳定。1947年11月15日，国际货币基金组织成为联合国的专门机构，在经营上有其独立性。截至2012年4月，该组织共有188个成员国。该组织主要有以下3项职能：（1）监督国际货币体系和成员国的政策，并跟踪各地的经济和金融情况，在必要时提出警告；（2）向有国际收支困难的国家贷款；（3）通过技术援助和培训，帮助成员国发展健全的制度和经济政策工具。

国际货币基金组织的最高权力机构是理事会，每位成员地区有正、副理事代表，通常是本国的财政部长或中央银行行长。理事会于每年9月举行一次会议，各成员的投票权按其缴纳基金多少来决定。执行董事会由理事会委托，行使理事会的权力，处理日常事务。该会由24名执行董事组成，每两年选举一次，设有1名总裁和3名副总裁。总裁任期5年，由执行董事会推选，可以连任。其中8名执行董事由美国、英国、法国、德国、日本、中国、俄罗斯、沙特阿拉伯任命，其余由其他成员组成的选区选举产生。

国际货币基金组织的资金来源于各成员认缴的份额。成员享有提款权，即按所缴份额的一定比例借用外汇。1969年创设“特别提款权”的货币（记账）单位，作为国际流通手段的一个补充，以缓解某些成员收入逆差。2010年中国在国际货币基金组织中的份额上升至6.19%，仅位列美国和日本之后。但是拥有17.67%配额的美国依旧拥有“否决权”。

词条名称：**世界银行**

英　　文：**World Bank Group**

定义：世界银行是1944年7月布雷顿森林会议后，与国际货币基金组织同时产生的两个国际性金融机构之一，也是联合国属下的一个专门机构，总部设在华盛顿。其主要业务是向成员国尤其是发展中国家提供低息贷款、无息信贷和赠款。

释义：世界银行亦称世界银行集团，1946年6月开始营业。凡是参加世界银行的国家必须首先是国际货币基金组织的会员国。目前共有186个成员国。世界银行目前由国际复兴开发银行（IBRD）、国际开发协会（IDA）、国际金融公司（IFC）、多边投资担保机构（MIGA）和解决投资争端国际中心（ICSID）五个成员机构组成。这五个机构分别侧重于不同的发展领域，但都运用其各自的比较优势，协力实现其共同的最终目标，即减轻贫困。从狭义来讲，世界银行仅包括国际复兴开发银行（IBRD）和国际开发协会（IDA）两个机构。

世界银行的最高权力机构是理事会，由每一会员国选派理事和副理事各一人组成。任期5年，可以连任。世界银行负责组织日常业务的机构是执行董事会，行使由理事会授予的职权。按照世界银行章程规定，执行董事会由24名执行董事组成，其中8人由美国、日本、英国、德国、法国、中国、俄罗斯和沙特阿拉伯委派。执行董事会选举产生行长，负责银行的日常行政管理工作和任免银行高级职员和工作人员。行长只有在执行董事会表决中双方的票数相等时，才具有投票权。世界银行按股份公司的原则建立。重要事项都需会员国投票决定，投票权的大小与会员国认购的股本成正比，与国际货币基金的有关投票权的规定相同。目前中国为世界银行第三大股东，仅次于美国和日本。

世界银行贷款对象主要包括会员国官方、国营企业及私营企业。若借款人不是政府，则要政府担保。贷款用途多为项目贷款，用于工业、农业、能源、运输、教育等诸多领域。世界银行只提供项目建设总投资的20%～50%，其余部分由借款国自筹。贷款期限一般为20～30年左右，宽限期5～10年。贷款利率则根据世界银行从资金市场筹资的利率来确定，每三个月或半年调整一次，利率比市场利率要低。

词条名称：**国际清算银行**

英　　文：**Bank for International Settlements，BIS**

定义：国际清算银行由英、法、德、意、比、日等国的中央银行与代表美国银行界利益的摩根银行、纽约和芝加哥的花旗银行组成的银团，根据海牙国际协定于1930年5月共同组建，总部设在瑞士巴塞尔。目前成员国已发展至45个。

释义：国际清算银行的宗旨是促进各国中央银行之间的合作，为国际金融运作提供额外的便利，并作为国际清算的受让人或代理人。目前，国际清算银行主要业务包括：（1）处理国际清算事务。国际清算银行先后成为欧洲经济合作组织、欧洲支付同盟、欧洲煤钢联营、黄金总库、欧洲货币合作基金等国际机构的金融业务代理人，承担着大量的国际结算业务；（2）办理或代理有关银行业务。“第二次世界大战”后，国际清算银行业务不断拓展，目前可从事的业务主要有：接受成员国中央银行的黄金或货币存款，买卖黄金和货币，买卖可供上市的证券，向成员国中央银行贷款或存款，也可与商业银行和国际机构进行类似业务，但不得向政府提供贷款或以其名义开设往来账户。

国际清算银行是以股份公司的形式建立的，组织机构包括股东大会、董事会、办事机构。国际清算银行的最高权力机关为股东大会，股东大会每年6月份在巴塞尔召开一次，只有各成员国中央银行的代表参加表决。选票按有关银行认购的股份比例分配；董事会是国际清算银行的经营管理机构，由13名董事组成，其中比利时、德国、法国、英国、意大利和美国的中央银行行长是董事会的当然董事。董事会设主席1名，副主席若干名，每月召开一次例会，审议银行日常业务工作。董事会主席和银行行长由同1人担任，仅在双方票数相等时具有投票权；国际清算银行下设银行部、货币经济部、法律处、秘书处等办事机构。

词条名称：**亚洲开发银行**

英　　文：**Asian Development Bank，缩写ADB**

定义：亚洲开发银行简称亚行，是亚洲和太平洋地区的区域性金融机构，且为联合国亚洲及太平洋经济社会委员会（联合国亚太经社会）赞助建立的机构。

释义：亚行正式成立于1966年11月，并于同年12月19日正式营业，总部设立在菲律宾首都马尼拉。该组织成立的宗旨是通过发展援助帮助亚太地区发展中成员消除贫困，促进亚太地区的经济和社会发展。

由股本、借款、普通储备金、特别储备金、净收益及预交股本构成的普通资金是亚行开展业务活动的主要资金来源。日本和美国是亚行最大的出资国，其认缴股本额相等，均占亚行总股份的16.054%，中国位居第三，认缴额为6.628%。

亚行成员主要包括来自亚洲和太平洋地区的区域成员，以及来自欧洲和北美洲的非区域成员。目前共有67个成员，其中48个来自亚太地区。亚行对发展中成员的援助主要采取四种形式：贷款、股本投资、技术援助、联合融资相担保。亚行的组织机构主要有理事会和董事会。由所有成员代表组成的理事会是亚行最高决策机构，负责接纳新成员、变动股本、选举董事和行长、修改章程等，通常每年举行一次会议。行长是该行的合法代表，由理事会选举产生，任期5年，可连任。

词条名称：**非洲开发银行**

英　　文：**African Development Bank**

定义：非洲开发银行简称非行，是非洲最大的地区性政府间开发金融机构，其成立宗旨在于促进非洲的社会及经济发展，共有53个非洲国家及24个非非洲区国家为其会员。

释义：非行于1964年正式成立，并于1966年7月1日正式开业，目前总部在突尼斯。资金主要来自成员国的认缴，截至2006年底，非行核定资本相当于329亿美元，实收资本相当于325.6亿美元，其中非洲国家的资本额占2/3。

非行主要业务是向成员国提供贷款（包括普通贷款和特别贷款），以发展公用事业、农业、工业项目以及交通运输项目。普通贷款业务包括用该行普通资本基金提供的贷款和担保贷款业务；特别贷款业务是用该行规定专门用途的“特别基金”开展的贷款业务，不计利息，贷款期限最长可达50年，主要用于大型工程项目建设。非行最高权力机构为理事会，由各成员国委派理事和副理事各1名组成。理事一般由各国财政部或经济部部长担任，理事会每年举行一次。理事会的执行机构为董事会，共9名成员，由理事会选举，任期3年，每月举行1次会议。行长由董事会选举，任期5年，主要负责经常性业务。

词条名称：**花旗银行**

英　　文：**Citibank，缩写 Citi**

定义：花旗银行是花旗集团属下的一家零售银行，其前身是1812年6月16日成立的“纽约城市银行”（City Bank of New York），经过近两个世纪的发展、并购，已成为美国最大的银行，也是一家在全球近50个国家及地区设有分支机构的国际大银行，总部位于美国纽约。

释义：花旗集团是全球最大的金

融服务机构，资产达1兆美元，于全球有27万名雇员，为逾100多个国家约2亿消费者、企业、政府及机构提供品种繁多的金融产品及服务，包括消费者银行和信贷、企业和投资银行、保险、证券经纪及资产管理服务。以红色雨伞为标志的花旗集团旗下的主要品牌包括：花旗银行、旅行家集团、所罗门美邦、CitiFinancial 及 Primerica 金融服务公司。

花旗银行作为惟一一家推行全球业务战略的银行，不单为遍及56个国家的5000万消费者提供服务，也在近100个国家为跨国、跨区及当地的企业客户服务。花旗银行是在中国开办业务的第一家美国银行。1902年5月15日，花旗银行的前身之一“国际银行公司”在上海开设分行，这也是花旗银行在亚洲的第一家机构。1995年后，花旗银行重新在中国大陆常规办理业务，已经在北京、广州、上海、重庆、深圳、天津、成都、大连、杭州开设分行。

词条名称：**汇丰银行**

英　　文：**The Hongkong and Shanghai Banking Co. Ltd，缩写 HSBC**

定义：汇丰银行简称汇丰，是汇丰控股有限公司的全资附属公司，属于汇丰集团的创始成员以及在亚太地区的旗舰，是香港最大的注册银行，是香港三大发钞银行之一（其他两个是中国银行（香港）和渣打银行）。截至2012年，香港上海汇丰银行及各附属公司主要在亚太地区设立约700家分行及办事处。

释义：香港上海汇丰银行（以下简称“汇丰银行”）于1865年3月3日在香港创立。1990年12月17日，汇丰银行宣布进行结构重组，成立一家集团控股公司，名为汇丰控股有限公司。1991年，汇丰控股成立，汇丰银行股份转移至汇丰控股股份，汇丰银行则由汇丰控股全资拥有。汇丰银行（中国）有限公司于2007年4月2日正式开业，总行设于上海，是香港上海汇丰银行有限公司全资拥有的外商独资银行，其前身是香港上海汇丰银行有限公司的原中国内地分支机构。

汇丰是全球规模最大的银行及金融服务机构之一，国际网络遍及全球六个地域，在欧洲、香港、亚太其他地区、中东、北美洲及拉丁美洲的87个国家和地区共设有约7500个办事处。汇丰的产品及服务透过两大客户群（个人理财和工商业务）以及两大环球业务（环球银行及资本市场和环球私人银行）推广。

词条名称：**美洲银行**

英　　文：**Bank of America，缩写 BAC**

定义：美洲银行是美国第二大银行，致力提供一应俱全的个人及商业银行服务，服务遍及美国21个州、哥伦比亚特区及全球30个国家，为多达3300万个家庭及250万个商业客户提供最优质完善的银行服务。

释义：美洲银行拥有美国最大的全国性零售网络，有超过5700个零售银行办事处，超过17000部ATM机和拥有2100万用户的网上银行，它庞大的分支机构网络几乎覆盖了所有人口众多的大城市。美洲银行还是美国头号小型企业信贷银行和头号向少数族裔开办的小型企业提供贷款的银行，并与几乎所有的美国财富500强企业和80%的世界500强企业建立了业务关系。

美洲银行主要业务分三大部分：(1) 零售银行业务，主要是经营个人和企业的存放款业务；(2) 国际金融保险业务；(3) 其他金融业务，主要包括对消费者的金融服务、租赁、创业投资、旅行支票、抵押放款和消费信贷保险等。

从整体架构看，除了上述核心业务外，美洲银行还设有技术、风险、战略规划、人事、市场营销、产品开发与质量、财务等7个支持部门。部门与职责的划分以业务为单元，各个业务单元实行垂直管理，彼此并不是相互隶属而是合作关系。

词条名称：**瑞士银行**

英　　文：**United Bank of Switzerland，缩写 UBS**

定义：瑞士银行简称瑞银，是1998年由瑞士联合银行及瑞士银行集团合并而成，是全球著名的金融服务企业，也是世界最大的资产管理企业和投资担保银行，且在私人银行业务方面也居于领先地位。

释义：2005年6月，瑞银正式发布公告，宣布所有业务采用统一品牌的策略，重组为以瑞银命名的三大业务：(1) 瑞银财富管理（UBS Wealth Management）：为高资产净值的客户提供国内外投资服务，包括资产管理、财产规划、企业融资顾问和艺术品投资等；(2) 瑞银环球资产管理（UBS Global Asset Management）：针对私人、机构和公司客户的各类资产提供投资管理方案；(3) 瑞银投资银行（UBS Investment Bank）：提供证券产品及相关研究（包括股票、债券、利率、汇率、能源和金属），并提出投资建议，为客户提供进入全球资本市场的渠道。

词条名称：**标准渣打银行**

英　　文：**Standard Chartered Bank，缩写 SCB**

定义：标准渣打银行简称渣打，是一家总部在伦敦的英国银行，其业务遍及许多国家，尤其在亚洲和非洲，超过90%的收入和利润来自亚洲、非洲和中东。

释义：渣打银行成立于1969年，由英属南非标准银行和印度澳大利亚中国渣打银行两个独立的银行合并而成。目前渣打银行已是世界上最国际化的银行之一，拥有超过1700家分行，在超过70个国家和地区都设立办事处。渣打银行主要业务包括零售银行服务如按揭、投资服务、信用卡及个人贷款等，商业银行服务包括现金管理、贸易融资、资金及托管服务等。

词条名称：**德意志银行**

英　　文：**Deutsche Bank，缩写 DB**

定义：德意志银行是德国最大的银行和世界上最主要的金融机构之一，成立于1870年，总部设在莱茵河畔的法兰克福。

释义：德意志银行全称德意志银

行股份公司，是一家私人拥有的股份公司，其股份在德国所有交易所进行买卖，并在巴黎、维也纳、日内瓦、巴斯莱、阿姆斯特丹、伦敦、卢森堡、安特卫普和布鲁塞尔等地挂牌上市。

德意志银行主要产品和服务包括：私人及商业客户端、资产和财富管理、企业银行及证券和环球交易银行业务。德意志银行受德国银行法的支配并服从联邦金融管理局的监管。作为一家股份公司，德意志银行设有监督会和代表大会履行监督其活动并提出建议，其主要任务包括对年度账目进行审计并批准董事会的利润分配方案。监督会20个成员中的10人由股东代表选举产生，其余的10名来自银行的员工。董事会由12个成员组成，共同对银行的业务方针及其贯彻负责。

词条名称：荷兰国际集团

英　　文：Internationale Nederlanden Group，缩写ING

定义：荷兰国际集团是一家国际金融服务私营企业，成立于1991年，由荷兰最大的保险公司——国民人寿保险公司（Nationale-Nederlanden）与荷兰的第三大银行——荷兰邮政银行集团（NMB PostBank Group）合并而成。

释义：ING集团的服务已遍及全球50多个国家，核心业务是银行、保险及资产管理等。ING集团的全球职员大约13万人，顾客8500万人，包括自然人、家庭，企业、政府及其他。ING集团下设4个管理核心：（1）荷兰总部：主要负责荷兰本国市场上的全部保险和银行业务；（2）国际金融财经业务部：主要负责所有荷兰本土以外的国际保险业、零售银行业和商业银行业，其保险业务划分三大地区：欧洲和拉丁美洲、北美洲、亚澳地区；（3）企业和资本市场部：负责所有国际货币和资本市场管理部门，包括国际银行网络以及金融产品、贸易、销售、投资银行、企业银行、风险管理及调研的各项业务；（4）资产管理部：主要承担企业投资者的资产和账目管理、提供个人国际银行服务以及集团公司的保险业务的资产管理。房地产业务、信托业务及旗下的投资基金也属于该部门管理。

词条名称：高盛集团

英　　文：Goldman Sachs

定义：高盛集团作为世界著名投资银行之一，是一家国际领先的投资银行和证券公司，向全球提供广泛的投资、咨询和金融服务，客户包括私营公司、金融企业、政府机构以及个人。

释义：高盛集团成立于1869年，是全世界历史最悠久及规模最大的投资银行之一，总部设在纽约。高盛集团的主要业务包括：（1）投资银行：分为两个部门，包括财务顾问（合并和收购、重组和分拆等）和承销业务（公开上市和股权、私募股权相关的债务工具等）；（2）交易与自营投资：协助客户（包括企业、金融机构、政府和个人）进行交易，以及通过做市、交易和投资固定收益和股票产品、外汇、大宗商品及衍生产品，用自营资金进行交易。此外，还参与股票及期权交易所的特许交易商及做市活动，并在全球主要的股票、期权和期货交易所为客户交易进行结算；（3）资产管理和证券服务：向全球各类机构和个人提供投资顾问及理财规划服务，并提供所有主要资产类别的投资产品，及向全球的共同基金、养老基金、对冲基金、基金会和高净值个人提供大宗经纪服务、融资及融券服务。

高盛业务若按地域可分为三大块，即美国、亚太地区和欧洲，在全球23个国家和地区（含美国）设有代表处，包括纽约、芝加哥、法兰克福、伦敦、东京、台北、北京、上海和香港。亚太地区总部设于香港，在中国大陆地区设有北京办事处、上海办事处，并成立合资证券公司高盛高华。高盛集团是第一家获得上海证券交易所B股交易许可的外资投资银行及首批获得QFII资格的外资机构之一。

词条名称：摩根士丹利

英　　文：Morgan Stanley

定义：摩根士丹利是世界著名投资银行之一，是一家成立于美国纽约的国际金融服务公司，提供包括证券、资产管理、企业合并重组和信用卡等多种金融服务。

释义：摩根士丹利在全球37个国家设有超过1200家办事处，为各地企业、政府机关、事业机构和个人投资者提供服务。公司下设9个部门，包括：股票研究部、投资银行部、私人财富管理部、外汇/债券部、商品交易部、固定收益研究部、投资管理部、直接投资部和机构股票部。

摩根士丹利涉足的金融领域包括股票、债券、外汇、基金、期货、投资银行、证券包销、企业金融咨询、机构性企业营销、房地产、私人财富管理、直接投资、机构投资管理等。

词条名称：洛希尔金融集团

英　　文：Edmond de Rothschild Group

定义：洛希尔金融集团作为世界著名投资银行之一，于1953年由Edmondde Rothschild创建，总部设在巴黎，由洛希尔家族控股的以私人银行和资产管理为主要业务的金融集团。截至2007年，该集团管理资产数量达到1000亿欧元左右。

释义：洛希尔金融集团主要包括4个业务板块：（1）全球财务顾问：为政府、企业、机构和个人提供公正和专业的咨询和执行服务，提供兼并、收购和出售、策略、企业治理、债务和股权融资的独立意见；（2）财富管理及信托：为世界各地富有的个人和家庭资产保护及投资提供客观的意见；（3）商业银行和机构资产管理：商业银行主要为客户提供专家理财建议、筹集资金及合作投资等业务；机构资产管理主要为机构客户、金融中介机构、第三方分销商及世界各地的私人客户提供投资管理和咨询服务；（4）专业金融企业：主要提供债券基金管理，私人客户银行，商业贷款，资产融资等服务。

词条名称：拉扎德集团

英　　文：Lazard Group LLC

定义：拉扎德集团作为世界著名投

资银行之一，是一家在百慕大群岛注册的投资银行，主要经营公司财务和资产管理业务，是纽约证券交易所上市公司。

释义：拉扎德是由亚历山大·拉扎德（Alexandre Lazard）、艾里·拉扎尔（Elie Lazare）和西蒙·拉扎德（Simon Lazard）兄弟三人于 1848 年共同创立。开始拉扎德是在新奥尔良经营纺织品业务，逐渐转向银行及外汇业务，并在巴黎、伦敦和纽约设立分行。虽然只有 2000 多名员工，却在兼并收购、重组和资产管理等领域具有悠久的历史和很强的实力。

词条名称：**麦格理银行**

英　　文：**Macquarie**

定义：麦格理银行是世界著名投资银行之一，澳大利亚最大的银行集团之一，面向投资者、公司以及政府提供一系列的金融服务，总部位于悉尼，其股票在澳大利亚证券交易所上市。该公司是唯一一个由澳大利亚资本控制的投资银行。

释义：按业务划分，麦格理集团又包括六大集团：（1）银行及金融服务集团：汇集麦格理零售银行和金融服务业务，为财务顾问、证券经纪人、抵押贷款经纪人、专业服务机构和终端零售客户提供多元化的财富管理产品和服务；（2）企业和资产金融集团：主要负责麦格理集团的贷款和资产融资业务；（3）固定收益，货币及商品集团：在全球范围内提供各种交易、风险管理、销售、结构设计、融资、市场分析与战略服务，同时为利率、商品或者外汇相关机构的专业化交易、销售、贷款、结算提供平台；（4）麦格理资本集团：为公共兼并与收购、私人协约方式收购和资产剥离、债务、股本集资及重组涉及的企业和政府客户提供咨询和融资服务；（5）麦格理基金集团：提供多元化的功能和产品，包括基础设施和房地产资产管理、证券投资管理、以股权为基础的产品和另类资产管理；（6）麦格理证券集团：是以亚太为基地的全球性的证券机构，涵盖销售、研究、ECM 及衍生品业务。

词条名称：**里昂证券**

英　　文：**CLSA Asia-Pacific Markets，缩写 CLSA**

定义：里昂证券是世界著名投资银行之一，创办于 1986 年，总部设于香港，主要在亚太区从事证券经纪、投资银行及私人投资业务。

释义：里昂证券原来最大的单一股东为法国的里昂集团，其后里昂集团在 2003 年与法国农业信贷集团合并，自此里昂证券成为农业信贷集团在亚太区投资银行的分支。2012 年 7 月 20 日，中信证券公告董事会关于全资子公司中信证券国际有限公司收购里昂证券 100% 股权的议案，拟以 12.52 亿美元的总对价将里昂证券全部股权纳入囊中。

词条名称：**野村证券**

英　　文：**Nomura Securities**

定义：野村证券作为世界著名投资银行之一，是日本第一大券商，成立于1925年，总部设在东京。

释义：野村证券总部下设五大业务部门，分别为固定收益部、证券部、投资银行部、合规部和全球研究部。业务范围包括：（1）证券经纪业务：主要从事和组织股票、债券的买卖；（2）投资金融：认购政府债券及日元外债、发行公司债和股票；（3）投资信托：经营股票、债券及外国投资信托业务；（4）离岸金融业务：进行银团贷款、项目贷款、中长期外汇贷款及短期资金拆借；（5）金融服务：开展广泛的投资调查服务，为国际投资者进行资产保管及外汇运作。

词条名称：**黑石集团**

英　　文：**Blackstone Group**

定义：黑石集团作为世界著名私募基金公司之一，是一家全球领先的另类资产管理和提供金融咨询服务的机构，是全世界最大的独立另类资产管理机构之一，美国规模最大的上市投资管理公司，1985年由彼得·彼得森（Peter G. Peterson）和斯蒂芬·施瓦茨曼（Stephen Schwarzman）共同创建，总部位于美国纽约。

释义：黑石集团业务由四部分组成：企业私募股权、房地产、可交易另类资产管理和金融咨询。具体业务包括企业私募股权基金、房地产投资基金、对冲组合基金、夹层基金、高级债券基金、自营对冲基金和封闭式基金。其中企业私募股权基金和房地产投资基金是各自领域集资规模最高的基金，截至2007年5月1日，累计投资规模分别达196亿美元和72亿美元。

词条名称：**科尔伯格—克拉维斯—罗伯茨**

英　　文：**Kohlberg Kravis Roberts & Co**，缩写 **KKR**

定义：科尔伯格—克拉维斯—罗伯茨作为世界著名私募基金公司之一，是一家总部位于美国纽约的私人股权投资公司，其资助并管理着众多的投资基金，主要专注于成熟企业的杠杆收购。成立至今，公司已先后完成超过4000亿美元的私人股权交易并且成为杠杆收购领域内的先锋和翘楚。

释义：公司专长于特定行业分支的私人股权投资，因此被划分成9个不同的专业投资部门，分别是化工、消费品、能源与自然资源、金融服务、医疗卫生、工业制造、媒体与通信、零售和科技。KKR要求每个行业部门里的专业人员都必须是精通相关领域的专家。针对公开市场业务，公司旗下拥有KKR金融集团（控股）有限责任公司（KFN）和KKR资产管理有限责任公司（KAM）。KFN主要为低于投资级的企业债券、有价证券及私募股权等金融资产进行融资和投资。KMA则主要提供广泛的投资产品以及投资企业股权和信贷。

词条名称：**德州太平洋集团**

英　　文：**Texas Pacific Group**，缩写 **TPG**

定义：德州太平洋集团是世界著名私募基金公司之一，美国最大的私人股权投资公司之一，于1992年创立。

释义：TPG的业务主要是为公司转型、管理层收购和资本重组提供资金支持。TPG的投资涵盖各种行业，包括金融服务、旅游、娱乐、科技、工业、零售、消费品、媒体、通信和医疗保健。

词条名称：**新加坡政府投资公司**

英　　文：**Government of Singapore Investment Corp.**，缩写**GIC**

定义：新加坡政府投资公司作为世界著名主权基金公司之一，是新加坡最大的国际投资机构，由新加坡政府全资拥有，成立于1981年5月22日，其主要任务是为新加坡的外汇储备进行保值增值，以提供可用于未来消费和投资的资金。

释义：GIC投资包含股票、固定收益证券以及货币基金、不动产以及其他特殊的投资项目，其目标是经由稳健的全球投资获取长期优异的资产报酬，以打败同产业指数。GIC旗下主要有3家子公司：新加坡政府投资有限公司、GIC不动产投资有限公司和GIC特殊投资有限公司。目前，新加坡政府投资公司管理的资产超过了1000亿美元，已跻身于全球最大的100家基金管理公司的行列。它在世界各地40多个国家、2000多家公司中均有投资，其一半资金投在美国和加拿大，欧洲国家占25%，日本及东南亚国家占25%。GIC于1995年即进入中国大陆，是中国国际金融有限公司发起股东之一。

词条名称：**淡马锡控股公司**

英　　文：**Temasek Holdings**，缩写**TPG**

定义：淡马锡控股公司作为世界著名主权基金公司之一，是一家新加坡的投资公司，成立于1974年，新加坡政府财政部对其拥有100%的股权。

释义：淡马锡在亚洲和拉丁美洲拥有11家子公司和办事处。截至2012年3月31日，拥有总值1980亿新元的投资组合，主要集中在新加坡、亚洲和新兴市场。淡马锡的投资主题主要集中在转型中的经济体、增长中的中等收入人群、强化比较优势和新兴的龙头企业。它的投资组合涵盖面广泛，行业包括金融服务、电信、媒体与科技、交通与工业、消费与房地产、能源与资源、生命科学。

在新加坡本地市场，淡马锡掌控包括新加坡电信、新加坡航空、星展银行、新加坡地铁、新加坡港口、海皇航运、新加坡电力、吉宝集团和莱佛士饭店等几乎所有新加坡最重要、营业额最大的企业。亚洲市场和发达国家市场同样被视为投资重点。目前大约一半的资产是在新加坡以外地区，其中主要的投资包括马来西亚电信、印度的ICICI银行、澳大利亚第二大电信公司Optus。近年来，该公司加大了对中国市场的投资，先后出资购买中国民生银行、中国建设银行和中国银行的股份等。

自成立以来，淡马锡的股东年化复合回报率持续在17%的水平，分别获得评级机构标准普尔和穆迪所授予的AAA/Aaa整体企业信贷评级。

词条名称：**韩国投资公司**

英　　文：**Korea Investment Corp.**，缩写**KIC**

定义：韩国投资公司是世界著名主

权基金公司之一，由韩国政府全资持有，于2005年6月正式运行，主要任务是管理政府200亿美元外汇储备，希望获得至少与美国的通胀率相当的回报。

释义：该公司主要投资于美国国库券以及类似评级的亚洲、欧洲及美国债券。

词条名称：**标准普尔**

英　　文：**Standard & Poor's**，缩写**S&P**

定义：标准普尔简称标普，国际著名评级机构之一，是一家世界权威金融分析机构，由普尔出版公司和标准统计公司于1941年合并而成。

释义：1975年，美国证券交易委员会SEC认可标准普尔为"全国认定的评级组织"或称"NRSRO"。标准普尔（S&P）作为金融投资界的公认标准，提供被广泛认可的信用评级、独立分析研究、投资咨询等服务。标准普尔提供的多元化金融服务中，标准普尔1200指数和标准普尔500指数已经分别成为全球股市表现和美国投资组合指数的基准，同时为世界各地超过220000家证券及基金进行信用评级。标准普尔的服务涉及各个金融领域，主要包括：对全球数万亿债务进行评级；提供涉及1.5万亿美元投资资产的标准普尔指数；针对股票、固定收入、外汇及共同基金等市场提供客观的信息分析报告。

词条名称：**穆迪公司**

英　　文：**Moody's**

定义：穆迪公司简称穆迪，是美国著名的三大信用评级公司之一，最初是由约翰·穆迪（John Moody）创立于1900年。

释义：公司创始人约翰·穆迪在1909年首创对铁路债券进行信用评级，1913年开始对公用事业和工业债券进行信用评级。目前，穆迪在全球有800名分析专家，1700多名助理分析员，在17个国家设有机构，股票在纽约证券交易所上市交易。穆迪投资服务公司信用等级标准从高到低可划分为：Aaa级、Aa级、A级、Baa级、Ba级、B级、Caa级、Ca级和C级。1975年美国证券交易委员会SEC认定穆迪公司为"全国认定的评级组织"或称"NRSRO"。

词条名称：**惠誉国际**

英　　文：**Fitch Group**

定义：惠誉国际全称惠誉国际信用评级有限公司，是全球三大国际评级机构之一，也是唯一的欧资国际评级机构，由约翰·惠誉（John Knowles Fitch）于1913年创办，总部设在纽约和伦敦。目前公司50%的股权由法国公司Fimalac控制。

释义：惠誉国际在全球设有40多个分支机构，拥有1100多名分析师，其业务范围包括金融机构、企业、国家、地方政府和结构融资评级。惠誉迄今已完成1600多家银行及其他金融机构、1000多家企业、1400个地方政府、全球78%的结构融资以及70个国家的主权评级，其评级结果得到各国监管机构和债券投资者的认可。1975年美国证券交易委员会SEC认定惠誉国际为"全国认定的评级组织"或称"NRSRO"。

词条名称：**普华永道会计师事务所**

英 文：**Price Waterhouse Coopers，缩写 PWC**

定义：普华永道会计师事务所是四大国际会计师事务所之一，于 1998 年 7 月 1 日由普华和永道两家事务所合并而成，主要服务领域包括：审计、税务、人力资源、交易、危机管理等。

释义：普华永道致力于提供切合各行业所需要的审计、税务及咨询服务，以提升客户的价值。其主要业务包括：（1）保证及企业咨询服务：财务报表审计、石油行业价值证分析、全球扩展及私有化、内部控制服务、内部审计服务、风险管理、外包服务等；（2）商业程序外包：财务及会计、应用流程、采购、人力资源、不动产管理等；（3）财务咨询服务：企业重组服务、致力于有形及无形资产评估等的公司价值咨询服务等；（4）全球人力资源：全球人力资源解决方案、人力资源咨询支持等；（5）管理咨询服务：公司战略、技术战略、组织战略、经营战略、改造战略等。

普华永道在 158 个国家和地区，超过 16.9 万人的专业团队所组成的全球网络内，对 22 个行业进行专业研究，分享其思维成果、行业经验和解决方案，并为客户开拓新视野及提供实用的建议。

词条名称：**毕马威会计师事务所**

英 文：**KPMG Peat Marwick，缩写 KPMG**

定义：毕马威会计师事务所是四大国际会计师事务所之一，专门提供审计、税务和咨询等服务，行政总部位于荷兰阿姆斯特丹，业务总部位于美国纽约。

释义：毕马威的主营服务分别是：审计、税务和咨询。审计包括法定审计和金融审计；税务包括商业和个人税务服务；咨询服务包括会计咨询服务、商业绩效服务、公司财务、金融风险控制、取证、内部审计、信息技术支持、结构调整和并购咨询等。

词条名称：**德勤会计师事务所**

英 文：**Deloitte Touche Tohmatsu，缩写 DTT**

定义：德勤会计师事务所是世界四大会计事务所之一。

释义：德勤是一个由全球各地众多的成员所/公司组成的组织，依托由 15 万名专业人士组成的全球网络，在审计、税务、企业管理咨询和财务咨询等 4 个领域为超过一半的全球最大型企业、全国性大型企业、公共机构、当地的重要客户以及众多发展迅速的全球性公司提供专业服务。

词条名称：**安永会计师事务所**

英 文：**Ernst & Young，缩写 EY**

定义：安永会计师事务所是国际四大会计师事务所之一，全美第二大会计师事务所，成立于 1989 年，总部位于英国伦敦。

释义：安永主要业务部门包括：审计与鉴证、税务咨询与筹划和财务咨询。其业务主要分为以下 4 类：（1）审计：主要包含审计服务、气候变化与可持续发展咨询服务、财务会计咨询服务以及诈骗审查及纠纷协调服务；（2）税务；（3）交易：包括运营交易咨询、重组/整合、财务交易支持、财务交易税务咨询以及估值与商业模型服务；（4）咨询：包括业绩改善、风险、信息科技以及金融服务咨询。

（四）国际主要金融监管机构①

词条名称：国际证券事务监察委员会组织

英　　文：International Organization of Securities Commissions，缩写 IOSCO

定义：国际证券事务监察委员会组织简称国际证监会，是由全球各地的证券市场监管机构组成的国际合作组织。

释义：国际证监会创建于 1974 年，始称为美洲间证券委员会和类似组织，总部设在加拿大的蒙特利尔市。该组织由世界银行和美洲国家发起，开始的宗旨是帮助发展拉美市场。1983 年，该组织正式成为全球性组织。目前共有 81 个正式会员、10 个联系会员和 45 个附属会员。

该组织的宗旨是通过交流信息，促进全球证券市场的健康发展；各成员组织协同制定共同的准则，建立国际证券业的有效监管机制，以保证证券市场的公正有效；并共同遏止跨国不法交易，促进交易安全。国际证监会已经通过的正式协议有《国际商业行为准则》、《洗钱》、《国际审计标准》、《金融合并监管》、《清算和结算》、《国际会计标准》、《现金和衍生产品市场间的协调》和《跨国证券与期货欺诈》等。

国际证监会的组织结构有主席委员会、四个地区常设委员会（亚太、欧洲、美洲和非洲委员会）、执行委员会（下设技术市场委员会和新兴市场委员会）、秘书长和咨询委员会。执行委员会是证监会国际组织的日常管理委员会，由 12 个区正式会员及 4 个域委员会各一名代表组成，委员任期两年；其中技术委员会由 16 个较大的具有国际化证券市场的发达国家成员组成，主要是对与国际证券、期货交易有关的主要常规性问题进行评价，并整理证券市场上的实际做法以寻求公正、高效、合理的监管方法；而新兴市场委员会则致力于通过设立原则、降低标准和加快信息、技术、专家经验交流，推动新兴证券市场和期货市场效率的改善与提高。秘书长负责日常事务，由执行委员会提名、主席委员会任命，任期为 3 年，服从于执委会并接受执委会主席的直接领导。咨询委员会由全部 45 个附属会员组成。国际证监会每年召开一次大会。

词条名称：国际证券交易所联合会

英　　文：World Federation of Exchanges，缩写 FIBV

定义：国际证券交易所联合会是

① 撰写：刘灿辉，单位：深圳证券交易所博士后工作站；审核：肖立见，单位：深圳证券交易所综合研究所。

世界主要证券交易所的国际性组织。

释义：国际证券交易所联合会成立于1961年，其前身是1957年欧共体8个成员国成立的欧洲证券交易所协会，永久会址设在巴黎。该组织对会员的市场规模、法制化建设等诸方面都有严格的要求，因此取得会员资格被各国证券监管机构及市场参与者作为其证券市场达到国际认可标准的一种认同。

FIBV的宗旨是促进成员之间的紧密合作；为跨国证券交易和公开发售建立统一标准；宣传交易所自律在整个监管体系中的重要性；支持新兴市场的发展，使之最后达到FIBV的会员标准；促进全球证券市场规范化的进程。FIBV的决策机构为执行委员会，负责政策拟定、专案选定、会员大会准备及主要管理上的决策。14位执行委员会成员采用轮流制，两年一任，依地区代表性和发达市场与新兴市场综合考虑而定，但纽约、伦敦、巴黎、东京、德国证交所是永久会员。会费的缴纳依各交易所的市值及交易值的综合排行大小收取。

词条名称：**美国证券监督委员会**

英　　文：**U.S. Securities and Exchange Commission**，缩写**SEC**

定义：美国证券监督委员会简称美国证监会，是根据1934年《证券交易法》成立，直属美国联邦政府的独立准司法机构，负责美国的证券监督和管理工作，是美国证券行业的最高机构。

释义：美国证券交易委员会是借由监督交易活动来保护投资人的独立的联邦政府机构。美国证监会的法规旨在鼓励全面公开披露，以及保障投资公众不会因为证券市场的欺诈或操控行为而蒙受损失。一般来说，大部分美国发行都必须在美国证监会注册。

美国证券交易委员会的总部设立在华盛顿。该机构拥有5名由总统提名、国会通过的委员，委员的任期为5年，首席执行委员会主席由总统指定。根据法律规定，不能同时有3个以上的委员属于同一政党。该机构包含5个分部（公司财务部、交易和市场部、投资管理理部、执法部和风险策略与金融创新部）、19个办事处，及位于华盛顿和全国各地的11个区域办事处。委员会的主要职责包括：解释联邦证券法，制定新的规则及修订现有的规则，监督检查证券公司、经纪、投资顾问及评级机构等，监管私营证券、会计、审计等领域，协调美国联邦、州及国外相关部门的证券监管。

词条名称：**联邦存款保险公司**

英　　文：**Federal Deposit Insurance Corporation**，缩写**FDIC**

定义：联邦存款保险公司是由美国国会在1930年大萧条时期大量银行被挤兑后创立的。截至2011年年底，它已拥有758亿美元的国家储蓄保险基金。

释义：为恢复存款人对银行系统的信任，美国在大危机后的1934年，根据《1933年银行法》建立了联邦存款保险公司。联邦存款保险公司由理事会负责管理，理事会成员由5人组成，其成员包括货币监理署总监、储蓄管理办公室主任以及总统任命的其他3名理事（含理事会主席）。

美国法律要求国民银行、联邦储备体系会员银行必须参加存款保险，不是联邦储备体系成员的州立银行和其他金融机构可自愿参加保险。目前，新成立的银行都必须投保。实际上，美国几乎所有的银行都参加了保险。联邦存款保险公司对每个账户的保险金额最高为10万美元。联邦存款保险公司的资本来源于向投保银行收取的保险费。1999年以前保费按固定比例收取，现改按差别比例收取。收取比例确定的依据是，先按资本充足情况将投保银行分为上、中、下三组，再按监管情况分为A、B、C三组，然后分别确定不同档次的保费收取比例。保费收取比例最高为27/10000；最低为0。同时法律授权联邦存款保险公司在紧急情况下，有权向美国财政部借款300亿美元。

词条名称：美国商品期货交易委员会

英　　文：U.S. Commodity Futures Trading Commission，缩写CFTC

定义：美国商品期货交易委员会是于1974年由美国国会建立的金融监管机构，主要负责监管商品期货、期权和金融期货、期权市场。

释义：美国商品期货交易委员会是美国政府的一个独立机构，主要任务是保护市场参与者和公众不受与商品和金融期货、期权有关的诈骗、市场操纵和不正当经营等活动的侵害，保障期货和期权市场的开放性、竞争性的和财务上的可靠性。该机构拥有5名由总统提名、国会通过的委员，委员的任期为5年，首席执行委员会主席由总统指定。根据法律规定，不能同时有3个以上的委员属于同一政党。该机构包含4个分部（结算与风险部、市场监督部、掉期交易部和中介监督部及执法部）、8个办事处（首席经济学家办公室、数据与技术办公室、执行董事办公室、总法律顾问办公室、监察长办公室、国际事务处、立法事务委员会及公共事务委员会）。

词条名称：美国货币监理署

英　　文：Office of the Comptroller of the Currency，缩写OCC

定义：美国货币监理署是美国成立最早的联邦政府金融机构，主要负责美国国民银行以及联邦注册的外资银行分支机构的监管，隶属于美国财政部。

释义：美国货币监理署长由美国总统任命，并经美国联邦参议院通过，任期5年。货币监理署下设9个职能部门，其中国民银行监管部主要负责监管政策的制定；大银行监管部负责监管23家大型国民银行，即总资产在250亿美元以上、业务较为复杂的银行；中型银行/社区银行监管部负责资产在250亿美元以下的中型银行及社区银行的监管；国际与经济事务部主要为监管工作提供宏观经济、技术方面的支持。

货币监理署对银行市场运作的监管是一个持续的过程，包括非现场分析和现场检查。非现场分析主要指现场检查之前的准备工作，以及整个监管周期内对银行经营状况的监控。现场检查指监管人员进驻银行，对银行的经营状况、管理质量和风险控制能力进行全面的考察。现场检查结束后，由监管人员撰写检查报告，记录了检查的结论、发现的问题以及银行需要采取的措施。货币监理署的经费主要来源于向国民银行征收的半年一次的评估费用，占经费总额的97%；另外的3%来源于持有财政部债券的利息收入，以及银行的注册费用和其他费用。

词条名称：**欧洲证券监管委员会**

英　文：**European Securities and Markets Authority，缩写 ESMA**

定义：欧洲证券监管委员会，亦欧洲证券及市场管理局，是欧洲联盟新三大金融监管机构之一，成立于2011年1月1日，另外两个机构分别是欧洲银行管理局（EBA）和欧洲保险和职业养老金管理局（EIOPA）。

释义：ESMA是在欧盟金融监管改革过程中，取代原来的欧洲证券监管委员会而成立的。它不但扮演欧洲监管机构和各成员国监管机构的协调者角色，而且拥有监管事项法律仲裁及制定对各国具有约束性的监管规则的权力。ESMA的证券立法工作为欧洲统一监管规则做出了贡献，其目的主要有：首先，它保证整个欧盟的所有投资者得到一致的对待，通过有效的监管和监督实现对投资者适当的保护。其次，它促进金融服务供应商在平等的条件下竞争，以确保监督的有效性和成本效益。ESMA监事会有27个国家主管部门的负责人，来自冰岛、挪威和欧盟委员会的观察员，以及欧洲银行管理局（EBA）、欧洲保险和职业养老金管理局（EIOPA）和欧洲系统性风险委员会（ESRB）代表各1名。

词条名称：**英国金融服务监管局**

英　文：**Financial Service Authority，缩写 FSA**

定义：英国金融服务监管局是于1997年10月由英国证券投资委员会改制而成，为独立的非政府组织，是英国金融市场统一的监管机构，行使法定职责，直接向英国财政部负责。

释义：英国金融服务监管局的宗旨是对金融服务行业进行监管，保持高效、有序、廉洁的金融市场，帮助中小消费者取得公平交易机会。根据《2000年金融和市场服务法》，监管局的目标主要有以下4点：（1）维护英国金融市场及业界信心；（2）促进公众对金融制度的理解，了解不同类型投资和金融交易的利益和风险；（3）确保业者有适当经营能力及财务结构健全，以保护投资者。同时，教育投资者正确认识投资风险；（4）监督、防范和打击金融犯罪。

FSA职责范围包括银行、保险以及证券和期货等投资事业，对其监管主要手段包括：（1）核准在银行、投资事业和保险三部门内运营的公司；（2）制定政策和规则；（3）信息收集和调查权力；（4）干预权，如要求停止新业务等；（5）金融处罚权；（6）消费者教育以及行业性培训；（7）加强国际交流。

FSA组织结构主要有董事会、职能

部门设置及具体职能部门。董事会主要负责总体政策制定，成员由财政部任命，包括执行主席一名，首席行政官一名，管理董事两名，董事会成员19名，共23名。董事会下设5个职能部门，直接向董事会负责。同时，在具体职能行使上形成三大职能板块：一是首席行政官班子，二是负责金融监督的管理董事班子，主要对机构进行监管；三是负责核准、执行和消费者联系的管理董事班子。

（五）国际金融体系①

词条名称：**金本位**

英　　文：**gold standard**

定义：金本位是指19世纪中期开始盛行的以黄金为本位币的货币制度。

释义：在金本位制度下，每单位的货币价值等同于若干重量的黄金（即货币含金量）；当不同国家使用金本位时，国家之间的汇率由它们各自货币的含金量之比值——金平价来决定。金本位制总共有3种实现形式：金币本位制、金块本位制和金兑汇本位制，其中金币本位制是最典型的金本位制。

金本位制的优势，它是一种较为稳定的货币制度，表现为该体系下各国货币之间的比价、黄金以及其他代表黄金流通的铸币和银行券之间的比价以及各国物价水平相对稳定，因而对汇率稳定、国际贸易、国际资本流动和各国经济发展起了积极作用。金本位的劣势是它过于依赖黄金，而现实中黄金产量的增长远远无法满足世界经济贸易增长对黄金的需求。再加上各国经济实力的巨大差距造成黄金储备分布的极端不平衡，于是银行券的发行日益增多，黄金的兑换日益困难。“一战”爆发后，各国便中止了黄金输出，停止银行券和黄金的自由兑换，国际金本位制度也就只能解体。

词条名称：**国际货币体系**

英　　文：**international monetary system**

定义：国际货币体系是各国政府为适应国际贸易与国际支付的需要，对货币在国际范围内发挥世界货币职能所确定的原则、采取的措施和建立的组织形式的总称。

释义：国际货币体系的目标是保障不同国家间贸易的顺利进行、世界经济稳定有序的发展以及使各国的资源得到有效的开发利用。其主要内容包括：确定世界及各国货币的汇率制度、确定有关国际货币金融事务的协调机制或建立有关协调和监督机构、确定资金融通机制、确定主导货币或国际储备货币、确定国际货币发行国的国际收支及约束机制等。现代的国际货币体系主要经历了以下时期：（1）1880～1914年：国际金本位制度；（2）1918～1939年：国际金本位制度的恢复时期；（3）1944～1973年：布雷顿森林体系；（4）1973～1976年：向浮动汇率制度过渡时期；（5）1976年至今：牙买加体系。

---

① 撰写：李湛、俎耀华；审核：肖立见；单位：深圳证券交易所综合研究所。

词条名称：国际主要货币

英　　文：major international currency

定义：各国在世界政治、经济方面的地位，同时决定了其货币在世界经济领域中的重要作用，因此美元、欧元、英镑、日元、澳元、加元也就成了世界贸易的主要币种。

释义：美元：美元是美利坚合众国的官方货币。目前流通的美元纸币是自1929年以来发行的各版钞票。1792年美国铸币法案通过后出现美元纸币，它同时也作为储备货币在美国以外的国家广泛使用。美元的发行银行为美国联邦储备银行，目前发行的纸币面额有1、2、5、10、20、50、100美元，另有1、5、10、25、50美分和1美元的硬币。

欧元：欧元是欧盟中17个国家的货币。欧元的17个会员国是爱尔兰、奥地利、比利时、德国、法国、芬兰、荷兰、卢森堡、葡萄牙、西班牙、希腊、意大利、斯洛文尼亚、塞浦路斯、马耳他、斯洛伐克、爱沙尼亚。欧元由欧洲中央银行和各欧元区国家的中央银行组成的欧洲中央银行系统负责管理。目前发行的纸币面额有5、10、20、50、100、200、500欧元，另有1分、2分、5分、10分、20分、50分、1元、2元的硬币。

英镑：英镑是英国国家货币和货币单位名称。英国虽然是欧盟的成员国，但尚未加入欧元区，故仍然使用英镑。英镑主要由英格兰银行发行，但亦有其他发行机构。发行的纸币面额有1镑（于1988年停止流通）、5镑、10镑、20镑和50镑，另有半便士（于1985年停止流通）、1便士、2便士、5便士、10便士、20便士、50便士、1镑的硬币。

日元：日元是日本的官方货币，日元也经常在美元和欧元之后被当作储备货币。日元的发行银行是日本的中央银行——日本银行。日本银行发行的纸币面额有10000、5000、2000、1000日元等，另有500、100、50、10、5、1日元的硬币。

澳元：澳元是澳大利亚联邦的法定货币，由澳大利亚储备银行负责发行。目前澳大利亚流通的有1、2、5、10、20、50、100元面额的纸币，另有1、2、5、10、20、50分的硬币。

加元：加元是加拿大的法定货币，由加拿大银行负责发行。现行的加拿大纸币有5、10、20、50、100元5种面额，另有1、2元和1、5、10、25分的硬币。

词条名称：国际主要汇率

英　　文：major international exchange rate

定义：汇率是一国货币兑换另一国货币的比率，是以一种货币表示另一种货币的价格。美国在世界经济中的地位决定了美元在国际贸易中的作用，因此主要货币对美元的汇率也就成了国际主要汇率。国际主要汇率有欧元兑美元、美元兑日元、英镑兑美元、澳元兑美元、美元兑加元等。

释义：在国际外汇市场上，欧元兑美元表示以一单位的欧元为标准来计算应该汇兑多少美元；美元兑日元表示以一单位的美元为标准来计算应

该汇兑多少日元；英镑兑美元表示以一单位的英镑为标准来计算应该汇兑多少美元；澳元兑美元表示以一单位的澳元为标准来计算应该汇兑多少美元；美元兑加元表示以一单位的美元为标准来计算应该汇兑多少加元。

词条名称：**美元指数**

英　　文：**US Dollar Index**

定义：美元指数是综合反映美元在国际外汇市场的汇率情况的指标，用来衡量美元对一揽子货币的汇率变化程度。

释义：美元指数通过计算美元对选定的一揽子货币的综合变化率，来衡量美元强弱程度，从而间接反映美国的出口竞争能力和进口成本的变动情况。如果美元指数下跌，说明美元对其他主要货币贬值。

美元指数期货的计算原则是以全球各主要国家与美国之间的贸易结算量为基础，以加权的方式计算出美元的整体强弱程度，以100为强弱分界线。在1999年1月1日欧元推出后，一揽子货币的成员从10个减少为6个，即：欧元、日元、英镑、加元、瑞典克朗、瑞士法郎。欧元也一跃成为最重要、权重最大的货币，其所占权重达到了57.6%，因此，欧元的波动对于美元指数的强弱影响最大。

词条名称：**石油美元**

英　　文：**petro-dollar**

定义：石油美元是指20世纪70年代中期石油输出国由于石油价格大幅提高后增加的石油收入，在扣除用于发展本国经济和国内其他支出后的盈余资金。由于石油在国际市场上是以美元计价和结算的，也有人把产油国的全部石油收入统称为石油美元。

释义：1973年的中东战争导致石油价格大幅度上涨，形成世界性的能源危机。1977年10月，石油输出国组织宣布石油价格由每桶3.011美元提高至5.11美元。稍后，又再度提高到11.65美元，结果石油输出国家获得了大量的石油美元收入。庞大的石油美元使得世界的国际收支结构发生很大变化。主要表现在：因石油输出收入大增，石油输出国家的国际收支出现巨额顺差；而石油消费国家的国际收支因石油输入支出剧增，出现了巨额赤字。

词条名称：**外汇交易**

英　　文：**foreign exchange trade**

定义：外汇交易是指一国货币与另一国货币进行交换，也即同时买入一对货币组合中的一种货币而卖出另外一种货币。

释义：外汇交易主要有两个原因：为满足客户真实的贸易、资本交易需求进行的基础外汇交易，这类交易是由于公司和政府部门在国外买入或销售其产品和服务，或者必须将其在国外赚取的利润转换成本国货币；另一个原因是在基础外汇交易之上，为规避和防范汇率风险或出于外汇投资、投机需求进行的外汇衍生工具交易，这类交易主要是为了赚取盈利或者投机。

外汇的交易方式主要有现钞、现货外汇交易、合约现货外汇交易、外汇期货交易、外汇期权交易、远期外汇交易、掉期交易等，不同交易者根据其交易需求可以选择不同的交易方式。

词条名称：**布雷顿森林体系**

英　　文：**Bretton Woods system**

定义：布雷顿森林体系是指“二战”后以美元为中心的国际货币体系。1944 年 7 月，西方主要国家的代表在联合国国际货币金融会议上确立了该体系，由于此次会议是在美国新罕布什尔州布雷顿森林举行的，因此称之为“布雷顿森林体系”。

释义：布雷顿森林体系是一种以外汇自由化、资本自由化和贸易自由化为主要内容的多边经济制度，构成了资本主义集团的核心内容。该体系是由美国主导的、为实现美国的经济霸权而制定的。布雷顿森林体系的主要内容包括：（1）美元与黄金挂钩；（2）其他国家货币与美元挂钩；（3）实行可调整的固定汇率；（4）各国货币兑换性与国际支付结算原则；（5）确定国际储备资产；（6）国际收支的调节。布雷顿森林体系建立了国际货币基金组织和世界银行两大国际金融机构。前者负责向成员国提供短期资金借贷，目的为保障国际货币体系的稳定；后者提供中长期信贷来促进成员国经济复苏。布雷顿森林体系的建立，促进了“二战”后资本主义世界经济的恢复和发展。因美元危机与美国经济危机的频繁爆发，以及制度本身不可解脱的矛盾性，该体系于 1973 年宣告结束。

词条名称：**牙买加体系**

英　　文：**Jamaica system**

定义：牙买加体系是指 1976 年国际货币基金组织理事会在牙买加开会通过《IMF 协定第二修正案》所形成的新的国际货币体系。

释义：国际货币基金组织（IMF）于 1972 年 7 月成立一个专门委员会，具体研究国际货币制度的改革问题。该委员会于 1974 年 6 月提出一份“国际货币体系改革纲要”，对黄金、汇率、储备资产、国际收支调节等问题提出了一些原则性的建议，为以后的货币改革奠定了基础。1976 年 1 月，国际货币基金组织（IMF）理事会“国际货币制度临时委员会”在牙买加首都金斯敦举行会议，讨论国际货币基金协定的条款，经过激烈的争论，达成了“牙买加协议”。牙买加协议的主要内容：（1）实行浮动汇率制度的改革；（2）推行黄金非货币化；（3）增强特别提款权的作用；（4）增加成员国基金份额；（5）扩大信贷额度，以增加对发展中国家的融资。牙买加体系提出的多元化的储备结构，摆脱了布雷顿森林体系下各国货币间的僵硬关系，为国际经济提供了多种清偿货币，在较大程度上解决了储备货币供不应求的矛盾。牙买加体系做出的多样化的汇率安排，适应了多样化的、不同发展水平的各国经济，为各国维持经济发展与稳定提供了灵活性与独立性，同时有助于保持国内经济政策的连续性与稳定性。

（六）国际重要监管协议与金融法案①

词条名称：**巴塞尔协议**

英　　文：**Basel Accord（I-III）**

定义：巴塞尔协议亦资本充足协议，是指由非官方的巴塞尔委员会针对商业银行所制定的关于资本充足率的监管规范。

释义：《巴塞尔协议》是由巴塞尔委员会制定，而巴塞尔委员会是由十国集团中央银行行长倡议建立的一个非官方的组织，其成员包括十国集团中央银行和其他国家的银行监管部门的代表。协议建立了一套完整的、国际通用的、以加权方式衡量表内与表外风险的资本充足率标准，目的是有效地扼制与债务危机有关的商业银行风险。协议本身没有法律约束力，但由于其科学性与合理性，各国银行监管部门都自愿遵守这一协议，协议也由此成为被广泛遵守的商业银行监管国际标准。

《巴塞尔协议》只是一个笼统的称谓，期间经过多次重大修改，而分别有《巴塞尔协议Ⅰ》简《巴Ⅰ》、《巴塞尔协议Ⅱ》简《巴Ⅱ》和《巴塞尔协议Ⅲ》简《巴Ⅲ》。《巴Ⅰ》于1988年颁布，主要内容是要求银行的资本充足比率至少要维持在8%的水平，并且列出了计算银行资本充足比率的公式；《巴Ⅱ》于2004年颁布，主要内容是针对金融环境多年来的变化，对银行的多种金融工具的双边、多边净额结算，市场风险以及最低资本比率要求的监管，做出更严谨的要求；《巴Ⅲ》于2010年颁布，是2008年世界金融危机的产物，要求截至2015年1月，全球各商业银行的一级资本充足率下限将从现行的4%上调至6%，由普通股构成的“核心”一级资本占银行风险资产的下限将从现行的2%提高至4.5%；另外，各家银行应设立“资本防护缓冲资金”，总额不得低于银行风险资产的2.5%。

词条名称：**格拉斯—斯蒂格尔法案**

英　　文：**Glass-Steagall Act**

定义：格拉斯—斯蒂格尔法案，亦《1933年银行法》，是指1933年美国国会通过的禁止商业银行从事投资银行业务的一项法律。

释义：在经历了1929～1933年的经济危机，特别是股市的暴跌后，美国国会认识到商业银行从事投资银行业务将加大金融市场的风险，于是颁布法案将投资银行业务和商业银行业务相互隔离，以确保商业银行与证券市场的风险相互隔离。法案的主要内容就是禁止商业银行包销和经营证券，只能购买由美联储批准的债券。法案自此确立了美国金融业的投资银行和商业银行的“分业”经营模式，这一模式一直到1999年才被《金融服务现代化法案》所改变。此外，为了保护储户的利益，法案还建立强制的联邦储蓄保险制度，由此恢复了公众对商业银行的信任。法案颁布后，美国商业银行的破产数目大大减少，投资银行也走上了平稳发展的道路。

---

① 撰写：将学跃；审核：肖立见；单位：深圳证券交易所综合研究所。

词条名称：**金融服务现代化法**

英　　文：**Financial Services Modernization Act**

定义：金融服务现代化法，亦《格拉姆—利奇—布利利法》，是1999年美国国会通过的旨在废除金融业分业经营模式、建立混业经营模式的一项法律。

释义：1999年美国国会考虑到《1933年银行法》确立的“分业”模式已经严重制约了美国金融业的发展，为此颁布了《金融服务现代化法》以废除原有的“分业”经营模式，实行银行、证券、保险的混业经营模式。这一法律的主要内容包括：（1）允许美国银行、证券、保险业之间混业经营，实行全能银行模式；（2）保留其双线多头的金融监管体制并扩展监管机构，实行功能监管和控制金融风险；（3）强调银行业与工商业的分离，实现金融体制的现代化；（4）突出对享受金融服务的消费者的保护；（5）要求加强对小企业和农业企业提供金融服务。这部法律将美国的金融活动确立为混业经营的模式，并构建了与此相适应的金融监管体制，把规范的重点从金融活动转变到管理和防范金融风险，促进了金融市场主体的联合和竞争。

词条名称：**萨班斯—奥克斯莱法案**

英　　文：**Sarbanes-Oxley Act**

定义：萨班斯—奥克斯莱法案亦《2002年上市公司会计改革与投资者保护法案》，简称《索克思法案》、《SOX法案》、《萨班斯法案》，是指2002年美国国会通过的旨在进行上市公司会计改革和强化投资者保护的一项法律。

释义：在经历了安然公司和世界通讯公司的倒闭以及暴露出的财务欺诈丑闻后，美国国会对此次事件中所暴露出的问题进行检讨，并在2002年通过了由参议院银行委员会主席萨班斯和众议院金融服务委员会主席奥克斯利联合提出的法案。该法案对美国《1933年证券法》、《1934年证券交易法》做出大幅修订，在公司治理、会计职业监管、证券市场监管等方面做出了许多新的规定。该法案为公众公司的外部审计师创建了一个新的监督体制，并把对财务报告的内部控制作为关注的具体内容，不仅要求管理层报告公司对财务报告的内部控制，而且要求外部审计师证实管理层报告的准确性，特别是加重了上市公司高管及会计从业人员的法律责任。该法案的实施对于强化上市公司的内部控制以及提升公司治理都有着积极的作用，但过于严厉，导致上市公司费用过高，致使部分海外公司退市或在其他国家上市。

词条名称：**金融监管改革法案**

英　　文：**Financial Regulatory Reform Act**

定义：金融监管改革法案，全称《多德—弗兰克华尔街改革与消费者保护法》，简称《多德—弗兰克法案》，是指2010年美国国会通过的旨在加强对金融机构监管和强化投资者保护的一项法律。

释义：在经历了2008年金融危机，

特别是美国几大金融机构的倒闭后，美国国会对原有的金融监管体制进行了深刻反思，并为此专门制定了《多德—弗兰克法案》。法案的核心内容主要有3个方面：（1）扩大监管机构权力，破解金融机构“大而不能倒”的困局，允许分拆陷入困境的所谓“大到不能倒”的金融机构和禁止使用纳税人资金救市；可限制金融高管的薪酬；（2）设立新的消费者金融保护局，赋予其超越目前监管机构的权力，全面保护消费者合法权益；（3）采纳所谓的“沃克尔规则”，即限制大金融机构的投机性交易，尤其是加强对金融衍生品的监管，以防范金融风险。法案通过后，美国证监会（SEC）的职权得到了扩张，对冲基金、私募股权基金的监管漏洞也得到了弥补。该法案被认为是“大萧条”以来最全面、最严厉的金融改革法案，对整个美国金融监管体制产生了深远的影响。

词条名称：**金融体制改革一揽子法**

英　　文：**Financial System Reform Law**

定义：金融体制改革一揽子法是指1998年日本国会通过的旨在稳定日本金融秩序、建立日本金融混业经营体制的一系列法律。

释义：第二次世界大战后，受美国的直接影响，日本金融体制实行的是“分业”经营体制。到了20世纪后期，这种金融体制无法与日本的金融发展状况相匹配。日本国会为了稳定和促进日本金融业的发展，颁布了《金融体制改革一揽子法》。这一揽子法包括《重建金融机能紧急措施法案》、《金融重建委员会设置法案》、《存款保险法修改案》、《促使抵押债权转让顺利进行临时措施法案》、《特定拍卖手续特例法》、《促使拍卖手续顺利进行法案》等8项法案。一揽子法的颁布使日本的金融体制从“分业”模式过渡到“混业”模式。

（七）国际重大金融经济风险事件①

词条名称：**1929年世界经济危机**

英　　文：**global economic crisis in 1929**

定义：1929年世界经济危机是由美国股灾引发的经济危机，是美国和世界有史以来发生的影响最大、波及范围最广、危害最深的经济危机。此后，美国和全球进入了长达10年的经济大萧条。

释义：1929年美国股灾，始于10月21日，10月29日达到最惨烈。10月21日，人称“黑色星期一”，纽约股市一开盘就急剧下泄，投资者纷纷抛出股票，最大抛售量高达600多万股，是美国股市有史以来最大的抛售量，以致纽约股市行情自动记录器到收盘1小时40分后才记录完最后一笔交易。10月28日，纽约时报指数再次暴跌49点，道·琼斯指数狂泻38.33点，日跌幅达13%。10月29日，美国股市最惨烈的一天。早晨10点钟，纽交所刚刚开市，猛烈的抛单就铺天盖地而来。道·琼斯指数从最高点386点

① 撰写：肖立见；审核：阙紫康；单位：深圳证券交易所综合研究所。

跌至 298 点，跌幅达 22%。纽约时报指数下跌 41 点。当天收市，纽约股市创造了 1641 万股成交的历史最高纪录。

1929 年美国股灾对证券业、金融业仍至整个社会经济领域都产生了极其严重的破坏性。至 1932 年 7 月，道·琼斯指数已跌至 58 点，较 1929 年 9 月最高点 452 点已跌去 87%；股票市值也从 1929 年 9 月的 897 亿美元跌至 1930 年的 156 亿美元，市值损失了 82.6%，共 741 亿美元。1929 年美国股灾严重地冲击了金融业。美国倒闭、破产的银行从 1929 年的 659 家增至 1931 年的 2294 家，最高比例达银行总数的 10.6%。受 1929 年美国股市崩溃的影响，美国经济陷入瘫痪，美国工业产值 1933 年比 1929 年下降了 50%；国民收入由 1929 年的 878 亿美元降至 1933 年的 402 亿美元，下降了 54.21%。产量下降导致工人收入减少和失业增加，失业率从 1929 年的 5% 上升到 1931 年的 25%。

由于美国在世界经济中占据着重要地位，其经济危机引发了遍及整个资本主义国家的经济大萧条，英国、法国、德国等经济发达国家无一不陷入严重的经济衰退，5000 万人失业，无数人流离失所，上千亿美元财富付诸东流，生产停滞，百业凋零。整个西方世界经济倒退了几十年，直到 20 多年后才得以恢复。

词条名称：**20 世纪 80 年代拉美债务危机**

英　　文：**Latin American debt crisis in the 1980s**

定义：20 世纪 80 年代拉美债务危机是指 20 世纪 80 年代，受外债规模远超过国家经济实力和国力承受能力的影响，墨西哥、巴西、阿根廷等拉美国家爆发严重的债务危机。

释义：20 世纪 70 年代，许多拉美国家或是依靠本身拥有丰富的石油或其他矿产资源，或是由于经济持续多年处于高速增长状态，开始大肆举借外债，企图借用外资在短期内实现现代化。1982 年拉美国家的外债总额达 3313 亿美元，约占发展中国家债务总额的 39%。其中巴西（900 亿美元）、墨西哥（800 亿美元）、阿根廷（380 亿美元）、委内瑞拉（320 亿美元）四国即占拉美总债务的 80%。许多国家对外债管理失当，负债率和偿债率过高，过多地把外债用于周期长、收效慢或非生产性工程上，有些国家甚至将其用于战争和购买军火上，从而使借来的资金不能及时创造偿债能力。再加上许多拉美国家国内产业结构不合理，市场机制不发达，体制不灵活，外债的使用不能发挥最大的经济效应，结果到 20 世纪 80 年代初期，终于引发了一场空前严重、持续时间很长、并对世界经济造成重大影响的债务危机。

1982 年 8 月 12 日，墨西哥因外汇储备已下降至危险线以下，无法偿还到期的公共外债本息（268.3 亿美元），不得不宣布无限期关闭全部汇兑市场，暂停偿付外债，并把国内金融机构中的外汇存款一律转换为本国货币。墨西哥的私人财团也趁机纷纷宣布推迟还债。继墨西哥之后，巴西、委内瑞拉、阿根廷、秘鲁和智利等国家也相继出现还债困难，纷纷宣布终止或推迟偿还外债。这就是当时震撼世界金融业的拉美债务危机。

债务危机对拉美国家造成了极大的危害和一系列严重的后果：大量资金流向国外，国际收支更趋恶化，资本货物、能源和原材料的进口大幅度下降，经济发展速度严重受挫，通胀率猛升。整个20世纪80年代，拉美地区的国内生产总值年均增长率仅为1.1%，个别年份甚至出现负增长，工业产值年增长率只有0.5%，人均收入下降10%，除个别年份外，通胀率一直保持三位数，1990年甚至高达1491.5%。拉美债务国为此而付出的代价是整整“停滞了十年”或“失去了十年”。

词条名称：**1987年股市崩盘**

英　　文：**stock market crash in 1987**

定义：1987年10月19日，道·琼斯指数暴跌508.32点，日跌幅高达22.6%，纽约股市一天损失5000亿美元。美国股市暴跌产生了巨大的“多米诺”效应，引发世界各国股市暴跌，形成了全球性股灾。

释义：1987年10月19日，道·琼斯指数一开盘就跌去67个点。转眼间卖盘涌起，交易所内一片恐慌。从9：30到11：00，道琼·斯指数直线下泻。与此同时，芝加哥商品交易所出现大量抛售指数期货。由于股市与期市相互驱动，股指和期指跌幅进一步加大，交易量猛增。从11：00到11：50，纽约股市就成交了9300万股。交易量不断被刷新，计算机交易系统处理速度减慢，道·琼斯指数和标准普尔500指数的准确数字根本无法计算。13：09，美国证券交易委员会主席大卫·路德发表讲话说：“在关键时刻，虽然我们不知道这一关键时刻会在什么时候，我将与股票交易所讨论暂时关闭交易所。”这则消息引起了新的巨大恐慌，许多投资者迅速抛空股票，道·琼斯指数狂泻，到下午2点已经下挫250点。此时纽约股市卖盘已超过4亿股。14：05，受证券交易委员会澄清消息的影响，道·琼斯指数反弹350点。但此次反弹延续时间很短。14：30左右，股指反弹受阻，新一轮暴跌开始，道·琼斯指数再次暴跌250点。当天收盘时，道·琼斯指数由2246.72点跌至到1738.470点，暴跌508.32点，跌幅达22.6%，创下了纽约股市日下跌幅度的最高纪录。

美国股灾触发了世界性股灾。10月19日，伦敦金融时报指数下跌183.70点，跌幅为10.8%，创伦敦股市历史上日最大跌幅；日本日经指数10月20日暴跌3800点，跌幅为14.76%；澳大利亚股价指数10月20日暴跌24.90%；香港恒生指数10月19日跌420点，跌幅为11.2%。停市4天后，10月26日香港恒生指数再暴跌1121点，日跌幅高达33.33%，创世界股市历史上日最高跌幅纪录。此外，在10月19日或20日，法国、荷兰、比利时、新加坡、巴西、墨西哥股市相继暴跌。整个10月，股灾造成世界重要股市市值损失了17920亿美元，相当于第一次世界大战中直接和间接经济损失3380亿美元的5.3倍。

词条名称：**1997 年东南亚金融危机**

英　　文：**Southeast Asian financial crisis in 1997**

定义：1997 年，泰国、马来西亚、印度尼西亚、新加坡、韩国、中国台湾和香港等东南亚国家和地区相继或轮番发生了以股市暴跌、货币大幅度贬值为主要特征的金融危机，并广泛波及俄罗斯、美国、欧洲和拉美市场。

释义：从东南亚金融危机发生和演变的过程来看，可分为 4 个波段：

（1）泰国泰铢暴贬触发。1997 年 7 月 2 日，泰国政府被迫宣布泰铢与美元脱钩，实行浮动汇率制度。东南亚金融危机由此爆发，当天泰铢汇率下跌 20%。菲律宾、印度尼西亚和马来西亚等国家迅速受到泰铢贬值的巨大冲击。

（2）台币贬值，股市下跌。1997 年，台湾当局为了构筑抵御危机冲击的堡垒，在 10 月 17 日采取了台币贬值的措施，台币贬值 0.98 元，创下了 1 美元兑换 29.5 台币元的近 10 年来的新低，当天台湾股市大幅下挫 165.66 点。

（3）危机重点转到韩国和日本。1997 年 11 月，韩元汇价持续下挫，数家大企业资不抵债，陆续倒闭，与上半年相比，韩元兑美元汇价已下跌了 30%。其中 11 月 20 日韩国汇市开市半小时，韩元就狂跌 10%，创下了 1139 韩元兑 1 美元的新低。

（4）印尼货币再次巨幅贬值。1998 年 1 月，东南亚金融危机的重心又转移到印度尼西亚。1 月 8 日，印尼盾对美元的汇价暴跌 26%。1 月 12 日，在印度尼西亚从事巨额投资业务的香港百富勤投资公司宣告清盘；同日，香港恒生指数暴跌 773.58 点。直到 1 月底，东南亚金融危机的势头才得以初步止住。

从 1997 年 7 月到 1998 年 1 月，东南亚金融危机经历了 8 个多月。货币贬值引起金融动荡是这次东南亚股灾爆发的直接导火线，股灾又加剧了货币进一步贬值，从而把东南亚金融危机推向深渊。这次东南亚危机除港元外，其他几乎所有的金融市场开放的国家和地区的货币都程度不同地贬值。印尼盾贬值 70% 以上，泰铢贬值 50% 以上，韩元、马来西亚林吉特、菲律宾比索贬值 30% ~40%，日元较 1997 年初贬值 17%。到 1997 年 12 月 31 日止，几乎所有的东南亚国家和地区的股市都遭受了这次金融危机的重创，跌幅都在 20% ~60% 左右。

词条名称：**2008 年全球金融危机**

英　　文：**global financial crisis in 2008**

定义：2008 年全球金融危机亦世界金融危机、次贷危机、信用危机、金融海啸，是一场在 2007 年开始浮现并在 2008 年大爆发的全球性金融危机。

释义：2007 年 2 月 13 日，美国新世纪金融公司发出 2006 年第四季度盈利预警；4 月 2 日，该公司宣布申请破产保护、裁减 54% 的员工。该公司危机源于参与美国房地产次级抵押贷款市场业务。自此，美国次贷危机逐步蔓延。8 月 6 日，美国住房抵押贷款投资公司正式向法院申请破产保护。8 月

8 日，美国第五大投行贝尔斯登宣布旗下两只基金倒闭；8 月 9 日，法国第一大银行巴黎银行宣布冻结旗下三只基金。

2008 年 3 月，贝尔斯登被摩根大通以 2.4 亿美元低价收购，此举震动华尔街，标志着次贷危机加剧。7 月，美联储和财政部宣布救助房利美和房地美两大房贷融资机构，国会批准 3000 亿美元住房援助议案，授权财政部无限度提高“两房”贷款信用额度，必要时可不定量收购其股票。9 月，美国政府宣布接管“两房”。随后，雷曼兄弟宣布申请破产保护；美国银行宣布将以 440 亿美元收购美林；美国政府出资最高 850 亿美元救助美国国际集团（AIG）；美联储批准高盛和摩根士丹利转为银行控股公司的请求，华尔街投行退出历史舞台。此后，华盛顿互惠银行被美国联邦存款保险公司查封、接管，成为美国有史以来倒闭的最大规模银行。与此同时，欧洲各国也纷纷采取自救措施，如提高个人存款担保额度、巴黎银行收购富通集团比利时和卢森堡业务、英政府宣布向本国四大银行注资 350 亿英镑、乌克兰和匈牙利接受国际货币基金组织（IMF）紧急贷款等。

2008 年全球金融危机对世界经济发展形成了多方面的重大冲击：一是世界经济增长明显放缓；二是主要金融市场急剧恶化，全球股市遭遇重创；三是多国政府财政赤字增加，全球通货膨胀压力增大；四是世界贸易环境恶化，新兴市场国家经济贸易面临下滑；五是多数国家就业形势严峻，失业人数不断攀升；六是金融危机持续蔓延，全球能源和粮食问题如影相随。

词条名称：**2011 年欧洲主权债务危机**

英　　文：**European sovereign debt crisis in 2011**

定义：2011 年欧洲主权债务危机是指 2011 年因国家债务过重从而导致国家信用出现问题所引发的、起源于希腊并在欧元区国家蔓延的危机。

释义：2009 年 12 月全球三大评级公司下调希腊主权评级，希腊的债务危机随即愈演愈烈。随后欧洲其他国家也开始陷入危机，包括比利时这些外界认为较为稳健的国家，及欧元区内经济实力较强的西班牙，都预报未来 3 年预算赤字居高不下，整个欧盟都受到债务危机困扰。希腊、意大利、法国先后发生政治和社会动荡，德国等欧元区主要国家也持续受到其他欧元区国家债务危机、政治动荡、社会动乱的影响。欧洲国家主权债务危机爆发，导致欧元大幅下跌，欧洲股市暴挫，整个欧元区面临成立 11 年以来最严峻的考验。希腊等国家主权债务危机严重的国家，甚至存在退出欧元区的可能性。

欧洲主权债务危机爆发以来，欧盟采取了包括 7500 亿欧元救助机制、紧缩政府财政等在内的一系列措施加以应对，力阻债务危机“多米诺骨牌式”蔓延，但效果并不理想。主要原因在于这些国家社会福利化支出过于庞大，而生产性能力相对不足，经济增长较为缓慢，财政收入相对较少。而改变这种收支失衡状况一方面受到经济结构、经济增长转变的巨大制约，另一方面受到民众不想降低福利水平的巨大制约。2012 年，欧洲国家主权债务危机仍在演变、蔓延和发展。受欧洲主权债务危机愈演愈烈的影响，全球主要金融市场跌宕起伏，全球经济增长面临严峻挑战。

（八）其他惯用词语①

词条名称：**大而不倒**

英　　文：**too big to fail**

定义：大而不倒是借用《大而不倒》的书名，是美国《纽约时报》首席记者及专栏作家安德鲁·罗斯·索尔金 2010 年所出版的、描写 2008 年美国金融危机中美国主要监管机构和投行众生相的一本书。

释义：该书通过一幕幕生动的场景描述，客观而详尽地展现了 2008 年金融危机发生之后美国主要监管机构和投行的众生相。在这部作品中，描述了雷曼是如何一步步地自断生路，监管机构是如何在“政治正确”的牵绊下做出选择，各大投行又是如何在人人自危的环境下力求自保。前所未有的访谈，不曾公开的华尔街决策内幕，揭示了美国经济萧条如何发展成全球金融危机，再现了从银行到政府再到整个美国身处金融危机第一现场的反应。

词条名称：**网络效应**

英　　文：**network effect**

定义：某种产品对一个用户的价值取决于使用该产品的其他用户的数量，在经济学中称为网络外部性（Network externality），或称网络效应。

释义：信息产品存在着互联的内在需要，因为人们生产和使用它们的目的就是更好地收集和交流信息。这种需求的满足程度与网络的规模密切相关。如果网络中只有少数用户，他们不仅要承担高昂的运营成本，而且只能与数量有限的人交流信息和使用经验。随着用户数量的增加，这种不利于规模经济的情况将不断得到改善，所有用户都可能从网络规模的扩大中获得更大的价值。此时，网络的价值呈几何级数增长。这种情况，即某种产品对一个用户的价值取决于使用该产品的其他用户的数量，在经济学中称为网络效应。

网络效应可分为直接、间接网络效应两种。直接网络效应是指同一市场内消费者之间的相互依赖性，即使用同一产品的消费者可以直接增加其他消费者的效用，如电话、传真以及互联网等；间接网络效应主要产生于基础产品和辅助产品之间技术上的互补性，这种互补性导致了产品需求上的相互依赖性，即用户使用一种产品的价值取决于该产品互补的产品的数量和质量，一种产品的互补性产品越多，该产品的市场需求也就越大。

词条名称：**羊群效应**

英　　文：**herd effect**

定义：羊群效应，亦从众效应，是

---

① 撰写：俎耀华；审核：肖立见；单位：深圳证券交易所综合研究所。

指人们经常受到多数人影响而跟从大众的思想或行为。

释义：羊群效应最早是股票投资中的一个术语，主要是指投资者在交易过程中存在学习与模仿现象，“有样学样”，盲目效仿别人，从而导致他们在某段时期内买卖相同的股票。

羊群是一种很散乱的组织，平时在一起也是盲目地左冲右撞，但一旦有一只头羊动起来，其他的羊也会不假思索地一哄而上，全然不顾前面可能有狼或者不远处有更好的草。因此，羊群效应就是比喻人都有一种从众心理，从众心理很容易导致盲从，而盲从往往会陷入骗局或遭到失败。经济学家经常用“羊群效应”来描述经济个体的从众跟风心理。

词条名称：**多米诺效应**
英　　文：**domino effect**

定义：多米诺效应，亦多米诺骨牌效应，是指在一个相互联系的系统中，一个很小的初始能量就可能产生一连串的连锁反应。

释义：多米诺效应的物理原理是：骨牌竖着时，重心较高，倒下时重心下降，倒下过程中，将其重力势能转化为动能，它倒在第二张牌上，这个动能就转移到第二张牌上，第二张牌将第一张牌转移来的动能和自已倒下过程中由本身具有的重力势能转化来的动能之和再传到第三张牌上……，所以每张牌倒下的时候，具有的动能都比前一块牌大，因此它们的速度一个比一个快，也就是说，它们依次推倒的能量一个比一个大。多米诺骨牌效应的主要启示是：一个最小的力量能够引起的或许只是察觉不到的渐变，但是它所引发的却可能是翻天覆地的变化。这有点类似于蝴蝶效应，但是比蝴蝶效应更注重过程的发展与变化。

词条名称：**泡沫**
英　　文：**bubble**

定义：泡沫本意是指聚在一起的许多小泡，比喻某一事物所存在的表面上繁荣、兴旺而实际上虚浮不实的成分。

释义：泡沫较早用来说明股市、汇市价格远离基本面出现大幅上涨的情况。由于这种远离基本面的价格大幅上涨缺乏基础支持，最终都会像泡沫破灭一样暴跌到与基本面相符的价格水平。泡沫是一种经济失衡现象，可以定义为某种价格水平相对于经济基础条件决定的理论价格的非平稳性向上偏移，这种偏移的数学期望可以作为泡沫的度量。简单地说可以理解为现在所表现的价值已超出物质本身价值。

导致价格泡沫的原因是复杂的，在实际经济活动中，与预期相关联的过度投机行为、幼稚投机者交易行为、规范失灵、诈骗行为和道德风险等都可能成为导致泡沫现象的原因。资产泡沫是金融研究领域中的核心问题之一，一直是经济学界关注的焦点。在现实的资产市场上，经常可以观察到的经验现象是，在没有显著基本面变化的情况下，资产价格却会持续上升，从而产生资产泡沫现象。

词条名称：**正反馈效应**

英　　文：**positive feedback effect**

定义：反馈是控制论的基本概念，是指将系统的输出返回到输入端并以某种方式改变输入，进而影响系统功能的过程。反馈可分为负反馈和正反馈。正反馈使输出起到与输入相似的作用，使系统偏差不断增大，使系统振荡，可以放大控制作用。

释义：在现实生活中，正反馈效应是指某人做了符合他人价值观，让他人感到高兴的、兴奋的事情，并受到夸奖、鼓励，进而做事人就会继续努力地把这件事情做好，而且会越做越好。或者说，一件事情的发生、发展受到了另一件事情的刺激，促进了其正向发展。在股市中，资金大量入市导致股价上涨、资金大量离市导致股价下跌，都是正反馈效应的体现。例如，股市上涨的“正反馈”效应的形成过程可描述为：储蓄资金源源不断流入基金→出于自身利益，基金被迫建仓→基金偏爱的大盘蓝筹股受到争夺→大盘迭创新高→赚钱效应吸引更多的居民加入基民队伍。将反馈效应用于解释股市涨跌的是投资大师索罗斯，他在著作《金融炼金术》中多次提及正反馈。索罗斯善于抓住因为长期正反馈带来的大泡沫破裂所带来的做空机会。

词条名称：**负反馈效应**

英　　文：**negative feedback effect**

定义：在控制论中，负反馈是使输出起到与输入相反的作用的现象。

释义：在现实生活中，做“事与愿违”的事情就是负反馈效应的体现。在股市中，政府采取措施有意打压股市而股价不跌反涨、政府采取措施有意提升股市而股价不涨反跌的现象就属于负反馈效应。在不跌反涨的负反馈效应的市场状况下，投资者做空会面临较大的风险。同样，在不涨反跌的负反馈效应的市场状况下，投资者做多也会面临较大的风险。

词条名称：**黑天鹅效应**

英　　文：**black swan effect**

定义：黑天鹅效应，亦黑天鹅事件，是指不可预测的重大事件。它罕有发生，但一旦出现，就具有很大的影响力。

释义：黑天鹅效应的主要特征是：一是黑天鹅事件是个离群值，因为它出现在一般的期望范围之外，过去的经验让人不相信其出现的可能；二是它会带来极大的冲击；三是尽管事件处于黑天鹅离群值，一旦发生，人会因为天性使然而做出某种解释，让该事件成为可解释或可预测。几乎一切重要的事情都逃不过“黑天鹅效应”的影响，而现代世界正是被“黑天鹅效应”所左右。从泰坦尼克号沉没到美国的“9.11”恐怖事件，从1929年世界经济危机到1987年全球股灾，“黑天鹅效应”存在于各个领域，无论金融市场、商业、经济还是个人生活，都逃不过它的控制。

词条名称：**货币攻击**

英　　文：**currency attack**

定义：货币攻击是指一些组织、

机构或团体为了自身的利益或影响一个国家或地区的汇率水平、外汇储备状况，而集中金融资源优势、采取各种手段，对一个主权国家发起的货币冲击行为。

释义：过去20年中，以国际炒家带头发动的针对一个主权国家货币的攻击行为已经发生了很多次。货币攻击关键在于攻击该国的货币制度。攻击一个国家的货币制度，大体需要从4个方面入手：一是了解这个国家货币制度的运作，二是要选择适当的攻击手段，攻击货币的手段是主要是货币；三是确定攻击策略；四是选择攻击目标。一国遭遇货币攻击，被攻击的国家往往是中小型国家，或虽然表面上国家较大，但却是外向型经济，高度依赖于国际分工，这样的国家扛不住货币攻击的可能性较大。一个国家遭遇货币攻击时，先是耗尽自己的外汇储备——无法进行对外收支，然后是导致对外收支中断——这对于高度依赖国际分工循环流转获得生存的中小型国家来说，自然就是致命的。

词条名称：**热钱**

英　　文：**hot money**

定义：热钱亦游资、投机性短期资金，热钱的目的在于用尽量少的时间以钱生钱，是只为追求高回报而在市场上迅速流动的短期投机性资金。

释义：热钱炒作的对象主要是股票、黄金、其他贵金属、期货、货币、房产乃至农产品等。热钱的主要特征是：一是高收益性与风险性；二是高信息化与敏感性；三是高流动性与短期性；四是投资的高虚拟性与投机性。热钱的产生与扩大，是多种因素促成的。首先，20世纪70~80年代，一些国家开始放松金融管制，取消对资本流入、流出国境的限制，使热钱的形成成为可能；其次，新技术革命加速了金融信息在全世界的传播，极大地降低了资金在国际间的调拨成本，提高了资本流动速度；再次，以远期外汇、货币互换和利率互换、远期利率协议、浮动利率债券等为代表的金融创新，为热钱提供了新的投资品种和渠道。这些因素加速了金融市场全球化进程，使全球国际资本流动总量大幅增加，热钱的规模和影响也随之越来越大；此外，以美国为首的主要国际货币国家，实行量化宽松的货币政策，造成流动性泛滥，也助长了游资生成。

词条名称：**崩盘**

英　　文：**crash**

定义：崩盘主要是指股市出现大量抛售、买盘较少，从而导致股价大幅度下跌的现象。

释义：纽约股市将崩盘通常定义为单日或数日累计跌幅超过20%。1987年纽约股市崩盘时，单日道·琼斯指数暴跌22.6%；1929年纽约股市道·琼斯指数连续两个交易日的跌幅分别为12.8%和11.7%。引发股市崩盘的主要原因有：（1）一国的宏观经济基本面出现了严重的恶化状况，上市公司经营普遍困难；（2）低成本直接融资导致“非效率”金融以及“非效率”的经济发展，极大地催生泡沫导致股价被严重高估；（3）股票市场本身的上市和交易制度存在严重缺陷，造成投机盛行，股票市场丧失投资价值和资源配置功能；（4）政治、军事、自然灾害等危机使证券市场的信心受到严重打击，证券市场出现心理恐慌而无法继续正常运行；（5）在金融和资本市场开放的情况下，受国际主要市场或关联度极高市场暴跌的影响。

词条名称：**股灾**

英　　文：**stock market disaster**

定义：股灾是指股市风险积累到极大时受某个偶然因素的影响，突然爆发的股市暴跌及其引起社会经济巨大动荡并造成巨大损失的异常现象。

释义：股灾具有突发性、破坏性、联动性和不确定性的特点。按股灾波及的范围大小，股灾可分为世界性股灾、世界区域性股灾、国家或地区性股灾。股灾之所以叫股灾，是因为它的破坏性极大，后果极其严重。它破坏股市自身发展，造成股市经济损失严重，引发或加剧金融危机，加剧经济衰退或经济危机，引起社会动荡不安。每次股灾发生都不是单一原因造成的，而是众多因素共同促成的结果。可以说，一切引起股市剧烈波动的因素都可能成为股灾形成的原因之一，但股灾发生的基本原因主要有：经济或经济共同预期状况变化，市场监管不力，欺诈、违规和操纵市场严重，过度投机和追逐泡沫造成股市暴涨、暴跌等。在开放的股市，金融市场混乱和国际游资兴风作浪也是股灾发生和演变的原因之一。

词条名称：**大萧条**

英　　文：**great depression**

定义：大萧条主要是指 1929 ~ 1933 年之间全球性的经济大衰退。

释义：受 1929 年美国股市崩溃的影响，美国经济陷入瘫痪。由于美国在世界经济中占据着重要地位，其经济危机又引发了遍及整个资本主义国家的经济大萧条，英国、法国、德国等经济发达国家无一不陷入严重的经济衰退之中。整个西方世界经济倒退了几十年，直到 20 多年后才得以恢复。

词条名称：**金融海啸**

英　　文：**financial tsunami**

定义：金融海啸一是指 2008 年全球范围内的金融危机；二是指一个国家或几个国家与地区的全部或大部分金融指标（如短期利率、货币资产、证券、房地产价格和商业破产数、金融机构倒闭数等）的急剧、短暂和超周期的恶化。

释义：金融海啸主要特征是，人们基于经济未来将更加悲观的预期，整个区域内货币币值出现幅度较大的贬值，经济总量与经济规模出现较大的损失，经济增长受到打击；并且伴随着企业大量倒闭，失业率提高，社会普遍的经济萧条，甚至有些时候还伴随着社会动荡或国家政治层面的动荡。

词条名称：**金融脆弱性**

英　　文：**financial fragility**

定义：金融脆弱性有广义和狭义之分。狭义的金融脆弱性是指金融业高负债经营的行业特点决定的更易失败的本性，有时也称之为“金融内在脆弱性”。广义的金融脆弱性，是指一种趋于高风险的金融状态，泛指一切融资领域中的风险积聚，包括信贷融资和金融市场融资。目前通用的是广义金融脆弱性的概念。

释义：金融脆弱性的主要表现是：短期债务与外汇储备比例失调，巨额经常项目逆差，预算赤字大；在资本流入的组成中，短期资本比例过高，汇率定值过高，货币供应量迅速增加，通货膨胀率持续并显著高于历史平均水平，M2 对官方储备比率变动异常，高利率等。金融脆弱性与金融风险意义相近而着眼点不同。从严格意义上说，金融风险是指潜在的损失的可能性。金融脆弱则不仅包括可能的损失，还包括已经发生的损失。

词条名称：**金融衍生品泛滥**

英　　文：**financial derivatives flooding**

定义：金融衍生品泛滥是指以货币、债券、股票等传统金融产品为基础，以杠杆性的信用交易为特征的金融衍生产品大量开发、上市、交易的现象。

释义：2008 年美国发生金融危机前，美国出现了金融衍生品泛滥的情况，作为底部的次贷大约为 2 万亿美元，普通房贷约 12 万亿美元，而包括资产抵押债券和信用违约掉期合同在内的企业债则高达 62 万亿美元。据国际清算银行的数据，2007 年前后，美国各大金融机构持有的金融衍生品达 300 万亿美元左右。这样一个头重脚轻的金融大厦结构，只要其中一个环节出了问题，就必然会在顷刻之间崩塌。如果说历史上资本主义的经济危机主要是由物质产品生产能力过剩带来的，那么，在金融业高度发达的今天，依靠国家信用形成的毫无节制的金融产品供给能力，则是新的历史条件下全球经济危机产生的根源。

词条名称：**非理性繁荣**

英　　文：**irrational exuberance**

定义：非理性繁荣是美国联邦准备理事会理事主席格林斯潘 1996 年底在演讲中谈到当时美国金融资产价格泡沫时所使用的一个词汇。2000 年，美国耶鲁大学罗伯特·希勒（Robert J. Shiller）教授出版了一本以《非理性繁荣》为书名的著作。

释义：该书对自 1982 以来美国证券市场的繁荣现象做了全面分析和说明。在本书中，希勒通过大量的证据来说明，如果 20 世纪 90 年代末的股市，目前房地产市场的繁荣中隐含着大量的泡沫，并且最终房价可能在未来的几年中开始下跌。他认为，2000 年股市泡沫破灭之后，许多投资者会将资金投向房地产市场，这使得美国乃至世界各地的房地产价格均会出现不同程度的上涨。因此，非理性繁荣非没有消失，只是在另一个市场中再次出现。希勒认为，最终摆脱这种困境的途径在于社会制度的改进，比如进一步完善社会保障制度，增加保险品种以保障人们的收入和住房，以及更加分散化的投资选择。

第二部分　股票及衍生品篇

编写说明

在当今时代，股票已成为人们日常生活中的热门话题，股票市场也成为国民经济运行不可或缺的一部分。编写这样一部面对普通投资者、具有时代特征和中国特色的资本市场投资工具书，就是力求为广大投资者在寻求有关资本市场投资基础知识时提供及时、准确而广泛的支持。其实，只有投资者真正全面掌握了资本市场投资的基础知识和技巧，投资者才能最大限度地保护自己。《中国资本市场投资词典》股票及衍生品篇正是立足于但不限于中国股票市场，基于权威性、专业性和独特性三大基本原则，遴选的以帮助投资者做出客观投资分析、形成正确投资决策的词条。

股票及衍生品篇共涉及 17 个子目录，约 2000 多个词条，包含了与股票及其衍生品相关的基本概念、常用术语、投资分析、股票发行和股票交易的有关规定、法律条文、投资者权益保护与投资者教育等内容。在词典的编写过程中，不断充实第一手资料，广泛参考国内外权威信息，参阅国内外证券市场的法律法规、制度规则，同时博采其他相关财经类词典和工具书之所长，选择性地利用前人积累的财富。同时也形成了自己的特色：一是新词新语新义多，我们力求在内容上把握时代发展的脉搏，广泛吸收近年来国内外出现的新词新语新义，对于一些具有中国特色的词条，力争以规范、准确的释义做出权威解释；二是形象例证，为满足普通投资者的阅读需要，加深读者对词条的理解，帮助其将抽象的概念与真实的股票市场联系起来，我们采用文字描述、图解、表格等丰富形式，对一些抽象化的词汇进行形象的例证解释。

一、基本概念①

（一）投资产品

词条名称：**股票**

英　　文：**stock**

定义：股票是一种有价证券，是指股份公司在筹集资本时向出资人按份额发行的股份凭证，用于证明其所有者（即股东）对股份公司的所有权。

释义：股票是股东享有参加股东大会、投票表决、参与公司重大决策、收取股息或分享红利等权利的依据。每个股东所拥有的公司所有权份额的大小取决于其持有的股票数量占公司总股本的比重。股票一般可以通过买卖方式进行有偿转让，股东能够通过股票转让收回其投资，但一般不能要求公司返还其出资。股东是公司的所有者以其出资额为限对公司承担有限责任，承担风险，分享收益。

词条名称：**权证**

英　　文：**warrant**

定义：权证是指基础证券发行人或其以外的第三人发行的，约定持有人在规定期间内或特定到期日，有权按约定价格向发行人购买或出售标的证券，或者以现金结算方式收取结算差价的有价证券。

释义：权证是一种期权类金融衍生产品。权证实质上反映了发行人与持有人之间的一种契约关系，持有人向权证发行人支付一定数量的价金之后，就从发行人那里获取了一种权利，这种权利使得持有人可以在未来某一特定日期或特定期间内，以约定价格向权证发行人购买/出售一定数量的资产。购买股票的权证称为“认购权证”，出售股票的权证称为“认沽权证”。权证与期权的主要区别在于，期权是交易所制定的标准化合约，而权证则是权证发行人发行的合约。除此以外，认购权证与认股期权的区别主要在于：认购权证执行时，股票是新发股票，认股权证的执行会引起股份数量的增加，从而稀释每股收益和股价；而看涨期权执行时，其股票来自二级市场，不存在稀释问题。

词条名称：**期权**

英　　文：**option**

定义：期权，又称“选择权”，是指其持有者能在规定的期限内按交易双方约定的价格购买或出售一定数量的基础工具的权利。

释义：从本质上讲，期权是在金融领域中将权利与义务分开进行定价，使得权利的受让人在规定时间内对于是否进行交易行使其权利，而义务方则必须履行。期权交易实际上是一种权利的单方面有偿让渡。在期权交易时，购买期权的一方称为“买方”，出售期权的一方称为“卖方”；买方即是权利的受让人，而卖方则是必须履行买方行使权利的义务人。

---

① 撰写：陈峥嵘；审核：周洪荣；单位：海通证券研究所。

（二）市场指标

词条名称：**股票指数**

英　　文：**stock index**

定义：股票指数，简称“股指”，是由证券交易所或金融服务机构编制的、用于反映股市总体价格水平或某类股价变动走势的指标。

释义：股票指数是将计算期的股价或市值与某一基期的股价或市值相比较的相对变化值，用于衡量股票价格的相对水平。股票指数的编制方法主要包括简单算术股价指数、修正的股价指数和加权股价指数等三类。不同指数的股票选取和计算方法是不同的。根据编制股票指数时纳入指数计算范围的股票数量，可以将股票指数划分为反映整个市场走势的综合性指数和反映某一行业或某一类股票价格走势的分类指数。目前我国A股市场常用的指数包括上证综合指数、上证180指数、深证成份指数、中小板综指、创业板综指和沪深300指数等。

二、股票类别①

（一）一般分类

词条名称：**人民币普通股票（A股）**

英　　文：**RMB ordinary shares, 缩写 A shares**

定义：人民币普通股票，简称“A股”，是指由中国境内公司发行、供境内机构、组织、个人（不含港、澳、台投资者）以及合格境外机构投资者（QFII）以人民币认购和交易的股票。

释义：A股以人民币计价，主要在上海证券交易所和深圳证券交易所上市交易。A股市场是中国股票市场最主要的组成部分。A股的发行主体必须在中国境内，投资者限于中国境内的机构、组织、个人（不含港、澳、台投资者）及合格境外机构投资者（QFII）。A股是以无纸化电子记账，实行“T+1”交易制度，有涨跌幅限制，申报价格的最小变动单位为0.01元人民币。1990年12月和1991年，上海证券交易所和深圳证券交易所相继成立，成为A股上市的两大市场平台。虽然沪、深两市于1992年推出B股，但A股市场始终是中国股票市场最主要的组成部分。除了沪、深两市主板的A股市场之外，深圳证券交易所分别于2004年5月和2009年10月推出了中小企业板和创业板，丰富了A股市场的层次结构。

例证：浦发银行（600000）、武钢股份（600005）、苏宁电器（002024）。

图示：

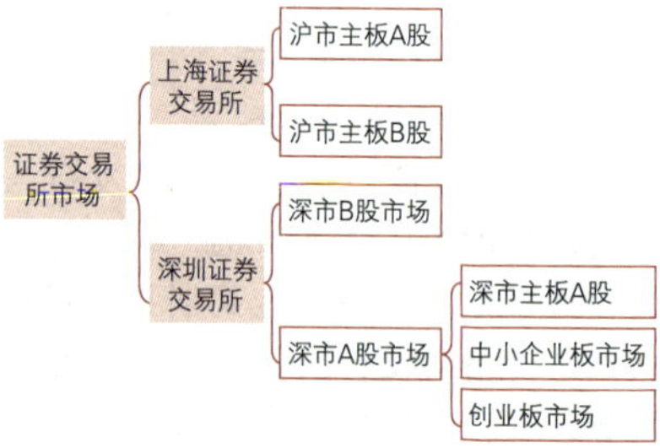

中国证券交易所市场结构图

---

① 撰写：陈峥嵘；审核：周洪荣；单位：海通证券研究所。

词条名称：**境内上市外资股（B股）**

英　　文：**Foreign Investment Shares Listed within Borders，缩写B Shares**

定义：境内上市外资股，又称“人民币特种股票”，简称“B股”，是指以人民币标明面值、以外币认购和交易、在中国境内注册的股份有限公司向境内外投资者发行并在中国境内证券交易所上市交易的股票。B股的“B”仅相对于A股的“A”而言，本身无实际含义。

释义：B股是以人民币标明面值，在境内（上海、深圳）证券交易所上市交易的外资股。投资者必须以外币认购和交易B股；目前，上海证券交易所挂牌上市的B股以美元计价，深圳证券交易所挂牌上市的B股以港币计价。具体来说，在发行及股息红利发放时，B股以人民币确定其金额，而以美元现汇或港元现汇分别进行折算和支付。对B股有关汇率的确定，发行价折算汇率按承销首日中国人民银行公布的上一个工作日美元现汇或港元现汇兑人民币的中间价的平均值计算；发放股息红利折算汇率由股东大会决议日后的第一个工作日的中国人民银行公布的美元现汇或港元现汇兑人民币的中间价计算。B股的投资者为中国香港、澳门、台湾地区居民、境外投资者及符合条件的境内居民个人。B股采取记名股票形式，以无纸化电子记账，实行“T+3”交易制度，有涨跌幅限制。上海证券交易所B股申报价格的最小变动单位为0.001美元，深圳证券交易所B股申报价格的最小变动单位为0.01港币。1992年2月21日，真空B股在上海证券交易所上市；1992年2月28日，深南玻B在深圳证券交易所上市，这标志着中国B股市场诞生。

例证：金桥B股（900911）、老凤祥B（900905）、小天鹅B（200418）。

词条名称：**境外上市外资股（H股）**

英　　文：**Foreign Investment Shares Listed outside the People's Republic of China，缩写H Shares**

定义：境外上市外资股是指中国境内公司发行的以人民币标明面值/供境外投资者用外币认购，在海外交易所上市的股票。

释义：境外上市外资股包括境内公司在香港交易所、纽约证券交易所、纳斯达克、新加坡证券交易所等境外交易所上市的股票。境外上市外资股的特别规定股份有限公司到境外募股及上市，是一种跨国经济活动，必然要涉及两个或两个以上国家法律管辖，要同时遵循我国和发行国法律的有关规定。

词条名称：**国企股**

英　　文：**H Shares**

定义：国企股简称“H股”，是指中国境内公司发行的以人民币标明面值、在香港交易所上市、供境外投资者认购和交易的股票。

释义：国企股，因其发行地“香港”的英文——Hong Kong的首字母而得名H股；其与纽约上市外资股（N股）、新加坡上市外资股（S股）均为境外上市外资股。H 股和红筹股均是在香港发行的股票，其区别在于 H 股公司在中国内地注册、管理，属于中国内地公司，而红筹股公司在中国境外注册、管理，属于香港公司或海外公司。

词条名称：**纽约上市外资股（N 股）**

英　　文：**N Shares**

定义：纽约上市外资股，简称“N 股”，是指中国境内公司发行的以人民币标明面值，供境外投资者用外币认购，在纽约证券交易所上市的股票。

释义：N 股是在中国大陆注册、在美国纽约证券交易所上市的外资股票，N 股中的 N 源于英文“New York”的首字母。1994 年 8 月，山东华能发电有限公司成功在纽约证券交易所发行上市，成为中国首只 N 股。

例证：搜房网（SFUN. US）、中国电信（CHA. US）、中国移动（CHL. US）。

词条名称：**新加坡上市外资股（S 股）**

英　　文：**S Shares**

定义：新加坡上市外资股简称“S 股”，是指中国境内公司发行的以人民币标明面值，供境外投资者用外币认购，在新加坡证券交易所上市的股票。

释义：S 股是在中国大陆注册、在新加坡证券交易所上市的外资股票，S 股中的 S 源于英文”Singapore”的首字母。1997 年 5 月，天津中新药业成功在新加坡证券交易所发行上市，是中国首只 S 股。

例证：中新药业、华夏胶带、中远投资。

词条名称：**存托凭证**

英　　文：**Depositary Receipts，缩写 DR**

定义：存托凭证，又称“预托凭证”，是指在一国证券市场上流通的、由该国托管机构进行托管的、向合格投资者发行的、并代表另一国证券市场上市证券的可转让凭证。

释义：存托凭证一般代表外国公司股票，有时也代表债券。以股票为例，存托凭证是这样产生的：某国的一家公司为使其股票在外国流通，就将一定数额的股票，委托某一中间机构（通常为银行，称为“保管银行”或“受托银行”）保管，由保管银行通知外国的存托银行在当地发行代表该股份的存托凭证，之后存托凭证便开始在外国证券交易所或柜台市场交易。存托凭证由 J. P. 摩根首创，最早出现于美国。美国存托凭证的出现引发了存托凭证市场发展的热潮，世界各地相继推出了不同种类的存托凭证，如全球存托凭证（GDR）、国际存托凭证（IDR）等。企业可以通过发行存托凭证引进境外投资者，扩大境外融资渠道。

例证：美国存托凭证（ADR）、中国存托凭证（CDR）。

词条名称：**美国存托凭证**

英　　文：**American Depositary Receipts，缩写 ADR**

定义：美国存托凭证是指面向美国投资者发行并在美国证券市场交易的存托凭证。

释义：ADR 可在纽约股票交易所、

美国股票交易所或纳斯达克交易所挂牌上市交易，交易程序与普通美国股票相同。ADR 由银行发行，每份包含除美国以外其他国家的一家企业交由国外托管人托管的若干股份。参与 ADR 发行与交易的中介机构包括存券银行、托管银行和中央存托公司。ADR 由 J. P. 摩根首创，之后得到迅速发展，并在 2000 年迎来发展高峰。总体而言，ADR 规模受美国经济状况的影响很大，两者呈正相关。

例证：1927 年，美国投资者看好英国百货业公司塞尔弗里奇公司的股票，由于受地域的影响，这些美国投资者要投资该股票很不方便，于是 J. P. 摩根创立了 ADR。这种存托凭证可以在美国证券市场流通，原来持有塞尔弗里奇公司股票的投资者就不必跑到英国抛售该股票；同时，要投资塞尔弗里奇公司股票的投资者也不必到英国股票交易所购买，可以在美国证券市场购买该股票的美国存托凭证。每当塞尔弗里奇公司进行配股或分红等事宜，发行美国存托凭证的银行在英国的分支机构都会帮助美国投资者进行配股或分红。20 世纪 90 年代，许多美国之外的公司都蜂拥而至美国境内证券交易所，期望能够提升自身在美国这一全球最大经济体中的形象和地位，其中大多数外国公司是通过发行 ADR 在美国上市的。中国企业通过发行 ADR 从美国市场融资已有十多年的历史，包括中国电信股份公司、中芯国际集成电路制造公司、中国联通股份公司、携程旅行网等数十家公司。

词条名称：**中国存托凭证**

英　　文：**Chinese Depositary Receipts，缩写 CDR**

定义：中国存托凭证是指在中国大陆发行的、代表境外或中国香港证券市场上某一种证券的存托凭证。

释义：中国存托凭证是指境外（包括中国香港）上市公司将部分已发行上市的股票托管在当地保管银行，由中国境内存托银行发行、在境内 A 股市场上市、以人民币交易结算、供国内投资者买卖的投资凭证。1997 年亚洲金融危机后，大量在中国香港上市的“红筹股”公司提出强烈的内地融资需求，CDR 的概念应运而生。自 2001 年以来，理论界对 CDR 陷入了激烈的争论之中，对于是否推行 CDR 也持有不同的观点。

（二）板别分类

词条名称：**主板股**

英　　文：**Stocks of Main Board**

定义：主板股是指在一国证券交易所的主板市场上市的股票。

释义：主板市场是一个国家或地区证券发行、上市和交易的主要场所。一般而言，各国主要的证券交易所代表着国内主板市场。主板市场对发行人的营业期限、股本大小、盈利水平、最低市值等方面的要求较高，上市公司多为大型成熟企业，具有较大的资本规模和稳定的盈利能力。主板市场是资本市场中最主要的组成部分，在很大程度上能够反映该国的经济发展状况。中国的主板股主要分布于上海证券交易所和深圳证券交易所主板市场。

词条名称：**中小板股**

英　　文：**Stocks of SME Board**

定义：中小板股是指在深圳证券交易所中小企业板上市的股票。

释义：中小企业板是为中小企业特别设立的一个市场，是相对于沪深两市主板市场而言的。2004 年 5 月，经国务院批准，中国证监会批复同意深圳证券交易所在主板市场内设立中小企业板块市场。设立中小企业板的宗旨是为主业突出、具有成长性和科技含量的中小企业提供直接融资平台。从制度安排来看，中小企业板以运行独立、监察独立、代码独立、指数独立而与主板市场相区别，同时中小企业板又以其相对独立性与创业板市场相衔接。2004 年 6 月 25 日，新和成、江苏琼花、伟星股份、华邦制药、德豪润达、精工科技、华兰生物和大族激光成功上市，成为中国首批中小板股。

例证：兴森科技（002436）、大族激光（002008）、苏宁电器（002024）。

图示：

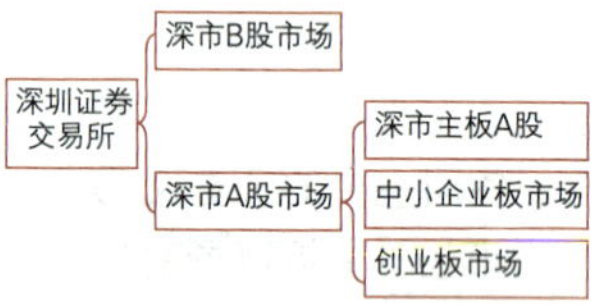

深圳证券交易所市场结构图

词条名称：**创业板股**

英　　文：**Stocks of Growth Enterprise Board** 又译：**Stocks of chiNext Board**

定义：创业板股是指在创业板上市的股票。

释义：创业板市场又称“二板市场”，是为具有高成长性的中小企业和高科技企业提供融资服务的资本市场。创业板市场是不同于主板市场的独特的资本市场，具有前瞻性、高风险、监管要求严格以及明显的高技术产业导向的特点。与主板市场相比，创业板市场上市的企业规模较小、上市条件相对较低。中国创业板市场于 2009 年 10 月 23 日在深圳证券交易所正式启动，特锐德成为中国首只创业板股。我国创业板市场主要面向成长型创业企业，支持市场前景好、带动能力强、就业机会多的自主创新企业，特别是支持新能源、新材料、电子信息、生物医药、环保节能、现代服务等新兴产业的发展。

例证：华谊兄弟（300027）、大禹节水（300021）、爱尔眼科（300015）。

图示：

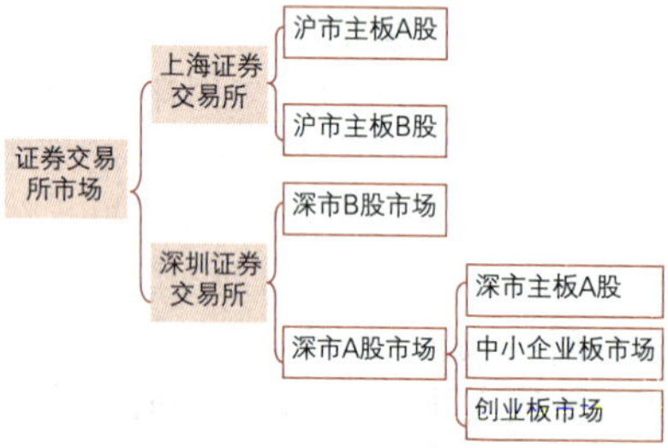

中国证券交易所市场结构图

词条名称：**三板股**

英　　文：**stocks of the third board**

定义：三板股是指在全国中小企业股份转让系统交易的股票。

释义：三板市场的全称是“全国中小企业股份转让系统”，由“中关村非上市公司代办股份转让报价系统”

转换而来，全国中小企业股份转让系统有限责任公司为其运营管理机构。该公司于2012年9月20日注册成立，是经国务院批准设立的全国性证券交易场所，是具有代办股份转让系统主办券商业务资格的证券公司为非上市股份有限公司提供挂牌、转让服务的证券交易平台。在“新三板”挂牌的公司为非上市公众公司，股东人数可以超过200人；挂牌股票可采用协议转让、做市方式、竞价方式或其他中国证监会批准的转让方式进行转让。

（三）来源分类

词条名称：**发起人股**

英　　文：**promoter's stock**

定义：发起人股是指股份有限公司发起人认购的股份。

释义：根据《中华人民共和国公司法》的规定，发起人可以用货币、实物、工业产权、土地使用权等资产作价折股。发起人的股票应当标明“发起人股票”的字样。发起人认购的股份自股份公司成立之日起3年内不得转让。中国的发起人股主要包括国家持有股份、境内法人持有股份、境外法人持有股份及其他。其中，国家持有股份是指按照《股份有限公司规范意见》设立的公司所设的国家股及其增量；境内法人持有股份是指发起人为境内法人所持有的股份；境外法人持有股份是指按照《股份有限公司规范意见》设立的公司，其发起人股为适用外资法律的法人（外商及港、澳、台商等）所持有的股份；其他是指个别公司发起人与以上分类有区别的特殊情况。

词条名称：**私募股**

英　　文：**stocks of private placement**

定义：私募股是指发行人以非公开发行方式向特定对象发行的股票。私募股也包括私募股权投资（Private Equity，PE），从投资方式角度来看，是指通过私募形式对非上市企业进行的权益性投资，在交易实施过程中附带考虑了未来的投资退出机制，即通过上市、并购或管理层融资收购等方式，出售持股以获利。

释义：私募股有确定的投资者，发行手续简单，可以节省发行时间和发行费用，但投资者数量有限，证券流通性较差，不利于提高发行人的社会信誉。私募股的发行对象主要有两类：一类是公司的老股东或发行人的员工；另一类是投资基金、社会保险基金、保险公司、商业银行等金融机构以及与发行人有密切往来关系的企业等机构投资者。关于私募股权投资，它包括广义私募股权投资和狭义私募股权投资两类。广义私募股权投资是指涵盖企业首次公开发行前各阶段的权益投资，即对处于种子期、初创期、发展期、扩展期、成熟期和Pre-IPO各个时期企业所进行的权益投资，相关资本按照不同投资阶段可以划分为创业投资（venture capital）、发展资本（development capital）、并购基金（buy-out/buyin fund）、夹层资本（mezzanine capital）、重整资本（turnaround）、Pre-IPO资本（如过桥融资，bridge finance），以及其他如上市后私募投资（private investment in public equity，PIPE）、不良债权（distressed debt）和不动产投资（real estate investment）等等。狭义私募股权投资主要是指对已经形成一定规模并产生稳定现金流的成熟期企业的私募股权投资，即创业投资后期的私募股权投资部分，其中并购基金和夹层资本在资金规模上占比最大。在中国私募股权投资主要是指这类投资。私募股权投资的主要组织形式有有限合伙制、信托制和公司制三种，主要投资方式有增资扩股和股权转让两种。私募股权投资按业务流程可以划分为项目寻找与项目评估、投资决策、投资管理和投资退出等四个阶段。

词条名称：**公开发行股**

英　　文：**stocks of public offering**

定义：公开发行股是指股份公司向不特定的社会公众投资者发售的股票。

释义：公开发行股是发行人通过公募方式发行的股票，任何合法的投资者都可以参与认购。公开发行股以众多投资者为发行对象，发行数量多，筹集资金的潜力大。同时，公开发行股的流动性强，有利于提高发行人的社会信誉。但公募发行的发行条件比较严格，发行程序比较复杂，登记核准的时间较长，发行费用较高。

词条名称：**非公开发行股**

英　　文：**stocks of non-public offering**

定义：非公开发行股是指上市公司采用非公开发行方式、向特定对象发行的股票。

释义：上市公司非公开发行股票应符合以下条件：发行价格不低于定价基准日前 20 个交易日公司股票均价的 90%；本次非公开发行的股份自发行结束之日起，12 个月内不得转让；控股股东、实际控制人及其控制的企业认购的股份，36 个月内不得转让；募集资金使用符合规定；本次非公开发行导致上市公司控股权发生变化的，还应当符合中国证监会的其他规定。上市公司非公开发行股票的特定对象包括公司控股股东、实际控制人及其控制的企业；与公司业务有关的企业、往来银行；证券投资基金、证券公司、信托投资公司等金融机构；公司董事、员工等。非公开发行股票的发行对象不得超过 10 名。发行对象为境外战略投资者的，应当经国务院相关部门事先批准。

词条名称：**定向发行股**

英　　文：**directionally issued shares**

定义：定向发行股是指股份公司向特定对象发行的股票。

释义：定向发行股票的特定对象包括公司控股股东、实际控制人及其控制的企业；与公司业务有关的企业、往来银行；证券投资基金、证券公司、信托投资公司等金融机构；公司董事、员工等。公司可以对认购者的持股期限有所限制。定向发行会直接影响公司原股东的利益，需经股东大会特别批准。

词条名称：**询价配售股**

英　　文：**shares placed for inquiry objects**

定义：询价配售股是指首次公开发行（IPO）中，发行人及其主承销商向参与网下配售的询价对象配售的股票。

释义：根据《上市公司证券发行管理办法》的规定，公开发行股票数量少于4亿股的，询价配售数量不超过本次发行总量的20%；公开发行股票数量在4亿股以上的，询价配售数量不超过向战略投资在配售后剩余发行数量的50%。询价配售股的持有期限不少于3个月，持有期自标的股票上市之日起计算。询价配售对象包括经批准募集的证券投资基金、全国社会保障基金、证券公司证券自营账户、经批准设立的证券公司集合资产管理计划、信托投资公司证券自营账户、财务公司证券自营账户等。

词条名称：**原股东配售股**

英　　文：**shares placed for original shareholders**

定义：原股东配售股是指股份公司按股东的持股比例向原股东发行配售的公司股份。

释义：原股东配售股是按一股老股配售若干新股的原则向原股东发行的股份，目的就是保护原股东权益及其对公司的控制权。实践中，由于配股价格通常低于市场价格，因而配股上市之后可能导致股价下跌。配股权是股东的权利，股东可以放弃行使配股权。根据《上市公司证券发行管理办法》的规定，上市公司实行配股时，拟向原股东配售的股票数量不得超过配股前股本总额的30%；控股股东应该在股东大会召开前公开承诺认配股份的数量；原股东认购股票的数量未达到拟配售总量的70%时，配股失败。

股票类别

词条名称：**红股**

英　　文：**bonus shares**

定义：红股，又称“股票股利”，是指上市公司将其当年利润或部分公积金转为公司资本时，按照相同比例向其股东派送的股票。

释义：红股是免费派送给股东的股份，是公司利润分配的常用方式之一。投资者可认将红股视为股息的一部分。但红股的发放会扩大公司总股本，从而摊薄每股盈利、每股股息等。根据2011年9月1日生效的《中华人民共和国个人所得税法》，股份制企业以股票形式向股东个人支付红利，应以派发红股的票面金额为收入额，按20%的税率征收个人所得税。

词条名称：**转增股**

英　　文：**shares capitalized from capital reserve**

定义：转增股是指上市公司将公司资本公积转化为股本赠送给股东的一种利润分配方式。

释义：转增股是将原本属于股东权益的资本公积转为实收资本，股东权益总量和每位股东持股比例均未发生变化，唯一变动的是公司发行在外的总股数增加。从理论上讲，转增股本之后，每股价格应向下调整。但在实践中，由于人们通常对高比例转增股公司的未来利润增长前景抱有较高的期望，因此，高比例转增股消息被市场得知后往往会引起股价上涨。

（四）限制分类

词条名称：**流通股**

英　　文：**circulating shares**

定义：流通股是指上市公司发行的、可以在证券交易所上市流通的股份。

释义：流通股是相对于非流通股而言的。流通股并不是特指某一种股票，而是存在于不同的证券市场中。中国的流通股根据市场属性的不同可认分为A股、B股、法人股和境外上市股。就价格的影响而言，流通性强的股票，交易比较活跃，价格变动较小，股价相对平稳；而流通性差的股票，交易相对平淡，价格变动较大，股价相对活跃。随着中国股市的逐步发展和完善，非流通股将逐渐成为历史。

词条名称：**限售股**

英　　文：**restricted shares**

定义：限售股指股份持有人依照法律法规规定或按自身承诺而持有的转让受限的股票。

释义：中国A股市场的限售股主要由两部分构成：一类是股改产生的限售股，另一类是新股首次发行上市（IPO）产生的限售股。除此之外，机构配售股和增发股也是有限售期要求的股票，如限售3个月或6个月等。根据《中华人民共和国个人所得税法》，自2010年1月1日起，对个人转让限售股取得的所得，按照“财产转让所得”，适用20%的比例税率征收个人所得税。

词条名称：**股改限售股**

英　　文：**restricted stocks from non-tradable shares reform**

定义：股改限售股是指股权分置改革过程中，由原非流通股转变而来的有限售期限的流通股，这是中国股市特定发展阶段的产物。

释义：股改限售股是中国A股市场股权分置改革（简称“股改”）后的产物，是对股改前原本不流通但在股改后可以逐渐全流通的“非流通股份”的统称，俗称“大小非”。“大非”是指股改后占总股本5%以上的限售流通股，“小非”则是指股改后占总股本5%以下的限售流通股。2005年9月，中国证监会颁布《上市公司股权分置改革管理办法》，开始启动股权分置改革，由此产生了股改限售股。根据该《管理办法》的规定，自股改方案实施之日起，股改限售股在12个月内不得上市交易或者转让；持有上市公司股份总数5%以上的原非流通股股东，在前项规定期满后，通过证券交易所挂牌交易出售原非流通股股份，出售数量占该公司股份总数的比例在12个月内不得超过5%，在24个月内不得超过10%。随着时间推移，股改要求的限售期逐步到期，这类股票正逐步减少，最后就全部演变为普通的流通股。

词条名称：**首发限售股**

英　　文：**restricted stocks from initial public offering**

定义：首发限售股，又称“IPO限

售股”，是指因首次公开发行（IPO）而产生的限售股。

释义：首发限售股包括首发原股东限售股份和首发战略配售股份。首发原股东限售股份是指首次公开发行前公司原有股东持有的股份。首发战略配售股份是指首次公开发行过程中向战略投资者配售的股份。根据《上市公司证券发行管理办法》的规定，首发原股东限售股自发行人股票上市之日起1年内不得转让。发行人向证券交易所申请其首次公开发行股票上市时，控股股东和实际控制人应当承诺：自发行人股票上市之日起36个月内，不转让或者委托他人管理其直接和间接持有的发行人首次公开发行股票前已发行股份，也不由发行人回购该部分股份。首次公开发行股票数量在4亿股以上的，可以向战略投资者配售股票。首发战略配售股份的持有期限不少于12个月。

词条名称：**限售3个月股**

英　　文：**shares with sales limited for 3 months**

定义：限售3个月股是指限售期为3个月的限售股。

释义：限售3个月股的锁定期为3个月。根据中国证监会2010年6月修订的《证券发行与承销管理办法》的规定，首次公开发行股票过程中，询价对象获得网下配售的股票的持有期限不少于3个月。

词条名称：**限售6个月股**

英　　文：**shares with sales limited for 6 months**

定义：限售6个月股是指限售期为6个月的限售股。

释义：限售6个月股的锁定期为6个月。根据中国证监会2010年6月修订的《证券发行与承销管理办法》的规定，H股控股股东必须承诺H股上市后6个月内不得出售公司股份，在随后的6个月内控股股东可以减持股份，但必须维持其控股股东地位，即不低于30%的持股比例。

词条名称：**限售12个月股**

英　　文：**shares with sales limited for 12 months**

定义：限售12个月股是指限售期为12个月的限售股。

释义：限售12个月股的锁定期为12个月。根据中国证监会2010年6月修订的《证券发行与承销管理办法》的规定，首次公开发行战略配售股的持有期限不少于12个月；上市公司非公开发行的股票自发行结束之日起12个月内不得转让；特定对象以资产认购而取得的上市公司股份，自股份发行结束之日起12个月内不得转让；股份公司发起人持有的本公司股份，自公司成立之日起1年内不得转让；公司公开发行股份前已发行的股份，自公司股票在证券交易所上市之日起1年内不得转让。

词条名称：**限售 36 个月股**

英　　文：**shares with sales limited for 36 months**

定义：限售 36 个月股是指限售期为 36 个月的限售股。

释义：限售 36 个月股的锁定期为 36 个月。根据中国证监会 2010 年 6 月修订的《证券发行与承销管理办法》的规定，首次公开发行上市公司的控股股东和实际控制人自发行人股票上市之日起 36 个月内，不得转让或者委托他人管理其直接和间接持有的发行人首次公开发行股票前已发行的股份，也不得由发行人回购该部分股份。特定对象以资产认购而取得的上市公司股份，属于下列情形之一的，36 个月内不得转让：特定对象为上市公司控股股东、实际控制人或者其控制的关联人；特定对象通过认购本次发行的股份取得上市公司的实际控制权；特定对象取得本次发行的股份时，对其用于认购股份的资产持续拥有权益的时间不足 12 个月。

词条名称：**自愿锁定股**

英　　文：**voluntarily locked shares**

定义：自愿锁定股是指上市公司控股股东、实际控制人承诺在一定时间内不转让或委托他人管理所持有的上市公司股票。

释义：自愿锁定是上市公司股东按照自身意愿，承诺在一定时间内不转让或者委托他人管理其直接或者间接持有的公司股份，也不由公司回购其直接或者间接持有的本公司股份的行为。公司股东所持有的本公司首次公开发行前已发行的股份是自愿锁定股的重要来源之一。此外，为了维护公司股价的稳定，上市公司股东也可能提出自愿锁定所持公司股份。

词条名称：**涨幅限制股**

英　　文：**stocks that are limited in the rate of increase**

定义：涨幅限制股是指涨幅受到限制的股票。

释义：经中国证监会同意，上海、深圳证券交易所自 1996 年 12 月 16 日起，均对上市交易的股票（含 A、B 股）、基金类证券的交易实行价格涨跌幅限制，即在一个交易日内，除首次公开发行上市、增发上市、暂停上市后恢复上市的股票在上市首日不设涨跌幅限制外，其余证券的交易价格相对上一交易日收盘价格的涨跌幅度不得超过 10%。此外，自 1998 年 4 月起又规定，ST 股和 * ST 股的涨跌幅不得超过 5%，超过涨跌限价的委托为无效委托。制定股票价格涨跌幅限制，目的是为了防止股价剧烈波动，维护证券市场的稳定运行，保护中小投资者的正当利益。

词条名称：**跌幅限制股**

英　　文：**stocks that are limited in the rate of decrease**

定义：跌幅限制股是指跌幅受到限制的股票。

释义：跌幅限制股是与涨幅限制股相对应的。经中国证监会同意，上海、深圳证券交易所自 1996 年 12 月 16 日起，均对上市交易的股票（含 A、B

股）、基金类证券的交易实行价格涨跌幅限制，即在一个交易日内，除首次公开发行上市、增发上市、暂停上市后恢复上市的股票在上市首日不设涨跌幅限制外，其余证券的交易价格相对上一交易日收盘价格的涨跌幅不得超过10%。此外，自1998年4月起又规定，对ST股和＊ST股的涨跌幅不得超过5%，超过涨跌限价的委托为无效委托。制定股票价格涨跌幅限制，目的是为了防止股价剧烈波动，维护证券市场的稳定运行，保护中小投资者的正当利益。

（五）股东分类

词条名称：**国有股**

英　　文：**state-owned Shares**

定义：国有股，又称“国有股权”，由国家股和国有法人股组成。

释义：由于中国大部分股份制企业都是由原国有大中型企业改制而来，因此，国有股在公司股权中占有较大比重。国家股和国有法人股均属于国家所有，统称为“国有股”。国有资产管理部门是国有股权行政管理的专职机构。国有股权可以由国家授权投资的机构持有，也可由国有资产管理部门持有或由国有资产管理部门代政府委托其他机构或部门持有。国有股股利收入由国有资产管理部门监督收缴，依法纳入国有资产经营预算，并根据国家有关规定安排使用。

词条名称：**国家股**

英　　文：**state shares**

定义：国家股是指有权代表国家投资的机构或部门向股份公司投资形成或依法定程序取得的股份。

释义：国家股是有权代表国家投资的部门或机构以国有资产向公司投资形成的股份，包括公司现有国有资产折算成的股份。在中国企业的股份制改造中，一些全民所有制企业改组为股份公司。就性质而言，这些全民所有制企业的资产属于国家所有，因此，在改组为股份公司时折合成国家股。此外，国家对新组建的股份公司进行投资，也构成国家股。国家股由国务院授权的部门或机构持有，或根据国务院决定，由地方人民政府授权的部门或机构持有。

词条名称：**国有法人股**

英　　文：**state-owned legal person shares**

定义：国有法人股是指具有法人资格的国有企业、事业及其他单位，以其依法占用的法人资产，向独立于自己的股份公司出资形成或依法定程序取得的股份。

释义：国有法人股是国有股的一个组成部分。国有法人单位（行政性总公司和具有政府行政管理职能的公司除外）所拥有的企业，包括产权关系经过界定和确认的国有企业的全资子企业和控股子企业及其下属企业，以全部或部分资产改制为股份公司，投入股份公司的净资产折成的股份，界定为国有法人股。国有企业或国有企业的全资子企业和控股子企业以其依法占用的法人资产直接向新设立的股份公司投资入股所形成的股份，也

股票类别

界定为国有法人股。

词条名称：**法人股**

英　　文：**legal person shares**

定义：法人股是指企业法人或具有法人资格的事业单位和社会团体以其依法可支配的资产投入公司所形成的股份。

释义：法人股和法人持股形成的所有权关系是法人经营自身财产的一种投资行为。法人股股票以法人记名。作为发起人的企业法人或具有法人资格的事业单位和社会团体在认购股份时，可以用货币出资，也可以用其他形式的资产，如实物、工业产权、非专利技术、土地使用权等作价出资。但对其他形式的资产必须进行评估作价，核实财产，不得高估或者低估作价。

词条名称：**个人股**

英　　文：**shares owned by individual**

定义：个人股是指公民个人以自己的合法财产投资股份制企业所形成的股份。

释义：个人股是个人以合法财产投资股份制企业所形成的股份。中国的个人股有两种：一种是股份制公司内部职工认购本公司的股份，称为“职工股”；另一种是社会公众认购的股份。根据《股份有限公司规范意见》的规定，单个自然人所持股份（不含外国和中国香港、澳门、台湾地区投资者所持外资股）不得超过公司股份总额的5%。定向募集公司内部职工认购的股份，不得超过股份总额的20%。

词条名称：**公众股**

英　　文：**public shares**

定义：公众股是指社会公众依法以其拥有的财产投入股份公司所形成的可上市流通的股份。

释义：在社会募集方式下，股份公司发行的股份除了由发起人认购一部分外，其余部分应该向社会公众公开发行。根据《中华人民共和国证券法》的规定，公司申请股票上市的条件之一是：公司股本总额不超过人民币4亿元的，向社会公开发行的股份达到公司股份总数的25%以上；公司股本总额超过人民币4亿元的，向社会公开发行股份的比例为10%以上。

词条名称：**外资股**

英　　文：**foreign shares**

定义：外资股是指股份公司向外国和中国香港、澳门、台湾地区投资者发行的股票。

释义：外资股是中国境内公司吸收外资的一种方式。外资股按上市地域来划分，可以分为境内上市外资股和境外上市外资股。境内上市外资股是指股份有限公司向境外投资者募集并在中国境内上市的股份，主要由B股构成。境外上市外资股是指股份有限公司向境外投资者募集并在境外上市的股份，主要由H股、N股和S股等构成。

（六）提示分类

词条名称：股改股（G股）

英　　文：stocks that have completed non-tradable shares reform

定义：股改股，简称“G股”，是指完成股权分置改革后恢复上市交易的公司股票。

释义：股改股是在中国股权分置改革的特殊背景下产生的。在股改全面推进期间，对于已经完成股权分置改革并复牌的公司，将对该公司的股票简称冠以G标记。标示“G股”的出发点是区分完成股改和未完成股改这两类公司，便于对完成股改的公司实施再融资等方面的优惠政策。随着股改进入尾声，绝大多数上市公司已完成股改，2006年10月9日，沪深交易所宣布取消G股标记，恢复原名，而少数未股改公司的股票其简称前将加上“S”标记，以示区别。

词条名称：未股改股（S股）

英　　文：stocks that have not completed non-tradable shares reform

定义：未股改股，简称“S股”，是指尚未进行股权分置改革或者已进入改革程序但尚未实施股权分置改革的股票。

释义：S股是相对于G股而言的，对于未完成股改的股票，在股票简称前冠以“S”标记。

词条名称：特别处理股票（ST股）

英　　文：special treatment stock

定义：特别处理股票，简称“ST股”，是指股票简称前被冠以“ST”标识的股票，是证券交易所对上市公司股票实施的用以向投资者提示风险的特别处理措施。

释义：鉴于特别处理股票的简称前冠以“ST”标识，因此这类股票被称为ST股。ST股的日涨跌幅限制为5%。2012年7月7日，上海证券交易所第七次修订的《上海证券交易所股票上市规则（2012年修订）》发布实施。根据该《股票上市规则》的有关规定，上市公司出现财务异常情况或者其他异常情况，导致其股票存在被终止上市的风险，或者投资者难以判断公司前景，投资者权益可能受到损害的，上海证券交易所对该公司股票实施风险警示。风险警示分为警示存在终止上市风险的风险警示（以下简称“退市风险警示”）和警示存在其他重大风险的其他风险警示。上海证券交易所设立风险警示板，上市公司股票被实施风险警示或者处于退市整理期的，进入该板进行交易。上市公司股票被实施其他风险警示的，在公司股票简称前冠以“ST”字样，以区别于其他股票，但上海证券交易所另有规定的除外。上市公司出现以下情形之一的，上海证券交易所对其股票实施其他风险警示：（1）被暂停上市的公司股票恢复上市后或者被终止上市的公司股票重新上市后，公司尚未发布首份年度报告；（2）生产经营活动受到严重影响且预计在三个月内不能恢复正常；（3）主要银行账号被冻结；（4）董事会会议无法正常召开并形成决议；（5）公司被控股股东及其关联方非经营性占用资金或违反规定决策程序对外提供担保，情形严重的；(6) 中国证监会或上海证券交易所认定的其他情形。上市公司应当按照上海证券交易所要求在其股票被实施其他风险警示的前一个交易日做出公告。公司股票及其衍生品种自公告披露日的下一交易日起复牌，上海证券交易所自复牌之日起对公司股票实施其他风险警示。上市公司股票被实施其他风险警示的情形已消除的，可以向上海证券交易所申请撤销对其股票实施的其他风险警示。上市公司股票被实施其他风险警示的，在风险警示期间，公司根据中国证监会相关规定进行重大资产重组且同时满足有关条件的，可以向上海证券交易所申请撤销对其股票实施的其他风险警示。同样，2012 年 7 月 7 日发布实施的《深圳证券交易所股票上市规则（2012 年修订）》对其他风险警示也有类似的规定。

词条名称：退市风险股（*ST 股）

英　　文：*special treatment stock

定义：退市风险股，简称“*ST 股”，是指股票简称前被冠以“*ST”标识的股票，是证券交易所对上市公司股票实施的用以向投资者警示终止上市风险的特别处理措施。

释义：2003 年 4 月 2 日和 4 月 3 日，上海证券交易所和深圳证券交易所分别发布《关于对存在股票终止上市风险的公司加强风险警示等有关问题的通知》，并从 2003 年 5 月 8 日起实行退市风险警示制度。退市风险警示制度是由证券交易所对存在股票终止上市风险的股票交易实行“警示存在终止上市风险的特别处理”，即在股票简称前冠以“*ST”标识。*ST 股的风险通常大于 ST 股。*ST 股的涨跌幅限制为 5%。2012 年 7 月 7 日，上海证券交易所第七次修订的《上海证券交易所股票上市规则（2012 年修订）》发布实施。根据该《股票上市规则》的有关规定，上市公司股票被实施退市风险警示的，在公司股票简称前冠以“*ST”字样，以区别于其他股票。上市公司出现以下情形之一的，上海证券交易所对其股票实施退市风险警示：(1) 最近两个会计年度经审计的净利润连续为负值或者被追溯重述后连续为负值；(2) 最近一个会计年度经审计的期末净资产为负值或者被追溯重述后为负值；(3) 最近一个会计年度经审计的营业收入低于 1000 万元或者被追溯重述后低于 1000 万元；(4) 最近一个会计年度的财务会计报告被会计师事务所出具无法表示意见或者否定意见的审计报告；(5) 因财务会计报告存在重大会计差错或者虚假记载，被中国证监会责令改正但未在规定期限内改正，且公司股票已停牌两个月；(6) 未在法定期限内披露年度报告或者中期报告，且公司股票已停牌两个月；(7) 公司可能被解散；(8) 法院依法受理公司重整、和解或者破产清算申请；(9) 因股权分布不具备上市条件，公司在规定的一个月内向上海证券交易所提交解决股权分布问题的方案，并获得上海证券交易所同意；(10) 上海证券交易所认定的其他情形。上市公司应当在其股票被实施退市风险警示的前一个交易日发布公告。上海证券交易所自复牌之日起对公司股票实施退市风险警示。上市公司股票被实施退市风险警示的情形已消除的，可以向上海证券交易所申请撤销对其股票实施的退市风险警示。同样，2012 年 7 月 7 日发布实施的《深圳证券交易所股票上市规则（2012 年修订）》对退市风险警示也有类似的规定。

例证：*ST 金果（000722）、*ST 中钨（000657）。

词条名称：未股改退市风险股（S*ST 股）

英　　文：S*special treatment stock

定义：未股改退市风险股，简称“S*ST 股”，是指尚未进行股权分置改革、存在退市风险的、股票简称前冠以“S*ST”标识的股票。

释义：S*ST 股是 S 股与*ST 股的结合，既有未股改股（S 股）的特点，又有退市风险股（*ST 股）的特点。当未股改股存在退市风险时，在该公司股票简称前冠以“S*ST”字样，以区别于其他股票。已经完成股改但并未消除退市风险的 S*ST 股，则变为*ST 股。

例证：S＊ST 前锋（600733）

词条名称：除息股（XD 股）

英　　文：ex-dividend stock

定义：除息股，简称“XD 股”，是指股票价格剔除派息因素影响的股票。

释义：当上市公司实施送股、配股或派息时，每股股票所代表的企业实际价值（每股净资产）就可能减少，因此需要在该事实发生后从股票价格中剔除这部分因素。因派息引起的剔除行为称为“除息”，沪深证券交易所是在权益登记日（B 股为最后交易日）后的下一个交易日对该股票做除权、除息处理。除息日该股票的前收盘价改为除息日除息价。当股票简称前出现“XD”字样时，表示当日是该股票的除息日。只有在股权登记日收盘前在公司股东名册上登记的股东才有权分享股息，而除息日购入该公司股票的股东则不享有本次分红派息。

公式：除息参考价 = 前收盘价 − 每股现金红利

例证：某上市公司每 10 股派发现金红利 1.50 元，即每股现金红利为 0.15 元。若该公司在除息日的前收盘价为 11.05 元，则除息参考价为 10.9 元。

词条名称：除权股（XR 股）

英　　文：ex-right stock

定义：除权股，简称“XR 股”，是指股票价格剔除送股或配股因素影响的股票。

释义：当上市公司实施送股、配股或派息时，每股股票所代表的企业实际价值（每股净资产）就可能减少，因此需要在该事实发生后从股票价格中剔除这部分因素。因送股或配股而引起的剔除行为称为“除权”，沪深证券交易所是在权益登记日（B 股为最后交易日）后的下一个交易日对该股票做除权、除息处理。除权日该股票的前收盘价改为除权日除权价。当股票简称前出现“XR”字样时，表示当日为该股票的除权日。只有在股权登记日收盘前在公司股东名册上登记的股东才有权分享股票股利，而除权日购入该公司股票的股东则不享有本次分红派息。

公式：除权参考价 =（前收盘价 + 配股价格 × 股份变动比例）/（1 + 股份变动比例）

例证：某上市公司按 10 配 5 的比例向现有股东配股，配股价格为 6.40 元。若该公司在除息日的前收盘价为 11.05 元，则除权参考价为 9.50 元。

词条名称：**除权除息股（DR 股）**

英　　文：**ex-right and ex-dividend stock**

定义：除权除息股，简称“DR 股”，是指股票价格剔除派息、送股或配股因素影响的股票。

释义：当上市公司实施送股、配股或派息时，每股股票所代表的企业实际价值（每股净资产）就可能减少，因此需要在该事实发生后从股票价格中剔除这部分因素。因派息而引起的剔除行为称为“除息”，因送股或配股而引起的剔除行为称为“除权”。有些上市公司进行利润分配时不仅发放现金股利，而且送红股或配股，所以会出现既除息又除权的现象。当股票简称前出现“DR”字样时，表示当日为该股票的除权除息日。只有在股权登记日收盘前在公司股东名册上登记的股东才有权分享本次利润分配，而除权除息当日购入该公司股票的股东则不享有本次利润分配。

公式：除权除息参考价 = [（前收盘价 - 现金红利）+ 配股价格 × 股份变动比例]/1 + 股份变动比例

例证：某上市公司每 10 股派发现金股利 1.50 元，同时按 10 配 5 的比例向现有股东配股，配股价格为 6.40 元。若该公司在除权除息日的前收盘价为 11.05 元，则除权除息参考价为 9.40 元。

词条名称：**上市首日股票（N 股）**

英　　文：**shares listed on the first day**

定义：上市首日股票，简称“N 股”，是指当日新上市的股票。

释义：N 股中的 N 源于英文单词“New”的首字母。在中国股市中，当股票简称前冠以“N”标识，表示该股票是当日新上市的股票。上市首日股票 N 股在市场上是不受涨跌幅限制的，涨幅可以高于 10%，跌幅也可以高于 10%。

（七）规模分类

词条名称：**大盘股**

英　　文：**large capitalization stocks**

定义：大盘股是指发行在外的流通股本较大的上市公司股票。

释义：大盘股是相对于中盘股和小盘股而言的。一般而言，大盘股的流动性强于中小盘股。对大盘股流通份额大小的界定一直在变化。20 世纪 90 年代，流通股本在 1 亿股以上的个股称为大盘股，但随着许多大型国企的上市，这一概念也发生了改变。流通盘在 1 亿股以下的只能算是小盘股，而像中石化、中国联通、宝钢股份这些有十几亿甚至几十亿流通盘的股票则称为“超级大盘股”；大部分钢铁股、石化股、电力股、银行股由于流通盘较大，也称为“大盘股”。大盘股流通份额的大小始终不存在一个明确的界限。

词条名称：**中盘股**

英　　文：**middle capitalization stocks**

定义：是指流通股本比大盘股小、但大于小盘股的一类股票。

释义：中盘股在数量上是整个股票市场的主体。目前还没有一个明确的标准来界定中盘股的流通盘究竟在多大范围内，不同市场和不同时期中盘股的界定标准都在不断变化；一般而言，流通股本在5000万至1个亿的个股称为“中盘般”。中盘股往往结合了大盘股和小盘股的优势，并且弱化了它们的劣势。比如，中盘股比大盘股的成长空间更大，比小盘股的流动性更好、更为稳健。此外，中盘股公司业务通常比较集中，容易分析，市场对其研究也较为充分。

词条名称：**小盘股**

英　　文：**small capitalization stocks**

定义：小盘股是指发行在外的流通股本较小的上市公司股票。

释义：小盘股是相对于大盘股而言的。与大盘股类似，小盘股的流通份额界定也在不断变化，并不存在一个绝对的数字界线；一般而言，流通股本不到5000万规模的称为小盘股。小盘股由于流通份额较小，容易控盘，往往受到庄家的炒作，股价波动较大。

词条名称：**零散股**

英　　文：**fractional shares**

定义：零散股是指单个投资者持有的单一上市公司不足100股的股票。

释义：对于上海证券交易所和深圳证券交易所的股票交易，买入或卖出股票时必须是100股的整数倍，但由于上市公司的分红配股等情况使投资者账户会出现不到100股的零散股，这时零散股可一并卖出。

（八）交易分类

词条名称：**预期上市股**

英　　文：**expected listed shares**

定义：预期上市股是指发行人已按照中国证监会的有关规定制作申请文件，由保荐机构保荐并向中国证监会申报，但证监会尚未作出是否核准发行决定的股票。

释义：对于已经按照规定向中国证监会提交申请文件的公司，人们会产生上市预期。但从申报上市材料到股票最终上市之间仍有一系列审批环节，预期上市股最终并不一定能够上市。发行人提交相关申报材料后，中国证监会在5个工作日内作出受理与否的决定。在受理申请文件后，证监会组织相关职能部门对发行人的申请文件进行初审。初审通过后，由发审委组织发审委会议进行审核。根据发审委的审核结果，中国证监会依照法定条件对发行人的发行申请作出予以核准或者不予核准的决定，并出具相关文件。

词条名称：上市交易股

英　　文：exchange-traded shares

定义：上市交易股是指在证券交易所公开挂牌交易的股票。

释义：经中国证监会核准发行的股票发行结束后，发行人可向证券交易所申请其股票上市。发行人向证券交易所申请其首次公开发行的股票上市时，应当按照中国证监会有关规定编制上市公告书。上市公告书是发行人在股票上市前向公众公告与发行上市有关事项的信息披露文件。

词条名称：临时停牌股

英　　文：shares under temporary suspension

定义：临时停牌股是指因股票交易异常波动而被证券交易所实施临时停牌措施的股票。

释义：为了遏制股票短线炒作、内幕交易、操纵市场等现象的发生，切实有效地防范市场风险，保护中小投资者的利益，证券交易所可以对股票实行盘中临时停牌。沪深两市有关临时停牌的规则有所差别。

2012 年 3 月 8 日，上海证券交易所发布了《关于加强新股上市初期交易监管的通知》，规定新股上市首日出现下列异常波动情形之一的，上交所可以对其实施盘中临时停牌：（1）盘中成交价格较当日开盘价首次上涨或下跌 10% 以上（含）；（2）盘中成交价格较当日开盘价上涨或下跌 20% 以上（含）；（3）盘中换手率（成交量除以当日实际上市流通量）达到 80% 以上（含）。

2012 年 3 月 8 日，深圳证券交易所发布了《关于完善首次公开发行股票上市首日盘中临时停牌制度的通知》，规定新股上市首日出现下列异常波动情形之一的，深交所可以对其实施盘中临时停牌至 14：57：（1）当首次公开发行股票上市首日盘中成交价较开盘价首次上涨或下跌达到或超过 10%；（2）盘中换手率达到或超过 50% 的。

词条名称：暂停上市股

英　　文：shares with listing suspended

定义：是指因法定原因依法暂停交易的上市公司股票。

释义：2012 年 7 月 7 日，上海证券交易所第七次修订的《上海证券交易所股票上市规则（2012 年修订）》发布实施。根据该《上市规则》的有关规定，上市公司出现下列情形之一的，由上交所决定暂停其股票上市：

1. 因最近两个会计年度的净利润触及规定的标准，其股票被实施退市风险警示后，公司披露的最近一个会计年度经审计的净利润继续为负值。

2. 因最近一个会计年度的净资产触及规定的标准，其股票被实施退市风险警示后，公司披露的最近一个会计年度经审计的期末净资产继续为负值。

3. 因最近一个会计年度的营业收入触及规定的标准，其股票被实施退市风险警示后，公司披露的最近一个会计年度经审计的营业收入继续低于 1000 万元。

4. 因最近一个会计年度的审计意

见类型触及规定的标准，其股票被实施退市风险警示后，公司披露的最近一个会计年度的财务会计报告被会计师事务所出具无法表示意见或者否定意见的审计报告。

5. 因未在规定期限内改正财务会计报告中的重大差错或者虚假记载触及规定的标准，其股票被实施退市风险警示后，公司在两个月内仍未按要求改正财务会计报告。

6. 因未在法定期限内披露年度报告或者中期报告触及规定的标准，其股票被实施退市风险警示后，公司在两个月内仍未披露应披露的年度报告或者中期报告。

7. 公司股本总额发生变化不具备上市条件。

8. 因股权分布发生变化不具备上市条件，其股票被实施停牌后，未在停牌后一个月内向上海证券交易所提交解决股权分布问题的方案，或者提交了方案但未获上海证券交易所同意，或者因股权分布发生变化不具备上市条件触及规定的标准，其股票被实施退市风险警示后，公司在6个月内其股权分布仍不具备上市条件。

9. 公司有重大违法行为。

10. 上海证券交易所认定的其他情形。上市公司应当在收到上海证券交易所暂停其股票上市的决定后及时披露股票暂停上市公告。股票暂停上市期间，公司应当继续履行上市公司的有关义务，并及时披露为恢复其股票上市所采取的措施及有关工作的进展情况。此外，该《上市规则》还对可转换公司债券暂停上市的情形作出了规定。同样，《深圳证券交易所股票上市规则》（2012年修订）对暂停上市也有类似的规定。

词条名称：**终止上市股**

英　　文：**delisted shares**

定义：终止上市股是指被证券交易所取消上市交易资格的股票。

释义：2012年7月7日，上海证券交易所第七次修订的《上海证券交易所股票上市规则（2012年修订）》发布实施。根据该《上市规则》的有关规定，上市公司出现下列情形之一的，由上海证券交易所决定终止其股票上市：（1）因净利润、净资产、营业收入或者审计意见类型触及规定的标准，其股票被暂停上市后，公司披露的最近一个会计年度经审计的财务会计报告存在扣除非经常性损益前后的净利润孰低者为负值、期末净资产为负值、营业收入低于1000万元或者被会计师事务所出具保留意见、无法表示意见、否定意见的审计报告等四种情形之一；（2）因净利润、净资产、营业收入或者审计意见类型触及规定的标准，其股票被暂停上市后，公司未能在法定期限内披露最近一年的年度报告；（3）因未在规定期限内按要求改正财务会计报告中的重大差错或者虚假记载触及规定的标准，其股票被暂停上市后，公司在两个月内仍未按要求改正财务会计报告；（4）因未在规定期限内披露年度报告或者中期报告触及规定的标准，其股票被暂停上市后，公司在两个月内仍未按要求披露相关定期报告；（5）公司股本总额发生变化不再具备上市条件，在上海证券交易所规定的期限内仍不能达到上市条件；（6）因股权分布发生变化不具备上市条件触及规定的标准，其股票被暂停上市后，公司在暂停上市6个月内股权分布仍不具备上市条件；（7）上市公司或收购人以终止股票上市为目的回购股份或要约收购，在方案实施后，公司股本总额、股权分布等发生变化不再具备上市条件，等等。自上海证券交易所公告对公司股票作出终止上市的决定之日后的5个交易日届满的下一交易日起，公司股票进入退市整理期。退市整理期的交易期限为30个交易日。在退市整理期间，公司股票进入上海证券交易所风险警示板交易。公司股票进入退市整理期的，上市公司及其相关信息披露义务人仍应当遵守法律、行政法规、部门规章、其他规范性文件、本规则及上海证券交易所其他规定，并履行相关义务。公司股票在退市整理期届满后的次日终止上市，上海证券交易所对其予以摘牌。此外，《上市规则》还对可转换公司债券终止上市的情形作出了规定。同样，《深圳证券交易所股票上市规则（2012年修订）》对终止上市也有类似的规定。

词条名称：**恢复上市股**

英　　文：**shares with listing resumed**

定义：恢复上市股是指之前被暂停上市、但在规定期限内达到交易所的相关要求而恢复上市的股票。

释义：2012年7月7日，上海证券交易所第七次修订的《上海证券交易所股票上市规则（2012年修订）》发布实施。根据该《上市规则》的有关规定，上市公司因净利润、净资产、营业收入或者审计意见类型触及规定的标准，其股票被暂停上市后，向上海证券交易所提出恢复上市申请的，应当同时符合下列条件：（1）在法定期限内披露了最近一年年度报告；（2）最近一个会计年度经审计的扣除非经常性损益前后的净利润均为正值；（3）最近一个会计年度经审计的营业收入不低于1000万元；（4）最近一个会计年度经审计的期末净资产为正值；（5）最近一个会计年度的财务会计报告未被会计师事务所出具保留意见、无法表示意见或者否定意见的审计报告；（6）保荐机构经核查后发表明确意见，认为公司具备持续经营能力；（7）保荐机构经核查后发表明确意见，认为公司具备健全的公司治理结构、运作规范、无重大内控缺陷；（8）不存在本规则规定的暂停上市或者终止上市情形；（9）上海证券交易所认为需具备的其他条件。符合前款规定条件的上市公司可以在最近一年年度报告披露后的5个交易日内，以书面形式向上海证券交易所提出恢复上市的申请。上市公司申请恢复上市，应当聘请具有主办券商业务资格的保荐人保荐。保荐人应当对公司恢复上市申请材料的真实性、准确性和完整性进行核查，在确信公司具备恢复上市条件后出具恢复上市保荐书，并保证承担连带责任。上海证券交易所根据上市委员会的审核意见，作出是否同意公司股票恢复上市的决定。上海证券交易所在决定不同意公司股票恢复上市申请的同时，作出终止其股票上市的决定。经上海证券交易所同意恢复上市的，上市公司应当在收到有关决定后及时披露股票恢复上市公告。上市公司披露股票恢复上市公告后的5个交易日内，其股票恢复上市。公司股票恢复上市后，应当在上海证券交易所风险警示板至少交易至其披露恢复上市后的首份年度报告。此外，该《上市规则》还对可转换公司债券恢复上市的情形作出了规定。同样，《深圳证券交易所股票上市规则（2012年修订）》对恢复上市也有类似的规定。

（九）板块分类

词条名称：**行业股**

英　　文：**stocks that belong to specified industry**

定义：行业股是指按上市公司所属行业进行分类的股票。

释义：根据上市公司所属行业的差别对股票进行分类是股票分类的常见方式之一。每家上市公司在实体经济中都有属于自己的行业类别，相应地，该公司股票也被划入相应的行业股中。行业分类有多种标准，根据中国证监会的行业分类，中国股票主要分为农、林、牧、渔业；采掘业；制造业；电力、煤气及水的生产和供应业；建筑业；交通运输、仓储业；信息技术业；批发和零售贸易；金融、保险业；房地产业；社会服务业；传播与文化产业；综合类等13个行业。

例证：宝钢股份属于钢铁行业股票，万科A属于房地产业股票，七匹狼属于纺织服装业股票。

词条名称：**地域股**

英　　文：**stocks that belong to specified region**

定义：地域股是指按上市公司所属地域进行分类的股票。

释义：根据上市公司所属地域的差别对股票进行分类是股票分类的常见方式之一。每家上市公司都有属于自己的地域类别，相应地，该公司股票也被划入相应的地域股中。中国的地域股按上市公司所在省市进行划分归类。

例证：上海梅林（600073）属于上海本地股，宝安地产（000040）属于深圳本地股。

词条名称：**概念股**

英　　文：**concept stock**

定义：概念股是指具有某种热点题材的话题性股票。

释义：概念股是与业绩股相对而言的。业绩股需要有良好的业绩作支撑，而概念股则是依托某一种题材如资产重组概念、三通概念等支撑股价。中国股市已出现过很多概念股，如奥运概念股、网络概念股、重组概念股等。概念股容易吸引资金介入，引发市场炒作，价格波动大。

例证：上海梅林（600073）早期是生产罐头食品的企业，后来开始生产矿泉水，但业绩平平，产业陈旧，关注这家公司的投资者很少。1999年该公司摇身一变，成为了网络概念股，它也的确开办了电子商务网站，服务于其矿泉水产品的销售。在网络概念股的驱使下，上海梅林立刻成为股市共同关注的焦点。

（十）其他分类

词条名称：**普通股**

英　　文：**ordinary shares**

定义：普通股是指在公司经营管理和财产分配上享有普通权利的股份，是股票的一种基本形式，也是发行量最大、最为重要的股票。

释义：普通股票是最基本、最常见的一种股票，其持有者享有股东的基本权利和义务。普通股票是标准的股票，通过发行普通股票所筹集的资金，成为股份公司注册资本的基础。普通股票的股利完全随公司盈利的高低而变化。在公司盈利较多时，普通股票股东可获得较高的股利收益，但在公司盈利和剩余财产的分配顺序上列在债权人和优先股票股东之后，因此其承担的风险也较高。与优先股票相比，普通股票是标准的股票，也是风险较大的股票。普通股票持有者是股份公司的基本股东，根据《中华人民共和国公司法》的规定，公司股东依法享有资产收益、参与重大决策和选择管理者等权利。

词条名称：**优先股**

英　　文：**preferred shares**

定义：优先股是指股东享有某些优先权利的股票。

释义：相对于普通股票而言，优先股票在其股东权利上附加了一些特殊条件，是特殊股票中最重要的一个品种。优先股票的内涵可以从两个不同的角度来认识：一方面，优先股票作为一种股权证书，代表着对公司的所有权。这点与普通股票一样，但优先股票股东不具备普通股票股东所具有的基本权利，它的有些权利是优先的，而有些权利则受到限制。另一方面，优先股票也兼具债券的若干特点，它在发行时事先确定固定的股息率，像债券利率事先固定一样。优先股票在股息分派和剩余资产分配方面都有优先权。优先股票股东权利是受限制的，最主要的是表决权限制。

词条名称：**后配股**

英　　文：**junior stock**

定义：后配股是指利润分配和剩余财产分配安排于普通股之后的股票。

释义：后配股是与优先股相反的一种股票，正是因为在财产和股息上的权利顺序排在普通股之后，所以称之为“后配股”。后配股的权利与普通股相同，也有参与企业经营、分配红利的权利。但是一股后配股可以有几票表决权，普通投资者对它并不感兴趣，主要是公司发行人或少数希望掌握公司控制权的人持有后配股。在一定条件下，后配股可以转换为普通股。在转为普通股之前，后配股也享有股利，但仅为普通股股利的一半。

词条名称：**记名股**

英　　文：**registered stock**

定义：记名股是指在股票票面和股份公司股东名册上记载股东姓名的股票。

释义：记名股票是相对于无记名股票而言的。很多国家的公司法都对记名股票的有关事项作出了具体规定。根据《中华人民共和国公司法》的有关规定，公司发行的股票可以为记名股票，也可以为无记名股票。股份有限公司向发起人、法人发行的股票，应当为记名股票，并应当记载该发起人、法人的名称或者姓名，不得另立户名或者以代表人姓名记名。公司发行记名股票的，应当置备股东名册，记载股东的姓名或者名称及住所、各股东所持股份数、各股东所持股票的编号、各股东取得股份的日期等事项。

词条名称：**无记名股**

英　　文：**bearer stock**

定义：无记名股是指在股票票面和股份公司股东名册上均不记载股东姓名的股票。

释义：无记名股票，又称"不记名股票"，它与记名股票的差别不是表现在股东权利等方面，而是表现在股票的记载方式上。无记名股票发行时通常留有存根联，存根联在形式上分为两部分：一部分是股票的主体，记载了有关公司的事项，如公司名称、股票所代表的股数等；另一部分是股息票，用于进行股息结算和行使增资权利。根据《中华人民共和国公司法》的有关规定，发行无记名股票的，公司应当记载其股票数量、编号和发行日期。

词条名称：**上市股**

英　　文：**listed stock**

定义：上市股是指在证券交易所挂牌上市的股票。

释义：根据是否在证券交易所挂牌上市，股票可以分为上市股和非上市股。股票上市是一个复杂的过程。企业要聘请具备保荐机构资格的证券公司进行上市辅导，同时聘请具备资格的会计师事务所、律师事务所、资产评估公司等中介机构参与企业的改制重组工作。在辅导企业改制重组的过程中，保荐机构还应辅导拟上市企业制作申请上市所需的相关文件，并将相关文件提交中国证监会审核。股份有限公司的股票经中国证监会核准发行、证券交易所核准上市后方可在证券交易所上市。

词条名称：**非上市股**

英　　文：**unlisted stock**

定义：非上市股是指未申请上市或不符合在证券交易所挂牌交易条件的股票。

释义：非上市股票不允许在证券交易所挂牌交易，但可以在场外交易市场交易。中国证券市场中，代办股份转让系统中的股票（三板股）就是典型的非上市股。此外，天津股权交易所、上海股权托管交易市场、贵州股权托管交易中心等地方性股权交易市场上交易的股权也是非上市股的重要组成部分。

词条名称：**表决权股**

英　　文：**stock with voting right**

定义：表决权股是指持股人对公司经营管理享有表决权的股票。

释义：按照股东对股份有限公司的经营管理是否享有表决权，可以将股票划分为表决权股股票和无表决权股股票。表决权股又可以具体分为：普通表决权股股票（单权股）、多数表决权股股票（多权股）、限制表决权股股票和有表决权优先股股票。普通股股东享有表决权，而优先股股东通常没有表决权。

词条名称：**单权股**

英　　文：**stock that each enjoys only one voting right**

定义：单权股是指每股股票只享有一票表决权的股票。

释义：单权股又称“普通表决权股股票”，是相对于多权股而言的。单权股符合股东权利一律平等的原则，各国公司法均予以确认，因此，其适用范围广，发行量大。

词条名称：**多权股**

英　　文：**stock that each enjoys several voting rights**

定义：多权股是指每股股票享有若干表决权的股票。

释义：多权股，又称“多数表决权股股票”，是相对于单权股而言的。多权股通常是股份有限公司向特定股东，如公司董事会或监事会成员发行的，其目的在于保证某些股东对公司的控制权，以限制公司外部股东对公司的控制，或者限制股票的外国持有者对本国产业的支配权。

词条名称：**限制表决权股**

英　　文：**stock with limited voting right**

定义：限制表决权股是指按照法律和公司章程的规定其表决权受到限制的股票。

释义：对于限制表决权股股票，在股东所持股票达到一定数量后，其享有的表决权票数将受到限制。限制表决权的目的在于防止持有多数股票的少数股东利用多数表决权控制公司经营，以保护众多中小股东的合法权益。限制表决权股通常应在公司章程中载明，并且不得对个别股东分别实行。在实践操作中，发行限制表决权股是一种有效的反收购手段。

词条名称：**无表决权股**

英　　文：**stock without voting right**

定义：无表决权股是指根据法律或公司章程的规定，对股份有限公司的经营管理不享有表决权的股票。

释义：无表决权股股票是相对于表决权股股票而言的。无表决权股的持有者无权参与公司经营管理，但仍可以参加股东大会。无表决权股的实质是以收益分配和剩余资产清偿的优先权作为无表决权的补偿。发行无表决权股的目的在于满足那些只为获取投资收益而不愿参与公司经营管理的投资者的需要，以加快资本筹集和公司设立，同时有利于少数大股东对公司的控制。

词条名称：**有面值股**

英　　文：**stock with par value**

定义：有面值股是指在股票票面上记载一定金额的股票。

释义：股票票面金额的计算方法是用资本总额除以股份数量求得，但实践中很多国家是通过法规加以直接规定，并且通常限定了这类股票的最低票面金额。同次发行的有面值股的每股票面金额是相等的，票面金额通常以国家主币为单位。大多数国家的股票都是有面值股。根据《中华人民共和国公司法》的有关规定，股份有限公司的资本划分为股份，每一股的金额相等。有面值股可以明确表示每一股所代表的股权比例，并且为股票发行价格的确定提供了依据。

词条名称：**无面值股**

英　　文：**stock without par value**

定义：无面值股是指在股票票面上不记载票面金额、只注明其在公司总股本中所占比例的股票。

释义：无面值股是相对于有面值股而言的。无面值股价值随着股份公司净资产和预期未来收益的增减而增减。当公司净资产和预期未来收益增加，每股价值上升；反之，当公司净资产和预期未来收益减少，每股价值下降。无面值股淡化了票面价值的概念，与有面值股的差别仅在表现形式上，即无面值股代表着股东持股占公司总股本的比例。20 世纪早期，美国纽约州最先通过法律，允许发行无面值股，此后，美国其他州和其他一些国家相继仿效这种做法。但目前世界上很多国家（包括中国）的公司法规定不允许发行无面值股。

词条名称：**偿还股**

英　　文：**redeemable share**

定义：偿还股是指在发行时就确定偿还投资本金的股票。

释义：偿还股是股份公司为临时筹措资本而发行的，往往与优先股和后配股相并列。对发行偿还股的公司而言，除了分配股息之外，可以免除分红责任；对投资者而言，投资偿还股则能安全地收回投资本金。根据选择权行使的不同，偿还股可以分为任意偿还股和义务偿还股。任意偿还股由公司行使选择权，无论股东的意愿如何，公司都可以在需要时还本以收回股票。义务偿还股则由股东行使选择权，当股东请求公司偿还投资本金时，公司有义务偿还，即使公司经营不善，资金紧张，也要向股东支付投资本金。

词条名称：**库藏股**

英　　文：**treasury share**

定义：库藏股是指由股份公司回购而没有注销、并由该公司持有的已发行股份，或者由股东赠与的已发行股份。

释义：库藏股在股份回购后并不注销，而由公司自己持有，在适当的时机再向市场出售或者用于对员工的激励。库藏股具有以下几个重要特征：

1. 库藏股必须是本公司自己的股份。库藏持有的其他公司发行的股份是本公司的参股投资项目，不属于库藏股范围。

2. 库藏股必须是已经发行的股份。所库藏的业已印刷、尚未发行的股份属于未发行股而不属于库藏股。

3. 库藏股必须是没有办理注销手续的股份。为了核定资本，准备注销的股票也不是库藏股。

4. 库藏股是可以再次出售的股份。由此可见，凡是持有的其他公司发行的股份、公司尚未发行的股份以及已回购并注销的股份都不能视为库藏股。

词条名称：**社员股**

英　　文：**employee stock**

定义：社员股，又称“员工保留股股票”，是指股份公司向其员工发行的股票。

释义：社员股是指向本公司员工发行的股份，在中国这类股票称为“内部职工股”。公司发行社员股，一方面是为了筹集资金，另一方面，是为了将员工利益与公司经营效益联系起来，以调动员工的积极性和主动性，增强员工的主人翁意识，更加关注公司经营。

词条名称：**储蓄股**

英　　文：**preferred shares without voting right**

定义：储蓄股是指公司发行的无表决权的优先股股票。

释义：储蓄股股票除了不享有表决权之外，其他权利与普通股股票相同。储蓄股股东不得参加股东大会，也不列入表决计票之列。一般而言，公司高层管理人员及其亲属不得持有储蓄股股票，公司也有权赎回储蓄股股票。发行储蓄股的股份有限公司必须是在证券交易所挂牌上市的公司。

词条名称：**蓝筹股**

英　　文：**blue chip**

定义：蓝筹股是指经营业绩较好、在所属行业内占有重要的支配地位、具有稳定且较高现金股利支付的公司股票。

释义：“蓝筹”一词源于西方赌场。在西方赌场中，有三种颜色的筹码，其中蓝色筹码最为值钱。蓝筹股公司往往在所属行业内占有龙头地位，业绩优良。在中国股票市场上，蓝筹股多指经营业绩长期稳定增长的、大型的传统行业股票。蓝筹股的特点是业绩优良、收益稳定、股本规模大、成交活跃、红利丰厚、股价走势稳健、市场形象良好。

词条名称：**红筹股**

英　　文：**red chip**

定义：红筹股是指在中国境外注册、在香港上市，但主要业务在中国内地或大部分股东权益来自中国内地的股票。

释义：红筹股诞生于20世纪90年代初期的香港证券市场。由于中国在国际上有“红色中国”的称谓，相应地香港和国际投资者把在中国境外注册、在香港上市的那些带有中国大陆概念的股票称为“红筹股”。一般来说，把最大控股权（持股比例通常在30%以上）直接或间接隶属于中国内地有关部门或企业并在香港注册上市的公司所发行的股份归类为红筹股。红筹股并不等同于H股，两者的根本区别在于红筹股公司在中国境外注册、管理，属于香港公司或海外公司；而H股公司在中国内地注册、管理，属于中国内地公司。

词条名称：**紫筹股**

英 文：**purple chip**

定义：紫筹股是指在香港股票市场上兼具红筹股和蓝筹股性质的股票。

释义：由于红色与蓝色混合便为紫色，所以香港证券市场上兼具红筹股和蓝筹股性质的股票便被统称为紫筹股。紫筹股的盈利回报较为稳定，因此，当香港经济萎缩或股市过热，而内地经济尚未出现类似情况时，紫筹股往往会成为资金的“避难所”，受到基金的追捧和青睐。

词条名称：**绩优股**

英 文：**performance stock**

定义：绩优股是指业绩优良的上市公司股票。

释义：由于有优良的业绩作为支撑，绩优股通常具有较高的投资价值，受到投资者尤其是从事长期投资的稳健型投资者的追捧和青睐。

词条名称：**成长股**

英 文：**growth stock**

定义：成长股是指发行股票时规模并不大，但公司业务蒸蒸日上、管理良好、利润丰厚、产品在市场上有竞争力，增长速度高于整个国家及其所在行业增长速度的公司股票。

释义：成长股公司通常只支付较低的红利，留存大量收益作为再投资以促进其扩张，因此，投资成长股比投资一般股票的风险要大。成长股通常具有高市盈率，股价波动较大。在牛市中，如果公司业绩良好，那么成长股价格上升很快；在熊市中，一旦业绩下滑，成长股价格的下跌幅度也很大。

词条名称：**价值股**

英 文：**value stock**

定义：价值股是指价值被市场低估、具备投资价值的股票。

释义：价值股的实际价值被市场低估，即股票市价偏低。根据价值投资理论，当股票价格低于内在价值时，股价有上升的动力，即具备投资价值。市盈率、市净率、股息是判断价值股的常用指标。价值股通常具有低市盈率、低市净率和高股息的特征。

词条名称：**成分股**

英 文：**constituent stock**

定义：成分股是指纳入某一指数、行业或其他特定分类的股票。

释义：成分股不是单一股票，而是某一特定指数、行业或其他特定分类中所包含的股票的统称。

例证：上证50指数的成分股为上海证券市场中规模大、流动性好的50只股票。建筑业的成分股为专门从事土木工程、房屋建设和设备安装以及工程勘察设计工作的公司股票。

词条名称：**中国概念股**

英 文：**Chinese concept stock**

定义：中国概念股是指在中国境外上市的中国股票。

释义：中国概念股在中国境外的证券交易所上市，但公司注册地在中国，或者虽然在国外注册但业务和主要资产在中国大陆。中国概念股公司通过海外上市的方式来获取境外融资。

目前，境外上市的主要目的地包括香港证券交易所、纽约证券交易所、纳斯达克、美国证券交易所、伦敦证券交易所、泛欧证券交易所、东京证券交易所和法兰克福证券交易所等。

词条名称：白马股

英　　文：stock with good public performance

定义：白马股是指业绩良好且相关信息已经公开披露的股票。

释义：白马股是相对于黑马股而言的。白马股的业绩题材等相关信息透明，为市场所共知，价格走势多为小幅波动，有时也表现出较强的升势。但总体而言，白马股的波动幅度小于黑马股。白马股具有业绩优良、业绩持续稳定增长、低市盈率、低风险的特点。投资者衡量白马股的常用指标主要有每股收益、每股净资产、净资产收益率、净利润增长率、主营业务收入增长率和市盈率等。

词条名称：黑马股

英　　文：stock with suddenly significant price rising

定义：黑马股是指价格脱离过去的价位而在短期内大幅上涨的股票。

释义：在股市中，黑马股是指前期股价表现平平，但短期内突然放量，股价大幅上涨的股票。黑马股在大幅上涨之前，往往由于公司经营状况恶化、业绩下滑、重大诉讼事项等原因导致公司股价低迷。引发黑马股股价短期内大幅上涨的主要原因有业绩超预期、题材概念炒作和国家相关政策利好等。

三、权证与期权[①]

（一）期权

词条名称：股票期权

英　　文：stock option

定义：股票期权是指其持有者有权在合约约定的期限内（或合约到期日）按协定价格买入或卖出一定数量标的股票的权利。

释义：股票期权是以股票为标的资产的期权，最初将其引入市场是为了丰富期权交易品种和股票交易方式。股票期权不同于认股权证，两者的主要区别在于认股权证是非标准化的，由发行人与持有人直接结算；而股票期权是标准化合约，由独立于买卖双方的专业结算机构进行结算。

词条名称：认股期权

英　　文：stock option

定义：认股期权是指其持有者有权在合约约定的期限内（或合约到期日）按协定价格买入一定数量标的股票的有价证券。

释义：认股期权是上市公司股权激励的重要工具，发售对象为公司高级管理人员、核心技术人员和其他员工。认股期权一般附有业绩条件，只有公司业绩达到目标水平后，期权持有者才能行权以获取价差收益。认股

① 撰写：陈峥嵘；审核：周洪荣；单位：海通证券研究所。

期权的最大功效在于，它可以长期保留和吸引优秀的高级人才，为他们提供一种低税率的资本积累方式，并把企业支付给高级人才的现金控制在最低水平。认股期权行权时的股份来源主要有三种：（1）由原股东将其股权出让给雇员；（2）由公司增发新股给雇员；（3）公司从二级市场上回购股票以满足支付认股期权对股票的需求。实践中，大部分公司采用第二种方式，具体做法是通过一个专门的“员工购股权计划”进行。

词条名称：**看涨期权**

英　　文：**call option**

定义：看涨期权是指期权的买方拥有在合约约定期限内（或合约到期日）按协定价格买入一定数量标的资产的权利。

释义：看涨期权赋予期权持有者购买标的资产的权利。投资者之所以买入看涨期权，是因为他们预期标的资产价格在合约约定期限内（或合约到期日）将会上涨。如果合约到期日标的资产价格高于协议价格与期权费用之和，看涨期权持有者可以按协议规定的价格和数量购买标的资产，然后以市价出售，以获取差价收益；如果合约到期日标的资产价格高于协议价格，但低于协议价格与期权费用之和，看涨期权持有者应选择行权并承担一定数量的损失，损失额低于期权费用；如果合约到期日标的资产价格低于协议价格，看涨期权持有者应放弃行权，损失额为期权费用。

词条名称：**看跌期权**

英　　文：**put option**

定义：看跌期权是指期权的买方拥有在合约约定期限内（或合约到期日）按协定价格卖出一定数量标的资产的权利。

释义：看跌期权赋予期权持有者出售标的资产的权利。投资者之所以买入看跌期权，是因为他们预期标的资产的价格在合约约定期限内（或合约到期日）将会下跌。如果合约到期日标的资产价格与期权费用之和低于协议价格，看跌期权持有者可以按市价买入标的资产，再以看跌期权协议价格卖给期权出售方，以获取差价收益；如果协议价格高于合约到期日标的资产价格，但低于合约到期日标的资产价格与期权费用之和，看跌期权持有者应选择行权并承担一定数量的损失，损失额低于期权费用；如果合约到期日标的资产价格高于协议价格，看跌期权持有者应放弃行权，损失额为期权费用。

词条名称：**欧式期权**

英　　文：**european option**

定义：欧式期权是指其持有人只能在期权到期日行权的期权。

释义：按照合约规定的行权时间的不同，金融期权可以分为欧式期权、美式期权和百慕大期权三种。虽然欧式期权的行权期限缺乏灵活性，其持有者只能在期权到期日行权，但由于行权期相对固定，欧式期权的价值评估相对于美式期权和百慕大期权容易。常用的欧式期权定价方法有 Black-

Scholes 模型、二叉树模型等。由于欧式期权行权日固定，因此，其价格比同等条款的美式期权、百慕大期权要低。

词条名称：**美式期权**

英　　文：**American Option**

定义：美式期权是指其持有人在期权到期日前的任何交易时间均可以行权的期权。

释义：美式期权的行权期限灵活，允许持有者在期权上市日之后、到期日之前所有的交易时间内随时行权。由于受模型假设条件的限制，国际上通用的 Black-Scholes 模型只能用于欧式期权定价，美式期权常用二叉树模型定价。由于美式期权给予持有人更多的行权日选择，因此，其价格比同等条款的欧式期权、百慕大期权要高。

词条名称：**百慕大期权**

英　　文：**Bermuda Option**

定义：百慕大期权是一种可以在期权到期日前所规定的一系列时间行权的期权。

释义：标准的百慕大期权通常在期权上市日与期权到期日之间多设定一个行权日，取名“百慕大”是因为百慕大位于美国本土与夏威夷之间。后来，百慕大期权的含义扩展为期权可以在事先约定的存续期内的若干个交易日行权。百慕大期权介于欧式期权与美式期权之间，它允许持有人在期权有效期内的某几个特定日期执行期权。比如，百慕大期权可以有 3 年的到期时间，但只有在 3 年中每年的最后一个月才能执行，其应用常常与固定收益市场有关。由于百慕大期权给予期权持有人更多的行权日选择，因此，其价格高于同等条款的欧式期权，但低于同等条款的美式期权。百慕大期权可以视为美式期权与欧式期权的混合体，如同百慕大群岛融合了美国文化与英国文化一样。

词条名称：**牛熊证**

英　　文：**callable bull-bear contracts，缩写 CBBC**

定义：牛熊证是指由投资银行发行的，投资者按照对相关资产（比如对股票、指数或者商品）的看法、利用小量资金进行相应投资、并在固定到期日内行权交易的结构性产品。

释义：牛熊证有牛证和熊证之分，投资“牛证”的投资者会看好后市，这与看涨期权类似；而看淡后市的投资者则可投资“熊证”，这与看跌期权类似。牛熊证的有效期由 3 个月至 5 年不等，并只会以现金结算。牛熊证在发行时有附带条件：在牛熊证有效期内，如相关资产价格触及上市文件内指定的水平（称为“收回价”），发行商会即时收回有关牛熊证；若相关资产价格是在牛熊证到期前触及收回价，牛熊证将提早到期并即时终止买卖。目前，香港、德国、新加坡均有发行牛熊证。

例证：以与股票挂钩的牛证为例，某公司股价 100 元，发行商发行牛证，行使价定为 80 元，那么发行价将会是股价 100 元减行使价 80 元，即 20 元，通过购买牛证，投资者就获得了在到期日以80元的价格购买该股票的权利。

（二）权证

词条名称：**认股权证**

英　　文：**warrant**

定义：认股权证是指基础证券发行人发行的、约定持有人在规定期间内或特定到期日有权按约定价格向发行人购买标的证券的有价证券。

释义：认股权证，又称“认股证”或“权证”，其英文名称为Warrant，故在中国香港又俗译“窝轮”。认股权证赋予持有者股票购买权。如果认股权证持有者在到期日行权，那么基础证券发行人将向其发行一定数量的新股，公司股本也随之增加。认股权证通常不单独发行，而是伴随优先股或债券的发行而发行，如附认股权证的公司债、附认股权证的优先股等。认股权证通常是非标准化的，发行人可以自行设定发行量、执行价、发行日和有效期等。认股权证不同于股票期权，两者的主要区别在于认股权证是非标准化的，由发行人与持有人直接结算；而股票期权是标准化合约，由独立于买卖双方的专业结算机构进行结算。

词条名称：**认购权证**

英　　文：**call warrant**

定义：认购权证，又称“看涨权证”、“买权权证”，是指基础证券发行人或其以外的第三人发行的，约定持有人在规定期间内或特定到期日，有权按约定价格向发行人购买标的证券，或以现金结算方式收取结算差价的有价证券。

释义：投资者通过支付一定的费用获得认购权证，认购权证则赋予持有者按规定价格购买标的证券的权利。在认购权证的到期日，持有者可以选择行权，也可以放弃行权。当到期日标的资产价格高于执行价时，认购权证持有人选择行权以获得差价收益；反之，则放弃行权。认购权证的持有者对标的证券价格的未来走势持乐观态度，当标的证券价格上升时，认购权证的价值也随之上升。

词条名称：**认沽权证**

英　　文：**put warrant**

定义：认沽权证，又称“看跌权证”、“卖权权证”。是指基础证券发行人或其以外的第三人发行的，约定持有人在规定期间内或特定到期日，有权按约定价格向发行人出售标的证券，或以现金结算方式收取结算差价的有价证券。

释义：投资者通过支付一定的费用获得认沽权证，认沽权证则赋予持有者按约定价格出售标的证券的权利。在认沽权证的到期日，持有者可以选择行权，也可以放弃行权。当到期日标的资产价格低于执行价时，认沽权证持有人选择行权以获得差价收益，反之，则应放弃行权。认沽权证持有者对标的证券价格的未来走势持悲观态度，当标的证券价格下跌时，认沽权证价值反而上升。

词条名称：**价内权证**

英　　文：**in the money warrant**

定义：价内权证是指在权证持有

人行权时，权证行权价格与行权费用之和低于标的证券结算价格的认购权证，或者行权费用与标的证券结算价格之和低于权证行权价格的认沽权证。

释义：价内权证是相对于价外权证而言的。对于认购权证来说，如果正股市场价格高于权证行权价格，则为价内权证；对于认沽权证来说，如果正股市场价格低于权证行权价格，则为价内权证。首先，从内在价值的角度来看，价内权证的风险要小于价外权证。价内权证具有一定的内在价值（内在价值是标的股票价格与权证行权价之间的差额，即立刻行权的价值）。一般而言，价内权证到期具有行权价值的可能性较大，尤其是深度价内的认购权证到期具有行权价值的可能性很大，因此，风险很小。其次，从有效杠杆的角度来看，当投资者看对后市运行方向时，价内权证带来的潜在收益要小于价外权证。有效杠杆代表正股价格每变化1%时权证价格变动的百分比，表示当投资正股和权证的资金量相等时，投资权证的收益相对于投资正股收益的实际放大倍数。一般来说，价内权证的有效杠杆要低于价外权证；换言之，当投资者看对后市运行方向时，价外权证通常比价内权证更容易放大潜在收益。不过，需要提醒投资者的是，有效杠杆是一把“双刃剑”，它在放大潜在收益的同时也会放大潜在损失，当投资者看错后市运行方向时，投资价内权证的损失会更小。再次，从时间价值损耗的角度来看，价内权证的投资风险要小于价外权证。权证的时间价值随着到期日的临近而不断损耗，在权证到期时，权证的价格理论上都会回归内在价值，时间价值会逐渐衰减为零。因此，投资者在持有权证的同时，也在承受其时间价值的损耗。由于价内权证具有一定的内在价值，到期具有行权价值的可能性较大，因此，价内权证的时间价值损耗要慢于价外权证，持仓风险更小。对于稳健型投资者而言，宜选择投资价内权证或一些轻微价外的权证。

词条名称：**价外权证**

英　　文：**out the money warrant**

定义：价外权证是指在权证持有人行权时，权证行权价格与行权费用之和高于标的证券结算价格的认购权证，或者行权费用与标的证券结算价格之和高于权证行权价格的认沽权证。

释义：价外权证是相对于价内权证而言的。对于认购权证来说，如果正股市场价格低于权证行权价格，则为价外权证；对于认沽权证来说，如果正股市场价格高于权证行权价格，则为价外权证。首先，从内在价值的角度来看，价外权证的风险要大于价内权证。价外权证的内在价值为零。一般来说，价外权证到期可能归零，尤其是一些深度价外的权证（如认沽权证）到期归零的可能性很大，因而风险很大。其次，从有效杠杆的角度来看，当投资者看对后市运行方向时，价外权证带来的潜在收益要大于价内权证。有效杠杆代表正股价格每变化1%时权证价格变动的百分比，表示当投资正股和权证的资金量相等时，投资权证的收益相对于投资正股收益的实际放大倍数。一般来说，价外权证的有效杠杆要高于价内权证；换言之，当投资者看对后市运行方向时，价外权证通常比价内权证更容易放大潜在收益。不过，需要提醒投资者的是，有效杠杆是一把“双刃剑”，它在放大潜在收益的同时也会放大潜在损失，当投资者看错后市运行方向时，投资价外权证的损失会更大。再次，从时间价值损耗的角度来看，价外权证的投资风险要大于价内权证。权证的时间价值随着到期日的临近而不断损耗，在权证到期时，权证的价格理论上都会回归内在价值，时间价值会逐渐衰减为零。因此，投资者在持有权证的同时也在承受其时间价格的损耗。由于价外权证的内在价值为零，权证价格全部体现为时间价值，随着到期日的临近，若权证价值没有回归价内，权证价格势必衰减为零，因此，价外权证的时间价值损耗要快于价内权证，持仓风险更大。对于风险偏好型投资者而言，如果对后市有明确的方向性判断，可以选择短期投资一些价外权证，但对于一些深度价外的权证，特别是即将到期的深度价外权证，投资者应当尽量规避。

词条名称：**平价权证**

英　　文：**at the money warrant**

定义：平价权证是指在权证持有人行权时，权证行权价格等于标的证券结算价格的认购权证或认沽权证。

释义：不论是认购权证还是认沽权证，如果正股市场价格刚好等于权证行权价格，则为平价权证。由于正股价格总是不断波动的，严格的平价权证较为少见，通常权证总是处于价内或价外两种状态。平价权证的内在价值等于零，仅具有时间价值。与深度价内的权证相比，平价权证的优势在于其价格通常较为低廉，符合权证以小博大的特点，更能受到投资者的青睐。与深度价外的权证相比，由于平价权证的行权价等于正股价格，因此，平价权证更有机会成为价内权证，所面临的到期归零风险自然较小。不过，平价权证的风险也是不容忽视的，主要表现在几个方面：首先，是正股价格的不确定性带来的风险。特别是在平价权证临近到期时，如果正股价格的变动方向不利，意味着到期时平价权证可能成为一张废纸，这将会使投资者血本无归。其次，从杠杆效应来看，平价权证的有效杠杆较高。而有效杠杆是一把“双刃剑”，持有平价权证的投资者需要承担较大的风险。此外，对于我国新上市的平价权证而言，还要面临估值回落的风险。我国新上市的权证容易受到投资者的追捧而导致权证价格快速攀升，因此，溢价率很容易被推高，导致时间价值被过度透支。由于权证具有时效性，随着到期日的临近，权证价格会向其内在价值回归，因此，即使其他条件没有发生变化，这些平价权证也有可能由于估值回落而出现跑输正股的情况。由于平价权证行权后既不会造成损失，也不会产生盈利，因而对投资者而言，平价权证行权与否在收益上是没有差别的。

词条名称：**欧式权证**

英　　文：**European Style Warrants**

定义：欧式权证是指持有人只有在约定的到期日才能行权的权证。

释义：按照行权期限的不同，权证可以分为欧式权证、美式权证和百慕大式权证。欧式权证持有人只有在约定的到期日才有权买卖标的证券。对于欧式权证来说，行权起始日 = 行权截止日 = 权证到期日。虽然欧式权证的行权期限缺乏灵活性，其持有人只能在权证到期日行权，但是由于行权期相对固定，欧式权证的价值评估较美式权证和百慕大式权证容易。常用的欧式权证定价方法有 Black-Scholes 模型、二叉树模型等。由于欧式权证行权日固定，因此其价格要低于同等条款的美式权证和百慕大式权证。

词条名称：**美式权证**

英　　文：**American Style Warrants**

定义：美式权证是指持有人在权证到期日前的任何交易时间均可以行权的权证。

释义：美式权证持有人在权证到期日前的任意时刻都有权买卖标的证券。欧式权证的行权期限只有权证到期日一天，而美式权证的行权期限灵活，允许持有人在权证上市日之后、到期日之前的所有交易时间内随时行权。对于美式权证来说，一般情况下，行权起始日 = 权证上市首日，行权截止日 = 权证到期日。由于受模型假设条件的限制，国际上通用的 Black-Scholes 模型只能用于欧式权证定价，对于美式权证等路径依赖型金融衍生品，国际上常用二叉树模型定价。由于美式权证给予权证持有人更多的行权日选择，因此其价格要高于同等条款的欧式权证和百慕大式权证。

词条名称：**百慕大式权证**

英　　文：**Bermuda Style Warrants**

定义：百慕大式权证是指可以在事先指定的存续期内的若干个交易日行权的权证。

释义：百慕大式权证是行权方式介于欧式权证与美式权证之间的权证。取名“百慕大”是因为百慕大位于美国本土与夏威夷之间。标准的百慕大式权证通常在权证上市日与到期日之间多设定一个行权日，后来百慕大式权证的含义扩展为可以在事先指定的存续期内的若干个交易日行权的权证。百慕大式权证的行权期限既不是权证上市日至到期日之间的任一交易时间，也不是权证到期日当天，权证持有人可以在权证到期日前一段规定的时间内行权。百慕大式权证持有人可以在权证到期日前的一个或多个日期行权，即行权起始日 ≤ 行权截止日 ≤ 权证到期日。由于百慕大式权证给予权证持有人有限的行权日选择，因此其价格要高于同等条款的欧式权证，但要低于同等条款的美式权证。

四、指数类别①

（一）沪深股票指数

词条名称：**上证综合指数**

英　　文：**Shanghai Stock Exchange Composite Index**

定义：上证综合指数，简称上证综指、上证指数、上证综合、沪综指、沪指，是反映上海证券交易所全部上市股票总体走势的统计指标。

释义：上证综合指数代码为000001，前身是上海静安指数，由中国工商银行上海市分行信托投资公司静安证券业务部于1987年11月2日开始编制，以1990年12月19日为基日，基点为100点，于1991年7月15日正式发布。上证综指样本股为所有在上海证券交易所挂牌上市的股票，包括A股和B股，从总体上反映了上海证券交易所全部上市股票价格的变动情况。它是上海证券市场上大型蓝筹企业的代表，这些企业是国民经济的主体，业绩增长稳定，虽然涨幅较小，但波动性更小，是证券市场的“稳定器”。上证综指是上海第一只反映证券市场整体走势的旗舰型指数，也是中国证券市场影响力最大的指数，它见证了中国证券市场二十多年的发展历程，是中国证券市场的象征。上证综指以上交所全部上市股票为样本，以股票发行量为权数，按加权平均法计算，其中新上市股票在挂牌第二天纳入股票指数的计算范围。上证综指的计算方法和修正方法与上证180指数相同。遇到新股上市或者上市公司增资扩股时，采用除数修正法修正原固定除数，以保证指数的连续性。上证综指由于受权重股的影响较大，其走势与上证50指数、上证180指数较为接近。2010年底，上证综指的市盈率、市净率分别为21.6倍和2.6倍。

词条名称：**深证成份指数**

英　　文：**Shenzhen Stock Exchange Component Index，缩写 SZSE Component Index**

定义：深证成份指数，简称“深证成指”，是指由深圳证券交易所发布，按照一定标准从深圳证券交易所上市公司中选取40家有代表性的A股公司股票作为样本股，并以流通股为权数计算得出的加权股价指数。

释义：深证成份指数代码为399001，以1994年7月20日为基日，基点为1000点，于1995年1月23日正式发布。深证成份指数的样本空间为在深圳证券交易所上市交易且满足下列条件的所有A股：有一定的上市交易期限（通常为6个月），非ST、*ST股票，公司最近一年无重大违规、财务报告无重大问题，公司最近一年经营无异常、无重大亏损，考察期内股价无异常波动。选样时先计算考察期内入围A股平均总市值、平均流通市值和平均成交金额占A股市场的比重，再将这三项指标按1:1:1的权重加权平均，然后将计算结果从高到低排

① 撰写：陈峥嵘、陈久红；审核：周洪荣、倪玉娟；单位：海通证券研究所。

序，原则上选取排名前40只A股组成指数样本。在排名情况相似的条件下，综合考虑公司的行业代表性及所属行业的发展前景、公司盈利纪录等，优先选取指标优良的公司股票作为样本，以反映深交所有代表性A股股票的整体走势，并提供可交易的指数产品和金融衍生工具的标的物。成份股的定期调整于每年1月和7月的第一个交易日实施，每年5月和11月定期对深证成份指数成份股的代表性进行考察，考察期为半年。根据考察结果审议是否更换成份股。每年1月和7月的成份股样本调整方案将分别提前于上年12月和当年6月的第二个完整交易周的第一个交易日公布。样本股的定期调整采用以下缓冲区技术：排名样本数80%以内的非原成份股按顺序入选；排名样本数120%以内的原成份股按顺序优先保留；若入选成份股数量不足，则按原成份股优先的原则，用剩余排名靠前的股票补足成份股数量。深证成份指数采用派氏加权法进行编制。深证成指是中国证券市场上历史最悠久、数据最完整、影响最广泛的成份股指数。深证成指兼具价值尺度与投资标的的功能。作为价值尺度，深证成指比综合指数能够更敏锐、更准确地反映市场波动趋势，具有“先行指标”的特性；作为投资标的，深证成指的收益性和流动性指标表现均较为突出。

词条名称：**沪深300指数**

英　　文：**CSI 300 Index**

定义：沪深300指数是指从上海和深圳证券市场中选取300只A股作为样本编制而成的成份股指数，反映A股市场整体走势的指数。该指数由沪、深证券交易所于2005年4月8日联合发布。

释义：沪深300指数编制的目标是反映中国证券市场股票价格变动的概貌和运行状况，并能够作为投资业绩的评价标准，为指数化投资和指数衍生产品创新提供基础条件。沪深300指数以2004年12月31日为基期，基点为1000点，其计算是以调整股本为权重，采用派许加权综合价格指数公式进行计算。指数成份股原则上每半年调整一次，一般为1月初和7月初实施调整，调整方案提前两周公布，每次调整的比例不超过10%。沪深300调整样本股时，中证200、中证700和中证800指数随之进行相应的调整。沪深300指数覆盖了沪、深两个证券市场，具有很好的总体市场代表性，因此在我国股指期货标的指数选择上呼声最高，已经成为中国股指期货的标的物。沪深300全收益指数是沪深300指数的衍生指数，与沪深300的区别在于指数的计算中将样本股分红计入指数收益，供投资者从不同角度考量指数走势。

词条名称：**中证小盘500指数**

英　　文：**CSI Small Caps 500 Index**

定义：中证小盘500指数，简称“中证500”，是中证指数有限公司所开发的指数中的一种，综合反映沪、深证券市场内小市值公司的整体状况。

释义：上海行情代码为000905，深圳行情代码为399905，基日为2004

年12月31日，基点为1000点。其样本空间内股票是扣除沪深300指数样本股及最近一年日均总市值排名前300名的股票，剩余股票按照最近一年（新股为上市以来）的日均成交金额由高到低排名，剔除排名后20%的股票，然后将剩余股票按照日均总市值由高到低进行排名，选取排名在前500名的股票作为中证500指数样本股。中证500指数样本股数量为500只。中证500的计算方法和指数修正方法同沪深300指数。中证500指数的样本股原则上每半年调整一次。每次调整的样本比例一般不超过10%。特殊情况下将对中证500指数样本进行临时调整。中证500指数调整样本股时，中证200、中证700和中证800指数随之进行相应的调整。

词条名称：**创业板指数**

英　　文：**Shenzhen Stock Exchange ChiNext Price Index（又称：Shenzhen Stock Exchange ChiNext Return Index），缩写 SZSE ChiNext Index P，SZSE ChiNext Index R**

定义：创业板指数，简称“创业板指P”、“创业板指R”，是由深圳证券交易所授权并委托深圳证券信息有限公司发布，按照一定标准从深圳证券交易所创业板上市公司中选取100家最具代表性的A股公司股票作为样本股，并以流通股为权数计算得出的加权指数。该指数包括价格指数（创业板指P）和全收益指数（创业板指R）。

释义：创业板指数（价格）的指数代码为399006，创业板指数（收益）的指数代码为399606，均以2010年5月31日为基日，基点均为1000点，于2010年6月1日同时正式发布。创业板指数的样本空间为在深交所创业板上市交易且满足下列条件的所有A股：有一定的上市交易期限（通常为3个月，流通市值排名样本数10%以内的不受此限制），公司最近一年无重大违规、财务报告无重大问题，公司最近一年经营无异常、无重大亏损，考察期内股价无异常波动。选样时先计算入围个股平均流通市值、平均成交金额占创业板市场的比重，再将这两项指标按2∶1的权重加权平均，然后将计算结果从高到低排序，在参考公司治理结构、经营状况等因素以后，选取排名前100只A股组成指数样本，以反映深市创业板市场的运行特征，并向投资者提供业绩比较基准和指数化投资标的。创业板指数在样本数量满100只后将实施季度定期调整，实施时间定于每年1月、4月、7月和10月的第一个交易日，通常在实施日前一个月的第二个完整交易周的第一个交易日提前公布样本调整方案。成份股样本的定期调整方法是先对入围股票按选样方法中的加权比值进行综合排名，再按下列原则选股：排名样本数70%以内的非原成份股按顺序入选；考察期内股价无异常波动、排名样本数130%以内的原成份股按顺序优先保留；每次样本股调整数量不超过样本总数的10%。创业板指数采用派氏加权法进行编制。创业板指数是深交所多层次证券市场的核心指数之一，其中新兴产业、高新技术企业占比较高，成长性突出，兼具价值尺度与投资标的的功能。

词条名称：**中小板指数**

英　　文：**Shenzhen Stock Exchange SME Price Index（又称：Shenzhen Stock Exchange SME Return Index），缩写 SZSE SME Index P，SZSE SME Index R**

定义：中小板指数，简称“中小板指 P”、“中小板指 R”，是由深圳证券交易所授权并委托深圳证券信息有限公司发布，按照一定标准从深圳证券交易所中小企业板上市公司中选取 100 家具有代表性的 A 股公司股票作为样本股，并以流通股为权数计算得出的加权指数。该指数包括价格指数（中小板指 P）和全收益指数（中小板指 R）。

释义：中小板指数（价格）的指数代码为 399005，中小板指数（收益）的指数代码为 399333，均以 2005 年 6 月 7 日为基日，基点均为 1000 点。中小板指数（价格）于 2006 年 1 月 24 日正式发布，初期样本数量为 50 只，同年 12 月 27 日样本增加至 100 只，并于同日开始发布中小板指数（收益）。中小板指数的样本空间为在深交所中小企业板上市交易且满足下列条件的所有 A 股：有一定的上市交易期限（通常为 6 个月，流通市值排名样本数 10% 以内的不受此限制），非 ST、*ST 股票，公司最近一年无重大违规、财务报告无重大问题，公司最近一年经营无异常、无重大亏损，考察期内股价无异常波动。选样时先计算入围个股平均流通市值、平均成交金额占市场的比重，再将这两项指标按 2∶1 的权重加权平均，然后将计算结果从高到低排序，在参考公司治理结构、经营状况、发展潜力、行业代表性等因素以后，选取排名前 100 只 A 股组成指数样本，以反映深市中小板市场的运行特征，并向投资者提供业绩比较基准和指数化投资标的。成份股的定期调整于每年 1 月和 7 月的一个交易日实施，通常在上年 12 月和当年 6 月的第二个完整交易周的第一个交易日提前公布样本调整方案。成份股样本的定期调整方法是先对入围股票按选样方法中的加权比值进行综合排名，再按下列原则选股：排名样本数 70% 以内的非原成份股按顺序入选；排名样本数 130% 以内的原成份股按顺序优先保留；每次样本股调整数量不超过样本总数的 10%。中小板指数采用派氏加权法进行编制。中小板指数是我国多层次证券市场的重要指数，兼具价值尺度和投资标的的功能。

词条名称：**上证 A 股指数**

英　　文：**Shanghai Stock Exchange A Share Index**

定义：上证 A 股指数，简称“A 股指数”，是以在上海证券交易所上市的全部 A 股为样本而形成的指数。

释义：上证 A 股指数由上海证券交易所编制，以 1990 年 12 月 19 日为基日，基点为 100 点，自 1992 年 2 月 21 日起正式发布。上证 A 股指数样本股是在上海证券交易所上市的全部 A 股，以综合反映 A 股股价的整体变动状况。

词条名称：**上证 B 股指数**

英　　文：**Shanghai Stock Exchange B Share Index**

定义：上证 B 股指数，简称“B 股指数”，是指以在上海证券交易所上市的全部 B 股为样本而形成的指数。

释义：上证 B 股指数是由上海证券交易所编制，以 1992 年 2 月 21 日为基日，基点为 100 点，自 1992 年 2 月 21 日起正式发布。上证 B 股指数样本股是在上海证券交易所上市的全部 B 股，以综合反映 B 股股价的整体变动状况。

词条名称：**上证 180 指数（上证成分指数）**

英　　文：**Shanghai Stock Exchange 180 Index**

定义：上证 180 指数，又称“上证成分指数”，是上海证券交易所根据科学客观的方法，挑选上海证券市场上规模大、流动性好、行业代表性强的 180 只股票组成样本股所形成的指数。

释义：上证成分指数简称上证 180 指数，代码为 000010，基日为 2002 年 6 月 28 日，基点为基日的收盘点数 3299.05 点，于 2002 年 7 月 1 日正式发布。上证 180 指数样本股是由上海证券交易所根据科学客观的选样方法，选择总市值和成交金额排名靠前的股票，按照中证一级行业的自由流通市值比例，在所有 A 股中选取最具市场代表性的 180 只样本股，以自由流通股本为权重加权计算。这些样本股公司的核心竞争力强、资产规模大、经营业绩好、流动性好、行业代表性强、产品品牌广为人知，是上海证券市场上最具代表性的大型蓝筹股票指数。作为上证指数系列核心的上证 180 指数，其编制目的在于建立一个反映上海证券市场的概貌和运行状况、具有可操作性和投资性、能够作为投资评价尺度和金融衍生产品基础的基准指数。在上证 180 指数样本股企业中，装备制造、能源资源和金融等传统行业占据主导地位，典型企业如中国石化、中国南车等。依据样本稳定性与动态跟踪相结合的原则，除特殊情况的临时调整以外，上证 180 指数每半年调整一次成份股，每次调整比例通常不超过 10%。为保证指数的连续性，当样本股名单发生变化或者样本股股本结构发生变化或者样本股市值出现非交易因素的变动时，上证 180 指数采用“除数修正法”修正原除数。

词条名称：**上证红利指数**

英　　文：**Shanghai Stock Exchange Dividend Index**

定义：上证红利指数，简称“红利指数”，是挑选在上海证券交易所上市的现金股息率高、分红比较稳定、具有一定规模和流动性的 50 只股票作为样本而构成的指数。

释义：上证红利指数代码为 000015，基日为 2004 年 12 月 31 日，基点为 1000 点，于 2005 年 1 月 4 日正式发布。上证红利指数的样本空间为同时满足以下三个条件的上海 A 股股票：（1）过去两年内连续进行现金分红，并且每年的现金股息率（税后）均大于 0；（2）过去一年内日均流通市值排名上海A股的前50%；（3）过去一年内日均成交金额排名上海A股的前50%。对样本空间的股票，按照过去两年的平均现金股息率（税后）进行排名，挑选排名靠前的50只股票组成样本股，但市场表现异常并经专家委员会认定不宜作为样本的股票除外。上证红利指数用以反映上海证券市场高红利股票的整体状况和走势，为关注股票现金红利的投资者提供参考。上证红利指数是一个重要的特色指数，它不仅进一步完善了上证指数体系和指数结构，丰富了指数品种，而且为指数产品开发和金融工具创新创造了有利条件。上证红利指数采用派许加权方法，按照样本股的调整股本数为权数进行加权计算。当成份股名单发生变化或者成份股的股本结构发生变化或者成份股的调整市值出现非交易因素的变动时，采用"除数修正法"修正原固定除数，以保证指数的连续性。上证红利指数每年末调整样本一次，特殊情况下也可以临时调整样本。在新一轮考察中，首先将不满足以下条件的原样本依次剔除：（1）过去一年的现金股息率（税后）大于0.5%；（2）过去一年内日均流通市值排名上海A股的前60%；（3）过去一年内日均成交金额排名上海A股的前60%。满足以上三个条件的原样本股仍具有新样本空间的资格。每次调整时，在新样本空间中按照过去两年平均现金股息率（税后）进行排名，挑选排名靠前的50只股票组成新样本股。每次样本调整比例通常不超过20%，除非因不满足过去一年现金股息率（税后）大于0.5%被首先剔除的原样本股票超过了20%。

词条名称：**上证50指数**

英　　文：**Shanghai Stock Exchange 50 Index**

定义：上证50指数，简称"上证50"，是上海证券交易所根据科学客观的方法，挑选上海证券市场上规模大、流动性好、最具代表性的50只股票组成样本股所形成的指数。

释义：上证50指数代码为000016，以2003年12月31日为基日，基点为1000点，于2004年1月2日正式发布。上证50指数样本股是由上海证券交易所根据流通市值、成交金额对股票进行综合排名，从上证180指数样本股中挑选规模最大、流动性最好、最具代表性的50只股票组成，是上海证券市场特大型蓝筹企业的代表，以综合反映上海证券市场上最具市场影响力的一批龙头企业的整体状况。上证50指数的编制目的在于建立一个成交活跃、规模较大、主要作为金融衍生工具基础的投资指数。上证50指数样本股企业集中于金融、能源、原材料和工业等传统行业，其中在金融业的集中度超过50%。上证50指数的计算方法、修正方法和调整方法都与上证180指数相同。上证50指数中大市值股票更加集中。

词条名称：**中证100指数**

英　　文：**CSI 100 Index**

定义：中证100指数是从沪深300指数样本股中挑选规模最大的100只股

票组成样本股，以综合反映沪深证券市场中最具市场影响力的一批大市值公司的整体状况。

释义：中证 100 指数于 2006 年 5 月 29 日正式发布，以 2005 年 12 月 30 日为基日，基点为 1000 点。上海证券交易所行情代码为 000903，深圳证券交易所行情代码为 99903。中证 100 指数以沪深 300 指数样本股作为样本空间，样本选取方法是根据总市值对样本空间内的股票进行排名，原则上挑选排名前 100 名的股票组成样本，经专家委员会认定不宜作为样本的股票除外。中证 100 指数以调整股本为权数，采用派许加权综合价格指数公式进行计算。当样本股名单、股本结构发生变化或样本股的调整市值出现非交易因素变动时，中证 100 指数采用“除数修正法”修正原固定除数，以保证指数的连续性。指数成份股原则上每半年调整一次，一般为 1 月初和 7 月初实施调整，每次调整的比例不超过 10%。在特殊情况下，也可作临时调整。中证 100 指数调整样本股时，中证 200、中证 700 和中证 800 指数随之进行相应的调整。中证 100 指数样本覆盖了沪深市场 60% 左右的市值，具有良好的市场代表性和可投资性。

词条名称：**深证 100 指数**

英　　文：**Shenzhen Stock Exchange 100 Index（又称：Shenzhen Stock Exchange 100 Price Index），缩写 SZSE 100R，SZSE 100P**

定义：深证 100 指数，简称“深证 100R”、“深证 100P”，是由深圳证券交易所授权并委托深圳证券信息有限公司发布，按照一定标准从深圳证券交易所上市公司中选取 100 只 A 股公司股票作为样本股，并以流通股为权数计算得出的加权指数。该指数包括全收益指数（深证 100R）和价格指数（深证 100P）。

释义：深证 100R 指数代码为 399004，深证 100P 指数代码为 399330，均以 2002 年 12 月 31 日为基日，基点均为 1000 点，分别于 2003 年 1 月 2 日和 2006 年 1 月 24 日正式发布。深证 100 指数的样本空间为在深圳证券交易所上市交易且满足下列条件的所有 A 股：有一定的上市交易期限（通常为 6 个月，流通市值排名样本数 10% 以内的不受此限制），非 ST、＊ST 股票，公司最近一年无重大违规、财务报告无重大问题，公司最近一年经营无异常、无重大亏损，考察期内股价无异常波动。选样时先计算入围 A 股的平均流通市值、平均成交金额占市场的比重，再将这两项指标按 2∶1 的权重加权平均，然后将计算结果从高到低排序，选取排名前 100 只 A 股组成指数样本，以反映深圳 A 股市场核心优质上市公司股价的整体走势，并提供可交易的指数产品和金融衍生工具的标的物。成份股的定期调整于每年 1 月和 7 月的第一个交易日实施，通常在上年 12 月和当年 6 月的第二个完整交易周的第一个交易日提前公布样本调整方案。成份股样本的定期调整方法是先对入围股票进行综合排名，再按下列原则选股：排名样本数 70% 以内的非原成份股按顺序入选；排名样本数

130%以内的原成份股按顺序优先保留；每次样本股调整数量不超过样本总数的10%。深证100指数采用派氏加权法进行编制。深证100指数是深市多层次市场指数体系的核心指数之一，它明确定位于向投资者提供客观的业绩比较基准和指数化投资标的，其代表性和可投资性得到市场的高度认可。

词条名称：**深证综合指数（深证综指）**

英　　文：**Shenzhen Stock Exchange Composite Index**

定义：深证综合指数，又称“深证综指”，是深圳证券交易所编制的，以深圳证券交易所主板、中小板和创业板的全部股票为样本，以样本股的发行总股本为权数进行加权的综合股价指数。

释义：深证综合指数代码为399106，基期为1991年4月3日，首次发布于1991年4月4日，基点为100点。深证综合指数以指数样本股的计算日股份数作为权数，进行加权逐日连锁计算，属于派式加权股价指数，为实时计算。凡新股上市，在上市后第十一个交易日纳入指数计算。当某一股票暂停买卖时，则将其剔除。若采样的股本结构有所变动（如增发、配股、送股、转增等引起总股本的变化），样本股的权数在股本变动日进行实时修正，具体以深圳交易所发布的数据为准。

词条名称：**中小板综指**

英　　文：**SME Board Composite Index**

定义：中小板综指是以在深圳证券交易所中小板上市的全部股票为样本计算的指数。

释义：中小板综指的指数代码为399101，基日为2005年6月7日，基点为1000点，首次发布于2005年12月1日。中小板综以可流通股本数为权数，进行加权逐日连锁计算得出。

词条名称：**深证新指数**

英　　文：**Shenzhen Stock Exchange New Index，缩写 SZSE New Index**

定义：深证新指数，简称“新指数”，是以在深圳证券交易所主板、中小板、创业板上市的非ST且已完成股权分置改革的A股作为样本股计算而得的指数。

释义：深证新指数代码为399100，以2005年12月30日为基日，基点为1107.23点，于2006年2月16日正式发布。深证新指数的样本股由在深圳证券交易所主板、中小板、创业板上市的非ST且已完成股权分置改革的A股组成，以G股公司为主体进行编制。深证新指数为派氏加权股价指数，即以可流通股本数为权数，进行加权逐日连锁计算所得。深证新指数由深圳证券交易所授权并委托深圳证券信息有限公司编制、维护和运营，目的就是为了配合股权分置改革的推进，建立和健全有特色的、有深度的、覆盖面广的指数体系，反映深市全流通股票的综合变动情况和市场总体走势，并向市场提供更丰富的投资分析工具和业绩比较基准。

词条名称：**深证A股指数（深证A指）**

英　　文：**Shenzhen Stock Exchange A-share Index**

定义：深证A股指数由深圳证券交易所编制，是以在深圳证券交易上市的全部A股为样本股编制的指数。

释义：深证A股指数代码为399107，以1991年4月3日为基日，于1992年10月4日开始发布，基点为100点。深证A股指数的样本股包括在深圳证券交易所主板、中小板、创业板上市的全部A股，是以样本股发行总股本为权数，进行加权逐日连锁计算所编制出的指数。

词条名称：**深证B股指数（深证B指）**

英　　文：**Shenzhen Stock Excharge B-share Index**

定义：深证B股指数是指以在深圳证券交易所上市的全部B股为样本编制出来的指数。

释义：深证B股指数由深圳证券交易所编制，指数代码为399108，以1992年2月28日为基日，1992年10月6日开始发布，基点为100点。深证B股指数的样本股为在深圳证券交易所上市的全部B股，以样本股发行总股本为权数，进行加权逐日连锁计算所得。

词条名称：**中小板300指数**

英　　文：**Shenzhen Stock Exchange SME 300 Price Index（又称：Shenzhen Stock Exchange SME 300 Return Index），缩写SZSE SME 300P，SZSE SME 300R**

定义：中小板300指数，简称“中小300P”、“中小300R”，是由深圳证券交易所授权并委托深圳证券信息有限公司发布，按照一定标准从深圳证券交易所中小企业板上市公司中选取300家具有代表性的A股公司股票作为样本股，并以流通股为权数计算得出的加权指数。该指数包括价格指数（中小300P）和收益指数（中小300R）。

释义：中小板300指数（价格）的指数代码为399008，中小板300指数（收益）的指数代码为399601，均以2010年3月19日为基日，基点均为1000点，于2010年3月22日同时正式发布。中小板300指数的样本空间为在深交所中小企业板上市交易且满足下列条件的所有A股：有一定的上市交易期限（通常为6个月，流通市值排名样本数10%以内的不受此限制），非ST、＊ST股票，公司最近一年无重大违规、财务报告无重大问题，公司最近一年经营无异常、无重大亏损，考察期内股价无异常波动。选样时先计算入围个股平均流通市值、平均成交金额占市场的比重，再将这两项指标按2∶1的权重加权平均，然后将计算结果从高到低排序，在参考公司治理结构、经营状况、发展潜力、行业代表性等因素以后，选取排名前300只A股组成指数样本。中小板300指数用以进一步反映深市中小板市场的运行特征，并且通过纳入更多处于高成长期的中小公司，能够提高指数对市场的覆盖率和代表性，优化指数的行业和样本股的市值比重结构，为指数挂钩产品的开发设计提供新的投资标的。成份股的定期调整于每年1月、7月的一个交易日实施，通常在上年12月和当年6月的第二个完整交易周的第一个交易日提前公布样本调整方案。成分股样本的定期调整方法是先对入围股票按选样方法中的加权比值进行综合排名，再按下列原则选股：排名样本数70%以内的非原成份股按顺序入选；排名样本数130%以内的原成份股按顺序优先保留；每次样本股调整数量不超过样本总数的10%。中小板300指数采用派氏加权法进行编制。

词条名称：**深证300指数（收益）**

英　　文：**Shenzhen Stock Exchange 300 Index R，缩写 Shenzhen 300R**

定义：深证300指数R，简称"深证300R"，是参照深证100指数编制方法，选取在深圳证券交易所上市的300只A股编制的一只全收益指数。

释义：指数代码为399334，基期为2004年12月31日，基点1000点，为各类投资者提供新的业绩基准、可供交易的指数产品以及金融衍生工具的标的物，满足了证券市场进一步发展的需要。深证300指数包括深证300指数R和深证300指数P。与深证300指数R的区别在于，当有样本股分红派息时，深证300指数P在除息日不予修正，任指数自然回落，而深证300指数R作为一只全收益指数则会在除息日进行修正，指数不会回落。

词条名称：**深证300指数（价格）**

英　　文：**Shenzhen Stock Exchange 300 Index P，缩写 Shenzhen 300P**

定义：深证300指数（价格），简称"深证300P"，是指选取在深圳证券交易所上市的300只A股，参照深证100指数编制方法，编制的一只价格指数。

释义：指数代码为399007，基期为2004年12月31日，基点1000点，首次发布于2009年11月4日，为各类投资者提供新的业绩基准、可供交易的指数产品以及金融衍生工具的标的物，满足了证券市场进一步发展的需要。深证300指数包括深证300指数R和深证300指数P。与深证300指数R的区别在于，当有样本股分红派息时，深证300指数P在除息日不予修正，任指数自然回落，而深证300指数R作为一只全收益指数则会在除息日进行修正，指数不会回落。

词条名称：**央视财经50指数**

英　　文：**CCTV Financial 50 Index**

定义：央视财经50指数，简称"央视50指数"，指中央电视台财经频道联合北京大学、复旦大学、中国人民大学、南开大学、中央财经大学五大院校，以及中国注册会计师协会、大公国际资信评估有限公司等专业机构，以"成长、创新、回报、公司治理、社会责任"五个维度为基础，共同评价遴选的、由50家A股公司作为样本股而编制的股票指数。

释义：指数代码为399550，基期为2010年6月30日，基点2563.07点，首次发布于2012年6月6日。央视财经50指数从"成长、创新、回报、公司治理、社会责任"5个维度对上市公司进行评价，每个维度选出10家、合计50家A股公司构成样本股。在指数中，5个维度具有相同的初始权重，均为20%；在维度内，单只样本股的权重不超过30%。

（二）国际著名股票指数

词条名称：**道·琼斯工业指数**

英 文：**Dow Jones Industrial Average Index**

定义：道·琼斯工业指数是一种算术平均股价指数，简称“道指DJIA”，是美国股票市场最重要的指数之一，也是世界上历史最为悠久的股票指数。通常人们所说的道·琼斯指数多数是指道·琼斯指数四组中的第一组道·琼斯工业平均指数。

释义：道·琼斯指数最早是在1884年由道琼斯公司的创始人查理斯·道开始编制的。它是世界上最有影响、使用最广的股价指数。它是以在纽约证券交易所挂牌上市的一部分有代表性的公司股票作为编制对象，由四种股价平均指数构成，分别是：（1）以30家著名的工业公司股票为编制对象的道·琼斯工业股价平均指数；（2）以20家著名的交通运输业公司股票为编制对象的道·琼斯运输业股价平均指数；（3）以6家著名的公用事业公司股票为编制对象的道·琼斯公用事业股价平均指数；（4）以上述三种股价平均指数所涉及的56家公司股票为编制对象的道·琼斯股价综合平均指数。

词条名称：**纳斯达克综合指数**

英 文：**NASDAQ Composite Index**

定义：纳斯达克指数是反映纳斯达克证券市场行情变化的股票价格平均指数，基本指数为100。

释义：纳斯达克（NASDAQ，National Association of Securities Dealers Automated Quotations）是美国全国证券交易商协会于1968年着手创建的自动报价系统名称的英文简称。纳斯达克的特点是收集和发布场外交易非上市股票的证券商报价。它现已成为全球最大的证券交易市场。目前的上市公司有5200多家。纳斯达克又是全世界第一个采用电子交易的股市，它在55个国家和地区设有26万多个计算机销售终端。纳斯达克的上市公司涵盖所有新技术行业，包括软件和计算机、电信、生物技术、零售和批发贸易等。

词条名称：**标准·普尔股票价格指数（标普500）**

英 文：**Standard & Poor 500 Index**

定义：标准·普尔股票价格指数，简称“标普500”，由标准·普尔公司于1957年创建的，记录美国500家上市公司的一个股票指数。

释义：标准·普尔500指数覆盖的所有公司，都是在美国主要交易所，如纽约证券交易所和纳斯达克交易所的上市公司。与道·琼斯指数相比，标准·普尔500指数包含的公司更多，因此，风险更为分散，能够反映更广泛的市场变化。最初的成份股由425种工业股票、15种铁路股票和60种公用事业股票组成。从1976年7月1日开始，其成份股改由400种工业股票、20

种运输业股票、40种公用事业股票和40种金融业股票组成。它以1941～1942年为基期，基期指数定为10，采用加权平均法进行计算，以股票上市量为权数，按基期进行加权计算。与道·琼斯工业平均股票指数相比，标准·普尔500指数具有采样面广、代表性强、精确度高、连续性好等特点，被普遍认为是一种理想的股票指数期货合约的标的。

词条名称：**纽约证券交易所股票价格指数**

英　　文：**NYSE Composite Index**

定义：纽约证券交易所股票价格指数是由纽约证券交易所编制的股票价格指数，包括在纽约证券交易所上市的1500家公司的1570种股票。

释义：纽约股票价格指数是以1965年12月31日确定的50点为基数。它起自1966年6月。

具体计算方法是将这些股票按价格高低分开排列，分别计算工业股票、金融业股票、公用事业股票、运输业股票的价格指数。工业股票价格指数是最大的和最广泛的，由1093种股票组成；金融业股票价格指数包括投资公司、储蓄贷款协会、分期付款融资公司、商业银行、保险公司和不动产公司的223种股票；运输业股票价格指数包括铁路、航空、轮船、汽车等公司的65种股票；公用事业股票价格指数则有电话电报公司、煤气公司、电力公司和邮电公司的189种股票。

词条名称：**金融时报证券交易所指数（富时100指数）**

英　　文：**FTSE 100 Index**

定义：金融时报证券交易所指数，简称“富时100指数”、“FTSE 100指数”，是英国最具权威性的股价指数，原由《金融时报》编制和公布，现由《金融时报》和伦敦证券交易所共同拥有的富时集团编制。

释义：该指数的成分股涵盖欧陆9个主要国家，以英国企业为主，其他国家包括德国、法国、意大利、芬兰、瑞士、瑞典、荷兰及西班牙。为世界投资人欢迎的金融商品之一，与法国的CAC-40指数、德国的法兰克福指数并称为欧洲三大股票指数，是当前全球投资人观察欧股动向最重要的指标之一。这一指数的特点是统计面宽、范围广，能较为全面地反映整个股市状况。这一指数包括三种：一是金融时报工业股票指数，又称30种股票指数，涵盖了30种最优良的工业股票价格，由于这30家公司股票的市值在股市种所占的比重较大，具有一定的代表性，是反映伦敦证券市场股票行情变化的重要尺度；二是100种股票交易指数，又称“FT100指数”，该指数自1984年1月3日起编制并公布。这一指数挑选了100家有代表性的大公司股票，又因为它通过伦敦股票市场自动报价电脑系统，可随时得出股票市价，并每分钟计算一次，因此，能迅速反映股市行情的每一变动，自公布以来就受到广泛重视；三是综合精算股票指数。该指数从伦敦股市上精选700多种股票作为样本股加以计算。它自1962年4

月10起编制和公布，并以这一天为基期，基点为1000点。

词条名称：德国法兰克福 DAX 指数（德国 DAX）

英　　文：**Germany DAX Index**

定义：德国法兰克福 DAX 指数（Der Dax 最早来源于 Deutscher Aktien Index）是德国重要的股票指数，是由德意志交易所集团（Deutsche Börse Group）推出的一个蓝筹股指数。该指数中包含有30家主要的德国股票。DAX 指数是全欧洲与英国伦敦金融时报指数齐名的重要证券指数，也是世界证券市场中的重要指数之一。该指数通过 Xetra 交易系统进行交易，因此其交易方式不同于传统的公开交易方式，而是采用电子交易的方式，便于进行全球交易。

释义：DAX 指数于1987年推出，以取代当时的 Borsen-Zeitung 指数和法兰克福汇报指数（Frankfurter Allgemeinen Zeitung AktienIndex）。1988年7月1日起开始正式交易，基准点为1000点。指数以“整体回报法”进行计算，即在考虑公司股价的同时，考虑预期的股息回报。

词条名称：法国巴黎 CAC-40 指数（法国 CAC40）

英　　文：**Paris CAC-40 General Index**

定义：法国 CAC-40 指数是由40只在巴黎证券交易所上市的前40大公司的股价来编制的指数。

释义：该指数的基期为1987年底，从1988年6月5日开始发布，反映法国证券市场的价格波动。CAC-40 是法国国际期货交易所（MATIF）和巴黎期权交易所（MONEP）指数期权和期货的标的。

词条名称：澳大利亚 S&P/ASX-200 指数

英　　文：**S&P/ASX 200 Index**

定义：澳大利亚 S&P/ASX-200 指数是自2000年4月起，由澳大利亚证券交易所和标准普尔公司联合推出用于更好地反映澳大利亚投资市场新变化的全新的股票指数。

释义：S&P/ASX 200 股票指数在澳大利亚证券交易所进行交易，是澳大利亚最为重要的股票指数之一。S&P/ASX 200 股票指数在计算方面采用市值加权平均，而每只成份股的市值将根据股票价格的涨跌进行调整。该指数2000年3月31日正式发布，基准为3133.3点。S&P/ASX200 代表了本地市场88.2%的市场份额，被认为可能成为衡量澳大利亚股票市场运行状况的最重要指数。

词条名称：日经225股价指数（日经225）

英　　文：**Nikkei 225 Index**

定义：日经225股价指数是由日本经济新闻社编制和公布的反映日本股票市场价格变动的股价指数。

释义：日经225股价指数以在东京证券交易所第一市场上市的225种股票为样本，包括150家制造业、15家金融业、14家运输业和46家其他行业。

样本股原则上固定不变，以1950年的平均股价176.21元为基础。该指数从1950年起连续编制，具有较好的代表性，是反映和分析日本股票市场价格长期变动趋势最常用和最可靠的指标。媒体日常引用的日经指数就是指这个指数。日经225指数为各股指指数中历史最为悠久的指数之一。

词条名称：**日经500股价指数（日经500）**

英　　文：**Nikkei 500 Index**

定义：日经500股价指数，简称“日经500”，是以日本东京证券交易所第一市场上的500种股票为样本编制的全面反映日本股市行情变化的指数。

释义：日经500指数是日经指数的一种，该指数自1982年1月4日起开始编制，样本包含了日本东京证券交易所第一市场前500大上市公司股票，样本股数东京证券交易所第一市场的一半。由于其采样包括有500种股票，其代表性相对更为广泛，但其样本是不固定的，每年根据上市公司前三个结算年度的的经营状况、股票成交量和成交金额、市价总值等因素对样本进行更换。正因为如此，该指数不仅能较全面地反映日本股市的行情变化，还能如实反映日本产业结构变化和市场变化情况。

词条名称：**日经道·琼斯股票指数**

英　　文：**Nikkei Dow Jones Average Index**

定义：日经道·琼斯股票指数，又称“日经平均股价”，是由日本经济新闻社编制并公布的、反映日本股票市场价格变动的股票价格平均数。

释义：日经道·琼斯股票指数从1950年9月开始编制。最初在根据东京证券交易所第一市场上市的225家公司的股票算出修正平均股价，当时称为“东证修正平均股价”。1975年5月1日，日本经济新闻社向道·琼斯公司买进商标，采用美国道·琼斯公司的修正法计算，这种股票指数也就改称为“日经道·琼斯平均股价”。1985年5月1日在合同期满10年时，经两家商议，将名称改为“日经平均股价”。

按计算对象的采样数目不同，该指数分为两种：一种是日经225种平均股价，另一种是日经500种平均股价。道·琼斯股票价格平均指数是目前世界上影响最大、最有权威性的一种股票价格指数，原因之一是道·琼斯股票价格平均指数所选用的股票都具有代表性，这些股票的发行公司都是本行业具有重要影响的著名公司，其股票行情为世界股票市场所瞩目，各国投资者都极为重视。原因之二是，公布道·琼斯股票价格平均指数的华尔街日报是世界金融界最有影响力的报纸。原因之三是，这一股票价格平均指数自编制以来从未间断，可以用来比较不同时期的股票行情和经济发展情况，成为反映美国股市行情变化最敏感的股票价格平均指数之一，是观察市场动态和从事股票投资的主要参考。

词条名称：**韩国综合股价指数（韩国综合指数KOSPI）**

英　　文：**Korea Composite Stock Price Index**

定义：韩国综合股价指数，又称“韩国综合指数KOSPI”，是韩国交易所的股票指数，指数由所有在交易所内交易的股票价格来计算，以1980年1月4日作为指数的基准起始日，基点100点。

释义：反映韩国股票市场的主要指数。

词条名称：**新加坡海峡时报指数（海峡指数，又称星股指数STI）**

英　　文：**Straits Times Index**

定义：新加坡海峡时报指数，简称“海峡指数”，又称“星股指数STI”，是由新加坡海峡时报编制的新加坡股票市值加权平均指数，包含45只在新加坡证交易所挂牌上市的最活跃及重要的股票，如星展集团、大华银行、新加坡电讯等。

释义：又名海峡时报指数，是新加坡主要的证券指数，主要涵盖在新加坡证交所挂牌的最重要、最活跃的个股。一般市场上所称星股指数指的就是海峡时报指数，也是全球投资新加坡股市观察的最佳指标。海峡时报指数是由海峡时报于1998年8月28日公布，而其所选的标的是以权值高、流动性高的优质公司为主，指数以市值加权平均编制。

词条名称：**香港恒生指数（恒生指数）**

英　　文：**Hong Kong's Hang Seng Index**

定义：香港恒生指数是由香港恒生银行于1969年11月24日起编制公布、系统反映香港股票市场行情变动最具代表性和影响最大的指数。

释义：恒生指数最初以1964年7月31日为基期，基期指数为100，后来因为恒生指数按行业增设了四个分类指数，将基期改为1984年1月13日，基期指数定为975.47。恒生指数挑选了33种具有代表性的上市股票为成分股，用加权平均法计算。成分股分布于香港的重要行业，都是具有代表性和实力雄厚的大公司。恒生指数的成分股自1969年以来已做了10次调整，不断地使其成分股更具代表性，更准确地反映市场变动状况。2006年2月，恒生指数提出将H股纳入恒生指数的成分股，至2007年3月，中国建设银行、中国石化、中国银行、中国工商银行、中国人寿被纳入恒生指数，其成分股增至38只。除首度将H股纳入恒生指数成分股之外，恒生指数的编算方法也出现变动，由总市值加权法改为以流通市值调整计算，并为成分股设定15%的比重上限。

词条名称：**香港恒生国企指数（恒生国企指数HSCEI）**

英　　文：**Hang Seng China Enterprises Index**

定义：香港恒生国企指数是指由香港恒生指数服务有限公司编制和发布的、以所有在香港交易所上市的H股公司股票为成份股计算得出的加权平均股价指数。

释义：国企指数于1994年8月8日首次公布，以上市H股公司数目达到10家的日期，即1994年7月8日为基数日。当日收市指数定为1000点。设立恒生中国企业指数的目的，就是要为投资者提供一个反映在香港上市的中国企业的股价表现的指标。

词条名称：**香港红筹股指数**

英　　文：**Hong Kong Red Chips Index**

定义：香港红筹股指数是指香港恒生指数服务有限公司编制和发布的恒生红筹股指数。

释义：该指数于1997年6月16日正式推出，样本股包括32只符合其选取条件的红筹股，而非所有红筹股。指数以1993年1月4日为基日，基日指数定为1000点。红筹股指数成份股选取标准如下：（1）内地国有机构、省市单位直接或间接持有该红筹股不少于三成半权益。（2）在联交所上市满12个月。（3）被内地国有机构、省市单位或有关机构收购满12个月。（4）在过去一年内，除非公司停牌交易，否则不可超过20个交易日无成交。（5）不是国企H股。恒生红筹股指数的计算公式与恒生指数相同。

词条名称：**台湾加权股价指数（台湾加权指数）**

英　　文：**Taiwan Stock Exchange Weighted Index**

定义：台湾加权股价指数，又称“台湾加权指数”，是指由台湾证券交易所编制的、采样样本为所有挂牌交易中的普通股、以上市股票之市值当作权数来计算的股价指数。

释义：台湾加权股价指数是台湾最为人熟悉的股票指数，被视为是呈现台湾经济走向的橱窗。发行量加权股价指数系以1966年为基期，基期指数设为100，其采样样本除特别股、全额交割股之外，其余上市股票均包括在内。台湾证券交易所采用“柏谢加权算式”（Passche Formula），与美国S&P 500的公式相同，是反应整体市场股票价值变动的指标。发行量加权股价指数的特色是股本较大的股票对指数的影响会大于股本小的股票，市值高者如台积电、鸿海、国泰金及中钢、台塑等更是其中的重要代表。新上市公司股票纳入指数计算，得以当时上市股数为准，且于上市当月过后隔两月的第一交易日才列入统计。如果成分股进行除权、新股权利证书上市、可转换特别股转换为普通股等，基值就会进行调整，以维持加权指数的连续性。

词条名称：**富时台湾证券交易所台湾50指数（台湾50指数）**

英　　文：**FTSE TWSE Taiwan 50 Index**

定义：富时台湾证券交易所台湾50指数，简称“台湾50指数”，是指由台湾证券交易所与英国富时指数有限公司（FTSE）合作、挑选台湾集中交易市场中具有代表性的50支股票编制而成的指数。

释义：台湾50指数为部分集合指数（相比较之下，加权指数即为全部集合指数），约占台湾加权股价指数7成市值，与台湾加权股价指数的相关性超过97%。其成分股的替换及权重的调整皆以稳定为原则，较适合机构法人进行投资组合的避险和套利操作，或作为基金投资绩效的评量标准，不仅可供开发ETF、指数基金及各种店头市场的指数连动金融商品，更可提供台湾期货交易所开发指数期货、指数选择权等相关商品。

词条名称：**台湾中型100指数**

英　　文：**FISE TWSE Taiwan Mid-Cap 100 Index**

定义：台湾中型100指数是指由台湾证券交易所与英国富时指数公司合作编制、由台湾股市市值前51～150名的股票组合编制而成的指数。

释义：台湾中型100指数以2003年6月30日为基期，指数均设定5000点为参考基准。目的就是为了向投资者提供多样化的指数商品，让投资者有更多的投资选择，也有助于提升其国际知名度，更能吸引外资投资台湾市场。

五、常用术语①

（一）市场基本用语

词条名称：**股市行情**

英　　文：**stock market quotes**

定义：股市行情是指股票市场的涨跌趋势。

释义：股票市场的趋势分为上涨和下跌两种，上涨的股市行情表现为股票价格的上升，下跌的股市行情表现为股票价格的下降。主要的股市行情术语包括：股票价格、最新价、开盘价、收盘价、最高价、最低价、成交量等。

词条名称：**股票代码**

英　　文：**stock code（又译：exchange ticker symbol）**

定义：股票代码是以数字、字母或其他符号来代表某只股票。

释义：股票代码一般用数字表示，特殊情况下也用字母或其他符号（如*）表示，可用于指代不同股票。此外，股票代码还包含该代码所代表股票的以下信息：上市地点、股票类型、是否为主板或中小板股票、除息情况、是否为新股、是否完成股改、是否为亏损股等。

例证：中国大陆不同股票代码的开头表示的含义主要有：600或601开头的股票代码表示该股票为在上海证券交易所上市的沪市A股，900开头的股票代码表示该股票为在上海证券交易所上市的沪市B股，000开头的股票代码表示该股票为在深圳交易所上市的深市A股，200开头的股票代码表示该股票为在深圳交易所上市的深市B股，002开头的股票代码表示该股票为中小板股票，300开头的股票代码表示该股票为创业板股票，730开头的股票代码表示该股票为沪市新股申购，深市新股申购的代码与深市股票买卖代码相同。股票配股代码沪市以700开

---

①　撰写：陈久红、周洪荣、李明亮；审核：倪玉娟、陈峥嵘、朱蕾；单位：海通证券研究所。

常用术语

头，深市以080开头。

词条名称：**股票名称**

英　　文：**stock name**

定义：股票名称是指一般以三到四个汉字或字母对上市公司全名的简称。

释义：股票名称为上市公司全名的简称，一般以三到四个汉字或字母表示，多数股票的股票名称为四个汉字。

例证：股票名称若以字母开头，则表示以下含义：XR表示该股已除权，购买这样的股票后将不再享有分红的权利；DR表示除权除息，购买这样的股票不再享有送股派息的权利；XD表示股票除息，购买这样的股票后将不再享有派息的权利；ST表示对连续两个会计年度都出现亏损的公司施行特别处理；*ST表示该公司连续三年亏损，有退市风险；N表示该股票是新股上市首日；S*ST表示公司经营连续三年亏损，进行退市预警和还没有完成股改；SST表示公司经营连续二年亏损进行特别处理和还没有完成股改；S表示还没有进行或完成股改的股票；NST，表示经过重组或股改重新恢复上市的ST股。

词条名称：**股票价格（股价）**

英　　文：**stock price**

定义：股票价格，简称“股价”，是指股票在证券市场上买卖的价格。

释义：股票的市场价格一般是指股票在二级市场上交易的价格。股票的市场价格由股票的价值决定，但同时受许多其他因素的影响。其中，供求关系是最直接的影响因素，其他因素都是通过作用于供求关系而影响股票价格的。由于影响股票价格的因素复杂多变，所以股票的市场价格呈现出高低起伏的波动性特征。影响股票价格变动的基本因素有：公司经营状况（如公司治理水平与管理层质量、公司竞争力、财务状况、公司改组与合并等）、行业与部门因素（如行业或产业的竞争结构、行业的可持续性、行业抗外部冲击的能力、监管及税收待遇、劳资关系、财务与融资问题、行业估值水平、行业生命周期等）和宏观经济与政策因素（如经济增长、经济周期、货币政策、财政政策、市场利率、通货膨胀、汇率、国际收支状况等）。影响股票价格变动的其他因素有：政治及其他不可抗力的影响（如战争、政权更迭或领袖更替、重大经济政策出台、国际政治经济形势的变化、自然灾害等）、心理因素、稳定市场的政策与制度安排和人为操纵因素等。

词条名称：**报价**

英　　文：**quotation**

定义：报价是指证券市场上交易者在某一时间内对某种证券报出的最高进价或最低出价。

释义：报价代表了买卖双方所愿意出的最高价格，进价为买者愿买进某种证券所出的价格，出价为卖者愿卖出的价格。报价的次序习惯上是报进价格在先，报出价格在后。在证券交易所中，报价有四种：一是口喊，二是手势表示，三是申报记录表上填明，四是输入电子计算机显示屏。我国通常采用第三种方式。

词条名称：**委买价**

英　　文：**bid price**

定义：委买价是指交易者委托买入股票的价格。

释义：证券交易中，买方想在此价位买进但未成交的价格。

词条名称：**委卖价**

英　　文：**ask price**

定义：委卖价是指交易者委托卖出股票的价格。

释义：证券交易中，卖方想在此价位卖出但未成交的价格。

词条名称：**成交价**

英　　文：**strike price**

定义：成交价是指经由证券买卖双方充分参与，在一定的撮合原则下，由市场供需决定的公平、合理的价格。

释义：中国（大陆）股票的成交价，可分为集合竞价成交价和连续竞价成交价两种。集合竞价是指在规定时间内接受的买卖申报一次性集中撮合的竞价方式；连续竞价是指对买卖申报逐笔连续撮合的竞价方式。

词条名称：**最新价**

英　　文：**latest price**

定义：最新价是指交易日某证券当前的最新成交价格。

释义：某种证券最新的一笔成交价格，或者到目前为止最后的一笔成交价格叫最新价。

词条名称：**买价**

英　　文：**bid price**

定义：买价是指在证券交易过程中，买方对投资品种所给出的价格。

释义：在特定时间，证券购买人对特定证券的一个交易单位愿意支付的最高价格。

词条名称：**买量**

英　　文：**amount of buying**

定义：买量是指在某价格申报买入的数量。

释义：买量表示对某证券的购买量，即当前对某证券的未成交需求量。

词条名称：**卖价**

英　　文：**ask price**

定义：卖价是指在证券交易过程中，卖方对投资品种所出具的价格。

释义：在特定时间，证券出售人对特定证券一个交易单位所愿意接受的最低价格。

词条名称：**卖量**

英　　文：**amount of selling**

定义：卖量是指在某价格的申报卖出的数量。

释义：表示对某证券的出售量，即当前对某证券的未成交供应量。

词条名称：**开盘**

英　　文：**opening**

定义：开盘是指证券交易市场营

业开始，股票开始交易。

释义：在股市中，每天股市开始交易称为“开盘”，沪深交易所的开盘时间为周一至周五的上午9：30。

词条名称：**开低盘（低开）**

英　　文：**open at low**

定义：开低盘，俗称“低开”，是指当日开盘价比前一交易日收盘价低。

释义：低开一般表明当日市场开盘气势弱于前一交易日，其原因颇多，如当日出现了不利于股价行情的利空消息或者前一交易日涨幅过高等。

词条名称：**开高盘（高开）**

英　　文：**open at high**

定义：开高盘，俗称“高开”，是指当日开盘价比前一交易日收盘价高。

释义：高开一般表明当日市场开盘气势强与前一交易日，其原因颇多，如当日出现了有利于股价行情的利多消息等。如果当日有重大利好消息推出，股价高开的可能性通常很大。

词条名称：**开平盘（平开）**

英　　文：**open at equal**

定义：开平盘，俗称“平开”，是指开盘价比前一天收盘价相等。

释义：平开一般表明当日市场开盘气势与前一交易日相若，通常在没有特别消息影响股市、消息面比较平静时，平开的可能性偏大。

词条名称：**均价**

英　　文：**average price**

定义：均价是指证券的平均成交价格。

释义：上市证券在成交过程中，每一种证券成交金额之和除以成交量所形成的价格，它反映每一种证券的平均成交价格。具有分析意义的均价有短期均价，如5日均价、10日均价和30日均价等，还有中长期均价，如60日均价、225日均价、三年均价等，这些均价能够反映一段时间内投资者的平均持股成本，对投资分析具有一定的参考意义。

词条名称：**开盘价**

英　　文：**opening price**

定义：开盘价，按照一般意义，是指交易日开盘后某证券第一笔交易买卖的价格。

释义：根据我国现行的交易规则，证券交易所证券交易的开盘价为当日该证券的第一笔成交价。证券的开盘价通过集合竞价方式产生。不能产生开盘价的，以连续竞价方式产生。按集合竞价产生开盘价后，未成交的买卖申报仍然有效，并按原申报顺序自动进入连续竞价。

词条名称：**收盘价**

英　　文：**closing price**

定义：收盘价，按照一般意义，是指交易日开盘后某证券最后一笔交易买卖的价格。但在证交易所，还是要通过制度予以规范。根据我国现行的交易规则，深圳证券交易所交易的证券收盘价指当日某只股票的最后一笔成交价格，上海证券交易所交易的证券收盘价指最后成交的一分钟内加权平均价格。

释义：上海证券交易所证券的收盘价为当日该证券最后一笔交易前一分钟所有交易的成交量加权平均价（含最后一笔交易）。当日无成交的，以前日收盘价为当日收盘价。深圳证券交易所证券的收盘价通过集合竞价的方式产生。收盘集合竞价不能产生收盘价的，以当日该证券最后一笔交易前一分钟所有交易的成交量加权平均价（含最后一笔交易）为收盘价。

词条名称：**最高价**

英　　文：**ceiling price**

定义：最高价是指一定时期内某证券成交价格中的最高价格。

释义：在一定时期（如一个交易日或一年）内，某证券所有成交价格中最高的一个。

词条名称：**最低价**

英　　文：**botton price**

定义：最低价是指一定时期内某证券成交价格中的最低价格。

释义：在一定时期（如一个交易日）内，某证券所有成交价格中最低的一个。

词条名称：**成交量**

英　　文：**trading volume**

定义：成交量是指某种证券或整个市场在一定时期内完成交易的股票数量。

释义：在一定时期（如一个交易日）内，某种证券或某个市场所完成交易的股票数量的总和，单位为“手”。

词条名称：**手**

英　　文：**round lot**

定义：手是证券交易的基本单位，每一手为100股。

释义：对股票交易而言，买进股票的最小单位为“1手”（即100股）。对于债券交易而言，上海证券交易所的债券交易和债券买断式回购交易以人民币1000元面值债券为1手，债券质押式回购交易以人民币1000元标准券为1手。深圳证券交易所的债券交易以人民币100元面值为1张，债券质押式回购以100元标准券为1张。

词条名称：**现手**

英　　文：**real-time round lot**

定义：现手是指某证券即时的成交量，对于某证券最近的一笔成交量叫现手，每一手为100股。

释义：已经成交的最新一笔买卖的手数。

词条名称：**总手**

英　　文：**total round lot**

定义：总手是指从当日开盘一直到统计截止时的总成交股数，以手数为单，每一手为100股。

释义：当日开始成交一直到现在为止总成交股数。收盘时“总手”，则表示当日成交的总股数。如：“总手250243”出现在收盘时，这就说明当日该股一共成交了250243手，即25024300股。一个交易日内现手累计起来就是总手数，即成交量。

公式：总手 = 开盘至统计时刻的现手的算术和。

常用术语

词条名称：**涨跌**

英　　文：**ups and downs**

定义：涨跌即涨跌值，表示价格的变动量。

释义：以每个交易日的收盘价与前一交易日的收盘价相比较，来决定股票价格是涨还是跌。若当日股票最新价高于前一日收盘价格（或前一日收盘指数），则称为“涨”；若当日股票最新价低于前一日收盘价格（或前一日收盘指数），则称为“跌”。

公式：今日涨跌 = 当前价 - 前一交易日收盘价

词条名称：**涨跌幅**

英　　文：**ratio of daily price change**

定义：涨跌幅是指某证券当日价格与前一日收盘价格（或前一日收盘指数）相比的百分比幅度，正值为涨，负值为跌，否则为持平。

释义：某证券当前价格与前一交易日收盘价格相比上升（涨）或下降（跌）的幅度。除权（息）日的证券买卖，除了证券交易所另有规定的以外，按除权（息）价作为计算涨跌幅度的基准。

词条名称：**涨跌幅限制**

英　　文：**daily price limit**

定义：涨跌幅限制是指为保护投资者利益，防止股价暴涨暴跌和投机盛行，证券交易所可以根据需要对每日股票价格的涨跌幅度予以适当的限制。高于涨幅限制的委托和低于跌幅限制的委托无效。

释义：沪、深交易所对股票、基金交易实行价格涨跌幅限制，涨跌幅比例为10%，其中ST股票、＊ST股票价格涨跌幅比例为5%。属于下列情形之一，首个交易日无价格涨跌幅限制：首次公开发行上市的股票和封闭式基金（上海证券交易所）；增发上市的股票（上海证券交易所）；暂停上市后恢复上市的股票；中国证监会或交易所认定的其他情形。

词条名称：**涨停（板）**

英　　文：**limit-up**

定义：涨停（板）是指某证券一个交易日中与前一交易日收盘价相比的最大涨幅，不能超过此限，否则自动停止交易；若价格达到该最大涨幅，则称该证券“涨停”。

释义：为保护投资者的利益，防止股价暴涨暴跌和投机盛行，证券交易所可根据需要对每日股票价格的涨幅度予以适当的限制，高于涨幅限制的委托无效。沪、深证券交易所对股票、基金交易实行价格涨幅限制，当涨幅为10%时为涨停，其中ST股票和＊ST股票价格涨幅为5%时为涨停。

词条名称：**跌停（板）**

英　　文：**limit-down**

定义：跌停（板）是指某证券一个交易日中与前一交易日收盘价相比的最大跌幅，不能超过此限，否则自动停止交易；若价格达到该最大跌幅，则称该证券“跌停”。

释义：为保护投资者的利益，防止股价暴跌和投机盛行，证券交易所可根据需要对每日股票价格的跌幅度予以适当的限制，高于跌幅限制的委托无效。沪、深证券交易所对股票、基金交易实行价格跌幅限制，当跌幅为10%时为跌停，其中ST股票和*ST股票价格跌幅为5%时为跌停。

词条名称：**内盘**

英　　文：**selling volume**

定义：内盘，又称“主动性卖盘”，是指在成交量中以主动性叫卖价格成交的数量。

释义：内盘就是主动性叫卖，即在实盘买卖中，卖方主动以低于或等于当前买一的价格挂单卖出股票时成交的数量，显示空方的总体实力。内盘又称主动性卖盘，即成交价在买入挂单价的累积成交量，内盘反映卖方的意愿。委托以买方价格成交的纳入“内盘”。

词条名称：**外盘**

英　　文：**buying volume**

定义：外盘，又称“主动性买盘”，是指在成交量中以主动性叫买价格成交的数量。

释义：外盘就是主动性叫买，即在实盘买卖中，买方主动以高于或等于当前卖一的价格挂单买入股票时成交的数量，显示多方的总体实力。外盘又称主动性买盘，即成交价在卖出挂单价的累积成交量，外盘反映买方的意愿。委托以卖方价格成交的纳入“外盘”。

词条名称：**外内盘比**

英　　文：**ratio of buying volume to selling volume**

定义：外内盘比即外盘与内盘的比值。

释义：通过外盘、内盘数量的大小和比例，投资者通常可认发现主动性的买盘多，还是主动性的卖盘多，并在很多时候可以发现庄家动向，是一个较有效的短线指标。但投资者在使用外盘和内盘时，要注意结合股价在低位、中位和高位的成交情况以及该股的总成交量情况。因为外盘、内盘的数量并不是在所有时间都有效，在许多时候外盘大，股价并不一定上涨；内盘大，股价也并不一定下跌。一般而言，当外内盘比大于1时，表示外盘大于内盘，此时外盘大于内盘数量，股价将可能上涨，此种情况较为可靠。当外内盘比小于1时，表示内盘大于外盘，此时当内盘大于外盘数量，股价一般都成下跌趋势，此时要注意观察，不要盲目买卖股票。

词条名称：**成交金额**

英　　文：**turnover**

定义：成交金额表示每日已成交股票的金额。

释义：成交金额直接反映参与市场的资金量多少，常用于大盘分析，因为它排除了大盘中各种股票价格高低不同的干扰，通过成交金额使大盘成交量的研判具有纵向的可比性。通常所说的两市大盘多少亿的成交量就是指成交金额。

词条名称：**近期趋势**

英　　文：**recent trends**

定义：近期趋势是指证券近期的价格走势。

释义：一般来讲，可将近期趋势分为短线趋势、中线趋势和长线趋势三类。短线趋势是指一周内的价格走势，中线趋势是指一个月以上的价格走势，长线趋势是指超过一个季度以上的价格走势。

词条名称：**振幅**

英　　文：**amplitude**

定义：振幅是指开盘后最高价、最低价之差的绝对值与最低价的百分比。

释义：在股票分析中，股票振幅是指某股票在一定时期中的最低价与最高价之间的振荡幅度，它在一定程度上表明股票的活跃程度。如果一只股票的振幅较小，说明该股不够活跃，反之则说明该股比较活跃。股票振幅分析有日振幅分析、周振幅分析、月振幅分析等等类型。例如，分析股票日振幅，该股票当日的最高价是15元，最低价是13元，那么该股票当天的振幅就是15.38%。周振幅分析、月振幅分析以此类推。

公示：振幅＝当日最高价－当日最低价/当日最低价×100%

词条名称：**涨速**

英　　文：**degree of price rising**

定义：涨速是指当前股票价格上升的加速度。

释义：指单位时间内股票价格涨幅的大小。一般来讲，上涨的时间越短、涨幅越大，涨速越快。涨速是相对于某个时刻之前的某个价格而言的。

公式：涨速＝收盘价的N日线性回归斜率/收盘价×100%

例证：某股票5分钟之前的股价是10元，而现在的价格是10.1元，则这个股票的5分钟涨速＝(10.1－10)/10×100%＝1%。

词条名称：**委比**

英　　文：**ratio of buying and selling order**

定义：委比是指在报价系统之上的所有买卖单之比，用以衡量一段时间内买卖盘相对力量的强弱。

释义：一般来说，委比指标说明了买入和卖出意愿的不平衡程度，并不能反应股票的活跃程度，活跃程度还是要看股票的换手率，同时需注意，委比数值是时时都在变化的。当委比值为正值并且委比数较大，说明市场买盘强劲；当委比值为负值并且负值大，说明市场抛盘较强；委比值从－100%至＋100%，说明买盘逐渐增强，卖盘逐渐减弱的一个过程。相反，从＋100%至－100%，说明买盘逐渐减弱，卖盘逐渐增强的一个过程。委比的取值自－100到＋100，＋100表示全部的委托均是买盘，涨停的股票的委比一般是100，而跌停是－100。委比为0，意为买入（托单）和卖出（压单）的数量相等，即委买:委卖＝1:1。

公式：委比＝委买手数－委卖手数/委买手数＋委卖手数×100%

词条名称：**委量差**

英　　文：**volume gap between buying and selling order**

定义：委量差，又称“委差”，是指当前盘口中，委买总量与委卖总量的差额。

释义：委量差在一定程度上反映了买卖盘对价格的阻挡力度。

公式：委量差 = 委买总量 - 委卖总量

词条名称：**换手率**

英　　文：**turnover rate**

定义：换手率是指在一定时间内市场中股票转手买卖的频率，是反映股票流通性的指标之一。

释义：“换手率”也称“周转率”，指在一定时间内市场中股票转手买卖的频率，是反映股票流通性强弱的指标之一。其数值越大，不仅说明交投的活跃，还表明交易者之间换手的充分程度。

公式：换手率 = 成交股数(份额)/流通股数(份额)×100%

词条名称：**量比**

英　　文：**volume ratio index**

定义：量比是指股市开市后平均每分钟的成交量与过去 N 个（一般 N 取 5 或 10）交易日平均每分钟成交量之比。

释义：量比是衡量相对成交量的指标。量比在观察成交量方面，是一个卓有成效的分析工具，它将某只股票在某个时点上的成交量与一段时间的成交量平均值进行比较，排除了因股本不同造成的不可比情况，是发现成交量异动的重要指标。在时间参数上，多使用 5 日或 10 日的平均量。在大盘处于活跃的情况下，适宜用较短期的时间参数，而在大盘处于熊市或缩量调整阶段宜用稍长的时间参数。量比这个指标所反映出来的是当前盘口的成交力度与最近五天的成交力度的差别，这个差别的值越大表明成交越活跃，它更适用于短线操作。量比的数值越大，表明了该股当日流入的资金越多，市场活跃度越高；反之，量比值越小，说明了资金的流入越少，市场活跃度越低。

公式：量比 = 现成交总手/过去 N 个交易日平均每分钟成交量 × 当日累计开市时间（分钟）×100%

其中，N 一般取 5 或 10。

词条名称：**市值**

英　　文：**market capitalization**

定义：市值是指股票的市场价值，即按股票在二级市场上的交易价格计算出来的股票总价值。

释义：一家上市公司每股股票在二级市场上的价格乘以发行总股数即为这家公司的市值。整个股票市场上所有上市公司的市值总和，即为股票总市值。

词条名称：**流通市值**

英　　文：**market capitalization of circulating stock**

定义：流通市值是指在某一特定时间内，当时可交易的流通股股数乘以当时股价得出的流通股票总价值。

常用术语

释义：由于上市公司的股票并不一定全部可以在二级市场上流通，还有一部分股票暂时不可以流通，因此，投资者需要了解股票当时二级市场上的供求关系时，就要知道股票的流通市值的总量，以此作为判断股价走势的参考因素之一。

词条名称：**总市值**

英　　文：**total market capitalization**

定义：总市值是指在某特定时间内上市公司的总股本数乘以当时股价得出的股票总价值。

释义：沪市所有股票的市值就是沪市总市值，深市所有股票的市值就是深市总市值。总市值可以用来表示个股在全部市场中权重的大小，也可以反映全部上市公司总体市场价值大小及一个国家股票市场规模的大小。

词条名称：**股本**

英　　文：**capital stock**

定义：股本，又称"股份"、"股份资本"，指经公司章程授权、代表公司所有权的全部股份。

释义：股本指股东在公司中所占的权益，多用于指股票。

词条名称：**注册资本**

英　　文：**registered capital**

定义：注册资本是指公司制企业章程规定的全体股东或发起人认缴的出资额或认购的股本总额，并在公司登记机关依法登记。

释义：有限责任公司的注册资本为在公司登记机关登记的全体股东实缴的出资额。股份有限公司的注册资本为在公司登记机关登记的实收股本总额。

词条名称：**总股本**

英　　文：**total stock outstanding**

定义：总股本是指某一公司在外发行股票或股份的总数量，对于新发股票而言，即包括新股发行前的股份和新发行的股份数量的总和。

释义：总股本是股份公司发行的全部股票总数，流通股本可能只是其中的一部分，对于全流通股份来说，总股本等于流通股本，对于非全流通股份来说，总股本 = 流通股本 + 不可流通股本。

词条名称：**流通股份**

英　　文：**circulating stock**

定义：流通股份是指公司已发行股本中在外流通没有被公司收回的部分，即二级市场上流通的股份。

释义：我国上市公司发行的股票，在未实行股权分置改革前（个人或集体或国家）法人股是不允许上市流通的，只有部分发行的股票可以在二级市场流通，这部分就是所谓的流通股份。2005 年开始实施股权分置改革后，新上市的股票就是全流通的。

词条名称：**股本结构**

英　　文：**share capital structure**

定义：股本结构是指公司股东的类型与构成情况。

释义：我国股份公司股本结构由以下几种或一种构成，如国家股、法人股、外资股、职工股、社会公众股。其中，国有股是指国家持有的股份；法人股是指企业法人持有的股份；外资股是指国外和中国香港、澳门、台湾地区的投资者，以购买人民币特种股票形式向股份有限公司投资形成的股份。外资股包括法人外资股和个人外资股；职工股指股份制企业中内部职工所认购的股份；社会公众股指社会公众（自然人）股是一般个人持有的股票。

词条名称：**股份变动**

英　　文：**change in shares outstanding**

定义：股份变动是指上市公司股份总数的变动。

释义：股份有限公司在首次公开发行股票并在证券交易所上市以后，还会因增发、配股、公积金转增股本、股份回购、可转换债券转换为股票、股票分割与合并等引起公司股份总数的变动，并对股票价格产生影响。

词条名称：**股票增发**

英　　文：**seasoned equity offerings**

定义：股票增发是指已上市的公司通过指定投资者（如大股东或机构投资者）或全部投资者额外发行股份募集资金的融资方式，发行价格一般为发行前某一阶段平均价的某一比例。

释义：上市公司可以向公众公开增发，也可以向特定机构或个人增发，后者称为“定向增发”。增发之后，公司注册资本和股价相应增加。

词条名称：**配股**

英　　文：**allotment of stock**

定义：配股是指面向原有股东，按持股数量的一定比例增发新股。原股东可以参与配股，也可以放弃配股权。

释义：现实中，由于配股价通常低于市场价格，配股上市之后可能导致股价下跌。一般而言，对于那些业绩优良、财务结构健全、具有发展潜力的公司而言，增发和配股意味着将增加公司经营实力，会给股东带来更多回报。

词条名称：**资本公积金转增股本**

英　　文：**capital stock capitalized from capital reserve**

定义：资本公积金转增股本是指在股东权益内部，公司把资本公积金转到“实收资本”或者“股本”账户，并按照投资者所持有公司的股份份额比例分配到各个投资者的账户中，以此增加每个投资者的投入资本。

释义：转增股本并没有改变股东的权益总额和股东在公司的持股比例，但却增加了总股本的规模。实质上，资本公积金转增股本并不属于利润分配行为，因此，投资者无须纳税。

词条名称：**股份回购**

英　　文：**stock repurchase**

定义：股份回购是指上市公司利用自有资金，从公开市场上买回发行在外的股票。

释义：我国《公司法》规定，公

司不得收购本公司股份，但是有下列情形之一的除外：减少公司注册资本；与持有本公司股份的其他公司合并；将股份奖励给本公司职工；股东因对股东大会作出的公司合并、分立决议持有异议，要求公司收购其股份的。通常股份回购会导致公司股价上涨，一是因为股份回购改变了原有的供求平衡，增加需求，减少供给；二是向市场传达了积极的信息，因为公司通常在股价较低时实施回购，而市场一般认为公司基于信息优势作出的内部估值比外部投资者的估值更准确。

词条名称：**可转换债券转股**

英　　文：**shares converted from convertible bonds**

定义：可转换债券转股是指可转换债券的持有人在一定条件下行使转换权，将所持有的可转换债券转换为股票。

释义：上市公司符合法定条件并经监管机构核准后可公开发行可转换债券。可转换债券在发行时约定债券持有人可以在一定条件下将债券转换为公司股票。当转债持有人行使转换权时，公司收回并注销发行的转债，同时发行相对数量的新股。此时，公司的实收资本和股份总数增加。由于稀释效应，有可能导致股价下降。

词条名称：**股票分割与合并**

英　　文：**stock split and merger**

定义：股票分割，又称“拆股”、“拆细”，是将1股股票均等地拆成若干股。股票合并，又称“并股”，是将若干股票合并为1股。

释义：从理论上来讲，不论是分割还是合并，将增加或减少股份总数和股东持有股票的数量，但并不改变公司的实收资本和每位股东所持股东权益占公司全部股东权益的比重。理论上，股票分割或合并后公司股价会以相同的比例向下或向上调整，但股东所持股票的市值不发生变化，但实际上，由于种种因素的影响，如流动性的变化等，股票分割或合并后，股价的实际上升或下降并不一定与股票分割或合并的比例一致。通常情况下，股价分割适用于高价股，拆细后每股股票的市价下降，便于吸引更多的投资者参与，因流动性提高，分割拆细刺激股价上涨的可能性偏大。

词条名称：**股利政策**

英　　文：**dividend policy**

定义：股利政策是指股份公司对公司经营获得的盈余公积和应付利润采取现金分红或派息、发放红股等方式回馈股东的制度与政策。

释义：股利政策是确保股东投资获利的重要政策，也体现了公司的发展战略和经营思路，稳定可预测的股利政策有利于股票市场，也有利于股东，尤其是长期投资的战略大股东投资者队伍的稳定。

词条名称：**分红派息**

英　　文：**dividend distribution**

定义：分红派息是指上市公司向其股东派发股利的过程，也是股东实现自己权益的过程。

释义：分红派息的形式主要有现金股利（也称“现金红利”）和股票股利（也称“红股”）两种。上市公司分红派息须在每年决算并经审计之后，由董事会根据公司盈利水平和股利政策确定分红派息方案，提交股东大会审议。随后，董事会根据审议结果向社会公告分红派息方案，并规定股权登记日。

词条名称：股票股利（送股）

英　　文：**stock dividend**

定义：股票股利，简称“送股”，是指股份公司对原有股东无偿派发股票的行为。

释义：送股时，将上市公司的留存收益转入股本账户，留存收益包括盈余公积和未分配利润。目前的上市公司一般只将未分配利润部分送股。送股实质上是留存利润的凝固化和资本化，表面上看，送股后，股东持有的股份数量因此而增长，其实股东在公司里占有的权益比例和账面价值均无变化。投资者获取上市公司送股时也需缴纳所得税。

词条名称：现金股利（派现）

英　　文：**cash dividend**

定义：现金股利，简称“派现”，指股份公司以现金分红方式将盈余公积和当期应付利润的部分或全部发放给股东，股东为此应支付所得税。

释义：现金股利的发放致使公司的资产和股东权益减少同等数额，导致公司现金流出。因此，稳定的现金股利政策对公司现金流管理有着较高的要求。股票市场上，通常将那些经营业绩较好、具有稳定且较高现金股利的公司股票称为“蓝筹股”。

词条名称：除息

英　　文：**ex-dividend**

定义：除息是指证券不再含有最近已宣布发放的股息（现金股利）。

释义：除息前，股份公司需要事先召开股东会议确定方案、核对股东名册，除息时以规定某日在册股东名单为准，并公告在此日以后一段时期为停止股东过户期。

词条名称：除权

英　　文：**ex-right**

定义：除权是指证券不再含有最近已宣布的送股、配股及转增权益。

释义：除权时以规定日的在册股东名单为准。

词条名称：股权登记日

英　　文：**date of record**

定义：股权登记日是指统计和确认参加本期股利分配的股东的日期，在此日期前（含本日）持有公司股票的股东方能享受股利的发放。

释义：股东如果考虑放弃本期股利分配，如放弃配股、派现等，必须在股权登记日前售出所持股票。

词条名称：除息除权日

英　　文：**ex-dividend and ex-right Date**

定义：通常股权登记日后的第一

天就是除息除权日，这一天或以后购入该公司股票的股东，不再享有本期股利。

释义：从理论上来讲，除息日股票价格应下降与每股现金股利相同的数额。除权日股票价格应按送股、配股及转增比例相应下降，但在实践中，股价变化与理论价格通常会存在差异。

词条名称：**T+0（1、2、3…）交易**

英　　文：**T+0（1，2，3…）Transaction**

定义：T+0（1、2、3……）交易是指当天买入的证券在当天（第二天、第三天、第四天……）可以卖出。

释义：T+0交易意味着当天买入的证券当天就可以卖出，T+1交易则表示当天买入的证券要第二天才可以卖出，T+2（3、4……）交易以此类推。

词条名称：**休市**

英　　文：**market closed**

定义：休市是指证券市场停止交易。

释义：休市，包括周末休市、节假日休市、临时休市等几种情况。(1) 周末休市：中国证券市场周一至周五为交易日，周六、周日为休市日。(2) 节假日休市：指法定假日放假期间（非周六、周日）停止交易。在黄金周休假节日调整的情况下，如因前面或后面的周末调至与法定假日合并休假，该周末按放假通知为上班时间的话，中国证券市场仍然休市。(3) 临时休市：因不可抗力的突发性事件或者为维护证券交易的正常秩序，证券交易所决定的临时休市。

例证：临时休市：如2011年9月29日，受台风"纳沙"影响，香港政府机关停止办公，股市休市，学校停课。也有因证券市场剧烈波动引发的临时休市，如在2008年金融危机的影响下，俄罗斯、冰岛等国因股市暴跌而宣布临时休市。

词条名称：**市盈率**

英　　文：**price/earnings ratio**

定义：市盈率，又称"价格收益"比、"本益"比，常缩写为"P/E"，是指普通股每股市价与每股收益的比率。

释义：市盈率反映普通股股东愿意为每1元净利润支付的价格，计算所得结果单位为：倍。其中，每股收益是指可分配给普通股股东的净利润与流通在外普通股加权平均股数的比率，它反映每只普通股当年创造的净利润。市盈率越高，投资者支付的价格越高，因此，投资者期望更高的盈利成长率。市盈率高于20倍的股票，通常是新兴的高增长公司，风险高于低市盈率的股票，因为高成长预期比低成长预期更难以达到。低市盈率的股票通常出现在以下情形中：低俗增长或已经成熟的行业，已经过时的股票，或历史悠久、具有稳定获利能力、经常派息分红的蓝筹股公司。在计算和使用市盈率和每股收益时，应注意以下两个问题：

(1) 每股市价实际上反映了投资

者对未来收益的预期。然而，市盈率是基于过去年度的收益。因此，如果投资者预期将从当前水平大幅增长，市盈率将会相当高，也许是20倍、30倍或者更多。但是，如果投资者预期收益将从当前水平下降，市盈率将会相当低，如10倍或更少。成熟市场上的成熟公司有非常稳定的收益，通常其每股市价为每股收益的10~20倍。因此，市盈率反映了投资者对公司未来前景的预期，相当于每股收益的资本化。

（2）对仅有普通股的公司而言，每股收益的计算相对简单。由于每股收益的概念仅适用普通股，优先股股东除规定的优先股股利外，对收益没有要求权，所以用于计算每股收益的分子必须等于可分配给普通股股东的净利润，即从净利润中扣除当年宣告或累计的优先股股利。

公式：$市盈率=\frac{每股市价}{每股收益}$，$每股收益=\frac{普通股股东净利润-优先股股利}{流通在外普通股加权平均股数}$

例证：假设ABC公司无优先股，本年12月31日普通股每股市价36元，本年流通在外普通股加权平均股数100万股，本年流通在外归属于普通股股东的净利润为136万元。根据ABC公司的以上财务数据，可得：本年每股收益=136/100=1.36（元/股），本年市盈率=36/1.36=26.47（倍）。

词条名称：**市净率**

英　　文：**price/book ratio**

定义：是指普通股每股市价与每股净资产的比率。

释义：市净率通常缩写为“P/B”，它反映普通股股东愿意为每1元净资产支付的价格，说明市场对公司资产质量的评价，计算所得结果单位为“倍”。其中，每股净资产也称为每股账面价值，是指普通股股东权益与流通在外普通股股数的比率，它反映每只普通股享有的净资产，代表理论上的每股最低价值。既有优先股又有普通股的公司，通常只为普通股计算净资产。在这种情况下，普通股每股净资产的计算需要分两步完成。首先，从股东权益总额中减去优先股权益，包括优先股的清算价值及全部拖欠的股利，得出普通股权益；其次，用普通股权益除以流通在外普通股股数，确定普通股每股净资产。该过程反映了普通股股东是公司声誉所有者的事实。

公式：$市净率=\frac{每股市价}{每股净资产}$，$每股净资产=\frac{普通股股东权益}{流通在外普通股股数}$

例证：假设ABC公司有优先股10万股，清算价值为每股15元，拖欠股利为每股5元，本年12月31日普通股每股市价36元，流通在外普通股股数100万股，本年12月31日股东权益合计960万元。根据以上财务数据，可得本年每股净资产=[960-(15+5)×10]/100=7.6(元/股)，本年市净率=36/7.6=4.74（倍）。

词条名称：**市销率**

英　　文：**price/sales ratio**

定义：市销率是指普通股每股市

常用术语

价与每股销售收入的比率。

释义：市销率反映普通股股东愿意为每1元销售收入支付的价格。其中，每股销售收入是指销售收入与流通在外普通股加权平均股数的比率，它反映了每只普通股创造的销售收入。由于销售收入的波动通常比利润或者现金流的波动小，因此，市销率尤其适合暂时不稳定的公司。不同行业的公司市销率差异很大，例如，零售商的市销率远低于高科技公司的市销率。

公式：市销率 = 每股市价/每股销售收入，每股销售收入 = 销售收入/流通在外普通股加权平均股数

例证：假设本年12月31日普通股每股市价36元，本年流通在外普通股加权平均股数100万股，本年销售收入3000万元。根据以上财务数据可得：本年每股销售收入 = 3000/100 = 30（元/股），本年市销率 = 36/30 = 1.2（倍）。

词条名称：**经纪人**

英　　文：**broker**

定义：经纪人是指执行客户命令，买卖证券、商品或其他财产，并为此收取佣金的证券从业者。

释义：在证券市场中，证券经纪人是指接受证券公司的委托，代理其从事客户招揽和客户服务等活动的证券公司以外的自然人。证券经纪人是证券从业人员，在开展相关业务前，应当取得证券从业资格，并进行执业注册。

词条名称：**指定交易**

英　　文：**designated transaction**

定义：指定交易是指凡在上海证券交易所市场进行证券交易的投资者，必须事先指定上海证券交易所市场某一交易参与人，作为其证券交易的唯一受托人，并由该交易参与人通过其特定的交易单元参与交易所市场证券交易的制度。

释义：指定交易，是指投资者可以指定某一证券营业部为自己买卖证券的唯一的交易营业部。目前，这一概念是针对上海证券市场的交易方式而言的。投资者一旦采用指定交易方式，便只能在指定的证券商处办理有关的委托交易，而不能再在其他地方进行证券的买卖。投资者如不办理指定交易，上海证券交易所交易系统将自动拒绝其证券账户的交易申报指令，直至该投资者完成办理指定交易手续。

词条名称：**票面价值**

英　　文：**face value**

定义：票面价值，简称“面值”，是指在股票票面上标明的金额。

释义：股票的票面价值在初次发行时有一定的参考意义。如果以面值作为发行价，称为平价发行，此时公司发行股票募集的资金等于股本的总和，也等于面值总和。发行价格高于面值称为溢价发行，募集的资金中，等于面值总和的部分计入资本账户，以超过股票票面金额的发行价格发行股份所得的溢价款列为公司的资本公积金。

词条名称：**开户**

英　　文：**open an account**

定义：开户是指投资者在证券经纪机构开立证券投资的账户，包括股

票账户和资金账户。

释义：证券交易的基本过程包括开户、委托、成交、结算等几个步骤。开户有两个方面，即开立股票账户和开立资金账户。开立股票账户和资金账户后，投资者买卖证券所涉及的证券、资金变化就会从相应的账户中得到反映。

词条名称：资金账户

英　　文：capital account

定义：资金账户是指用来记载和反映投资者买卖证券的货币收付和结存数额的账户。

释义：在证券交易过程中，投资者必须先开户，开户包括开立股票账户和开立资金账户两个方面。

词条名称：委托

英　　文：drder placement

定义：委托是指投资者向经纪商下达买进或卖出证券的指令。

释义：在证券交易所市场，投资者买卖证券是不能直接进入交易所办理的，而必须通过证券交易所的会员来进行。换而言之，投资者需要通过经纪商的代理才能在证券交易所买卖证券。委托指令有多种形式，可以按照不同的依据来分类。从各国（地区）情况来看，一般根据委托订单的数量，有整数委托和零数委托；根据买卖证券的方向，有买进委托和卖出委托；根据委托价格限制，有市价委托和限价委托；根据委托时效限制，有当日委托、当周委托、无期限委托、开市委托和收市委托等。

词条名称：成交

英　　文：make a bargain

定义：成交是指买卖双方以一致的价位达成交易的行为。

释义：证券交易所交易系统接受申报后，要根据订单的成交规则进行撮合配对。符合成交条件的予以成交，不符合成交条件的继续等待成交，超过了委托时效的订单失效。在成交价格确定方面，一种情况是通过买卖双方直接竞价形成交易价格；另一种情况是交易价格由交易商报出，投资者接受交易商的报价后即可与交易商进行证券买卖。在订单匹配原则方面，根据各国（地区）证券市场的实践，优先原则主要有：价格优先原则、时间优先原则、按比例分配原则、数量优先原则、客户优先原则、做市商优先原则和经纪商优先原则等。其中，各证券交易所普遍使用价格优先原则作为第一优先原则。我国采用价格优先和时间优先原则。

词条名称：清算

英　　文：clearing

定义：清算是指证券买卖双方在证券交易所进行证券买卖成交之后，通过证券交易所将证券商之间证券买卖的数量和金额分别予以抵消，计算应收、应付证券和应付股金差额的一种程序。

释义：从时间发生及运作的次序来看，清算是交割的基础和保证，交割是清算的后续和完成。清算结果正确才能确保交割顺利执行；而只有通过交割，才能最终完成证券或资金收付，结束整个交易过程。清算与交割的区别在于：清算时对应收、应付证券及价款的计算，其结果是确定应收、应付数量或金额，并不发生财产实际转移；交割则是根据清算结果办理证券和价款的收付，发生财产实际转移。

词条名称：**交割**

英　　文：**stock settlement**

定义：交割是指投资者与受托证券商就成交的买卖办理资金与股份清算业务的手续。

释义：沪深两市除 B 股外的上市交易证券（A 股、基金、债券），都实行 T+1 交割制度，即当日买入的股票不能在当日卖出，资金收付与证券交割只能在成交日的下一个营业日进行，不能在当日从账户中提取现金。

词条名称：**证券登记**

英　　文：**stock registration**

定义：证券登记是指证券登记结算机构为证券发行人建立和维护证券持有人名册的行为。证券登记具有确定或变更证券持有人及其权利的法律效力，是保障投资者合法权益的重要环节，也是规范证券发行和证券交易过户的关键所在。

释义：证券登记的分类：（1）按证券种类分为股份登记、基金登记、债券登记；（2）按性质（程序过程）分为初始登记（指已发行的证券在证券交易所上市前，由中国结算公司根据证券发行人的申请维护证券持有人名册，并将证券记录到投资者证券账户中）、变更登记（指有证券登记结算机构执行并确认记名证券过户的行为）、退出登记（股票终止上市后，股票发行人或其代办机构应当及时到中国结算公司办理证券交易所市场的退出登记手续）。

词条名称：**过户**

英　　文：**procedures for stock transfer**

定义：证券过户是指采用正常的程序，把原属于一个所有人的证券转变为另一个所有人的过程。

释义：过户是一种变更登记行为，具体做法是以账户划转的方式在投资者或账户之间转移，并相应更改股东名册或债权人名册。

词条名称：**发行**

英　　文：**issuance，offeving**

定义：发行是指符合条件的发行人以筹资或实施股利分配为目的，按照法定程序，向投资者或原股东发行股份或无偿提供股份的行为。

词条名称：**首次公开发行（IPO）**

英　　文：**initial public offering，缩写 IPO。**

定义：首次公开发行，简称“首发”，又称“上市”，指企业首次在证券市场公开发行股票募集资金并上市的行为。

释义：首次公开发行（IPO）是发行人在满足必须具备的条件下，并经证券监管机构审核、核准或注册后，通过证券承销机构面向社会公众公开发行股票并在证券交易所上市的过程。通过首次公开发行，发行人不仅募集到所需资金，而且完成了股份有限公司的设立或转制，成为上市公众公司。

词条名称：**保证金**
英　　文：**margin**
定义：保证金是指投资者保证融资融券交易的顺利完成而存放在对应托管银行账户的资金、标的证券或其他交易所认可的证券。

释义：投资者用自有资金作为担保，从银行或经纪商处提供的融资放大来进行交易，也就是放大投资者的交易资金。融资的比例大小，一般由银行或者经纪商决定，融资的比例越大，客户需要付出的资金就越少。

词条名称：**佣金**
英　　文：**commission**
定义：佣金是指投资者在委托买卖证券成交后按成交金额的一定比例支付的费用，是证券经纪商为客户提供证券代理买卖服务收取的费用。

释义：佣金由证券公司经纪佣金、证券交易所手续费及证券交易监管费等组成。佣金的收费标准因交易品种、交易场所的不同而有所差异。根据中国证监会、原国家计划和发展委员会（现为国家发展和改革委员会）、国家税务总局联合发出的《关于调整证券交易佣金收取标准的通知》，从2002年5月1日开始A股、B股、证券投资基金的交易佣金实行最高上限向下浮动制度。证券经纪商向客户收取的佣金（包括代收的证券交易监管费和证券交易所手续费等）不得高于证券交易金额的3‰，也不得低于代收的证券交易监管费和证券交易所手续费等。A股、证券投资基金每笔交易佣金不足5元的，按5元收取；B股每笔交易佣金不足1美元或5港元的，按1美元或5港元收取。国债现券、企业债（含可转换债券）、国债回购以及以后出现的新的交易品种，其交易佣金标准由证券交易所制定并报中国证监会和原国家计划和发展委员会（现为国家发展和改革委员会）备案，备案15天内无异议后实施。

词条名称：**印花税**
英　　文：**stamp tax**
定义：印花税是指根据国家税法规定，在股票成交后对买卖双方投资者按照规定的税率分别征收的税金。

释义：我国税收制度规定，股票成交后，国家税务机关应向成交双方分别收取印花税。为保证税源，简化缴款手续，现行的做法是由证券经纪商在同投资者办理交收过程中代为扣收；然后，在证券经纪商同中国结算公司的清算、交收中集中结算；最后，由中国结算公司统一向征税机关缴纳。

词条名称：**一级市场**
英　　文：**primary market**
定义：一级市场，又称“初级市场”、“证券发行市场”，是指发行人以筹集资金为目的，按照一定的法律规定和发行程序，向投资者出售新证券所形成的市场。

释义：按证券进入市场的顺序形成的结构关系划分，证券市场的构成可以分为发行市场（一级市场）和交易市场（二级市场）。证券发行市场和流通市场相互依存、相互制约，是一个不可分割的整体。证券发行市场是流通市场的基础和前提，有了发行市场的证券供应，才有流通市场的证券交易，证券发行的种类、数量和发行方式决定着流通市场的规模和运行。

词条名称：**二级市场**

英　　文：**secondary market**

定义：二级市场，也称“次级市场”、“证券交易市场”、“证券流通市场”，是指已发行的证券通过买卖交易实现流通转让的市场。

释义：按证券进入市场的顺序形成的结构关系划分，证券市场的构成可以分为发行市场（一级市场）和交易市场（二级市场）。证券发行市场和流通市场相互依存、相互制约，是一个不可分割的整体。流通市场是证券得以持续扩大发行的必要条件，为证券的转让提供市场条件，使发行市场充满活力。此外，流通市场的交易价格制约和影响着证券的发行价格，是证券发行时需要考虑的重要因素。

词条名称：**动态市盈率**

英　　文：**dynamic price/earnings ratio，缩写 dynamic P/E**

定义：动态市盈率是指还没有真正实现的下一年度的预测利润的市盈率。

释义：动态市盈率可用于衡量某一阶段资本市场的投资价值和风险程度，在一定程度上能够弥补静态市盈率使用季度或年度每股盈余数据所缺失的前瞻性。动态市盈率，其计算公式是以静态市盈率为基数，乘以动态系数，该系数为 1/(1+i)^n，i 为企业每股收益的增长性比率，n 为企业可持续发展的存续期。动态市盈率一般都比静态市盈率小很多，代表了一个业绩增长或发展的动态变化。

词条名称：**静态市盈率**

英　　文：**static price/earnings ratio，缩写 static P/E。**

定义：静态市盈率是指目前市场价格除以已知的最近公开的每股收益后的比值。

释义：市盈率通常指的是静态市盈率，即以目前市场价格除以已知的最近公开的每股收益后的比值。静态市盈率表示该公司需要累积多少年的盈利才能达到目前的市价水平，所以市盈率指标数值越小说明投资回收期越短，风险越小，投资价值一般就越高；数值越大则意味着投资回收期越长，风险越大。

（二）市场惯用词语

词条名称：**拨档**

英　　文：**clawing back，sell the stock in the bear market and（buy it at the lower price later）**

定义：拨档，又称“回补投资法”、“滑坡刹车法”，是指投资者先卖出自己所持股票、待股价下跌后再买入补回的一种以多头降低成本、保存实力的投资方法。

释义：通常“拨档”卖出与买入之间相隔时间不长，短则一天，长则一到两个月。“拨档”的动机有两种，其一为行情上涨一段后卖出，回降后补进的“挺升行进间拨档”，其二为行情挫落时，趁价位仍高时卖出，等价位跌低时再予回补的“滑降间拨档”。

词条名称：**白马股**

英　　文：**“white horse” stock (stock with good public performane)**

定义：白马股是指相关信息均已公开，同时兼具高成长、低风险和业绩优良的股票。

释义：白马股由于业绩优良和信息透明度高，存在内幕交易和黑箱操作的可能性较低，具有较高的投资价值，往往被大量投资者看好，股价处于稳步上升的趋势。

词条名称：**崩盘**

英　　文：**collapse，crash**

定义：崩盘是指股票市场发生大规模的、十分罕见的、可能导致灾难性结果的急剧下跌，现有的投资者竞相抛售股票，致使整个股票市场处于快速下跌的状态。

释义：证券市场上由于某种利空原因，出现了证券大量抛出，导致证券市场价格快速、普遍、大幅度下跌，不知到什么程度才可以停止。这种接连不断地大量抛出证券的现象也称为卖盘大量涌现。

词条名称：**长多**

英　　文：**long-term long position**

定义：长多是指对股票进行长期多头投资，现时买入股票并长期持有，待股价上涨后出售获取价差收益。

释义：指对股市远景看好，使用自有资金或借入资金买进股票，待股票上涨一段相当长的时期以后才卖出的投资者。

词条名称：**长空**

英　　文：**long-term short position**

定义：长空是指对股票进行长期空头投资，现时借入股票并卖出，待股价跌落后再买进股票归还。

释义：指对股市远景看坏，借来股票卖出，待股票跌落一段相当长的时期以后才买回的投资者。

词条名称：**长线**

英　　文：**long-term**

定义：长线是指股票投资者长期持有股票。

释义：长线投资者一般不会在短期内卖掉持有的股票，通常情况下，一年以上的持有者就应该算是长线投资者。长线投资者多数情况下是以基本面为依据，或者买入后期待公司出现大的发展进而带动股票价格出现涨幅。一般来说，一家公司的基本面很难在几个月内出现明显的转变，所以长线投资往往要持续一年以上。

词条名称：**大户**

英　　文：**large investor**

定义：大户是指股市中资金实力雄厚、股票买卖量大的投资者。

释义：手中持有大股票或资金，做大额交易的客户，一般是资金雄厚的人，他们交易吞吐量大、能影响市场股价。

词条名称：**庄家**

英　　文：**banker**

定义：庄家是指能影响股票走势行情的大户。

释义：一般而言，在股市中，庄家拥有十分雄厚的资金实力，并运用各种手段影响乃至操纵股票价格来获取高额利润。庄家利用自己的资金优势操纵股价，在各国均被监管当局所禁止，因此，大多采取暗箱操作方式。

词条名称：**吃货**

英　　文：**buy stock**

定义：吃货，又称“吸货”，指在股市中，在低价时不动声色买入股票的行为。

释义：吃货在一般意义上说的是庄家，而不是散户，庄家在股价相对较低时不动声色地买入股票。

词条名称：**出货**

英　　文：**sell stock**

定义：出货是指在高价时，不动声色地卖出股票。

释义：出货与“吃货”相对，指股价较高时不动声色地卖出股票的行为。

词条名称：**吊空**

英　　文：**cornering**

定义：吊空是指抢空头帽子，卖出股票，股价当天未下跌，反而上涨，只好高价赔钱买回的投资行为。

释义：股票投资者做空头，卖出股票后，但股票价格当天不跌反涨，只得高价赔钱买回。

词条名称：**断头**

英　　文：**liquidation**

定义：断头是指投资者抢多头帽子，买进股票，但股票当天未上涨，反而下跌，只好低价赔钱卖出的投资行为。

释义：股票投资者买入股票后，当天股价不涨反跌，只好低价赔钱卖出。

词条名称：**对敲转账**

英　　文：**matched transfer**

定义：对敲转账是转账交易的一种方式，是经纪商赚取投资者利润的手段之一，是多头策略的演进。

释义：经纪商以低价买进并收了客户的佣金，再以高价卖给另一客户，以赚取大量的利润。

词条名称：**多翻空**

英　　文：**turning of long position to short position**

定义：多翻空是指原本看好行情的买方，看法改变，变为卖方。

释义：原本看好行情的多头，看法改变，卖出手中的股票，有时还借股票卖出，这种行为称为翻空或多翻空。

词条名称：**多杀多**

英　　文：**selling after buying**

定义：多杀多是指买入股票后因股价没有如预期的大幅上涨，又竞相卖出股票的行为。

释义：普遍认为当天股价将上涨，大量投资者做多头，然而股价却没有大幅上涨，无法高价卖出，等到交易快要结束时，竞相卖出，因而造成收盘时股价大幅下挫的情形。

词条名称：**多头**

英　　文：**long position，bull position**

定义：多头，又称“买空”，是指那些预期股票市场价格将上涨的投资者，他们用现价买进一定数量的股票，准备过一段时间股票行情上涨后再将股票以高价卖出。

释义：“多头”与“空头”相对称，是指在证券市场或期货市场中，交易者先买后卖的交易方式。在证券或期货买卖过程中，交易者根据行情变化，预测某种证券或期货的价格将呈不断上涨趋势，决定按现行市价买入一定数量的证券或期货；如果后来市场行情果真上涨，就按已上涨的价格再将所持证券或期货卖出，以达到营利的目的。占据多头部位的交易者手持证券或期货数日、数周甚至数月以上，待出现预期行情时再行卖出；有的交易者当日买进、当日卖出，以追逐小利为目的。在买进和卖出期间，交易者手中持有较多的证券或期货，所以称为“多头”；由于是先选择买的部位，所以称为“买空”。

词条名称：**多头市场**

英　　文：**long position market**

定义：多头市场，又称“买空市场”，是指股价的基本趋势持续上升时形成的投资者不断买进证券，需求大于供给的市场现象。

释义：一般来说，人们通常把股价长期保持上涨势头的股票市场称为多头市场。多头市场股价变化的主要特征是一连串的大涨小跌。多头市场的形成过程可认分为三个阶段：第一阶段，股票价格水平一般比较低。由于股价的持续下降，投资大众对股票投资尚缺少兴趣，而那些比较有远见的投资者开始购进股票。第二阶段，股票价格和交易量开始稳定增长，同时公司的收益提高，经济前景乐观。第三阶段，所有的经济与金融信息对投资者来说都极为有利，股价显著上涨，投资交易进入狂热阶段。在这一阶段的后期，大多数股票的价格已经一升再升，连原先价格较低且无明显投资价值的股票也因投机者的炒作而身价倍增。这时，股票市场投机活动开始泛滥。

词条名称：**超买**

英　　文：**overbought**

定义：超买是指对某种股票的过度购买导致其价格升至基本面因素无法支持的水平，通常意味着股价会随后出现向下的修正。

释义：股市上，经常会出现因某种消息的传播而使投资者对大盘或个股做出强烈的反应，以致引起股市或个股出现过分的上升，产生了超买现象。当投资者的情绪平静下来以后，超买所造成的影响会逐渐得到适当的调整，超买之后一般会出现股价的回落。与“超卖”相对。

常用术语

词条名称：**超卖**

英　　文：**oversold**

定义：超卖是指对某种股票的过度抛售导致其价格跌至不合理的水平，通常意味着股价会随后出现向上的修正。

释义：股市上，经常会出现因某种消息的传播而使投资者对大盘或个股做出强烈反应，以致引起股市或个股出现过分的下跌，产生了超卖现象。当投资者的情绪平静下来以后，超卖所造成的影响会逐渐得到适当调整，超卖之后一般会出现股价的上涨。与“超买”相对。

词条名称：**反弹**

英　　文：**rebound**

定义：反弹是指在下跌的行情中，股价有时由于下跌速度太快，受到买方支撑暂时回升的现象。

释义：在空头市场上，股价处于下跌趋势中，会因股价下跌过快而出现回升，以调整价位，这种现象称为“反弹”。一般来说，反弹是指在熊市长期趋势中，出现的次要中期趋势。通常，反弹的幅度是前邻下跌趋势之下跌幅度的1/3左右，即反弹幅度达到前一下跌幅度的1/3左右时即恢复下跌趋势。但是，在不同的市场情境中，反弹幅度与前一下跌幅度的比例关系也可能有较大差异。根据证券分析家的研究，这一比例越高，则反弹后的第一个下降趋势跌幅越小；这一比例越低，则反弹后的下一个下降趋势下跌幅度越大。

词条名称：**浮多**

英　　文：**short-term stock holder**

定义：浮多是指资金实力弱，因借款买入股票而持股时间较短，见涨就卖的短期投资者。

释义：预期股价将会上涨，但由于资金不足，通过借款方式买进股票，贷款人若要收回，即刻卖出股票归还借款。此时，即使股价上涨，亦不敢长期持有，一旦股价下跌，迫于还款压力更是快速出售股票平仓。实多和浮多都是股市中多头交易的一种，但是它们仍然存在很大差别，其差别在于，实多是基于自己的资金实力做多头，也就是量入为出，并且他们不为股市中的下跌现象所左右，而期待股价上涨到较高价位而获取收益；而浮多则不完全依靠自有资金，大部分依赖于借入资金做多头，因此，风险更大。

词条名称：**浮空**

英　　文：**short-term stock seller**

定义：浮空是指资金实力弱，手中股票少，因借入股票卖出而不敢从事长期投资，见跌就买的短期投资者。

释义：预期股价将会下跌，但由于资金不足，通过借股票来卖出，股票所有人若要收回，即刻买回股票归还。此时，即使股价下跌，但由于所放空的股票时有被收回的顾虑，因此，仅能从事短期投资，一旦获利便购回股票归还。

词条名称：**挂出**

英　　文：**hang out**

定义：挂出，又称“挂牌卖出”，

即以高于现价、卖出价的价格委托卖出。

释义：持股人有时挂出卖单并不急于成交，甚至并非真的想出售股票。

词条名称：**挂进**

英　　文：**hang in**

定义：挂进，又称“挂牌买进”，是指以低于现价、买入价的价格委托买进。

释义：持股人有时挂出买单并不急于成交，甚至并非真的想买进股票。

词条名称：**关卡**

英　　文：**resistence**

定义：股市受利多信息的影响，股价上涨至某一价格时，做多头的认为有利可图，便大量卖出，使股价至此停止上升，甚至出现回跌。股市上将这种遇到阻力时的价位称为“关卡”。

释义：一般将整数位、黄金分割位或股民习惯上的心理价位等价位称为关卡，它也是支撑线和阻力线的统称。股价遇到关卡后，如果多头和空头双方势均力敌，暂时处于平衡状态，则可能进入稳定变动阶段，开始小幅度的波动整理而出现盘局，这往往是下一轮股价变动的准备阶段。

词条名称：**惯压**

英　　文：**selling a large number of stocks to lower the price**

定义：惯压是指利用大量卖出将股价打压下来，意图压低自己进货成本的行为。

释义：利用手中已有的股票，先将其大量卖出以打压股价，而其真实意图却是趁股价被打压之时进货的行为。

词条名称：**黑马股**

英　　文：**“dark horse”stock(stock with suddenly significant price rising)**

定义：黑马股是指股价在一定时间内大幅上涨但事前并未被投资者注意或看好的股票。

释义：黑马最初是指赛马场上原本不被看好的马匹却在比赛中出乎意料地取胜，延伸至股票市场，主要指那些事先并未被投资者广泛关注，但短期内脱离过去的价格快速上涨的股票，通常用于描述那些业绩一般但短期内股价猛涨一倍乃至多倍的股票。

词条名称：**哄抬**

英　　文：**bid up**

定义：哄抬是指具有一定资金实力的投资者以某种方式合盟，用不正当的方法和手段，将股票价格提高。

释义：在供不应求，特别是在买方很想买入的时候，卖方串通其他卖家一起抬价的行为。哄抬是一种股市投资者惯用的投机方式，通常需要散布虚假消息刺激其他投资者对股价的预期。

词条名称：**护盘**

英　　文：**protect the market**

定义：护盘是指主力投资者为了避免股价下跌造成的损失，拿出部分资金来购买股票以维系股价稳定的行为。

释义：护盘行为一般是主力的作

为，由于主力的筹码较多，股价下跌后就会有较大的损失，为了减少下跌的幅度，便于行情好转时快速拉升股价，主力会在股票价格下跌时，拿出部分资金来维持股价，主要手段就是在卖盘强大时适当买入股票，把股票价格控制在一定范围里，以避免价格跌幅过大而形成更大损失。

词条名称：**回档**

英　　文：**retreated**

定义：回档是指在上升趋势中，股价因上涨过快而短暂回调的现象。

释义：上升趋势中，因股价上涨速度过猛而出现的暂时回跌现象，通常回档幅度小于上涨幅度，并且短期内还会恢复原来的上涨趋势。

词条名称：**盘档**

英　　文：**little volatility in price**

定义：盘档是指股票交易的买卖双方势均力敌，股价变动幅度小，走势较为平稳。

释义：指投资者不积极买卖，多采取持仓观望态度，股票波动小，使当天股价的变动幅度很小。

词条名称：**买空**

英　　文：**long buying**

定义：买空是指预计股价将上涨，缴纳一定的比例保证金并通过经纪商向银行融资的方式购入股票，待股价上涨到一定幅度后再卖出，以获取价差收益为目的的行为。

释义：在买空交易中，如果投资者认定某一证券价格将上涨，想多买一些该证券但手头资金不足时，可以通过缴纳保证金向证券商借入资金买进证券，等待价格涨到一定程度时再卖出以获取价差。由于这一交易方式投资人以借入资金买进证券，而且要作为抵押物放在经纪人手中，投资人手里既无足够的资金，也不持有证券，所以称为“买空交易”。

词条名称：**卖空**

英　　文：**short selling**

定义：卖空是指预计股价将下跌，缴纳一定比例的保证金向经纪商借入股票卖出，待股价下跌到一定幅度后再买进，以获取价差收益为目的的行为。

释义：当某种股票价格看跌时，股票投资者便从经纪人手中借入该股票抛出，在发生实际交割前，将卖出股票如数补进，交割时只结清差价的行为。若日后该股票价格果然下落时，再从更低的价格买进股票归还经纪人，从而赚取中间差价。

词条名称：**空头**

英　　文：**short position**

定义：空头是指那些预期股票市场价格将下跌的投资者，先卖掉手中全部或部分股票，过一段时间待股票行情下跌后再将股票买进。

释义：在证券或期货买卖过程中，由于交易者预测某种股票的价格具有下降趋势，因而决定按市价卖出一定数量的股票。如果以后市场行情果真下跌，他就按已下跌的价格再行买进，以赚取利润。空头交易方式与多头交易方式呈逆向操作，两者的操作过程相反，最终目的都是投机获利。

词条名称：**空头市场**

英　　文：**short position market**

定义：当部分投资人开始恐慌，纷纷卖出手中股票，保持空仓观望。此时，空方在市场上是占主导地位的，做多（看好后市）氛围严重不足，一般就称为“空头市场”。

释义：所谓空头市场，即总体的运行趋势是向下的，其间虽有反弹，但股价屡创新低，成交量也随之萎缩。

词条名称：**利多**

英　　文：**good news**

定义：利多，又称“利好”，是指对多头有利的消息，可能会刺激股价上涨。

释义：利多通常是指宏观经济、行业景气和公司经营等方面能够对公司股价产生正面影响的信息，但需要注意的是，利多并非一定会导致股价上涨。

词条名称：**利空**

英　　文：**bad news**

定义：利空是指对空头有利的消息，可能会刺激股价下跌。

释义：利空通常是指宏观经济、行业景气和公司经营等方面能够对公司股价产生负面影响的信息，但需要注意的是，利空并非一定会导致股价下跌。

词条名称：**底部**

英　　文：**bottom**

定义：底部是指股价由下跌转为上升的转折点。

释义：所谓股价波动的底部形态是指股价由下跌转为上升的转折点，这种转折可以是一个急速的过程，也可以是一个缓慢的过程，按照行情大小也可以分为短期底部、中期底部和长期底部。在底部股价可能是急剧振荡的，也可能是平缓波动的，由此形成了各种不同的底部形态。

词条名称：**跌破**

英　　文：**fall below**

定义：股价冲过关卡向下突破称为“跌破”。

释义：股价向下冲破支撑位，即股价下跌超过根据技术图表分析所得的支撑价位，通常是相对低点之间的连线或各种均线。

词条名称：**阳线**

英　　文：**positire line**

定义：阳线是指收盘价高于开盘价的K线。

释义：当收盘价高于开盘价，也就是股价走势呈上升趋势时，我们称这种情况下的K线为阳线。但阳线并不等同于上涨，上涨一般是指当日收盘价高于前一交易日的收盘价。一般而言，阳线表示买盘较强，卖盘较弱，这时，由于股票供不应求，会导致股价的上扬。

词条名称：**阴线**

英　　文：**negative line**

定义：阴线是指收盘价低于开盘价的K线。

释义：当收盘价低于开盘价，也就是股价走势呈下跌趋势时，我们称这种情况下的K线为阴线。但阴线并不等同于下跌，下跌一般是指当日收盘价低于前一交易日的收盘价。一般而言，阴线表示卖盘较强，买盘较弱，这时由于股票供大于求，会导致股价的下跌。

词条名称：龙头股

英　　文：leading stock

定义：龙头股是指某一时期在股票市场上对同行业板块的其他股票具有影响力和号召力的股票，它的涨跌往往对同行业板块的其他股票的涨跌起引导和示范作用。

释义：投资者通常将那些在行业内占有支配地位、业绩优良、交投活跃和利润丰厚的公司股票视为龙头股。但随着公司经营状况和经济地位的变化，其龙头股地位也会发生变化。

词条名称：牛市

英　　文：bull market

定义：牛市是指较长一段时间里处于上涨趋势的股票市场。

释义：牛市也称“多头市场”，期间买方力量强于卖方，求过于供，股票行情普遍看涨。形成牛市的因素主要有：（1）经济因素。股份公司盈利增多、经济处于繁荣时期、利率下降、新兴产业较快发展、温和的通货膨胀等因素都可能推动股市价格的上涨。（2）政治因素。政府的经济政策、法令颁行，或突发政治事件等都可以引起股市价格的上涨。（3）股票市场本身的因素。如发生抢购风潮、投机者的卖空交易、大户大量购进股票等都可以引发牛市。

词条名称：盘坚

英　　文：price driving up slightly

定义：盘坚是指某个股票价格或整个市场指数缓慢上升的状态。

释义：盘坚主要指股价或股指上升趋势缓慢平坦，主要出现在买方力量相对于卖方优势不明显的情况下。

词条名称：盘软

英　　文：price driving down slightly

定义：盘软是指某个股票价格或整个市场指数缓慢下跌的状态。

释义：盘软主要指股价或股指上升趋势缓慢平坦，主要出现在买方力量相对于卖方优势不明显的情况下。

词条名称：骗线

英　　文：cheating line

定义：骗线是指大户或资金实力雄厚的助理投资者利用其他投资者相信技术分析的心理，采取种种手段来影响趋势线的形状，使其做出错误的判断和投资决策。

释义：大户利用其他投资者迷信技术分析的心理，故意抬拉、打压股指，致使技术图表形成某种特殊的线型，引诱其大量买进或卖出，从而达到他们大发其财的目的。这种欺骗性造成的技术图表线称为骗线。

词条名称：**抢帽子**

英　　文：**scalping**

定义：抢帽子是指当天先低价买进股票，然后高价再卖出相同种类、相同数量的股票；或当天先卖出股票，然后以低价买进相同种类、相同数量的股票，以求赚取差价收益。

释义：抢帽子的目的在于赚取交易当天的股票价差收益，属于风险较高的交易行为。在股市处于大幅震荡阶段，抢帽子者通过低价买入股票，待股价上升到一定阶段再将之抛出，或者待股价下跌到一定幅度，再买进当天已经抛出的同数量、同种类的股票。抢帽子可以说是一种要求极高的短期投机行为，进行这项活动需要投资者具备高度的智慧和丰富的经验，才能对股市动向做出快速而准确的判断。抢帽子者一般不注意股利的大小和企业利润的增长情况，而是主要关注每日股票价格的波动。

词条名称：**全盘尽黑**

英文名称：**setback totally**

定义：全盘尽黑，又称“长黑”，是指股票市场上所有股票价格均出现下跌。

释义：全盘皆黑意味着整个股票市场的股票均出现供大于求、卖方占据主导地位的态势，投资者持有股票的意愿非常弱，是一种非常少见的现象。

词条名称：**散户**

英　　文：**retail investor**

定义：散户是指投入股市资金量较小，主要进行零星和小额交易的投资者。

释义：与大户对应，散户主要指那些资金实力较小的个人投资者。

词条名称：**上档**

英　　文：**hardly breakthrough**

定义：上档是指股票当前市价以上的价位，有时也指根据技术分析方法确定的股价上涨可能面临的压力位置。

释义：根据技术分析方法，在一段时期内，两个阶段性高点的连线可以作为股价向上突破的压力线，即为上档。一般认为，手头持有股票的投资人在预期股价上档有限时将卖出自己手中的股票。在股票市场上，股票会因为一些利多消息或因素而价格上涨，如公司利润增加、股息增加、利率调低、银行信用放松等。但当这些利多消息促使股价上升到一定程度时，其上升势头就有可能被抑制，上升空间将变得狭小，在这种情况下，就称之为“利多出尽”。

词条名称：**升高盘**

英　　文：**higher opening price**

定义：升高盘是指开盘价高于前一个交易日的收盘价。

释义：升高盘也被称为跳空高开，也即当天开盘集合竞价产生的成交价高于前一个交易日的收盘价。

词条名称：**实户**

英　　文：**analyst investor**

定义：实户，又称“中实户”，指

常用术语

股票交易规模鉴于大户和散户之间，并且买卖股票的决策主要依据经济情况变化和公司经营基本面信息的投资者。

释义：通常来讲，实户的交易量并不比市场主力投资者低多少，且非常强调通过对基本面分析来进行股票买卖决策，极少参与市场炒作。

词条名称：**死多**

英　　文：**investors hardly sell stock**

定义：死多，又称“死多头”、“实多”，指认定股市前景看好，只买进而不卖出，即使股价下跌，宁愿套牢不获利也决不卖出的投资者。

释义：坚信未来长期股价将上升，即便当前股价下跌也不卖出手中股票的投资者。

词条名称：**探底**

英　　文：**reach the bottom**

定义：股价持续下跌至一定价位后不再下降或随即出现反弹，如此一次或数次，这种从较高价位跌至这个价位的过程称为“探底”。

释义：股价寻找最低点的过程即为探底，探底成功后股价由最低点开始翻升。

词条名称：**天价**

英　　文：**sky-high price**

定义：天价是指股票价格上升到非常高的位置。

释义：股票价格上升到天价通常是投资者对其购买欲望最强的时候，如果没有交易量的支撑，则往往会成为股票走势反转的标志。

词条名称：**填空**

英　　文：**fill in the gap**

定义：填空，又称“补空”，是指股价填补前期跳空价位。

释义：填空是指将跳空出现时没有交易的空价位补回来，也就是股价跳空后，过一段时间再回到跳空前价位，以填补跳空价位。另外，填空也指空头将此前借来卖空的股票补回去。

词条名称：**填权**

英　　文：**fill in the right**

定义：在除权除息后的一段时间里，由于多数人对该股看好，该只股票交易市价高于除权（除息）基准价，这种行情即为填权。

释义：股票除权后的除权价不一定等同于除权日的理论开盘价，当股票实际开盘价高于这一理论价格时，就是填权。

词条名称：**填息**

英　　文：**fill in the dividend**

定义：在除息后的一段时间里，股价上升并将除息产生的差价补回，这种行情即为填息。

释义：除息前，股票市场价格大约等于没有宣布除息前的市场价格加将分派的股息。除息完成后，股价往往会下降到低于除息前的股价，二者之差约等于股息。如果除息完成后，股价上涨接近或超过除息前的股价，二者的差额被弥补，就叫“填息”。

词条名称：**跳空**

英 文：**gap**

定义：跳空是指股市当日开盘价高于或低于前一天收盘价两个申报单位以上的跳跃式开盘，用来描述受利多或利空影响，股价出现较大幅度上下跳动的现象。

释义：当股价受利多影响上涨时，交易所内当天的开盘价或最低价高于前一天收盘价两个申报单位以上，称“跳空而上”。当股价下跌时，当天的开盘价或最高价低于前一天收盘价在两个申报单位以上，称“跳空而下”。或在一天的交易中，上涨或下跌超过一个申报单位。跳空通常在股价大变动的开始或结束前出现。

词条名称：**实空**

英 文：**patient investor**

定义：实空是指投资者将自己持有的股票做空头，即便股价出现反弹或回调，也不急于买进补回的投资者。

释义：实空投资者大多资金实力雄厚，对后市行情坚决看淡，能够持股等待的时间较长，很少见涨就卖。实空的一大特点也是只利用自己手中的股票来做空头，因此，风险性较小。

词条名称：**空手**

英 文：**empty-handed investors**

定义：空手，又称“短线客”，是指手中无股票、观望股势的投资者。

释义：指手中无股票，既不是空头，也不是多头，等待股价低时买进、高时借股放空的投资者。

词条名称：**贴权**

英 文：**lower than ex-right price**

定义：贴权是指股票在除权或除息后一段时间内，交易价格低于除权（除息）基准价，这种行情即称为贴权。

释义：股票进行分红派息、配股、送股等操作时需要进行除权除息，除权除息后如果股票价格低于除权除息标准价，两者之间的差幅即为贴权。

词条名称：**停板**

英 文：**trading halt**

定义：停板是指股票价格波动超过一定限度后被停止交易。

释义：因股票价格上涨超过一定限度而停止交易为涨停板，其中因股票价格下跌超过一定限度而停止交易为跌停板。1996 年 12 月 26 日起，我国 A 股、B 股统一实行 10% 的涨跌停板制度，ST 类股票执行 5% 的涨跌停板制度。

词条名称：**停牌**

英 文：**suspension**

定义：停牌是指某只股票因一些突发重大事件，需要在正常的交易日暂停买卖。

释义：当某家上市公司因一些消息或正在进行的某些活动而使该公司股票的股价大幅度上涨或下跌，这家公司就可能需要暂时停止股票买卖就叫停牌，停牌事件通常从几个小时到几个月不等。股票停牌的原因消除后，由交易所开具“恢复上市通知书”恢复其上市。倘若该暂停证券在暂停期满后仍未消除其被暂停的原因，通常就要终止其上市。上市证券的停牌、恢复均应报主管机构备案，并由交易所予以公告。

词条名称：**头部突破**

英　　文：**head breakthrough**

定义：头部突破是指后期股价上涨超过了前期股价的高点。

释义：这里的头部是指前期股价走势的相对高点，股价上升并超过这一高点即为头部突破，技术分析通常将头部所在的价格高点视为股价继续上涨的压力位置，形成头部突破表示股价上涨势头较为强劲。

词条名称：**下档**

英　　文：**downside the level**

定义：下档是指股票当前市价以下的价位，有时也指根据技术分析方法确定的股价下跌可能面临的阻力位置。

释义：根据技术分析方法，在一段时期内，两个阶段性低点的连线可以作为股价向下突破的支撑线，即为下档。一般认为，手头持有货币资金的投资人在预期股价下档有限时将开始买入股票。在股票市场上，股票会因为一些利空消息或因素而价格下跌，如公司利润减少、股息降低、利率升高、银行信用收紧等。但当这些利空消息促使股价下跌到一定程度时，其下跌势头就有可能被抑制，下滑空间将变得狭小，在这种情况下，就称之为“利空出尽”。需要注意的是，下档有时也被用于刻画股票的买盘承接能力。在K线图中，下影线越长，表明下档的承接能力越强，即股价下跌时会有较多的投资者利用这一机会购进股票。

词条名称：**下轿子**

英　　文：**selling stock at high price or buying stock at low price**

定义：下轿子是指投资者预期目标股票会有利好或利空消息发布，事先购入或卖空相关股票，待预期消息发布时大量投资者进入致使股价上涨或下跌时再卖出或买进股票。

释义：那些预期未来会有利好或利空消息发布，想借助大量投资者买卖股票导致的股价上涨和下跌来获利的投资者称为坐轿客，当其事先买进或者卖空的股票在其他投资者跟进后获利了结即为下轿子。

词条名称：**线仙**

英　　文：**those who are good at technical analyzing**

定义：线仙是指精于以技术图表分析来进行股票买卖决策的投资者。

释义：线仙是指那些对各类图表技术形态和股票走势具有深刻理解的、经验丰富的投资者。

词条名称：**熊市**

英　　文：**bear market**

定义：熊市，又称“空头市场”，是指较长一段时间里处于下跌趋势的股票市场。

释义：熊市中，股票供过于求，股价屡创新低，交易量也逐渐萎缩，对空头有利。引起熊市的原因很多，可以概括为基本因素和技术因素两大类。

常用术语

其中，基本因素是指来自股票市场以外的政治和经济因素。经济因素包括：企业的盈利状况恶化、国民经济陷入衰退、利率上升，资金成本增加。政治因素主要包括：政府的政策法令趋严、重大政治事件。技术因素则主要指股票市场本身产生的影响因素，如交易量、交易方式等。技术因素一般都与各种投机行为有关，主要包括：抛售风潮、轧空交易、大户的售卖行为。此外，还有心理等各种因素对股市都有影响。这些因素通常是混合在一起对市场产生影响，由占优势的、起作用大的几种因素，决定股市的变动。

词条名称：**轧空**

英　　文：**cornering**

定义：轧空是指做空头买卖的投资人在卖出股票之后，股票的价格却一路上涨，在不得已的情况下，以比卖出价更高的价格重新买进已卖出的股票。

释义：大量投资者认为当天股价将下跌，进行空头抢帽子操作，然而，股价并未大幅度下跌，无法实现低价买入股票平仓获利，收盘前只好竞相补进，反而促使收盘价大幅度升高，造成空头倾轧空头的现象。

词条名称：**震盘**

英　　文：**volatile，price shock**

定义：震盘是指当天股价出现大起大落的震荡走势。

释义：震盘是指股价一天之内呈现忽高忽低的大幅度变化。在同一天内，很可能某些有利因素与另外一些不利因素同时出现，致使某些人看涨，另外一些人又看跌。当日股价究竟是涨是跌，取决于两方面因素孰强孰弱。有时一些因素还会受到人为渲染，有利与不利在一瞬间就发生转化，造成股价在短时间内大幅度波动，于是就有了股价的震盘。

词条名称：**整理**

英　　文：**consolidation**

定义：整理，也称“盘整”，是指股价在一段时间内波动幅度较小，没有明确的上涨或下跌趋势。

释义：股价经过一段大幅上升或下降后，遭遇阻力线或支撑线而转呈小幅涨跌变动，最高价和最低价相差幅度不大。一般认为，股价上下波动幅度在15%左右，且这种状况持续一段时间，表明股市进入盘整阶段。在盘整阶段，空头多头互相竞争，使价位出现交错变动。技术分析认为，盘整之后，股价可能会出现较大的趋势性变动。

词条名称：**支撑线**

英　　文：**support line**

定义：股价在下跌过程中，碰到某一低点（线）后停止下跌或回升，此点（线）称为支撑点（线）。

释义：支撑线通常是根据股票价格移动平均线或在K线图中根据某种技术分析理论画出的多点链接线，其作用就是阻止或暂时阻止股票继续下跌。当股价跌至支撑线附近，如果做空者认为有利可图，买进股票平仓，或者多头认为股价将探底反弹，大量买盘会导致股价在支撑线处转跌为涨。

词条名称：**中户**

英　　文：**medium-sized investor**

定义：中户是指投资额度较大的投资者。

释义：中户是指那些手中资金或股票数量中等，交易量规模介于大户和散户之间的投资者。

词条名称：**走势**

英　　文：**trend**

定义：走势是指股票价格的变动趋势。

释义：某一只股票的价格或整个大盘的变动趋势，称为“走势”，根据时间长短可以划分为短期走势、中期走势和长期走势。

词条名称：**牛皮市**

英　　文：**choppy market**

定义：牛皮市是指走势波动小，陷入盘整，成交量很小的市场状态。

释义：在所考察交易日里，证券价格上升或下降的幅度很小，价格变化不大，市价变动给投资者一种被钉住的感觉，坚韧类似于牛皮，故称之为“牛皮市”。牛皮市的成交量往往也很小。

词条名称：**阻力线**

英　　文：**resistance line**

定义：阻力线，又称“压力线”、“买压线”、“阻溢线”，是指股价在涨升过程中，碰到某一高点（线）后停止上涨或回落，此点（线）称为阻力点（线）。

释义：阻力线通常是根据股票价格移动平均线或在K线图中根据某种技术分析理论画出多点链接线，其作用是阻止或暂时阻止股票继续上涨。当股价升至阻力线附近，如果多头卖出股票获利了结，或者空头认为股价走势即将触顶反弹而进行卖空操作，大量卖盘会导致股价在阻力线处转涨为跌；反之，则反之。

词条名称：**“坐轿子”**

英　　文：**Taking Profit with Bankers**

定义：“坐轿子”是指投资者预期有重大利好或利空消息即将发布，或者能够识破庄家操纵股价的意图，提前购入或卖空股票，待信息公布后再进行反向操作以获取厚利的投资行为。

释义：坐轿子本质上类似于哄抬操纵股价，其对股价未来走势的预测具有较高的风险。先买后卖被称为“坐多头轿子”，先卖后买被称为“坐空头轿子”，能否成功有赖于市场上大量其他投资者是否跟进买卖股票。

词条名称：**“抬轿子”**

英　　文：**Carry Sedan-chair**

定义：“抬轿子”是指未能及时预测股价变动趋势，在其他投资者早已买进以后才跟进，结果抬高股价使得前期买进股票的投资者获利，自己却承受高成本而无利可图或微利的投资行为。

释义：抬轿子属于一种追涨杀跌行为，在其他投资者大量买进或卖出后再进行同方向的操作，但其成本价高于先期的投资者，相应的获利空间也因此被压缩。根据利好信息跟进做多头被称为抬多头轿子，根据利空信息跟进做空头被称为抬空头轿子。

词条名称：**补仓**

英 文：**cover short position, Call Margin**

定义：补仓，又称“追加保证金”，是指投资者在持有一定数量某种证券的基础上，再买入同一种证券，也指利用保证金信用交易方式进行股票交易者按照有关经纪人的要求补缴保证金的活动。

释义：投资者最初高价买入的股票，由于价格大幅下跌，通过补仓能够摊低股票成本，股票无需回升到最初的价位即可实现保本。如果进行买空和卖空保证金交易，当标的股价朝预期相反的方向变动，账面浮亏超过保证金时，投资者也必须被迫进行补仓。

词条名称：**转仓**

英 文：**futures transfer**

定义：转仓是指股指期货的交易过程中，会员因故不能从事金融期货经纪业务或发生合并、分立、破产时，由会员提出转仓申请并经交易所批准，或者由中国证监会要求转仓。

释义：与商品期货的转仓有所区别，后者主要是指即将到期的期货合约转到下月份或者更后时间的合约。

词条名称：**换股**

英 文：**stock transfer**

定义：换股是指投资者卖掉所持有的某种股票，又买入另一种股票的行为，也指在收购活动中收购公司用自身的股票抵换目标公司的股票。

释义：（1）在股票交易中，一些投资者通过换股的方式来“解套”，卖出账面亏损的股票同时购入新股票，一定程度上源于“一手进一手出”的平衡心理。（2）收购中的换股通常有两种方式：一是由收购公司出资收购目标公司全部股权或部分股权，目标公司股东在取得资金后认购收购公司的现金增资股，这样双方股东无需另外筹措资金即可完成收购行为，实现资本集中；二是由收购公司收购目标公司全部资产或部分资产，目标公司股东认购收购公司的增资股，这样也可以实现资本的集中。

词条名称：**“割肉”**

英 文：**close out**

定义：“割肉”是指高价买进股票后，大幅下跌且后市持续看跌，为避免损失加剧，低价卖出股票承担既有亏损的行为。

释义：投资者买进股票后，价格下跌导致亏损，但由于担心价格继续下跌、亏损增加或者流动性突然收紧，即可卖出股票并承担亏损的行为。

词条名称：**短线**

英 文：**short-term**

定义：短线通常是指在一个星期或两个星期以内的时期，投资者主要依据技术图表分析进行股票买卖决策，目的在于赚取短期价差收益，较少关注股票的基本面信息。

释义：短线投资者持有一只股票的时间不超过一周，一旦没有差价可赚或股价下跌，就平仓一走了之，再继续选择其他股票进行短线投资。

词条名称：**“抢搭车”**

英　　文：**rob a lift**

定义：“抢搭车”是指投资者在股票价格稍有上涨就立即买入的行为。

释义：当股票价格呈现上涨趋势的初期，投资者预计上涨趋势会进一步得以延续，随即买进股票以赚取可能的价差收益。由于抢先买进，随着股价的节节上升，即可待高价售出获利，这种情况好像自己坐在车子里让别人去推。抢搭车能否成功获利，有赖于股价走势的趋势是否形成和买入时机是否先于其他投资者。

词条名称：**套牢**

英　　文：**lock-in**

定义：套牢是指投资者预测股价即将上涨或下跌而买进卖出股票后，股价却发生与预期方向相反的变化，无法按计划将股票出手或购回而遭遇的交易风险。

释义：在买进股票后价格下跌不能出手的称为“多头套牢”；将买来的股票放空卖出，但股价却一直上涨而不能回补的称为“空头套牢”。套牢源于投资者的判断失误，会给其带来损失。

词条名称：**洗盘**

英　　文：**liquidation of stocks**

定义：洗盘是指庄家为了达到操纵股价的目的，调动资金将股价大度压低，使得其他投资者担心亏损而抛售股票，庄家借此以低价囤积股票，然后借机抬高股价以谋取暴利。

释义：庄家洗盘会造成市场内的股票流动性下降，更多股票以较低价格集中到庄家手中。从技术面来看，随着整理以后股价波动幅度降低，成交量快速萎缩，股价被庄家操控。

词条名称：**买压**

英　　文：**buying pressure**

定义：买压是指市场上购买股票的投资者很多，卖出股票的投资者很少，股票供不应求。

释义：买压通常能造成股价的上涨。

词条名称：**卖压**

英　　文：**selling pressure**

定义：卖压是指卖股票的投资者很多，买股票的投资者很少，股票供过于求。

释义：卖压通常能造成股价的下跌。

词条名称：**摘牌**

英　　文：**delist**

定义：摘牌是指取消上市公司股票在交易所挂牌买卖的权利。

释义：指证券上市期届满或依法不再具备上市条件的，证券交易所终止其上市交易。

词条名称：**空翻多**

英　　文：**turning of short position to long position**

定义：空翻多是指投资者对股票的观点由看空变为看多，买回卖空的股票。

释义：投资者看空所依据的利空因素消失或者出现未预期的利好消息，原本做空卖出的股票可能产生亏损，当即将其买回，有时还买进更多的股票，这种行为称为空翻多。

（三）利润表常用词

词条名称：**利润表**

英　　文：**income statement**

定义：利润表是反映企业在一定会计期间经营成果的会计报表。

释义：利润表充分反映了企业经营业绩的主要来源和构成，可以帮助报表使用者判断企业净利润的质量及其风险，预测净利润的增减变化以及持续性，作出投资价值评价。将利润表和资产负债表的信息相结合，可以对企业进行基本的财务分析，了解企业的财务状况。常见的利润表主要有单步式和多步式两种，我国主要采用的是多步式结构，即通过对当期的收入、费用、支出项目按性质分类，按利润形成的主要环节列示一些中间性指标，分步计算当期净损益。

词条名称：**营业收入**

英　　文：**operating revenue**

定义：营业收入，简称“营收”，是指企业在从事销售商品、提供劳务和让渡资产使用权等日常经营业务过程中所取得的各项收入。

释义：营业收入是企业的主要经营成果，是企业取得利润的重要保障和企业现金流入量的重要组成部分。营业收入分为主营业务收入和其他业务收入。主营业务收入是指企业通过持续的、主要的经营活动所取得的收入，对企业的经济利益有举足轻重的作用。其他业务收入是指企业在主要经营活动以外从事其他业务活动所取得的收入，在企业收入中所占的比重较小。

词条名称：**营业成本**

英　　文：**operating cost**

定义：营业成本是指企业销售商品或者提供劳务的成本。

释义：营业成本是与营业收入相匹配的，已经确定了归属期和归属对象的各种直接费用。营业成本主要包括主营业务成本、其他业务成本。主营业务成本用于核算企业因销售商品、提供劳务或让渡资产使用权等日常活动而发生的实际成本。其他业务支出账户用于核算企业除主营业务成本以外的其他销售或其他业务所发生的支出，包括销售材料、提供劳务等而发生的相关成本、费用，以及相关税金及附加等。

词条名称：**营业税金及附加**

英　　文：**business taxes and surcharges**

定义：营业税金及附加是指企业经营活动应负担的相关税费，包括营业税、消费税、城市维护建设税、教育费附加和资源税等。

释义：营业税金及附加由“主营业务税金及附加”科目改名而来，“营业税金及附加”账户属于损益类账户，用来核算企业日常主要经营活动应负担的税金及附加，包括营业税、消费税、城市维护建设税、资源税、土地增值税和教育费附加等。这些税金及附加，一般根据当月销售额或税额，按照规定的税率计算，于下月初缴纳。城市维护建设税和教育费附加属于附加税，是按企业当期实际缴纳的增值税、消费税和营业税税额的一定比例计算。

词条名称：**销售费用**

英　　文：**selling expenses**

定义：销售费用是指企业在销售产品、自制半成品和原材料、提供劳务的过程中所发生的各种费用。

释义：销售费用主要包括企业在销售商品过程中发生的保险费、包装费、展览费和广告费、商品维修费、预计产品质量损失、运输费、装卸费等以及为销售本企业商品而专设的销售机构（含销售网点、售后服务网点等）的职工薪酬、业务费、折旧费、固定资产修理费用等费用。销售费用属于期间费用，在发生时就计入当期损益。期末，“销售费用”账户的余额结转“本年利润”账户后无余额。

词条名称：**管理费用**

英　　文：**administrative expenses**

定义：管理费用是指企业为组织和管理企业生产经营所发生的费用。

释义：管理费用包括企业在筹建期间内发生的开办费、董事会和行政管理部门在企业的经营管理中发生的或者应由企业统一负担的公司经费（包括行政管理部门职工工资及福利费、物料消耗、低值易耗品摊销、办公费和差旅费等）、工会经费、董事会费（包括董事会成员津贴、会议费和差旅费等）、聘请中介机构费、咨询费（含顾问费）、诉讼费、业务招待费、房产税、车船税、土地使用税、印花税、技术转让费、矿产资源补偿费、研究费用、排污费以及企业生产车间（部门）和行政管理部门等发生的固定资产修理费用等。管理费用属于期间费用，企业发生的管理费用，在“管理费用”账户核算，并在“管理费用”账户中按费用科目设置明细账，进行明细核算。期末，“管理费用”账户的余额结转“本年利润”账户后无余额。

词条名称：**财务费用**

英　　文：**financial expenses**

定义：财务费用是指企业为筹集生产经营所需资金等而发生的筹资费用。

释义：财务费用包括利息支出（减利息收入）、汇兑损益以及相关的手续费、企业发生的现金折扣或收到的现金折扣等。财务费用属于期间费用，企业发生的财务费用，在“财务费用”账户核算，并在“财务费用”账户中按费用科目设置明细账，进行明细核算。期末，“财务费用”账户的余额结转“本年利润”账户后无余额。

词条名称：**资产减值损失**

英　　文：**assets depreciation loss**

定义：资产减值损失是指企业因资产的可收回金额低于其账面价值引

起的损失。

释义：企业应当在资产负债表日判断资产是否存在可能发生减值的迹象。存在下列迹象时，表明资产可能发生了减值：(1) 资产的市价当期大幅度下跌，其跌幅明显高于因时间的推移或者正常使用而预计的下跌。(2) 企业经营所处的经济、技术或者法律等环境以及资产所处的市场在当期或者将在近期发生重大变化，从而对企业产生不利影响。(3) 市场利率或者其他市场投资报酬率在当期已经提高，从而影响企业计算资产预计未来现金流量现值的折现率，导致资产可收回金额大幅度降低。(4) 有证据表明资产已经陈旧过时或者其实体已经损坏。(5) 资产已经或者将被闲置、终止使用或者计划提前处置。(6) 企业内部报告的证据表明资产的经济绩效已经低于或者将低于预期，如资产所创造的净现金流量或者实现的营业利润（或者亏损）远远低于（或者高于）预计金额等。(7) 其他表明资产可能已经发生减值的迹象。

资产存在减值迹象的，应当估计其可收回金额。可收回金额应当根据资产的公允价值减去处置费用后的净额与资产预计未来现金流量的现值两者之间较高者确定。处置费用包括与资产处置有关的法律费用、相关税费、搬运费以及为使资产达到可销售状态所发生的直接费用等。资产的公允价值应该根据公平交易中的销售协议价格确定。不存在销售协议但存在资产活跃市场的，应根据该资产的市场价格确定。在不存在销售协议和资产活跃市场的情况下，应当以可获取的最佳信息为基础，估计资产的公允价值。企业按照上述规定仍然无法可靠地估计资产的公允价值减去处置费用后的净额的，应当以该资产预计未来现金流量的现值作为其可收回金额。

资产预计未来现金流量的现值，应当按照资产在持续使用过程中和最终处置时所产生的预计未来现金流量，选择恰当的折现率对其进行折现后的金额加以确定。预计资产未来现金流量的现值，应当综合考虑资产的预计未来现金流量、使用寿命和折现率等因素。

词条名称：**公允价值变动收益**

英　　文：**income from changes in fair value**

定义：公允价值变动收益是指资产或负债因公允价值变动所形成的收益。

释义：公允价值是指在公平交易中，熟悉情况的交易双方自愿进行资产交换或者债务清偿的金额。公允价值变动收益包括企业交易性金融资产、交易性金融负债，以及采用公允价值模式计量的投资性房地产、衍生工具、套期保值业务等公允价值变动形成应计入当期损益的利得。以公允价值计量且其变动计入当期损益的金融资产或金融负债公允价值变动所形成的应计入当期损益的利得也属于公允价值变动收益。

词条名称：**投资收益**

英　　文：**investment income**

定义：投资收益是指企业在一定

会计期间内进行投资所获得的经济利益。

释义：投资收益包括对外投资所分得的股利和收到的债券利息，以及投资到期收回或到期前转让债权得到的款项高于账面价值的差额等。投资活动也可能遭受损失，如投资到期收回或到期前转让的所得款低于账面价值的差额，即为投资损失。投资收益减去投资损失则为投资净收益。

词条名称：营业利润

英　　文：operating profit

定义：营业利润是指企业在销售商品、提供劳务等日常活动中所产生的利润。

释义：营业利润是企业利润的主要来源。其内容为主营业务利润和其他业务利润扣除期间费用之后的余额。其中主营业务利润等于主营业务收入减去主营业务成本和主营业务应负担的流转税，通常也称为“毛利”。其他业务利润是其他业务收入减去其他业务支出后的差额。

公式：营业利润 = 营业收入 - 营业成本 - 营业税金及附加 - 销售费用 - 管理费用 - 财务费用 - 资产减值损失 + 公允价值变动收益（减公允价值变动损失） + 投资收益（减投资损失）

词条名称：营业外收入

英　　文：non-operating income

定义：营业外收入是指企业发生的与其生产经营无直接关系的各项收入。

释义：营业外收入主要包括：非流动资产处置利得、非货币性资产交换利得、债务重组利得、政府补助、盘盈利得等。（1）非流动资产处置利得包括固定资产处置利得和无形资产出售利得。固定资产处置利得指企业出售固定资产所取得价款和报废固定资产的残料价值和变价收入等，扣除固定资产的账面价值、清理费用、处置相关税费后的净收益；无形资产出售利得指企业出售无形资产所取得价款扣除出售无形资产的账面价值、出售相关税费后的净收益。（2）非货币性资产交换利得指在非货币性资产交换中换出资产为固定资产、无形资产的，换入资产公允价值大于换出资产账面价值的差额，扣除相关费用后计入营业外收入的金额。（3）债务重组利得指重组债务的账面价值超过清偿债务的现金、非现金资产的公允价值、所转股份的公允价值或者重组后债务账面价值之间的差额。（4）盘盈利得指企业对于现金等资产清查盘点中盘盈的资产、报经批准后计入营业外收入的金额。（5）政府补助，指企业从政府无偿取得货币型资产或非货币型资产形成的利得。

词条名称：营业外支出

英　　文：non-operating expenses

定义：营业外支出是指不属于企业生产经营费用，与企业生产经营活动没有直接的关系，但应从企业实现的利润总额中扣除的支出。

释义：营业外支出主要包括：非流动资产处置损失、非货币资产交换损失、债务重组损失、公益性捐赠支出、非常损失。（1）非流动资产处置损失包括固定资产处置损失和无形资产出售损失。固定资产处置损失指企业出售固定资产所取得价款或报废固定资产的材料价值和变价收入等不足以抵补处置固定资产的账面价值、清理费用、处置相关税费的净损失；无形资产出售损失指企业出售无形资产所取得价款，不足以抵补出售无形资产的账面价值、出售相关税费的净损失。（2）非货币资产交换损失指在非货币资产交换中换出资产为固定资产、无形资产的，换入资产公允价值小于换出资产账面价值的差额，扣除相关费用后计入营业外支出的金额。（3）债务重组损失指重组债权的账面余额与受让资产的公允价值、所转股份的公允价值或者重组后债权的账面价值之间的差额。（4）公益性捐赠支出指企业对外进行公益性捐赠发生的支出。（5）非常损失指企业对于因客观因素（如自然灾害等）造成的损失，在扣除保险公司赔偿后计入营业外支出的净损失。

词条名称：**利润总额**

英　　文：**total profit**

定义：利润总额是指企业在生产经营过程中各种收入扣除各种耗费后的盈余，反映企业在报告期内实现的盈亏总额。

释义：利润总额是一家公司在营业收入中扣除折扣、成本消耗及营业税后的剩余。

公式：利润总额＝营业收入－营业成本－营业税金及附加－期间费用－资产减值损失＋公允价值变动收益－公允价值变动损失＋投资收益－投资损失＋营业外收入－营业外支出

词条名称：**所得税费用**

英　　文：**income tax expenses**

定义：所得税费用是指在会计税前利润总额中应扣除的部分。

释义：在按照资产负债表债务法核算所得税的情况下，利润表中的所得税费用包括当期所得税和递延所得税两部分。当期所得税是指企业按照税法规定计算确定的针对当前发生的交易和事项，应缴纳给税务部门的所得税金额。企业在确定当期应交所得税时，对于当期发生的交易和事项，会计处理与税法规定不同的，应在会计利润的基础上，按照税收法规的规定进行调整，计算出当期应纳税所得额，按照应纳税所得额与适用所得税税率计算确定当期应交所得税。递延所得税是指按照所得税准则规定当期应予确认的递延所得税资产和递延所得税负债的金额，即递延所得税资产和递延所得税负债当期发生额的综合结果，但不包括计入所有者权益交易或事项的所得税影响。企业因确认递延所得税资产和递延所得税负债产生的递延所得税，一般应当计入所得税费用，但以下两种情况除外：（1）某项交易按照会计准则规定应计入所有者权益的，由该交易或事项产生的递延所得税资产或递延所得税负债及其变化亦应计入所有者权益，不构成利润表中的递延所得税费用（或收益）；（2）企业合并中取得的资产、负债，其账面价值与计税基础不同，应确认相关递延所得税的，该递延所得税的确认影响合并中产生的商誉或者计入当期损益的金额，不影响所得税费用。应纳税所得额可在会计利润的基础上，考虑会计与税收法规之间的差异，按照以下公式确定：应纳税所得额 = 会计利润 + 按照会计准则规定计入利润表但计税时不允许税前扣除的费用 ± 计入利润表的费用与按照税法规定可予税前抵扣的金额之间的差额 ± 计入利润表的收入与按照税法规定应计入应纳税所得额的收入之间的差额 − 税法规定的不征税收入 ± 其他需要调整的因素。

词条名称：**净利润**

英　　文：**net profit**

定义：净利润是指在利润总额中按规定缴纳了所得税后公司的利润留成，一般也称为税后利润或净收入。

释义：净利润是一个企业经营的最终成果，净利润多，企业的经营效益就好；净利润少，企业的经营效益就差，它是衡量一个企业经营效益的主要指标。净利润取决于利润总额和所得税率。企业的所得税率都是法定的，所得税率愈高，净利润就愈少。当企业的经营条件相当时，所得税率较低企业的经营效益就要好一些。

公式：净利润 = 利润总额 − 所得税费用

词条名称：**基本每股收益**

英　　文：**primary earnings per share**

定义：基本每股收益是指当期实际发行在外的普通股的每股收益，按照归属于普通股股东的当期净利润除以当期实际发行在外普通股的加权平均数计算确定。

释义：计算基本每股收益时，分子为归属于普通股股东的当期净利润，即企业当期实现的可供普通股股东分配的净利润或应由普通股股东分担的净亏损金额，分母为当期发行在外普通股的算术加权平均数（公司库存股不属于发行在外的普通股，且无权参与利润分配，应当在计算分母时扣除）。

公式：基本每股收益 = 归属于普通股股东的当期净利润 ÷ 当期实际发行在外普通股的加权平均数

其中：

当期实际发行在外普通股加权平均数 = 期初发行在外普通股股数 + 当期新发行普通股股数 × 已发行时间 ÷ 报告期时间 − 当期回购普通股股数 × 已回购时间 ÷ 报告期时间

词条名称：**稀释每股收益**

英　　文：**diluted earnings per share**

定义：稀释每股收益是指以基本每股收益为基础，假定企业所有发行在外的稀释性潜在普通股均已转换为普通股，从而分别调整归属于普通股股东的当期净利润以及发行在外普通股的加权平均数计算而得的每股收益。

释义：稀释性每股收益是指考虑稀释性潜在股的影响后的每股收益。计算稀释性每股收益时应当对当期已确认为费用的稀释性潜在普通股的利息及稀释性潜在股转换时将产生的收益或费用并考虑相应的所得税影响调整归属于普通股股东的当期利润。并且当期发行在外普通股的加权平均数应当为计算基本每股收益时普通股的加权平均数与假定稀释性潜在普通股转换为已发行普通股而增加的普通股股数的加权平均数之和。计算稀释性潜在普通股转换为已发行普通股而增加的普通股股数的加权平均数时，以前期间发行的稀释性潜在普通股，应当假设在当期期初转换；当期发行的稀释性潜在普通股，应当假设在发行日转换。

词条名称：**母公司所有者净利润**

英　　文：**net profit attributable to the owners of parent company**

定义：母公司所有者净利润是指反映合并利润表中净利润项目归母公司股东拥有的那一部分利润。

释义：母公司以母公司和子公司的利润表为基础，在抵销母公司与子公司、子公司相互之间发生的内部交易对合并利润表的影响后，编制合并利润表。合并利润表中净利润项目由非全资子公司当期实现的净利润归属于少数股东份额核算，其余的则是归属于母公司所有者的净利润。

词条名称：**少数股东损益**

英　　文：**minor shareholders' equity**

定义：少数股东损益是指合并利润表中净利润项目属于少数股东权益的那部分，即不属于母公司享有的份额。

释义：母公司以母公司和子公司的利润表为基础，在抵销母公司与子公司、子公司相互之间发生的内部交易对合并利润表的影响后，编制合并利润表。合并利润表中净利润项目由非全资子公司当期实现的净利润归属于少数股东的那部分。少数股东损益是一个流量概念，其对应的存量概念是少数股东权益，是指公司合并报表的子公司其他非控股股东享有的损益，需要在利润表中予以扣除。

（四）资产负债表常用词

词条名称：**资产负债表**

英　　文：**balance sheet**

定义：资产负债表，又称"财务状况表"，是表示企业在一定日期（通常为各会计期末）的财务状况（即资产、负债和所有者权益的状况）的主要会计报表。

释义：资产负债表根据资产、负债、所有者权益（或股东权益）之间的勾稽关系，按照一定的分类标准和顺序，把企业一定日期的资产、负债和所有者权益各项目予以适当排列。它反映的是企业某一时点资产、负债、所有者权益的总体规模和结构。资产负债表主要提供有关企业财务状况方面的信息，通过资产负债表，企业可以进行内部除错，防止弊端，并且可以提供进行财务分析的基本资料，向报表使用者披露企业经营状况。

词条名称：**资产总额**

英　　文：**total assets**

定义：资产总额是指企业拥有或

控制的能够带来经济利益的、以货币计量的经济资源，包括各种财产、债权和其他权利。

释义：企业的资产总额按其流动性划分为流动资产、长期投资、固定资产、无形资产及递延资产、其他资产等，即为企业资产负债表的资产总计项。流动性是指企业资产的变现能力和支付能力。该指标根据会计“资产负债表”中“资产总计”项目的年末数填列。

公式：资产总额 = 流动资产 + 长期投资 + 固定资产 + 无形及递延资产 + 其他资产

词条名称：**流动资产**

英　　文：**current assets**

定义：流动资产是指企业可以在一年或者超过一年的一个营业周期内变现或者运用的资产。

释义：流动资产的内容包括货币资金、短期投资、应收票据、应收账款和存货等。流动资产依据流动性大小可以分为速动资产和非速动资产：（1）速动资产是指在很短时间内可以变现的流动资产，如货币资金、交易性金融资产和各种应收款项。（2）非速动资产包括存货、待摊费用、预付款、一年内到期的非流动资产以及其他流动资产。

词条名称：**货币资金**

英　　文：**cash and cash equivalents**

定义：货币资金是指企业的经营资金在周转过程中停留在货币形态上的那部分资金。

释义：货币资金是资产负债表的一个流动资产项目，包括库存现金、银行存款和其他货币资金。企业货币资金标志着企业偿债能力和支付能力的大小，是投资者分析、判断财务状况的重要指标，在企业资金循环周转过程中起着连接和纽带的作用。因此，商业企业需要经常保持一定数量的货币资金，既要防止不合理地占压资金，又要保证业务经营的正常需要，并按照货币资金管理的有关规定，对各种收付款项进行结算。

词条名称：**交易性金融资产**

英　　文：**held-for-trading financial assets**

定义：交易性金融资产是指企业以交易为目的而持有的债券、股票、基金等金融资产。

释义：交易性金融资产一般能够活跃市场，公允价值能够通过活跃市场取得，并且持有期间不计提减值。金融资产满足下列条件之一的，应当划分为交易性金融资产：（1）取得该金融资产的目的主要是为了近期出售。（2）属于进行集中管理的可辨认金融工具组合的一部分，且有客观证据表明企业近期采用短期获利方式对该组合进行管理。（3）属于衍生工具。但是，被指定且为有效套期工具的衍生工具、属于财务担保合同的衍生工具、与在活跃市场中没有报价且其公允价值不能可靠计量的权益工具投资挂钩并须通过交付该权益工具结算的衍生工具除外。

词条名称：**应收票据**

英　　文：**notes receivable**

定义：应收票据是指核算企业因销售商品、产品、提供劳务等而收到或持有的商业汇票，包括银行承兑汇票和商业承兑汇票。

释义：应收票据是企业未来收取货款的权利，这种权利和将来应收取的货款金额以书面文件形式约定下来，因此它受到法律的保护，具有法律上的约束力，是一种债权凭证。在我国，应收票据、应付票据通常是指"商业汇票"，包括"银行承兑汇票"和"商业承兑汇票"两种，是远期票据，付款期一般在1个月以上、6个月以内。其他的银行票据（支票、本票、汇票等）是作为货币资金来核算的，而不作为应收应付票据。

词条名称：**应收账款**

英　　文：**accounts receivable**

定义：应收账款是指企业因销售商品、提供劳务等经营活动，应向购货单位或接受劳务单位收取的款项，主要包括企业销售商品或提供劳务等应向有关债务人收取的价款及代购货垫付的包装费、运杂费等。

释义：应收账款主要核算企业销售商品或提供劳务等应向有关债务人收取的价款及代购货方垫付的包装费、运杂费等。此外，商业承兑汇票到期，承兑人违约拒付或无力支付票款的，应于收到银行退回的商业承兑汇票、委托收款凭证、未付票款通知书或拒付款证明时，将其转作应收账款。

应收账款具有特定的范围：（1）是指因销售活动或提供劳务而形成的债权，不包括应收职工欠款、应收债务人的利息等其他应收款；（2）是指流动资产性质债权，不包括长期债权，如购买长期债券等；（3）是指本公司应收客户的款项，不包括本公司付出的各类存出保证金，如投标保证金和租入包装物等保证金等。

词条名称：**预付账款**

英　　文：**prepayment**

定义：预付账款是指企业因购货和接受劳务，按照合同规定预付给供货单位的款项。

释义：预付账款核算企业按照购货合同规定预付给供应单位的款项。预付款项情况不多的企业，也可以不设置"预付账款"账户，将预付的款项直接记入"应付账款"账户的借方。

词条名称：**应收股利**

英　　文：**dividend receivable**

定义：应收股利是指企业因股权投资而应收取的现金股利以及应收取的其他单位分配的利润。

释义：应收股利主要核算企业取得交易性金融资产、可供出售金融资产和长期股权投资时，支付的实际价款中包含的、已宣告但尚未发放的现金股利或利润以及企业在持有上述资产期间被投资单位宣告发放的现金股利或利润中属于本企业享有的份额的部分，但不包括应收的股票股利。

词条名称：**应收利息**

英　　文：**interest receivable**

定义：应收利息是指企业因债权投资而应收取的一年内到期收回的利息。

释义：应收利息主要核算企业发放贷款、持有至到期投资、可供出售金融资产、存放中央银行款项等应收取的利息。包括以下内容：（1）企业购入的是分期付息到期还本的债券，在会计结算日，企业按规定所计提的应收款收利息。（2）企业购入债券时实际支付款项中所包含的已到期而尚未领取的债券利息。已到期而尚未领取的债券利息也是对分期付息债券而言的，不包括企业购入到期还本付息的长期债券应收的利息。（3）未减值贷款计息日，应按贷款的合同本金和合同约定的名义利率计算确定的应收利息的金额，计入应收利息，按贷款的摊余成本和实际利率计算确定的利息收入的金额。需要注意的是：（1）购入到期一次还本付息的持有至到期投资持有期间确认的利息收入，在“持有至到期投资”核算，不计入应收利息；（2）买入返售金融资产确认的利息收入，在“买入返售金融资产”核算，不计入应收利息。

词条名称：**其他应收款**

英　　文：**other receivables**

定义：其他应收款是指企业除应收票据、应收账款和预付账款以外的各种应收、暂付款项。

释义：其他应收款主要核算企业除拆出保证金、拆出资金、买入返售金融资产、应收票据、应收账款、预付账款、应收股利、应收利息、应收保户储金、应收代位追偿款、应收分保账款、应收分保未到期责任准备金、应收分保保险责任准备金、长期应收款等经营活动以外的其他各种应收、暂付的款项。

词条名称：**存货**

英　　文：**inventory**

定义：存货是指企业在日常活动中持有的以备出售的产成品或商品、处在生产过程中的在产品、在生产过程或提供劳务过程中耗用的材料、物料等。

释义：企业持有存货的最终目的是为了出售，存货必须在符合定义的条件下，同时满足下列两个条件，才能予以确认：（1）与该存货有关的经济利益很可能流入企业；（2）该存货的成本能够可靠计量。存货是企业流动资产中变现能力最差的，过多的存货占用企业过多的资金，不利于企业流动性的管理；存货太少不能满足企业流转需要，所以在特定的生产经营条件下，存货并非越多越好，而是存在一个最佳水平。

词条名称：**一年内到期的非流动资产**

英　　文：**non-current assets within one year**

定义：一年内到期的非流动资产是指企业将于一年内到期的非流动资产项目金额。

释义：一年内到期的非流动资产

包括一年内到期的持有至到期投资、长期待摊费用和一年内可收回的长期应收款。一年内到期的非流动资产属于企业流动资产，它对于流动资产的影响带有偶然性。

词条名称：**其他流动资产**

英　　文：**other current assets**

定义：其他流动资产是指除货币资金、短期投资、应收票据、应收账款、其他应收款、存货等流动资产以外的流动资产。

释义：一般企业“待处理流动资产净损益”账户未处理转账，报表时挂在“其他流动资产”项目中。

词条名称：**非流动资产**

英　　文：**non-current assets**

定义：非流动资产是指不能在一年之内通过某种经济运作转化为可用资金的资产。

释义：非流动资产是相对于流动资产而言的一个概念，具有占用资金多、周转速度慢、变现能力差等特点。非流动资产的核算内容主要包括：持有至到期投资、长期应收款、长期股权投资、投资性房地产、固定资产、在建工程、无形资产、长期待摊费用、可供出售金融资产等。由于该类资产占用的资金多、企业持有的时间长，会对企业相互联系的多个会计期间的财务状况、经营成果产生影响，因此，对它们的管理和会计处理，应按照各自不同的特点，分别采用不同的程序和方法。

词条名称：**可供出售金融资产**

英　　文：**available-for-sale financial assets**

定义：可供出售金融资产是指初始确认时即被指定为可供出售的非衍生金融资产，以及除下列各类资产以外的金融资产：（1）贷款和应收款项；（2）持有至到期投资；（3）以公允价值计量且其变动计入当期损益的金融资产。

释义：相对于交易性金融资产，可供出售金融资产的持有意图不明确。企业取得可供出售金融资产时，应按可供出售金融资产的公允价值与交易费用之和计入初始取得成本。资产负债表日，可供出售金融资产公允价值变动应计入资本公积。在持有可供出售金融资产期间收到被投资单位宣告发放的债券利息或现金股利应作为投资收益计量。

词条名称：**持有至到期投资**

英　　文：**held-to-maturity investment**

定义：持有至到期投资是指到期日固定、回收金额固定或可确定，且企业有明确意图和能力持有至到期的非衍生金融资产。

释义：持有至到期投资通常是债券性投资，因为股权投资没有固定的到期日。初始确认时已确认为其他金融资产的，不得再划分为持有至到期投资。投资者在取得持有至到期投资时意图是明确的，除非遇到一些企业不能控制的、预期不会重复发生且难以合理预计的独立事项，否则将持有至到期。

词条名称：**长期应收款**

英　　文：**long-term receivables**

定义：长期应收款是指企业融资租赁产生的应收款项和采用递延方式分期收款、实质上具有融资性质的销售商品和提供劳务等经营活动产生的应收款项。

释义：出租人融资租赁产生的应收租赁款，应按租赁开始日最低租赁收款额与初始直接费用之和计入长期应收款。企业采用递延方式分期收款、实质上具有融资性质的销售商品或提供劳务等经营活动产生的长期应收款，满足收入确认条件的，按应收合同或协议价款，计入长期应收款。

词条名称：**长期股权投资**

英　　文：**long-term equity investment**

定义：长期股权投资是指企业持有的对其子公司、合营企业及联营企业的权益性投资以及企业持有的对被投资单位不具有控制、共同控制或重大影响，且在活跃市场中没有报价、公允价值不能可靠计量的权益性投资。

释义：长期股权投资是企业为获取另一企业的股权所进行的长期投资，通常为长期持有，不准备随时变现，投资企业作为被投资企业的股东。与短期投资和长期债权投资不同，长期股权投资的首要目的并非为了获取近期的投资收益，而是为了强化与其他企业的商业纽带，或者是为了影响甚至控制其关联公司的重大经营决策和财务政策。通过长期股权投资获得其他企业的股权，投资企业能参与被投资企业的重大经营决策，从而影响、控制或迫使被投资企业采取有利于投资企业利益的经营方针和利润分配方案。同时，长期股权投资还是实现多元化经营，减少行业系统风险的一种有效途径。

词条名称：**投资性房地产**

英　　文：**investment properties**

定义：投资性房地产是指为赚取租金或资本增值，或两者兼有而持有的房地产。

释义：投资性房地产主要包括：已出租的土地使用权、持有并准备增值后转让的土地使用权和已出租的建筑物。

1. 已出租的土地使用权是指企业以经营租赁方式出租的土地使用权，企业计划用于出租但尚未出租的土地使用权，不属于此类。企业以经营方式租入建筑物或土地使用权再转租给其他单位或个人的，不属于投资性房地产，也不能确认为企业的资产。母公司以经营租赁的方式向子公司租出房地产的，该项房地产应确认为母公司的投资性房地产。

2. 持有并准备增值后转让的土地使用权是指企业取得的、准备增值后转让的土地使用权。按照国家有关规定认定的闲置土地，不属于持有并准备增值后转让的土地使用权。

3. 已出租的建筑物是指企业拥有产权的、以经营租赁方式出租的建筑物，包括自行建造或开发活动完成后用于出租的建筑物。

下列各项不属于投资性房地产：(1) 自用房地产，即为生产商品、提供劳务或者经营管理而持有的房地产。(2) 作为存货的房地产。

词条名称：固定资产

英　　文：fixed-assets

定义：固定资产是指公司用以经营的、具有较长生命周期（通常超过一个会计年度）的有形资产。

释义：固定资产是指企业使用期限超过 1 年的房屋、建筑物、机器、机械、运输工具以及其他与生产、经营有关的设备、器具、工具等，这些资产通常无法立即转变为现金，但是可以根据会计准则和税收规定每年计提折旧。不属于生产经营主要设备的物品，单位价值在 1000 元以上，并且使用年限超过 2 年的，也应当作为固定资产。固定资产是企业的劳动手段，也是企业赖以生产经营的主要资产。从会计的角度划分，固定资产一般被分为生产用固定资产、非生产用固定资产、租出固定资产、融资租赁固定资产、接受捐赠固定资产等。

词条名称：在建工程

英　　文：construction in process

定义：在建工程是指企业固定资产的新建、改建、扩建，或技术改造、设备更新和大修理工程等尚未完工的工程支出。

释义：在建工程通常有自营和出包两种方式。自营在建工程指企业自行购买工程用料、自行施工并进行管理的工程；出包在建工程是指企业通过签订合同，由其他工程队或单位承包建造的工程。

词条名称：固定资产清理

英　　文：disposal of fixed assets

定义：固定资产清理是指企业因出售、报废和毁损等原因转入清理的固定资产价值及其在清理过程中所发生的清理费用和清理收入等。

释义：在会计核算，“固定资产清理”是资产类账户，用来核算企业因出售、报废和毁损等原因转入清理的固定资产净值以及在清理过程中所发生的清理费用和清理收入。该账户借方登记固定资产转入清理的净值和清理过程中发生的费用；贷方登记收回出售固定资产的价款、残料价值和变价收入，贷方余额表示清理后的净收益，借方余额表示清理后的净损失，清理完毕后应将其贷方或借方余额转入“营业外收入”或“营业外支出”账户。

词条名称：生产性生物资产

英　　文：productive biological assets

定义：生产性生物资产是指为产出农产品、提供劳务或出租等目的而持有的生物资产。

释义：生产性生物资产具备自我生长性，能够在持续的基础上予以消耗并在未来一段时间内保持其服务能力或未来经济利益，属于劳动手段，包括经济林、薪炭林、产畜和役畜等。与消耗性生物资产相比较，生产性生物资产的最大不同在于，生产性生物资产具有能够在生产经营中长期、反复使用，从而不断产出农产品或者长期役用的特征。因此，通常认为生产性生物资产在一定程度上具有固定资产的特征，一般而言，生产性生物资产通常需要生长到一定阶段才开始具备生产的能力。根据其是否具备生产能力（即是否达到预定生产经营目的），生产性生物资产可以划分为未成熟和成熟两类。前者指尚未达到预定生产经营目的，还不能够多年连续稳定产出农产品、提供劳务或出租的生产性生物资产，后者则指已经达到预定生产经营目的的生产性生物资产。

词条名称：**油气资产**

英　　文：**oil & gas assets**

定义：油气资产是指油气开采企业所拥有或控制的井及相关设施和矿区权益。

释义：油气资产是一种递耗资产，反映了企业在油气开采活动中取得的油气储量以及利用这些储量生产原油或天然气的设施的价值。油气开采企业通过计提折耗，将油气资产的价值随着开采工作的开展逐渐转移到所开采的产品成本中。油气资产折耗是油气资源实体上的直接耗减，折耗费用是产品成本的直接组成部分。油气资产的内容包括取得探明经济可采储量的成本、暂时资本化的未探明经济可采储量的成本、全部油气开发支出以及预计的弃置成本。油气资产是油气生产企业最重要的资产，其价值在企业总资产中所占的份额相当大。

词条名称：**无形资产**

英　　文：**intangible-assets**

定义：无形资产是指企业拥有或者控制的没有实物形态的可辨认非货币性资产。

释义：无形资产通常具有以下特点：（1）由企业拥有或控制并能为其带来未来经济利益；（2）无形资产不具有实物形态，但有些无形资产的存在依赖于实物载体；（3）无形资产必须区别于其他资产，可单独辨认；（4）无形资产属于非货币资产。无形资产通常包括专利权、非专利技术、商标权、著作权、特许权、土地使用权等。无形资产在初始确认和取得的时候，应当合理估计其使用寿命。对于使用寿命有限的无形资产，应在资产使用寿命内计提摊销。对于使用寿命无限或者无法合理估计的无形资产，在使用时，不需要计提摊销，但应在每年期末进行减值测试。

词条名称：**开发支出**

英　　文：**development expenditure**

定义：开发支出是指企业开发无形资产过程中能够资本化形成无形资产成本的支出部分。

释义：企业自行进行的研究开发项目，是否形成无形资产需要区分研究阶段与开发阶段两个部分并分别进行核算。开发阶段是指在进行商业性生产或使用前，将研究成果或其他知识应用于某项计划或设计，以生产出新的或具有实质性改进的材料、装置、产品等。在开发阶段，当有关支出符合以下特点时，应该确认为无形资产：

（1）完成该无形资产以使其能够使用或出售在技术上具有可行性；（2）具有完成该无形资产并使用或出售的意图；（3）开发出的无形资产能够确定为企业带来经济利益；（4）有足够的技术、财务资源和其他资源支持，以完成该无形资产的开发，并有能力使用或出售该无形资产；（5）归属于该无形资产开发阶段的支出能够可靠计量。值得强调的是，内部开发无形资产的成本仅包括在满足资本化条件的时点至无形资产达到预定用途前发生的支出总和，对于同一项无形资产在开发过程中达到资本化条件之前已经费用化计入损益的支出不再进行调整。

词条名称：**商誉**

英　　文：**goodwill**

定义：商誉是指能在未来期间为企业经营带来超额利润的潜在经济价值，或一家企业预期的获利能力超过可辨认资产正常获利能力（如社会平均投资回报率）的资本化价值。

释义：商誉的经济含义是企业收益水平与行业平均收益水平差额的资本化价格，它是由顾客形成的良好声誉、企业管理卓著、经营效率较好、生产技术的垄断以及地理位置的天然优势所产生的。商誉是企业整体价值的组成部分，能够为企业创造间接的经济效益，但由于不具备可辨认性也不能归类于无形资产。依据商誉的取得方式，商誉可分为外购商誉和自创商誉。资产负债表中的商誉通常指后者，即非同一控制下，企业合并成本大于合并取得被购买方各项可辨认净资产公允价值的差额。而对于同一控制下的企业合并，合并方取得的净资产账面价值与支付的合并对价账面价值差额，应当调整资本公积，该合并方式以账面价值作为计量基础不会产生商誉。

词条名称：**长期待摊费用**

英　　文：**long-term prepaid expenses**

定义：长期待摊费用是指企业已经支出，但摊销期限在一年以上的各项费用。

释义：长期待摊费用不能全部计入当年损益，应当在以后年度内分期摊销，具体包括租入固定资产的改良支出及摊销期限在一年以上的其他待摊费用。根据《企业会计准则》的规定，开办费和修理费均一次性计入当期损益，不计入长期待摊费用。长期待摊费用虽然将其作为一项资产核算，但它只是一项虚资产，没有价值，不能对外转让。假如企业破产清算，由于固定资产、无形资产都具有价值，可以与企业的负债相互抵销，而长期待摊费用则不能用于交换，也不能为企业清偿债务，只能由企业的所有者和债权人来负担。

词条名称：**递延所得税资产**

英　　文：**deferred income tax assets**

定义：递延所得税资产是指根据可抵扣暂时性差异及适用税率计算，可予未来抵扣应纳所得税的资产金额。

释义：当企业资产或负债的账面价值小于其计税基础，从而产生可抵扣暂时性差异时，企业应该将其确认为资产，作为递延所得税资产加以处理。但确认的前提条件是在资产负债表日，有确凿证据表明未来期间很可能获得足够的应纳税所得额用来抵扣暂时性差异。如果有确凿证据表明未来期间很可能不能获得足够的应纳税所得额用来抵扣暂时性差异，则不能确认为递延所得税资产。但在资产负债表日，如果有确凿证据表明未来期间很可能获得足够的应纳税所得额用来抵扣暂时性差异，则应当确认以前期间未确认的递延所得税资产。

词条名称：**其他非流动资产**

英　　文：**other non-current assets**

定义：其他非流动资产是指除资产负债表上所列非流动资产项目以外的其他周转期超过 1 年的长期资产。

释义：其他非流动资产项目，反映企业除长期股权投资、固定资产、在建工程、工程物资、无形资产等资产以外的其他非流动资产，这些资产无法在资产负债表上单独列示。

词条名称：**负债总额**

英　　文：**total liabilities**

定义：负债总额是指由过去的交易、事项形成的现时义务，履行该义务预期会导致经济利益流出企业的债务总额。

释义：负债总额主要由流动负债和长期负债组成，流动负债主要指在一年或超过一年的一个经营周期内偿还的负债，长期负债则指超过一年或一年以上的一个经营周期的债务。负债代表着企业的偿债责任和债权人对企业资产的求索权，也体现了企业资金来源的规模、方式和结构。

词条名称：**流动负债**

英　　文：**current liabilities**

定义：流动负债是指将在一年内或者大于一年的一个营业周期内偿还的债务。

释义：流动负债主要包括短期借款、应付票据、应付账款、预收账款、应付工资、应付福利费、应付股利、应交税金、其他暂收应付款项、预提费用和一年内到期的长期借款等。流动负债代表企业的短期还款压力，流动负债过多，企业短期还款压力增加，会对企业的短期借款能力以及短期流动性产生影响。

词条名称：**短期借款**

英　　文：**short-term-borrowing**

定义：短期借款是指企业为维持正常的生产经营所需的资金或为抵偿某项债务向银行或者其他金融机构等借入的期限在一年以下（含一年）的各种借款。

释义：工商企业的短期借款主要包括经营周转借款、临时借款、结算借款、票据贴现借款、卖方信贷、预购定金借款和专项储备借款等。短期借款一般是为了弥补企业自有流动资金的不足，属于企业流动负债，其利息应作为财务费用处理。

词条名称：**交易性金融负债**

英　　文：**held-for-trading financial liabilities**

定义：交易性金融负债是指企业

采用短期获利模式进行融资所形成的负债。

释义：交易性金融负债的金额是企业承担的交易性金融负债的公允价值。符合以下条件之一的金融负债，企业应当划分为交易性金融负债：（1）承担金融负债的目的，主要是为了近期内出售或回购；（2）金融负债是企业采用短期获利模式进行管理的金融工具投资组合中的一部分；（3）属于衍生金融工具。

词条名称：**应付票据**

英　　文：**notes-payable**

定义：应付票据是指由出票人出票，委托付款人在指定日期无条件支付特定的金额给收款人或者持票人的票据。

释义：企业应付票据按是否带息分为带息应付票据和不带息应付票据：（1）由于我国商业汇票的期限都比较短，应付票据属于流动负债，对于应付带息票据计提的利息计入当期财务费用；（2）不带息应付票据，其面值就是票据到期时的应付金额。应付商业承兑汇票到期时如果不能按时支付，应将应付票据的账面金额转入应付账款；若日后签发新的票据以清偿原应付票据，则再从应付账款转入应付票据。应付银行承兑汇票到期时，企业无力支付，则应付票据将被当作逾期贷款处理。

词条名称：**应付账款**

英　　文：**account payable**

定义：应付账款是指因购买材料、商品或接受劳务供应等而应付但尚未支付的款项。

释义：应付账款是由于在购销活动中买卖双方取得物资与支付货款在时间上的不一致而产生的负债。企业的其他应付账款，如应付赔偿款、应付租金、存入保证金等，不属于应付账款的核算内容。应付账款的入账时间应以与所购买物资所有权有关的风险和报酬已经转移或劳务已经接受为标志。

词条名称：**预收款项**

英　　文：**advance receipt**

定义：预收账款是指买卖双方协议商定，销售方尚未发出商品或提供劳务之前，向购买方预先收取的款项。

释义：预收账款属于企业负债，一般包括预收的货款、预收购货定金。作为流动负债，预收账款不是用货币抵偿的，而是要求企业在短期内以某种商品、提供劳务或服务来抵偿。企业预收账款不多的，也可以不设置“预收账款”科目，直接在“应收账款”科目核算。需要注意的是，“预收账款”科目长期存在大额余额、挂账，通常意味着企业财务状况可能存在问题。

词条名称：**应付职工薪酬**

英　　文：**staff remuneration payables**

定义：应付职工薪酬是指企业为获得职工提供的服务而应给予的各种形式的报酬以及其他支出。

释义：职工薪酬主要包括以下内

容：（1）职工工资、奖金、津贴和补贴；（2）职工福利费；（3）医疗保险费、养老保险费、失业保险费、工伤保险费和生育保险费；（4）住房公积金；（5）工会经费和职工教育经费；（6）非货币性福利；（7）因解除与职工的劳动关系给予的补偿；（8）其他与获得职工提供的服务相关的支出。

词条名称：**应交税费**

英　　文：**tax payable**

定义：应交税费是指企业根据一定时期内按照权责发生制确认的营业收入和实现的利润，按国家规定应交纳但尚未缴纳的各种税金。

释义：企业应交税费在尚未缴纳之前形成企业的一项负债。企业按照税法规定计算应缴纳的各种税费主要包括增值税、消费税、营业税、所得税、资源税、土地增值税、城市维护建设税、房产税、土地使用税、车船使用税、教育费附加、矿产资源补偿费等。会计核算中，企业（保险）按规定应缴纳的保险保障基金以及企业代扣代缴的个人所得税也在“应交税费”账户中核算。企业不需要预计应交数的税金，如印花税、耕地占用税等，不在本账户核算。

词条名称：**应付利息**

英　　文：**interest payable**

定义：应付利息是指企业按照合同约定应支付的利息，包括吸收存款、分期付息到期还本的长期借款、企业债券等应支付的利息。

释义：应付利息应按已计但尚未支付的金额入账。资产负债表日应按摊余成本和实际利率计算确定的利息费用，记入“利息支出”、“在建工程”、“财务费用”、“研发支出”等账户。

词条名称：**应付股利**

英　　文：**dividends payable**

定义：应付股利是指企业经董事会或股东大会或类似机构审议批准分派的现金股利或利润。

释义：企业股东大会或类似机构审议批准的利润分配方案、宣告分派的现金股利或利润，在实际支付前形成企业的负债。企业董事会或类似机构通过的利润分配方案中拟分配的现金股利或利润不应确认为负债，但应在附注中披露。企业在宣告给投资者分配股利或利润时，一方面将冲减企业的所有者权益，另一方面也形成“应付股利”这样一笔负债，随着企业向投资者实际支付利润，该项负债即行消失。应付股利对企业而言，是抵减企业财务成果的经济事项，从负债角度看又是企业资产的抵减事项，因此，对应付股利进行正确核算可以保障投资人的利益，从而有效地防止企业出现账外资金和资金体外循环的舞弊现象。

词条名称：**其他应付款**

英　　文：**other payables**

定义：其他应付款是指企业除应付票据、应付账款、预收账款、应付职工薪酬、应付利息、应付股利、应交税费、长期应付款等以外的其他各项应付、暂收的款项。

释义：在会计核算中，“其他应付款”属于负债类账户，该账户贷方登记应付及暂收款项，借方登记归还数，期末贷方余额，反映尚未偿付的应付及暂收款数额。

词条名称：**一年内到期的非流动负债**

英　　文：**non-current liabilities due within one year**

定义：一年内到期的非流动负债是反映企业资产负债表日起一年之内需要偿还的非流动性负债金额。

释义：一年内到期的非流动负债主要包括一年内到期的长期借款、长期应付款和应付债券。与一年内到期的非流动资产类似，一年内到期的非流动负债对负债的影响也具有偶然性，在形成一年内到期的非流动负债时，负债由长期负债变为短期负债。

词条名称：**其他流动负债**

英　　文：**other current liabilities**

定义：其他流动负债是指不能归属于短期借款、应付短期债券、应付票据、应付账款、应付所得税、其他应付款、预收账款这七款项目的流动负债。

释义：其他流动性负债用以归纳债务或其他应付账款等普通负债项目以外的流动性负债，通常包括应交税金、其他应付款和或有负债等项目。或有负债是指过去的交易或事项形成的潜在义务，履行该义务可能会导致经济利益流出企业或者该义务的金额不能可靠地计量。

词条名称：**非流动负债**

英　　文：**non-current liabilities**

定义：非流动负债是指偿还期在一年或者超过一年的一个营业周期以上的债务。

释义：非流动负债主要包括长期借款、应付债券、长期应付款和专项应付款等。非流动负债与流动性负债一样具有利息费用抵税效应，不会影响公司股权结构，并且其偿还期限长于流动性负债能够为公司提供长期可用资金，较少面临流动性约束问题，当然过多的非流动负债也会给企业带来较大的财务风险。

词条名称：**长期借款**

英　　文：**long-term loans**

定义：长期借款是指企业从银行或其他金融机构借入的期限在一年以上（不含一年）的借款。

释义：企业举借长期借款可以弥补流动资金的不足，扩大生产经营，同时可以为投资人带来投资机会。然而，长期借款的筹资风险大、数量有限，金融机构为降低风险还会限制长期借款的使用，同时对企业的财务指标也有限制。长期借款每年存在支付利息的压力，要求企业必须保持利息支付能力。

词条名称：**应付债券**

英　　文：**bonds payable**

定义：应付债券是指企业为筹集

长期资金而实际发行的债券本金及其应付的利息。

释义：企业发行的长期债券主要包括一般公司债券和可转换债券。企业发行一般公司债券需按面值计入应付债券，实际收到的价款与面值的差额计入利息调整。在资产负债表日，按实际利率法进行摊销。企业发行的可转换公司债券，应当在初始确认时，将其包含的负债成分和权益成分分开，将负债成分确认为应付债券，将权益部分确认为资本公积。在进行分拆时，应当先对负债成分的未来现金流进行折现确定负债成分的初始确认金额，再按发行价格总额扣除负债成分初始确认金额后的金额确定权益部分的初始确认金额。此外，企业发行的偿还期在一年以内的债券在交易性金融负债核算。

词条名称：**长期应付款**

英　　文：**long-term payables**

定义：长期应付款是指企业除长期借款和应付债券以外的其他各种长期应付款。

释义：长期应付款主要包括应付融资租入固定资产的租赁费、以分期付款方式购入固定资产发生的应付款项。融资租入固定资产应付款是指企业采用融资租赁方式租入固定资产发生的租赁费。企业购买资产也有可能延期支付有关价款，如果延期支付的购买价款超过正常信用条件，实质上也是具有融资性质的，所购资产的成本应当以延期支付购买价款的现值为基础确定，实际支付的价款与购买价款的现值之差计入长期应付款。

词条名称：**专项应付款**

英　　文：**special payables**

定义：专项应付款是指企业接受国家投入的、具有专门用途的款项所形成的不需要以资产或增加其他负债来进行偿还的负债。

释义：专项应付款主要指政府拨入的具有专项用途的款项，如新产品试制费拨款、中间试验费拨款和重要科学研究补助费拨款等。专项应付款不同于政府补助，后者是指企业从政府无偿但有条件取得的货币性资产或非货币性资产，而专项应付款是政府作为企业所有者投入的具有专项或特定用途的款项，是货币性资产，用于形成长期资产的部分，记入“资本公积”，可以转增实收资本或股本，拨款结余是需要返还的。

词条名称：**预计负债**

英　　文：**estimated liabilities**

定义：预计负债是指与或有事项有关的、符合确认条件的负债。

释义：预计负债通常包括对外提供担保、未决诉讼、产品质量保证、重组义务以及固定资产和矿区权益弃置义务等产生的或有负债。与或有事项有关的义务只有同时符合以下三个条件时，才能作为预计负债进行确认和计量：（1）该义务是企业承担的现时义务；（2）履行该义务很可能导致经济利益流出企业；（3）该义务的金额能够可靠计量。预计负债应当按照履行相关现时义务所需支出的最佳估计数进行初始计量，同时还需要考虑企业清偿预计负债时可能从第三方或其他方获得补偿。因此，预计负债的计量主要涉及两个问题：一是最佳估计数的确定；二是预期可获得补偿的处理。

词条名称：**递延所得税负债**

英　　文：**deferred income tax liabilities**

定义：递延所得税负债是由应纳税暂时性差异产生的，是指未来会增加企业应纳税所得额的金额。

释义：递延所得税负债产生于应纳税暂时性差异，因应纳税暂时性差异在转回期间将增加企业的应纳税所得额和应交所得税，导致企业经济利益的流出，在其发生当期，构成企业应支付税金的义务，应作为负债确认。

词条名称：**其他非流动负债**

英　　文：**other non-current liabilities**

定义：其他非流动负债是指企业除长期借款、应付债券等项目以外的非流动负债。

释义：其他非流动负债项目根据有关科目期末余额减去将于一年内（含一年）到期偿还数后的余额填列。非流动负债各项目中将于一年内（含一年）到期的非流动负债，应在“一年内到期的非流动负债”项目内单独反映。

词条名称：**所有者权益**

英　　文：**owners' equity**

定义：所有者权益是指企业资产扣除负债后由所有者享有的剩余权益。

释义：所有者权益，又称“股东权益”，其来源包括所有者投入的资产、直接计入所有者权益的利得和损失、留存收益等，通常由实收资本（或股本）、资本公积（含资本溢价或股本溢价、其他资本公积）、盈余公积和未分配利润。所有者投入的资产是指所有者投入企业的资本部分，既包括构成企业注册资本或者股本部分的金额，也包括投入资本超过注册资本或者股本部分的金额，即资本溢价或者股本溢价。直接计入所有者权益的利得和损失，是指不应计入当期损益、会导致所有者权益发生增减变动的、与所有者投入资本或者向所有者分配利润无关的利得或者损失。留存收益是企业历年实现的净利润留存于企业的那部分，主要包括累计计提的盈余公积和未分配利润。

所有者权益一般具有以下四个基本特征：（1）所有者权益在企业经营期内可供企业长期、持续地使用，企业不必向投资人返还资本金；（2）企业所有人凭其对企业投入的资本，享受税后分配利润的权利，所有者权益是企业分配税后净利润的主要依据；（3）企业所有人有权行使企业的经营管理权，或者授权管理人员行使经营管理权；（4）企业的所有者对企业的债务和亏损负有无限责任或有限责任。

词条名称：**实收资本**

英　　文：**paid-up capital**

定义：实收资本是指投资者投入资本形成法定资本的价值。

释义：所有者向企业投入的资本一般情况下无需偿还，可以长期周转使用。实收资本的构成比例，即投资者的出资比例，通常是确定所有者在企业所有者权益中所占的份额和参与企业财务经营决策的基础，也是企业进行利润分配或股利分配的依据，同时还是企业清算时确定所有者对净资产要求权的依据。

词条名称：资本公积

英　　文：capital reserve

定义：资本公积是企业收到投资者的超出其在企业注册资本（或股本）中所占份额的投资以及直接计入所有者权益的利得和损失等。

释义：资本公积包括资本溢价（或股本溢价）和直接计入所有者权益的利得和损失等。资本溢价（或股本溢价）是企业收到投资者的超出其在企业注册资本（或股本）中所占份额的投资。形成资本溢价（或股本溢价）的原因有溢价发行股票、投资者超额缴入资本等。直接计入所有者权益的利得和损失是指不应计入当期损益、会导致所有者权益发生增减变动的、与所有者投入资本或者向所有者分配利润无关的利得或者损失。

直接计入所有者权益的利得和损失主要由以下事项引起：（1）采用权益法核算的长期股权投资；（2）以权益结算的股份支付；（3）存货差额或自用房地产转换为投资性房地产；（4）可供出售金融资产公允价值的变动；（5）可供出售外币非货币性项目的汇兑差额；（6）金融资产的重分类损益。

词条名称：库存股

英　　文：treasury stock

定义：库存股，又称“库藏股”，是指由公司购回而没有注销或转让并由该公司持有的已发行股份。

释义：库存股在回购后并不注销，而由公司自己持有，在适当的时机再向市场出售或用于对员工的激励。库存股与未发行的股票类似，没有投票权或是分配股利的权利，而公司解散时也不能变现。

词条名称：盈余公积

英　　文：surplus reserves

定义：盈余公积是指企业按照规定从净利润中提取的各种积累资金。

释义：盈余公积包含法定盈余公积和任意盈余公积。法定盈余公积与任意盈余公积的区别就在于各自计提的依据不同，前者以国家的法律或行政规章为依据提取；后者则由企业自行决定提取。企业提取盈余公积主要可以用于以下几个方面：（1）弥补企业以前年度亏损；（2）转增资本；（3）扩大企业生产经营。

词条名称：未分配利润

英　　文：undistributed profit

定义：未分配利润是指企业留待以后年度进行分配的结存利润。

释义：未分配利润也属于所有者权益。相对于所有者权益的其他部分而言，企业对于未分配利润的使用分配有着较大的自主权。从数量上来讲，未分配利润是期初未分配利润加上本期实现的净利润减去提取的各种盈余公积和分出利润后的余额。

词条名称：速动资产
英　　文：quick assets
定义：速动资产是指在流动资产中可以在较短时间内变现的资产。
释义：构成流动资产的各项目流动性差别很大。其中，货币资金、交易性金融资产和各种应收、预付款项等，可以在较短时间内变现，称为“速动资产”；另外的流动资产，包括存货、一年内到期的非流动资产及其他流动资产等，称为“非速动资产”。

词条名称：坏账准备
英　　文：bad debt reserves
定义：坏账准备是指企业应收账款等发生减值时计提的减值准备。
释义：企业应当在期末分析各项应收账款的可收回性，并预计可能产生的坏账损失，同时相应地提取坏账准备。企业提取坏账准备的方法由企业自行确定，坏账准备的计提方法一经确定，不得随意变更；如需变更，应当在企业会计报表附注中予以说明。企业计提坏账准备的方法主要有：（1）应收账款余额百分比法；（2）账龄分析法；（3）销货百分比法；（4）个别认定法。

词条名称：政府补助
英　　文：government grants
定义：政府补助是指企业从政府无偿取得的货币性资产或非货币性资产，但不包括政府作为企业所有者投入的资本。
释义：政府补助具有如下两个特点：（1）无偿性。无偿性是政府补助的基本特征。政府并不因此享有企业的所有权，企业将来也不需要偿还。这一特征将政府补助与政府作为企业所有者投入的资本、政府采购等政府与企业之间双向、互惠的经济活动区分开来。政府补助通常附有一定的条件；（2）直接取得资产。政府补助是企业直接从政府取得的资产，包括货币性资产和非货币性资产。如企业取得的财政拨款，先征后返（退）、即征即退等方式返还的税款，行政划拨的土地使用权等。

（五）现金流量表常用词

词条名称：现金流量表
英　　文：cash flow statement
定义：现金流量表是指反映企业在一定会计期间现金和现金等价物流入或流出的报表。
释义：现金流量表是依据收付实现制原则编制的，将依据权责发生制原则编制的资产负债表和利润表的利息调整为收付实现制下的现金流量信息。依据内容，现金流量表分为经营活动、投资活动和筹资活动三部分。现金流量表显示在一定会计期间，资产负债表以及利润表各科目如何影响相应期间的企业现金流入以及现金流出，并且可以概括反应经营活动、投资活动和筹资活动对企业现金流入和流出的影响。利用现金流量表可以很好地评价企业的实现利润、财务状况以及财务管理。

词条名称：现金流入量

英　　文：cash inflows

定义：现金流入量是指反映企业在一定会计期间现金和现金等价物流入的总量。

释义：现金流入量包括经营活动现金流入量、投资活动现金流入量和筹资活动现金流入量。在现金流量表中，为经营活动现金流入小计、投资活动现金流入小计和筹资活动现金流入小计之和。

词条名称：现金流出量

英　　文：cash outflows

定义：现金流出量是指企业在一定会计期间现金和现金等价物流出的总量。

释义：现金流出量包括经营活动现金流出量、投资活动现金流出量和筹资活动现金流出量。在现金流量表中，为经营活动现金流出小计、投资活动现金流出小计和筹资活动现金流出小计之和。

词条名称：现金流量净额

英　　文：net cash flow

定义：现金流量净额是指企业在一定会计期间现金及现金等价物的净流入或净流出的量。

释义：现金流量净额等于现金流入量减去现金流出量的差额。企业现金流入量与现金流出量相比较，若现金流入量大于现金流出量，则表示现金流量净额为正；反之则为负。企业正的现金流量净额会使企业流动性增强，反之，企业则会面临运营资金短缺的问题。企业的现金流量净额反映了企业的盈利质量，若现金流量净额为正，则表示在其他条件相同时，企业的盈利质量更好。

词条名称：经营活动现金流入

英　　文：cash inflow from operating activities

定义：经营活动现金流入是指企业投资活动和筹资活动以外的所有交易活动和事项的现金流入。

释义：经营现金流入是直接法计量经营现金流量的现金流入部分。经营现金流入具体揭示企业经营现金流的来源。对于工商企业而言，经营现金流入的主要项目包括：（1）销售商品、提供劳务收到的现金；（2）收到的税费返还；（3）收到的其他与经营活动有关的现金。

词条名称：销售商品提供劳务收到的现金

英　　文：cash received from sales of products and providing of services

定义：销售商品提供劳务收到的现金是指企业销售商品、提供劳务实际收到的现金，包括销售收入以及应向购买者收取的增值税销项税额。

释义：销售商品提供劳务收到的现金具体包括：本期销售商品、提供劳务收到的现金，以及前期销售商品、提供劳务本期收到的现金和本期预收的款项，减去本期销售本期退回的商品和前期销售本期退回的商品支付的现金。企业销售材料和代购代销业务收到的现金，也在本项目中反映。

词条名称：**收到的税费返还**

英　　文：**refunds of taxes**

定义：收到的税费返还是指企业收到的各种税费返还。

释义：企业收到的税费返还具体包括：收到的增值税、营业税、所得税、消费税、关税和教育费附加返还款等。

词条名称：**收到的其他与经营活动有关的现金**

英　　文：**other cash received from business operation**

定义：收到的其他与经营活动有关的现金是指企业除销售商品、提供劳务收到的现金和收到的税收返还之外，收到的其他与经营活动有关的现金。

释义：收到的其他与经营活动有关的现金具体包括：罚款收入、经营租赁固定资产收到的现金、投资性房地产收到的租金收入、流动资产损失中由个人赔偿的现金收入、除税费返还外的其他政府补助收入等。

词条名称：**经营活动现金流出**

英　　文：**cash outflow from operating activities**

定义：经营活动现金流出是指企业投资活动和筹资活动以外的所有交易活动和事项的现金流出。

释义：经营现金流出是直接法计量经营现金流量的现金流出部分。经营现金流出揭示了企业经营现金流的具体去向。对于工商企业而言，经营现金流出的主要项目包括：（1）购买商品、接受劳务支付的现金；（2）支付给职工以及为职工支付的现金；（3）支付的各项税费；（4）支付其他与经营活动有关的现金。

词条名称：**购买商品、接受劳务支付的现金**

英　　文：**cash paid for purchasing of merchandise and services**

定义：购买商品、接受劳务支付的现金是指企业购买材料、商品、接受劳务实际支付的现金，包括支付的货款以及与货款一并支付的增值税进项税额。

释义：购买商品、接受劳务支付的现金具体包括：本期购买商品、接受劳务支付的现金，以及本期支付前期购买商品、接受劳务的未付款项和本期预付款项，减去本期发生的购货退回收到的现金。

词条名称：**支付给职工以及为职工支付的现金**

英　　文：**cash paid to staffs or paid for staffs**

定义：支付给职工以及为职工支付的现金是指企业实际支付给职工的现金以及为职工支付的现金。

释义：支付给职工以及为职工支付的现金具体包括企业为获得职工提供的服务，本期实际给予的各种形式的报酬以及其他相关支出，如支付给职工的工资、奖金、各种津贴和补贴等，以及为职工支付的其他费用，不包括支付给在建工程人员的工资。

词条名称：支付的各项税费

英　　文：taxes paid

定义：支付的各项税费是指企业按规定支付的各项税费。

释义：支付的各项税费具体包括：本期发生并支付的税费，以及本期支付以前各期发生的税费和预缴的税金，如支付的营业税、增值税、所得税、教育费附加、印花税、房产税、土地增值税、车船使用税等。不包括本期退回的增值税和所得税。

词条名称：支付的其他与经营活动有关的现金

英　　文：other cash paid for business activities

定义：支付的其他与经营活动有关的现金是指企业除购买商品、接受劳务支付的现金、支付给职工以及为职工支付的现金、支付的各项税费之外支付的其他与经营活动有关的现金。

释义：支付的其他与经营活动有关的现金具体包括：罚款支出、支付的差旅费、业务招待费、保险费、经营租赁支付的现金等。其他与经营活动有关的现金，如果金额较大，应单列项目反映。

词条名称：经营现金流量净额

英　　文：net operating cash flow

定义：经营现金流量净额是指企业在一定会计期间经营现金净流入或净流出的量。

释义：经营现金流量净额为经营活动现金流入与经营活动现金流出的差额。在现金流量表上体现为经营活动现金流入小计与经营活动现金流出小计之和。

词条名称：投资活动现金流入

英　　文：cash inflow from investing activities

定义：投资活动现金流入是指企业与投资活动有关的现金流入。

释义：投资活动是指企业长期资产的购建和不包括在现金等价物范围的投资及其处置活动。长期资产是指固定资产、无形资产、在建工程、其他资产等持有期限在一年或一个营业周期以上的资产。这里所讲的投资活动，既包括实物资产投资，也包括金融资产投资。投资活动现金流入主要包括：（1）收回投资收到的现金；（2）取得投资收益收到的现金；（3）处置固定资产、无形资产和其他长期资产收回的现金净额；（4）处置子公司及其他营业单位收到的现金净额；（5）收到其他与投资活动有关的现金。

词条名称：收回投资收到的现金

英　　文：cash received from investment retrieving

定义：收回投资收到的现金是指企业出售、转让或到期收回除现金等价物以外的交易性金融资产、持有至到期投资、可供出售金融资产、长期股权投资等而收到的现金。

释义：收回投资收到的现金不包括债权性投资收回的利息、收回的非现金资产以及处置子公司及其他营业单位收到的现金净额。债权性投资收回的本金在本项目反映，债权性投资收回的利息，不在本项目中反映，而在“取得投资收益所收到的现金”项目中反映。

词条名称：**取得投资收益收到的现金**

英　　文：**cash received as investment gains**

定义：取得投资收益收到的现金是指企业因股权性投资而分得的现金股利，因债权性投资而取得的现金利息收入。

释义：取得投资收益收到的现金包括在现金等价物范围内的债券性投资，其利息收入在本项目中反映；股票股利由于不产生现金流量，不在本项目中反映。

词条名称：**处置固定资产、无形资产和其他长期资产收回的现金净额**

英　　文：**net cash retrieved from disposal of fixed assets, intangible assets, and other long-term assets**

定义：处置固定资产、无形资产和其他长期资产收回的现金净额是指企业出售固定资产、无形资产和其他长期资产（如投资性房地产）所取得的现金，减去为处置这些资产而支付的有关税费后的净额。

释义：处置固定资产、无形资产和其他长期资产所收到的现金，与处置活动支付的现金，两者在时间上比较接近，以净额反映更能准确地反映处置活动对现金流量的影响。由于自然灾害等原因所造成的固定资产等长期资产报废、毁损而收到的保险赔偿收入，在本项目中反映。如处置固定资产、无形资产和其他长期资产所收回的现金净额为负数，应作为投资活动产生的现金流量，在“支付的其他与投资活动有关的现金”项目中反映。

词条名称：**处置子公司及其他营业单位收到的现金净额**

英　　文：**net cash received from disposal of subsidiaries or other operational units**

定义：处置子公司及其他营业单位收到的现金净额是指企业处置子公司及其他营业单位所取得的现金减去子公司或其他营业单位持有的现金和现金等价物以及相关处置费用后的净额。

释义：企业处置子公司及其他营业单位是整体交易，子公司和其他营业单位可能持有现金和现金等价物。这样，整体处置子公司或其他营业单位的现金流量，就应以处置价款中收到现金的部分，减去子公司或其他营业单位持有的现金和现金等价物以及相关处置费用后的净额反映。现金流量表准则要求企业在附注中以总额披露当期取得或处置子公司及其他营业单位的下列信息：（1）取得或处置价格；（2）取得或处置价格中以现金支付的部分；（3）取得或处置子公司及其他营业单位所取得的现金；（4）取得或处置子公司及其他营业单位按主要类别分类的非现金资产和负债。处置子公司及其他营业单位收到的现金净额如为负数，则将该金额填列至“支付其他与投资活动有关的现金”项目中。

词条名称：收到其他与投资活动有关的现金

英　　文：other investment-related cash received

定义：收到其他与投资活动有关的现金是指企业除其他各项目外，收到的其他与投资活动有关的现金。

释义：其他各项目包括：（1）收回投资收到的现金；（2）取得投资收益收到的现金；（3）处置固定资产、无形资产和其他长期资产收回的现金净额；（4）处置子公司及其他营业单位收到的现金净额。

词条名称：投资活动现金流出

英　　文：cash outflow from investing activities

定义：投资活动现金流出是指企业与投资活动有关的现金流出。

释义：投资活动是指企业长期资产的购建和不包括在现金等价物范围内的投资及其处置活动。长期资产是指固定资产、无形资产、在建工程、其他资产等持有期限在一年或一个营业周期以上的资产。这里所讲的投资活动，既包括实物资产投资，也包括金融资产投资。这里之所以将“包括在现金等价物范围内的投资”排除在投资活动之外，是因为已经将包括在现金等价物范围内的投资视同现金。投资活动现金流出主要包括：（1）购建固定资产、无形资产和其他长期资产支付的现金；（2）投资支付的现金；（3）取得子公司及其他营业单位支付的现金净额；（4）支付其他与投资活动有关的现金。

词条名称：购建固定资产、无形资产和其他长期资产支付的现金

英　　文：cash paid for construction of fixed assets, intangible assets and other long-term assets

定义：购建固定资产、无形资产和其他长期资产支付的现金是指企业购买、建造固定资产，取得无形资产和其他长期资产（如投资性房地产）支付的现金。

释义：购建固定资产、无形资产和其他长期资产支付的现金包括购买机器设备所支付的现金、建造工程支付的现金、支付在建工程人员的工资等现金支出，不包括为购建固定资产、无形资产和其他长期资产而发生的借款利息资本化部分，以及融资租入固定资产所支付的租赁费。为购建固定资产、无形资产和其他长期资产而发生的借款利息资本化部分，在“分配股利、利润或偿付利息支付的现金”项目中反映；融资租入固定资产所支付的租赁费，在“支付其他与筹资活动有关的现金”项目中反映。

词条名称：投资支付的现金

英　　文：cash paid as investment

定义：投资支付的现金是指企业进行权益性投资和债权性投资所支付的现金。

释义：投资支付的现金包括企业取得的除现金等价物以外的交易性金融资产、持有至到期投资、可供出售金融资产而支付的现金，以及支付的

佣金、手续费等交易费用。

词条名称：**取得子公司及其他营业单位支付的现金净额**

英　　文：**net cash received from subsidiaries and other operational units**

定义：取得子公司及其他营业单位支付的现金净额是指企业取得子公司及其他营业单位购买出价中以现金支付的部分，减去子公司或其他营业单位持有的现金和现金等价物后的净额。

释义：整体购买一个单位，其结算方式是多种多样的，如购买方全部以现金支付或一部分以现金支付而另一部分以实物清偿。同时，企业购买子公司及其他营业单位是整体交易，子公司和其他营业单位除有固定资产和存货之外，还可能持有现金和现金等价物。这样，整体购买子公司或其他营业单位的现金流量，就应以购买出价中以现金支付的部分减去子公司或其他营业单位持有的现金和现金等价物后的净额反映，如为负数，应在“收到其他与投资活动有关的现金”项目中反映。

词条名称：**支付其他与投资活动有关的现金**

英　　文：**other cash paid for investment activities**

定义：支付其他与投资活动有关的现金是指企业其他项目中支付的其他与投资活动有关的现金。

释义：其他项目包括：（1）购建固定资产、无形资产和其他长期资产支付的现金；（2）投资支付的现金；（3）取得子公司及其他营业单位支付的现金净额。

词条名称：**投资现金流量净额**

英　　文：**net investing cash flow**

定义：投资现金流量净额是指企业在一定会计期间投资现金净流入或净流出的量。

释义：投资现金流量净额为投资活动现金流入与投资活动现金流出的差额。在现金流量表上体现为投资活动现金流入小计与投资活动现金流出小计之和。

词条名称：**筹资活动现金流入**

英　　文：**cash inflow from financing activities**

定义：筹资活动现金流入是指企业与筹资活动有关的现金流入。

释义：筹资活动是指导致企业资本及债务规模和构成发生变化的活动。这里所说的“资本”，既包括实收资本（股本），也包括资本溢价（股本溢价）；这里所说的“债务”，指对外举债，包括向银行借款、发行债券以及偿还债务等。筹资活动现金流入主要包括：（1）吸收投资收到的现金；（2）取得借款收到的现金；（3）收到其他与筹资活动有关的现金。

词条名称：**吸收投资收到的现金**

英　　文：**cash received as investment**

定义：吸收投资收到的现金是指企业以发行股票等方式筹集资金实际收到的款项净额（发行收入减去支付的佣金等发行费用后的净额）。

释义：以发行股票等方式筹集资金而由企业直接支付的审计、咨询等费用，在“支付其他与筹资活动有关的现金”项目中反映。

词条名称：**取得借款收到的现金**
英　　文：**cash received as loans**
定义：取得借款收到的现金是指企业举借各种短期借款、长期借款而收到的现金。
释义：企业发行债券实际收到的款项净额（发行收入减去直接支付的佣金等发行费用后的净额）也在本科目反映。

词条名称：**收到其他与筹资活动有关的现金**
英　　文：**other financing-related cash received**
定义：收到其他与筹资活动有关的现金是指企业除其他各项目之外收到的其他与筹资活动有关的现金。
释义：其他各项目是指：（1）吸收投资收到的现金；（2）取得借款收到的现金。其他与筹资活动有关的现金，如果价值较大的，应单列项目反映。

词条名称：**筹资活动现金流出**
英　　文：**cash outflow from financing activities**
定义：筹资活动现金流出是指企业与筹资活动有关的现金流出。
释义：筹资活动是指导致企业资本及债务规模和构成发生变化的活动。这里所说的“资本”，既包括实收资本（股本），也包括资本溢价（股本溢价）；这里所说的“债务”，指对外举债，包括向银行借款、发行债券以及偿还债务等。筹资活动现金流出主要包括：（1）偿还债务支付的现金；（2）分配股利、利润或偿付利息支付的现金；（3）支付的其他与筹资活动有关的现金。

词条名称：**偿还债务支付的现金**
英　　文：**cash to repay debts**
定义：偿还债务支付的现金是指企业以现金偿还债务的本金。
释义：偿还债务支付的现金主要包括：归还金融企业的借款本金、偿付企业到期的债券本金等。企业偿还的借款利息、债券利息，在“分配股利、利润或偿付利息所支付的现金”项目中反映。

词条名称：**分配股利、利润或偿付利息所支付的现金**
英　　文：**cash paid as dividend, profit, or interests**
定义：分配股利、利润或偿付利息所支付的现金是指企业实际支付的现金股利、支付给其他投资单位的利润或用现金支付的借款利息、债券利息。
释义：不同用途的借款，其利息的开支渠道不一样，如在建工程、财务费用等，均在本项目中反映。

词条名称：**支付的其他与筹资活动有关的现金**
英　　文：**other cash paid for financing activities**
定义：支付的其他与筹资活动有

关的现金是指企业除上述各项目外，支付的其他与筹资活动有关的现金。

释义：支付的其他与筹资活动有关的现金主要包括：以发行股票、债券等方式筹集资金而由企业直接支付的审计、咨询等费用，融资租赁各期支付的现金、以分期付款方式构建固定资产、无形资产等各期支付的现金等。其他与筹资活动有关的现金，如果价值较大的，应单列项目反映。

词条名称：**筹资现金流量净额**

英　　文：**net financing cash flow**

定义：筹资现金流量净额是指企业在一定会计期间筹资现金净流入或净流出的量。

释义：筹资现金流量净额为筹资活动现金流入与筹资活动现金流出的差额。在现金流量表上体现为筹资活动现金流入小计与筹资活动现金流出小计之和。

词条名称：**汇率变动对现金及现金等价物的影响**

英　　文：**influence of exchange rate movement on cash and cash equivalents**

定义：汇率变动对现金及现金等价物的影响是指企业外币现金流量及境外子公司的现金流量折算成记账本位币时，所采用的是现金流量发生日的汇率或即期汇率近似的汇率，而现金流量表“现金及现金等价物净增加额”项目中外币现金净增加额是按资产负债表日的即期汇率折算的。这两者的差额即为汇率变动对现金的影响。

释义：“现金流量表准则”规定，外币现金流量以及境外子公司的现金流量，应当采用现金流量发生日的即期汇率或与即期汇率近似的汇率折算。汇率变动对现金的影响额应当作为调节项目，在现金流量表中单独列报。

词条名称：**现金及现金等价物净增加额**

英　　文：**net increase of cash and cash equivalents**

定义：现金及现金等价物净增加额是指企业在一定会计期间现金及现金等价物的净增加或净减少额。

释义：现金流量表“现金及现金等价物增加额”项目中的外币现金净增加额，是按资产负债表日的即期汇率折算的。

词条名称：**期末现金及现金等价物余额**

英　　文：**balance of cash and cash equivalents at the end of term**

定义：期末现金及现金等价物余额是指在会计期末企业现金及现金等价物的余额。

释义：期末现金及现金等价物余额等于企业期初现金及现金等价物余额与本期现金及现金等价物净增加额之和。

词条名称：**现金等价物**

英　　文：**cash equivalents**

定义：现金等价物是指企业持有的期限短、流动性强、易于转换为已知金额现金、价值变动风险很小的投资。

释义：“期限短”一般是指从购买

日起3个月内到期，如可在证券市场上流通的3个月内到期的短期债券等。现金等价物虽然不是现金，但其支付能力与现金差别不大，可视为现金。例如，企业为保证支付能力，手持必要的现金，为了不使现金闲置，可以购买短期债券，在需要现金时，随时可以变现。判断一项投资是否属于现金等价物的四个条件：（1）期限短；（2）流动性强；（3）易于转换为已知金额的现金；（4）价值变动风险很小。其中，期限短、流动性强，强调了变现能力；而易于转换为已知金额的现金、价值变动风险很小，则强调了支付能力的大小。现金等价物通常包括3个月内到期的短期债券投资。权益性投资不属于现金等价物。

（六）公司财务指标用词

词条名称：经营性收入

英　　文：operational income

定义：经营性收入是指纳税人通过经常性的生产经营活动而取得的收益，即企业在销售货物、提供劳务以及让渡资产使用权等日常活动中所产生的收入，通常表现为现金流入、其他资产的增加或负债的减少。

释义：经营性收入通常区别于资本利得。资本利得是纳税人出售或交换房屋、土地、机器设备、有价证券以及无形资产等资本性资产所获取的收益，其在性质上与一般的经营性收入有所不同，主要表现为：（1）资本利得是一种不可预期的、非定期取得的所得；（2）资本利得的实现一般需要较长时间，因而往往含有通货膨胀的因素；（3）资本利得一般由纯粹的资本利得和部分投资所得转化而成的资本利得组成，投资所得是税后的。

词条名称：经常性损益

英　　文：recurrent profit and loss

定义：经常性损益是指与公司正常经营业务有直接关系，以及与正常经营业务相关，影响报表使用人对公司经营业绩和盈利能力做出正常判断的各项交易和事项产生的损益。

释义：经常性损益是经常发生的正常交易，它是企业的核心收益，具有持续性的特点。非经常性损益是不经常发生的事项，如资产处置与各种形式的政府补贴等，是非常业务，具有偶发的特点。投资收益中的长期投资持有期间取得的损益、长期债权投资的处置损益，按照企业会计制度计提的长期投资减值准备、短期投资跌价准备属于经常性损益；对于经过国家有关部门批准设立的有经营资格的金融机构来说，计入投资收益的短期投资损益也属于经常性损益；在营业外支出中，按照企业会计制度计提的固定资产减值准备、在建工程减值准备、无形资产减值准备、委托贷款减值准备属于经常性损益。

词条名称：主营业务

英　　文：main operating

定义：主营业务是指企业为完成其经营目标而从事的日常活动中的主要活动。

释义：主营业务可根据企业营业执照上规定的主要业务范围确定，例如，工业、商品流通企业的主营业务是销售商品，银行的主营业务是贷款和为企业办理结算等。

词条名称：**非经常性损益**

英　　文：**non-recurring profit and loss**

定义：非经常性损益是指公司发生的与生产经营无直接关系，以及虽与生产经营相关，但由于其性质、金额或发生频率，影响了真实、公允地评价公司当期经营成果和获利能力的各项收入、支出。

释义：非经常性损益有以下几个要点：(1) 非经常性损益即国际会计准则中所提到的收益和损失；(2) 非经常性损益主要发生在与公司生产经营无直接联系的相关领域；(3) 判断某项损益是否为非经常性损益时，除了应该考虑该项损益与生产经营活动的联系外，更重要的是，应该考虑该项损益的性质、金额或发生频率的大小。非经常性损益应包括以下项目：(1) 交易价格显失公允的关联交易导致的损益；(2) 处理下属部门、被投资单位股权损益；(3) 资产置换损益；(4) 政策有效期短于3年，越权审批或无正式批准文件的税收返还、减免以及其他政府补贴；(5) 比较财务报表中会计政策变更对以前期间净利润的追溯调整数；(6) 中国证监会认定的其他非经常性损益项目。公司在编报招股说明书、定期报告或申请发行新股的材料时，应将上述项目作为非经常性损益处理。非经常性损益还可能包括：(1) 流动资产盘盈、盘亏损益；(2) 支付或收取的资金占用费；(3) 委托投资损益；(4) 各项营业外收入、支出。公司在编报招股说明书、定期报告或申请发行新股的材料时，应根据自身的实际情况，分析上述项目的实质，准确界定非经常性损益；公司若将上述项目不归类为非经常性损益，应充分说明其原因及涉及金额。

词条名称：**主营业务收入**

英　　文：**prime operating revenue**

定义：主营业务收入，又称“主营收入”，是指企业持续的、主要的经营活动所取得的对企业经济利益有举足轻重作用的收入。

释义：企业主营业务收入是指销售产品（商品）所取得的收入，包括商业、农业企业的主营业务收入；商业等企业的代购代销收入；工业企业的销售产成品、自制半成品收入，提供工业性劳务收入；房地产开发企业的土地转让收入，商品房及配套设施销售收入等。企业销售收入的确定，应遵循权责发生制的原则，企业应当在发生商品、提供劳务，同时收讫价款或取得索取价款的凭据时，确认销售收入的实现。

词条名称：**主营业务收入增长率**

英　　文：**growth rate of prime operating revenue**

定义：主营业务收入增长率是指本期主营业务收入与上期主营业务收入之差与上期主营业务收入的比值。

释义：主营收入增长率大于零，表明企业本年营业收入有所增长。该指标值越高，表明企业营业收入的增长速度越快，企业市场前景越好。

公式：主营业务收入增长率 =（本期主营业务收入 - 上期主营业务收入）/上期主营业务收入 ×100%

词条名称：主营构成

英　　文：composition of prime operating

定义：主营构成是指主营业务各项目的搭配及比例。

释义：主营构成一般包括主营业务的按行业构成和地区构成。

词条名称：产品行业收入

英　　文：production industry income

定义：产品行业收入是指产品在不同行业实现的收入。

释义：产品行业收入主要指产品在不同行业的收入实现情况，包括绝对额以及增长率等。

词条名称：主营业务利润率

英　　文：profit ratio of main business

定义：主营业务利润率是指企业在一定时期内主营业务利润同主营业务收入的比率。

释义：主营业务利润率表明企业每单位主营业务收入能带来多少主营业务利润，反映了企业主营业务的获利能力和企业主营业务利润对利润总额的贡献，是评价企业经营效益的主要指标；没有足够大的主营业务利润率就无法形成企业的最终利润，为此，结合企业的主营业务收入和主营业务成本分析，能够充分反映出企业成本控制、费用管理、产品营销、经营策略等方面的不足与成绩。该指标越高，说明企业产品或商品定价科学，产品附加值高，营销策略得当，主营业务市场竞争力强，发展潜力大，获利水平高。

公式：主营业务利润率 = 主营业务利润/主营业务收入 ×100%

词条名称：主营业务毛利率

英　　文：gross profit ratio of main business

定义：主营业务毛利率是指主营业务毛利与主营业务收入净额之比。

释义：主营业务毛利率指标反映了主营业务的获利能力。其中，主营业务毛利为主营业务收入净额减主营业务成本。通俗地讲，营业毛利率是用以反映企业每1元营业收入中含有多少毛利额，它是净利润的基础，没有足够大的毛利率便不能形成企业的盈利。实际上，衡量企业盈利能力的大小不能单看营业收入，因为营业收入中还包括营业成本；只有扣除了这一成本之后，才能用以补偿企业的各项营业支出。主营业务的毛利率越高，则扣除各项支出后的利润也就更高，企业的获利能力越强。另外，由于毛利率较高，其产品的定价就较灵活，在国内企业经常使用的营销手段——价格战中占据有利位置。

公式：主营业务毛利率 =（主营业务收入 - 主营业务成本）/主营业务收入 ×100%

词条名称：**主营业务现金（现收）比率**

英　　文：**cash ratio of main business**

定义：主营业务现金（现收）比率是指主营业务收到的现金与主营业务收入之间的比率。

释义：该指标反映了企业主营业务收入背后现金流量的支持程度。该指标越高，说明企业当期收入的变现能力越强；反之，说明企业当期账面收入高，而实际现金收入低，有很大一部分形成了应收账款，此时，会计信息使用者有必要关注其债权资产的质量。当该指标大于1时，本期收到的销货现金大于本期的销货收入，说明企业当期的销货全部变现，而且又收回了部分前期的应收账款，这种状况应当与应收账款的下降相对应；当该指标等于1时，企业销货收到的现金与本期的销售收入基本一致，说明企业的销货没有形成挂账，资金周转良好；该指标小于1时，本期销货收到的现金小于当期的销货收入，说明账面收入高，而变现收入低，当期没有全部收回，形成应收账款，应收账款挂账增多，必须关注其债权资产的质量。

公式：主营业务现金比率 = 主营业务产生的现金净流量/主营业务收入 ×100%

词条名称：**现金自给率**

英　　文：**cash flow adequacy ratio**

定义：现金自给率，又称“现金满足投资比率”，是指企业通过自己的经营活动流入的现金，满足企业固定资产、无形资产投资、存货规模扩大以及发放股利需要的能力。

释义：该比率越高，说明企业现金自给能力越强，企业的资金实力就越强。

公式：现金自给率 = 一定期间经营活动产生的现金净流量/（一定期间平均资本支出 + 近5年存货平均增加 + 近5年平均现金股利）×100%

词条名称：**成本费用利润率**

英　　文：**ratio of profits to cost**

定义：成本费用利润率是指企业一定期间的利润总额与成本、费用总额的比率。

释义：成本费用利润率指标表明每付出1元成本费用可获得多少利润，体现了经营耗费所带来的经营成果。企业在同样的成本费用投入下，能够实现更多的销售，或者在一定的销售情况下，能够节约成本和费用，这个指标就会升高。这个指标越高，说明企业的投入所创造的利润越多，反映企业的经济效益越好。

公式：成本费用利润率 = 净利润/（主营业务成本 + 销售费用 + 管理费用 + 财务费用）×100%

词条名称：**总资产利润率**

英　　文：**return on total assets**

定义：总资产利润率，又称“总资产报酬率”、“总资产回报率”、“投资盈利率”，是息税前利润总额与企业平均总资产之间的比率。

释义：总资产利润率指标反映企业总资产能够获得利润的能力，是反映企业资产综合利用效果的指标。该指标越高，表明资产利用效果越好，整个企业的活力能力越强，经营管理水平越高。

公式：总资产利润率 = (利润总额 + 利息支出)/平均资产总额 × 100%

词条名称：**资产收益率**

英　　文：**return on assets，缩写 ROA**

定义：资产收益率，又称“资产回报率”，是净利润与平均资产总额的比率。

释义：资产收益率表明企业每单位的资产能够获得多少净收益；该指标通常越高越好。在实际运用中，需要注意它和股东权益收益率（ROE）的区别，后者是以每股税后收益除以每股的股东权益账面价值，或者说是公司总的税后收益（EAT）除以公司总的股东权益账面价值（EQ）；而资产收益率（ROA）是公司总的税后收益（加利息）与公司的总资产的比率。股东权益收益率与资产收益率之间关系是：股东权益收益率（ROE） = 资产收益率（ROA） × 杠杆比率（L）。其中：杠杆比率（Leverage Ratio，简称为 L）是公司的总资产与公司总的股东权益账面价值的比率。

公式：资产收益率 = 净利润/平均资产总额 × 100%

词条名称：**资本回报率**

英　　文：**return on invested dap-ital，缩写 ROIC**

定义：资本回报率是指投出或使用的资金与相关回报的比例。

释义：资本回报率通常用于衡量投出资金的使用效果，直观地评估一个公司的价值创造能力。相对较高的资本回报率，往往被视作公司强健或者管理有方的有力证据。但必须注意，资本回报率值高，也可能是管理不善的表现，比如过分强调营收，忽略成长机会，牺牲长期价值。

公式：资产收益率 = (净收入 - 税收)/总资本 × 100% = 税后营运收入/(总财产 - 过剩现金 - 无息流动负债)

词条名称：**投资回报率**

英　　文：**return on investment，缩写 ROI**

定义：投资回报率，又称“投资报酬率”，是指通过投资而应返回的价值与投资额的比率。

释义：投资回报率能反映投资的综合盈利能力，而且由于剔除了因投资额不同而导致的利润差异的不可比因素，因而，具有横向可比性，有利于判断各投资中心经营业绩的优劣。

公式：投资回报率 = 年利润或年均利润/投资总额 × 100%

词条名称：**税前盈利**

英　　文：**pre-tax profit**

定义：税前盈利是指在缴纳所得税之前的盈利。

释义：税前盈利可以用税前利润表示，即企业的营业收入扣除成本费用以及流转税后的利润。

公式：税前盈利 = 营业收入 - 成本费用 - 流转税

词条名称：**不良资产**

英　　文：**non-performing asset**

定义：不良资产是指企业尚未处理的资产净损失和潜亏（资金）挂账，以及按财务会计制度规定应提未提资产减值准备的各类有问题资产预计损失金额。

释义：不良资产是不能参与企业正常资金周转的资产，如债务单位长期拖欠的应收款项，企业购进或生产的呆滞积压物资以及不良投资等。银行的不良资产主要是指不良贷款，俗称“呆坏账”。也就是说，银行发放的贷款不能按预先约定的期限、利率收回本金和利息；具体包括逾期贷款（贷款到期限未还的贷款）、呆滞贷款（逾期两年以上的贷款）和呆账贷款（需要核销的收不回的贷款）三种情况，其他还包括房地产等不动产组合。

词条名称：**总资产扩张率**

英　　文：**total assets expansion rate**

定义：总资产扩张率是企业年度总资产增长额同年初资产总额的比率。

释义：总资产扩张率反映了企业本期资产规模的增长情况和扩张程度。通常来说，处于成长期的企业会运用各种渠道（权益性筹资，例如，新股发行、配股等；债务性筹资，例如，发行债券、举借各种借款等）来扩张资本规模，从而通过更多的投资项目获得回报。该指标较高反映了企业积极扩张，但过高也会包含一些风险。

公式：总资产扩张率 =（年末资产总额 - 年初资产总额）/年初资产总额 ×100%

（七）每股财务指标用词

词条名称：**每股收益**

英　　文：**earnings per share**

定义：每股收益，又称“每股税后利润”、“每股盈余”，是税后利润与股本总数的比率。

释义：该比率反映了每股创造的税后利润，比率越高，表明所创造的利润越多。若公司只有普通股时，净收益是税后净利，股份数是指流通在外的普通股股数；如果公司有优先股，应从税后净利中扣除分派给优先股东利息后的净收益与普通股份总数的比值。根据股数取值的不同，有全面摊薄每股收益和加权平均每股收益。全面摊薄每股收益是指计算时取年度末的普通股份总数，理由是新发行的股份一般是溢价发行的，新老股东共同分享公司发行新股前的收益；加权平均每股收益计算时股份数用按月对总股数加权计算的数据，理由是由于公司投入的资本和资产不同，收益产生的基础也不同。每股收益通常被用来反映企业的经营成果，衡量普通股的获利水平及投资风险，是投资者等信息使用者据以评价企业盈利能力、预测企业成长潜力进而做出相关经济决策的重要的财务指标之一。

公式：每股收益 =（本期毛利润 - 优先股股利）/期末总股本数

词条名称：**每股净资产**

英　　文：**net asset value per share**

定义：每股净资产又称“每股账面价值”，是股东权益与总股数的比率。

释义：这一指标反映每股股票所拥有的资产现值。每股净资产越高，股东拥有的资产现值越多；每股净资产越少，股东拥有的资产现值越少。从会计报表上看，上市公司的每股净资产主要由股本、资本公积金、盈余公积金和未分配利润组成。根据《公司法》的有关规定，股本、资本公积和盈余公积在公司正常经营期内是不能随便变更的，因此，每股净资产的调整主要是对未分配利润进行调整。

公式：每股净资产＝股东权益/股本总数

词条名称：**每股收益增长率**

英　　文：**growth rate of earnings per share**

定义：每股收益增长率是指每股收益本期相对于上期的增长率。

释义：每股收益增长率反映了普通股可以分得的利润的增长程度，该指标通常越高越好。

公式：每股收益增长率＝（本年每股收益－上一年每股收益）/上一年每股收益×100%

词条名称：**加权平均每股收益**

英　　文：**weighted average earnings per share**

定义：加权平均每股收益是指在计算时，股份数用按月对总股数加权计算的每股收益值。

释义：上市公司如果股份总额没有发生变化，其年度每股收益就不存在加权平均的差异。但一些公司由于增发新股（含老股增发和新股发行）、送股、转增股本或配股等原因，股份总额发生变化，使用加权平均法计算出的每股收益就称为加权平均每股收益，这样就可以更准确、更合理地反映公司客观的盈利能力。

词条名称：**扣除后每股利润**

英　　文：**earnings per share after deducting non-recurring gains and losses**

定义：扣除后每股利润，又称“扣除非经常损益后每股收益”，是普通股股东每持有一股普通股所能享有或承担的扣除非经常损益后的企业净利润或净亏损。

释义：非经常性损益是指公司发生的与生产经营无直接联系，以及虽然与生产经营相关，但由于其性质、金额或发生频率影响了真实、公允地评价公司当期经营成果和获利能力的各项收入、支出。扣除后每股利润反映了企业主要业务的盈利能力。

词条名称：**每股资本公积金**

英　　文：**capital reserve per share**

定义：每股资本公积金是指企业发行的每一股份所能享有的资本公积金的数额。

释义：资本公积金是指从公司利润以外的收入中提取的一种公积金；其主要来源有股票溢价收入、财产重估增值以及接受捐赠资产等；其用途主要是扩大公司生产经营活动和增加公司注册资本。公积金分为资本公积金和盈余公积金。

公式：每股资本公积金 = 资本公积金/总股本

词条名称：**每股盈余公积金**

英　　文：**surplus accumulation fund per share**

定义：每股盈余公积金是指企业发行的每一股份所能享有的盈余公积金的数额。

释义：盈余公积金是指企业按照规定从税后利润中提取的积累资金；盈余公积金按其用途，分为法定公积金和任意公积金。《中华人民共和国公司法》第一百六十七条规定：公司分配当年税后利润时，应当提取利润的10%列入公司法定公积金；公司法定公积金累计额为公司注册资本的50%以上的，可以不再提取。

公式：每股盈余公积金 = 盈余公积金/总股本

词条名称：**每股营业收入**

英　　文：**operating income per share**

定义：每股营业收入是指营业收入与流通在外普通股加权平均股数的比率。

释义：每股营业收入反映每只普通股创造的营业收入。

公式：每股营业收入 = 营业收入/流通在外普通股的加权平均数

词条名称：**每股未分配利润**

英　　文：**undistributed profit per share**

定义：每股未分配利润是指企业当期未分配利润总额与发行在外总股本的比值。

释义：未分配利润是企业留待以后年度进行分配的结存利润，未分配利润有两个方面的含义：一是留待以后年度分配的利润；二是尚未指定特定用途的利润。资产负债表中的未分配利润项目反映了企业期末历年结存的尚未分配的利润数额，若为负数则为尚未弥补的亏损。每股未分配利润越多，不仅表明该公司盈利能力强，也意味着该公司未来分红、送股的能力强、概率比较大。一般而言，如果某公司的每股未分配利润超过一元，该公司就具有每10股送10股或每股派现1元红利的能力。

公式：每股未分配利润 = 企业当期未分配利润总额/总股本

词条名称：**每股留存收益**

英　　文：**retained earnings per share**

定义：每股留存收益是指企业当期留存收益总额与发行在外总股本的比值。

释义：留存收益是把公司的一部分盈利留在企业作为再投资之用，包括企业的盈余公积和未分配利润两部分，其中盈余公积是有特定用途的累积盈余，未分配利润是没有指定用途的累积盈余。留存收益是指公司历年累积之纯收益，未以现金或其他资产方式分配给股东、转为资本或资本公积的；或历年累积亏损未经以资本公积弥补的。

公式：每股留存收益 = 企业当期

留存收益总额/总股本

词条名称：**每股经营现金流量**

英　　文：**operation cash flow per share**

定义：每股经营现金流量是指经营活动现金流量净额与流通在外普通股数量的比值。

释义：这一指标主要反映平均每股所获得的现金流量，隐含了上市公司在维持期初现金流量的情况下，有能力发给股东的最高现金股利金额。公司现金流强劲很大程度上表明主营业务收入回款力度较大，产品竞争性强，公司信用度高，经营发展前景有潜力。但应该注意的是，经营活动现金净流量并不能完全替代净利润来评价企业的盈利能力，每股现金流量也不能替代每股净利润的作用。上市公司股票价格是由公司未来的每股收益和每股现金流量的净现值决定的。盈亏已经不是决定股票价值唯一重要因素。单从财务报表所反映的信息来看，现金流量日益取代净利润，成为评价公司股票价值的一个重要标准。

公式：每股经营现金流 = （经营活动的现金流入 - 经营活动的现金流出）/总股本

词条名称：**每股息税前利润**

英　　文：**pre-tax profit per share**

定义：每股息税前利润是指每股发行在外的普通股票所平均占有的息税前利润。

释义：息税前利润是指企业剔除财务费用前的利润，通俗地说，就是不扣除利息也不扣除所得税的利润。无论企业营业利润多少，债务利息和优先股的股利都是固定不变的；当息税前利润增大时，每1元盈余所负担的固定财务费用就会相对减少，这能给普通股股东带来更多的盈余。

词条名称：**每股税息折旧与摊销前利润**

英　　文：**earnings before interest，tax，depreciation and amortization per share**

定义：每股税息折旧与摊销前利润是指每股发行在外的普通股票所平均占有的在扣除利息、所得税、折旧、摊销之前的利润。

释义：税息折旧与摊销前利润剔除了摊销和折旧，则是因为摊销中包含的是以前会计期间取得无形资产时支付的成本，而并非投资人更关注的当期现金支出。而折旧本身是对过去资本支出的间接度量，将折旧从利润计算中剔除后，投资者能更方便地关注对于未来资本支出的估计，而非过去的沉没成本。

词条名称：**每股现金流**

英　　文：**cash flow per share**

定义：每股现金流是指公司营业业务带来的净现金流量减去优先股股利与发行在外的普通股股数的比率。

释义：每股现金流是指企业在不动用外部筹资的情况下，用自身经营活动产生的现金偿还贷款、维持生产、支付股利以及对外投资的能力，它是一个评估每股收益“含金量”的重要指标。从短期来看，每股现金流量比每股盈余更能显示从事资本性支出及支付股利的能力。每股现金流量一般比每股盈余要高，原因是公司正常营业业务所带来的净现金流量还包括一些从利润中扣除出去但又不影响现金流出的费用调整项目，比如，折旧费等。但每股现金流量也有可能低于每股盈余。

公式：每股现金流量 =（营业业务所带来的净现金流量 - 优先股股利）/流通在外的普通股股数

词条名称：**每股营业现金净流量**

英　　文：**net operating cash flow per share**

定义：每股营业现金净流量是指每股发行在外的普通股票平均占有的现金流量。

释义：每股经营现金流是最具实质的财务指标，其用来反映该公司经营流入的现金的多少，如果一个公司的每股收益很高或者每股未分配利润也很高，如果现金流差的话，意味该上市公司没有足够的现金来保障股利的分红派息，那只是报表上的数字而已，没有实际的意义。

公式：每股营业现金流量 =（营业业务所带来的净现金流量 - 优先股股利）/流通在外的普通股股数

词条名称：**每股企业自由现金流量**

英　　文：**free cash flow per share**

定义：每股企业自由现金流量是指企业自由现金流量与企业发行在外的普通股总股本数的比值。

释义：企业自由现金流量是指扣除税收、必要的资本性支出和营运资本增加后，能够支付所有的清偿权者（债权人和股东）的现金流量，是企业产生的在满足了再投资需要之后剩余的现金流量。这部分现金流量是在不影响公司持续发展的前提下可供分配给企业资本供应者的最大现金额。

公式：每股自由现金流量 = [（税后净营业利润 + 折旧及摊销）-（资本支出 + 营运资本增加）]/普通股总股本

词条名称：**每股股东自由现金流量**

英　　文：**shareholders'free cash flow per share**

定义：每股股东自由现金流量是指股东自由现金流量与企业发行在外的普通股总股本的比值。

释义：股东自由现金流量是企业支付所有营运费用、再投资支出、所得税和净债务支付（即利息、本金支付减去发行新债务的净额）后可分配给企业股东的剩余现金流量。股东自由现金流量用于计算企业的股权价值。

公式：每股股东自由现金流 = 股东自由现金流量/期末总股本数 = [企业自由现金流量 - 偿还债务所支付的现金 + 取得借款收到的现金 + 发行债券所收到的现金] /期末总股本数

词条名称：**每股股利**

英　　文：**dividend per share**

定义：每股股利是指公司股利总额与公司流通股数的比值。

释义：股利总额是用于对普通股进行分配的现金股利的总额，普通股股数是企业发行在外的普通股股数（不是加权平均数）。每股股利是反映股份公司每一普通股获得股利多少的一个指标，指标值越大表明获利能力越强。影响每股股利多少的因素主要是企业股利发放政策与利润分配政策。如果企业为扩大再生产、增强企业后劲而多留利，每股股利就少，反之则越多。

词条名称：**本益比**

英　　文：**price to earnings ratio**

定义：本益比即市盈率，指普通股每股市价与每股收益的比率。

释义：本益比反映了普通股股东愿意为每1元净利润支付的价格。计算时，股价通常取最新收盘价，而每股收益方面，若按已公布的上年度每股收益计算，称为历史市盈率，若是按市场对本年及下年每股收益的预估值计算，则称为未来市盈率或预估市盈率。

公式：本益比 = 每股市价/每股收益

词条名称：**市盈率**

英　　文：**price to earnings ratio**

定义：市盈率是指普通股每股市价与每股收益的比率。

公式：市盈率 = 每股市价/每股收益

词条名称：**股利支付率**

英　　文：**dividend payout ratio**

定义：股利支付率，又称“股利分配率”、“股利发放率”，是指向股东分派的股息占公司盈利的百分比。

释义：股利支付率指标反映公司的股利政策，每1元钱的净利润中有多少以股利方式发放给股东。

公式：股利支付率 = 本年度发放的股利总额/净利润 ×100%

词条名称：**股票获利率**

英　　文：**stock profitability**

定义：股票获利率，又称“普通股获利率”、“股息实得利率”，是指每股股息与每股市价的百分比。

释义：由于企业的现金流量情况大多数不理想，再加上会计手法操作的影响，很多报表上的利润质量都不高，并不能用来发放股利。因此，股票获利率更加准确地反映了投资者从股利发放中所能够得到的资金回报。该指标通常要视公司发展状况而定。

公式：股票获利率 = 普通股每股现金股利/普通股股价 ×100%

词条名称：**市净率**

英　　文：**price to book ratio**

定义：市净率，又称“市账率”，是指普通股每股市价与每股净资产的比率。

释义：市净率反映了普通股股东愿意为每1元净资产支付的价格，说明市场对公司资产质量的评价。既有优先股又有普通股的公司，通常只为普通股计算净资产。股票净值是决定股票市场价格走向的主要根据。上市公司的每股内含净资产值高而每股市价不高的股票，即市净率越低的股票，其投资价值越大。相反，其投资价值就越小，但在判断投资价值时还要考虑当时的市场环境以及公司经营情况、盈利能力等因素。

公式：市净率 = 每股市价/每股净

资产

（八）财务分析常用词

词条名称：**变现能力**

英　　文：**liquidity**

定义：变现能力是指某项资产转换为现金或负债偿还所需要的时间。

释义：长期及短期债权人，以此评估企业偿还到期债务的能力。投资者则利用变现力来判断企业未来支付现金股利的能力，及未来扩大营业的可能性。变现力越低，企业倒闭或不能达成特定目标的风险级越高。以下两方面会影响变现能力：（1）增加变现能力的因素：可以动用的银行贷款指标、准备很快变现的长期资产、偿债能力的声誉；（2）减弱变现能力的因素：未作记录的或有负债、担保责任引起的或有负债。

词条名称：**流动比率**

英　　文：**current ratio**

定义：流动比率是指企业流动资产与流动负债的比率。

释义：流动比率越高，说明资产的流动性越大，短期偿债的能力越强。不过，由于各行业的经营性质不同，对资产的流动性要求也不同。一般认为，生产企业合理的最低流动比率是2。这是因为流动资产中变现能力最差的存货金额约占流动资产总额的一半，剩下的流动性较大的流动资产至少要等于流动负债，企业短期偿债能力才会有保证。流动比率有些局限性，流动比率假设全部流动资产都可以变为现金并用于偿债，所有流动负债都需要还清。实际上有些流动资产的账面金额与变现金额存在较大的差异；有些经营性流动资产是企业生产经营必须的，不能全部用于偿债。

公式：流动比率＝流动资产/流动负债

词条名称：**速动比率**

英　　文：**quick ratio**

定义：速动比率是指速动资产与流动负债的比率。

释义：流动资产中的存货可能由于积压过久等原因无法变现或者变现价值远远低于账面价值；待摊费用一般也不会产生现金流入。因此，仅以流动资产中变现能力最强的部分与流动负债的比值计算速动比率。速动比率越高，表明企业未来的偿债能力越有保证。但是速动比率过高，说明企业拥有过多的货币性资产从而削弱了资金的获利能力。

公式：速动比率＝（货币资金＋短期投资＋应收票据＋一年内应收账款）/流动负债

词条名称：**保守速动比率**

英　　文：**conservative quick ratio**

定义：保守速动比率又称“超速动比率”，是指现金、短期证券投资和应收账款净额三项之和与流动负债的比值。

释义：它是由于行业之间的差别，在计算速动比率时除扣除存货以外，还可以从流动资产中去掉其他一些可能与当期现金流量无关的项目（如待摊费用等）而采用的一个财务指标。

超速动比率即由企业的超速动资产（货币资金、短期证券、应收账款净额）来反映和衡量企业变现能力的强弱，评价企业短期偿债能力的大小。

公式：保守速动比率 =（现金 + 短期证券 + 应收账款净额）/ 流动负债 ×100%

词条名称：**营运能力**

英　　文：**operation ability**

定义：营运能力是指企业的经营运行能力，即企业运用各项资产以赚取利润的能力。

释义：反映企业营运能力的财务分析比率有：存货周转率、应收账款周转率、营业周期、流动资产周转率和总资产周转率等。

词条名称：**存货周转率**

英　　文：**inventory turnover**

定义：存货周转率是指企业一定时期销货成本与平均存货余额的比率。

释义：存货周转率用于反映存货的周转速度，即存货的流动性及存货资金占用量是否合理，促使企业在保证生产经营连续性的同时，提高资金的使用效率，增强企业的短期偿债能力。存货周转率是企业营运能力分析的重要指标之一，在企业管理决策中被广泛使用。存货周转率不仅可以用来衡量企业生产经营各环节中存货运营效率，而且还被用来评价企业的经营业绩，反映企业的绩效。存货周转率是对流动资产周转率的补充说明，通过存货周转率的计算与分析，可以测定企业一定时期内存货资产的周转速度，是反映企业购、产、销平衡效率的一个尺度。存货周转率越高，表明企业存货资产变现能力越强，存货及占用在存货上的资金周转速度越快。

公式：成本基础的存货周转率 = 营业成本/存货平均余额

收入基础的存货周转率 = 营业收入/存货平均余额

词条名称：**存货周转天数**

英　　文：**days sales of inventory**

定义：存货周转天数是指企业从取得存货开始，至消耗、销售为止所经历的天数。

释义：周转天数越少，说明存货变现的速度越快，资金占用在存货上的时间越短，存货管理工作的效率越高。

公式：存货周转天数 =360/存货周转率

词条名称：**原材料周转率**

英　　文：**turnover of raw materials**

定义：原材料周转率是指原材料耗用成本与存货平均余额的比值。

释义：原材料周转率是衡量原材料综合管理的一个指标。原材料周转率是存货周转率的组成部分，影响存货周转率的变化。

公式：原材料周转率 = 耗用原材料成本/存货平均余额

词条名称：**在产品周转率**

英　　文：**product turnover**

定义：在产品周转率是指制造成

本与存货平均余额的比值。

释义：在产品周转率是衡量在产品综合管理的一个指标。在产品周转率是存货周转率的组成部分，影响存货周转率的变化。

公式：在产品周转率 = 制造成本/存货平均余额

词条名称：**应收账款周转率**

英　　文：**receivables turnover**

定义：应收账款周转率是指在一定时期内（通常为一年）应收账款转化为现金的平均次数。

释义：公司的应收账款在流动资产中具有举足轻重的地位。公司的应收账款如能及时收回，公司的资金使用效率便能大幅提高。应收账款周转率是用于衡量企业应收账款流动程度的指标，它是企业在一定时期内（通常为一年）赊销净额与应收账款平均余额的比率。一般情况下，应收账款周转率越高越好，周转率高，表明收账迅速，账龄较短；资产流动性强，短期偿债能力强；可以减少坏账损失等。

公式：应收账款周转率 = 主营业务收入净额/应收账款平均余额

词条名称：**应收账款周转天数**

英　　文：**days sales outstanding**

定义：应收账款周转天数是指企业从取得应收账款的权利到收回款项、转换为现金所需要的时间。

释义：应收账款周转天数是应收账款周转率的一个辅助性指标，周转天数越短，说明流动资金的使用效率越高。是用来衡量公司需要多长时间收回应收账款，属于公司经营能力分析的范畴。

公式：应收账款周转天数 = 360/应收账款周转率

词条名称：**营业周期**

英　　文：**operating cycle**

定义：营业周期是指从存货变为现金的周期，是存货周转天数和应收账款周转天数之和。

释义：该指标反映了企业正常经营周期所经历的天数。从购进原材料开始，经历了生产过程中从原材料到半成品再到产成品的过程，之后产品售出，直到应收账款收回为止的周期。通常来说，营业周期越短，企业的运作效率越高。

公式：营业周期 = 存货周转天数 + 应收账款周转天数

词条名称：**流动资产周转率**

英　　文：**current asset turnover**

定义：流动资产周转率是指主营业务收入与平均流动资产的比值。

释义：流动资产周转率反映企业流动资产的运营效率。在一定时期内，流动资产周转次数越多，表明以相同的流动资产在一定时期内可以完成更多的销售，流动资产的利用效果越好。在一定的销售额的情况下，流动资产周转率越高，说明平均需要占用的流动资产越少。流动资产越少，资产的管理越有效。流动资产任何一个环节的管理都会直接影响流动资产周转的变化。通常来说，这个指标越大，企业的经营越高效。

公式：流动资产周转率 = 主营业务收入净额/平均流动资产

词条名称：**流动资产周转天数**

英　　文：**days of current asset turnover**

定义：流动资产周转天数是指企业的流动资产每周转一次所需要的时间。

释义：流动资产周转天数是反映企业流动资产周转速度的重要指标。流动资产周转天数越少，说明流动资产每周转一次所需要的时间越少，即流动资产在生产经营过程中占用的时间越短，其周转速度越快，营运效果越好。

公式：流动资产周转天数 = 360/流动资产周转率

词条名称：**总资产周转率**

英　　文：**total assets turnover**

定义：总资产周转率是指企业在一定时期内销售收入同平均资产总额的比值。

释义：总资产周转率用来分析企业全部资产的运用效率。资产管理的任何一个环节都会影响指标值的高低。通常来说，这一指标也是越高越好。

公式：总资产周转率 = 主营业务收入净额/平均资产总额

词条名称：**偿债能力**

英　　文：**debt-paying ability**

定义：偿债能力是指企业用其资产偿还长期债务和短期债务的能力。

释义：企业偿债能力是反映企业财务状况和经营能力的重要标志。偿债能力是企业偿还到期债务的承受能力或保证程度，包括偿还短期债务和长期债务的能力。偿债能力的衡量方法有两种：一种是比较可供偿债资产与债务的存量，资产存量超过债务存量较多则认为偿债能力较强；另一种是比较经营活动现金流量和偿债所需现金，如果产生的现金超过需要的现金较多，则认为偿债能力较强。

词条名称：**短期偿债能力**

英　　文：**short-term liquidity**

定义：短期偿债能力是指企业偿还流动负债的能力。

释义：短期偿债能力的强弱取决于流动资产的流动性，即资产转换成现金的速度。企业流动资产的流动性强，相应的短期偿债能力也强。因此，通常使用营运资本、流动比率、速动比率和现金比率衡量短期偿债能力。

词条名称：**现金比率**

英　　文：**currency ratio**

定义：现金比率是指流动资产中现金资产与流动负债的比率。

释义：现金比率是速动资产扣除应收账款后的余额与流动负债的比率，最能反映企业直接偿付流动负债的能力。现金比率一般认为 20% 以上为好。但这一比率过高，就意味着企业流动资产未能得到合理运用，而现金类资产获利能力低，这类资产金额太高会导致企业机会成本增加。现金比率只量度所有资产中相对于当前负债最具流动性的项目，反映出公司在不依靠存货销售及应收账款的情况下，支付当前债务的能力。现金比率不考虑现金收入以及现金支付的时间。

公式：现金比率 = （货币资金 + 交易性金融资产）/流动负债

词条名称：**现金流动负债比率**

英　　文：**gearing ratio of cash flow**

定义：现金流动负债比率，又称“现金流量比率”，是指经营活动现金流量净额与流动负债的比值。

释义：公式中“经营活动现金流量净额”通常使用现金流量表中的“经营活动产生的现金流量净额”。它代表企业创造现金的能力，已经扣除了经营活动自身所需要的现金流出，是可以用来偿债的现金流量。一般来讲，该比率中的流动负债采用期末数而非平均数，因为实际需要偿还的是期末金额，而非平均金额。

公式：现金流动负债比率 = 经营活动现金流量净额/流动负债

词条名称：**流动性**

英　　文：**liquidity**

定义：流动性是指资产能够以一个合理的价格顺利变现的能力。

释义：流动性有三种用法或涵义，一是指整个宏观经济的流动性，指在经济体系中货币的投放量的多少；在股票市场，我们提到流动性就整个市场而言指参与交易资金相对于股票供给的多少；针对于个股，流动性是指股票买卖活动的难易。

词条名称：**现金到期债务比**

英　　文：**cash debt-maturity ratio**

定义：现金到期债务比是指企业营业现金流量总额与本期到期的当期债务和应付票据总额的比率。

释义：现金到期债务比反映了企业可用现金流量偿付到期债务的能力。通常作为企业到期的长期负债和本期应付票据是不能延期的，到期必须如数偿还，企业设置的标准值为1.5。该比率越高，企业资金流动性越好，企业到期偿还债务的能力就越强。

公式：现金到期债务比 = 营业现金流量/本期到期的债务 = 营业现金流量/（本期到期长期负债 + 本期应付票据）

词条名称：**现金债务总额比**

英　　文：**cash debt coverage ratio**

定义：现金债务总额比，又称“现金流量债务比”，是指经营活动现金流量净额与债务总额的比率。

释义：该比率表明企业用经营现金净流量偿付全部债务的能力，比率越高，偿还债务总额的能力越强。一般来讲，该比率中的债务总额采用期末数而非平均数，因为需要偿还的是期末金额而非平均金额。

公式：现金债务总额比 = 经营活动现金流量净额/债务总额

词条名称：**获取现金能力**

英　　文：**ability to obtain cash**

定义：获取现金能力主要反映企业资产、投资人投入资金以及各项业务的获现能力，是对资产负债表、损益表营运能力分析的补充。

释义：通常用经营现金净流入与投资资本的比值来反映企业获取现金的能力。获取现金能力指标弥补了根据损益表分析公司获利能力指标的不足，具有鲜明的客观性。主要包含的指标有销售现金比率、每股经营活动现金净流量、全部资产现金回收率等。

词条名称：**销售现金比率**

英　　文：**sales to cash flow ratio**

定义：销售现金比率是指企业经营活动现金流量净额与企业销售收入的比值。

释义：销售现金比率是指经营现金净流入和投入资源的比值。营业收入包括营业收入和应向购买者收取的增值税进项税额。该指标反映企业销售质量的高低，与企业的赊销政策有关。如果企业有虚假收入，也会导致该指标过低。该指标反映每元销售得到现金的多少，既可反映公司生产的商品在市场上的畅销程度，又从另一个侧面体现了公司管理层的经营能力。该指标的比率越大越好，类似于权责发生制下的主营业务利润率。

公式：销售现金比率 = 经营活动现金流量净额/营业收入

词条名称：**全部资产现金回收率**

英　　文：**cash recovery for all assets**

定义：全部资产现金回收率是指经营现金净流量与全部资产的比率。

释义：该指标旨在考评企业全部资产产生现金的能力，该比值越大越好。比值越大说明资产的利用效果越好，利用资产创造的现金流入越多，整个企业获取现金的能力越强，经营管理水平越高。反之，则表明经营管理水平低。

该指标体现了企业资产回收的含义。回收期越短，说明资产获现能力越强。

公式：全部资产现金回收率 = 经营活动现金净流量/期末资产总额

词条名称：**长期偿债能力**

英　　文：**long-term liquidity**

定义：长期偿债能力是指上市公司按期支付长期债务本息的能力。

释义：在正常生产经营情况下，企业一般将长期负债所得的资金投入到回报率高的项目中，用取得的利润偿还长期债务。长期偿债能力主要从保持合理的负债权益结构的角度出发，来分析企业偿付长期负债到期本息的能力。衡量长期偿债能力的比率也分为存量比率和流量比率两类。

词条名称：**资产负债率**

英　　文：**debt asset ratio**

定义：资产负债率是指总负债占总资产的比率。

释义：该指标反映了企业总资产来源于债权人提供的资金的比重，以及企业资产对债权人权益的保障程度。在生产经营状况良好的情况下，还可以利用财务杠杆的正面作用，得到更多的经营利润。如果企业经营状况不佳，不但企业资金实力不能保证偿债的安全，财务杠杆还会发挥负面作用导致财务状况越加恶化。这一比率越小，表明企业的长期偿债能力越强。指标值以不高于70%为宜。

公式：资产负债率=总负债/总资产

词条名称：**产权比率**

英　　文：**equity ratio**

定义：产权比率是负债总额与所有者权益总额的比率。

释义：该指标表明由债权人提供的和由投资者提供的资金来源的相对关系，反映企业基本财务结构是否稳定。从另一个角度反映企业的长期偿债能力。与资产负债率、股东权益比率两个指标可以相互印证。

公式：产权比率=负债总额/所有者权益总额

词条名称：**有形资产净值债务率**

英　　文：**debt to tangible assets ratio**

定义：有形资产净值债务率是指企业负债总额与有形资产净值的百分比。

释义：有形资产净值是将公司的股东权益减去无形资产净值后得到的差额，即股东所拥有的有形资产的净值。无形资产包括商誉、商标、专利权以及非专利技术等。由于这些无形资产都不一定能够用来还债，为谨慎起见，一律视其为不能偿还债务的资产而将其从股东权益中扣除，这样有利于更切实际地衡量公司的偿债能力。有形资产净值债务率是产权比率的延伸，从公司长期偿债能力来讲，有形资产净值债务率越低越好。有形资产净值债务率主要是用于衡量企业的风险程度和对债务的偿还能力。有形资产净值债务率揭示了负债总额与有形资产净值之间的关系，能够计量债权人在企业处于破产清算时能获得多少有形财产保障。

公式：有形资产净值债务率=负债总额/（股东权益-无形资产净值）

词条名称：**已获利息倍数**

英　　文：**interest protection multiples**

定义：已获利息倍数是指上市公司息税前利润相对于所需支付债务利息的倍数。

释义：息税前利润总额为：企业的净利润+企业支付的利息费用+企业支付的所得税。利息费用包括财务费用中的利息支出和资本化利息。一般情况下，已获利息倍数越高，企业长期偿债能力越强。国际上通常认为，该指标为3时较为适当，从长期来看至少应大于1。已获利息倍数为负值时没有任何意义，已获利息倍数是表示长期偿债能力的。已获利息倍数反映了企业的经营收益支付债务利息的能力。这一比率越高说明偿债能力越强。但是，在利用这个指标时，应该注意到会计上是采用权责发生制来核算收入和费用的，这样本期的利息费用未必就是本期的实际利息支出，而本期的实际利息支出也未必是本期的利息费用；同时，本期的息税前利润与本期经营活动所获得的现金也未必相等。因此，已获利息倍数的使用应该与企业的经营活动现金流量结合起来。

公式：已获利息倍数 = 息税前利润总额/利息支出 = （净利润 + 利息费用 + 所得税费用）/利息费用

词条名称：**长期债务与营运资金比率**

英　　文：**long-term debt to working capital ratio**

定义：长期债务与营运资金比率是企业长期债务与营运资金的比率。

释义：一般情况下，长期债务不应超过营运资金。长期债务会随时间延续不断转化为流动负债，并需动用流动资产来偿还。保持长期债务不超过营运资金，就不会因这种转化而造成流动资产小于流动负债，从而使长期债权人和短期债权人感到贷款有安全保障。长期债务与营运资金比率越低，不仅表明企业的短期偿债能力较强，而且还预示着企业未来偿还长期债务的保障程度也较强。

公式：长期债务与营运资金比率 = 长期债务/（流动资产 - 流动负债）

词条名称：**盈利能力**

英　　文：**earning power**

定义：盈利能力是指企业获取利润的能力，也称为企业的资金或资本增值能力，通常表现为一定时期内企业收益数额的多少及其水平的高低。

释义：利润是投资者取得的投资收益，债权人收取本息的资金来源，是衡量企业长足发展能力的重要指标。盈利能力指标主要包括营业利润率、成本费用利润率、盈余现金保障倍数、总资产报酬率、净资产收益率和资本收益率六项。实务中，上市公司经常采用每股收益、每股股利、市盈率、每股净资产等指标来评价其获利能力。

词条名称：**主营业务净利润率**

英　　文：**main business net profit margin**

定义：主营业务净利润率是企业净利润与主营业务收入的比值。

释义：主营业务净利润率的高低受主营业务收入和净利润的影响，实际上是由主营业务收入和成本的大小来决定的。一般而言，净利润率越高，公司的盈利能力就越强。

公式：主营业务净利润率 = （净利润/主营业务收入）×100%

词条名称：**总资产净利率**

英　　文：**asset to net profit ratio**

定义：总资产净利率是指净利润与总资产的比率。

释义：该指标反映的是公司运用全部资产所获得利润的水平，即公司每占用1元的资产平均能够获得多少元的利润。该指标值越高，表明企业的资产利用效率越高，注重了增加收入和节约资金两个方面。利用该指标可以与企业历史资料、与计划、与同行业平均水平或先进水平进行对比，分析形成差异的原因。也可以分析经营中存在的问题，提高销售利润率，加速资金周转。

公式：总资产净利率 = 净利润/资产总额×100%

或总资产净利率 = 销售净利率×总资产周转次数×100%

词条名称：资本收益率

英　　文：rate of return on capital

定义：资本收益率是指企业一定时期的税后利润与实收资本（股本）的比率。

释义：资本收益率中的资本是指实收资本。资本金是指企业在工商行政管理部门登记的注册资金，因此，资本金就是注册资本。但是实收资本与注册资本在金额上有时并不一定完全一致，在实收资本制下，公司成立时确定的资本金总额要求投资者一次性缴入其出资额，实收资本与注册资本保持一致；而在授权资本制下，公司成立时确定的资本金总额不要求投资者一次性缴付其全部出资额，只缴纳第一期出资额，公司成立后委托董事会筹措资本，这种情况下，公司成立时甚至成立后，实收资本与注册资本也可能不一致，为了正确反映股东投入资本的盈利能力，运用实收资本是更好的选择。

公式：资本收益率＝净利润/实收资本×100%

词条名称：销售净利率

英　　文：net profit margin on sales

定义：销售净利率是指净利润占销售收入的百分比。

释义：销售净利率反映每1元销售收入带来净利润的多少，表示销售收入的收益水平。它与净利润成正比关系，与销售收入成反比关系，企业在增加销售收入额的同时，必须相应地获得更多的净利润，才能使销售净利率保持不变或有所提高。经营中往往可以发现，企业在扩大销售的同时，由于销售费用、财务费用、管理费用的大幅增加，企业净利润并不一定会同比例地增长，甚至出现一定负增长。盲目扩大生产和销售规模未必会为企业带来正的收益。因此，分析者应关注在企业每增加1元销售收入的同时，净利润的增减程度，由此来考察销售收入增长的效益。通过分析销售净利率的升降变动，可以促使企业在扩大销售的同时，注意改进经营管理、提高盈利水平。销售净利率能够分解成销售毛利率、销售税金率、销售成本率、销售期间费用率等。

公式：销售净利率＝(净利润/销售收入)×100%

词条名称：销售毛利率

英　　文：gross margin on sales

定义：销售毛利率是指毛利占销售收入的百分比。

释义：销售毛利率也称为“毛利率”，其中毛利是销售收入与销售成本的差额。增加销售收入或者降低生产成本都可以提高毛利率。又因为产品价格影响销售数量，进而影响销售收入，所以说，该指标主要反映了成本控制和产品定价相关的问题。

公式：销售净利率＝(销售收入－销售成本)/销售收入×100%

词条名称：净资产收益率

英　　文：profit margin on net assets

定义：净资产收益率，又称“权益净利率”，是净利润与平均股东权益的比值。

释义：净资产收益率可以衡量公司对股东投入资本的利用效率。它弥补了每股税后利润指标的不足。例如，在公司对原有股东送红股后，每股盈利将会下降，从而在投资者中造成错觉，以为公司的获利能力下降了，而事实上，公司的获利能力并没有发生变化，用净资产收益率来分析公司获利能力就比较适宜。该指标越高说明投资带来的收益越高；净资产收益率越低，说明企业所有者权益的获利能力越弱。该指标体现了自有资本获得净收益的能力。

公式：净资产收益率 = 净利润/平均净资产 ×100%

词条名称：**全面摊薄净资产收益率**

英　　文：**fully diluted net asset yield**

定义：全面摊薄净资产收益率是指报告期净利润与期末净资产的比值。

释义：全面摊薄净资产收益率强调年末状况，是一个静态指标，说明期末单位净资产对经营净利润的分享，能够很好地说明未来股票价值的状况，所以当公司发行股票或进行股票交易时对股票的价格确定至关重要。另外，全面摊薄计算出的净资产收益率是影响公司价值指标的一个重要因素，常常用来分析每股收益指标。从企业外部的相关利益人股东来看，在增加股份时新股东要超面值缴入资本并获得同股同权的地位，期末的股东对本年利润拥有同等权利。

公式：全面摊薄净资产收益率 = 报告期净利润/期末净资产 ×100%

词条名称：**加权平均净资产收益率**

英　　文：**weighted average return on equity**

定义：加权平均净资产收益率是指报告期净利润与平均净资产的比值。

释义：加权平均净资产收益率强调经营期间净资产赚取利润的结果，是一个动态指标，说明经营者在经营期间利用单位净资产为公司新创造利润的多少。它是一个说明公司利用单位净资产创造利润能力的大小的一个平均指标，该指标有助于公司相关利益人对公司未来的盈利能力作出正确判断。该指标反映了过去一年的综合管理水平，对于经营者总结过去，制定经营决策意义重大。

公式：加权平均净资产收益率 = 报告期净利润/平均净资产 ×100%

词条名称：**资本保值增值率**

英　　文：**capital maintenance and in crement ratio**

定义：资本保值增值率是指企业期末所有者权益总额与期初所有者权益总额的比率。

释义：该指标用以反映投资者投入企业资本的完整性和安全性。由于所有者权益总额归投资者所有，期末所有者权益总额等于期初所有者权益总额，资本保值增值率等于100%，表示资本保值。期末所有者权益总额大于期初所有者权益总额，资本保值增值率大于100%，表示资本增值。将资本保值增值率和资本收益率指标结合使用，能充分地反映投资者的权益或利益的保障程度。以下两种情况并不反映真正意义上的资本保值增值：（1）本期投资者追加投资，使企业的实收资本增加，还可能产生资本溢价、资本折算差额，从而引起资本公积变动。（2）本期接受外来捐赠、资产评估增值导致资本公积增加。

公式：资本保值增值率＝期末所有者权益总额/期初所有者权益总额

词条名称：**财务弹性**

英　　文：**financial flexibility**

定义：财务弹性是指企业适应经济环境变化和利用投资机会的能力，具体是指公司动用闲置资金和剩余负债的能力，应对可能发生的或无法预见的紧急情况，以及把握未来投资机会的能力，是公司筹资对内外环境的反应能力、适应程度及调整的余地。

释义：财务弹性的这种能力来源于现金流量和支付现金需要的比较。当企业的现金流量超过支付现金的需要，有剩余现金时，企业适应性就强。因此，通常用经营现金流量与支付要求（指投资需求或承诺支付等）进行比较来衡量企业的财务弹性。

词条名称：**现金满足投资比率**

英　　文：**cash flow adequacy ratio**

定义：现金满足投资比率是经营活动现金流量与资本支出、存货购置及发放现金股利的比率。

释义：现金满足投资比率反映经营活动现金满足主要现金需求的程度，用于衡量企业维持或扩大生产经营规模的能力。为了避免重复性及不确定性活动对现金流量产生的影响，通常是以3～5年的均数为计算单位，剔除周期性和随机性影响，得出更有意义的结论。计算某一年的现金满足投资比率，不一定能说明问题。该比率越大，说明企业资金自给率越高，企业发展能力越强。如果现金满足投资比率大于或等于1，表明企业经营活动形成的现金流量足以应付各项资本性支出、存货增加和现金股利的需要，不需要对外筹资；若该比率小于1，说明企业来自经营活动的现金不足以供应目前营运规模和支付现金股利的需要，不足的部分需要靠外部筹资补充。如果一个企业的现金满足投递比率长期小于1，则其理财政策没有可持续性。

公式：现金满足投资比率＝近5年经营活动现金净流量/（近5年平均资本支出＋近5年存货平均增加＋近5年平均现金股利）

词条名称：**现金股利保障倍数**

英　　文：**cash dividend coverage ratio**

定义：现金股利保障倍数是经营活动净现金流量与现金股利支付额之比。

释义：现金股利保障倍数表明企业用年度正常经营活动产生的现金净流量来支付股利的能力，比率越大，表明企业支付股利的现金越充足，企业支付现金股利的能力也就越强。

公式：现金股利保障倍数＝（每股

营业现金净流量/每股现金股利）×100%

词条名称：**资本购置比率**

英　　文：**rate of capital to purchase**

定义：资本购置比率是经营活动现金净流量与资本支出的比值。

释义：资本支出是指公司为购置固定资产、无形资产等发生的支出。资本购置比率反映企业用经营活动产生的现金流量净额维持和扩大生产经营规模的能力。比率越大，说明企业支付资本支出的能力越强，资金自给率越高，当比率达到1时，说明企业可以靠自身经营来满足扩充所需的资金；若比率小于1，则说明企业是靠外部融资来补充扩充所需要的资金。

公式：资本购置比率＝经营活动现金净流量/资本支出

词条名称：**经营现金流量比率**

英　　文：**operating cash flow ratio**

定义：经营现金流量比率是经营活动现金净流量占总现金净流量的比率。

释义：该比率用于衡量企业经营活动产生的现金流量可以抵偿流动负债的程度。比率越高，说明企业的财务弹性越好。不同行业由于其经营性质的不同（服务型、生产型），经营活动产生的现金净流量的差别较大，因此，行业性质不同的企业该比率的变化较大。通过该比率分析，可了解维持公司运行、支撑公司发展所需要的大部分现金的来源，从而判别企业财务状况是否良好、公司运行是否健康。一般而言，公司现金流入以经营活动为主，以收回投资、分得股利取得的现金以及银行借款、发行债券、接受外部投资等取得的现金为辅，是一种比较合理的结构。预警信号：与主营业务收入利润率指标类似，当经营现金流量比率低于50%时，预警信号产生。

公式：经营现金流量比率＝经营活动现金净流量/现金净流量总额×100%

词条名称：**再投资现金比率**

英　　文：**cash re-investment ratio**

定义：再投资现金比率是留存于单位的经营活动现金流量与再投资资产之比。

释义：再投资现金比率，即：经营活动现金净流量/（固定资产＋长期证券投资＋其他资产＋营运资金）。其中，长期证券投资包括长期债券投资和长期股权投资；营运资金指流动资产减去流动负债。该指标反映企业经营活动现金流量资产再投资和维持经营的能力，体现了企业的再投资能力。国外学者认为，该指标的理想水平为7%～11%较为合理。

公式：再投资现金比率＝经营活动现金净流量/（固定资产＋长期证券投资＋其他资产＋营运资金）

词条名称：**负债权益比率**

英　　文：**debt equity ratio**

定义：负债权益比率是指企业的负债与所有者权益之间的比值。

释义：在广义的资本结构含义下，

负债权益比率是指企业负债总额与所有者权益（股东权益）之间的比值，又称为产权比率。在狭义的资本结构含义下，负债权益比率是指企业的长期负债与所有者权益（股东权益）之间的比值。

公式：负债权益比率 = 企业负债/所有者权益

词条名称：**成长能力**

英　　文：**growth capability**

定义：成长能力是指企业未来的发展趋势和发展速度，包括企业规模的扩大，利润和所有者权益的增加。

释义：企业成长能力分析的目的是为了说明企业的长远扩展能力，企业的未来生产经营实力。评价企业成长能力的主要指标有主营业务增长率、主营利润增长率、净利润增长率等。

词条名称：**主营业务增长率**

英　　文：**main business's increasing rate of income**

定义：主营业务增长率是指企业本期主营业务收入减去上期主营业务收入与上期主营业务收入的比值。

释义：通常具有成长性的公司多数都是主营业务突出、经营比较单一的公司。因此，利用主营业务收入增长率这一指标可以较好地考察公司的成长性。主营业务收入增长率高表明公司产品的市场需求大，业务扩张能力强。如果一家公司能连续几年保持30%以上的主营业务收入增长率，基本上可以认为这家公司具备成长性。

公式：主营业务增长率 =（本期主营业务收入 - 上期主营业务收入）/上期主营业务收入 × 100%

词条名称：**主营利润增长率**

英　　文：**main business's increasing rate of profit**

定义：主营利润增长率是本期主营业务利润减去上期主营业务利润之差与上期主营业务利润的比值。

释义：主营利润增长率体现的是公司主营利润的增长速度，一般来说，主营利润稳定增长且占利润总额的比例呈增长趋势的公司正处在成长期。一些公司尽管年度内利润总额有较大幅度的增加，但主营业务利润却未相应增加，甚至大幅下降，这样的公司质量不高，投资这样的公司，尤其需要警惕。这里可能蕴藏着巨大风险，也可能存在资产管理费用居高不下等问题。

公式：主营利润增长率 =（本期主营业务利润 - 上期主营业务利润）/上期主营业务利润 × 100%

词条名称：**净利润增长率**

英　　文：**net profit growth rate**

定义：净利润增长率是当年净利润减去上年净利润之差与上年净利润的比值。

释义：净利润是指在利润总额中按规定交纳了所得税后公司的利润留成。净利润增长率指标反映企业获利能力的增长情况，反映了企业长期的盈利能力趋势。该指标通常越大越好。

公式：净利润增长率 =（本年净利润 - 上年净利润）/上年净利润 × 100%

词条名称：**销售增长率**

英　　文：**sales growth rate**

定义：销售增长率是企业本年主营业务收入增长额与上年主营业务收入总额的比率。

释义：销售增长率是衡量企业经营状况和市场占有能力、预测企业经营业务拓展趋势的重要标志。不断增加的主营业务收入是企业生存的基础和发展的条件。

公式：销售增长率 = 本年主营业务收入增长额/上年主营业务收入总额 ×100%

词条名称：**人均净利增长率**

英　　文：**growth rate of net profit per capita**

定义：人均净利增长率是本期人均净利增长与上期人均净利之比。

释义：人均净利增长率反映企业的成长能力，说明企业人均净利润的增幅。

公式：人均净利增长率 =（本期人均净利 - 上期人均净利）/上期人均净利 ×100%

词条名称：**股本比重**

英　　文：**equity proportion**

定义：股本比重是股本与股东权益总额的比值。

释义：股本比重反映股本占股东权益总额的比值，用来反映企业扩张能力的大小。

公式：股本比重 = 股本/股东权益总额

词条名称：**固定资产比重**

英　　文：**fixed assets proportion**

定义：固定资产比重是指固定资产总额与资产总额的比值。

释义：固定资产比重用来衡量企业的生产能力，体现企业存在增产的潜能。

公式：固定资产比重 = 固定资产总额/资产总额

词条名称：**利润保留率**

英　　文：**profit retention rate**

定义：利润保留率是指公司税后盈利减去应发现金股利的差额和税后盈利的比率。

释义：该指标说明企业税后利润的留存程度，反映企业的扩展能力和补亏能力。该比率越大，企业扩展能力越大。

公式：利润保留率 =（税后利润 - 应发股利）/税后利润 ×100%

词条名称：**再投资率**

英　　文：**reinvestment rate**

定义：再投资率，又称“内部成长性比率”，是指企业每年赚取的钱（是指现金流量，而不是会计盈余）中用于投资支出的比例。

释义：该指标是反映企业在一个经营周期后的成长能力。该比率越大，说明企业在本期获利大，今后的扩展能力强。

公式：再投资率 = 资本报酬率 × 股东盈利率 = 税后利润/股东权益 ×（股东盈利 - 股东支付率）/股东盈利 ×100%

词条名称：**收益质量**

英　　文：**revenue quality**

定义：收益质量是指会计收益所表达的与企业经济价值有关信息的可靠程度。

释义：收益可以从两个角度来理解：一方面，从信息角度来看，收益主要是指会计报表上揭示的收益信息，是由企业提供并用来满足使用者需要的。因此，可以将其看作是一种信息产品，并且这种产品会随着需要的变化而变化。另一方面，从经济角度来看，收益是指会计期间内经济利益的增加，反映了企业的盈利能力，而报表使用者利用收益信息的主要目的也是评价企业的收益状况，预测企业获得收益的前景。收益质量分析主要包括净收益营运指数分析与现金营运指数分析。

词条名称：**净收益营运指数**

英　　文：**operating profit to net income ratio**

定义：净收益营运指数是经营净收益与净利润之比。

释义：通过与该指标的历史指标比较和行业平均指标比较，可以考察一个公司的收益质量情况。如果一个公司虽然利润总额在不断上升，但是经营性利润比重呈逐年下降，非经营利润的比重呈逐年加大的趋势，说明其净收益质量越来越差。

公式：净收益营运指数 =（净收益 - 非经营性收益）/净收益

词条名称：**现金营运指数**

英　　文：**operating cash flow to operating profit ratio**

定义：现金营运指数是经营现金净流量与经营现金毛流量的比率。

释义：现金营运指数是反映企业现金回收质量、衡量现金风险的指标。理想的现金营运指数应为1，小于1的现金营运指数反映了公司部分收益没有取得现金，而是停留在实物或债权形态，而实物或债权资产的风险远大于现金。经营所得现金等于经营净收益加上各项折旧、减值准备等非付现费用，经营现金流量等于经营所得现金减去应收账款、存货等经营性营运资产净增加。

公式：现金营运指数 = 经营活动现金流量净额/经营所得现金

词条名称：**应付账款周转率**

英　　文：**account payable turnover rate**

定义：应付账款周转率是反映企业应付账款流动程度的指标。

释义：应付账款周转率是用来衡量一个公司如何管理偿还欠款。应付账款周转率越高，说明付款条款并不有利，公司总是被逼迫尽快付清欠款。其他条件相同的情况下，应付账款周转率越低越好。通常来说，在债权人允许的范围内，管理者应该充分运用这笔资金在企业的占用。

公式：应付账款周转率 =（主营业务成本 + 期末存货成本 - 期初存货成本）/平均应付账款 ×100%

词条名称：**营运资金周转率**

英　　文：**working capital turnover rate**

定义：营运资金周转率是指销售收入与营运资金之比。

释义：反映营运资金在一年内的周转次数。它是按照建立现代企业制度的要求，为了全面反映企业经济效益状况而设立的一个重要指标。

公式：营运资金周转率 = 销售收入净额/(平均流动资产 - 平均流动负债) × 100%

或营运资金周转率 = 销售收入净额/平均营运资金 × 100%

词条名称：**固定资产周转率**

英　　文：**fixed assets turnover rate**

定义：固定资产周转率又称"固定资产利用率"，是企业年产品销售收入净额与固定资产平均净值的比率。

释义：这一指标表明一定的销售收入，平均需要占用的固定资产。同时也表明，一定数量的固定资产，能够带来多少销售收入。通常，这一比率越高，公司固定资产利用效率越高。这一指标通常是越大越好。

公式：固定资产周转率 = 主营业务收入净额/平均固定资产净值 × 100%

词条名称：**主营业务比率**

英　　文：**main business ratio**

定义：主营业务比率是指在企业的利润构成中，经常性主营业务利润所占的比率。

释义：通常来说，企业要获得长足的进步依赖于经常性主营业务的积累。该项比率越高，说明企业的盈利越稳定。该项指标越高越好。

公式：主营业务比率 = 主营业务利润/利润总额 × 100%

词条名称：**不良资产比率**

英　　文：**non-performing asset ratio**

定义：不良资产比率是指企业年末不良资产总额占年末资产总额的比重。

释义：该指标反映公司变现能力差、未来价值小的资产占总资产的比重。该指标通常越小越好。

公式：不良资产比率 = (3 年以上应收账款 + 待摊费用 + 长期待摊费用 + 待处理流动资产净损失 + 待处理固定资产损失 + 递延资产)/年末资产总额 × 100%

词条名称：**长期资产适合率**

英　　文：**suitable rate of long-term assets**

定义：长期资产适合率是企业所有者权益与长期负债之和与固定资产与长期投资之和的比率。

释义：该指标反映公司长期的资金占用与长期的资金来源之间的配比关系。从企业资源配置结构方面反映了企业的偿债能力。该指标值大于 1，说明公司的长期资金来源充足，短期债务风险小。该指标值小于 1，说明其中一部分长期资产的资金由短期负债提供，存在难以偿还短期负债的风险。

公式：长期资产适合率 = (股东权益 + 长期负债)/(固定资产净值 + 长期投资净值)

词条名称：**负债结构比率**

英　　文：**liabi lity composition ratio**

定义：负债结构比率是流动负债与长期负债的比率。

释义：负债结构比率反映企业的负债构成。一般来说，企业应该用长期负债进行长期投资项目，而短期负债通常用来维持日常资金营运的需要。这一指标的分析需要结合企业的具体情况。如果多为长期项目投资，该指标过高，则说明企业在以短期资金应对长期的资金需要，而没有充分地运用长期负债融通资金。企业将因此经常面临举借新债的困境，一旦企业没有及时筹集到新的债务资金，可能导致资金周转困难，从而陷入财务危机。该指标过低则表明企业采用保守的财务政策，用长期债务来应对日常需要。虽然这种财务政策风险比较小，筹资成本可能高于短期负债的成本。

公式：负债结构比率 = 流动负债/长期负债

词条名称：**资本支出比率**

英　　文：**capital expenditure ratio**

定义：资本支出比率是指资本支出与销售收入的比率。

释义：资本支出比率衡量了单位销售所需要的资本支出支撑。不同的公司每一单位销售量上所投入的资本支出不同，优秀的公司可以用相对低的资本支出去赢得市场竞争的胜利，而这样的上市公司，才是能给投资者带来利润和良好回报的公司，而那些资本支出比率较高的公司，却有着很低的长期投资回报。

公式：资本支出比率 = 资本支出/销售收入 ×100%

词条名称：**固定费用补偿倍数**

英　　文：**coverage ratio of fixed costs**

定义：固定费用补偿倍数是指固定费用与利息费用、租赁费中的利息部分及税前优先股利之和的比值。

释义：“固定费用”这里指的是企业的利息费用再加上类似于这类利息费用的费用，如一部分的租赁支出或租金支出等。固定费用补偿倍数可以用利息、税、少数权益和股东权利盈利之前的正常营业利润加上部分租金费用的和除以固定费用的结果表示。

公式：固定费用补偿倍数 =（利息费用、税、少数权益和正常营业利润 + 租金中的利息部分）/（利息费用 + 租金中的利息部分）

词条名称：**销售回报率**

英　　文：**return ratio on sales**

定义：销售回报率，又称“销售利润率”，是企业利润总额与净销售收入的比值。

释义：销售利润率属于盈利能力类指标，是衡量企业销售收入收益水平的指标。

公式：销售回报率 = 利润总额/净销售收入 ×100%

词条名称：**边际贡献率**

英　　文：**marginal contribution rate**

定义：边际贡献率是指边际贡献在销售收入中所占的百分比。

常用术语

释义：会计学中边际贡献又称为“边际利润”或“贡献毛益”，指销售收入减去变动成本后的余额，边际贡献是运用盈亏分析原理，进行产品生产决策的一个十分重要指标。

公式：边际贡献率 = 边际贡献/销售收入 × 100%

六、股票发行主体①

（一）公司概述

词条名称：**公司**

英　　文：**company/corporation**

定义：公司是指一般以营利为目的，从事生产、流通、服务等商业经营活动而依法成立的企业法人。

释义：根据《中华人民共和国公司法》，我国公司形式包括有限责任公司和股份有限公司。公司是企业法人，有独立的法人财产，享有法人财产权。公司以其全部财产对公司的债务承担责任。有限责任公司的股东以其认缴的出资额为限对公司承担责任；股份有限公司的股东以其认购的股份为限对公司承担责任。

词源：“公司”一词最早出自孔子的《大同·列词传》：“公者，数人之财，司者，运转之意。”庄子有语：“积卑而为高，合小而为大，合并而为公之道，是谓公司。”

词条名称：**有限责任公司**

英　　文：**limited liability company，缩写 LLC**

定义：有限责任公司是公司的组织形态之一，是指由 50 个以下的股东出资设立、每个股东以其所认缴的出资额为限对公司承担有限责任、公司以其全部资产对其债务承担责任的经济组织。

释义：有限责任公司的注册资本为公司登记机关登记的全体股东认缴的出资额，注册资本的最低限额为人民币 3 万元（一人有限责任公司注册资本最低限额为人民币 10 万元）。全体股东的货币出资金额不得低于有限责任公司注册资本的 30%。有限责任公司不能公开募集股份，不能发行股票。

词条名称：**股份有限公司**

英　　文：**stock corporation**

定义：股份有限公司是公司的组织形态之一，是指由 2 人以上 200 人以下的发起人发起，全部注册资本由等额股份构成，并且股东以其认购的股份为限对公司承担有限责任、公司以其全部资产对公司债务承担有限责任的企业法人。

释义：股份公司注册资本最低限额为人民币 500 万元。股份有限公司设立方式主要有两种：发起设立和募集设立。股份有限公司的发起人可以是自然人，也可以是法人，但发起人中须有过半数的人在中国境内有住所。经中国证监会核准，股份有限公司可以向社会公开发行股票筹资，股票可以依法转让，但不能退股。每一股有一票表决权，股东以其所认购持有的

---

① 撰写：周洪荣；审核：朱蕾；单位：海通证券研究所。

股份享有权利，承担义务。

词源：学术界目前对于股份公司最早于何时出现存在争议。文献记载大约在1250年，法国图卢兹的一家公司Bazacle Milling Company以公司盈利能力作为股票价格，在公开市场上买卖了96份公司的股票。瑞典的一家矿业公司Stora则记载公司于1288年以1/8的股份作为交易，从一位主教手中换取了一个矿山的生产权。根据更加确切的史料记载，真正现代意义上的股份公司是诞生于1602年的荷兰东印度公司。股份有限公司这种企业组织形态出现以后，很快被资本主义国家广泛采用，成为资本主义国家企业组织的重要形式之一。

词条名称：**中国境内上市公司**

英　　文：**listed company**

定义：中国境内上市公司是指所发行的股票经过国务院或者国务院授权的证券管理部门批准在上海证券交易所或深圳证券交易所上市交易的股份有限公司。

释义：以公司股票是否上市流通为标准，股份有限公司可分为上市公司和非上市公司。上市公司到证券交易所上市交易必须符合一定的条件：(1) 股票经国务院证券管理部门批准已经向社会公开发行；(2) 公司股本总额不少于人民币3000万元；(3) 公开发行的股份占公司股份总数的25%以上；股本总额超过4亿元的，向社会公开发行的比例在10%以上；(4) 公司在最近3年内无重大违法行为，财务会计报告无虚假记载；(5) 开业时间在3年以上，最近5年连续盈利；原国有企业依法改建而设立的，或者本法实施后新组建成立，其主要发起人为国有大中型企业的，可连续计算；(6) 证券交易所可以规定高于前款规定的上市条件，并报国务院证券监督管理机构批准。

词条名称：**挂牌公司**

英　　文：**listed company**

定义：挂牌公司是指注册地在境内，股票在代办股份转让系统挂牌交易的股份有限公司。

释义：目前，代办股份转让试点范围包括两种：一是原STAQ系统（全国证券交易自动报价系统）和NET系统（国家证券交易系统）挂牌公司和沪、深证券交易所的退市公司；二是中关村科技园区非上市股份有限公司。

词条名称：**母公司**

英　　文：**parent company**

定义：母公司，又称“控股公司”，是指拥有其他公司股份达到一定数量或根据协议能够控制、支配其他公司的人事、财务、业务等事项的公司。

释义：母公司最基本的特征不在于持有子公司的股份，而在于对子公司的控制程度及是否参与子公司的业务经营。子公司与母公司是相互对应的法律概念，子公司受母公司实际控制，子公司与母公司各自为独立的企业法人。

词条名称：**子公司**

英　　文：**subsidiary**

定义：子公司是指一定数额的股

份被另一公司持有、控制或依照协议被另一公司实际控制、支配的具有独立法人资格的公司。

释义：子公司根据其被持股公司持股比例的不同分为参股子公司、控股子公司及全资子公司等。子公司具有独立的法人资格和自有财产，以自己的名义从事经营活动和民事活动，独立承担民事责任。我国《合并会计报表暂行规定》中规定，子公司是指被另一公司拥有控制权的被投资企业，包括由母公司直接或间接控制其过半数权益性资本的被投资企业和通过其他方式控制的被投资企业。

词条名称：**总公司**

英　　文：**head-office，缩写 HO**

定义：总公司，又称“本公司”，是指依法设立并管辖公司全部组织的具有企业法人资格的总机构。

释义：总公司是相对于分公司而言的，总公司具有法人资格，能够以自己的名义直接从事经营活动。根据《企业名称登记管理条例》规定，具有三个以上分支机构的公司，才可以在名称中使用“总”字。

词条名称：**分公司**

英　　文：**branch**

定义：分公司是指总公司在其住所以外设立的，受总公司管辖并以总公司名义从事活动的，不具有法人资格的分支机构。

释义：分公司在业务、资金、人事等方面受总公司管辖，在法律上、经济上没有独立性，仅仅是总公司的附属机构。分公司没有自己的公司章程和独立的公司财产，并以总公司的资产对分公司的债务承担法律责任。由于分公司不具有法人资格，根据《中华人民共和国公司法》规定，分公司民事责任由总公司承担；但根据《中华人民共和国民事诉讼法》第四十九条和《民诉意见》第四十条，依法设立的分公司可以作为民事诉讼的当事人，具有诉讼资格。

词条名称：**控股公司**

英　　文：**holding company**

定义：控股公司是指通过持有某一家公司一定比例的股权，进而可以对该公司经营运作及管理团队实施控制的公司。

释义：控股公司包括纯粹控股公司和混合控股公司。纯粹控股公司不直接从事生产经营业务，只是凭借持有其他公司的股份进行资本运作；混合控股公司除通过控股进行资本运作外，也从事实际的生产经营业务。控股公司与被控股公司在法律形式上彼此法人人格独立，这是控股公司与事业部的根本区别。

词条名称：**参股公司**

英　　文：**joint stock company**

定义：参股公司是指被母公司所持股份达不到控股程度的企事业法人。

释义：参股公司是相对概念，是相对于母公司而言的。参股仅指母公司在被投资企业持有股份，并未突出强调所持股份比例及对公司影响力的程度。

词条名称：**公司名称**

英　文：**company name**

定义：公司名称是指反映公司组织形式、公司性质、法人人身权等核心要素的企业字号。

释义：公司名称对企业发展至关重要，它不仅反映企业文化、行业或经营特点，而且关系到公司产品或服务投放市场后，消费者对公司的认可度及公司的品牌形象。根据《中华人民共和国公司法》第七条，依法设立的公司，营业执照应当载明公司的名称。

（二）公司治理

词条名称：**股东大会**

英　文：**general meeting of shareholders**

定义：股东大会是指由公司全体股东组成的、公司的最高权力机关，负责对公司重大事项进行决策，有权选任和解除董事，对公司经营管理拥有广泛的决定权。

释义：股东大会的类型包括法定股东大会、年度股东大会和临时股东大会。公司的重大人事任免、投资经营决策、修改公司章程及合并、分立、解散和清算等重大事项均需经股东大会审议通过。股东出席股东大会，所持每一股份有一票表决权。股东大会可采取现场投票与网络投票相结合的方式进行。

词条名称：**董事会**

英　文：**board of directors**

定义：董事会是指由全体董事组成的，对内管理公司事务、对外代表公司进行经营运作的公司决策机构。

释义：董事会是依照有关法律、行政法规和政策规定，按公司或企业章程设立，并由全体董事组成的业务执行机构。向下职责：聘任或解聘公司经理及制定报酬；制定公司的基本管理制度；讨论决定公司的重大经营计划和投资方案；向上职责：负责召集股东大会，并向股东报告工作，执行股东大会的决议。有限责任公司设董事会，成员为3～13人，股东人数较少的，可不设董事会；股份公司设董事会，成员为5～19人。董事会由股东大会选举产生，代表股东大会行使公司管理权限，执行股东大会决议，是股东大会的代理机构。

词源：19世纪末以前，人们普遍认为股东大会是公司的最高权力机构，董事会仅仅是股东设立的代理机构。1906年，英国上诉庭第一次对董事会和股东大会的权利进行了明确区分。

词条名称：**监事会**

英　文：**board of supervisors**

定义：监事会是指由全体监事组成的，对董事会、总经理行政管理系统及日常经营活动进行监督的机构。

释义：监事会是股东大会下设机构，对股东大会负责，与董事会并立，独立行使对董事会、公司高级管理人员的监督权。为保证监事会的独立性，监事不得担任董事和高管。股份有限公司设监事会，成员不少于3人，股东人数较少或者规模较小的有限责任公司，可以设1～2名监事，不设监事会。监事会应当包括股东代表和适当比例的职工代表，其中职工代表比例不得低于1/3。监事会设主席一名，监事任期3年。监事任期届满，连选可以连任。

词条名称：经理

英　　文：manager

定义：经理是指由董事会聘任的，公司日常经营管理或行政事务的负责人。

释义：经理对董事会负责，由董事会聘任或解聘。经理可由董事或自然人股东兼任，也可由非股东的职业经理人担任。经理行使下列职权：（1）主持公司的生产经营管理工作，组织实施董事会决议；（2）组织实施公司年度经营计划和投资方案；（3）拟订公司内部管理机构设置方案；（4）拟订公司的基本管理制度；（5）制定公司的具体规章；（6）提请聘任或者解聘公司副经理、财务负责人；（7）决定聘任或者解聘除应由董事会决定聘任或者解聘以外的负责管理人员；（8）董事会授予的其他职权。

词源：经理一词最早作“经营管理”解释，出现在宋朝朱熹《答高国楹书》：“若经理世务，商略古今，窃恐今日力量未易遽及。”清朝黄轩祖《游梁琐记·张勤果轶事》：“请同乡某刑幕，经理案牍。”

词条名称：专业委员会

英　　文：professional committee

定义：专业委员会，又称“董事会专门委员会”，是指由公司董事会按照股东大会决议设立的负责公司战略、内部审计、提名、薪酬与考核等事项的专门委员会。

释义：根据《上市公司治理准则》第五十二条规定，上市公司专门委员会成员应全部由董事组成，其中，审计委员会、提名委员会、薪酬与考核委员会中独立董事应占多数并担任召集人，审计委员会中至少应有一名独立董事是会计专业人士。

词条名称：董事会秘书

英　　文：secretary of the board

定义：董事会秘书，简称“董秘”是指上市公司中对外负责公司信息披露、对内负责筹备董事会会议和股东大会，并负责会议记录、会议文件准备、会议资料保管等事项的公司高级管理人员。

释义：董事会秘书由董事长提名，由董事会聘任或解聘。董事会秘书对董事会负责。公司董事、财务总监可以兼任董事会秘书，但如某一行为需由董事、董事会秘书分别做出时，则该兼任董事及公司董事会秘书的人不得以双重身份做出。任何机构及个人不得干预董事会秘书的工作。

词源：根据《中华人民共和国公司法》第一百二十七条规定，上市公司需要设董事会秘书一职。

词条名称：独立董事

英　　文：independent directors

定义：独立董事，简称“独董”，是指独立于公司股东，且未在公司内部任职，并与公司、公司的母子公司或公司的经营管理者没有重要业务联系或专业关系，能够对公司经营决策做出独立判断的董事。

释义：独立董事必须在人格、经济利益、产生程序、行权等方面独立，不受控股股东和公司管理层的限制，其最根本特征是独立性和专业性。独立董事对上市公司及全体股东负有诚信与勤勉尽责的义务，应认真履行职责，维护公司整体利益，尤其要关注中小股东的合法权益不受损害。独立董事具有多项特别职权，独立董事任期届满前，无正当理由不得被免职。

词源：独立董事制度最早起源于20世纪30年代，1940年美国颁布的《投资公司法》是独立董事制度正式确立的标志。

词条名称：**治理制度**

英 文：**system of governance**

定义：治理制度是指以保障公司股东及其他利益相关者的合法权益为目标，对公司的权利制衡关系和决策系统所做出的制度安排。

释义：改革与完善企业治理制度是现代企业制度的核心，治理制度的基本构成是治理结构与治理机制。上市公司治理制度包括股东与股东大会、控股股东与上市公司、董事与董事会、监事与监事会、绩效评价与激励约束机制等方面的制度。

词条名称：**内控制度**

英 文：**internal control system**

定义：内控制度是指由公司管理层制定并由全体员工共同实施的，旨在实现公司管理控制目标和会计控制目标的内部制度。

释义：企业内部控制是一个系统化的过程，内控制度包括会计控制制度和管理控制制度。会计控制是指与保护财产物资的安全性、会计信息的真实性和完整性以及财务活动合法性有关的控制；管理控制是指与保证经营方针、决策的贯彻执行，促进经营活动经济性、效率性、效果性以及经营目标的实现有关的控制。

词源：内部控制（internal control）一词最早出现在1936年美国会计师协会发布的《注册会计师对财务报表的审查》一文中。

词条名称：**董事**

英 文：**director**

定义：董事是指由公司股东会选举产生的、对公司经营决策及运作管理具有实际权力的人员，是公司内部治理的主要力量，对内管理公司事务，对外代表公司进行经济活动。

释义：占据董事职位的人可以是自然人，也可以是法人。但法人充当公司董事时，应指定一名有行为能力的自然人为代理人。按董事与公司的关系来划分，可分为内部董事和外部董事（即独立董事）。董事任期由公司章程规定，每届任期不得超过3年，任期届满可竞选连任。公司董事参与董事会决议表决，实行一人一票制度。《中华人民共和国公司法》规定，股份公司董事会成员为5～19人。

词条名称：**董事长**

英 文：**chairman of the board**

定义：董事长是公司董事会的最高领导，是公司或集团的最高负责人和股东利益的最高代表，统领公司董事会。

释义：董事长由公司全体董事过半数选举产生，董事长负责召集和主持董事会会议、提名总经理等高管人员、检查董事会决议的实施情况等事项，一般不参与公司具体业务管理。董事长不属于公司雇员范畴，在我国，公司董事长任期由公司章程规定，但每届任期不得超过3年，可以竞选连任。

词条名称：**监事**

英　　文：**supervisor**

定义：监事，又称“监察人”，是指股份公司中负责对公司董事、高级管理人员行为及公司业务执行情况进行监督，并对违法违规行为进行纠正的公司内部监察人员。

释义：监事不得兼任公司董事或高级管理人员。监事的任期每届为3年，任期届满可以竞选连任。监事可以列席董事会会议，并对董事会决议事项提出质询或者建议。

词条名称：**监事长**

英　　文：**chief supervisor**

定义：监事长，又称“监事会主席”，是指监事会日常工作的负责人，也是监事会会议召集人和主持人。

释义：监事长对股东负责，根据《中华人民共和国公司法》规定，规模较大的有限责任公司、国有独资公司、股份有限公司设监事会，监事会设主席一人，由全体监事过半数选举产生。监事会主席不能履行职务或者不履行职务的，由半数以上监事共同推举一名监事召集和主持监事会会议。

词条名称：**职工监事**

英　　文：**staff supervisor**

定义：职工监事，又称“职工代表监事”，是指由公司职工通过职工代表大会或其他民主形式选举产生的担任公司监事职务的职工代表。

释义：根据《中华人民共和国公司法》规定，监事会应当包括股东代表和适当比例的职工代表，其中，职工代表的比例不得低于1/3，具体比例由公司章程规定。职工监事享有与其他监事同等的权力，并承担相应义务。

词条名称：**总经理**

英　　文：**general manager**

定义：总经理是指由董事会聘任的，主持公司日常生产经营管理工作的业务执行的最高负责人。

释义：股份公司的总经理属于公司高级管理人员，由董事会聘任，对董事会负责，在董事会授权下，执行董事会的战略决策，实现董事会制定的经营目标。总经理有权拟定公司年度预算、决算方案及利润分配方案、弥补亏损方案；有权决定公司内部管理机构设置，并拟定公司基本管理制度和具体规章；有权聘任或解聘除应由董事会聘任或解聘以外的管理人员；有权提议召开董事会临时会议等。总经理可由董事兼任，但总经理不得兼任监事。

词条名称：**副总经理**

英　　文：**deputy general manager**

定义：副总经理是指由总经理提名、董事会聘任的企业某个领域的负责人，是总经理的助手。

释义：副总经理也是股份公司高级管理人员之一，负责协助总经理制定并实施企业经营计划、发展战略，实现公司的经营管理目标及发展目标。拟上市主体副总经理不得担任公司监事职务，不得在控股股东、实际控制人及其控制的其他企业中担任除董事、监事以外的其他职务。

词条名称：**财务总监**

英　　文：**chief financial officer**

定义：财务总监是指出于公司财务监督和财务审计需要而设立的，履行公司所有者财务职能，并负责审核公司重要财务报表和报告、参与审定公司重大财务决策，依法对公司会计核算合规性、真实性及投资、筹资等一系列财务经营活动进行监督，由企业董事会或集团总部统管的独立于被监督单位的财务负责人。

释义：财务总监可兼任股份公司董事会秘书。财务总监负责对企业的财务、会计活动进行全面监督与管理，负责其职能领域内短期及长期的公司财务决策和战略，并根据公司发展计划完成年度财务预算。

词条名称：**高级管理人员**

英　　文：**senior executive**

定义：高级管理人员，简称“高管”，是指公司的总经理、副总经理、财务负责人、上市公司董事会秘书和公司章程规定的其他人员。

释义：高级管理人员不得兼任监事，上市公司高级管理人员不得在控股股东、实际控制人及其控制的其他企业中担任除董事、监事以外的其他职务，不得在控股股东、实际控制人及其控制的其他企业领薪。

词条名称：**证券事务代表**

英　　文：**securities affairs representative**

定义：证券事务代表，简称“证代”，是指由上市公司董事会聘任的负责协助董事会秘书履行信息披露事务、投资者关系管理、筹备董事会和股东大会等事项的公司员工。

释义：上市公司在聘任董事会秘书的同时，还应当聘任证券事务代表。证券事务代表主要负责上市公司的“三会”（股东大会、董事会、监事会）事务，包括“三会”的会务及其会议资料的准备、归档，信息披露，年报之类文件的编制，平时投资者关系的维护，与证监会、交易所等监管部门的联系，协助董事会秘书做好公司日常治理结构改善工作等。证券事务代表应当取得上海证券交易所或深圳证券交易所颁发的董事会秘书培训合格证书。

词条名称：**股东大会会议**

英　　文：**shareholders' meeting**

定义：股东大会会议是指定期或临时举行的由公司全体股东出席的会议。

释义：根据《上市公司股东大会规则》，股东大会会议包括年度股东大会会议和临时股东大会会议两种。年度股东大会会议每年召开一次，应当于上一会计年度结束后的 6 个月内举行。临时股东大会不定期召开，出现《中华人民共和国公司法》第一百零一条规定的应当召开临时股东大会的情形时，临时股东大会应当在2个月内召开。董事会应当在规定的期限内按时召集股东大会；独立董事和监事会有权向董事会提议召开临时股东大会。

词条名称：股东大会年会

英　　文：annual general meeting of shareholders

定义：股东大会年会，简称“年会”，也称“年度股东大会”，是指公司按照《中华人民共和国公司法》的要求，每年度召开一次的股东大会会议。

释义：股东大会年会每年召开一次，应当于上一会计年度结束后的6个月内举行。年度股东大会召集人应当在年度股东大会召开20日前以公告方式通知各股东。在年度股东大会上，董事会、监事会应当就过去一年的工作向股东大会做出报告，各独立董事应做出述职报告。

词条名称：临时股东大会

英　　文：extraordinary shareholders meeting，缩写 EGM

定义：临时股东大会是指因出现影响公司经营的重大事项，或监事会、独立董事、单独或合计持有公司10%以上股份的股东提议或请求时，临时召开的股东大会会议。

释义：当出现《中华人民共和国公司法》第一百零一条规定的应当召开临时股东大会的情形时，临时股东大会应当在2个月内召开。监事会、独立董事及单独或合计持有公司10%以上股份的股东均有权提议召开临时股东大会。董事会应当根据法律、行政法规和公司章程的规定，在收到提议后10日内提出同意或不同意召开临时股东大会的书面反馈意见。临时股东大会应当于会议召开15日前以公告方式通知各股东。

词条名称：股东大会通知

英　　文：notices of general meetings

定义：股东大会通知是指按照《中华人民共和国公司法》及相关规定，在股东大会召开前将会议召开时间、地点和审议的事项在规定时间前告知全体股东的事项。

释义：年度股东大会召集人应当在年度股东大会召开20日前以公告方式通知各股东；临时股东大会应当于会议召开15日前通知各股东；发行无记名股票的，应当于会议召开30日前公告会议召开的时间、地点和审议事项。股东大会通知应当向股东（不论在股东大会上是否有表决权）以专人送出或者以邮资已付的邮件送出，收件人地址以股东名册登记的地址为准。对内资股股东，股东大会通知也可以用公告方式进行。

词条名称：股东大会表决方式

英　　文：voting formula of general meeting of shareholders

定义：股东大会表决方式是指出席股东大会的股东对股东大会审议事

项做出决议的具体方式。

释义：股东出席股东大会会议，所持每一股份有一表决权，股东以投票方式对审议事项进行表决。股东大会表决可以采取会议现场表决的方式，也可以采取通讯表决、网络表决的方式。股东大会做出决议，必须经出席会议的股东所持表决权过半数通过。但是，股东大会做出修改公司章程、增加或者减少注册资本的决议，以及公司合并、分立、解散或者变更公司形式的决议，必须经出席会议的股东所持表决权的2/3以上通过。股东可以委托代理人出席股东大会，代理人应向公司提交股东授权委托书，并在授权范围内行使表决权。

词条名称：**股东大会决议**

英　　文：**decesions adopted by general meeting of shareholders**

定义：股东大会决议是指参加公司股东大会的股东对股东大会审议事项依法做出，公司董事会、监事会和高级管理人员必须贯彻执行的具有法律效力的各种决议。

释义：股东大会召集人应当在股东大会结束后，及时将股东大会决议公告文稿、股东大会决议和法律意见书报送交易所，经交易所同意后，披露股东大会决议公告。上市公司公告股东大会决议时，应当说明参加表决的社会公众股股东人数、所持股份总数、占公司社会公众股股份的比例和表决结果，并披露参加表决的前十大社会公众股股东的持股和表决情况。

词条名称：**普通决议**

英　　文：**ordinary resolution**

定义：普通决议是指对于股东大会的一般表决事项、仅需出席股东大会的股东所持表决权的半数即可通过的决议。

释义：股东大会决议中，除修改公司章程、增加或者减少注册资本，以及公司合并、分立、解散或者变更公司形式等关键决议外，其他决议一般为普通决议。股东会的决议，除法律另有规定外，应有代表股份总数过半数的股东出席，以出席股东表决权过半数同意方可通过。

词条名称：**特别决议**

英　　文：**special resolution**

定义：特别决议是指必须经出席股东大会的股东所持表决权的2/3以上同意方才可以通过的对公司经营具有重大影响的特殊表决事项。

释义：特别决议包括股东大会做出修改公司章程、增加或者减少注册资本的决议，以及公司合并、分立、解散或者变更公司形式、实施股权激励计划的决议等。上市公司在一年内购买、出售重大资产或者担保金额超过公司资产总额30%的，应当由股东大会做出决议，并经出席会议股东所持表决权2/3以上通过。股东大会就发行证券事项做出决议，必须经出席会议股东所持表决权2/3以上通过。上市公司发行证券，募集说明书约定转股价格向下修正条款的，应当同时约定转股价格修正方案须提交公司股东大会表决，且须经出席会议股东所持表决权 2/3 以上通过。

词条名称：分类表决

英　　文：classified voting

定义：分类表决是指上市公司对有可能损害流通股股东利益的事项进行表决时，流通股股东有权进行单独表决，如果流通股股东表决达到一定比例，其效力就会高于非流通股股东表决效力的制度。

释义：分类表决制度的核心是保护社会公众股东的利益，流通股股东可以进行分类表决事项的有上市公司关联交易、上市公司分红、上市公司新股发行及可转债发行等。分类表决制度是“一股一权”原则的有益补充，是对控股股东行为的制度约束。

词条名称：回避表决

英　　文：withdraw from voting

定义：回避表决，又称“表决权回避制度”，是指当公司特定的股东及其关联人与股东大会或董事会讨论的议题有特别的利害关系时，该股东及其关联人均不得就其持有的股份行使表决权的制度。

释义：回避表决制度有助于限制大股东滥用表决权，从而保护小股东和公司的利益。上市公司在召开董事会审议关联交易事项时，会议召集人应在会议表决前提醒关联董事回避表决。关联董事未主动声明并回避的，知悉情况的董事应要求关联董事予以回避。股东大会审议关联交易事项时，作为交易对方的股东、拥有交易对方直接或间接控制权及被交易对方直接或间接控制的股东、与交易对方受同一法人或自然人直接或间接控制的股东，均需回避表决。

词条名称：委托投票权

英　　文：voting trust

定义：委托投票权是指在股东无法出席股东大会或某一董事无法出席董事会的情形下、由股东授权其代理人的或由这一董事委托其他董事行使的投票权利。

释义：股东可以委托代理人出席股东大会会议，代理人应当向公司提交股东授权委托书，并在授权范围内行使表决权。董事无法出席董事会，应书面委托其他董事代为出席，委托书应载明授权范围。董事只能委托其他董事行使委托投票权。委托投票权要重点关注：是否构成信托持股和委托持股；是否存在潜在纠纷和风险；是否构成实际控制人变更；是否存在故意规避《证券期货法律解释第 3 号》的情形。

词条名称：累计投票制

英　　文：cumulative voting system

定义：累计投票制，也称“累积投票制”，是指上市公司股东大会选举董事或监事时，有表决权的每一股份持有份额拥有与拟选出的董事或监事人数相同的表决权，股东拥有的表决权可以集中使用的制度。

释义：累计投票制的目的是防止大股东利用表决权优势操纵董事的选举，矫正“一股一票”表决制度存在的弊端。股东大会选举董事、监事，可以依照公司章程的规定或者股东大会的决议，实行累计投票制。根据《上市公司治理准则》第三十一条，在董事的选举过程中，应充分反映中小股东的意见。股东大会在董事选举中应积极推行累计投票制度。控股股东控股比例在30%以上的上市公司，应当采用累计投票制。采用累积投票制度的上市公司应在公司章程里规定该制度的实施细则，创业板上市公司选举董事和独立董事应当采用累计投票制。

词条名称：**董事会会议**

英　　文：**meeting of board of directors**

定义：董事会会议是指由公司董事长主持召开的，公司董事会在职责范围内研究决定公司重大事项和紧急事项而召开的会议。

释义：董事会会议是董事会议事的主要形式。董事会会议分为定期会议和临时会议。董事会每年至少召开两次会议，每次会议应当于会议召开10日前通知全体董事和监事。代表1/10以上表决权的股东、1/3以上董事或者监事会可以提议召开董事会临时会议。董事长应当自接到提议后10日内，召集和主持董事会会议。董事会会议应有过半数的董事出席方可举行，董事会做出决议，必须经全体董事的过半数通过。

词条名称：**监事会会议**

英　　文：**meeting of board of supervisors**

定义：监事会会议是指由监事会主席主持，公司监事会在职责范围内研究决定公司重大事项和紧急事项而召开的会议。

释义：监事会主席召集和主持监事会会议；监事会主席不能履行职务或者不履行职务的，由半数以上监事共同推举一名监事召集和主持监事会会议。股份公司监事会每6个月至少召开一次会议，监事可以提议召开临时监事会会议。监事会会议应当以现场方式召开，紧急情况下，监事会会议可以通讯方式进行表决，但应当向与会监事说明具体的紧急情况。监事会会议应当有过半数的监事出席方可举行。董事会秘书和证券事务代表应当列席监事会会议。上市公司召开监事会会议，应当在会议结束后及时将监事会决议报送交易所，经交易所登记后披露监事会决议公告。

词条名称：**经理办公会议**

英　　文：**manager office meeting**

定义：经理办公会议是指由公司经理负责召集和主持，为公司日常经营中重要事项讨论或重要方案实施而召开的会议。

释义：经理办公会议负责对公司经营重大事项进行讨论，包括董事会、股东会决议的具体实施方案的制订，公司规章制度的拟定，部门职责范围的划分，人员福利待遇标准的设定等事项。国有独资企业的产权转让，应当由总经理办公会议审议。中央企业发行前款规定以外的其他债券，按照有关法律、行政法规的规定，由中央企业董事会或总经理办公会议决定。

（三）公司运作

词条名称：**资本运营**

英　　文：**capital operation**

定义：资本运营是指企业将自己所拥有的一切有形和无形的存量资本通过流动、组合、优化配置等各种方式进行有效运营，变为可增值的活化资本，以最大限度实现资本增值目标的经营活动。

释义：资本运营的目的是获取利润，使资本增值。资本运营模式包括扩张型的资本运营模式和收缩型的资本运营模式。扩张型的资本运营模式是指通过内部积累、追加投资、外部融资及兼并、收购等方式，使企业实现资本规模扩大的模式（包括横向型资本扩张、纵向型资本扩张、混合型资本扩张）。收缩型的资本运营模式是指企业将自己拥有的以部分资产、子公司、内部某一部门或分支机构转移到公司体外，从而缩小公司规模的模式（包括资产剥离、公司分立、分拆上市、股份回购）。此外，从资本运营的实际内容看，可分为实业资本运营和金融资本运营，后者主要表现为银行资本运营、证券投资运营等形式。从资本运营的物质属性看，可分为有形资本运营和无形资本运营。从资本运营的运作层次看，可分为终极所有权资本运营和企业法人资本运营。从资本运营的产权界定看，可分为独立资本运营和混合资本运营。

词条名称：**经营方针**

英　　文：**management policy**

定义：经营方针是指公司管理层为实现公司经营目标，以公司的经营思想为基础，根据公司实际经营情况及经营环境提出的公司经营的指导方针。

释义：公司股东大会负责决定公司的经营方针，公司董事会负责制订公司经营计划。公司经营方针分为基本经营方针和年度经营方针。上市公司经营方针发生重大变化、投资者尚未得知时，上市公司应当立即将有关该重大事件的情况向国务院证券监督管理机构和证券交易所报送临时报告，并予公告，说明事件的起因、目前的状态和可能产生的法律后果。

词条名称：**营销策划**

英　　文：**marketing plan**

定义：营销策划是指为改变企业现状、完成销售目标，在对企业现有营销状况、内部环境进行准确分析的基础上，借助科学方法与创新思维，对企业营销活动的行为方针、目标、战略以及实施方案做出的决策和指导。

释义：营销策划带有前瞻性、全局性、创新性和系统性特点。其主要内容包括市场细分、产品创新、营销战略设计、营销组合等四个方面的内容。营销策划要对市场环境、消费心理、产品优势、营销方式和平台选择四个要素进行分析。

词条名称：**投资计划**

英　　文：**investment plan**

定义：投资计划是指由股东大会通过的，旨在获取更多效益而将现有资金转变为某种资产并持有的投资安排。

释义：股东大会决定公司的投资计划，董事会负责制订投资方案。上市公司应当按照发行申请文件中承诺的募集资金投资计划使用募集资金。出现严重影响募集资金投资计划正常进行的情形时，公司应当及时公告。投资计划包括预计的风险投资数额、未来筹资资本结构安排、获取风险投资的抵押和担保条件、投资收益和再投资安排、股权比例安排、投资者介入公司经营管理的程度等。

词条名称：**股份回购**

英　　文：**share repurchase**

定义：股份回购是指上市公司为减少注册资本而购买本公司发行或流通在外的股份，并依法予以注销的行为。

释义：股份回购的基本形式有两种：一种是目标公司将可用现金或公积金支付给股东以换回后者手中所持的股票；另一种是通过发售债券，用募集的款项来回购公司的股票。上市公司应当聘请独立财务顾问和律师事务所就股份回购事宜出具专业意见。股东大会审议股份回购事项，应当通过网络投票等方式为中小股东参加股东大会提供便利。股份回购是公司实施反收购策略的有力工具和常规武器，有利于稳定和维护公司股价。

词条名称：**增减资本**

英　　文：**changes in capital**

定义：增减资本是指公司根据自身经营发展状况和未来规划做出的增加或减少注册资本的行为。

释义：公司注册资本变更需经股东大会审议通过。公司因增加或者减少注册资本而导致注册资本总额变更的，可以在股东大会通过同意增加或减少注册资本决议后，再因此而需要修改公司章程的事项通过一项决议，并说明授权董事会具体办理注册资本的变更登记手续。上市公司进入重整、和解程序后，其重整计划、和解协议涉及增加或减少公司注册资本事项，应当按照最高人民法院和中国证监会的相关规定履行相应审议程序。

词条名称：**利润分配**

英　　文：**profit distribution**

定义：利润分配是指企业将经营所得的净利润按照国家或公司章程规定的分配形式和分配顺序，在投资者之间进行的分配。

释义：公司利润分配方案需经股东大会审议通过，股份公司章程应当明确载明利润分配办法。上市公司应当在公司章程中明确现金分红政策，利润分配政策应保持连续性和稳定性。上市公司应当在股东大会审议通过方案后2个月内，完成利润分配及转增股本事宜。上市公司最近3年未进行现金利润分配的，不得向社会公众增发新股、发行可转换公司债券或向原有股东配售股份。

词条名称：**预算决算**

英　　文：**budget and final accounts**

定义：预算决算是指国家机关、团体、企业、事业单位等对未来一定时期内收入和支出的计划。决算是指根据年度预算执行结果而编制的年度会计报告，是对年度预算执行的总结。

释义：公司董事会负责制订公司年度财务预算方案、决算方案。公司预算方案、决算方案由股东大会以普通决议的方式通过，公司在年度报告或董事会决议公告等临时报告中应披露年度财务预算方案。预算包含的内容不仅是预测，还涉及有计划地巧妙处理所有变量，这些变量决定着公司未来努力达到某一有利地位的绩效。决算是全面、真实地反映公司全年财务状况和财务成果的综合性信息资料，是公司运营管理和决策的重要依据。

词条名称：**盈利预测**

英　　文：**profit forecast**

定义：盈利预测是指预测主体在合理预测假设和预测基准前提下，对未来会计期间利润总额、净利润等重要财务指标做出的预计和测算。

释义：发行人披露盈利预测的，利润实现数如未达到盈利预测数 80% 的，除因不可抗力外，其法定代表人、盈利预测审核报告签字注册会计师应当在股东大会及中国证监会指定报刊上公开做出解释并道歉，中国证监会可以对法定代表人处以警告。利润实现数未达到盈利预测数 50% 的，除因不可抗力外，中国证监会在 36 个月内不受理该公司的公开发行证券申请。发行人募集资金拟用于重大资产购买的，则应当披露发行人假设按预计购买基准日完成购买的盈利预测报告及假设发行当年 1 月 1 日完成购买的盈利预测报告。

词条名称：**资产重组**

英　　文：**asset restructuring**

定义：资产重组是指公司以提高公司整体质量和获利能力为目的，公司、公司所有者、控制者与外部经济主体进行的对公司资产进行重新组合、调整、配置的过程。

释义：上市公司资产重组主要包括收购兼并、股权转让、资产剥离、资产置换等。上市公司重大资产重组是指上市公司及其控股或者控制的公司在日常经营活动之外购买、出售资产或者通过其他方式进行资产交易达到规定的比例，导致上市公司的主营业务、资产、收入发生重大变化的资产交易行为。上市公司进行重大资产重组，应当由董事会依法做出决议，并提交股东大会批准。上市公司应当聘请独立财务顾问、律师事务所以及具有相关证券业务资格的会计师事务所等证券服务机构就重大资产重组出具意见。

词条名称：**企业兼并**

英　　文：**merger**

定义：企业兼并是指通过产权有偿转让，把其他企业并入本企业或企业集团中，使被兼并企业失去法人资格或改变法人实体的经济行为。

释义：兼并是合并的形式之一。当一个公司吸收合并其他公司而存续、被吸收公司失去法人资格时，即为兼并；而收购仅仅是收购方获得被收购方一定程度的控制权，并未使被收购方丧失法人资格。是否取得控制权是区分兼并与收购的关键。兼并可以分为横向兼并、纵向兼并和混合兼并。

横向兼并是指同一生产环节上相关企业的兼并，纵向兼并是指同一生产过程中相关环节的兼并，综合兼并是指跨行业、跨产品的综合性的企业兼并。

词源：兼并作并吞解释，最早出自《荀子·王制》："卫弱禁暴，而无兼并之心。"

词条名称：**资产剥离**

英　　文：**asset stripping**

定义：资产剥离是指在企业股份制改制过程中，将原企业中不属于拟建股份制公司的资产、负债从原有的企业账目中分离出去的行为。

释义：资产剥离并非是企业经营失败的标志，而是企业发展战略的合理选择。企业通过剥离不适于企业长期战略、没有成长潜力或影响企业整体业务发展的部门、产品生产线或单项资产，可使资源集中于经营重点，从而更具有竞争力。控股股东对拟上市公司改制重组时，应分离其社会职能，剥离非经营性资产，非经营性机构、福利性机构及其设施不得进入上市公司。国有企业剥离出部分业务、资产改制设立新公司需引入职工持股的，该新公司不得与该国有企业经营同类业务。

词条名称：**股权转让**

英　　文：**transfer of shares**

定义：股权转让是指公司股东依法将自己持有的公司股权转让给他人，使他人获得公司股权的民事法律行为。

释义：有限责任公司，股东向股东以外的人转让股权，应当经其他股东过半数同意。股东应就其股权转让事项书面通知其他股东征求意见，其他股东自接到书面通知之日起满30日未答复的，视为同意转让。其他股东半数以上不同意转让的，不同意的股东应当购买该转让股权；不购买的，视为同意转让。股权转让包括股权有偿转让与股权无偿划转两种形式。有偿股权转让无疑属于股权转让的主流形态。无偿股权转让同样是股东行使股权处分的一种方式。股东完全可以通过赠与的方式转让其股权。股东的继承人也可以通过继承的方式取得股东的股权。

词条名称：**协议转让**

英　　文：**transfer under agreement**

定义：协议转让是指产权或股权交易双方通过洽谈、协商，以协议成交的交易方式转让产权或公司股权的行为。

释义：控股股东、实际控制人协议转让控制权，应当保证交易公允、公平、合理，不得利用控制权转让损害上市公司和其他股东的合法权益。通过协议转让方式，投资者及其一致行动人在一个上市公司中拥有权益的股份拟达到或者超过一个上市公司已发行股份5%时，应当在该事实发生之日起3日内编制权益变动报告书，向中国证监会、证券交易所提交书面报告，通知该上市公司，并予公告。

词条名称：**借壳上市**

英　　文：**backdoor listing**

定义：借壳上市是指上市公司的

母公司（集团公司）通过将主要资产注入到上市子公司中来实现母公司上市的过程。

释义：借壳上市与买壳上市的共同之处是：它们都是一种对上市公司壳资源进行重新配置的活动，都是为了实现间接上市。其不同之处是：买壳上市的企业首先需要获得一家上市公司的控制权，而借壳上市的企业已经拥有了对上市公司的控制权，借壳上市仅仅是买壳上市的第二步。借壳上市一般包括三步：第一步，集团公司先剥离一块优质资产上市；第二步，上市公司通过大比例的配股筹集资金；第三步，利用配股获得的资金，将集团公司的其余资产通过购买注入上市公司，实现母公司（集团公司）的借壳上市。

词条名称：**买壳上市**

英　　文：**reverse merger**

定义：买壳上市，又称“反向收购”或“逆向收购”，是指非上市公司通过购买一家上市公司一定比例的股权控制该公司，然后将自己的相关业务及资产注入该公司，实现间接上市的过程。

释义：买壳上市包括买壳、资产置换、价款支付三个步骤。收购股权一般有两种方式：一种是收购未上市流通的国有股或法人股，这种方式成本较低，但难度较大，一般要得到股权原持有人和主管部门的同意；另一种是在二级市场上直接购买上市公司的股票，这种方式成本较高。

词条名称：**资产置换**

英　　文：**assets replacement**

定义：资产置换是指上市公司控股股东以优质资产或现金置换上市公司的呆滞资产，或以主营业务资产置换非主营业务资产等法律行为。

释义：资产置换是实现企业资源优化配置的一种方式，可采用先进行资产置换、后转让控股股权和先转让控股股权、后进行资产置换等形式。其中，重大资产置换必须遵循特定的程序要求：上市公司董事会在与交易对手形成初步意向并签署保密协议后，对重大置换资产相关事宜进行审议并做出决议；董事会在形成决议后2个工作日内，应向证监会及上市公司所在地的证监会派出机构报送决议文本和“重大购买、出售、置换资产报告书”及其附件等相关文件，同时向证券交易所报告并公告；上市公司一些重大置换资产交易行为还应提请证监会股票发行审核委员会审核，经审核未提出异议的，公司董事会才可以发布召开股东大会，由股东进行表决。

词条名称：**股权置换**

英　　文：**stock ownership replacement**

定义：股权置换是指为引入战略投资者或合作伙伴，公司控股股东与战略伙伴之间相互持有股权、建立利益关联的法律行为。通常股权置换不涉及控股权的变更。

释义：股权置换在实践中通常有三种方式：股权置换、股权加资产式置换、股权加现金式置换。股权置换通常在有优势互补需要的企业间进行；股权加资产式置换通常用于一方存在优质资产，且这部分优质资产可以迅速提高另一方的生产能力和规模；股权加现金式置换通常发生在并购转让价格非常高的情况下，置换后通常取得控股地位，相比于前两种股权置换方式具有财务风险。

词条名称：**企业托管**

英　　文：**enterprise trusteeship**

定义：企业托管是指企业资产所有者将企业的整体或部分资产的经营权、处置权，以契约形式在一定条件和期限内，委托给具有较强经营管理能力、并能够承担相应经营风险的其他法人或个人进行管理，从而形成所有者、受托方、经营者和生产者之间相互利益和制约关系的经营方式。

释义：企业托管经营的实质是企业的所有权与经营权分离，是在目前不宜马上在大范围内推进企业破产和收购、兼并的情况下，针对企业产权主体不清、明确产权所需的配套法规严重滞后，社会保障体系不完善，国有资产代表权责不清等问题，在不改变或暂不改变原先产权归属的条件下，直接进行企业资产等要素的重组和流动，达到资源优化配置、拓宽外资引进渠道以及资产增值三大目的，从而谋取企业资产整体价值有效、合理的经济回报。

词条名称：**债务重组**

英　　文：**debt restructuring**

定义：债务重组，又称“债务重整”，是指债权人在债务人发生财务困难的情况下，按照其与债务人达成的协议或者法院的裁定做出让步的事项。

释义：债务重组从本质而言是一项法律活动，旨在通过一定的方式改变债权人与债务人之间原有债权债务合同关系；但债务重组体现为双方当事人之间谈判与协议的过程，因此法律干预程度较低。债务重组的主要方式有：（1）以资产清偿债务；（2）将债务转为资本；（3）修改其他债务条件，如减少债务本金、减少债务利息等；（4）以上3种方式的组合等。

词条名称：**股权无偿划拨**

英　　文：**volunteer equity transfer**

定义：股权无偿划拨，也称“国有股无偿划拨”，是指政府（上市公司的所有者）通过行政手段将上市“壳”公司的产权无偿划归收购公司的行为。

释义：股权无偿划拨是我国产权重组中特殊的并购形式，其实质是公司控制权转移和管理层重组，目的是调整、理顺国有资本运营体系，利用优势公司管理经验重振处于困境中的上市公司。股权无偿划拨一般由地方政府和行业主管部门牵头实施，股权无偿划转的标的只能是上市公司的国有股权，而且只能在国有资产的代表中进行转让，股权的变动对上市公司的持有者没有损失。

词条名称：**公司分立**

英　　文：**corporate spin-off**

定义：公司分立是指一个公司依

照《中华人民共和国公司法》有关规定，通过股东会决议分成两个以上的公司。

释义：公司分立有两种基本方式：一种是新设分立，即将原公司法律主体资格取消而新设两个及以上的具有法人资格的公司；另一种是派生分立，即原公司法律主体仍存在，但将其部分业务划出去另设一个新公司。公司分立时，应当编制资产负债表及财产清单，履行债权人保护程序。

词条名称：**公司合并**

英　　文：**amalgamation of companies**

定义：公司合并是指两个或两个以上的公司依照《中华人民共和国公司法》规定的条件和程序，通过订立合并协议，共同组成一个公司的法律行为。

释义：公司合并可分为吸收合并和新设合并两种形式。吸收合并，又称"存续合并"，是指通过将一个或一个以上的公司并入另一个公司的方式而进行公司合并的一种法律行为；新设合并是指两个或两个以上的公司以消灭各自的法人资格为前提而合并组成一个公司的法律行为。公司合并时，应当编制资产负债表及财产清单，履行债权人保护程序。

词条名称：**公司破产**

英　　文：**company bankruptcy**

定义：公司破产是指公司因不能清偿到期债务，无力继续经营，由法院宣告停止营业，进行债权债务清理的状态。

释义：按照《中华人民共和国公司法》的规定，依法宣告破产的公司，由法院依照有关法律，组织股东、有关机关及有关专业人员成立清算组，对公司进行破产清算。

词条名称：**公司解散**

英　　文：**dissolution of company**

定义：公司解散是指已成立的公司，基于一定的合法事由而使公司消失的法律行为。

释义：公司解散的原因有三大类：第一类是一般解散的原因，是指出现《中华人民共和国公司法》规定的解散公司的事由，公司即可解散；第二类是强制解散的原因，是指由于某种情况的出现，主管机关或人民法院命令公司解散；第三类是股东请求解散的原因，当公司经营管理发生严重困难，继续存在会使股东利益受到重大损失，通过其他途径不能解决的，持有公司全部股东表决权 10% 以上的股东可以请求人民法院解散公司。公司解散时，应进行公司清算，并履行债权人保护程序。我国实行"先散后算"的体制，这种解散并不导致公司法人资格消灭，只是导致清算程序的发生。只有清算完成后，公司的法人资格才消灭。

词条名称：**公司清算**

英　　文：**corporate liquidation**

定义：公司清算是指公司解散时，为最终了结现存的财产和其他法律关系，依照法定程序，对公司的财产和债权债务关系进行清理、处分和分配，以了结其债权债务关系，从而消灭公司法人资格的法律行为。

释义：公司除因合并或分立而解散外，其余原因引起的解散均须经过清算程序。按照公司依法进行的清算程序的不同，公司清算基本分为破产清算和非破产清算，前者是指在公司不能清偿到期债务的情况下，依照《中华人民共和国破产法》的规定所进行的清算；后者是指在公司解散的情况下，依照《中华人民共和国公司法》的规定所进行的清算。公司除因合并或分立而解散外，其余原因引起的解散，均须经过清算程序，并应当在解散事由出现之日起15日内成立清算组。有限责任公司的清算组由股东组成，股份有限公司的清算组由董事或者股东大会确定的人员组成。

（四）信息披露

词条名称：**发行公告**

英　　文：**issue announcement**

定义：发行公告是指股份公司向社会公众公开发行股票前，就发行时间、地点、申购代码、发行方式及数量、发行价格（或申购区间）、申购及资金冻结日期等内容向公众投资者做出的公告。

释义：发行人和主承销商应在网上发行申购日一个交易日之前刊登网上发行公告，网上发行公告与网下发行公告可以合并刊登。发行人及其主承销商应当在发行公告中披露战略投资者的选择标准、向战略投资者配售的股票总量、占本次发行股票的比例，以及持有期限制等。

词条名称：**上市公告书**

英　　文：**listing announcement**

定义：上市公告书是指发行人于股票上市前，向社会公众公告发行与上市有关事项的信息披露文件。

释义：上市公告书包括“重要声明与提示”、“股票上市情况”、“发行人、股东和实际控制人情况”、“股票发行情况”及“其他重要事项”等部分。发行人的董事、监事、高级管理人员应当对上市公告书签署书面确认意见，保证所披露信息真实、准确、完整。上市公告书的内容应当概括招股说明书的基本内容和公司近期的重要资料，因此应该与招股说明书对照来看。

词条名称：**审计报告**

英　　文：**audit report**

定义：审计报告是指会计师事务所根据《中国注册会计师审计准则》的规定，在实施审计工作的基础上，对被审计单位财务状况出具的书面文件。

释义：审计报告是由独立会计师或审计师对公司进行审计之后签发的正式报告，用于向公司董事会、全体股东及社会公众报告公司的财务运行情况，可以对公司财务状况做出积极和消极的结论。公开发行证券的公司需要提供3年及一期的审计报告，审计报告需要由两名以上注册会计师签名并盖章。

词条名称：**评估报告**

英　　文：**assessment report**

定义：评估报告是指资产评估机

构根据《资产评估准则》的要求，在履行必要评估程序后，对评估对象在评估基准日特定目的下资产价值出具的书面文件。

释义：评估报告应当包括标题及文号、声明、摘要、正文、附件五个部分。资产评估报告需要由两名以上的注册评估师签名盖章。公开发行证券的公司，资产交易根据资产评估结果定价的，在评估机构出具资产评估报告后，应当补充披露上市公司董事会及独立董事对评估机构的独立性、评估假设前提和评估结论的合理性、评估方法的适用性等问题发表的意见。

词条名称：**法律意见书**

英　　文：**legal opinion**

定义：法律意见书是指律师向咨询者提供的包括法律依据、法律建议以及解决问题方案在内的书面文件。

释义：上市公司在发行股票、配股、增发、股权收购、资产置换、恢复上市、债券发行、召开股东大会、临时股东大会、董事任职、股权转让、股权担保、关联交易等事件发生时，需出具法律意见书。

词条名称：**定期报告**

英　　文：**periodic report**

定义：定期报告是指上市公司根据中国证监会及交易所相关要求，就公司经营运作情况定期向投资者出具的报告，包括年度报告、中期报告和季度报告。

释义：定期报告是上市公司信息披露的主要形式之一，上市公司董事、高级管理人员应当对公司定期报告签署书面确认意见。上市公司披露定期报告时，至少应简述公司历史沿革、所处行业、经营范围、主要产品或提供的劳务等。

词条名称：**年度报告**

英　　文：**annual report**

定义：年度报告，简称“年报”，是指上市公司根据《中华人民共和国公司法》等相关规定，就公司整个会计年度经营情况、财务状况等内容向投资者披露信息而出具的法律文件。

释义：年度报告是指公司整个会计年度的财务报告及其他相关文件。上市公司应当向证监会、证券交易场所提供经注册会计师审计的年度报告。公司应当在每个会计年度结束之日起4个月内将年度报告刊登在中国证监会指定的网站上，将年度报告摘要刊登在至少一种中国证监会指定报纸上。

词条名称：**中期报告**

英　　文：**semi-annual report**

定义：中期报告简称“中报”，是指上市公司在每个会计年度的前6个月结束后60日内编制完成并向投资者披露的关于公司本会计年度前6个月经营情况的定期报告。

释义：上市公司和公司债券上市交易的公司，应当在每一会计年度上半年结束之日起2个月内，向国务院证券监督管理机构和证券交易所报送中期报告。中期报告应当包括公司财务会计报告和经营情况及提交股东大会审议的重要事项。中期报告主要由公司及会计师完成，但律师也要参与其中一部分内容的制作，并且要对全部内幕进行合法性的审核。

词条名称：**季度报告**

英　文：**quarterly report**

定义：季度报告，是指上市公司在会计年度前3个月、前9个月结束后的一个月内编制完成并向投资者披露的关于公司本季度内经营情况的定期报告。

释义：公司季度报告中的财务报告可以不经审计，但中国证监会和证券交易所另有规定的除外，第一季度季度报告的披露时间不得早于上一年度年度报告的披露时间。季度报告正文包括重要提示、公司基本情况、管理层讨论与分析、重要事项与附录五个主要部分。

词条名称：**临时报告**

英　　文：**interim report**

定义：临时报告是指上市公司按照有关法律法规及规则规定，在发生影响公司正常经营的重大事项时，临时向投资者和社会公众披露的不定期报告。

释义：临时报告制度是上市公司持续信息披露义务的重要组成部分。发生可能对上市公司股票交易价格产生较大影响的重大事件，投资者尚未得知时，上市公司应当立即将有关该重大事件的情况向国务院证券监督管理机构和证券交易所报送临时报告，并予公告，说明事件的起因、目前的状态和可能产生的法律后果。

词条名称：**董事会决议公告**

英　　文：**resolution announcement of board of directors**

定义：董事会决议公告是指上市公司董事会就董事会会议决议事项向投资者及社会公众做出的公告。

释义：董事会决议公告是上市公司履行信息披露义务的一部分。上市公司董事会就会议事项做出决议后，应就董事会决议的具体情况在中国证监会指定网站公告。

词条名称：**股东大会决议公告**

英　　文：**resolution announcement of shareholders' meeting**

定义：股东大会决议公告是指股份公司股东大会依职权对股东大会审议事项做出决议后，通过公开媒体及网站向投资者及社会公众披露的公告文件。

释义：上市公司股东大会就重大事项做出决议后，上市公司应依法在规定时间内将决议内容在中国证监会指定媒体及网站上以公告形式披露。股东大会决议公告应当包括出席会议的股东（代理人）人数、所持（代理）股份及其占上市公司有表决权股份总数的比例，每项提案的表决方式、表决结果，法律意见书的结论性意见等。

词条名称：**利润分配公告**

英　　文：**announcement of profit distribution**

定义：利润分配公告是指上市公司股东大会审议通过公司利润分配方案后，依法向投资者和社会公众做出的公告。

释义：上市公司利润分配方案需由股东大会审议通过，上市公司应当在公司章程中明确现金分红政策，利润分配政策应保持连续性和稳定性。上市公司董事会未做出现金利润分配预案的，应当在定期报告中披露原因，独立董事应当对此发表独立意见。

词条名称：**合并、分立、减资公告**

英　　文：**announcement of merger, separation & reduction of capital**

定义：合并、分立、减资公告是指公司股东大会就公司合并、分立、减资事项做出决议后，依法向投资者及社会公众做出的公告。

释义：公司合并、分立或者减少注册资本的决议，必须经出席股东大会的股东2/3以上表决通过。上市公司涉及股份变动的减资（回购除外）、合并、分立方案，应当在获得中国证监会批准后，及时报告证券交易所并公告。

词条名称：**清算公告**

英　　文：**liquidation announcement**

定义：清算公告是指公司因特定原因解散，成立清算组后，就清算事宜向投资者及社会公众做出的公告。

释义：清算组应当自成立之日起10日内通知债权人，并于60日内在报纸上公告。债权人应当自接到通知书之日起30日内，未接到通知书的自公告之日起45日内，向清算组申报其债权。

词条名称：**要约收购公告**

英　　文：**announcement of offer purchase**

定义：要约收购公告是指收购人在对目标公司股东发出要约，并确定收购条件、价格、期限及其他事项后，依法向目标公司股东及社会公众做出的公告。

释义：根据《中华人民共和国证券法》的规定，投资者可以采取要约收购的方式收购上市公司。采取要约收购方式的，收购人在收购期限内，不得卖出被收购公司的股票，也不得采取要约规定以外的形式和超出要约的条件买入被收购公司的股票。投资者及其一致行动人通过普通证券账户和信用证券账户持有一家上市公司股票或其权益的数量，合计达到规定的比例时，应当依法履行相应的信息报告、披露或要约收购义务。收购人向中国证监会报送要约收购报告书后，在公告要约收购报告书之前，拟自行取消收购计划的，应当向中国证监会提出取消收购计划的申请及原因说明，并予公告；自公告之日起12个月内，该收购人不得再次对同一上市公司进行收购。

（五）相关语词

词条名称：**创立大会**

英　　文：**inaugural meeting**

定义：创立大会是指在募集设立股份有限公司过程中召开的，由发起人主持、发起人和认股人共同参与的，对公司设立行为、公司能否成立等有关事项进行决议的会议。

释义：创立大会是设立公司的决定机关，根据《中华人民共和国公司法》第九十一条的规定，创立大会具体行使以下职权：（1）审议发起人关于公司筹办情况的报告；（2）通过公司章程；（3）选举董事会成员；（4）选举监事会成员；（5）对公司的设立费用进行审核；（6）对发起人用于抵作股款的财产的作价进行审核；（7）发生不可抗力或者经营条件发生重大变化直接影响公司设立的，可以做出不设立公司的决议。创立大会对以上所列事项做出决议，必须经出席会议的认股人所持表决权过半数通过。

词条名称：**募集资金**

英　　文：**fund-raising**

定义：募集资金是指上市公司通过公开发行证券（包括首次公开发行股票、配股、增发、发行可转换公司债券、发行分离交易的可转换公司债券等）以及非公开发行证券向投资者募集的资金，但不包括上市公司股权激励计划募集的资金。

释义：募集资金的存放实行专户存储制度。公司应当在银行设立专用账户存储募集资金，并与开户银行签订募集资金专用账户管理协议。

词条名称：**重置成本**

英　　文：**replacement cost**

定义：重置成本是指企业重新取得与其所拥有的某项资产相同或与其功能相当的资产需要支付的现金或现金等价物。

释义：重置成本是一种现行成本，分为复原重置成本和更新重置成本两种。复原重置成本是指采用与评估对象相同的材料、建筑或制造标准、设计、规格及技术等，以现时价格水平重新购建与评估对象相同的全新资产所发生的费用。更新重置成本是指采用新型材料、现代建筑或制造标准、新型设计、规格和技术等，以现行价格水平购建与评估对象具有同等功能的全新资产所需的费用。在重置成本计量下，资产按照现在购买相同或者相似资产所需支付的现金或者现金等价物的金额计量。负债按照现在偿付该项债务所需支付的现金或者现金等价物的金额计量。

词条名称：**重大事件**

英　　文：**great events**

定义：重大事件，又称“上市公司重大事件”，是指上市公司发生的对上市公司股票交易价格产生较大影响，且应立即将相关情况向国务院证券监督管理机构和证券交易所报送临时报告，并予公告的事件。

释义：根据《中华人民共和国证券法》第六十七条的规定，上市公司重大事件包括但不限于以下事项：公司的经营方针和经营范围的重大变化，公司的重大投资行为和重大的购置财产的决定，公司订立重要合同，可能对公司的资产、负债、权益和经营成果产生重要影响，公司发生重大债务和未能清偿到期重大债务的违约情况等。

词条名称：**实际控制人**

英　　文：**actual controller**

定义：实际控制人是指虽不是公司的股东，但通过投资关系、协议或者其他安排，能够实际支配公司行为的人。

释义：实际控制人是实际控制上市公司的自然人、法人或其他组织，可以是控股股东，也可以是控股股东的股东，甚至是除此之外的其他自然人、法人或其他组织。根据《上市公司收购管理办法》第八十四条的规定，投资者有下列情形之一的即为拥有上市公司控制权：（1）投资者为上市公司持股50%以上的控股股东；（2）投资者可以实际支配上市公司股份表决权超过30%；（3）投资者通过实际支配上市公司股份表决权能够决定公司董事会半数以上成员选任；（4）投资者依其可实际支配的上市公司股份表决权足以对公司股东大会的决议产生重大影响；（5）中国证监会认定的其他情形。上市公司在其实际控制人发生变化时，必须披露实际控制人的详细资料。

词条名称：**一致行动**

英　　文：**concerted action**

定义：一致行动是指投资者通过协议、其他安排，与其他投资者共同扩大其所能够支配的一个上市公司股份表决权数量的行为或者事实。在上市公司的收购及相关股份权益变动活动中有一致行动情形的投资者，互为一致行动人。

释义：《上市公司收购管理办法》第八十三条对一致行动人的各种情形做出了界定，如投资者之间有股权控制关系；投资者受同一主体控制；投资者的董事、监事或者高级管理人员中的主要成员，同时在另一个投资者担任董事、监事或者高级管理人员等。一致行动人应当合并计算其所持有的股份。投资者计算其所持有的股份，应当包括登记在其名下的股份，也包括登记在其一致行动人名下的股份。

词条名称：**上市条件**

英　　文：**listing requirements**

定义：上市条件是指发行人的股票、债券等为了在证券交易所或其他依法设立的证券交易所公开挂牌交易，而必须满足的法定条件和程序。

释义：股份有限公司申请股票上市，应当符合下列条件：（1）股票经国务院证券监督管理机构核准已公开发行；（2）公司股本总额不少于人民币3000万元；（3）公开发行的股份达到公司股份总数的25%以上；公司股本总额超过人民币4亿元的，公开发行股份的比例为10%以上；（4）公司最近3年无重大违法行为，财务会计报告无虚假记载。证券交易所可以规定高于前款规定的上市条件，并报国务院证券监督管理机构批准。在目前还没有统一的债券上市规则的情况下，上海证券交易所和深圳证券交易所分别制定了基本相同的上市规则。

词条名称：**破产程序**

英　　文：**bankruptcy proceedings**

定义：破产程序是指对资不抵债

的企业进行破产处理的司法程序。

释义：破产程序包括三种：和解、重整和破产清算。这三种破产程序之间存在一定的可转换性，当事人有一定程度的选择自由：（1）债务人在提出破产申请时可选择适用重整、和解或清算程序，债权人在提出破产申请时可选择适用重整或清算程序；（2）债权人申请债务人破产清算的案件，在破产宣告前，债务人可以申请和解，债务人或者其出资人可以申请重整；（3）债务人申请适用破产清算的案件，在破产宣告前，债权人或者债务人的出资人可以申请重整，债务人也可以申请和解；（4）债务人进入重整或和解程序后，可以在具备破产法规定的特定事由时，经破产宣告转入破产清算程序；（5）债务人一旦经破产宣告进入破产清算程序，则不得转入重整或和解程序。

词条名称：**重整**

英　　文：**reforming**

定义：重整是指当企业法人不能清偿到期债务时，不对其财产立即进行清算，而是经由利害关系人的申请，在审判机关的主持下，由债务人与债权人达成协议，制订重新整顿计划，对具有调整原因和经营能力的债务人，进行生产经营上的整顿和债权债务关系上的清理，以摆脱财务困境、重获经营能力的特殊法律程序。

释义：根据《中华人民共和国破产法》，债权人申请对债务人进行破产清算的，在人民法院受理破产申请后、宣告债务人破产前，债务人或者出资额占债务人注册资本1/10以上的出资人，可以向人民法院申请重整。自人民法院裁定债务人重整之日起至重整程序终止，为重整期间。

词条名称：**同业竞争**

英　　文：**horizontal competition**

定义：同业竞争是指上市公司所从事的业务与其控股股东（包括绝对控股与相对控股）、实际控制人及其所控制的企业所从事的业务相同或近似，双方构成或可能构成直接或间接的竞争关系。

释义：在企业实际经营中，同业竞争的存在必然使得相关联的企业无法完全按照完全竞争的市场环境来平等竞争，控股股东利用其表决权可以决定企业的重大经营，如果其表决是倾向于非上市公司，对中小股东来说是不公平的。中国立法规定了原则上要求上市公司禁止同业竞争，以防止控股股东利用控股地位，在同业竞争中损害上市公司的利益。

词条名称：**关联关系**

英　　文：**relevance relationship**

定义：关联关系是指公司控股股东、实际控制人、董事、监事、高级管理人员与其直接或者间接控制的企业之间的关系，以及可能导致公司利益转移的其他关系；但国家控股企业之间不因为同受国家控股而具有关联关系。

释义：《中华人民共和国公司法》规定，公司的控股股东、实际控制人、董事、监事、高级管理人员不得利用其关联关系损害公司利益；违反前款规定，给公司造成损失的，应当承担赔偿责任。上市公司董事与董事会会议决议事项所涉及的企业有关联关系的，不得对该项决议行使表决权，也不得代理其他董事行使表决权。

词条名称：**关联方**

英　　文：**related party**

定义：关联方是指在企业财务和经营决策中，一方控制、共同控制另一方或对另一方施加重大影响，以及两方或两方以上同受一方控制、共同控制或重大影响的，构成关联方。

释义：《企业会计准则第 36 号——关联方披露》明确指出，构成企业关联方的十类情形：(1) 该企业的母公司。(2) 该企业的子公司。(3) 与该企业受同一母公司控制的其他企业。(4) 对该企业实施共同控制的投资方。(5) 对该企业施加重大影响的投资方。(6) 该企业的合营企业。(7) 该企业的联营企业。(8) 该企业的主要投资者个人及与其关系密切的家庭成员。主要投资者个人，是指能够控制、共同控制一个企业或者对一个企业施加重大影响的个人投资者。(9) 该企业或其母公司的关键管理人员及与其关系密切的家庭成员。关键管理人员，是指有权力并负责计划、指挥和控制企业活动的人员。与主要投资者个人或关键管理人员关系密切的家庭成员，是指在处理与企业的交易时可能影响该个人或受该个人影响的家庭成员。(10) 该企业主要投资者个人、关键管理人员或与其关系密切的家庭成员控制、共同控制或施加重大影响的其他企业。并规定，在企业财务报表中应当披露所有关联方关系及其交易的相关信息，对外提供合并财务报表的，应披露与合并范围外各关联方的关系及其交易。

词条名称：**关联方交易**

英　　文：**related party transaction**

定义：关联方交易，简称“关联交易，”是指关联方直接转移资源、劳务或义务的行为，而不论是否收取价款。

释义：关联方交易应当分别将关联方及关联方类型予以披露。关联方交易的类型通常包括：(1) 购买或销售商品；(2) 购买或销售商品以外的其他资产；(3) 提供或接受劳务；(4) 担保；(5) 提供资金（贷款或股权投资）；(6) 租赁；(7) 代理；(8) 研究与开发项目的转移；(9) 许可协议；(10) 代表企业或由企业代表另一方进行债务结算；(11) 关键管理人员薪酬。

词条名称：**关联购销**

英　　文：**related party purchase and sale**

定义：关联购销是指上市公司利用关联方之间的购买或销售活动而进行的利润操纵行为。

释义：关联购销是关联交易中金额最大的一种类型。与关联方进行购销是日常经营业务的一种，大部分上市公司都存在这一业务。事实上，很多上市公司的关联方是上市公司的主要客户，有的上市公司甚至所有的购销业务都发生在关联方之间。

词条名称：**资产租赁**

英　　文：**capital lease**

定义：资产租赁是指在不改变资产所有权的情况下，由资产所有者与承租者订立契约，在一定时期内，对资产的占有权、使用权实行有偿出租和承租者自主经营的一种经营方式。

释义：资产租赁是关联交易的主要类型之一。

词条名称：**担保**

英　　文：**guarantee**

定义：担保是指法律为确保特定的债权人实现债权，以债务人或第三人的信用或者特定财产来督促债务人履行债务的制度。

释义：担保是关联交易的主要类型之一。主要担保产品有贷款（融资）担保、综合授信担保、保函业务、再担保、诉讼保全担保、出口退税贷款担保等。

词条名称：**抵押**

英　　文：**mortgage**

定义：抵押是指债务人或第三人提供一定的财产作为抵押物，债务人不履行义务，债权人依照法律的规定以抵押物折价或者变卖抵押物的价款优先得到偿还的权利。

释义：抵押是经济活动中常见的担保方式。抵押主要有不动产抵押、动产抵押、权利抵押、企业抵押、共同抵押、最高额抵押等类型。不动产抵押是指以不动产为抵押物而设置的抵押；动产抵押是指以动产作为抵押物而设置的抵押；权利抵押是指以法律规定的各种财产权利作为抵押物客体的抵押；企业抵押，是指抵押人（企业）以其所有的动产、不动产及权利的集合体作为抵押权客体而进行的抵押；共同抵押，又称“总括抵押”，是指为了同一债权的担保，而在数个不同的财产上设定的抵押；最高额抵押是指抵押人和抵押权人协议，在最高额限度内，以抵押物对一定期间内连续发生的债权做担保。

词条名称：**质押**

英　　文：**pledge**

定义：质押是指债务人或者第三人将其动产或者权利凭证移交债权人占有，而将该动产或者权利作为债权的担保。

释义：质押是经济活动中常见的担保方式。抵押与质押的区别在于：（1）抵押标的为动产与不动产，质押标的为动产与权利；（2）抵押物不移转占有，质押物移转占有；（3）当事人可以自愿办理抵押登记的，抵押合同自签订之日起生效；当事人不必办理质押登记的，质押合同自质押物或权利凭证交付之日起生效；（4）当事人办理抵押登记的，登记部门为抵押物的相应管理部门；以股票、知识产权出质的，当事人应向其相应的管理机构办理出质登记；（5）债务履行期届满，抵押权人未受清偿的，可与抵押人协商以抵押物折价或以拍卖、变卖该抵押物的所得价款受偿，协议不成的，可向人民法院提起诉讼；债务履行期届满，质权人未受清偿的，可与出质人协议以质物折价或依法拍卖、变卖质物清偿债权。

七、股票投资①

（一）投资主体

股票投资

词条名称：个人投资者

英　　文：individual investor

定义：个人投资者又称“散户”，是指以自然人身份从事股票买卖的投资者。

释义：散户是证券市场最广泛的投资者。散户进行证券投资应具备一些基本条件，这些条件包括国家有关法律、法规关于个人投资者投资资格的规定和个人投资者必须具备一定的经济实力。与机构投资者相比，散户在证券市场上的投资额较少，缺乏计划性，无定则、无组织，基本依行情而动。单一散户的投资行为虽然不是影响行情变化的主要力量，但也是股市中不可缺少的组成部分，而且在每次的股价涨跌波动中起着一定的推波助澜作用。由于散户资金量小，对股价的影响程度有限，往往成为庄家获利之后的牺牲品和侵吞对象。为了保护投资者尤其是中小投资者的利益，大多数国家和地区的政府监管机构、行业自律组织以及金融企业不同程度地对投资者适当性问题做了硬性规定或原则性指引。所谓适当性，是指“金融中介机构所提供的金融产品或服务与客户的财务状况、投资目标、风险承受水平、财务需求、知识和经验之间的契合程度”。简言之，投资适当性的要求就是“适合的投资者购买恰当的产品”。

词条名称：机构投资者

英　　文：institutional investor

定义：机构投资者是指符合法律法规规定，可以投资证券、投资基金的注册登记或经政府有关部门批准设立的机构。

释义：机构投资者是相对于个人投资者而言的。与个人投资者相比，机构投资者呈现投资管理专业化、投资结构组合化、投资行为规范化等特点。在西方国家，以有价证券投资收益为其重要收入来源的证券公司、投资公司、保险公司、各种福利基金、养老基金及金融财团等，一般称为“机构投资者”。其中，最典型的机构投资者是专门从事有价证券投资的共同基金。在中国，机构投资者目前主要是具有证券自营业务资格的证券经营机构、符合国家有关政策法规的投资管理基金等。在证券市场中，机构投资者在降低市场波动性、稳定证券市场方面发挥着重要作用。20 世纪 70 年代以来，西方各国证券市场出现了证券投资机构化的趋势，机构投资者已经成为西方证券市场的主要力量；虽然中国证券市场机构投资者的力量不断发展壮大，但与个人投资者相比，机构投资者所占比重仍然偏低。

词条名称：外国投资者

英　　文：foreign investor

定义：外国投资者是指本国在对外开放过程中，通过各种优惠政策和

---

① 撰写：李明亮；审核：朱蕾；单位：海通证券研究所。

其他优越的条件吸引来本国投资的外国公司、企业、其他经济组织和个人。

释义：外国投资者的投资是一国利用外资的重要内容。利用外资，可以解决本国资金的不足，引进先进技术设备和先进的管理经验，开发本国的落后产业和行业。外国投资者可以与中国的企业、其他经济组织以中外合资、中外合作的形式依法设立公司，也可以外商合资、外商独资的形式依法设立公司。

词条名称：**有限合伙人**

英　　文：**limited partner，缩写 LP**

定义：有限合伙人是指在合伙企业中，以其认缴的出资额为限对合伙企业的债务依法承担有限责任的自然人、法人和其他组织。

释义：有限合伙人是相对于普通合伙人而言的，并与普通合伙人共同组成有限合伙企业。在有限合伙企业中，有限合伙人不执行合伙事务，而由普通合伙人从事具体的经营管理。在风险承担上，有限合伙人以其出资额为限承担有限责任，而普通合伙人则对企业的债务依法承担无限责任。在私募股权投资中，有限合伙人是股权投资基金的主要出资人之一，但不参与基金的管理。

词条名称：**普通合伙人**

英　　文：**general partner，缩写 GP**

定义：普通合伙人是指在合伙企业中，对合伙企业的债务依法承担无限连带责任的自然人、法人和其他组织。

释义：普通合伙人最大的特点是对合伙企业的债务依法承担无限连带责任。根据《中华人民共和国合伙企业法》的规定，国有独资公司、国有企业、上市公司以及公益性事业单位、社会团体不得成为普通合伙人。在私募股权投资中，普通合伙人既是股权投资基金的出资人，也是基金的管理人。普通合伙人可以凭借自己的投资管理能力、品牌以及少量资金为杠杆，撬动上百倍规模的有限合伙人的资本，以实现更多的投资行为。

词条名称：**合格境外机构投资者**

英　　文：**qualified foreign institutional investors，缩写 QFII**

定义：合格境外机构投资者是指符合《合格境外机构投资者境内证券投资管理办法》的规定，经中国证监会批准，投资于中国证券市场，并取得国家外汇管理局额度批准的中国境外基金管理机构、保险公司、证券公司、商业银行以及其他资产管理机构。

释义：合格境外机构投资者制度是一国（地区）在货币没有实现完全自由兑换、资本项目尚未完全开放的情况下，有限度地引进外资、开放资本市场的一项过渡性的制度。这种制度要求外国投资者若要进入一国证券市场，必须符合一定的条件，经该国有关部门的审批通过后，汇入一定额度的外汇资金并转换为当地货币，通过严格监管的专门账户投资当地证券市场。2006 年 9 月 1 日，《合格境外机构投资者境内证券投资管理办法》正式实施，自此境外资金可以通过合格境外机场投资者的形式投资中国证券市场。根据该办法，合格境外机构投资者在经批准的投资额度内，可以投资于中国证监会批准的人民币金融工具，具体包括在证券交易所挂牌交易的股票、在证券交易所挂牌交易的债券、证券投资基金、在证券交易所挂牌交易的权证以及中国证监会允许的其他金融工具。合格境外机构投资者可以参与新股发行、可转换债券发行、股票增发和配股的申购。

词条名称：**长期投资者**

英　　文：**long-term investors**

定义：长期投资者是指投资期限在一年以上的投资者。

释义：长期投资者是相对于短期投资者而言的。长期投资的目的在于持有，而不在于出售，这是与短期投资的一个重要区别。一般情况下，可以把一年或更短时间内的投资称为“短期投资”，投资时间在一年以上的投资称为“长期投资”。相对于短期投资而言，长期投资更注重于持有某种资产，进而通过长期的积累实现财富增长。在股票市场中，长期投资者倾向于经营情况稳定良好、公司派息情况均衡稳定、股票市场价格较为平稳的股票。与长期投资者易混淆的一个概念是价值投资者。价值投资者并不等同于长期投资者。长期投资者强调持有期限的长度，而价值投资者主要关注股票的内在价值，寻找价值被市场低估的股票并买入持有，当市场价值回归内在价值甚至价值高估后，价值投资者会选择卖出。

词条名称：**短期投资者**

英　　文：**short-term investors**

定义：短期投资者是指能够随时变现且持有时间不准备超过一年的投资者。

释义：短期投资者主要为了获取资本利得收益，注重标的资产的买卖差价，追求低买高卖。在股票市场中，短期投资者的行为表现为频繁的买入与卖出行为，交易次数的增加也加大了交易的佣金支出。短期投资者倾向于挑选黑马股以及市场热点题材炒作的股票，以期在短期内获得大幅超额收益。

词条名称：**股东**

英　　文：**shareholder**

定义：股东，也称“公司股份的所有者”，是指依法持有股份有限公司股份的自然人或法人。

释义：股东是公司存在的基础，是公司的核心要素；没有股东，就不可能有公司。根据《中华人民共和国公司法》的规定，有限责任公司成立后，应当向股东签发出资证明书，并置备股东名册，记载股东的姓名或者名称及住所、股东的出资额、出资证明书编号等事项。股份有限公司的股份认购人一旦缴清应缴股款，即取得股东资格，享有权利，并承担相应的义务和风险。根据所持股份性质的不同，不同股东享有不同的权利。一般普通股股东享有的权利包括公司重大决策参与权、公司资产收益和剩余资产分配权、优先认股权或配股权、查阅公司章程及相关会议记录、监督公司经营并提出建议等。公司股东应尽的义务包括遵守法律、行政法规和公司章程；依其所认购的股份和认股方式缴纳股金；除法律、法规规定的情形外，不得退股；不得滥用股东权利损害公司或者其他股东的利益等。

词条名称：**大股东**

英　　文：**substantial shareholder**

定义：大股东是指在公司股权结构中，拥有半数以上的有表决权的股东，也称为“绝对控股股东”。随着公司股权的分散化，持股未达到半数以上的相对控股股东也能有效地控制公司董事会及公司的经营行为。

释义：大股东最初的含义强调持股比例的大小，一般指持有已发行股份比例在50%以上的股东；但如今市场上提及的大股东大多是指相对控股股东，不再单纯强调比例，而是着重关注股东对公司的控制权。大股东持股的目的是控制公司的经营决策权。大股东所持股份比例的大小视公司的股权结构而定。若股份公司的股权结构较为集中，那么对大股东持股比例的要求较高；若股份公司的股权结构较为分散，大多数股东的持有份额零散，难以构成集中优势，那么对该公司大股东持股比例的要求则偏低。在股份公司中，大股东投入资本较多，相对其他股东有更强的动机来保护自己的利益，更关心公司经营状况和回报。

词条名称：**中小股东**

英　　文：**small and medium-sized shareholders**

定义：中小股东是指持有某一公司的股份不超过5%，且没有管理控制权的股东。

释义：中小股东是相对于大股东而言的。权衡大股东与中小股东的关系，保护中小股东的利益，一直是股份公司治理研究的重点。根据资本多数表决原则，由于在公司资本中占据绝对优势，大股东的意志总是处于支配地位。当中小股东的意志与大股东的意志一致时，则被大股东的意志所吸收；当中小股东的意志与大股东的意志不一致时，则不得不屈从于大股东的意志。所以，中小股东的意志对公司的决策难以产生有效的影响。

词条名称：**控股股东**

英　　文：**holding shareholder**

定义：控股股东是指出资额占有限责任公司资本总额50%以上或者其持有的股份占股份有限公司股本总额50%以上的股东；或者出资额持有股份的比例虽然不足50%，但依其出资额或者持有的股份所享有的表决权已足以对股东会、股东大会的决议产生重大影响的股东。

释义：公司股东，按照股东持股的数量与影响力来分，可以分为控股股东与非控股股东。控股股东是相对于非控股股东而言的，又可以分为绝对控股股东与相对控股股东；其中，绝对控股股东拥有50%以上的有表决权的股份，能绝对保证对控股子公司的高管的任命和经营；相对控股股东拥有的股份不足50%，但仍能决定子公司的高管和经营，一般情况为不足50%股份的第一大股东，或受其他股东委托，合计具有最多投票权。由于控股股东与公司的密切联系，在实际操作中，控股股东应与股份有限公司实行人员、资产、财务、机构和业务分开，各自独立核算、独立承担责任和风险；不得越过股东大会、董事会任免股份有限公司的高级管理人员；不得直接或间接干预公司的决策及依法开展的生产经营活动，损害公司及其他股东的利益。

词条名称：**非控股股东**

英　　文：**non-controlling shareholder**

定义：非控股股东是除控股股东之外的其他股东的统称。

释义：非控股股东是相对于控股股东而言的。公司股东，按照股东持股的数量与影响力来分，可以分为控股股东与非控股股东。在企业中，除了控股股东外，其余股东统称为“非控股股东”。非控股股东不享有公司的控制权，但是拥有投票权、资产收益权、剩余财产分配权等基本权利。在实践中，通常将非控股股东视为中小投资者。如何避免控股股东谋取私利，保护中小投资者利益，一直是公司治理结构的重点。

词条名称：**隐名股东**

英　　文：**dormant shareholder**

定义：隐名股东是指出资人为了规避法律或出于其他原因，借用他人名义设立公司或以他人名义出资，并在公司章程、股东名册和工商登记中记载为其他投资者的股东。

释义：公司股东按照出资的实际情况与登记记载是否一致来分，可以分为隐名股东与显名股东。隐名股东可以是自然人，也可以是公司，可以是商人，也可以是非商人。隐名股东依隐名出资人与显名人之间的合同关系而产生，是在隐名股东合同中与显名股东相对应的实际出资方。隐名股东主要以货币出资，一般不以登记为产权转移形式要件的实物、权利、技术等出资。隐名股东出资后，财产权名义上先转移给显名股东，再以显名股东的名义投入公司。

词条名称：**显名股东**

英　　文：**significant shareholder**

定义：显名股东是指在公司隐名投资过程中，约定将隐名股东的出资以自己名义经营事业的一方当事人。

释义：公司股东按照出资的实际情况与登记记载是否一致来分，可以分为隐名股东与显名股东。显名股东又称为“挂名股东”、“名义股东”，其可以是自然人，也可以为公司；可以为单独的自然人，也可以为多个独立的自然人。显名股东在形式上具备了作为公司股东的所有条件，不仅在公司章程中、在公司的工商登记材料中，而且在股东名册中均反映为股东。一般情况下，显名股东不参与公司经营，公司的经营管理由实际出资人负责。

词条名称：**创始股东**

英　　文：**founding shareholder**

定义：创始股东又称“原始股东”，是指为组织、设立公司，签署设立协议，或者在公司章程上签字盖章，认缴出资，并对公司设立承担相应责任的人。

释义：创始股东是与一般股东相对应的概念。公司股东，按照获得股东资格时间和条件来分，可分为创始股东与一般股东。

词条名称：**一般股东**

英　　文：**ordinary shareholder**

定义：一般股东是指因出资、继承、接受赠与而取得公司出资或者股权，并因而享有股东权利、承担股东义务的人。

释义：一般股东是与创始股东相对应的概念。公司股东，按照获得股东资格时间和条件来分，可分为创始股东与一般股东。

（二）投资分类

词条名称：**中长投资**

英　　文：**medium and long-term investment**

定义：中长投资是指期限在一年以上的投资活动。

释义：根据投资期限的不同，投资行为可以分为中长投资和短期投资。由于项目周期较长，实体经济中的投资多为中长投资。在证券市场中，中长投资主要表现为持有标的证券的时间超过一年，目的在于分享中长期股息或利息收入的投资行为。中长投资的投资标的倾向于有稳定的股息或利息收入的证券。

词条名称：**短线投资**

英　　文：**short-term investment**

定义：短线投资是指期限在一年以内的投资活动。

释义：短线投资多指证券市场中的短期买卖行为，其目的是获取资本利得收益。短线投资风险较大，但有时收益丰厚。在股票市场中，短线投资体现为频繁地买入与卖出股票，主要追求低买高卖，在短期内获取超额收益。对于短线投资者，公司业绩好坏、市盈率高低并不重要，重要的是股价能在短期内大幅波动，从而获取买卖差价收益。投资于热点题材炒作的股票是短线投资的典型形式。

词条名称：**直接投资**

英　　文：**direct investment**

定义：直接投资是指投资者将货币资金或其他资本直接投入投资项目，形成实物资产，或者购买现有企业的投资。

释义：直接投资既包括对厂房、机械设备、交通工具、通讯、土地或土地使用权等各种有形资产的投资，也包括对专利、商标、咨询服务等无形资产的投资。直接投资是资金所有者和资金使用者的统一，是资产所有权和资产经营权的统一。通过直接投资，投资者可以获得全部或部分企业资产及其经营权。值得注意的是，投资者以控制目标企业为目的，在股票市场上买入目标企业股票的行为也视为直接投资行为。直接投资与间接投资同属于投资者对能带来预期收益的资产的购买行为，但二者有着实质性的区别：直接投资是资金所有者和资金使用者的合一，是资产所有权和资产经营权的统一运动，一般是生产事业，会形成实物资产；而间接投资是资金所有者和资金使用者的分解，是资产所有权和资产经营权的分离运动，投资者对企业资产及其经营没有直接的所有权和控制权，其目的只是为了取得其资本收益或保值。

词条名称：**间接投资**

英　　文：**indirect investment**

定义：间接投资是指投资者以其资本购买公司债券、金融债券或公司股票等有价证券，以获取一定收益的投资。

释义：与直接投资相比，间接投资的投资目的是获取资本利得或股息、利息收入，而不是控制目标企业、干涉目标企业的经营管理。间接投资的资本运用比较灵活，可以随时调用或转让，更换其他资产，谋求更大的收益。随着现代经济的发展，企业生产规模迅速扩大，仅靠一般的个别资本难以从事资本密集的投资，因而以购买证券及其交易为典型形式的间接投资受到关注。间接投资可以使社会小额闲散资金集合成为企业发展所需要的长期的较为稳定的巨额投资资金，是动员和再分配资金的重要渠道。

词条名称：**财务投资**

英　　文：**financial investment**

定义：财务投资是指通过投资取得经济回报，在适当的时候套现获利的投资方式。

释义：财务投资是相对于战略投资而言的。财务投资更注重短期获利，对企业的长期发展不太关心。财务投资者以风险投资基金、私募基金、投资银行等为主，一般不派驻董事，不直接参与公司的经营和管理，仅提供资金上的支持。

词条名称：**战略投资**

英　　文：**strategic investment**

定义：战略投资是指对企业未来产生长期影响的资本投入。

释义：战略投资的投资期限一般较长，在投资的同时会引入一些先进的管理经验，着眼于企业的长期发展。典型意义的战略性投资项目包括：新产品的研究与开发、新的生产技术或生产线的引进、新领域的开辟、兼并收购、资产重组、生产与营销能力的扩大等等。这类投资通常资金需求量大，回报周期长，并伴随较大的投资风险。因此，企业战略投资的风险投资特征非常明显。

词条名称：**产业投资**

英　　文：**industrial investment**

定义：产业投资是指一种对企业进行股权投资和提供经营管理服务的利益共享，风险共担的投资方式。

释义：产业投资是为企业提供股权投资，帮助企业实现股权和资产结构优化的投资行为。目前中国的产业投资主要有两类：一类是传统产业投资，其目标是风险较小、收益稳定的基础设施建设投资项目；另一类是创业投资，主要关注高风险、高回报的投资项目。产业投资机构要求参与管理，协助企业制定中长期发展战略及营销战略规划，评估企业销售和财务预测的合理性等。

词条名称：**私募投资**

英　　文：**private equity investment**

定义：私募投资是指向非公开的特定投资者募集资金并用以投资的行为。

释义：私募投资是相对于公募投资而言的。私募投资的资金主要来源于非公开的特定投资者，主要针对非上市公司进行股权投资。私募投资的期限一般较长，而且通常为目标企业引入管理、技术、市场等资源。私募资金多以私募股权基金的形式存在。中国的私募股权投资基金主要有四种形式：一是专门的独立投资基金；二是大型的多元化金融机构下设的投资基金；三是中外合资的私募股权投资基金；四是大型企业的投资基金。

词条名称：**公募投资**

英　　文：**public offering investment**

定义：公募投资是指向不特定的社会公众公开募集资金用以投资的行为。

释义：公募投资是相对于私募投资而言的。公募投资的资金主要来源于公开的非特定投资者，其资金存在形式主要包括证券投资基金、信托计划、银行理财产品、证券公司集合资产计划等。公募投资主要投资于证券市场，公募投资产品已经成为普通投资者的主要理财产品。

词条名称：**种子投资**

英　　文：**seed investment**

定义：种子投资是指在项目发展的种子期进行的投资。

定性叙述：创业企业一般要经过种子期、初创期、发展期、扩张期、成熟期等不同的成长阶段，每一阶段都有不同的资金需求。种子投资是指对企业种子期的投资，是创始人从朋友、亲属或风险投资家中所获取的首轮投资资金。种子期是指技术的酝酿与发明阶段，种子投资将会协助企业起步，直至企业盈利，或者为下一轮融资创造出某种产品或者企业价值。用于种子投资的资金被称为“种子资金”，该资金普遍用于企业的前期运作，如市场调研或者产品开发。虽然种子投资阶段的资金投入较少，但投资风险较大。由于商品还在试验阶段，其市场销售情况、赢利能力仍是未知数，因而种子投资的成功率较低，然而一旦成功，其回报十分可观。种子投资受到风险投资家的青睐。

词条名称：**天使投资**

英　　文：**angel investment**

定义：天使投资是投资者对原创项目构思或小型初创企业进行的一次性的前期投资。

释义：天使投资起源于19世纪时的美国纽约百老汇。当时投资戏剧风险很大，很多出资者是出于对艺术的支持，为纽约百老汇戏剧提供资金而不求获得超额的利润。因此，人们尊称这些人为“天使”。20世纪80年代，美国新罕布什尔大学的风险投资研究中心最早在学术方面正式运用“天使”来描述这种特定的投资人及投资方式，并为学术界所认可。目前，天使投资是权益资本投资的一种形式，是指富有的个人出资协助具有专门技术或独特概念的原创项目或小型初创企业，进行一次性的前期投资。天使投资是风险投资的一种形式，但与其他风险投资形式相比，天使投资有着鲜明的特征。天使投资者一般以个体形式存在，大多选择种子期或初创期的企业进行投资，投入资金多为自有资金。由于时间和精力的限制，天使投资很难向风险投资那样进行详尽、严格的尽职调查，他们对投资项目的选择更多的是根据自身的专业知识和经验，以及一般的市场趋势进行判断。此外，天使投资不仅向创业企业提供资金，往往还利用其经验和资源帮助创业企业获得成功，这也是保障其投资收益的方式之一。

词条名称：**风险投资**

英　　文：**venture capital，缩写 VC**

定义：风险投资是指职业金融家投入到新兴的，迅速发展的，具有巨大竞争潜力企业中的权益资本。

释义：风险投资是一种长期的、流动性低的权益资本，主要投资于高新技术产业，平均投资年限为5~7年，目的是获取高额收益。风险投资一般采取风险投资基金的方式运作，主要包括融资、投资、管理和退出四个阶段。在组织结构上，风险投资基金大多采取有限合伙制，风险投资公司作为普通合伙人管理该基金的投资运作，其他投资者则作为有限合伙人，各方共同分享风险投资基金的收益。创业企业一般要经过种子期、初创期、发展期、扩张期、成熟期等不同的成长阶段，每一阶段都有不同的资金需求，风险投资一般对种子期、初创期、发展期的企业进行投资。在风险投资中，风险投资家往往组成一个团队，对目标企业进行长时间的跟踪考察，花费大量精力进行详尽地价值评估和投资可行性分析，最终决定是否投资目标企业。投资目标企业后，风险投资家也会参与创业企业的管理，但参与的程度和介入的深度都不及天使投资人，风险投资家更多是为创业企业提供外在的增值服务。经过几年的投入与发展后，风险投资基金一般选择成熟期退出目标企业，退出方式主要包括上市、股份回购、破产清算等。

词条名称：**私募股权投资**

英　　文：**private equity，缩写 PE**

定义：私募股权投资是指利用私募基金对非上市企业进行的权益投资。

释义：私募股权投资的资金主要来源于特定的个人或机构投资者，资金主要投向已经形成一定规模、能够产生稳定现金流的成熟企业，这一点与风险投资有明显区别。私募股权投资的投资期限较长，属于中长期投资行为。与风险投资类似，私募股权投资大多采用有限合伙制，退出方式主要包括上市、售出、兼并收购、标的公司管理层回购等。在中国资本市场中，并购基金与夹层资本在私募股权投资中占据较大比例。

（三）投资目的

词条名称：**投资增值**

英　　文：**appreciation on investments**

定义：投资增值是指投资活动产生的收益。

释义：投资是指一定经济主体为了获取预期不确定的效益，而将现期的一定收入转化为资本或资产的行为。投资的目的是获得投资收益，实现投资增值。与投机盈利相比，投资增值强调收益来源于投资而非投机。投资注重证券内在价值的分析和评价，通常采用基本分析和财务估值模型计算证券的内在价值，进而做出买卖决策，其买卖差价收入即为投资增值部分。

词条名称：**投机盈利**

英　　文：**gains on speculation**

定义：投机盈利是指投机活动产生的收益。

释义：投机是指根据对市场的判断，把握机会，利用市场出现的价差进行买卖，并从中获得利润的交易行为。投机的目的是获取短期价差收益，即投机盈利。与投资者相比，投机者更关心市场的热点题材以及市场价格的变动，多采用技术分析法进行买卖决策。为了获得短期内的丰厚收益，投机者往往承担较大风险。由于投机的高风险性，投机盈利一般不稳定，波动性大。

词条名称：**收购控股**

英　　文：**acquisition and controlling**

定义：收购控股是指一个公司通过产权交易或其他方式取得另一公司的控制权，以实现一定经济目标的经济行为。

释义：收购是企业资本经营的一种形式，目标是获得被收购企业的资产或股权。控股是指掌握一定数量的公司股份，以控制公司的经营管理。控股可以分为绝对控股和相对控股。在现代企业竞争中，收购目标公司股权并获取其控制权已经成为收购活动的主要内容。收购人往往采用现金、证券、现金与证券相结合等合法方式支付收购价款，换取目标公司股权，进而获得对目标公司的控制权。

（四）投资收益

词条名称：**股利收入**

英　　文：**dividend income**

定义：股利收入是指股份公司分配给股东的利润。

释义：获取股利收入是投资者购买股票的重要原因之一，分红派息是股票投资者投资收益的重要来源。股利收入主要包括现金分红和红股两种形式。股份公司将盈余公积和当期应付利润以现金分红或送股的方式分配给股东，股东为此应支付所得税。股利分配方案一般由公司董事会提出，股东大会表决通过。只有在股权登记日当天收盘后登记在册的股东才可以领取当次发放的股利。

词条名称：**资本利得**

英　　文：**capital gains**

定义：资本利得是指股票持有者持股票到市场上进行交易，当股票的市场价格高于买入价格时卖出股票赚取的差价收益。

释义：资本利得是资本所得的一种，它是投资者出售资产所获取的收入扣除买入价格后的余额，主要是指买卖差价收入。资本利得所涉及的资产包括固定资产、有价证券、无形资产等。在证券市场中，资本利得是短线投资者最主要的收入来源。在资产未售出之前，即便可以看出资本增值，也只能视为未实现利得。许多国家对已实现的资本利得收益征收资本利得税，如澳大利亚、瑞典、美国等；为鼓励对本国市场的投资，一些国家对资本利得给予税收政策优惠。

词条名称：**利息收益**

英　　文：**interest revenue**

定义：利息收益是指投资者购买各种债券等有价证券的利息、出借资金获得的利息以及其他利息收入。

释义：利息是金融领域的基本概念之一。虽然关于利息的概念并没有统一的定论，但是学术界普遍认为利息收益是使用资金的成本。在现实社会中，利息收益主要来源于资金借贷、商业票据、债券发行等金融活动。利息收益的种类较多，主要包括存款利息、贷款利息、商业票据利息、债券利息等。对于固定利率产品，利息收益不受利率波动的影响；对于浮动利率产品，利息收益受利率波动的影响较大。

八、股票交易①

（一）股票发行

词条名称：**公开发行**

英　　文：**public offering**

定义：公开发行，又称“公募”，是指发行人通过中介机构向不特定的社会公众投资者广泛发售证券的发行方式。

释义：公开发行是证券发行中最常见、最基本的发行方式，适合于证券发行数量多、筹资额大、准备申请上市的发行人。在公开发行的情况下，所有合法的社会投资者都可以参加认购。公开发行的优点有：第一，以众多的投资者为发行对象，筹集资金潜力大；第二，公开发行投资者范围大，可避免证券过于集中或被少数人操纵；第三，只有公开发行的证券可申请在交易所上市，因此这种发行方式可增强证券的流动性，有利于提高发行人的社会信誉。公开发行的缺点是：由于涉及众多中小投资人的利益，监管当局对公募资金的使用方向、信息披露内容、风险防范要求都很高，因而公开发行的过程比较复杂，登记核准所需时间较长，发行费用也较高。

---

① 撰写：李明亮；审核：朱蕾；单位：海通证券研究所。

词条名称：非公开发行

英　　文：non-public offering

定义：非公开发行，又称“私募”，是指上市公司采用非公开方式，向特定对象发行股票的行为。

释义：公开发行与非公开发行是根据股票发行对象的不同而划分的两种发行方式。前者是向不特定的发行对象发出广泛的认购邀约，后者则只针对特定少数人进行股票发售。非公开发行的对象大致有两类：一类是公司的老股东或发行人的员工，另一类是投资基金、社会保险基金、保险公司、商业银行等金融机构以及与发行人有密切业务往来的企业等机构投资者。非公开发行的特点主要表现在两个方面：其一，募集对象的特定性，非公开发行的对象主要是拥有资金、技术、人才等方面优势的机构投资者及其他专业投资者，他们具有较强的自我保护能力，能够做出独立判断和投资决策；其二，发售方式的限制性，即一般不能公开地向不特定的一般投资者进行劝募，因而即使出现了违规行为，其对公众利益造成影响的程度和范围也受到了大大的限制。这两大特点使得非公开发行能够在许多国家获得发行审核豁免，既不贬损证券法的目的与功能，也减少了监管部门的审核负担，提高了经济效率。但非公开发行的投资者数量有限，证券流通性较差，且不利于提高发行人的社会信誉。

词条名称：询价

英　　文：inquiry

定义：询价是指企业发起人的股东与承销机构向股票市场投资者询问认同本企业股份的价格，并且投资者愿意同价同股来入股组建股份制社会公众公司的发行方式。

释义：“询价”的本质是先“询”企业发起股东自己的股份“价值多少”，后“询”愿意以此价格入股的投资者“认购多少股”。之所以主要向市场中的机构投资者询价，是因为他们拥有市场中的主要资金和专业的投资研究力量。首次公开发行股票的公司（简称“发行人”）及其保荐机构应通过向询价对象进行询价的方式确定股票发行价格。发行申请经中国证监会核准后，发行人应公告招股意向书和发行公告，开始进行推介和询价，并通过互联网向公众投资者进行推介。询价分为初步询价和累计投标询价两个阶段，发行人及其主承销商通过初步询价确定发行价格区间，在发行价格区间内通过累计投标询价确定发行价格。

词条名称：询价对象

英　　文：inquiry object

定义：询价对象是指符合《证券发行与承销管理办法》规定条件的证券投资基金公司、证券公司、信托投资公司、财务公司、保险机构投资者、合格境外机构投资者，以及中国证监会认可的其他机构投资者。

释义：询价对象应当符合下列条件：（1）依法设立，最近12个月未因重大违法违规行为被相关监管部门给予行政处罚、采取监管措施或受到刑事处罚；（2）依法可以进行股票投资；

(3) 信用记录良好，具有独立从事证券投资所必需的机构和人员；(4) 具有健全的内部风险评估和控制系统并能够有效执行，风险控制指标符合有关规定；(5) 按照《证券发行与承销管理办法》的规定被中国证券业协会从询价对象名单中去除的，自去除之日起已满 12 个月。

词条名称：**配售**

英　　文：**placement/ration**

定义：配售是指发行公司或中介机构在获得必要的批准后，向某些人士认购证券或把证券发售给他们的行为。

释义：很多证券产品都存在配售的过程，比较多的是股票配售和基金配售。股票配售，是指上市公司获得必要的批准后，向其现有股东提出配股建议，使现有股东可按其持有上市公司的股份比例认购配股股份的行为。配股是上市公司发行新股的方式之一。基金配售，是指新基金发行的时候，基民申购的基金份额超过了基金公司的预计规模，于是基金配售的比例为基民的申购总额与基金公司预计的发行规模的比值，而基民能申购到的份额为该比例乘以其申购的金额，其余未申购成功的金额退还给基民。

词条名称：**配售对象**

英　　文：**ration object**

定义：配售对象是指符合询价对象管理并属于《证券发行与承销管理办法》第二十六条规定的自营投资账户或证券投资基金等。

释义：《证券承销与管理办法》第二十六条规定，股票配售对象限于下列类别：(1) 经批准募集的证券投资基金；(2) 全国社会保障基金；(3) 证券公司证券自营账户；(4) 经批准设立的证券公司集合资产管理计划；(5) 信托投资公司证券自营账户；(6) 信托投资公司设立并已向相关监管部门履行报告程序的集合信托计划；(7) 财务公司证券自营账户；(8) 经批准的保险公司或者保险资产管理公司证券投资账户；(9) 合格境外机构投资者管理的证券投资账户；(10) 在相关监管部门备案的企业年金基金；(11) 主承销商自主推荐机构投资者管理的证券投资账户和自主推荐个人投资者的证券投资账户；(12) 经中国证监会认可的其他证券投资产品。

词条名称：**中签**

英　　文：**successfully apply**

定义：中签是指当申购新股的资金大大超出新上市公司计划募集的资金，需要通过随机的方式在所有有效申购的资金中分配股份时，申购单位申购成功的情形。

释义：沪市规定申购单位为 1000 股，每一账户申购数量不少于 1000 股，超过 1000 股的必须是 1000 股的整数倍；深市规定申购单位为 500 股，每一账户申购数量不少于 500 股，超过 500 股的必须是 500 股的整数倍。每一个有效申购单位对应一个申购配号，通过随机分配的方式决定中签的配号。

例证：在上海证券交易所上市的新股的发行价是 10 元，发行 1 亿股，则一共可以有10万个中签的申购单位，每个申购单位是$10\times1000=10000$元。

词条名称：**中签率**

英　　文：**allocation rate**

定义：中签率是指中签的申购单位（即股票发行股数）与参与申购的有效申购单位的比率。

公式：中签率=股票发行股数/有效申购股数×100%

词条名称：**累计投标询价**

英　　文：**accumulated bidding inquiry**

定义：累计投标询价是指如果投资者的有效申购总量大于本次股票发行量，但超额认购倍数小于5倍时，以询价下限为发行价；如果超额认购倍数大于5倍时，则从申购价格最高的有效申购开始逐笔向下累计计算，直至超额认购倍数首次超过5倍为止，以此时的价格为发行价。

释义：《证券发行与承销管理办法》第十四条规定："采用询价方式定价的，发行人和主承销商可以根据初步询价结果直接确定发行价格，也可以通过初步询价确定发行价格区间，在发行价格区间内通过累计投标询价确定发行价格。"累计投标询价分网上和网下两种。网上累计投标询价，是指利用证券交易所交易系统，在指定的时间内网上向社会公众投资者累计投标询价发行。由主承销商将公司发行股票总额输入其在证券交易所的股票发行专户中，并作为股票的唯一"卖方"，按网上累计投标询价结果最终确定的发行价格作为卖出价。参与网上申购的投资者采用足额预缴款的方式申购。网下累计投标询价，是指网下对战略投资者和证券投资基金累计投标询价申购。

词条名称：**网上发行**

英　　文：**online issuance**

定义：网上发行是指利用上海证券交易所或深圳证券交易所的交易网络，新股发行主承销商在证券交易所挂牌销售，投资者通过证券营业部交易系统申购的发行方式。

释义：网上发行主要有网上竞价发行、网上定价发行和网上定价市值配售等三种发行方式。网上竞价发行，在中国是指主承销商利用证券交易所的交易系统，以自己作为唯一的"卖方"，按照发行人确定的底价，将公开发行股票的数量输入其在交易所的股票发行专户，投资者作为"买方"，在指定时间通过交易所会员交易柜台以不低于发行底价的价格及限购数量进行竞价认购的一种发行方式。网上定价发行，是指主承销商利用证券交易所的交易系统，按已确定的发行价格向投资者发售股票的发行方式。它具有效率高、成本低、安全快捷等优点，中国目前广泛采用此种方式。网上定价市值配售，是指新股发行时，将一定比例的新股由网上公开发行改为向二级市场投资者配售，投资者根据其持有上市流通证券的市值和折算的申购限量，自愿申购新股。目前，中国规定市值配售只是网上定价发行的一部分，因而市值配售与网上定价发行应同时进行。

词条名称：**网下发行**

英　　文：**offline issuance**

定义：网下发行是指在股票交易系统以外，由机构投资者进行申购的发行方式。

释义：网上发行与网下发行的区别是：网上发行利用股票交易系统，面向社会公众，供普通投资者进行申购；而网下发行则不利用股票交易系统，面向机构投资者，供其进行申购。

词条名称：**网下配售**

英　　文：**offline placement**

定义：网下配售是指发行新股时，不公开发行，只对特定的机构投资者做定向的配售，机构投资者在股票交易系统以外购买新股的发行方式。

释义：《证券发行与承销管理办法》第二十五条规定，发行人及其主承销商应当向参与网下配售的询价对象配售股票。发行人及其主承销商向询价对象配售股票的数量原则上不低于本次公开发行新股及转让老股总量的 50%。

词条名称：**定价**

英　　文：**price fixing**

定义：定价是指为首次公开发行的股票确定发行价格的行为。

释义：《证券发行与承销管理办法》第五条规定，首次公开发行股票，可以通过向询价对象询价的方式确定股票发行价格，也可以通过发行人与主承销商自主协商直接定价等其他合法可行的方式确定发行价格。发行人应在发行公告中说明本次发行股票的定价方式。

词条名称：**路演**

英　　文：**roadshow**

定义：路演是指证券发行商发行证券前针对机构投资者的推介活动。

释义：路演是在投、融资双方充分交流的条件下促进股票成功发行的重要推介和宣传手段，其目的是促进投资者与股票发行人之间的沟通和交流，以保证股票的顺利发行。路演的主要形式是举行推介会。路演的目的是促进投资者与股票发行人之间的沟通和交流，以保证股票顺利发行。在海外股票市场，股票发行人和承销商要根据路演的情况来实现以下目的：（1）查明策略投资者的需求情况，由此决定发行量、发行价和发行时机，保证重点销售。（2）使策略投资者了解发行人的情况，做出价格判断；利用销售计划，形成投资者之间的竞争，最大限度地提高价格评估。（3）为发行人与策略投资者保持关系打下基础。

词条名称：**绿鞋机制**

英　　文：**green shoe option**

定义：绿鞋机制是超额配售选择权制度的俗称，是指承销商在股票上市之日起 30 天内，可以择机按同一发行价格比预定规模多发 15%（一般不超过 15%）的股份。

释义："绿鞋"由美国名为波士顿绿鞋制造公司 1963 年首次公开发行股票（IPO）时率先使用而得名，主要在市场气氛不佳、对发行结果不乐观或难以预料的情况下使用。其目的是防止新股发行上市后股价下跌至发行价或发行价以下，增强参与一级市场认购的投资者的信心，实现新股股价由一级市场向二级市场的平稳过渡。根据中国证监会2006年颁布的《证券发行与承销管理办法》第四十八条规定："首次公开发行股票数量在4亿股以上的，发行人及其主承销商可以在发行方案中采用超额配售选择权。"该机制可以稳定大盘股上市后的股价走势，防止股价大起大落。工行2006年上市时采用过"绿鞋机制"。

词条名称：**红鞋制度**

英　　文：**red shoe**

定义：红鞋制度是指只要投资者参与申购，每个账户均能得到一定数量新股的新股发行制度。

释义：红鞋制度是香港股市发行新股时实行的一种制度。其最重要的特点是只要投资者参与申购，每个账户就能得到一定数量的新股，这种发行制度是目前国际上的通行惯例，可以做到公平合理。红鞋制度能比较好地保护中小投资者的利益，同时对新股上市的投机炒作将起到一定的抑制作用。目前，A股市场按照资金量分配号码来确定中签率。

词条名称：**证券承销商**

英　　文：**securities underwriter**

定义：证券承销商是指与发行人签订证券承销协议，协助公开发行证券，藉此获取相应的承销费用的证券经营机构。

释义：证券承销商具有顾问、分销及保护等功能，可协助企业在发行市场筹募所需资金，扮演资金供给者与需求者间的桥梁。顾问功能，是指承销商可以利用其对证券市场的熟悉，为发行人提供证券市场准入的相关法规咨询，建议发行证券的种类和价格、时机，提供相关财务和管理咨询；分销功能，是指主承销商利用其在证券市场的广泛网络，通过分销商将证券售予投资者；保护功能，是指在证券发行过程中，承销商在法律法规的限制下，可以进行稳定价格的操作，保证证券市场的稳定。证券承销商包括主承销商和承销团其他成员。承销商的商誉和其为所承销证券所做的宣传对投资者的投资行为影响重大，因而各国都对承销商的行为有严格的法律约束。一般证券承销商不参与公开文件的制作，只是对其进行审查，但在中国证券发行中一般是由发行人委托承销商制作公开文件，因此，证券承销商是发行过程中的主导者。承销商处于可对发行人的状况予以保证的地位，一流的承销商承销证券时，其声誉即对其所承销的证券做了保证，而给投资者以信赖。因而要求证券承销商承担赔偿责任，不外乎在于尽可能使多数的关系人负赔偿责任而互相牵制，以达到有效防止公开文件虚假陈述的目的。

词条名称：**主承销商**

英　　文：**lead underwriter**

定义：主承销商是指在股票发行中独家承销或牵头组织承销团经销的

证券经营机构。

释义：主承销商是股票发行人聘请的最重要的中介机构，既是股票发行的主承销商，又是发行人的财务顾问，且往往还是发行人上市的推荐人；如果发行人向全球发行股票，这时的主承销商又是为发行人发行股票的全球协调人。主承销商在发行人发行股票和上市过程中主要有以下作用：（1）与发行人就有关发行方式、日期、发行价格、发行费用等进行磋商，达成一致；（2）编制向主管机构提供的有关文件；（3）组织承销团，筹划组织召开承销会议；（4）协助发行人申办有关法律方面的手续；（5）向认购人交付股票并清算价款；（6）包销未能售出的股票；（7）做好发行人的宣传工作和促进其股票在二级市场的流动性；（8）其他跟进服务，如协助发行人筹谋新的融资方式或融资渠道等。国际上，主承销商一般是由信誉卓著、实力雄厚的商人银行（英国）、投资银行（美国）及大的证券公司来担任。在中国，一般则由具有资格的证券公司或兼营证券的信托投资公司来担任。在中国，国家对承销业务的实施及承销资格的认定均有明确的规定，根据《证券经营机构股票承销业务管理办法》的规定，当拟公开发行或配售股票的面值总额超过人民币3000万元或预期销售总额超过人民币5000万元时，应当由承销团承销，承销团由2家以上证券经营机构组成，其中，牵头组织承销团的证券经营机构为主承销商。

词条名称：**副主承销商**

英　　文：**co-lead underwriter**

定义：副主承销商是指协助主承销商组织承销活动的承销商。

释义：当承销团由3家以上承销商组成时，可以设副主承销商，协助主承销商组织承销活动。

词条名称：**承销团**

英　　文：**underwriting syndicate**

定义：承销团是指由多家机构共同担任承销人的承销集团。

释义：对于一次发行量特别大的证券，例如国债或者大宗股票发行，一家承销机构往往不愿意单独承担发行风险，而通过组织一个承销集团，由多家机构共同担任承销人，可减少每一家承销机构单独承担的风险。《中华人民共和国证券法》第三十二条规定，向不特定对象发行的证券票面总值超过人民币5000万元的，应当由承销团承销。承销团应当由主承销和参与承销的证券公司组成。承销团中，除主承销商、副主承销商以外的证券经营机构称为“分销商”。主承销商由发行人按照公平竞争的原则，通过竞标或者协商的方式确定。主承销商与副主承销商、分销商之间，通过签订承销团协议，具体规定承销过程中相互间的权利和义务，包括各成员推销证券的数量和获得的报酬、承销团及其合同的终止期限等。

词条名称：**承销**

英　　文：**underwriting**

定义：承销是指发行人通过证券

市场筹集资金时，证券经营机构借助自己在证券市场上的信誉和营业网点，在规定的发行有效期限内为证券发行人销售证券的过程。

释义：从证券承销实践看，证券承销主要有以下四种方式：代销、助销、包销及承销团承销。代销，是指承销商代理发售证券，并在发售期结束后，将未出售的证券全部退还给发行人的承销方式。助销，是指承销商按承销合同规定，在约定的承销期满后，对剩余的证券出资买进（余额包销），或者按剩余部分的数额向发行人贷款，以保证发行人的筹资、用资计划顺利实现。《中华人民共和国证券法》将余额包销归入包销方式。包销，是指在证券发行时，承销商以自己的资金购买计划发行的全部或部分证券，然后再向公众出售，承销期满时未销出部分仍由承销商自己持有的一种承销方式。承销团承销，又称“联合承销”，是指两个以上的证券承销商共同接受发行人的委托向社会公开发售某一证券的承销方式。

词条名称：**包销**

英 文：**exclusive sales**

定义：包销是指证券公司将发行人的证券按照协议全部购入，或者在承销期结束时将售后剩余证券全部自行购入的承销方式。

释义：在实际操作中，包销有全额包销和余额包销之分。全额包销，是指发行人与承销机构签订承购合同，由承销机构按一定价格买下全部证券，并按合同规定的时间将价款一次付给发行公司，然后承销机构以略高的价格向社会公众出售；余额包销，是指发行人委托承销机构在约定期限内发行证券，到销售截止日，未售出的余额由承销商按协议价格认购。《中华人民共和国证券法》第二十八条规定，发行人向不特定对象发行的证券，法律、行政法规规定应当由证券公司承销的，发行人应当同证券公司签订承销协议。证券承销业务采取代销或者包销方式。证券包销与证券代销的区别是：第一，代销过程中，发行人与承销商之间建立的是一种委托代理关系；而包销过程中，发行人与承销商之间是一种证券买卖关系。第二，包销过程中，承销商承担全部发行风险。第三，与代销相比，发行人采用包销方式的成本更高。

词条名称：**保荐制**

英 文：**sponsor system**

定义：保荐制是指由保荐人（券商）对发行人发行证券进行推荐和辅导，并核实公司发行文件中所载资料是否真实、准确、完整，协助发行人建立严格的信息披露制度，承担风险防范责任，并在公司上市后的规定时间内继续协助发行人建立规范的法人治理结构，督促公司遵守上市规定，完成招股计划书中的承诺，同时对上市公司的信息披露负有连带责任的一种制度。

释义：中国证监会推出保荐制度的目的是从源头上提高上市公司的质量。根据中国证监会发布的《证券发行上市保荐业务管理办法》，证券发行上市保荐制度主要包括以下内容：（1）建立了保荐机构和保荐代表人的注册登记管理制度。公司证券发行上市不但需要有保荐机构进行保荐，还需具有保荐代表人资格的从业人员具体负责保荐工作，这样既明确了机构的责任，也将责任具体落实到了个人。（2）明确了保荐期限。保荐期间分为尽职推荐和持续督导两个阶段。（3）确立了保荐责任。保荐机构和保荐代表人在向中国证监会推荐企业发行上市前，要对发行人进行辅导和尽职调查；要保证或有充分理由确信向中国证监会提交的相关文件不存在虚假记载、误导性陈述或重大遗漏；要在推荐文件中对发行人的信息披露质量、发行人的独立性和持续经营能力等做出必要的承诺。保荐机构在持续督导阶段，要对上市公司履行规范运作、信守承诺、信息披露等义务的情况进行持续跟踪，及时揭示风险，督促纠正错误，并给予规范性指导。（4）采取了持续信用监管措施。除对保荐机构和保荐代表人的违法违规行为进行行政处罚和依法追究法律责任外，还将对违反《证券发行上市保荐业务管理办法》相关规定的保荐机构和保荐代表人采取监管措施，即根据情节轻重，在一定时间内不受理或不再受理其提出的推荐发行上市申请，严重的还要取消其从事保荐业务的资格。《证券发行上市保荐业务管理办法》还规定对有关机构和个人的不良信用表现记录在案并予以公布。

词条名称：**保荐机构**

英　　文：**sponsor agencies**

定义：保荐机构又称“保荐人”，是指已经在中国证监会取得保荐机构资格，在发行人首次公开发行股票并上市或者上市公司发行新股、可转换公司债券时，负责发行人证券发行的推荐和辅导，并承担持续督导责任的证券公司。

释义：《中华人民共和国证券法》第十一条规定，发行人申请公开发行股票、可转换为股票的公司债券，依法采取承销方式的，或者公开发行法律、行政法规规定实行保荐制度的其他证券的，应当聘请具有保荐资格的机构担任保荐人。保荐人应当遵守业务规则和行业规范，诚实守信，勤勉尽责，对发行人的申请文件和信息披露资料进行审慎核查，督导发行人规范运作。保荐机构依法对发行人申请文件、证券发行募集文件进行核查，向中国证监会、证券交易所出具保荐意见，并应当保证所出具的文件真实、准确、完整。

词条名称：**核准制**

英　　文：**approval system**

定义：核准制是指发行人申请发行证券，不仅要公开披露与发行证券有关的信息，符合《中华人民共和国公司法》和《中华人民共和国证券法》中规定的条件，而且要求发行人将发行申请报请证券监管部门决定的审核制度。

释义：核准制是政府主导型的发行监管制度。这种制度赋予监管当局决定权，其目的是禁止质量差的证券公开发行。中国目前的股票发行管理属于政府主导型，政府不仅管理股票发行实质性内容的审核，而且管理发行过程的实际操作。形式审核（注册制）与实质审核（核准制）的区分在于审核机关是否对公司的价值做出判断，是注册制与核准制的划分标准。

词条名称：**注册制**

英　　文：**registration system**

定义：注册制是指证券发行申请人依法将与证券发行有关的一切信息和资料公开，制成法律文件，送交主管机构审查，主管机构只负责审查发行申请人提供的信息和资料是否履行了信息披露义务的一种制度。

释义：注册制是市场主导型的发行监管制度。这种制度强调市场对股票发行的决定权。注册制最重要的特征是：证券发行审核机构只对注册文件进行形式审查，不进行实质判断。如果公开方式适当，证券管理机构不得以发行证券价格或其他条件非公平，或发行者提出的公司前景不尽合理等理由而拒绝注册。注册制的核心是只要证券发行人提供的材料不存在虚假、误导或者遗漏，即使该证券没有任何投资价值，证券主管机关也无权干涉。与核准制相比，注册制是形式审核，核准制是实质审核，二者的区分在于审核机关是否对公司的价值做出判断。在注册制下，发行人成本更低、上市效率更高、对社会资源耗费更少，资本市场可以快速实现资源配置功能。

词条名称：**存量发行**

英　　文：**secondary offerings**

定义：存量发行是指公司拟发行上市或公司上市后，公司老股东减持全部或部分股份、并向社会公开发行的发行方式。

释义：中国目前使用的增量发行方式，是新增一部分股份卖给投资者，对老股东约束作用小，加大了发行规模的随意性。存量发行是成熟市场常用的新股发行方式，它的特点是从原有的股东股份中分割出一部分向社会公开发行。股票市场上的存量发行，一是指股票首次公开发行（IPO）中的存量发行，二是指公司上市后的存量发行。存量发行的好处是可避免发行过多新股而造成募集资金过多，同时有助于增加新股上市首日股票供应量；坏处是存量发行卖掉股份所得的资金归股东个人所有，而不是归公司所有，会造成部分股东提前套现。

词条名称：**储架发行**

英　　文：**shelf offering**

定义：储架发行是指针对上市公司投资金额较大、时间跨度较长的项目，监管部门一次性审核其发行申请，然后由公司、承销商根据项目的实际需要，分次择机募集资金的发行方式。

释义：储架发行的优点有：（1）有利于提高监管审批效率，深化发行体制改革；（2）有利于解决过度融资问题，缓解二级市场压力；（3）有利于规范信息披露行为，保护投资者利益。

词条名称：**战略配售**

英　　文：**strategic placement**

定义：战略配售是指上市公司新发行股票时，向自己公司的战略投资者配售股份的行为。

释义：战略配售是给机构投资者申购的，根据申购资金大小来配售股票。战略配售主要是为了让一些有实力的大型长期投资者在上市前期先持有股份，一方面减少公司股票被投机炒作的风险，加强市场对此公司的信心；另一方面也存在广告效应。《证券发行与承销管理办法》第二十三条规定："首次公开发行股票数量在4亿股以上的，可以向战略投资者配售股票。发行人应当与战略投资者事先签署配售协议，并报中国证监会备案。"第二十四条规定："战略投资者不得参与首次公开发行股票的初步询价和累计投标询价，并应当承诺获得本次配售的股票持有期限不少于12个月，持有期自本次公开发行的股票上市之日起计算。"

词条名称：**承销商自主配售**

英　　文：**underwriter's independent placement**

定义：承销商自主配售是指由承销商根据一定的配售原则，对大部分股票进行自主配售的行为。

释义：发行人和主承销商自主选择投资者进行股票配售是国际市场的通行做法。这样承销商必须兼顾发行人和投资人双方的利益，可以为发行人提供相比较而言长期的、高素质的股东群体。赋予主承销商一定的自主配售权，其优点有：（1）可以给予那些真正看好发行人发展前景、愿意长期持有公司股票的投资者以更多的股票，使得获配结果可以更充分地反映投资者意愿和需求，减少股票上市后的股价波动；（2）可以强化主承销商与投资者的合作，形成长期共存的伙伴关系，有助于主承销商逐步建立、培养起自己的销售网络和销售客户群体；（3）可以逐渐改变目前主承销商在发行过程中的角色定位，由目前倾向于发行人利益逐步转变到兼顾发行人和投资者双方利益，在发行人和投资者的利益博弈中起到平衡的作用，真正发挥中介功能，从而使新股定价更趋合理。从长期趋势来看，赋予主承销商配售权是市场发展的方向。

词条名称：**预披露制度**

英　　文：**pre-disclosure system**

定义：预披露制度是指发行人申请首次公开发行股票时，按照《中华人民共和国证券法》的规定，向国务院证券监督管理机构报送有关申请文件，并在其受理后，将有关申请文件向社会公众披露，而不必等到国务院证券监督管理机构对发行文件审核完毕、做出核准发行的决定后再进行披露的制度。

释义：《中华人民共和国证券法》第二十一条规定："发行人申请首次公开发行股票的，在提交申请文件后，应当按照国务院证券监督管理机构的规定预先披露有关申请文件。"预披露制度的好处是：（1）可以便于公众对发行审核工作进行监督，可以比较有效地避免发行审核中可能出现的有关问题；（2）社会公众可以对发行申请人文件中的问题进行举报，使核准机构能够提前了解、调查有关情况，有利于缩短审核时间，提高发行审核的效率；（3）提前披露发行文件，可以使社会公众提前了解发行文件的内容，有助于其进行投资决策。

词条名称：**投资价值研究报告**

英　　文：**investment value study report**

定义：投资价值研究报告是指由承销商的研究人员在遵守其证券公司内部控制制度的前提下，独立撰写的对发行人股票的合理投资价值进行预测的研究报告。

释义：投资价值研究报告的质量直接影响着机构投资者的报价决策，从而影响各方利益体的利益。《证券发行与承销管理办法》规定：主承销商应当在询价时向询价对象提供投资价值研究报告，发行人、主承销商和询价对象不得以任何形式公开披露投资价值研究报告的内容，投资价值研究报告应当由承销商的研究人员独立撰写并署名，承销商不得提供承销团以外的机构撰写的投资价值研究报告。出具投资价值研究报告的承销商应当建立完善的投资价值研究报告质量控制制度，撰写投资价值研究报告的人员应当遵守证券公司内部控制制度。撰写投资价值研究报告应当遵守下列要求：（1）独立、审慎、客观；（2）引用的资料真实、准确、完整、权威并须注明来源；（3）对发行人所在行业的评估具有一致性和连贯性；（4）无虚假记载、误导性陈述或者重大遗漏。

词条名称：**新股定价报告**

英　　文：**IPO pricing report**

定义：新股定价报告是指对新股定价进行预测，在现有市场环境基本保持不变情况下，给出合理价格区间的报告。

释义：新股定价报告通过对发行人公司概况、竞争优势、行业前景、财务状况、赢利能力和各种风险进行分析，从而对新股定价进行价格区间预测。

词条名称：**招股说明书**

英　　文：**prospectus**

定义：招股说明书是指发行人发行股票时，就发行中的有关事项向公众做出披露，并向非特定投资人提出购买或销售其股票的要约邀请性文件。

释义：公司首次公开发行股票必须制作招股说明书。发行人应当按照中国证监会的有关规定编制和披露招股说明书。招股说明书的内容与格式准则是信息披露的最低要求，不论准则是否有明确规定，凡是对投资者做出投资决策有重大影响的信息，均应当予以披露。招股说明书是发行人向中国证监会申请公开发行申报材料的必备部分。招股说明书必须对法律、法规、规章、上市规则要求的各项内容进行披露。招股说明书由发行人在保荐机构及其他中介机构的辅助下完成，由公司董事会表决通过。审核通过的招股说明书应当依法向社会公众披露。

招股说明书经政府有关部门批准后，即具有法律效力。公司发行股份和发起人、社会公众认购股份的一切行为，除应遵守国家有关规定外，都要遵守招股说明书中的有关规定，违反者，要承担相应的责任。

（1）招股说明书备注。招股说明书的法定内容公司通过后，根据《中华人民共和国公司法》的规定，招股说明书应当附有发起人制定的公司章程，并载明下列事项：①发起人认购股份数；②每股的票面金额发行价格；③无记名股票的发行总数；④认购人的权利、义务；⑤本次募股的起止期限及逾期未募足时认股人可撤回所认股份的说明。

（2）招股说明书的形式。一般来说，招股说明书应采用书面形式，其格式由发起人自行确定。

（3）招股说明书的拟订。招股说明书由发起人拟订，经所有发起人认可同意后提交政府授权部门审批。

（4）招股说明书的审批。招股说明书的审批一般由政府授权部门进行。目前，中国只允许在深圳证券交易所、上海证券交易所两市股票上市，上述两市设立股份有限公司的招股说明书由体改办、人民银行分行审批。其他地区具备上市交易条件的公司，只能到深圳、上海的证券交易所上市，其招股说明书由国务院股票上市办公会议审批。

（二）认购方式

词条名称：**申购**

英　　文：**subscription for the new shares**

定义：申购是指投资者认购上市公司为筹集资金而发行的新股的行为。

释义：申购是为获取股票一级市场、二级市场间风险极低的差价收益，不参与二级市场炒作，不仅本金非常安全，收益也相对稳定，是稳健投资者理想投资选择。新股申购是股市中风险最低而收益稳定的投资方式。新股申购业务适合于对资金流动性有一定要求以及有一定风险承受能力的投资者，如二级市场投资者、银行理财类投资者以及有闲置资金的大企业、大公司。新股申购的程序是：（1）申购当日（T+0），投资者申购。（2）申购日后的第一天（T+1），证交所将申购资金冻结在申购专户中。（3）（T+2），证交所配合承销商和会计师事务所对申购资金验资，根据到位资金进行连续配号，并通过卫星网络公布中签率。（4）（T+3），主承销商摇号，公布中签结果。（5）（T+4），对未中签部分的申购款解冻。

词条名称：**定价配购**

英　　文：**subscription for the pricing placement**

定义：定价配购是指公司配股时，为顺利融资，以低于市价的价格为新股定价发行，老股东以配购价认购股票的行为。

释义：配购数额的计算：投资者每持有上海证券交易所上市流通的证券市值1万元限配1000股沪市新股；每持有深圳证券交易所上市流通的证券市值1万元限配1000股深市新股，两市配购权分别计算，不能互通。

配购方式与普通申购完全相同。但

需注意：同一新股采用不同发行方式即使用不同的申购代码，如沪市新股上网发行部分的申购代码为730×××，配售部分的申购代码为737×××；深市新股上网发行部分的申购代码为0×××，配售部分的申购代码为8×××。每一股票账户可同时用两种方式申购新股，但总和不得超过规定的最高申购量。配购申购一经委托不得撤单，而且每一账户只能申购一次，重复申购无效。

例证：只持有1万元深市股票，而沪市不足1万元，则无权配购沪市股票。凡投资者持有的上市流通证券市值不足1万元的部分不赋予配购权。

词条名称：**配股认购**

英　　文：**subscription for the placement**

定义：配股认购是指上市公司根据发展需要，依据有关规定和相应程序，向原股东进一步发行新股筹集资金，股东追加投资认购新股的行为。

释义：按照惯例，公司配股时，新股的认购权按照原有股权比例在原股东之间分配，即原股东拥有优先认购权。配股不建立在盈利的基础上，只要股东愿意，即使上市公司的经营发生亏损也可以配股。通过股东追加投资，股份公司得到资金以充实资本。配股后虽然股东持有的股票增多了，但它不是公司给股民投资的回报，而是追加投资后的一种凭证。配售的股票限于普通股，配售的对象为股权登记日登记在册的公司全体股东。配股一般采取网上定价发行的方式，配股价格的确定是在一定的价格区间内，由主承销商和发行人协商确定。

词条名称：**公增认购**

英　　文：**subscription for the public offering**

定义：公增认购，简称“增发”，是指投资者认购上市公司公开增发的股票。

释义：公增认购，又称“公开增发”，是指上市公司向不特定对象公开募集股份。公开增发使得原有股东的股权比例下降，起到股份稀释的效果。《上市公司证券发行管理办法》第十三条规定：“发行价格应不低于公告招股意向书前二十个交易日公司股票均价或前一个交易日的均价。”

词条名称：**非公认购**

英　　文：**subscription for the non-public offering**

定义：非公认购是指投资者认购上市公司向特定对象非公开发行的新股的行为。

释义：非公认购，又称“非公开增发”、“定向增发”，是指上市公司向特定对象非公开发行新股的行为，即投资者认购定向增发的股票。《上市公司发行管理办法》第三十七条规定：“非公开发行股票的特定对象应当符合下列规定：（一）特定对象符合股东大会决议规定的条件；（二）发行对象不超过十名。发行对象为境外战略投资者的，应当经国务院相关部门事先批准。”第三十八条规定：“上市公司非公开发行股票，应当符合下列规定：

（一）发行价格不低于定价基准日前二十个交易日公司股票均价的百分之九十；（二）本次发行的股份自发行结束之日起，十二个月内不得转让；控股股东、实际控制人及其控制的企业认购的股份，三十六个月内不得转让。”

（三）交易方式

词条名称：**集中竞价**

英　　文：**concentrated bidding**

定义：集中竞价是指两个以上的买方和两个以上的卖方通过公开竞价形式来确定证券买卖价格的情形。

释义：在集中竞价形式下，既有买者之间的竞争，也有卖者之间的竞争，买卖各方都有比较多的人员。集中竞价时，当买者一方中的人员提出的最高价和卖者一方的人员提出的最低价相一致时，证券的交易价格就已确定，其买卖就可成交。集中竞价交易是证券交易所内进行证券买卖的一种交易方式，目前中国上海证券交易所、深圳证券交易所均采用这一交易方式。集中竞价包括集合竞价和连续竞价两种形式。集合竞价，是指对一段时间内接受的买卖申报一次性集中撮合的竞价方式；连续竞价，是指对买卖申报逐笔连续撮合的竞价方式。每个交易日9:15—9:25为集合竞价时间，9:30—11:30、13:30—15:00为连续竞价时间。

词条名称：**集合竞价**

英　　文：**call auction**

定义：集合竞价是指对一段时间内接受的买卖申报一次性集中撮合的竞价方式。

释义：在每个交易日上午9:15—9:25，由投资者按照自己所能接受的心理价格自由地进行买卖申报，电脑交易主机系统对全部有效委托进行一次集中撮合处理过程。在集合竞价时间内的有效委托报单未成交，则自动有效进入9:30开始的连续竞价。集合竞价时，成交价格的确定原则为：（1）成交量最大的价位；（2）高于成交价格的买进申报与低于成交价格的卖出申报全部成交；（3）与成交价格相同的买方或卖方至少有一方全部成交。两个以上价位符合上述条件的，上海证券交易所取其中间价为成交价，深圳证券交易所取距前收盘价最近的价位为成交价。集合竞价的所有交易以同一价格成交。证券的开盘价通过集合竞价方式产生，不能产生开盘价的，以连续竞价方式产生。按集合竞价产生开盘价后，未成交的买卖申报仍然有效，并按原申报顺序自动进入连续竞价。

词条名称：**连续竞价**

英　　文：**continuous auction**

定义：连续竞价是指对申报的每一笔买卖委托，由电脑交易系统按照以下两种情况产生成交价：最高买进申报与最低卖出申报相同，则该价格即为成交价格；买入申报高于卖出申报时，或卖出申报低于买入申报时，申报在先的价格即为成交价格。

释义：在上海证券交易所每个交易日上午9:30～11:30、下午13:00～15:00，深圳证券交易所每个交易日上午9:30～11:30、下午13:00～14:57为连续竞价时间。连续竞价的操作方法为：（1）将买单和卖单分别排队，买单以价格从高到低排列，同价的，按进入系统的先后排列；卖单以价格从低到高排列，同价的，按进入系统的先后排列。（2）系统根据竞价规则自动确定集合竞价的成交价，所有成交均以此价格成交；集合竞价的成交价确定原则是：以此价格成交，能够得到最大成交量。（3）系统按顺序将排在前面的买单与卖单配对成交，即按“价格优先，同等价格下时间优先”的顺序依次成交，直到不能成交为止，未成交的委托排队等待成交。所有超过限价（即涨跌停限制范围）的买单和卖单均为无效委托。

词条名称：**协议转让**

英　　文：**negotiated transition**

定义：协议转让是指当事人之间以协议方式有偿转让或受让上市公司的国家股或法人股的行为。

释义：中国上市公司股票协议转让是指当事人之间以协议方式有偿转让或受让上市公司的国家股或法人股。这里的当事人可以是地方政府，也可以是上市公司或非上市公司，但不包括自然人。

词条名称：**大宗交易**

英　　文：**block trading**

定义：大宗交易是指达到规定的最低限额的证券单笔买卖申报，买卖双方经过协议达成一致并经交易所确定成交的证券交易。

释义：大宗交易的交易规模，包括交易的数量和金额都非常大，远远超过市场的平均交易规模。《上海证券交易所交易规则》、《深圳证券交易所交易规则》分别对大宗交易做出了明确界定，而且各不相同。按照规定，证券交易所可以根据市场情况调整大宗交易的最低限额。大宗交易在交易所正常交易日限定时间进行，有价格涨跌幅限制证券的大宗交易成交价格，由买卖双方在该证券当日涨跌幅限制价格范围内确定，无价格涨跌幅限制证券的大宗交易成交价格，由买卖双方在前收盘价的上下30%或当日已成交的最高、最低价之间自行协商确定，并经证券交易所确认后成交。大宗交易不纳入即时行情和指数的计算，成交量在收盘后计入该证券的成交总量。

词条名称：**公司收购**

英　　文：**takeover**

定义：公司收购是指收购方向目标公司的股东购买股份，进而获取目标公司的全部或部分股份，取得对目标公司控制权的行为。

释义：公司收购主要涉及公司股权结构的调整，其目标大多指向公司控制权变动，交易的结果是控制人变化。公司收购，按购并双方的行业关联性，可分为纵向收购和横向收购；按目标公司董事会是否抵制，可分为善意收购和敌意收购；按支付方式，可分为用现金购买资产、用现金购买股票、用股票购买资产、用股票交换股票、用资产收购股份或资产等；按持股对象是否确定，可分为要约收购和协议收购。

词条名称：**反向收购**

英　　文：**reverse merger**

定义：反向收购，又称“买壳上市”，是指非上市公司股东通过收购一家壳公司（上市公司）的股份控制该公司，再由该公司反向收购非上市公司的资产和业务，使之成为上市公司的子公司的行为。

释义：一个典型的买壳上市由两个交易步骤组成：第一步，买壳交易，非上市公司股东以收购上市公司股份的形式，绝对或相对地控制一家已经上市的股份公司；第二步，资产转让交易，上市公司收购非上市公司而控制非上市公司的资产及营运。在美国资本市场，上市可分首次公开发行（IPO）上市和间接上市（反向收购）两种。

与首次公开发行上市相比，反向收购有以下优点：（1）上市操作时间短。办理反向收购大约需要3~9个月的时间，收购仍有股票交易的壳公司需要3个月，收购已停止股票交易的壳公司至恢复其股票市场交易需6~9个月，而做首次公开发行上市一般所需时间为1年。（2）上市成功有保障。首次公开发行上市有时会因承销商认为市场环境不利而导致上市推迟，或由于上市价格太低而被迫放弃，而前期上市费用如律师费、会计师费、印刷费等也将付之东流。反向收购上市在运作过程中不受外界因素的影响，不需承销商的介入，只要找到合适的壳公司即可，相对而言，成功上市有保障。（3）上市费用低。反向收购的费用要低于首次公开发行上市的费用。首次公开发行上市费用一般为75万~100万美金，另加约8%的承销商佣金。反向收购费用一般为50万~70万美金，视壳公司的种类不同而定。

反向收购上市和首次公开发行上市的不同在于：（1）首次公开发行一般先由承销商组成承销团；而反向收购则要聘请金融公关公司和做市商共同运作，以推动股价上涨，进而二次融资。（2）首次公开发行一旦完成，公司可立即实现融资；而反向收购要待收购成功后，即公司成为上市公司后，通过有效运作推动股价，然后才能以公募或私募形式增发新股或配股，进行二次融资。承销商在公司二次发行融资时才开始介入。一般二次发行或私募的融资金额在200万~2000万美元之间。

词条名称：**竞价收购**

英　　文：**bidding acquisition**

定义：竞价收购是指在证券交易所通过集中竞价的方式完成的收购。

释义：竞价收购具有以下特点：（1）集中竞价收购以现金为支付方式，所以为了获得足够比例的股票，收购方必须准备足够的现金。（2）一般在现金出价过程中，会有很大一部分目标公司的股票为风险套利者所购买，如何利用风险套利者手中所囤积的股票，是决定敌意收购者出价成功与否的关键之所在。（3）以现金出价会使收购方支付很大的收购成本，尤其是规模较大的收购交易。

减少收购成本的办法有两个：一个是双层出价，另一个是通过发行高收益债券来融资。所谓双层出价，是指在第一阶段，收购方先以现金出价来收购，使其达到或超过控制权比例部分的股票；在第二阶段，利用非现金出价来收购剩余部分的股票。在第二阶段，收购方由于已取得对目标公司的有效控制权，所以无须担心竞争性出价或遭到目标公司管理层的抵抗。此外，通过双层出价，可以使目标公司股东尽早履行承诺，出让其手中持有的股票。

词条名称：**要约收购**

英　　文：**tender offer**

定义：要约收购是指收购人为了取得上市公司的控股权，向所有的股票持有人发出购买该上市公司股份的收购要约，收购该上市公司股份的行为。

释义：要约收购是公司收购的一种形式，按持股对象是否确定，公司收购可分为要约收购与协议收购。收购人通过证券交易所的证券交易持有一个上市公司的股份达到该公司已发行股份的 30% 时，继续增持股份的，应当采取要约方式进行，发出全面要约或部分要约。除要约方式外，投资者不得在证券交易所外公开求购上市公司的股份。收购人以要约方式收购一个上市公司股份的，其预定收购的股份比例均不得低于该上市公司已发行股份的 5% 。收购要约要写明收购价格、数量及要约期间等收购条件。

词条名称：**协议收购**

英　　文：**negotiated acquisition**

定义：协议收购是指由收购人与上市公司特定的股票持有人就收购该公司股票的条件、价格、期限等有关事项达成协议，由公司股票的持有人向收购者转让股票，收购人支付资金，达到收购目的的行为。

释义：协议收购是公司收购的一种形式。上市公司的协议收购，一般是投资者在证券交易场所外与目标公司的股东（主要是持股比例较高的大股东）就股票价格、数量等方面进行私下协商（相对公开市场而言，而非黑市交易），购买目标公司的股票，以期达到对目标公司的控股或兼并目的。协议收购采取协议方式收购上市公司的，收购人可以依照法律、行政法规的规定与被收购公司的股东协议转让股份。收购协议达成后，收购人必须在 3 日内将该收购协议向国务院证券监督管理机构及证券交易所做出书面报告，并予公告。在公告前不得履行收购协议。协议收购的双方可以临时委托证券登记结算机构保管协议转让的股票，并将资金存放于指定的银行。采取协议收购方式的，收购人收购或者通过协议、其他安排与他人共同收购一个上市公司已发行的股份达到 30% 时，继续进行收购的，应当向该上市公司所有股东发出收购上市公司全部或者部分股份的要约。但是，经国务院证券监督管理机构免除发出要约的除外。收购人依照上述规定以要约方式收购上市公司股份，应当遵守《中华人民共和国证券法》第八十九条至第九十三条有关要约收购的规定。

股票交易

词条名称：**股份回购**

英　　文：**share repurchase**

定义：股份回购是指公司按一定的程序购回发行或流通在外的本公司股份的行为。

释义：股票大量被公司购回，其结果是在外流通的股份数量减少，假设回购不影响公司的收益，那么剩余股票的每股收益率会上升，使每股的市价也随之增加。目标公司如果提出以比收购者价格更高的出价来收购其股票，则收购者也不得不提高其收购价格，这样收购计划就需要更多的资金来支持，导致收购难度增加。

国外对股份回购做了普遍的规定，特别是在成熟资本市场中，股份回购已经成为一项重要的金融活动。《中华人民共和国公司法》、《股票发行与交易管理暂行条例》等法律法规对相关的内容做了一定规定，但实践中还很少实施。较为典型的实践出现在上市公司减持国有法人股中，如1994年陆家嘴就开始回购国有股；1999年底，申能股份又成为国有股回购企业；之后，云天化、冰箱压缩、长春高新等也相继以国有股回购方式实施减持。这样做的反收购效果主要表现在两个方面：一方面，减少在外流通的股份，增加买方收购到足额股份的难度；另一方面，则可提高股价，增大收购成本。此外，回购股份也可增强目标公司或其董事、监事的说话权。股份回购也有可能产生另一种结果，即股份回购可能导致收购梦碎，炒作收购概念的投资者因此而失望，由此引发股价回落。回购股份在实战中往往作为辅助战术来实施。如果单纯通过股份回购来达到反收购的效果，往往会使目标公司库存股票过多，一方面不利于公司筹资，另一方面也会影响公司资金的流动性。目标公司财务状况是制约这一手段的最大因素。死亡换股就是目标公司发行公司债券、特别股或其组合以回收其股票，这同样起到减少在外流通股份和提升股票价格的作用。

词条名称：**全面要约**

英　　文：**comprehensive offer**

定义：全面要约是指收购人向被收购公司所有股东发出收购其所持有的全部股份的要约。

释义：投资者自愿选择以要约方式收购上市公司股份，可以采取全面要约或部分要约的方式。《上市公司收购管理办法》第四十三条规定，以终止被收购公司上市地位为目的的，收购人应当按照收购要约约定的条件购买被收购公司股东预售的全部股份；未取得中国证监会豁免而发出全面要约的收购人应当购买被收购公司股东预售的全部股份。

词条名称：**部分要约**

英　　文：**partial offer**

定义：部分要约是指收购人向被收购公司所有股东发出收购其所持有的部分股份的要约。

释义：投资者自愿选择以要约方式收购上市公司股份，可以采取全面要约或部分要约的方式。部分要约收购和全面要约收购都要向目标公司的全体股东发出要约，但前者收购者计划收购的是占目标公司股份总数一定比例的股份。在受要约人承诺售出的股份数量超过收购人计划购买数量时，收购者对受要约人的应约股份必须按比例接纳；后者中收购者计划收购的是目标公司的全部股份，收购者可以自愿进行全面要约收购，也可能因收购目标公司股份达到一定比例而有义务做出全面收购的要约。

词条名称：**要约豁免**

英　　文：**offer immunity**

定义：要约豁免是指收购人在实施可触发法定要约收购的增持行为时，依法免除发出收购要约义务的行为。

释义：《上市公司收购管理办法》第二十四条规定，通过证券交易所的证券交易，收购人持有一个上市公司的股份达到该公司已发行股份的30%时，继续增持股份的，应当采取要约方式进行，发出全面要约或者部分要约。而符合《上市公司收购管理办法》第六十二条、第六十三条规定情形的，投资者及其一致行动人可以向中国证监会申请要约豁免。

词条名称：**融资**

英　　文：**financing**

定义：融资是指客户向取得融资融券业务资格的证券公司提供担保物，借入资金购买证券，且到期偿还本息的行为。

释义：为了控制信用风险，证券公司与投资者约定的融资、融券期限最长不得超过6个月。

词条名称：**融券**

英　　文：**securities loan**

定义：融券是指客户向取得融资融券业务资格的证券公司提供担保物，借入证券以卖出，到期返还相同种类和数量的证券并支付利息的行为。

释义：为了控制信用风险，证券公司与投资者约定的融资、融券期限最长不得超过6个月。融资融券的特点主要有：（1）杠杆性。普通的股票交易必须支付全额价格，但融资融券只需缴纳一定的保证金即可交易，投资者通过向证券公司融资融券，可以扩大交易筹码，利用较少资本来获取较大的利润。（2）资金疏通性。融资融券引导着资金在货币市场和资本市场有序流动，提高了证券市场的效率，是货币市场和资本市场之间重要的资金通道，具有资金疏通性。（3）做空机制。普通的股票交易必须先买后卖，当股票价格上涨时很容易获利，但是当股票价格下跌时，或者割肉止损，等待价格重新上涨。引入融资融券制度后，投资者可以先借入股票卖出，等股价真的下跌后再买回归还给证券公司，这意味着股价下跌时也能获利，改变了单边市场状况。

词条名称：**证券金融公司**

英　　文：**securities finance company**

定义：证券金融公司是指为证券公司提供短期融资融券和流动性支持的专业化金融公司。

释义：证券金融公司自股票市场或银行取得证券或资金，再将这些证

股票交易

券和资金提供给需要融资或融券的证券公司，以供证券公司开展融资融券业务。证券金融公司是处于资本市场和货币市场两个市场间的中介，一方面可以通过向证券公司融出资金的方式，推动证券公司健康发展，从而推动资本市场发展；另一方面可以通过向银行融入资金的方式，为银行提供新的业务渠道，从而推动货币市场发展。

词条名称：**转融通**

英　　文：**refinancing**

定义：转融通是指证券金融公司将自有或者依法筹集的资金和证券出借给证券公司，以供其办理融资融券业务的经营活动。

释义：转融通是为证券公司开展融资融券业务，而资金和证券不足时提供资金和证券来源的一种安排。所谓“转”，指证券公司借到资金和证券后再“转”借给客户。从证券金融公司角度看，向证券公司提供资金和证券供其开展融资融券业务，便称为“转融通业务”。转融通包括转融券业务和转融资业务两部分。转融资业务，是指中国证券金融股份有限公司将自有或者依法筹集的资金出借给证券公司，供其办理融资业务的经营活动；转融券业务，是指中国证券金融股份有限公司将自有或者融入的证券出借给证券公司，供其办理融券业务的经营活动。与转融资相比，转融券业务的制度安排和实施方案的设计更为复杂。证券金融公司通过转融通业务平台向证券公司集中提供资金和证券转融通服务。根据规则，转融通累计期限最长不得超过6个月，证券金融公司根据征信情况对券商设置不同档次的保证金比例要求，最高为50%，最低为20%。

词条名称：**沪港股票交易互联互通机制（沪港通）**①

英　　文：**Shanghai – Hong Kong stock connect**

定义：沪港股票交易互联互通机制简称沪港通，指上海证券交易所和香港联合交易所有限公司建立技术连接、使内地和香港投资者可以通过当地证券公司或经纪商买卖规定范围内的对方交易所上市的股票。

释义：沪港通包括沪股通和港股通两部分。沪股通，是指香港投资者委托香港经纪商，经由香港联合交易所设立的证券交易服务公司，向上海证券交易所进行申报，买卖规定范围内的上海证券交易所上市的股票；港股通，是指内地投资者委托内地证券公司，经由上海证券交易所设立的证券交易服务公司，向香港联合交易所进行申报，买卖规定范围内的香港联合交易所上市的股票。沪港通遵循两地市场现行的交易结算法律法规，相关交易结算活动遵守交易结算发生地的监管规定及业务规则，上市公司遵守上市地的监管规定及业务规则，证券公司或经纪商遵守所在国家或地区

① 撰写：杨帅，单位：海通证券股份有限公司；审核：康伟刚，单位：中国证券监督管理委员会。

监管机构的监管规定及业务规则。投资者通过沪港通买卖股票，均以人民币与证券公司或经纪商进行交收。2014年11月17日，沪港通正式启动。

（四）交易程序

词条名称：**证券营业部**

英　　文：**securities business department**

定义：证券营业部是指为投资者提供开立股东账户、资金账户、办理各种委托方式、银证联网、查询、交割单打印、对账单打印、证券的红冲蓝补、资金的红冲蓝补的证券经营机构全资附属的非法人机构。

释义：《关于进一步规范证券营业网点的规定》对证券营业部的设立条件进行了规定。符合条件可在全国设点的证券公司，一次申请设立证券营业部不得超过5家；符合条件可在区域内设点的证券公司，一次申请设立证券营业部不得超过2家。证券公司不符合设立证券营业部条件的，不得提出设立证券营业部的申请。在证券公司已获准设立的证券营业部取得“证券经营机构营业许可证”前，不批准其设立新的证券营业部。

词条名称：**股票开户**

英　　文：**open a share trading account**

定义：股票开户是指投资者在证券投资市场买卖股票之前建立自己的账户的行为。

释义：中国法律规定，办理股票开户要求投资者年龄为18～70周岁（16～18周岁要求提交收入证明才能开户）。开户分为开立证券账户和资金账户两种，只有两种账户均开齐了才能进行证券的买卖。证券账户，也称“股东账户”，股东卡一旦开立，就可以在证券交易所里拥有一个证券账户，通过交易所对投资者的证券交易进行准确高效的记载、清算和交割。如果投资者要同时买卖上海、深圳两个证券交易所上市的股票，需分别开设上海证券交易所证券账户和深圳证券交易所证券账户。资金账户，是投资者在证券商处开设的资金专用账户，用于存放投资人买入股票所需资金和卖出股票所得的价款。

股票开户的流程是：（1）符合法律规定的任何自然人和一般机构投资者，到开户代理机构证券登记机构（证券公司营业部柜台）开立证券账户，证券公司和基金公司等机构由中国结算公司受理；（2）投资者持证券账户、银行存折和身份证到证券营业部开设资金账户，填写开户资料后，柜台经办人员按开户流水号为客户开立资金账户号，并办理第三方存管业务协议；（3）投资者携带第三方存管业务协议去银行办理股票账户和银行账号关联；（4）在开户的证券公司网站下载交易软件和行情软件，用资金账号登陆即可进行网上交易。

词条名称：**委托买卖**

英　　文：**consignment business**

定义：委托买卖是指证券经纪商接受投资者委托，代理投资者买卖证券，从中收取佣金的交易行为。

释义：投资者买卖证券不能直接进入交易所办理，必须通过证券交易所会员（证券公司）来进行。投资者下达买卖的指令称为“委托”，经纪商将投资者委托指令的内容传送到证券交易所进行撮合。委托买卖股票的具体方式有：（1）当面委托。客户到证券营业部当面办理委托手续，提出委托买卖有价证券的要求。这是一种传统的委托方式，具有稳定可靠的特点，中小额投资者通常采用这种方式。但对远距离客户和时间观念强的客户不方便。（2）电话委托。客户使用电话等电讯手段，通知证券营业部，由营业员按电话内容填制委托书，据以办理委托业务。这种方式具有方便、分散和保密的特点，大数额的投资者通常采用这种方式。（3）电报或信件委托。电报委托可以迅速明确地向证券公司发出指示，但电报内容往往过于简单，可能产生理解上的错误；信件委托，可以详细指示买卖内容，并可做必要说明，但这样做较费时间，等信件到达证券公司时，股票价格可能已发生变化，会贻误有利时机。

词条名称：**股票成交**

英　　文：**stock transaction**

定义：股票成交是指符合成交条件的股票予以成交，不符合的继续等待成交，超过委托时效的订单失效的过程。

释义：《上海证券交易所交易规则》、《深圳证券交易所交易规则》规定，证券竞价交易按价格优先、时间优先的原则撮合成交。成交时价格优先的原则为：较高价格买入申报优先于较低价格买入申报，较低价格卖出申报优先于较高价格卖出申报；成交时时间优先的原则为：买卖方向、价格相同的，先申报者优先于后申报者。先后顺序按交易主机接受申报的时间确定。

词条名称：**清算交割**

英　　文：**clearing and settlement**

定义：清算交割是指证券买卖双方在证券交易所进行证券买卖成交以后，通过证券交易所将证券商之间的证券买卖数量和金额分别予以轧抵，其差额由证券商确认后，在事先约定的时间内进行证券和价款的收付了结的行为。

释义：清算交割反映了投资者证券买卖的最终结果，它是维护证券买卖双方正当权益、确保证券交易顺利进行的必要手段。我们一般所说的清算交割分为两个部分：一部分指证券商与交易所之间的清算交割；另一部分指证券商与投资者之间的清算交割。双方在规定的时间内进行价款与证券的交收确认的过程，即买入方付出价款、得到证券，卖出方付出证券、获得价款。在证券交易中，清算交割是重要的交易环节，因为只有办理了清算交割，买卖双方各得其所，交易才告终结，否则成交仅停留在纸面上，而当证券商之间在交易所办理完证券及价款的交割手续，这才成为实质上的成交。交易所开展清算交割业务还有简化手续、提高交易效率的作用，场内交易中的证券商往往既是买方又是卖方，他可能在不同类别的证券交易中充当买主和卖主，也可能在同类别的证券交易中先后作为买方和卖方，所以每个证券商在交易中的角色总处于不断变化中。

词条名称：**股票过户**

英　　文：**transfer of stock**

定义：股票过户是指投资人从证券市场上买到股票后，到该股票发行公司办理变更股东名簿记载的活动。

释义：股票过户是股票所有权的转移。股票有记名股票与不记名股票两种，不记名股票可以自由转让，记名股票的转让必须办理过户手续。在证券市场上流通的股票基本上都是记名股票，都应该办理过户手续才能生效。随着交易的完成，当股票从卖方转给买方时，就表示着原有股东拥有权利的转让，新的股票持有者成为公司的新股东，原有股东丧失了卖出的那部分股票所代表的权利，新股东则获得了所买进那部分股票所代表的权利。然而，由于原有股东的姓名及持股情况均记录于股东名簿上，因而必须变更股东名簿上相应的内容，这就是通常所说的“过户手续”。所以说，证券和价款清算与交割后，并不意味着证券交易程序的最后了结。上海证券交易所的过户手续采用电脑自动过户，买卖双方一旦成交，过户手续就已经办完。深圳证券交易所也采用先进的过户手续，买卖双方成交后，采用光缆把成交情况传到证券登记过户公司，将买卖记录在股东开设的账户上。

九、价值投资①

（一）基本原理

词条名称：**价值投资**

英　　文：**value investing**

定义：价值投资是指利用一定的方法测定出股票的内在价值，并与该股票同期的市场价格比较，从而做出投资决策的一种投资方法。

释义：价值投资是一种投资策略，其重点是通过基本分析，寻找并投资于一些股价被低估的股票。价值投资策略最早可以追溯到20世纪30年代，由哥伦比亚大学的本杰明·格雷厄姆创立，后经伯克希尔·哈撒威公司的CEO沃伦·巴菲特使用并发扬光大，并在20世纪70到80年代的美国受到极大地推崇。格雷厄姆在其代表作《证券分析》中指出：“投资是基于详尽的分析，本金的安全和满意回报的操作。不符合这一标准的操作就是投机。”此处所描述的“投资”就是后来的“价值投资”。格雷厄姆注重以财务报表和安全边际为核心的量化分析，热衷于购买安全边际高的廉价证券；而另一位投资大师菲利普·费雪，重视企业业务类型和管理能力的质化分析，以增长为导向，是价值投资的一个分支。巴菲特是集大成者，他把量化分析和质化分析有机地结合起来，形成了价值增长投资法，把价值投资

① 撰写：李明亮；审核：朱蕾；单位：海通证券研究所。

带进了一个新阶段。

词条名称：**价值投资原理**

英　　文：**the theory of value investing**

定义：价值投资原理是指价值投资的理论依据。

释义：根据价值投资理论，股票价格围绕内在价值的稳固基点上下波动，内在价值可以通过财务模型或其他定量方法测定，股票价格长期来看有向内在价值回归的趋势。当股票价格低于内在价值即股票被低估时，出现投资机会；当股票价格高于内在价值即股票被高估时，出现卖出机会。价值投资倡导投资者关注安全边际。安全边际是价值与价格相比被低估的程度或幅度。安全边际越大，盈利的可能性就越大。

词条名称：**价值投资方法**

英　　文：**the method of value investing**

定义：价值投资方法是指价值投资的具体操作策略。

释义：在实际操作中，价值投资者主要关注标的公司的经营现状、未来发展和内在价值。价值投资者通过基本分析，运用财务方法演算出上市公司股票的内在价值，并将内在价值与股票同期市场价格比较，找出被低估的股票并买入持有。当股票价格回归内在价值甚至被市场高估时，选择卖出。

（二）宏观分析

词条名称：**定量因素**

英　　文：**quantitative factors**

定义：定量因素是指可以量化的因素。

释义：定量因素是相对于定性因素而言的。定量分析与定性分析是经济学中常用的两种分析方式。定量因素可以依据统计数据，建立数学模型，并用数学模型计算出分析对象的各项指标及其数值。

例证：国内生产总值、全社会固定资产投资、财政收入等。

词条名称：**国民生产总值增长率**

英　　文：**growth rate of gross national product**

定义：国民生产总值增长率是指一定时期内 GNP 的增长幅度。

释义：GNP 增长率是反映一国宏观经济发展状况的重要指标，主要分为名义 GNP 增长率和实际 GNP 增长率。名义 GNP 增长率是以名义 GNP 计算的增长率，而实际 GNP 增长率是以实际 GNP 计算的增长率。对投资者而言，由于统计口径原因参考价值并不大，现今已经很少进行统计。

词条名称：**国内生产总值增长率**

英　　文：**growth rate of GDP**

定义：国内生产总值增长率，简称“GDP 增长率”，是指一定时期内国内生产总值的增长幅度。

释义：GDP 增长率是反映一国宏观经济发展状况的重要指标，主要分为名义 GDP 增长率和实际 GDP 增长率。名义 GDP 增长率是以名义 GDP 计算的增长率，而实际 GDP 增长率是以实际 GDP 计算的增长率。对投资者而言，需要关注 GDP 同比增长与环比增长，同比增长是和上一时期、上一年度或历史相比的增长幅度，环比增长是与上一统计段相比的增长幅度。

由于数据的统计频率不高，周期为一个季度，因而用此指标对股市的相关效应进行的分析具有滞后性。

词条名称：**工业增加值增长率**

英　　文：**growth rate of industrial added value**

定义：工业增加值增长率是指工业行业在报告期内以货币表现的工业生产活动的增长幅度。

释义：工业增加值是衡量国民经济的重要统计指标之一，有两种计算方法：一是生产法，即工业总产出减去工业中间投入；二是收入法，即从收入的角度出发，根据生产要素在生产过程中应得到的收入份额计算，具体构成项目有固定资产折旧、劳动者报酬、生产税净额、营业盈余。测算工业增加值的基础来源于工业总产值，即以货币表现的工业企业在一定时期内生产的已出售或可供出售的工业产品总量，反映一定时间内工业生产的总规模和总水平。工业总产值采用工厂法计算，即以工业企业作为一个整体，按企业工业生产活动的最终成果来计算，企业内部不允许重复计算，不能把企业内部各个车间（分厂）生产的成果相加，但在企业之间、行业之间、地区之间存在着重复计算。

此指标按月度进行统计，并且工业增加值占 GDP 的比重较大，可以一定程度上反映宏观经济对股市的影响。对于股票投资来说，最重要的问题是工业增加值的变化是否符合市场预期。中国物流采购联合会与汇丰银行联合发布的 PMI 均有助于我们预测工业产值的变动。

词条名称：**失业率变化情况**

英　　文：**change of jobless rate**

定义：失业率变化情况是指劳动力人口中失业人数所占的百分比的变化。

释义：劳动力人口是指年龄在 16 岁以上具有劳动能力的人的全体。通常所说的充分就业是指对劳动力的充分利用，但不是完全利用，因为在实际的经济生活中不可能达到失业率为零的状态。在充分就业情况下也会存在一部分正常的失业，如由于劳动力的结构不能适应经济发展对劳动力的需求变动所引起的结构性失业。目前，中国统计部门公布的失业率为城镇登记失业率，即城镇登记失业人数占城镇从业人数与城镇登记失业人数之和的百分比。城镇登记失业人数是指拥有非农业户口，在一定的劳动年龄内，有劳动能力，无业而要求就业，并在当地就业服务机构进行求职登记的人员数。

失业率变化情况是考察国民经济健康状况、国内消费前景及通胀压力的重要指标。在美国，失业率变化情况是金融市场最重要的一项参考指标。

但在中国，官方失业数据不仅发布频率低，而且覆盖面有限，因此不会对股市产生重大影响。

词条名称：**投资**

英　　文：**investment**

定义：投资是指购买（和因此生产）资本货物——不会被消耗掉，反而是被使用在未来生产的物品。

释义：投资的实例包括修造铁路或工厂，清洁土地，或让自己读大学。严格地讲，在公式 GDP = C + I + G + NX 里，投资也是国内生产总值（GDP）的一部分。从这方面来说，投资的功能被划分成非居住性投资（譬如工厂、机械等）和居住性投资（新房）。从I =（Y，i）的关联中可得知，投资是与收入和利率有密切关系的事。收入的增加将促进更高额的投资，但是更高的利率将阻碍投资，因为借钱的费用变得更加昂贵。即使企业选择使用自己的资金来投资，利率代表着所投资那些资金的机会成本，而不是将资金放贷出去的利息。

投资是拉动中国经济增长最重要的驱动力，因此投资数据表现强劲会对股市构成利好。

词条名称：**全社会固定资产投资总额**

英　　文：**amount of total investment in fixed assets**

定义：全社会固定资产投资总额是指以货币表现的建造和购置固定资产活动的工作量以及与此有关的费用的总称。

释义：全社会固定资产投资总额是衡量投资规模的主要变量。按经济类型划分，全社会固定资产投资包括国有经济单位投资、城乡集体经济单位投资、其他各种经济类型的单位投资和城乡居民个人投资；按中国现行管理体制划分，全社会固定资产投资包括基本建设、更新改造、房地产开发投资和其他固定资产投资四个部分。固定资产投资是社会固定资产再生产的主要手段。固定资产投资总额是以货币表现的建造和购置固定资产活动的工作量，是反映固定资产投资规模、速度、比例关系和使用方向的综合性指标。

全社会固定资产投资总额的指标统计频率为月度，其稳速的增长将带动股市价格上涨。对股市投资者而言，需要关注固定资产投资同比增长和环比增长。

词条名称：**政府投资**

英　　文：**government investment**

定义：政府投资是指政府以财政资金投资于经济建设的行为。

释义：政府投资的目的是改变长期失衡的经济结构，完成私人部门不能或不愿从事、但对国民经济发展却至关重要的投资目标，如大型水利设施、公路建设和生态保护等。政府投资是国家宏观调控的必要手段，在社会投资和资源配置中发挥重要的宏观导向作用。一方面，政府投资对调节投资结构、引导社会投资方向起着重要作用。政府投资通过直接投资和间接投资（如投资补贴、投资抵免等）

发挥先导和示范作用，引导社会投资更多地投入国家鼓励发展的产业和领域。另一方面，由于政府投资直接构成社会总需求的一部分，政府支出规模的扩大直接促使社会总需求的增加，因而政府投资成为扩张性财政政策的重要工具，扩张性的财政政策对股市有利好作用。

词条名称：**企业投资**

英　　文：**enterprise investment**

定义：企业投资是指企业作为投资主体进行投资的行为。

释义：企业投资包括对内投资和对外投资。对内投资是指把资金用于企业内部，购置各种生产经营用资产的投资；对外投资是指企业以现金、实物、无形资产等方式，或者以购买股票、债券等有价债券的方式向其他单位的投资。随着中国现代企业制度的建立，企业逐渐成为投资主体之一，企业投融资的权力不断扩大；此外，随着中国市场化改革的不断深入，企业投资需求将成为国内投资需求的主要部分，企业投资的规模和方向影响着一国经济未来的走向。

对股市投资者来说，企业投资增长率较高，表明企业对将来经济预期乐观，有利于股票市场行情。

词条名称：**外商投资**

英　　文：**foreign investment**

定义：外商投资是指外国的公司、企业、其他经济组织或者个人依照中华人民共和国相关法律的规定，在中国境内进行的投资。

释义：外商投资的投资主体是外商，又称为“外国投资者”，主要强调外国国籍，包括在中国境外、依照其他国家相关法律设立的公司、企业、其他经济组织，以及具有外国国籍的个人。此外，由于历史、政治、法律等原因，外商还包括中国香港特别行政区、澳门特别行政区和台湾地区的投资者。外商投资包括外商直接投资和外商间接投资。外商购买股票、证券等投资行为，不在中国法律所规定的“外商投资”之内。

考察外商投资增长情况有利于把握国际投资者对中国经济的看法。对股市投资者而言，外商投资增长较快有利于股市发展。

词条名称：**外商直接投资**

英　　文：**foreign direct investment，缩写 FDI**

定义：外商直接投资是指以控制企业部分产权、直接参与经营管理为特征，以获取利润为主要目的的资本对外输出行为。

释义：外商直接投资是指外国企业和经济组织或个人（包括华侨、港澳台以及中国在境外注册的企业）按中国有关政策、法规，用现汇、实物、技术等在中国境内开办外商独资企业，与中国境内的企业或经济组织共同举办中外合资经营企业、合作经营企业或合作开发资源的投资（包括外商投资收益的再投资），以及政府有关部门批准的项目投资总额内企业从境外借入的资金等。

考察外商直接投资增长情况有利

于把握国际投资者对中国经济看法。对股市投资者而言，外商直接投资增长较快有利于股市发展。

词条名称：**外商间接投资**

英　　文：**foreign indirect investment**

定义：外商间接投资是指除对外借款（外国政府贷款、国际金融组织贷款、商业银行商业贷款、出口信贷以及对外发行债券等）和外商直接投资以外的各种利用外资的形式。

释义：外商间接投资是相对于外商直接投资而言的，主要包括企业在境内外股票市场公开发行的以外币计价的股票，国际租赁进口设备的应付款，补偿贸易中外商提供的进口设备、技术、物料的价款，加工装配贸易中外商提供的进口设备、物料的价款。

考察外商间接投资增长情况有利于把握国际投资者对中国经济看法。对股市投资者而言，外商直接投资增长较快有利于股市发展。

词条名称：**消费**

英　　文：**consumption**

定义：消费是指利用社会产品满足人们各种需求的过程。

释义：消费分为生产消费和个人消费。生产消费是指物质资料生产过程中的生产资料和活劳动的使用和消耗。个人消费是指人们把生产出来的物质资料和精神产品用于满足个人生活需要的行为和过程。消费是宏观经济学中的一个基本变量。20 世纪 30 年代以前，关于消费理论的研究比较简单。当时处于支配地位的正统理论是马歇尔的需求理论。这种需求理论认为：假定消费者收入不变，消费者所获得的商品数量与商品价格反方向变动。20 世纪 30 年代以后，凯恩斯把消费问题引入宏观经济领域，把消费看作是国民收入流通的基本形式之一。购买消费品的支出，称为“消费支出”。根据凯恩斯学派的定义，消费由两部分组成：自发消费和引致消费。自发消费是指不受外生变量影响的基本消费支出。自发消费是人的基本需求决定的必需消费，如维持生存的衣、食、住等。无论收入多少，这部分消费都是不可少的。在经济分析中，假设这部分消费不取决于收入，是一个固定的量。引致消费指由内生变量所引起的消费支出。影响消费水平的因素多种多样，既有社会因素，也有经济因素，其中，收入水平的变动对消费支出的影响最大。随着收入水平的升高，引致消费支出也将增多。

对于股市投资者来说，分析消费增长趋势的重要指标就是社会消费品零售总额。

词条名称：**社会消费品零售总额**

英　　文：**total retail sales of consumer goods**

定义：社会消费品零售总额是指国民经济各行业通过多种商品流通渠道向城乡居民和社会集团供应的消费品总额。

释义：社会消费品零售总额按销售对象不同划分为两大部分，即对居民的消费品零售额和对社会集团的消费品零售额。对居民的消费品零售额针对售给城乡居民用于生活消费的商品；对社会集团的消费品零售额针对企业、事业和行政等各种类型单位用公款购买的用作非生产、非经营用的消费品。社会消费品零售总额包括各种经济类型的批发零售贸易业、餐饮业、制造业和其他行业售给城乡居民和社会集团的消费品零售额，以及农民售给非农业居民和社会集团的消费品零售额。社会消费品零售总额是研究国内零售市场变动情况、反映经济景气程度的重要指标，其数额大小和增长速度反映了城乡居民与社会集团消费水平的高低、居民消费意愿的强弱。

零售总额增长快，表明企业利润上升，经济活动表现强劲。零售总额大幅度增长会对股市构成利好。

词条名称：**城乡居民储蓄存款余额**

英　　文：**savings deposits balance in urban and rural areas**

定义：城乡居民储蓄存款余额是指某一时点城乡居民存入银行及农村信用社的储蓄金额。

释义：城乡居民储蓄存款余额包括城镇居民储蓄存款和农民个人储蓄存款，不包括居民的手持现金和工矿企业、部队、机关、团体等单位存款。居民储蓄存款是居民可支配收入扣除消费支出以后形成的。居民储蓄量的大小首先决定于可支配收入的多少，同时又受可支配收入中消费支出比例的限制。在可支配收入一定时，消费与储蓄是此消彼长的关系。当市场上人们的消费意愿增强时，储蓄相应缩小；市场消费意愿减弱时，储蓄相应增加。居民储蓄增加以后，银行的资金来源扩大，如果存贷比率不变，银行贷款投放也会相应增加，这就扩大了企业的资金使用，正常情况下就会扩大国内投资需求，从而有利于股市的发展。所以，储蓄扩大的直接效果就是投资需求扩大和消费需求减少，为股票市场的发展提供了现金流基础。

词条名称：**消费者物价指数**

英　　文：**consumer price index，缩写 CPI**

定义：消费者物价指数是指反映一定时期内消费者所购买的生活消费品价格和服务项目价格变动趋势和程度的经济指标。

释义：消费者物价指数是反映城乡居民家庭购买并用于日常生活消费的一篮子商品和服务项目价格水平随时间变动的相对数，在一定程度上反映了通货膨胀（或紧缩）的程度。消费者物价指数以百分比变化为表达形式，是最常用的度量通货膨胀水平的工具。中国的消费者物价指数由国家统计局负责编制，全国按统一的调查方案开展消费价格调查。目前，国家统计局在 31 个省（自治区、直辖市）设立调查总队，各省（区、市）调查总队负责辖区各市县的价格调查，同时编制本省的消费价格指数。中国居民消费价格指数的商品分类按用途划分为八大类，即食品、烟酒及用品、衣着、家庭设备用品及维修服务、医疗保健及个人用品、交通和通讯、娱乐教育文化用品及服务、居住。根据近13万户城乡居民家庭（城镇近6万户，农村近7万户）的消费习惯，在这八大类中选择了262个基本分类。每个基本分类下设置一定数量的代表规格，目前约有600种左右的商品和服务项目的代表规格，作为经常性调查项目。在编制方法上，中国的消费者物价指数采用拉氏公式，即在编制数量指标综合指数或质量指标综合指数时，所加入的同类度量因素是固定在基期的水平上。该公式由德国学者拉斯贝尔斯（Laspeyres）于1864年首创，因此被称为“拉氏公式”。消费者物价指数是市场经济活动与政府货币政策的一个重要参考指标，消费者物价指数稳定、就业充分及国内生产总值增长往往是最重要的社会经济目标。

消费者物价指数升幅越高、波动越大，政府将采取紧缩性政策，股市压力增大。

公式：$CPI_t = \frac{\sum_i^N P_{it} \times q_i^*}{\sum_i^N P_i^* \times q_i^*}$

式中，P_{it}为t年第i种商品或服务的价格；q_i^* 为一篮子基准商品中第i种商品或服务的数量；P_i^* 为一篮子基准商品中第i种商品或服务的基期价格。

词条名称：**通货膨胀**

英　　文：**inflation**

定义：通货膨胀，简称“通胀”，是指一般商品和服务项目价格水平持续、普遍、明显上涨的一种经济状态。

释义：通货膨胀具有以下几个特点：（1）通货膨胀是一般商品和服务项目价格的上涨，而不是指股票、债券和其他金融资产价格的上涨。（2）通货膨胀是价格水平全面的上涨，即商品和服务项目价格水平全面上涨，而非具体商品和服务项目价格或部分地区价格水平的上涨。（3）通货膨胀是价格水平的持续性上涨，而非偶然、短期的价格上涨。（4）通货膨胀伴随着货币供应量的扩大。通货膨胀的衡量可以通过对一般物价水平上涨幅度的衡量来进行。一般而言，常用的指标有：消费者物价指数、生产者物价指数、国民生产总值物价平减指数。消费指物价指数是反映消费者为购买消费品而支付的价格的变动情况。生产者物价指数是衡量工业企业产品出厂价格变动趋势和变动程度的指数，是反映某一时期生产领域价格变动情况的主要经济指标。国民生产总值物价平减指数则是按当年不变价格计算的国民生产总值与按基年不变价格计算的国民生产总值的比率。由于以上指标在衡量通货膨胀时各有优缺点，且所涉及商品和劳务的范围不同，计算口径也不同，所以，在衡量通货膨胀时需要选择市场的指数。消费者物价指数是使用得最普遍的通货膨胀衡量指标。通货膨胀一般以两种方式影响经济：通过收入和财产的再分配以及通过改变产品产量与类型影响经济。具体而言，通货膨胀对社会经济产生的影响主要有：引起收入和财富的再分配，扭曲商品相对价格，降低资源配置效率，引发泡沫经济，乃至损害一国的经济基础和政权基础。通货膨胀从程度上有温和的、严重的和恶性的三种。温和的通货膨胀是指年通货膨胀率低于10%的通货膨胀；严重的通货膨胀是指两位数的通货膨胀；恶性通货膨胀则是指三位数以上的通货膨胀。各个国家往往不会长期忍受高通货膨胀率，但为抑制通货膨胀而采取的货币政策和财政政策通常会导致高失业和国内生产总值的低增长，其代价很大。

衡量通胀的主要指标是消费者物价指数，一般通胀越高，政府出台紧缩性政策可能性增大，会对股市产生负面影响。

词条名称：**恩格尔系数**

英　　文：**engel coefficient**

定义：恩格尔系数是指食品支出总额占个人消费支出总额的比重。

释义：19世纪德国统计学家恩格尔根据统计资料，对消费结构的变化得出一个规律：一个家庭收入越少，家庭收入中（或总支出中）用来购买食物的支出所占的比例就越大，随着家庭收入的增加，家庭收入中（或总支出中）用来购买食物的支出则会下降。推而广之，一个国家越穷，每个国民的平均收入中（或平均支出中）用于购买食物的支出所占比例就越大，随着国家的富裕，这个比例呈下降趋势。这个规律被称为“恩格尔定律”。恩格尔系数是根据恩格尔定律得出的比例数，是国际上通用的衡量居民生活水平高低的一项重要指标，一般随居民家庭收入和生活水平的提高而下降。

公式：$\text{恩格尔系数}=\frac{\text{食物支出金额}}{\text{总支出金额}}$

词条名称：**采购经理指数**

英　　文：**purchase management index，缩写 PMI**

定义：采购经理指数是指对产业公司的采购经理人所做的月度调查，该指数是新订单、就业、库存、生产、供应商交货五项指标的综合加权指数。

释义：采购经理指数是一套月度发布的综合性的经济先行指标体系，涵盖生产与流通、制造业与非制造业等领域，分为制造业采购经理指数、服务业采购经理指数，也有一些国家建立了建筑业采购经理指数。制造业采购经理指数最早起源于美国20世纪30年代，经过几十年的发展，该体系现包含新订单、产量、雇员、供应商配送、库存、价格、积压订单、新出口订单、进口等商业活动指标。以上各项指标基于对样本企业采购经理的月度问卷调查数据合成得出，再对生产、新订单、雇员、供应商配送与库存五项类指标加权计算，最终得到制造业采购经理指数综合指数。服务业采购经理指数指标体系则包括：商业活动、投入品价格指数、费用水平、雇员、未来商业活动预期等指数，但因其建立时间不长，尚未形成综合指数。采购经理人指数以百分比表示，高于50%表示经济将出现增长，低于50%，尤其接近40%时，则预示经济会出现萧条。

采购经理指数数据是中国最早发布的反映上月经济形势的一项重要数据。它可以很好地预测工业增加值数据的具体表现，因此备受市场关注。如果采购经理指数表现强劲，对股市构成利好。

词条名称：**国际收支状况**

英　　文：**situation of international payment**

定义：国际收支状况是指一国在一定时期内全部对外经济往来的系统的货币记录的情况。

释义：国际收支状况反映了系统的货币记录，其以交易为基础。这些交易包括：涉及货币收支的对外往来，也包括未涉及货币收支的对外往来，未涉及货币收支的往来须折算成货币加以记录。作为一个流量概念，国际收支状况一般是对一年的交易进行总结，是对已发生交易事实进行的记录。国际收支按照特定账户分类和复式记账原则编制会计报表，即国际收支平衡表。国际收支账户分为经常账户、资金与金融账户、错误和遗漏账户三大类。其中，经常账户是对实际资源在国际间的流动行为进行记录的账户；资金与金融账户是对资产所有权在国际间流动行为进行记录的账户；错误和遗漏账户是一个抵消账户，归结了各种统计误差和人为差异，其数值与经常账户、资本和金融账户余额之和相等，方向相反。

一般来说，国际收支数据发布时间较晚，所包含的新信息较少，对股市影响弱。

词条名称：**国际收支净额**

英　　文：**net balance of international payments**

定义：国际收支净额是指一国净出口与净资本流出的差额。

释义：国际收支净额是指自主性交易的差额。所谓自主性交易，是个人和企业为某种自主性目的（如追逐利润、旅游、汇款赡养亲友等）而从事的交易。当国际收支净额为零时，称为“国际收支平衡”；当国际收支净额为为正时，称为“国际收支顺差”；当国际收支净额为负时，称为“国际收支逆差”。

公式：国际收支净额 = 净出口 − 净资本流出

词条名称：**国际收支平衡**

英　　文：**balance of international payment**

定义：国际收支平衡是指一个国家在一定时期，国际收入等于国际支出的经济状态。

释义：当从国外获取的全部货币资金额等于向国外支付的全部货币资金额，即国际收支净额为0时，该国处于国际收支平衡的经济状态。不同类型的国家，经济目标的侧重点不同，对国际收支平衡的具体表述和界定也有所差异。发达国家大多将国际收支的调节目标确定为保持经常账户平衡；发展中国家的国际收支均衡观是将经常账户赤字保持在中期内可维持的水平。其中，经常账户是反映一国与他国间实际资源转移情况的账户，与一国国民收入账户具有密切的联系。经常账户主要包括商品、劳务、收益和经常转移四个项目。一般而言，各国政府和国际经济组织都将国际收支平衡作为开放经济运行良好的指标，而把国际收支不平衡作为政策调整的主要对象。一国政府可以通过变动官方储备、财政和货币政策、直接管制等方式调节国际收支，以达到国际收支平衡的政策目标。

词条名称：**对外贸易**

英　　文：**foreign trade**

定义：对外贸易，简称“外贸”，又称“国外贸易”、“进出口贸易”，是指一个国家（地区）与另一个国家（地区）之间的商品、劳务和技术的交换活动。

释义：对外贸易由进口和出口两个部分组成。运入商品或劳务的国家（地区）即进口方，运出商品或劳务的国家（地区）即出口方。对外贸易方式主要包括对等贸易、展卖、加工贸易、补偿贸易、技术贸易等。对等贸易是以货物或劳务（包括工业产权和专有技术等无形财产）作为偿付贷款手段的一种贸易方式；展卖是在本国举办或参加国外举办的各种国际性博览会，集中进行进出口贸易的方式；加工贸易是一国通过各种不同的方式，进口原料、材料或零件，利用本国的生产能力和技术，加工成成品后再出口，从而获得附加价值的贸易方式；补偿贸易是在交易双方商定的期限内，企业以商定的商品偿还其海外债务的出口贸易；技术贸易是指技术供求双方按照一定的商业条件买卖技术的贸易行为。

对外贸易变化趋势对中国经济影响较大，因此股市对外贸数据较为敏感。

词条名称：**进口**

英　　文：**import**

定义：进口是指一个国家（或地区）所有常住居民向非常住居民购买或无偿得到商品或劳务的贸易行为。

释义：进口是国际贸易的基本概念之一，与出口相对。根据经营性质，进口业务可以分为自营进口和代理进口。其中，自营进口是指具有进出口经营权的企事业单位的进口行为；代理进口是指委托具备进出口经营权的贸易公司、报关行等代办进口的贸易服务型业务。进口贸易是一个复杂的过程，包括进口贸易前的准备工作、签订进口贸易合同、履行进口贸易合同以及对内销售和结算等环节。进口关税是进口环节的主要税种之一，是海关在外国货物进口时所课征的关税。进口关税通常在外国货物进入关境或国境时征收，或在外国货物从保税仓库提出运往国内市场时征收。除进口关税外，进口环节还涉及国外运费、物流保费、增值税、报关提货费等税费项目。

由于加工贸易进口增长率是观察出口景气的先行指标，因此股市对加工贸易数据敏感度较高。

词条名称：**出口**

英　　文：**export**

定义：出口是指一个国家（或地区）所有常住居民向非常住居民出售或无偿转让商品或劳务的贸易行为。

释义：出口是国际贸易的基本概念之一，主要是贸易和销售活动。出口的类型包括直接出口和间接出口。直接出口是企业将产品出售给国外市场上独立的经销商或进口商；间接出口是企业将其产品卖给中间商，由其负责将产品引入东道国市场。间接出口的中间商可以由国内出口代理商、出口管理公司、外企驻中国采购处等担任。出口业务的范围不仅仅局限于商品出口，还包括服务出口，如技术转移。与进口关税类似，出口也要缴纳关税，但目前中国仅对少数资源性产品及易于竞相杀价、盲目出口、需要规范出口秩序的半成品征收出口关税。此外，符合法定条件的企业可以享受出口货物增值税的退税或免税优惠，即出口货物退（免）税。

出口是中国经济增长的重要动力，市场对出口数据具有较高敏感度。中国出口增长率高，对股市来说是利好。

词条名称：**净出口**

英　　文：**net export，缩写 NX**

定义：净出口，又称“贸易差额”，是出口额与进口额的差额。

释义：净出口是一国在一定时期内（如一年、半年、一季、一月）出口总额与进口总额之间的差额。当出口总值与进口总值相等时，称为“贸易平衡”。当净出口为正值，即出口总额大于进口总额时，出现贸易盈余，称为“贸易顺差”或“出超”。当净出口为负值，即进口总额大于出口总额时，出现贸易赤字，称为“贸易逆差”或“入超”。影响一国净出口额的因素包括本国商品和外国商品的价格、汇率、贸易协定、贸易壁垒等。

公式：净出口 = 出口总额 − 进口总额

词条名称：**净进口**

英　　文：**net import**

定义：净进口是进口额与出口额的差额。

释义：净进口是与净出口相对的，在数值上与净出口额互为相反数。当进口总额与出口总额相等时，称为“贸易平衡”。当净进口为负值，即出口总额大于进口总额时，出现贸易盈余，称为“贸易顺差”或“出超”；当净进口为正值，即进口总额大于出口总额时，出现贸易赤字，称为“贸易逆差”或“入超”。影响一国净进口额的因素包括本国商品和外国商品的价格、汇率、贸易协定、贸易壁垒等。

公式：净进口 = 进口总额 − 出口总额

词条名称：**贸易顺差数额**

英　　文：**amount of trade surplus**

定义：贸易顺差数额，又称“出超数额”，是指一定时期内（通常按年度计算）一国出口贸易总额大于进口贸易总额的数额。

释义：当一个国家出现贸易顺差时，说明该国在对外贸易中处于有利地位。贸易顺差额的大小在很大程度上反映一国在特定年份对外贸易的活动状况。贸易顺差并非越大愈好，因为长期、大量的贸易顺差额容易引起与有关贸易伙伴国的摩擦。此外，贸易顺差产生的大量外汇盈余通常会使一国市场上本币投放量随之增长，因而很可能引起通货膨胀压力，不利于国民经济持续、健康发展。贸易顺差在用支出法计算 GDP 时，净出口是计算公式的一部分。贸易顺差数额扩大会给 GDP 加分，银行存款增多，而市场上的资金也会增多，从而对股市是一个推动作用，反之亦然。但贸易顺差数额过大，本币升值压力增大。

例证：据国家统计局统计，2011 年第四季度中国实现货物贸易顺差 706 亿美元，服务贸易逆差 152 亿美元。

词条名称：**贸易逆差数额**

英　　文：**amount of trade deficit**

定义：贸易逆差数额，又称“入超数额”，是指一定时期内（通常按年度计算）一国进口贸易总额大于出口贸易总额的数额。

释义：当一国出现贸易逆差时，即表示该国外汇储备减少，其商品的国际竞争力削弱，该国在该时期内的对外贸易处于不利地位。大量的贸易逆差将使国内资源外流加剧，外债增加，影响国民经济正常有效运行。因此，政府应该设法避免出现长期的贸易逆差。但适量的贸易逆差对一国经济发展也有促进作用。适当逆差有利于缓解短期贸易纠纷，有助于贸易长期稳定增长。对中国而言，适当的贸易逆差能减少人民币升值的预期，减缓资本净流入的速度。其对股市的影响并不必然导致资金量收缩，短期内也不必然缓解流动性过剩的问题。

例证：美国是贸易逆差大国。据美国商务部公布的数据显示，2011 年美国全年贸易逆差达 5580 亿美元，为自 2008 年以来的最高水平。

词条名称：**财政收入数额**

英　　文：**amount of fiscal revenue**

定义：财政收入数额是指政府为履行其职能、实施公共政策和提供公共物品与服务需要而筹集的一切资金的数额总和。

释义：财政收入数额表现为政府部门在一定时期内（一般为一个财政年度）所取得的货币收入数额，可以衡量一国政府的财力。政府在社会经济活动中提供公共物品和服务的范围和数量，在很大程度上取决于财政收入的充裕状况。财政收入的形式主要包括税收收入、国有资产收入、债务收入、转移性收入等。财政收入是财政支出的前提，国家为了实现其职能，必须有一定的财政收入作为保障，财政收入的多少直接影响国家的宏观调控能力。财政收入的市场敏感度较低，投资者不需太关心这一指标的变化。

词条名称：**税收收入数额**

英　　文：**amount of tax revenue**

定义：税收收入数额是指政府通过税收形式所取得的财政收入数额。

释义：税收收入是财政收入的重要组成部分。中国自 1994 年税制改革以来，税收收入数额占财政收入的比重基本维持在 90% 以上。按照税收征收主体，中国税收收入主要由国税和地税构成。国税是指由国家税务局系统负责征收和管理的项目，主要包括增值税、消费税、车辆购置税等；地税是指由地方税务系统负责征收和管理的项目，主要包括营业税、资源税、城镇土地使用税、耕地占用税、土地增值税等。根据《国务院关于实行分税制财政管理体制的决定》，中国按税种划分中央和地方的收入。将维护国家权益、实施宏观调控所必需的税种划分为中央税，包括消费税、关税、车辆购置税等；将同国民经济发展直接相关的主要税种划分为中央与地方共享税，包括增值税、企业所得税、个人所得税、证券交易印花税等；将适合地方征管的税种划分为地方税，包括营业税、资源税、土地增值税、印花税、城市建设维护税、土地使用税、房产税、车船税等。在税收收入的构成中，增值税、企业所得税的占比较高。2010 年，增值税与企业所得税数额在税收收入中合计占比超过 50%。税收政策为国家的财政政策之一，减税将增加居民的收入，扩大股市的潜在货币供应量，减轻上市公司的费用负担，增加企业利润，股价趋于上升。

例证：2010 年中国税收收入数额合计 80 034 253 万元。

表格：

2010 年税收收入统计数额情况 金额单位：万元

项　目	2010 年第一季度	2010 年上半年	2010 年前三季度	2010 年
一、税收收入合计	20865509	42682051	62497324	80034253
国内增值税	4139035	7914013	11909866	15749951
国内消费税	1392643	2562904	3740697	4995848
海关代征进口环节增值税和消费税	5387049	10930014	16641174	20829233
营业税	2859584	5118150	7325223	9339266
内资企业所得税	2038380	5132809	7117647	8719931
涉外企业所得税	1376270	4039031	5804467	6953142
个人所得税	1997661	3560314	5065393	6530071
城镇土地使用税	52394	159416	179876	272758
投资方向调节税	31	31	31	31
城市维护建设费	271550	487996	711522	926615
证券交易印花税	772727	1426241	2012275	3052586
其他印花税	98039	206959	308479	390484
土地增值税	241664	462352	744294	969604
房产税	86955	334088	417033	623008
车船税	20711	48330	74875	99259
车辆购置税	130816	299403	444472	582466
二、出口退税	－1332641	－2754012	－4622047	－6080672

资料来源：中国国家税务局官网，http：//www. chinatax. gov. cn/n8136506/n8136593/n8137633/n8138832/10637226. html。

词条名称：**财政支出数额**

英　　文：**amount of fiscal expenditure**

定义：财政支出数额是指政府为履行职能而消耗的一切费用的总和。

释义：财政支出是国家将通过各种形式筹集的财政收入进行分配和使用的过程。按经济性质，财政支出可以划分为购买性支出和转移性支出。购买性支出表现为政府购买商品和服务的活动，包括买进日常政务所需的或用于国家投资所需的商品和服务的支出。转移性支出直接表现为资金无偿的单方面转移，包括补助支出、捐赠支出、债务利息支出等。在财政支出总额中，购买性支出所占比重高时，财政活动对生产和就业的直接影响更大；反之，转移性支出所占比重高时，财政活动对收入分配的直接影响更大。

财政支出的月度数据可以帮助投资者了解政府部门对实体经济及金融业的影响。扩大财政支出作为扩张性财政政策的主要手段，可以向股市传递利好的信息。

词条名称：**财政转移支付**

英　　文：**transfer payment**

定义：财政转移支付，简称“转移支付”，是指政府无偿支付给个人或下级政府，以增加其收入和购买力的费用。

释义：财政转移支付主要包括政府间的转移支付和政府对个人的转移支付。政府间的转移支付是指各级政府之间为解决财政失衡而通过一定的形式和途径转移财政资金的活动，是用以补充公共物品而提供的一种无偿支出，是政府财政资金的单方面的无偿转移，体现的是非市场性的分配关系。政府对个人的转移支付大多具有福利支出的性质，包括社会保险福利津贴、抚恤金、养老金、失业补助、救济金等。财政转移支付并不计算在国内生产总值中，其原因在于这笔款项的支付不是为了购买商品和劳务，所以将其称为“转移支付”，有时也称为“转让性支付”。

词条名称：**一般预算支出**

英　　文：**general budgetary expenditures**

定义：一般预算支出是指国家对集中的预算收入有计划地分配和使用而安排的支出。

释义：一般预算支出类别分为“类”、“款”、“项”、“目”四个级次，一般包括基本建设支出、地质勘探费、科技三项费、农林气象等部门事业费、工业交通等部门事业费、城市维护费、文教事业费、科学事业费及其他各项费用等，每年具体的预算支出科目由国家财政部门统一规定。一般预算支出从拨付到实际耗费须经过三个阶段：第一阶段为拨款阶段，即财政按预算将款项从国库中拨付给主管部门，再从主管部门拨到用款单位；第二阶段为银行支出阶段，即用款单位从银行支取存款，用于形成备用现金、材料储备或暂付资金；第三阶段为实际支出阶段，即用款单位直接支取款项用于消费或将材料、现金投入使用。

词条名称：**财政平衡**

英　　文：**fiscal balance**

定义：财政平衡是指在一定时期内（通常为一个财政年度）财政收入与财政支出相等的状态。

释义：财政收入与财政支出的矛盾是财政分配的基本矛盾，任何国家在任何经济发展阶段的财政都面临财政收支总量关系的处理问题。财政收入与财政支出在总量上的平衡，只有在编制预算时才能存在。财政收支平衡是财政的最佳情况，在现实中就是财政收支相抵或略有节余；如果一个国家在一定时期（通常为一年）财政收入大致等于财政支出，即认为该国的财政是平衡的。在判定一个国家或一级政府的财政是否平衡的时候，通常不把债务收入统计在收入范围之内，与此对应，也不把债务的还本支出统计在支出范围之内。因此，财政平衡只是一种相对平衡状态，而非绝对平衡。在实际运用中，人们对财政平衡的理解是多角度的，出现财政周期平衡、财政动态平衡、财政整体平衡等概念。财政周期平衡是指财政收支在一个经济周期内由经济繁荣时的盈余来抵补经济衰退时的赤字，从而在一个经济周期内实现收支平衡；财政动态平衡是指在经济发展早期为促进经济发展而产生的财政赤字通过经济发展进入中期和成熟期的财政结余来弥补；财政整体平衡是指全部的财政收入与全部的财政支出在数量上大致相等，而不是部分财政收支的大致相等。

词条名称：**财政赤字数额**

英　　文：**amount of fiscal deficit**

定义：财政赤字数额是指财政支出大于财政收入而形成的差额。

释义：财政赤字是财政收支未能实现平衡的一种表现，是一种世界性的财政现象。从理论上讲，财政收支平衡是财政的最佳情况，在现实中，就是财政收支相抵或略有节余；但实际上，国家经常需要大量的财富解决大量的问题，经常会出现入不敷出的局面，财政赤字也随之产生。一国产生财政赤字的原因很多，有的是为了刺激经济发展而降低税率或增加政府支出，有的则因为政府管理不当、过分浪费资金而导致。当一个国家财政赤字累积过高时，就好像一间公司背负过多债务一样，对国家的长期经济发展而言，并不是一件好事。但是，适当的财政赤字可以刺激经济增长。在居民消费不足的情况下，政府可以通过加大政府投资刺激社会需求，拉动经济增长，市场中投资资金的增多也会带动股价上涨。

词条名称：**财政结余**

英　　文：**fiscal surplus**

定义：财政结余是指财政收入大于财政支出而形成的差额。

释义：财政结余是一个财政年度内，政府预算执行结果收入大于支出的余额，在价值形态上表现为银行的财政性存款，在物质形态上表现为相应的政府财政未动用的社会物资。保持适量的财政结余，可以避免出现财政赤字给国民经济带来的不利影响，并可作为以后年度的财政储备，有利于国民经济的稳定发展。但财政结余过多，又意味着社会产品的积压，商品流通的阻滞，资金周转的缓慢和国家财政职能未能充分实现。因此，中国政府一贯坚持“收支平衡，略有结余”的基本原则。

公式：财政结余 = 财政收入 - 财政支出

词条名称：**利率调整**

英　　文：**adjustment of interest rate**

定义：利率调整是指一定时期内利息额与贷出资本额（本金）的比率的变化。

释义：利率是经济学中一个非常重要的经济变量。利率作为一种经济杠杆，在国民经济的稳定和发展中起着重要的调节作用。利率对资金的积累、信用规模的调节、国民经济结构的调节和抑制通货膨胀都有着不可忽视的作用。利率调整一般由国家中央银行控制，如美国的联邦储备委员会。利率已经成为各国中央银行调控货币供求，进而实施宏观调控的主要手段。当经济过热、通货膨胀加剧时，可以通过提高利率收紧信贷，抑制过热的社会总需求；当经济萧条、通货紧缩严重时，可以通过降低利率释放信贷，刺激社会总需求。中国的利率水平由中国人民银行统一管理，中国人民银行确定的利率经国务院批准后执行。

市场对利率的敏感度较高，利率上升会对股票市场产生负面影响。

词条名称：**存款利率**

英　　文：**deposit interest rate**

定义：存款利率是指客户按约定条件存入金融机构的货币在一定时间内产生的利率。

释义：存款利率有活期存款利率、定期存款利率和定活两便利率之分。活期存款利率是没有固定期限，可以随时存取的活期存款的利率水平；定期存款利率是事先约定期限、利率，到期后支取本息的的定期存款的利率水平；定活两便利率是按一年以内定期整存整取同档次利率打六折后的利率。定期存款根据存款方式的不同可以分为整存整取、零存整取、整存零取和存本取息四种。其中，整存整取的利率最高，零存整取、整存零取和存本取息则采用相同的利率标准。

若利率升高，资金从股市流入银行，则股票价格下跌；利率降低，资金从银行流向股市，则股票价格上涨。

例证：2011 年 7 月 7 日起，城乡居民及单位活期存款年利率为 0.5%，一年期整存整取利率为 3.1%，一年期零存整取、整存零取或存本取息的利率为 3.1%。

词条名称：**贷款利率**

英　　文：**loan interest rate**

定义：贷款利率是指借款期限内利息数额与借款本金的比例。

释义：贷款利率是借款双方当事人计算借款利息的主要依据。根据贷款种类和期限的不同，贷款利率也有所差异；同时，贷款利率也与借贷资金的稀缺程度相联系。一般而言，资金越紧缺，贷款期限越长，贷款利率越高。中国的利率水平由中国人民银行统一管理，中国人民银行确定的利率经国务院批准后执行。以银行等金融机构为出借人的借款利率的确定，只能在中国人民银行规定的利率上下限范围内进行协商。如果当事人约定的贷款利率高于中国人民银行规定利率的上限，则超出部分无效；如果当事人约定的利率低于中国人民银行规定的利率下限，应当以中国人民银行规定的最低利率为准。一般情况下，贷款利率高于同期存款利率，两者间的差额是银行利润的主要来源。目前，中国中央银行正在进行利率市场化改革，逐步放开对贷款利率的管制。

若利率升高，资金从股市流入银行，则股票价格下跌；利率降低，资金从银行流向股市，则股票价格上涨。

例证：2011 年 7 月 7 日起，6 个月及以下的短期贷款的年利率为 6.1%，6 个月至一年期贷款的年利率为 6.56%，一至三年期贷款的年利率为 6.65%。

词条名称：**国债利率**

英　　文：**interest rate of treasury bond**

定义：国债利率是指国债的票面利率。

释义：国债利率是债券市场的主要利率指标之一。根据国债期限、政府信用水平的差异，国债利率也有所不同。中国记账式国债采用公开招标的方式确定国债发行的利率水平。招标方式主要包括美式招标、荷兰式招标和混合式招标三种。其中，美式招标以全场加权平均中标利率为当期国债票面利率；荷兰式招标以全场最高中标利率为当期国债票面利率；混合式招标则为美式招标和荷兰式招标的结合。

国债利率的确定主要考虑以下因素：（1）金融市场利率水平。国债利率必须依据金融市场上各种证券的平均利率水平而定。证券利率水平提高，国债利率也应提高，否则国债发行会遇到困难；金融市场平均利率下降时，国债利率水平也应下调，否则政府会蒙受损失。（2）银行储蓄利率。一般说来，公债利率以银行利率为基准，一般要略高于同期银行储蓄存款利息，以利于投资者购买国债，但不能过高于银行储蓄存款利率，否则形成存款“大搬家”。（3）政府的信用状况。一般情况下，由于政府信誉高于证券市场私人买卖证券信誉，所以在政府信誉高的情况下，国债利率适当低于金融市场平均利率水平。但如果政府信誉不佳，则必须提高国债利率，才能保证国债顺利发行。（4）社会资金供求状况。当社会资金供应充足，国债利率可降低，当社会资金供应紧张，国债利率必须相应提高，否则，前者可能导致国家额外的利息支付，后者可能导致国债发行不顺利。

若长期国债利率下降，则市场资金方面比较宽裕，说明对未来的通胀预期低，长期对股市利好。如果长期国债利率上升，说明通胀预期大，市场资金方面紧缩，短期内股票市场收益率高于国债收益，能吸引资金流入，长期对股市是利空。

例证：2011 年 11 月 16 日发行的 10 年期记账式国债的利率为 3.57%。

词条名称：**基准利率**

英　　文：**benchmark interest rate**

定义：基准利率是指金融市场上具有普遍参照作用的利率，其他利率水平或金融资产价格均可根据这一基准利率水平来确定。

释义：基准利率是金融市场上具有普遍参照作用的利率，在利率体系中处于基础性地位，其他利率水平或金融资产价格均可根据基准利率水平来确定。资本市场对基准利率的敏感度较高。基准利率并不是特指某一的利率类型，不同国家、不同市场对基准利率的选择有所差异。西方国家传统的基准利率是中央银行的再贴现率，但英国市场则以伦敦同业拆借利率为基准利率，美国市场以联邦基金利率为基准利率。国际经验表明，作为金融市场上引导其他利率走向的核心利率，基准利率比较容易在货币市场上形成。银行间同业市场拆借利率一直被认为是信贷资金或丰裕或短缺的风向标，是发达国家中央银行货币政策最重要的中介工具。伦敦同业拆借利率（LIBOR）早已被看作国际货币市场基准利率。美国最重要的基准利率——联邦基金利率，也是美国重要的货币市场——联邦基金市场上的银行间隔夜拆借利率。对于中国基准利率的选择，学术界存在多种观点，中国人民银行的再贴现率、国债二级市场的收益率、SHIBOR、七天回购率等都被学者认为是中国基准利率的可选标的。由于中国利率尚未完全实现市场化，因此基准利率的选择比利率市场化国家更加困难，关于中国基准利率的探索仍将继续进行。

基准利率必须具备以下几个基本特征：（1）市场化。基准利率必须是由市场供求关系决定，而且不仅反映实际市场供求状况，还要反映市场对未来的预期。（2）基础性。基准利率在利率体系、金融产品价格体系中处于基础性地位，它与其他金融市场的利率或金融资产的价格具有较强的关联性。（3）传递性。基准利率所反映的市场信号，或者中央银行通过基准利率所发出的调控信号，能有效地传递到其他金融市场和金融产品价格上。

若利率升高，资金从股市流入银行，则股票价格下跌；利率降低，资金从银行流向股市，则股票价格上涨。

例证：伦敦银行间同业拆借利率（LIBOR）、联邦基金利率。

词条名称：**再贴现利率**

英　　文：**rediscount rate**

定义：再贴现利率是指商业银行将其贴现的未到期票据向中央银行申请再贴现时的预扣利率。

释义：再贴现利率是贴现利率的一种。当商业银行急需资金时，可以以其对工商企业贴现的票据向中央银行进行再贴现，再贴现利率实质上是中央银行向商业银行的放款利率。在货币政策实践中，再贴现利率是中央银行的传统工具之一。中央银行可以通过调整再贴现利率干预和影响市场利率及货币市场的供给和需求状况，进而调节市场的货币供应量。当经济过热是，中央银行可以通过提高再贴现利率，增加再贴现成本，抑制商业银行的再贴现需求，减少货币供应，进而抑制社会总需求。当经济萧条时，则可以通过降低再贴现利率，增加货币供应，进而刺激社会总需求。再贴现利率的变动也是一种“告示性效应”，其变动可以作为央行向银行和公众宣布自身政策意向的有效办法。

再贴现利率是货币政策的一种，再贴现利率提高会使减少商业银行的贴现行为，从而减少流通到市场中的货币数量，流通货币数量减少，自然投入到股市的货币也会减少，股市价格降低，反之亦然。

词条名称：**同业拆借利率**

英　　文：**interbank offered rate**

定义：同业拆借利率是指银行同业之间的短期资金借贷利率。

释义：同业拆借利率包含拆进利率（Bid Rate）和拆出利率（Offered Rate）。拆进利率表示银行愿意借款的利率水平；拆出利率表示银行愿意贷款的利率水平。同业拆借利率是拆借市场的资金价格，是货币市场的核心利率，也是整个金融市场上具有代表性的利率，它能够及时、灵敏、准确地反映货币市场乃至整个金融市场短期资金供求关系。著名的伦敦银行间同业拆借利率（LIBOR）就是同业拆借利率的典型代表。

当同业拆借率持续上升时，反映资金需求大于供给，预示市场流动性可能下降，对股市不利；当同业拆借利率下降时，反映资金需求供给大于需求，预示市场流动性充裕，对股市利好。

例证：伦敦银行间同业拆借利率（LIBOR）、上海银行间同业拆借利率（SHIBOR）、新加坡同业拆放利率（SIBOR）、香港同业拆放利率（HIBOR）。

词条名称：**回购利率**

英　　文：**repo rate**

定义：回购利率是指回购协议的约定利率。

释义：回购协议是回购方以出售政府证券或其他证券的方式暂时性地从资金方获得闲置资金，并承诺在一定期限后按约定价格购回原抵押证券的交易形式。在回购协议中，约定的回购价格一般高于原出售价格，二者间的差额与原出售价格之比即为回购利率。由于回购协议的期限较短，如1天、7天或1个月，因而回购利率大多为期限较短的年化利率，如隔夜回购利率、7天回购利率等。回购不仅是银行间货币市场的重要交易形式，而且是央行控制货币供应量的重要途径之一，央行通过回购操作可以达到调节货币供应量的目的。因此，央行的回购利率成为市场跟踪的热点，是投资者判断未来货币政策走向的重要参考指标之一。

公式：年利率＝［（到期结算本金和－首期结算金额）/首期结算金额］×（365/回购天数）

式中，到期结算本金和为回购协议到期时回购方支付的资金总额；首期结算金额为回购协议签订时回购方获得的资金总额；回购天数为回购协议约定的回购天数。

例证：隔夜回购利率、7 天回购利率。

词条名称：**贴现利率**

英　　文：**discount rate**

定义：贴现利率，简称“贴现率”，是指银行票据贴现时使用的利率或将未来现金流转化为现值时使用的利率。

释义：贴现利率是现代资本决策的重要变量，被广泛应用于银行票据贴现、项目投资决策等方面。票据贴现是银行贷款的一种特殊形式，贴现率直接受银行贷款利率的约束，且通常小于贷款利率。在投资决策中，贴现利率是投资者筛选投资方案的重要依据。投资者在社会平均资本报酬率的基础上，根据自身投资经验及对风险的偏好程度确定贴现利率，并运用该贴现利率确定各年净现金流量现值的代数和，以决定投资方案的优劣。贴现利率的确定没有统一的标准，一般根据不同项目的具体情况确定不同的贴现利率。实践中，常用的贴现利率水平包括无风险投资报酬率、必要投资报酬率、行业平均投资利润率等。

词条名称：**长期利率**

英　　文：**long-term interest rate**

定义：长期利率是指融资期限在一年以上的各种金融资产的利率。

释义：长期利率是相对于短期利率而言的。一般期限越长，投资风险越大，利率也越高，因此长期利率一般高于短期利率。由于资本市场工具的交易期限在一年以上，故长期利率多指资本市场利率。关于长期利率的确定有着不同的解释：（1）预期理论认为，对未来短期利率的预期是形成长期利率的基础，如果预期未来短期利率趋于上升，则长期利率也将上升，反之则下降；但完全预期理论假定不同期限证券间存在完全替代性，这一点引起很大争议。（2）市场分割理论认为，投资者有期限偏好，不同的期限需求将金融市场分割，长期利率和短期利率由各自市场的供求条件所决定；市场分割理论的缺陷在于割裂了短期利率与长期利率间的关联性。（3）流动性偏好理论认为，长期利率水平等于短期利率加上流动性溢价，其中，流动性溢价是对长期证券流动性和风险的必要补偿。

例证：中长期贷款利率、中长期债券利率。

词条名称：**短期利率**

英　　文：**short-term interest rate**

定义：短期利率是指融资期限在一年以内的各种金融资产的利率。

释义：短期利率对货币市场资金供求状况最为敏感，变动十分频繁。纽约货币市场和伦敦货币市场是世界上最大的短期融资中心，由该市场确定的利率水平对世界市场起着带头作用。伦敦银行同业拆借利率（LIBOR）是国际上各种短期利率的基准，其他存贷款利率一般在伦敦银行同业拆借利率的基础上加息或减息。在美国金融市场上，美国联邦基金利率期限最短，对短期资金供求反应最为敏感，其他短期利率常受此影响。中国金融市场比较重要的短期利率有SHIBOR、7天回购利率、央行回购利率。其他比较重要的短期利率主要有商业票据利率、大额可转让存单利率、银行承兑利率等。

例证：3个月期国库券利率、回购利率、同业拆借利率、再贴现利率。

词条名称：**汇率变动**

英　　文：**change of exchange rate**

定义：汇率变动是指两种货币之间的折算比价的变化。

释义：汇率变动的最小单位（又称基本点）是标价货币的最小价值单位的1%。汇率的表达方式主要有两种：一种是直接标价法，即以本国货币表示固定单位外国货币的价格，如2012年4月12日，中国银行间外汇市场美元对人民币汇率的中间价为100美元兑人民币630.73元，这一标价方法就是直接标价法。另一种是间接标价法，即以外国货币表示固定单位本国货币的价格，如对于2012年4月12日的上述中间价，用间接标价法表示美元的汇率就是每100元人民币等于15.85美元。除了美元、英镑、欧元等在国际贸易中地位较高的几种货币采用间接标价法外，一般货币的汇率都采用直接标价法标示。在直接标价法下，汇率的数值越大，意味着1单位的外国货币可以兑换越多的本国货币，即本国货币的币值越低。一国货币币值的提高称为“升值”，反映为直接标价法下汇率数值的下降；一国货币币值的降低称为“贬值”，反映为直接标价法下汇率数值的上升。汇率的种类极其繁多，根据不同的标准可以划分为固定汇率与浮动汇率、即期汇率与远期汇率、基本汇率与交叉汇率等。汇率作为一国货币对外价格的表现形式，其变化既受经济因素的影响，也受政治和社会因素的影响。一般来说，一国经济发展向好、国际收支顺差、通货膨胀率低、利率较高、升值预期较高、外汇储备充裕，则该国货币将升值，反之则会贬值。此外，突发性政治事件和投机活动也会对汇率变动产生重要影响。

本币加速升值将对本国出口产生负面影响，但本币的稳定升值会吸引外国资金流入股票市场，对股市有利。

例证：2012年4月12日，美元对人民币汇率为6.3073，即1美元可以兑换6.3073元人民币。

词条名称：**固定汇率**

英　　文：**fixed exchange rate**

定义：固定汇率是指本国货币当局公布的，并用经济、行政或法律手段维持其不变的本国货币与某种外国参照货币（或贵金属）之间的固定比价。

释义：固定汇率不一定是盯住单一的外国货币，当一国政府把本国货币固定在某一组货币上时，就称“该货币钉住一篮子货币”。固定汇率并非汇率完全固定不动，而是围绕一个相对固定的区域范围波动，该范围最高点叫“上限”，最低点叫“下限”。当汇价涨或跌到上限或下限时，中央银行会采取措施，使汇率维持在设定区域内。因此，在现实中，完全固定的汇率制度很少见，固定汇率通常表现为可调整的钉住制度。在19世纪初到20世纪30年代的金本位制时期、第二次世界大战后到70年代初以美元为中心的国际货币体系时期，都实行固定汇率制。固定汇率的优点在于有利于经济的稳定发展，有利于国际贸易、国际信贷和国际投资的经济主体进行成本利润核算，避免了汇率波动的风险。固定汇率同时也存在诸多缺点：固定汇率难以发挥调节国际收支的经济杠杆作用，维持固定汇率的操作可能使国内经济增长受到抑制，固定汇率机制容易受到投机资金的攻击，如1997年东南亚货币危机。

词条名称：**浮动汇率**

英　　文：**floating exchange rate**

定义：浮动汇率是指由外汇市场上的供求关系决定，本国货币当局不加干预的货币比价。

释义：由于汇率的变化受市场供求状况的影响，因此浮动汇率比固定汇率波动更加频繁，而且波动幅度更大。根据政府干预与否，浮动汇率可分为自有浮动汇率和管理浮动汇率，但在现实中，完全的自有浮动汇率很少见。由于政府力量的强大和政府对一国经济日益频繁的干预，各国政府或多或少地对汇率水平进行干预和指导；当干预程度较高时，浮动汇率就成为管理浮动汇率。2005年7月21日起，中国开始实行以市场供求为基础、参考一篮子货币进行调节、有管理的浮动汇率制。20世纪70年代，随着布雷顿森林体系的崩溃，西方国家纷纷从固定汇率制度转向浮动汇率制度。浮动汇率的优点在于可以缓解国际金融市场上大量投机性游资对本国货币的冲击，可以防止某些国家的外汇储备和黄金流失，有利于国内经济政策的独立性。浮动汇率的缺点主要在于汇率波动频繁，加大了国际贸易和国际投资的汇率风险，可能导致竞争性货币贬值，助长了国际金融市场的投机活动，加剧国际金融局势的动荡。

词条名称：**基本汇率**

英　　文：**basic exchange rate**

定义：基本汇率是指本国货币与关键货币的汇率。

释义：基本汇率是相对交叉汇率而言的。由于世界货币种类繁多，在一国汇率系统中，一般不会详细标出本币对所有外币的汇率，而是通过本币对关键货币的汇率（基本汇率），结合关键货币对其他外币的汇率，进而算出本币对非关键外币的汇率。关键货币是指在本国对外交往中使用最多的外币，现在多数国家都把美元作为关键货币。中国在计算人民币汇率时，大多也以美元为媒介来折算人民币与其他外币（比如日元、加元等）之间的比价。因此，人民币与美元的汇率为基本汇率。

例证：人民币与美元的汇率为基本汇率。

词条名称：交叉汇率

英　　文：cross exchange rate

定义：交叉汇率，又称“套算汇率”，是指根据基本汇率及关键货币与其他货币之间的汇率计算出来的本国货币与其他货币的汇率。

释义：制定出基本汇率后，本币对其他外国货币的汇率就可以通过基本汇率加以套算，这样得出的汇率就是交叉汇率。美元是交叉汇率中常用的关键货币。在国际市场上，几乎所有的货币兑美元都有一个兑换率，一种非美元货币对另外一种非美元货币的汇率，往往需要通过这种对美元的汇率进行套算，这种套算出来的汇率就称为“交叉汇率”。

例证：通过人民币与美元的汇率及美元与日元的汇率计算出的人民币与日元的汇率为交叉汇率。

词条名称：即期汇率

英　　文：spot exchange rate

定义：即期汇率，又称“现汇汇率”，是指即期外汇交易时的汇率，即外汇买卖成交后，买卖双方在当天或在两个营业日内进行交割所使用的汇率。

释义：根据外汇买卖的交割期限，汇率可分为即期汇率与远期汇率。即期汇率是由交易时点货币的供求状况决定的；在外汇市场上挂牌的汇率，除特别标明远期汇率以外，一般都是指即期汇率。中国的即期汇率是中国人民银行公布的当日人民币外汇牌价的中间价。即期汇率受货币供求状况、预期、投机活动、央行外汇干预等因素的影响较大。

词条名称：远期汇率

英　　文：forward exchange rate

定义：远期汇率，又称“期汇汇率”，是指交易双方达成外汇买卖协议后，约定在未来某一时间进行外汇交割时所使用的汇率水平。

释义：远期汇率是远期外汇买卖所使用的汇率。所谓远期外汇买卖，是指外汇买卖双方成交后并不立即交割，而是到约定的日期再进行交割的外汇交易。这种交易在交割时，双方按原来约定的汇率进行交割，不受汇率变动的影响。随着远期外汇市场的发展，远期汇率越来越受到投资者的关注。远期汇率的报价方法通常有两种：直接报价法和点数报价法。直接报价法是直接报出远期汇率的具体数值，无需根据即期汇率和升水贴水来折算远期汇率，直接报价方法既可以采用直接标价法，也可以采用间接标价法。在点数报价法下，远期汇率用即期汇率的“升水”、“贴水”、“平价”来表示。当某货币在外汇市场上的远期汇价高于即期汇率时，称之为“升水”；当某货币在外汇市场上的远期汇价低于即期汇率时，称之为“贴水”；当某货币在外汇市场上的远期汇价等于即期汇率时，称之为“平价”。在直接标价法下，远期汇率等于即期汇率加上升水数或减去贴水数，即为远期汇率；在间接标价法的情况下，则正好相反。银行报出的远期汇率多采用点数报价法。

公式：直接标价法：远期汇率 =

即期汇率 + 升水（或 - 贴水）

间接标价法：远期汇率 = 即期汇率 + 贴水（或 - 升水）

词条名称：**买入汇率**

英　　文：**buying rate**

定义：买入汇率是指外汇银行向同业或客户买进外汇时所使用的汇率。

释义：在直接报价法下，银行报出的汇率同时包含外币买入价和卖出价。买入价是指报价行愿意以此价买入标的货币的汇价，卖出价是报价行愿意以此价卖出标的货币的汇价，买入价与卖出价之间的价格差称为“价差”。

例证：假定银行报出的美元与德国马克的报价为 USDl = DEM1. 7668—1. 7673，则美元对马克的买入汇率为 1. 7668，即银行可以用 1 美元买入 1. 7668 马克。

词条名称：**卖出汇率**

英　　文：**selling rate**

定义：卖出汇率是指外汇银行向同业或者客户卖出外汇时所使用的汇率。

释义：在直接报价法下，银行报出的汇率同时包含外币买入价和卖出价。买入价是指报价行愿意以此价买入标的货币的汇价，卖出价是报价行愿意以此价卖出标的货币的汇价，买入价与卖出价之间的价格差称为“价差”。

例证：假定银行报出的美元与德国马克的报价为 USDl = DEM1. 7668—1. 7673，则美元对马克的卖出汇率为 1. 7673，即客户向银行购买 1 美元需支付 1. 7673 马克。

词条名称：**人民币汇率**

英　　文：**renminbi exchange rate**

定义：人民币汇率是指人民币兑换外币的比价。

释义：人民币汇率在 1994 年以前一直由国家外汇管理局制定并公布，1994 年 1 月 1 日人民币汇率并轨以后，实施以市场供求为基础的单一的、有管理的浮动汇率制。中国人民银行根据前一日银行间外汇市场形成的价格，公布人民币对美元等主要货币的汇率，各银行以此为依据，在中国人民银行规定的浮动幅度内自行挂牌。自 2005 年 7 月 21 日起，中国开始实行以市场供求为基础，参考一篮子货币进行调节，有管理的浮动汇率制度。此次汇率体制改革后，人民币汇率不再盯住单一美元，形成更富弹性的人民币汇率形成机制。中国人民银行于每个工作日闭市后公布当日银行间外汇市场美元等交易货币对人民币汇率的收盘价，作为下一个工作日该货币对人民币交易的中间价格。中国人民银行将根据市场发育状况和经济金融形势，适时调整汇率浮动区间。2007 年 5 月 21 日，中国人民银行宣布银行间即期外汇人民币兑美元交易价浮动幅度由 0. 3% 扩大至 0. 5%。2012 年 4 月 16 日，中国人民银行将这一波动幅度进一步扩大至 1%，令人民币汇率的形成机制更富弹性。随着人民币国际化的进程加快，人民币汇率变动越来越受到国际市场的关注。

人民币汇率变化对股市有一定影响，如果人民币汇率波动过大，将导致股市出现较大波动。

词条名称：**国际储备**

英　　文：**international reserve**

定义：国际储备是指一国货币当局为平衡国际收支，维持本国货币汇率的稳定或用于紧急国际支付而持有的为各国普遍接受的一切资产。

释义：根据国际货币基金组织的统计口径，一国的国际储备由货币性黄金、外汇储备、在国际货币基金组织的储备头寸和特别提款权构成。其中，货币性黄金是指一国货币当局作为金融资产持有的货币性黄金，非货币用途的黄金不在此列；外汇储备是指各国官方所持有的国外可兑换货币、银行存款和其他可变现的金融资产；在国际货币基金组织的储备头寸是一国在国际货币基金组织的自动提款权；特别提款权是国际货币基金组织分配给其成员国特定用途使用资金的权利。一国国际储备的供给主要取决于出口创汇、换汇能力和对外投资收益等因素，主要来源于国际收支顺差、国际信贷、干预外汇市场所得外汇、黄金存量、特别提款权的分配、在国际货币基金组织的头寸等。

例证：货币性黄金、外汇储备、在国际货币基金组织的头寸、特别提款权均属于国际储备的范畴。

词条名称：**外汇储备**

英　　文：**foreign exchange reserves**

定义：外汇储备是指各国官方所持有的国外可兑换货币、银行存款和其他可变现的金融资产。

释义：外汇储备是国际储备的一种资产形态，一般在一国国际储备中占据较高比重。目前被广泛用作储备外汇的是美元、英镑、欧元等。一国货币作为国际储备货币必须满足三个条件：能自由兑换成其他货币或储备资产；在国际货币体系中占有重要地位，是为各国普遍接受的国际计价手段和支付手段；人们对该货币购买力的稳定性具有信心。外汇储备主要有四个方面的功能：一是调节国际收支，保证对外支付；二是干预外汇市场，稳定本币汇率；三是维护国际信誉，提高融资能力；四是增强综合国力，抵御金融风险。实践中，外汇储备通常用于清偿国际债务和干预外汇市场。

外汇储备数据每季度发布一次，可以帮助回顾中国经济的整体状况，但并不代表数据不会对市场造成影响。

词条名称：**黄金储备**

英　　文：**gold reserve**

定义：黄金储备是指一国货币当局作为金融资产持有的货币性黄金（非货币用途的黄金不在此列）。

释义：黄金能够作为各个历史时期国际货币体系的重要国际储备资产，主要是因为它具有可靠的保值手段。黄金储备完全属于国家主权范围，可以自行控制，不受任何超国家权力的干预。黄金储备量作为国际储备的一个部分，是衡量国家财富的一个方面。黄金储备量高，则具备较强地抵御国际资金冲击的能力，有助于弥补国际收支赤字，有助于维持一国的经济稳定。但是过高的黄金储备量会导致持有成本增加。随着布雷顿森林体系的崩溃，黄金非货币化已使得黄金作为严格意义的国际储备资产的作用大大减弱。但是由于黄金储备可以在黄金市场上出售，换成对外支付的外汇，大多数国家货币当局仍然持有黄金，并作为国际储备的重要组成部分。

中国黄金持有量的变化对国际金价的影响较大。但由于中国央行不会及时公布持有量的变动情况，而实际发布的数据又不一定能够反映出当前的购买量，因此投资者需要谨慎解读数据。

词条名称：**货币供应量增减**

英　　文：**change of money supply**

定义：货币供应量增减是指一国在某一时期内为社会经济运转服务的货币存量的变化，是单位和居民个人在银行的各项存款和手持现金之和的变化。

释义：货币供应量是宏观经济的主要变量，其变化反映着重要银行货币政策的变化，会对企业生产经营、金融市场尤其是证券市场的运行和居民个人的投资行为产生重大影响。货币供应量的变动会影响利率水平。当经济过热时，中央银行可以减少货币供应量以减少货币供给，进而引发利率上升，抑制投资和社会总需求；当经济萧条时，中央银行可以增加货币供应量以增加货币供给，进而引发利率下降，刺激投资和社会总需求的增长，实现对经济的干预。中央银行一般根据宏观监测和宏观调控的需要，根据流动性的大小，将货币供应量划分为不同的层次。中国现行货币统计制度将货币供应量划分为三个层次：流通中现金（M_0）、狭义货币供应量（M_1）和广义货币供应量（M_2）。

市场对货币供应量非常敏感，货币供应量过量时，短期内有利于经济强劲增长，对股市构成利好。

词条名称：**流通中现金（M_0）**

英　　文：**currency in circulation**

定义：流通中现金，简称“M_0”，是指银行体系以外各个单位的库存现金和居民的手持现金之和。

释义：经济学家根据流动性对货币层次进行划分，以确定货币供应量的范围。所谓金融资产的流动性，是一种金融资产能迅速转换成现金而对持有人不发生损失的能力，也就是变为现实的流通手段和支付手段的能力，也称“变现力”。中国现行的货币体系将货币供应量划分为三个层次：流通中现金（M_0）、狭义货币供应量（M_1）和广义货币供应量（M_2）。M_0 是流通中的现金，是最具流动性的货币层次，具备完全的流动性。M_0 的变化将直接引发市场商品供求的变化。

图示：

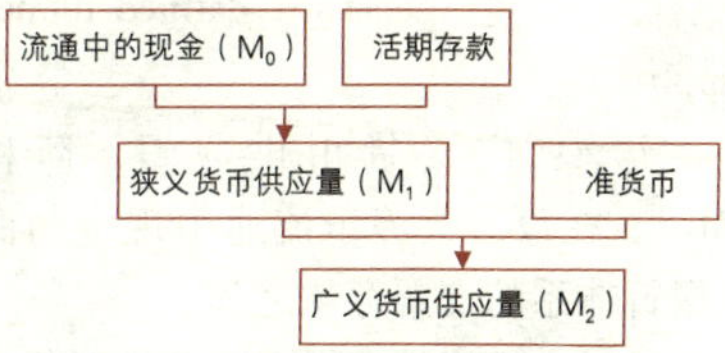

中国货币层次图

词条名称：狭义货币供应量（M_1）

英　　文：narrowly defined money supply

定义：狭义货币供应量，简称“M_1”，在数值上等于流通中现金与商业银行体系的支票存款之和。

释义：经济学家根据流动性对货币层次进行划分，以确定货币供应量的范围。所谓金融资产的流动性，是一种金融资产能迅速转换成现金而对持有人不发生损失的能力，也就是变为现实的流通手段和支付手段的能力，也称“变现力”。中国现行的货币体系将货币供应量划分为三个层次：流通中现金（M_0）、狭义货币供应量（M_1）和广义货币供应量（M_2）。M_1 在数值上等于 M_0 加上活期存款，其中，活期存款包括企业活期存款、机关团体存款及农村存款。

M_1 是经济周期波动和价格波动的先行指标，对 M_1 的严密监测与调控对抑制通货膨胀和实现经济的健康增长具有十分重要的意义。股市投资者需要密切关注 M_1 的变化趋势。

公式：$M_1 = M_0 + D$

式中，M_0 为流通中的现金；D 为活期存款，包括企业活期存款、机关团体存款及农村存款。

词条名称：广义货币供应量（M_2）

英　　文：generally defined money supply

定义：广义货币供应量，简称“M_2”，在数值上等于流通中现金与商业银行体系的支票存款之和。

释义：经济学家根据流动性对货币层次进行划分，以确定货币供应量的范围。所谓金融资产的流动性，是一种金融资产能迅速转换成现金而对持有人不发生损失的能力，也就是变为现实的流通手段和支付手段的能力，也称“变现力”。中国现行的货币体系将货币供应量划分为三个层次：流通中现金（M_0）、狭义货币供应量（M_1）和广义货币供应量（M_2）。现阶段，中国 M_2 在数值上等于 M_1 加上准货币，其中，准货币包括居民储蓄存款、企业定期存款、信托类存款与其他存款。M_2 可作为观察和调控中长期金融市场均衡的目标。通常，M_2 的增幅应控制在经济增长率、物价上涨率、货币流通速度变化程度三者之和的范围内。

除了公开发布的数据外，投资者需要关注两大重要指标，以此分析通胀前景：一是 M_2 和 GDP 的比率，这是考察整体货币环境的一项指标；二是 M_1 和 M_2 增速之间的差异，可以作为考察通胀预期高低的指标。

公式：$M_2 = M_1 + TD$

式中，M_1 为狭义货币供应量；TD 为准货币，包括居民储蓄存款、企业定期存款、信托类存款与其他存款。

词条名称：准货币

英　　文：quasi negotiable currency

定义：准货币，又称“亚货币”或“近似货币”，是指不能直接用于流通、但可以随时转换成通货的资产。

释义：准货币包括居民储蓄存款、企业定期存款、信托类存款和其他存款。从货币层次上看，准货币是广义货币供应量（M_2）与狭义货币供应量

（M_1）的差额。准货币没有纳入传统货币范畴之中，但在现实生活中已经具有价值尺度、流通手段以及支付手段的货币基本职能。准货币是以一定的价值为基础，是一种现实购买力，可以表现为不同的载体。现实中常见的代金券、储值卡等就是典型的准货币载体。

公式：准货币 $= M_2 - M_1$

式中，M_2 为广义货币供应量；M_1 为狭义货币供应量。

词条名称：**金融机构存款余额**

英　　文：**deposit balance of financial institutions**

定义：金融机构存款余额是指某一时点金融机构的存款金额。

释义：金融机构存款余额所指的金融机构类型包括商业银行、政策性银行、非银行信贷机构和保险公司等。纳入该指标统计范围的存款包括企业存款、财政存款、机关团体存款、城乡储蓄存款、农业存款、信托及其他类存款。根据统计口径的不同，金融机构存款余额也有所差异，常用指标为某一国家或地区的金融机构存款余额。金融机构存款余额是宏观经济的重要指标，反映一个国家或地区的储蓄情况。金融机构存款余额是以储蓄形式表现的资本总量，某一地区金融机构的存款余额直接反映了该地区的经济发展水平和富民程度。通常情况下，金融机构存款余额越高，表明该国家或地区的经济发展水平和富民程度越高，充裕的现金流有利于股市的发展。

词条名称：**金融机构贷款余额**

英　　文：**loan balance of financial institutions**

定义：金融机构贷款余额是指某一时点金融机构的贷款金额。

释义：金融机构贷款余额所指的金融机构类型包括商业银行、政策性银行、非银行信贷机构和保险公司。纳入该指标统计范围的贷款包括工业贷款、农业贷款、商业贷款、建筑业贷款、私营及个体贷款、乡镇企业贷款、固定资产贷款、信托及其他类贷款。金融机构贷款余额是宏观经济的重要指标，反映一个国家或地区金融资产的利用水平。通常情况下，金融机构贷款余额越高，表明该国家或地区金融资产的利用水平越高，充裕的现金流有利于股市的发展。

词条名称：**金融资产总量**

英　　文：**total financial assets**

定义：金融资产总量是指个体或机构所持有的现金、银行存款、有价证券、保险及其他金融资产的总和。

释义：金融资产是对未来收益索取权的凭证，是相对于实物资产而言的。私人家庭的金融资产一般包括现金、储蓄存款、股票、证券、投资基金和保险产品等。改革开放以来，中国经济迅速发展，国民生产总值不断攀升，金融资产的总量和结构也发生了巨大变化。中国金融资产由单一的银行资产向市场化、多元化的方向发展，非银行金融机构提供的其他各种类型的金融资产所占比重相对上升。1981年之前，由于受到政府当局的严格控制，货币几乎成为中国金融资产的唯一形式，金融资产总量也很低。1981年开始逐步推行国债、金融债和企业债的发行，债券资产的增加壮大了中国金融资产的数额。尤其是1990年上海证券交易所和1991年深圳证券交易所成立以来，股票市场的发展极大地促进了中国金融资产总量的增长。

词条名称：**货币需求**

英　　文：**demand for money**

定义：货币需求是指人们在不同条件下出于各种考虑对持有货币的需要。

释义：货币需求属于商业经济的范畴，发端于商品交换，随商品经济及信用化的发展而发展。经济学意义上的货币需求指的是有效需求，不单纯是一种心理上的欲望，而是一种能力和愿望的统一体，是由货币需求能力和货币需求愿望共同决定的客观需求。凯恩斯认为，由于货币是具有方便性、灵活性、流动性的资产，持有货币能满足人们对流动性的偏好，因而货币需求是人们放弃流动性较差的金融资产而持有不生息货币的需求。根据凯恩斯的观点，货币需求可以分为交易性货币需求、预防性货币需求、投机性货币需求和安全需求。

词条名称：**货币需求量**

英　　文：**demand for money**

定义：货币需求量是指一国在一定时期内，因国民经济发展水平、经济结构以及经济周期而形成的对货币的需要量。

释义：货币需要量是一个内生变量，形成于国民经济运行系统内部。它属于存量指标，可在一定时期内的若干时点上加以预测和把握。货币需要量具有替代性特征，在信用和金融市场比较发达的条件下，如有价证券等金融资产都具有迅速变为现金的能力，由此可以作为第二准备来替代现金需求，替代性的大小取决于金融资产的流动性、收益性和风险性等因素。货币需要量可区分为名义货币需要量和实际货币需要量。名义货币需求量是指按当前价格计算的货币需要量；实际货币需求量是剔除物价影响后的货币需求量。对于货币需要量的决定因素，学术界尚无一致的结论，按流派分大致有两种主要观点：其一是凯恩斯学派，认为收入和利率是货币需要量的主要决定因素，货币需要量与收入呈正向变动，而与利率呈反向变动；其二是货币学派，认为影响货币需要量主要受总财富、人力资本在总财富中的比例、货币与其他资产的收益率和其他随机因素的影响。

词条名称：**交易性货币需求**

英　　文：**transaction demand for money**

定义：交易性货币需求是指个人和企业为进行正常交易活动而持有的货币。

释义：由于收入和支出在时间上不同步，因而个人和企业必须有足够的货币资金来支付日常开支。个人或企业出于日常交易动机所需要的货币量，决定于收入水平以及惯例和商业制度，而惯例和商业制度在短期内一般可假定为是固定不变的，因此，凯恩斯认为，交易性货币需求主要取决于收入，收入越高，交易量越大，所交换的商品和劳务的价格越高，从而为应付日常开支所需的交易性货币需求量就越大。此外，交易性货币需求也受价格、货币流通速度、金融资产的收益率、预期等因素的影响。交易性货币需求与预防性货币需求有若干共同点：它们都是收入的正函数，虽受利率影响，但作用程度均不大，并且在日常生活中二者难以区分。因此，为了简化分析，经常将二者归为一类，并统称为“对货币的交易需求”。这种广义的货币交易需求也是收入水平的正函数。

词条名称：**预防性货币需求**

英　　文：**precautionary demand for money**

定义：预防性货币需求是指个人或企业为预防意外支出而持有的货币。

释义：预防性货币需求产生于未来收入和支出的不确定性。在日常生产和生活中，除各种经常性开支外，还会发生一些难以预测的费用支出。个人或企业为应付事故、失业、疾病等意外事件需要保留一部分货币，以避免因流动性不足而陷入窘境，这部分货币就是预防性货币需求。西方经济学家认为，个人或企业对货币的预防性需求主要取决于其对意外事件的看法，但从社会来看，这一货币需求量基本与收入成正比，是收入的函数。收入越高，人们出于预防目的而持有的货币就越多。预防性货币需求与交易性货币需求有若干共同点：它们都是收入的正函数，虽受利率影响，但作用程度均不大，并且在日常生活中二者难以区分。因此，为了简化分析，经常将二者归为一类，并统称为“对货币的交易需求”。这种广义的货币交易需求也是收入水平的正函数。

词条名称：**投机性货币需求**

英　　文：**speculative demand for money**

定义：投机性货币需求是指个人或企业为抓住有利的购买有价证券的机会而持有的货币。

释义：投机性货币需求的概念是英国经济学家 J. M. 凯恩斯首先提出的。凯恩斯认为，社会公众的资产可以以货币形式，也可以以有价证券的形式保存。除必备的交易性（含预防性）货币需求外，对其余货币持有的选择，人们着重从争取盈利或避免损失的原则加以把握。当现行利率过高时，人们预期利率会下跌，便放弃货币而持有债券，即减少货币需求，这样不仅可以获得较高的利息收益，而且当利率下跌时还会因债券升值而获得额外的资本利得；当现行利率过低时，人们预期利率会上升，便放弃债券而持有货币，即增加货币需要量，这样可以避免利息损失和债券价格下跌的风险。因此，投机性货币需求是利率的反函数，同利率的高低呈反方向变动。

词条名称：**安全需求**

英　　文：**safety demand for money**

定义：安全需求是指非银行金融机构为未来不可预知的交易而持有的货币。

释义：经济主体对未来的经营状况是不确定的，无法准确预知。收入越高的经济主体，其安全需求的实际范围就越大，即可预见的交易数额越大。此外，日常生产经营所需的机器设备的更新购买和维修的不确定性也需要货币的安全需求。安全需求在货币需求模型中一般不是独立的，而被简化归入交易性货币需求。

词条名称：**定性因素**

英　　文：**qualitative factors**

定义：定性因素是指不可量化或不易量化的因素。

释义：定性因素是相对于定量因素而言的。定量分析与定性分析是经济学中常用的两种分析方式。定性因素由于无法量化，通常运用市场调研法、逻辑推演法、情景分析法等方法对其进行分析并得出相应结论。

例证：政治因素、法律因素、社会因素等。

词条名称：**货币政策调整**

英　　文：**change of monetary policy**

定义：货币政策调整是指中央银行为实现其特定的经济目标而采用的各种控制和调节货币供应量或信贷规模的方针和措施的变化。

释义：货币政策和财政政策是政府稳定经济的两类最为常用的政策工具。货币政策是包括货币政策目标、货币政策工具、货币政策中介指标、货币政策效果等一系列内容在内的广泛概念。货币政策是通过政府对一国的货币、信贷及银行体系制的管理来实施的。中央银行对货币和信用的调节政策有两大类：一是从收缩和放松两个方向调节银行体系的准备金和货币乘数，从而改变货币供应量，这是一般性货币管理政策，它影响货币信用的总量，属于宏观性措施；另一类是用各种方式干预信贷市场的资金配置，有目的地调节某些经济部门的货币信贷供应量，从而引起货币结构变化，这是选择性信贷管理，属于微观性措施。根据对总产出的影响，货币政策可以分为两类：扩张性货币政策（宽松货币政策）和紧缩性货币政策。在经济萧条时，中央银行通过降低法定存款准备金率、降低再贴现率等措施增加货币供给，以降低利率水平、刺激投资和消费、增加社会总需求，即为扩张性货币政策；反之，当经济过热、通货膨胀率过高时，中央银行通过提高法定存款准备金率、提高再贴现率等措施减少货币供给，以提高利率水平、抑制投资和消费、减少社会总需求，将物价水平控制在合理范围内，即为紧缩性货币政策。

股票市场对货币政策的敏感度非常高，在实行紧缩性货币政策时，货币供应量减少，利率上升，对股价形成向下的压力；而实行扩张的货币政策意味着货币供给增加和利率下调，使股价水平趋于上升。把握货币政策取向对投资者具有十分重要的参考作用。

例证：再贴现政策、公开市场业务、窗口指导等。

词条名称：**货币政策工具**

英　　文：**monetary policy tools**

定义：货币政策工具是指中央银行

为达到货币政策目的而采用的政策工具。

释义：中央银行的货币政策工具可分为一般性政策工具和选择性工具。一般性货币政策工具即传统的三大货币政策工具：再贴现政策、存款准备金政策和公开市场政策。一般性政策工具对金融活动的影响是普遍的、总体的，没有特殊的针对性和选择性，其实施对象是整体经济，而非个别部门或个别企业。选择性货币政策工具是中央银行针对个别部门、企业或特殊用途的信贷而采用的政策工具，这些政策工具可以影响商业银行体系的资金运用方向以及不同信用方式的资金利率。中央银行的选择性政策工具主要包括间接信用指导工具（如优惠利率、证券保证金比例、消费信用管制等）和直接信用控制工具（如贷款量的最高限额、存款利率的最高限额等）。

例证：再贴现率、法定存款准备金率、消费信用管制。

图示：

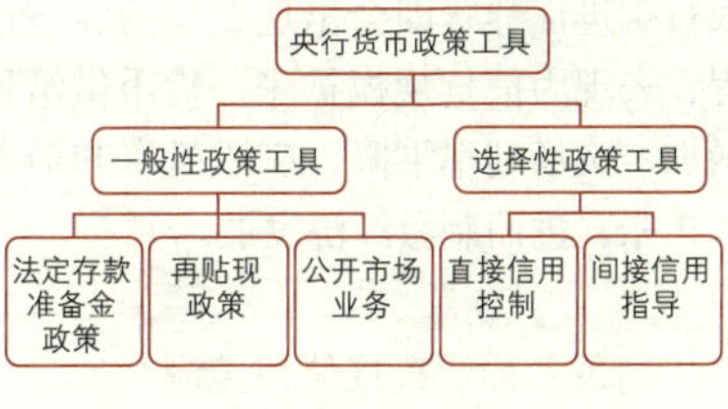

词条名称：**法定存款准备金率**

英　　文：**rate of the legal deposit reserves**

定义：法定存款准备金率是指一国中央银行规定的商业银行和存款金融机构必须缴存中央银行的法定准备金占其存款总额的比率。

释义：法定存款准备金率是中央银行的主要货币政策工具之一，具有较大的政策威力。法定存款准备金率的调整一般会产生较大影响：一是对货币乘数的影响。根据信用创造原理，准备金率越高，银行存款创造信用的规模就越小，存款准备金所能支持的派生存款数量就越小。二是对超额准备金的影响，法定存款准备金率的高低影响超额准备的多少，进而影响商业银行创造信用的基础。降低法定存款准备金率，货币乘数提高，从而放松银根，扩张经济；提高法定存款准备金率，货币乘数降低，紧缩银根，收缩经济。法定存款准备金率操作简单，对于信用制度不太发达的发展中国家来说，比采用其他政策工具要简便得多。法定存款准备金率的调整也会产生较大的负面影响，一方面，中央银行难以确定调整准备金率的时机和调整幅度；另一方面，许多商业银行也难以迅速调整准备金以符合变动了的法定限额。由于法定存款准备金率变动可产生强大的冲击力，所以这一政策工具一般只在少数场合下使用，只能作为信用调节工具中一件威力巨大、但不能经常使用的工具。

资本市场对法定存款准备率这一货币政策工具具有较高敏感性，存款准备金率上调表明央行收缩流动性意图，将对股市产生负面影响。

例证：假定商业银行吸收存款 100 万元，如果法定存款准备金率为 12%，则商业银行应交存中央银行 12 万元作为法定存款准备金，其余 88 万元可用于发放贷款。若中央银行要收紧银根，将法定存款准备金率提高到 13%，货币乘数变小，这就迫使商业银行削减放贷金额1万元。反之，若中央银行放松银根，可将法定存款准备金率降至11%，货币乘数变大，商业银行可提供89万元贷款，比原来可多发放1万元贷款。

词条名称：**再贴现政策**

英　　文：**rediscount policy**

定义：再贴现政策是指中央银行通过直接调整或制定对合格票据的贴现利率，来干预和影响市场利率以及货币市场的供给和需求，从而调节市场货币供应量的一种货币政策。

释义：再贴现政策是中央银行传统的货币政策工具。当商业银行急需资金时，可以其对工商企业贴现的票据向中央银行进行再贴现。再贴现率实质上是中央银行向商业银行的放款利率。再贴现政策的主要功能为：（1）影响商业银行的资金成本和超额准备，从而影响商业银行的融资决策，使其改变放款和投资活动。中央银行提高再贴现率，即不鼓励商业银行向中央银行借款，限制商业银行的借款愿望，影响商业银行的资金成本和超额准备金的持有量，从而影响商业银行的融资决策；同时，商业银行因融资成本上升而提高对企业贷款的利率或减少放贷，从而减少社会对借款的需求，达到收缩信贷规模和货币供应量的目的。（2）“告示性效应”，即再贴现率的变动可以作为向银行和公众宣布中央银行政策意向的有效办法，从而达到影响公众预期的效果。（3）能决定何种票据具有再贴现资格，影响商业银行的资金投向。

词条名称：**公开市场业务**

英　　文：**open-market operation**

定义：公开市场业务是指中央银行在证券市场上公开买卖各种政府证券，以控制货币供给量及影响利率水平的行为。

释义：公开市场政策主要通过影响商业银行体系的实有准备金来进一步影响商业银行信贷量的扩大和收缩，进而影响货币供应量的变动；同时，通过影响证券市场价格的变动，来影响市场利率水平。其基本操作过程是中央银行根据经济形势的变化，当需要收缩银根时，就卖出证券，反之，则买进证券。中央银行出售证券时，经过票据交换和清算后，必然导致银行体系的准备金减少，通过货币乘数作用，缩小商业银行的放款规模，银根紧缩，货币供给量减少，抑制过度需求；同时，中央银行大量出售债券，引发证券价格下跌，市场利率提高，减少社会投资，抑制投资过热和消费过热的经济状况。反之，中央银行购进证券，即会出现相反的经济过程，表现为信贷规模扩张、货币供给量增加、市场利率下降、刺激投资和消费的扩张，进而刺激经济发展。

词条名称：**直接信用控制**

英　　文：**direct control of credit**

定义：直接信用控制是指中央银行以行政命令的方式直接对银行放款或接受存款的数量进行控制的行为。

释义：直接信用控制是中央银行选择性货币政策工具之一。其具体手段包括：规定利率限额与信用配额、信用条件限制、规定金融机构流动性比率和直接干预等，其中最普遍的是设置银行贷款量的最高限额和银行存款利率的最高限额。一般而言，中央银行尽量避免采用直接信用控制这种直接行政干预，因其会损害金融体系的效率。

词条名称：**间接信用指导**

英　　文：**indirect credit guidance**

定义：间接信用指导是指中央银行通过道义劝告、窗口指导等办法，间接影响商业银行等金融机构信用创造的做法。

释义：道义劝告，是指中央银行对商业银行和其他金融机构发出通告、指示，或与各金融机构的负责人举行面谈，劝告其遵守政府政策并自动采取贯彻政策的相应措施。窗口指导，是指中央银行根据产业行情、物价趋势和金融市场动向，规定商业银行贷款近期的增减额，并要求其执行。间接信用指导对经济的作用过程是间接的，主要通过市场供求关系或资产组合的调整途径实现对经济的影响。

词条名称：**紧缩货币政策**

英　　文：**tight monetary policy**

定义：紧缩货币政策是指通过降低货币供应的增长速度、抑制信用规模的扩张，来抑制社会总需求的货币政策。

释义：当市场物价持续上涨、需求过度、经济过度繁荣时，社会总需求大于社会总供给，中央银行可以采取紧缩货币政策以减少需求。常见的紧缩货币政策措施包括：提高法定存款准备金率、提高再贴现率、提高利率、加强信贷控制、通过公开市场卖出证券等。对于紧缩货币政策的运用时机，总体而言在经济扩张、总需求过大时，应采取紧缩货币政策，但政府仍须根据实情对松紧程度做科学合理的把握。

例证：存款准备金率的上调是中央银行紧缩货币政策的重要举措。中国人民银行2011年6月14日宣布，从2011年6月20日起，上调存款类金融机构人民币存款准备金率0.5个百分点，至此大型金融机构存款准备金率达到21.5%的历史高位。这是2011年以来第六次上调准备金率，直接冻结资金3700多亿元。

词条名称：**宽松货币政策**

英　　文：**expansionary monetary policy**

定义：宽松货币政策，又称“扩张性货币政策”，是指通过提高货币供应的增长速度、扩张信用规模，来刺激社会总需求的货币政策。

释义：当市场商品销售不畅、需求不足、经济运行困难时，社会总供给大于社会总需求，中央银行可以采取宽松货币政策以刺激需求。常见的宽松货币政策措施包括：降低法定存款准备金率、降低再贴现率、降低利率、通过公开市场买入证券等。对于宽松货币政策的运用时机，总体而言在经济衰退、总需求不足时，应采取宽松货币政策，但政府仍须根据现实情况对松紧程度做科学合理的把握。

例证：为应对全球性金融危机，中国人民银行2008年12月22日宣布，从2008年12月23日起下调一年期人民币存贷款基准利率各0.27个百分点，其他期限档次存贷款基准利率做相应调整，同时下调中央银行再贷款、再贴现利率；从 2008 年 12 月 25 日起，下调金融机构人民币存款准备金率 0.5 个百分点。上述组合措施是中央银行为了应对全球金融危机冲击而出台的宽松货币政策。

词条名称：**定量宽松货币政策**

英　　文：**quantitative easing monetary policy，缩写 QE**

定义：定量宽松货币政策是指以量化宽松为特点，主要通过二级市场上购买包括国债在内的中长期资产等措施向市场注入大量流动性的非常规货币政策。

释义：定量宽松货币政策诞生于日本央行的货币政策实践，其最终意图是通过扩大中央银行自身的资产负债，进一步增加货币供给，降低中长期市场利率，避免通货紧缩预期加剧，促进信贷市场恢复，防止经济持续恶化。

例证：2008 年国际金融危机中，以量化宽松为特点的非常规货币政策成为危机中各国中央银行对抗通货紧缩、稳定经济的必要手段之一。2009 年 3 月 5 日，英格兰银行宣布将政策利率进一步降低 50 个基点，至历史最低的 0.5%，并于未来 3 个月投放 750 亿英镑主要购买期限为 5 ~ 25 年期的普通国债；同年 3 月 18 日，美联储宣布在维持政策利率于 0 ~ 0.25% 的基础上，于未来 6 个月最多购入 3000 亿美元 2 ~ 10 年期的美国国债，并大幅扩大现行的抵押贷款相关证券购买计划；同日，日本中央银行宣布维持 0.1% 的政策利率不变，并将每月购买各期限国债的额度提高至 1.8 万亿日元。

词条名称：**财政政策**

英　　文：**fiscal policy**

定义：财政政策是指政府依据客观经济规律制定的指导财政工作和处理财政关系的一系列方针、准则和措施的总称。

释义：财政政策是政府稳定经济最为常用的政策工具之一，主要通过变动财政支出、税收和债务水平来影响国民经济总量。其政策工具包括：国家预算、税收、国债、财政补贴、财政管理体制、转移支付制度等。这些工具可以单独使用，也可以配合协调使用。根据对总产出的影响方面，财政政策可以分为两类：扩张性财政政策和紧缩性财政政策。在经济萧条时，政府通过降低税收、加大政府购买和转移支付的力度，刺激投资和消费，增加社会总需求，即为扩张性财政政策；反之，经济过热、通货膨胀率过高时，政府通过提高税收、减少政府购买和转移支付数量，刺激投资和消费，减少社会总需求，将物价水平控制在合理范围内，即为紧缩性财政政策。

词条名称：**国家预算**

英　　文：**national budget**

定义：国家预算，又称“政府预算”，是指政府的基本财政收支计划，即经法定程序批准的国家年度财政收支计划。

释义：国家预算是财政政策的主要手段，能够全面反映国家财力规模和平衡状态，并且是各种财政政策手段综合运用结果的反映，因而在宏观调控中具有重要作用。一方面，国家预算收支的规模和收支平衡状态可以对社会供求的总量平衡产生影响。在一定时期内，当其他社会需求总量不变时，财政赤字具有扩张社会总需求的功能。财政结余和压缩财政支出具有缩小社会总需求的功能。另一方面，国家预算的支出方向可以调节社会总供求的结构平衡。财政投资主要运用于能源、交通及重要的基础产业、基础设施的建设，财政投资的多少和投资方向直接影响和制约国民经济的部门结构，因而具有造就未来经济结构框架的功能，也有矫正当期结构失衡状态的功能。

词条名称：**税收**

英　　文：**tax revenue**

定义：税收是指国家为实现其职能，凭借政治权力，按照法律规定，通过税收工具强制地、无偿地征税，参与国民收入和社会产品的分配与再分配，取得财政收入的一种形式。

释义：税收是财政收入的主要形式，是国家参与社会产品价值分配的法定形式，体现了国家与纳税人在征税、纳税的利益分配上的一种特殊关系，是一定社会制度下的一种特定分配关系。税收具有无偿性、强制性和固定性的特征。中国现行的税收按征收对象不同大致分为流转税类、所得税类、财产和行为税类、资源税类和特定目的的税类等五类。在税款征收方面，根据国务院关于实行分税制财政管理体制的决定，按税种划分中央和地方的收入。将维护国家权益、实施宏观调控所必需的税种划分为中央税，包括消费税、关税、车辆购置税等；将同国民经济发展直接相关的主要税种划分为中央与地方共享税，包括增值税、企业所得税、个人所得税、证券交易印花税等；将适合地方征管的税种划分为地方税，包括营业税、资源税、土地增值税、印花税、城市建设维护税、土地使用税、房产税、车船税等。

表格：

中国主要税收种类一览表

税收类别	税收名称	作用环节
流转税类	增值税、消费税、营业税和关税	在生产、流通或者服务业中发挥调节作用
所得税类	企业所得税、个人所得税	国民收入形成后、对生产经营者的利润和个人的纯收入发挥调节作用
财产和行为税类	房产税、车船税、印花税、契税	对某些财产和行为发挥调节作用
资源税类	资源税、土地增值税和城镇土地使用税	对因开发和利用自然资源差异而形成的级差收入发挥调节作用
特定目的税类	固定资产投资方向调节税（暂缓征收）、筵席税、城市维护建设税、车辆购置税、耕地占用税和烟叶税	为达到某特定目的，对特定对象和特定行为发挥调节作用

词条名称：**国债**

英　　文：**national debt**

定义：国债是指国家以其信用为基础，为向社会募集资金而发行的债券。

释义：中央政府发行国债的目的往往是弥补国家财政赤字，或者为一些耗资巨大的建设项目、某些特殊经济政策乃至为战争筹措资金。由于国债是由国家发行的债券，以国家信用为基础，以中央政府的税收作为还本付息的保证，因此风险小、流动性强，利率也较其他债券低。中国国债是指财政部代表中央政府发行的国家公债，主要分为记账式国债和凭证式国债两种类型。

词条名称：**财政补贴**

英　　文：**financial subsidies**

定义：财政补贴是指国家处于某种特定需求，将一部分财政资金无偿补助给企业和居民的一种再分配形式。

释义：财政补贴是国家财政通过对分配的干预，调节国民经济和社会生活的一种手段。其目的是支持生产发展，调节供求关系，稳定市场物价，维护生产经营者或消费者的利益。财政补贴是一种转移性支出，从政府角度看，财政补贴的支付是无偿的；从领取补贴者角度看，财政补贴收入意味着实际收入的增加。根据补贴主体，财政补贴可分为中央财政补贴和地方财政补贴；根据补贴对象，中国财政补贴主要包括价格补贴、企业亏损补贴、财政贴息、房租补贴、职工生活补贴和外贸补贴等。

词条名称：**财政管理体制**

英　　文：**financial control system**

定义：财政管理体制是指中央与地方、地方各级政府之间以及国家与企事业单位之间资金管理权限和财力划分的一种根本制度。

释义：财政管理体制是国家经济管理体制的重要组成部分，其核心内容是划分财政收支范围和财政管理职权，是关于财权、财力的集中与分散的一项基本制度。财政管理体制应与国家政权结构和国家经济管理体制相适应，财权与事权相匹配，同时兼顾公平与效率。根据管理对象不同，财政管理体制主要包括预算管理体制、预算外资金管理体制、税收管理体制、固定资产投资管理体制等。

词条名称：**转移支付制度**

英　　文：**transfer payment system**

定义：转移支付制度是指中央财政将集中的一部分财政资金按一定的标准拨付给地方财政的一项制度。

释义：转移支付的主要功能是调整中央和地方财政之间财力的纵向不平衡和各区域之间财力的横向不平衡，是国家为了实现区域间各项社会经济事业协调发展而采取的财政政策。转移支付的模式主要有三种：一是纵向转移支付，即自上而下拨付补助，围绕国家既定的宏观经济政策来调节经济分配关系；二是横向转移支付，主要表现为区域间互助，中央财政根据一定的标准，通过法律法规的形式规定富裕地区向贫困地区的转移支付；三是纵向与横向结合的转移支付，是前两种模式的结合形式。中国的转移支付制度是在1994年分税制的基础上建立起来的，是一套由体制性转移支付、财力性转移支付和专项转移支付三部分构成，以中央对地方的转移支付为主，具有中国特色的转移支付制度。其中，体制性转移支付以分税制为基础，确定收支的基本标准，对预算差额给予补助的制度；财力性转移支付是为弥补财政实力薄弱地区的财力缺口，均衡地区间财力差距，实现地区间基本公共服务能力的均衡化，由上级政府安排给下级政府的补助性支出；专项转移支付是上级政府为实现特定的宏观政策目标，以及对委托下级政府代理的一些事务进行补偿而设立的专项补助资金，资金接受者需按规定用途使用资金。

词条名称：**扩张性财政政策**

英　　文：**expansionary fiscal policy**

定义：扩张性财政政策，又称“积极财政政策”，是指在有效需求不足时，国家通过财政活动刺激和增加社会总需求的一种政策行为。

释义：扩张性财政政策措施主要包括减税、增加政府购买性支出、加大转移支付力度、减少国债发行、增加财政补贴。当经济萧条、有效需求不足时，通过减税、扩大政府支出等扩张性财政政策能够有效刺激社会总需求，进而拉动经济增长，推动股市繁荣。

例证：2009年，为应对国际金融危机的冲击，中国政府实行积极的财政政策。2009年中央政府公共投资达到9243亿元，重点用于农村、民生工程、教育、医疗、卫生等社会事业，保障性住房，节能减排和生态建设。同年，中央财政安排粮食直补农资综合补贴、农机具购置补贴1274亿元，较大幅度地提高粮食最低收购价，提高城乡低保对象、企业退休人员和优抚对象等群众的补助水平，实施家电、汽车、摩托车下乡及以旧换新等措施，增加了城乡居民尤其低收入居民的收入。

词条名称：**紧缩性财政政策**

英　　文：**tight fiscal policy**

定义：紧缩性财政政策是指当经济过热时，国家通过财政活动抑制或压缩社会总需求的一种政策行为。

释义：紧缩性财政政策措施主要包括增加税收、减少政府支出、减少财政补贴。当经济过热时，通过增税、减少政府支出等紧缩性财政政策能够有效抑制社会总需求，进而抑制经济过快增长，同时抑制股市的泡沫。

例证：为应对经济过热现象，2005年中国调整财政政策取向，由扩张性财政政策转向稳健财政政策。2005年，政府当局对税收制度和税收政策进行了重大改革和调整，内容涉及增值税及其出口退税政策的大量调整、企业减免税政策的规范化、房地产税收政策的大幅调整、个人所得税法的修改及配套政策等等。同时，着力调整财政支出结构和国债资金投向结构，打压与经济过热有关的、直接用于一般竞争性领域的“越位”投入。

词条名称：**中性财政政策**

英　　文：**neutral fiscal policy**

定义：中性财政政策是指国家财政分配活动对社会总需求的影响保持中性，不产生扩张或紧缩效应的财政政策。

释义：中性财政政策即是收支平衡政策，按照这一政策的要求，不宜有大量的财政结余，也不允许有大量的财政赤字。

词条名称：**收入政策**

英　　文：**income policy**

定义：收入政策是指国家为实现宏观调控总目标和总任务，针对居民收入高低、收入差距大小，在分配方面制定的原则和方针。

释义：收入政策目标包括收入总量目标和收入结构目标。收入总量目标着眼于近期的宏观经济总量平衡，着重处理积累与消费、人们近期生活水平改善与国家长远经济发展的关系，以及失业和通货膨胀的问题。收入结构目标则着眼于处理各种收入的比例，以解决公共消费和私人消费、收入差距等问题。与财政政策、货币政策相比，收入政策具有更高层次的调节功能，它制约着财政政策和货币政策的作用方向和作用力度，并通过财政政策和货币政策来实现。财政机制通过预算调控、税收调控、补贴调控和国债调控等手段贯彻收入政策；货币机制通过调控货币供应量、调控货币流通量、调控信贷方向和数量、调控利息率等贯彻收入政策。

词条名称：**国际金融市场**

英　　文：**international financial market**

定义：国际金融市场是指全球性的金融资产交易市场。

释义：国际金融市场是金融资产跨国界交易的场所，有广义和狭义之分。从广义上来看，泛指市场主体从事各种国际金融业务活动的场所，既包括传统的货币市场、资本市场，也包括外汇市场、黄金市场和衍生品市场；从狭义上来看，仅指从事国际资金借贷和融通的市场。按照不同的分类标准，国际金融市场可以划分为不同的种类。根据资金融通期限的长短，可以分为国际货币市场和国际资本市场；根据经营业务的种类，可以分为资金市场、外汇市场、证券市场和黄金市场；根据金融资产的交割方式，可以分为现货市场、期货市场和期权市场；根据交易对象所在区域和交易币种，可以分为在岸市场和离岸市场。

例证：伦敦国际金融市场、纽约国际金融市场、东京国际金融市场。

词条名称：**国际货币市场**

英　　文：**international monetary market**

定义：国际货币市场，又称“短期资金市场”，是指国际间从事期限在一年或一年以下的短期资金借贷的场所。

释义：国际货币市场是国际金融市场的重要组成部分，其主要参与者为商业银行、中央银行、政府机构、跨国公司、证券和信托投资公司及其他跨国金融机构。国际货币市场主要从事期限在一年以内的借贷活动，如短期信贷、同业拆借、回购业务等。短期商业票据、银行承兑汇票、可转让定期存单等短期金融工具是国际货币市场的主要交易品种，这些金融工具具有期限短、风险低、流通性强的特点。

词条名称：**国际外汇市场**

英　　文：**international foreign exchange market**

定义：国际外汇市场是指不受所在国金融制度限制，供各国居民或机构从事外汇买卖或兑换的市场。

释义：外汇市场是从事外汇买卖或兑换的交易场所。根据经营范围的不同，外汇市场可分为国内外汇市场和国际外汇市场。国内外汇市场一般适用于发展中国家，主要进行外币与本币间的交易，市场参与者主要限于本国居民；而国际外汇市场是指各国居民都可以自由参与多种货币的自由买卖，交易不受所在国金融制度的限制的外汇市场。国际外汇市场是一个基本上完全自由的市场，是一种发达的外汇市场形式。国际外汇市场的参与者主要包括中央银行、外汇经纪人、外汇银行、外汇交易商等，主要业务包括外汇的即期交易、远期交易、期货交易和期权交易。

例证：伦敦外汇市场是最早建立的国际外汇市场，此外还有纽约、苏黎世、法兰克福、东京和新加坡等比较重要的国际外汇市场。

词条名称：**国际黄金市场**

英　　文：**international gold market**

定义：国际黄金市场是指集中进行黄金交易的全球性市场。

释义：国际黄金市场是国际金融市场的重要组成部分。国际黄金市场的交易者主要有三类：（1）黄金的生产者和加工者；（2）一些国家的中央银行；（3）私人投资者和投机者。

例证：世界上主要的国际黄金市场有伦敦黄金市场、苏黎世黄金市场、美国黄金市场和中国香港黄金市场。

词条名称：**国际租赁市场**

英　　文：**international leasing market**

定义：国际租赁市场是指集中进行租赁交易的全球性市场。

释义：国际租赁市场是全球租赁业务的集中交易市场，主要提供国际租赁服务。融资租赁是国际租赁的主要方式，是指租赁公司用自有资金、银行贷款或招股等方式，在国际或国内金融市场上筹集资金，向设备制造厂家购进用户所需设备，然后再租给承租企业使用的一种融资方式。

词条名称：**股权分置改革**

英　　文：**nontradable shares reform**

定义：股权分置改革是指通过非流通股股东和流通股股东之间的利益平衡协商机制消除 A 股市场股份转让制度性差异的过程，是为非流通股可上市交易做出的制度安排。

释义：股权分置是指中国A股市场上的上市公司股份按能否在证券交易所上市交易，被区分为非流通股和流通股，这是中国经济体制转轨过程中形成的特殊问题。股权分置不能适应资本市场改革开放和稳定发展的需求，证券交易所根据中国证监会的授权和有关规定，对上市公司股权分置改革工作实施一线监管，协调指导上市公司股权分置改革业务，办理非流通股份可上市交易的相关手续。改革后，公司原非流通股股份的出售应当遵守以下规定：自改革方案实施之日起，在12个月内不得上市交易或转让；持有上市公司股份总数5%以上的原非流通股股东在上述规定期满后，通过证券交易所挂牌交易出售原非流通股股份，出售数量占该公司股份总数的比例在12个月内不得超过5%，在24个月内不得超过10%。

表格：

中国股权分置改革大事记

时间	事件
2005年4月29日	证监会发布《关于上市公司股权分置改革试点有关问题的通知》，宣布启动股权分置改革试点工作
2005年5月8日	交易所和登记结算公司颁布《上市公司股权分置改革试点业务操作指引》，确定清华同方、三一重工、紫江企业、金牛能源四家上市公司为试点
2005年5月10日	三一重工作为首个股权分置改革方案亮相
2005年5月31日	证监会发布《关于做好第二批上市公司股权分置改革试点工作有关问题的通知》，标志着第二批上市公司股权分置改革试点即将启动
2005年6月17日	首批试点公司股权分置改革方案全部表决完毕。除清华同方，其余三家试点公司三一重工、紫江企业、金牛能源改革方案均通过了股东大会的表决；同日，《国资委关于国有控股上市公司股改指导意见》出台
2005年9月4日	证监会发布《上市公司股权分置改革管理办法》，股权分置改革全面铺开
2006年5月7日	中国证监会公布《上市公司证券发行管理办法》，标志着以恢复再融资为开端的“新老划断”正式提上日程，对首次公开发行公司不再区分流通股和非流通股
2006年10月9日	“G”股标识正式告别沪深股市，两市1千多家“G”股将恢复原有的股票简称；相反，所有未股改公司将被冠以“S”做提示

词条名称：**市场准入政策**

英　　文：**the system of market access**

定义：市场准入政策是指政府或其授权机构规定公民和法人进入市场从事商品生产、经营活动所必须满足的条件和必须遵守的制度与规范的总称，是国家为保护社会公共利益而对市场进行监管的基本制度。

释义：市场准入是一种制度化的安排，主要表现为法律制度，具体通过政府有关部门对市场主体的登记、发放许可证、执照等方式来体现，是国家干预市场的途径之一。市场准入也是一种市场壁垒，主要表现为法律或政策层面的壁垒。中国的市场准入制度主要涉及产业政策、产品质量、证券市场、公用事业、自然资源和环境保护等，其中，证券市场的准入制度主要是指股份公司首次公开发行股票及上市资格、证券投资者的入市资格、证券投资基金的设立资格等。

例证：创业板上市公司首次公开发行股票应当符合的基本条件有：（1）发行人是依法设立且持续经营3年以上的股份有限公司，有限责任公司按原账面净资产值折股整体变更为股份有限公司的，持续经营时间可以从有限责任公司成立之日起计算。（2）最近两年连续盈利，最近两年净利润累计不少于1000万元，且持续增长；或者最近1年盈利，且净利润不少于500万元，最近1年营业收入不少于5000万元，最近两年营业收入增长率均不低于30%。净利润以扣除非经常性损益后孰低者为计算依据。（3）最近1期末净资产不少于2000万元，且不存在未弥补亏损。（4）发行后股本总额不少于3000万元。除上述四个基本条件外，拟上市公司还应具备持续盈利能力、完善的公司治理结构等条件。其具体规定见《首次公开发行股票并在创业板上市管理暂行办法》，上述基本条件与其他条件共同构成创业板的市场准入制度。

词条名称：**金融监管政策**

英　　文：**financial regulatory policy**

定义：金融监管政策是指政府通过特定的机构（如中央银行）对金融交易行为主体进行的某种限制或规定。

释义：金融监管是金融监督与金融管理的统称。狭义的金融监管是指金融监管当局依据国家法律法规的授权，对整个金融业（包括金融机构和金融业务）实施的监督管理；广义的金融监管在狭义金融监管的基础上，还包括了金融机构内部控制与稽核的自律性监管、同业组织的互律性监管、社会中介组织和舆论的社会性监管等。按监管范围划分，金融监管体制可以分为集中监管体制和分业监管体制。集中监管体制是把金融业作为一个相互联系的整体统一进行监管，一般由一个金融监管机构承担监管的职责，绝大多数国家是由中央银行来承担；分业监管体制，又称“多元化监管”，是根据金融业内不同的机构及其业务范围进行划分的，由多个金融监管结构共同承担监管责任。中国金融监管体制的建设大体分为两个阶段：第一阶段是1998年以前，由中国人民银行统一实施金融监管；第二阶段是从1998年开始，对证券业和保险业的监管从中国人民银行统一监管中分离出来，分别由中国证券监督管理委员会和中国保险监督管理委员会负责，形成了由中国人民银行、证监会和保监会三家分业监管的格局。2003年中国银行监督管理委员会正式组建，接管了中国人民银行的银行监管职能。由此，中国正式确立了分业经营、分业监管、三会分工的金融监管体制。

词条名称：**经济景气度**

英　　文：**degree of economic development**

定义：经济景气度是指通过对企业家进行定期的问卷调查，并根据企业家对企业经营情况及宏观经济状况的判定和预期编制的，用以反映企业的生产经营状况、经济运行状况，并判断未来经济发展变化趋势的指标。

释义：经济景气度主要通过两个指标来反映：一是企业家信心指数，是根据企业家对企业外部市场经济环境与宏观政策的看法、判定与预期（主要是通过对“乐观”、“一般”、“不乐观”的选择）而编制的指数，用以综合反映企业家对宏观经济环境的感觉与信心；二是企业景气指数，是根据企业家对本企业综合生产经营情况的判定与预期（主要是通过对“好”、“一般”、“不佳”的选择）而编制的指数，用以综合反映企业的生产经营状况。景气度的表示范围为0～200之间，100为景气度的临界值，表明景气状况变化不大；0～100为不景气区间，表明经济状况趋于下降或恶化；100～200为景气区间，表明经济状况趋于上升或改善；越接近200越景气，越接近0越不景气。

词条名称：**资金流向**

英　　文：**money flow direction**

定义：资金流向是指资金流动的方向。

释义：资金流向是技术分析常用的指标之一，主要通过分析多空买卖意愿和主力、散户博弈行为来分析预测股价走势。资金流向主要有两种算法：（1）从价格角度出发，资金流向是资金的净流量，即资金流入与资金流出的差额；当资金流入大于资金流出时，为资金净流入，当资金流入小于资金流出时，为资金净流出。（2）从量的角度出发，资金流向通过考察成交单的方向和大小定义；根据沪深交易所提供的成交数据，如果单笔成交的成交价在现价之上，即主动性买盘，表明买方意愿更强烈，该笔成交定义为资金流入；如果单笔成交的成交价在现价之下，即主动性卖盘，表明卖方意愿更强烈，该笔成交定义为资金流出。此外，根据单笔成交量的大小将主力资金和散户资金加以区分，可揭示机构资金的动向。

词条名称：**经济周期**

英　　文：**economic cycle**

定义：经济周期是指经济运行中周期性出现的经济扩张与经济收缩交替更迭，循环往复的一种现象。

释义：宏观经济的周期性变化表

现在许多宏观经济统计数据的周期性波动上，如国民生产总值、消费总量、投资总量、工业生产指数、失业率等。宏观经济周期一般经历四个阶段，即萧条期、复苏期、繁荣期和衰退期。在萧条阶段，经济已经下滑至低谷，百业不振，公司经营情况欠佳，证券价格低位徘徊；当经济走出萧条、步入复苏阶段时，公司的经营状况开始好转，业绩上升，证券价格逐步回升，初步形成底部反转之势；随着经济的日渐活跃，繁荣阶段就会来临，公司的经营业绩也不断提升，由于经济的好转和证券市场上升趋势的形成得到大多数投资者的认同，投资者的投资回报也不断增加，因此投资者的投资热情高涨，从而推动证券市场价格大幅上扬；由于繁荣阶段的过度扩张，社会总供给开始超过总需求，经济增长速度，存货增加；同时，经济过热造成工资、利率等大幅上升，使公司营运成本上升，公司业绩开始出现停滞甚至下降，繁荣之后衰退的来临不可避免；在衰退期，投资者纷纷看空后市，抛出证券，从而使证券市场形成向下的趋势。当经济下滑至低谷时，又开始新一轮经济周期的波动走势。

例证：不同长度和类型的经济周期：基钦周期是 1923 年英国经济学家基钦提出的一种为期 3～4 年（短周期）的经济周期；朱格拉周期是 1860 年法国经济学家朱格拉提出的一种为期 9～10 年（中周期）的经济周期；康德拉季耶夫周期是 1926 年俄国经济学家康德拉季耶夫提出的一种为期 50～60 年（长周期）的经济周期。

图示：

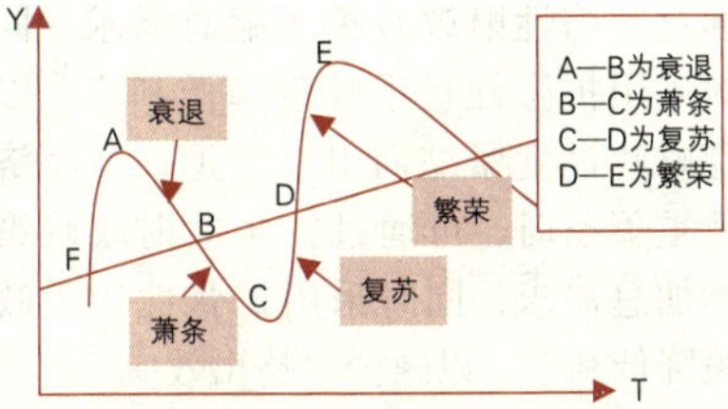

词条名称：**宏观经济政策调整**

英　　文：**change of macroeconomic policy**

定义：宏观经济政策调整是指国家或政府为增进整个社会经济福利，改进国民经济运行状况，达到一定政策目标，而有意识和有计划地调整运用一定的政策工具而制定的解决经济问题的指导原则和措施。

释义：宏观经济政策的目标一般包括经济增长、物价稳定、充分就业和国际收支平衡。当代市场经济国家的宏观经济政策主要包括财政政策和货币政策；财政政策工具包括国家预算、税收、国债等，货币政策工具包括利率、存款准备金率、贷款规模控制、公开市场业务、汇率等。根据宏观经济运行状况的不同，政府可采取扩张性或紧缩性的财政政策和货币政策；根据具体情况和不同经济目标，政府和中央银行可选择不同的政策组合。一般情况下，当经济萧条但又不太严重时，可采用扩张性财政政策刺激总需求，同时用紧缩性货币政策控制通货膨胀；当经济发生严重通货膨胀时，可通过紧缩性货币政策提高利率，降低总需求水平，同时辅之以紧缩性财政政策，以防止利率过分提高；当经济中出现通货膨胀但不太严重时，可通过紧缩性财政政策压缩总需求，同时采用扩张性货币政策降低利率，以免财政过度紧缩而引发衰退；当经济严重萧条时，可通过扩张性财政政策增加总需求，同时采用扩张性货币政策降低利率，以减少"挤出效应"。

例证：财政政策、货币政策。

词条名称：**政治因素**

英　　文：**political factors**

定义：政治因素是指影响证券市场价格变动的政治事件。

释义：政治因素主要包括战争、政权、国际政治形势等方面。战争对证券价格的影响视战争性质及该战争对各国的利弊而定，有长期影响，也有短期影响，有积极影响，也有消极影响。一国的政局是否稳定对国内证券市场有直接影响，政权的转移、领袖的更替、政府的作为及社会的安定性等，均会对证券价格产生影响，对于单一国家的证券市场而言，国内政局稳定则证券市场稳定运行，国内政局不稳定则常常引发证券市场价格恐慌性下跌。国际政治形势对证券市场的影响随经济全球化的发展日益显著。此外，国家首脑更换、罢工、主要产油国的动乱等也属于政治因素。

例证：海湾战争之初，世界主要股市均呈下跌之势；且随着战局的不断变化，股市均大幅震荡。

词条名称：**国际形势**

英　　文：**international situation**

定义：国际形势是指国家与国家之间所有相互关系的现状及其动态。

释义：不同时期的国际形势存在不同的特点，如两极格局、一超多强等都属于国际形势的不同类型。

（二）行业分析

词条名称：**行业**

英　　文：**industry**

定义：行业是指从事国民经济中同性质的生产或其他经济社会活动的经营单位和个体等构成的组织结构体系。

释义：行业是经济生活中常用概念之一，其与产业的差别在于适用范围的不同。产业作为经济学的专门术语，具有规模化、职业化、社会功能性等特征；行业虽也拥有职业人员，也具有特定的社会功能，但一般没有规模上的约定。比如，国家机关和党政机关行业就不构成一个产业。证券分析往往关注具有相当规模的行业，特别是含有上市公司的行业。行业分析是对上市公司进行分析的前提，也是连接宏观经济分析和上市公司分析的桥梁，是基本分析的重要环节。行业分析的主要任务包括：解释行业本身所处的发展阶段及其在国民经济中的地位，分析影响行业发展的各种因素以及判断对行业的影响力度，预测并应引导行业的未来发展趋势，判断行业投资价值，揭示行业投资风向，从而为政府部门、投资者及其他机构提供决策依据或投资依据。行业一般有自己特定的生命周期。处于生命周期不同发展阶段的行业，其投资价值有所差别；在国民经济中具有不同地位的行业，其投资价值也不一样；公司的投资价值可能会由于所处行业不同而有明显差异。因此，行业是决定公司投资价值的重要因素之一。尽管行业可根据特定标准进行划分，但是不同行业并非完全割裂；行业间的联动性和相互影响也是证券分析的重点之一。例如，处于同一产业链上下游的建筑业和房地产业具有较强的相关性，房地产业向好往往能带动建筑业的发展。

例证：金融业、采掘业、信息技术业。

词条名称：**行业分类**

英　　文：**industry classification**

定义：行业分类是指有规则地按照一定的科学依据，对从事国民经济生产和经营的单位或者个体的组织结构体系的详细划分。

释义：行业分类是行业分析的前提，一般根据产业的技术特点来进行划分。行业分类方法有多种，其中，根据产业的发展与国民经济周期性变化的关系，可分为增长型行业、周期性行业、防守型行业；不同国家、机构对行业的分类也各不相同，其与不同的需求相适应。如联合国标准产业分类法希望统一世界各国的产业分类，以便国际间的比较和交流，将国民经济划分为十个门类，对每个门类再划分大类、中类、小类。中国的国民经济产业分类法旨在提高中国的宏观经济管理水平，分为行业门类 20 个，行业大类 95 个，行业中类 396 个，行业小类 913 个，基本反映出国家目前的行业结构状况。在中国证券市场，2001 年 4 月 4 日，中国证监会公布了《上市公司行业分类指引》，以中国国家统计局《国民经济行业分类与代码》为主要依据，在借鉴联合国国际标准产业分类、北美行业分类体系有关内容的基础上制定而成。除中国证监会的分类外，较为权威的研究机构也提出了自己的行业分类方法，如申银万国行业分类、中信行业分类等。

例证：中国证监会制定的《上市公司行业分类指引》将上市公司分成 13 个门类，即农、林、牧、渔业，采掘业，制造业，电力、煤气及水的生产和供应业，建筑业，交通运输、仓储业，信息技术业，批发和零售贸易，金融、保险业，房地产业，社会服务业，传播与文化产业，综合类；以及 90 个大类和 288 个种类。

词条名称：**增长型行业**

英　　文：**growth industry**

定义：增长型行业是指行业运动状态与经济活动总水平的周期及期振幅并不紧密相关的行业。

释义：增长型行业的特点是收入增长的速率并不总是随着经济周期的变动而出现同步变动。在经济高涨时，高增长行业的发展速度通常高于平均水平；在经济衰退时期，其所受影响较小，甚至仍能保持一定的增长。这是因为增长型行业主要依靠技术的进步、新产品的推出及优质的服务，使其保持增长形态。但因增长型行业的股票价格不会明显随经济周期的变化而变化，其购买机会也难以精准把握。

例证：20 世纪 80 年代到 21 世纪初期，计算机行业表现出增长型行业的特征。

词条名称：**周期型行业**

英　　文：**cyclical industry**

定义：周期型行业是指行业运动状态与经济周期紧密相关的行业。

释义：周期型行业的表现与经济周期紧密相关。当经济处于上升时期，周期型行业会紧随经济发展而扩张；当经济衰退时，周期型行业也相应衰落，且该行业受益的变化幅度往往会在一定程度上夸大经济的周期性。这是因为，当经济上升时，对周期型行业相关产品的购买相应增加；当经济衰退时，周期型行业相关产品的购买被延迟到经济改善之后。

例证：消费品业、耐用品制造业属于典型的周期型行业。

词条名称：**防守型行业**

英　　文：**defensive industry**

定义：防守型行业是指行业的经营状况在经济周期的上升和下降阶段都很稳定的行业。

释义：防守型行业的产品往往是生活必需品或是必要的公共服务，公众对其产品需求相对稳定，需求弹性较小，即使经济周期处于衰退阶段，该类型行业所受影响也较小，甚至一些防守型行业还会出现一定的实际增长。防守型行业中具有代表性的公司的盈利水平相对稳定，投资于防守型行业一般属于收入型投资，而非资本利得型投资。

例证：医药、食品、公用事业是典型的防守型行业。

词条名称：**要素密集度**

英　　文：**factor intensity**

定义：要素密集度是指生产一单位某种产品所使用的不同生产要素的投入比例。

释义：要素密集度是一个比例概念，用以反映不同产业在生产过程中对不同资源的依赖度。企业在生产过程中所耗费的要素包括资本、劳动、技术、自然资源、知识等。例如，在只考虑资本与劳动两种生产要素的情况下，要素密集度就是指生产一单位产品所耗费的资本—劳动比率。要素密集度是一个相对概念，即使生产两种产品时各投入的要素数量不同，但只要所投入的各种要素的相对比率相同，那么这两种产品的要素密集度就是相同的。根据要素密集度的不同，产业可以分为劳动密集型产业、资本密集型产业、技术密集型产业和知识密集型产业等。这种产业分类的一个重要特征是具有很强的相对性，并不存在绝对的标准。例如，电子计算机软件产业既可看作技术密集型产业，又可看作知识密集型产业。

词条名称：**资本密集型行业**

英　　文：**capital-intensive industry**

定义：资本密集型行业，又称“资金密集型行业”，是指对资本要素依赖程度较高的行业。

释义：资本密集型行业的显著特

征是资本投入额较大，资本成本在单位产品成本中占据较高比重。该类型企业一般具有生产规模大、劳动生产率高的特点，大多分布于冶金、石油、机械制造等重工业领域。由于技术装备需求量大、投资额高、资金周转较慢，资本密集型行业的投资效果在短期内并不明显。资本密集型行业的绩效与投资量直接相关，且随着投资量的增多，资本密集型行业的绩效将在中长期内逐步显现，其产品产量同投资量成正比。资本密集型行业的划分并不绝对，有些行业兼具资本密集型与其他类型行业的特征，如机电行业为资本密集型行业与劳动密集型，化学制品业与金属制品业为资本密集型与技术密集型行业。

例证：冶金行业、石油行业、机械制造行业均属于资本密集型行业。

词条名称：**知识密集型行业**

英　　文：**knowledge-intensive industry**

定义：知识密集型行业是指对知识要素依赖程度较高的行业。

释义：知识密集型行业的显著特征是在生产过程中需要使用复杂、先进而又尖端的科学知识，对知识要素的依赖程度超过对其他生产要素的依赖。由于知识投入量大，科技人员在职工中所占比重高，知识密集型行业往往具有较高的无形资产占比和劳动生产率。知识密集型概念容易与技术密集型相混淆。就本质而言，知识密集型与技术密集型都强调对高新知识、高新科技的运用，但知识密集型更倾向于集中大量科技人员的行业，技术密集型则倾向于对高新技术设备的使用。

例证：微电子、激光、纤维光学等行业均属于知识密集型行业。

词条名称：**技术密集型行业**

英　　文：**technology-intensive industry**

定义：技术密集型行业是指对技术要素依赖程度较高的行业。

释义：技术密集型行业是运用复杂、先进而又尖端的科学技术进行工作的生产部门或服务部门，一般拥有大量高、尖、新的技术设备，产品具有较高的知识与技术，生产与管理主要依赖知识与技术活动。技术密集型概念容易与知识密集型相混淆。就本质而言，知识密集型与技术密集型都强调对高新知识、高新科技的运用，但知识密集型更倾向于集中大量科技人员的行业，技术密集型则倾向于对高新技术设备的使用。西方学者一般把研究开发费用占某一产业总值5%以上，或把劳动力中有5%以上的自然科学家、工程师及技术专家的行业称为“技术密集型行业”；把研究开发费用占某一行业总产值10%以上，或者把劳动力中有10%以上的自然科学家、工程师及技术专家的行业称为“高技术密集行业”。在实践中，技术密集型行业也往往是资金密集型行业，如机械设备制造业、化学制品业、金属制品业等。技术密集型行业也可能同时是劳动密集型行业，如计算机软件行业。

例证：机械设备制造业、计算机

行业均属于技术密集型行业。

词条名称：资源密集型行业

英　　文：resource-intensive industry

定义：资源密集型行业是指对自然资源依赖程度较高的行业。

释义：资源密集型行业主要以自然资源为劳动对象。土地资源作为一种生产要素，泛指各种自然资源，包括土地、原始森林、江河湖海和各种矿产资源。与土地资源关系最为密切的是农矿业，包括种植业、林牧渔业、采掘业等。资源密集型产业能发挥自然资源的天然优势，充分开发和自然资源，常见于自然资源丰富的发展中国家。然而，资源密集型产业的发展也受到诸多限制：（1）自然资源有些是可以再生的，有些则不能再生，尤其是矿产资源；（2）自然资源的开发和利用受科技水平的限制；（3）科技的发展会产生替代资源，影响自然资源的开发和利用；（4）自然资源的开发和利用往往对环境产生一定危害。由于资源密集型产品的附加值低，许多发展中国家在发展资源密集型产业的同时，积极发展加工这些原料或燃料的下游工业，实行资源开发与环境保护相结合的方针，并运用现代科技提高资源开发利用率。

例证：采掘业、农林牧渔业均属于资源密集型行业。

词条名称：劳动密集型行业

英　　文：labor-intensive industry

定义：劳动密集型行业是指对劳动力要素依赖程度较高的行业。

释义：劳动密集型产品的成本中，活劳动消耗（包括体力劳动和复杂的、高级的脑力劳动消耗）所占的比重较大，而物化劳动消耗（主要是指固定资产转移的部分，一般不包括作为劳动对象的原材料、燃料等的转移部分）所占的比重较小。其主要特点是投资较少、单位投资吸收的劳动力较多、劳动工具比较简单。

例证：技术装备程度较低、需大量使用劳动力从事生产的人工运输装卸活动、采掘业，以及以贵金属为原料的首饰业、高级服装业等，均属于劳动密集型行业。

词条名称：行业特征

英　　文：industrial characteristic

定义：行业特征是指一个行业区别于其他行业的显著标志。

释义：行业特征是某一行业的结构在某一时期内的基本属性，综合反映该行业的基本状况和发展趋势。行业特征分析有助于投资者对某一行业形成全面的认识。行业特征的评价，主要关注行业的竞争特征、需求特征、技术特征和盈利特征等四个方面。其中，竞争特征主要是考察行业内的企业数量、潜在进入者数量、行业资源的可得性、产品差异化程度等；需求特征主要考察顾客稳定性、需求增长情况、产品需求弹性等；技术特征主要考察产品的研发费用、技术成熟度、技术进步的影响等；盈利特征主要考察行业的平均利润率、销售毛利率、销售净利率等。

词条名称：**市场结构**

英　　文：**market structure**

定义：市场结构是指行业市场中各种要素之间的内在联系及其特征，包括市场供给者之间、需求者之间、供给和需求者之间，以及市场上现有的供给者、需求者与正在进入该市场的供给者、需求者之间的关系。

释义：市场结构反映市场竞争或垄断的程度，各行业存在不同的市场结构。根据行业中企业数量多少、进入限制程度和产品差别，可分为四种市场结构：完全竞争、垄断竞争、寡头垄断和完全垄断。其中，完全竞争市场的竞争程度最高，企业数目最多，产品差异化程度最小；完全垄断市场的垄断程度最高，企业数目只有一个，产品缺乏相近的替代品。

例证：纺织行业为完全竞争市场，钢铁行业、汽车行业为垄断竞争市场。

表格：

市场结构的划分和特征

市场类型	厂商数目	产品差别程度	对价格的控制程度	进出的难易程度	相关行业
完全竞争	很多	完全无差别	没有	很容易	一些农产品
垄断竞争	很多	有差别	有一些	比较容易	一些轻工产品、零售业
寡头垄断	几个	有差别或无差别	相当程度	比较困难	钢铁、汽车、石油
完全垄断	唯一	唯一的产品，且无相近的替代品	很大程度，但经常受到管制	很困难，几乎不可能	公用事业，如自来水、电力、煤气等

词条名称：**行业集中度**

英　　文：**concentration rate of industry，缩写 CR**

定义：行业集中度，又称“行业集中率”或“市场集中度”，是指某行业市场内前 N 家最大的企业所占市场份额（产值、产量、销售额、销售量、职工人数、资产总额等）的总和，其中，N 的具体数额视实际情况而定。

释义：行业集中度是衡量市场结构的重要指标，一般以某一行业排名前 4 位的企业的销售额（或生产量等数值）占行业总的销售额的比例来度量，表示为 CR_4。CR_4 越大，说明这一行业的集中度越高，市场越趋向于垄断；反之，集中度越低，市场越趋向于竞争。根据美国经济学家贝恩和日本通产省对行业集中度的划分标准，市场结构粗分为寡占型（$CR_8 \geq 40\%$）和竞争型（$CR_8 < 40\%$）两类；其中，寡占型又细分为极高寡占型（$CR_8 \geq 70\%$）和低集中寡占型（$40\% \leq CR_8 < 70\%$）；竞争型又细分为低集中竞争型（$20\% \leq CR_8 < 40\%$）和分散竞争型（$CR_8 < 20\%$）。该指标也存在一定缺陷，其并未指出这个行业相关市场中正在运营和竞争的企业的总数。例如，具有同样高达 75% 集中度的两个行业，

其意义可能是不同的，因为一个行业可能仅有几家企业，而另一个行业则可能有许多家企业。

公式：在已知某行业的产值、产量、销售额、销售量、职工人数、资产总额等的情况下，行业集中度的计算公式为：

$$CR_n = \frac{\sum (X_i)_n}{\sum X_{iN}} (N > n)$$

式中，CR_n 为规模最大的前几家企业的行业集中度；X_i 为第 i 家企业的产值、产量、销售额、销售量、职工人数、资产总额等；n 为产业内规模最大的前几家企业数；N 为产业内的企业总数。

通常，n = 4 或者 n = 8，分别表示行业内规模最大的前 4 家或前 8 家企业的行业集中度。

表格：

美国贝恩对市场结构进行的分类 单位：%

市场结构 \ 集中度	CR_4 值	CR_8 值
寡占Ⅰ型	$CR_4 \geq 85$	—
寡占Ⅱ型	$75 \leq CR_4 < 85$	$CR_8 \geq 85$
寡占Ⅲ型	$50 \leq CR_4 < 85$	$75 \leq CR_8 < 85$
寡占Ⅳ型	$35 \leq CR_4 < 50$	$45 \leq CR_8 < 75$
寡占Ⅴ型	$30 \leq CR_4 < 35$	$40 \leq CR_8 < 45$
竞争型	$CR_4 < 30$	$CR_8 < 40$

词条名称：**完全竞争**

英　　文：**perfect competition**

定义：完全竞争是指竞争不受任何阻碍和干扰的市场结构。

释义：完全竞争市场是竞争程度最高，垄断程度最低的市场结构。完全竞争市场主要包含以下几个特点：(1) 生产者众多，各种生产资料可以完全流动；(2) 产品不论是有形或无形的，都是同质的、无差别的；(3) 没有一个企业能够影响产品的价格，企业永远是价格的接受者，而不是价格的制定者；(4) 企业的盈利基本上由市场对产品的需求来决定；(5) 生产者可自由进入或退出这个市场；(6) 市场信息对买卖双方都是畅通的，生产者和消费者对市场情况非常了解。完全竞争是一个理论上的假设，该市场结构得以形成的根本原因在于企业产品的无差异，所有企业都无法控制产品的市场价格。

例证：在现实经济中，完全竞争的市场结构极为少见，初级产品（如农产品）市场较接近于完全竞争市场。

词条名称：**垄断竞争**

英　　文：**monopolistic competition**

定义：垄断竞争是指既有垄断又有竞争的市场结构。

释义：在垄断竞争型市场上，每

个企业都在市场上具有一定的垄断力，但它们之间又存在激烈的竞争。其特点是：（1）生产者众多，各种生产资料可以流动；（2）生产的产品同种但不同质。在这种市场结构中，造成垄断现象的原因是产品差别，即产品的差异性；造成竞争现象的原因是产品同种，即产品的可替代性。其中，产品的差异性是垄断竞争与完全竞争的主要区别，是指各种产品之间存在着实际或想象上的差异；由于产品差异性的存在，生产者可以树立自己产品的信誉，从而对其产品的价格有一定的控制能力。垄断竞争型市场中有大量企业，但没有一个企业能有效地影响其他企业的行为。

例证：在国民经济各行业中，制成品（如纺织、服装等轻工业产品）的市场类型一般都属于垄断竞争。

词条名称：**寡头垄断**

英　　文：**oligopoly**

定义：寡头垄断是指少数几家厂商控制整个市场中产品的生产和销售的市场结构。

释义：寡头垄断市场得以形成的原因有：（1）行业初始投入资本较大，阻止了大量中小企业的进入；（2）产品只有在大规模生产时才能获得好的效益，在竞争中自然淘汰大量的中小企业；（3）寡头厂商为保持自身地位而采取种种排他性措施，及政府对某些寡头厂商采取扶持政策等。在寡头垄断市场，由于占据寡头地位的少数生产者的产量非常大，因此他们对市场的价格和交易具有一定的垄断能力；同时，由于只有少量的生产者生产同一种产品，因而每个生产者的价格政策和经营方式及其变化都会对其他生产者产生重要的影响。由此，寡头垄断企业之间存在很强的相互依存性，寡头垄断者的某项决策产生的结果完全取决于其对手的反应，竞争结果具有很大的不确定性，从而寡头垄断市场中的竞争比完全竞争、垄断竞争和完全垄断市场都更为激烈。

例证：资本密集型、技术密集型行业，如钢铁、汽车等重工业以及少数储量集中的矿产品如石油等市场多属于这种类型；因为生产这些产品所必需的巨额投资、复杂的技术或产品储量的分布限制了新企业进入该市场。

词条名称：**完全垄断**

英　　文：**perfect monopoly**

定义：完全垄断是指整个行业中只有唯一一家厂商从事某产品的生产和销售活动的市场结构。

释义：在完全垄断市场中，只有一家企业生产某种特质产品。所谓特质产品，是指没有或缺少相近替代品的产品。完全垄断可分为政府完全垄断和私人完全垄断两种类型。政府完全垄断通常以公用事业居多，如国有铁路、邮电等部门。私人完全垄断是根据政府授予的特许专营或根据专利生产的独家经营，以及由于资本雄厚、技术先进而建立的排他性的私人垄断经营。完全垄断型市场结构的特点是：（1）市场被独家企业所控制，其他企业不可以或不可能进入该行业；（2）产品没有或缺少相近的替代品；（3）垄断者能够根据市场的供需情况制定理想的价格和产量，在高价少销和低价多销之间进行选择，以获取最大利润；（4）垄断者在制定产品的价格与生产数量方面的自由性是有限度的，要受到反垄断法和政府管制的约束。

例证：与完全竞争市场一样，完全垄断市场的假设条件也十分严格，在现实生活中也几乎不存在，每个行业都或多或少地引入竞争。公用事业（如发电厂、煤气公司、自来水公司等）和某些资本、技术高度密集型或稀有金属矿藏的开采等行业接近于完全垄断。

词条名称：**行业生命周期**

英　　文：**industry life cycle**

定义：行业生命周期是指行业从出现到衰退的发展演变过程。

释义：行业生命周期主要包括四个阶段，即初创期、成长期、成熟期和衰退期。处于不同生命周期的行业呈现出不同的特点。处于初创期的行业，其产品尚处于试验阶段，质量没有统一标准，运作风险较高，但行业内竞争者少，是市场扩张的重要阶段。处于成长期的行业，其产品的可靠性、质量等均有所提高，市场竞争者增多，市场份额的争夺愈发白热化。处于成熟期的行业，产品标准化程度很高，竞争者数量相对稳定，价格成为主要竞争手段，保持市场份额是竞争的关键。处于衰退期的行业，其产品销售范围缩减，质量不稳定，利润大幅下降，引发竞争者退出行业，如何降低成本与费用是这个时期企业关注的重点。进行行业生命周期分析，有利于考察该行业的发展趋势，分析行业的投资价值和投资风险。如收益型投资者，一般优先选择处于成熟期的行业，因为这些行业基础稳定、盈利丰厚、市场风险相对较小。但行业生命周期四个阶段是对行业发展共性的描述，并不适用于所有行业的情况；同时，同一行业在不同发展水平的不同国家或同一国家的不同发展阶段，可能处于生命周期的不同阶段。

例证：太阳能行业正处于初创期，电子信息、生物医药等行业处于成长期，石油冶炼、电力行业等处于成熟期，自行车、钟表等行业处于衰退期。

表格：

行业生命周期各阶段特征

	初创期	成长期	成熟期	衰退期
公司数量	少	增加	减少	少
产品价格	高	下降	稳定	下降
利润率	亏损或低利润	增加	高	减少到亏损
风险	高	高	降低	增大
投资需求	最大	适中	减少	最少或者没有

词条名称：**初创期**

英　　文：**early stage**

定义：初创期是指行业的萌芽和形成阶段。

释义：社会的物质文化需求是行业萌芽和形成的最基本动力，资本的支持与资源的稳定供给是行业形成的基本保证。行业形成的方式有三种：分化、衍生和新生长。分化是指新行业从原行业（母体）中分离出来，分解为一个独立的新行业，如电子工业从机械工业中分化出来，石化行业从石油工业中分化出来等。衍生是指出现与原有行业相关、相配套的行业，如汽车行业衍生出来的汽车修理业，房地产业衍生出来的房地产咨询业等。新生长方式是指新行业以相对独立的方式进行，并不依附于原有行业，这种行业的生产往往是科学技术产生突破性进步的结果，如生物医药、生物工程、海洋产业等。在初创期，由于新行业刚刚诞生或初建不久，具有高风险和低收益的特征，只有为数不多的投资公司投资于新兴行业；在初创期后期，随着行业生产技术的成熟、生产成本的降低和市场需求的扩大，新行业便逐步由初创期迈入高风险、高收益的成长期。

例证：遗传工程和新能源产业正处于初创期。

词条名称：**成长期**

英　　文：**growth stage**

定义：成长期是指行业高速发展的时期。

释义：在成长期初期，企业生产技术逐渐成熟，市场认可并接受产品，产品销量迅速增长，市场逐步扩大，然而企业可能仍然处于亏损或者微利状态，需要外部资金注入以增加设备、人员及下一代产品的开发。进入加速成长期，企业的产品和劳务为广大消费者接受，销售收入和利润开始加速增长，新的机会不断出现，但企业仍然需要大量资金来实现高速成长；这一时期，拥有较强研究开发实力、市场营销能力和雄厚资本实力、畅通融资渠道的企业逐渐占领市场，行业增长非常迅猛，部分优势企业脱颖而出，投资于这些企业的投资者往往获得极高的投资回报，所以成长期阶段也会被称为“投资机会时期”。虽然成长期企业的利润增长很快，但竞争风险也非常大，破产率与被兼并率相当高。因此，成长期兼具高风险和高收益的特征。

例证：无线通讯行业处于成长期。

词条名称：**成熟期**

英　　文：**maturation stage**

定义：成熟期是指行业在产品、技术、生产工艺、产业组织等方面均较为成熟的阶段。

释义：成熟阶段是行业发展的巅峰阶段，通常会持续相对较长的时期，主要表现在四个方面：（1）产品的成熟。产品的基本性能、式样、功能、规格、结构都趋向成熟，且已经被消费者习惯使用。（2）技术上的成熟。行业内企业普遍采用的是适用的且至少有一定先进性、稳定性的技术。（3）生产工艺的成熟。（4）行业组织的成熟。行

价值投资

业内企业间建立起了良好的分工协作关系，形成有效的市场竞争、规则合理的市场运作和稳定的市场结构。其中，产品的成熟是行业成熟的标志。在这一阶段，通过激烈的市场竞争和优胜劣汰而生存下来的少数大厂商基本上垄断了整个行业的市场，行业利润由此达到较高水平，而市场风险因市场结构比较稳定、新企业难以进入而较低。因此，成熟期行业具备低风险和高收益的特征。

例证：石油冶炼行业、电力行业处于成熟期。

词条名称：**衰退期**

英　　文：**decline stage**

定义：衰退期是指行业产品陈旧老化，市场开始萎缩，直至产品被淘汰的时期。

释义：行业衰退是客观的必然，是行业经济新陈代谢的表现，一般出现在较长的稳定期之后。由于大量替代品的出现，原行业产品市场需求开始逐渐减少，产品销量开始下降，某些厂商开始向其他更有利可图的行业转移资金，因而原行业出现了厂商数目减少、利润水平停滞不前或不断下降的萧条景象，至此，整个行业便进入衰退期。行业衰退可分为自然衰退和偶然衰退。自然衰退是一种自然状态下到来的衰退；偶然衰退是指在偶然的外部因素作用下，提前或者延后发生的衰退。行业衰退还可分为绝对衰退和相对衰退。绝对衰退是指行业本身内在的衰退规律起作用而发生的规模萎缩、功能衰退、产品老化；相对衰退是指行业因结构性原因或者无形原因引起行业地位和功能发生衰减的状况，而并不一定是行业实体发生了绝对的萎缩。在很多情况下，行业的衰退期往往比行业生命周期的其他三个阶段的总和还要长，大量的行业都是衰而不亡，甚至会与人类社会长期共存。

例证：钢铁业、纺织业、烟草业处于衰退期。

词条名称：**上、下游行业**

英　　文：**upstream and downstream industry**

定义：上、下游行业是处于同一产业链的上游行业及下游行业的统称。

释义：产业链是产业经济学的基本概念，是各个产业部门之间基于一定的技术经济关联，并依据特定的逻辑关系和时空布局关系客观形成的链条式关联关系形态。上游行业主要指初级产品的生产部门，包括农产品生产部门和矿产品采掘部门。下游行业是最终需求型行业，与市场联系更为密切，包括各类机械制造、食品加工、木材加工等生产部门，下游行业的发展程度是一国生产装备程度和人民生活水平高低的重要标志。处于同一产业链的上、下游行业间联系紧密，相互间影响十分显著。例如，采掘业的发展状况影响金属制造业的供应情况，金属制造业的发展状况也影响采掘业的需求情况。

例证：采掘业、农业等属于上游行业，机械制造业、批发零售业等属于下游行业。

词条名称：替代品行业

英　　文：substitute industries

定义：替代品行业是指当两个不同的行业生产或销售相同或类似功能的产品（或服务）时，这两个行业互为替代品行业。

释义：替代品因具有相同或相似的功能，从而能够相互替代以满足消费者的需求。一般而言，一种商品价格上升，其替代品的需求量将会增加。由于可替代性的存在，替代品行业之间存在激烈的竞争关系，且这种竞争会以各种形式影响行业中现有企业的竞争战略。替代品行业的产品价格越低、质量越好、用户转换成本越低，则对本行业的竞争压力就越大。具体地，可通过考察替代品销售增长率、替代品行业的生产能力与盈利增长状况等，了解替代品行业竞争压力的强度。

例证：水电行业与火电行业互为替代品行业。

词条名称：互补关系行业

英　　文：supplementary industries

定义：互补关系行业是指当两个不同的行业生产或销售具有消费依存关系的产品（或服务）时，这两个行业互为互补关系行业。

释义：互补品是指存在某种消费依存关系的不同商品，即一种商品的消费必须与另一种商品的消费相配套。一般而言，一种商品价格的上升不仅导致自身需求量的下降，而且引发互补品需求量的下降。与替代品行业不同，互补关系行业之间存在协同效应，生产互补产品的行业可以实现订货、发货、销售等环节的合作关系。处于同一产业链的上、下游行业往往存在互补关系，如剃须刀片与剃须刀的生产等。

例证：照相机行业与胶卷行业、采掘业与金属产品制造业是互补关系行业。

词条名称：行业规模

英　　文：scale of industry

定义：行业规模是指某一行业中所有企业产出规模的总和。

释义：行业规模的度量指标包括行业年生产总值、行业年产出量、行业资产总规模等。随着行业兴衰，行业的市场容量经历“小—大—小”的过程，行业的资产总规模也经历“小—大—萎缩”的过程，因而行业规模也不可避免地经历“小—大—小”的过程。每个行业都需要一个适度的规模。行业规模过大会导致产能过剩，造成资源浪费；行业规模过小，不易形成规模效应，缺乏竞争优势。因此，合适的行业规模成为国家和政府制定行业政策时考虑的重要因素之一。

词条名称：行业市场容量

英　　文：market capacity of industry

定义：行业市场容量是指在不考虑产品价格或供应商策略的前提下，市场在一定时期内能够吸纳的某行业产品或劳务的总量。

释义：市场容量是一国经济和行

业经济增长的第一因素，由使用价值需求总量和可支配货币总量两大因素构成。随着行业兴衰，行业的市场容量经历“小—大—小”的过程。市场容量的大小变化会因影响其行业内大企业供给比重的变化。一般而言，市场容量的扩大会降低单个或少数几个大企业在整个行业中的供给比重。随着市场规模的扩大，一方面，会抵消企业通过自我积累或并购扩张所形成的市场集中；另一方面，也为新企业的进入创造了商机，并为行业内小企业的规模扩张提供了机会，从而有助于强化卖者之间的竞争，降低少数大企业的市场份额。反之，当市场容量缩小、需求停滞时，实力雄厚的大企业为争夺有限的市场需求，往往借助价格竞争或兼并收购等行为挤占竞争对手，迫使低效、弱小的企业从市场退出；同时，激烈竞争所导致的较低收益率也抑制了潜在竞争对手的进入，整个产业供给能力倾向于向优势企业集中，单个或少数几个大企业的相对份额会有所上升。

词条名称：**行业资产规模**

英　　文：**asset scale of industry**

定义：行业资产规模是指一个行业内所有企业拥有或控制的资产总额。

释义：资产是指企业过去的交易或者事项形成的，由企业拥有或者控制的，预期会给企业带来经济利益的资源。企业资产规模是企业各项资产的总额，行业资产规模则是行业中各企业资产规模的总和。在我国现行《企业会计准则》体系中，资产项目主要包括存货、固定资产、无形资产、投资性房地产等。一般而言，固定资产在企业总资产中占据较高的比重。固定资产是指为生产商品、提供劳务、出租或经营管理而持有的，使用寿命超过一个会计年度的资产，表现为厂房、机器设备、办公设备等。相比其他资产，固定资产用途广泛，资产价值高，是企业资产总额的重要组成部分。此外，对于高新技术与科技创新类企业，由于专利权、非专利技术等价值较高，无形资产在企业总资产规模中也占据较高比重。一般随着行业生命周期的发展，行业资产规模会经历“小—大—萎缩”的过程。

词条名称：**行业平均收入**

英　　文：**average income of industry**

定义：行业平均收入是指一个行业内所有企业在一定期限内的总收入与企业数量之比。

释义：行业平均收入反映了行业在一定时期内的收入状况，是行业发展水平的重要指标之一。其中，收入是指企业在日常生活中形成的，会导致所有者权益增加的，与所有者投入资本无关的经济利益的总流入。按照企业从事日常活动的性质，可将收入分为销售商品收入、提供劳务收入、让渡资产使用权收入、建造合同收入等。按照企业从事日常活动在企业的重要性，可将收入分为主营业务收入、营业外收入、其他业务收入等。行业产品价格、行业市场容量是影响行业平均收入的主要因素。

词条名称：**行业平均成本**

英　　文：**average cost of industry**

定义：行业平均成本是指一个行业内所有企业在一定期限内的总成本与企业数量之比。

释义：行业平均成本是行业在生产经营过程中的主要支出，其数额大小直接影响行业的利润水平。其中，成本是指企业在一定时期内为生产、销售商品或提供劳务所发生的全部费用。生产经营成本是企业成本的主要部分。在实务中，生产经营成本一般分为生产成本、销售费用和管理费用三大类，其中，生产成本包括直接材料、直接人工、燃料和动力、制造费用；销售费用包括营销成本、配送成本和客户服务成本；管理费用包括研究与开发成本、设计成本和行政管理成本。

词条名称：**行业平均利润率**

英　　文：**average profit rate of industry**

定义：行业平均利润率是指一个行业内所有企业利润率的平均水平。

释义：行业平均利润率是反映行业赢利能力的经济指标，是行业内所有企业利润率的平均水平。行业利润率分为成本利润率和资金利润率两种。成本利润率是行业利润与成本的比例。资金利润率是行业利润与该行业占用资金的比例，表示资金的盈利程度。行业产品价格、行业市场容量、原材料价格、销售费用等是影响行业平均利润率的主要因素。在价格体系合理的情况下，行业平均利润率能反映社会资源的分配程度；在价格体系扭曲的情况下，行业利润率的高低并不代表社会经济资源的分配是否合理，而是取决于行业间产品比价的高低。因此，研究行业平均利润率能认识和发挥平均利润率规律的作用，调节不同行业间的利润水平，引导社会资金合理流动，使社会总供给和总需求实现自动平衡。

词条名称：**行业平均增长率**

英　　文：**average growth rate of industry**

定义：行业平均增长率是指某一行业在一定时期内的平均增长水平。

释义：行业平均增长率是衡量行业增长水平的重要指标之一。处于不同生命周期的行业，其行业平均增长率呈现不同的特点。处于初创期的行业，由于行业内公司数量较少，行业利润率低，行业平均增长率往往也较低。处于成长期的行业，随着行业内公司数量增多，市场需求增加，行业利润逐渐增加，这个时期的行业增长非常迅猛，行业平均增长率也加速上升。处于成熟期的行业，行业利润逐渐趋于稳定，此时行业增长速度也降至一个适度水平，行业平均增长率趋缓甚至停滞。进入衰退期以后，行业平均增长率呈现负增长态势。

词条名称：**技术成熟度**

英　　文：**technology readiness levels，缩写 TRL**

定义：技术成熟度，又称“技术完备等级”，是指单项技术或技术系统在研发过程中所达到的一般性可用程度。

释义：技术成熟度的起源追溯到1969年美国国家航空航天局（NASA）明确提出开发技术成熟等级评估工具的设想。1974年，在美国国家航空航天局工作的Sadin首次提出七级的技术成熟度体系；1989年，美国国家航空航天局将原有七级体系扩展到九级，为TRL1—TRL9。该九级技术成熟度划分涵盖了基础研究阶段的技术概念、应用方案形成、实验室研究阶段的原型验证以及各种环境下的系统演示等各个环节。根据美国国家航空航天局的TRL评估体系，各等级的技术成熟度具备不同的特征，TRL1—TRL3级对应于基础概念层面的技术开发，其后各级则表达设计应用的成熟性。除美国国家航空航天局之外，美国国防部（DOD）、美国能源部（DOE）、欧洲航天局（ESA）等著名机构均制定了自己的TRL评估体系。

词条名称：**开工率**

英　　文：**utilization of capacity**

定义：开工率是指已投入使用的生产能力中实际利用的比率，或已获营建许可的工程项目中实际开工建筑的比率。

释义：开工率通常用产量与生产能力的比值计算。对于生产产品的企业或设备来说，开工率即其生产能力利用率，它以一定时期（如一年）内实际产量与生产能力的设计能力之比来衡量。生产能力的设计能力，是指设计任务书和技术设计文件中所规定的产品生产能力，它是在正常情况下，即在规定的产品方向与品种构成上，在原材料、燃料、动力等供应充分，劳动力配备合理，以及设备正常运转的情况下所可能达到的产量。对于建筑业而言，开工率以实际开工的工程项目数与已获营建许可的工程项目数的比率来衡量。从微观角度看，一个企业的开工率反映该企业的市场供求状况和经营管理状况等；从宏观角度看，各部门与各行业的综合开工率反映整个经济运行的状况。长时期的开工充足反映了行业处在成长或成熟期间的景气状态，衰退期则往往伴随着开工不足。

词条名称：**从业人员职业化水平**

英　　文：**occupation level of employees**

定义：从业人员职业化水平是指从业人员工作状态的标准化、规范化与制度化水平。

释义：职业化是现代化过程中的必然产物，是社会中形成专门从事某一产业活动的职业人员的现象。其主要目的是使员工在知识、技能、观念、思维、态度、心理上符合职业规范和标准。具体而言，职业化包含职业化素养、职业化行为和职业化技能三个部分内容。职业化素养是企业员工在从事职业时，不断形成的知识技能、个人素质、个人道德修养、行为规范等；职业化行为是指个人在经过系统的职业化训练后，在组织或团队工作中所表现出来的具备相当职业素养的组织行为；职业化技能是指个人在经过专业的技能培训后所掌握的职业技能。随着行业的兴衰，从业人员的职业化水平经历“低—高—低”的过程。

词条名称：**行业工资福利收入水平**

英　　文：**level of welfare and income of employees**

定义：行业工资福利收入水平是指行业从业人员因提供劳务而获得的各种形式的报酬水平。

释义：工资福利是企业为获得职工提供的服务而给予各种形式的报酬以及其他相关支出，包括职工工资和职工福利费两个部分。职工工资主要包括计时工资、计件工资、支付给职工的超额劳动报酬和增收节支的劳动报酬、为补偿职工特殊或额外的劳动消耗和因其他特殊原因支付给职工的津贴，以及为保证职工工资水平不受物价影响支付给职工的物价补贴等。职工福利费主要是尚未实行医疗统筹企业职工的医疗费用、职工因公负伤赴外地就医路费、职工生活困难补助，以及按照国家规定开支的其他职工福利支出。随着行业的兴衰，行业工资福利水平有一个“低—高—低”的过程。

词条名称：**资本进退**

英　　文：**entry and exit of capital**

定义：资本进退是指资本进入或退出某个行业的现象。

释义：行业生命周期每个阶段均会有企业的进退，即资本进退的发生。在成熟期以前，进入的企业数量及资本量大于退出量；进入成熟期以后，进入的企业数量及资本量与退出量有一个均衡的过程；在衰退期，则退出的企业数量及资本量超过进入量，行业规模逐渐萎缩，转产、倒闭多有发生。

词条名称：**技术进步**

英　　文：**technological development**

定义：技术进步是指人类在生产中不断创造效率更高的劳动手段、先进的工艺方法，以推动社会生产力不断发展的过程。

释义：在开放经济中，技术进步的途径主要有三个方面，即技术创新、技术扩散、技术转移与引进。后发国家技术赶超分为三个阶段：第一阶段以自由贸易和技术引进为主，主要通过引进技术，加速自己的技术进步，促进产业结构升级；第二阶段，技术引进与技术开发并重，实施适度的贸易保护，国家对资源进行重新配置，通过有选择的产业政策，打破发达国家的技术垄断，进一步提升产业结构；第三阶段，以技术的自主开发为主，发展新兴高技术产业，国家主要通过产业政策，加强与发达国家跨国公司的合作与交流，占领产业制高点，获得先发优势和规模经济，实现跨越式赶超。

技术进步的水平和发展一般可用以下几个指标衡量：（1）代替性指标，即技术代替人的体力和智力的程度，技术进步集中表现为使用各种劳动手段时所需要的劳动量的减少；（2）科学性指标，即科学原理在生产中的运用水平，从经验性技术向科学性技术的发展是技术进步的重要标志；(3) 人和自然协调程度指标，即人在运用技术利用和改造自然的过程中，技术给自然本身所带来的积极后果和消极后果的程度；(4) 社会功能指标，即技术所引起的社会关系变革的程度。

词条名称：**产业**

英　　文：**industry**

定义：产业是指由利益相互联系的，具有不同分工的，由各个相关行业所组成的业态总称。

释义：产业是社会分工的产物，尽管组成行业的经营方式、经营形态、企业模式和流通环节有所不同，但它们的经营对象和经营范围是围绕着共同产品而展开的，并且可以在构成业态的各个行业内部完成各自的循环。新西兰经济学家费歇尔创立的三次产业分类法是多数国家采用的产业分类方法。在中国，三次产业的划分是：第一产业为农业，包括农林牧渔各业；第二产业为工业和建筑业，包括采掘、制造、自来水、电力、蒸汽、热水、煤气和建筑各业；第三产业为流通部门和服务部门，包括四个层次：(1) 交通运输、邮电通讯、商业、饮食、物资供销和仓储等为流通服务的行业；(2) 金融、保险、地质普查、房地产、公用事业、居民服务、旅游、咨询信息服务和各类技术服务等为生产和生产服务的行业；(3) 教育、文化、广播、电视、科学研究、卫生、体育和社会福利等为提高科学文化水平和居民素质服务的各行业部门；(4) 国家机关、政党机关、社会团体以及军队和警察等为社会公共需要服务的行业部门。

词条名称：**产业政策**

英　　文：**industrial policy**

定义：产业政策是指政府为实现一定的经济和社会目标，而对产业的形成和发展进行干预的各种政策的总和。

释义：产业政策从属于国家总的经济政策，而又区别于一般经济政策，是一个相对独立的政策研究领域。一方面，它涉及产业与经济关系方面的政策，通过调节作为经济活动基础的产业部门关系而服务于经济发展的目标；另一方面，它又涉及产业内部及产业与技术关系方面的政策，反映产业发展的内在机制，规定了产业结构调整及产业发展的方向、重点、规模和途径。产业政策是技术政策和经济政策的接口，对一个国家或地区依靠技术进步、调整产业结构实现经济战略的总体目标，具有关键作用。一般认为，产业政策包括产业结构政策、产业组织政策、产业技术政策和产业布局政策等，其中，产业结构政策与产业组织政策是产业政策的核心。

词条名称：**产业结构政策**

英　　文：**policy on industrial structure**

定义：产业结构政策是指一国政府依据本国在一定时期内产业结构的现状，遵循产业结构演进的一般规律，规划产业结构逐渐演进的目标，并分阶段地确定重点发展的战略产业，实现资源的重点配置，引导国家经济向新的广度和深度发展的政策。

释义：产业结构政策的目标在于从推动产业结构的合理演进中，以科学发展观为指导，求得经济增长和资源配置效率的改善。产业结构政策是一个政策系统，主要包括：（1）产业结构长期目标，它是根据现阶段发展水平和进一步发展的要求，遵循产业发展演变的规律，提出在较长一段时期内产业发展的目标和方向。（2）对战略产业的保护和扶植，包括限制所保护的同类国外产品的进入、限制国外私人直接投资等，一般采用财政投资、倾斜金融、倾斜税收以及行政性干预等措施。所谓战略产业，一般指具有较高需求弹性和收入弹性，能够带动国民经济其他部门发展的产业。（3）对衰退产业的调整和援助，主要包括限制进口、财政补贴、减免税等。

例证：日本政府自20世纪50年代中期起，先后对煤炭、铝、合成纤维、船舶、化肥、石化等衰退产业采取了规模收缩和合理化对策，通过课税特例、特定产业信用基金的债务保证以及开发银行的融资等措施，促进相关企业的设施处理、事业转移。

词条名称：**产业组织政策**

英　　文：**policy on industrial organization**

定义：产业组织政策是指政府为改善产业组织，实现产业组织的合理化、资源的有效利用及收益的公平分配等目标，而对某一产业或企业采取的鼓励或限制性的政策措施。

释义：产业组织政策以"反对垄断、促进竞争、规范大型企业集团、扶持中小企业发展"为主要核心，主要包括市场秩序政策、产业合理化政策和产业保护政策。市场秩序政策的目的在于鼓励竞争、限制垄断；产业合理化政策的目的在于确保规模经济的充分利用，防止过度竞争；产业保护政策的目的在于减少国外企业对本国幼稚产业的冲击。

例证：1997年美国发布的《全球电子商务框架》是市场秩序政策的一个实例。该框架主张私营企业在电子商务中起主导作用，政府应当避免进行不恰当的限制，在需要政府参与的情况下，其目标也应当是支持和加强一个可预见的、宽松的、一致和简单的商业法制环境。1994年中国颁布的《汽车工业产业政策》是产业合理化政策的一个例子。该政策对中国汽车工业的集中投资和产业内企业的兼并重组起到了较大的推动作用，在很大程度上抑制了重复生产，催生了三大汽车生产企业集团，汽车生产集中度得到大幅度提高。

词条名称：**产业技术政策**

英　　文：**policy on industrial technology**

定义：产业技术政策是指国家制定的用以引导、促进和干预产业技术进步的政策的总和。

释义：产业技术政策是产业政策的重要组成部分，主要包括两个方面内容：（1）产业技术的选择和技术发展政策，主要涉及制定具体的技术标准、规定各产业的技术发展方向、鼓励采用先进技术等。（2）促进资源向技术开发领域投入的政策，主要包括技术引进政策、促进技术开发政策、基础技术研究的资助与组织政策等。

词条名称：产业布局政策

英　　文：policy on industrial layout

定义：产业布局政策是指政府机构根据产业的经济技术特性、国情、国力状况和各类地区的综合条件，对若干重要产业的空间分布进行科学引导和合理调整的意图及其相关政策措施。

释义：产业布局政策的目标是实现产业布局的合理化。产业布局政策一般遵循以下原则：（1）经济性原则，即保证投资效率高、经济效益好、发展速度快的地区优先发展；（2）合理性原则，即鼓励各地区根据自身资源、经济、技术条件，发展具有相对优势的产业；（3）协调性原则，即促进地区间的经济、技术交流，形成合力的分工协作体系；（4）平衡性原则，即在加快先进地区发展的同时，逐步缩小先进地区与落后地区的差距。

词条名称：产业组织创新

英　　文：innovation of industrial organization

定义：产业组织创新是指同一产业内企业的组织形态和企业间关系的创新。

释义：产业组织的创新过程（活动）实际上是对影响产业组织绩效的要素进行整合优化的过程，是使产业组织重新获取竞争优势的过程。一方面，产业组织与产业结构息息相关，是连接产业结构与产业政策的纽带，产业组织创新是推动产业结构升级的重要力量之一；另一方面，产业组织又与企业组织密切相关，是具有某种同一性的互动范畴，产业组织的创新不仅仅是产业内企业与企业之间垄断或竞争关系平衡的结果，更是企业组织创新与产业组织创新协调与互动的结果。产业组织创新的直接效应包括实现规模经济、专业化分工与协作、提高产业集中度、促进技术进步和有效竞争等；间接影响包括创造产业增长机会、促进产业增长实现、构筑产业赶超效应、适应产业经济增长等多项功效。

词条名称：市场机会

英　　文：market opportunity

定义：市场机会是指市场上客观存在的尚未被满足或者未被完全满足的消费需求，是企业用以开发市场经营而获利的可能性。

释义：市场机会是客观上已经存在或即将形成、而尚未被人们认识的市场，一般具有三个方面的基本特性：公开性、时间性、理论上的平等性与实践上的不平等性。按表现形式的不同，市场机会可分为表面市场机会和潜在市场机会。在市场上明显没有被满足的现实需求，就是表面的市场机会；现有的产品种类未能满足的或尚未完全为人们意识到的隐而未见的需求，就是潜在的市场机会。按市场位置的不同，可分为行业市场机会和边缘市场机会。在企业所处的行业或经营领域中出现的市场机会，称为“行业性市场机会”；在不同行业之间的交叉或结合部分出现的市场机会，称为“边缘性市场机会”。按企业可否利用，分为环境机会和企业机会。随着环境的变化而客观形成的各种各样未满足的需求，就是环境机会；环境机会中那些符合企业战略计划的要求、有利于发挥企业优势的可以利用的市场机会，才是企业机会。

词条名称：**经济全球化**

英　　文：**economic globalization**

定义：经济全球化是指商品、服务、生产要素与信息跨国界流动的规模与形式不断增加，通过国际分工在世界市场范围内提高资源配置效率，各国经济相互依赖程度日益加深的现象。

释义：经济全球化是当代世界经济的重要特征之一，其推动力是追求利润和取得竞争优势。经济全球化主要表现为生产活动全球化、金融全球化、投资活动全球化及跨国公司作用的增强。经济全球化对各国的产业发展产生重大影响：（1）经济全球化导致产业的全球性转移和行业结构的变化。发达国家低端制造技术加速向发展中国家进行产业化转移，制造业结构正在向技术密集型和高新技术行业加速转移。（2）经济全球化使国际分工的基础和模式出现重要变化。在国际分工模式方面，随着经济全球化的日益加深，跨国公司在全球范围内寻求资源的最佳配置，将其产业链的不同环节分别布局在不同的国家，将越来越多的国家纳入跨国公司的全球生产与服务网络之中。（3）经济全球化导致贸易理论与国际直接投资理论一体化。企业在两个国家间进行活动时，可以将总部行为安排在母国进行，但其实际生产或转移到东道国进行（纵向一体化），或者既安排在国内、又安排在国外进行（横向一体化）。

词条名称：**国际分工**

英　　文：**international division of labor**

定义：国际分工是指世界上各国（地区）之间的劳动分工，是国际贸易和各国（地区）经济联系的基础。

释义：国际分工的发生和发展主要取决于两个条件：自然条件和社会经济条件，其中，自然条件主要包括资源、气候、土壤、国土面积的大小等；社会经济条件包括各国的科技和生产力发展水平、国内市场的大小、人口的多寡和社会经济结构，其中，生产力的发展是促使国际分工发生和发展的决定性因素，科技进步是国际分工得以发生和发展的直接原因。按参加国际分工经济体的生产技术水平和工业发展情况的差异来分类，国际分工可划分为垂直型国际分工、水平型国际分工和混合型国际分工。垂直型国际分工是经济技术发展水平相差悬殊的国家（如发达国家与发展中国家）之间的国际分工；水平型国际分工是经济发展水平相同或接近的国家（如发达国家以及一部分新兴工业化国家）之间在工业制成品生产上的国际分工；混合型国际分工是垂直型和水平型结合起来的国际分工方式。按分工是否在产业之间或产业内部来分类，国际分工可划分为产业间经济分工和产业内经济分工，前者是不同产业部门之间生产的分工专业化，后者是在同一产业内产品的差别化分工和产品生产工序中的分工。

例证：德国是混合型国际分工的典型代表，它对发展中国家的国际分工是垂直型的，向发展中国家进口原料，出口工业品，而对发达国家的国际分工则是水平型的。

（四）公司分析

词条名称：**公司分析**

英　　文：**corporation analysis**

定义：公司分析是指以上市公司为分析对象，从行业地位、经济区位、公司产品、经营能力、赢利能力与成长性、公司财务和重大事项等方面进行的多元分析。

释义：公司分析的对象主要是指上市公司。公司分析的主要内容包括：公司基本分析、公司财务分析和公司重大事项分析，其中，公司基本分析包括公司行业地位分析、公司经济区位分析、公司产品分析、公司经营能力分析、公司赢利能力和公司成长性分析。

词条名称：**行业地位分析**

英　　文：**analysis on industry position**

定义：行业地位分析是指对公司在其所处行业中竞争地位的分析。

释义：行业地位分析的目的是判断企业在所处行业中的地位，例如，公司是否为领导企业、在价格上是否具有影响力、是否有竞争优势等。企业的行业地位决定了其赢利能力与行业平均水平的相对高低。衡量公司行业竞争地位的主要指标是行业综合排序和产品的市场占有率。

词条名称：**经济区位分析**

英　　文：**analysis on economic location**

定义：经济区位分析是指对公司是否处于地理范畴上的经济增长点及其辐射范围的判断分析。

释义：经济区位是指地理范畴上的经济增长点及其辐射范围。上市公司的投资价值与区位经济的发展密切相关，如处于经济区位内的上市公司，一般具有较高的投资价值。公司经济区位分析是将上市公司的价值分析与区位经济的发展联系起来，以便分析上市公司未来发展的前景，确定上市公司的投资价值。具体的分析可通过以下三方面进行：（1）区位内的自然条件与基础条件，包括矿产资源、水资源、能源、交通、通讯设施等。若上市公司所从事的行业与当地的自然和基础条件不符，公司的发展可能会受到很大的制约。（2）区位内政府的产业政策。若区位内上市公司的主营业务符合当地政府的产业政策，一般会获得诸多政策支持，对上市公司的进一步发展有利。（3）区位内的经济特色，即区位内经济与区位外经济的联系和互补性、龙头作用及其发展活力与潜力的比较优势，包括区位的经济发展环境、条件与水平、经济发展现状等有别于其他区位的特色，如某区位在电脑软件或硬件方面，或在汽车工业方面已经形成了优势和特色，那么该区位内的相关上市公司，在同等条件下比其他区位主营业务相同的上市公司具有更大的竞争优势和发展空间。

词条名称：公司产品分析

英　　文：analysis on company's products

定义：公司产品分析是指对公司产品竞争能力、市场占有情况及品牌战略等的分析。

释义：公司产品是公司营业收入的直接来源，产品竞争是企业竞争的焦点。公司产品分析包括：产品的竞争能力、市场占有情况及品牌战略的分析。（1）产品的竞争能力，主要体现在产品的成本优势、技术优势和质量优势等方面。成本优势是指公司的产品依靠低成本获得高于同行业其他企业的赢利能力，一般可通过规模经济、专有技术、优惠的原材料、低廉的劳动力、科学的管理、发达的营销网络等实现；技术优势是指公司拥有的比同行业其他竞争对手更强的技术实力及其研究与开发新产品的能力；质量优势是指公司的产品以高于其他公司同类产品的质量赢得市场。（2）产品的市场占有情况，通常从两个方面考察：公司产品销售市场的地域分布情况和公司产品在同类产品市场上的占有率，市场占有率是对公司的实力和经营能力的较精确的估计。（3）产品的品牌战略。品牌是一个商品名称和商标的总称，同时也是产品质量、性能、满足消费者效用可靠程度的综合体现。品牌竞争是产品竞争的深化和延伸，在行业成熟阶段，品牌是产品及企业竞争的重要因素。

词条名称：经营能力分析

英　　文：analysis on company's operating capacity

定义：经营能力分析是指对包括公司内部条件及其发展潜力在内的经营战略与计划的决策能力，以及公司各种生产经营活动的管理能力的分析。

释义：公司经营能力分析主要包括对公司法人治理结构、公司经理层的素质以及公司从业人员素质和创新能力的分析。（1）公司治理。健全的公司法人治理机制体现在规范的股权结构、有效的股东大会制度、董事会权力的合理界定与约束、完善的独立董事制度、完善的监事会制度、优秀的职业经理层、相关利益者的共同治理等七个方面。（2）公司经理层的素质。是否有卓越的企业经理人员和经理层，直接决定着企业的经营成果。对经理人员的素质分析是公司分析的重要组成部分。一般而言，企业的经理人员应该具备如下素质：一是从事管理工作的愿望；二是专业技术能力；三是良好的道德品质修养；四是人际关系协调能力。（3）公司从业人员素质和创新能力。公司业务人员应具有如下素质：专业技术能力、对企业的忠诚度、责任感、团队合作精神和创新能力等；对员工素质进行分析，可判断该公司发展的持久力和创新能力。

价值投资

词条名称：**盈利能力分析**

英　　文：**analysis on company's profitability**

定义：盈利能力分析是指对公司获取利润能力的分析。

释义：公司盈利是投资者取得投资收益、债权人收取本息的资金来源，是经营者经营业绩的体现，也是职工集体福利设施不断完善的重要保障。公司盈利能力分析是公司盈利预测和公司估值水平及投资价值分析的重要基础，主要通过销售毛利率、销售净利率、总资产净利率、权益净利率等企业盈利能力指标来进行。其中，销售毛利率是企业销售净利率的最初基础，没有足够大的毛利率便不能盈利；销售净利率表明企业每1元收入创造的净利润，销售净利率越大，企业的盈利能力越强；总资产净利率反映每1元总资产创造的净利润，总资产净利率对权益净利率有直接推动作用，是股东报酬的决定因素之一，也是企业盈利能力的关键；权益净利率反映每1元股东权益创造的净利润，对股权投资者而言，权益净利率具有非常好的综合性，它概括了企业的全部经营业绩和财务业绩，是衡量股东财富的最重要指标。

公式：销售毛利率＝（销售收入－销售成本）/销售收入×100%

$$销售净利率=\frac{净利润}{销售收入}\times100\%$$

$$总资产净利率=\frac{净利润}{总资产}\times100\%$$

$$权益净利率=\frac{净利润}{股东权益}\times100\%$$

词条名称：**成长性分析**

英　　文：**analysis on company's growth**

定义：成长性分析是指对公司发展潜力和发展趋势的分析。

释义：成长性既是公司发展所追求的核心目标，也是衡量上市公司经营状况和发展前景的一项重要指标。公司成长性分析包括公司经营战略分析、公司规模变动特征及扩张潜力分析。经营战略从宏观上规定了公司的成长方向、成长速度及其实现方式。公司规模变动特征和扩张潜力则从微观方面具体考察公司的成长性，主要通过销售收入、利润、净产值和总资金等财务指标得以体现。

词条名称：**财务分析**

英　　文：**analysis on company's finance**

定义：财务分析是指以会计核算和报表资料及其他相关资料为依据，采用一系列专门的分析技术和方法，对公司过去和现在有关筹资活动、投资活动、经营活动的偿债能力、赢利能力和营运能力状况进行分析与评价，为企业的投资者、债权人、经营者及其他关心企业的组织或个人了解企业过去、评价企业现状、预测企业未来，做出正确决策，提供准确的信息或依据的实务方法。

释义：财务分析是公司分析的重要组成部分，其主要目的在于考察企业自身财务状况与财务实力。常用的财务分析方法包括比较分析法、比率分析法、因素分析法和平衡分析法。

比较分析法是通过相关经济指标的对比分析确定指标间差异或趋势的方法，指标包括：绝对指标比较、相对数指标比较和平均数指标比较。比率分析法是利用两个指标的某种关联关系，通过计算比率来考察、计量和评价财务活动状况的分析方法，财务比率包括：相关比率、构成比率、动态比率等。因素分析法是通过分析影响财务指标的各项因素，并计算其对指标的影响程度，用以说明本期实际与计划或基期相比财务指标发生变动或差异的主要原因的一种分析方法。平衡分析法是通过公司经济活动中具有平衡关系的一些指标进行分析，来了解公司财务的一种方法。财务分析的内容涵盖偿债能力分析、营运能力分析、获利能力分析和市价比率分析。

词条名称：**重大事项分析**

英　　文：**analysis on company's significant matters**

定义：重大事项分析是指对上市公司发生的可能对上市公司证券及其衍生品种交易价格产生较大影响，但投资者尚未得知的事件的分析。

释义：中国证监会2007年1月30日发布的《上市公司信息披露管理办法》要求上市公司如有"重大事件"需要发布临时报告。所谓重大事件，是指发生可能对上市公司证券及其衍生品种交易价格产生较大影响，但投资者尚未得知的事件。上市公司对重大事件应当立即披露，说明事件的起因、目前的状态和可能产生的影响。重大事件包括：（1）公司的经营方针和经营范围的重大变化。（2）公司的重大投资行为和重大的购置财产的决定。（3）公司订立重要合同，可能对公司的资产、负债、权益和经营成果产生重要影响。（4）公司重大债务和未能清偿到期重大债务的违约情况，或者发生大额赔偿责任。（5）公司发生重大亏损或者重大损失。（6）公司生产经营的外部条件发生的重大变化。（7）公司的董事、1/3以上监事或者经理发生变动；董事长或者经理无法履行职责。（8）持有公司5%以上股份的股东或者实际控制人，其持有股份或者控制公司的情况发生较大变化。（9）公司减资、合并、分立、解散及申请破产的决定，或者依法进入破产程序、被责令关闭。（10）涉及公司的重大诉讼、仲裁，股东大会、董事会决议被依法撤销或者宣布无效。（11）公司涉嫌违法违规被有权机关调查，或者受到刑事处罚、重大行政处罚；公司董事、监事、高价管理人员涉嫌违法违纪被有权机关调查或者采取强制措施。（13）董事会就发行新股或者其他再融资方案、股权激励方案形成相关决议。（14）法院裁决禁止控股股东转让其所持股份；任一股东所持公司5%以上股份被质押、冻结、司法拍卖、托管、设定信托或者被依法限制表决权。（15）主要资产被查封、扣押、冻结，或者被抵押、质押。（16）主要或者全部业务陷入停顿。（17）对外提供重大担保。（18）获得大额政府补贴等可能对公司资产、负债、权益或者经营成果产生重大影响的额外收益。（19）变更会计政策、会计估计。（20）因前期已披露的信息存在差错、未按规定披露或者虚假记载，被有关机关责令改正或者经董事会决定进行更正。（21）中国证监会规定的其他情形。

词条名称：**市场占有率**

英　　文：**market share**

定义：市场占有率，又称“市场份额”，是指公司某产品销售量（或销售额）在该类产品市场中所占的比重。

释义：产品的市场占有率在衡量公司产品竞争力方面占有重要地位，通常有四种测算方法：（1）总体市场份额，是指一个企业的销售量（额）在整个行业中所占的比重。（2）目标市场份额，是指一个企业的销售量（额）在其目标市场，即它所服务的市场中所占的比重。（3）相对于3个最大竞争者的市场份额，是指一个企业的销售量与该市场上最大的3个竞争者的销售总量之比。（4）相对于最大竞争者的市场份额，是指一个企业的销售量与市场上最大竞争者的销售量之比，若高于100%，则表明该企业是这一市场的领袖。通常，市场占有率越高，表示公司的经营能力和竞争力越强，公司的销售和利润水平越好、越稳定，公司的行业综合排序往往也较高。

词条名称：**公司治理**

英　　文：**corporate governance**

定义：公司治理是指据以对公司进行管理和控制的体系。

释义：公司治理，从狭义上讲，是指有关公司董事会的功能、结构和股东的权利等方面的制度安排；从广义上讲，公司治理是指有关企业控制权和剩余索取权分配的一整套法律、文化和制度安排，包括人力资源管理、收益分配和激励机制、财务制度、内部制度和管理等。健全的公司法人治理机制体现在以下几个方面：（1）规范的股权结构，具体包括三层含义：一是降低股权集中度，改变“一股独大”的局面；二是流通股股权适度集中，发展机构投资者、战略投资者，发挥他们在公司治理中的积极作用；三是股权的流通性。（2）有效的股东大会制度。根据《上市公司治理准则》，有效的股东大会制度应包括：具备规范的召开与表决程序，股东大会应给予每个提案合理的讨论时间；对董事会的授权原则、授权内容应明确具体；股东大会会议时间、地点的选择应有利于让尽可能多的股东参加会议；充分运用现代信息技术手段扩大股东参与股东大会的比例等。（3）董事会权力的合理界定与约束。根据《上市公司治理准则》，合理的董事会制度应制定规范、透明的董事选聘程序；在董事的选举过程中，应充分反映中小股东的意见，并积极推进累积投票制度；董事应根据公司和全体股东的最大利益，忠实、诚信、勤勉地履行职责；上市公司治理结构应确保董事会能够按照法律法规和公司章程的规定行使职权，公平对待所有股东，并关注公司其他利益相关者的利益；董事会授权董事长在董事会闭会期间行使董事会部分职权的，上市公司应在公司章程中明确规定授权原则和授权内容，凡涉及公司重大利益的事项应由董事会集体决策等。(4)完善的独立董事制度。(5)监事会的独立性和监督责任。(6)优秀的职业经理层。(7)相关利益者(包括员工、债权人、供应商和客户等)的共同治理,外部治理机制能够弥补公司内部治理机制的不足。

词条名称:**盈利预测**

英　　文:**profit forecast**

定义:盈利预测是指预测主体在合理的预测假设和预测基准的前提下,对未来会计期间的利润总额、净利润、每股收益、市盈率等重要财务事项做出的预计和测算。

释义:对公司盈利进行预测,是判断公司估值水平及投资价值的重要基础。盈利预测是建立在对公司深入了解和判断之上,通过对公司基本面进行分析,进而对公司的预测做出的假设。盈利预测的假设主要包括:(1)销售收入预测,包括销售收入的历史数据和发展趋势、公司产品的需求变化、市场占有率和销售网络、主要产品的存货情况、销售收入的明细等方面。销售收入预测的准确性也是公司盈利预测中最为关键的因素。(2)生产成本预测,包括生产成本的结构、主要原材料的价格走势和每年所需原材料的总量、成本变动和销售情况变动、能否将上涨的成本转嫁给下游、毛利率的变化情况等。(3)管理和销售费用预测,包括销售费用和销售费用占销售收入的比例、管理费用的变化、新市场的拓展、每年的研究和开发费用占销售收入的比例等。(4)财务费用预测,包括新增长期贷款和短期贷款等。(5)其他,包括主营业务利润占税前利润的百分比、非经常项目及其他利润占税前利润的比例、到目前为止利润的完成情况等。

词条名称:**经营战略**

英　　文:**business strategy**

定义:经营战略是指企业面对激烈变化、严峻挑战的环境,为求得长期生存和不断发展而进行的总体性谋划。

释义:经营战略是企业战略思想的集中体现。具体地说,经营战略是在符合和保证实现企业使命的条件下,在充分利用环境中存在的各种机会和创造新机会的基础上,确定企业与环境的关系,规定企业从事的事业范围、成长方向和竞争对策,合理地调整企业结构和分配企业的全部资源。经营战略具有全局性、长远性、竞合性、纲领性和相对稳定性的特征,它从宏观上规定了公司的成长方向、成长速度及其实现方式。

词条名称:**股利政策**

英　　文:**dividend policy**

定义:股利政策是指公司关于是否发放股利、发放多少以及何时发放的方针和政策。

释义:股利政策是企业利润分配的重要内容。股利的支付与企业的留存收益存在此消彼长的关系,减少股利分配,会增加企业留存收益,即把股东投资的报酬作为对企业的再投资,从而减少了外部筹资需求。股利政策一般包括股利支付形式、股利支付率、股利政策的类型、股利支付程序等。股利支付形式在国内主要包括现金股利、股票股利、转增股本。股利支付率是指净收益中股利所占的比重。股利政策包括剩余股利政策、固定或持续增长股利政策、固定股利支付率政策和低正常股利加额外股利政策。股利分配方案通常由公司董事会决定并宣布，必要时要经股东大会或股东代表大会批准后才能实施。

其中，剩余股利政策是在公司有着良好的投资机会时，根据一定的目标资本结构（最佳资本结构）测算出投资所需的权益资本，先从盈余当中留用，然后将剩余的盈余作为股利予以分配。固定或持续增长股利政策是将每年发放的股利固定在某一相对稳定的水平上，并在较长的时期内不变，只有当公司认为未来盈余会显著地、不可逆转地增长时，才提高年度的股利发放额。固定股利支付率政策，是公司确定一个股利占盈余的比率，长期按此比率支付股利的政策。低正常股利加额外股利政策，是每期都支付稳定的较低的正常股利额，当企业盈利较高时，再根据实际情况发放额外股利。

（五）投资决策

词条名称：**综合分析**

英　　文：**comprehensive analysis**

定义：综合分析是指将公司各项财务分析指标作为一个系统、全面、综合的整体，对公司财务状况和经营情况进行剖析、解释和评价，据以说明公司整体财务状况和效益的分析方法。

释义：杜邦分析法和沃尔评分法是财务综合分析的常用方法。杜邦财务分析体系的基本原理是将财务指标作为一个系统，将财务分析与评价作为一个系统工程，全面评价企业的偿债能力、营运能力、赢利能力及其相互之间的关系，在全面财务分析的基础上进行全面评价，使评价者对公司的财务状况有深入而相互联系的认识，有效地进行决策。其基本特点是以净值报酬率为龙头，以资产净利润率为核心，将偿债能力、资产营运能力、赢利能力有机结合起来，层层分解，逐步深入，构成了一个完整的分析系统，全面、系统、直观地反映了企业的财务状况。沃尔评分法是将选定的七项财务比率，即流动比率、自有资产对固定资产比重、自有资产对负债比率、应收账款周转率、存货周转率、固定资产周转率、自有资本周转率分别赋予权重，然后将指标的行业平均比率作为标准比率，将实际比率与标准比率相比，得出相对比率，将此相对比率与各指标比重相乘，得出总评分，以此来评价企业的财务状况。

词条名称：**股价分析**

英　　文：**analysis on share price**

定义：股价分析是指通过股价的历史走势预测股价未来变动趋势的分析方法。

释义：股价分析是技术分析的一种运用，通过对证券市场过去和现在的股票价格进行分析，应用数学和逻辑的方法探索出一些典型变化规律，并据此预测未来股价的变化趋势。股价分析并不是独立存在的，证券市场中价格、成交量、时间和空间是相互作用、相互影响的，其中，成交价和成交量是市场行为最基本的表现；利用过去和现在的成交量、成交价资料，以图形和指标分析工具来分析、预测未来的市场走势。一般说来，买卖双方对价格的认同程度通过成交量的大小得到确认：认同程度小、分歧大，成交量小；认同程度大、分歧小，成交量大。根据价升量增、价跌量减这一趋势规律，当价格上升时，成交量不再增加，意味着价格得不到买方确认，价格的上升趋势就将会改变；反之，当价格下跌时，成交量萎缩到一定程度就不再萎缩，意味着卖方不再认同价格继续下降，价格下跌趋势将会改变。

词条名称：**前景判断**

英　　文：**analysis on company's prospect**

定义：前景判断是指对行业、上市公司未来的发展趋势做出判断。

释义：上市公司前景判断需要同时考虑公司和行业的发展前景。行业前景判断建立在行业分析基础之上。通过行业分析，解释行业本身所处的发展阶段及其在国民经济中的地位，分析影响行业发展的各种因素以及判断对行业影响的力度，预测并引导行业的未来发展趋势，判断行业投资价值，揭示行业投资风险，能够更好地判断行业未来的发展前景。公司前景判断也是建立在公司分析之上，其中以财务分析最为重要。在信息披露规范的前提下，已公布的财务报表是上市公司投资价值预测与证券定价的重要信息来源。

词条名称：**机会判断**

英　　文：**analysis on investment opportunity**

定义：机会判断是指在投资分析的基础上，对标的资产的投资机会做出判断。

释义：机会判断主要经过宏观经济分析、行业分析和公司分析三个步骤。宏观经济分析是为了掌握证券投资的宏观环境，把握证券市场的总体趋势，判断市场的总体机会；在确定市场总体存在投资机会后，通过中观分析，分析行业所属的不同市场类型、所处的不同生命周期以及行业业绩对证券价格的影响，从中选择存在投资机会的行业；最后，对行业内公司的竞争能力、赢利能力、经营管理能力、发展潜力、财务状况、经营业绩以及潜在风险等进行分析，借此评估和预测证券的投资价值、价格及其未来变化的趋势，以确定最终的投资标的，锁定投资机会。

词条名称：**投资决策**

英　　文：**investment decision**

定义：投资决策是指投资主体在调查、分析、论证的基础上，对投资活动所做出的最后决断。

释义：投资决策的制定需要正确认识每一种证券在风险性、收益性、流动性和时间性方面的特点，并选择风险性、收益性、流动性和时间性同自己的要求相匹配的投资对象。证券投资分析是证券投资决策的重要基础，主要有基本分析法和技术分析法。基本分析法是根据经济学、金融学、财务管理学及投资学等基本原理，对决定证券价值及价格的基本要素，如宏观经济指标、经济政策走势、行业发展状况、产品市场状况、公司销售和财务状况等进行分析，评估证券的投资价值，判断证券的合理价位，提出相应的投资建议。技术分析法是从证券的市场行为来分析证券价格未来变化趋势的方法。基本分析法的优点主要是能够从经济和金融层面揭示证券价格决定的基本因素及这些因素对价格的影响方式和影响程度；缺点主要是对基本面数据的真实、完整性具有较强依赖，短期价格走势的预测能力较弱。技术分析法直接选取公开的市场数据，采用图表等方法对市场走势做出直观的解释；但缺乏牢固的经济、金融理论基础，对证券价格行为模式的判断有很大随意性。

十、技术分析[①]

（一）比较分析

词条名称：**比较分析**

英　　文：**comparative analysis**

定义：比较分析，又称“趋势分析”，是指是通过对各类相关数字资料的搜集分析，将同期指标进行对比，或将两期或多期连续的相同指标或比率进行定基对比和环比对比，得出它们的增减变动方向、数额和幅度，以揭示变化趋势的一种分析方法。

释义：比较分析法分为纵向对比分析、横向对比分析、标准分析法、综合分析法和趋势预测分析。

词条名称：**纵向对比分析**

英　　文：**longitudinal comparison and analysis**

定义：纵向对比分析是指超级短线个股当前态势与其历史态势的对比分析。

释义：最典型的纵向对比分析方法主要有趋势强弱度分析。

词条名称：**趋势强弱度分析**

英　　文：**trend strength degree analysis**

定义：趋势强弱度分析是指用短期趋势与中长期趋势进行对比，以确定当前趋势强弱程度的比较分析方法。

释义：趋势强弱度分析的规则为：短期趋势大于中长期趋势，表明当前趋势为多头强趋势状态，超级短线个股多头机率越大；短期趋势小于中长期趋势，表明当前趋势为空头强趋势状态，超级短线个股空头机率越大。

词条名称：**横向对比分析**

英　　文：**lateral comparison and analysis**

定义：横向对比分析是指超级短

---

① 撰写：朱蕾、倪玉娟；审核：李明亮、陈久红；单位：海通证券研究所。

线个股当前态势与同期市场态势的对比分析。

释义：纵向对比分析与横向对比分析具有不同的技术内涵：纵向对比分析确定单一个股的多空状态，横向对比分析只能确定同方向趋势的强弱程度。

例证：最典型的横向对比分析方法主要有定向对比分析和市场排序分析。

词条名称：**定向对比分析**

英　　文：**directional comparison and analysis**

定义：定向对比分析是指将超级短线个股与特定对象进行对比，以确定当前趋势强弱程度的分析方法。

释义：最典型的定向对比分析方法是个股与大盘或板块指数的对比分析。

词条名称：**市场排序分析**

英　　文：**market ranking analysis**

定义：市场排序分析是指以特定技术标准对市场所有股票进行强弱大小排序的分析方法。

释义：市场排序分析是一种横向对比分析方法。与定向对比分析相比，市场排序分析以市场所有成员间互为参照对象进行对比排序，而定向对比分析仅以某一特定对象作标的参照物进行对比分析。排序越靠前，同方向趋势的技术意义越大；排序越靠后，同方向趋势的技术意义越小。

例证：市场排序分析主要有强弱度排序分析、量能排序分析和量价综合排序分析。

词条名称：**强弱度排序分析**

英　　文：**strength ranking analysis**

定义：强弱度排序分析是指将个股涨跌幅与同期内相关指数涨跌幅进行对比的分析方法。

释义：若个股的涨幅大于同期内相关指数的涨幅，或个股的跌幅小于同期内相关指数的跌幅，即为强势；反之为弱势。

词条名称：**量能排序分析**

英　　文：**volume energy sorting analysis**

定义：量能排序分析是指依据成交量的大小，对市场所有股票进行强弱排序的分析方法。

释义：成交量是股价上涨的动力和股价的先行指标。股票的量能越大，其趋势的动力越强，短线的机会越大。量能排序越靠前的个股，同向的趋势力度越大。必须注意，量能的排序必须与趋势方向同步。

词条名称：**量价综合排序分析**

英　　文：**sorting analysis of volume and price**

定义：量价综合排序分析是指从涨速、量比、委比、振幅、换手等多个方面进行综合指标排序，确定当前趋势强弱程度的技术分析方法。

释义：涨速是指单位时间内股票价格涨幅的大小，上涨时间越短，涨幅越大，主力资金的实力越强大。量比是衡量相对成交量的指标，是指股市开市后平均每分钟的成交量与过去5个交易日平均每分钟成交量之比。委比是衡量某一时段买卖盘相对强度的指标，其变化范围为-100到+100；委比值为-100，表示只有卖盘而没有买盘，市场抛盘非常大；委比值为+100，表示只有买盘而没有卖盘，市场买盘非常有力；委比值为负时，卖盘比买盘大；委比值为正时，买盘比卖盘大。振幅是指开盘后最高价、最低价之差的绝对值与股价的百分比。换手率是反映股票流通性强弱的指标之一，是指在一定时间内股票转手买卖的频率。

公式：委比=(委买手数-委卖手数)/(委买手数+委卖手数)×100%

振幅=(当期最高价-当期最低价)/上期收盘价×100%

换手率=(某一段时期内的成交量)/(发行总股数)×100%

词条名称：**标准比较法**

英　　文：**standard comparison method**

定义：标准比较法是指将当前股票的实际走势与既定标准相比较，以判断当前趋势强弱程度的分析方法。

释义：标准比较法是对影响股票价格的各要素分别做出评定，对评定结果予以综合来衡量股票价格的方法。一般分为两步：第一步是对影响股票价格的各要素进行衡量，第二步是加权综合评价，将评价结果作为衡量股票价格高低的标准。

词条名称：**综合比较法**

英　　文：**comprehensive comparison and analysis**

定义：综合比较法，又称“综合对比分析法”，是指运用纵向对比分析和横向对比分析对超级短线个股进行综合分析，以确定当前趋势强弱状况的分析方法。

释义：综合比较法是运用各种统计综合指标来比较分析股票价格的一种分析方法。

词条名称：**趋势预测分析**

英　　文：**trend forecast analysis**

定义：趋势预测分析是指运用回归分析法、指数平滑法等方法，通过分析股票的历史数据，对未来价格运行趋势进行预测，以把握适当买卖时机的分析方法。

释义：回归分析法是在掌握大量观察数据的基础上，利用数理统计方法建立因变量与自变量之间的回归关系函数表达式。指数平滑法是通过计算指数平滑值，配合一定的时间序列预测模型，对股价的未来走势进行预测，其原理是任一期的指数平滑值都是本期实际观察值与前一期指数平滑值的加权平均。

（二）图形分析

词条名称：**K线图**

英　　文：**candlestick charts**

定义：K线图，又称“蜡烛图”、“日本线”、“阴阳线”、“棒线”等，是指以交易时间为横坐标、股票价格为纵坐标，根据若干天的K线组合情况，推测证券市场中多空双方力量对比，进而判断市场行情的方法。

释义：K线是一条柱状的线条，由影线和实体组成。影线在实体上方的部分叫上影线，在实体下方的部分叫下影线；上影线的上端顶点表示一日的最高价，下影线的下端顶点表示一日的最低价。实体表示一日的开盘价和收盘价。根据开盘价和收盘价的关系，K 线分为阳（红）线和阴（黑）线两种，收盘价高于开盘价时为阳线，收盘价低于开盘价时为阴线。另外，当收盘价或开盘价正好与最高价相等时，形成光头阳线和光头阴线；当开盘价或收盘价正好与最低价相等时，形成光脚阳线和光脚阴线；当收盘价和开盘价分别于最高价和最低价中的一个相等时，形成光头光脚的阳线和阴线；当开盘价与收盘价相等时，形成十字线；当收盘价、开盘价与最高价或最低价相等时，出现 T 字形和倒 T 字形；当收盘价、开盘价、最高价、最低价都相等时，出现一字形。

图示：

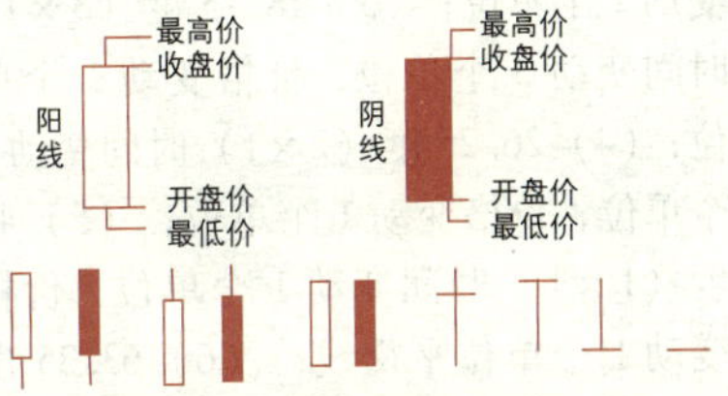

词条名称：**支撑线**

英　　文：**support line**

定义：支撑线，又称“抵抗线”，当股价下跌到某个价位附近时，出现买方增加、卖方减少的情况，从而使股价停止下跌、甚至有所回升，此过程中股价下跌时的关卡即为支撑线。

释义：支撑线起阻止股价继续下跌的作用。在某一价位附近之所以形成对股价运动的支撑，主要由投资者的筹码分布、持有成本及投资者的心理因素所决定。当股价下跌到投资者的持仓成本价位附近、或股价从较高的价位下跌一定程度、或股价下跌到过去的最低价位区域时，都会导致买方大量增加买盘，使股价在该价位站稳，从而对股价形成支撑。

图示：

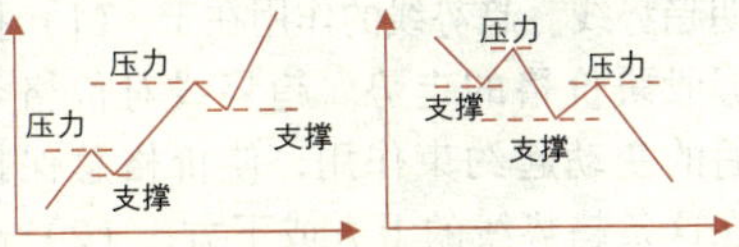

词条名称：**压力线**

英　　文：**pressure line**

定义：压力线，又称“阻力线”，是指当股价在上升途中到达某一价位时，由于此价位上方多为套牢盘，当股价一到达该价位，就不断有卖盘出现，致使股价无法上涨、甚至回跌的价位。此价位线即为阻力线。

释义：压力线起阻止股价继续上升的作用。在某一价位附近之所以形成对股价运动的压力，主要由投资者的筹码分布、持有成本及投资者的心理因素所决定。当股价上升至某一历史成交密集区、或当股价从较低的价位上升一定程度、或上升到过去的最高价位区域时，会导致大量解套盘和获利盘抛出，从而对股价的进一步上升形成压力。

词条名称：**趋势线**

英　　文：**trend line**

定义：趋势线是指在上升趋势中

连接明显支撑区域（最低点），或在下降趋势中连接明显阻力区域（最高点）的直线。

释义：根据趋势线所反映的股价走势方向，可分为上升趋势线和下降趋势线，前者反映价格向上波动发展，后者反映价格向下波动发展。根据趋势线所反映股价趋势延续时间的长短，可分为长期趋势线、中期趋势线和短期趋势线。趋势线的作用在于：（1）把握股票价格的走势。趋势线对价格今后的变动起约束作用，使价格总保持在这条趋势线的上方或下方。（2）趋势线被突破后，股价下一步的走势将要反转。

图示：

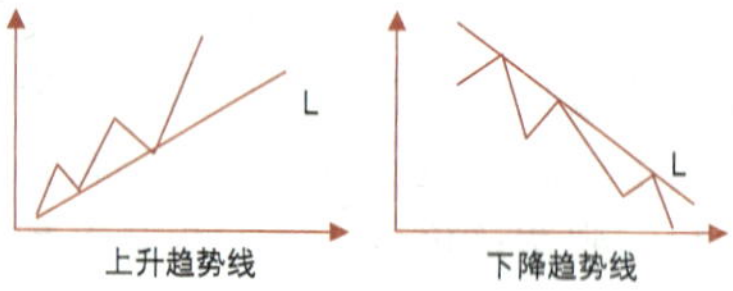

词条名称：轨道线

英　　文：channel line

定义：轨道线，又称“通道线”或“管道线”，是指在趋势线基础上，通过第一个峰和谷做出的趋势线的平行线。

释义：轨道线是趋势线概念的延伸。一般而言，轨道线被触及的次数越多、延续的时间越长，其被认可的程度和重要性越高。轨道线的作用在于：（1）限制股价的变动范围，一旦趋势线和轨道线确定，价格将在该通道里变动，一旦突破即意味着行情的变化。（2）轨道线的突破意味着趋势加速的开始。

图示：

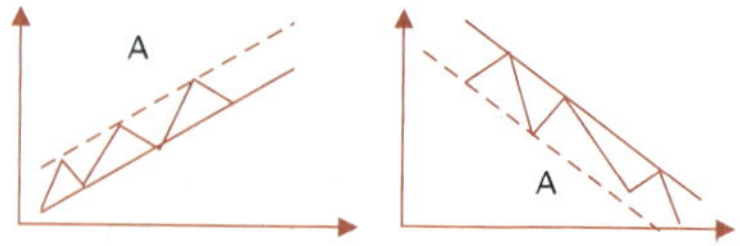

词条名称：甘氏线

英　　文：gann line

定义：甘氏线，又称“角度线”、“江恩线”，是指从一个点出发、依据一定的角度、向后画出的多条直线。

释义：甘氏线将百分比原理与几何原理相结合，主要根据角度线提供的纵横交错的趋势线来进行趋势判断。甘氏角度共有9条角度线，每个角度的正切或余切分别等于百分比数中的某个分数（或者说是百分数），分别为：（1）7.5度（8×1）时间变动8个单位，价格变动1个单位，最平缓；（2）15度（4×1）时间变动4个单位，价格变动1个单位；（3）18.75度（3×1）时间变动3个单位，价格变动1个单位；（4）26.25度（2×1）时间变动2个单位，价格变动1个单位；（5）45度（1×1）时间变动1个单位，价格变动1个单位平衡线；（6）63.25度（1×2）时间变动1个单位，价格变动2个单位；（7）71.25度（1×3）时间变动1个单位，价格变动3个单位；（8）75度（1×4）时间变动1个单位，价格变动4个单位；（9）82.5度（1×8）时间变动1个单位，价格变动8个单位，最陡峭。在强势多头市场中，每运行一个时间单位，价位可变动两个单位以上；而在空头市场中要增加一个单位价格，就必须花市场中两个单位时间以上。因此，当价格在高档区1×8（或1×2、1×3、1×4）反转而下时，必须先破1×4，再破1×3区等，若是跌破1×1区，则代表已步入空头市场。同理，当价格由底部8×1向上翻转时，也必然突破4×1、3×1、2×1等等，当突破1×1时，则进入另一个多头市场，故45度线所代表的意义相当重要。45度线是时间与价格的平衡线，因此被视为主趋势线。在强劲的多头市场中，股价通常位于主趋势线上方，若股价跌破45度线，则被视为主要上涨趋势反转；在大空头市场中，股价通常位于主趋势线下方，若股价顺利向上突破45度线，代表主要下跌趋势反转。因此它也说明：在牛市中，只要价格维持在45度以上，则牛市持续有效；而在熊市中，只要价格维持在-45度以下，则熊市持续有效。另外，图中所画的每一条角度线，都有可成为市场趋势中的压力线或支撑线，需视其所在价位位置而定。

图示：

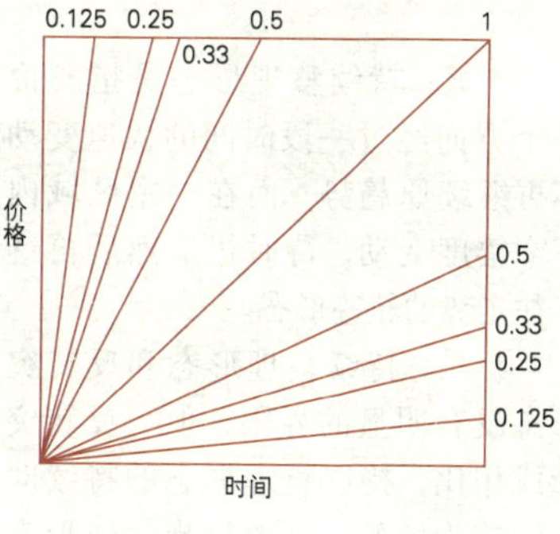

词条名称：**扇形线**

英　　文：**fan-shaped line**

定义：扇形线是指在行情经过一段时间的上升、价格在其区域之间涨落争持时，将开始上升的低点（中期性低点）和高位徘徊的各个低点分别以直线连接，所形成的像扇子一般的多条上升趋势线；或在下跌时，把中期性高点与低位徘徊时的各个短期性高点分别以直线连接，形成的像扇子般散开的下降趋势线。

释义：扇形线与趋势线联系紧密，其明确给出了趋势反转（不是局部短暂的反弹）的信号，是中期（或长期）性趋势逆转的信号。一般而言，三条趋势线一经突破，则趋势将反转。

图示：

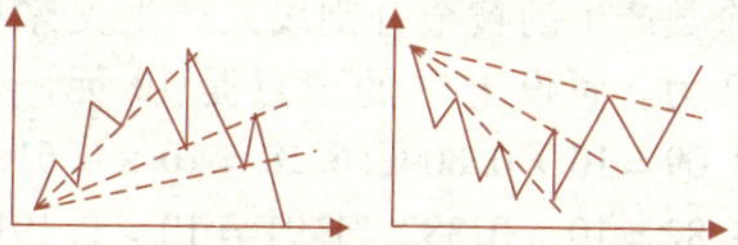

词条名称：**点数图**

英　　文：**point and figure chart**

定义：点数图，又称“OX图”，指以纵轴代表价格、每一方格代表一个价格水平，横轴代表价格的变动，一列一列地表示相反方向价格变动及变动速度，并以“X”、“O”来表示价格的转动或转势的图表。

释义：具体地说，当由“O”转“X”时买入；当由“X”转“O”时卖出。在OX图上画上趋势线后，当“O”或“X”向上突破趋势线时买入；当“O”或“X”向下突破趋势线时卖出。

词条名称：**黄金分割线**

英　　文：**golden section lines**

定义：黄金分割线是指利用黄金

分割的数学方法来判断股票上涨行情中的调整支撑位或下跌行情中的反弹压力位的技术分析方法。

释义：把一条线段分割为两部分，使其中一部分与全长之比等于另一部分与这部分之比，其比值是$\frac{\sqrt{5}-1}{2}$，取其前三位数字的近似值是0.618，该比值即为黄金分割点。在黄金分割线分析方法中，0.191、0.382、0.618、0.809，1.191、1.382、1.618、1.809，2.191、2.382、2.618、2.809是较为特殊的数字，其中，0.382、0.618、1.382、1.618最为重要，股价极容易在由这4个数产生的黄金分割线处产生支撑和压力。假设上涨的顶点是10元，则$8.09=10\times0.809$，$6.18=10\times0.618$，$3.82=10\times0.382$，$1.91=10\times0.191$，这几个价位极有可能成为支撑，其中，6.18和3.82的可能性最大。同理，假设下落的谷底价位为10元，则$11.91=10\times1.191$，$21.91=10\times2.191$，$13.82=10\times1.382$，$23.82=10\times2.382$，$16.18=10\times1.618$，$26.18=10\times2.618$，$18.09=10\times1.809$，$28.09=10\times2.809$，$20=10\times2$，可能成为未来的压力位；其中，13.82和16.18成为压力线的可能性最大。因此，黄金分割线的运用主要集中于两个方面：（1）利用股价的回调和反弹的幅度来预测股价运行趋势；（2）判断股价的回调支撑区和反弹压力区。

词条名称：**百分比线**

英　　文：**percentage lines**

定义：百分比线是指利用百分比率的原理，将上一次行情中重要的高点和低点之间的涨跌幅按1/8、2/8、1/3、3/8、4/8、5/8、2/3、6/8、7/8、8/8的比率生成的多条平行线。

释义：在各比率中，4/8最为重要，1/3、3/8及5/8、2/3四条距离较近的比率往往起到重要的支撑与压力位作用；实际上，这5条百分比线的位置与黄金分割线的位置基本上相互接近。

图示：

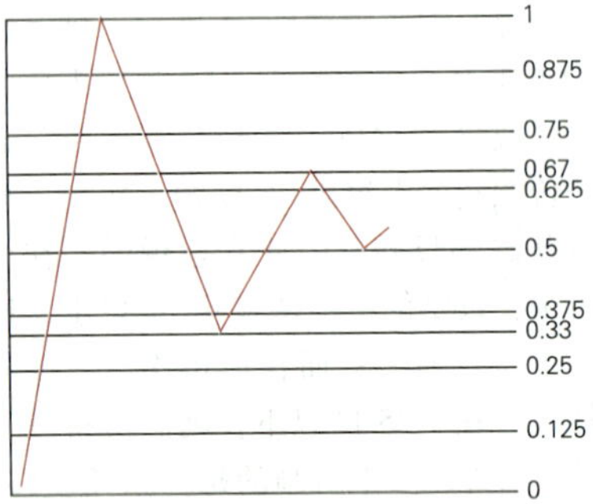

词条名称：**持续整理形态**

英　　文：**continuing finishing pattern**

定义：持续整理形态是指股价向一个方向经过一段时间的快速变动后不再继续原趋势，而在一定区域内上下窄幅度变动，待时机成熟后再继续以往走势的轨迹形态。

释义：持续整理形态和反转突破形态没有明显的界限，但与反转突破形成相比，持续整理形态的持续时间通常较为短暂，一般呈现短暂形态或中等形态。持续整理形态主要有三角形、矩形、旗形和楔形等。

词条名称：**对称三角形整理形态**

英　　文：**symmetrical triangular continuing finishing pattern**

定义：对称三角形整理形态是指因买卖双方的力量在某段价格区域内势均力敌，暂时达到平衡状态所形成的持续整理形态。

释义：对称三角形由一系列的价格变动所组成，其变动幅度逐渐缩小，亦即每次变动的最高价，低于前次的水准，而最低价比前次最低价高，呈一压缩图形。从横的方向看价格变动领域，其上限为向下斜线，下限为向上倾线，把短期高点和低点分别以直线连接起来，即形成一个对称的三角形。对称三角形的成交量，因愈来愈小幅度的价格变动而递减，反映出多空力量对后市犹疑不决的观望态度；当价格突然跳出三角形时，成交量随之而变大。若价格往上冲破阻力线（必须得到大成交量的配合），即形成短期买入讯号；反之，若价格往下跌破（在低成交量之下跌破），即形成短期卖出讯号。

图示：

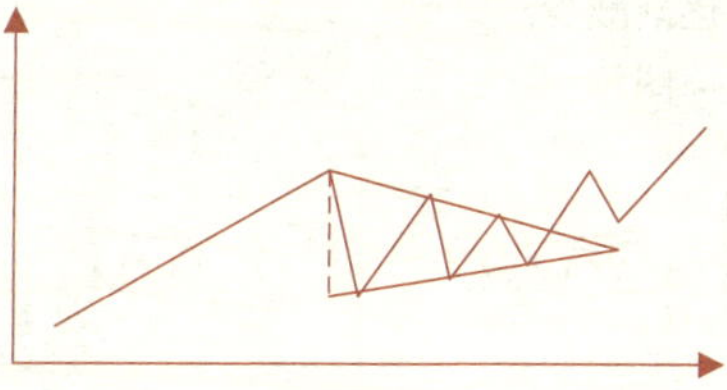

词条名称：**上升三角形整理形态**

英　　文：**rising triangular continuing finishing pattern**

定义：上升三角形整理形态是指股价在某水平呈现强大的卖压，价格从低点回升到该水平便告回落，但市场购买力十分强，股价未回至上次低点即告弹升，且股价变动随着阻力水平线波动日渐收窄的形态。

释义：上升三角形的每个高点基本接近，但每个低点是依次上移，即压力线几乎水平，而支撑线越来越高。上升三角形比对称三角形有更明显的上升态势，其在突破上边的压力线时，构成一个短期的买入信号，但向上突破必须有大成交量的配合。

图示：

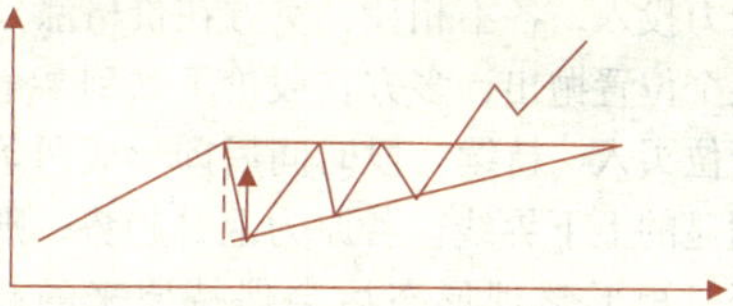

词条名称：**下降三角形整理形态**

英　　文：**descending triangular continuing finishing pattern**

定义：下降三角形整理形态是指股价在某水平呈现强大的买压，价格从高点回升到水平便告弹升，但市场卖出力量十分强，股价未回至上次高点即告下降，且股价随着支撑力水平线波动日渐收窄的形态。

释义：下降三角形是多空双方在某价格区域内的较量表现，然而多空力量对比却与上升三角形所显示的情形相反。看空的一方不断地增强卖出压力，股价还没回升到上次高点便再沽出，而看多的一方坚守着某一价格的防线，使股价每回落到该水平便获得支持。

图示：

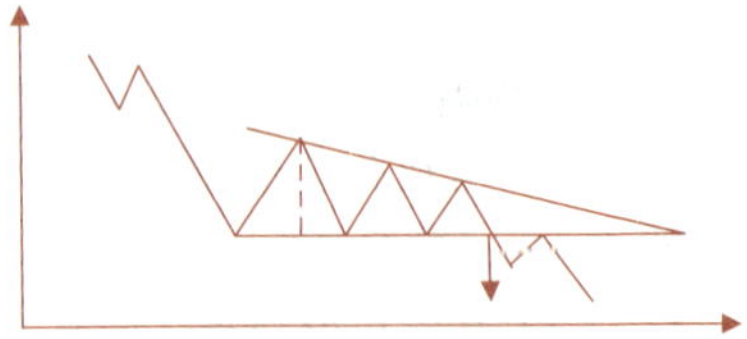

词条名称：矩形整理形态

英　　文：rectangular continuing finishing pattern

定义：矩形整理形态是指股票价格在两条水平直线之间上下波动，做横向延伸运动的持续整理形态。

释义：矩形在形成之初，多空双方全力投入，各不相让；空方在价格涨到某个位置抛出，多方在股价下跌到某个价位买入，持续一段时间后即形成两条明显的上下界线。若原为上升趋势，则经过矩形整理形态后会保持原来的趋势，多方占取优势并采取主动，使股价向上突破矩形的上界；若原为下降趋势，则空方采取行动，突破矩形的下界。当股价向上突破时，必须有较大成交量的配合方可确认，而向下突破不必有成交量增加。与其他大部分形态不同，矩形提供了短线操作机会：若在矩形形成的早期能够预计股价将进行矩形调整，即可在矩形的下界线附近买入，在上界限附近抛出，来回进行短线的进出；若矩形的上下界限相距较远，短线收益也会较为客观。

图示：

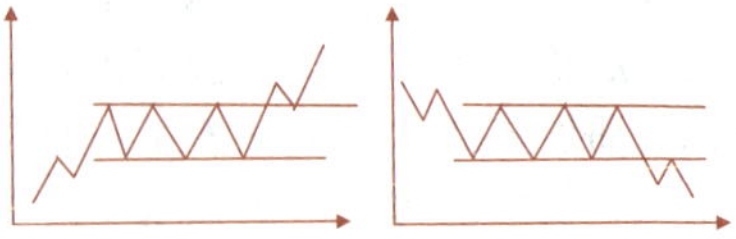

词条名称：旗形整理形态

英　　文：flag-shaped continuing finishing pattern

定义：旗形整理形态是指股票价格在两条上升或下降的平行线之间上下波动并做延伸的持续整理形态。

释义：旗形整理形态通常在市场极度活跃，股价运动近乎直线上升或下降的情况下出现。价格经过一连串紧密的短期波动后，形成一个稍微与原来趋势呈相反方向倾斜的长方形，即旗形走势。旗形走势分为上升旗形和下降旗形。当价格经过陡峭飙升后，接着形成一个紧密、狭窄和稍微向下倾斜的价格密集区，把这密集区的高点和低点分别连接起来，便可划出两条平行而下倾的直线，即上升旗形；当价格出现急速或垂直下跌后，接着形成一个波动狭窄而紧密，稍微上倾的价格密集区，像一条上升通道，即下降旗形。一般而言，旗形出现之前应有由于价格直线运动形成的旗杆，其持续时间通常短于3周；在旗形形成之前和被突破之后，成交量都较大；在旗形的形成过程中，成交量从左向右逐渐减少。

图示：

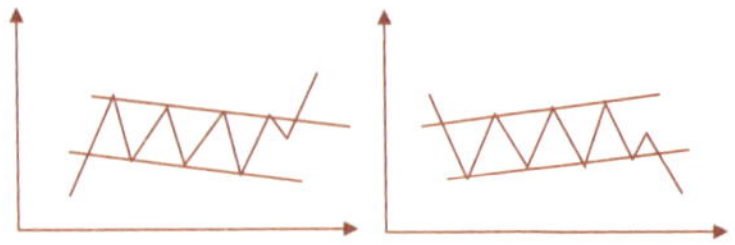

词条名称：楔形整理形态

英　　文：wedge-shaped continuing finishing pattern

定义：楔形整理形态是指股价在

短期内高点和低点所形成的一浪高于一浪或一浪低于一浪的形态。

释义：楔形分为上升楔形和下降楔形。上升楔形是股价经过一次下跌后产生强烈技术性反弹，价格升至一定水平后又掉头下落，但回落点比前次高，然后又上升至新高点，再回落，总体上股价短期高点的连线和低点的连线形成向上倾斜的两条直线，且两者呈收敛之势。下降楔形则与之相反，股价的高点和低点形成收敛的向下倾斜的两条直线。上升楔形表示技术性反弹渐次减弱的市况，常在跌市中回升阶段出现，显示股价尚未见底，只是一次跌后技术性反弹；下降楔形则常出现于中长期升市的回落调整阶段。在楔形形成过程中，成交量渐次减少；在楔形形成之前和突破之后，成交量一般较大。楔形的形成时间一般需要两周以上。

图示：

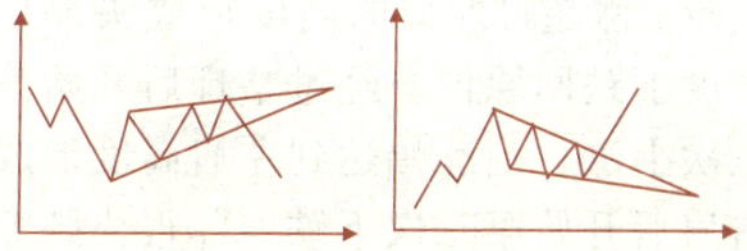

词条名称：**缺口**

英　　文：**gap**

定义：缺口，又称“跳空”，是指由于受到利好或利空消息的影响，股价大幅度上涨或下跌，致使股价的日线图出现当日成交最低价超过前一交易日最高价，或成交最高价低于前一交易日最低价的现象。

释义：股价在快速大幅变动中有一段价格没有任何交易，显示在股价趋势图上是一个真空区域，即为缺口。缺口的出现，往往伴随向某个方向运动的较强动力，缺口的宽度则表明运动的强弱。一般来说，缺口愈宽，运动动力愈大；反之，则越小。通常缺口分普通缺口、突破缺口、持续性缺口和消耗性缺口四种形态。

词条名称：**普通缺口**

英　　文：**common gap**

定义：普通缺口是指通常出现在股价整理形态中，且短期内会被补回来的缺口。

释义：普通缺口的特征主要有：（1）短期内（一般 3 天内）回补；（2）成交量较小，主动参与者较小。普通缺口的支撑或阻力效能一般较弱，但提供短线操作机会。当向上方向的普通缺口出现后，在缺口上方的相对高点抛出证券，待普通缺口封闭后买回证券；当向下方向的普通缺口出现后，在缺口下方的相对低点买入证券，待普通缺口封闭后卖出证券。

词条名称：**突破缺口**

英　　文：**breakthrough gap**

定义：突破缺口是指证券价格向某一方向急速运动，突破原有盘局形成的缺口。

释义：形成突破缺口的原因是其水平的阻力经过时间的争持后，供给的力量完全被吸收，短暂时间缺乏货源，买进的投资者被迫要以更高价求货；或是其水平的支持经过一段时间的供给后，购买力完全被消耗，沽出的须以更低价才能找到买家。当股价以一个很大的缺口跳空远离形态时，表示真正的突破已经形成。一般来说，突破缺口形态确认后，可做出买入或卖出指令：向上突破缺口被确认，立即买入；向下突破缺口被确认，立即卖出。

词条名称：**持续性缺口**

英　　文：**continuation gap**

定义：持续性缺口，又称“量度性缺口”，是指证券价格向某一方向有效突破后，由于急速运动而在途中出现的缺口。

释义：持续性缺口是趋势的持续信号，通常出现在股价突破后远离形态至下一个反转或整理形态的过程中。持续性缺口的技术性分析意义在于：证券价格的变动将沿着既定的方向发展变化，且这种变动距离大致等于突破缺口至持续性缺口之间的距离，因此利用持续性缺口可大致预测未来股价可能移动的距离。

词条名称：**消耗性缺口**

英　　文：**consumption gap**

定义：消耗性缺口，又称“竭尽缺口”、“衰竭缺口”，是指发生在行情趋势的末端，表明股价变动结束的缺口。

释义：在急速的上升或下跌中，股价波动愈来愈急，此时价格的跳升（或跳空）可能发生，此缺口就是消耗性缺口。消耗性缺口大多出现在恐慌性抛售或消耗性上升的末段，且伴随较大的交易量。消耗性缺口的出现，表示股价的趋势将暂告一段落。如果出现在上升途中，表示快将下跌；若出现在下跌趋势中，表示即将回升。

词条名称：**反转突破形态**

英　　义：**reversal break pattern**

定义：反转突破形态是指股价原有走势即将逆转，原先股价走势方向将要改变的轨迹形态。

释义：反转形态是股价由涨势转为跌势或由跌势转为涨势的信号。反转形态的典型图形有头肩形、双重顶（底）形、圆弧形态和 V 形反转形态等。

词条名称：**头肩顶形态**

英　　文：**head and shoulders top pattern**

定义：头肩顶形态是指在上涨行情接近尾声时，股票价格从左肩处开始上涨至一定高度后跌回原位，然后重新上涨超过左肩的高度形成头部后再度下跌回原位，经过整理后开始第三次上涨，当涨幅达到左肩高度形成右肩后开始第三次下跌，并很快跌穿整个形态底部并不再回头的看跌形态。

释义：头肩顶为典型的熊态出货信号，由左肩、头部、右肩及颈线共同构成。其特征主要有：（1）一般来说，左肩与右肩高点大致相等，有时右肩较左肩低，即颈线向下倾斜；（2）就成交量而言，左肩最大，头部次之，而右肩成交量最小，即呈梯状递减；（3）突破颈线不一定需要大成交量配合，但日后继续下跌时成交量会放大。当颈线被突破、反转确认后，大势将下跌；

其下跌的深度，从突破点算起，至少跌到与形态高度相等的距离（从头到颈线的直线距离）。

图示：

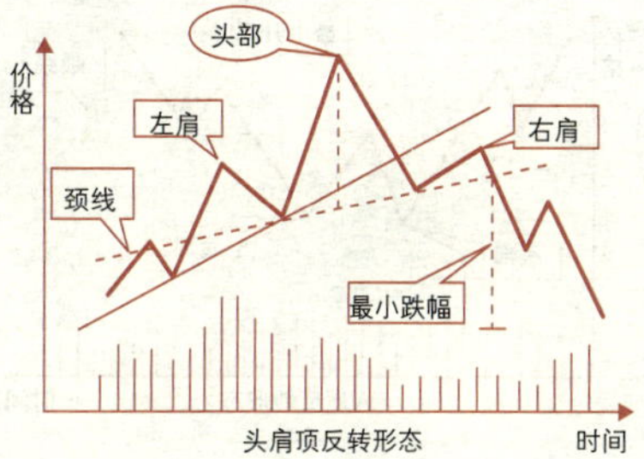

词条名称：**头肩底形态**

英 文：**head and shoulders bottom pattern**

定义：头肩底形态是指在下跌行情接近尾声时，股票价格从左肩处开始下跌一定距离后升回原位，然后重新下跌超过左肩的高度形成头部后再度升至原位，经过整理后开始第三次下跌，当跌幅达到左肩高度形成右肩后开始第三次上涨，并很快穿破整个形态顶部并不再回头的看涨形态。

释义：头肩底是头肩顶的倒转形态，其构成和分析方法除了在成交量方面与头肩顶有所区别，其余与头肩顶基本类似，只是方向正好相反。头肩底形态与头肩顶形态在成交量方面的最大区别在于：头肩顶形态完成后，向下突破颈线时，成交量不一定放大；而头肩底形态向上突破颈线，若没有出现较大的成交量，可靠性将大为降低，甚至出现假的头肩底形态。

图示：

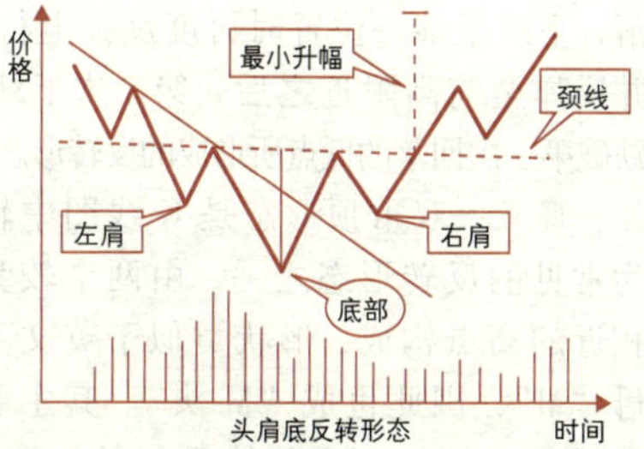

词条名称：**复合头肩形态**

英 文：**complex head and shoulder pattern**

定义：复合头肩形态是指头肩顶（底）形态中，左右肩部或头部，或两者同时出现多于一次所形成的反转形态。

释义：复合头肩形态是头肩式（头肩顶或头肩底）的变形走势，其分析意义与普通的头肩形态基本一致，往往出现在长期趋势的底部或顶部。

图示：

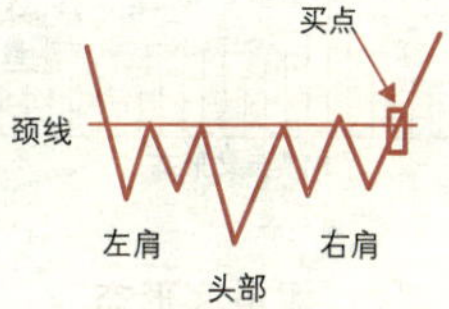

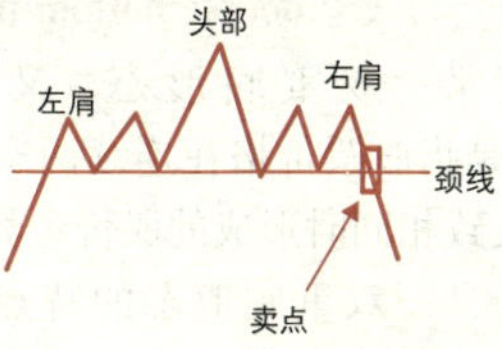

词条名称：**双重顶形态**

英 文：**double top pattern**

定义：双重顶形态，又称“双顶”或“M头”，是指在股价连续上升过程中，上涨至某一价格水平开始掉头回落，下跌至某一位置时再度反弹上行，并反弹至前高附近之后再第二次下跌，跌破第一次回落的低点所形成的反转形态。

释义：双重顶形态是K线图中较为常见的反转形态之一，由两个较为相近的高点构成，形状类似于英文字母“M”，因此也成“M头”。其主要特征有：（1）双重顶的两个高点不一定在同一水平，两者相差少于3%即不会影响形态的分析意义；（2）向下突破颈线时不一定有大成交量伴随，但日后继续下跌时成交量会扩大；（3）双重顶形态形成后，其最小跌幅度量由颈线开始，至少会下跌从双头最高点到颈线之间的差价距离。

图示：

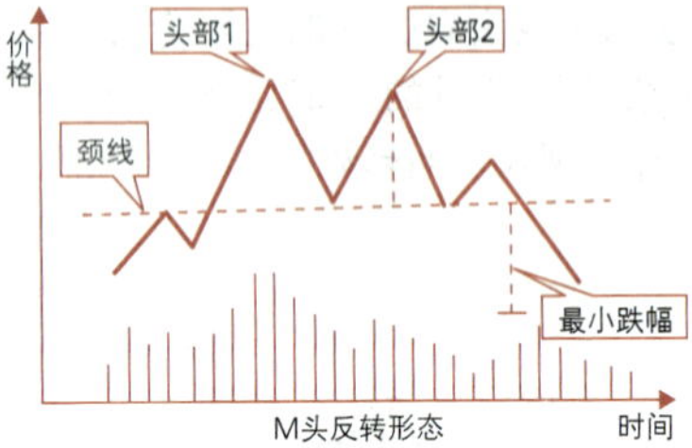

词条名称：**双重底形态**

英　　文：**double bottom pattern**

定义：双重底形态，又称“W底”，是指股票价格在连续两次下跌的低点大致相同时形成的股价走势图形。

释义：双重底形态的特点是：两个低价支撑点位置相当，在整个股价走势中，股价的变动与成交量变动呈同向变化。双重底形态的判断中，如果股价从第二个支撑点反弹后，出现了第三次回跌，其跌幅不得超过第二次跌幅的1/3，而后立刻反弹，创造新的高点，由此才能确认“双重底”的形成，否则股价仍可能处于低价调整期。

图示：

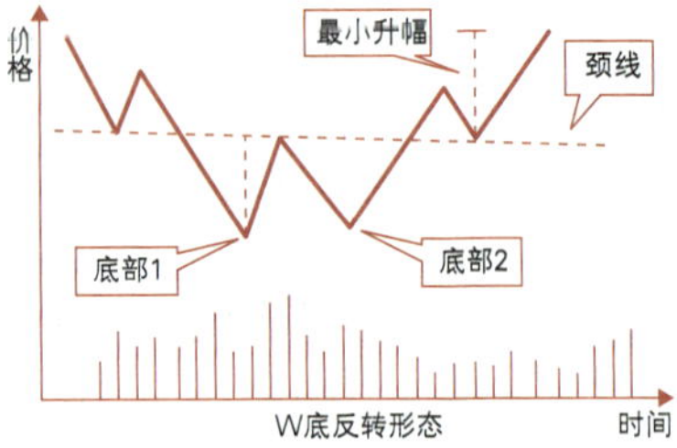

词条名称：**三重顶形态**

英　　文：**triple top pattern**

定义：三重顶形态，又称为“三尊头”，是指由三个相近价格高点组成，股价突破支撑线而形成的反转突破形态。

释义：三重顶形态多出现于空头走势的反弹行情中，通常出现时间较短，并穿破支撑线而形成。其特征主要有：（1）三重顶的颈线和顶部连线是水平的，因此与头肩形态相比，三重顶更易演变成持续形态；（2）第一个顶点时的成交量一般比后两个顶点的成交量大，第三个顶点的成交量一般比前两个顶点的成交量小。

图示：

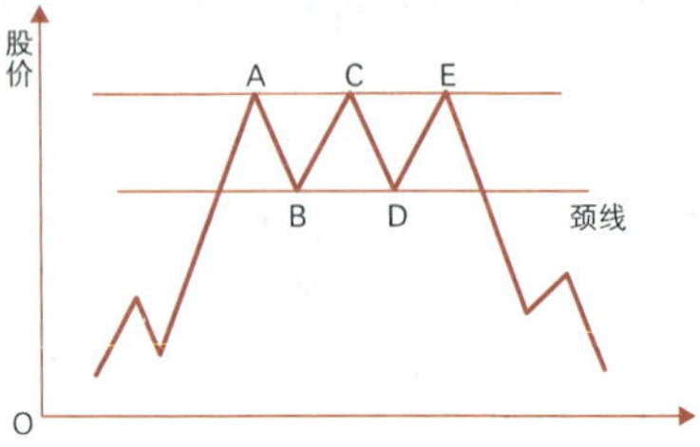

词条名称：**三重底形态**

英　　文：**triple bottom pattern**

定义：三重底形态是指由三个相近价格低点组成，股价突破压力线而形成的反转突破形态。

释义：三重底形态是三重顶的倒影，在形态形成过程中，成交量会逐渐减少，直至价格再次下降到第三个低位时，成交量开始增加，形成三重底确认讯号。与三重顶相比，三重底形成时间较长，通常拖延数月。

图示：

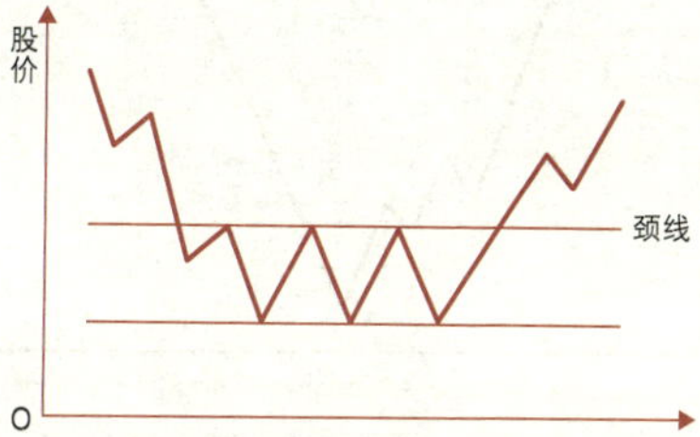

词条名称：**圆弧顶形态**

英　　文：**arc top pattern**

定义：圆弧顶形态是指将股价在一段时间的顶部高点用折线连接所形成的一条类似圆弧的反转形态。

释义：圆弧顶形态的主要特征有：（1）形态完成、股价反转后，行情多属爆发性，涨跌急速，持续时间不长，中间也极少出现回档或反转；（2）在圆弧顶形态的形成过程中，到达顶部时成交量达到最少，突破后的一段有相当大的成交量；（3）圆弧形态形成的时间越长，今后反转的力度就越强。圆弧反转通常出现在股价顶部，且反转形态的确立需等股价跌破前一次形成圆弧顶始点；圆弧顶的最小跌幅一般是圆弧头部颈线到圆弧顶最高点之间的直线距离。

图示：

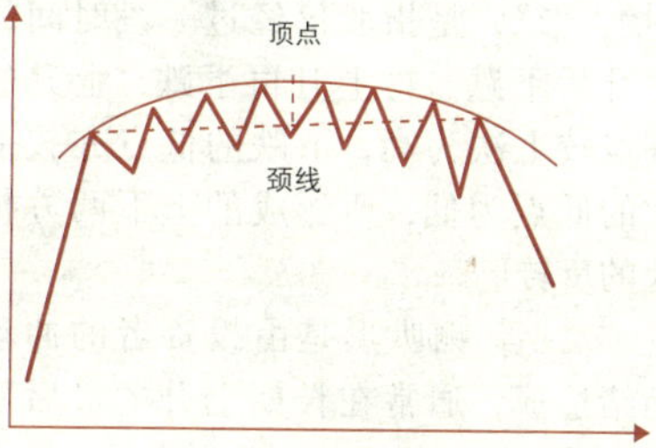

词条名称：**圆弧底形态**

英　　文：**arc bottom pattern**

定义：圆弧底形态是指将股价在一段时间的底部低点用折线连接所形成的一条类似圆弧的反转形态。

释义：与圆弧顶刚好相反，市场在经过一段卖方力量强于买方力量的下跌之后，卖方趋弱或仅能维持原来的购买力量，使跌势缓和，而买方力量却不断加强，即行情回落到低水平时渐渐稳定下来，这时候成交量较少；后期则由买方完全控制市场，于是价格逐步向上运行形成一个圆形的底部。圆弧顶的最小涨幅一般是圆弧底部颈线到圆弧底最高点之间的直线距离。

图示：

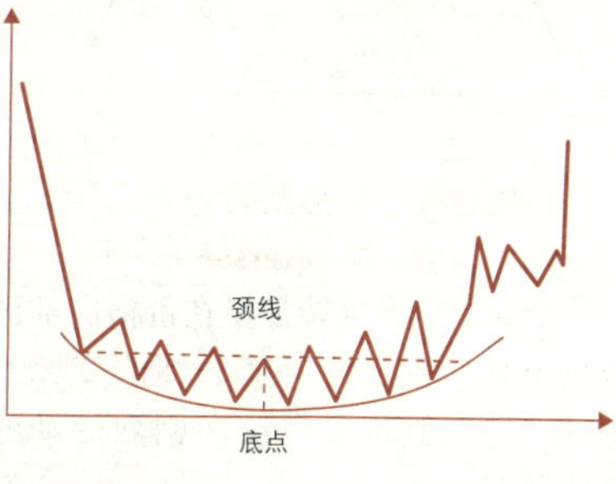

技术分析

词条名称：喇叭形

英　　文：broadening pattern

定义：喇叭形，又称“扩大形”、“增大形”，是指股价经过一段时间的上升后下跌、再上升再下跌，上升的高点较上次为高，下跌的低点亦较上次的低点为低，所形成的上下两方扩大的反转形态。

释义：喇叭形是由投资者的冲动情绪造成，通常在长期上升的最后阶段出现。一个标准的喇叭形态具备3个高点、2个低点，其主要特征有：(1)喇叭形一般是下跌形态，暗示升势将要结束，上升形态仅在少数情况下股价在高成交量配合下向上突破时出现；(2)整个喇叭形态形成期间会保持不规则的大成交量；(3)喇叭形走势的跌幅不可度量，一般来说跌幅较大；(4)喇叭形源于投资者的非理性，在投资意愿不强、气氛低沉的市场下不可能形成该形态。

图示：

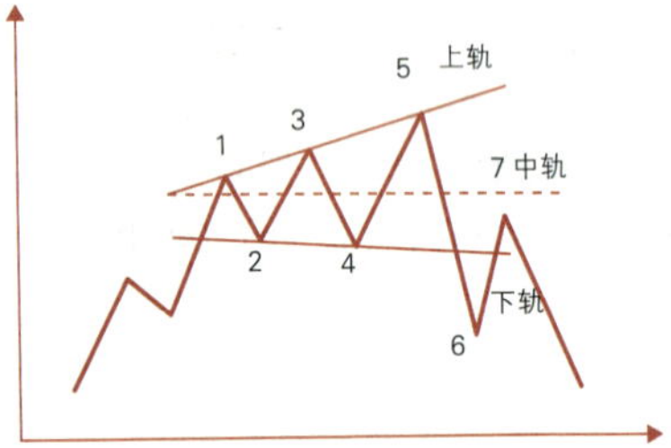

词条名称：V形反转

英　　文：V reversal

定义：V形反转是指在价格底部区域只出现一次低点，随后即改变原有运行趋势，股价呈现反向剧烈变动的反转形态。

释义：V形反转是比较常见的、力度极强的反转形态，是一种强烈的上涨信号。其一般出现在K线趋势经过一段较长时间的下跌后（下跌按某个角度下行）突发较大的利好消息，在K线图上形成了V字，且K线拐头向上且有相当一段的持续性；但V形反转在底部停留时间极短，短期操作性较差。

图示：

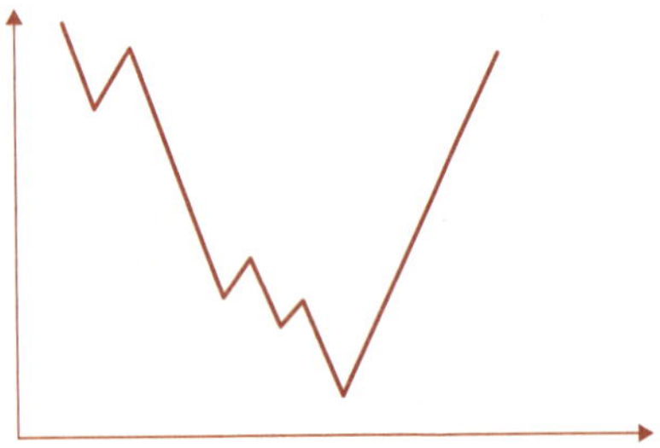

词条名称：倒V形反转

英　　文：reverse V reversal

定义：倒V形反转是指在价格顶部区域只出现一次高点，随即改变原有运行趋势，股价呈现反向剧烈变动的反转形态。

释义：倒V形反转与V形反转走势相反。当股价一路上升到达相对高位后，突然呈180度大转变掉头急速下跌，在图形上形成一个倒转“V”形。股价在上涨趋势中，由于市场看好的气氛使得买盘强劲增多，股价上涨速度越来越快，最后出现宣泄式暴涨，多头得到极度宣泄之后，便出现危机，短线客见股价上涨乏力便反手做空，这种现象越演越烈，股价走势也出现戏剧性变化，股价触顶后便一路下跌，产生倒V形走势。

图示：

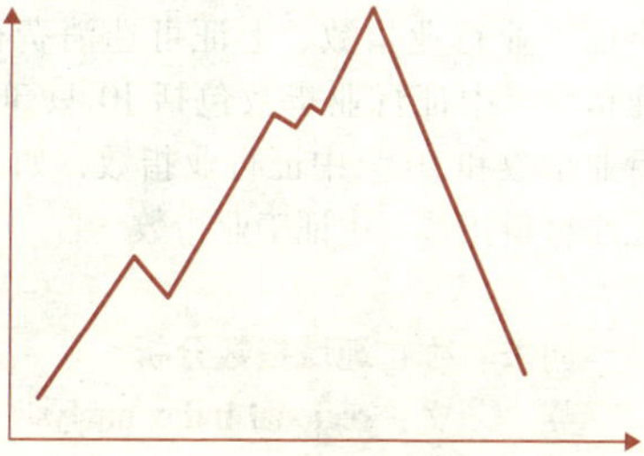

词条名称：**线形图**

英　　文：**line chart**

定义：线形图，又称"点状图"、"停顿图"、"星状图"，是指以横坐标表示所定股价频率即交易时间，纵坐标表示股价，再将各点连接成线的坐标图。

释义：线形图通常用来判断股价的变动趋向。如果预测短期趋势，纵坐标则以日、周为时间单位；如果预测中期趋势，则以月、季为时间单位；长期趋势则以年为时间单位。对于个股图，一般运用收盘价；大势图则采用股价平均数和股价指数。线形图亦能用于成交量图，可将纵轴表示为成交量（额），以观察成交量（额）的变动。

词条名称：**柱状图**

英　　文：**bar chart**

定义：柱状图是指以时间为横轴，以指数平滑异同移动平均值（MACD）等指标为纵轴，用红柱表示正值、绿柱表示负值，并利用红柱和绿柱的收缩来判断行情的柱状图。

释义：柱状图的一般应用法则为：（1）当红柱状持续放大时，股价可能继续上涨，可持股待涨或短线买入，至红柱不再放大时考虑卖出；（2）当绿柱状持续放大时，股价可能继续下跌，可持币观望或卖出股票，至绿柱开始缩小时可考虑少量买入；（3）当红柱状开始缩小时，股价可能大幅下跌，可考虑卖出；（4）当绿柱状开始收缩时，股价可能止跌向上（或进入盘整），可少量进行长期战略建仓而不轻易卖出；（5）当红柱开始消失、绿柱开始放出时，股价可能开始加速下跌，可考虑大量卖出；（6）当绿柱开始消失、红柱开始放出时，股价可能开始加速上升，可考虑加码买入或持股待涨。

（三）指数分析

词条名称：**综合指数分析**

英　　文：**composite index analysis**

定义：综合指数分析是指通过对市场综合指数进行分析，判断市场未来走势的投资方法。

释义：综合指数是指通过将包含两个或两个以上因素的总量指标中被研究因素以外的一个或一个以上的因素固定下来，仅观察被研究因素变动的方法编制的指数，其特点是先综合、后对比，如上证综合指数、深证综合指数等。综合指数反映复杂总体的综合变动情况，通过对市场综合指数的分析，能够把握市场整体走势。

词条名称：**市场指数分析**

英　　文：**market index analysis**

定义：市场指数分析是指通过对市场指数进行分析，判断不同市场投资机会的投资方法。

释义：市场指数是由各类服务机构编制的表明某一市场行情变动的指数参考数字，其整合了市场和产业的分散个体，通过科学处理，形成了多元的、综合的和系统的市场信息。如上证指数、美元指数、道·琼斯指数等。市场指数能够对资源配置进行调节和引导，同时还影响着市场体系上下游、国内外、生产、经营、贸易、采购和消费的经济内在联系，其对定价权的掌控，实质也是对利益关系的调整。通过对市场指数的分析，能够有效把握不同市场的表现情况。

词条名称：**成分指数分析**

英　　文：**component index analysis**

定义：成分指数分析是指通过对期货指数进行分析，判断期货市场投资机会的投资方法。

释义：成分指数是通过科学客观的方法挑选出最具代表性的样本股票，建立一个反映整个证券市场的概貌和运行状况、能够作为投资评价尺度及金融衍生产品基础的基准指数，如上证成分指数、深证成分指数等。

词条名称：**行业指数分析**

英　　文：**industry index analysis**

定义：行业指数分析是指通过对行业指数进行分析，判断不同行业投资机会的投资方法。

释义：行业指数是衡量某一个行业股票价格表现的数据标准，主要描述一个行业的股票的概貌和运行状况。目前，中国较有影响的行业指数包括上证行业指数和中证行业指数。上证行业指数系列包括10只行业指数，如上证工业行业指数、上证可选消费行业指数。中证行业指数包括10只300行业指数和10只中证行业指数，如中证原材料指数、中证工业指数。

词条名称：**地域指数分析**

英　　文：**regional index analysis**

定义：地域指数分析是指通过对地域指数进行分析，判断不同地域上市公司股票投资机会的投资方法。

释义：地域指数是根据某地区上市公司股票价格的表现而编制的指数。通过对地域指数的分析，能够把握市场中不同地域上市公司的股价变动趋势，从而挖掘地域股中表现突出的个股。

词条名称：**风格指数分析**

英　　文：**style index analysis**

定义：风格指数分析是指通过对风格指数进行分析，判断不同投资风格股票投资机会的投资方法。

释义：风格指数基于价值和成长的管理理念而产生，反映了具有某些共同市场特征的股票的整体变化水平。不同风格的股票展现出不同的风险—收益特征，其中，价值股是指股票价格表现良好，与利润和资产相比，价值可能被低估的股票；成长股是指那些预期回报将超过市场平均回报的公司。通过对不同风格指数的分析，能够把握市场不同风格股票的价格走势。通常而言，在市场景气高度扩张至泡沫产生的阶段，成长股投资会优于价值股投资；但在市场大幅修正或涨跌互现时，价值股投资往往能够起到较好的防御作用。

词条名称：**概念指数分析**

英　　文：**concept index analysis**

定义：概念指数分析是指通过对概念指数进行分析，判断不同概念股票投资机会的投资方法。

释义：概念指数是指根据具有某种特别内涵，跨行业、跨地域的股票价格编制的指数，如央企指数、民企指数、红利指数等。通过对概念指数的分析，能够把握市场中不同概念股票的价格走势。

词条名称：**板块指数分析**

英　　文：**sector index analysis**

定义：板块指数分析是指将同一板块的个股按不同的权重方式生成相关指数，通过比较分析等技术，判断不同板块股票投资机会的投资方法。

释义：板块指数是板块各股股价变化的集合，是对各板块走势的整体反映，如行业板块、地域板块、概念板块。通过对板块指数的分析，对市场中不同板块股票的股价走势有更好的把握。

（四）常用指标分析

词条名称：**人气指标**

英　　文：**air ratio，缩写 AR**

定义：人气指标是指以分析历史股价为手段并重视开盘价，用来反映市场买卖的一种人气技术指标。

释义：人气指标以当天开盘价为基础，将当天开盘价与当天最高价和最低价相比，从而通过比较一定时期内开盘价在股价中的地位，来反映市场买卖人气。其应用法则是：（1）AR 值以 100 为强弱买卖气势的均衡状态，其值在上下 20 之间，即 AR 值在 80～120 之间波动时，属于盘整行情，股价走势比较平稳，不会出现剧烈波动；（2）AR 值走高时，表示行情活跃，人气旺盛，过高则表示股价进入高价，应选择时机退出；（3）AR 值走低时，表示人气衰退，需要充实，过低则暗示股价可能跌入低谷，可考虑伺机介入；（4）从 AR 曲线可以看出一段时期的买卖气势，并具有先于股价到达峰或跌入谷底的功能，观图时主要凭借经验，以及与其他技术指标配合使用。

公式：$$AR = \frac{\sum_{i=1}^{N}(H_i - O_i)}{\sum_{i=1}^{N}(O_i - L_i)}$$

式中，H 为当日最高价；L 为当日最低价；O 为当日开盘价；N 为公式中的设定参数，一般设定为 26 日。

词条名称：**意愿指标**

英　　文：**buging ratio，缩写 BR**

定义：意愿指标是指以昨日收盘价为基础，将当日收盘价与当日最高价和最低价相比，从而通过比较一定时期收盘价在股价中的地位来反映市场买卖意愿程度的技术指标。

释义：一般情况下，AR 可以单独使用，BR 则需与 AR 结合使用，才能发挥效用。应用及研判法则是：①当 AR 和 BR 同时急速上升，意味股价峰位已近，持股时应注意及时获利了结。

②当BR比AR低，且指标低于100以下时，可考虑逢低买进。③当BR从高峰回跌，跌幅达1.2时，若AR无警戒讯号出现，应逢低买进。④当BR急速上升，AR盘整小回时，应逢高卖出，及时了结。

公式：$$BR=\frac{\sum_{i=1}^{N}(H_i-CY_i)}{\sum_{i=1}^{N}(CY_i-L_i)}$$

式中，H为当日最高价；L为当日最低价；CY为昨日收盘价收盘价，N为公式中的设定参数，一般设定为26日。

词条名称：**中间意愿指标**

英　　文：**centre ratio，缩写CR**

定义：中间意愿指标，又称“价格动量指标”，是分析股市多空双方力量对比、把握买卖股票时机的一种中长期技术分析工具。

释义：中间意愿指标能够大体反映出股价的压力带和支撑带，弥补AR、BR的不足。运用CR指标的要点是：（1）应该综合其他技术指标共同分析；（2）当CR由下向上穿过“副地震带”时，股价会受到次级压力。反之，当CR从上向下穿过“副地震带”时，股价会受到次级支撑的压力；（3）当CR由下向上穿过“主地震带”时，股价会受到相对强大的压力；反之，当CR由上自下穿过“主地震带”时，股价会受到相对强大的支撑力；（4）CR跌穿a、b、c、d四条线，再由低点向上爬升160时，为短线获利的一个良机，应适当卖出股票；（5）CR跌至40以下时，是建仓良机。而CR高于300～400时，应注意适当减仓。

公式：CR＝（多方强度÷空方强度）×100

式中，多方强度为26天的上升值的和；空方强度为26天的下跌值的和；上升值为今天的最高价减昨天的最低价（负值记0）；下跌值为昨天的中间价减今天的最低价（负值记0），中间价为（最高价＋最低价）除以2。

词条名称：**移动平均线**

英　　文：**moving average，缩写MA**

定义：移动平均线是指以道·琼斯的“平均成本概念”为理论基础，采用统计学中“移动平均”的原理，将一段时期内的股票价格的平均值连成曲线，用来显示股价的历史波动情况，进而反映股价指数未来发展趋势的一种技术分析方法。

释义：移动平均线的常用线有5天、10天、30天、60天、120天和240天指标。其中，5天和10天的短期移动平均线是短线炒作的参照指标，称作“日均线指标”；30天和60天的是中期均线指标，称作“季均线指标”；120天、240天的是长期均线指标，称作“年均线指标”。

词条名称：**变化率指标**

英　　文：**rate of change，缩写RC**

定义：变化率指标是反映股票市场变动快慢程度的一种指标，即当天的股价较之前某一天股价的变动速度。

释义：如果价格始终是上升的，

则变化率指标始终在100%线以上，且变化率指标在向上发展时，说明价格上升的速度在加快；反之，如果价格始终是下降的，则变化率指标始终在100%线以下，说明价格下降的速度在加快。

词条名称：**成交量变异率**

英　　文：**volume variation rate，缩写 VR**

定义：成交量变异率指标是以成交量来测量股价热度的一种成交量的强弱指标。

释义：成交量变异率指标能够表现股市买卖的气势，进而掌握股价的变动趋向。其应用法则是：（1）成交量变异率指标的理论取值在［0，+∞），可将此区域分为四个部分：低价区域（40～70）、安全区域（80～150）、获利区域（160～350）和警戒区域（350以上）；（2）成交量变异率<40，市场易形成底部，应积极买入；成交量变异率指标在低价区域时，可考虑跟进；在安全区域时，股价波动小，可以持有；（3）成交量变异率指标在获利区域时，由于市场大部分资金已经进场，后续资金乏力，如果成交量变异率值增加，可考虑卖出；在警戒区域时应有高度危机意识，随时注意控制风险；当成交量变异率>450，市场交易过热，应卖出；（4）成交量变异率指标一般分布在150左右最多。如果成交量变异率指标长期在150附近盘整，一旦越过250时市场极易产生一段多头行情；如果成交量变异率指标由低档直接上升至250，股价仍未遭受阻力，投资者需积极选股买进；（5）当成交量极度萎缩后放大，而成交量变异率指标也从低价区向上递增时，是买进时机。一般来说，成交量变异率指标在低价区的买入信号可信度较高，而观察高价区时应与其他指标结合使用。

公式：

（1）AV = N日内股价上升日成交量；AVS = N日内AV的加总

（2）BV = N日内股价下跌日成交量；BVS = N日内BV的加总

（3）CV = N日内股价平盘日成交量；CVS = N日内CV的加总

（4）VR = (AVS + 1/2CVS)/(BVS + 1/2CVS)

（5）MAVR = VR的M日的简单移动平均

（6）参数N为24，参数M为6

词条名称：**绝对幅度指标**

英　　文：**absolute breadth index，缩写 ABI**

定义：绝对幅度指标是一种衡量市场动量的指标。

释义：绝对幅度指标显示了股票价格波动的程度，衡量市场中价格变化规模的大小，但忽略了价格变化的方向。可以把ABI视作一种刻画证券市场活动的指标，高ABI表明市场高度活跃，而低的指标度数则意味着市场本身缺乏变化。

词条名称：**主力进出指标**

英　　文：**average balance volume，缩写 ABV**

定义：主力进出指标是表示不同

时间段资金量的对比变化，并从这种变化的相互关系中更明确地表达资金量的增减变化，从而有效地判断主力资金进出股票状况的一种指标。

释义：主力进出指标一般有短期、中期、长期三条线，分别反映短期、中期、长期资金量的变化。其应用法则是：（1）短期线代表主力机构的短期行为，中期线代表主力机构的中期行为，长期线代表主力的长期行为；（2）当短线与中线及长线相近、并且平行向上时，形成多头排列，表示主力机构在边吸边拉，可以跟进，可能成为黑马；（3）当短线与中线及长线相近、并且平行向下时，表示主力机构仍未进场，或部分主力在出货，不可跟进；（4）当中线与长线由上行趋势转向下行趋势，而短线分别向下行，形成一个断层向下的形态时，可认为主力机构拉高出货已完成，此股一般不会再度炒作，要经过很长一段时间的恢复才有可能启动；（5）当短线向上拉得太急、与中长线乖离率相差太大时，短线应出货，要等到短线再次向中长线靠拢时，方可逢低吸纳，等待主力再次拉升；（6）当短线向下行、但中长线仍是向上趋势，此时被套就不用害怕，因为主力仍未出完货，一定还会有自救行为；（7）主力进出指标除了研判个股外，还适用于对大盘的研判；（8）由于主力进出指标是由能量潮指标演化而来，因此，能量潮指标的缺陷同样可能在主力进出指标上表现出来，这是使用时需要注意的地方。

词条名称：腾落指标

英　　文：**advance decline line，缩写 ADL**

定义：腾落指标是以股票每天上涨或下跌的家数作为计算与观察的对象，以了解股市人气状况，探测股市内在的资金动能是强势还是弱势，用以研判股市未来动向的技术性指标。

释义：腾落指标只反映大势的走向与趋势，不对个股的涨跌提供讯号。由于市场中常常存在通过拉抬打压大盘指标股，使得指数走势失去本来面目的现象，从而影响投资者的准确判研分析，而腾落指标可以很好地消除这类失真影响。

公式：今日 ADL = 昨日 ADL + Na − Nd

Na = 从开始交易的第一天算起，第一个交易日的上涨家数总和

Na = 从开始交易的第一天算起，每一个交易日的下跌家数总和

词条名称：涨跌比指标

英　　文：**advance decline ratio，缩写 ADR**

定义：涨跌比指标，又称“回归式的腾落指数”，是将一定时期内上市交易的全部股票中的上涨家数和下跌家数进行比较，得出上涨和下跌之间的比值，并推断市场上多空力量之间变化的指标。

释义：涨跌比指标集中了股票市场中个股的涨跌信息，可反映股市大盘的强弱趋向，但没有表现个股的具体的强弱态势。它和腾落指标一样，是专门研究股票指数的指标，而不能

用于选股与研究个股的走势。

公式：ADR = N 天内上涨家数之和/N 天内下跌家数之和

词条名称：**振动升降指标**

英　　文：**accumulation swing index，缩写 ASI**

定义：振动升降指标是以开盘、最高、最低、收盘价与前一交易日的各种价格相比较来研判市场方向性的一种技术指标。

释义：振动升降指标的应用法则是：（1）当振动升降指标的向下跌破前一次低点时为卖出讯号；（2）当振动升降指标向上突破前一次高点时为买入讯号；（3）股价由下往上、欲穿过前一波的高点套牢区时，于接近高点处尚未确定能否顺利穿越之际，如果振动升降指标领先股价，提早一步，通过相对股价的前一波振动升降指标高点，则次一日之后，可以确定股价必然能顺利突破高点套牢区；（4）股价由上往下、欲穿越前一波低点的密集支撑区时，于接近低点处尚未确定是否将因失去信心而跌破支撑之际，如果振动升降指标领先股价，提早一步，跌破相对股价的前一波振动升降指标低点，则次一日之后，可以确定股价将随后跌破低点支撑区；（5）股价走势一波比一波高，而振动升降指标却未相对创新高、形成"牛背离"时，应卖出；（6）股价走势一波比一波低，而振动升降指标却未相对创新低，形成"熊背离"时，应买进。

词条名称：**平均波幅通道指标**

英　　文：**average true range，缩写 ATR**

定义：平均波幅通道指标是一个显示市场变化率的指标。

释义：平均波幅通道指标价值越高，趋势改变的可能性就越高；平均波幅通道指标的价值越低，趋势的移动性就越弱。通过比较短期平均波幅通道指标和长期平均波幅通道指标，可以非常容易地鉴别出价格平静的横盘整理区间。比如，当 10 期平均波幅通道指标小于等于 0.75 倍的 50 期平均波幅通道指标时，就表明近期市场不寻常的平静。

公式：ATR 的算法：今日振幅、今日最高价与昨日收盘价收差价、今日最低价与昨日收盘价差价中的最大值，为真实波幅，求真实波幅的 N 日移动平均。参数：N，天数，一般取 14。

词条名称：**多空指标**

英　　文：**bull and bear index，缩写 BBI**

定义：多空指标是通过将几条不同天数移动平均线用加权平均方法计算出的一条移动平均线的综合性指标。

释义：当现价在多空指标之上时，表示多方强，反之表示空方强。其应用法则时：（1）股价在高价区，以收盘价向下跌破多空线为卖出信号；（2）股价在低价区，以收盘价向上突破多空线为买入信号；（3）多空指数由下向上递增，股价在多空线上方，表明多头势强，可以继续持股；（4）多空指数由上向下递减，股价在多空线下方，表明空头势强，一般不宜买入。

公式：BBI =（3 日均价 + 6 日均价 + 12 日均价 + 24 日均价）/4

词条名称：**广量冲力指标**

英　　文：**breadth thrust index，缩写 BTI**

定义：广量冲力指标是侦测市场是否即将展开大多头行情的一种市场动量指标。

释义：广量冲力指标的应用法则是：（2）广量冲力指标值大多数时候在 40 ~ 60 之间波动，如果上升至 60 以上时为超买区，如果下降到 40 以下时为超卖区。（2）广量冲力指标值在 65 之上为严重超买区，极易见顶回落，如果广量冲力指标值上升至 70 以上时要果断卖出。（3）广量冲力指标值在 35 以下为严重超卖区，极易见底反弹，如果广量冲力指标值跌至 30 以下时，投资者要密切注意大盘的跌势，一旦止跌企稳，则要果断建仓。

公式：

（1）BI = 100 × 上涨家数/（上涨家数 + 下跌家数）

（2）BTI = BI 的 N 日加权移动平均

（3）参数 N 一般设置为 10 日

词条名称：**顺势指标**

英　　文：**commodity channel index，缩写 CCI**

定义：顺势指标是将目前股价的波动程度和常态分布范围进行比较，研判市场是处于超买还是超卖状态，以此来捕捉趋势反转点的一种技术指标。

释义：当顺势指标小于 - 100 时为买入信号，CCI 大于 100 时为卖出信号；股价产生背离现象时，是一项明显的警告信号。

公式：CCI 的算法：典型价格与典型价格的 N 日移动平均的差除以 N 日内典型价格的平均绝对偏差。N 设定计算移动平均的天数，一般为 14。

词条名称：**佳庆资金流量指标**

英　　文：**Chaikin money flow，缩写 CMF**

定义：佳庆资金流量指标，又称“蔡金货币流量指标”、“恰奇现金流指标”，是根据收盘价、最低价、最高价和成交量研判市场强弱势的一种技术指标。

释义：佳庆资金流量指标是基于这样的假设：强势市场（处于上升趋势的市场）的收盘价通常位于日最高价与最低价之间上半部分且成交量放大；与此相反，弱势市场（处于下跌趋势的市场）的收盘价通常位于日最高价与最低价之间的下半部分且成交量放大。如果在成交量放大的同时，价格持续收于日最高价与最低价之间的上半部分，那么该指标将会是正值，表示该证券处于强势之中。相反，如果在成交量放大的同时，价格持续收于日最高价与最低价之间的下半部分，那么该指标将是负值，表示该证券处于弱势之中。其应用法则是：（1）一般而言，佳庆资金流量指标大于零，市场处于牛市；佳庆资金流量指标小于零，市场处于熊市。（2）佳庆资金流量指标大于零（或小于零）的时间长短也值得注意。停留时间越长，趋势越可靠。（3）佳庆资金流量指标可以结合趋势线及支撑线、阻力线突破进行分析。(4)佳庆资金流量指标与价格之间的背离具有重要意义，通常预示着行情即将转变。

公式：多空对比（CLV）＝

$$\frac{2 \times 收盘价 - 最高价 - 最低价}{最高价 - 最低价}$$

当最高价＝最低价时，CLV＝0

$$CMF = \frac{\sum (Vol[K-J] \times CLV[K-J])}{\sum (Vol[K-J])},$$

$0 \leqslant J < n$

词条名称：**趋向指标**

英　　文：**directional movement index，缩写 DMI**

定义：趋向指标，又称“动向指标”、“趋向指标”，是通过分析股票价格在涨跌过程中买卖双方力量均衡点的变化情况，即多空双方力量的变化受价格波动的影响而发生由均衡到失衡的循环过程，从而提供趋势判断依据的一种技术指标。

释义：趋向指标的基本原理是在于寻找股票价格涨跌过程中，股价藉以创新高价或新低价的动能，研判多空力量，进而寻求买卖双方的均衡点及股价在双方互动下波动的循环过程。趋向指标把每日的高低波动的幅度因素计算在内，更加准确地反映行情的走势及更好地预测行情未来的发展变化。

词条名称：**简易波动指标**

英　　文：**ease of movement，缩写 EM**

定义：简易波动指标是一种反映成交量与价格变动之间关系，即用多少成交量来推动价格变化的指标。

释义：如果较少的成交量就能推动股价上涨，则简易波动指标数值会升高；相反，股价下跌时也仅伴随较少的成交量，则简易波动指标数值将降低。另外，如价格不涨不跌，或者价格的上涨和下跌都伴随着较大的成交量时，则简易波动指标的数值会趋近于零。

词条名称：**随机指标**

英　　文：**stochastic oscillator，缩写 KDJ**

定义：随机指标是用当前股价在近阶段股价分布中的相对位置来预测可能发生趋势反转的指标，该指标在图表上共有三根线：K 线、D 线和 J 线。

释义：随机指标考虑了计算周期内的最高价、最低价，兼顾了股价波动中的随机振幅，因而随机指标更能真实地反映股价的波动，其提示作用更加明显。其应用法则是：(1) 一般而言，K 线由下转上为买入信号，由上转下为卖出信号。(2) 随机指标都在 0 ~100 的区间内波动，50 为多空均衡线。如果处在多方市场，50 是回档的支持线；如果处在空方市场，50 是反弹的压力线。(3) K 线在低位上穿 D 线为买入信号，K 线在高位下穿 D 线为卖出信号。(4) K 线进入 90 以上为超买区，10 以下为超卖区；D 线进入 80 以上为超买区，20 以下为超卖区。宜注意把握买卖时机。(5) 高档区 D 线的 M 形走向是常见的顶部形态，第二头部出现时及 K 线二次下穿 D 线时是卖出信号。低档区D线的W形走向是常见的底部形态，第二底部出现时及K线二次上穿D线时是买入信号。M形或W形的第二部出现时，若与价格走向发生背离，分别称为“顶背驰”和“底背驰”，买卖信号可信度极高。(6) J值可以大于100或小于0，J指标为依据KD买卖信号是否可以采取行动提供可信判断。通常，当J值大于100或小于10时被视为采取买卖行动的时机。

公式：对每一交易日求RSV（未成熟随机值）：

RSV =（收盘价 - 最近N日最低价）/（最近N日最高价 - 最近N日最低价）×100

K线：RSV的M1日移动平均；

D线：K值的M2日移动平均；

J线：3×D - 2×K；

参数：N、M1、M2天数，一般取9、3、3。

词条名称：**麦克连指标**

英　　文：**McClellan Oscillator，缩写MCL**

定义：麦克连指标是经平滑涨跌家数的差值制作而成的一种市场广量指标。

释义：麦克连指标利用上涨或下跌家数变化，结合成交量为主要计算因子者，都可以称之为“广量指标”。广量指标有以下两点含义：（1）大多数个股呈现稳健的上升，才能算是一个健全的多头市场；（2）仅有少部分个股上涨的行情，是空头市场的特征。换句话说，持续一段涨势的多头市场，目前虽然仍处于上升的局面，但是下跌的股数已经大于上升的股数时，代表多头行情即将结束，反之亦然。

公式：（1）DIF = UPW - DPW

（2）AD = DIF的19天指数平均数

（3）BD = DIF的39天指数平均数

（4）MCL = AD - BD

词条名称：**大盘指数指标**

英　　文：**Mc Clellan Oscillator，缩写MCO**

定义：大盘指数指标是一种根据两条移动平均线之差来研判行情的技术指标。

释义：大盘指数指标先求上涨家数与下跌家数的差，再求这个差的N1日、N2日指数平滑移动平均数，最后求N1日平均线的10%与N2日平均线的5%的差。其应用法则是：（1）大盘指数指标到达+5以上属超买区，当由上向下再跌破+5时，则短线卖出；当大盘指数指标跌至-5以下时属超卖区，当由下向上再突破-5时，则短线买入；（2）当大盘指数指标到达极限高点15以上时，投资者需要果断卖出；（3）当MCO到达极限低点-15以下时，投资者需要克制恐慌心理，积极选股，准备迎接大势反转。

公式：

（1）DIF = 上涨家数 - 下跌家数

（2）AD = DIF的N1日指数平滑移动平均线

（3）BD = DIF的N2日指数平滑移动平均线

（4）MCO大盘指数指标 = AD×0.1 - BD×0.05

参数：N1 为 19 天，N2 为 39 天。

词条名称：**资金流量指标**

英　　文：**money flow index，缩写 MFI**

定义：资金流量指标，又称“量相对强弱指标”，是一种衡量资金流进和流出某只证券强度的动量指标。

释义：资金流量指标是通过反映股价变动的四个元素：上涨的天数、下跌的天数、成交量增加幅度、成交量减少幅度来研判量能的趋势，预测市场供求关系和买卖力道，属于量能反趋向指标。当资金流量指标 > 80 时，代表资金短期过热讯号，但是必须等到资金流量指标再度向下跌破 80 时，才能确认资金转向。当资金流量指标 < 20 时，代表资金短期冷却讯号，但是必须等待资金流量指标再度向上突破 20 时，才能确认资金转向。

公式：

（1）资金流量(MF) = TP × 成交金额

（2）分辨 PMF 及 NMF 值

（3）如果当日 MF > 昨日 MF，则将当日的 MF 值视为当日 PMF 值，而当日 NMF 值 = 0

（4）如果当日 MF < 昨日 MF，则将当日的 MF 值视为当日 NMF 值，而当日 PMF 值 = 0

（5）MFI = 100 − (100 ÷ (1 + MR))

参数：一般设定为 14 天，可以自行修改。

词条名称：**动量指标**

英　　文：**momentum，缩写 MTM**

定义：动量指标是一种度量在给定时间内证券价格变化情况的技术指标。

释义：动量指标以分析股价波动速度为目的，研究股价在波动过程中各种加速、减速、惯性作用，以及股价由静到动或由动转静的现象。动量指数的理论基础是价格和供需量的关系，股价的涨幅随着时间必须日渐缩小，变化的速度力量慢慢减缓，行情则可反转。反之，下跌亦然。一般情况下，动量指标由上向下跌破中心线时为卖出时机，相反，动量指标由下向上突破中心线时为买进时机。

公式：$\text{MTM} = \dfrac{\text{收盘价}}{\text{期前收盘价}} \times 100$

词条名称：**能量潮指标**

英　　文：**on balance volume，缩写 OBV**

定义：能量潮指标是一种将成交量与价格变化联系起来的动量指标。

释义：股市技术分析的四大要素：价、量、时、空。能量潮指标就是从“量”这个要素作为突破口，来发现热门股票、分析股价运动趋势。其应用法则和注意事项是：（1）能量潮指标不能单独使用，必须与股价曲线结合使用才能发挥作用。（2）能量潮指标曲线的变化对当前股价变化趋势的确认。当股价上升（下降），而能量潮指标也相应地上升（下降），则可确认当前的上升（下降）趋势。当股价上升（下降），但能量潮指标并未相应地上升（下降），出现背离现象，则对目前上升（下降）趋势的认定程度要大打折扣。能量潮指标可以提前告知趋势的后劲不足，有反转的可能。（3）形态学和切线理论的内容也同样适用于能量潮指标曲线。（4）股价进入盘整区后，能量潮指标曲线会率先显露出脱离盘整的信号，向上或向下突破，且成功率较大。能量潮指标线是预测股市短期波动的重要判断指标，能帮助投资者确定股市突破盘局后的发展方向；而且能量潮指标的走势可以局部显示出市场内部主要资金的流向，有利于告示投资者市场内的多空倾向。

公式：当今日收盘价≥昨日收盘价时，今日 OBV > 昨日 OBV + 今天的成交量；当今日收盘价 < 昨日收盘价时，今日 OBV = 昨日 OBV - 今天的成交量；当今日收盘价 = 昨日收盘价时，今日 OBV = 昨日 OBV。

计算 OBV 时的初始值可自行确定，一般用第一日的成交量代替。

词条名称：**心理线指标**

英　　文：**psychological line，缩写 PSY**

定义：心理线指标，又称“大众指标”，是一种建立在研究投资人心理趋向基础上，将某段时间内投资者倾向买方还是卖方的心理与事实转化为数值的一种技术指标。

释义：其应用法则是：（1）由心理线公式计算出来的百分比值，超过 75 时为超买，低于 25 时为超卖，百分比值在 25 ~ 75 区域内为常态分布。但在上涨行情时，应将卖点提高到 75 之上；在跌落行情时，应将买点降低至 45 以下。具体数值要凭经验和配合其他指标。（2）一段上升行情展开前，通常超卖的低点会出现两次。同样，一段下跌行情展开前，超买的最高点也会出现两次。在出现第二次超卖的低点或超买的高点时，一般是买进或卖出的时机。（3）当百分比值降低至 10 或 10 以下时，是真正的超卖，此时是一个短期抢反弹的机会，应立即买进。（4）心理线主要反映市场心理的超买或超卖，因此，当百分比值在常态区域上下移动时，一般应持观望态度。（5）高点密集出现两次为卖出讯号；低点密集出现两次为买进讯号。（6）心理线和 VR 配合使用，决定短期买卖点，可以找出每一波的高低点。（7）心理线和逆时针曲线配合使用，可提高准确度，明确指出头部和底部。

公式：PSY = N 日内的上涨天数/N × 100

N 一般设定为 12 日，最大不超过 24，周线的最长不超过 26。

词条名称：**相对强弱指标**

英　　文：**relative strength index，缩写 RSI**

定义：相对强弱指标是一个追随价格的摆动指标。

释义：通过比较一段时期内股票的平均收盘涨数和平均收盘跌数来分析市场买沽盘的意向和实力，从而判断未来市场的走势。强弱指标的值均在 0 ~ 100 之间。当强弱指标保持高于 50 表示为强势市场，反之低于 50 表示为弱势市场；当 6 日指标上升到达 80 时，表示股市已有超买现象，假如一旦继续上升，超过 90 以上时，则表示已到严重超买的警戒区，股价已形成头部，极可能在短期内反转；当6日强弱指标下降至20时，表示股市有超卖现象，假如一旦继续下降至10以下时则表示已到严重超卖区域，股价极可能止跌回升。

公式：RSI = N 日内收盘价上涨幅度总和/上涨下跌幅度总和×100。

词条名称：标准差

英　　文：**standard deviation，缩写 STD**

定义：标准差，又称“均方差”，是用于衡量证券价格波动率的统计指标，定义为方差的算术平方根。

释义：股票价格的波动是股票市场风险的表现，因此，股票市场风险分析就是对股票市场价格波动进行分析。波动性代表了未来价格取值的不确定性，这种不确定性一般用方差或标准差来刻画。标准差用来衡量样本数据的稳定性。

公式：$\sigma(r) = \sqrt{\frac{1}{N}\sum_{i=1}^{N}(x_i - r)^2}$

式中，r为平均数；N为样本数。

词条名称：新三价率指标

英　　文：**three line break，缩写 TBR**

定义：新三价率指标是一种研判大盘运行趋势的大盘指标。

释义：新三价率指标只适用于大盘日线。其应用的法则是：当某一指数仍处于下跌状态，但新三价率指标领先止跌转为横向行走时，暗示指数即将止跌；当指数处于上涨阶段，新三价率指标也呈同步上升时，可放心继续投资；当指数仍处于上涨状态，新三价率指标却呈现下降的倾向时，暗示指数即将到达顶点。

公式：新三价率 = 上涨家数÷(上涨家数 + 下跌家数)×100

词条名称：宝塔线指标

英　　文：**tower，缩写 TWR**

定义：宝塔线指标是一种与K线及点状图相类似并注重股价分析的中长期技术分析工具。

释义：宝塔线指标以不同颜色（或虚实体）的棒线来区分股价涨跌，主要是将股价多空之间争斗的过程和力量的转变表现在图表中，借以研判未来股价涨跌趋势及选择适当的买卖时机。宝塔线主要是应用趋势线的原理，引入支撑区和压力区的概念，来确认行情是否反转，对于行情的发展所可能产生的变化方向，不做主观的臆测。宝塔线指标认为，如果一个股票价格的上升趋势已经确认，就应该买进股票并持股，不去主动地预测股价的高点在哪里，而是在股价从高位出现反转向下的征兆时开始小心，一旦确认股价头部出现而出现卖出信号时，才相应地卖出。反之，如果一个股票价格的下跌趋势形成时，就应卖出股票、离场观望，不去轻易预测底部在哪里，只是在股价由低位向上反转并出现买入信号时才开始买入。

词条名称：纵横指标

英　　文：**vertical horizontal filter，缩写 VHF**

定义：纵横指标是一种用于判断

目前的行情是盘整市还是单边市的指标。

释义：纵横指标的用法是：（1）纵横指标数值越高或持续上升，代表处于趋势行情（单边市），应参考趋势指标，考虑追涨杀跌。（2）纵横指标数值越低或持续下降，代表处于箱形行情（盘整市），应参考超买超卖指标（如 KDJ、RSI 等），择机高抛低吸。（3）应自行界定一条标准分界线，高于此数值，代表趋势行情；低于此数值，则代表箱形行情，推荐一般取 0.3 作为分界线，分界线数据因个股股性不同而不同，有经验的投资者可适度上下修正。纵横指标的特点在于：（1）纵横指标并不反映股价的多空趋势，而是反映多头或空头趋势的力度和可持续性，如下跌走势中，同时纵横指标上升较快出现金叉，反而是杀跌的信号。（2）纵横指标必须配合其他指标和股价走势使用，纵横指标只是提示你应看哪一类指标。（3）纵横指标提供的突破后追涨杀跌信号有必然的滞后性，适用于中短线高手，操作频率不快、心理需求稳健的投资者忌用。

公式：VHF =（HHV（CLOSE，N）－LLV（CLOSE，N））/SUM（ABS（CLOSE－REF（CLOSE，D），N）

词条名称：成交量

英　　文：volume，缩写 VOL

定义：成交量指标是指在给定时间内（如小时、天、周、月等）成交的股数（或者合约数量）。

释义：用成交量指标进行技术分析必须结合价格的变动，重点在于量价的配合情况，通常以价格与成交量变动趋向是否一致来判断价格变动是否具备成交量基础。一般情况下，当两种趋向一致时，表明价格走势得到成交量的支持，这种走势可望得到延续。在上涨行情初期，成交量随股价上升不断创出新高，显示市场人气的聚集过程，行情将进一步展开，是买入的时机。在此后过程中，只要成交量曲线继续和股价保持向上态势，可继续持有或追加买入。当两种趋向发生背离时，说明成交量不支持价格走势，股价的运行方向可能发生转变。如下跌行情快结束时，虽然股价仍在创出新低，但成交量曲线已经开始走平，甚至可能有上升迹象，出现量价背离，提示价格可能见底，上涨行情有望展开，是逢低买入的良机。

词条名称：威廉姆斯%R

英　　文：Williams's %R，缩写 WMS%R

定义：威廉姆斯%R 是一种度量市场处于超买还是超卖状态的动量指标。

释义：威廉姆斯%R 指标表示的涵义是当天的收盘价在过去一段日子的全部价格范围内所处的相对位置。如果威廉姆斯%R 指标的值比较大，则当天的价格处在相对较低的位置，要注意反弹；如果威廉姆斯%R 指标的值比较小，则当天的价格处在相对较高的位置，要注意回落；威廉姆斯%R 指标的值居中，在 50 左右，则价格上下的可能性都有。

词条名称：阿姆斯指标

英　　文：Arms index （Trin），缩写 ARMS

定义：阿姆斯指标是一种根据上市公司涨跌家数的比例和涨跌股数成交量比率来判断整体股市反转点的指标。

释义：阿姆斯指标可以侦测成交量的流向。其具体的运用法则是：（1）阿姆斯指标绝大多数时候是在低位徘徊，这时候对大盘的超买超卖有一定提示作用，但这种提示只能说明股市在短时间的超买超卖情况，对大势的长期发展方向的提示作用不大。（2）阿姆斯指标突然升高，意味股市即将构筑底部。这个突然升高的具体数值没有硬性规定，关键在于阿姆斯指标能否创出一段时间的新高。（3）阿姆斯指标如果出现急剧增长，往往意味着股市将出现重大转变。这种急剧增长是指阿姆斯指标迅速升高到 10 以上，其在历史中出现的次数不多，但往往能准确预测股市的顶和底。

公式：（上涨公司家数 - 下跌公司家数）/（上涨公司交易量/下跌公司交易量）

词条名称：乖离率指标

英　　文：bias，缩写 BIAS

定义：乖离率指标是一种测量股价偏离均线大小程度的指标。

释义：乖离率指标的功能主要是通过测算股价在波动过程中与移动平均线出现偏离的程度，从而得出股价在剧烈波动时因偏离移动平均趋势而造成可能的回档或反弹，以及股价在正常波动范围内移动而继续原有趋势的可信度。正的乖离率愈大，表示短期获利愈大，则获利回吐的可能性愈高；负的乖离率愈大，则空头回补的可能性愈高。

公式：BIAS = 当日收盘价 - 移动平均线值

词条名称：布林线带

英　　文：Bollinger bands，缩写 BOLL

定义：布林线带是根据股价的“标准差”以及股价的“信赖区间”，来刻画股价运行过程中的压力线和支撑线所形成的通道指标。

释义：布林线带指标在图形上由三条线构成，其中上下两条线可以分别看成是股价的阻力线（UPER）和支撑线（LOWER），而在两条线之间还有一条股价中线（MID）。一般来说，股价会运行在压力线和支撑线所形成的通道中。当股价处于盘整状态时，股价下碰支撑线买入，上碰阻力线卖出；股价连续上涨时，会沿着中线和阻力线形成的通道上升。当股价不能再触及阻力线时，则上涨趋势减弱，应卖出；当股价连续下跌时，会沿着中线和支撑线形成的下降通道下跌，当股价不能再触及支撑线时，下跌趋势减弱，应买入。

公式：MID：收盘价的 N 日移动平均

UPER：中线加偏移值

LOWER：中线减偏移值

词条名称：情绪指标

英　　文：BRAR

定义：情绪指标，又称“人气意

技术分析

愿指标”，由人气指标（AR）和意愿指标（BR）两个指标构成。

释义：情绪指标实际上是将人气指标和意愿指标结合起来使用，其应用法则是：（1）一般情况下，人气指标可以单独使用，意愿指标则需与人气指标并用，才能发挥效用。该指标虽不适合捕捉到大底部，但是灵活运用该指标，却能够抓住局部底部，特别适合做反弹。（2）BR < AR，且 BR < 100，可考虑逢低买进。（3）BR < AR，而 AR < 50 时，是买进信号；BR > AR，再转为 BR < AR 时，也可买进。（4）AR 和 BR 同时急速上升，意味着股价已近顶部，持股者应逢高卖出。（5）BR 急速上升，而 AR 处在盘整或小跌时，应逢高卖出。（6）BR 从高峰回跌，跌幅达 1 ~ 2 倍时，若 AR 无警戒讯号出现，应逢低买进。

词条名称：成本均线

英　　文：average cost line，缩写 CBJX

定义：成本均线是反映投资者买入股票的平均建仓成本的指标。

释义：成本均线一般分 5 日、13 日、34 日及∞（无穷）四条线，前三条线为市场交易中大盘或某只个股最近该日内买入股票者的平均建仓成本，∞线是大盘或某只个股所有持有者的平均建仓成本。成本均线的形态特点是：（1）短期成本均线在上，长期成本均线在下称多头排列，反之为空头排列。（2）成本均线的多头及空头排列都相当稳定，在行情真正反转之前，假交叉要比移动均线少得多。成本均线的主要作用是：（1）区别大盘的牛、熊市。（2）根据主力在成本均线之上或成本均线之下吸货，判断后市行情发展的缓、急程度。（3）预测股价上涨或下跌过程中的压力位或支撑位。（4）区别主力震仓、整理或出货。（5）上升过程中，指示升后下跌的止损位置。

词条名称：指数平滑异同平均线

英　　文：moving average convergence /divergence，缩写 MACD

定义：指数平滑异同平均线由 Gerald Appel 在 20 世纪 70 年代提出，用于研判股票价格变化的强度、方向、能量以及趋势周期，以把握股票买进和卖出的时机。

释义：在使用指数平滑异同平均线时，一般要综合三个线同时使用，分别是 DIFF 线、DEA 线和 MACD 线。其应用法则：（1）当 DIF 和 DEA 处于 0 轴以上时，属于多头市场。DIF 线自下而上穿越 DEA 线时是买入信号。DIF 线自上而下穿越 DEA 线时，如果两线值还处于 0 轴以上运行，仅仅只能视为一次短暂的回落，而不能确定趋势转折，此时是否卖出还需要借助其他指标来综合判断。（2）当 DIF 和 DEA 处于 0 轴以下时，属于空头市场。DIF 线自上而下穿越 DEA 线时是卖出信号，DIF 线自下而上穿越 DEA 线时，如果两线值还处于 0 轴以下运行，仅仅只能视为一次短暂的反弹，而不能确定趋势转折，此时是否买入还需要借助其他指标来综合判断。

公式：DIFF 的计算方法：首先分

别计算出收市价 SHORT 日指数平滑移动平均线与 LONG 日指数平滑移动平均线，分别记为 EMA（SHORT）与 EMA（LONG）。然后求这两条指数平滑移动平均线的差，即：DIFF = EMA（SHORT） - EMA（LONG）

DEA 的计算方法：计算 DIFF 的 M 日的平均的指数平滑移动平均线，记为 DEA。

MACD 的计算方法：用 DIFF 减 DEA，得 MACD。

式中，SHORT（短期）、LONG（长期）、M 天数，一般为 12、26、9。

词条名称：梅斯线

英　　文：Mass index，缩写 MASS

定义：梅斯线，又称"质量指标"或"重量指标"，是一种通过度量最高价与最低价区间变宽或变窄来辨别趋势反转的指标。

释义：梅斯线指标在所有区间振荡指标中，是风险系数最小的一个。股价高低点之间的价差波带，忽而宽忽而窄，并且不断地重复循环。利用这种重复循环的波带，可以准确地预测股价的趋势反转点。观察梅斯线指标的曲线图时，必须特别注意其曲线"凸出的部分"。当股价的高低波幅差距扩大，或者股价的动量指标急速喷出时，都会造成曲线形成"凸出的部分"。其应用法则是：（1）MASS 曲线向上穿越 27，随后又掉头跌落 26.5。当时如果股价的 9 天移动平均线正处于上升状态，代表多头行情即将反转下跌。（2）MASS 曲线向上穿越 27，随后又掉头跌落 26.5。当时如果股价的 9 天移动平均线正处于下跌状态，代表空头行情即将反转上涨。（3）MASS 曲线低于 25 的股票，一般不具有投资机会。

公式：MASS =（最高价 - 最低价的 NI 日简单移动平均/最高价 - 最低价的 NI 日简单移动平均的 N2 日累和）

技术分析

词条名称：麦克支撑压力

英　　文：Mike base，缩写 MIKE

定义：麦克支撑压力是一种专门研究股价压力和支撑的中长期技术分析工具。

释义：麦克支撑压力指标随股价的变化而变化，能够在股价上涨过程中提供可能上升空间或在股价下降过程中提供可能下降空间的预测，并且在波段操作中具有良好的提示作用。该指标设有初级、中级、强力三种不同级别的支撑和压力，用图标方式直接显示压力、支撑的位置。麦克支撑压力指标的计算方法比较复杂，其中涉及指标计算的起初价（TYP）和六个辅助指标，即三个压力价和三个支撑价。麦克支撑压力指标选用的计算周期可以是分钟、日、周、月以及年等。

公式：以日 MIKE 指标计算为例，其计算过程如下：

（1）计算初始价（TYP）的值：TYP =（H + L + C）÷ 3

式中，H 为当日的最高价；L 为当日的最低价；C 为当日的收盘价；TYP 为起始价。

有的股市分析软件还采用加权方法进行计算，其计算公式为：

TYP =（H + L + 2C）÷ 4

两式中字母代号所表示的含义是一样的，计算的结果差别不大。

MIKE 指标是利用起始价位来计算出股价的弱、中、强的三个压力价位和三个支撑价位，从而为预测股价未来走势提供帮助。

（2）计算股价的三个压力价位。MIKE 指标中的三个压力价位分别为：初级压力（WR）、中级压力（MR）和强力压力（SR）。它们的计算公式为：

WR（N 日） = TYP + （TYP - LN）

MR（N 日） = TYP + （HN - LN）

SR（N 日） = 2 × HN - LN

式中，TYP 为起始价；LN 为 N 日的最低价；HN 为 N 日的最高价。

（3）计算股价的三个支撑价位。MIKE 指标中的三个支撑价位分别为：初级支撑（WS）、中级支撑（MS）和强力支撑（SS）。它们的计算公式为：

WS（N 日） = TYP - （HN - TYP）

MS（N 日） = TYP - （HN - LN）

SS（N 日） = 2 × LN - HN

式中，TYP 为起始价；LN 为 N 日内的最低价；HN 为 N 日内的最高价。

词条名称：**超买/超卖指标**

英　　文：**overbought /oversold，缩写 OB/OS**

定义：超买/超卖指标是一种对上涨和下跌股票家数的差进行平滑处理的市场宽度指标。

释义：超买/超卖指标用于判断整个市场买卖气势的强弱，以及未来大势走向。其应用法则是：（1）当 OB/OS 为正数时，表示市场处于上涨行情，反之为下跌行情。（2）10 日 OB/OS 对大势有先行指标的功能，一般走在大势前，6 日 OB/OS 因波动太敏感、24 日 OB/OS 因太滞后，参考价值不大。（3）当 OB/OS 达到一定正数值时，大势处于超买阶段，可选择时机卖出。反之，当 OB/OS 达到一定负数值时，大势超卖，可选择时机买进。OB/OS 的超买和超卖的指标区域，因市场上市的总股数多寡而变。（4）OB/OS 走势与股价指数相背离时，需注意大势反转迹象。（5）OB/OS 可用趋势线原理进行研制，当 OB/OS 突破其趋势线时，应提防大势随时反转。

公式：OB/OS = N 日内上涨家数移动总和 - N 日内下跌家数移动总和

参数：N 日的采样统计一般设定为 10 日。

词条名称：**指数平滑广量指标**

英　　文：**shor-term trading index，缩写 STIX**

定义：指数平滑广量指标是一种衡量大盘指数的超买超卖指标。

释义：指数平滑广量指标的特点是：（1）指数平滑广量指标一般波动于 42 ~ 58 之间。（2）指数平滑广量指标下跌至 + 45 时，大盘已达超卖区，通常是不错的进货点。除非是长期跌势或大暴跌之外，否则指标较少跌至 42 以下。（3）指数平滑广量指标上升至 56 时，大盘已达超买区，通常被视为获利点。如果指标上升高达 58 时，选择卖出手中持股，一般失误率不大。除非大多头市场的初升段。（4）上述超买超卖值范围，随着各国市场不同，应自行修正成适合的数值。其应用法则是：（1）常态行情时，指数平滑广量指标一般波动于20~80之间。强势行情波动于10~90之间。（2）当指数平滑广量指标上升至90以上时，大盘已进入超买区，通常被视为获利了结的位置。（3）当指数平滑广量指标下跌至10以下时，大盘已进入超卖区，通常是适宜投资者建仓的时机。

公式：STIX=100乘以每日上涨家数/（每日上涨家数+下跌家数）的N日指数平滑移动平均

参数：N一般为11天。

词条名称：加权指数成交值

英　　文：total amount per weighted stock index，缩写 TAPI

定义：加权指数成交值是反映每一加权指数点的成交值的指标。

释义：加权指数成交值指标的理论依据是认为成交量是股市运动的泉源，成交量的变化会反映出投资者购买股票意愿的强弱程度及对未来股价的展望。其应用法则是：（1）先界定加权指数成交值历史的高低极限值，当加权指数成交值触及顶端极限时，股价可能形成头部；当加权指数成交值触及底端极限时，股价可能形成底部。（2）发生背离现象。即指数上涨，加权指数成交值下降，此为卖出讯号，可逢高卖出；反之，为买进信号。（3）上涨过程，在股价的明显转折处，若加权指数成交值异常缩小，是向下反转讯号，应逢高卖出；连续下跌中，在股价明显转折处，若加权指数成交值异常放大，是向上反转讯号，可逢低买进。（4）加权指数成交值指标必须与其他指标结合研判，不能单独作用。

公式：每日的TAPI=每日成交总值/当日加权指数

词条名称：三重指数平滑平均线

英　　文：triple exponentially smoothed moving average，缩写 TRIX

定义：三重指数平滑平均线是一种反映股价长期波动趋势的指标。

释义：三重指数平滑平均线分析技术由TRIX线和TRMA线（TRIX的M日简单移动平均）两条线构成，并主要集中在对TRIX线和TRMA线的交叉情况的考察上。其应用法则是：（1）当TRIX线一旦从下向上突破TRMA线，形成“金叉”时，预示着股价开始进入强势拉升阶段，买进股票。（2）当TRIX线向上突破TRMA线后，TRIX线和TRMA线同时向上运动时，预示着股价强势依旧，应坚决持股待涨。（3）当TRIX线在高位走平或掉头向下时，可能预示着股价强势特征即将结束，投资者应密切关注股价的走势，一旦K线图上的股价出现大跌迹象，卖出股票。（4）当TRIX线在高位向下突破TRMA线，形成“死叉”时，预示着股价强势上涨行情已经结束，投资者应坚决卖出余下股票，及时离场观望。（5）当TRIX线向下突破TRMA线后，TRIX线和TRMA线同时向下运动时，预示着股价弱势特征依旧，投资者应坚决持币观望。（6）当TRIX线在TRMA下方向下运动很长一段时间后，并且股价已经有较大的跌幅时，如果TRIX线在底部呈现走平或向上勾头迹象时，一旦股价在大成交量的推动下向上攀升时，投资者可以及时少量地进行中线建仓。（7）TRIX指标不适用于对股价盘整行情的研判。

公式：（1）TR = 收盘价的N日指数移动平均

（2）TRIX = (TR - 昨日TR)/昨日TR × 100

（3）TRMA是TRIX的M日简单移动平均

参数：N设为12，参数M设为20。

词条名称：威廉变异离散量

英　　文：William's variable accumulation distribution，缩写WVAD

定义：威廉变异离散量是一种将成交量加权的量价指标，用于测量从开盘价至收盘价期间，买卖双方各自爆发力的程度。

释义：以威廉变异离散量是否穿越零轴线作为买卖标准时有很严重的延误性，往往股价已冲高许多时，才会出现买入信号，反之亦然。其应用法则是：（1）威廉变异离散量是测量股价由开盘至收盘期间多空双方的战斗力均衡。（2）威廉变异离散量为正值时，代表多方占优。当威廉变异离散量由负值变成正值的一刹那，为买入点。（3）威廉变异离散量为负值时，代表空方占优。当威廉变异离散量由正值变面负值的一刹那，为卖出点。（4）当趋向指标中ADX低于PDI、MDI时，本指标失效。

公式：$WVAD = \sum_N C$

C = (当天收盘价 - 当天开盘价)/(当天最高价 - 当天最低价) × 成交量

MAWVAD = WVAD的m日简单移动平均

参数：一般设为：N为24，M为6。

词条名称：佳庆指标

英　　文：Chaikin oscillator，缩写CHAIKIN

定义：佳庆指标是由Marc Chaikin发展出来一种新成交量指标。

释义：佳庆指标的应用法则是：（1）佳庆指标与股价产生背离时，可视为反转讯号。（2）佳庆指标本身具有超买超卖的作用，但是，其超买和超卖的界限位置随着个股不同而不同，须自行认定。建议至少观察一年以上的走势图，从中搜寻其经常性的超买和超卖界限，才能界定出一个标准。（3）佳庆指标由负值向上穿越0轴时，为买进讯号。股价必须位于90天移动平均线之上，才可视为有效。（4）佳庆指标由正值向下穿越0轴时，为卖出讯号。股价须位于90天移动平均线之下，才可视为有效。

词条名称：大盘指标

英　　文：broader market index

定义：大盘指标是指证券市场技术分析中，分析交易品种与整个大盘关系的一大类指标，是一系列指标的统称。

释义：常见和常用的大盘类指标主要包括上涨家数比（A/D）、绝对广量指标（ABI）、腾落指数（ADL）、涨跌比率（ADR）、超买/超卖（OB/OS）、广量冲力指标（BTI）、新三价率（TBR）等。

词条名称：量价指标

英　　文：volume and price index

定义：量价指标是指证券市场技术分析中，分析成交量与成交价格关系的一大类指标。

释义：常见的量价类指标包括能量潮指标（OBV）、威廉变异离散量（WVAD）、简易波动指标（EMV）、佳庆指标（CHAIKIN），等等。

词条名称：主图指标

英　　文：main chart index

定义：主图是指在证券市场中进行技术分析时，所采用的最主要的数据统计图。主图指标就是指这个统计图绘制时采用的指标。

释义：分析人员把一些统计图作为主图，一些统计图作为副图。一些分析软件就在显示器上可以同时显示价格折线图、成交量的条形图、盘口买卖单的扇形图、筹码分布的柱状图等，但是必然有一个是主图，大多数人把价格图作为主图，因为毕竟只有价格变化与盈亏息息相关。这种体现价格变化的主图采用什么指标，这个指标就成为主图指标。能做主图指标的技术指标很多，最常见的是K线、平均线、布林线，等等。

词条名称：副图指标

英　　文：auxiliary chart index

定义：副图是指在证券市场中进行技术分析时所采用的次要数据统计图；副图指标就是指这个统计图绘制时采用的指标。

释义：证券分析人员将一些指标作为主图指标，剩下的指标作为参考，则为副图指标。

（五）理论分析

词条名称：道氏理论

英　　文：Dow theory

定义：道氏理论由查尔斯·道创立，后由威廉姆·皮特·汉密尔顿和罗伯特·雷亚继承了道氏理论，并在其后有关股市的评论写作过程中加以组织与归纳，而成为今天我们所见到的理论。其主要著作有《股市晴雨表》和《道氏理论》。道氏理论认为，股票会随市场的趋势同向变化，以反映市场趋势和状况。

释义：该理论有三个假设：（1）人为操作，即指数或证券每天、每星期的波动可能受到人为操作，次级走势也可能受到这方面有限的影响，比如常见的调整走势，但主要趋势不会受到人为的操作。（2）市场指数会反映每一个信息。（3）道氏理论是客观化的分析理论。

基于以上三大假设，道氏理论得出五大定理：（1）股票指数与任何市场都有三种趋势，即短期趋势、中期趋势和长期趋势。其中，短期趋势持续数天至数个星期；中期趋势持续数个星期至数个月；长期趋势持续数个月至数年。在任何市场中，这三种趋势必然同时存在，彼此的方向可能相反。长期趋势最为重要，也最容易被辨认，是投资者主要的考量，对于投机者较为次要。中期趋势对于投资者较为次要，但却是投机者的主要考虑因素。它与长期趋势的方向可能相同，也可能相反。短期趋势最难预测，唯有交易者才会随时考虑它。(2) 主要走势（空头或多头市场）代表整体的基本趋势，通常称为多头或空头市场，持续时间可能在一年以内，乃至于数年之久。正确判断主要走势的方向是投机行为成功与否的最重要因素。没有任何已知的方法可以预测主要走势的持续期限。(3) 主要的空头市场，是长期向下的走势，其间夹杂着重要的反弹。它来自于各种不利的经济因素，唯有股票价格充分反映可能出现的最糟情况后，这种走势才会结束。(4) 主要的多头市场，是一种整体性的上涨走势，其中夹杂次级的折返走势，平均的持续期间长于两年。在此期间，由于经济情况好转与投机活动转盛，投资性与投机性的需求增加，因此推高股票价格。多头市场有三个阶段：第一阶段，人们对于未来的景气恢复信心；第二阶段，股票对于已知的公司盈余改善产生反应；第三阶段，投机热潮转炽而股价明显膨胀，这阶段的股价上涨是基于期待与希望。(5) 次级折返走势，是一种重要的中期走势，它是逆于主要趋势的重大折返走势。判断何者是逆于主要趋势的重要中期走势，这是道氏理论中最微妙与困难的一环；对于信用高度扩张的投机者来说，任何的误判都可能造成严重的财务后果。

词条名称：**江恩理论**

英　　文：**Gann theory**

定义：江恩理论是以研究监测股市为主的理论体系，20 世纪最著名的投资大师威廉·江恩（Willian D. Gann）结合自己在股票和期货市场上的骄人成绩和宝贵经验总结的，是通过对数学、几何学、宗教、天文学的综合运用建立的独特分析方法和测市理论，包括江恩时间法则、江恩价格法则和江恩线等。江恩理论认为，股票、期货市场里也存在着宇宙中的自然规则，市场的价格运行趋势不是杂乱的，而是可通过数学方法预测的。它的实质就是在看似无序的市场中建立了严格的交易秩序，可以用来发现何时价格会发生回调和将回调到什么价位。

释义：江恩理论认为，造成投资损失的三大因素是：(1) 在有限的资本上过度买卖，操作过分频繁；(2) 投资者没有设立止损点以控制损失；(3) 缺乏市场知识，这是在市场买卖中损失的最重要原因。

词条名称：**亚当理论**

英　　文：**Adam theory**

定义：亚当理论是美国人威尔德（J. W. Wilder）所创立的投资理论。

释义：亚当理论的基本内容是：(1) 任何技术分析都有缺陷，都无法准确预测股市。(2) 必须摒弃马后炮、主观的技术分析，炒股就是要顺势而行，不可逆势而行。只要是升势确立，哪怕已经升高也要坚决跟进。只要是跌势确立，哪怕亏损割肉也要坚决平仓，杜绝均价摊低、越跌越买的愚蠢买入法，因为跌深了还可以再跌深。(3) 及时认错，坚决出局。一旦判断失误，炒作方向错误，则应该认错改错，坚决果断出局。不能摆出一副死猪不怕开水烫的态度。自己不要和股市较劲。(4)对资金要留有余额，全部投入则没有周转的空间。

词条名称：**西蒙理论**

英 文：**Simon theory**

定义：美国的西蒙是决策理论的重要代表人物。他在论述西蒙决策原则时认为，决策不可能实现最优化原则，只能采取令人满意的准则，即没有最好，只有较好。

释义：西蒙决策理论认为，所谓的最优、最好的方案只是一种理论上的抽象和美好愿望而已。进行决策时，只要采取较好的方案就可以。西蒙决策理论在股市中的运用：(1)从理论上讲，在买卖股票的时候需要对宏观面、公司面、技术面、消息面、投资者心理面等各种因素进入分析，但实际上我们不可能面面俱到的进行所谓的全面分析，至于完全正确分析则更不可能。(2)股市本身就充满各种变数，风险和盈利的机会都同时存在，因此在决策买卖时，需要胆大心细。(3)股市变幻莫测，股价的突变经常发生，不应当对其进行反复研究和论证，否则会错失买卖良机。(4)买卖股票时不要试图在顶部卖出，在底部买进，这是极难做到的。

词条名称：**切线理论**

英 文：**tangent theory**

定义：切线理论是指在股票投资中，顺势而为是非常重要的，这种势就是趋势。

释义：在切线理论中，支撑线和压力线的概念十分重要：(1)支撑线是指股价跌到某个价位附近时，股价停止下跌，甚至有可能回升；这个起着阻止股价继续下跌或暂时阻止股价继续下跌的价格就是支撑线所在的位置。压力线是指股价上涨到某价位附近时，股价会停止上涨，甚至回落；这个起着阻止或暂时阻止股价继续上升的价位就是压力线所在的位置。(2)支撑线和压力线的作用是阻止或暂时阻止股价向一个方向继续运动。同时，支撑线和压力线又有彻底阻止股价按原方向变动的可能。(3)支撑线与压力线相互转化。一条支撑线如果被跌破，那么这个支撑线将成为压力线；同理，一条压力线被突破，这个压力线将成为支撑线。这说明支撑线和压力线的地位不是一成不变的，而是可以改变的，其条件是它被有效的足够强大的股价变动突破。

词条名称：**趋势理论**

英 文：**tendency theory**

定义：趋势理论是指一旦市场形成了下降（或上升）的趋势后，就将沿着下降（上升）的方向运行。

释义：趋势线是用划线的方法将低点或高点相连，利用已经发生的事例，推测次日大致走向的一种图形分析方法。在各种股价图形中，若处于上升趋势，股价波动必是向上发展，即使是出现回挡也不影响其总体的涨势，如果把上升趋势中间回挡低点分别用直线相连，这些低点大多在这根线上，我们把连接各波动低点的直线称为“上升趋势线”。相反，若处于下降趋势，股价波动必定向下发展，即使出现反弹也不影响其总体的跌势，把各个反弹的高点相连，我们会发现它们也在一根直线上，我们把这根线称为“下降趋势线”。正确地划出趋势线，人们就可以大致了解股价的未来发展方向，按所依据波动的时间长短不同，便出现三种趋势线：短期趋势线（连接各短期波动点）、中期趋势线（连接各中期波动点）、长期趋势线（连接各长期波动点）。

词条名称：**波浪理论**

英　　文：**Elliott wave theory**

定义：波浪理论，又称“艾略特波浪理论”。波浪理论最初由艾略特创立并应用于证券市场。20 世纪 70 年代，柯林斯的专著《波浪理论》出版后，波浪理论才得到广泛注意。

释义：艾略特最初创立波浪理论是受到价格上涨、下跌现象不断重复的启发。他以周期为基础，把周期分成时间长短不同的各种周期，指出，在一个大周期之中可能存在小的周期，而小的周期又可以再细分成更小的周期。每个周期无论时间长与短，都是以一种相同的模式进行。这个模式就是波浪理论的核心——八浪过程。每个周期都是由上升（或下降）的五个过程和下降（或上升）的三个过程组成。这八个过程完结以后，才能说这个周期已经结束。除了周期以外，还有道氏理论和弗波纳奇数列。艾略特的波浪理论中的大部分理论是与道氏理论相吻合的。不过艾略特不仅找到了这些移动，而且还找到了这些移动发生的时间和位置。艾略特波浪理论中所用到的数字都是来自弗波纳奇数列。

波浪理论考虑的因素包括三个方面：（1）价格走势所形成的形态；（2）价格走势图中各个高点和低点所处的相对位置；（3）完成某个形态所经历的时间长短。简单地概括为：形态、比例和时间。价格的形态最重要。

波浪理论价格走势的基本形态结构是：价格的上下波动也是按照某种规律进行的。无论是上升还是下降，可以分成八个小的过程，这八个小过程一结束，一次大的行动就结束了，紧接着的是另一次大的行动。第一、第三和第五浪称为上升主浪，而第二和第四浪是对第一和第三浪的调整浪。上述五浪完成后，紧接着会出现一个三浪的向下调整。

波浪理论的周期规模大小和层次的区别：每个层次的不同取法，可能会导致使用波浪理论发生混乱。

词条名称：**弹簧理论**

英　　文：**spring theory**

定义：弹簧理论是指造成股价基本趋势变化的市场动力跟弹簧非常类似。

释义：将弹簧压下去，压到再也下不去的时候，压力消失，弹簧就会起来；当弹簧伸展到一定程度达到一个极限时，又会自然收缩。股价也是如此，循环往复。弹簧的松与紧，其实就是筹码的松与紧。所以，筹码松的时候，市场就可能出现调整；而筹码紧的时候，市场就是底部。弹簧原理对于把握市场的中长期趋势规律具有重要意义。

词条名称：好友理论

英　　文：good friend theory

定义：好友理论由凯恩斯首先提出。该理论认为，按照凯恩斯的经济不断繁荣理论，经济只有越来越好，不会越来越坏，所以物价指数越来越高。股市也就不断上升，尽管中间有反复，但长期而言，在股市上应该做好友，而不做淡友。

释义：按照好友理论，各种商品价格将会一年比一年高，经济形势总体向好的方向发展，结果将使股市的趋势保持向上，股价指数的总体趋势不断走高。虽然中间会出现市价反复，但就长远而言，长线投资应该以压倒性姿态取胜，低位时吸纳，长期持股，则盈利将会很大。

词条名称：开店理论

英　　文：seting up shops theory

定义：开店理论是指一种炒短线的理论。

释义：开店理论的主要内容是：（1）选一个流通盘不是特别大、业绩较好的股票，仅用手中一半的现有资金买入股票。（2）将已经买来的股票当成你开的“商店”，除非大盘要爆跌时把“店”卖掉，否则，手上永远持股。（3）根据每天的盘口波动，做T+0的高抛低吸。只要大盘不爆跌，永远不要卖店。

词条名称：信心理论

英　　文：confidence theory

定义：信心理论是基于市场信心去分析股价的理论。它认为，促成市场股价变动的因素，是市场对于未来的股价、公司盈利率等条件所产生信心的强弱。

释义：信心理论以市场心理为基础，来解释市场股价的变动，因此可以弥补传统股价理论仅依赖公司账务情况的缺点。该理论能够对股市的反常现象给予合理的解释。譬如，经济状况良好，股价却疲弱，或者经济情况欠佳而股价反而上升的原因，如果这个理论是对的话，投资的策略就是研究市场心态。投资者若对于股市基本情况乐观，信心越强，就必然以买入股票来表现其心态，股价因而上升；倘若投资资本身过于乐观时，可能漠视股票超越了合理正常价格水平而盲目大量买入，使股票价格上涨至不合情理的价位水平。反之，则反。

词条名称：相反理论

英　　文：contrary theory

定义：相反理论是认为只有同大多数参与证券投资人采取相反的行动才可能获得大收益的一种理论。相反理论的基本要点是：投资买卖决定全部基于群众的行为，不论股市还是期货市场，当所有人都看好时，就是牛市开始到顶；当人人看淡时，熊市已经见底。

释义：相反理论认为，证券市场本身并不创造新的价值，尽管有一些分红和利息，但总的说来是没有增值，甚至可以说是减值的。如果行动与大多数投资者的行动相同，那么一定不是获利最大的。值得注意的是：相反理论并非认为只是大部分人看好，我们就要看淡，或大众看淡时，我们便

技术分析

要看好。相反理论会考虑这些看好看淡比例的趋势，这是一个动态的概念。相反理论并不是说大众一定是错的，大众通常都在主要趋势上看得对。大部分人看好，市势会因这些看好情绪变成实质购买力而上升，这个现象有可能维持很久，直至到所有人看好情绪趋于一致时，市势社会发生质的变化。相反理论从实际市场研究中，发现赚大钱的人只占5%，95%都是输家。要做赢家，只可以和大众思想路线相背，切不可同流。

词条名称：**博傻理论**

英　　文：**bigger fool theory**

定义：博傻理论是指人们之所以完全不管某个东西真实价值而愿意花高价购买，是因为他们预期会有一个更大的笨蛋会花更高的价格从他们手里把它买走的一种理论。

释义：博傻是指在高价位买进股票，等行情上涨到有利可图时迅速卖出，这种操作策略通常被市场称之为“傻瓜博傻理论”，只在股市处于上升行情中适用。从理论上讲，博傻也有其合理的一面，博傻策略是高价之上还有高价，低价之下还有低价，其游戏规则就像接力棒，只要不是接最后一棒都有利可图，做多者有利润可赚，做空者减少损失，只有接到最后一棒者倒霉。

词条名称：**葛兰碧法则**

英　　文：**Granville rules**

定义：葛兰碧法则是葛兰碧于1960年所著《每日股票市场获最大利益之战略》一书中提出八种判定股价买卖时机的法则。

释义：葛兰碧法则是根据艾略特波浪理论，通过观察美国股价的结构，以200日为周期，预测股价未来的走势，作为买卖的参考。总体来说，移动平均线在股价之下，而且又呈上升趋势时是买进时机；反之，平均线在股价线之上，又呈下降趋势时则是卖出时机。葛兰碧法则的具体内容是：（1）平均线从下降逐渐转为走平，而价格从下方突破平均线，为买进信号。（2）价格虽然跌破平均线，但又立刻回升到平均线上，此时平均线仍然持续上升，仍为买进信号。（3）价格趋势走在平均线上，价格下跌并未跌破平均线且立刻反转上升，也是买进信号。（4）价格突然暴跌，跌破平均线，且远离平均线，则有可能反弹上升，也为买进时机。（5）平均线从上升逐渐转为盘局或下跌，而价格向下跌破平均线，为卖出信号。（6）价格虽然向上突破平均线，但又立刻回跌至平均线下，此时平均线仍然持续下降，仍为卖出信号。（7）价格趋势走在平均线下，价格上升并未突破平均线且立刻反转下跌，也是卖出信号。（8）价格突然暴涨，突破平均线，且远离平均线，则有可能反弹回跌，也为卖出时机。

词条名称：**迪威周期理论**

英　　文：**Wisconsin's cycle theory**

定义：迪威周期理论是爱德华·迪威经过对股市的深入研究提出的一种周期理论。

释义：迪威周期理论的主要内容

是：（1）不相关却相似：影响股市的因素很多，这些因素看似不相关，但都在相似的周期上运行。（2）同时同步：在大体相同的时间，这些相似的周期有同步的变化。（3）周期分类：可分为长周期（2 年以上）、中周期（1 年）、短周期（几周）。（4）周期叠加：两个不同周期产生的波幅可以叠加构成另一个复合波幅。（5）周期比例：相邻的两个周期存在比例关系，一般认为是 2；如果有一个 1 年的周期，则下一个短期周期应为半年，而下一个长期周期应为 2 年。（6）几乎同步：虽然不同周期的波幅不同，但几乎同时到达底部或顶部。（7）周期波幅比例：如果周期长度较长，则波幅宽度较宽；如果周期长度较短，则波幅宽度较窄。（8）左右转移：理论上说，100 天周期的波幅最高值应该发生在中间 50 天处。

词条名称：**随机漫步理论**

英　　文：**random walk theory**

定义：随机漫步理论是一种关于股价变动方式的理论。该理论认为，股票价格的变动是随机且不可预测的。

释义：随机漫步理论认为，证券价格的波动是随机的，像一个在广场上行走的人一样，价格的下一步将走向哪里是没有规律的。在证券市场中，价格的走向受到多方面因素的影响，一件不起眼的小事也可能对市场产生巨大的影响。从长时间的价格走势图上也可以看出，价格上下起伏的机会差不多是均等的。

词条名称：**股票价值理论**

英　　文：**value of stock theory**

定义：股票价值理论由帕拉特创立。他认为，股票价值的经济本质在于股息请示权及其影响因素中。如股息企业收益、经营者素质以及企业收益能力，其中以前者最为重要，其他的重要因素均属影响股息的间接因素。

释义：帕拉特认为，在理论上，股票价格与真实价值是一致的，但实际上两者差异颇大。但他认为两者差异的现象并不限于股票，其他财产也有这种情形，只是股票比较特殊而已。因为就价格的形成而言，是由供需因素来决定，不见得就会与真实价值完全一致。而且，除了形成股票价格的主要决定因素真实价值之外，仍有许多其他的影响因素，诸如，各种好坏消息、证券市场结构、股市人气、投资气氛等，加上绝大多数对上市公司的生产事业外行的投资人结合成的各种判断。帕氏虽然强调证券市场的分析，但其理论尚缺乏严谨性，不明确之处颇多。

词条名称：**黄金分割率理论**

英　　文：**gold section theory**

定义：黄金分割率理论，又称“黄金比率法”（Golden Ratio），是一种将美学中最和谐的比率应用于证券市场股价走势的分析，探讨股价未来的支撑位和阻力位，以及预测股价升、降幅的技术分析方法。

释义：人们经过长期的观察和研究后发现，自然界的和谐存在于黄金比率中，而在这方面做出突出贡献的是意大利伟大的数学家斐波那奇。他于1202年发表了斐波那奇数列，证明了黄金比率的存在，从而使黄金比率有了扎实的理论基础。在股价预测中，根据该两组黄金比率，有两种黄金分割分析方法。第一种方法：以股价近期走势中重要的峰位或底位，即重要的高点或低点为计算测量未来走势的基础。当股价上涨时，以底位股价为基数，跌幅在达到某一黄金比率时较可能受到支撑。当行情接近尾声，股价发生急升或急跌后，其涨跌幅达到某一重要黄金比率时，则可能发生反转。第二种方法：行情发生转势后，无论是止跌转升的反转抑或止升转跌的反转，以近期走势中重要的峰位和底位之间的涨幅作为计量的基数，将原涨跌幅按 0.191、0.382、0.5、0.618、0.809 分割为五个黄金点。股价在反转后的走势将有可能在这些黄金点上遇到暂时的阻力或支撑。

词条名称：**股市成长阶段论**

英　　文：**stock growth stage theory**

定义：股市成长阶段论是指研究股市的发展需要经过几个成长阶段的理论。

释义：股市成长阶段论认为，股市发展需要经历以下阶段：（1）休眠阶段：了解证券市场的人并不多，股票公开上市的公司也少，投资者小心谨慎地买进股票。（2）操纵阶段：操纵者开始哄压市价，操纵市场，获取暴利。（3）投资阶段：有些人通过买卖股票得到了大量的资本增值，这些暴利的示范作用会吸引更多的人加入投机行列，投机阶段开始，股票价格大大超过实际的价值，交易量扶摇直上。（4）崩溃阶段：到一定时机，用来投机的资金来源会枯竭，认购新发的股票越来越少，而越来越多的投资者头脑冷静下来，开始认识到股票的价格被抬得太高了，与本来的价值脱节得太厉害。这时只要外界一有风吹草动，股价就会动摇，然后价格开始下降。（5）成熟阶段：股市下跌之后，需要几个月甚至几年的时间使公众对股票市场重新恢复信心。这个时间的长短视价格跌落的幅度、购买新股票的刺激、机构投资者的行为等因素而定。

词条名称：**股市周期循环论**

英　　文：**stock market cycle theory**

定义：股市周期循环论是指认为无论什么样的价格波动，都不会向一个方向永远走下去，价格的波动过程必然产生局部的高点和低点，这些高低点的出现在时间上有一定规律的理论。

释义：股市周期循环理论的重点是时间因素，而且注重长线投资，对价格和成交量考虑得不够。简单地说，股市周期循环论认为，股市周期可分为下述几个阶段：（1）低迷期：行情持续屡创低价；（2）青年上涨期：股价大多已经跌至不合理的低价，市场卖压大为减轻。（3）反动期：反动期是大户真正进货的时期。（4）壮年上涨期：形成抢购的风潮。（5）老年上涨期：发行公司的盈余均为大增，新股大量发行，而上涨的股票多为以前少有成交的冷门股。(6) 下跌幼年期：由于多数股价都已偏高，欲涨乏力，不少投资人于较难获利之余开始反省。(7) 中间反弹期：该期由于成交量的暴减，再加上部分浮额的赔本抛售，使得多数股价的跌幅已深。(8) 下跌的壮年期：一般称为主跌段行情，此时大部分股价的跌幅渐深，利空的消息满天飞，股价下跌的速度很快，甚至有连续几个停板都卖不掉的。(9) 下跌的老年期：此时股价跌幅已深，高价套牢要卖的已经卖光了，未卖的也因赔得太多，而宁愿持股等待。

十一、操作技巧①

（一）委托技巧

词条名称：**市价委托**

英　　文：**market order**

定义：市价委托，又称“随行就市委托”，是指客户只要求经纪商按交易市场当时的价格买进或卖出证券的委托形态。

释义：市价委托只指定交易数量，而不给出具体的交易价格，但要求按该委托进入交易大厅或交易撮合系统时以市场上最好的价格进行交易。

词条名称：**限价委托**

英　　文：**limit order**

定义：限价委托是指客户要求证券经纪商在执行委托指令时，必须按限定的价格或比限定价格更有利的价格买卖证券。

释义：采用限价委托策略，最重要的是确定合理的限定价格。例如，在买进证券时，如果限价过高，就起不到限价的作用；如果限价过低，则可能无法成交。一般来讲，委托的价格是以现行市价为基础，并根据市场短期走势来灵活设定。目前，中国上海证券交易所和深圳证券交易所都采取限价委托方式。限价委托的优点是投资者可以低于市价的价格买进证券或高于市价的价格卖出证券。限价委托的缺陷是当限价与市价出现偏离时，容易出现无法成交的结果。即使限价和市价持平，但若同时有市价委托出现，则市价委托就会优先成交，从而容易降低成交率。

词条名称：**停止损失委托**

英　　文：**stop loss order**

定义：停止损失委托是指投资者要求证券经纪商在证券价格上升到其指定限度以上时为其按市价买进，或下跌到其指定价格以下时按市价卖出一定数量有价证券的委托。

释义：停止损失委托可以分为停止损失买入委托与停止损失卖出委托。前者是投资者要求证券商以高于现行市价的价格买进某种一定数量证券的委托，而后者则是要求证券商以低于现行市价的价格卖出某种一定数量证券的委托。停止损失委托指令的作用主要表现在两个方面：(1) 保障客户的既得利益。投资者为了保住已经取得的账面收益可以用停止损失卖出指令锁

---

① 撰写：倪玉娟；审核：陈久红；单位：海通证券研究所。

定价格，避免失去账面收益。(2) 限制客户遭受更大损失。当投资者预计行情将要变化、但又担心判断失误时，可以委托证券经纪商以某一价格买入证券，同时发出比买入价格略低的停止损失卖出委托，或者以某一价格卖出证券的同时发出比卖出价格略高的停止损失买入委托，从而限制损失。停止损失委托一般是投资者判断证券行情将有巨大变动时才采用，尤其适用于稳健型的投资者，而且大多与市价委托或限价委托配合使用，以达到保值或避免损失的目的。

（二）投资技巧

词条名称：**投资三分法**

英　　文：**investment trichotomy method**

定义：投资三分法是指把全部的资产的 1/3 存入银行，1/3 买入债券、股票等有价证券，1/3 用来购买房地产等不动产。

释义：证券投资三分法兼顾了证券投资的安全性、收益性和流动性的三个原则，是一种颇具参考性的投资组合与投资技巧。

词条名称：**固定金额投资计划法**

英　　文：**fixed amount of investment schemes method**

定义：固定金额投资计划法，又称“定额法”和“常数投资计划法”，是指投资者把一定的资金分别投向不同品种（股票、债券、期货），其中，将投资于一个品种的金额固定在一个水平上，当账面盈利达到固定金额的一定比例时，就用增值部分同比例投资于另一个品种，用于增加赢利机会；反之，当账面亏损低于其固定金额时，就平掉另一个品种的头寸来增加可用资金，使投资于证券的资金总额始终保持在一个固定的水平。

释义：固定金额投资计划法的优点是容易操作，不必过多顾及投资的时机问题。而且，由于这种投资方法奉行了“低进高出”的投资原则，在一般情况下能够确保盈利。固定金额投资计划法在两种情况不适宜采用：一是涨势不衰的多头市场；二是跌风难遏的空头市场。

词条名称：**固定比率投资法**

英　　文：**fixed ratio investment rules**

定义：固定比率投资法的操作是将投资资金分为两部分：一部分是保护性的，主要由价格波动不大、收益较为稳定的债券构成；另一部分是风险性的，主要由价格波动频繁、收益幅度相差较大的普通股票构成。这部分的比例一经确定，便不轻易变化，并还要根据股市价格的波动来不断维持这一比例。

释义：在固定比率投资法下，最重要的是制定一个合适的投资比例。具体为多少，则依据投资者对风险偏好和预期收益来确定。如果投资者属于偏好收益且甘冒风险者，则其确定的固定比率中，股票金额在总投资额中所占的比重高，而债券金额所占比重低；如果投资者属于稳健型厌恶风险者，则股票所占比重较低，债券所占比重较高。如果投资者只要求适中的收益、并愿承担适度风险，则其投资于股票和债券的金额在投资总额中所占比重可以相等。确定了股票和债券投资的固定比率后，当股价上涨，使股票总值增加超过股票金额所应占的比重时，则卖出增值部分的股票，买入相应数量的债券，以保持固定比率不变。同样，当股价下跌，使股票总值减少低于股票金额所应占的比重时，则买入减值部分的股票，卖出相应数量的债券。

词条名称：**变动比例投资法**

英　　文：**variable ratio investment method**

定义：变动比例投资法，又称“变率法”或“可变比例计划法”，是指一种允许证券组合中的股票和债券的配置比例随证券价格的波动而做适时调整的投资方法。

释义：变动比例投资法与固定比率投资法的不同之处是投资于股票与国债的资金所占比重不固定，而随股价波动而有所变动。投资者使用此种方法时，首先应按照以往几年的股价或股价指数的平均水平确定一个中央价值，当股价指数与中央指数相等时，持有股票的市价总值与债券总值的比率为50∶50。当股价波动、股价指数超过中央指数时，则降低股票金额所占比重，提高债券金额所占比重；当股价指数下跌低于中央指数时，则提高股票金额所占比重，降低债券金额所占比重。以上属于标准型投资计划，即以中央指数为标准，只有当股价上涨超过中央指数或股价下跌低于过中央指数时才开始调整。而另外一种非标准投资计划法并没有任何标准，只要股价上涨，便减少股票所占比重；只要股价下跌，便增加股票比重，从而变动股票、国债投资组合的比率。

操作技巧

词条名称：**等级投资计划法**

英　　文：**level investment scheme rules**

定义：等级投资计划法，又称“尺度法”，是指以确定数量买卖股票为基本特征的一种定式投资计划。在确定以某种股票作为投资对象之后，继而确定所选股票市场变动的某一等级作为买卖时机，当以后股价下降一个级时，就买进预先确定的一个单位的股数，当股价上一个等级时，就出售一个单位的股数。

释义：实行等级投资计划法的第一步是确定股价变动的等级幅度，例如，以1元、2元或5元为一级。当股价下降一个等级时，投资者就买进一个单位数量股票；当股价上升一个等级时，则卖出一个单位数量股票。这样，便会使卖出股票的价格高于买进股票的成本。假设某投资者选定某种股票为投资对象，并确定每个等级幅度的差价为5元，当股价变动达到这一幅度，投资者就买进或卖出一定数量股票。等级投资计划法不宜在股价持续上涨或股价持续下跌的行情中运用。如果股价较长时间内持续上涨，那么这种分段抛售的办法可能使投资者失去本可以获取的更大利润；反之，如果股价在较长时间内持续下跌，投资者要是按照事先确定的分级标准不断地购买，就可能在高价被“套牢”，而错失股票出手的机会。

词条名称：**趋势投资计划调整法**

英　　文：**trend investment scheme adjustment rules**

定义：趋势投资计划调整法认为，股价的一种趋势（上升或者下降）一经建立，便将继续保持一个相当稳定的时期，投资者就必须保持其在市场上的地位（即多头或空头）。当某种信息显示趋势已开始转变时，投资者亦可转变。

释义：奉行趋势投资策略的投资者根据股票市场前期表现来决定其在股票市场上的后续投资行为，因为他们认为股票市场的运动方向不会发生变化，并且仍然会继续朝着更好的方向运动；而奉行反转投资策略的投资者在股票市场前期表现不好的时候进行投资，他们认为股票市场的运动方向即将发生逆转，并且朝另一个方向持续运动下去。因此，趋势投资策略本质上是一种在市场层次上的时机选择策略，通过对股票市场的预期，选择投资的时机。

词条名称：**哈奇计划法**

英　　文：**Harch plan method**

定义：哈奇计划法由金融界闻名遐迩的英国人哈奇创立。该方法属于趋势投资计划，但仅适用于短期股价趋势。

释义：哈奇投资法具有高度的机械性、简单性与肯定性。它的前提是认为股市中一种趋势一旦形成，便会由于惯性的作用持续一个相当长的时期，在这一相当长的时期里，投资者应该继续保持其投资态势，一直等到出现某种信号，表示这一趋势业已转变，才改变其投资策略。哈奇将购进的股票在每周末计算一次平均市值，并在月底将各周的平均数相加，计算出月平均市值，以便作为衡量股市趋势的指标。如果本月的平均市值比上个月的最高市值下降了10%时，他就抛出其全部股票，而不再购买。等到他卖出股票的平均市值由最低点回升了10%以后，再行买进。简而言之，只有当市场趋势发生了10%的反向变动时，才改变投资地位。哈奇在实施这种投资方法的53年之中，共改变了44次地位，他所保持股票的期限，短者为3个月，长者为6年。哈奇转换法的含义可归结为两点：（1）涨则跟进，以赚差价，在上涨行情中任何一点买入都是正确的，除了最高点；跌则撤出，以减免损失，在下跌行情中，任何一点卖出都是正确的，除了最低点。（2）追涨杀跌只适用于变化幅度较大的趋势，而不适合于日常的振荡，因此，以10%的变动幅度来滤除日常振荡引导投资地位的改变。10%只是一个经验数值，它应当由市场实际及投资人所选择趋势的长短来调整。

词条名称：**均价成本投资法**

英　　文：**average cost investment rules**

定义：均价成本投资法，又称“金额平均法”、“平均资金投资计划法”和“固定投入法”，是指买入股票后，当股票下跌一段后继续买入股票，当股票上涨到平均价位的获利目标后就全部卖出股票的投资方法。

释义：均价成本投资法是一定时期内，固定一定量的资金分期平均买入某种股票的投资方法。之所以规定保持一定数，是含有“自动减少高价买进的股数，而增多低价买进的股数”的意思，其主要目的是使股票的平均购价常能保持一种低价状态。该法的问题是股票品目的选择，某特定品目的股票一经确定为投资对象，便须坚持继续购买，如果任意变换，就失去了均价成本投资法的原意。均价成本投资法的具体操作是：选定某种具有长期投资价值且价格波动较大的股票，在一定的投资期间内，不论股价是上涨还是下跌，都坚持定期以相同的资金购入该种股票。

词条名称：**分段买高法**

英　　文：**piecewise buying method**

定义：分段买高法是指对行情将要上涨的股票，投资者不是一次将所有的资金投入市场，而是根据股票价格的实际上涨情况，将资金分段逐步投入市场。

释义：分段买高法一旦估计失误，股票价格出现下跌，可以立即停止投入，以减少损失。分段买高法的操作要点是：认清股市大势，不与大势作对。分段买高法操作时应当注意：不能在行情的趋势未看准时，将所有的钱一次集中于买入股票，而应分期分批，顺势介入，避免风险的过度集中。最后，投资者在操作时，要事先确立股票投资的程序，特别是其中的止损点，不要让随后的行情和别人的判断影响自己的操作，保持一贯性，这是把握分段买高法的重要之处。

词条名称：**分批买卖法**

英　　文：**batches trading method**

定义：分批买卖法是指当股价跌到一定程度后，投资者开始进入股市分批购进；而当股价上扬到一定高度后，则开始将持有股票予以分批售出。

释义：分批买卖法是基于克服人性的优柔寡断弱点而应运而生的一种投资方法。股票投资者的良好愿望是能够在最低价买进和最高价售出，但真正能在市场上如愿以偿的投资者却为数不多，通常在股价下跌到可以入市购进时，许多投资者还认为股价会继续下跌，仍然持币待购；而待股价强劲反弹上来时，又后悔莫及坐失入市良机。另外，当股价上涨到应该脱手时，还认为股价继续上扬，而待股价下跌时，不仅卖不出好价钱，有时甚至还难以脱手。分批买卖法克服了只选择一个时点进行买进和卖出的缺陷。由于分批买卖法进行的是多次买进和多次卖出，故而当股价下跌到某一低点时，投资者就可以毫不犹豫地予以购买。同样，当股价涨至某一高点时，投资者也不会因贪心而舍不得卖出，因为即使股价继续上涨，投资者仍可能通过不断卖出获利，故不会错失良机。

词条名称：**拨档子法**

英　　文：**clawing back method**

定义：拨档子法，又称“回补投

资法”、“滑坡刹车法”，是指在股价变动过程中拨去一档，即在股价下跌过程中，在较高的价位上卖出，又在较低的价位补进，以减少一档损失，而后期待价格反弹以补回损失。

释义：拨档子法是一种降低成本，保存实力的方法。例如，某投资者以每股15元的价格买进某种股票，但买进后行情发生急转，跌至12元。经过分析研判，认为价格可能要跌到8元左右，于是他便果断地在12元时抛出，每股损失3元。而当股价果真下跌，跌至8元时，经过研判，认为已近底点，再将股票买回（原来1股现可以买1.5股）。当股价出现反弹升至10元以上时，这时再将股票卖出。这样，他不仅能弥补前面的损失，而且还能反败为胜。“拨档子”的动机有两种：其一为行情上涨一段后卖出，回调后补进的“挺升行进间拨档”；其二为行情挫落时，趁价位仍高时卖出，等价位跌低时再予回补的“滑降间拨档”。前者是在多头推动行情上升之际，见价位已上升不少，或者遇到沉重的压力区，干脆自行卖出，希望股价回落，以化解上涨阻力，待行情回落之后再买入；后者则为套牢多头，或多头自知实力弱于空头，于是在股价尚未跌底之前先行卖出，等价位跌落后，再买回。拨档子法多适用于资金有限的投资者，其运用必须建立在对行情研判准确的基础上。

词条名称：**反向投资法**

英　　文：**contrary investment strategy**

定义：反向投资法是指买卖股票的投资人在大家都看多的情况下卖出股票，在大家都看跌的情况下买入股票的一种与大多数投资者思维相反的投资策略。它认为，只有同大多数参与证券投资的人持相反的行动才可能获得大的收益。

释义：反向投资法是基于反向投资理论的，此理论的前提是摸清大多数投资者的心理，在大多数投资错误的基础上人买我卖，人卖我买；人热我冷，人冷我热。

词条名称：**杠铃投资法**

英　　文：**barbell structure approach**

定义：杠铃投资法，又称“杠铃式到期期限法”，是指投资者将投资资金集中投放在短期证券和长期证券上的一种保持证券结构的方法。由于只投资于短期和长期证券，而对中期证券一般不予考虑，这种证券组合结构反映在图上形似杠铃，故得此名。

释义：杠铃投资法要求所投的长期证券在其偿还期达到中期时就卖出，并将所得本金和收益再投资于长期证券。所投短期证券到期后若无流动性补充需要，再投资于短期证券。短期证券的期限由银行根据货币市场状态和证券变现能力自行决定，但一般在3年期以内；而长期证券的期限则在7～10年以内。在这种方法中，由投资者决定长、短期证券的期限，根据市场利率和证券行情的变化调整长、短期证券的投资比例。当长期市场利率看涨或短期市场利率看跌时，卖出长期证券，买入短期证券；当长期市场利率看跌或短期市场利率看涨时，买入长期证券，卖出一部分短期证券。一般来说，如果投资者对利率变动预测准确，采用这种投资法比梯形投资法有利。

词条名称：**试盘买卖法**

英　　文：**testing buying/selling method**

定义：试盘买卖法是指投资者投入极少量的资金进行买卖委托，以测试行情走势和买卖双方力量的强弱，再以此作为依据进行买卖的证券投资方法。

释义：试盘买卖法的操作方法是：进行证券买卖之初，先以挂牌方式（做买进时，先以委托价格挂进一张；做卖出时，先以委托价格挂出一张）少量进出，并以10分钟为限度，试验该档价格股票是否容易买卖，如果上述挂牌的买卖委托很快成交，则表示该档股价应做观望修正。相反，如果上述挂牌成交艰难，则代表判断可能正确，再以市价委托进行买卖。试盘买卖法的好处是能减少买卖的盲目性，提高进出股市的成功率，值得一般投资者，尤其是股市大户参考选用。

词条名称：**联想涨跌法**

英　　文：**association of price change method**

定义：联想涨跌法是指同类股票在股市上出现齐涨齐跌的现象时，运用联想的思维方式，对同类股票进行顺势购买的投资方法。

释义：总体来看，各个股票的涨跌是有一定联系，有一定规律可循的。联想涨跌法是根据相关股票陪衬涨跌的特征而买卖股票的一种操作技巧。这种投资行为是对同类股票的涨跌的联想所致，具体操作可包括但不限于以下几种情况：（1）当出现新股上市且大势看好时，如果某种新股上涨，那么其他新股也可能将随之上涨。此时，应及时购进那些还未上涨的其他股票。（2）在相同行业的股票中，如甲种股上涨，乙种股也将随后上涨，因此，当甲种股呈现强势升态时，应跟进同类的尚未上涨的乙种股票，以待乙种股票在随后的上涨中获利。（3）在同值股票中，当票面以下股票纷纷涨到面值以上时，应注意即时购进那些市价尚处在面值以下的股票。但值得注意的是，联想涨跌不能机械运用，在具体运用此种方法时，应结合公司的经营业绩等其他因素来做出相应调整与决策。

词条名称：**排列组合法**

英　　文：**permutation and combination method**

定义：排列组合法是指投资者运用科学的方法，将股票内容与价位进行全方位的排列组合，并据此进行股票买卖的方法。

释义：股票内容与价位的排列组合一般有四种情形：内容佳，价位高；内容佳，价位低；内容差，价位高；内容差，价位低。此处的股票内容，除了公司的纯益或股利之外，还包括公司的营运能力、获利能力以及未来展望等。这里所说的价位，是指股票目前的价格。一般来说，第一类内容佳、价位高以及第四类内容差、价位低的股票，应该算是“名符其实”。因此，这两类股票价格一般不会出现大幅度波动。第二类内容佳、价位低以及第三类内容差、价位高的股票，由于名不符实，将会出现调整的可能。将股票的内容与价位进行了排列组合后，其买卖策略是：适时卖出第三类内容差、价位高的股票，并买进第二类内容佳、价位低的股票。

词条名称：**短期获利法**

英　　文：**short-term profit method**

定义：短期获利法是指当某种股票一旦出现上扬行情时，予以大量买进，待在短期内股价上涨到一个可观的高度又予以全部卖出的投资技巧。

释义：短期获利法策略依据的是当股票价格上涨到一定价位时，往往会造成较大的起伏波动，此时极易积聚多头的人气，使股价出现持续攀长的现象。因此，只要预测准确，当股价出现攀升时买进，待其继续上扬之后全部卖出，就可获取一段可观的利润行情。该投资法的不足之处在于：（1）高价买入之后，可能会出现行情反转而使投资者蒙受损失。（2）在更高的价位上卖出时，可能行情会继续升高，而不能获取最大效益。短期获利法较适合那些积极进取的股票投资者选用。

词条名称：**被动投资法**

英　　文：**passive investment method**

定义：被动投资法是指投资者购买股票市场的市场组合中的全部股票，使投资于某种股票的金额与该种股票市值占股票市场总市值的比率成正比的投资方法。

释义：被动投资法的依据是市场有效理论。该理论认为，市场是有效的，投资者不可能获得超额收益，因此被动地投资于市场组合，一般以股市的某种指数来代表市场组合。该投资法的基本操作原则是：（1）将投资于股市的资金全部分散投资在股市指数成分股的各种股票上。（2）投资于各种股票的资金比率与该种股票的市价总额在整个股市的总市值的比率大体相当。如果投资者没有足够的资金购买所有成分股，也可挑一些“指标股”，即是那些与指数相关系数最大的股票，其收益情况也就大致追随指数的变化。

词条名称：**分段获利法**

英　　文：**segment profit method**

定义：分段获利法是指当所购买的股票创下新高行情时，便将部分股票卖掉，及时实现收益，剩下的股票则持仓不动，期待更高的价格；即使股价下跌，也可以安心持有，因为已有赚得的部分差价，不至于赔得很多。

释义：该投资法适用于稳健保守的投资者。有时不少投资者发现所持股票的市场价格上涨时，便急不可待地倾囊抛售，这种做法可能会赚钱很多，但如果行情继续上涨，则会错失更高收益的机会。相比之下，分段分次抛售股票虽然会因价格下落而减少所得利润，但也可能享受行情上涨的益处。此种投资法是一种折中的方法，适用于稳健保守的投资者。

词条名称：王子饭店损失法

英　　文：**the prince hotel loss method**

定义：王子饭店损失法是由“王子饭店”的入账方法转化而来的一种卖出股票的方法。

释义：国外有一家“王子饭店”采用连锁式进行经营。当某一地区分店的经营收益出现赤字，而另一地区分店尚有盈余时，就将两家分店的收支合并作为盈余而登记入账。此后，人们将这种入账方式称为“王子饭店”式。在股票市场上，人们借用这种处理方式，将在卖出已有收益的股票的同时，把持有的正在受损的劣质股票一并卖出的方式称作“王子饭店损失法”。

词条名称：相对有利法

英　　文：**relatively favorable method**

定义：相对有利法是指买入股票后等涨到目标价位后就卖出股票的一种投资方法。

释义：相对有利法的理论基础是：由于股票交易是一种动态的活动过程，因而股票价格的高低是相对的，不存在绝对的高价与绝对的低价。因此，在股票投资过程中就应该坚持自己的预期目标，即“相对有利”的标准。只要达到了既定的预期目标，就应该脱手变现。如果过于贪心，往往连老本也要蚀掉。至于预期目标的大小，则要根据股市状况和投资者的个性特点，由投资者自行确定。相对有利法是一种比较稳健的短线投资方法，可以有效防止因股价下跌而给投资者带来的损失。

词条名称：一揽子股票投资法

英　　文：**a package of stocks investment rules**

定义：一揽子股票投资法是指当投资者对股票行情在短期内的涨跌波动把握不准时，可同时买入多种股票，进行分散投资。

释义：一揽子股票投资法是运用分散投资降低风险的原理。当投资者采用一揽子股票投资法需要特别注意两点：（1）要选择不相关或者负相关的股票。因为相关程度高的行业往往是一倒俱倒，起不到购买一揽子股票所要达到的分散风险的投资效果。例如，纺织业和服装业的相关度很高，如果服装业不景气，纺织业也不会好。如果是不相关的行业，情况就会完全不同。比如纺织业、建筑业和电子产业是缺少相关度的几个不同行业，当纺织业不景气时，也可能建筑业和电子产业兴旺，这样就能起到互补作用。（2）要注意选购较多的优质股票，因为较多的优质股能够给购买者带来较大的投资回报。

词条名称：滤嘴投资法

英　　文：**filters investment rules**

定义：滤嘴投资法，又称“滤嘴法则”，是指股票投资者在股市处于涨势末期或跌势末期时，以固定的比率放弃一小部分利润，以确保预期利润的投资方法。

释义：在股票市场上，投资者一

般都期望着能够以最低价买进和最高价卖出，但何时是最低价和最高价却难以推断。滤嘴投资法不追求最低价买进和最高价卖出，而是在涨势中不卖最高点，只卖次高点；在跌势中，不买最低点，只买次低点。在运用滤嘴投资法时，投资者首先拟定一段行情中愿意少赚的比率，该比率通常称之为“滤嘴”。如某一投资者拟定的滤嘴比率为5%，那么不论股价怎么变化，只要回升的比率不到5%，均不买入；一旦跌势遏止，反弹回升的比率达5%时，则立即买进。至于“卖点”的决定，则是在股市涨势结束，股价回落到投资者确定的滤嘴比率时做出。在长期的涨势或跌势中，采用滤嘴投资法是一种比较稳健的投资策略。但若股市涨势或跌势很短，或涨跌幅度过小时，采用滤嘴投资法就会造成买卖过于频繁、证券交易的税费比重过大，从而使滤嘴投资法失败。

词条名称：**金字塔型买卖法**

英　　文：**pyramid trading rules**

定义：金字塔型买卖法是股票投资的一种操作方法，是分批买卖法的变种。该法是针对股价价位的高低，以简单的三角形（即金字塔型）作为买卖的准则，来适当调整和决定股票买卖数量的一种方法。

释义：金字塔型买卖法分为金字塔型买入法和倒金字塔型卖出法两种。金字塔型买入法是：正金字塔型（即正三角形）的下方基底较宽广，且愈往上愈小，宽广的部分显示股价价位低时，买进数量较大，当股票股价逐渐上升时，买进的数量应逐渐减少，从而降低投资风险。倒金字塔卖出法是：下方较尖小，而愈往上则愈宽广，当股票价位不断升高时，卖出的数量应效仿倒三角形的形状而逐渐扩大，以赚取更多的差价收益。

词条名称：**保本投资法**

英　　文：**capital guaranteed investment rules**

定义：保本投资法是指投资者在股市行情涨跌变化时采用的避免或减少自己资本损失的一种投资方法。

释义：保本投资法的具体做法是：首先，投资者要确定自己需要保的“本”，然后据此确定获利卖出点和停止损失点。这里的“本”并不是投资者用于股票投资的全部资本，而是其不愿意损失的那部分金额。确定获利卖出点是当股市行情上涨时采取的保本投资策略。获利卖出点是指股票投资者在股票价格上涨获得一定利润时，决定卖出的那一点。确定停止损失点是股市行情下跌时采取的保本策略。这种情况与前者正好相反，即停止损失点是当股票价格下跌到一定程度时，投资者决定卖出的那一点。采用保本投资法的关键在于如何做出卖出决策。投资者还可以多次采用这种投资方法，一般来说第二次保本比率应当定得低一些，以此类推。

词条名称：**顺势投资法**

英　　文：**momentum investing method**

定义：顺势投资法，又称“顺势而

为法”，是指顺着股价的变动趋势进行股票买卖的方法，即整个股市大势向上时，应当做多头交易或者买进股票；而当整个股市趋于向下时，则应当卖出所拥有的股票，持有现金伺机而动。

释义：采用顺势投资法的关键问题有两个：一是投资者必须正确判断股票价格是上升趋势还是下降趋势；二是投资者必须及早地发现趋势的形成。如果投资者真正做到及时地判明股价涨跌趋势，顺势操作，则一定能够获利；相反，如果投资者不能把握趋势形成的时机，在某种趋势的后期才顺势操作，则不仅不可能获利，还会遭受巨大损失。这是因为，某一趋势即将结束意味着另一新的趋势就要形成，在旧的趋势中“顺势操作”也就是在新的趋势中“逆势操作”，自然会损失惨重。

词条名称：**利乘法**

英　　文：**multiplication rules**

定义：利乘法是指在股市向上的前提下不断增仓的一种投资方法，即在股价的上升过程中，分批购进某种股票，随着股价的上涨，所持股票经不断地加码也愈来愈多，一旦大势反转向下跌至某一点时，就迅速将所持股票一并卖出。

释义：利乘法是采用了“买涨不买跌”的追价策略，在多头市场中，一般能有利可图。若遇上暴涨行情，往往能获利更丰。但由于此法是越涨越买，若把握不好，有时可能在最高价大量买入，而在行情反转时，又没有及时脱手，导致重大亏损。因此采用该投资策略，应在投资过程中把握行情的基本走向，对股价高峰的到来应有基本的预测。

词条名称：**加码买进摊平法**

英　　文：**buying more lower price stock to low average price**

定义：加码买进摊平法是一种在股价下行的过程中不断加仓以摊低股票平均买入成本的操作方法。

释义：加码买进摊平法的目的是加码买进同种股票后，降低单位平均购股成本。采用加码买进摊平法的前提是投资者预计股价未来行情将会反弹。加码买进摊平法主要有两种方式：第一种方式是平均加码摊平法，是指当所购股票高位套牢后，待其股价跌到一定程度，再照原来所持股数买进，以达到降低平均成本的目的。第二方式是倍数加码摊平法，它是在股价下跌后，加倍或加数倍买进该股票，以达到更大幅度降低平均成本的目的。

词条名称：**最大风险法**

英　　文：**maximum risk method**

定义：最大风险法，又称“大中取大法”，是一种承担最大风险以获取最大收益的股票投资方法。

释义：当拟定购买某只股票后，将股票前景分为好、中、差三种可能，相应制订大量、中量、小量三种购买方案，然后选取最好情况下发生的最大收益所对应的方案为最优方案，对于下表中的例子，应选择大量购买作为最优方案。最大风险法适合那些具有一定的经济基础且属于进取型的投资者选用。

表格：

大量、中量和小量购买方案对应不同经济状态的收益情况

	好	中	差		最优方案
大量购买	130	100	-30	130	√
中量购买	90	60	20	90	
小量购买	50	40	30	50	

词条名称：**最小风险法**

英　　文：**minimum risk method**

定义：最小风险法是一种最大限度地降低购买股票风险的投资方法。

释义：在确定购买某只股票后，将股票前景分为好、中、差三种可能，以最差的前景为前提，相应制订大量、中量、小量三种购买方案，投资者以三种方案可能发生的三个最小收益值中的最大值作为选中的方案。

词条名称：**最小最大后悔值**

英　　文：**minimax regret**

定义：最小最大后悔值又称“大中取小法”和“塞维基决策准则”，是一种在可能发生的不同状况下能将所引起的后悔因素降低到最小的方法。

释义：最小最大后悔值是由经济学家塞维基（Savage）提出的，其指导思想是：当有多种方案供决策者选取时，应估计出每个方案在各种情况下的收益值。当某一状态出现时，各方案的收益值是不同的，其中收益值最大的那个方案，就是该状态下的最优方案，如果决策者当初采用的是其他方案，就会感到后悔，所采取的方案的收益值与最大收益值之差，叫做该方案的后悔值（或称机会损失值）。这种方法首先要计算出每种购买方案在各种状况下的最大收益值，然后求出相应的每个状态下各种方案的后悔值（后悔值＝某状况下的最大收益值－该状态下该方案的收益值），然后找出各方案不同经营状况下的最大后悔值，并以其中数值最小的所对应的方案为选定的方案。对照下表中的例子，应选择最大后悔值最小的方案，即中量购买。实际操作中，因为影响投资收益的因素很多，投资者应根据多种因素的影响，综合确定合理的购买数量。

表格：

大、中和小批购买方案对应不同经济状态的收益情况

	好	中	差
大量购买	130	100	-30
中量购买	90	60	20
小量购买	50	40	30
对应状态的最好收益	130	100	30

表格：

最小的最大后悔值法则的运用

	后悔值			最大后悔值
	好	中	差	
大量购买	130－130＝0	100－100＝0	30－（－30）＝60	60
中量购买	130－90＝40	100－60＝40	30－20＝10	40
小量购买	130－50＝80	100－40＝60	30－30＝0	80
最大后悔值中的最小后悔值				40
拟采用的方案				中量购买

词条名称：**试探性投资法**

英　　文：**exploratory approach**

定义：试探性投资法是指当投资者怕把握不了时机，想投资担心造成损失、不投资又怕错失良机时，进行"试探性"投资的方法。

释义：新股民在股票投资中常常把握不住最适当的买进时机。在实际中采用这种方法时，先买进一部分股票以观察动态，然后再进行决策。进行试探性投资后，如果股价走势稳健，且有上涨的可能，便可以继续买进；试探性投资后，如果股价趋向下降，一般在降到相当程度后，再进行买进，以降低平均购进成本。

十二、投资禁止①

（一）人员禁止

词条名称：**市场禁入人员**

英　　文：**personnel denied access to the securities markets**

定义：市场禁入人员是指由于违反法律、法规或者中国证监会有关规定，情节严重而被中国证监会依法采取证券市场禁入措施的责任人员。

释义：证券市场禁入是指中国证监会针对违法、违规且情节严重人员，依法采取禁止其在一定期限内或终身不得担任上市公司董事、监事、高级管理人员或者从事证券业务的一种监督管理措施。其中，从事证券业务是指为证券发行人和投资者进行证券发行、交易及相关活动提供中介服务或者专业服务的行为。实施证券市场禁入制度，有利于维护证券市场秩序，保护投资者合法权益和社会公共利益，促进证券市场的健康稳定发展。

词条名称：**内幕信息知情人**

英　　文：**insider；inside-information holder**

定义：内幕信息知情人是指公司内幕信息公开前，能直接或者间接获取内幕信息的单位及个人，这里的内

---

①　撰写：谷秀娟；审核：邓淑斌、李保成、张景霞；单位：中原证券股份有限公司、河南证监局、河南工业大学。

幕信息是指该信息所在组织的内部运作人员所知悉的、尚未对外公开的、具备商业价值的信息。

释义：我国《证券法》规定，内幕信息是指证券交易活动中，涉及公司的经营、财务或者对该公司证券的市场价格有重大影响的尚未公开的信息。证券交易内幕信息的知情人和非法获取内幕信息的人，在内幕信息公开前，不得买卖该公司的证券，或者泄露该信息，或者建议他人买卖该证券。

根据我国证券期货相关法律法规的规定，内幕信息的知情人包括“（1）发行人的董事、监事、高级管理人员；（2）持有公司5%以上股份的股东及其董事、监事、高级管理人员，公司的实际控制人及其董事、监事、高级管理人员；（3）发行人控股的公司及其董事、监事、高级管理人员；（4）由于所任公司职务可以获取公司有关内幕信息的人员；（5）证券监督管理机构工作人员以及由于法定职责对证券的发行、交易进行管理的其他人员；（6）保荐人、承销的证券公司、证券交易所、证券登记结算机构、证券服务机构的有关人员；（7）国务院证券监督管理机构规定的其他人员以及“由于其管理地位、监督地位或者职业地位，或者作为雇员、专业顾问履行职务，能够接触或者获得内幕信息的人员”。

2012年3月29日，最高人民法院、最高人民检察院发布了《关于办理内幕交易、泄露内幕信息刑事案件具体应用法律若干问题的解释》（法释〔2012〕6号），对非法获取证券、期货内幕信息的人员做了进一步的界定：（1）利用窃取、骗取、套取、窃听、利诱、刺探或者私下交易等非法手段获取内幕信息的；（2）内幕信息知情人员的近亲属或者其他与内幕信息知情人员关系密切的人员，在内幕信息敏感期内，从事或者明示、暗示他人从事，或者泄露内幕信息导致他人从事与该内幕信息有关的证券、期货交易，相关交易行为明显异常，且无正当理由或者正当信息来源的；（3）在内幕信息敏感期内，与内幕信息知情人员联络、接触，从事或者明示、暗示他人从事，或者泄露内幕信息导致他人从事该内幕信息有关的证券、期货交易，相关交易行为明显异常，且无正当理由或者正当信息来源的。

（二）行为禁止

词条名称：**证券欺诈**

英　　文：**securities fraud**

定义：证券欺诈是指证券经营机构、证券登记与清算机构，以及证券发行人或者发行代理人等在证券发行、交易及其相关活动中诱骗投资者买卖证券以及其他违背客户真实意愿、损害客户利益的行为。

释义：证券发行与交易过程中涉及的欺诈主要包括内幕交易、虚假陈述、操纵市场、欺骗客户等行为。证券欺诈行为违背诚实信用，破坏证券市场运行的公开、公平、公正原则，扭曲证券市场的资源配置机制，严重危害投资者的合法权益，为各国立法所禁止。

词条名称：**内幕交易**

英　　文：**insider trading**

定义：内幕交易是指证券交易内幕信息知情人或非法获取内幕信息的其他人员违反法律、法规的规定，泄露内幕信息，根据内幕信息买卖证券或者向他人提出买卖证券建议的行为。

释义：内幕交易者为达到获利或避损的目的，利用其特殊地位或机会获取内幕信息进行证券交易，使证券价格和指数的形成过程失去了时效性和客观性，违反了证券市场“公开、公平、公正”的原则，侵犯了投资公众的平等知情权和财产权益，是一种典型的证券欺诈行为。

词条名称：**操纵市场**

英　　文：**market manipulation**

定义：操纵市场又称为操纵行情，是指个人或机构以获取利益或减少损失为目的，利用资金、信息等优势或滥用职权，影响证券市场价格，制造证券市场假象，诱导投资者在不了解事实真相的情况下作出证券投资决定，扰乱证券市场秩序的行为。

释义：操纵市场的行为人为地扭曲了证券市场的正常价格，使价格与价值严重背离，扰乱了证券市场的正常秩序。操纵市场的形式主要有3类：一是连续交易操纵证券市场行为。这种行为表现为交易者通过单独或者合谋，集中资金优势、持股优势或者利用信息优势，联合或者连续买进或者卖出某种证券，操纵证券交易价格或者证券交易量，使他人对该证券的走势做出错误判断而积极参与交易，市场操纵者则高抛低进，牟取暴利。二是通谋买卖操纵市场行为。通谋买卖表现为交易者与他人串通，以事先约定的时间、价格、方式相互进行证券交易或者相互买卖并不持有的某种证券。当约定一方在约定的时间以约定的价格买入或者卖出某种证券时，另一约定人同时卖出或者买入同一证券，从而抬高或者压低该证券的价格。市场操纵者通过通谋买卖行为影响证券交易价格或者证券交易量，诱使其他投资者参与该证券的买卖，达到高位出货或低价吸筹的目的。三是在自己实际控制的账户之间进行证券交易，影响证券交易价格或者证券交易量。这种方式就是投资者常说的庄家的对倒行为，其目的就是虚增交易量。庄家以高于或低于证券市场的价格进行某种证券的自买自卖，带动证券交易价格及交易数量的超常变化，造成该证券交易活跃的假象，使其他投资者做出错误判断参与该证券的买卖，庄家趁机高价抛售，低价吸筹。

根据中国证监会2007年发布的《证券市场操纵行为认定办法》，连续交易、约定交易、自买自卖、蛊惑交易、抢先交易、虚假申报、特定价格、特定时段交易等8类行为都属于市场操纵的行为。

操纵市场是一种典型的侵权行为，是我国《证券法》和《刑法》打击的重点。操纵证券市场行为给投资者造成损失的，行为人应当依法承担赔偿责任。

词条名称：**虚假陈述**

英　　文：**false statements**

定义：虚假陈述也称“不实陈述”，是指在证券发行或者交易过程中，信息披露义务人违反证券法律规定，对应当披露的事项作出违背事实真相的虚假记载、误导性陈述，或者在披露信息时发生重大遗漏、不正当披露信息的行为。

释义：这一行为将导致投资者在不了解事实真相的情况下作出证券投资决定，产生信息误导效应。其中包括：（1）虚假记载，是指信息披露义务人在披露信息时，将不存在的事实在信息披露文件中予以记载的行为；（2）误导性陈述，是指虚假陈述行为人在信息披露文件中或者通过媒体，作出使投资人对其投资行为发生错误判断并产生重大影响的陈述；（3）重大遗漏，是指信息披露义务人在信息披露文件中，未将应当记载的事项完全或者部分予以记载；（4）不正当披露，是指信息披露义务人未在适当期限内或者未以法定方式公开披露应当披露的信息。上市公司存在上述一种或多种行为的，即构成虚假陈述。最高人民法院就证券市场因虚假陈述引发的民事赔偿案件做出了具体规定，符合条件的投资者可在起诉条件成熟后，以提起民事诉讼的方式要求赔偿。

词条名称：**短线交易**

英　　文：**short-term trading**

定义：短线交易是指上市公司的特定人员（如董事、监事、高级管理人员及大股东），在法定期间内对该上市公司股票买入后又卖出或者卖出后又买入的行为。

释义：构成短线交易行为，一方面在主体上须具有特定的身份。主体上为上市公司的董事、监事、高级管理人员、持有上市公司股份5%以上的股东。另一方面，在时间上有特别的限制。短线交易主体须实施了“将其所持有的该公司的股票在买入后6个月内卖出，或者在卖出后6个月内又买入的行为”，才构成短线交易。即行为人须在6个月内进行了两次方向相反的股票交易，才能构成短线交易。如果在法定期间内连续进行的股票交易的方向相同，则不构成短线交易。

为了规制短线交易行为，我国《证券法》建立了归入权制度，短线交易的所得收益归该公司所有，公司董事会应当收回其所得收益。但是，证券公司因包销购入售后剩余股票而持有5%以上股份的，卖出该股票不受6个月时间的限制。

词条名称：**欺诈客户**

英　　文：**fraud on the customer**

定义：欺诈客户是指证券经营机构或其工作人员在履行职责义务时实施的故意诱骗投资者买卖证券的行为。

释义：根据《证券法》的规定，证券公司及其从业人员欺诈客户的行为包括：（1）违背客户的委托为其买卖证券；（2）不在规定时间内向客户提供交易的书面确认文件；（3）挪用客户所委托买卖的证券或者客户账户上的资金；（4）私自买卖客户账户上的证券，或者借客户名义买卖证券；

(5) 为牟取佣金收入，诱使客户进行不必要的证券买卖；(6) 利用传播媒介或者通过其他方式提供、传播虚假或者投资者的信息；(7) 其他违背客户真实意思表示、损害客户利益的行为。

词条名称：**不正当竞争**

英　　文：**unfair competition**

定义：不正当竞争是指经营者在经营活动中违反自愿、平等、公平、诚实信用的原则，不遵守公认的商业道德，损害其他经营者的合法权益，扰乱社会经济秩序的行为。

释义：随着证券市场的逐渐开放和成熟，行业竞争越来越充分、越来越激烈，正常的行业竞争有利于证券市场的健康长足发展，有利于保护投资者的合法权益；而不正当的竞争不仅会损害竞争对手的利益，也会对整个市场秩序的稳定带来严重影响。不正当竞争行为的表现形式多样，贬损同行就是其中一种。贬损同行通常采用的手段有：捏造、散布虚假事实，损害竞争对手的商业信誉、商品声誉，通过不适当的与他人比较的手法贬低或攻击竞争对手。证券业从业人员应当坚决杜绝使用各种不正当的手段抢夺客户，损害竞争对手利益、扰乱市场秩序。

词条名称：**坐庄**

英　　文：**be the banker or dealer**

定义：坐庄是指庄家利用自身资金或持股优势，以及市场运行的某些规律性，人为控制股票价格进而从中获利的行为。

释义："庄家"源于赌博行为，是指以自身的资金实力调控筹码，利用对自己极为有利的特殊条件操纵、影响赌局的整体过程和结果的团体。在证券市场上所引申的，则是指能主导控制和操纵某一股票行情中股价的大资金投资者。一般来说，股票庄家都拥有雄厚的资金，拥有或即将拥有大量该股票；坐庄，也就是指庄家直接参与交易，通过操纵股价走势（也称控盘）来从中获利的行为。庄家控盘的依据是股价的运行具有非线形，这主要表现在：快速集中大量的买卖可以使股价迅速涨跌，而缓慢的买卖即使量已经很大，对股价的影响仍然很小。

坐庄过程分为建仓、拉抬、出货3个阶段。庄家坐庄的基本思路是把握市场上的做多和做空潜力，利用自身的资金优势或持股优势，通过制造信息、自买自卖等违规手段人为操纵股价、推动股价运动，在这一过程中，通过低吸高抛——低价位买入、高价位卖出来获得买卖股票的价差收益。可见，坐庄是一种操纵市场的行为，也是一种证券欺诈行为。

词条名称：**对敲**

英　　文：**matched orders**

定义：对敲是指交易所会员或客户为了制造市场假象，企图影响股票、期货价格或者市场持仓量，蓄意串通，按照事先约定的方式或价格进行交易或互为买卖的行为。

释义：《证券法》明确禁止对敲交易，禁止任何人"与他人串通，以事先约定的时间、价格和方式相互进行证券交易，影响证券交易价格或者证券交易量”，禁止“在自己实际控制的账户之间进行证券交易，影响证券交易价格或者证券交易量”。一般而言，对敲是资金量较大、实力较强的机构或大户在个股交易过程中通过制造成交量，刻意制造目标股票成交活跃的假象，企图通过操纵达到影响股价和影响投资者判断思维的行为。

对敲交易的主要操作方式：一是同一个机构或大户在多家营业部开设多个账户，在各账户之间进行报价交易，即自买自卖进行交易；二是与他人合谋，双方分别扮演卖方和买方角色，分别按照约定的交易券种、价格、数量，向证券经纪商发出交易委托指令并达成交易的行为，即一方做出交易委托，另一方做出相反交易委托，依事先通谋的内容达成交易。

词条名称：**老鼠仓**

英　　文：**rat trading**

定义：老鼠仓是指行为人在用公有资金拉升股价之前，先用个人（包括相关关系人或利益相关者）资金在低价位买入建仓，再用公有资金将股价拉升到一定高位后，率先卖出个人持仓，进而从中获利的行为。

释义：一般而言，行为人通过“老鼠仓”交易谋取非法利益，破坏了证券市场交易秩序。“老鼠仓”案件的典型特征是违法者利用职务便利获取金融机构即将大量买入某只股票等非公开信息后，提前买入相应股票，待机构买入股价上涨后率先卖出获利。属于内幕交易的一种表现形式。《中华人民共和国刑法修正案（七）》对包括老鼠仓在内的内幕交易违规行为明确规定，情节严重者，处5年以下有期徒刑或者拘役，并处或者单处违法所得1倍以上5倍以下罚金；情节特别严重的，处5年以上十年以下有期徒刑，并处违法所得1倍以上5倍以下罚金。

词条名称：**抢帽子交易操纵**

英　　文：**scalp trading manipulation**

定义：抢帽子交易操纵是指证券公司、证券咨询机构、专业中介机构及其工作人员，买卖或者持有相关证券，并对该证券或其发行人、上市公司公开做出评价、预测或者投资建议，以便通过期待的市场波动取得经济利益的行为。

释义：“抢帽子”是指当日低买再高卖或高卖再低买，且买卖股票和数量都相同，从中赚取差价的行为。具体操作方式是：在同一天先低价买进预计价格要上涨的股票，待股价上涨到一定幅度时，迅速将刚买进的股票全部抛出；或者是先高价卖出预计价格将要下跌的股票，待股价果然下跌到某一价位时，就在当天买进先前抛出的相同种类和相同数量的股票。由于抢帽子是以赚取股票的当天价差收益为目的，因此，一般把股市处于大幅震荡阶段，一天内股价上下波幅较大时，作为进行抢帽子的最佳时机。

中国证监会发布的《证券市场操纵行为认定指引》中第三十七条规定：具有下列情形的，可以认定为抢帽子交易操纵：（1）行为人是证券公司、证券咨询机构、专业中介机构及其工作人员；（2）行为人对相关证券或其发行人、上市公司公开做出评价、预测或者投资建议；（3）行为人公开做出评价、预测或者投资建议前买卖或持有相关证券；（4）行为人通过公开评价、预测或者投资建议，在相关证券的交易中谋取利益。

词条名称：**虚假申报操纵**

英　　文：**manipulation by false declaration**

定义：虚假申报操纵是指行为人持有或者买卖证券时，进行不以成交为目的的频繁申报和撤销申报，制造虚假买卖信息，误导其他投资者，以便从期待的交易中直接或间接获取利益的行为。

释义：与传统操纵手法相比，虚假申报操纵时间短、成本低、隐蔽性强，这一操纵行为具有如下特点：首先，虚报买单。行为人针对某只股票，以逐笔升高的价格大量申报买单。其次，快速撤单。在造成该股票买入申报量很大、价格逐渐上升的假象后迅速撤单，最短的买入申报驻留时间可以不超过半分钟。最后，高价卖出。通过诱导投资者推高股价后，再以相对较高的价格卖出所持有的股票，为自己牟取不正当利益。

可见，少数别有用心的行为人频繁大量买入申报并不是以实际买入成交为目的，而是影响其他投资者对相应股票供求和价格走势的判断，诱导其跟进买入，推高股价，随后再以相对较高的价格卖出其持有的股票。这一违规行为正是利用了投资者喜欢跟风进行证券操作的心理，其结果不仅严重扰乱证券市场秩序，还损害到投资者利益。因此，投资者要保持应有的警惕，不是要盲目跟风炒作或者依赖消息进行投资，而是要多分析、多观察，经过理性的独立思考后再做出投资决策。

词条名称：**尾市交易操纵**

英　　文：**near closing trading manipulation**

定义：尾市交易操纵是指在股市收市时段，通过拉抬、打压或锁定股价等手段，操纵证券收市价格的行为。

释义：尾市交易操纵属于特定时段交易操纵的一种形式，是中国证监会2007年发布的《证券市场操纵行为认定办法》中明确禁止的市场操纵行为之一。具体而言，在股市收市时段，操纵者凭借资金优势吸足基础筹码后，打出高收盘价甚至拉抬至涨停，或是将股价大幅压低，以引诱其他投资者跟随买入或卖出的同时，自己则在次日或随后较短时间内趁机卖出股票或买入股票，从中获取差价。

词条名称：**拉抬**

英　　文：**boost**

定义：拉抬是指通过大笔申报、连续申报、高价或低价申报，造成股价大幅上涨后在高位卖出股票，进而从中获利的行为。

释义：一般而言，行为人拉抬股价的目的就是要在高位出货。行为人凭借资金实力在吸收较多基础筹码之后，不断拉升股价甚至拉升至涨停，制造出股价持续上涨的假象，引诱其他投资者跟进买入，行为人则暗中在高位不断卖出股票，进而从中获得差价收益。现实中，比较典型的例子是短线操纵，操纵者凭借资金优势，以上述方式大量买入，将股价推高或在尾市拉抬股价，甚至拉抬至涨停，在次日或随后的较短时间内在股价上涨后迅速抛售，获取短线差价。

词条名称：**打压**

英　　文：**suppress**

定义：打压是指用非常规方法、以明显偏离市场的价格申报卖出，进而造成股价大幅度下跌的交易行为。

释义：行为人之所以要打压股价，是希望以较低价位大量买入股票以牟取暴利。主力建仓一般要选择股价较低时，而且希望越低越好，所以在建仓过程中往往会通过非常手段大幅压低股票价格，以便逐步吸收筹码、降低成本，为随后的大幅拉升创造有利条件。

打压这一手段主要用于结合其他操纵市场的方式，以控制股价、谋取暴利，经常与“尾市交易”行为相结合，及通常所说的“尾市拉抬打压”。

词条名称：**约定交易操纵**

英　　文：**promise trading manipulation**

定义：约定交易操纵也就是市场俗称的“对倒”。是指与他人串通，以事先约定的时间、价格和方式相互进行证券交易，影响证券交易价格或者证券交易量。

释义：根据我国《证券法》第七十七条第（二）项规定，具有下列情形的，可以认定为约定交易操纵：与他人串通；以事先约定的时间、价格和方式，与他人相互进行证券交易；影响证券交易价格或者证券交易量。

其中：（1）与他人串通，是指2个以上行为人为了操纵证券市场，达成共同的意思联络。（2）以事先约定的时间、价格和方式相互进行证券交易，是指2个以上行为人共同实施的、由一方做出交易委托，而另一方依据事先的约定做出时间相近、价格相近、数量相近、买卖方向相反的委托，双方相互之间进行的证券交易。（3）约定的时间，是指2个以上行为人约定的进行交易的时间。买入申报和卖出申报在时间上相近，就可以构成约定交易的时间要件的充分条件。（4）约定的价格，是指2个以上行为人约定的进行交易的申报价格。买入申报和卖出申报在价格上相近，就可以构成约定交易的价格要件的充分条件。（5）约定的方式，是指2个以上行为人约定的进行交易的申报数量和买卖申报方向。买入申报和卖出申报在数量上相近，就可以构成约定交易的申报数量要件和买卖申报方向要件的充分条件。

词条名称：**连续交易操纵**

英　　文：**continuous trading manipulation**

定义：连续交易操纵也称为连续买卖，是指行为人为了抬高或压低集中交易的证券的交易价格，自行或以他人名义，对该证券进行连续高价买入或低价卖出的行为。

释义：我国《证券法》第七十一条第（一）项规定，禁止任何人为获取不正当利益或转嫁风险，通过单独或者合谋，集中资金优势、持股优势或者利用信息优势连续买卖，操纵证券交易价格的行为。连续交易操纵一般需要满足3个条件：（1）连续的交易；（2）伪造该证券交易活跃的表象或抬高或压低证券的价格；（3）诱使他人买进或卖出的意图。

词条名称：**合谋操纵**

英　　文：**conspiring to control**

定义：合谋操纵是指行为人意图影响证券价格而与他人同谋，集中资金优势、持股优势或者利用信息优势联合或者连续买卖等方式来影响证券交易价格或证券交易量的行为。

释义：我国《证券法》第七十一条规定，禁止任何人为获取不正当利益或者转嫁风险而通过合谋，集中资金优势、持股优势或者利用信息优势联合操纵证券交易价格。即通过合谋操纵是操纵市场的行为之一。

词条名称：**洗售**

英　　文：**wash sale**

定义：洗售又称为自买自卖或虚买虚卖，是指以影响证券市场行情为目的，人为创造证券交易积极假象，从事所有权非真实转移的交易行为。

释义：这是一种证券市场操纵形式，美国《证券交易法》和我国《刑法》、《证券法》均将该行为定义为以自己为交易对象，进行不转移所有权的自买自卖，目的是影响证券交易价格或者证券交易量。即行为人主观上具有制造证券市场虚假繁荣，诱导公众投资者盲目跟进，从而达到操纵市场的目的；客观上洗售并没有改变证券的所有权人。

实际操作中的洗售方式主要包括如下3种：（1）交易双方同时委托同一经纪商，在证券交易所相互申报买进卖出并作相互应买应卖，其间并无证券或款项交割行为；（2）投机者分别下达预先配合好的委托给两位经纪商，经由一经纪商买进，另一同时卖出，所有权未发生实质性转移；（3）洗售者卖出一定数额的股票，由预先安排的同伙配合买进，继而退还证券给洗售者，取回价款。

词条名称：**制造假交易**

英　　文：**create false trading**

定义：制造假交易是指制造虚假买卖信息，诱导其他投资者在不了解事实真相的情况下做出证券投资决定，以便从中获取利益或减少损失的一种操纵市场的行为。

释义：行为人制造假交易的最终目的是为了获取利益或减少损失，其具体操作一般是通过申报大额虚假买单、卖单或是自买自卖对敲等形式，影响证券交易量和证券价格，制造证券交易假象，进而干扰其他投资者决策。也即行为人的买卖行为并不是以实际买入成交为目的，而是影响其他投资者对相应股票供求和价格走势的判断，诱导投资者跟进买入、推高股价，行为人随后再以相对较高的价格卖出其持有的股票；或是诱导投资者卖出、打压股价，行为人随后以相对较低价格买入股票。这一违规行为正是利用了投资者喜欢跟风进行证券操作的心理，其结果不仅严重扰乱证券市场秩序，还损害到了投资者利益。因此，投资者要保持应有的警惕，要多分析、多观察，经过理性的独立思考后再做出投资决策。

词条名称：**虚假财务报告**

英　　文：**false financial report**

定义：虚假财务报告是指不符合公认会计准则以及现行法律法规的规定，不如实对外提供反映企业某一特定日期财务状况和某一会计期间经营成果、现金流量的财务报告。

释义：财务报告的编制是为了方便投资者、债权人、政府部门及其他机构等信息使用者获得真实的企业财务状况、经营成果和现金流量信息，以便做出正确的经济决策。而虚假财务报告未能遵循财务报告准则，无意识或有意识地通过各种方式和手段，歪曲地反映企业某一特定日期财务状况和某一会计期间经营成果和现金流量，对企业的经营活动做出不实陈述，必然导致信息使用者做出错误的决策，使会计在经济生活中应有的功能失效。从虚假财务报告的内容看，有财务数据虚假的财务报告和非财务数据虚假的财务报告；从虚假财务报告形成的性质看，有错误型虚假财务报告和舞弊型虚假财务报告，前者为无意识行为，而后者则为主观有意识所为。

词条名称：**背信损害上市公司利益**

英　　文：**perfidy of damaging listed companies' interests**

定义：背信损害上市公司利益是指上市公司的董事、监事、高级管理人员违背对公司的忠实义务，利用职务便利，操纵上市公司，致使上市公司利益遭受重大损失的行为。

释义：上市公司的董事、监事、高级管理人员违背对公司的忠实义务，利用职务便利，操纵上市公司，致使上市公司利益遭受重大损失的行为。具体表现形式有：无偿向其他单位或者个人提供资金、商品、服务或其他资产的行为；以明显不公平的条件，提供或者接受资金、商品、服务或者其他资产的；向明显不具有清偿能力的单位或个人提供资金、商品、服务或其他资产的行为；为明显不具有清偿能力的单位或者个人提供担保，或者无正当理由为其他单位或者个人提供担保的行为；无正当理由放弃债权、承担债务的行为以及采用其他方式损害上市公司利益的行为。2006 年 6 月 29 日通过的《刑法修正案（六）》，将背信损害上市公司利益的行为确认为犯罪。

词条名称：**地下信用交易**

英　　文：**underground credit transaction**

定义：地下信用交易是指证券公司工作人员挪用投资者的股票或资金牟取私利和券商擅自将投资者的股票和资金提供给其他投资者进行融资或融券交易。

释义：地下信用交易无限放大了

信用交易的投机原理，是非法的信用交易，与规范的信用交易相比较，地下信用交易所涉及的融资或融券交易，没有保证金，而是凭借证券公司工作人员的职务之便或是信誉担保。这种行为是对投资者利益的侵害，可能使投资者失去投资机会，甚至损失所有投资资金。因此，这是引起客户纠纷或进一步违法犯罪的诱因，是一种违规行为。

词条名称：**泄露客户资料**

英　　文：**disclose client information**

定义：泄露客户资料是指证券经营机构或其工作人员在履行职责义务时不遵守规定，对外泄露客户资料的行为。

释义：客户资料保护是证券业从业人员以及相关机构必须承担的一项重要义务，监管机构也将是否建立完善的客户资料保护制度作为评价机构是否稳健经营的重要指标。

中国证券业协会发布的《证券业从业人员执业行为准则》中，明确禁止泄露客户资料。客户资料包括客户信息和客户隐私。客户信息是指客户在参与各类证券业务的市场经济活动过程中，所涉及的客户姓名、地址、联系电话、财产及财务状况、企业概况、注册信息、财务信息、银行信息、诉讼信息、供应商评价、关联公司信息、公共信息、行业分析、企业评级等。客户隐私主要是指客户的婚姻状况、家庭住址、身份证号码、财产、住房以及其他客户所不愿意让他人知悉、掌握的身份、财务以及交易信息。

词条名称：**证券从业人员买卖股票**

英　　文：**to buy and sell stocks by securities practitioners**

定义：证券从业人员买卖股票是指证券业从业人员买卖法律禁止的股票的行为。

释义：根据《证券业从业人员执业行为准则》（中国证券业协会，2009年1月19日）规定，证券业从业人员是指：（1）证券公司的管理人员、业务人员以及与证券公司签订委托合同的证券经纪人；（2）基金管理公司的管理人员和业务人员；（3）基金托管和销售机构中从事基金托管或销售业务的管理人员和业务人员；（4）证券投资咨询机构的管理人员和业务人员；（5）从事上市公司并购重组业务的财务顾问机构的管理人员和业务人员；（6）证券市场资信评级机构中从事证券评级业务的管理人员和业务人员；（7）协会规定的其他人员。

由于证券业从业人员职业的特殊性，其买卖证券时可能与自己从事的业务发生利益冲突，也可能提前接触到一些影响证券价格的信息。为了保护投资者的合法权益，为市场参与者提供公平的交易机会，我国法律明文规定，证券业从业人员不得买卖法律禁止买卖的证券，不仅包括直接以自己的名义买卖相关证券，也不得以化名、他人名义等买卖禁止买卖的证券。例如，我国《证券法》第四十三条规定，证券交易所、证券公司和证券登记结算机构的从业人员、证券监督管理机构的工作人员以及法律、行政法规禁止参与股票交易的其他人员，在任期或者法定期限内，不得直接或者以化名、借他人名义持有、买卖股票，也不得收受他人赠送的股票。2009 年 4 月 1 日修订后的《基金管理公司投资管理人员管理指导意见》也规定，除法律、行政法规另有规定外，基金管理公司的员工不得买卖股票。

词条名称：**代客理财**

英　　文：**asset management service for clients**

定义：代客理财就是专业的理财机构或个人为客户提供理财服务，并收取酬金的行为。

释义：代客理财业务的理财对象以币种划分，包括人民币资产和外币资产；以投资方向划分，包括银行存款、保险、证券、期货、黄金、外汇保证金交易等；以理财者的资质划分，包括银行、私募基金、具有证券、保险、期货从业资格的个人和基金管理公司等。

依据我国《证券法》第一百七十一条规定，投资咨询机构及其从业人员从事证券服务业务，不得代理委托人从事证券投资，也不得与委托人约定分享证券投资收益或者分担证券投资损失。

词条名称：**违规承诺**

英　　文：**illegal commitment**

定义：违规承诺是指证券从业人员向客户作出投资不受损失或保证最低收益的承诺的一种违规行为。

释义：为规范证券从业人员的执业行为，维护证券市场秩序，根据《中华人民共和国证券法》、《中华人民共和国证券投资基金法》、《证券公司监督管理条例》等法律法规，证券公司及证券从业人员在代理客户买卖证券的活动中，不得向客户提供避免损失的保证，不得对客户证券买卖的收益或者证券买卖的损失作出承诺。

词条名称：**窗口期交易**

英　　文：**to trade stocks during window phase**

定义：窗口期交易是指上市公司董事、监事及高级管理人员等在上市公司敏感信息披露前后一定时期内，买卖本公司股票的行为。

释义：根据我国《证券法》、《公司法》、《上市公司董事、监事和高级管理人员所持本公司股份及其变动管理规则》及证券交易所相关业务规则的规定，在窗口期内，禁止上市公司董事、监事、高级管理人员、证券事务代表及前述人员的配偶等买卖本公司股票。“窗口期”主要是上市公司敏感信息发布前后的一段期间，包括：上市公司定期报告公告前 30 日内；业绩预告、业绩快报公告前 10 日内；可能对本公司股票交易价格产生重大影响的重大事项发生之日或在决策过程中，至依法披露后 2 个交易日内。

词条名称：**限售期出售**

英　　文：**to sell stocks during restricted period**

定义：限售期出售是指某一类股东在约定限售期内卖出持有股票的违规行为。

释义：限售期是指对某一类股东

持有的股票约定在持有一定期限后方可在二级市场交易流通。限售期概念多出现在股改、管理层股权激励、兼并收购等事件中。在限售期内的股票可以抵押，可以转让，但是不能在二级市场上出售。

限售期到期后，限售股解禁，意味着市场上流通股数量将增加。如果受限股东在到期后大举卖出公司股票可能引发股价下跌，特别是公司大股东和高级管理人员大量卖出股票的行为，容易被市场理解为公司内部人士不看好公司股票的前景。A 股市场最受关注的限售期到期影响来自于股改完成后大量国有股上市流通，如果市场上没有足够流动性来接手，可能导致股价下跌。

词条名称：**交易非法证券**

英　　文：**to trade illegal securities**

定义：交易非法证券是指买卖未经法定机关核准、擅自公开或者变相公开发行的证券以及发行人不符合发行条件，以欺骗手段骗取发行核准而发行的证券。

释义：非法证券大多属于原始股，所代表的未上市公司良莠不齐。交易非法证券属于非法证券活动，社会危害性大，欺骗性强，宣传手段极具蛊惑性，而且涉及违法金额巨大，参与投资者众多。

非法证券存在的成因主要有三个方面：一是未上市股份公司的股权客观上有转让需求，给不法分子以可乘之机；二是非法行为的暴利是违法者的动力来源；三是未上市股份公司众多，且游离于有效监管之外。

词条名称：**概念炒作**

英　　文：**concept boast**

定义：概念炒作是指大量资金追捧具有某类特征的证券，进而推高证券价格的现象。

释义：证券市场上所谓的“概念炒作”层出不穷，甚至成为了一种“主流”的投资文化，从网络概念到奥运概念，从医改概念到创投概念以及高送转概念。A 股市场中因中小投资者居多，概念股更容易引起投资者的注意力和关注度，一轮一轮的概念炒作带来了“热点”和“话题”，同时也带来了“教训”，投资者应警惕概念炒作的风险。

概念炒作的特点：一是由某项与股市有关的事件引发，该事件对上市公司业绩影响甚小或压根没有影响；二是脱离上市公司基本面，无视股票内在价值；三是自成板块，拥有足够数量的个股形成协同效应，引人注目；四是短线炒作和投机特征显著。

词条名称：**压低进货抬高出货**

英　　文：**down purchase and up shipment**

定义：压低进货抬高出货指股票操纵者买进时先压低股价，卖出时先抬高股价。

释义：压低进货的做法是：操纵者开始时适量卖出股票并散步不利谣言，造成恐慌，于是人们纷纷卖出手中股票，使股票供过于求，股价下跌，主力则暗中再趁机大量买进，收集廉

投资禁止

价筹码，以待日后的拉升。

抬高出货的做法是：大户常以庞大资金收购股票并故意散布对其有利的消息，诱使一般投资者跟进，使股票求大于供，股价大幅上升，当股价达到一定高点时，大户已在暗中分批或集中出货，造成股价突然回跌，致使跟进买到高价的人被套牢而亏损累累。

词条名称：**"骗线"陷阱**

英　　文：**"cheat line" trap**

定义："骗线"陷阱是指大户利用股民们迷信技术分析数据、图表的心理，故意抬拉、打压股指，致使技术图表形成一定线型，引诱股民大量买进或卖出，从而达到他们大发其财的目的。这种欺骗性造成的技术图表线型称为骗线。

释义：所谓骗线，就是庄家利用散户经常运用的一些分析方法，进行反向操作。要想成为一名成功的股票投资者，除了分析基本面和技术面之外，掌握主力操盘手法也是至关重要的。在现实交易中，主力在其整个投资运做过程中不断采取多种手法，迷惑投资者，掩饰其真正意图。比如，本来意在拉升，却作出恐慌性抛盘的架势，等投资者刚跟进，股价马上掉头，等投资者看明白要砍仓时，价格却又掉了下来。结果，空在最低点，平在最高点。能够识破主力操作的"骗线"陷阱，是十分重要的。

词条名称：**公款炒股**

英　　文：**stock with public funds**

定义：公款炒股是指挪用公款进行股票投资，谋求从中获利的行为。

释义：行为人未经批准或许可（包括直接明示的许可或间接明示的默许），违反规章制度私自动用公款，其目的就是买卖股票以获取股票投资收益。这一违法行为不仅侵犯了组织利益，还在一定程度上加剧了股市的投机性。因为用公款炒股往往数额巨大加之用公款炒股的人指追求短线利益，遇涨就买，遇跌就抛，使股市的投机性更强，更加动荡。

十三、权益保护①

（一）股东权益

词条名称：**股东身份权**

英　　文：**shareholder identity right**

定义：股东身份权是指基于股东身份而产生的民事权利。

释义：按照公司法的规定，有限责任公司成立后，应当向股东签发出资证明书，并应当置备股东名册，记载股东的姓名或者名称及住所、股东的出资额和出资证明书编号。公司应当将股东的姓名或者名称及其出资额向公司登记机关登记；登记事项发生变更的，应当办理变更登记。记载于股东名册的股东，可以依股东名册主张行使股东权利。但是，未经工商登记或者变更登记的，不得对抗第三人。股东名册的登记和工商登记，是主张股东身份权利的直接证据。

---

① 撰写：李运锋、张景霞；审核：邓淑斌、李保成、张景霞；单位：中原证券股份有限公司、河南证监局、河南工业大学。

词条名称：**股东表决权**

英　　文：**shareholder voting right**

定义：股东表决权又称股东决议权，是指股东基于股东地位享有的，就股东会、股东大会的议案做出一定意思表示的权利。

释义：作为一种固有权、共益权，股东表决权是股东权利的主要体现，是投资者参加股东会或股东大会的核心权利。只有通过在股东会或股东大会行使表决权，才有可能将股东个人意志拟制为公司意志，并借助董事会和管理层实现其出资资本化收益。行使表决权不仅是使自己的意志上升成为公司意志的途径，更是股东参与公司治理的表现。表决权数是按照股份数来计算，也就是话语权是与股东持有的股份数的多少相辅相成的。股东在出席股东会或股东大会时，所持每一股份有一表决权。

词条名称：**股东选举权**

英　　文：**shareholder suffrage**

定义：股东选举权是指股东依照公司章程选举公司管理层的权利。

释义：现代企业制度实行所有权和经营权的适度分离，公司法据此确立了公司治理结构。根据《公司法》的相关规定，股东会或股东大会是公司的权力机构，决定公司的重大事项，将经营权授予董事会和董事会聘任的经理。

同时，股东会或股东大会有权选举和更换非由职工代表担任的董事、监事，此为股东选举权的来源，也是公司治理结构的重要内容。

词条名称：**股东监督权**

英　　文：**shareholder supervision right**

定义：股东监督权是指股东依照公司章程监督公司管理层的权利。

释义：在公司治理结构中的“三会”中，股东（大）会处于基础性的环节，对于董事会、监事会拥有法定的监督权，由于股东行使监督权利的终极目标，在于确保公司的经营活动最终符合股东的价值预期以及利益要求，因而股东对于董事会的监督便成为一种处于中心地位的、目的性的存在。相对而言，对于监事会的监督不过是为实现监督董事会这一目标而采用的手段，因而是一种形式性、手段性的监督。两种监督最终的指向均在于董事会。在当前公司权利结构由“股东会中心主义”向“董事会中心主义”转化的背景之下，为股东提供积极有效的参与途径是避免董事滥权行为的一个重要保障。

词条名称：**累积投票权**

英　　文：**cumulative voting right**

定义：累积投票权是指股东大会选举两名以上的董事或监事时，股东所持的每一股份拥有与应选董事或者监事人数相同的表决权，股东拥有的表决权可以集中使用的表决权制度。

释义：为了保护中小股东，特别是上市公司中小股东的合法权益，使中小股东也有机会把自己信任的代表选入公司董事会、监事会，公司法规定了累积投票制度。《公司法》第一百零六条规定，“股东大会选举董事、监事，可以依照公司章程的规定或者股东大会的决议，实行累积投票制。这种表决权的特别之处在于实行累积投票时，股东的表决权票数是按照股东所持有的股票数与所选举的董事或监事人数的乘积计算，也即：股东的表决权票数 = 股东所持有的股票数 × 所选举的董事或监事人数。股东既可以将其表决权集中投给一个候选人，也可以分散投给多个候选人。

累积投票权制度的意义在于限制大股东或控股股东对董事、监事选举过程的控制与操纵，有利于保护中小股东的利益。我国公司法规定的累积投票权是任意性的，而非强制性的，即公司可以采用累积投票权制度，也可以不采用该制度，是否采用由公司章程作出规定或由股东大会作出决议。

词条名称：异议股东股份回购请求权

英　　文：the appraisal right of dissenters

定义：异议股东股份回购请求权是指在特定的情形下，对公司股东会议决议持反对意见的股东所享有的一种“要求公司以合理公平的价格收购自己股份”的权利。

释义：异议股东股份回购请求权通常有广义与狭义之分，狭义上的概念仅指股份有限公司中异议股东的股份回购请求权，而广义上的概念还包括有限责任公司异议股东的股份回购请求权。新的公司法基本上坚持了广义说，以立法的形式认可了有限责任公司与股份有限公司的异议股东均享有请求公司回购其股份的权利。

该制度是对少数异议股东利益保护的一种有效机制，旨在公司结构发生重大变化时，赋予异议股东在获得合理的补偿后退出结构业已发生重大变化的公司的权利。我国《公司法》第七十五条规定，有下列情形之一的，对股东会该项决议投反对票的股东可以请求公司按照合理的价格收购其股权：（1）公司连续 5 年不向股东分配利润，而公司该五年连续盈利，并且符合本法规定的分配利润条件的；（2）公司合并、分立、转让主要财产的；（3）公司章程规定的营业期限届满或者章程规定的其他解散事由出现，股东会会议通过决议修改章程使公司存续的。自股东会会议决议通过之日起 60 日内，股东与公司不能达成股权收购协议的，股东可以自股东会会议决议通过之日起 90 日内向人民法院提起诉讼。

异议股东股份回购请求权的意义主要在于：一是有利于中小股东利益的保护。异议股东股份回购请求权制度是一种矫正性的机制，其实质是赋予那些对公司股东会议决议持反对意见的股东要求公司以合理、公平的价格收回其股份的权利。二是有助于督促公司本身提升决策水平、改进经营管理。异议股东股份回购请求权制度的建立，将使得在股东会议形成决议时，公司为了有效防止股东“用脚投票”，往往会尽可能多地考虑处于弱势地位的中小股东的利益，从而在一定程度上促进企业提升决策和管理水平。

词条名称：**资产收益权**

英　　文：**right of benefiting from the assets of the company**

定义：资产收益权通过法律文件约定权利内容并独立于基础资产或权利交易的一项财产性权利。

释义：资产收益权是由交易双方根据基础资产和交易需要创造的一项协定权利，它对基础资产或权利具有依附性和相对对立性。资产收益权最直接的体现就是股东按照实缴的出资比例或者章程规定的其他方式分取红利，与此相联系，在公司新增资本时，除非公司章程另有约定，股东有权优先按照实缴的出资比例认缴出资。此外，在公司解散清算后，公司财产在分别支付清算费用、职工的工资、社会保险费用和法定补偿金，缴纳所欠税款，清偿公司债务后的剩余财产，股东有权按照出资比例或者按照公司章程的规定予以分配。

词条名称：**剩余财产分配权**

英　　文：**right of distributing property remaining**

定义：剩余财产分配权是指公司在清算后的剩余财产，股东有权要求按照出资比例进行分配的权利。

释义：这一权利的前提是公司的净资产在清算时大于公司的债务。我国《公司法》第一百八十七条规定，公司清算后的剩余资产，有限责任公司按股东的出资比例进行分配，股份有限公司按股东持有的股份比例分配。当公司破产或清算时，若公司的资产在偿还欠债后还有剩余，其剩余部分按先优先股股东、后普通股股东的顺序进行分配。

词条名称：**优先受让权**

英　　文：**preemptive right**

定义：优先受让权是指有限责任公司股东具有优先受让其他股东转让的股权、认购公司新增资本的权利。

释义：根据《公司法》的相关规定，有限公司的股东在向现有股东之外的人转让其持有的全部或部分股权时，应当经其他股东过半数同意。经股东同意转让的股权，在同等条件下，其他股东有优先购买权，经股东同意转让的股权，在同等条件下，其他股东有优先购买权。两个以上股东主张行使优先购买权的，协商确定各自的购买比例；协商不成的，按照转让时各自的出资比例行使优先购买权。例如，在公司新增资本时，股东有权优先按照实缴的出资比例认缴出资，这个权利即为优先认购新股权。

人民法院依照法律规定的强制执行程序转让股东的股权时，应当通知公司及全体股东，其他股东在同等条件下有优先购买权。其他股东自人民法院通知之日起满 20 日不行使优先购买权的，视为放弃优先购买权。以上所述的优先购买权即为有限受让权。

词条名称：**股份转让权**

英　　文：**share transfer right**

定义：股份转让权是指公司股东享有依法将自己的出资、股权、股份让渡给他人，使他人成为公司股东的权利。

释义：股权转让是股东行使股权

的一种方式，我国《公司法》规定股东有权通过法定方式转让其全部出资或者部分出资。按照《公司法》第一百三十九条的规定，股份公司股东持有的股份可以依法转让，股东转让其股份，应当在依法设立的证券交易场所进行或者按照国务院规定的其他方式进行。

有限责任公司股东转让其股权时，区分受让方是公司股东还是股东外其他人，有限责任公司的股东向股东以外的人转让股权，应当经其他股东过半数同意，其他股东享有优先受让权；股份公司股东转让股权时，对受让方没有限制，但对于发起人和公司高管有一些限制规定。

词条名称：**股份赠与权**

英　　文：**share gift right**

定义：股份赠与权是指财产所有权人（赠与人）有权将自己持有的股份无偿给予受赠人的一种行为。

释义：现实中的股份赠与主要指股份公司对股东赠送股票、民事主体互相赠送股票。第一种情形下，股东持已有的股票，直接到证券交易机构、证券登记公司办理领取红股的手续。第二种情形下，普通股、优先股的股东都可以将自己的股票赠送给国家、集体或个人，但必须首先到公证处公证，持公证书、股票、股东卡到证券交易机构、证券登记公司办理股票赠送手续。

有限公司因其人合性与资合性的双重特征，故而对于股权的转让，特别是向第三人转让股权，设置了程序性条件和实体性条件，以保护其他非转让股东的利益，维持有限责任公司的人合性。但是目前立法对有限责任公司的股东以股权赠与的方式转让股权没有做出具体规定。

词条名称：**股份质押权**

英　　文：**share pledge right**

定义：股份质押权是指债务人或第三人将其特定财产移交给债权人占有、作为债权的担保，在债务人不履行债务时，债权人有权依法以该财产折价或拍卖、变卖该财产的价金优先受偿的物权。

释义：所谓股权质押是指出质人以其所应有的股权作为质押标的物而设立的质押。根据我国《物权法》第二百二十六条规定，“以基金份额、股权出质的，当事人应当订立书面合同。以基金份额、证券登记结算机构登记的股权出质的，质权自证券登记结算机构办理出质登记时设立；以其他股权出质的，质权自工商行政管理部门办理出质登记时设立。基金份额、股权出质后，不得转让，但经出质人与质权人协商同意的除外。出质人转让基金份额、股权所得的价款，应当向质权人提前清偿债务或者提存。”

词条名称：**股东知情权**

英　　文：**shareholder’s right to know**

定义：股东知情权是指公司股东享有了解公司信息的权利。

释义：股东知情权为法律赋予股东的重要权利，是实现股东其他权利的前提和基础。通过查阅公司财务报告资料、账簿等有关公司经营、决策、管理的相关资料以及询问与上述有关的问题，实现股东了解公司运营状况和监督公司高级管理人员的业务活动的权利。

股东知情权是一个权利体系，由查阅公司章程权、查阅股东会会议记录权、查阅公司会计报告权、查阅董事会会议决议权等一系列权利构成。

词条名称：**股东会临时会议提议召开权**

英　　文：**right to propose the interim meeting of the board of directors**

定义：股东会临时会议提议召开权是指在公司董事会、监事会不能履行或者不履行召集、主持股东会会议职责的前提下，股东享有通过提议、召集、主持股东会临时会议的权利。

释义：股东会应当按照公司章程规定按期召开定期会议，以保障股东的参与重大决策的权利。但是，定期股东会议有时还不能满足股东参与重大决策的需要，因此公司法规定，代表1/10以上表决权的股东以及1/3以上的董事、监事会或者不设监事会的公司的监事有权提议召开股东会临时会议，董事会应当根据提议召开临时会议。如果董事会或者执行董事不能履行或者不履行召集股东会会议职责，由监事会或者不设监事会的公司的监事召集和主持；如果监事会或者监事也不召集和主持，代表1/10以上表决权的股东可以自行召集和主持。

现代公司实行所有权与控制权分离，提议、召集、主持股东会临时会议权是中小股东维护自己权利的重要手段。

词条名称：**股东查阅权**

英　　文：**shareholder's inspection rights**

定义：股东查阅权是指法律赋予股东在一定条件下，查阅公司经营、决策、管理的相关资料以及公司财务会计报告和会计账簿的权利。

释义：查阅权是股东知情权的重要内容。由于现代公司所有权与经营控制权的分离，股东与经营管理者之间形成了代理关系。为了防止公司的经营管理者滥用股东授予的权力，同时为了股东能够有效地监督公司的经营管理，在公司重大经营决策中做出符合自己真实意愿的决定，股东通过查阅公司重要文件和会计资料，来实现了解公司相关信息、评价管理层业绩的目的。

《公司法》第三十四条、第九十八条分别对有限责任公司股东和股份有限公司股东的查阅权做出了规定。依据规定，股东享有查阅公司章程、股东（大）会会议记录、董事会会议决议、监事会会议决议和财务会计报告的权利。此外，有限责任公司股东有正当目的的，依法享有查阅公司会计账簿的权利；股份有限公司股东依法享有查阅公司股东名册和债券存根的权利。

词条名称：**股东诉讼权**

英　　文：**shareholder's right of action**

定义：股东诉讼权是指股东基于股

东权益被侵害而享有的提起诉讼并要求国家司法机关予以保护和救济的权利。

释义：诉讼权是一种保障实体权利的权利，它源于程序法。股东诉讼权是股东的一项基本权利，是股东权益保护的重要手段。股东诉讼权包含3个方面的内容：（1）股东享有以诉讼方式解决自己与他人、社会组织及国家之间利益冲突，维护自身合法利益的权利；（2）股东在诉讼活动中享有与程序相关的各种权利；（3）股东享有其诉讼行为受司法机关平等对待的权利。

就广义而言，股东的诉讼权包括股东对公司决议瑕疵之诉权、直接诉讼权和派生诉讼权（股东代表诉讼）3种。就狭义而言，股东的诉讼权就是指股东对公司决议瑕疵的诉讼权。依据《公司法》第二十二条的规定，公司决议瑕疵包括两种：一是股东会或者股东大会、董事会的决议内容违反法律、行政法规；二是股东会或者股东大会、董事会的会议召集程序、表决方式违反法律、行政法规或者公司章程。公司股东可分别向人民法院提起决议无效诉讼和决议撤销诉讼。该条款对股东提起的决议撤销诉讼规定了60日的除斥期间，以稳定公司决议的效力，在此期间内股东不行使权利，实体权利即告消灭；人民法院也可以应公司的请求，视情况要求股东提供相应担保，以防止股东滥用诉讼权利。

词条名称：**直接诉讼权**
英　　文：**direct suit**
定义：直接诉讼权是指股东对董事、高级管理人员损害股东利益的行为享有提起诉讼并要求国家司法机关予以保护和救济的权利。

释义：直接诉讼权是股东诉讼权的一种，是股东权益保护的手段之一。依据《公司法》第一百五十三条的规定，董事、高级管理人员违反法律、行政法规或者公司章程的规定，损害股东利益的，股东可以向人民法院提起诉讼。

词条名称：**派生诉讼权**
英　　文：**derivative suit**
定义：派生诉讼权是指当公司的合法权益遭受侵害，而公司拒绝或怠于诉讼时，符合法定要件的股东为公司的利益以自己的名义对侵害人提起诉讼，追究其法律责任的诉讼制度。

释义：股东派生诉讼权是一种独特的事后救济责任机制，是股东诉讼权的一种，是股东权益保护的手段之一。

依据《公司法》第一百五十条、第一百五十二条的规定，派生诉讼权一般只能在用尽公司内部救济的情况下提起，即股东必须先向公司内部维权机构提出维权要求，如董事、高级管理人员执行公司职务时违反法律、行政法规或者公司章程的规定，给公司造成损失的，具有法定资格的股东可以书面请求监事会或者不设监事会的有限责任公司的监事向人民法院提起诉讼；监事执行公司职务时违反法律、行政法规或者公司章程的规定，给公司造成损失的，具备法定资格的股东可以书面请求董事会或者不设董事会的有限责任公司的执行董事向人民法院提起诉讼；他人侵犯公司合法权益，给公司造成损失的，具备法定资格的股东既可以书面请求董事会或者执行董事向人民法院提起诉讼，也可以书面请求监事会或者不设监事会的有限责任公司的监事向人民法院提起诉讼。只有当监事会、不设监事会的有限责任公司的监事，或者董事会、执行董事收到股东书面请求后，拒绝提起诉讼，或者自收到请求之日起30日内未提起诉讼，或者情况紧急、不立即提起诉讼将会使公司利益受到难以弥补的损害的，具备法定资格的股东才有权为了公司的利益，以自己的名义直接向人民法院提起诉讼。

同时，法律对行使派生诉讼权的股东做了限制，即有限公司股东或股份有限公司连续180日以上单独或合计持有公司1%以上股份的股东。

（二）权益保护

词条名称：**协商**

英　　文：**to confer with each other**

定义：协商是指争议双方直接进行磋商，在平等、自愿的基础上，自行解决争议的一种方式。

释义：协商是在发生争议后，争议双方在第三方不参与的情况下，自行通过对话的方式解决争议，是各种争议解决方式中最快捷、高效、便宜的方式。协商应注意平等、自愿，强调充分对话、以解决争议为目的。实践中一般是证券公司与客户协商、上市公司与股东协商、股东之间协商等。

词条名称：**调解**

英　　文：**mediation**

定义：调解是指争议双方之外的第三方参与解决争议，以国家法律、政策和社会公序良俗为准绳，对争议双方进行疏导、劝说，促成双方自愿达成一致意见、解决纠纷。

释义：根据调解的主体不同，调解可以分为人民调解、法院调解、行政调解、仲裁调解等。人民调解是人民调解委员会主持进行的调解，我国专门立法有《中华人民共和国人民调解法》，涉及到证券期货的纠纷也属于调解的范围；法院调解是人民法院主持下进行的调解；行政调解是基层人民政府或者国家行政机关主持下进行的调解，证监会及其派出机构作为行政机关有进行行政调解的权利；仲裁调解是在仲裁机构主持下进行的调解。在这几种调解中，法院调解属于诉内调解，其他都属于诉外调解。调解达成协议，必须双方自愿，不得强迫。调解协议的内容不得违反法律规定。

词条名称：**投诉**

英　　文：**complaint**

定义：投诉是指公民、法人或者其他组织在认为自己的权益受到损害时，或发现违规、违纪、违法甚至犯罪行为时，向国家主管机关、司法机关或其他组织反映情况，要求保护其合法权益或予以查处的行为。

释义：公民、法人或者其他组织可以采用书信、电子邮件、传真、电话、走访等形式，向有关国家机关反映情况，提出建议、意见或者投诉请求，有关国家机关应依法处理。同时，对于任何国家机关和国家工作人员的违法失职行为，公民、法人或者其他组织也有权向有关国家机关提出申诉、控告或者检举，但是不得捏造或者歪曲事实进行诬告陷害。依照《中国证券监督管理委员会信访工作规则（试行）》，中国证监会及其派出机构建立统一领导、部门协调、统筹兼顾、各负其责的信访工作机制，实行信访监督工作制度，依法处理信访事项。

词条名称：**仲裁**

英　　文：**arbitration**

定义：仲裁是指买卖双方在纠纷发生之前或之后，签订书面协议，自愿将纠纷提交双方所同意的第三方予以裁决并受该裁决约束的一种制度。

释义：仲裁协议有两种形式：一种是在争议发生之前订立的，它通常作为合同中的一项仲裁条款出现；另一种是在争议之后订立的，它是把已经发生的争议提交给仲裁的协议。这两种形式的仲裁协议，其法律效力是相同的。仲裁活动与法院的审判活动一样，关乎当事人的实体权益，是解决民事争议的方式之一。

按照《仲裁法》的规定，平等主体的公民、法人和其他组织之间发生的合同纠纷和其他财产权益纠纷，都可以仲裁。证券民事纠纷一般包括合同缔结或履行纠纷以及侵权赔偿纠纷，均属于仲裁的范围。

词条名称：**诉讼**

英　　文：**proceedings**

定义：诉讼是指当事人通过向具有管辖权的法院起诉另一方当事人，依靠法院裁决来解决纠纷的一种方式。

释义：根据诉讼所要解决的案件的性质及其所依据的法律，诉讼可分为民事诉讼、行政诉讼、刑事诉讼。公民、法人、其他组织之间因财产关系和人身关系产生的纠纷，可以向法院提起民事诉讼，例如，证券市场投资人因为信息披露义务人的虚假陈述而遭受损失，可以依法向法院提起民事赔偿诉讼；公民、法人或者其他组织认为行政机关和行政机关工作人员的具体行政行为侵犯其合法权益，有权向人民法院提起行政诉讼，例如，公民、法人和其他组织对证监会作出的行政处罚不服的，可以依法申请提起行政诉讼；而刑事诉讼除少部分案件可以自诉外，须由人民检察院提出公诉。涉及到证券期货行业的具体罪名在本书的《中华人民共和国刑法》词条中有具体列举。

词条名称：**证券投资者保护基金**

英　　文：**securities investor protection fund**

定义：证券投资者保护基金是指依法设立，用于防范和处置证券公司风险中保护证券投资者利益的基金。

释义：为建立防范和处置证券公司风险的长效机制，维护社会经济秩序和社会公共利益，保护证券投资者的合法权益，促进证券市场有序、健康发展，2005年6月30日，经国务院批准，中国证监会、财政部、中国人民银行联合发布了《证券投资者保护基金管理办法》。证券投资者保护基金即是按照该《办法》筹集形成的、在防范和处置证券公司风险中用于保护证券投资者利益的基金。保护基金的来源是交易所的交易经手费、证券公司的营业收入、发行证券时申购冻结资金的利息收入、追偿所得和证券公司破产清算中的受偿收入、捐赠以及其他合法收入。保护基金主要用于证券公司被撤销、关闭和破产或被中国证监会实施行政接管、托管经营等强制性监管措施时，按照国家有关政策规定对债权人予以偿付，以及国务院批准的其他用途。基金的筹集、管理和使用由中国证券投资者保护基金有限公司负责。

十四、股票投资风险及防控①

（一）股票投资风险

词条名称：**系统风险**

英　　文：**systematic risk**

定义：系统风险是指由于某种全局性因素引起证券市场波动而带来的风险。系统风险主要包括政策风险、利率风险、汇率风险、宏观经济风险、市场风险、购买力风险等。

释义：在现实生活中，所有上市公司的经营管理都会受到社会、政治、经济等宏观因素的影响，进而会引起公司股价的波动。经济方面如利率、汇率、通货膨胀、宏观经济政策等，政治方面如政权更迭、战争冲突等，社会方面如社会结构变迁、体制变革等。由于这些因素来自上市公司外部，具有全局性和共同性特征，是上市公司无法抗拒和回避的。因此，成熟的股票市场是“国民经济的晴雨表”，宏观经济形势的好坏、财政政策和货币政策的调整、政局的变化、汇率的波动、资金供求关系的变动等，都会引起股票市场的波动，影响到所有证券的价格，进而导致投资收益的不确定性。

对于证券投资者来说，这种风险是无法消除的，投资者无法通过多样化的投资组合进行证券保值，因此又被称为“不可分散风险”。

词条名称：**政策风险**

英　　文：**policy risk**

定义：政策风险是指因国家宏观政策（如货币政策、财政政策、行业政策、地区发展政策等）发生变化引发证券市场波动而带来的风险。

释义：政府的经济政策和管理措施可能会造成证券收益的损失，这在新兴市场中表现得尤为突出。经济和产业政策的变化、税率的改变，可以影响到公司利润、债券收益的变化；证券交易政策的变化，可以直接影响到证券的价格。因此，每一项经济政策、法规出台或调整，都会对证券市场产生一定影响，从而引起市场整体的波动。

政策风险防范主要取决于市场参与者对国家宏观政策的理解和把握，取决于投资者对市场趋势的正确判断。

---

① 撰写：邓淑斌；审核：谷秀娟、李保成、张景霞；单位：河南工业大学、河南证监局、中原证券股份有限公司。

由于政策风险防范的主要对象是政府管理当局，因而有其特殊性。

词条名称：**利率风险**

英　　文：**interest rate risk**

定义：利率风险是指由利率水平的变化引起金融资产价格变动所带来的风险。

释义：利率与证券价格呈反方向变化：利率提高，证券价格水平下跌；利率下降，证券价格水平上涨。利率从两方面影响证券价格：一是影响证券市场的资金供求。当市场利率提高时，会吸引一部分资金流向银行储蓄、商业票据等其他金融资产，减少对证券的需求，使证券价格下降；当市场利率下降时，一部分资金流向证券市场，增加对证券的需求，刺激证券价格上涨。二是影响公司的盈利。利率提高，公司融资成本提高，在其他条件不变的情况下净盈利下降，派发股息减少，引起股票价格下降；利率下降，融资成本下降，净盈利和股息相应增加，股票价格上涨。

词条名称：**汇率风险**

英　　文：**currency risk；exchange rate risk**

定义：汇率风险又称外汇风险，是指经济主体持有或运用外汇的经济活动中，因汇率变动而蒙受损失的可能性。

释义：汇率与证券投资风险的关系主要体现在两个方面：一是本国货币升值有利于以进口原材料为主从事生产经营的企业，不利于产品主要面向出口的企业，因此，投资者看好前者，看淡后者，这就会引发股票价格的涨落。本国货币贬值的效应正好相反。二是对于货币可以自由兑换的国家来说，汇率变动也可能引起资本的输出与输入，从而影响国内货币资金和证券市场的供求状况。

词条名称：**购买力风险**

英　　文：**inflation risk**

定义：购买力风险又称通货膨胀风险，是指由于通货膨胀引起的投资者实际收益率的不确定。

释义：在证券投资中，投资者收回的本金和/或净收益都是以货币来实现的，通货膨胀中由于货币贬值，单位货币的购买力水平下降，使得证券投资的实际收益率大大低于名义收益率。实际收益率 = 名义收益率 − 通货膨胀率。这里的名义收益率是指债券的票面利息率或股票的股息率。只有当名义收益率大于通货膨胀率时，投资者才有实际收益。因此，可通过计算实际收益率来分析购买力风险。

购买力风险对不同证券的影响是不相同的。最容易受其损害的是固定收益证券，如优先股、债券。因为其名义收益率是固定的，当通货膨胀率升高时，其实际收益率就会明显下降，所以，固定利息率和股息率的证券购买力风险较大。同样是债券，长期债券的购买力风险又要比短期债券大，相比之下，浮动利率债券或保值贴补债券的通货膨胀风险较小。普通股股票的购买力风险相对较小。当发生通货膨胀时，由于公司产品价格的上涨，股份公司的名义收益会增加，特别是当公司产品价格的上涨幅度大于生产费用的涨幅时，公司净盈利增加，此时股息会增加，股票价格也会随之提高，普通股股东可得到较高的收益，可部分减轻通货膨胀带来的损失。

词条名称：**宏观经济风险**

英　　文：**macroeconomic risk**

定义：宏观经济风险是指由于宏观经济因素的变化、经济政策变化、经济的周期性波动以及国际经济因素的变化给股票投资者可能带来的意外收益或损失。

释义：宏观经济风险由国内和国际因素两部分引起。国内因素有体制因素、经济运行机制因素、政策因素、政治因素、战争、社会动荡等；国际因素包括对外开放程度、管制情况、经济接轨情况、国际经济传递渠道、国际经济体系、国际经济环境、国际经济协调情况、国际政治环境等。

宏观经济风险具有潜在性、隐藏性和累积性。潜在性指的是宏观经济风险总是与宏观经济系统相伴而生的，宏观经济发展和运作本身就蕴涵着经济风险。隐藏性指的是虽然宏观经济风险总是潜在的，但是在多数情况下它是隐藏在经济系统内部的，并不会明显地表现出来，只是到了一定的时候才会暴露出来。累积性指的是宏观经济风险会随着社会经济矛盾的不断加深而日益增大，当累积到一定程度的时候就会引发经济危机。在开放经济条件下，宏观经济风险很大程度上是由国际资本流动造成的。

词条名称：**政治风险**

英　　文：**political risk**

定义：政治风险是指东道国或投资所在国国内政治环境发生变化，或者东道国与其他国家之间政治关系发生改变，而给外国企业或投资者带来的可能的经济损失。

释义：政治风险出现的前提是企业或投资者必须持有外汇头寸或在国外进行直接投资。政治风险的直接原因是东道国或投资所在国国内政治环境发生变化以及其对外政治关系发生变化，而且是对外国企业和外国投资者不利的变化。

从政治风险发生的范围和层次来看，可以把政治风险分成宏观层次的风险、微观层次的风险。前者是指会对所有外国企业或外国投资者产生不利影响的政治方面改变；后者则是指只对某个特殊行业、特殊企业，甚至特殊投资计划产生不利影响的政治方面的改变。

从政治风险的结果来看，可以把政治风险分为影响到财产所有权的风险和仅仅影响企业正常业务收益的风险两类。前者是指导致外国企业或投资者失去资产所有权或投资控制权的政治方面的变化，如国有化或强制性地没收财产等；后者则是指导致减少外国企业或投资者经营收入或投资回报的政治方面的改变。绝大多数的政治风险问题属于微观层次的问题，而且更多地涉及到企业或投资者经营收入和投资回报，而不是财产所有权。

词条名称：**市场风险**

英　　文：**market risk**

定义：市场风险是指因金融资产

价格（包括股市价格、利率、汇率等）的变动而导致持有金融资产价值未预料到的潜在损失的风险。

释义：市场风险是证券投资活动中最普遍、最常见的风险，是由证券价格的涨落直接引起的。当投资者对市场整体价值的预期发生变化时，市场风险将加大，将引发证券市场价格的整体波动，增加投资者预期收益的不确定性。投资者无法通过多样化的投资组合来防范这一风险，但可以通过控制资金投入比例等方式，削弱市场风险的影响。

词条名称：技术风险

英　　文：technical risk

定义：技术风险是指在证券交易过程中，由于投资者、网络服务商、证券经纪商的电脑、网络的软硬件故障而带来可能损失的风险。

释义：技术风险的具体类型包括：(1) 投资者的电脑系统故障、感染病毒、被非法入侵、电脑设备或软件系统与网上交易系统不匹配，无法下达委托指令或委托失败而产生的损失。(2) 互联网故障导致委托指令、行情信息等中断、迟延、错误，使投资者无法在其指定的委托价位成交而产生的损失。(3) 通讯线路繁忙、服务器负载过重，投资者不能及时进入行情系统或网上证券委托系统，使投资者不能及时增大收益或止损。(4) 证券经纪商的设备故障、交易系统故障、感染病毒、电力故障等导致投资者的委托指令无法被执行。(5) 重复或错误发送交易指令。

词条名称：非系统风险

英　　文：nonsystematic risk

定义：非系统风险是指只对某个行业或个别公司证券产生影响的风险。

释义：非系统风险通常由某一特殊因素引起，与整个证券市场的价格不存在系统、全面的联系，而只对个别或少数证券的收益产生影响。这种因行业或企业自身因素的改变而带来的证券价格变化与其他证券的价格、收益没有必然的内在联系，不会因此而影响其他证券的收益。这种风险可以通过分散投资来抵消。

若投资者持有多样化的不同证券，当某些证券价格下跌、收益减少时，另一些证券可能价格正好上升、收益增加，这样就使风险相互抵消。非系统风险是可以抵消、回避的，因此又被称为“可分散风险”或“可回避风险”。非系统风险包括信用风险、经营风险、财务风险等。

词条名称：经营风险

英　　文：operating risk

定义：经营风险是指企业经营运作过程中因经营决策失误，导致公司盈利水平变化的风险。

释义：经营风险来自内部因素和外部因素两个方面。企业内部的因素主要包括项目投资决策失误、销售决策失误、技术更新滞后、新产品重视不够以及内部管理僵化、缺乏有效激励制度等，这些因素都会导致公司的市场竞争力下降、盈利能力下滑。外部因素是公司以外的客观因素，如政府产业政策的调整、竞争对手的实力变化使公司处于相对劣势地位等，引起公司盈利水平的相对下降。

词条名称：**决策风险**

英　　文：**risk of decision-making**

定义：决策风险是指由于主观、客观等多种不确定因素的存在，导致企业经营运作过程中的决策事项不能达到预期目的而带来的风险。

释义：导致决策风险的因素有客观因素，也有主观因素。客观因素如人类认知的有限性、信息不充分、决策机制不健全等，主观因素如决策者的能力不足、受情绪、成见影响导致判断失误。从决策发生的层次、决策的内容来看，决策包括战略决策、管理授权决策、业务发展决策等不同层次的决策。

企业建立良好有效的决策机制是防范决策风险的重要保证。良好有效的决策机制主要表现在：适当分权、有效监督、管理层级减少。

词条名称：**财务风险**

英　　文：**financial risk**

定义：财务风险是指公司财务结构不合理、融资不当，使公司可能丧失偿债能力的风险。

释义：财务风险是指企业在各项财务活动中由于各种无法预测或不可控因素，使企业在一定时期、一定范围内所获取的最终财务成果与预期的经营目标不一致，从而形成的使企业蒙受经济损失或丧失更大收益的可能性。企业的财务活动贯穿于生产经营的整个过程，筹措资金、长短期投资、分配利润等都可能产生风险。

一般而言，财务风险是企业在财务管理过程中必须面对的一个现实问题，财务风险是客观存在的，企业管理者对财务风险只有采取有效措施来降低风险，而不可能完全消除风险。

词条名称：**信用风险**

英　　文：**credit risk**

定义：信用风险又称违约风险，是指交易对手未能履行约定契约中的义务而造成经济损失的风险。

释义：信用风险是指借款人、证券发行人或交易对方因种种原因，不愿或无力履行合同条件而构成违约，致使银行、投资者或交易对方的预期收益与实际收益不一致，蒙受经济损失的可能性。

信用风险的产生一方面与经济运行周期有关，经济紧缩期企业盈利情况整体恶化，投资者面临的信用风险将加大；另一方面，特殊事件对公司经营造成重大负面影响，也会增加信用风险。

在实践中，信用风险具有以下四大特征：（1）客观性，不以人的意志为转移；（2）传染性，一个或少数信用主体经营困难或破产就会导致信用链条的中断和整个信用秩序的紊乱；（3）可控性，其风险可以通过控制降到最低；（4）周期性，信用扩张与收缩交替出现。

词条名称：**流动性风险**

英　　文：**liquidity risk**

定义：流动性风险是指股票等金融

资产无法按照合理价格变成现金的风险。

释义：流动性风险形成的原因更加复杂和广泛，通常被视为一种综合性风险。对于投资者而言，流动性风险是指由于市场因素导致市场参与者的购买意愿特别低，使得投资者在需要出售投资标的物时，不能及时变现或者不能按期望价格变现，致使投资者蒙受经济损失的风险。

对商业银行而言，流动性风险是指商业银行无力为负债的减少和/或资产的增加提供融资而造成损失或破产的风险。一般而言，当商业银行流动性不足时，它无法以合理的成本迅速减少负债或变现资产获取足够的资金，如果商业银行的大量债权人同时要求兑现债权，例如，出现大量存款人的挤兑行为，商业银行就可能面临流动性危机。

词条名称：**退市风险**

英　　文：**delisted risk**

定义：退市风险是指由于上市公司的业绩不佳、股权结构不合理等情形，公司股票有可能存在终止上市而使得投资者蒙受经济损失的风险。

释义：退市是指上市公司由于未满足证券交易所规定的上市标准而主动或被动终止上市的情形，这将增加投资者收益低于预期甚至是成本也不能收回的风险。

退市制度是指由证券交易所对在其交易所上市的股份公司，按一些规则将其退市，即不允许在二级市场上进行交易的行为。不同国家、不同证券交易所的退市规则有所差异。我国证券法对上市公司暂停上市和终止上市都做出了具体的规定。

2012 年 6 月 28 日，A 股市场的沪深证券交易所同时公布了上市公司退市方案，进一步细化了此前 A 股上市公司的退市规则。沪深两市退市制度的总体框架和主要退市条件基本相同，均主要从上市公司净资产、盈利水平、审计意见类型、市场交易、未在法定期限内披露年报等五大方面制定退市标准，但在风险警示和退市后续安排方面存在一定差异。在风险警示方面，沪市有风险警示板以及 * ST 标记，而深市仅有 * ST 标记；在退市后续安排方面，深市退市后可选全国性场外市场或者区域性场外市场挂牌转让，沪市则在此基础上增加了一个选择，即上交所设立的退市公司股份转让系统。

词条名称：**道德风险**

英　　文：**moral risk**

定义：道德风险又称道德危机，是指参与合同的一方所面临的对方可能改变行为而损害到本方利益的风险。

释义：道德风险是 20 世纪 80 年代西方经济学家提出的一个经济哲学范畴的概念，是指从事经济活动的人在最大限度地增进自身效用的同时，做出不利于他人的行动；或者当签约一方不完全承担风险后果时，所采取的最大化自身效用的自私行为。道德风险存在三大特征：（1）内生性特征。即风险雏形形成于经济行为者对利益与成本的内心考量；（2）牵引性特征。即风险的制造者都存在受到利益诱惑而以逐利为目的；（3）损人利己特征。

即风险制造者的风险收益都是对信息劣势一方利益的不当攫取。

词条名称：**操作风险**

英　　文：**operational risk**

定义：操作风险是指因行情系统、下单系统等出现技术故障或者投资者自身操作失误，而导致意外损失的可能性。

释义：操作性风险包括以下几个方面：（1）因负责风险管理的计算机系统出现差错，导致不能正确处理市场风险，或因计算机的操作失误而破坏数据的风险；（2）储存交易数据的计算机因灾害或操作错误而引起损失的风险；（3）因工作责任不明确或工作程序不恰当，不能进行准确结算或发生作弊行为的风险；（4）交易操作人员指令处理错误、不完善的内部制度与处理步骤等所造成的风险；（5）投资者下单方向、下单数量、下单价格出现失误而造成的风险等。

词条名称：**认知风险**

英　　文：**perceived risk**

定义：认知风险是指由于投资者是有限理性的，客观上存在认知偏差，进而导致结果与预期偏离发生损失的可能性。

释义：认知风险是行为金融学中度量证券投资风险的一个概念，行为金融理论的核心观点认为：一方面，个体投资者对信息的认知加工会受到自身多种心理因素的影响，而这些心理因素又会导致投资者出现各种认知偏差，进而诱发投资者出现判断和决策偏差；另一方面，人类的认知过程具有适应性，即使行为人所面对的选择是以可视的形式显现，认知偏差也只会减少而不会消失。即投资者的认知偏差存在于投资者对所有信息的认知过程及其后的决策过程中，因此也显然会影响到投资者对于客观风险的感知，进而带来认知风险。

词条名称：**心理风险**

英　　文：**psychological risk**

定义：心理风险是指由于投资者自身存在侥幸或是过于自信、过于从众等心态，而导致事故发生概率增加或损失幅度加大的风险。

释义：根据行为经济学的解释，投资中的心理风险来自于人类与生俱来的贪婪、恐惧、过于自信、从众等人性弱点，使得投资者在投资中表现出不理性的追涨杀跌、买高卖低，导致实际收益低于预期收益甚至遭受损失。

词条名称：**博傻心理**

英　　文：**greater fool mentality; survivor investing mentality**

定义：博傻心理是指投资者对市场走势或股价未来判断的不一致和判断的不同步，使得整体行为出现差异，并激发市场自身的激励系统，导致出现博傻现象。

释义：从大众心理角度分析股市的理论中，"博傻理论"广为人知。该理论认为，股票市场上的一些投资者之所以不在乎股票的理论价格和内在价值而愿意花高价买入，只是因为他们预期会有更傻的人以更高的价格去购买。对于业余投资者而言，要较好把握完全投机下的博傻所带来的利润是很难的。

在博傻心理影响下，投资者并不在意上市公司的财务状况和股票的投资价值，只要有人买就跟着买，有人卖就跟着卖，造成股价的大幅振荡，市场风险极大。

词条名称：**从众心理**

英　　文：**conformist mentality**

定义：从众心理是指个人受到外界人群行为的影响，而在自己的知觉、判断、认识上表现出符合公众舆论或多数人的行为方式。

释义："从众"是一种比较普遍的社会心理和行为现象，就是通常说的"人云亦云"、"随大流"，从众心理是人类的一个思维定式。

从众行为是行为金融学中比较典型的现象。投资者放弃独立思考，必然成为无意识投资行为者，这其中蕴藏着极大的风险。在从众心理的作用下，投资者往往会产生系统性的认知偏差、情绪偏差，并导致投资决策偏差。投资决策偏差就会使资产价格偏离其内在的价值，导致资产定价的偏差。而资产定价偏差往往会产生一种锚定效应，反过来影响投资者对资产价值的判断，进一步产生认知偏差和情绪偏差，这就形成一种反馈机制。

词条名称：**赌徒心理**

英　　文：**gambler mind**

定义：赌徒心理是指以运气、机遇为基础，凭借侥幸心理进行投资，寄希望于在短时期内获取暴利。

释义：赌徒心理是经济活动中博彩、投机心理的畸形发展或极端扭曲，其共同点都是想以最小的投入换取最大的收益。心理不平衡、利欲熏心是产生赌徒心理的根源。

在股票市场中，具有赌徒心理的投资者往往在毫无信息资料分析的情况下，或者听信传言而仅凭点滴内幕消息便做出了股票操作的大胆决策。这类投资者往往都存有侥幸心理，胜负完全依赖于博弈概率，具有很大的盲目性。

词条名称：**贪婪心理**

英　　文：**greedy mind**

定义：贪婪心理是指进行投资时贪心而不知满足的一种心理活动。

释义：贪婪是投资者身上常见的一种心理状态。它使许多投资者失去理智，失去科学的判断力，在不知不觉中踏入险境。在牛市来临时，投资者往往抑制不住想再多赚一些钱的欲望，不肯见好就收，总想在价格最高点时抛出股票；而熊市到来时，投资者又总以为股价还会再降，所以迟迟不愿买进，形成"惜购"的现象。

贪婪心理给投资者造成的最大损失就是坐失良机，其结果不是踏空，就是套牢。对投资者来说，总想在价格最高点售出股票、价格最低点买进股票是不现实的。所以投资股票应恪守一条最基本的准则：不要赚足最后一块钱。

词条名称：**侥幸心理**

英　　文：**fluke mind**

定义：侥幸心理是指偶然地、意

外地获得利益或躲过不幸，引申为人们贪求不止，企求非分，妄图通过偶然原因、意外取得成功或避免灾害的心理活动。

释义：侥幸心理是一种趋利避害的冒险投机心理。有这种心理的投资者即使认为不一定成功，也决意尝试以获得心理满足。

证券投资者最不愿意看到的局面就是所持有的股票被套牢，而最不愿意做的事就是“割肉停损”。投资者往往在已面临被套牢的危险时，心存侥幸，不甘心承认眼前的事实，总觉得股价很快会回升，从而错过斩仓停损的机会。在实际操作中表现为：对即将套牢或已被套牢的股票爱不释手、决不卖出。其实这种心态与贪婪心理密切关联，所不同的是投资者在权衡停损时朝三暮四。侥幸心理给投资者带来的最大恶果就是坐以待毙。

词条名称：**犹豫心理**

英　　文：**hesitating mind**

定义：犹豫心理是指在作出决策时，由于迟疑、不果断而表现出左顾右盼的心理状态。

释义：在证券市场中，投资者犹豫不决的主要表现是该买时不买，或恐惧，或想再低点价；该卖时不卖，或卖一半，留一半，或贪婪想再高点价，或看不出是顶。

犹豫不决的根本原因是底气不足、基本功不扎实，对股市缺乏正确的认识和判断，缺乏信心，怀疑自己的判断力，缺乏实战经验，患得患失，受到盘面走势和左一言右一语的干扰，当然也有性格的问题。

词条名称：**恐慌心理**

英　　文：**panic mind**

定义：恐慌心理是指人们在面对想象或现实的威胁时所产生的特定心理反应。

释义：过度的恐慌反应，常常会导致比事件危害本身更为严重的消极后果。恐慌心理在证券市场出现非理性下跌的走势中更为常见。在下跌市中，投资者往往会因对股市或某些个股的前途失去信心而出现恐慌，如果再受到一些未经考证利空消息的影响，则更容易出现恐慌而一窝蜂的抛售持有的股票，导致股市或股价进一步大幅下跌，使得投资者遭受更大的损失。

投资者要克服恐慌心理的具体方法主要有以下几种：在操作前要做认真细致地准备；操作中要有完善的资金管理计划，合理地控制仓位结构，不要轻易满仓或空仓；要培养冷静乐观的投资态度；要树立稳健灵活的投资风格；学会坚持和忍耐；要提高自己的趋势判断能力。此外，投资者还应在不利消息面前保持镇定，仔细分析消息的可靠性。若证明确有其事的话，还要看这种消息所产生的影响是长久性的，还是暂时的，若是后者，也没有必要抛出手中的股票。

词条名称：**急躁心理**

英　　文：**irritable mind**

定义：急躁心理是指很想实现某个价值目标，但还没有准备好而表现出不冷静的心理状态。

释义：急躁和缺乏耐心是很多投资者的通病。有些投资者急切地想获利，因此常常缺乏耐心，急躁心理很重。但是，由于投资是着眼于未来的收益，必然会有时间的因素在内，这就意味着投资需要时间、需要耐心。事实证明，那些急躁的投资者，由于急切的心理作用，常常更容易出现操作失误。因此，急躁乃投资大忌，以急躁的心态做投资，失败是必然的结果。如果看不清、看不懂的时候，"以静制动"就是最好的选择。

词条名称：顽固心理

英　　文：**stubborn mind**

定义：顽固心理是指过度的自我主张和过于自信，以致不能顺应趋势与潮流的心理倾向。

释义：投资是一个相当复杂、困难的过程，它包含收集信息、分析信息以及根据信息做出决策几个步骤，然而，过于自信的心理会导致人们误解了信息的准确性，并且高估了我们分析信息的能力。"自我归因"的心理偏差让人们认为成功的原因是自己的能力强，而失败的原因是自己的运气差。过于自信的心理将导致投资者做出包括过度交易、冒险交易在内的错误交易决策及最终的投资组合的亏损。

（二）风险防控

词条名称：风险管理

英　　文：**risk management**

定义：风险管理是指通过对风险的识别、衡量和控制，以最少的成本将风险导致的各种不利后果减少到最低限度的管理行为。

释义：根据国际清算银行的定义，风险管理的过程可以划分为 4 个环节：风险识别、风险度量、风险评级及报告、风险控制和管理。风险识别是根据风险的来源把风险归类到市场风险、信用风险、操作风险和包括流动性风险、模型风险、法规风险等其他风险中；风险度量是应用各种模型通过数据进行风险度量与分析，采用包括波动率、贝塔系数、风险价值（VaR）等模型给出风险水平的度量；风险评级及报告是及时地评价、报告和监控风险；风险控制和管理是采用一系列的商务决策，选择和权衡风险限额，确定可承担的风险头寸，运用衍生工具对各类风险进行管理和控制。实践表明，风险度量、风险控制和管理这两个环节在风险管理整个环节中尤为重要。

词条名称：风险对冲

英　　文：**risk hedge**

定义：风险对冲是指通过投资或购买与标的资产收益波动负相关的某种资产或衍生产品，来冲销标的资产潜在风险损失的一种风险管理策略。

释义：与风险分散策略不同，风险对冲可以管理系统性风险和非系统性风险，还可以根据投资者的风险承受能力和偏好，通过对冲比率的调节，将风险降低到预期水平。利用风险对冲策略管理风险的关键问题在于对冲比率的确定，这一比率直接关系到风险管理的效果和成本。风险对冲是管理利率风险、汇率风险、股票风险和商品风险非常有效的办法。

词条名称：**证券投资分析**

英　　文：**securities analysis**

定义：证券投资分析是指通过各种专业性分析方法对影响证券价值或价格的各种信息进行综合分析，以判断证券价值或价格及其变动的行为。

释义：证券投资是投资者（法人或自然人）购买股票、债券、基金券等有价证券以及这些有价证券的衍生品，以获取红利、利息及资本利得的投资行为和投资过程，是直接投资的重要形式。证券投资分析是证券投资过程中不可或缺的一个重要环节，通过对各类有价证券的对比分析，可以筛选和确定出证券投资的对象、数量、操作策略等，科学的证券投资分析是投资者投资成功的关键。证券投资分析的意义主要体现在：有利于提高投资决策的科学性、有利于正确评估证券的投资价值、有利于降低投资者的投资风险。一般情况下，证券投资分析方法主要有基础性分析法、技术性分析法两种。

词条名称：**技术分析**

英　　文：**technical analysis**

定义：技术分析是指通过市场各种技术指标对市场价格变化趋势进行预测的一种证券投资分析方法。

释义：具体操作中，技术分析是将市场或单只证券的日常交易状态，包括价格变动、交易量变化等资料，按照时间顺序绘制成图形或图表，或形成一定的指标系统，然后针对这些图形、图表或指标系统进行分析研究，以预测市场趋势的变动或证券价格走势，为投资者观察、判断市场走向，作出证券买卖决策提供依据。

技术分析是建立在以下三大假设的基础上：一是市场行为反映一切，这是技术分析的基础；二是价格呈趋势变动，这是进行技术分析最根本、最核心的因素；三是历史会重演，这是从人的心理因素方面考虑的。

技术分析的主要特征是：（1）量化指标特性：技术分析提供的量化指标，可以指示出行情转折之所在；（2）趋势追逐特性：由技术分析得出的结果告诉人们如何去追逐趋势，并非是创造趋势或引导趋势；（3）技术分析直观现实，技术分析所提供的图表，是轨迹的纪录，无虚假和主观判断的弊端。

词条名称：**基本分析**

英　　文：**basic analysis method**

定义：基本分析又称“基本面分析”，是指根据经济学、金融学、财务管理学及投资学的基本原理，通过对决定证券投资价值及价格的基本要素，如宏观经济指标、经济政策走势、行业发展状况、产品市场状况、公司销售和财务状况等的分析，评估证券的投资价值，判断证券的合理价位，从而提出相应投资建议的一种分析方法。

释义：基本分析是价值投资的基础，其理论基础是：任何金融资产的“真实”或“内在”价值等于这项资产的所有预期收益流量的现值。

基本分析的内容包括宏观经济分析、行业分析、公司分析 3 个层面，其中，宏观经济分析主要研究经济政策、经济指标对证券市场的影响；行业分析主要研究产业前景、区域经济对上市公司的影响等；公司分析是具体研究上市公司行业地位、市场前景、财务状况。

基本分析的优点主要在于：能够比较全面地把握证券价格的基本走势、应用起来相对简单。其不足之处在于：预测的精确度相对较低，预测的时间跨度相对较长、对短线投资者的指导作用比较弱。

词条名称：**投资策略**

英　　文：**investment strategy**

定义：投资策略是指以交易技术为基础，对投资资产根据不同需求和风险承受能力进行的安排、配制。包括选择股票、债券、商品期货及不动产品种、配制投资资产比例、安排投资周期等内容。

释义：投资技巧及策略主要是为了引导投资者如何有效地选择资产组合的一系列规则、行为及技术。基于投资技巧设计投资策略通常是围绕投资者的风险—收益偏好进行的，即一些投资者偏好投资于风险资产从而使其预期回报最大化，另外一些投资者偏好将其所承担的投资风险降到最低，而绝大多数投资者一般会选择介于前述两者之间的更为折中的投资方式。通常有效的投资技巧及策略可以帮助投资者在控制风险的基础上更好地获取投资回报。投资者应当根据自身的投资偏好和市场环境设计出有针对性的投资技巧及策略。

词条名称：**分散投资**

英　　文：**investment diversification**

定义：分散投资也称为组合投资，是指同时投资在不同的资产类型或不同的证券上，以更加有效地管理和控制所面临的投资风险。

释义：用一个通俗的比喻来形容分散投资就是："不要把所有的鸡蛋放在一个篮子里！"因为一旦一种证券不景气时，另一种证券的收益可能会上升，这样各种证券的收益和风险在相互抵消后，仍然能获得较好的投资收益。

分散投资改变了以往风险和收益对等的原则，相对于单一证券投资的方式，分散投资可以在不降低收益的同时降低风险，这也意味着通过分散投资可以改善风险—收益比率。实行分散投资的意义就在于降低投资风险，保证投资者收益的稳定性。证券分散投资包括4个方面：对象分散法；时机分散法；地域分散法；期限分散法。在实际操作上可以根据不同情况采取多种方法，以降低投资风险。

词条名称：**止损**

英　　文：**stop loss**

定义：止损也叫"割肉"，是指当某一投资出现的亏损达到预定数额时，及时斩仓出局，以避免形成更大的亏损。

释义：股票市场是以随机性为主要特征，由于主观决策失误或者客观情况突然变化，都可能会导致市场或股价的走势与预期相反，使得投资者遭受损失。止损的目的就在于把损失限定在较小的范围内，止损的意义就在于保证投资者能在市场中长久生存。

成功的投资者可能有各自不同的

交易方式，但止损却是保障其获取成功的共同特征。世界投资大师索罗斯说过，投资本身没有风险，失控的投资才有风险。止损远比盈利重要，因为任何时候保本都是第一位的，盈利是第二位的，建立合理的止损原则相当有效，谨慎的止损原则的核心在于不让亏损持续扩大。

投资者对所有每笔交易在买入之前，最好预先设好止损点或止损计划，把这项工作当做一个必须的决策程序或操作纪律，从而减少错误决策的产生。

词条名称：**止盈**

英　　文：**stop profit**

定义：止盈也称停利、止赚、止赢，是指在证券价格上涨至目标价位或上升趋势发生改变时，卖出证券、获利了结的一种操作方式。

释义：在证券交易过程中，必然有一个买入和卖出的问题。买入主要根据顺势而为的原则进入，卖出就涉及止盈止损的问题。止盈的关键在于“见好就收，不求盈在最高位”。

止盈的方法有两种：一种是静态止盈，是指设立已买入证券具体的盈利目标位，一旦到达盈利目标位时，要坚决止盈，这是克服贪心的重要手段。对心理目标位的设置，主要依赖于投资者对大势的理解和对证券的长期观察，所确定的止盈位基本上是静止不变的，当证券价格涨到该价位时，立即获利了结。

另一种是动态止盈，是指当买入证券已经有盈利时，由于证券价格上升趋势完好等原因，投资者认为该证券还有继续上涨的动力，因而继续持股，一直等到证券价格出现回落，当达到某一标准时，投资者采取获利卖出的操作。动态止盈位的设置标准主要有3种：（1）价格回落幅度，证券价格与最高价相比，减少5%～10%时止盈卖出。这只是一种参考数据，如果发现证券价格确已见顶，即使没有跌到5%的标准，也要坚决卖出。（2）均线破位止盈。在证券价格上升趋势中，均线是尾随证券价格上升的，一旦证券价格掉头击穿均线，将意味着趋势转弱，投资者要立即止盈，保住胜利果实。（3）技术形态止盈。当证券价格上升到一定阶段，出现滞涨，并且构筑各种头部形态时，要坚决止盈。

词条名称：**解套**

英　　文：**stock release**

定义：解套是指投资者持有股票被套牢时，通过各种策略使股票回归成本或实现盈利。

释义：套牢是指进行股票交易时所遭遇的交易风险。例如投资者预计股价将上涨，但在买进后股价却一直呈下跌趋势，这种现象称为多头套牢。相反，投资者预计股价将下跌，将所借股票放空卖出，但股价却一直上涨，这种现象称为空头套牢。

解套策略一般可分为主动性解套和被动性解套，其中主动性解套策略包括斩仓（又称割肉、停损）、换股、做空、盘中“T+0”，被动性解套策略包括：坐等、摊平等。最好的解套策略，就是要树立正确的投资观念和良好的心态。择股时不盲从、不跟风，坚定价值投资理念。套牢后，不慌乱，冷静思考对错、错在何处、如何应变。切勿情绪化盲目补仓或轻易割肉。

词条名称：**靠捂解套**

英　　文：**release by holding of shares**

定义：靠捂解套是指通过长期持有股票以等待股价上涨的策略，来实现解套的方法。

释义：该策略通常使用于牛市期间或熊市末期，投资者满仓套牢但既不能割、也无力补仓，这时候盲目做空和止损会带来不必要的风险或损失，而耐心捂股的结果必然是收益大于风险。

这是一种基于“价格围绕价值波动”投资原理，坚守价值投资理念、耐心持有股票的操作策略，主要适用于买入价位较低的绩优成长股。其优点在于无须后备资金，无须劳神操作；缺点在于过于被动，解套与否无法自控。风险主要来自股票的选择和市场的判断，非优质股票可能日复下跌，解套无望。该策略操作要领在于坚守价值投资理念，捂绩优股，不捂绩差股。

词条名称：**止损解套**

英　　文：**release by stopping loss**

定义：止损解套是指为了避免损失扩大，不论盈亏，抛出手中所持股票的一种操作策略。

释义：这一策略的目的就是为了保证资金安全性、减少亏损，占据主动，为下一步操作创造有利条件。该策略适用于追涨、投机性买入和股价在高位的股票，对满仓深套的人尤其适用，优点是解套效率高，常常能一步解套，缺点是有一定的做空风险。

这一策略的操作原则：一是要果断，不要错过止损的机会。投资者如果能在高点回落时及时止损，则低位回补解套的机会是很多的；二是避免在低位操作，要设置回补，即发现股价跌不下去时，要及时回补，以免踏空。

词条名称：**摊平解套**

英　　文：**release by averaging down**

定义：摊平解套是指投资者在股价下跌时购买股票，趁低价增加购买，以降低自己持有股票平均成本的一种操作策略。

释义：这一策略是被套牢后的一种被动应变策略，适用于仓位较轻的投资者，缺点是在下跌中会放大风险。

这一策略的操作中，首先要有足够的资金，避免因再次操作失误陷入无法自拔的境地；其次要确认所买的股票估值合理或偏低，未来有反弹趋势。摊平是对上一次错误的修正，除非有雄厚的资金支持，否则一错再错只会逼进绝境。

该策略操作要领在于保证底部介入，逢低补仓降低成本，否则容易愈陷愈深。摊平时机选择决定该策略的成败，摊平时机一般出现在指数见底或个股走强、股价创新低且有止跌迹象、股价在底部区域、股票有投机或投资价值。

词条名称：波段解套

英　文：release by swing trading

定义：波段解套是指依靠股价上下波动，利用波动价差进行低买高卖、逐步降低成本、缩小亏损的一种操作策略。

释义：该策略适用于各种市场阶段的被套情况，尤其适用于震荡行情。优点在于操作手法变换多样，不拘一格，主动出击，如果操作得当，解套速度快；缺点在于对个人时间、精力、能力要求较高，频繁操作有一定的成本压力，操作不当也容易造成更大的亏损。

该策略具体可分为向下波段法、向上波段法、单日 T+0 法以及分批解套法等4种基本操作方法。操作要领在于对市场走势敏感，熟悉个股特性，决断快速果敢。

词条名称：换股解套

英　文：release by changing hands

定义：换股解套是指将持有的套牢股票卖出，同时买入另一强势股票，以新买品种的盈利抵消前者损失的一种操作策略。

释义：该策略是一种主动性的解套策略，其理念是追求资金解套而非股票解套，追求利益最大化。

该策略适用于无基本面支持或无资金关注的股票，主要是卖出弱势股，买入强势股。其优点是不受原被套股票的束缚，追求利益最大化；缺点是风险巨大，换股失误将是赔了夫人又折兵、增加新的风险。因此，换股一定要注意股票的质地和价位，慎重行事。换股的操作技巧主要包括留热换冷以及留强换弱两种方法。

词条名称：倒做差价

英　文：spread through high－selling and low－buying

定义：倒做差价是指在相对高价位抛掉套牢股票，然后在适当的低价位处将其买回，通过这一高抛低吸从中获得差价的一种操作策略。

释义：这一策略较适合单边下跌的市场以及一路阴跌的个股。弱势个股用倒差价的方法较容易成功，而强势股不适用上述方法操作。这个过程的结果就是手中的股票没有少，而却多出了一块高抛低吸的差价。股谚说："上涨时赚钞票，下跌时赚股票"，实际上指的就是倒做差价。

只要操作适当，多次进行这样的操作，可以很顺利地弥补部分套牢的亏损，如果后市反弹高度可观的话，甚至可以很顺利地解套出局。成功做好倒做差价，关键在于找准卖出和买入的时机，同时要调整投资心态，忘记原来买进时的价格。

词条名称：边打边撤法

英　文：release by gradually selling

定义：边打边撤法是指当股票上升趋势一旦出现破位后，投资者利用股价在高位附近反复波动的过程而逐步抛出手中股票的一种操作策略。

释义：个股跌破趋势支撑线后，

一般会有技术反弹，股价在高点附近会有一定的反复。但是，第一次反弹如果无法收复前期上升趋势线，则意味着情况恶化，这个时候，股票还会有新一轮下跌。因此，第一次反弹的高点区域都是高抛点，在此情况下卖出操作，一般只会有小幅亏损，绝对不会深套和重亏。在大势向坏的情况下，投资者能够少亏就是赚、就是赢，这为下一波行情的到来保留了足够的实力。

词条名称：**高抛低吸法**

英　　文：**buy low sell high**

定义：高抛低吸法是指在股票价格上涨到一定高度的时候卖出，在其随后跌到某一点位时将其买回的操作策略。

释义：高抛低吸是技术派短线操作常用的方法之一。一般而言，这一操作方法适用于下降趋势比较明显而且下降通道能够形成10%的波动空间的股票。但这要求操作者的技术手法要精湛，并且还要有过硬的心理素质。

词条名称：**半仓滚动操作法**

英　　文：**half bin rolling operation**

定义：半仓滚动操作法是指利用半仓与半仓对倒做T+0或短线高抛低吸，是震荡市中比较好的一种操作策略。

释义：半仓操作是指用资金账户中一半的资金买入股票或其他交易品种。半仓滚动操作是指，比如投资者资金账户中有200万元现金，T-1日用100万元买入看好的某只股票，T日在该股盘中下跌至一较低价位时，再用资金账户中剩余的100万元买入，而随后在当日该股盘中上涨至一较高价位是卖出该股100万元（这是前日买入的），依此类推，通过半仓与半仓对倒做，投资者可以获得T+0中高抛低吸的差价收益。

半仓滚动操作是为了使得投资者可以在相对较高的位置卖出股票或者在相对较低的位置买入股票的一种操作技巧，避免盲目地全仓买入或卖出导致的风险和损失。这一策略的意义在于能够使资金在股市中得到充分的使用，发挥其最大的价值。像滚雪球一样，使资金越滚越大。这一策略进可攻、退可守，比较适合喜欢超短线博弈风格的投资者。其宗旨在于稳定的获取利润进行差价套利，而不是单纯的投资与投机，他有区别于期货投资中的套利。

词条名称：**箱体多卖解套法**

英　　文：**stock release by box buyer**

定义：箱体多卖解套法是指利用箱体理论的基本原理，通过频繁的高抛低吸来摊薄持仓成本，进而实现解套的一种操作策略。

释义：所谓箱体理论，是指股票在运行过程中，形成了一定的价格区域，即股价是在一定的范围内波动，这样就形成一个股价运行的箱体。当股价滑落到箱体的底部时会受到买盘的支撑，当股价上升到箱体的顶部时会受到卖盘的压力。

很多股票在快速下跌后，往往会走出箱体内震荡横盘的走势，在此情形下，投资者可以在股价触及箱体底部时买入补仓，在股价涨至箱体顶部处卖出补仓的部分，通过反复如此操作，可以降低持仓成本甚至可以解套。

十五、股票投资者教育①

（一）投资者教育基础知识

词条名称：**投资者教育**

英　　文：**investor education**

定义：投资者教育一般被理解为针对个人投资者进行的旨在传播投资知识、传授投资经验、培养投资技能、倡导理性投资观念、提示投资风险、告知投资者权利及其保护途径，以及提高投资者素质的活动。主要内容包含3个方面：投资决策教育、个人资产管理教育和市场参与教育。三者相辅相成，缺一不可。

释义：从我国资本市场发展历程来看，加强投资者教育工作，保护投资者合法权益，增强投资者信心，始终是培育和发展市场的核心课题和最重要的内容。国际证监会组织（IOSCO）为投资者教育工作设定6个基本原则：（1）投资者教育应有助于监管者保护投资者；（2）投资者教育不应被视为对市场参与者监管工作的替代；（3）投资者教育没有一个固定的模式，相反，它可以有多种形式，这取决于监管者的特定目标、投资者的成熟度和可供使用的资源；（4）鉴于投资者的市场经验和投资者行为成熟度的层次不一，一个广泛适用的投资者教育计划是不现实的；（5）投资者教育不能也不应等同于投资者咨询；（6）投资者教育应该是公正、非盈利的，应避免与市场参与者的任何产品或服务有明显的联系。

词条名称：**投资者风险教育**

英　　文：**investor risk education**

定义：投资者风险教育是指针对各类产品、各类规则制度，通过各种行之有效的途径和方式，让投资者掌握证券市场投资基础知识，尤其针对产品、制度中涉及投资者风险的部分，向投资者充分揭示，以提高风险意识，增强防范风险和承受风险的能力。

释义：风险教育是保护投资者利益的需要。风险教育的目的在于帮助投资者了解市场、认识市场，让投资者懂得证券市场投资的基本规则，学会分析、判断的操作方法，提高风险意识，增强防范风险的能力，做一个理性的、成熟的、高素质的投资者。

词条名称：**投资者信心**

英　　文：**investor confidence**

定义：投资者信心是指投资者在当前经济和市场环境下的投资心理和预期变化，对未来投资前景的心理预期，投资者信心是重要的投资者心理因素之一，也会对市场走势产生一定影响。信心股价理论，以市场心理为基础，来解释市场股价的变动，并非完全依靠公司财务方面的资料，故此理论可以弥补传统股价理论的缺点，对股市的反常现象，提出合理的解释。

股票投资者教育

---

① 撰写：张苑、刘英华、苏焯旭、秦懿等；审核：刘裕辉、蔡奕、张文、苏梅等；单位：深圳证券交易所。

释义：根据信心理论，促使市场股价变动的因素，是市场基于未来的股票价格、公司盈利与股票投放比率等条件，所产生信心的强弱。

投资者若对于股市基本情况乐观，信心越强，就必然以买入股票来表现其心态，股价因而上升，倘若资金本身过于乐观时，可能漠视股票超越了合理正常价格水平，而盲目大量买入，使股票价格上涨至不合情理的价位水平。

相反，投资人士若对股票市场基本情况悲观，信心转低落，将抛出手中股票，股价因此下跌，倘若投资人士心理过度悲观，以致不顾正常股票价格、公司盈余与股息水平而大量抛售股票，则可导致股票价格被抛低至不合理水平。

词条名称：**投资者信心指数**

英　　文：**investor confidence index**

定义：投资者信心指数是反应整个市场未来波动性的指数，反映了投资者在当前经济和市场环境下投资心理和预期的变化。2008 年 5 月，保护基金公司在借鉴国内外投资者信心理论研究和调查工作实践的基础上，编制了中国证券投资者信心指数。该指数以月度为单位，从国内经济基本面、国内经济政策、国际经济和金融环境、股票估值指标、大盘乐观指标、大盘反弹指标、大盘抗跌指标、买入指标 8 个指标进行描述。

释义：证券市场具有与实物经济不同的衍生性和虚拟性，证券价格在很大程度上依赖于投资者的主观心理因素，“投资者信心”本身是一个模糊而无法捉摸的概念。投资者信心指数就是为了明确投资者的信心，使用一组具体的指标来量化投资者对市场各方面的评价和期望，以使“信心”具有可比性、可操作性，也使市场中不同的人形成对信心内涵的共识。中国证券投资者信心指数数值介于 0 ~ 100 之间，50 为中性值。指数大于 50 时，表示投资者中持乐观、积极看法的比例大于持悲观、消极看法的比例，投资者信心整体偏向乐观。指数值越高，表示投资者信心越强。指数小于 50 时，表示投资者中持乐观、积极看法的比例小于持悲观、消极看法的比例，投资者信心整体偏向悲观。

词条名称：**金融素养**

英　　文：**financial literacy，缩写 Finit**

定义：金融素养是指个人对金融知识、常识的了解和掌握。

释义：具有一定金融素养的个人通常能够在个人理财方面，例如地产、保险、投资、储蓄、税务规划和退休计划等领域作出合适的决策。具有金融素养的个人应该至少对复利、财务规划、信用卡消费、有利的储蓄方法、消费者权利以及资金的时间价值等基本理财概念有所掌握。缺乏金融素养可能导致个人理财决策失误，并可能对个人财务健康造成损害。

词条名称：**投资者适当性**

英　　文：**investor suitability**

定义：投资者适当性是指金融机

构所提供产品或服务与投资者的财务状况、风险承受程度、投资需求、知识和经验的匹配度。金融机构在向投资者提供投资建议、组合投资管理和推荐公开发行的证券时，应评估所销售的产品是否符合投资者的财务状况和需求，包括了解投资者的投资知识和经验、投资目标、风险承受能力等。

释义：适当性是金融服务的一项行为准则，主要规范金融服务和产品的终端销售行为，但决定产品和服务是否适合投资者的基础还取决于其他市场制度，比如产品的开发、风险管理、信息披露、从业人员资质管理等方面的要求。

适当性要求各市场相关主体承担相应的责任：（1）对于监管机构而言，通过订立、监督和执行金融机构的业务标准以及向投资者提供教育、信息和服务实现相应程度的投资者保护。采用不同的方法对不同的产品市场订立差异化的监管政策、监督和执行标准。监管机制能够有效推动并奖励公平对待客户的行为。对金融机构和投资者角色和责任给予清晰的界定和平衡，对不当行为进行有效监管。由于零售投资者群体使用金融服务的能力较弱，也更易于受到不当服务行为的伤害，因此适当性的监管要求着重于零售投资者群体；（2）对于产品及服务开发机构，能够将公平对待客户的原则纳入公司提供服务的各个环节，所设计的产品满足特定市场和目标客户群体的需要，提供给客户的产品确保“表里如一”。（3）对于产品销售和咨询服务机构，能够持续提供清晰的、基于投资者差异化需求的、持续的投资及咨询服务建议。（4）对于投资者，需要在购买产品和服务前、签订合同时以及购买产品后承担与维护自身权益相关的责任。第一，在做出决定前，仔细阅读理解产品资料和宣传材料，需要时，寻求协助和咨询服务，并通过监管机构网站核实产品提供机构的合法性。帮助服务提供者了解自己的需求，如真实全面地回答相关问题、提供相关信息、协助判断自己对风险的偏好和承担能力、通过比较选择最佳的服务机构、阅读适当性报告、了解投资咨询人员和机构的服务过程和服务范围等。第二，在签订合同时，告知公司个人投资需求和具体条件的变化情况。收到合同仔细阅读并核实是否有错漏和不理解的问题。如对推荐的产品或自己的决定不满意，在规定的时限内取消合同并注意保护个人信息；持有产品期间，应时常关注自己的财务需求、现状和产品业绩。阅读定期报告并及时询问有关不明事项，必要时及时调整资产配置。第三，出现突发事件时，及时了解情况并采取措施。如发生权益纠纷应及时寻求帮助和投诉。产品到期时，寻找替代产品；明白并接受不作为的后果，理解并承担错买产品的后果，理解监管机构和仲裁补偿机构的责任和局限。

一般来说，监管机构并不直接对投资者提出监管要求，主要是通过对金融机构的监管达到特定的目标，投资者在投资过程中所应注意的问题和承担的责任更多是通过投资者教育进行传递。

词条名称：投资者教育国际论坛（IFIE）

英　　文：international forum for investor education，缩写 IFIE

定义：投资者教育国际论坛是一个非商业性、非政府的国际组织，成立于2005年，其前身是2003年证券业协会国际理事会（ICSA）设立的“投资者教育工作小组”，该组织宗旨是促进全球投资者教育活动，使全球证券市场的投资者在掌握投资知识的前提下，选择金融产品，做出投资决策。

释义：IFIE 的主要职责：（1）整理、收集全球投资者教育相关信息；（2）促进机构在投资者教育方面相互交流、相互学习；（3）制定投资者教育标准和最佳实践。

词条名称：中国证监会投资者保护局

英　　文：CSRC investor protection bureau

定义：中国证监会投资者保护局（简称“投保局”）在2011年年底正式成立，作为证监会内设机构，投保局负责证券期货市场投资者保护工作的统筹规划、组织指导、监督检查、考核评估。

释义：投保局的职能包括：负责投资者保护工作的统筹规划、组织指导、监督检查、考核评估；推动建立健全投资者保护相关法规政策体系；统筹协调各方力量，推动完善投资者保护的体制机制建设；督导促进派出机构、交易所、协会以及市场各经营主体在风险揭示、教育服务、咨询建议、投诉举报等方面提高服务投资者的水平；推动投资者受侵害权益的依法救济；组织和参与监管机构间投资者保护的国内国际交流与合作。

词条名称：中国证券投资者保护基金

英　　文：china securities investor protection fund

定义：2005年6月，国务院批准中国证监会、财政部、人民银行发布《证券投资者保护基金管理办法》（以下简称《管理办法》），2005年8月30日，中国证券投资者保护基金公司正式成立，其使命是全心全意保护投资者的合法权益。

释义：中国证券投资者保护基金主要职责包括：筹集、管理和运作证券投资者保护基金；监测证券公司风险，参与证券公司风险处置工作；证券公司被撤销、关闭和破产或被证监会采取行政接管、托管经营等强制性监管措施时，按照国家有关政策规定对债权人予以偿付；组织、参与被撤销、关闭或破产证券公司的清算工作；管理和处分受偿资产，维护基金权益；发现证券公司经营管理中出现的可能危及投资者利益和证券市场安全的重大风险时，向证监会提出监管、处置建议；对证券公司运营中存在的风险隐患会同有关部门建立纠正机制。同时，积极开展证券公司和上市公司投资者保护评价工作，探索建立投资者教育、投资者调查和投资者呼叫组成的多层次投资者教育和服务体系。

词条名称：**互动易**

英　　文：**easyIR**

定义："互动易"（网址：irm.cninfo.com.cn）是"深圳证券交易所上市公司投资者关系互动平台"的简称。2011年11月12日，深交所在原有"上市公司投资者关系互动平台"的基础上，利用互联网先进技术并借鉴微博等新媒体方式推出升级版，取名为"互动易"。深交所建立"互动易"旨在为上市公司与投资者之间搭建一个规范、直接的交流和沟通平台，同时也为上市公司建立一个自愿性信息发布平台；"互动易"平台作为法定信息披露的有效补充，是上市公司自愿性、交互式信息发布和进行投资者关系管理的综合性网络平台。

释义："互动易"平台包括以下信息：(1)"互动易"为深交所每家上市公司建立投资者关系管理页面和综合性互动交流平台，在该网页上有这家上市公司的所有提问、回复、投资者关系信息、所有信息披露文件等，还包括该公司的前十大股东、股本结构、分红情况、高管信息等各类信息，为投资者提供查阅上市公司信息的一站式服务；(2)投资者可通过"互动易"向在深交所上市的所有公司提出问题，上市公司通过"互动易"在线回答，所有问题、回复均在该平台上展现，投资者可做全面查询；(3)上市公司通过"互动易"刊载《投资者关系活动记录表》及活动资料；(4)上市公司通过互动易的"公司声音"平台，主动向市场及投资者发布信息，"公司声音"内容包括500字以内的信息说明，可增加与该信息有关的链接、图片。同时，"互动易"还为个人投资者提供个性化信息定制与推送功能，每一位投资者在"互动易"注册并登录后，就可以轻松地对其感兴趣的上市公司、其他注册用户加关注，从而实现"互动易"信息的个性化定制，可以像微博一样直接查看关注对象所发布的信息及最近的更新。同时，投资者还可以订阅上市公司的公告，当所关注的上市公司有新的信息披露时，"互动易"就会向投资者的邮箱发送公告。

词条名称：**上证e互动**

英　　文：**SSE E-networking**

定义："上证e互动"（网址：http://sns.sseinfo.com/）是上海证券交易所为投资者与上市公司等上海证券市场各参与主体提供的一项网上互动交流的服务。

释义：上证e互动平台是由上海证券交易所建立、所有市场参与主体无偿使用的沟通平台。该平台提供互动问答、观察员观点、上市公司资讯、在线访谈、网上路演导航、上交所信息发布等多项交流互动功能，用户可通过平台官方网站或者移动终端应用进行使用。该平台利用互联网技术，为投资者、上市公司以及其他市场参与者提供了集中、便捷、及时的互动渠道。

词条名称：**投知易**

英　　文：**easyIK**

定义："投知易"（网址：www.easyik.cn）是深交所推出的一款投资者服务与教育的在线游戏产品，投资者可以通过该款产品进行模拟证券投资，亲身体验证券投资的乐趣，同时还能全面回顾证券市场成立以来的重大事件与交易行情，此外还能在寓教于乐的游戏中轻松学习证券知识以及了解新股上市首日投资中可能遇见的风险等，帮助投资者快速了解证券市场，并树立正确的投资理念。

释义："投知易"主要由"新股体验"、"模拟投资"、"股市知多少"、"心理测试"等4个游戏模块组成，同时，为了增强与投资者的互动交流，该款在线游戏产品还设立了"互动交流区"及"财富排行榜"等两个模块。在"投知易"游戏平台中，投资者可以通过模拟体验、知识自测、投资问答、游戏互动等多种方式，参与了解深交所多层次资本市场，获取证券知识、熟悉交易规则、演练买卖交易、感受投资风险等，提高对证券市场的认知程度、风险意识和理性参与能力。以下为"投知易"各功能模块的简单介绍：

（1）新股体验——投资者可以重温新股上市首日的真实行情，了解投资中可能遇见的风险，通过实际操作，让投资者深刻体会到"股市有风险，投资需谨慎"。

（2）模拟投资——游戏还原了深圳证券市场成立以来的真实行情数据，以及证券市场发生的重大历史事件，给投资者穿越时空的游戏体验，重演历史操作，让投资者从游戏中不断总结经验，提升投资能力。

（3）股市知多少——游戏为投资者提供了丰富的知识题库，在游戏中投资者可以不断地巩固和学习证券市场的各类知识，更好地为实践操作提供理论依据。

（4）心理测试——投资者可以通过投资心理测试，进一步了解自己的投资心理及其对投资风险的承受能力，回归理性投资。

（5）互动交流区——该模块为投资者互动交流的平台，在这里投资者可以发表对游戏的建议或意见，亦可与游戏玩家一起互动，进一步探讨游戏，相互交流学习，在切磋游戏的同时，共同提高投资的实战水平。

（6）财富排行榜——该排行榜对"投知易"的所有玩家进行排名，累计总资产最高的前30名玩家将在此榜公开展示，同时，投资者玩家还可以在这里进行"账户重置"，通过反复的练习，一定能荣登此榜。

词条名称：**投票易**

英　　文：**easy vote**

定义："投票易"是深圳证券交易所视频股东大会直播系统与上市公司股东大会网络投票系统的统称，旨在利用现代互联网络技术，畅通中小投资者参与公司治理渠道，帮助投资者充分行使和维护自身的权益。

释义："投票易"为投资者提供网络视频股东大会直播以及网络投票系统：（1）网络视频股东大会搭建起中小投资者参与上市公司治理的新渠道，让投资者足不出户参与股东大会，让上市公司现身说法解释议案，并通过网上网下互动，推动股东与公司"面对面"对话机制的形成，实现了上市公司决策过程的透明化，从而提升上市公司治理水平。（2）上市公司股东大会网络投票系统是指交易所利用网络与通信技术，为上市公司股东非现场行使股东大会表决权提供服务的信息技术系统，是股东高效、便捷行使股东表决权的重要手段，具体投票事宜请参见《深圳（或上海）证券交易所上市公司股东大会网络投票实施细则》。

词条名称：**分析易**

英　　文：**easy analysis**

定义："分析易"是深圳证券交易所创建的支持投资者理性决策的综合信息平台，包括持续开展投资者"走进上市公司"活动，加大力度引入新媒体实现互动，打造"投资者调研全媒体信息平台"；升级 XBRL 互动网站，应用互联网信息技术，提高投资者理性参与能力等。

词条名称：**呼叫易**

英　　文：**easy call**

定义："呼叫易"是深圳证券交易所投资者服务热线的简称。是深圳证券交易所为投资者提供的以热线电话为基础，涵盖电话、邮件、信函、短信、在线交流、投资者举报电子系统等多种方式的全方位、立体化投资者维权平台。投资者通过深交所官方网站，可以查询相关联系方式。

（二）投资者风险教育

词条名称：**投资**

英　　文：**investment**

定义：投资是货币转化为资本的过程，目的就是为了获得上市公司的资本利得，股票投资者看重上市公司的业绩和分红等基本面因素，所依据的理论基础是贴现现金流模型，投资一般有着较长的时间周期。

释义：格雷厄姆在其代表作《证券分析》中指出："投资是基于详尽的分析，保证本金的安全和满意回报的操作。"

词条名称：**投机**

英　　文：**speculation**

定义：投机是为了获得价格波动的超额利润，股票投机者看重的是价格与时间之间的关系，关心的是买卖行为之间的差价，投机行为一般持续时间较短。

释义：格雷厄姆在其代表作《证券分析》中指出：投资是基于详尽的分析，保证本金的安全和满意回报的操作，不符合这一标准的操作就是投机。但投资行为与投机行为有时很难严格区分，投机是投资的一种高级形式，有助于活跃市场；投资者的行为基本遵循价值规律，他们根据多种科学的经济指标来进行买卖操作；投机者则愿意承担价格变动的风险，只要认为所买入的目标会在某种因素的作用下上涨，就会坚决买入，以期从中获利，而不管未来价格是否合理。

词条名称：**价值投资**

英　　文：**value investing**

定义：价值投资是以合适的价格买入企业基本面良好的上市公司的股票并长期持有，等待股价随着公司业绩的提升而上涨，从而获得较高投资收益的一种投资策略。

释义：价值投资有三大基本概念，

也是价值投资的基石，即正确的态度、安全边际和内在价值。对于一个真正的价值投资者来说，买入股票就成了公司的股东，与高管、基层员工一起扎扎实实办公司、创造财富、造福社会，随着公司愈加健康、盈利能力愈强，股东自然获得丰厚的回报。

词条名称：**相机抉择投资**

英　　文：**discretionary investment**

定义：相机抉择投资是指投资者在投资决策时，可以根据市场情况和宏观经济状况等特点，机动地决定和选择当前究竟是否投资或者投资哪些行业。

词条名称：**分散投资**

英　　文：**diversified investment**

定义：分散投资是指投资者为降低风险而将资金分别用于购买不同企业、不同种类和不同性质的有价证券的投资方式。

释义：采用分散投资方式，可能是此亏彼赚，以盈补亏，避免更大的风险。其主要在于投资对象分散、投资时间分散、投资市场分散。

词条名称：**组合投资**

英　　文：**portfolio**

定义：组合投资即投资组合理论，投资者投资决策的原则是获得尽可能大的期望收益，承担尽可能小的风险，如果仅投资于单个证券，决策选择十分有限。为了获得更多的选择机会，投资者可以将资金按一定比例分别投资于若干不同的证券上，这种投资方式叫证券的组合投资。

释义：组合投资依据证券的收益与风险程度，通过证券分析，对各种证券进行有效的选择、配合，创造多种投资选择机会，并确定降低非系统性风险的投资组合。组合投资遵循的基本原则是证券风险水平相同时，选择收益率高的证券；证券收益率相同时，选择风险最小的证券。

词条名称：**证券投资风险**

英　　文：**securities investment risk**

定义：证券投资风险是指投资者在证券投资过程中遭受损失或达不到预期收益的可能性。例如，预期会有收益而实际发生了亏损，或者预期收益很高而实际只得到较小的收益。

释义：证券投资风险按照其影响范围和能否避免可以分为系统性风险和非系统性风险两大类。系统性风险是指某种对市场上所有的证券都会带来损失可能性的风险，如重大的政治变动、政府重要经济政策的出台等，对于投资者来说这种风险是无法消除的，包括购买力风险、市场风险、利率风险等；非系统性风险指对市场上某一种或者几种证券造成损失可能性的风险，如某一企业经济状况的恶化、市场供求状况的改变、有关不利于某一企业或行业的经济政策的出台、产业结构的调整等，包括企业风险、财务风险、信用风险、道德风险等，投资者可以通过多样化投资来消除这种风险。

词条名称：**创业板投资风险**

英　　文：**securities investment risk for growth enterprise board**

定义：创业板投资风险是指投资

于创业板企业或股票的相关风险。由于在创业板上市的企业大多处于成长期，规模较小，经营稳定性相对较低，总体上投资风险相对于主板大。

释义：与主板市场只接纳成熟的、已形成足够规模的企业上市不同，创业板以自主创新企业及其他成长型创业企业为服务对象，具有上市门槛低、信息披露监管严格等特点，其成长性和市场风险均高于主板：（1）技术失败风险。创业企业处于成长期的早期，盈利模式、市场开拓都处于初级阶段，不是那么稳定，抵抗市场风险和行业风险的能力相对较弱；新技术的先进性与可靠性、新模式的适用面与成熟度、新行业的市场容量与成长空间等都往往具有较大的不确定性，经营失败的可能性较高。（2）市场风险。即新产品不被市场接受，以及由于产品更新换代带来的风险。（3）财务风险。创业企业在创建和成长阶段需要大量的投入，获取销售收入往往有很长时间的滞后期，并且在财务管理方面也存在很大的不确定性。（4）核心人员风险。创始人、管理团队以及核心技术人员的离职或变动，都可能给创业企业的经营带来较大的波动。（5）退市风险。相对于主板市场，国际市场上创业板公司退市的比例更高，对退市条件的规定也更为严格。因此，投资者在参与创业板市场股票投资时，可能面临比主板市场更大的退市风险。

词条名称：**“炒新”**

英　　文：**IPO speculation**

定义：“炒新”是指在新股上市首日进行买入交易，并在短时间内择机卖出，以期在股价差异中赚取收益。

释义：由于新股上市首日交易无涨跌幅限制，股价波动幅度较大，新股容易成为被爆炒的对象。数据显示，中小个人投资者是新股上市首日买入的绝对主力，超过半数的投资者在“炒新”中亏损，且“炒新”者多为初次尝试上市首日买入新股。“炒新”并非包赚不赔，其中蕴含着巨大的投资风险，投资者在新股上市首日切勿盲目跟风买入，对待“炒新”一定要保持谨慎、冷静的心态。

词条名称：**“炒小”**

英　　文：**small-cap stock speculation**

定义：“炒小”是指在短时间内买卖股本或市值较小的中小上市公司的股票（俗称小盘股），以期从股价差异中赚取收益。

释义：由于股本较小的上市公司股票价格波动相对较大，容易出现价格差异较大的情况并从中获利，因而被爆炒的情况屡见不鲜。但小盘股价格涨得快，也跌得快，存在较大的市场风险，同时还面临上市公司不断扩股的风险。由于小盘股机构大资金进出不易，参与者多为个人投资者，容易成为不法者操纵和炒作的对象。因此“炒小”并非包赚不赔，其中蕴含着较大风险，投资者切勿盲目跟风，需冷静、理性投资。

词条名称：**“炒差”**

英　　文：**underperformance stock speculation**

定义：“炒差”是指投资者买入基

本面较差的上市公司的股票（俗称“绩差股”），甚至是面临退市风险的股票，以期上市公司通过重组等措施使公司基本面大幅改善，从而获取高额收益。

释义：由于基本面较差，绩差股上市公司股价走势不明朗，购买这类股票面临较大的市场风险，有的甚至面临退市。即使可能重组，重组成功的概率也不高，购买此类股票可能面临血本无归的后果。

词条名称：**股指期货投资风险**

英　　文：**investment risk of stock index futures**

定义：股指期货是一种以股票价格指数作为标的物的金融期货合约。股指期货投资风险则是指投资于股指期货时形成的各类风险，由于股指期货采用保证金交易，会放大价格波动导致的市场风险，股指期货投资风险较一般股票的投资风险更大。

释义：投资者在投资股指期货的过程中主要应关注以下5类风险：

（1）法律风险。股指期货投资者如果选择了不具有合法期货经纪业务资格的期货公司从事股指期货交易，投资者权益将无法得到法律保护；或者所选择的期货公司在交易过程中存在违法、违规经营行为，也可能给投资者带来损失。（2）市场风险。由于保证金交易具有杠杆性，当出现不利行情时，股价指数微小的变动就有可能会使投资者权益遭受较大损失；价格波动剧烈的时候，甚至会因为资金不足而被强行平仓，使本金损失殆尽，因此，投资者进行股指期货交易会面临较大的市场风险。（3）操作风险。与股票交易一样，行情系统、下单系统等都有可能出现技术故障，导致无法获得行情或无法下单；或者由于投资者在操作过程中出现操作失误，都可能会造成损失。（4）现金流风险。现金流风险实际上指的是当投资者无法及时筹措资金满足建立和维持股指期货持仓之保证金要求的风险。（5）连带风险。为投资者进行结算的结算会员或同一结算会员下的其他投资者出现保证金不足、又未能在规定时间补足，或因其他原因导致中金所对该结算会员下的经纪账户强行平仓时，投资者的资产可能因被连带强行平仓而遭受损失。

词条名称：**可转换公司债投资风险**

英　　文：**investment risk of convertible bonds**

定义：可转换公司债投资风险是指投资可转换公司债形成的各类风险。可转换公司债是指发行人依照法定程序发行，在一定期限内依据约定的条件可以转换为股份的公司债券。

释义：投资可转债可以有效防范股票投资风险，但也应该认识到：（1）投资可转债存在利息损失的风险。当股价下跌到转换价格以下时，可转债投资者被迫转为债券投资者，因可转债利率一般低于同等级的普通债券利率，这会给投资者带来利息损失。（2）投资可转债存在提前赎回的风险。许多可转债都规定了发行者可以在发行一段时间之后，以某一价格赎回债券。

提前赎回限定了投资者的最高收益率。投资者购买可转债之后，应特别关注发债公司的赎回公告，如在股票持续上涨的时候，发债公司可能会按赎回条款的规定对该可转债进行赎回，并多次发布提示性公告，赎回会预留足够的时间给转债持有人转股或卖出转债。一旦忽视了这些提示性公告，将可能导致转债被强制赎回，给投资者带来较大损失。（3）投资者在投资可转债时必须认真阅读相关条款，特别是回售条款、赎回条款和转股价修正条款，以免不必要的损失。（4）投资者在投资可转债时，必须了解可转债的价格会由于上市公司的分红派息行为而除权，转股价也会做相应调整。

词条名称：**权证投资风险**

英　　文：**investment risk of warrants**

定义：权证是指一种有价证券，其持有人在规定期间内或特定到期日，有权按约定的价格向发行人购买或出售标的证券，或以现金结算方式收取结算差价。权证属于具有杠杆效应的特殊的交易品种，投资者虽然有机会以有限的成本获取较大的收益，但也有可能在短时间内蒙受全额或巨额的损失，从而形成权证投资风险。

释义：投资者在选择权证投资前，应确认充分了解权证交易的以下9种风险：（1）权证具有证券类产品交易所具备的各种风险。（2）权证是一种高杠杆投资工具，在存续期间均会与标的证券的市场价格发生互动关系，标的证券市价的微小变化可能会引起权证价格的剧烈波动。（3）权证上市前，由发行人确定其行权价格、行权比例、行权日期等要素。上市交易后，权证价格容易受到市场供求关系等多种因素的影响。（4）投资者在参与权证交易前，应分析了解权证发行人的履约能力，如财务状况、信用状况等，研究权证发行的条件及各项约定。（5）权证期满且无其他履约价值时，权证即无任何价值。（6）投资者在进行权证交易时，必须了解其开户证券公司是否有资格从事权证交易经纪服务，或其交易资格可能受到部分或全部限制，并作相应安排。（7）投资者在通过证券公司参与权证交易前，必须了解其开户证券公司是否具备权证交易和结算业务资格。（8）当权证交易出现重大异常交易或涉嫌违规行为时，交易所可能采取包括临时停牌、公布相关账户交易信息、限制交易等监管措施，投资者也应注意由此可能对投资决定产生的影响。（9）投资者应特别关注权证的行权方式，很多投资者购买权证时，经常未分清认股和认沽权证的类别，导致错误行权，造成不必要的损失。

（三）投资者行为分析

词条名称：**交易偏好**

英　　文：**trading preference**

定义：交易偏好是指不同的人由于家庭财力、学识、投资时机、个人投资取向等因素的不同，导致其投资风险承受能力不同；同一个人也可能在不同的时期、不同的年龄阶段及其他因素的变化而表现出对投资风险承受能力的不同，因此，交易偏好主要是指对风险的偏好。

释义：投资者的交易偏好可以划分为保守型投资者、中庸保守型投资者、中庸型投资者、中庸进取型投资者、进取型投资者。

词条名称：持股期限

英　　文：shareholding continuance

定义：持股期限是指投资者从公开发行和转让市场取得上市公司股票之日至转让交割该股票之日前一日的持有时间。

释义：持股期限一般按照自然年（月）计算。持有股份数量以每日日终结算后投资者证券账户的持有记录为准。投资者的持股期限是衡量投资风险的一个重要指标，持股期限越长，价值投资的趋势就越大。

词条名称：资金周转率

英　　文：turnover rate of capital

定义：资金周转率，类似股票中的换手率概念，指在一定时间内投资者持有的股票转手买卖的频率。资金周转率是反映投资者持股风格是否稳健的指标，周转率越高，投资者持股期限越短，反映投资者倾向于短线操作；周转率越低，投资者的持股期限越长，反映投资者倾向于价值投资。

释义：一般而言，个人投资者的资金周转率较高，基金等机构投资者的资金周转率相对较低。

词条名称：盈亏分析

英　　文：return analysis

定义：盈亏分析又称盈利分析，是投资者对持有股票所获得的盈利或者亏损进行的分析。

释义：投资者的总盈亏是浮动盈亏和实现盈亏两个部分的总合。浮动盈亏即反映投资者的账面盈利或亏损；实现盈亏即投资者卖出时与其获得成本之间差额，反映其实现部分的盈亏情况。

词条名称：心理账户

英　　文：mental accounting

定义：心理账户是指投资者在心理上无意识地把财富划归不同的账户进行管理，不同的心理账户有不同的记账方式和心理运算规则。

释义：人们根据资金的来源、资金的所在和资金的用途等因素对资金进行归类，在心理上划分到不同账户进行管理，并倾向于基于账户进行评价和决策。绝大多数人都会受到心理账户的影响，常常错误地将一些资金的价值估计的比另一些低，如赌场赢得的资金、股票市场获得的横财、意想不到的财产等都会被估价得比常规的收入低，并且人们倾向于更轻率地或随意地使用这些被低估的资产。

词条名称：冲击成本

英　　文：impact cost

定义：冲击成本是指完成一定金额的交易对市场价格造成的冲击程度。

释义：冲击成本的高低代表了市场流动性的水平。冲击成本指数越大，说明交易的成本越高，该证券的流动性越差。

词条名称：机会成本

英　　文：opportunity cost

定义：机会成本是指在面临多方案择一决策时被舍弃的选项中的最高价值者。机会成本又称择一成本、替代性成本。

释义：机会成本通常包括两部分：(1) 使用他人资源的机会成本，即付给资源拥有者的货币代价，被称作显性成本；(2) 使用自有资源的机会成本，即放弃其他可能性中得到的最大回报的代价，也被称为隐性成本。

词条名称：沉没成本

英　　文：sunk cost

定义：沉没成本是指已经发生或承诺、无法回收的成本支出，如因失误造成的不可收回的投资。沉没成本是一种历史成本，对现有决策而言，是不可控成本，不会影响当前行为或未来决策。

释义：2001 年诺贝尔经济学奖获得者之一美国经济学家斯蒂格利茨用生活中的一个例子来说明什么是沉没成本。“假如你花 7 美元买了一张电影票，你怀疑这个电影是否值 7 美元。看了半个小时后，你最担心的事情被证实了：影片糟透了。你应该离开影院吗？在做这个决定时，你应当忽视那 7 美元。它是沉没成本，无论你离开影院与否，钱都不会再收回。”斯蒂格利茨在这里不但生动地说明了什么是沉没成本，而且还指明了我们对待沉没成本应持怎样的态度。

词条名称：市场效率系数

英　　文：market efficiency factor

定义：市场效率系数是指股票长期收益率方差与短期收益率方差之比（经时间长度调整）。该系数等于 1 时，价格运动是随机游走，市场有效；偏离 1 越远，市场效率越低。

释义：市场定价效率也称为市场信息效率，是指证券市场的证券价格反映信息的能力，或者说是价格反映所有相关信息的速度和准确性。

词条名称：期望理论

英　　文：expectancy theory

定义：期望理论是行为金融学的重要理论基础。Kahneman 和 Tversky (1979) 通过实验对比发现，大多数投资者并非是标准金融投资者而是行为投资者，其行为并不总是理性的，也并不总是风险回避的。

释义：投资者更愿意冒风险去避免亏损，而不愿意冒风险去实现利润的最大化。在有利润的情况下，多数投资者是风险的厌恶者；而在有亏损的情况下，多数投资者变成了风险的承担者。换句话说，在面临确信有赚钱的机会时，多数投资者是风险的厌恶者；而在面临确信要赔钱时，多数投资者成为了风险的承受者。在这里，风险是指股价未来走势的一种不确定性。

词条名称：理性预期

英　　文：rational expectation

定义：理性预期指针对某个经济现象（例如，市场价格）进行预期的时候，如果人们是理性的，那么他们会最大限度地充分利用所得到的信息来作出行动，而不会犯系统性的错误，因此，平均来说，人们的预期应该是准确的。

释义：理性预期理论建立在两个前提上：（1）每个经济行为主体未来事件的预期是合乎理性的；（2）只要让市场机制充分发挥作用，各种产品和生产要素的价格都会通过供求变动，最终使各自的供求达于平衡。

词条名称：**有限理性**

英　　文：**bounded rationality**

定义：赫伯特·亚历山大·西蒙（Herbert Alexander Simon）所提出的有限理性认为：第一，知识的局限使人们处理新信息及其相关关系的能力有限；第二，人们对不确定下的“成本—收益”分析的能力有限；第三，情绪的作用可能使人们忽略一些因素而陷入认知不协调，因此人们的理性是受到局限的，也就是有限理性。

释义：在现实的金融市场中，将各种市场参与者，特别是个人投资者假定为完全理性，是很难令人信服的。明显的例子是许多投资者的投资决策经常犯一些“错误”，或者根据市场上的“噪声”而非信息进行交易，或者根据自己的情绪或冲动进行交易，即便是他们得到了真实的信息，在做决策时也很冷静，他们也无法完全避免因为固有的心理偏好与行为偏好所带来的影响。

词条名称：**认知偏差**

英　　文：**cognitive bias**

定义：认知偏差是指人们在决策过程中存在的信念及价值判断方面的各种偏差，主要有过度自信、损失厌恶、心理账户、保存主义和后悔厌恶等。

释义：认知偏差是人们对决策问题理解上的扭曲，导致这种扭曲的原因有：由于缺乏注意力或认知过载而对信息的收集与辨认不完善；由于信息处理过程中框定、代表性、赌徒谬论、小数心律、逻辑谬论等原因而导致的对信息的理解错误；由于知识不充分导致的不正确的学习和失败的记忆过程等等。

词条名称：**效用最大化**

英　　文：**maximization of utility**

定义：在现代市场经济中，市场运作的主体是企业和个人。市场主体的经济行为都有着自己的目标，并以明智的方式追求这一目标。个人追求的目标就是效用的最大化，即在个人可支配资源的约束下，使个人需要和愿望得到最大限度的满足。

释义：效用最大化行为的观点通常作为经济分析的基本假设。它并不是说任何一个市场主体的每一种经济选择和经济决策行为都达到了效用最大化的目标，而是说主体的行为可以用效用最大化的观点加以分析和预测。

（四）投资者行为与认知偏差

词条名称：**投资者情绪**

英　　文：**investor mood**

定义：投资者情绪是指投资者对未来的预期带有系统性偏差，而这种带有偏差的预期就称为投资者情绪。

释义：股市中，贪婪情绪导致股

市超涨时，持有者不卖，未介入者则不断追涨，形成超涨；反之，恐惧则促使不断杀跌，使股价由合理下跌转为超跌。股市是由人参与的，由于大多数投资者缺乏自制力、自主性以及输赢不计、处变不惊、不以物喜、不以己悲的超脱情怀，因而面对股市的变化，投资者情绪相互感染，引发共鸣。

词条名称：**证实偏差**

英　　文：**confirmation bias**

定义：证实偏差是指一旦形成一个信念较强的假设或设想，人们就会以一种偏见的态度看待随后的证据，来尽可能证明这个信念是正确的，而不再关注那些否定该设想的新信息。

释义：信念坚持是导致证实偏差的心理基础。当市场形成一种“股市将持续上涨”的信念时，投资者往往对有利的信息或证据特别敏感或容易接受，而对不利的信息或者证据视而不见，从而继续买进并进一步推高股市；相反，当市场形成下跌恐慌时，人们就只能看到不利于市场的信息，以致进一步推动股市下跌。

词条名称：**可得性偏差**

英　　文：**availability bias**

定义：由于受记忆力或知识的局限，现在进行预测和决策时，人们大多利用自己熟悉的或能够凭想象构造而得到的信息，导致赋予那些易见的、容易记起的信息以过大的比重，但这只是应该被利用的信息的一部分。还有大量的其他必须考虑的信息，这些信息对于正确评估同样有着重要影响，但人们的直觉推断却忽略了这些因素，卡尼曼与特维斯基（1974）把上述现象称为可得性偏差。

释义：比如，人们往往倾向于关注热门股票，从而在与媒体的接触中做出其上涨概率较大的判断。而事实往往相反，很多较少关注的股票的涨幅通常大于热门股票的平均涨幅。

词条名称：**代表性偏差**

英　　文：**representativeness bias**

定义：代表性偏差是指这样一种认知倾向：人们喜欢把事物分为几个典型的类别，然后，在对事件进行概率估计时，过分强调这种典型类别的重要性，而不顾有关其他潜在可能性的证据。

释义：大多数投资人坚信好公司就是好股票，这就是一种代表性偏差。这种认识性偏差的产生是由于投资者将好公司的股票认同为好股票。其实好公司的股票价格过高时就可能是坏股票，坏公司的股票价格过低时也可能成了好股票。

词条名称：**损失厌恶**

英　　文：**loss aversion**

定义：损失厌恶是指人们在面对收益和损失的决策时，表现出不对称性，人们面对同样数量的收益和损失时，损失会使其产生更大的情绪波动。

释义：损失厌恶体现在金融市场上，人们通常在资产组合中更愿意卖出盈利头寸，而非亏损头寸。投资者不喜欢卖出正在损失的股票，而是倾向于持有它，从而承担价格下跌的风险。他们的损失厌恶比风险厌恶更强烈，或比他们抓住盈利机会的紧迫性更强烈。

词条名称：**风险厌恶**

英　　文：**risk aversion**

定义：风险厌恶是一个人接受一个有不确定收益的交易时相对于接受另外一个更保险但是也可能具有更低期望收益的交易的不情愿程度。

释义：例如，一个风险厌恶的投资者可能会选择将他的钱存在银行以获得较低的但确定的利息，而不愿意将钱用于购买股票，在获得高的期望收益的同时承担损失的风险。与一个人的风险厌恶程度相对，称之为风险容忍（Risk Taker）。

词条名称：**后悔厌恶**

英　　文：**regret aversion**

定义：后悔厌恶是指当人们做出错误决策时，对自己的行为感到痛苦，这种认为没有做出正确决定的情绪就是后悔。

释义：后悔厌恶在金融市场的投资中广泛存在，投资者在做出决策时，要把现时情绪和他们过去遇到过的不同选择的情形进行对比，如果投资者认识到不同的选择会使他们处于更好的境地，他就会因为自己做出了错误的决定而自责不已。

词条名称：**过度自信**

英　　文：**over confidence**

定义：心理学家通过实验观察和实证研究发现，人们往往过于相信自己的判断能力，高估成功的机会，把成功归功于自己的能力，而低估运气、机会和外部力量在其中的作用，这种认知偏差称为过度自信。

释义：过度自信是典型而且普遍存在的一种心理偏差，过度自信意味着个人投资者会高估其持有的信息、知识幻觉及其能力，每个人都认为自己可以击败市场。证券市场上存在着“情绪周期”，牛市往往导致了更多的过度自信。投资者由于过度自信，坚信自己掌握了有必要进行投机性交易的信息，并过分相信自己能获得高于平均水平的投资回报率，因此导致大量过度频繁的交易。

词条名称：**过度反应/反应不足**

英　　文：**over reaction/under reaction**

定义：过度反应是指投资者对最近的价格变化赋予过多的权重，对近期趋势的外推导致其与长期平均值不一致。反应不足是指证券价格对影响公司价值的基本面消息没有做出充分的反应。

释义：通常情况下，投资者会对导致价格变化的消息反应不足，他们认为这些信息很平常，并由于锚定、认知偏差等而忽视这些消息。信息扩散开来之后，调整就不可避免，最后，当信息被证实后，投资者又会变得过度反应。公司盈利增长、股票回购、首次分红、不分红、股票拆分等信息公布后，股价立即得到反应，这是过度反应的表现，而在随后较长时间维持同一方向移动，这是反应不足的表现。

词条名称：**羊群效应**

英　　文：**herd effect**

定义：羊群效应就是金融市场中的羊群行为（Herd Behaviors），指投资者在信息环境不确定的情况下，行为受到其他投资者的影响，模仿他人的决策，或者过度依赖于舆论，而不考虑个人信息的行为。

释义：在金融市场上存在大量的羊群行为，个人投资者常常根据其他同类投资者的行动而行动，在他人买入时买入，在他人卖出时卖出，并且个人投资者普遍存在对机构投资者的跟从行为。投资者的羊群行为既不利于个人的投资收益，也不利于金融市场的稳定。对投资者而言，羊群行为的投资者在市场中获得的收益率比较低，而对整个金融市场而言，羊群行为所导致的群体一致性行为会促使股票价格对价值的偏离，形成一种正反馈机制，导致股票市场的非理性繁荣与恐慌，加剧了股票市场的系统性风险。

词条名称：**蛇咬效应**

英　　文：**snake bite effect**

定义：在经历了投资损失后，人们变得谨慎，比较不愿意接受风险。就好像被蛇咬过之后，会变得很怕蛇，这种现象被称为蛇咬效应。

释义：在投资行为中通常表现为当一只股票买高了，如果股价下跌，就感觉到如同被蛇咬了，于是会急于出局，结果导致卖低了。

词条名称：**锚定效应**

英　　文：**anchoring effect**

定义：锚定效应是指在判断过程中，最初得到的信息会影响人们对事件的估计。人们通常以一个初始值为开端进行估计和调整，以获得问题的解决答案，调整通常是不充分的，不同的初始值会产生不同的估计，就会导致估计值的偏离。

释义：锚定效应在股市上表现为保守主义偏差，往往与反应不足联系在一起。例如，证券市场上的投资者往往参考专家的股评建议来行动，即使投资者并不相信股评，但是由于他们习惯于依据股评经过调整来决策，而且其调整往往是不充分的，所以其行动还是受到股评的影响。由于锚定效应的存在，人们往往不能对新信息做出充分反应。

词条名称：**日历效应**

英　　文：**calendar effect**

定义：日历效应是指股票收益率与时间有关，股票在不同的时间段表现出不同的趋势，也就是说在不同的时间，投资收益率存在系统性差异。

释义：日历效应包括有1月效应、周一效应等。1月的收益率明显高于其他11个月的收益率称之为1月效应，1802～2004年间纽约股票交易所的股价指数的统计表明，其1月股票的平均收益率为1.10%，而其他11个月的月平均收益率为0.7%。

词条名称：**赌场盈利效应**

英　　文：**house money effect**

定义：赌场盈利效应是指人们对

待赌博赢来的钱和工作赚来的钱在消费倾向、风险偏好等方面都存在着差异：对赌博或外快带来的钱往往敢于冒风险，消费起来大手大脚；对工作赚来的钱往往患得患失，不舍得花。

释义：在股票市场和赌场中，不费吹灰之力得来的利润往往会让人更爱冒险。这一效应意味着，投资者从上一笔交易中获利后，更倾向于购买一些冒险型的股票。

词条名称：**卖出效应**

英　　文：**disposition effect**

定义：卖出效应，又称“处置效应”。投资者在投资过程中除了避免后悔以外，还有一种追求自豪的动机在起作用，害怕后悔与追求自豪造成了投资者持有获利股票的时间太短，而持有亏损股票的时间太长，这种现象称为卖出效应。

释义：当投资者持有两只股票，股票A获利20%，而股票B亏损20%，此时又有一个新的投资机会，而投资者由于没有别的钱，必需先卖掉一只股票时，多数投资者往往卖掉股票A，而不是股票B。因为卖出股票B会对从前的买入决策后悔，而卖出股票A会让投资者有一种做出正确投资的自豪感。

词条名称：**确定性效应**

英　　文：**certainty effect**

定义：确定性效应是指与仅具可能性的结果相比，决策者往往对确定性的结果以较大的权重，而对可能性结果的赋值，通常都给以较低的权重。

释义：由于这种确定性效应的影响，决策者对于一些不确定潜在的积极的报酬，却会表现出一种风险厌恶的倾向。例如，股票经纪人在面临购买股票的选择时，如果其中一种股票红利较小，但结果却是肯定的；而另一种股票的红利较大，但结果却具有某种不确定性时，多数股票经纪人都会倾向于购买红利虽小，但肯定能得到红利的那种股票，而不愿意去冒风险购买红利虽大，却仅具有得到红利的可能性的那种股票。这就否定了主观期望效用理论模式的假定，即决策者总是选择收益最大的方案。显然，确定性效应的关键因素是决策权重的性质，它说明人们对确定性结局喜欢（不喜欢）的程度大于对可能发生结局喜欢（不喜欢）的程度，反映了人们对待风险态度的决定要素是人们处理确定性结局和不确定性结局的方式不同。因此，大多数人对不确定结果中正的结局（增益）持回避态度，对确定性结果中负的结局（损失）持追逐风险态度。

十六、投资者关系管理①

（一）投资者关系基础概念

词条名称：**投资者关系**

英　　文：**investor relations，IR**

定义：上市公司（包括拟上市公司）与公司的股权、债权投资人或潜

---

① 撰写：易莹、谢鹏、龚雪林、胡穗咏；审核：惠宣、徐宏、池强；单位：深圳智又盈投资顾问有限公司。

在投资者之间的关系；也包括在与投资者的沟通过程中，上市公司与资本市场各类中介机构之间的关系。

释义：投资者关系这一定义诞生于美国20世纪50年代后期，这一名称包含相当广泛的意义，既包括上市公司与股东、债权人和潜在投资者之间的关系管理，也包括在与投资者的沟通过程中，上市公司与资本市场各类中介机构之间的关系管理。

词条名称：**投资者关系管理**

英　　文：**investor relations management，缩写 IRM**

定义：根据证监会发布的《上市公司与投资者关系工作指引》，投资者关系管理是指公司通过信息披露与交流，加强与投资者及潜在投资者之间的沟通，增进投资者对公司的了解和认同，提升公司治理水平，以实现公司整体利益最大化、保护投资者合法权益的重要工作。

释义：在目前证券市场不断发展，上市公司数量不断增加，投资品种日渐丰富的情况下，如何让投资者发现公司价值，并且保持对公司的长期认可并不是一件容易的事情。投资者关系管理就是要通过有效的沟通，提高投资者对公司的认同度和忠诚度，进而实现公司相对价值最大化。具体而言，投资者关系管理的目的是：（1）促进公司与投资者之间的良性关系，增进投资者对公司的进一步了解和熟悉；（2）建立稳定和优质的投资者基础，获得长期的市场支持；（3）形成服务投资者、尊重投资者的企业文化；（4）促进公司整体利益最大化和股东财富增长并举的投资理念；（5）增加公司信息披露透明度，改善公司治理。

可见，投资者关系管理的工作核心就是通过与投资者有效的沟通，促进其对公司的了解和认同。在沟通的过程中，首先应当注意的是，公司应当将投资者关系管理作为公司长期持续的一种观念和态度，与投资者平等、诚恳、相互尊重的沟通，取得投资者的信任；其次，就是要讲究沟通的方式方法，注意运用资本营销等技术，从而促进沟通的效果。

词条名称：**公共关系管理**

英　　文：**public relation management，缩写 PRM**

定义：公共关系管理是指上市公司通过搜集与自身生存和发展密切相关的信息和情报资料，并进行分析、加工和整理，使公司能够及时把握自身所处的政治、经济、社会、文化环境以及公众的现状和变化情况，预测本公司、所处环境以及公众发展的走向，并制定出科学的公共关系计划。

释义：公共关系是一个公司为创造良好的生存环境、发展环境，通过一系列有目的、有计划、持续的传播沟通工作，与其特定的公众对象建立起和谐的社会关系。上市公司公共关系管理职能部门包括的主要工作有：媒体关系维护、媒体传播、公关活动策划与执行、品牌营销策划与执行、企业社会责任活动等。

词条名称：**投资者认知假说**

英　　文：**investor recognition hypothesis**

定义：投资者认知假说是指在其他条件相同的情况下，如果某家公司能被更多的投资者所认知，那么公司特有风险会得到有效分散，从而导致投资者预期报酬率下降，公司的市场价值提高。因此，投资者认知程度的提高会降低公司的资本成本。

释义：由于市场信息普遍存在不对称的情况，投资者对不同证券所拥有的信息不相同，一般只会投资于自己了解的证券，在其他条件相等的情况下，如果某家公司能够被更多的投资者认识，就会减少因“鲜为人知”而造成的“成本影子”，从而降低投资者的预期收益，提高公司股票的市场价值。一般来说，优秀的上市公司会严格按照有关法律法规、《信息披露管理制度》以及《投资者关系管理制度》，加强信息披露和投资者关系管理，通过指定的信息披露媒体，真实、准确、完整、及时地披露相关信息。同时，公司建立畅通的沟通渠道，通过投资者专线电话、投资者关系网络互动平台等方式与投资者进行充分的沟通交流。

词条名称：**马赛克理论**

英　　文：**mosaic theory**

定义：马赛克理论，又称镶嵌说。通常是指若干非重大的信息或信息片段，结合起来可以形成有重要价值的信息的这种现象。

释义：在证券与金融领域，投资人或分析师通过对若干相关的非重大或公开信息进行分析、判断，也可形成有效的投资判断。这个判断如同把破碎的彩片拼成完整的图画，因此被称为马赛克理论。

词条名称：**绿票讹诈**

英　　文：**green mail**

定义：绿票讹诈是指投机者购买公司大量股票，企图加价出售给公司收购者，或者以更高的价格把股票卖回给公司，以避免这部分股份落入公司收购者的手中。

释义：绿票讹诈由 green（美元的俚称）和 blackmail（讹诈函）两个词演绎而来，指的就是单个或一组投资者大量购买目标公司的股票。其主要目的是迫使目标公司溢价回购上述股票（进行讹诈）。出于防止被收购的考虑，目标公司以较高的溢价实施回购（给付赎金），以促使上述股东将股票出售给公司，放弃进一步收购的打算。

词条名称：**最佳 IPO（首次公开发行）投资者关系奖**

英　　文：**best IR for IPO award**

定义：最佳 IPO 投资者关系奖是由英国《投资者关系杂志》委托第三方独立机构，对卖方分析师、买方分析师、基金经理进行无记名问卷调查，由汇总数据得出的奖项。

释义：英国《投资者关系杂志》是面向国际投资者关系群体发行的全球月刊，覆盖面达 100 多个国家。同时，《投资者关系杂志》也是全球投资者关系表现的权威评奖机构，每年年底在香港、伦敦、北京/上海的金融中心举办一系列颁奖活动。我国曾获得该杂志最佳 IPO 投资者关系奖的上市公司包括：交通银行获 2005 年度“最佳 IPO 投资者关系奖”；中国银行获 2006 年度“最佳 IPO 投资者关系奖”。

（二）投资者关系主体与客体

词条名称：**新闻发言人**

英　　文：**spokesman**

定义：新闻发言人是代表上市公司向媒体发布有关新闻或阐述本部门的观点立场，并代表上市公司回答记者提问的公共关系人员。

释义：上市公司应当指定特定、惟一的个人（例如，董事会秘书、财务总监、总经理等）作为其新闻发言人，并建立相应的“新闻发言人制度”，以满足监管机构对信息披露规范的要求，实现对外宣传和信息披露的归口。除非得到明确授权，公司高级管理人员和其他员工不得在投资者关系活动中代表公司发言。

新闻发言人也是上市公司危机公关的关键人物。当上市公司发生重大事件或由此导致舆情危机时，新闻发言人还会在公司组织的新闻发布会或者记者见面会时，代表公司发布有关新闻或阐述本部门的观点立场，并代表有关部门回答记者的提问。

词条名称：**财经媒体**

英　　文：**financial media**

定义：财经媒体是以经济、金融、证券、投资为主要报道内容的媒体或普通社会化媒体的财经版块，包括报纸刊物、广播、电视、互联网、移动网络等多种传播平台和形式。财经媒体把上市公司的信息通过其载体或平台传递给投资者，降低外部投资者与企业内部人员的信息不对称。

词条名称：**投资者关系顾问**

英　　文：**investor relations consultant**

定义：投资者关系顾问也称为财经公关（Financial PR consultant），是指协助企业（主要是指上市公司）进行投资者关系管理工作的专业顾问机构，上市公司和投资者之间进行交流、沟通的桥梁。

释义：上市公司的投资者关系顾问主要协助企业维护其在资本市场投资者和那些对投资者有重要影响的人士及机构心目中的特定形象和价值定位，通过展开一系列设计、展示、推介、解释和沟通等公关推广活动，从而增强投资者的持股信心，使其股票价格与上市公司真实价值相匹配。

词条名称：**投资者关系协会**

英　　文：**investor relations institute**

定义：投资者关系协会是企业管理层、投资公众和金融界之间交流沟通的专业性协会。

释义：目前，比较有影响力的这类协会有全美投资者关系协会（National Investor Relations Institute，NIRI）、加拿大投资者关系协会（Canadian Investor Relations Institute，CIRI）和国际投资者关系协会（International Investor

Relations Federation，IIRF）。中国目前并未成立投资者关系协会，上市公司协会、上市公司董事（长）协会和董秘协会在一定程度上承担了这样的职责。

词条名称：**噪音交易者**

英　　文：**noise trader**

定义：噪音交易者是指由于无法获得内部信息，非理性地把噪音当作信息进行交易的投资者。

释义：在有效市场假说中，证券价格与价值之间存在着一个偏差，这个偏差就是噪声。由于证券市场中的交易者依靠信息对交易品种的价值作出判断，尽管价值是先于价格的产生而客观存在的，但在实际交易过程中对价值的判断表现为一种“共识”，“价值发现”就是对价值的“共识”达成一致的行为，共识的达成受众多投资者行为的影响，所以这种一致的认识即价值判断的标准无法实现静态的均衡，同时无法先验地判断哪些信息与价值有关，哪些信息与价值无关。于是价格与价值之间就会出现偏差，噪声由此产生。

在噪声的形成机制上，有效市场假说认为，噪声是一个均值为零的随机项，并会随着信息的传播很快消失。而噪声交易理论则认为，由于信息不对称和金融市场不确定性的长期存在，噪声会长期存在，使价格可能长期偏离基础价值。噪声是众多因素共同作用的结果，其中最主要的因素是金融市场众多交易者存在着严重的信息不对称以及交易者对风险偏好的不同。

噪声和噪声交易对市场流动性来说是非常重要的，它是提高市场流动性的必要手段。但过度噪声的存在又阻碍了信息的披露，降低了市场效率。因此，噪声交易是一把双刃剑。

词条名称：**证券分析师**

英　　文：**securities analyst**

定义：证券分析师是依法取得证券投资咨询执业资格，并在证券经营机构就业，主要就与证券市场相关的各种因素进行研究和分析，包括证券市场、证券品种的价值及其变动趋势进行研究及预测，并向投资者发布证券研究报告、投资价值报告等，以书面或者口头的方式向投资者提供上述报告及分析、预测或建议等服务的专业人员。

释义：证券分析师研究的对象包括权益证券、某一特定公司或行业等等，依据上市公司公开披露的信息资料和其他合法获得的信息，对与投资分析、预测及咨询服务相关的主要因素应进行尽可能全面、详尽、深入地调查研究，向投资者或客户提供投资分析、预测和建议。

（三）投资者关系管理内容

词条名称：**投资者关系发展战略**

英　　文：**investor relations development strategy**

定义：投资者关系发展战略是指上市公司对资本市场全局的谋略，明确企业未来在资本市场的定位及发展方向，建立资本市场品牌，并使投资者和相关方明晰企业目标，认识企业价值。

释义：投资者关系发展战略是上

市公司战略管理的重要内容，对提高公司的核心竞争力起着非常关键的作用。它是公司投资者关系举措的指导思想，通过有效地运用金融、沟通和市场营销学的方法，把公司的重要信息准确、及时、主动地与投资者双向交流，促进上市公司与投资者之间的良性关系，获得投资者的认同，从而实现公司价值和投资者利益的最大化。

词条名称：**投资者关系管理组织**

英　　文：**investor relations management organization**

定义：投资者关系管理组织是上市公司（包括拟上市公司）进行有效投资者关系管理工作的主体，是持续、及时、准确地向资本市场传递公司战略规划、经营管理、公司治理、发展前景等信息的组织保障。

释义：上市公司（包括拟上市公司）需要在组织建设上保证投资者关系管理部门有足够的职权和能力，并通过具体的部门设置形式来充分体现公司对投资者关系管理的重视，赋予投资者关系管理部门独立性和足够的重视，确保该部门能最大限度地获得管理层及相关部门的支持与配合。

词条名称：**投资者沟通**

英　　文：**investor communication**

定义：投资者沟通是指上市公司通过积极地、主动地开展投资者关系工作，加强与投资者、潜在投资者以及资本市场相关方（包含财经媒体、监管机构、分析师）之间的沟通，以增进投资者对公司的了解和认同，实现公司整体利益最大化，保护投资者的合法权益。

释义：上市公司与投资者的沟通方式，可以分为标准化（或格式化）的沟通方式和非标准化（或非格式化）的沟通方式：（1）标准化（或格式化）的沟通方式是指上市公司必须按照规定的格式披露信息，如年度财务报告、招股说明书等；（2）非标准化（或非格式化）的沟通方式是指上市公司可以根据自己的意愿按照特定的宽泛原则披露信息，如致股东的信、新闻稿、电话会议、分析师会议、股东大会等。

投资者沟通的内容主要包括：（1）公司的发展战略，包括公司的发展方向、发展规划、竞争战略和经营方针等；（2）法定信息披露及其说明，包括定期报告和临时公告等；（3）公司依法可以披露的经营管理信息，包括生产经营状况、财务状况、新产品或新技术的研究开发、经营业绩、股利分配等；（4）公司依法可以披露的重大事项，包括公司的重大投资及其变化、资产重组、收购兼并、对外合作、对外担保、重大合同、关联交易、重大诉讼或仲裁、管理层变动以及大股东变化等信息；（5）企业文化建设；（6）公司的其他相关信息。

词条名称：**市值管理**

英　　文：**market value management**

定义：市值管理是指公司建立一种长效组织机制，效力于追求公司价值的最大化，为股东创造价值，并通过与资本市场保持准确、及时的信息交互传导，维持各关联方之间关系的相对动态平衡。

释义：市值的外在表现是指在某特定时间内，该股票的发行数量乘以当时股票价格所得出的股票总价值。公式为：市值 = 股票发行数量 × 股票价格，市值的内在本质在于它是公司综合素质或价值的集中体现。

市值管理是公司经营哲学和经营理念的深刻转型，这个转型的核心内容是企业经营的目标从利润最大化向企业价值最大化过渡。市值管理的意义在于：其一，公司的股价高低直接关系到公司的控制权，如果明显低估，甚至会存在恶意收购的可能性；其二，良好的市值表现有利于降低公司的融资成本；其三，市值体现了企业家的价值和企业经营的成果；其四，市值直接反映上市公司对社会资本的吸纳能力，影响和决定着公司的未来发展。

词条名称：**舆情监测**

英　　文：**public opinion monitoring**

定义：舆情监测是指对互联网传播的有关上市公司的有较强影响力的媒体报道、言论和观点等信息的一种监视和预测行为。

释义：舆情监测是指利用互联网搜索技术对互联网海量信息进行抓取，对上市公司相关的媒体报道、言论、观点等信息进行筛选、分类和判断，并进行阶段性的汇总和分析，直至形成舆情监测报告的一系列行为。通过舆情监测，可以了解公司所处的舆论环境，并作为上市公司媒体管理工作和投资者沟通工作的参考依据。

词条名称：**舆情危机**

英　　文：**public opinion crisis**

定义：舆情危机是指由于媒体及网络上的负面报道、专业人士的质疑、同行业或利害相关人的举报等，对公司的股价和生产经营造成重大影响，并对投资者利益造成损害的公共关系事件。

释义：上市公司面临的舆情危机，包括但不限于媒体及网络上的负面报道、专业人士的质疑、同行业或利害相关人的举报等。重大的舆情危机，将对公司形象和股价造成不良影响，给公司带来严重的负面后果，甚至影响公司的经营发展。舆情危机发生并受到广泛关注后，监管机构会根据具体情况进行核查，并采取相应措施。因此，上市公司应做好预防工作，建立健全信息管理制度，进行全面舆情监测，制定相应的危机公关处理方案。

词条名称：**危机公关**

英　　文：**crisis management**

定义：危机公关是指企业遇到危机时，通过一系列的活动来获得社会公众的谅解，从而避免不良影响，并巩固良好形象的一项工作。

释义：上市公司在经营管理过程中会不可避免遇到不同类型的危机事件，如利润下滑、人才流失、劳动纠纷、监管部门处罚等。

从危机公关的处理来看，主要分为危机预警、危机确认、危机控制、危机解决几个阶段。在危机预警阶段，预测公司可能遇到的各种危机，制定各种对策方案，启动危机处理机制；在危机确认阶段，挖掘危机源头，分析、预测不良影响。尽快与问题的源头取得直接联系，争取达成谅解；在危机控制阶段，新闻发言人向公众表明处理危机的诚恳态度，发布公司采取的措施，安抚公众；把真相告知政府部门或者相关权威机构；调查真相；处理受害者的个案；在危机解决阶段，及时评估和总结危机处理结果，深入分析事件发生的原因，收集公众对公司的看法、意见和议论，总结经验教训，撰写报告，为以后处理类似事件提供借鉴。总体而言，在进行危机公关时，应遵从的基本原则包括：预防第一原则；主动面对，真诚沟通原则；快速反应原则；单一口径原则；绝对领导原则。

词条名称：**公共关系调查**

英　　文：**public relations survey**

定义：公关关系调查是指通过运用定性和定量的研究方法，准确地了解公众对上市公司的意见、态度和反映，发现影响公众舆论的因素，并从中分析和确定社会环境状况、公司的公共关系状态及其存在的问题，为公司制定切实可行的公共关系筹划方案提供客观依据。

释义：公共关系调查是全部公共关系工作的起始点，它为公共关系目标的确立和公共关系计划的制定提供了基本依据，也为公共关系方案的实施提供了根本保证。是社会调查的一种表现形式，是指社会组织通过运用科学方法，搜集公众对组织主体的评价资料，进而对主体公共关系状态进行客观分析的一种公共关系实务活动。

对上市公司来说，公共关系调查的目标群体主要为投资者、潜在投资者、媒体、分析师、客户、员工及其他利益相关者，运用专业的统计分析方法，了解上述目标群体对公司的意见、态度和反映，作为公司公共关系工作的指导依据，树立和维护公司良好形象。

（四）投资者关系管理活动

词条名称：**一对一沟通**

英　　文：**one-on-one interaction**

定义：上市公司在必要的时候，就公司的经营情况、财务状况及其他事项，与投资者、基金经理、分析师等分别进行一对一的沟通，介绍公司情况、回答有关问题并听取相关建议，这种沟通方式称为一对一沟通。

释义：一对一沟通的具体形式包括一对一的电话会议、视频会议、路演和反路演等等。上市公司一对一的沟通中，应平等对待投资者，为中小投资者参与一对一沟通活动创造机会。为避免一对一沟通中可能出现选择性信息披露，上市公司可将一对一沟通的相关音像和文字记录资料在公司网站上公布，还可邀请新闻机构参加一对一沟通活动并作出报道。

词条名称：**一对多沟通**

英　　文：**one-to-many communication**

定义：上市公司在必要的时候，

就公司的经营情况、财务状况及其他事项，同时召集多个投资者、基金经理、分析师或媒体等进行沟通，介绍公司情况、回答有关问题，并听取相关建议，这种沟通方式称为一对多沟通。

释义：一对多沟通的具体形式包括一对多的电话会议、视频会议、网上业绩说明会、分析师会议、现场调研等等。上市公司一对多沟通中，应平等对待投资者，为中小投资者参与一对多沟通活动创造机会。为避免一对多沟通中可能出现选择性的信息披露，上市公司可将一对多沟通的相关音像和文字记录资料在公司网站上公布，还可邀请新闻机构参加一对多沟通活动并作出报道。

词条名称：**双向传播**

英　　文：**bilateral communication**

定义：双向传播是指存在着反馈和互动机制的传播活动。

释义：在双向传播过程中，传受双方相互交流和共享信息，保持着相互影响和相互作用的关系。在与投资者沟通的过程中，要保持良好的双向传播，就要使投资者对公司的经营现状、竞争对策、发展目标、风险管控等问题有深入的了解，同时做到尊重、倾听投资者的声音，听取投资者的意见和建议，对于有益的建议积极采纳。

词条名称：**网上业绩说明会**

英　　文：**online performance briefing**

定义：网上业绩说明会是指上市公司利用网络平台，采取网络直播的方式对广大投资者举行的针对业绩情况的说明性会议。

释义：在网上业绩说明会上，上市公司就投资者关心的公司经营情况、财务数据、重大事项、发展前景等与投资者沟通。投资者通过网上业绩说明会，能更快捷地了解公司有关信息，并有一个及时性和互动性强、反馈及时、覆盖广泛的网络平台得以交流信息、共享资源，有助于促进上市公司与投资者的相互了解。

词条名称：**网上路演**

英　　文：**online roadshow**

定义：网上路演是指上市公司与投资者通过互联网进行互动交流的活动。

释义：通过实时、开放、交互的网上交流，一方面可以使上市公司进一步展示公司股票的价值，加深投资者的认知程度，并从中了解投资人的投资意向，对投资者进行答疑解惑；另一方面可以使各类投资者了解企业的内在价值和市场定位，了解企业高管人员的素质，从而更加准确地判断公司的投资价值。网上路演是实现上市公司和中小投资者进行沟通的有效途径，并将起到舆论监督、强化信息披露、增加新股发行透明度的作用。

词条名称：**分析师会议**

英　　文：**analyst conference**

定义：分析师会议是指上市公司在认为有必要的时候与分析师进行会议沟通，介绍公司情况、回答有关问题并听取相关建议。

释义：上市公司可在定期报告结束后、实施融资计划或其他公司认为必要的时候举行分析师会议。在分析师会议中，公司将集中向证券分析师介绍公司的发展战略、生产经营、新产品或新技术开发、财务状况和经营业绩、投资项目等各方面的情况，分析师也可以向公司领导人提出问题和建议。公司在发生重大事件（如融资、重大资产重组等）或者出现危机时，可以举行分析师会议，使投资者可以准确把握公司的实际情况。公司也可以定期举行分析师会议，鼓励投资者长期关注公司的发展。由于分析师对投资者影响较大，甚至直接影响到市场的主流资金对公司的价值判断，因此，举办分析师会议很必要，也需要慎重。

词条名称：**投资者开放日**
英　　文：**investors open day**
定义：投资者开放日是指深圳证券交易所邀请投资者到深交所现场体验交易过程、即时交流和现场互动的活动。

释义：2009 年 8 月 21 日，深交所模拟交易系统正式启用，投资者开放日系列活动也正式启动，深交所邀请投资者现场亲身体验操作模拟交易系统。作为体验平台，深交所金融创新实验室推出的模拟交易系统，通过动漫、图片、文字等多种形式，帮助投资者体验开户、提交委托和成交、查询等一系列股票投资流程，旨在将投资者教育的内容具体化、生动化，寓教于乐，搭建起广大投资者对交易全过程的全景式体验平台。在投资者开放日活动中，深交所将为投资者系统介绍交易所提供的广播、电视、报纸、网络等媒体专栏，以及宣传手册、光盘等产品，介绍热线电话、服务信箱、语音查询、在线交流等服务手段，讲解有关证券专业网站的信息导航。

十七、规则制度[①]

（一）国家相关法律（简介）

词条名称：**《中华人民共和国证券法》**
英　　文：**The Securvities Law of the People' s Repalic of China**
定义：《中华人民共和国证券法》是指为了规范证券发行和交易行为，保护投资者的合法权益，维护社会经济秩序和社会公共利益，促进社会主义市场经济的发展，制定的法律规范。

释义：《证券法》于 1998 年 12 月 29 日第九届全国人民代表大会常务委员会第六次会议通过，自 1999 年 7 月 1 日起施行。2004 年 8 月 28 日，第十届全国人民代表大会常务委员会第十一次会议做出《关于修改〈中华人民共和国证券法〉的决定》，对《证券法》的个别条款作了修正。2005 年 10 月 27 日，第十届全国人民代表大会常务委员会第十八次会议审议通过了重新修订的《证券法》，自 2006 年 1 月 1 日起施行。

本法共 12 章，分别为总则、证券

---

① 撰写：王春锋、彭万鑫、张楠、耿洪勋等；审核：谷秀娟、邓淑斌、李保成；单位：河南工业大学、中原证券股份有限公司、河南证监局。

发行、证券交易、上市公司的收购、证券交易所、证券公司、证券登记结算机构、证券服务机构、证券业协会、证券监督管理机构、法律责任、附则。本法共240条。

《证券法》是规范我国证券市场运行的基本法律，基本立法宗旨是规范证券发行和交易行为，保护投资者的合法权益，维护社会经济秩序和社会公共利益，促进社会主义市场经济的发展。《证券法》施行以来，对我国资本市场的发展起到了重要作用。

词条名称：**《中华人民共和国公司法》**

英　　文：**The Companies Law of the People's Republic of China**

定义：《中华人民共和国公司法》是指为了规范公司的组织和行为，保护公司、股东和债权人的合法权益，维护社会经济秩序，促进社会主义市场经济的发展，制定的法律规范。

释义：《公司法》于1993年12月29日第八届全国人民代表大会常务委员会第五次会议通过，根据1999年12月25日第九届全国人民代表大会常务委员会第十三次会议《关于修改〈中华人民共和公司法〉的决定》第一次修正，根据2004年8月28日第十届全国人民代表大会常务委员会第十一次会议《关于修改〈中华人民共和公司法〉的决定》第二次修正，2005年10月27日第十届全国人民代表大会常务委员会第十八次会议修订，自2006年1月1日施行。

本法共13章，分别为总则，有限责任公司的设立和组织机构，有限责任公司的股权转让，股份有限公司的设立和组织机构，股份有限公司的股份发行和转让，公司董事、监事、高级管理人员的资格和义务，公司债券，公司财务、会计，公司的合并、分立、增资、减资，公司解散和清算，外国公司的分支机构，法律责任，附则。本法共219条。

《公司法》是规范公司组织形式的基本法律，其立法宗旨在于规范公司的组织和行为，保护公司、股东和债权人的合法权益，维护社会经济秩序，促进社会主义市场经济的发展。

《公司法》的实施，顺应了深化改革、促进发展的实践要求，为我国社会主义市场经济的发展提供了更加强有力的制度支持。

词条名称：**《中华人民共和国证券投资基金法》**

英　　文：**The Law of the People's Republic of China on Funds for Investment in Securities**

定义：《中华人民共和国证券投资基金法》是指为了规范证券投资基金活动，保护投资人及相关当事人的合法权益，促进证券投资基金和证券市场的健康发展，制定的法规。

释义：《证券投资基金法》于2003年10月28日在中华人民共和国第十届全国人民代表大会常务委员会第五次会议上通过，自2004年6月1日起施行。本法共12章，分别为总则、基金管理人、基金托管人、基金的募集、基金份额的交易、基金份额的申购与赎回、基金的运作与信息披露、基金合同的变更、终止与基金财产清算、基金份额持有人权利及其行使、监督管理、法律责任与附则。本法共103条。《证券投资基金法》是我国证券市场的重要法律之一，是现代金融法律制度的重要组成部分，在市场经济法律体系中占有重要地位。其颁布与实施，为中国基金业的持续健康有效运作和发展提供了重要保障，对于规范基金活动、保护投资者的合法权益，促进基金业和证券市场的健康发展发挥了重要作用。

词条名称：**《中华人民共和国刑法》**

英　　文：**The Criminal Law of the People's Republic of China**

定义：《中华人民共和国刑法》是指我国规定犯罪、刑事责任和刑罚的法律规范。

释义：《刑法》于1979年7月1日第五届全国人民代表大会第二次会议通过，1997年3月14日第八届全国人民代表大会第五次会议修订，后来以修正案的形式多次作了修正，2011年2月25日公布了第八次修正案。在涉及资本市场的内容中，《刑法》分则第三章第三节、第四节、《刑法》修正案（六）规定了妨害公司、企业的管理秩序罪和破坏金融管理秩序罪，以及与资本市场、证券有关的犯罪，例如，第一百六十条规定了欺诈发行股票、债券罪，第一百六十一条规定了违规披露、不披露重要信息罪，第一百六十九条规定了背信损害上市公司利益罪，第一百七十九条规定了擅自发行股票、公司、企业债券罪，第一百八十条规定了内幕交易、泄露内幕信息罪、利用未公开信息交易罪，第一百八十一条规定了编造并传播证券、期货交易虚假信息罪、诱骗投资者买卖证券、期货合约罪，第一百八十二条规定了操纵证券、期货市场罪。

词条名称：**《中华人民共和国担保法》**

英　　文：**The Guarantee Law of People's Republic of China**

定义：《中华人民共和国担保法》是指调整担保活动中有关当事人之间发生的担保关系的法律规范。

释义：《担保法》于1995年6月30日在中华人民共和国第八届全国人民代表大会常务委员会第十四次会议通过，自1995年10月1日起施行。本法共7章，分别为总则、保证、抵押、质押、留置、定金、附则。第一章主要规定本法的立法目的、担保的方式、担保活动的原则、反担保等。第二章主要规定保证和保证人、保证合同和保证方式、保证责任。第三章主要规定抵押和抵押物、抵押合同和抵押登记、抵押的效力、抵押权的实现、最高额抵押。第四章主要规定动产质押、权利质押。第五章主要规定留置的定义、担保的范围、留置权消灭等。第六章主要规定有关定金的形式、额度等。第七章主要是有关定义及本法施行时间。本法共96条。2007年出台的《中华人民共和国物权法》对抵押、质押、留置3个担保物权进行了规定。

词条名称：《中华人民共和国反洗钱法》

英　　文：The Anti-money Laundering Law of the People's Republic of China

定义：《中华人民共和国反洗钱法》是我国为预防洗钱活动，维护金融秩序，遏制洗钱犯罪及相关犯罪而制定的专门性法律。

释义：《反洗钱法》于2006年10月31日第十届全国人民代表大会常务委员会第二十四次会议通过，自2007年1月1日起施行。反洗钱是指为了预防通过各种方式掩饰、隐瞒毒品犯罪、黑社会性质的组织犯罪、恐怖活动犯罪、走私犯罪、贪污贿赂犯罪、破坏金融管理秩序犯罪、金融诈骗犯罪等犯罪所得及其收益的来源和性质的洗钱活动，依照规定采取相关措施的行为。在中华人民共和国境内设立的金融机构和按照规定应当履行反洗钱义务的特定非金融机构的反洗钱义务，包括依法采取预防、监控措施，建立健全客户身份识别制度、客户身份资料和交易记录保存制度、大额交易和可疑交易报告制度等。任何单位和个人发现洗钱活动，有权向反洗钱行政主管部门或者公安机关举报。其中，依法设立的从事金融业务的政策性银行、商业银行、信用合作社、邮政储汇机构、信托投资公司、证券公司、期货经纪公司、保险公司等属于该法所称的金融机构。

（二）政府相关法规（简介）

词条名称：《证券公司监督管理条例》

英　　文：Regulations on Supervision and Administration of Securities Company

定义：《证券公司监督管理条例》是由国务院制定，旨在规范证券公司行为、防范证券公司风险、促进证券业健康发展的行政法规。

释义：《证券公司监督管理条例》由国务院于2008年4月23日第6次常务会议通过，自2008年6月1日起施行，共8章97条。该条例细化和落实了《证券法》、《公司法》的原则要求，对证券公司设立与变更、证券公司组织机构设置、证券公司业务规则与风险控制、客户资产保护、监督管理措施和法律责任进行了规定，首次对证券经纪人的地位和融资融券业务进行了定义，加强了对证券经纪业务、证券自营业务、证券资产管理业务、融资融券业务的风险控制的规定。条例确立了客户资金在证券公司、商业银行和客户之间的三方存管体系，明确了证券公司的监督管理体系，是证券公司综合治理后规范证券公司治理的纲领性文件。

词条名称：《证券公司风险处置条例》

英　　文：Regulations on Risk Management of Securities Companise

定义：《证券公司风险处置条例》是由国务院制定，旨在控制和化解证券公司风险，保护投资者合法权益和社会公共利益的行政法规。

释义：《证券公司风险处置条例》于2008年4月23日经国务院第6次常务会议通过并予以公布，自公布之日起施行，共7章63条。该条例是在证券公司综合治理工作的基础上指导证券公司风险处置的规范文件。条例涵盖了证券公司停业整顿、托管、接管、行政重组、撤销、破产清算和重整、监督协调、法律责任等方面，确立了证券公司的市场退出机制和防范化解证券公司风险的具体措施，尤其对证券公司风险处置过程中市场参与各方的职责和对被处置证券公司责任人的法律责任进行了明确规定，是证券公司综合治理后强化证券公司风险监管的纲领性文件。

（三）部门规章和规范文件（简介）

词条名称：《首次公开发行股票并上市管理办法》

英　　文：**Measures for the Administration of Initial Public Offering and Listing of Stocks**

定义：《首次公开发行股票并上市管理办法》是中国证监会规范在中国境内首次公开发行股票并上市的发行条件、程序、信息披露、监管和处罚等内容的部门规章。

释义：为贯彻落实国务院《关于推进资本市场改革开放和稳定发展的若干意见》提出的从源头上提高上市公司质量的要求，中国证监会通过总结我国首次公开发行股票并上市工作实践、借鉴境外成熟证券市场经验，制定并颁布了《首次公开发行股票并上市管理办法》。该办法自2006年5月18日起施行，全文共六章七十条，对首次公开发行股票并上市的发行条件、程序、信息披露、监管和处罚做出了较为详细的规定。该办法通过对发行人独立性、财务指标的要求，明确发行条件，推动优质企业上市；通过加大中介机构审慎核查责任、处罚力度，加强自律监督，提高信息披露质量；通过实施预先披露制度、募集资金专项存储制度、提高关联交易的严格披露和禁售期的要求，深化发行制度改革，强化新股发行的市场约束机制，其各项制度是对《证券法》规定的发行条件的细化，确立了证券发行上市的市场化原则。

规则制度

词条名称：《上市公司证券发行管理办法》

英　　文：**Measures for the Administration of the Issuance of Securities by Listed Companies**

定义：《上市公司证券发行管理办法》是中国证监会制定的规范上市公司在中国境内发行证券的发行条件、程序、信息披露、监管和处罚等内容的部门规章。

释义：为了规范上市公司证券发行行为，保障投资者的合法权益和社会公共利益，中国证监会制定并于2006年5月6日颁布了《上市公司证券发行管理办法》，于2006年5月8日起施行。全文共七章七十五条，对上市公司证券发行的条件、程序、信息披露、监管和处罚分别作出了规定。其中，第一章“公开发行证券的条件”对上市公司组织机构、盈利能力、财务状况、违法违规、募集资金作出了一般规定，列明不得公开发行证券的数种情形，并分别对上市公司发行股票和可转换公司债券作出了特别规定；第二章“非公开发行股票的条件”建立了上市公司非公开发行的原则和制度；第三章、第四章、第五章分别规定了上市公司证券发行的发行程序、信息披露、监管和处罚。《上市公司证券发行管理办法》的实行，进一步强化了公开发行证券的市场约束机制，拓宽了上市公司的融资渠道，严格了上市公司募集资金的管理，鼓励上市公司回报股东，提高了证券市场的运行效率。

词条名称：《证券发行与承销管理办法》

英　　文：Measures for the Administration of Securities Offring and Underwriting

定义：《证券发行与承销管理办法》是由中国证监会制定的规范发行人在中国境内发行证券、证券公司在中国境内承销证券及投资者认购境内发行的证券的部门规章。

释义：为了适应发行定价机制的变化，中国证监会于2006年9月17日颁布《证券发行与承销管理办法》，于2006年9月19日施行。2010年10月11日根据《关于修改〈证券发行与承销管理办法〉的决定》进行了修正。

全文共七章六十八条，分别对证券询价与定价、发售、承销、信息披露、监管和处罚做出了明确规定，旨在促进证券市场理性定价机制的形成。《证券发行与承销管理办法》整合了《关于首次公开发行股票试行询价制度若干问题的通知》和《对首次公开发行股票询价对象条件和行为的监管要求》的主要内容，对询价制度作了进一步完善，整合规范了有关证券公司承销业务的规范性文件，加强了对发行人、证券公司、证券服务机构和投资者参与证券发行行为的监管，简化了中小企业板的询价发行程序，引入了网下配售、网上发行及其回拨机制、超额配售选择权，加强了对中小投资者的保护。

词条名称：《上市公司股东大会规则》

英　　文：Rules for the General Assemblies of Shareholders of Listed Companies

定义：《上市公司股东大会规则》是由中国证监会制定的规范上市公司股东大会的运行机制、信息披露及监管措施的部门规章。

释义：为了进一步规范上市公司行为，保证股东大会依法行使职权，中国证监会依据2005年新修订的《公司法》、《证券法》等相关法规，在对《上市公司股东大会规范意见（2000年修订）》全面修订的基础上，颁布了《上市公司股东大会规则》。

该规则于2006年3月16日起施行。全文共六章五十三条，对上市公司股东大会的召集、提案与通知、召开、监管措施做了详细明确的规定。相比《上市公司股东大会规范意见（2000年修订）》，该规则缩短了股东大会通知时间，明确规定了股东大会召集和主持的次序、临时提案权和股东对相关事项的质询权、提案披露的要求、股东大会的召开形式、相关诉权，确定了股东参会和表决资格、表决程序，并补充细化了有关计票、监票和累计投票等规定，增强了实际操作性。此外，该规则还增加了股东大会记录及档案管理的规定，以及交易所对违反规定的上市公司正在挂牌交易的证券予以停牌的规定。

《上市公司股东大会规则》规范了上市公司股东大会召集和提案的程序，保证了股东的知情权，确保了股东能够参与公司的经营管理，依法保障了股东的合法权益。

词条名称：《上市公司治理准则》

英　　文：Code of Corporate Governance for Listed Companies

定义：《上市公司治理准则》是规定我国上市公司治理的基本原则、投资者权利保护的实现方式，以及上市公司董事、监事、经理等高级管理人员所应当遵循的基本的行为准则和职业道德等内容的部门规章。

释义：《上市公司治理准则》由中国证监会联合国家经济贸易委员会制定，并于2002年1月7日颁布，是我国第一个全面、系统地规范上市公司行为的重要文件，是针对我国经济转轨时期上市公司法人治理机制的缺陷制定的一系列准则和规范。

该准则于发布之日起施行。全文共八章九十五条，对股东与股东大会、控股股东与上市公司、董事与董事会、监事与监事会、绩效评价与激励约束机制、利益相关者、信息披露与透明度做出了规定。

《上市公司治理准则》的发布，对于指导上市公司完善其治理结构提供了一个标准和示范，具有十分积极的现实意义。它首次明确提出了上市公司治理的原则和目标，加强了对控股股东行为的规范，建立独立董事制度，明确了董事诚信勤勉义务，强化了信息披露，增加了公司透明度，从而有效地保护了中小股东的合法权益，推动了上市公司全面建立现代企业制度，提高了上市公司的质量，增强了投资者的信心，为证券市场进一步规范发展奠定了坚实的基础。

词条名称：《上市公司信息披露管理办法》

英　　文：Rule of information disclosure for Listed Companies

定义：《上市公司信息披露管理办法》是中国证监会以主席令形式发布，对上市公司及其他信息披露义务人的所有信息披露行为进行规范的部门规章，涵盖公司发行、上市后持续信息披露的各项要求。

释义：《上市公司信息披露管理办法》已经2006年12月13日中国证券监督管理委员会第196次主席办公会议审议通过，并自2007年1月30日起施行。其规范的对象包括4个层面：一是上市公司、发行人及其董事、监事、高级管理人员；二是股东、实际控制人和收购人等其他信息披露义务人；三是为信息披露事宜出具专项文件的证券服务机构、保荐人及其从业人员；

四是与上市公司信息披露相关的市场各方，包括利用或可能利用上市公司内幕信息进行交易的机构和个人，散布传播虚假信息的机构和个人及相关媒体。该《管理办法》既是对《公司法》、《证券法》有关精神和《国务院批转证监会关于提高上市公司质量意见的通知》相关内容的细化，又是适应我国资本市场改革发展新形势对以往规则的修改和完善，是信息披露规范性文件的统领性文件，对促进资本市场的公平、公正、公开有较大推进作用。

词条名称：《证券市场禁入规定》

英　　文：**Provisions on Banning the Entry into the Securities Market**

定义：《证券市场禁入规定》是由中国证监会制定，对违反法律、行政法规或者中国证监会有关规定的有关责任人员采取证券市场禁入措施进行规范的部门规章。

释义：《证券市场禁入规定》（以下简称《规定》）于2006年6月7日公布，自2006年7月10日起施行。《规定》称，对于发行人、上市公司、证券公司以及基金公司、证券服务机构的控股股东、实际控制人以及实际控制人的董事、监事、高级管理人员等7类人员存在的违规行为，证监会可以根据情节严重的程度，采取证券市场禁入措施。

证券市场禁入，是指在一定期限内直至终身不得从事证券业务或者不得担任上市公司董事、监事、高级管理人员的制度。对于情节严重的有关责任人员，中国证监会可单独采取证券市场禁入措施，或一并依法进行行政处罚；涉嫌犯罪的，依法移送司法机关，并可以同时采取证券市场禁入措施。被采取证券市场禁入措施的人员，中国证监会将通过中国证监会网站或指定媒体向社会公布，并记入被认定为证券市场禁入者的诚信档案。

词条名称：《证券公司风险控制指标管理办法》

英　　文：**Measures for the Administration of Risk Control Indexes of Securities Companies**

定义：《证券公司风险控制指标管理办法》是由中国证监会制定，指导证券公司建立规范、统一的风险控制指标体系的部门规章。

释义：《证券公司风险控制指标管理办法》是中国证监会于2006年7月20日公布，自2006年11月1日起施行，在2008年6月24日经《关于修改〈证券公司风险控制指标管理办法〉的决定》进行了修正。全文共6章41条。该办法以净资本为核心，把证券公司风险控制指标分为两个层次，即净资本绝对指标和相对指标，涵盖了证券公司的流动性风险、市场风险、操作风险以及各项业务风险。办法明确了证券公司动态风险控制指标监控和补足机制，对证券公司编制各项风险控制指标作出了详尽规定，规定了证券公司经营不同业务所需要达到的最低净资本额和证券公司必须持续符合的风险控制指标标准。

公式：净资本 = 净资产 − 金融资

产的风险调整 - 其他资产的风险调整 - 或有负债的风险调整 -/+ 中国证监会认定或核准的其他调整项目

词条名称：《证券公司融资融券业务管理办法》

英　文：**Measures for the Administration of Securities Margin Trading Business of Securities Companies**

定义：《证券公司融资融券业务管理办法》是由中国证监会制定，对证券公司开展融资融券业务进行规范的部门规章。

释义：《证券公司融资融券业务管理办法》于2006年6月30日由中国证监会首次公布，并在2006年8月1日起正式施行，标志着我国证券市场信用交易制度的建立和做空机制的形成。2011年10月，中国证监会发布《关于修改〈证券公司融资融券业务试点管理办法〉的决定》。

该《办法》确定了业务许可、业务规则、债券担保、权益处理、监督管理等融资融券的业务框架，规定了证券权益变动的处理规则，明确了证券公司、证监会及其派出机构、商业银行等各参与主体的职责。

词条名称：《证券公司客户资产管理业务试行办法》

英　文：**The Trial Measures on Client Asset Management Business of Securities Companies**

定义：《证券公司客户资产管理业务试行办法》是中国证监会为规范证券公司开展客户资产管理业务而制定的部门规章。

释义：《证券公司客户资产管理业务试行办法》由中国证监会于2003年12月18日公布，自2004年2月1日起施行，共6章73条。该办法是对证券公司传统受托理财业务的进一步规范，把受托理财业务划分为定向资产管理、集合资产管理和专项资产管理3类，为资产管理业务创新如特定客户资产管理、专户理财等奠定制度基础。办法对客户资产管理的业务范围和业务资格、基本业务规范、风险控制和客户资产托管、监管措施和法律责任等进行了明确规定。

词条名称：《合格境外机构投资者境内证券投资管理办法》

英　文：**Administrative Measures for the Domestic Securities Investment of the Qualified Foreign Institutional Investors**

定义：《合格境外机构投资者境内证券投资管理办法》是由中国证监会、人民银行和国家外汇管理局制定的对境外机构投资者在中国境内证券市场的投资行为进行规范的部门规章。

释义：《合格境外机构投资者境内证券投资管理办法》经中国证监会、中国人民银行、国家外汇管理局制定，于2006年8月24日公布，自2006年9月1日起实施。该办法要求境外机构投资者从事境内证券投资业务必须符合一定资格条件并经证监会审批且取得国家外汇管理局外汇额度批准。开展业务时，应当由符合要求的境内商业银行负责资产托管，委托符合要求的境内证券公司办理在境内的证券交易活动。该办法的出台为QFII投资A股市场提供了更好的制度环境，有助于QFII更加积极地参与中国资本市场的改革发展。同时，也有助于对QFII投资和资金汇出入行为进行更为严格的监管，确保市场的健康运行和稳妥开放。

词条名称：《合格境内机构投资者境外证券投资管理试行办法》

英　　文：**The Trail Measures for the Administration of Securities Investment Outside the Territory of China by Qualified Domestic Institutional Investors**

定义：《合格境内机构投资者境外证券投资管理试行办法》是由中国证监会制定，对境内机构投资者投资境外证券行为进行规范的部门规章。

释义：《合格境内机构投资者境外证券投资管理试行办法》经中国证监会于2007年6月18日公布，自2007年7月5日起施行。该办法要求境内机构投资者从事境外证券投资业务必须符合一定资格条件并经证监会审批。开展业务时，应当由符合要求的境内商业银行负责资产托管，并可以委托符合要求的境外证券服务机构代理买卖证券。全文共8章47条，对境内机构投资者资格推荐和审批程序、境外投资顾问、资产托管、资金募集、投资运作、信息披露、额度和资金管理、监督管理等做出了具体的规定。

词条名称：《证券投资基金信息披露管理办法》

英　　文：**Administrative Measures on Information Disclosure of Funds for Investment in Securities**

定义：《证券投资基金信息披露管理办法》是中国证监会对证券投资基金信息披露活动进行规范而制定的部门规章。

释义：《证券投资基金信息披露管理办法》于2004年3月30日经中国证监会第80次主席办公会议审议通过，自2004年7月1日起施行，本办法共8章38条。该办法是《中华人民共和国证券投资基金法》的部门配套规章之一。具体规定了基金信息公开披露应当包含的具体内容，在信息披露过程中不得实施的行为以及信息披露应当采用的文本语言和数字格式等基本内容，并对基金募集信息披露、运作信息披露、临时信息披露、基金事务管理等方面做出了具体规定。

词条名称：《证券交易所管理办法》

英　　文：**Administrative Measures on Securities Exchange**

定义：《证券交易所管理办法》是由中国证监会制定，以明确证券交易所的成立、解散、主要职能以及其他方面内容的部门规章。

释义：《证券交易所管理办法》于2001年12月21日发布实施。共11章、103个条款，分别就证券交易所设立和解散、证券交易所职能、证券交易所对证券交易活动的监管、证券登记结算机构、管理与监督等方面做了具体规定，旨在加强对证券交易所的管理，明确证券交易所的职权和责任，维护证券市场的正常秩序。

词条名称：《证券登记结算管理办法》

英　　文：**Administrative Rules on Securities Depository and Clearing**

定义：《证券登记结算管理办法》是由中国证监会制定的规范证券登记结算行为的部门规章。

释义：《证券登记结算管理办法》于2006年4月7日由中国证监会公布，自2006年7月1日实施。2009年11月20日中国证监会《关于修改〈证券登记结算管理办法〉的决定》对办法进行了修正。该办法是为规范登记结算行为，防范登记结算风险，保障证券市场安全高效运行制定的，对证券的登记、托管和存管，证券和资金的清算交收进行了规范，并规定了相应的风险防范和违约处理程序。

（四）市场自律性规则（简介）

词条名称：《证券从业人员执业行为准则》

英　　文：**Code of Conduct for Professionals in the Securities Business**

定义：《证券从业人员执业行为准则》是由中国证券业协会颁布的，规范证券从业人员开展证券业务时行为的自律性文件。

释义：《证券从业人员执业行为准则》经中国证券业协会常务理事会表决通过，于2009年1月19日正式颁布实施。该准则是为了规范证券业从业人员的执业行为，维护证券市场秩序制定的自律规则。证券业从业人员，包括证券公司、基金管理公司、基金托管和销售机构、证券投资咨询机构、证券市场资信评级机构、财务顾问机构等机构的从业人员均应遵守本准则。中国证券业协会依据本准则对从业人员的执业行为进行自律管理。准则从执业人员应遵守的基本执业道德和行为准则、禁止行为、监督及惩戒3个方面对证券业从业人员的执业行为进行了规范和说明。

词条名称：《证券从业人员诚信信息管理暂行办法》

英　　文：**Provisional Administrative Rules Governing the Personal Credit Information of Securities Practitioners**

定义：《证券从业人员诚信信息管理暂行办法》是由中国证券业协会颁布的，对证券从业人员诚信信息的日常管理、收集、记录和使用进行规范的自律文件。

释义：《证券从业人员诚信信息管理暂行办法》于2005年3月25日由中国证券业协会发布，自2005年5月1日起施行。诚信信息记录的内容分四大类：基本信息、奖励信息、警示信息和处罚处分信息。证券业协会建立证券从业人员诚信信息管理系统，对证券从业人员诚信信息进行日常管理。诚信信息的来源包括中国证监会及其派出机构传送的文件，协会与上海、深圳证券交易所、地方证券业协会建立的信息交换渠道，证券从业机构经由协会执业注册系统报备，有关媒体（经证实后予以记录）和投诉（经核实后予以记录）等。诚信信息可作为任职资格审核、胜任能力考核以及行业评比等的依据。证券业协会对诚信信息进行统一管理并对外提供查询服务。

词条名称：《证券投资基金销售人员从业资质管理规则》

英　　文：**Administrative Rules Governing Practitioners' Qualification of Securities Investment Funds Sales Staff**

定义：《证券投资基金销售人员从业资质管理规则》是由中国证券业协会发布的对基金销售人员从业资质及后续管理进行规范的自律文件。

释义：根据中国证监会《证券投资基金销售管理办法》、《证券从业人员资格管理办法》等的规定，中国证券业协会在征求各方面意见的基础上，在2010年1月11日公布实施了《证券投资基金销售人员从业资质管理规则》。《管理规则》主要界定了基金销售人员持证上岗的范围，提出了基金销售人员资质的两个层次和两种资质证明，并针对不同类别的基金销售机构分别提出了基金销售人员资质的要求。其中，对基金管理公司的要求与现行的从业人员资格管理体系相同，即必须取得执业资格；对证券公司、商业银行、专业基金销售机构和咨询公司则按照分级管理的方式，即从事基金销售业务管理的人员取得执业证书，而从事基金宣传推介的人员则取得基金销售从业考试合格证书。该管理规定旨在提高基金销售人员职业素质，规范基金销售行为，维护基金持有人的合法权益，是对证券从业人员资格管理体系的细化和深化。

词条名称：《上海证券交易所交易规则》

英　　文：**Trading rule of Shanghai Stock Exchange**

定义：《上海证券交易所交易规则》是由上海证券交易所制定的关于交易场所、交易品种、交易时间、交易过程以及其他交易事项的自律性规则。

释义：《上海证券交易所交易规则》由上海证券交易所制定，自2006年7月1日起实施。该规则共11章，分别规定了交易市场、证券买卖、其他交易事项、交易信息、交易行为监督等内容，是上海证券交易所基础性的自律性规则，为交易的平稳、健康发展奠定了坚实的基础。

为配合退市制度改革的具体实施，经中国证监会批准，上海证券交易所于2012年对《上海证券交易所交易规则》若干条款进行了修订。

词条名称：《深圳证券交易所交易规则》

英　　文：**Trading rule of Shenzhen Stock Exchange**

定义：《深圳证券交易所交易规则》是由深圳证券交易所制定的关于交易市场、证券买卖、其他交易事项、交易信息、交易行为监督与交易异常情况处理等的自律性规则。

释义：《深圳证券交易所交易规则》于2001年11月30日实施，2006年5月15日进行了第一次修订，2011年1月17日进行了第二次修订。为了提高市场透明度，并及时、有效地揭示市场风险，修订后的《交易规则》吸收并完善了中小企业板交易公开信息披露制度和异常波动例行停牌制度；同时，为引导投资者合规交易，强化交易所一线监管职能，维护市场公平交易秩序，新修订的《交易规则》列示了深交所重点监控的异常交易行为，明确了相应监管措施，并引入了异常交易特别停牌制度。

词条名称：《中国证券登记结算有限责任公司证券登记规则》

英　　文：Rule of Securities Depository for China Securities Depository and Clearing Corporation Limited

定义：《中国证券登记结算有限责任公司证券登记规则》是由中国证券登记结算有限责任公司制定，经中国证监会批准的关于初始登记、变更登记、退出登记以及相关服务的规则。

释义：为规范证券登记及相关服务业务，防范证券登记风险，保护投资者合法权益，中国证券登记结算有限责任公司制定了《中国证券登记结算有限责任公司证券登记规则》，适用于证券交易所上市和已发行拟上市证券及证券衍生品种的初始登记、变更登记、退出登记及相关服务业务等。该规则是中国证券登记结算有限责任公司进行证券登记业务的主要依据，为证券登记工作的顺利开展打下了良好的基础。

词条名称：《证券公司营业部投资者教育工作业务规范》

英　　文：Provisions on Investors Education of Branches of Securities companise

定　义：《证券公司营业部投资者教育工作业务规范》是由中国证券业协会制定的规范证券公司营业部投资者教育工作、引导各类证券投资者树立正确投资理念、增强风险防范意识的自律文件。

释义：《证券公司营业部投资者教育工作业务规范》于2009年3月制定并通过，要求证券公司营业部建立投资者教育工作领导小组，并将投资者教育工作融入到客户开（销）户、证券交易、资金存取、证券营销等各项业务环节中。该规范规定，营业部负责人为投资者教育工作负责人和第一责任人。营业部应当建立由客户服务、客户营销、合规管理、信息技术、财务管理等业务负责人组成的营业部投资者教育工作领导小组；客户服务和客户营销业务的负责人具体负责营业部投资者教育工作的推广和落实。

词条名称：《中国证券业协会证券分析师职业道德守则》

英　　文：Code of Conduct of Securities Analysts' of Securities Association of China

定义：《中国证券业协会证券分析师职业道德守则》是中国证券业协会为进一步强化证券分析师的自律意识，引导证券分析师规范执业行为而制定的自律文件。

释义：《中国证券业协会证券分析师职业道德守则》于2005年9月21日由中国证券业协会公布实施，是针对200年7月发布的《中国证券分析师职业道德守则》做的修订，共5章32条。该守则适用于我国证券分析师和协助证券分析师业务的其他专业人员，是我国证券分析师在其业务及相关活动中应当遵守的行为规范，是对证券分析师的职业道德、执业纪律、专业胜任能力及职业责任等方面的基本规定和要求。该守则确立了我国证券分析师的自律标准，完善了证券投资咨询行业的监管体系。

词条名称：**《中国证券业协会会员反洗钱工作指引》**

英　　文：**Guidelines on Anti-money Laundering for Members of Securities Association of China**

定义：《中国证券业协会会员反洗钱工作指引》是中国证券业协会为促进和规范会员单位的反洗钱工作、提高会员单位防范洗钱风险的能力而制定的自律文件。

释义：《中国证券业协会会员反洗钱工作指引》于2008年4月21日由中国证券业协会发布实施，共8章42条。该指引根据《中华人民共和国反洗钱法》、《金融机构反洗钱规定》、《金融机构客户身份识别和客户身份资料及交易记录保存管理办法》、《金融机构大额交易和可疑交易报告管理办法》等法律法规以及中国证监会的有关规定制定，确定了证券公司反洗钱工作应遵循的基本要求，对证券公司各项业务开展过程中的客户身份识别、大额交易和可疑交易报告、资料保存和信息保密、培训与宣传、检查与监督等进行了明确规定。该指引适用于中国证券业协会的证券公司会员和基金管理公司会员。

词条名称：**《中小企业板股票暂停上市、终止上市特别规定》**

英　　文：**Special Regulations on Suspending and Terminating the Listing of Stocks on SME Board**

定义：《中小企业板股票暂停上市、终止上市特别规定》是由深圳证券交易所制定并颁布，适用于中小板上市公司股票实施退市风险警示、暂停上市、恢复上市、终止上市涉及的信息披露、停复牌处理等事宜的特别规定。

释义：后股权分置时代的资本市场运行发生了重大变化，为了加强证券市场的监管力度，稳定市场运行，加强投资者保护，深圳证券交易所出台了《中小企业板股票暂停上市、终止上市特别规定》，丰富和细化了《深圳证券交易所股票上市规则》，将退市制度作为发挥证券市场作用的基础性制度予以规定。《中小企业板股票暂停上市、终止上市特别规定》于2007年1月1日起施行，全文共6章22条，主要针对中小板特点，新增了退市风险警示、暂停上市、恢复上市、终止上市标准三大类七项指标，并规定了撤销退市风险警示及恢复上市的相关内容。《中小企业板股票暂停上市、终止上市特别规定》是《深圳证券交易所股票上市规则》的有机组成部分，是对《深圳证券交易所股票上市规则》的补充和完善，为中小板上市公司进一步加强规范运作提供了引导和警示。

十八、国外参考语词①

（一）制度规范

词条名称：买方过剩市场

英　　文：**buyer's market**

定义：买方过剩市场是指买方意愿超过卖方意愿，导致市场需求大于供给的一种市场形态。

释义：当投资者普遍看好市场的时候，往往会出现竞相争购证券的情形，表现出市场需求过旺、买方过剩的格局，其结果是股指不断推高、证券价格呈上涨趋势。

词条名称：附各项权利

英　　文：**cum all**

定义：附各项权利是指投资者购买股票时，有权享受该股票附带的所有权利。

释义：股票投资者不仅能够在股票市场上交易，享有价差收益，同时获得购买时该股所附带的各项权利，例如，获得已宣布将派发的股息或分配的新股等。只要在股权登记日这一天仍持有或买进该公司的股票就可以享有此次分红或参与此次配股或参加此次股东大会等各项权利。

词条名称：景气循环股

英　　文：**cyclical stocks**

定义：景气循环股是指那些股价对经济周期很敏感、表现多受总体经济状况影响的股票。

释义：在股票市场上，景气循环股的股票价格随经济状况波动。经济增长强劲时，景气循环公司的产品也会畅销，股价也会快速上涨；在不景气时，则伴随着产品需求疲弱，股价快速下滑。房地产、钢铁及耐用消费品如汽车等产业均是景气循环股的例子。

词条名称：美国粉红单市场

英　　文：**American pink sheet market**

定义：美国粉红单市场是美国柜台交易（OTC）市场中的初级股票市场。

释义：粉红单市场是美国柜台交易（OTC）的初级报价形式。广义的美国 OTC 市场包括 NASDAQ、OTCBB 和粉红单市场，按其上市报价要求高低依次为：NASDAQ→OTCBB→粉红单。粉红单市场既不是在美国证券监督管理委员会（SEC）注册的股票交易所，也不是 NASDAQ 系统的 OTC，而是隶属于一家独立的私人机构（Pinksheets LLC），有自己独立的自动报价系统——OTCQX。

美国粉红单市场的发展经历了几个阶段，1904 年之前，美国全国分布着许多柜台交易市场，各个市场散布在全国各地，彼此间信息隔绝，没有统一的管理和统计，使得证券公司和客户很难全面了解某种股票的报价和交易情况。1904 年一家从事印刷和出版业务的私人公司（国家报价局，Na-

---

① 撰写：谷秀娟；审核：邓淑斌、李保成、张景霞；单位：中原证券股份有限公司、河南证监局、河南工业大学。

国外参考语词

tional Quotation Bureau，NQB）开始向美国的证券公司和投资者提供报价服务，每天用粉红色纸张刊印公布10000多种柜台交易股票和5000多种债券的价格、交易量等，并将各种证券的报价信息定期制作成刊物并发往全国，因此称之为粉红单市场。

粉红单市场的功能就是为那些选择不在交易所或NASDAQ挂牌上市，或者不满足挂牌上市条件的股票提供交易流通的报价服务。也即，粉红单市场仅仅是一个报价服务系统，不提供自动交易撮合，也不执行自动交易指令。在粉红单市场上交易的股票没有任何财务要求和信息披露要求。

词条名称：**做市商**

英　　文：**market maker**

定义：做市商是指在证券市场上，由具备一定实力和信誉的证券经营法人作为特许交易商，不断地向公众投资者报出某些特定证券的买卖价格（即双向报价），并在该价位上接受公众投资者的买卖要求，以其自有资金和证券，与投资者进行证券交易。

释义：在证券市场上，做市商不断地向公众投资者报出某些特定证券的买卖价格（即双向报价），并在该价位上接受公众投资者的买卖要求，以其自有资金和证券，与投资者进行证券交易。买卖双方不需等待交易对手出现，只要有做市商出面承担交易对手方即可达成交易。做市商通过买卖报价的适当差额来补偿所提供服务的成本费用，并实现一定的利润。

（二）交易实务

词条名称：**程序化交易**

英　　文：**program trading**

定义：程序化交易是指通过计算机程序将交易策略的逻辑与参数进行运算后，并将交易策略系统化的一种交易方式。

释义：程序化交易的买卖决策完全决定于系统化、制度化的逻辑判断规则，通过计算机的辅助，将各种讯息转化为程序语言，由电脑来代替人为发出买卖讯号，再根据系统使用者发出的委托方式，由电脑自动执行下单程序。

程序交易在一定程度上克服了人类在股票以及期货交易时的心理弱点，严守既定的交易策略及操作规范，确保整个交易过程中交易方法的一致性。程序交易系统的实施，需要解决的问题是如何处理好市场数据、交易规则和交易者思想三者之间的协调。

词条名称：**当日回转交易**

英　　文：**the rotary trading**

定义：当日回转交易是指投资者可以在交易日的任何营业时间内反向卖出已买入但未完成交收的债券和权证。

释义：当日回转交易是成熟证券市场通行的一项交易制度，欧美日以及中国香港、台湾地区等证券市场均允许回转交易，而且不少市场此种交易十分活跃。在中国证券市场诞生不久，国内股市也曾经存在过T+0回转交易。但由于实施此项交易制度后，股市震荡波动非常剧烈，导致市场存在着极大的风险，管理层不得不禁止当日回转交易。从1995年1月1日起，“T+1”交易制度沿用至今。

词条名称：**后门上市**

英　　文：**backdoor listing**

定义：后门上市又称借壳上市，是指不符合证券交易所上市要求的企业，通过并购重组一家上市公司（壳资源）来实现自身上市的一种上市途径。

释义：“壳”的价值来源于流通权和上市资格的稀缺性。理论上来讲，有效利用壳资源可以提高上市公司质量，降低社会成本，提高证券市场效率。但是，在一个没有制度约束和法律保障的壳资源市场中，借壳上市的各环节往往伴随着大量虚假信息、内幕交易和市场操纵行为。从这个意义上来讲，借壳上市也是一种寻租行为，会造成社会资源的极大浪费和社会总福利水平的下降。因此，如何在规范和发展之间取得最佳平衡，使壳资源市场成为新股发行市场的有益补充，是世界上许多国家一直在探索的问题。

词条名称：**空头猛跌**

英　　文：**bear raid**

定义：空头猛跌是指大量抛空证券，以使证券价格下跌的一种非法投资行为。

释义：具体操作中，行为人在大量卖空目标公司股票的同时，散播有关这家公司的不利谣言以打压该公司股价，进而从中扩大收益。

词条名称：**量化投资**

英　　文：**quantitative investing**

定义：量化投资是指将金融理论、统计分析技术与投资者的定性分析有机结合起来，将投资思想通过具体指标、参数的设计体现在模型中，借助计算机强大的数据处理能力，应用于证券投资实务中的一种投资模式。

释义：数量化投资和传统型投资本质上是相同的，二者均是以市场非有效或是弱有效的理论为基础，均致力于构建能战胜市场、获得超额收益的投资组合。但传统型投资比较依赖于对上市公司的调研，以及基金经理个人的经验及主观的判断；而数量化投资则更加强调数据的分析和应用，主张“定性思想的量化应用”，试图以数学统计技术和模型弥补人为主观判断的局限性。

词条名称：**数据探索**

英　　文：**data mining**

定义：数据探索是一种数据库应用程序，旨在探索大量数据之中存在的潜在模式。

释义：数据探索对于做数据分析的人来说非常重要，因为要通过探索才能发掘数据的内在规律特征，而最直观的方法是观察数据的图形。通过观察数据的的图形，能够比较敏感地发现数据的特征。要想培养对数据的图形的敏感性，需要了解尽可能多的数学函数，从而能够准确地将这种直观的图形用数学的函数形式模拟，从而估计各个参数。

词条名称：**轧平**

英　　文：**squeeze；offset transaction**

定义：轧平也称为持平，是指交易标的物的买入与卖出部位相等，既没有买超，也没有卖超。

释义：轧平就是把交易标的物的部位平仓，使部位为零。在证券市场引入做空机制的前提下，轧平头寸就是通过买或卖使得空头头寸与多头头寸保持均衡。例如，空头扎平是指股票或期货商品价格的上升迫使卖空者必须购回做空品种补足空仓。

第三部分　基金篇

编写说明

基金投资已成为当今社会公众特别是中低收入城镇居民参与社会投资、增加财产性收入的重要方式。2012 年 12 月 28 日，十一届全国人大常委会第三十次会议审议通过了修订后的《中华人民共和国证券投资基金法》，2013 年 6 月 1 日正式实施。基金法的修订完善，夯实了基金业的制度基础，优化了基金业的发展环境，拓展了基金业改革创新的空间，强化了依法治市、依法监管和投资者保护。

《中国资本市场投资词典》基金篇秉承《中国资本市场投资词典》的编写理念，从投资者的视角出发，以投资者活动为核心逐步展开，内容上以公募基金为主，同时兼顾私募基金，兼具实用性和学术性，力争给读者展现一个全方位、立体式的基金行业，既便于实际操作，又便于学习和查阅。除此之外，这部分内容也可以进一步加深读者对基金产品以及整个基金行业的认识和理解。

《中国资本市场投资词典》基金篇共涉及 24 个子目录，其中包括基本概念，基金类别，指数类别，公开募集证券投资基金投资，公开募集证券投资基金上市，公开募集特殊证券投资基金品种，证券投资基金费用与税收，证券投资基金的利润分配，证券投资基金登记、估值、核算与财务报表分析，公开募集证券投资基金信息披露，公开募集特殊证券投资基金品种的信息披露，证券投资基金的业绩衡量，证券投资基金投资关注，证券投资基金选择，证券投资基金投资基础，证券投资基金持有人，证券投资基金相关主体，证券投资基金投资风险，特殊证券投资基金品种风险，私募基金用词，投资禁止，权益保护，投资者教育，规则制度。

一、基本概念①

（一）投资产品

词条名称：基金

英　　文：fund

定义：基金是指为兴办、维持或发展某种事业而储备的资金或专门拨款。

释义：基金必须用于指定的用途，并单独进行核算。基金包含资金和组织两个方面的含义。

从资金上讲，基金是用于特定目的并独立核算的资金。其中，既包括各国共有的养老保险基金、退休基金、救济基金、教育奖励基金等，也包括中国特有的财政专项基金、职工集体福利基金、能源交通重点建设基金、预算调节基金等。

从组织上讲，基金是为特定目标而专门管理和运作资金的机构或组织。这种基金组织，可以是非法人机构（如财政专项基金、高校中的教育奖励基金、保险基金等），可以是事业性法人机构（如中国的宋庆龄儿童基金会、孙冶方经济学奖励基金会、茅盾文学奖励基金会，美国的福特基金会、富布赖特基金会等），也可以是公司性法人机构。

按照基金的使用目标进行分类，基金可以分为保险基金、退休基金、教育基金、投资基金等。

词条名称：投资基金

英　　文：investment fund

定义：投资基金是一种利益共享、风险共担的集合投资制度。投资基金集中投资者的资金，由基金托管人委托职业经理人管理，专门从事投资活动。

释义：投资基金的投资领域可以是股票、债券，也可以是实业、期货等，通常都有投资限额，使投资风险随着投资领域的分散而降低。

随着金融行业不断发展，投资基金现在有证券投资基金、风险投资基金、天使投资基金、政府引导基金、信托投资基金、产业投资基金、战略投资基金等多种形式。

词条名称：证券投资基金

英　　文：securities investment fund

定义：证券投资基金是指通过发售基金份额，将众多投资者的资金集中起来，形成独立财产，由基金托管人托管，基金管理人管理，以投资组合的方式进行证券投资的一种利益共享、风险共担的集合投资方式。

释义：证券投资基金是一种集中资金，专业理财，组合投资，分散风险的集合投资方式。证券投资基金一方面通过发行基金份额的形式面向投资大众募集资金；另一方面将募集的资金通过专业理财、分散投资的方式投资于资本市场。其独特的制度优势促使其不断发展壮大，在金融体系中的

① 撰写：赵静；审核：魏娜；单位：华商基金管理有限公司。

地位和作用也不断上升。在我国，为了保护投资人及相关当事人的合法权益，规范证券投资基金活动，根据《中华人民共和国证券投资基金法》（以下简称《证券投资基金法》或《基金法》），基金管理人由依法设立的基金管理公司或者经国务院证券监督管理机构按照规定核准的其他机构担任，基金托管人由依法设立并取得基金托管资格的商业银行或者其他金融机构担任，基金管理人、基金托管人和基金份额持有人的权利、义务在基金合同中约定，中国证监会依法对证券投资基金活动实施监督管理。

证券投资基金是一种集合理财工具，一般具有以下五个主要特点：（1）集合理财，专业管理；（2）组合投资，分散风险；（3）利益共享，风险共担；（4）严格监管，信息透明；（5）独立托管，保障安全。

证券投资基金是证券市场发展的必然产物，在发达国家已有上百年的历史。最早的基金究竟诞生于何时目前并没有一致性的看法，目前人们更多地倾向于将1868年英国成立的“海外及殖民地政府信托基金”（The Foreign and Colonial Government Trust）看作是最早的基金。1924年3月21日诞生于美国的“马萨诸塞投资信托基金”成为世界上第一只开放式基金。此后，美国逐步取代英国成为全球基金业发展的中心。

随着20世纪80年代养老基金制度改革以及90年代网络科技股的崛起，美国股票市场出现持续大牛市，美国基金业的发展真正迎来了大发展的时代。从全球基金业的发展看，20世纪80年代以后，一些发展中国家也认识到基金的重要性，对基金业的发展普遍持积极态度，相继制定了一系列法律、法规，使基金在世界范围内得到普遍发展。

世界上不同国家和地区对证券投资基金的称谓有所不同。证券投资基金在美国被称为“共同基金”，在英国和中国香港特别行政区被称为“单位信托基金”，在欧洲一些国家被称为“集合投资基金”或“集合投资计划”，在日本和中国台湾地区则被称为“证券投资信托基金”。此外，根据资金来源和运用地域的不同，投资基金可分为国际基金、海外基金、国内基金、国家基金和区域基金等。我国基金业的发展可以分为四个历史阶段：20世纪80年代末至1997年11月14日，《证券投资基金管理暂行办法》颁布之前的早期探索阶段、《证券投资基金管理暂行办法》颁布实施以后至2004年6月1日《证券投资基金法》实施前的试点发展阶段，《证券投资基金法》实施后的快速发展阶段以及2013年6月1日新《证券投资基金法》实施以来的财富管理时代。

（二）市场指标

词条名称：**基金指数**

英　　文：**fund index**

定义：基金指数是指反映基金市场总体价格水平及其变动趋势的指数。

释义：我国主要的基金指数由中证基金指数系列、上证基金指数和深证基金指数组成。

二、基金类别[①]

（一）募集方式分类

词条名称：**公募基金**

英　　文：**public fund**

定义：公募墓基金是指可以面向社会公众公开发售的一类基金，又称“公开募集基金”。

释义：根据募集方式的不同，可以将基金分为公募基金和私募基金。公募基金主要具有如下特征：可以面向社会公众公开发售基金份额和宣传推广，基金募集对象不固定；投资金额要求低，适宜中小投资者参与；必须遵守基金法律和法规的约束，并接受监管部门的严格监管。公募基金相对于私募基金的优势之处在于：以众多投资者为发行对象；筹资潜力大；投资者范围大；可申请在交易所上市；信息披露公开透明。

一般所说的证券投资基金是公募基金。

词条名称：**私募基金**

英　　文：**private fund**

定义：私募基金是指只能采取非公开方式，面向特定投资者募集发售的基金。

释义：与公募基金相比，私募基金不能进行公开的发售和宣传推广，投资金额门槛较高，投资者的资格和人数常常受到严格的限制。例如，美国相关法律要求，私募基金的投资者人数不得超过100人，每个投资者的净资产必须在100万美元以上。我国法律要求，私募基金的投资者不得超过200人。与公募基金必须遵守基金法律和法规的约束并接受监管部门的严格监管相比，私募基金在运作上具有较大的灵活性，所受的限制和约束也较少。私募基金既可以投资于股权及衍生金融产品的买空卖空交易，也可以进行汇率、商品期货投机交易等。私募基金的投资风险较高，主要以具有较强风险承受能力的富裕阶层为目标客户。

（二）组织形式分类

词条名称：**契约型基金**

英　　文：**contractual fund**

定义：契约型基金是指把投资者、管理人、托管人三者作为当事人，通过签订基金契约的形式发行受益凭证而设立的一种基金。

释义：依据法律形式的不同，基金可分为契约型基金与公司型基金。目前，我国的基金均为契约型基金，公司型基金则以美国的投资公司为代表。契约型基金是依据基金合同设立的一类基金。基金合同是规定基金当事人之间权利义务的基本法律文件。在我国，契约型基金依据基金管理人、基金托管人之间所签署的基金合同设立，基金投资者自取得基金份额后即成为基金份额持有人和基金合同的当事人，依法享受权利并承担义务。

与公司型基金不同，契约型基金本身并不具备公司企业或法人的身份，

---

① 撰写：赵静；审核：魏娜；单位：华商基金管理有限公司。

因此，在组织结构上，基金的持有人不具备股东的地位，但可以通过持有人大会来行使相应的权利。

词条名称：**公司型基金**

英　　文：**corporate fund**

定义：公司型基金是指基金本身为一家股份有限公司，公司通过发行股票或受益凭证的方式来筹集资金。

释义：公司型基金在法律上是具有独立法人地位的股份投资公司，依据基金公司章程设立；基金投资者是基金公司的股东，享有股东权利，按所持有的股份承担有限责任，分享投资收益。公司型基金公司设有董事会，代表投资者的利益行使职权。虽然公司型基金在形式上类似于一般股份公司，但不同于一般股份公司的是，它委托基金管理公司作为专业的财务顾问来经营与管理基金资产。

公司型基金与契约型基金的主要区别是：

1. 法律主体资格不同。公司型基金具有法人资格，而契约型基金不具有法人资格。

2. 投资者的地位不同。与公司型基金的股东大会相比，契约型基金的持有人大会赋予基金持有者的权利相对较小。

3. 基金运营依据不同。公司型基金依据基金公司章程营运基金，契约型基金依据基金合同营运基金。

词条名称：**有限合伙型基金**

英　　文：**limited partnership fund**

定义：有限合伙型基金是指将基金持有人在法律上划分为有限合伙人和普通合伙人管理模式的基金。

释义：有限合伙型基金以其独特的激励机制和责任承担方式成为目前我国投资基金治理与管理模式创新的热点之一。有限合伙人（基金持有人）是基金资金的主要提供者，提供99%的资金；普通合伙人（投资基金经理）的资金一般只占1%左右，他们投入的主要是专业技能、管理经验和金融背景等无形资产。有限合伙人以投资额为限承担有限责任，普通合伙人则对公司负有无限责任，通常要收取基金总额2%～3%的管理费以及20%的资本收益。这种管理模式对投资经理更具挑战性和激励效应。但该模式也存在一定的局限性，主要表现在缺乏相应的法律依据与保障。

这种管理模式在私募投资基金以及创业投资基金中发挥越来越大的作用。

（三）运作方式分类

词条名称：**封闭式基金**

英　　文：**closed-end fund；closed-ended fund**

定义：封闭式基金是指基金份额总额在基金合同期限内固定不变，基金份额可以在依法设立的证券交易所交易，但基金份额持有人不得申请赎回的一种基金运作方式。

释义：依据运作方式的不同，基金可以分为封闭式基金、开放式基金。封闭式基金的基金份额经基金管理人申请，中国证监会核准，可以在证券交易所上市交易。中国证监会可以授权证券交易所依照法定条件和程序核准基金份额上市交易。

基金份额上市交易应符合下列条件：

1. 基金的募集符合《证券投资基金法》的规定；

2. 基金合同期限为 5 年以上；

3. 基金募集金额不低于 2 亿元人民币；

4. 基金份额持有人不少于 1000 人；

5. 基金份额上市交易规则规定的其他条件。

词条名称：**开放式基金**

英　　文：**Open-end Fund；Open-ended Fund**

定义：开放式基金是指基金份额总额不固定，基金份额可以在基金合同约定的时间和场所进行申购或者赎回的一种基金运作方式。

释义：这里所指的开放式基金特指传统的开放式基金，不包括交易型开放式指数基金和上市开放式基金等新型开放式基金。

20 世纪 80 年代以来，开放式基金的数量和规模大幅增加，目前已成为证券投资基金中的主流产品。探究其中的原因，开放式基金更加市场化的运作机制和制度安排是非常重要的因素之一，其独特灵活的赎回机制适应了市场竞争的客观需要，是金融创新顺应市场发展潮流的集中体现和必然结果。封闭式基金与开放式基金主要有以下不同：

1. 期限不同。封闭式基金一般有一个固定的存续期；而开放式基金一般是无期限的。封闭式基金期满后可以通过一定的法定程序延期或转型为开放式基金。

2. 份额限制不同。封闭式基金的基金份额总额是固定的，在封闭期限内未经法定程序认可不能增减；开放式基金规模不固定，投资者可随时提出申购或赎回申请，基金份额总额会随之增加或减少。

3. 交易场所不同。封闭式基金份额固定，完成募集后，基金份额在证券交易所上市交易。投资者买卖封闭式基金份额，只能委托证券公司在证券交易所按市价买卖，交易在投资者之间完成。开放式基金份额不固定，投资者可以按照基金管理人确定的时间和地点，向基金管理人或其销售代理人提出申购、赎回申请，交易在投资者与基金管理人之间完成。

4. 价格形成方式不同。封闭式基金的交易价格主要受二级市场供求关系的影响。开放式基金的买卖价格以基金份额净值为基础，不受市场供求关系的影响。

5. 激励约束机制与投资策略不同。封闭式基金份额固定，即使基金投资业绩表现好，其扩展能力也受到较大的限制。但如果开放式基金的投资业绩表现好，就会吸引新的投资，基金管理人的管理费收入也会随之增加；如果基金表现差，开放式基金则面临来自投资者要求赎回投资的压力。

词条名称：**创新封闭式基金**

英　　文：**innovative closed-end fund**

定义：创新封闭式基金是指在传

统封闭式基金基础上，进行适当的改进和优化的一类基金。

释义：创新型封闭式基金是针对以往封闭式基金的缺陷，融合了开放式基金的特点，借鉴国外基金运作经验，设计出来的一类创新型产品。目前，封闭式基金的创新立足于提高流动性、缩小折价率，其主要思路包括：转变基金的投资目标、投资范围和投资策略，如将股票型基金转型为债券型基金；拓宽基金的投资范围，利用封闭式基金规模稳定的特点，选择具有长期投资价值、但流动性较差的投资品种以及金融衍生品种；降低基金的基础管理费，引入管理人业绩激励机制；引入"救生艇"条款，如折价率达到一定的程度就转为开放式；完善基金治理结构，明确规定持有人大会的召开时间，确保持有人大会能够行使《证券投资基金法》赋予的权利。创新型封闭式基金作为一种重要的金融创新，将成为基金产品库中一个重要的组成部分。

词条名称：**定期开放式基金**

英　　文：**regular open-end fund**

定义：定期开放式基金是指"定期开放，循环运作"的一种创新型基金。

释义：定期开放式基金在运作方式上采用封闭运作和开放运作交替循环的方式，集合了封闭式基金和开放式基金的特点，既包含封闭式基金的特点，又不会像封闭式基金在封闭期满后会面临"转型"的问题，而是设置一定的开放期，而后再进入新一轮的封闭期。定期开放式基金于2012年正式推出。目前，业内已有的定期开放式基金的封闭期有1年、2年、3年等，开放期一般为5个工作日到1个月，有的定期开放式基金也在交易所上市交易。定期开放式基金本质上属于开放式基金。

（四）投资对象分类

词条名称：**股票基金**

英　　文：**stock fund; equity fund**

定义：股票基金是指以股票为主要投资对象的基金。根据2004年中国证监会颁布的《证券投资基金运作管理办法》的规定，将基金资产60%以上投资于股票的基金界定为股票基金。2014年8月8日起实施的《公开募集证券投资基金运作管理办法》（以下简称"新《运作办法》"）规定80%以上的基金资产投资于股票的，为股票基金。

释义：股票基金在各类基金中历史最为悠久，也是各国和地区广泛采用的一种基金类型。按投资市场的不同，股票型基金可分为国内股票型基金、国外股票型基金和全球股票型基金三大类。国内股票型基金以本国股票市场为投资场所，投资风险主要受国内市场的影响。国外股票型基金以非本国的股票市场为投资场所，由于币种不同，存在一定的汇率风险。全球股票基金以包括国内股票市场在内的全球股票市场为投资对象，进行全球化分散投资，可以有效克服单一国家或区域投资风险，但由于投资跨度大，费用相对较高。

依据股票型基金所持股票属性的不同，还可以将股票型基金按不同风格进行划分。股票按市值规模不同可分为大盘、中盘、小盘股，也可按成长性不同分为成长股和价值股。基金根据其所持股票特点，可分为大盘成长、中盘成长、小盘成长、大盘价值、中盘价值、小盘价值、大盘平衡、中盘平衡、小盘平衡等九类基金。

股票基金以追求长期的资本增值为目标，比较适合长期投资。与其他类型的基金相比，股票基金的风险较高，但预期收益也较高。股票基金提供了一种长期的投资增值性，可供投资者用来满足教育支出、退休支出等远期支出的需要。股票基金是应对通货膨胀的有效手段。股票基金的投资风险主要包括系统性风险、非系统性风险以及管理运作风险。不同类型的股票基金所面临的风险会有所不同。

词条名称：**混合基金**

英　　文：**hybrid fund**

定义：混合基金是指同时以股票、债券等为投资对象，以期通过在不同资产类别上的投资实现收益与风险平衡的基金。根据中国证监会对基金类别的分类标准，投资于股票、债券和货币市场工具，但股票投资和债券投资的比例不符合股票基金、债券基金规定的，为混合基金。2014 年 8 月 8 日新《运作办法》将基金中基金纳入公募基金的分类，并定义为投资于股票、债券、货币市场工具或其他基金份额，并且股票投资、债券投资、基金投资的比例不符合股票基金、债券基金、基金中基金规定的，为混合基金。

释义：混合基金尽管会同时投资于股票、债券等，但常常会依据基金投资目标的不同而进行股票与债券的不同配比，因此通常可以依据资产配置的不同将混合基金分为偏股型基金、偏债型基金、股债平衡型基金、灵活配置型基金等。

混合基金的投资风险主要取决于股票与债券配置比例的大小。一般而言，偏股型基金、灵活配置型基金的风险较高，但预期收益率也较高；偏债型基金的风险较低，预期收益率也较低；股债平衡型基金的风险与收益则较为适中。

混合基金尽管提供了一种“一站式”的资产配置方式，但如果购买多只混合基金，投资者在各种大类资产上的配置可能变得模糊不清，这将不利于投资者根据市场状况进行有效的资产配置。

词条名称：**债券基金**

英　　文：**bond fund**

定义：债券基金是指主要以债券为投资对象的基金。根据中国证监会对基金类别的分类标准，基金资产 80% 以上投资于债券的为债券基金。

释义：债券有不同类型，债券型基金也会有不同类型。通常可以依据债券发行者（政府、企业等）的不同、债券到期日的长短以及债券质量的高低对债券进行分类。根据发行者的不同，可以将债券分为政府债券、企业债券、金融债券等。根据债券到期日的不同，可以将债券分为短期债券、长期债券等。根据债券信用等级的不同，可以将债券分为低等级债券、高等级债券等。与此相适应，也就产生了以某一类债券为投资对象的债券基金。与股票型基金类似，债券型基金也有不同的投资风格。债券型基金的投资风格主要依据基金所持债券的久期与债券的信用等级来划分。

债券基金对追求稳定收入的投资者具有较强的吸引力。债券基金的波动性通常小于股票基金，因此常常被投资者认为是收益、风险适中的投资工具。

债券基金主要的投资风险包括利率风险、信用风险、提前赎回风险以及通货膨胀风险。

词条名称：**货币市场基金**

英　　文：**money market fund，缩写 MMF**

定义：货币市场基金是指仅投资于货币市场工具的基金。

释义：与其他类型基金相比，货币市场基金具有风险低、流动性好的特点。货币市场基金是厌恶风险、对资产流动性和安全性要求较高的投资者进行短期投资的理想工具，或是暂时存放现金的理想场所。需要注意的是，货币市场基金的长期收益率较低，并不适合长期投资。

按照中国证监会、人民银行 2004 年颁布的《货币市场基金管理暂行规定》以及其他有关规定，目前我国货币市场基金能够进行投资的金融工具主要包括：（1）现金；（2）1 年以内（含 1 年）的银行定期存款、大额存单；（3）剩余期限在 397 天以内（含 397 天）的债券；（4）期限在 1 年以内（含 1 年）的债券回购；（5）期限在 1 年以内（含 1 年）的中央银行票据；（6）剩余期限在 397 天以内（含 397 天）的资产支持证券。

货币市场基金同样会面临利率风险、购买力风险、信用风险、流动性风险。但由于我国货币市场基金不得投资于剩余期限高于 397 天的债券，投资组合的平均剩余期限不得超过 180 天，因此货币市场基金的风险是较低的。

（五）投资目标分类

词条名称：**成长型基金**

英　　文：**growth fund**

定义：成长型基金是指以追求资本增值为基本目标，较少考虑当期收入的基金。

释义：根据投资目标的不同，可以将基金分为成长型基金、收入型基金和平衡型基金。成长型基金主要以具有良好增长潜力的股票为投资对象，主要投资于市场中有较大升值潜力的小公司股票和一些新兴行业的股票。为达成最大限度的增值目标，成长型基金通常很少分红，而是经常将投资所得的股息、红利和盈利进行再投资，以实现资本增值。一般而言，成长型基金的风险大，收益也较高。

词条名称：**收入型基金**

英　　文：**income fund**

定义：收入型基金是指以追求稳定的经常性收入为基本目标的基金。

释义：收入型基金主要以大盘蓝筹股、公司债、政府债券等稳定收益证券为投资对象，主要投资于可带来现金收入的有价证券，以获取当期的最大收入为目的，以追求基金当期收入为投资目标的基金。收入型基金一般把所得的利息、红利都分配给投资者。这类基金虽然成长性较弱，但风险相应较低，适合保守的投资者和退休人员。

词条名称：**平衡型基金**

英　　文：**balanced fund**

定义：平衡型基金是指既注重资本增值，又注重当期收入的一类基金。

释义：一般而言，成长型基金的风险大、收益高；收入型基金的风险小、收益较低；平衡型基金的风险、收益则介于成长型基金与收入型基金之间。根据投资目标的不同，既有以追求资本增值为基本目标的成长型基金，也有以获取稳定的经常性收入为基本目标的收入型基金以及兼具成长与收入双重目标的平衡型基金。不同的投资目标决定了基金的基本投向与基本的投资策略，以适应不同投资者的投资需要。

（六）投资理念分类

词条名称：**主动型基金**

英　　文：**actively managed fund**

定义：主动型基金是指力图取得超越基准组合表现的基金。

释义：依据投资理念的不同，可以将基金分为主动型基金与被动型基金。主动型基金的基金管理人可以依据基金契约自由选择投资品种，更能体现基金管理人的运作水平及背后投研团队的能力。目前在中国市场上，主动型基金占据中国基金市场的主流。

词条名称：**被动型基金**

英　　文：**passively managed fund**

定义：被动型基金一般是指选取特定的指数成分股作为投资对象，不主动寻求超越市场的表现，而是试图复制指数表现的基金。

释义：与主动型基金不同，被动型基金一般选取特定的指数作为跟踪对象，有时也被称为“指数型基金”。

（七）资金来源和投资市场分类

词条名称：**国内基金**

英　　文：**domestic fund**

定义：国内基金是指国内发行，在国内注册，以国内投资人为销售对象，并投资于国内金融市场，受到相关法律监督的基金。

释义：按照资金来源渠道和运用渠道的不同，基金可以分为国内基金、国际基金、国家基金、海外基金。一般而言，国内基金在一国的基金市场上占主导地位。

词条名称：**国际基金**

英　　文：**international fund**

定义：国际基金是指资金来源于国内，但投资于境外金融市场的基金。

释义：由于各国经济和金融市场发展的不平衡性，不同国家会有不同的投资回报，通过国际基金的跨国投资，可以为本国资本带来更多的投资机会，在更大范围内分散投资风险，但国际基金的投资成本和费用一般也比较高。

国际基金中按照投资地区的不同，又可分为区域基金和环球基金。

词条名称：**国家基金**

英　　文：**state fund**

定义：国家基金是指资本来源于国外，并投资于某一特定国家的投资基金。

释义：这是以某个国家为特定投资对象的基金。它是一个国家为了吸引外汇资金，在国外建立基金，向外国投资者发行基金，然后将所筹资金投资于该国证券及其他金融工具的基金，如印度基金、韩国基金，以及1990年11月法国东方汇理银行与上海合作在中国香港地区和欧洲设立的“上海基金”等，都属于国家基金。

词条名称：**海外基金**

英　　文：**offshore fund**

定义：海外基金是指基金的发行对象为境外投资者，而投资方向是本国或第三国的有价证券组合的基金。

释义：一些国家为积极吸引外汇资金，在海外纷纷建立基金，吸引外国投资者间接投资于国内的各种金融工具。海外基金已成为发展中国家利用外资的一种较为理想的形式，一些资本市场没有对外开放或实行严格外汇管制的国家可以利用海外基金来吸引外资。

（八）上市交易分类

词条名称：**上市基金**

英　　文：**listed fund**

定义：上市基金是指基金份额在证券交易所挂牌交易的证券投资基金。

释义：根据是否能在证券交易所挂牌交易，证券投资基金可分为上市基金和非上市基金。上市基金主要有交易型开放式指数基金（ETF）、上市开放式基金（LOF）、封闭式基金等。上市基金在证券交易所二级市场挂牌交易，价格随行就市，价格直接受到基金供求关系、其他基金价格以及股市、债市行情的影响，投资者可以将其所持有的基金份额转让出售给其他投资者，从而变现资金。

词条名称：**非上市基金**

英　　文：**unlisted fund**

定义：非上市基金是指基金份额不能在证券交易所挂牌交易的证券投资基金。

释义：非上市基金一般指的是开放式基金，但不包括目前在证券市场挂牌交易的两种开放式基金，即交易型开放式指数基金和上市开放式基金。非上市基金的交易价格决定方式和交易方式与上市基金不同。非上市基金的申购赎回价格一般以每日计算出的基金份额净值为基础，加上必需的申购赎回费用。投资者如果想买卖非上市基金，需向基金管理公司或者基金代销机构提出申购、赎回申请，确认有效后进行基金的买卖。

（九）其他类型公募基金

词条名称：**保本基金**

英　　文：**guaranteed fund；principal protection fund**

定义：保本基金是指通过一定的

保本投资策略进行运作，同时引入保本保障机制，以保证基金份额持有人在保本周期到期时，可以获得投资本金保证的基金。

释义：保本基金的最大特点是其招募说明书中明确引入保本保障机制，以保证基金份额持有人在保本周期到期时，可以获得投资本金的保证。保本基金的投资目标是在锁定下跌风险的同时力争有机会获得潜在的高回报。为保证本金的安全，保本基金通常会将大部分资金投资于与基金保本期到期日一致的债券；同时为提高收益水平，保本基金会将其余部分投资于股票、衍生工具等高风险资产。

境外的保本基金形式多样。其中，基金提供的保证包括本金保证、收益保证和红利保证，具体比例由基金公司自行规定。一般本金保证比例为100%，但也有低于100%或高于100%的情况。至于是否提供收益保证和红利保证，各基金情况各不相同。

我国首只保本基金于2003年推出。

词条名称：**系列基金**

英　　文：**series fund**

定义：系列基金又称“伞型基金”，是指多个基金共用一个基金合同，子基金独立运作，子基金之间可以相互转换的一种基金结构形式。

释义：系列基金实际上是开放式基金的一种组织结构。在这一组织结构下，基金发起人根据一份总的基金合同发起设立多只相互之间可以根据规定的程序进行转换的基金，这些基金称为“子基金”或“成分基金”。由这些子基金共同构成的这一基金体系合称为“伞形结构基金”。

伞形基金结构相对于单一基金主要有以下几大特点：（1）法律契约的同一性；（2）基金体系的开放性；（3）基金品种的多样性；（4）子基金之间的相互独立性；（5）子基金之间的可转换性。

词条名称：**合格境内机构投资者基金**

英　　文：**qualified domestic institutional investors (QDII) fund**

定义：合格境内机构投资者基金是指在一国境内设立，经该国有关部门批准从事境外证券市场的股票、债券等有价证券投资的基金。

释义：不同于只能投资于国内市场的公募基金，合格境内机构投资者基金可以进行国际市场投资。通过合格境内机构投资者基金进行国际市场投资，不但为投资者提供了新的投资机会，而且由于国际证券市场常常与国内证券市场有较低的相关性，也为投资者降低组合投资风险提供了新的途径。根据中国证监会的有关规定，合格境内机构投资者基金可投资于下列金融产品或工具：

1. 银行存款、可转让存单、银行承兑汇票、银行票据、商业票据、回购协议等货币市场工具。

2. 政府债券、公司债券、可转换债券、住房按揭支持证券、资产支持证券等。

3. 与中国证监会签署双边监管合作谅解备忘录的国家或地区证券市场挂牌交易的普通股、优先股、全球存托凭证等。

4. 在已与中国证监会签署双边监管合作谅解备忘录的国家或地区证券监管机构登记注册的公募基金。

5. 与固定收益、股权、信用、商品指数、基金等标的物挂钩的结构性投资产品。

6. 远期合约、互换及经中国证监会认可的境外交易所上市交易的权证、期权、期货等金融衍生产品。

我国首批合格境内机构投资者基金于2007年推出。

词条名称：**交易型开放式指数基金**

英　　文：**exchange traded fund，缩写 ETF**

定义：交易型开放式指数基金是一种在交易所上市交易的，基金份额可变的开放式基金。

释义：交易型开放式指数基金一般采用被动式投资策略跟踪某一标的市场指数，因此具有指数基金的特点。

交易型开放式指数基金结合了封闭式基金与开放式基金的运作特点。投资者既可以像封闭式基金那样在交易所二级市场进行买卖交易，又可以像开放式基金那样进行申购、赎回操作。不同的是，它的申购是用一篮子股票换取交易型开放式指数基金的份额，赎回时则是换回一篮子股票而不是现金。这种交易制度使该类基金存在一级和二级市场之间的套利机制，可有效防止类似封闭式基金的大幅折价。

我国首只 ETF 基金于 2004 年底推出。

图示：

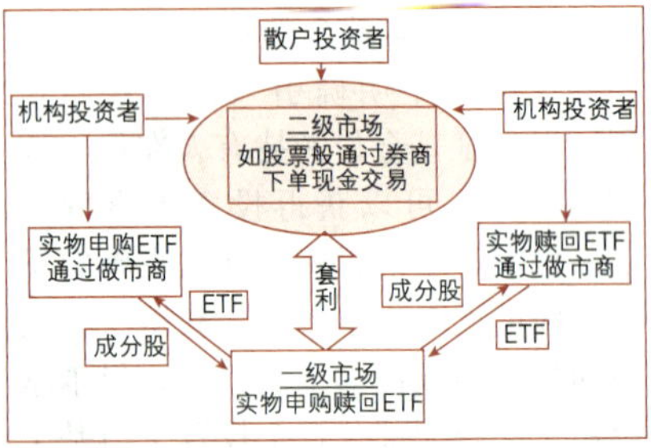

词条名称：**上市开放式基金**

英　　文：**Listed Open-ended Fund，缩写 LOF**

定义：上市开放式基金是指一种既可以在场外市场进行基金份额申购、赎回，又可以在交易所（场内市场）进行基金份额交易和基金份额申购或赎回的开放式基金。

释义：上市开放式基金结合了银行等代销机构和交易所交易网络两者的销售优势，为开放式基金销售开辟了新的渠道。上市开放式基金通过场外市场与场内市场获得的基金份额分别被注册登记在场外系统与场内系统，但基金份额可以通过跨系统转托管，即跨系统转登记，实现在场外市场与场内市场的转换。上市开放式基金获准上市后，投资者既可以通过银行等场外销售渠道申购和赎回基金份额，也可以在挂牌的交易所买卖该基金或进行基金份额的申购与赎回。

上市开放式基金所具有的转托管机制与可以在交易所进行申购、赎回的制度安排，使上市开放式基金不会出现封闭式基金的大幅折价交易现象。

上市开放式基金与交易型开放式指数基金都具备开放式基金可以申购、赎回和场内交易的特点，但两者存在本质区别，主要表现在：

1. 申购、赎回的标的不同。交易型开放式指数基金与投资者交换的是基金份额与一篮子股票，而上市开放式基金的申购、赎回是基金份额与现金的对价。

2. 申购、赎回的场所不同。交易型开放式指数基金的申购、赎回通过交易所进行；上市开放式基金的申购、赎回既可以在代销网点进行，也可以在交易所进行。

3. 对申购、赎回限制不同。只有资金达到一定规模的投资者（基金份额通常要求在50万份以上）才能参与交易型开放式指数基金一级市场的申购、赎回交易；而上市开放式基金在申购、赎回上没有特别要求，和普通开放式基金基本相同。

4. 基金投资策略不同。交易型开放式指数基金通常采用完全被动式管理方法，以拟合某一指数为目标；而上市开放式基金则是普通的开放式基金，增加了交易所的交易方式，它可以是指数型基金，也可以是主动管理型基金。

5. 在二级市场的净值报价上，交易型开放式指数基金每15秒提供一个基金净值报价；而上市开放式基金的净值报价频率要比交易型开放式指数基金低，通常一天只提供一次或几次基金净值报价。

词条名称：**联接基金**

英　　文：**feeder fund**

定义：联接基金是指将其绝大部分财产投资于跟踪同一标的指数的ETF（简称“目标ETF”），目标ETF不得低于基金资产净值的90%，密切跟踪标的指数表现，追求跟踪偏离度和跟踪误差最小化，采用开放式运作方式的基金。

释义：作为实现与市场同步成长的一种投资方式的指数基金，联接基金越来越受到广大投资者的广泛关注和青睐。

普通投资者尽管可以像买卖封闭式基金一样在交易所买卖ETF基金，但未参与股票二级市场交易的投资者仍无法参与ETF基金投资。在这种情况下，一种将其绝大部分基金财产投资于跟踪同一标的指数的ETF，密切跟踪标的指数表现，采用开放式运作方式，可以在场外申购、赎回的，被称为“ETF联接基金”的基金应运而生。从性质上看，可以将ETF联接基金看做是一种指数型的基金中基金。

联接基金的优点是：

1. 投资费用低。由于联接基金不会对投资ETF的资产部分向投资者收取管理费和托管费，因此避免了重复收费；同时，作为一种指数基金，联接基金的整体费用水平也比较低，为投资者提供了低成本、高便利度的ETF投资方式。

2. 可满足投资者定投的需求。指数基金是最适合定投的基金品种之一。联接基金发行后，投资者便能像其他开放式基金一样轻松在银行开展定投，平摊风险。

3. 能满足投资者转换的需求。联接基金在开放转换业务后，投资者还能根据对不同市场阶段的收益预期及个人偏好，在联接基金与同一基金公司发行的其他基金之间进行灵活的转换，优化资产配置，从而使收益最大化。

我国境内首只 ETF 联接基金于 2009 年 9 月 29 日推出。

词条名称：**复制基金**

英　　文：**clone fund**

定义：复制基金是指与目标基金投资策略、投资组合相同的基金。

释义：复制基金在国外非常普遍，主要分为两种形式：一种是通过衍生产品来复制目标基金的市场表现；另一种是投资策略复制。前者主要使用在由于监管等种种原因不能直接投资目标基金的情况下。后者主要使用在对本公司成功基金产品的复制上。当一只基金相当成功——规模大、净值高时，为了更好地保护投资者的利益，便于基金管理人管理和运作，国外的基金管理公司往往对该基金进行复制。

复制基金的优点在于通过金融创新，创造性地解决投资者的困难，满足其投资需求。复制基金的概念与国内常为人诟病的基金同质化有着本质区别。基金同质化指的是形式上不同的基金，实际内容相近。复制基金则截然相反，非但形式上相同，实际内容也相同。

我国境内首只复制基金于 2006 年 6 月 29 日推出。

词条名称：**分级基金**

英　　文：**split-capital fund**

定义：分级基金是指通过事先约定基金的风险收益分配，将母基金份额分为预期风险收益不同的子份额，并可将其中部分或全部类别份额上市交易的结构化证券投资基金。其中，分级基金的基础份额称为“母基金份额”，预期风险、收益较低的子份额称为“A 类份额”，预期风险、收益较高的子份额称为“B 类份额”。

释义：分级基金通常分为优先级基金份额和普通级基金份额。基础份额与普通基金无异。优先级基金份额的年基准收益率是指每年优先级基金份额优先获得分配的收益率，通常是约定一个固定的年化收益率，呈现出低风险、低收益的特点；而普通型基金的收益则只能在优先级基金的基本收益得到满足之后才可以获得，对于超额收益部分，普通级基金可获得全部或相对大的份额，呈现出高风险、高收益的特点。

分级基金的优势在于形式多样，能分别满足低风险偏好和高风险偏好投资者的需求；投资者能方便地根据自身投资特点和市场走势进行灵活的资产配置；分级基金为各类投资者提供了方便、快捷、低成本的基金投资方式。

词条名称：**生命周期基金**

英　　文：**life-cycle fund**

定义：生命周期基金是指通过提供动态变化的资产配置组合，满足投资者在生命不同阶段中理财需求的基金品种。

释义：这种基金一般会设定一个目标日期，基金的资产配置将随目标日期的到来而调整。越接近目标日期，高风险资产配置越低，低风险资产配置越高，较为符合普通个人投资者储备养老基金过程中风险承受能力下降、投资期限缩短的特点。实验数据显示，资产配置是决定中长期投资盈亏的关键因素，生命周期基金的产品设计思路正是着眼于股票、债券及现金资产的最佳配置比例，与人生各个阶段及投资期限的风险承受能力相匹配，从而最大程度满足目标理财需求。

世界最早的一只生命周期基金成立于 1990 年 2 月，不过大规模发展是在 21 世纪以后。由于生命周期基金风格明晰，目标客户群比较独特，因此其市场推广需要较长时间。

我国境内首只生命周期基金于 2006 年 5 月 23 日成立。

词条名称：**主题基金**

英　　文：**theme fund**

定义：主题基金是指投资某一特定主题的基金。

释义：主题基金与普通投资股票基金不同的是：主题基金的投资范围往往更加确定和细化，集中在某一主题的若干个产业或者具备某些共同特征的若干企业上。目前，国内主题型基金涵盖的主题范围广泛，如低碳环保、新兴产业、消费、内需动力、医疗保健、资源、大宗商品、按地域划分的泛沿海等等，投资者可以根据自己看好的主题寻找适合自己的基金产品。主题基金给投资者提供了资产配置的良好工具，能满足投资者资产配置的细化需求。

词条名称：**量化基金**

英　　文：**quantitative fund**

定义：量化基金是指通过数理统计分析，选择那些未来回报可能会超越基准的证券进行投资，以期获取超越指数基金收益的基金。

释义：区别于普通基金，量化基金主要采用量化投资策略来进行投资组合管理。总的来说，量化基金采用的策略包括：量化选股、量化择时、股指期货套利、商品期货套利、统计套利、期权套利、算法交易、资产配置等。对于量化基金的产品设计，虽然量化基金一般都是采用多因素模型对股票进行分析和筛选，但不同的量化基金的侧重点是不一样的，也就是包括投资思路、观察角度、分析方法等都是不同的。

在我国证券市场，基本面研究占主流地位，然而随着证券市场的不断发展、证券数目的增加、衍生品的出现等，基金要想战胜指数的难度也越来越大，量化投资开始发挥越来越重要的作用，因此涌现出了大批量化基金。

词条名称：**短期理财债券基金**

英　　文：**short-term financial bond fund**

定义：短期理财债券型基金是指定位于短期理财投资需求，期限在一年以内，滚动运作，采用摊余成本法定价的债券型基金。

释义：理财债券基金主要包含两种运作模式：一种为采取严格的买入持有到期投资策略，在封闭运作期间建仓完毕后投资组合基本固定，投资收益预期相对明确、稳定的固定组合类债券基金；另一种为对单笔认申购基金份额采用固定期限锁定持有的短期债券基金。短期理财债券基金指的是封闭运作期间或固定锁定期相对较短（一般在一年以内）的理财债券基金。由于目前市场上的理财债券基金大都是一年以内的，所以大家通常将理财债券基金统称为“短期理财债券基金”。相比其他类型基金，由于短期理财债券基金多采用持有到期投资组合策略，在风险控制和管理成本上更低。因此，其费率通常也较普通货币基金更低，管理费多在0.3%上下，托管费亦略低，在0.08%上下。

我国境内首批短期理财债券基金于2012年5月推出。

词条名称：**发起式基金**

英　　文：**initiated fund**

定义：发起式基金是指符合中国证监会规定，由基金管理人、基金管理人股东、基金管理人高级管理人员或基金经理承诺认购一定金额并持有一定期限的证券投资基金。

释义：发起式基金是指基金管理人在募集基金时，使用公司股东资金、公司固有资金、公司高级管理人员或基金经理等人员资金认购基金的金额不少于1000万元人民币，且持有期限不少于3年的基金。

根据中国证监会的规定，发起式基金在基金合同生效3年后，若基金资产规模低于2亿元，基金合同自动终止。

基金管理公司采用发起式基金上报并募集新基金的，应当履行严格的信息披露义务，在基金合同生效公告、基金年报、半年报、季报中分别披露基金管理公司、基金管理公司高级管理人员、基金经理等投资管理人员以及基金管理公司股东持有基金的份额、期限及期间的变动情况。

我国首只发起式基金于2012年7月推出。

（十）私募基金分类[①]

词条名称：**天使投资基金**

英　　文：**angel capital fund**

定义：天使基金是指专门投资于企业种子期和初创期的一种风险投资基金。

释义：“天使投资”一词源于纽约百老汇的演出捐助。“天使”这个词被用来形容资助百老汇演出，为新创作品进行高风险投资（资助）的富人。对于被资助的文艺团队及演员来说，这些资助者（投资者）就像天使一样从天而降。后来，天使投资被引申为支持创业者的早期投资人或资金，其作用主要是对萌芽中的中小企业提供“种子资金”，是最“慈祥”的风险投资基金，从而取得“天使”这样崇高的美称。

---

① 撰写：付军宁、易叶舟；审核：田娜、蒋明；单位：嘉实基金管理有限公司。

天使投资一般是由自由投资者或非正式风险投资机构对原创项目构思或小型初创企业进行的前期投资，其资金来源大多是民间资本，且是金额较小的一次性投入。对刚起步的创业者来说，他们很难获得银行贷款或受到股权投资者的青睐，因此天使投资能够在一定程度上帮助这类初创企业成长。

天使投资与风险投资的区别主要在于投资者角色和投资的阶段不同。天使投资者可能本身也是创业者，且投资额度有限，专注于初级种子阶段的创业公司。而风险投资家是职业投资者，某投资需要有某个确定的投资回报率，以使基金快速增值。

词条名称：**风险投资基金**

英　　文：**venture capital（VC）fund**

定义：风险投资基金，又称“创业投资基金”，是指专门投资于具有发展潜力以及快速成长企业的基金。从事这类投资行为的企业有时也被认为是战略投资者。

释义：风险投资对于全球的商业生态系统非常重要，不仅是因为它为企业提供商业机会、技术和经验，更重要的是小企业可以利用提供企业附属型创投的母公司的机会与国外市场接触，这对于那些处在高度竞争行业的企业非常重要。

近年来活跃在中国市场的很多风险投资基金都有风险投资的背景，如英特尔投资、联想投资（君联资本）、弘毅投资、IDG创投。

词条名称：**发展资本基金**

英　　文：**development capital（DC）fund**

定义：发展资本基金是指专门协助目标企业扩展壮大的投资基金。

释义：发展资本基金选择的目标企业通常都处于产品较成熟并且已经初步拓展市场的时期，这些企业只要有资金去进一步开拓市场，将迅速发展成熟。

词条名称：**重振资本基金**

英　　文：**turnaround financing（TF）fund**

定义：重振资本基金是指专门针对已经成熟，但在经营过程中曾受到某方面打击而遭受挫折的企业进行投资的基金。

释义：重振资本主要对业绩不佳的企业进行投资，以期改善企业的经营状况。这类企业一般处于传统行业，遇到财务危机或者处于重组当中，但仍具有长期的市场生存能力。

尽管大多数重振资本都不相同，没有固定的模式，但是它们的成功具有一些共性：（1）被投资企业具有核心的生存能力；（2）重组的技巧和经验；（3）重振的财务支持；（4）重振的经营管理。

经验表明，只要企业具有核心的生存能力，重组目标就比较容易实现。接受重振资本的企业不一定是未上市的企业，也有可能是已经上市、但是发展陷入困境的企业。重振资本可能通过收购这类上市公司的股份，帮助公司重新发展，从而实现公司的重新上市，或者把公司从退市的边缘挽救回来。

词条名称：**上市前私募基金**

英　　文：**pre-IPO fund**

定义：上市前私募基金是指投资于企业上市之前或预期企业可近期上市的基金。该基金的退出方式一般为上市后从公开资本市场上出售股票退出。

释义：此类投资的重点是目标企业已初步达到首次公开发行（IPO）的条件，其资金在短期内即能套现。

上市前资本的投资具有风险小、回收快的优点，并且在企业股票受到投资者追捧的情况下，可以获得较高的投资回报。国内经典的上市前资本投资案例就是蒙牛乳业在上市之前获摩根士丹利、鼎晖投资和英联投资三家机构的过桥投资，改善了财务结构，进而顺利在中国香港上市。

词条名称：**对冲基金**

英　　文：**hedge fund**

定义：对冲基金是指基于最新的投资理论，运用多种复杂投资策略，充分利用杠杆和金融衍生物，投资于全球市场，承担高风险，交易活跃的私募基金。

释义："hedging" 的直译为 "套期保值"，如利用期货市场转移现货价格风险等。因此，对冲基金也被称为 "避险基金"，即通过 "风险对冲" 实现套期保值，这也是对冲基金设立之初经常采用的投资策略。

与特定市场范围或工具范围的证券投资基金、商品期货基金相比，对冲基金的操作范围更广。经过几十年的演变，对冲基金已失去其初始的风险对冲的内涵，并成为一种新的投资模式的代名词，即基于最新的投资理论和复杂的金融市场操作技巧，充分利用各种金融衍生品的杠杆效用，承担高风险、追求高收益的投资模式。

对冲基金主要包括以下几种类别：

1. 宏观基金（Macro Funds）。这类基金根据国际经济环境的变化，利用股票、货币汇率等投资工具在全球范围内进行交易。

2. 全球基金（Global Funds）。这类基金更侧重于通过从下而上、在个别市场上挑选股票。与宏观基金相比，它们较少使用指数衍生工具。

3. 多头基金（Long Only Funds）。这类基金按对冲基金架构建立，征收利润奖励费和使用杠杆投资，但从事传统的股票买卖。

4. 卖空基金（Short Sales Funds）。这类基金向经纪商借入它认为价值高估的证券并在市场出售，然后希望能以低价购回后还给经纪商。

5. 市场中性基金（Market－Neutral Funds）。这类基金采用多空策略规避市场性风险，以谋求任何市场环境下稳定的绝对收益。

6. 事件驱动基金（Event－driven Funds）。此类基金旨在利用公司特殊事件获利，例如困境证券基金（distressed Funds）。

7. 行业基金（Sector Funds）。此类基金专门投资一些特定行业，例如科技、医疗、生物科技、制药和能源等。

8. 基金中的基金（Funds of Funds）。

即投资于对冲基金的对冲基金。

词条名称：**阳光私募基金**

英　　文：**sunshine private fund**

定义：阳光私募基金是指借助信托公司发行，经过监管机构备案，资金由第三方银行托管，有定期业绩报告的投资于证券市场的基金。

释义：资金受监管、道德风险小，这是阳光私募相对于普通私募的区别。资产管理人与信托公司合作，由信托公司发起设立信托型私募基金。表面上看，阳光私募的资产管理人是信托公司，而实际的操作者是投资顾问、资产管理公司。

阳光私募一般分为开放式和结构化两种形式。

所谓“开放式”，是指基金认购者需要承担所有投资风险及享受大部分的投资收益，私募基金公司不承诺收益。私募基金管理公司的盈利模式一般是收取认购总资金2%左右的管理费和投资盈利部分的20%作为佣金收入。

所谓“结构化”，是指通过“一般/优先”模式使委托人的收益与承担风险成正比。初始信托资金由优先受益权资金和一般受益权资金按一定比例配比。在收益和风险分配上，当信托计划出现较大的风险时，一般受益权的资金亏损在前，保障优先受益权资金安全。与此相对应，当投资获得丰厚回报时，承受风险较高的一般受益权反过来也要比优先受益权获得更多的回报。此外，结构化还体现在投资模式上。结构化证券投资信托产品就是投资的多元组合，此类产品可以投资股票、基金、债券、货币市场工具等多种有价证券，具体投资比例由基金管理人及信托公司协商掌握。

阳光私募基金有以下几个特点：

1. 收取20%超额业绩费。当私募基金产生盈利时，私募基金管理人会提取其中的20%作为回报。但该超额业绩费只有在私募基金净值每次创出新高后才可以提取。收取20%的超额业绩费是一种通用做法，但并不是所有的私募基金都有超额提成，且提成比例也不一定是20%。

2. 追求绝对正收益。私募基金管理人的利益和投资者的利益是一致的，主要依靠超额业绩提成。所以，阳光私募追求绝对正收益，对下行风险控制相对严格。

3. 股票的投资比例为0～100%，非常灵活，可以称之为“全天候”产品。在熊市中，公募基金有最低60%的持仓限制，而阳光私募可以通过灵活的仓位选择规避市场的系统性风险。

4. 购买门槛较高。单一客户投资阳光私募基金的规模一般不少于100万元。

5. 操作灵活。目前，阳光私募基金的规模通常在几千万元至1亿元之间。相对于公募基金，总金额比较小，操作更灵活。同时，在需要时，私募可以集中持仓一两个行业或五六只股票。

6. 一般有6～12个月的封闭期，客户在封闭期中赎回受到限制。封闭期后，一般每月公布一次净值，并开放申购、赎回。

2004年深国投推出“赤子之心”证券投资集合资金信托计划，并采用

"信托公司+托管银行+私募公司"的模式，即为中国最早的阳光私募的雏形。2007年，阳光私募进入发展元年，不少公募基金经理开始转投阳光私募基金。如星石投资、尚诚投资等知名阳光私募机构就是由先前的公募基金人士建立起来的。

2011年开始，为了适应市场，出现了结构化形式的阳光私募基金，并逐步成为私募市场的主流产品。专注于结构化阳光私募的基金管理人有混沌投资、长金投资、证大投资等。

词条名称：私募股权投资基金

英　　文：private equity (PE) fund

定义：私募股权投资基金是指以非公开的方式募集资金，投资于未上市公司股权或上市公司非公开交易股权，通过企业上市、并购、股权转让等一系列方式退出投资并获利的一种投资基金。

释义：私募股权投资基金有三个要素：私募、股权、基金，即向特定人募集资金或者向少于200人的不特定人群募集资金，并以股权投资为运作方式，主要投资于非上市企业股权，对非上市企业注入资金和管理经验，推动非上市企业价值增长，最终通过上市、并购、股权置换等方式退出的一种投资机构。狭义的私募股权投资基金主要是指对已形成一定规模并产生稳定现金流和经营收益的成熟企业进行投资；广义的私募股权投资基金包括对企业公开发行股票之前的各个阶段进行权益投资。

私募股权投资基金的主要特征包括：

1. 特定的募集对象：向银行、养老金、保险公司等特定机构和富有人士募集资金。

2. 特定的募集方式：非公开募集，由基金发起人和管理人直接与投资者进行面对面推销，或采用专门基金路演推介会等方式销售。

3. 特定的投资方式：基本采用权益性投资的方式，如直接投资于目标企业的普通股、优先股或可转债等。

4. 特定的投资对象：一般为成长性的未上市企业。

5. 有限的经营期限：中长期，一般以5~10年为主，且多为封闭式投资，即投资者在经营期内通常不能退出。

6. 特定的退出方式：主要包括企业上市、股权转让、并购、股权回购等。

7. 特定的增值服务：投资目标企业的同时，协助目标企业改善经营管理，以及筹备企业上市等。

私募股权投资基金起源于美国，20世纪90年代进入中国。目前，活跃在中国的外资私募股权投资基金管理机构有凯雷集团、黑石集团、KKR、IDG等；随着中国相关法律法规完善及政策引导，近十年来，私募股权投资基金发展迅速，已成为资本市场的新兴力量，并涌现出一批优秀本土机构，如中科招商、鼎晖、九鼎等。

词条名称：并购基金

英　　文：buy-out fund，缩写BF

定义：并购基金是指专注于目标

企业进行并购的基金。

释义：并购基金通过收购目标企业股权，获得对目标企业的控制权，然后对目标企业进行一系列的重组改造，提升目标企业的价值后再出售获利。

并购基金经常出现在管理层收购（management buy－out，MBO）和保留管理层的收购（management buy-in，MBI）中。

词条名称：**夹层基金**

英　　文：**mezzanine capital，缩写 MC**

定义：夹层基金是指在风险和回报方面，介于优先债权投资（如债券和贷款）和股本投资之间的一种投资资本形式。

释义：对目标企业来说，夹层资本通常能够提供形式非常灵活的较长期的融资，这种融资对股本的稀释程度小于股市，并能够根据特殊需求做出调整。夹层资本的主要投资形式是可转换债券和可转换优先股等金融工具。

词条名称：**公司型私募**

英　　文：**corporate-type private equity**

定义：公司型私募是股份投资公司的一种形式（如某投资公司），公司由具有共同投资目标的股东组成，并设有最高权力机关股东大会、执行机关董事会和监督机关监事会。

释义：这种基金通过发行股份的方式筹集资金，是具有法人资格的经济实体。基金持有人既是基金投资者，又是公司股东，按照公司章程的规定享受权利、履行义务。

公司型私募基金既有利于聚集社会广大的闲散资金，进行规模化投资运作，又有利于抵抗资本市场的投资风险，从而提高资本收益的回报率。例如美国巴菲特的伯克夏·哈撒韦公司就是典型的公司型私募基金。

公司型私募基金的主要不足是双重纳税，即公司需要缴纳各种企业所得税，而投资者须就分红缴纳个人所得税。这在一定程度上既抑制了股东的投资积极性，同时又限制了股份投资公司的规模效应。

词条名称：**契约型私募**

英　　文：**contractual-type private equity**

定义：契约型私募是由基金管理人、基金托管人和基金持有人之间根据信托契约确立相互之间的权利和义务关系，并通过发行收益凭证来募集资金的一种私募基金。

释义：这种私募基金主要是根据《中华人民共和国信托法》的有关规定界定各方的权益。与公募基金相比，此类信托投资的份额较大，通常为100万元以上，投资品种和投资比例较为宽松，灵活性也较大，但基金管理人除了收取较高的管理费用、认购费外，还要将收益部分的20%作为提成。该类基金一般只能每月申购赎回一次，对基金的持有者来说时间要求较长。另外，契约制私募基金可以避免双重征税。这类基金主要集中在日本、英国及中国台湾地区。

基金类别

词条名称：有限合伙型私募

英　　文：limited partnership-type private equity

定义：有限合伙型私募是指由有限合伙人和普通合伙人组建而成的一种私募基金。

释义：有限合伙制基金及基金管理企业的合伙人分为有限合伙人（Limited Partner，LP）及普通合伙人（General Partner，GP）。有限合伙人投入大部分资金，是真正的投资者，但不负责具体经营；普通合伙人有权管理、决定合伙事务，负责带领团队运营，对合伙债务承担无限责任。

有限合伙制基金主要具有以下特征：

1. 合伙人的权益和义务更加分明。在合伙企业中，普通合伙人以个人财产对合伙企业的债务承担无限连带责任，而有限合伙人以认缴的出资额为限对合伙企业的债务负担责任。由于承担的义务（责任）不同，因此，不同类型的合伙人对合伙企业的权利也不同。普通合伙人负责合伙企业的管理及拥有投资等重大事项的决策权，而有限合伙人则不能参与有限合伙企业的管理和决策。

2. 有限合伙企业的财产独立于各合伙人的个人财产。《中华人民共和国合伙企业法》规定：合伙人的出资、以合伙企业名义取得的收益和依法取得的其他财产，均归属于合伙企业，合伙人在合伙企业清算前，不得请求分割合伙企业的财产。

3. 避免双重征税。合伙企业本身不需要缴纳所得税，只需由合伙人分别缴纳所得税。

词条名称：信托型私募

英　　文：trust-type private equity

定义：信托型私募是一种通过信托模式募集资金，并对符合法定要求的企业进行股权投资和提供经营管理服务的集合投资制度。

释义：信托计划是由信托公司发起设立，经中国银行业监督管理委员会核准后，可委托银行等金融机构代理发行（销售），其筹集的资金按照信托计划的既定目标和范围进行投资。

信托计划主要有以下几个特征：

1. 每个信托计划的财产都是独立运作，既不能与其他信托计划混淆，也必须和受托人的资产分离开。

2. 信托计划的资金必须一次性到位，不能分期出资。

3. 投资人必须在信托计划到期时才能退出。

4. 由于信托计划没有办理工商注册登记，不具备法人资格，所以其所有的投资均以受托人（信托投资公司）的名义进行。

5. 信托计划的时间一般在 1 ~ 3 年之间，到期必须清算退出。

6. 由于信托计划并非法人主体，因此不成为纳税主体，只有当受益人取得信托收益时，才需缴纳个人或企业所得税。

词条名称：有限合伙信托模式

英　　文：limited partnership & trust model

定义：有限合伙信托模式是指信

托公司作为有限合伙人（LP），以信托计划募集资金出资，与其他普通合伙人（GP）共同设立有限合伙企业的一种基金模式。

释义：有限合伙信托模式是一种具有中国特色的创新模式。在这种模式下，成立有限合伙形式的企业，由管理人担任普通合伙人的角色，信托公司作为受托人，根据信托合同向合格的投资者推介信托计划，募集信托资金，以信托计划整体作为有限合伙人加入有限合伙企业；有限合伙企业对未上市企业进行股权投资，之后通过上市或转让份额、并购等方式实现退出。有限信托合伙模式将有限合伙的组织形式与信托计划的结构相融合，结合了信托计划在募资管理上和有限合伙制私募股权投资在股权投资管理上的优势，提高了私募基金募集、投资和管理的水平和效率。同时，这种模式还可以解决信托公司证券账号资源枯竭、信托计划无法开立股指期货账户等技术难题，因而在业界被广泛使用。

词条名称：基金中的基金

英　　文：**fund of funds，缩写 FOF**

定义：基金中的基金是指以其他基金为投资对象的基金，其投资组合由各种各样的基金组成。

释义：基金中的基金与一般基金最大的区别在于其投资范围仅限于基金，并通过持有其他基金的方式而间接持有股票、债券等证券资产。从所投资基金的种类来看，基金中的基金主要包括共同基金基金中的基金，对冲基金基金中的基金和私募股权基金基金中的基金三大类。2014 年 8 月 8 日新《运作方法》将 FOF 纳入公募基金中，规定 80% 以上的基金资产投资于其他基金份额的，为基金中的基金。

一般来说，基金中的基金有以下特点：

1. 专业管理。即旨在通过基金中的基金基金经理和所投基金经理的双重专业管理，来获取较高的超额回报。

2. 风险的二次分散。基金中的基金的投资标的是基金，是对单个基金特定风险的再次分散。此外，基金中的基金能够通过管理基金组合的区域、资产类别、行业等配置比例以达到控制风险的目的。

3. 降低普通投资者多样化投资的门槛。基金中的基金让普通投资者可以像买一只基金一样投资一个基金组合，拓宽了投资基金的种类，降低了多样化投资的门槛。

4. 管理费率较高。尽管基金中的基金投资本身不需要大量的管理和研究成本，但其需要负担所投资基金的管理费，因此总管理费率较高。

词条名称：平行基金

英　　文：**parallel fund**

定义：平行基金是指在海外和国内分别募集两个规模相差不多的投资基金，分属外资私募股权投资机构和中国本土私募股权投资机构，通过有共同利益的管理公司把两个基金模拟成一个基金进行分配和清算。寻找项目时，两只基金同时进行投资，一般是各占投资额的50%。

释义：平行基金模式是外资私募股权投资间接落地，在中国开展私募股权投资业务的一种新型合作模式。

在平行基金模式下，国外私募股权投资机构在中国境外建立投资基金，国内私募股权投资机构在国内建立投资基金。原则上，这两家基金平行存在，在法律上各自独立，但这两家基金在相互磋商、确立合作意向的基础上，共同在国内建立一家投资管理公司，并委托这家公司同时管理国内外两只基金。这种模式的操作过程为：投资管理公司行使基金管理人的职能，负责寻找项目及审核项目。在投资项目确定后，向外资基金和国内基金同时推荐。如果投资的项目需要人民币背景，就用境内的基金进行投资，将来在境内退出；如果投资的项目需要海外控股的背景，则用境外的基金进行投资，将来通过海外上市或并购实现退出，投资后所得的收益按照事先约定的比例在双方之间进行分配。

我国最早采用中外合作平行模式募集设立的人民币基金是中新苏州工业园区创业投资有限公司与台湾创投企业怡和创投集团合作设立的总额为6000万美元的平行基金。2007年6月，天津海泰科技投资管理有限公司和戈壁合伙人有限公司共同组建的海泰—戈壁滨海高新创业投资基金也是采用这种模式。

采用中外合作平行基金模式的优点在于可以有效地解决境外资金因外汇管制所导致的进入难、退出难的问题，以及国内资金无法走出国门的困境。

三、指数类别①

（一）市场指数

词条名称：**上证基金指数**

英　　文：**SSE fund index**

定义：上证基金指数是上证指数体系组成部分之一。

释义：上证基金指数的选样范围是所有在上海证券交易所上市的证券投资基金，反映了基金的价格整体变动状况，自2000年6月9日起正式发布，代码为000011。

词条名称：**深市基金指数**

英　　文：**SZSE Fund Index**

定义：深市基金指数是深证系列综合指数之一。

释义：深市基金指数代码为399305，选取样本为在深圳证券交易所上市的全部封闭式基金，不包含创新型基金。深市基金指数以2000年6月30日为基日，基日指数为1000，2000年7月3日开始发布。凡新基金上市，在上市次交易日纳入深市基金指数计算。

公式：基金指数以基金发行可流通份额为权数，自基日后，采用下列公式逐日连锁计算：

$$\text{实时指数} = \text{上一交易日收市指数} \times \frac{\sum(\text{基金实时成交价} \times \text{基金流通份额})}{\sum(\text{基金上一交易日收市价} \times \text{基金流通份额})}$$

① 撰写：赵静；审核：魏娜；单位：华商基金管理有限公司。

词条名称：**中证基金指数**
英　　文：**CSI fund index**
定义：中证基金指数系列包括中证开放式基金指数和中证股票型、中证混合型、中证债券型三个分类基金指数，以及中证 ETF 基金指数、中证货币基金指数和中证 QDII 基金指数。

释义：中证基金指数系列旨在全面反映中国开放式基金市场的整体绩效表现，为投资者提供更为丰富的分析工具和收益评价基准。中证基金指数以当前市场上的所有开放式基金（不包括货币型基金和保本型基金）作为样本，采用简单平均加权方法进行计算。以 2002 年 12 月 31 日为基日，基点为 1000 点。指数代码为 H11020。

公式：中证基金指数系列采用简单平均加权方法进行计算。其计算公式为：

$$I_{t+1} = I_t \times \frac{1}{N_{t+1}} \sum_{i=1}^{N_{t+1}} \frac{V_{i,t+1}}{V_{i,t}}$$

式中，I_{t+1} 为 t+1 时刻的指数收盘价；I_t 为 t 时刻的指数收盘价；N_{t+1} 为 t+1 时刻的指数样本数；$V_{i,t+1}$ 为第 i 只样本基金 t+1 时刻的单位净值；$V_{i,t}$ 为第 i 只样本基金 t 时刻的单位净值。

（二）分类指数

词条名称：**中证股票型基金指数**
英　　文：**CSI stock fund index**
定义：中证股票型基金指数样本由中证开放式基金指数样本中的股票型基金组成。

释义：中证股票型基金指数以当前市场上的所有股票型基金作为样本，采用简单平均加权方法进行计算，以 2002 年 12 月 31 日为基日，基点为 1000 点。指数代码为 H11021。

词条名称：**中证混合型基金指数**
英　　文：**CSI hybrid fund index**
定义：中证混合型基金指数样本由中证开放式基金指数样本中的混合型基金组成。

释义：中证混合型基金指数以当前市场上的所有混合型基金作为样本，采用简单平均加权方法进行计算，以 2002 年 12 月 31 日为基日，基点为 1000 点。指数代码为 H11022。

词条名称：**中证债券型基金指数**
英　　文：**CSI bond fund index**
定义：中证债券型基金指数样本由中证开放式基金指数样本中的债券型基金组成。

释义：中证债券型基金指数以当前市场上的所有债券型基金作为样本，采用简单平均加权方法进行计算，以 2002 年 12 月 31 日为基日，基点为 1000 点。指数代码为 H11023。

词条名称：**中证 ETF 基金指数**
英　　文：**CSI ETF fund index**
定义：中证 ETF 基金指数样本由中证开放式基金指数样本中的 ETF 基金组成。

释义：中证 ETF 型基金指数以当前市场上的所有 ETF 基金作为样本，采用简单平均加权方法进行计算，以 2005 年 12 月 30 日为基日，基点为 1000 点。指数代码为 H11024。

词条名称：中证货币基金指数

英　　文：CSI money market fund index

定义：中证货币基金指数的样本由中证开放式基金指数样本中的货币式基金组成。

释义：中证货币基金指数以当前市场上的所有货币式基金作为样本，采用简单平均加权方法进行计算。以2005年12月30日为基日，基点为1000点。中证货币基金指数指数代码为H11025。

词条名称：中证QDII基金指数

英　　文：CSI QDII fund index

定义：中证QDII基金指数的样本由中证开放式基金指数样本中的QDII基金组成。

释义：中证QDII基金指数以当前市场上的所有QDII基金为样本，采用简单平均加权方法进行计算。以2007年12月31日为基日，基点为1000点。中证QDII基金指数指数代码为H11026。

四、公开募集证券投资基金投资①

（一）投资人分类

词条名称：个人投资者

英　　文：individual investors

定义：个人投资者是指以社会自然人身份从事投资的客户。

释义：个人投资者是依据中华人民共和国有关法律法规规定或经中国证监会批准可以投资于基金的自然人。通俗地讲，以个人的名义投资基金，便是个人投资者。个人投资者因缺乏研究市场行情所需的大量时间与精力，而且资金量较小，所以会选择基金产品作为理财的一种方式。在基金投资起点要求方面，个人投资者的门槛较低，他们也是基金持有人中最广泛的群体。

词条名称：机构投资者

英　　文：institutional investors

定义：机构投资者是指符合法律法规规定，可以投资于基金的机构法人。

释义：以政府机构、金融机构、企业和事业法人等名义投资基金的投资者属于机构客户。这类客户一般对市场具有一定的分析能力，投资较为理性，而且拥有较雄厚的资金实力，投资金额较大，其投资起点要求也较高，同时受到市场监管者多方面的监管。

词条名称：合格境外机构投资者

英　　文：qualified foreign institutional investors，缩写QFII

定义：合格境外投资者是指符合中国证券管理委员会、中国人民银行、国家外汇管理局2006年颁布的《合格境外机构投资者境内证券投资管理办法》的规定，经中国证监会批准，投资于中国证券市场，并取得国家外汇管理局额度批准的中国境外基金管理机构、保险公司、证券公司以及其他

---

① 撰写：田天、董彦杰、雷洋；审核：董恩彤；单位：银华基金管理有限公司。

资产管理机构。

释义：合格境外机构投资者简称“QFII”，主要包括境外银行、保险公司、基金公司等。在投资过程中，需要获得国家外汇管理局批准的投资额度，方可投资中国内地上市的股票及债券，所有境外资金的汇入汇出都会受到密切的监察。

词条名称：人民币合格境外机构投资者

英　　文：RMB qualified foreign institutional investors，缩写 RQFII

定义：人民币合格境外机构投资者是指符合中国证监会、中国人民银行、国家外汇管理局 2013 年颁布的《人民币合格境外机构投资者境内证券投资试点办法》的规定，经中国证监会批准，并取得国家外汇管理局额度批准，运用来自境外的人民币资金进行境内证券投资的境外法人。

释义：人民币合格境外机构投资者简称“RQFII”，主要包括境内基金管理公司、证券公司、商业银行、保险公司等香港子公司，或者注册地及主要经营地在香港地区的金融机构，并且在香港证券监管部门取得资产管理业务资格，已经开展资产管理业务。人民币合格境外机构投资者可以参与新股发行、可转换债券发行、股票增发和配股的申购。

（二）销售机构

词条名称：直销机构

英　　文：direct sales institution

定义：直销机构是指基金管理人在直接向投资者销售基金过程中体现出的销售机构身份。

释义：基金管理人作为销售机构，可以办理基金交易相关业务，投资者可通过基金公司的直销柜台、网站、电话等多种委托方式完成基金交易。与代销模式相比，直销减少了代理环节，因此通常会为投资者提供交易手续费优惠以及更为直接的服务。

词条名称：代销机构

英　　文：sales agency

定义：代销机构是指符合中国证监会 2004 年颁布的《证券投资基金销售管理办法》和中国证监会规定的其他条件，取得基金代销业务资格，并与基金管理人签订基金销售与服务代理协议，代为办理基金发售、申购、赎回和其他基金业务的代理机构。

释义：代销机构包括商业银行、证券公司、证券投资咨询公司和独立基金销售机构等。基金公司可以委托多家机构代理旗下基金销售业务；同一代销机构也可以代理多家基金公司的基金销售业务。代销机构的优点是其代理产品类型丰富，选择面较广，投资者能够面对面与理财经理交流并办理基金业务。除柜台以外，多数代销机构也开通了网上交易与电话委托方式。

（三）投资基本知识

词条名称：基金代码

英　　文：fund code

定义：基金代码是指基金产品对应的编号。

释义：基金公司在发行每一只基金产品时，都会为其分配对应的编码用于基金交易，类似基金产品的“身份证号码”，一般是由基金公司代码及发行序列组成，以多位数字的形式体现（通常为六位数字）。一只基金有可能因细分的交易方式不同而出现多个代码，如前端与后端的代码不同、场内与场外的代码不同、发行期与存续期的代码不同等。如果投资者知道准确的基金代码，就能具体查询到对应的基金产品，更方便于电子操作。一般情况下，投资者在办理基金业务时，均需使用基金代码。

词条名称：基金简称

英　　文：**fund abbreviation**

定义：基金简称是指基金产品的简要名称。

释义：为方便客户记忆，并且能够通过基金简称初步了解基金的投资方向及类型，中国证监会要求基金公司根据以下规则确定基金产品的简称：

1. 基金简称的字数尽量控制在10个以内，最多不超过12个字。

2. 开放式基金简称（指数型股票基金除外）一般应先后包括公司名称、显示投资方向或投资标的等事项的基金名称、基金类型三项内容。

3. 指数型股票基金简称一般应先后包括公司名称、标的指数名称两项内容。

4. 封闭式基金简称一般应先后包括公司名称、基金名称两项内容，并在简称末尾加上“封闭”二字。

5. 分级基金简称应该包括基金整体的基金简称和下属两级基金的基金简称。

词条名称：基金份额

英　　文：**fund unit；fund share**

定义：基金份额是指证券投资基金的数量单位。

释义：在基金认（申）购期间，基金公司会根据投资者投入的金额扣除相应认（申）购费用，最后确认分配一定数量的基金份额至投资者的基金账户中。在基金投资运作期间，投资者可享受持有基金份额的收益分配权，同时也要承担市场波动带来的风险。

基金交易、分红再投资、份额折算等操作会导致基金份额变动。

词条名称：基金份额初始面值

英　　文：**initial face value of fund units**

定义：基金份额初始面值是指基金份额发行时的票面价值。

释义：基金份额发行时的票面价值一般为1元，存续期内，基金份额的价值将随着投资标的价格的波动而高于或低于初始面值。

词条名称：基金合同生效日

英　　文：**effective date of fund contract**

定义：基金合同生效日是指基金募集结束、验资备案后，中国证监会的书面确认之日。

释义：募集结束，基金募集的基金份额总额、募集金额和基金份额持有人人数符合相关法律法规和基金合同规定的，基金管理人依据《中华人民共和国证券投资基金法》聘请法定机构验资并向中国证监会办理备案手续，证监会发出书面确认之日，即为基金合同生效日。基金合同生效意味着，基金公司可以按照基金合同中的规定开始投资运作，并在要求的时间内完成建仓工作，相应的，基金份额净值将开始波动。

词条名称：**基金合同终止日**

英　　文：**termination date of fund contract**

定义：基金合同终止日是指基金管理人与持有人依法解除委托资产管理关系的日期。

释义：根据相关法规，有下列情形之一的，基金合同终止：

1. 基金合同期满而未延期；
2. 基金份额持有人大会决定终止；
3. 基金管理人、基金托管人职责终止，在6个月内没有新基金管理人、新基金托管人承接；
4. 基金合同约定的其他情形。

如果出现基金合同终止情况，待基金财产清算完毕后，应将清算结果向中国证监会办理完备案手续并予以公告。清算后的剩余基金财产，应当按照基金份额持有人所持份额比例进行分配。

词条名称：**募集期**

英　　文：**offering period**

定义：募集期是指基金公司初始发售基金份额的时期。

释义：基金管理人应当自收到证监会准予注册文件之日起6个月内进行基金募集。自基金份额发售之日起至发售结束之日止的期间，是募集期，最长不得超过3个月。期间，投资者可以通过指定的销售机构认购基金份额，认购款项存入专门账户，由基金托管银行监管，在基金成立前不得动用。认购款项在募集期内会产生利息，除非基金合同另有约定，一般情况下折算为基金份额归持有人所有。

词条名称：**存续期**

英　　文：**duration**

定义：存续期是指基金合同生效后到基金合同终止前的时期。

释义：不同类型的基金存续期规定不同。封闭式基金通常有固定的存续期，目前市场上的封闭式基金的存续期一般为10年或15年，最少5年，期满时，经基金持有大会通过并经监管机关同意，可以延长存续期或者转型为开放式基金。开放式基金没有固定的存续期，如果未出现终止基金合同的情况，可以一直运作下去。

词条名称：**封闭期**

英　　文：**closed period**

定义：封闭期是指基金合同生效后不接受投资者申购、赎回基金份额的时期。

释义：封闭是针对基金份额总数而言的。在封闭期内，基金不接受申购及赎回申请，基金份额总数稳定不变。

设定封闭期，一方面，是为了方便基金登记机构为日后基金交易做好充分的技术准备；另一方面，基金管理人可将募集来的资金根据证券市场状况完成初步的投资安排。开放式基金的封闭期不得超过3个月，并应当在招募说明书中载明，中国证监会规定的特殊基金品种除外。

对于封闭式基金而言，其封闭状态的存续期也被称为“封闭期”。这种封闭期较长，有5年至15年不等。期满时，经基金份额持有大会通过并经监管机关同意，可以延长存续期，或者转型为开放式基金。

对于创新型封闭式基金而言，封闭期多为1年到3年，而后便转为开放式基金继续运作。

词条名称：**建仓期**

英　　文：**period of portfolio construction ; portfolio building period**

定义：建仓期是指基金合同生效后，基金管理人使基金的投资组合比例符合基金合同的有关约定所需要的时间段。

释义：基金合同生效后，都会有一个建仓期。在这段时间，基金管理人可以用募集到的资金进行投资，可以配置投资股票、债券等基金合同约定可以投资的金融工具。具体建仓的时机，由基金管理人根据各方面考虑后确定。

基金管理人应当自基金合同生效日起6个月内使基金的投资组合比例符合基金合同的有关约定。

词条名称：**集中申购期**

英　　文：**the period of concentrated sale**

定义：集中申购期是指在基金存续期，设置一段期限集中让客户按照类似认购的方式进行申购的行为，也称为“集中发售期”。

释义：集中申购期类似基金募集期，投资者可按1元面值提交申购申请，并享受与认购相同的费率。在集中申购期，一般只开放申购、不开放赎回等业务。通常在封闭式基金转型为开放式基金或保本型基金周期更替时会出现集中申购期的情形。

（四）基金的认购

词条名称：**认购**

英　　文：**subscription**

定义：认购是指投资者在基金募集期内购买基金份额的行为。

释义：投资者认购时，通过销售机构规定的方式全额缴款。参与认购分三个步骤进行：开户、办理和查询。一般开立基金账户当日可以办理认购，待基金合同生效日后，再通过基金销售机构查询认购结果。

认购费率通常比申购费率低，并且购买的基金份额需要等封闭期结束后才能赎回。认购的申请提交成功后，除非基金合同另有规定，否则无法撤销。认购款项在募集期内会产生利息，除非基金合同另有规定，一般情况下折算为基金份额归持有人所有。

由于认购时依据的是募集期内的发售价格（通常为1元面值），便于简单直接掌握基金业务变动情况，因此受到某些投资者的青睐。

词条名称：**发售价格**

英　　文：**offering price**

定义：发售价格是指基金发行期

的单位价格。

释义：在整个基金募集期内，发售价格不变，一般情况下，基金的发售价格等于份额初始面值1元。

随着基金创新业务发展，也出现了一些发行价格不为1元人民币的情况。如2012年部分公司推出的同时以人民币和美元募集的合格境内机构投资者基金，其美元发售价格大都根据基金份额初始面值以及募集期最后一日人民币对美元的汇率确定。

词条名称：**金额认购**

英　　文：**subscription by amount**

定义：金额认购是指投资者在认购时按照确定的金额提出申请。

释义：基金通常采用金额认购的方式。投资者办理基金认购时，只需填写并缴纳认购申请金额即可，基金登记机构系统会根据投资者的申请金额减认购费用，再计算出应有的基金份额。

词条名称：**份额认购**

英　　文：**subscription by unit**

定义：份额认购是指购买基金时以确定的份额提交认购申请。

释义：份额认购方式是在购买基金单位时填写投资份额，投资者须缴纳与投资份额相对应的金额以及认购费用。

部分通过证券交易所场内发售的基金采用份额认购方式，如交易型开放式指数基金。

词条名称：**外扣法**

英　　文：**deduct commission not from subscription amount; subscription fee calculated on net subscription amount**

定义：外扣法是指计算基金认（申）购费用和份额的计算方法。其主要以认（申）购金额为基础，除以（1+认（申）购费率），计算出净认（申）购金额，再以此计算相应的认（申）购费用和份额。

释义：根据中国证监会基金部2007年颁布的《关于统一规范证券投资基金认（申）购费用及认（申）购份额计算方法有关问题的通知》，规定基金管理人办理基金份额的认购和申购，应当统一采用外扣法计算认（申）购费用及认（申）购份额。目前，除一些特殊品种外，基金认（申）购费用和份额的计算都采用外扣法。该方法针对以前使用的内扣法，意味着投资者使用同样金额所购买的基金份额将会比内扣法方式购买的份额多。

公式：外扣法的计算公式为：

净认（申）购金额＝认（申）购金额÷（1+认（申）购费率）

认（申）购费用＝认（申）购金额－净认（申）购金额

认（申）购份额＝净认（申）购金额÷认（申）购当日基金份额净值

示例：假设投资者拟投资10万元申购某基金，申购费率为1.5%，基金单位净值1.00元。

净申购金额＝申购金额÷（1+申购费率）＝100000÷（1+1.5%）＝98522.16（元）

申购费用＝申购金额－净申购金

额 = 100000 − 98522.16 = 1477.84（元）

申购份额 = 净申购金额 ÷ 申购当日基金份额净值 = 98522.16 ÷ 1.00 = 98522.16（份）

词条名称：**内扣法**

英　　文：**deduct commission from subscription amount; subscription fee calculated on gross subscription amount**

定义：内扣法是指计算基金认（申）购费用和份额的计算方法。其主要以认（申）购金额为基础，乘以认（申）购费率，计算出认（申）购费用，再以此计算相应的净认（申）购金额和份额。

释义：相对比外扣法，内扣法意味着投资者使用同样金额所购买的基金份额将会略少。为统一规范基金认购费用及认购份额的计算方法，更好地保护基金投资者的合法权益，中国证监会基金部2007年颁布的《关于统一规范证券投资基金认（申）购费用及认（申）购份额计算方法有关问题的通知》规定，认购费用计算方法统一为外扣法，自此，除一些特殊品种外，内扣法基本不再使用。

公式：内扣法计算公式为：

认（申）购费用 = 认（申）购金额 × 认（申）购费率

净认（申）购金额 = 认（申）购金额 − 认（申）购费用

认（申）购份额 = 净认（申）购金额 ÷ T日基金份额净值

示例：假设投资者拟投资10万元申购某基金，申购费率为1.5%，基金单位净值1.00元。

申购费用 = 申购金额 × 申购费率 = 100000 × 1.5% = 1500（元）

净申购金额 = 申购金额 − 申购费用 = 100000 − 1500 = 98500（元）

申购份额 = 净申购金额 ÷ T日基金份额净值 = 98500 ÷ 1 = 98500（份）

词条名称：**认购金额**

英　　文：**subscription amount**

定义：认购金额是指投资者在认购申请中填写的用于认购基金的金额。

释义：投资者在基金首次募集期内购买基金的行为称为“认购”。基金的认购大都采用金额认购方式，即投资者在办理认购时，认购申请上不是直接填写所要份额，而是填写需要认购份额的总金额。基金登记机构在基金认购结束后，再按基金份额的认购发售价格（一般为1元/份），将申请认购基金的金额扣除认购费用后换算成投资者应得的基金份额。

词条名称：**净认购金额**

英　　文：**net amount of subscription**

定义：净认购金额是指认购时，扣除认购费后实际用来购买基金份额的认购金额。

释义：在金额认购的情况下，投资者提交申请时约定的认购金额扣除认购费之后的部分，是净认购金额。此部分金额将按认购发售价格折算为基金份额。

公式：净认购金额的计算公式为：

净认购金额 = 认购金额 ÷（1 + 认购费率）

示例：假设投资者拟投资10万元认购某基金，认购费率为1%。

净认购金额=认购金额÷(1+认购费率)=100000÷(1+1%)=99009.90(元)

词条名称：认购期利息

英　　文：interest of subscription period

定义：认购期利息是指投资者认购基金时缴纳的认购款项在募集期内产生的利息。

释义：在金额认购的情况下，投资者缴纳的认购金额在募集期内将产生利息，除非基金合同另有规定，一般情况下认购期利息将在募集期结束时折算为基金份额归持有人所有。

词条名称：认购份额

英　　文：subscribed fund units

定义：认购份额是指基金募集结束后，基金管理人向投资者确认的认购基金数量。

释义：认购份额包括净认购金额与认购期利息之和所折算的基金份额。投资者在募集期内可以多次认购基金份额。认购份额可于基金合同生效后通过所在销售机构查询。

公式：认购份额的计算公式为：

认购份额=(净认购金额+认购期间利息)÷基金份额初始面值

示例：假设投资者拟投资10万元认购某基金，认购费率为1%，基金单位净值1.00元，认购期利息20元。

净认购金额=认购金额÷(1+认购费率)=100000÷(1+1%)=99009.90(元)

认购份额=(净认购金额+认购期利息)÷认购当日基金份额净值=(99009.90+20)÷1=99029.90(份)

词条名称：最低认购金额

英　　文：minimum subscription amount

定义：最低认购金额是指募集期内，投资者在首次认购申请中填写的认购金额的最低要求。

释义：最低认购金额又称“起点认购金额”。投资者首次认购时，提交的认购金额须大于或等于最低认购金额。

最低认购金额通常为1000元，各基金的最低认购金额可能不同，具体情况应查阅该基金的相关法律文件。

词条名称：追加认购金额

英　　文：additional subscription amount

定义：追加认购金额是指在原有已提交的认购申请的基础上，按一定的规则再继续提交认购申请时的金额要求。

释义：追加认购是投资者在基金募集期内已经提交了认购申请的基础上，再继续提交认购申请的行为。一般每笔追加认购金额要求最低1000元起，追加次数不限，具体规则可以查阅各基金的相关法律文件。

词条名称：基金资产规模

英　　文：assets under management

定义：基金资产规模是指基金的

总资产金额，通常指基金的资产净值。

释义：基金资产规模主要是指投资者委托给基金管理人进行资产投资的总额，包括该基金持有的现金、股票、债券和其他有价证券，以及其他资产。

基金管理人、托管人在每个交易日收市后，根据收盘价格计算总资产价值。

基金资产规模在季报、年报等法律文件中须予以披露。

基金资产规模是评价基金管理人的重要指标。较高的基金资产规模往往意味着基金管理人拥有更为强大的综合管理能力。

词条名称：基金资产规模上限

英　　文：cap on assets under management

定义：基金资产规模上限是指管理人对该基金的总资产（或基金资产净值）设置的最高限额。

释义：设定基金资产规模上限，通常是为避免募集总金额过高而影响基金运作。通常情况下，开放式基金募集时不设规模上限。

当处于市场高位时，投资热情普遍高涨，而建仓成本较高，往往会采用此举，意在适度保护投资者利益。

保本型基金由于保本及担保条款的安排，因此也有基金资产规模上限的规定。

词条名称：限量销售

英　　文：limited sale

定义：限量销售是指在基金募集期或集中申购期，基金管理人设定基金规模上限的发售行为。

释义：基金在发售时设定规模上限，即为限量销售。当发售总规模未达到规定上限时，投资者提交的相关申请将全额确认；当发售总规模超过规定上限时，管理人有权视情况确认超限认购金额。

限量销售的原因有很多种，例如，希望短期内把握市场投资机会、合同约定规模上限（如保本型基金）、投资标的对基金规模有限制等。

词条名称：比例配售

英　　文：proportional placement

定义：比例配售是指对投资者认购的金额按照一定比例进行部分成交的行为。

释义：在基金募集期或集中申购期，如果规定了基金规模上限，而发售总规模超过规定上限时，管理人可以按照投资者提交的申请金额按比例确认基金份额，即比例配售。

比例配售遵循公平原则，按投资者提交的申请金额按比例确认基金份额，未确认的款项将依法退还给投资者。比例配售分为全程比例配售和末日比例配售。配售比例会在发售结束后以公告形式披露。

词条名称：全程比例配售

英　　文：full scale proportional allotment

定义：全程比例配售是指在基金募集或集中申购期间，对所有投资者认购的金额均按照一定比例进行部分成交的行为。

释义：发生比例配售时，若采用全程比例配售的方式，则代表在整个基金募集或集中申购期间，提交申请的全部投资者均参与比例配售。投资者最终的确认金额等于募集期内提交的有效认购申请金额与配售比例的乘积。配售比例会在募集结束后以公告形式进行披露。

词条名称：**末日比例配售**
英　　文：**last-day proportional allotment**

定义：末日比例配售是指在基金募集期内，募集期末日前的有效认购申请全额确认成功，对最后一日的有效认购申请，根据剩余额度，予以比例配售。

释义：发生比例配售时，若采用末日比例配售的方式，则只有在基金募集或集中申购期最后一日提交申请的投资者才参与比例配售，最后一日前的有效申请全额确认成功。对最后一日的有效认购申请，根据剩余额度，予以比例配售。配售比例会在募集结束后以公告形式进行披露。

（五）基金的申购和赎回

词条名称：**申购**
英　　文：**purchase**

定义：申购是指在基金存续期内，投资者在开放日申请购买基金份额的行为。

释义：基金投资者可在基金开放日规定的业务办理时间之内，通过基金公司指定的销售机构提交申购申请。基金申购采取"金额申购"、"未知价"原则。投资者申购基金份额时，申购金额须达到基金合同约定的最小的申购金额。投资者全额交付款项后，申购成立，基金登记机构确认基金份额时，申购生效。当日的申购申请可以在基金管理人规定的时间以内撤销。通常情况下，申购价格以申请当日收市后计算的基金份额净值为基准进行计算，申购一般需缴纳一定的申购手续费。基金管理人将在收到投资者申购申请之日起3个工作日内，对该申购的有效性进行确认。

词条名称：**赎回**
英　　文：**redemption**

定义：赎回是指在基金存续期间，基金份额持有人按基金合同规定的条件，要求基金管理人购回基金份额的行为。

释义：赎回申请可在基金合同规定交易时间之内撤销。赎回份额需达到最低赎回份额要求，若部分份额赎回，剩余份额应当达到账户最低保留份额要求。

词条名称：**开放日**
英　　文：**open day**

定义：开放日是指可以为投资者办理基金各项业务的交易日。

释义：开放日是指根据基金合同约定，并在招募说明书中载明的办理基金开户、申购、赎回、销户、挂失、过户等一系列业务的日期。

基金的开放日通常为证券交易所的开市日，不包含法定节假日与周末。境内投资基金的开放日一般为上海证券交易所和深圳证券交易所两市交易所的开市日；合格境内机构投资者基金的开放日一般为所投资国家的证券交易所与上海证券交易所和深圳证券交易所两市交易所的共同开市日。

词条名称：**开放时间**

英　　文：**opening hours**

定义：开放时间是指可以为投资者办理基金各项业务的交易时间。

释义：开放时间是指根据基金合同约定，并在招募说明书中载明的办理基金开户、申购、赎回、销户、挂失、过户等一系列业务的时间。

一般来说，基金的开放时间与证券交易所开市日的交易时间一致，通常结束于15：00。对于24小时接受交易申请的网上、电话等系统而言，超过15：00提交的基金交易申请将顺延为下一开放日提交的申请。

词条名称：**未知价原则**

英　　文：**unknown price principle**

定义：未知价原则是指投资者在申购、赎回基金时，以申请当日收市后计算出的基金份额净值作为交易成交价格，在提交申请时，该价格是未知的。

释义：与股票、封闭式基金的已知价交易原则不同，投资者在申购、赎回开放式基金份额时并不能获知交易的成交价格，遵循“未知价”交易原则。开放式基金申购、赎回只能以申请日交易结束后，基金管理人公布的基金份额净值为基准计算。

词条名称：**先进先出**

英　　文：**first-in-first-out**

定义：先进先出是指投资者在办理基金赎回、转换转出时，最早申购（认购）的基金份额，最先被赎回、转换转出。

释义：基金持有人每一笔交易申请的时间、金额、份额明细在注册登记和销售机构系统中均有记录。投资者提交赎回、转换转出份额，在先进先出原则下，系统将优先赎回、转换转出最早申购（认购）的、持有时间最长的基金份额。

由于基金份额持有期限与赎回费率的对应关系，持有期越长赎回费率越低，因此先进先出原则可以确保交易时收取的手续费最低。

词条名称：**后进先出**

英　　文：**last-in-first-out**

定义：后进先出是指投资者在办理基金赎回、转换转出时，最新申购的基金份额，最先被赎回、转换转出。

释义：与先进先出原则相反，在后进先出原则下，最新申购到的基金份额优先被投资者赎回、转换转出。采用此原则时，主要考虑到最先申购（认购）的份额有可能享有某些特殊权利。例如，保本周期开始时持有的份额才享受保本承诺。

目前仅极少数开放式基金采用后进先出原则，一般均采用先进先出原则。

词条名称：**金额申购**

英　　文：**purchase by amount**

定义：金额申购是指投资者在申

购时按照金额提出申请，而不是按照份额提出申请。

释义：我国开放式基金采取“金额申购，份额赎回”的原则（特殊基金除外）。例如，某投资者提出申购1万元的基金，而不是申购1万份的基金。投资者提交金额申购时，须达到基金合同规定最小投资金额并全额交付款项，申购申请方为有效。

词条名称：**申购金额**

英　　文：**purchase amount**

定义：申购金额是指投资者在申购申请中填写的用于申购基金的金额。

释义：投资者办理申购时，申购申请不是填写份额，而是填写要申购的金额。申购金额包括净申购金额与申购费用。

投资者提交的申购金额须达到基金合同中规定最低申购金额以及追加申购金额的要求。申购费率设置费率级差，根据客户提交的申购金额不同，享受不同档次的申购费率。

词条名称：**净申购金额**

英　　文：**net purchase amount**

定义：净申购金额是指投资者提交的申购金额在扣除申购费用后剩余的用于计算基金份额的金额。

释义：基金的申购金额包括申购费用和净申购金额。净申购金额与申请当日的基金份额净值相除，可计算出申购基金份额。

公式：净申购金额的计算公式为：

净申购金额＝申购金额/（1＋申购费率）

（注：对于适用固定金额申购费的申购，净申购金额＝申购金额－固定申购费金额）

示例：假设投资者拟投资10万元申购某基金，申购费率为1.5%，基金单位净值1.00元。

净申购金额＝申购金额÷（1＋申购费率）＝100000÷（1＋1.5%）＝98522.16（元）；

申购份额＝净申购金额÷申购当日基金份额净值＝98522.16÷1.00＝98522.16（份）。

词条名称：**申购份额**

英　　文：**purchase fund units**

定义：申购份额是指开放式基金存续期内，投资者购买的经基金登记机构确认的基金份额的数量。

释义：申购份额由净申购金额与申请当日的基金份额净值相除而得。申购份额一般保留小数点后两位。投资者申购基金成功后，基金登记机构在T＋1日为投资者登记权益并办理注册登记手续，投资者自T＋2日（含该日）后有权赎回该部分基金份额。

公式：申购份额的计算公式为：

申购份额＝净申购金额÷申购当日基金份额净值

净申购金额＝申购金额÷（1＋申购费率）

示例：假设投资者拟投资10万元申购某基金，申购费率为1.5%，基金单位净值1.00元。

净申购金额＝申购金额÷（1＋申购费率）＝100000÷（1＋1.5%）＝98522.16（元）

申购份额 = 净申购金额 ÷ 申购当日基金份额净值 = 98522.16 ÷ 1.00 = 98522.16（份）

词条名称：**份额赎回**

英　　文：**redemption by unit**

定义：份额赎回是指投资者以份额为单位提出赎回申请。

释义：基金的申购、赎回业务规则采用“金额申购、份额赎回”原则，即申购以金额申请，赎回以份额申请。例如，一个投资者提出卖出1万份基金，而不是卖出1万元的基金。基金持有人在提交份额赎回申请时，须通过原购买基金的销售机构办理，不能跨机构办理。基金份额持有人在销售机构赎回基金份额时，须遵照该基金最低赎回份额要求以及最低账户保留份额要求规定办理。

词条名称：**赎回份额**

英　　文：**units of redemption**

定义：赎回份额是指投资者赎回的基金单位。

释义：基金持有人如想卖出所持有的基金单位，兑换现金，可在基金开放日提交赎回申请，赎回采取份额提交方式，持有人所提交的赎回份额需要达到基金合同中所规定的最低标准，如最低赎回500份。若基金持有人账户份额不足最低赎回份额，赎回时须提交账户的全部份额，如果赎回基金成功，基金登记机构在T+1日为投资者办理扣除权益的注册登记手续。

词条名称：**赎回金额**

英　　文：**amount of redemption**

定义：赎回金额是指基金持有人赎回基金后可以获得的现金。

释义：赎回金额为赎回份额与申请当日基金份额净值的乘积扣除赎回手续费，有时又称“净赎回金额”，计算结果保留到小数点后两位，小数点后两位以后的部分舍去，舍去部分所代表的资产归基金所有。有时，赎回金额也指“总赎回金额”，即赎回份额与申请当日基金份额净值的乘积，没有扣除赎回费用。

对一般基金而言，基金管理人应当自收到投资者赎回申请之日起3个工作日内，对该赎回的有效性进行确认，并在7个工作日内支付赎回款项。中国证监会规定的特殊基金品种除外。

公式：赎回金额的计算公式为：

赎回总金额 = 赎回份额 × 赎回日基金份额净值

赎回费用 = 赎回总金额 × 赎回费率

赎回金额 = 赎回总金额 - 赎回费用

示例：某投资者在T日赎回1万份基金份额，持有期限半年，应赎回费率为0.5%，该日基金份额净值为1.250元。

赎回总金额 = 赎回份额 × 赎回日基金份额净值 = 10000.00 × 1.250 = 12500.00（元）

赎回费用 = 赎回总金额 × 赎回费率 = 12500.00 × 0.5% = 62.50（元）

赎回金额 = 赎回总金额 - 赎回费用 = 12500.00 - 62.50 = 12437.50（元）

词条名称：**最低保留份额**

英　　文：**minimum retained units**

定义：最低保留份额是持有人交易账户中单只基金最低保有份额。

释义：基金管理人可以对单个交易账户的最低持有基金份额要求进行规定。如投资者账户发生份额减少业务后，如赎回、基金转换、转托管等，该交易账户基金份额余额低于基金管理人规定的最低份额，则要求投资者将余额部分一同赎回、转换转出或转托管转出。关于各只基金最低保留份额规定，详细情况可参见基金招募说明书等法律文件。

一般以下情况例外：

1. 当投资者进行定期定额投资时不受最低账户保留份额限制，不会因为定投获得的基金份额低于最低账户保留份额要求而被强制赎回。但当投资者赎回其定期定额投资的份额时，如果其账户的份额低于最低账户保留份额要求，则必须全部赎回。

2. 非交易过户不限制账户最低保留份额。

词条名称：**强制赎回**

英　　文：**mandatory redemption**

定义：强制赎回是指未经投资者提出赎回申请，而由管理人或基金登记机构根据既定业务规则，对投资者持有基金份额强制进行赎回的处理。

释义：投资者可全部或部分赎回基金份额，基金管理人可以对赎回后单个交易账户的最低持有基金份额要求进行规定。若投资者赎回后该交易账户基金份额余额低于基金管理人规定的最低份额，则要求投资者将余额部分一同赎回，即为强制赎回。

词条名称：**撤销交易**

英　　文：**cancellation**

定义：撤销交易是指投资者在规定时间内撤回已提交的交易申请。

释义：大部分开放式基金，投资者可在提交交易申请当日对于所提交的某些业务申请予以撤销，如申购、赎回、转托管、基金转换等。投资者在申请撤销交易时，须选择在交易申请当日15：00前提交撤销申请，15：00后则无法撤销申请，撤销交易业务仅可通过原销售机构办理。

有以下两类业务申请不可撤销：

1. 投资者在募集期内可以多次认购基金份额，但已受理的认购申请不允许撤销。

2. 在定投申购扣款日，不能对定投申购申请进行撤销。

词条名称：**暂停申购**

英　　文：**suspension of purchase**

定义：暂停申购是指基金管理公司根据相关规定，在基金开放期间，暂时停止办理投资者的申购申请的一种限制措施。

释义：为了保护投资者的权益，限制基金规模过分扩大，开放式基金的合同可以约定在一定情况下，如基金达到一定的规模，或者基金要进行大比例分红，或者面临法定长假时，基金管理人可以采取暂停申购的限制措施，以控制基金规模的变动。此时，投资者暂时不能提出申购申请。只有等到基金管理人发布公告宣布取消暂停申购状态，才能再提出申购申请。

词条名称：**暂停赎回**

英　　文：**suspension of redemption**

定义：暂停赎回是指根据相关规定，在基金开放日期间，可以暂时停止办理投资者赎回申请的一种限制措施。

释义：开放式基金在基金合同、招募说明书规定的情形出现时，会暂停接受赎回申请。一般包括如下情形：(1) 不可抗力原因导致基金管理人不能支付赎回款项；(2) 证券交易场所交易时间非正常停市；(3) 基金连续发生巨额赎回，基金管理公司可按基金合同的约定和招募说明书的规定，暂停接受赎回申请；(4) 发生基金合同规定的暂停基金资产估值的情况时，基金管理人可以暂停接受投资者的赎回申请或延缓支付赎回款项；(5) 法律法规规定或经中国证监会认定的其他情形。

暂停赎回及重新开始接受赎回申请时，基金管理人应进行信息披露。

词条名称：**巨额赎回**

英　　文：**massive redemption**

定义：巨额赎回是指基金单个开放日，基金净赎回申请（赎回申请份额总数加上基金转换中转出申请份额总数后，扣除申购申请份额总数及基金转换中转入申请份额总数后的余额）超过上一开放日基金份额总数 10% 的情形，中国证监会规定的特殊品种除外。

释义：开放式基金单个开放日净赎回申请超过基金总份额 10% 的（定期开放式基金为 20%），为巨额赎回。开放式基金发生巨额赎回的，基金管理人当日办理的赎回份额不得低于基金总份额的 10%（定期开放式基金为 20%），对其余赎回申请可以延期办理。

基金管理人对单个基金份额持有人的赎回申请，应当按照其申请赎回份额占当日申请赎回总份额的比例，确定该单个基金份额持有人当日办理的赎回份额。基金份额持有人可以在申请赎回时，选择将当日未获办理部分予以撤销。基金份额持有人未选择撤销的，基金管理人对未办理的赎回份额，可延迟至下一个开放日办理，赎回价格为下一个开放日的价格。

开放式基金发生巨额赎回并延期办理的，基金管理人应当通过邮寄、传真或者招募说明书规定的其他方式，在 3 个交易日内通知基金份额持有人，说明有关处理方法，同时予以公告。

开放式基金连续发生巨额赎回，基金管理人可按基金合同的约定和招募说明书的规定，暂停接受赎回申请；已经接受的赎回申请可以延缓支付赎回款项，但延缓期限不得超过 20 个工作日，并应当予以公告。

词条名称：**基金拆分**

英　　文：**split of fund**

定义：基金拆分是指在保持基金投资者资产净值不变的前提下，改变基金份额净值和基金总份额的对应关系的一种方式。

释义：基金拆分不影响基金投资，仅影响基金份额与单位净值，并且不影响基金的已实现收益、未实现利得、实收基金等。例如，假设投资者持有某基金 1 万份，该基金份额净值为 2 元，基金资产为 2 万元。如果该基金按 1∶2 的比例进行拆分，则基金份额净值变为 1 元，该投资者持有的基金份额由原来的 1 万份变为 2 万份，所对应的基金资产仍为 2 万元。基金拆分前后，持有人资产净值没有受到影响。

由于基金拆分后，基金份额净值往往回归至 1 元面值，对于偏好投资 1 元基金的投资者而言比较有吸引力，因此在市场高企、基金净值偏高的情况下，基金拆分成为基金管理人持续营销的方法之一。

五、公开募集证券投资基金上市交易

（一）市场交易知识①

词条名称：**上市交易**

英　　文：**listing**

定义：上市交易是指符合相关法规和证券交易所上市条件的基金，经批准在证券交易所内挂牌，以竞价方式买卖基金份额的活动。

释义：目前，上市交易基金主要有封闭式基金、上市开放式基金、交易型开放式指数基金。基金合同生效后，满足以下条件后管理人向证券交易所申请上市交易：

1. 基金的募集符合《中华人民共和国证券投资基金法》的规定。

2. 基金合同期限为 5 年以上。

3. 基金募集金额不低于 2 亿元人民币。

4. 基金份额持有人不少于 1000 人。

5. 基金份额上市交易规则规定的其他条件。

基金上市交易后，持有 A 股账户或证券投资基金账户投资者可参与上市基金二级市场交易。

词条名称：**停牌与复牌**

英　　文：**trading suspension and resumption**

定义：停牌与复牌是指交易所对在其挂牌交易的基金实施停止交易及恢复交易。

释义：基金停牌分为两类：一类是例行停牌，如公布季报、中报、年报停牌一小时等；另一类是特殊情况停牌。基金管理人可根据实际运营情况，对基金进行临时停牌或复牌。同时，交易所可根据市场情况或其他情况，对上市基金进行临时停牌。停牌上市基金由交易所根据情况进行复牌。

一般情况，基金停牌是临时性的。停牌基金仍然具备上市资格。

以上海证券交易所为例，出现下列之一情况，可以对基金的交易实施停牌及复牌：

1. 任何公共媒体出现或者在市场上流传可能对基金交易价格产生误导性影响或者引起较大波动的消息，交易所可以对该基金的交易实施停牌，并在相关信息披露业务人对该消息做出公开说明或者澄清公告当日复牌，如公告日为非交易日，公告后第一个交易日复牌。

---

① 撰写：李安冬、伍军辉；审核：龚飒；单位：银华基金管理有限公司。

2. 交易出现异常波动的，交易所可以对该基金实施停牌，并在相关信息披露业务人发出公告当日复牌，如公告日为非交易日，公告后第一个交易日复牌。

3. 在交易期间因出现异常情况或停市，而暂停接受交易型开放式指数基金的申购、赎回申报的，交易型开放式指数基金的交易同时停牌，并在恢复申购、赎回申报时复牌。

4. 基金管理人申请基金停牌、复牌的情形。

5. 中国证监会、上海证券交易所认为应当停牌、复牌的其他情形。

基金停牌时，交易所发布的行情中包括该基金的信息。

基金开市期间停牌的，停牌前的申报参加当日该基金复牌后的交易；停牌期间，可以继续申报，也可以撤销申报；复牌时对已接受的申报实行集合竞价，但不揭示集合竞价参考价格、匹配量和未匹配量。集合竞价产生开盘价后，以连续竞价方式继续当日交易。

词条名称：**暂停上市**

英　　文：**suspension of listing**

定义：暂停上市是指基金在交易所临时停止挂牌交易。

释义：基金上市期间出现下列情形之一的，交易所决定其暂停上市：

1. 不再具备交易所规定的上市条件的。

2. 违反法律、行政法规，中国证监会决定暂停其上市的。

3. 严重违反上市规则的。

4. 交易所认为应当暂停上市的其他情形。

词条名称：**终止上市**

英　　文：**termination of fund listing**

定义：终止上市是指基金不再具备上市条件，取消其通过证券交易所上市交易资格的行为。

释义：基金份额上市交易后，有下列情形之一的，由证券交易所终止其上市交易，并报国务院证券监督管理机构备案：

1. 不再具备《中华人民共和国证券投资基金法》第六十三条规定的上市交易条件的。

2. 基金合同期限届满的。

3. 基金份额持有人大会决定提前终止上市交易的。

4. 基金合同约定的或者基金份额上市交易规则规定的终止上市交易的其他情形。

词条名称：**收盘价**

英　　文：**closing price**

定义：收盘价是指当日基金在交易所的最后成交价格，即基金在证券交易所一天交易活动结束前最后一笔交易的成交价格。如当日没有成交，则采用最近一次的成交价格作为收盘价。

释义：上海证券交易所证券的收盘价为当日该基金最后一笔交易前一分钟所有交易的成交量加权平均价（含最后一笔交易），当日无成交的，以前收盘价为当日收盘价。

深圳证券交易所基金的收盘价通过集合竞价的方式产生。收盘集合竞价不能产生收盘价的，以当日该基金最后一笔交易前一分钟所有交易的成交量加权平均价（含最后一笔交易）为收盘价。当日无成交的，以前一日收盘价为当日收盘价。

词条名称：**申报数量**

英　　文：**quantity ordered**

定义：申报数量是指交易参与人向交易所交易主机发送买卖基金数量的指令。

释义：交易所可以根据需要调整不同种类或流通量的单笔申报最大数量。通过竞价交易买入基金的，申报数量应当为100份或其整数倍。卖出基金时，余额不足100份部分，应当一次性申报卖出。基金竞价交易单笔申报最大数量不得超过100万份。

词条名称：**交易计价单位**

英　　文：**valuation unit; pricing unit**

定义：交易计价单位是指基金在证券交易所以及之外的交易场所进行买卖的时候所用来标注每份基金价格的单位。

释义：不同的证券交易采用不同的计价单位，基金为“每份基金价格”。场外交易的基金的申报价格是以当日未知价来计算的，也就是要股市收盘后以基金公司计算并公布的价格（通常为基金份额净值）为准。

词条名称：**申报价格最小变动单位**

英　　文：**minimum price movement**

定义：申报价格最小变动单位是指会员向交易所交易主机发送基金买卖指令的最小价格变化。

释义：基金的申报价格最小变动单位为0.001元人民币，交易所认为必要时，可以对该规定进行调整。

词条名称：**涨跌幅限制**

英　　文：**price limit**

定义：涨跌幅限制是指交易所对基金申报价格变化最高及最低幅度的限定。

释义：买卖有价格涨跌幅限制的证券，在价格涨跌幅限制以内的申报为有效申报，超过涨跌幅限制的申报为无效申报。以上海证券交易所为例，买卖上海证券交易所无价格涨跌幅限制的证券，集合竞价时，申报价格无限制；连续竞价时，符合下列条件的申报为有效申报：

1. 买入（卖出）申报价格不高（低）于即时揭示的最低（高）卖出（买入）申报价格的规定幅度。

2. 无卖出（买入）申报的，买入（卖出）申报价格不高（低）于即时揭示的最高（低）买入（卖出）价格的规定幅度。

3. 既无卖出又无买入的，买入（卖出）申报价格不高于最新成交价格的规定幅度；当日无最新成交价格的，按前收盘价计算申报限价幅度。

交易所对基金交易实行价格涨跌幅限制，涨跌幅限制比例为10%，计算结果四舍五入至价格最小变动单位。

根据上海证券交易所的规则，封闭式基金上市首日不受涨跌幅限制。

交易所认为必要时，经中国证监

会批准，可以调整涨跌幅比例和适用范围。

公式：涨跌幅限制的计算公式为：

涨跌幅价格＝前收盘价×（1±涨跌幅比例）

词条名称：**大宗交易**

英　　文：**bulk trading；block trading**

定义：大宗交易是指由基金份额持有者发起出售需求，或基金份额购买者发起购买需求，经委托为其提供公开发售、配售或购买等相关服务的会员向交易所提出申请，由交易所组织专场，相关会员和合格投资者作为响应者参加，通过交易所大宗交易系统采取协商、询价、投标等方式确定成交，并由中国证券登记结算有限责任公司完成结算的业务。

释义：基金份额投资人需要买入或卖出大量基金份额（上海证券交易所规定单笔买卖申报数量应当不低于300万份或交易金额不低于300万元；深圳证券交易所规定单笔交易数量不低于300万份或者交易金额不低于300万元人民币、多只基金合计单向买入或卖出的交易金额不低于500万元人民币且其中单只基金的交易数量不低于100万份）时，买卖双方经过协议达成一致，并通过交易所会员向交易所指定交易平台发起大宗交易申请，在符合上海证券交易所或深圳证券交易所交易规则中对大宗交易的规定前提下，由交易所指定平台确定成交，并由中国证券登记结算有限责任公司完成基金份额过户和资金清算的业务。

词条名称：**异常波动**

英　　文：**abnormal fluctuation**

定义：异常波动指在交易所交易基金出现连续三个交易日内日收盘价涨跌幅偏离值累计或日均换手率与前五个交易日的日均换手率的比值达到交易所规定的值，以及证监会或交易所所认为交易异常的情形。

释义：在上海证券交易所和深圳证券交易所上市交易的基金，竞价交易出现下列情形之一的，属于异常波动：（1）连续三个交易日内日收盘价涨跌幅偏离值累计达到±20%的；（2）连续三个交易日内日均换手率与前五个交易日的日均换手率的比值达到30倍，且该证券连续三个交易日内的累计换手率达到20%的；（3）证监会或本交易所认为属于异常波动的其他情形。

词条名称：**交易原则**

英　　文：**trading principles**

定义：交易原则是指为规范证券市场交易行为，维护证券市场秩序，保护投资者合法权益，根据《中华人民共和国证券法》、中国证监会2001年颁布的《证券交易所管理办法》等法律、行政法规、部门规章、规范性文件以及证券交易所章程制定的相应规则。

释义：《上海证券交易所交易规则》和《深圳证券交易所交易规则》均明确载明："证券交易遵循公开、公平、公正原则"，"证券交易应当遵守法律、行政法规和部门规章及本所相关业务规则，遵循自愿、有偿、诚实信用原则"。

词条名称：**指定交易**

英　　文：**designated trading**

定义：指定交易是指凡在上海证券交易所市场进行证券交易的投资者，必须事先指定上海证券交易所市场某一交易参与人作为其证券交易的唯一受托人，并由该交易参与人通过其特定的参与者交易业务单元参与上海证券交易所市场证券交易的制度。

释义：指定交易制度是上海证券交易所推出的一项交易管理方式，即投资者自愿指定某一证券经营机构为自己买卖证券的唯一交易点，一经指定，在除该营业部以外的其他交易点不能进行证券买卖。指定交易只针对上海股票账户而言，深圳股票由券商管理，目前不存在指定交易问题。

指定交易具有以下特点：（1）有助于防止投资者股票被盗卖。（2）自动领取红利。一旦投资者办理了指定交易，中国结算上海分公司结算系统自动将尚未领取的现金红利划付给指定的证券公司，投资者无须申领。（3）可按月按季度收到证券经营机构提供的对账服务。

词条名称：**转指定交易**

英　　文：**transfer of designated trading**

定义：转指定交易是指参与上海证券交易所市场证券买卖的投资者变更事先指定的会员作为其买卖证券的受托人。

释义：已办理指定交易的投资者，根据需要可以变更指定交易。

办理指定交易变更手续时，投资者须向其原指定交易的交易参与人提出撤销指定交易的申请，并由原交易参与人完成向上海证券交易所交易系统撤销指定交易的指令申报。申报一经确认，其撤销即刻生效。

撤销指定交易的投资者，在撤销指定交易的手续办妥后，必须按相关规定另行选择一个交易参与人重新办理指定交易申请，然后方可进行交易。

词条名称：**上证基金通**

英　　文：**SSE mutual funds distribution channel**

定义：上证基金通是指上海证券交易所开放式基金销售系统，可为开放式基金的认购、申购、赎回等相关业务提供高效、自动、一体化的技术支持。

释义：“上证基金通”旨在充分利用上海证券交易所、中国证券登记结算有限责任公司、证券公司的网络资源优势，利用上海证券交易所高效、安全、便捷、统一的交易系统，开辟开放式基金募集、申购、赎回新渠道，建立开放式基金超市，为基金管理人、代销券商、基金投资者提供优质服务，实现基金市场参与主体多方共赢的目标，搭建起立足于资本市场的融资新平台，对资本市场发展具有重要而深远的意义。一方面，由于各基金公司多数是自行承担注册登记工作，因而投资者如投资于多家基金公司旗下的开放式基金，必须在每家基金管理公司开立不同的基金账户；另一方面，由于每家代销机构（如券商）代销的基金产品有限，投资者如需投资于不同基金公司管理的开放式基金，则需要在不同的销售渠道之间穿梭往来，且必须管理繁多的基金账户。而通过上证所“上证基金通”认购、申购、赎回开放式基金，使基金销售有了统一的平台。随着新老开放式基金越来越多地采用该系统进行销售，投资者在一个营业网点即可办理所有开放式基金的交易业务，因而形成真正意义上的“基金超市”。

（二）其他交易方式①

词条名称：**基金转换**

英　　文：**fund conversion**

定义：基金转换是指投资者将已持有的基金份额直接转换为同一基金管理人旗下另一只开放式基金，而不需要先赎回已持有的基金份额再申购目标基金的一种业务模式。

释义：基金转换一般遵循以下规则：

1. 办理基金转换的销售机构要同时代销转出基金及转入目标基金。

2. 转换的两个基金产品为同一基金管理人管理。

基金转换省去了先赎回、再申购的交易环节，一步完成向目标基金份额的转换，在交易费用方面也有不同程度的节省。在市场行情发生转变时，基金转换给迅速调整投资方案提供了时间与费用的便利，适合有一定市场经验的投资者。

词条名称：**基金定投**

英　　文：**automatic investment plan of mutual fund**

定义：基金定投是指事先约定基金申购触发条件，自动执行基金申购的投资计划。

释义：最常见的基金定投是按月进行的。投资者与销售机构签订定投协议，约定每月扣款日期、扣款金额以及申购开放式基金名称，授权销售机构按协议执行基金申购手续。定投协议可根据投资需要签订或解除，如果投资者的银行账户资金余额多次无法满足申购要求，也会出现自动解除协议的情况。

基金定投采用分批买入法，均衡成本，分散风险，规避了投资者对投资时机主观判断的影响。与此同时，还具有投资起点低、自助扣款省时省心的优势，并且可以达到强制储蓄、积少成多的效果，是实现子女教育、养老等长期理财目标的有效途径。

为满足投资者对于约定周期与金额的个性化需求，基金定投衍生出一些创新模式，如定期不定额投资和智能定投。

定期不定额投资是指每个固定周期执行一次投资，每次投资金额不是固定金额，而是根据市场情况和指定模型之间的偏离情况进行变化。通常在弱市情况下增加投资金额，反之亦反，从而达到“逢低加码，逢高谨慎”的效果。

智能定投在约定周期与金额方面都更为灵活，投资者可以选择每 N 个月、每 N 周甚至每 N 日执行一次投资，每次投资金额可以固定，也可以依据市场情况和所选模型之间的偏离情况

---

① 撰写：霍彦均；审核：董恩彤；单位：银华基金管理有限公司。

进行变化。

词条名称：**电话交易**

英　　文：**phone transaction**

定义：电话交易是指通过电话，按指定流程进行基金交易。

释义：与传统柜台交易相比，电话交易更为便捷，投资者拨打销售机构的联系电话，根据其所提供的交易流程完成基金交易。

电话交易与网上交易并称“电子交易”。选择电子交易可以省去在交易日前往柜台办理业务的手续，得到许多上班族投资者的青睐。

词条名称：**网上交易**

英　　文：**on-line trading**

定义：网上交易是指通过销售机构网站，按指定流程进行基金交易。

释义：与传统柜台交易相比，网上交易更为便捷，投资者访问销售机构的互联网站，根据其所提供的交易流程完成基金交易。

在网银支付和互联网应用普及的今天，网上交易成为不可或缺的交易途径。

网上交易与电话交易并称“电子交易”。选择电子交易可以省去在交易日前往柜台办理业务的手续，得到许多上班族投资者的青睐。

词条名称：**转账交易**

英　　文：**transfer transaction**

定义：转账交易是指进行电子交易时，采用转账汇款方式支付交易款项。

释义：选择电子交易办理基金业务时，如果需要支付款项，比如办理认购、申购业务等，投资者需要通过电话、网上方式将交易款项划转至基金专用账户。假若投资者无法办理电话、网上转账，还可以考虑进行转账交易，即通过电子交易平台完成大部分交易流程，而采用线下转账汇款方式支付交易款项。

需要注意的是，转账汇款需要在申请日交易时间结束之前办理成功，否则基金交易申请被视为无效。

词条名称：**基金超市**

英　　文：**fund supermarket**

定义：基金超市是指可选择购买众多已发行基金产品的统一销售平台。

释义：基金超市的特点是多样性与便利性。就像食品超市一样，基金超市将不同管理人发行的多种多样的基金产品分门别类地放到货架上，任由投资者挑选，然后将其装在一个购物车中，而统一的交易账户就是这种情况下的购物车。

基金超市通常采用网络、电话等“足不出户”的电子支付方式，实现交易便利。此外，基金超市还拥有基金产品对比、评价分析、投资建议以及费率优惠等服务内容，为投资者提供了一站式的投资平台。

许多商业银行、证券公司、第三方销售机构以及门户网站都建立了自己的基金超市，投资者可根据其基金产品丰富程度、交易与支付便捷程度等选择适合自己的基金超市。

六、公开募集特殊证券投资基金品种

（一）交易型开放式指数基金（ETF）[①]

词条名称：单市场交易型开放式指数基金（单市场ETF）

英　　文：single market exchange traded fund

定义：单市场交易型开放式指数基金是指经依法募集的，投资特定单市场指数所对应组合证券的开放式基金。其基金份额用组合证券、现金或基金合同约定的其他对价进行申购、赎回，并在证券交易所上市交易。

释义：单市场指数是指成分证券仅包括单一证券交易所上市证券或相关资产的指数。

词条名称：跨市场交易型开放式指数基金（跨市场ETF）

英　　文：cross market exchange traded fund

定义：跨市场交易型开放式指数基金是指经依法募集的，投资特定跨市场指数所对应组合证券的开放式基金。其基金份额用组合证券、现金或基金合同约定的其他对价进行申购、赎回，并在证券交易所上市交易。

释义：跨市场指数是指成分证券包括两个以上（含两个）证券交易所上市证券或相关资产的指数；在我国现阶段，一般是指成分证券同时包括上海证券交易所和深圳证券交易所上市证券或相关资产的指数。

词条名称：跨境交易型开放式指数基金（跨境ETF）

英　　文：cross-border exchange traded fund

定义：跨境交易型开放式指数基金是指经依法募集的，投资特定跨境指数所对应组合证券的开放式基金。其基金份额用组合证券、现金或基金合同约定的其他对价进行申购、赎回，并在证券交易所上市交易。

释义：跨境指数是指成分证券包括中国大陆以外证券交易所上市证券或相关资产的指数。

词条名称：黄金交易型开放式指数基金（黄金ETF）

英　　文：gold exchange traded fund

定义：黄金交易型开放式指数基金是指将绝大部分基金财产投资于上海黄金交易所挂盘交易的黄金品种，紧密跟踪黄金价格，使用黄金品种组合或基金合同约定的方式进行申购赎回，并在证券交易所上市交易的开放式基金。

释义：黄金交易型开放式指数基金可以投资于上海黄金交易所挂盘交易的黄金现货合约，以及中国证监会允许基金投资的其他品种。其中，持有的黄金现货合约的价值不得低于基金资产的90%。

① 撰写：巴祥松；审核：郑旭；单位：银华基金管理有限公司。

词条名称：**交易型开放式指数基金（ETF）销售代理机构**

英　　文：**sales agency of ETFs**

定义：交易型开放式指数基金销售代理机构指符合中国证监会2004年颁布的《证券投资基金销售管理办法》和中国证监会规定的其他条件，取得基金代销业务资格，并与基金管理人签订基金销售与服务代理协议，代为办理基金发售、申购、赎回和其他基金业务的代理机构。

释义：交易型开放式指数基金的场内代销机构按照发售阶段和日常申购赎回阶段分为发售代理机构和申购、赎回代理券商。其中，发售代理机构是指符合《证券投资基金销售管理办法》和中国证监会规定的其他条件，由基金管理人指定的代理交易型开放式指数基金发售业务的机构；申购、赎回代理券商是指符合《证券投资基金销售管理办法》和中国证监会规定的其他条件，由基金管理人指定的办理交易型开放式指数基金申购、赎回业务的证券公司，又称为"代办证券公司"。

交易型开放式指数基金的场内销售代理机构一般是具有基金代销业务资格的证券公司。

词条名称：**交易型开放式指数基金认购、申购、赎回方式**

英　　文：**ways of exchange traded fund（ETF）subscription，purchase and redemption**

定义：交易型开放式指数基金是指认购、申购、赎回其份额的方式。

释义：与普通开放式基金不同，交易型开放式指数基金份额可以用现金认购，也可用证券认购。现金认购是投资者用现金认购交易型开放式指数基金份额的行为；证券认购是投资者使用指定的证券换购交易型开放式指数基金份额的行为。

申购是指用一篮子指数成分股换取一定数额的交易型开放式指数基金份额。赎回的过程则相反，是指用一定数额的交易型开放式指数基金份额换取一篮子指数成分股股票。交易型开放式指数基金的申购与赎回一般以证券交付。但为了在相关成分股股票停牌等情况下便于投资者申购，提高基金的运作效率，也会采用现金替代的方式。

词条名称：**交易型开放式指数基金（ETF）认购、申购、赎回对价**

英　　文：**consider-rations of exchange traded fund（ETF）subscription，purchase and redemption**

定义：认购对价是指投资人认购交易型开放式指数基金份额时，按基金合同和招募说明书规定应交付的现金或股票。

申购对价是指投资人申购交易型开放式指数基金份额时，按基金合同和招募说明书规定应交付的组合证券、现金替代、现金差额及其他对价。

赎回对价是指投资人赎回交易型开放式指数基金份额时，基金管理人按基金合同和招募说明书规定应交付给赎回人的组合证券、现金替代、现金差额及其他对价。

释义：申购、赎回交易型开放式指数基金的申购对价、赎回对价包括组合证券、现金替代、现金差额及其他对价。交易型开放式指数基金的申购与赎回一般以证券交付。但为了在相关成分股股票停牌等情况下便利投资者申购，提高基金运作效率，也会采用现金替代的方式。

词条名称：**交易型开放式指数基金份额折算**

英　　文：**exchange traded fund (ETF) unit conversion**

定义：交易型开放式指数基金建仓期结束后，为方便投资者跟踪基金份额净值变化，基金管理人通常会以某一选定日期作为基金份额折算日，以标的指数的1‰（或1%）作为份额净值，对原来的基金份额进行折算。

释义：交易型开放式指数基金份额折算方法如下：假设基金管理人确定基金份额折算日（T日）。T日收市后，基金管理人计算当日的基金资产净值X和基金份额总额Y。T日标的指数收盘值为I，若以标的指数的1‰作为基金份额净值进行基金份额的折算，则T日的目标基金份额净值为I/1000。

基金管理人将折算后的各基金份额持有人持有的基金份额数据发送给登记结算机构，登记结算机构根据基金管理人提供的数据，为基金份额持有人进行基金份额的变更登记。

公式：交易型开放式指数基金份额折算比例的计算公式为：折算比例＝（X/Y）/（I/1000）。

以四舍五入的方法保留小数点后8位。

折算后的份额＝原持有份额×折算比例

词条名称：**实物申购、赎回**

英　　文：**in-kind purchase and redemption**

定义：实物申购、赎回是指投资者向基金管理公司申购交易型开放式指数基金，需要拿该交易型开放式指数基金指定的一揽子股票来换取；赎回时得到的不是现金，而是相应的一篮子股票；如果想变现，需要再卖出这些股票。

释义：实物申购、赎回机制是交易型开放式指数基金最大的特色，使交易型开放式指数基金省却了用现金购买股票以及为应付赎回卖出股票的环节。与此相对的是，普通开放式基金实行现金申购赎回，即投资者在申购普通开放式基金份额时需要支付现金，在赎回普通开放式基金份额后得到的也是现金。

词条名称：**份额申购、赎回**

英　　文：**unit purchase and redemption**

定义：份额申购、赎回是指交易型开放式指数基金的申购和赎回均以份额申请。

释义：申购、赎回交易型开放式指数基金采用份额申购、份额赎回的方式。例如，某投资者在申购交易型开放式指数基金份额时，向基金销售机构申请申购100万份交易型开放式指数基金份额，基金销售机构在此基础上计算该投资者应缴纳的申购费用；

赎回交易型开放式指数基金份额时，投资者向基金销售机构申请赎回100万份交易型开放式指数基金份额，基金销售机构在此基础上计算该投资者应缴纳的赎回费用。与此相对的是，其他普通开放式基金实行“金额申购、份额赎回”。例如，某投资者申购普通开放式基金份额时，向基金销售机构支付100万元，基金销售机构在此基础上计算该投资者应缴纳的申购费用，并从100万元中扣除，进而计算出投资者应得的基金份额数。

词条名称：**最小申购、赎回单位**

英　　文：**minimum purchase and redemption unit**

定义：最小申购、赎回单位是指投资者申购或赎回交易型开放式指数基金的最基本单位和最低份额数量。

释义：投资者申购、赎回的基金份额须为最小申购、赎回单位的整数倍。一般最小申购、赎回单位为50万份或100万份。基金管理人有权对其进行更改，并在更改前至少三个工作日公告。只有资金达到一定规模的投资者才能参与交易型开放式指数基金一级市场的实物申购赎回。每只交易型开放式指数基金的最小申购、赎回单位不尽相同。交易型开放式指数基金规定最小申购、赎回单位的原因在于交易型开放式指数基金实行实物申购赎回机制，需要尽量避免零股等问题。

词条名称：**组合证券**

英　　文：**portfolio securities**

定义：组合证券是指基金标的指数所包含的全部或部分证券。

释义：组合证券可通过每日披露的申购、赎回清单查阅。清单中公告最小申购、赎回单位所对应的各成分证券名称、证券代码及数量。

词条名称：**现金替代**

英　　文：**cash-in-lieu**

定义：现金替代是指申购、赎回过程中，投资者按基金合同和招募说明书的规定，用于替代组合证券中部分证券的一定数量的现金。

释义：采用现金替代是为了在相关成分股股票停牌等情况下便利投资者申购，提高基金运作效率。基金管理人在制订具体的现金替代方法时应遵循公平、公开的原则，以保护基金份额持有人利益为出发点，并进行及时充分的信息披露。现金替代通常分为三种类型：禁止现金替代、可以现金替代和必须现金替代。

禁止现金替代是指在申购、赎回基金份额时，该成分证券不允许使用现金作为替代。

可以现金替代是指在申购基金份额时，允许使用现金作为全部或部分该成分证券的替代，但在赎回基金份额时，该成分证券不允许使用现金作为替代。基金管理人一般会设定一个现金替代溢价比例，又称“现金替代保证金率”。收取现金替代溢价的原因是：对于使用现金替代的证券，基金管理人须在证券恢复交易后买入，而实际买入价格加上相关交易费用后，与申购时的最新价格可能有所差异。如果预先收取的金额高于基金买入该部分证券的实际成本，则基金管理人将退还多收取的差额；如果预先收取的金额低于基金买入该部分证券的实际成本，则基金管理人将向投资者收取欠缺的差额。为了控制投资者申购时采用现金替代成分股的总额比例，基金管理人一般规定现金替代比例上限。

必须现金替代是在申购、赎回基金份额时，该成分证券必须使用现金作为替代。必须现金替代的证券一般是由于标的指数调整即将被剔除的成分证券。对于必须现金替代的证券，基金管理人将在申购、赎回清单中公告替代的一定数量的现金，即“固定替代金额”。

对于一些特殊的交易型开放式指数基金品种，如跨市场、跨境交易型开放式指数基金，现金替代的种类和含义与上述可能会有所差异。

公式：可以现金替代和必须现金替代的计算公式为

可以现金替代的替代金额 = 替代证券数量 × 该证券参考价格 × （1 + 现金替代溢价比例）

必须现金替代的固定替代金额 = 申购、赎回清单中该证券的数量 × 该证券经除权调整的 T - 1 日收盘价（或 T 日预估开盘价）。

词条名称：**申购、赎回清单**

英　　文：**portfolio composition file，缩写 PCF**

定义：申购、赎回清单是指由基金管理人编制的用以公告交易型开放式指数基金份额申购对价、赎回对价等信息的文件。

释义：通常情况下，T 日申购、赎回清单公告内容包括最小申购、赎回单位所对应的组合证券内各成分证券数据、现金替代、T 日预估现金部分，T - 1 日现金差额、基金份额净值及其他相关内容。

词条名称：**现金差额**

英　　文：**cash balance**

定义：现金差额是指最小申购、赎回单位的资产净值与按 T 日收盘价计算的最小申购、赎回单位中的组合证券市值和现金替代之差。

释义：T 日投资者申购、赎回基金份额时，需按 T + 1 日公告的 T 日现金差额进行资金的清算交收。

现金差额的数值可能为正、为负或为零。投资者申购时，如现金差额为正数，则投资者应根据其申购的基金份额支付相应的现金；如现金差额为负数，则投资者将根据其申购的基金份额获得相应的现金。投资者赎回时，如现金差额为正数，则投资者将根据其赎回的基金份额获得相应的现金；如现金差额为负数，则投资者应根据其赎回的基金份额支付相应的现金。T 日现金差额在 T + 1 日的申购、赎回清单中公告。

公式：现金差额的计算公式为：

T 日现金差额 = T 日最小申购、赎回单位的基金资产净值 - （申购、赎回清单中必须用现金替代的固定替代金额 + 申购、赎回清单中可以用现金替代成分证券的数量与 T 日收盘价相乘之和 + 申购、赎回清单中禁止用现

金替代成分证券的数量与T日收盘价相乘之和）

词条名称：**预估现金**

英　　文：**estimated cash**

定义：预估现金是指为便于计算基金份额参考净值及申购、赎回代理证券公司预先冻结申请申购、赎回的投资者的相应资金，由基金管理人计算的现金数额。

释义：T日预估现金部分在T日申购、赎回清单中公告。

公式：预估现金的计算公式为：

T日预估现金部分＝T－1日最小申购、赎回单位的基金资产净值－（申购、赎回清单中必须用现金替代的固定替代金额＋申购、赎回清单中可以用现金替代成分证券的数量与T日预计开盘价相乘之和＋申购、赎回清单中禁止用现金替代成分证券的数量与T日预计开盘价相乘之和）

式中，T日预计开盘价主要根据证券交易所提供的标的指数成分证券的预计开盘价确定。

若T日为基金分红除息日，则计算公式中的"T－1日最小申购、赎回单位的基金资产净值"须扣减相应的收益分配数额。预估现金部分的数值可能为正、为负或为零。

词条名称：**集合申购**

英　　文：**set purchase**

定义：集合申购指在基金管理人允许的前提下，多个投资人集合其持有的组合证券，共同构成最小申购、赎回单位或其整数倍，申购交易型开放式指数基金份额。

释义：交易型开放式指数基金一般会在基金招募说明书中约定在条件允许时，基金管理人可开放集合申购，即允许多个投资人集合其持有的组合证券，共同构成最小申购、赎回单位或其整数倍，进行申购。

词条名称：**基金份额参考净值**

英　　文：**indicative optimized portfolio value，缩写 IOPV**

定义：基金份额参考净值是指证券交易所在交易时间内，根据基金管理人提供的申购、赎回清单和组合证券内各只证券的实时成交数据计算并发布的基金份额参考净值，简称"IOPV"。

释义：在交易时间内，基金管理人可委托证券交易所或证券交易所认可的机构进行基金份额参考净值的计算或发布，供投资者交易、申购、赎回基金份额时参考。

词条名称：**交易型开放式指数基金（ETF）交易原则**

英　　文：**trading rules of ETFs**

定义：交易型开放式指数基金是指其份额在证券交易所上市交易时应遵循的原则。

释义：交易型开放式指数基金的基金合同生效后，基金管理人可以向证券交易所申请上市，上市后要遵循以下交易规则：（1）上市首日的开盘参考价为前一工作日的基金份额净值；（2）实行价格涨跌幅限制，涨跌幅设置为10%，从上市首日开始实行；(3) 买入申报数量为100份及其整数倍，不足100份的部分可以卖出；(4) 基金申报价格最小变动单位为0.001元。

词条名称：交易型开放式指数基金（ETF）套利

英　　文：ETF arbitrage

定义：交易型开放式指数基金实行一级市场与二级市场交易同步进行的制度安排，因此，投资者可以在交易型开放式指数基金二级市场交易价格与基金份额净值二者之间存在差价时进行套利交易。

释义：当二级市场交易型开放式指数基金交易价格低于其份额净值，即发生折价交易时，大的投资者可以通过在二级市场低价买进交易型开放式指数基金，然后在一级市场赎回（高价卖出）份额，再于二级市场上卖掉股票而实现套利交易。相反，当二级市场交易型开放式指数基金交易价格高于其份额净值，即发生溢价交易时，大的投资者可以在二级市场买进一揽子股票，于一级市场申购交易型开放式指数基金（相当于低价买入交易型开放式指数基金）份额，再于二级市场上高价卖掉交易型开放式指数基金而实现套利交易。套利机制的存在将会迫使交易型开放式指数基金二级市场价格与净值趋于一致，使交易型开放式指数基金既不会出现类似封闭式基金二级市场大幅折价交易、股票大幅溢价交易现象，也克服了开放式基金不能进行盘中交易的弱点。

（二）上市开放式基金（LOF）①

词条名称：上市开放式基金（LOF）销售代理机构

英　　文：sales agency of listed open-end fund，缩写 LOF

定义：上市开放式销售代理机构是指符合中国证监会颁布的《证券投资基金销售管理办法》和中国证监会规定的其他条件，取得基金销售业务资格，并与基金管理人签订基金销售与服务代理协议，代为办理基金发售、申购、赎回和其他基金业务的代理机构。

上市开放式基金的场内代销机构是指可通过深圳证券交易所交易系统办理基金销售业务的机构，且必须是具有基金销售业务资格、并经深圳证券交易所和中国证券登记结算有限责任公司认可的、可通过深圳证券交易所交易系统办理基金销售业务的深圳证券交易所会员单位。

释义：上市开放式基金的场内销售代理机构一般是具有基金代销业务资格的证券公司。

词条名称：场外交易

英　　文：over-the-counter trade

定义：场外交易指不通过证券交易所交易系统，而是通过自身的柜台或者其他交易系统办理基金份额认购、申购和赎回业务。

释义：场外认购的上市开放式基金份额注册登记在中国证券登记结算有限

① 撰写：漆什筑；审核：郑旭；单位：银华基金管理有限公司。

责任公司的开放式基金注册登记系统。基金募集期内，投资者可通过基金管理人及其代销机构的营业网点场外认购场外交易是份额。场外认购上市开放式基金份额，应使用中国证券登记结算有限责任公司深圳开放式基金账户。

词条名称：**场内交易**

英　　文：**exchange trade**

定义：场内交易是指通过证券交易所会员单位和证券交易所交易系统办理基金份额认购、申购、赎回和上市交易业务。

释义：场内认购的上市开放式基金份额注册登记在中国证券登记结算有限责任公司的证券登记结算系统。基金募集期内，投资者可通过具有基金代销业务资格的证券经营机构营业部场内认购上市开放式基金份额。投资者场内认购上市开放式基金份额，应持有深圳人民币普通证券账户或证券投资基金账户。

词条名称：**上市开放式基金分系统登记原则**

英　　文：**LOF alternative system dopository principle**

定义：上市开放式基金分系统登记原则是指上市开放式基金份额在证券交易所登记时所遵循的原则。

释义：通过证券经营机构在证券交易所认购、申购和买入的上市开放式基金份额，登记在深圳证券交易所证券登记结算系统，以投资人证券账户记载，托管在证券经营机构处。通过基金管理人及其代销机构认购、申购的上市开放式基金份额，登记在深圳证券交易所开放式基金登记结算系统，以投资人开放式基金账户记载，托管在基金管理人及其代销机构处。

词条名称：**上市开放式基金（LOF）交易原则**

英　　文：**trading rules of LOF**

定义：上市开放式基金交易原则是指上市开放式基金份额在证券交易所上市交易时应遵循的原则。

释义：上市开放式基金的基金合同生效后，基金管理人可以向证券交易所申请上市，上市后要遵循以下交易规则：（1）上市首日的开盘参考价为前一工作日的基金份额净值；（2）实行价格涨跌幅限制，涨跌幅设置为10%，从上市首日开始实行；（3）买入申报数量为100份及其整数倍，不足100份的部分可以卖出；（4）基金申报价格最小变动单位为0.001元。

词条名称：**上市开放式基金（LOF）套利**

英　　文：**LOF arbitrage**

定义：上市开放式基金的交易方式多样，投资者既可以通过基金管理人或其委托的销售机构以基金净值进行申购、赎回，也可以通过交易所市场以交易系统撮合成交价进行买卖。其中，上市开放式基金的申购和赎回价格取决于基金单位资产净值，而在二级市场交易的价格由系统撮合形成，主要由市场供需决定，两者之间很可能存在一定程度的偏离，当这种偏离足以抵消交易成本的时候，就存在理论上的套利机会。

释义：当上市开放式基金的二级市场价格大于基金净值时，实行正向套利，即以单位净值申购基金份额，再在二级市场上卖出基金份额；反之，则实行反向套利，即在二级市场上买入基金份额，再以单位净值赎回。如果投资者是通过场外申购、赎回，则还需转托管至场内后进行上述操作。由于根据目前的规则，申购的上市开放式基金需要确认后才能卖出，套利效率上比交易型开放式指数基金相对较低，但投资者也可以使用存量份额进行套利。

（三）分级基金①

词条名称：**基础份额**

英　　文：**basic unit; basic share**

定义：基础份额是指分级基金的母基金份额。

释义：基础份额也称"母基金份额"，是分级基金本身投资标的与投资风格的体现，与普通开放式或封闭式基金并无显著区别，其风险收益特征由该基金的投资范围、投资标的、投资策略等因素决定。有的分级基金存在基础份额，如合并募集的开放式分级基金；有的分级基金则没有基础份额，如分开募集的封闭式分级基金。基础份额与子份额可以以基金合同中约定的配对转换规则进行相互转换。

词条名称：**子份额**

英　　文：**split shares; split unit; split tranche**

定义：子份额是指分级基金分拆后的份额，与母基金份额相对应。

释义：我国分级基金的分级机制多种多样，但以根据预期风险收益特征不同而拆分的方式为主，也就是说，两类子份额的预期风险、收益特征不同。通常来说，预期风险、收益较低的子份额称为"A 类份额"，预期风险、收益较高的子份额称为"B 类份额"。

分级基金所分拆的两类子份额中，预期风险、收益较低的 A 类子份额具有优先获得本金和收益的权利，另一类预期风险、收益较高的 B 类子份额只能具有剩余资产分配的权利。

词条名称：**基准收益率**

英　　文：**benchmark rate of return**

定义：基准收益率是指基金合同事先约定的，分级基金分拆后的预期风险、收益较低的子份额每年所获得的约定收益率。

释义：基准收益率是预期风险、收益较低的子份额根据基金合同约定每年所能获得的收益率。基准收益率的表现形式既有固定收益率形式，也有根据银行利率变动进行调整的浮动收益率形式。但基金管理人并不承诺或保证低风险收益份额持有人的该等收益，如在某段时间内基金资产出现极端损失情况下，低风险收益份额的基金份额持有人可能会面临无法取得基准收益率相对应的应得收益的风险，甚至损失本金的风险。

---

① 撰写：邱莉；审核：郑旭；单位：银华基金管理有限公司。

词条名称：**虚拟清算**

英　　文：**virtual settlement; suppositional settlement**

定义：虚拟清算是指分级基金在一定时期内采取以基金资产净值确定基金财产清算价值的清算方法，即按两类子份额的基金份额净值确定两类子份额可得基金清算财产价值，而并非进行实际财产分配。

释义：虚拟清算在分级基金中分为虚拟到期清算和虚拟到点清算。虚拟到期清算是指分级基金中的两类子份额在每个会计年度或每个运作周期期末进行的一次虚拟到期清算，清算方法为按基金资产净值确定基金财产清算价值，即按两类子份额在期末的基金份额净值确定两类子份额可得基金清算财产价值，并且除了低风险收益份额当期已经实现的全部或部分约定应得收益外，两类子份额可得基金清算财产价值，但不进行实际财产分配，而是继续以基金份额净值的形式体现并进入下一会计年度或周期。虚拟到点清算是指设置阈值的分级基金，当基金份额净值达到阈值时进行的虚拟清算，其方法参照前述虚拟到期清算方式进行。

词条名称：**定期折算**

英　　文：**regular conversion; scheduled conversion**

定义：定期折算是指根据基金合同中约定的频率，对某一类或几类份额净值进行重新调整的行为。

释义：分级基金可以约定份额折算。一般来说，基金份额的定期折算是将预期风险、收益较低的子份额期末的约定应得收益，即该子份额参考份额净值超出1.000元部分，折算为场内母基金份额，分配给该子份额持有人。母基金份额持有人持有的母基金份额将按相应比例的预期风险、收益较低的子份额获得新增母基金份额的分配。分级基金若约定份额定期折算，分开募集的分级基金定期折算的间隔时间应在3个月（含）以上；合并募集的分级基金定期折算的间隔时间应在1年（含）以上。在定期折算期间，基金将根据证券交易所、中国证券登记结算有限责任公司的相关业务规定暂停办理申购、赎回、上市交易等相关业务。

词条名称：**不定期折算**

英　　文：**irregular conversion; unscheduled conversion**

定义：不定期折算有时又称“到点折算”，是指分级基金可以设置上阈值或下阈值折算机制，当某类份额参考净值达到一定阈值时，进行份额折算。

释义：基金份额的不定期折算是根据基金合同约定的上阈值或下阈值折算机制进行折算。一般来说，当预期风险、收益较高的子份额参考净值或母基金份额净值达到规定阈值时，基金管理人于基金份额折算基准日将各类份额净值调整为1.000元，且各自份额数进行相应比例增减的折算行为。在不定期折算期间，基金将根据证券交易所、中国证券登记结算有限责任公司的相关业务规定暂停办理申购、赎回、上市交易等相关业务。

词条名称：配对转换

英　　文：matched conversion

定义：配对转换是指分级基金的母基金份额与两类子份额之间按基金合同约定的转换规则进行转换的行为，包括份额分拆和份额合并。

释义：配对转换是架在母基金份额与子份额之间的互换桥梁，投资者可以通过办理配对转换而获取符合自身偏好的一类份额。配对转换规则通常在开放式分级基金中应用广泛，而在封闭式分级基金中应用较少。投资者在办理配对转换业务时，须遵循基金合同约定的配对转换原则及证券交易所、中国证券登记结算有限责任公司的相关业务规定。

词条名称：份额合并

英　　文：shares merger

定义：份额合并是指具有配对转换机制的分级基金，每M份预期风险、收益较低的子份额与N份预期风险、收益较高的子份额申请配对转换成（M+N）份母基金份额的场内份额的行为。

释义：基金份额持有人可以通过合并预期风险、收益较低的子份额与预期风险、收益较高的子份额，从而实现持有母基金份额的目的。合并申请的预期风险、收益较低的子份额与预期风险、收益较高的子份额的份额数配比须符合基金合同的要求。

公式：份额合并计算公式为：

M份A类子份额+N份B类子份额=（M+N）份母基金份额

示例：某分级基金A∶B配比为4∶6，则投资者须申请每4份A类子份额与6份B类子份额合并为10份母基金份额。

词条名称：份额分拆

英　　文：shares split

定义：份额分拆是指具有配对转换机制的分级基金，每（M+N）份母基金份额的场内份额申请配对转换成M份预期风险、收益较低的子份额与N份预期风险、收益较高的子份额的行为。

释义：基金份额持有人可以通过将母基金份额分拆为预期风险、收益较低的子份额与预期风险、收益较高的子份额，从而实现持有分级份额的目的。分拆申请的母基金份额的份额数须符合基金合同的要求。

公式：份额分拆计算公式为：

（M+N）份母基金份额=M份A类子份额+N份B类子份额

示例：某分级基金A∶B配比为4∶6，则投资者须申请每10份母基金份额分拆为4份A类子份额与6份B类子份额。

（四）保本基金[①]

词条名称：保本周期

英　　文：principal-guarantee period

定义：保本基金是指保本基金提

① 撰写：郑志勇、张竞之、孙静；审核：郑旭；单位：银华基金管理有限公司。

公开募集特殊证券投资基金品种

供保本的期限。

释义：保本基金有一个保本期，投资者只有持有到期后才能获得本金保证或收益保证。如果投资者在到期前急需资金，提前赎回，则通常不享有保证承诺，投资可能发生亏损。保本基金的保本期通常在3~5年，但有的长至7~10年。因保本基金的保本期通常会在满足存续条件的前提下周而复始、后前相续，因此也称作“保本周期”。

词条名称：担保人

英　　文：guarantor

定义：担保人是指与基金管理人签订保证合同，为基金管理人对保本基金份额持有人承担的保本清偿义务提供不可撤销的连带责任保证的机构，也称为“保证人”。

释义：基金管理人通过与符合条件的担保人签订保证合同，由担保人和基金管理人对投资人承担连带责任，即当保本基金份额持有人在保本周期到期时，若投资人认购并持有到期的基金份额的可赎回金额低于约定的保本额度时，则由基金管理人或担保人（在基金管理人未能履行保本义务的情况下）向投资者支付其中的差额部分，使投资者免受或少受损失。担保人可以由符合相关规定的证券公司及其他金融机构担任，也可以是满足特定条件的专业担保机构等非金融机构。

词条名称：保本义务人

英　　文：principal-guaranteed obligor

定义：保本义务人指与基金管理人签订风险买断合同，为基金的某保本周期承担保本偿付责任的机构。

释义：基金管理人与符合条件的保本义务人签订风险买断合同，约定由基金管理人向保本义务人支付费用，保本义务人在保本基金到期出现亏损时，负责向基金份额持有人偿付相应损失。保本义务人在向基金份额持有人偿付损失后，放弃向基金管理人追偿的权利；基金管理人也可以代表基金份额持有人要求保本义务人履行偿付责任，向基金份额持有人偿付相应损失。

词条名称：保证合同

英　　文：guarantee contract

定义：保证合同是指基金管理人和符合条件的担保人签署协议，约定担保人和基金管理人对基金份额持有人的保本金额承担的保本清偿义务提供不可撤销的连带责任的合同。

释义：保证合同是为保护基金投资者合法权益，依照《中华人民共和国担保法》、《中华人民共和国合同法》、《中华人民共和国证券投资基金法》和中国证监会2010年颁布的《关于保本基金的指导意见》等法律法规和行政规章的规定，由基金管理人和担保人在平等自愿、诚实信用、充分保护基金投资者及相关当事人的合法权益的原则基础上所签订的协议书。保证合同内容通常包括但不限于以下内容：保证范围、保证期间、保证方式和除外责任等内容。投资人购买保本基金份额的行为视为同意保证合同的约定。

词条名称：风险买断合同

英　　文：**risk buyout contract**

定义：风险买断合同是指由基金管理人与符合条件的保本义务人签订的规定保本义务人责任和义务的协议。

释义：基金管理人与符合条件的保本义务人签订风险买断合同，约定由基金管理人向保本义务人支付费用，保本义务人在保本基金到期出现亏损时，负责向基金份额持有人偿付相应损失。保本义务人在向基金份额持有人偿付损失后，放弃向基金管理人追偿的权利。

风险买断合同通常包括但不限于以下内容：(1) 为保本基金承担偿付责任的总金额；(2) 承担偿付责任的期间；(3) 承担偿付责任的范围；(4) 风险买断费用的费率及支付方式；(5) 基金份额持有人要求清偿投资亏损的程序和方式；(6) 保本义务人在向基金份额持有人偿付损失后，不得向基金管理人追偿。

投资人购买保本基金基金份额的行为视为同意风险买断合同的约定。

词条名称：保证方式

英　　文：**guarantee mode**

定义：保证方式是指在保证期间，担保人/保证人在保证范围内承担责任的方式。

释义：根据《中华人民共和国担保法》的规定，保证人的保证方式有两种：一般保证和连带责任保证。连带责任保证和一般保证相区别的重要标志是：一般保证的保证人享有先诉抗辩权，即债权人必须先行对主债务人主张权利，在经强制执行仍不能得到清偿的情况下，方能要求保证人承担保证责任；而连带责任保证的保证人不享有先诉抗辩权，即债权人可以向主债务人或保证人主张权利、要求承担保证责任。

词条名称：保证期间

英　　文：**guaranteed period**

定义：保证期间是指保证责任的存续期间，债权人向保证人行使追索权的期间。

释义：根据《中华人民共和国担保法》的规定，保证期间为保证责任的存续期间，是债权人向保证人行使追索权的期间。保证合同中约定有保证期间的，保证人在约定的保证期间内承担保证责任。债权人在该期限内未向保证人主张权利的，保证人不再承担保证责任。保证合同中没有约定保证期间或者约定不明确的，保证人应当在被保证人承担责任的期限内承担保证责任。保证人如果在主合同履行期限届满后，书面要求债权人向被保证人为诉讼上的请求，而债权人在收到保证人的书面请求后一个月内未行使诉讼请求权的，保证人不再承担保证责任。

词条名称：保证范围

英　　文：**scope of guarantee**

定义：保证范围是指债务人不履行债务时，请求保证人代为履行或负连带责任以及申请法院予以强制执行的范围。

释义：保证担保的范围包括主债

权及利息、违约金、损害赔偿金和实现债权的费用。保证范围不明确的，推定保证人对全部主债务承担保证责任。

词条名称：基金份额折算

英　文：conversion of fund share; conversion of fund unit

定义：基金份额折算是指保本周期届满时，在符合保本基金存续的条件下，在折算日，基金管理人在基金份额持有人所持有的基金份额（包括投资人过渡期申购或转换转入的基金份额和基金份额持有人在上一个保本周期结束后默认选择转入下一个保本周期的基金份额）所代表的资产净值总额保持不变的前提下，按折算比例相应调整其所持有的基金份额，从而将基金份额净值变为1.00元的过程。

释义：保本周期届满时，在符合保本基金存续的条件下，基金管理人通常在上一个保本周期到期日后、下一个保本周期开始日前设置过渡期。新的投资者可以选择在过渡期内申购基金份额或将所持有的同一基金管理人管理的其他基金的基金份额转换转入保本基金，并与上一个保本周期结束后默认选择转入下一个保本周期的基金份额一同进入下一个保本周期。在这种情况下，为保护基金份额持有人的利益并利于计算保本金额，基金管理人会把下一个保本周期开始日的前一工作日（即过渡期最后一个工作日）设为折算日，并在折算日对登记在册的基金份额持有人所持有的基金份额（包括从上一个保本周期结束后默认选择转入下一个保本周期的基金份额持有人所持有的基金份额和投资者进行过渡期申购或转换转入的基金份额）进行折算。

基金份额折算以折算日的基金估值为基础，在基金份额持有人持有的基金份额所代表的资产净值总额保持不变的前提下，按折算比例相应调整其所持有的基金份额，从而将基金份额净值变为1.00元。

词条名称：持有到期日

英　文：maturity date

定义：持有到期日是指保本周期到期日，即保本周期届满的最后一日，如果该对应日为非工作日，则通常顺延至下一个工作日。

释义：正常情况下，保本基金均设立保本周期，保本周期到期日即为保本基金持有到期日。例如，某保本基金的基金合同于2012年9月1日生效，保本周期为3年，则该保本基金第一个保本周期的持有到期日为2015年8月31日。

词条名称：折算日

英　文：conversion date

定义：折算日是指进行基金份额折算的日子。一般为首个保本周期后的每一个保本周期开始日的前一工作日，即过渡期的最后一个工作日。

释义：保本周期届满时，在符合保本基金存续的条件下，基金管理人将在上一个保本周期到期后、下一个保本周期开始日前设置过渡期。新的投资者可以选择在过渡期内申购基金份额或将所持有的同一基金管理人管理的其他基金的基金份额转换转入保本基金，并与上一个保本周期结束后默认选择转入下一个保本周期的基金份额一同进入下一个保本周期。在这种情况下，为保护基金份额持有人的利益，基金管理人会把下一个保本周期开始日的前一工作日（即过渡期最后一个工作日）设为折算日，并在折算日对登记在册的基金份额持有人所持有的基金份额（包括从上一个保本周期结束后默认选择转入下一个保本周期的基金份额持有人所持有的基金份额和投资者进行过渡期申购或转换转入的基金份额）进行折算。

词条名称：**过渡期**

英　　文：**transition-period**

定义：过渡期是指保本周期的到期日的下一个交易日起，至下一个保本周期开始日的前一个交易日之间的时间。

释义：保本周期届满时，在符合保本基金存续的条件下，基金管理人将在上一个保本周期到期截止日后、下一个保本周期开始日前设置过渡期。新的投资者可以选择在过渡期内申购基金份额或将所持有的同一基金管理人管理的其他基金的基金份额转换转入保本基金，并与上一个保本周期结束后默认选择转入下一个保本周期的基金份额一同进入下一个保本周期。

词条名称：**到期选择**

英　　文：**options at maturity**

定义：到期选择是指在保本周期到期期间内，基金份额持有人可以选择处理其所持有基金份额的方式。

释义：通常，为保证基金份额持有人的利益，基金管理人在保本周期到期后，将到期日及其之后的数个工作日（一般为3~5个工作日）设置为到期期间。到期期间内，基金份额持有人可以根据自己的需要以及基金合同的约定，选择不同的方式处理其所持有的基金份额，包括但不限于：

1. 赎回基金份额。

2. 将基金份额转换为同一基金管理人管理的其他基金。

3. 保本周期届满时，基金符合保本基金存续条件的，基金份额持有人可将所持有基金份额转入下一个保本周期（如不符合存续条件的，将转入保本基金转型后形成的非保本基金）。

4. 保本周期届满时，基金不符合保本基金存续条件的，基金份额持有人可根据基金合同的约定，选择处理基金份额的其他方式。

如基金份额持有人未做到期选择，其默认处理方式将为上述第3种。

词条名称：**保证费用**

英　　文：**guarantee fee**

定义：保证费用是指为引入保本保障机制，基金管理人与符合条件的担保人签订保证合同，并按照保证合同的约定向担保人支付的费用。

释义：正常情况下，为确保履行保本条款，保障基金份额持有人利益，担保人根据保证合同的约定为基金的保本提供连带责任保证，以保证符合条件的基金份额持有人在保本期到期时可以获得保本金额保证，而基金管理人则根据保证合同的约定向担保人支付保证费用。

词条名称：风险买断费用

英　　文：**risk buyout fee**

定义：风险买断费用是指为引入保本保障机制，基金管理人与符合条件的保本义务人签订风险买断合同，并按照风险买断合同的约定向保本义务人支付的费用。

释义：正常情况下，为确保履行保本条款，保障基金份额持有人利益，根据风险买断合同的约定，由保本义务人保证符合条件的基金份额持有人在保本期到期时可以获得保本金额，而基金管理人则根据风险买断合同的约定向保本义务人支付风险买断费用。

词条名称：保本基金存续条件

英　　文：**existence condition of guaranteed fund**

定义：保本基金存续条件是指保本基金保本周期届满时，符合法律法规有关担保人或保本义务人资质要求、并经基金管理人和基金托管人认可的担保人或保本义务人同意为基金下一保本周期提供保本保障，并与本基金管理人签订保证合同或风险买断合同，同时基金满足法律法规规定及基金合同约定的基金存续要求（如有）。

释义：保本基金存续条件是否满足，是保本基金的任一保本周期结束后转入下一保本周期或转为非保本基金的决定因素。如该存续条件未能满足，则保本基金将转为基金合同预先约定的非保本基金，并根据基金合同约定的该非保本基金的有关条款运作。

（五）合格境内机构投资者（QDII）基金①

词条名称：境外投资顾问

英　　文：**overseas investment advisor**

定义：境外投资顾问是指符合法律法规规定的条件，为基金管理人境外证券投资提供证券买卖建议或投资组合建议等服务并取得收入的境外金融机构。

释义：境外投资顾问须符合中国证监会2007年颁布的《合格境内机构投资者境外证券投资管理试行办法》规定的条件，根据基金合同提供投资顾问服务。投资顾问应严格遵守境内有关法律法规、基金合同和集合资产管理合同的规定，始终将基金、集合计划持有人的利益置于首位，以合理的依据提出投资建议，寻求基金、集合计划的最佳交易执行，始终按照基金、集合计划的投资目标、策略、政策、指引和限制实施投资决定，充分披露一切涉及利益冲突的重要事实，尊重客户信息的保密性。

词条名称：境外资产托管人

英　　文：**overseas custodian**

定义：境外资产托管人是指符合法律法规规定的条件，基金托管人委托负责境外资产托管业务的境外金融

公开募集特殊证券投资基金品种

---

① 撰写：邢琳琦；审核：郑旭；单位：银华基金管理有限公司。

机构。

释义：对基金、集合计划的境外财产，托管人可授权境外托管人代为履行其承担的受托人职责，如基金买卖证券的清算交收、资金汇划及交易过户记录获取等。境外资产托管人须符合中国证监会2007年颁布的《合格境内机构投资者境外证券投资管理试行办法》规定的条件。境外资产托管人在履行职责过程中，因本身过错、疏忽等原因而导致基金、集合计划财产受损的，托管人应当承担相应责任。

词条名称：**外汇额度**

英　　文：**foreign exchange quota**

定义：外汇额度是指经所在地国家外汇管理部门核准的境外证券投资的金额上限。

释义：境内机构投资者办理境外证券投资业务，应事先经所在地国家外汇管理局分支局、外汇管理部核准取得经营外汇业务的资格，并取得境外证券投资的额度。目前，外汇额度审批为以公司为单位，旗下合格境内机构投资者基金、集合计划共同使用外汇额度。境内机构投资者应当根据市场情况、产品特性等，在每只产品的募集方案中设定合理的额度规模上限，向国家外汇局备案，并定期向国家外汇局报告其额度使用及资金汇出入情况。

词条名称：**共同交易日**

英　　文：**common trading day**

定义：共同交易日是指上海证券交易所、深圳证券交易所以及合格境内机构投资者基金境外主要投资场所均开市的交易日。

释义：合格境内机构投资者基金的申购、赎回受中国法律法规的规范，须于上海证券交易所、深圳证券交易所开市的交易日进行操作；同时，合格境内机构投资者基金的投资和交易须在境外主要投资市场开市的交易日进行操作。所以，上海证券交易所、深圳证券交易所以及境外主要投资场所的同时开市的交易日是合格境内机构投资者基金能够进行日常运作的有效时间。

词条名称：**公司行为信息**

英　　文：**corporate action information**

定义：公司行为信息是指基金持仓证券的发行公司公布的需要在基金净值计算中进行会计核算的重大信息。

释义：公司行为信息包括但不限于权益派发、配股等信息。根据中国证监会2007年颁布的《合格境内机构投资者境外证券投资管理试行办法》的相关规定，基金托管人应准时将公司行为信息通知基金管理人。

词条名称：**存托凭证**

英　　文：**depository receipt**

定义：存托凭证是指在一国证券市场流通的代表外国公司有价证券的可转让凭证。

释义：存托凭证又称“存券收据”或“存股证”，属于公司融资业务范畴的金融衍生工具。存托凭证一般代表公司股票，但有时也代表债券。根据法律法规要求，合格境内机构投资者基金可投资于已与中国证监会签署双边监管合作谅解备忘录的国家或地区证券市场挂牌交易的全球存托凭证和美国存托凭证。

美国存托凭证（American depository receipts，ADR）是面向美国投资者发行并在美国证券市场交易的存托凭证；全球存托凭证（Global depository receipts，GDR）是指全球范围内面向外国投资者发行并在外国证券市场交易的存托凭证，主要指非美国存托凭证。

词条名称：**税务顾问**

英　　文：**tax consultant**

定义：税务顾问是指受基金管理人委托，对境外相关投资市场的税收情况给予意见和建议的专业机构。

释义：在合格境内机构投资者基金运作中，对于非代扣代缴的税收，基金管理人可聘请税收顾问对相关投资市场的税收情况给予意见和建议。境外托管人根据基金管理人的指示，具体协调基金在海外税务的申报、缴纳及索取税收返还等相关工作。

（六）短期理财债券基金①

词条名称：**运作期**

英　　文：**operational-period**

定义：运作期是指由基金管理人事先确定的封闭运作期间。

释义：根据中国证监会的相关规定，固定组合类理财债券基金的运作期原则上应为 15 天、45 天和 75 天，或 1 个月、2 个月和 3 个月，或半年及半年的整数倍。单笔认申购基金份额采用固定期限锁定持有的短期债券基金，锁定持有期限应当在 60 天以内。

固定组合类理财债券基金运作周期通常就是其封闭期。对于单笔认申购基金份额采用固定期限锁定持有的短期理财债券基金，其运作周期就是每笔认购或申购份额对应的锁定期。比如，锁定期为 7 天的理财债券基金，通常第一个运作期是指基金合同生效日（对认购份额而言，下同）或基金份额申购确认日（对申购份额而言，下同）起（即第一个运作起始日），至基金合同生效日或基金份额申购申请日次周的对日（即第一个运作期到期日。如该对应日为非工作日，则顺延到下一工作日）止。第二个运作期指第一个运作期到期日的次一工作日起，至基金合同生效日或基金份额申购申请日对应的次两周对日（如该日为非工作日，则顺延至下一工作日）止。锁定期为 1 个月理财债券基金，第一个是运作期指基金合同生效日（对认购份额而言，下同）或基金份额申购确认日（对申购份额而言，下同）起（即第一个运作起始日），至基金合同生效日或基金份额申购申请日次一个月的月度对日（即第一个运作期到期日。如该对应日为非工作日，则顺延到下一工作日）止。第二个运作期指第一个运作期到期日的次一工作日起，至基金合同生效日或基金份额申购申请日对应的次二个月的月度对日（如该日为非工作日，则顺延至下一工作

公开募集特殊证券投资基金品种

① 撰写：张竞亮；审核：郑旭；单位：银华基金管理有限公司。

日）止。

其中，月度对日指基金合同生效日（对认购份额而言，下同）或基金份额申购申请日（对申购份额而言，下同）在后续日历月中的对应日期，若该日历月实际不存在对应日期的，则顺延至下一工作日。

示例1（后续日历月中存在对应日期）：如基金合同生效日（或基金份额申购申请日）为2013年5月24日（星期五），则该日下一个月的月度对日为2013年6月24日（星期一）。

示例2（后续日历月中不存在对应日期）：如基金合同生效日（或基金份额申购申请日）为2013年1月31日（星期四），因2月没有31日，则该日下一个月的月度对日顺延至2013年3月1日（星期五）。

词条名称：**运作期到期日**

英　　文：**maturity date of operational period**

定义：运作期到期日是指基金运作期的最后一个工作日（如该日为非工作日，则顺延至下一工作日）。

释义：固定组合类理财债券基金，运作期到期日指由基金管理人事先确定的封闭运作期的最后一个工作日。

单笔认申购基金份额采用固定期限锁定持有的短期理财债券基金，对于每份基金份额，运作期到期日指基金运作期的最后一个工作日（如该日为非工作日，则顺延至下一工作日）。每个运作期到期日，基金份额持有人可提出赎回申请。如果基金份额持有人在每个运作期到期日未申请赎回，则自该运作期到期日下一工作日起该基金份额进入下一个运作期。

词条名称：**申赎原则**

英　　文：**principles of purchase and redemption**

定义：申赎原则是指办理申购和赎回过程中所依据的准则。

释义：1. 固定组合类短期理财基金的申赎日期由基金管理人提前确定，通常需要遵循的原则有：

（1）确定价原则，即基金的申购、赎回的价格为每份基金份额人民币1.00元为基准进行计算；

（2）“金额申购、份额赎回”原则，即申购以金额申请，赎回以份额申请；

（3）当日的集中申购与赎回申请可以在基金管理人规定的时间以内撤销；

（4）赎回遵循先进先出原则，即按照投资人认购、申购的先后次序进行顺序赎回；

（5）基金份额持有人在全部赎回其持有的基金份额时，基金管理人自动将该基金份额持有人的当期收益与赎回款一起支付给该基金份额持有人；基金份额持有人部分赎回其持有的基金份额时，若当期收益为正，则收益不随赎回款一起支付；若当期收益为负时，其剩余的基金份额须足以弥补其当前收益为负时的损益，否则将自动在支付赎回款时扣除所有负收益金额。

各基金在收益支付方面可能会有所差异，具体要参阅基金的招募说明书。

2. 固定期限类短期理财基金的赎回日期取决于投资人的认（申）购时间和基金运作期，通常需要遵循的原则有：（1）确定价原则，即申购、赎回价格以每份基金份额人民币1.00元为基准进行计算；（2）“金额申购、份额赎回”原则，即申购以金额申请，赎回以份额申请；（3）当日的申购与赎回申请可以在基金管理人规定的时间以内撤销；（4）基金份额持有人在赎回基金份额时，登记机构只办理在赎回申请提交当日即运作期到期日对应的到期份额；若提交赎回申请的份额超出到期份额，登记机构对超出到期份额的部分将确认为失败；（5）基金份额持有人赎回其持有的本基金份额时，基金管理人在结算该基金份额对应的待支付收益后，向该基金份额持有人支付赎回款项。

词条名称：**运作期年化收益率**

英　　文：**annualized yield of operational period**

定义：运作期年化收益率是指根据运作期内实际天数的每万份基金净收益折算出的年收益率。

公式：运作期年化收益率 = $[(\sum R_i/n)\times 365/10000]\times 100\%$

式中，R_i 为最近第 i 日历日（i = 1，2，…，n）的每万份基金净收益；n 为运作期实际天数。

七、证券投资基金的费用与税收①

（一）基金费用

词条名称：**交易费用**

英　　文：**transaction fee**

定义：交易费用是指投资者在参与基金交易的过程中所支付的费用，包括广义的交易费用和狭义的交易费用。

释义：广义的基金交易费用包括基金的认购、申购、赎回、转换等费用。认购费是指投资人在基金募集期内购买基金份额时支付的费用；申购费是指投资人在基金合同生效后购买基金份额时支付的费用；赎回费是指在开放式基金存续期间，基金份额持有人赎回基金份额时支付的费用；基金转换费是指投资者在办理基金份额转换业务时须缴纳的费用。狭义的基金交易费用指投资者在交易所参与基金交易所支付的费用。按照上海证券交易所和深圳证券交易所公布的收费标准，我国基金交易佣金不得高于成交金额的0.3%（深圳证券交易所特别规定该佣金水平不得低于代收的证券交易监管费和证券交易经手费，上海证券交易所无此规定），起点为5元，由证券公司向投资者收取。目前，封闭式基金交易不收取印花税。

词条名称：**运作费用**

英　　文：**operating cost; operating expense**

定义：运作费用是指为保证基金正常运作而发生的应由基金承担的费用。

释义：基金运作费用包括审计费、律师费、上市年费、分红手续费、持有人大会费、开户费、银行汇划手续费等。

① 撰写：刘晙；审核：张静；单位：中邮创业基金管理有限公司。

词条名称：**认购费**

英　　文：**subscription fee**

定义：认购费是指投资人在基金募集期内购买基金份额时支付的费用。

释义：根据中国证监会公告2013年修订的《开放式证券投资基金销售费用管理规定》第六条规定："基金管理人发售基金份额、募集基金，可以收取认购费。"在具体实践中，基金管理人会针对不同的基金类型、不同的认购金额设置不同的认购费率。我国股票型基金的认购费率大多在1%~1.5%左右，债券型基金的认购费率通常在1%以下，货币市场基金一般不收取认购费。基金份额的认购通常采用前端收费和后端收费两种模式。中国证监会2007年颁布的《关于统一规范证券投资基金认（申）购费用及认（申）购份额计算方法有关问题的通知》对认购费用及认购份额计算方法进行了统一规定。

公式：认购费用的计算公式为：

净认购金额 = 认购金额/（1 + 认购费率）

认购费用 = 认购金额 - 净认购金额。

词条名称：**申购费**

英　　文：**purchase fee**

定义：申购费是指投资人在基金合同生效后购买基金份额时支付的费用。

释义：根据中国证监会公告2013年修订的《开放式证券投资基金销售费用管理规定》第六条规定："基金管理人办理基金份额的申购，可以收取申购费。"和认购费一样，申购费可以采用在基金份额申购时收取的前端收费方式，也可采用在赎回时从赎回金额中扣除的后端收费方式。中国证监会2007年颁布的《关于统一规范证券投资基金认（申）购费用及认（申）购份额计算方法有关问题的通知》对申购费用及认购份额计算方法进行了统一规定。

公式：申购费的计算公式为：

净申购金额 = 申购金额/（1 + 申购费率）

申购费用 = 申购金额 - 净申购金额

词条名称：**前收费**

英　　文：**front-end fee**

定义：前收费是"前端收费"的简称，是指在申购（认购）基金份额时就支付申购（认购）费用的付费模式。

释义：根据证监会公告2013年修订的《开放式证券投资基金销售费用管理规定》第六条规定："认购费和申购费可以采用在基金份额发售或者申购时收取的前端收费方式，也可以采用在赎回时从赎回金额中扣除的后端收费方式。基金管理人可以对选择前端收费方式的投资人根据其申购（认购）金额的数量适用不同的前端申购（认购）费率标准。"

词条名称：**后收费**

英　　文：**back-end fee**

定义：后收费是"后端收费"的简称，是指在申购（认购）基金份额时不收费，在赎回基金份额时才支付申购（认购）费用的收费模式。

释义：后端收费模式的设计目的是为了鼓励投资者能长期持有基金，所以后端收费的申购（认购）费率一般设计为随着基金份额持有时间的延长而递减，持有至一定时间后，费率可降为零。根据中国证监会2013年修订的《开放式证券投资基金销售费用管理规定》第六条规定："认购费和申购费可以采用在基金份额发售或者申购时收取的前端收费方式，也可以采用在赎回时从赎回金额中扣除的后端收费方式。基金管理人可以对选择后端收费方式的投资人根据其持有期限适用不同的后端申购（认购）费率标准。对于持有期低于3年的投资人，基金管理人不得免收其后端申购（认购）费用。"

词条名称：赎回费

英　　文：**redemption fee**

定义：赎回费是指在开放式基金存续期间，基金份额持有人赎回基金份额时支付的费用。

释义：根据中国证监会公告2013年修订的《开放式证券投资基金销售费用管理规定》第七条规定："基金管理人办理开放式基金份额的赎回应当收取赎回费。对于除本条第三款规定之外的股票基金和混合基金，基金管理人应当在基金合同、招募说明书中约定按照以下费用标准收取赎回费：（一）收取销售服务费的，对持续持有期少于30日的投资人收取不低于0.5%的赎回费，并将上述赎回费全额计入基金财产；（二）不收取销售服务费的，对持续持有期少于7日的投资人收取不低于1.5%的赎回费，对持续持有期少于30日的投资人收取不低于0.75%的赎回费，并将上述赎回费全额计入基金财产；对持续持有期少于3个月的投资人收取不低于0.5%的赎回费，并将不低于赎回费总额的75%计入基金财产；对持续持有期长于3个月但少于6个月的投资人收取不低于0.5%的赎回费，并将不低于赎回费总额的50%计入基金财产；对持续持有期长于6个月的投资人，应当将不低于赎回费总额的25%计入基金财产。对于交易型开放式指数基金（ETF）、上市开放式基金（LOF）、分级基金、指数基金、短期理财产品基金等股票基金、混合基金以及其他类别基金，基金管理人可以参照上述标准在基金合同、招募说明书中约定赎回费的收取标准和计入基金财产的比例。"

基金管理人可以根据基金份额持有人持有基金份额的期限适用不同的赎回费标准，通常持有时间越长，适用的赎回费率越低。

词条名称：认购佣金

英　　文：**subscription commission**

定义：认购佣金是指投资人在基金募集期内通过交易所网上现金认购基金份额时支付的费用。

释义：投资者通过交易所交易系统认购基金的，必须按照份额进行认购（即投资者的认购申报以基金份额为单位）。交易所挂牌价格为基金面值。认购佣金由发售代理机构向投资人收取，投资人需以现金方式缴纳认购佣金。

公式：认购佣金的计算公式为：

认购佣金 = 认购价格 × 认购份额 × 佣金比率

认购金额 = 认购价格 × 认购份额 × （1 + 佣金比率）

词条名称：**转托管费**

英　　文：**custody transfer fee**

定义：转托管费是指投资者在办理基金转托管业务时要缴纳的费用。

释义：对于普通开放式基金，投资者可办理已持有基金份额在不同销售机构之间的转托管，销售机构可以收取一定的转托管费用。

对于上市开放式基金等由中国证券登记结算公司做时间提前量的基金，根据相关规定收取转托管费用。例如，根据深圳证券交易所《上市开放式基金业务指引》的规定：通过场内系统的转托管，不论是从场内转场内还是从场内转场外，同一交易日内，投资者通过同一转出方将基金份额转入同一转入方（不论转托管所转基金的种类、数量和次数），须缴纳转托管费30元。

词条名称：**转换费**

英　　文：**conversion fee**

定义：转换费是指投资者在办理基金份额转换业务时需缴纳的费用。

释义：基金份额的转换常常还会收取一定的转换费用。与赎回基金份额后再进行基金申购的两项业务相比，基金转换业务的时间成本和交易费用都较低。

词条名称：**管理费**

英　　文：**management fee**

定义：管理费是指基金管理人管理基金资产而向基金收取的费用。

释义：根据相关法规，基金管理人的管理费可以从基金财产中列支。不同类别及不同国家、地区的基金，管理费率不完全相同。但从基金类型看，证券衍生工具基金管理费率最高。例如，认股权证基金的管理费率约为1.5% ~ 2.5%；股票基金居中，约为1% ~ 1.5%；债券基金约为0.5% ~ 1.5%；货币市场基金最低，管理费率约为0.25% ~1%。我国香港基金公会公布的几种基金的管理年费率为：债券基金年费率为0.5% ~1.5%，股票基金年费率为1% ~2%。在美国等基金业发达的国家和地区，基金的管理年费率通常为1%左右，但一些发展中国家或地区则较高，如我国台湾地区的基金管理年费率一般为1.5%，有的发展中国家或地区的基金管理年费率甚至超过3%。我国股票基金大部分按照1.5%的比例计提基金管理费，债券基金的管理费率一般低于1%，货币市场基金的管理费率一般为0.33%。近年来，国内外基金管理费率均呈现下降趋势。

公式：管理费的计算公式为：

H = E × 年管理费率 ÷ 当年天数

式中，H为每日应计提的基金管理费；E为前一日基金资产净值。

词条名称：**托管费**

英　　文：**custodian fee**

定义：托管费是指基金托管人为

基金提供托管服务而向基金收取的费用。

释义：根据相关法规，基金托管人的托管费可以从基金财产中列支。新兴市场国家和地区的托管费收取比例相对较高。基金托管费年费率国际上通常为0.2%左右，美国一般为0.2%，我国内地及台湾、香港地区则为0.25%。目前，我国封闭式基金按照0.25%的比例计提基金托管费；开放式基金根据基金合同的规定比例计提，普通基金的托管费通常等于或低于0.25%；股票基金的托管费率要高于债券基金及货币市场基金的托管费率。

公式：托管费的计算公式为：

H = E × 年托管费率 ÷ 当年天数

式中，H为每日应计提的基金托管费；E为前一日基金资产净值。

词条名称：**销售服务费**

英　　文：**sales and service fee**

定义：销售服务费是指从基金资产中扣除的用于支付销售机构佣金以及基金管理人的基金营销广告费、促销活动费、持有人服务费等方面的费用。

释义：根据中国证监会2013年颁布的修订的《开放式证券投资基金销售费用管理规定》第八条规定：“基金管理人可以从基金财产中计提一定的销售服务费，专门用于基金的销售与基金持有人的服务。”此前，早期的销售服务费主要是对于不收取申购费（认购费）、赎回费的货币市场基金和一些债券基金收取的。

公式：销售服务费的计算公式为：

H = E × 年销售服务费率 ÷ 当年天数

式中，H为每日应计提的基金销售服务费；E为前一日基金资产净值。

词条名称：**联接基金的管理费和托管费**

英　　文：**feeder fund management and custodial fee**

定义：联接基金的管理费是指基金管理人管理联接基金的基金资产而向基金收取的费用，联接基金的托管费是指基金托管人为联接基金提供托管服务而向基金收取的费用。

释义：由于联接基金将其绝大部分基金财产投资于跟踪同一标的指数的交易型开放式指数基金（ETF），因此为了避免重复收取管理费和托管费。中国证监会2009年颁布的《交易型开放式指数证券投资基金（ETF）联接基金审核指引》明确：“ETF联接基金的基金管理人不得对ETF联接基金财产中的ETF部分计提管理费。ETF联接基金的基金托管人不得对ETF联接基金财产中的ETF部分计提托管费。”

词条名称：**基金份额持有人大会费用**

英　　文：**fund unit holders’ meeting expense**

定义：基金份额持有人大会费用是指基金因召开基金份额持有人大会支付的费用。

释义：基金份额持有人大会费用属于基金运作费用。根据相关法规，基金份额持有人大会费用可以从基金财产中列支。

词条名称：**信息披露费用**

英　　文：**information disclosure fee**

定义：信息披露费用是指基金因披露中国证监会规定的各种应予披露的信息而产生的费用。

释义：中国证监会2014年颁布的《证券投资基金信息披露管理办法》中明确了各类应予披露的基金信息。该办法同时规定了应予披露的基金信息应通过中国证监会指定的全国性报刊和基金管理人、基金托管人的互联网网站等媒介披露。根据相关法规，基金募集期间的信息披露费不得从基金财产中列支。

词条名称：**会计师费和律师费**

英　　文：**audit and legal fee**

定义：会计师费和律师费是指基金因聘请会计师和律师为基金提供服务而发生的费用。

释义：根据相关法规，基金合同生效后的会计师费和律师费可以从基金财产中列支。而基金募集期间所发生会计师费和律师费则不得从基金财产中支付。

词条名称：**银行汇划费用**

英　　文：**remittance cost**

定义：银行汇划费用是指基金运作过程中，因基金财产划拨而产生的银行费用。

释义：目前国内基金运作过程中因证券投资、赎回、分红等业务而产生的银行汇划手续费等银行费用由基金财产承担。

词条名称：**证券交易费用**

英　　文：**securities transaction cost**

定义：证券交易费用是指基金进行证券买卖交易时所发生的相关交易费用。

释义：目前，我国证券投资基金的交易费用主要包括印花税、交易佣金、过户费、经手费、证管费。交易佣金由证券公司按成交金额的一定比例向基金收取，印花税、过户费、经手费、证管费等则由登记公司或交易所按有关规定收取。参与银行间债券交易的，还需向中央国债登记结算有限责任公司和银行间市场清算所股份有限公司支付银行间账户服务费，向全国银行间同业拆借中心支付交易手续费等服务费用。参与股指期货交易的，还需向中国金融期货交易所和期货公司支付交易手续费和交易佣金等费用。

词条名称：**指数使用费用**

英　　文：**index license fee**

定义：指数使用费用是指指数基金向其所跟踪的指数的所有人支付的费用。

释义：指数基金须与所跟踪的标的指数所有人签署指数使用许可协议，并支付指数使用费。目前，我国指数基金的指数使用费可以从基金财产中列支。

（二）基金税收

词条名称：**交易营业税**

英　　文：**business tax on securities transaction**

定义：交易营业税是指针对基金买卖股票、债券的差价收入征收的营业税。

释义：2002年颁布的《财政部、国家税务总局关于开放式证券投资基金有关税收问题的通知》规定："对基金管理人运用基金买卖股票、债券的差价收入，在2003年底前暂免征收营业税。"2004颁布的《财政部、国家税务总局关于证券投资基金税收政策的通知》规定："自2004年1月1日起，对证券投资基金（封闭式证券投资基金、开放式证券投资基金）管理人运用基金买卖股票、债券的差价收入，继续免征营业税和企业所得税。"以发行基金方式募集资金不属于营业税的征税范围，不征收营业税。

词条名称：**交易印花税**

英　　文：**stamp duty on securities transaction**

定义：交易印花税是指针对基金进行股票投资征收的印花税。

释义：根据财政部、国家税务总局的规定，从2008年9月19日起，基金卖出股票时按照1‰的税率征收证券（股票）交易印花税，而对买入交易不再征收印花税。

词条名称：**交易所得税**

英　　文：**trading income tax**

定义：交易所得税是指针对基金买卖股票、债券的差价收入征收的企业所得税。

释义：根据1998年颁布的《财政部、国家税务总局关于证券投资基金税收问题的通知》规定："对证券投资基金从证券市场中取得的买卖股票、债券的差价收入，暂不征收企业所得税。"

2004年颁布的《财政部、国家税务总局关于证券投资基金税收政策的通知》规定："自2004年1月1日起，对证券投资基金（封闭式证券投资基金、开放式证券投资基金）管理人运用基金买卖股票、债券的差价收入，继续免征营业税和企业所得税。"

词条名称：**分红所得税**

英　　文：**income tax on dividends and interests**

定义：分红所得税是指对基金从证券市场中取得的股票的股息、红利收入，债券的利息收入以及其他收入征收的企业所得税。

释义：根据1998年颁布的《财政部、国家税务总局关于证券投资基金税收问题的通知》规定："对基金从证券市场中取得的股票的股息、红利收入，债券的利息收入以及其他收入，暂不征收企业所得税。"

词条名称：**个人投资基金印花税**

英　　文：**stamp duty-individual fund investors**

定义：个人投资基金印花税是指对个人投资者投资基金征收的印花税。

释义：2002年颁布的《财政部、国家税务总局关于开放式证券投资基金有关税收问题的通知》规定："对投资者申购和赎回基金单位，暂不征收印花税。"

2004年颁布的《财政部、国家税务总局关于对买卖封闭式证券投资基金继续予以免征印花税的通知》规定："从2003年1月1日起，继续对投资者

（包括个人和机构）买卖封闭式证券投资基金免征印花税。”

词条名称：**个人投资基金所得税**

英　　文：**income tax on individual fund investors**

定义：个人投资基金所得税是指对个人投资者投资证券投资基金获得的差价收入和基金收益分配收入征收的所得税。

释义：根据我国财政部、国家税务总局等部门的相关规定：

1. 个人投资者买卖基金份额获得的差价收入，在对个人买卖股票的差价收入未恢复征收个人所得税以前，暂不征收个人所得税。

2. 个人投资者从基金分配中获得的股票的股利收入、企业债券的利息收入、储蓄存储利息收入，由上市公司、发行债券的企业和银行在向基金支付上述收入时，代扣代缴 20% 的个人所得税。证券投资基金从上市公司分配取得的股息、红利所得，扣缴义务人在代扣代缴个人所得税时，按 50% 计算应纳税所得额。基金向个人投资者分配股息、红利、利息时，不再代扣代缴个人所得税。个人投资者从基金分配中取得的收入，暂不征收个人所得税。

3. 投资者从基金分配中获得的国债利息、买卖股票差价收入，在国债利息收入、个人买卖股票差价收入未恢复征收所得税以前，暂不征收所得税。

4. 个人投资者从封闭式基金分配中获得的企业债券差价收入，按现行税法规定，应对个人投资者征收个人所得税，税款由封闭式基金在分配时依法代扣代缴。

5. 个人投资者申购和赎回基金份额取得的差价收入，在对个人买卖股票的差价收入未恢复征收个人所得税以前，暂不征收个人所得税。

词条名称：**机构投资基金所得税**

英　　文：**income tax on institutional fund investors**

定义：机构投资基金所得税是指对机构投资者投资证券投资基金获得的差价收入和基金收益分配收入征收的所得税。

释义：1998 年颁布的《财政部、国家税务总局关于证券投资基金税收问题的通知》规定：“对企业投资者买卖基金单位获得的差价收入，应并入企业的应纳税所得额，征收企业所得税；对企业投资者从基金分配中获得的债券差价收入，暂不征收企业所得税；投资者从基金分配中获得的收入，暂不征收企业所得税。”

2002 年颁布的《财政部、国家税务总局关于开放式证券投资基金有关税收问题的通知》规定：“对企业投资者申购和赎回基金单位取得的差价收入，应并入企业的应纳税所得额，征收企业所得税；对机构投资者从基金分配中取得的收入，暂不征收企业所得税。”

词条名称：**机构投资基金印花税**

英　　文：**stamp duty on institutional fund investors**

定义：机构投资基金印花税是指对机构投资者投资基金征收的印花税。

释义：2002 年颁布的《财政部、国

家税务总局关于开放式证券投资基金有关税收问题的通知》规定："对投资者申购和赎回基金单位，暂不征收印花税。"

2004年颁布的《财政部、国家税务总局关于对买卖封闭式证券投资基金继续予以免征印花税的通知》规定："从2003年1月1日起，继续对投资者（包括个人和机构）买卖封闭式证券投基金免征印花税。"

八、证券投资基金的利润分配①

（一）基金利润分配基本词汇

词条名称：**基金收入**

英　　文：**fund income**

定义：基金收入是指基金资产在运作过程中所产生的各种收入。

释义：基金收入主要包括基金利息收入、投资收益、公允价值变动损益和其他收入。其中，基金资产估值引起的资产价值变动作为公允价值变动损益计入当期损益。

词条名称：**基金利润**

英　　文：**fund profit**

定义：基金利润是指基金在一定会计期间的经营成果。

释义：基金利润包括收入减去费用后的净额、直接计入当期利润的利得和损失等；即基金利息收入、投资收益、公允价值变动收益和其他收入扣除相关费用后的余额。

词条名称：**利息收入**

英　　文：**interest income**

定义：利息收入是指基金经营活动中因债券投资、资产支持证券投资、银行存款、结算备付金、存出保证金、按买入返售协议融出资金等而实现的利息收入。

释义：利息收入具体包括债券利息收入、资产支持证券利息收入、存款利息收入、买入返售金融资产收入等。其中，存款利息收入又包括银行存款利息收入、结算备付金利息收入和存出保证金利息收入等。

词条名称：**投资收益**

英　　文：**investment income**

定义：投资收益是指基金经营活动中因买卖股票、债券、资产支持证券、基金等实现的差价收益，因股票、基金投资等获得的股利、基金分红收益，以及衍生工具投资产生的相关损益，如卖出或放弃权证、权证行权等实现的损益。

释义：投资收益具体包括股票投资收益、债券投资收益、资产支持证券投资收益、基金投资收益、衍生工具收益、股利收益等。

词条名称：**公允价值变动损益**

英　　文：**profit and loss from fair value changes**

定义：公允价值变动损益是指基金持有的采用公允价值模式计量的交易性金融资产、交易性金融负债等公允价值变动形成的应计入当期损益的利得或损失，并于估值日对基金资产按公允价值估值时予以确认。

释义：公允价值变动损益体现了

---

① 撰写：刘哕；审核：张静；单位：中邮创业基金管理有限公司。

基金未实现的估值增值或减值，与基金已实现的损益之和构成了基金利润。

词条名称：**本期利润**

英　　文：**profit of current period**

定义：本期利润是指基金在一定时期内全部损益的总和，包括计入当期损益的公允价值变动损益。

释义：本期利润既包括基金已经实现的损益，也包括未实现的估值增值或减值，是一个能够全面反映基金在一定时期内经营成果的指标。

词条名称：**本期已实现收益**

英　　文：**realized profit of current period; realized gain (Loss) of current period**

定义：本期已实现收益是指基金本期利息收入、投资收益、其他收入（不含公允价值变动损益）扣除相关费用后的余额，是将本期利润扣除本期公允价值变动损益后的余额。

释义：本期已实现收益体现了基金已经实现的损益，与计入当期的公允价值变动损益之和构成基金的本期利润。

词条名称：**期末可供分配利润**

英　　文：**profit available for distribution at the end of the period**

定义：期末可供分配利润是指期末可供基金进行利润分配的金额，为期末资产负债表中未分配利润与未分配利润中已实现部分的孰低数。

释义：由于基金本期利润包括已实现和未实现两个部分，如果期末未分配利润的未实现部分为正数，则期末可供分配利润的金额为期末未分配利润的已实现部分；如果期末未分配利润的未实现部分为负数，则期末可供分配利润的金额为期末未分配利润（已实现部分扣减未实现部分）。

词条名称：**未分配利润**

英　　文：**retained profit after appropriation; undistributed profit**

定义：未分配利润是指基金进行利润分配后的剩余额。

释义：如果基金在某一次收益分配后仍有利润剩余，则该部分利润将转入下期分配。

词条名称：**收益分配基准日**

英　　文：**reference date of profit distribution; bass day of profit distribution**

定义：收益分配基准日是指基金进行收益分配前，计算本次收益分配的可分配收益的截止日期。

释义：根据相关规定，基金收益分配基准日的基金份额净值减去每单位基金份额收益分配金额后不能低于面值；基金收益发放日距离基金收益分配基准日不得超过15个工作日。

词条名称：**权益登记日**

英　　文：**date of record; record date**

定义：权益登记日是指登记享有分红权益的基金份额的日期。

释义：基金份额持有人在权益登记日持有的基金份额享有利润分配的权利，参与基金利润分配。

词条名称：除息日

英　　文：**ex-dividend date**

定义：除息日是指免除基金份额享有的分红权益的日期。

释义：除息日持有的基金份额不参与基金收益分配。目前，我国多数开放式基金的权益登记日和除息日为同一天。在这种情况下，基金的分红公告会说明：权益登记日申请赎回或转换转出基金的基金份额享有本次分红权益，权益登记日申请申购或转换转入基金的基金份额不享有本次分红权益。

选择红利再投资方式的，再投资份额通常以除息日基金份额净值为再投资价格进行确认。

（二）基金利润分配原则

词条名称：封闭式基金分配原则

英　　文：**principles of profit distribution for close-ended fund**

定义：封闭式基金分配原则是指中国证监会关于封闭式基金收益分配的次数、比例、分红方式等具体规定。

释义：2014 年新《运作办法》规定："封闭式基金的收益分配，每年不得少于一次，封闭式基金年度收益分配比例不得低于基金年度可供分配利润的百分之九十。"封闭式基金当年利润应先弥补上一年度亏损，然后才可进行当年分配。封闭式基金一般采用现金方式分红。

词条名称：开放式基金分配原则

英　　文：**principles of profit distribution for open-ended fund**

定义：开放式基金分配原则是指中国证监会关于开放式基金收益分配的规定。

释义：根据相关法规，开放式基金的收益分配原则由基金合同约定。一般而言，开放式基金的基金合同都会约定每年基金收益分配的最多次数和基金收益分配的最低比例。根据相关规定，普通开放式基金的利润分配比例一般以期末可供分配利润为基准计算。可供分配利润是指截至收益分配基准日，基金未分配利润与未分配利润中已实现收益的孰低数；基金收益分配基准日的基金份额净值减去每单位基金份额收益分配金额后不能低于面值；基金收益分配的发放日距离收益分配基准日的时间不超过 15 个工作日。开放式基金的分红方式有两种，即现金分红方式和分红再投资转换为基金份额方式。

词条名称：货币市场基金分配原则

英　　文：**principles of profit distribution for money market fund**

定义：货币市场基金分配原则是指中国证监会关于货币市场基金利润分配办法的具体规定。

释义：2004 年颁布的《中国证监会、中国人民银行关于发布〈货币市场基金管理暂行规定〉的通知》规定："对于每日按照面值进行报价的货币市场基金，可以在基金合同中将收益分配的方式约定为红利再投资，并应当每日进行收益分配。"

中国证监会 2005 年下发的《关于货币市场基金投资等相关问题的通知》规定："当日申购的基金份额自下一个工作日起享有基金的分配权益；当日

赎回的基金份额自下一个工作日起不享有基金的分配权益。”

具体而言，货币市场基金每周五进行分配时，将同时分配周六和周日的收益；每周一至周四进行分配时，则仅对当日利润进行分配。投资者于周五申购或转换转入的基金份额不享有周五和周六、周日的利润，投资者于周五赎回或转换转出的基金份额享有周五和周六、周日的利润。

节假日的利润计算基本与在周五申购或赎回的情况相同。投资者在法定节假日前最后一个开放日的利润将与整个节假日期间的利润合并后，于法定节假日最后一日进行分配；法定节假日结束后第一个开放日起的分配规则同日常情况下的分配规则一样。投资者于法定节假日前最后一个开放日申购或转换转入的基金份额不享有该日和整个节假日期间的利润，投资者于法定节假日前最后一个开放日赎回或转换转出的基金份额享有该日和整个节假日期间的利润。

但是，目前国内一些实行实时申购、赎回交易和每日分配、每日支付分配原则的货币市场基金，由于其产品特性，也存在当日申购的基金份额自申购确认之日起享有基金的分配权益；当日赎回的基金份额自赎回确认之日起不享有基金的分配权益的情况。

词条名称：**交易型开放式指数基金（ETF）分配原则**

英　　文：**principles of profit distribution for ETF**

定义：交易型开放式指数基金是指交易型开放式指数基金的基金合同根据其基金特点约定的利润分配办法的具体内容。

释义：基于交易型开放式指数基金的性质和特点，目前我国大多数交易型开放式指数基金采用以下利润分配原则：当基金份额净值增长率超过标的指数同期增长率达到某一比率以上时，可进行收益分配；每次基金收益分配数额的确定原则为：使收益分配后基金净值增长率尽可能贴近标的指数同期增长率；基金收益分配不须以弥补亏损为前提，收益分配后有可能使基金份额净值低于面值，即基金收益分配基准日的基金份额净值减去每单位基金份额收益分配金额后可能低于面值；收益分配采取现金分红方式。

（三）基金利润分配政策

词条名称：**不分红**

英　　文：**without profit distribution; no dividend**

定义：不分红是指基金不进行收益分配。

释义：基金有可分配利润时既不分配基金份额，也不进行现金分红，而是将可分配利润列入本金进行再投资，体现为基金份额净值的增加。

在这种情况下，基金份额持有人可通过赎回基金份额的方式实现基金投资收益。

词条名称：**到点分红**

英　　文：**conditional profit distribution**

定义：到点分红是指当基金满足

基金合同约定的收益分配条件时进行收益分配的基金收益分配政策。

释义：目前，我国有些基金的基金合同中约定当基金满足某些条件时进行收益分配的条款。例如，每份基金份额的可供分配利润大于一定金额；基金份额净值增长率超过某一指标或一定比率；基金份额净值超过一定金额等。

词条名称：**定期分红**

英　　文：**profit distribution at regular intervals; periodical profit distribution**

定义：定期分红是指基金在基金合同约定时点进行收益分配的基金收益分配政策。

释义：有些基金的基金合同中约定基金在某一约定时点，如果满足收益分配条件，则进行收益分配。例如，每半年末、每季度末或每月末等。

（四）分红方式选择

词条名称：**现金分红**

英　　文：**cash dividend; profit distribution in cash**

定义：现金分红是指基金进行收益分配时，将收益以现金形式支付给基金份额持有人的方式。

释义：2014 年新《运作办法》规定："基金收益分配应当采用现金方式，但中国证监会规定的特殊基金品种除外。开放式基金的基金份额持有人可以事先选择将所获分配的现金收益，按照基金合同有关基金份额申购的约定转为基金份额；基金份额持有人事先未做出选择的，基金管理人应当支付现金。"现金分红是基金收益分配最普遍的形式，但是中国证监会规定的特殊基金品种除外。

词条名称：**红利再投资**

英　　文：**cash dividend reinvestment; reinvestment of profit distribution**

定义：红利再投资是指将应分配的净收益按照除息后的份额净值折算为等值的新的基金份额的基金收益分配方式。

释义：中国证监会 2014 年新《运作办法》规定："基金收益分配应当采用现金方式，但中国证监会规定的特殊基金品种除外。开放式基金的基金份额持有人可以事先选择将所获分配的现金收益，按照基金合同有关基金份额申购的约定转为基金份额；基金份额持有人事先未做出选择的，基金管理人应当支付现金。"红利再投资通常不收取申购费用，如果投资者收到现金红利后要再追加投资，只能通过申购方式，需要支付申购费用。因此，选择红利再投资方式有利于降低投资者的投资成本。

九、证券投资基金登记、估值、核算与财务报表分析①

（一）基金登记

词条名称：**份额登记**

英　　文：**depository of fund units**

定义：份额登记是指基金登记机

① 撰写：刘晙；审核：张静；单位：中邮创业基金管理有限公司。

构通过设立和维护基金份额持有人名册，确认基金份额持有人持有基金份额的事实的行为。

释义：基金份额登记具有确定和变更基金份额持有人及其权利的法律效力，是保障基金份额持有人合法权益的重要环节。

词条名称：**登记业务**

英　　文：**depository business**

定义：登记业务是指基金登记、存管、过户、清算和交收等业务。

释义：登记业务的内容包括基金投资者基金份额账户的建立和管理，基金份额登记，基金销售业务的确认、清算和交收，代理发放红利，建立并保管基金份额持有人名册等。

词条名称：**基金账户**

英　　文：**fund account**

定义：基金账户是指登记机构给投资者开立的用于记录投资者持有基金份额及其变动情况的账户。

释义：对于普通开放式基金，大部分都由基金管理人担任基金登记机构，如果投资者投资不同基金管理人管理的基金，则需要分别在每个基金管理人（登记机构）处单独开立基金账户，用以记录其持有的、登记机构办理登记的基金份额及其变动情况。

词条名称：**交易账户**

英　　文：**trading account; transaction account**

定义：交易账户是指销售机构为基金投资者开立的，记录基金投资者通过该销售机构办理基金交易业务而引起的基金份额的变动及结余情况的账户。

释义：如果投资者通过一家销售机构购买不同基金管理人管理的基金，则一个基金交易账户会对应多个基金账户。

词条名称：**沪、深证券账户**

英　　文：**securities account of shanghai or shenzhen stock exchange**

定义：沪、深证券账户是指中国证券登记结算有限责任公司为申请人开立的记载其证券持有及变更的权利凭证。

释义：证券账户按类别分为上海证券账户和深圳证券账户。上海证券账户用于记载在上海证券交易所上市交易的证券，以及中国证券登记结算有限责任公司认可的其他证券；深圳证券账户用于记载在深圳证券交易所上市交易的证券，以及中国证券登记结算有限责任公司认可的其他证券。上海证券账户和深圳证券账户按证券账户的用途不同分为人民币普通股票账户（简称“A股账户”）、人民币特种股票账户（简称“B股账户”）、证券投资基金账户（简称“基金账户”）、其他账户等。

词条名称：**沪、深开放式基金账户**

英　　文：**open-ended fund account of shanghai or shenzhen stock exchange**

定义：沪、深开放式基金账户是指中国证券登记结算有限责任公司为申请人开立的记载其通过上海证券交易所或深圳证券交易所交易的开放式基金持有及变更的权利凭证。

释义：投资者办理在上海证券交易所上市的开放式基金场外认购、申购、赎回，应使用中国证券登记结算有限责任公司上海开放式基金账户。已有上海证券账户的，可通过场外基金管理人或代销机构将其注册成为上海开放式基金账户。尚无上海证券账户的，可通过场外基金管理人或代销机构直接申请账户注册，中国证券登记结算有限责任公司将为其配发上海证券投资基金账户，同时将该账户注册成为上海开放式基金账户。成功注册上海开放式基金账户后，投资者可在原办理账户注册或账户注册确认的基金管理人或代销机构处直接办理场外认购、申购与赎回；如拟通过其他代销机构办理场外认购、申购与赎回，则须先持上海开放式基金账户，通过其办理账户注册确认。

投资者通过基金管理人及其他代销机构认购、申购、赎回深圳证券交易所上市开放式基金，应使用中国证券登记结算有限责任公司深圳开放式基金账户。已有深圳证券账户的投资者，可通过基金管理人或代销机构以其深圳证券账户申请注册深圳开放式基金账户。尚无深圳证券账户的投资者，可直接申请账户注册。中国证券登记结算有限责任公司将为其配发深圳证券投资基金账户，同时将该账户注册为深圳开放式基金账户。对于配发的深圳证券投资基金账户，投资者可持基金管理人或代销机构提供的账户配号凭条，到中国证券登记结算有限责任公司深圳分公司的开户代理机构打印深圳证券投资基金账户卡。已通过基金管理人或代销机构办理过深圳开放式基金账户注册或注册确认手续的投资者，可在原处直接办理开放式基金业务申报。已通过基金管理人或代销机构办理过深圳开放式基金账户注册手续的投资者，拟通过其他代销机构、基金管理人申报开放式基金业务的，须用深圳开放式基金账户在新的代销机构、基金管理人处办理开放式基金账户注册确认手续。

词条名称：**分系统登记**

英　　文：**alternative depositary system**

定义：分系统登记是指基金管理人管理的同一只基金既可以登记在开放式基金登记系统，又可以登记在证券登记结算系统的登记模式。

释义：上市开放式基金和开放式分级基金通常采用分系统登记的模式。通过场外认购、申购的基金份额登记在中国证券登记结算有限责任公司的开放式基金注册登记系统；通过场内认购、申购、买入的基金份额登记在中国证券登记结算有限责任公司的证券登记结算系统。对于上市开放式基金和开放式分级基金，投资者可通过具有基金代销业务资格的证券经营机构营业部场内认购、申购、买入其基金份额，也可通过基金管理人及其代销机构的营业网点场外认购、申购其基金份额。

词条名称：证券登记系统

英　　文：securities depository and clearing system

定义：证券登记系统是指中国证券登记结算有限责任公司上海分公司、深圳分公司的证券登记结算系统。

释义：投资者通过场内认购、申购、买入的基金份额登记在中国证券登记结算有限责任公司的证券登记结算系统。

词条名称：基金登记系统

英　　文：fund transfer agency（TA）system

定义：基金登记系统是指办理基金注册登记业务的系统。

释义：《中华人民共和国证券投资基金法》规定，开放式基金的注册登记业务可以由基金管理人办理，也可以委托基金服务机构代为办理。我国开放式基金的注册登记体系模式分为三种：（1）基金管理人自建注册登记系统的内置模式；（2）委托中国证券登记结算有限责任公司作为登记机构的外置模式；（3）以上两种情况兼有的混合模式。

词条名称：转托管

英　　文：gustody transfer

定义：转托管是指基金份额持有人申请将其托管在某一交易账户中的全部或部分基金份额转出并转入另一交易账户的行为。

释义：投资人可通过办理转托管业务，实现其变更办理基金业务销售渠道（或网点）的需要。目前，国内开放式基金转托管业务的办理有两步转托管和一步转托管两种方式。两步转托管为基金持有人在原销售机构办理转出手续后，还需到转入机构办理转入手续。一步转托管为基金持有人在原销售机构同时办理转出、转入手续，投资人在转出方进行申报，基金份额转托管一次完成。具体办理方法参照基金管理公司的有关业务规则以及基金代销机构的业务规则。

词条名称：系统内转托管

英　　文：custody transfer between in the same transfer（TA）system or between different members（securities companies）in the same securities depository and clearing system

定义：系统内转托管是指基金份额持有人申请将其持有的基金份额在基金注册登记系统内不同销售机构之间或者证券登记结算系统内不同会员单位（证券公司）之间进行转托管的行为。

释义：如基金份额持有人拟将托管于某证券营业部的上市开放式基金份额转托管到其他证券营业部，或将托管在某代销机构的开放式基金份额转托管到其他代销机构，可通过系统内转托管办理。

词条名称：跨系统转托管

英　　文：custody transfer between transfer agent（TA）system and securities depository and clenaring systems

定义：跨系统转托管是指基金份额持有人将持有的基金份额在基金注

册登记系统和证券登记结算系统之间进行转登记的行为。

释义：上市开放式基金等基金品种是分系统登记的，登记在基金注册登记系统中的基金份额只能申请赎回，不能直接在证券交易所卖出；登记在证券登记结算系统中的基金份额既可以在证券交易所卖出，也可以直接申请赎回。基金份额持有人拟申请将登记在基金注册登记系统中的基金份额进行上市交易，必须先办理跨系统转托管，即将登记在基金注册登记系统中的基金份额转托管到证券登记结算系统。基金份额持有人也可以将登记在证券登记结算系统中的基金份额转托管到基金注册登记系统。目前，基金份额的跨系统转托管需要 2 个交易日的时间，即持有人 T 日提交基金份额跨系统转托管申请；如处理成功，T+2 日起，转托管转入的基金份额可赎回或卖出。

词条名称：**非交易过户**

英　　文：**non-trading transfer**

定义：非交易过户是指不采用申购、赎回等交易方式，将一定数量的基金份额按照一定规则从某一投资者基金账户转移到另一投资者基金账户的行为。

释义：非交易过户主要包括继承、捐赠、司法强制执行和经登记机构认可的其他情况下的非交易过户。

继承是指基金份额持有人死亡，其持有的基金份额由其合法的继承人继承。

捐赠是指基金份额持有人将其合法持有的基金份额捐赠给福利性质的基金会或社会团体的情形。

司法强制执行是指司法机构依据生效司法文书，将基金份额持有人持有的基金份额强制划转给其他自然人、法人、社会团体或其他组织。

无论上述何种情况，接受划转的主体应符合相关法律法规和基金合同规定的可持有本基金份额的投资者的条件。

办理非交易过户必须提供基金登记机构要求提供的相关资料。对于符合条件的非交易过户申请，按基金登记机构的规定办理，并按基金登记机构规定的标准收费。

词条名称：**基金份额冻结**

英　　文：**freezing of fund units**

定义：基金份额冻结是指基金份额被设定为不能交易的状态。

释义：通常，基金登记机构只受理国家有权机关依法要求的基金份额的冻结与解冻，以及登记机构认可的其他情况下的冻结与解冻。基金份额被冻结的，被冻结部分产生的权益一并冻结。

基金份额一旦被冻结，投资人不能再对冻结份额进行任何操作，直至份额解冻。

（二）基金估值

词条名称：**基金资产估值**

英　　文：**fund asset valuation**

定义：基金资产估值是指通过对基金所拥有的全部资产及所有负债按一定的原则和方法进行估算，进而确定基金资产公允价值的过程。

释义：我国基金资产估值的责任人是基金管理人，但基金托管人对基金管理人的估值结果负有复核责任。基金日常估值由基金管理人进行。基金管理人每个工作日对基金资产进行估值后，将基金份额净值结果发给基金托管人。基金托管人按基金合同规定的估值方法、时间、程序对基金管理人的计算结果进行复核，复核无误后签章返回给基金管理人，由基金管理人对外公布。财政部2006年颁布新的企业会计准则体系，中国证监会2006年颁发《关于基金管理公司及证券投资基金执行〈企业会计准则〉的通知》，规定证券投资基金自2007年7月1日起执行新的《企业会计准则》。为规范基金各类投资品种的估值业务，确保基金执行新会计准则后及时、准确地进行基金份额净值计价，更好地保护基金份额持有人的合法权益，中国证监会2007年6月18日颁布《关于证券投资基金执行〈企业会计准则〉估值业务及份额净值计价有关事项的通知》，对基金资产的估值做出明确规定。同日，中国证监会颁布《关于实施〈合格境内机构投资者境外证券投资管理办法〉有关问题的通知》，对合格境内机构投资者基金的净值计算及披露做出明确规定。中国证监会2008年颁布《关于进一步规范证券投资基金估值业务的指导意见》，根据市场变化和基金管理人在执行新会计准则中存在的有关公允价值认定和计量方面的问题，对基金估值业务，特别是长期停牌股票等没有市价的投资品种的估值等问题，做出进一步规范。

中国证券业协会2007年颁布的《关于发布〈证券投资基金会计核算业务指引〉的通知》以及2011年颁布的《关于发布〈证券投资基金股指期货投资会计核算业务细则（试行）〉的通知》，对证券投资基金资产估值过程中涉及的会计核算业务提出明确、具体的规范要求。

词条名称：**基金资产总值**

英　　文：**total assets**

定义：基金资产总值是指基金全部资产的价值总和。

释义：基金的资产是指基金购买的各类证券及票据、银行存款本息和基金应收款项以及其他投资。这些项目的价值总和构成基金资产总值。

词条名称：**基金资产净值**

英　　文：**net asset value，缩写 NAV**

定义：基金资产净值是指基金资产总值扣除基金所有负债后的价值。

释义：从基金资产中扣除基金所有负债即是基金资产净值。基金资产净值除以基金当前的总份额，就是基金份额净值。

公式：基金资产净值的计算公式

基金资产净值 = 基金资产总值 - 基金负债

词条名称：**基金份额净值**

英　　文：**net asset value（NAV）per unit**

定义：基金份额净值是指以计算日基金资产净值除以计算日基金总份

额数所得的单位基金份额的价值。

释义：基金管理人以基金份额净值为基础，为投资者计算申购的基金份额或者赎回的资金金额。基金份额净值也是评价基金投资业绩的基础指标之一。

公式：基金份额净值的计算公式为：

基金份额净值＝基金资产净值/基金总份额

词条名称：基金份额累计净值

英　　文：**accumulated net asset value（NAV）per onit**

定义：基金份额累计净值是指基金份额净值与基金合同生效日后基金累计份额分红金额的合计价值。

释义：基金累计份额净值是评价基金投资业绩的指标之一。

公式：基金份额累计净值的计算公式为：

基金累计份额净值＝基金份额净值＋基金累计份额分红金额

词条名称：估值频率

英　　文：**valuation frequency**

定义：估值频率是指基金一般都按照固定的时间间隔对基金资产进行估值，通常监管法规会规定一个最小的估值频率。

释义：对开放式基金来说，估值的时间通常与开放申购、赎回的时间一致。目前，我国的开放式基金于每个交易日估值，并于次日公告基金份额净值。封闭式基金每周披露一次基金份额净值，但每个交易日也都进行估值。海外基金多数也是每个交易日估值，但也有一部分基金是每周估值一次，有的甚至每半个月、每月估值一次。基金估值的频率是由基金的组织形式、投资对象的特点等因素决定的，并在相关的发行法律文件中明确。

词条名称：市价

英　　文：**market price**

定义：市价是指证券在交易过程中交易双方达成的成交价。

释义：当基金只投资于交易活跃的证券时，对其资产进行估值较为容易。在这种情况下，市场交易价格是可接受的，也是可信的，直接采用市场交易价格就可以对基金资产估值。当基金投资于交易不活跃的证券时，资产估值问题则复杂得多。在这种情况下，基金持有的证券要么没有交易价格，要么交易价格不可信。例如，我国银行间债券市场会经常出现以下情况：某些证券品种交易次数很少，或者根本就没有交易；某些品种开始时有交易，但交易越来越少。在我国股票市场上也有过某些出现严重问题的股票，由于涨跌停板的限制，一些股票会接连几个交易日封于涨跌停位置。

在上述情况下，对基金资产进行估值需要非常慎重，其中，证券资产的流动性是非常关键的因素。

词条名称：公允价值

英　　文：**fair value**

定义：公允价值是指熟悉市场情况的买卖双方在公平交易的条件下和自愿的情况下所确定的价格，或无关联的双方在公平交易的条件下确定的一项资产可以被买卖或者一项负债可以被清偿的成交价格。

释义：公允价值既可以是基于事实性交易的真实市价，也可以是基于假设性交易的虚拟价格。中国证券业协会2007年颁布的《证券投资基金会计核算业务指引》规定："基金持有的金融资产和承担金融负债通常分类为以公允价值计量且其变动计入当期损益的金融资产和金融负债。"

词条名称：**估值技术**

英　　文：**valuation technique**

定义：估值技术是指确定不存在活跃市场的投资品种公允价值的方法。

释义：中国证监会2007年颁布的《关于证券投资基金执行〈企业会计准则〉估值业务及份额净值计价有关事项的通知》规定："对不存在活跃市场的投资品种，应采用市场参与者普遍认同，且被以往市场实际交易价格验证具有可靠性的估值技术确定公允价值。运用估值技术得出的结果，应反映估值日在公平条件下进行正常商业交易所采用的交易价格。采用估值技术确定公允价值时，应尽可能使用市场参与者在定价时考虑的所有市场参数，并应通过定期校验确保估值技术的有效性。"

中国证监会2008年颁布的《关于进一步规范证券投资基金估值业务的指导意见》明确："当投资品种不再存在活跃市场，且其潜在估值调整对前一估值日的基金资产净值的影响在0.25%以上的，应采用市场参与者普遍认同，且被以往市场实际交易价格验证具有可靠性的估值技术，确定投资品种的公允价值。"

中国证券业协会基金估值工作小组根据中国证监会《关于进一步规范证券投资基金估值业务的指导意见》，提供了对于长期停牌股票的几种参考估值方法，即指数收益法、可比公司法、市场价格模型法和采用估值模型进行估值。

词条名称：**债券收盘净价**

英　　文：**flat closing price of bond; clean closing price of bond**

定义：债券收盘净价是指以全价交易的债券，其收盘价减去上一起息日至交易日每百元债券应计利息后的价格。以净价交易的债券，其收盘价即为债券收盘净价。

释义：根据中国证监会2007年颁布的《关于证券投资基金执行〈企业会计准则〉估值业务及份额净值计价有关事项的通知》规定，上市债券以收盘净价估值。

词条名称：**指数收益法**

英　　文：**index return method**

定义：指数收益法是指根据长期停牌股票所属行业的指数变动确定其公允价值的估值方法。

释义：中国证券业协会基金估值工作小组根据中国证监会2008年颁布的《关于进一步规范证券投资基金估值业务的指导意见》，提供了对于长期停牌股票的几种参考估值方法，指数收益法是其中之一。具体的估值步骤为：首先，在估值日，以公开发布的相应行业指数的日收益率作为该股票的收益率。然后，根据所得的收益率计算该股票当日的公允价值。

指数收益法的优点是：估值方法相对公允，同一个行业有近似的属性，能反映市场变化和行业变化；操作上比较简单，有公开数据，容易表述，有利于剔除系统风险对个股的影响。其缺点是：每个公司情况千差万别，行业指数不能代表每个公司的情况，公司本身自有的风险可能无法反映出来；目前市场上行业划分标准还不统一。

目前，我国大多数基金管理人都采用指数收益法确定长期停牌股票的公允价值。

词条名称：**可比公司法**

英　　文：**comparable companies analysis**

定义：可比公司法是指根据与长期停牌股票上市公司具有所属行业、地区、主营业务、公司规模、财务结构等相似性的上市公司股票的市场价格，确定长期停牌股票公允价值的估值方法。

释义：中国证券业协会基金估值工作小组根据中国证监会2008年颁布的《关于进一步规范证券投资基金估值业务的指导意见》，提供了对于长期停牌股票的几种参考估值方法，可比公司法是其中之一。具体的估值步骤为：首先，选出与长期停牌股票上市公司可比的其他可以取得合理市场价格的公司；然后，在估值日，以可比公司的股票平均收益率作为该股票的收益率；最后，根据所得到的收益率计算该股票当日的公允价值。

可比公司法的优点是：估值方法相对公允，估值相似性高。其缺点是：有些股票可能找不到可比公司；找到的可比公司与停牌股票有各种不同之处，需要采取各种参数修正，涉及主观因素多，计算较复杂。

词条名称：**市场价格模型法**

英　　文：**market price model**

定义：市场价格模型法是指根据长期停牌股票的历史价格和市场指数的相关性确定其公允价值的估值方法。

释义：中国证券业协会基金估值工作小组根据中国证监会2008年颁布的《关于进一步规范证券投资基金估值业务的指导意见》，提供了对于长期停牌股票的几种参考估值方法，市场价格模型法是其中之一。具体的估值步骤为：首先，根据历史数据计算长期停牌股票价格与某个市场指数或行业指数的相关性指标，如Beta值；然后，根据相关性指标和指数收益率，计算该股票的日收益率；最后，根据所得到的收益率计算该股票当日的公允价值。

市场价格模型法的优点是：与指数收益法相比，该方法考虑了上市公司过去自身的特点。其缺点是：Beta值计算期间的选择不好确定；仅考虑了停牌前的特点，对停牌期间公司的变化没有很好地反映。

词条名称：**估值模型法**

英　　文：**evaluation model**

定义：估值模型法是指根据估值模型确定长期停牌股票公允价值的估值方法。

释义：中国证券业协会基金估值工作小组根据中国证监会2008年颁布的《关于进一步规范证券投资基金估值业务的指导意见》，提供了对于长期停牌股票的几种参考估值方法，估值模型法是其中之一。基金估值工作小组提供参考的估值模型有：

1. 资本资产定价模型（CAPM）。该估值模型偏重于理论研究，实际应用性较差，一般基金管理公司应用层面不采用该模型。

2. 现金流折现法（DCF）。该估值模型所依据的参数确定涉及的主观判断较高，因此不同公司的计算结果可能差异较大。

3. 计算市盈率法（Earnings Multiple）。该估值模型与市场实际情况结合较为紧密，计算结果较有说服力，所用参数涉及主观判断程度较少，有利于达成一致意见。

词条名称：**影子定价法**

英　　文：**shadow pricing**

定义：影子定价法是指基金管理人对于每一估值日，采用市场利率和交易价格对基金持有的估值对象进行重新评估的方法。

释义：根据中国证监会2005年颁布的《关于货币市场基金投资等相关问题的通知》规定，“货币市场基金应采用合理的风险控制手段，如‘影子定价’，对‘摊余成本法’计算的基金资产净值的公允性进行评估。当‘影子定价’确定的基金资产净值与‘摊余成本法’计算的基金资产净值的偏离度的绝对值达到或超过0.25%时，基金管理人应根据风险控制的需要调整组合，其中，对于偏离度的绝对值达到或超过0.5%的情形，基金管理人应编制并披露临时报告。”该通知同时明确了影子定价的处理流程和计算公式。

词条名称：**摊余成本法**

英　　文：**amortized cost**

定义：摊余成本法是指估值对象以买入成本列示，按票面利率或协议利率并考虑其买入时的溢价与折价，在其剩余存续期内按照实际利率法进行摊销，每日计提损益的估值方法。

释义：根据中国证监会2005年颁布的《关于货币市场基金投资等相关问题的通知》规定，货币市场基金可以采用摊余成本法对持有的投资组合进行会计核算。

词条名称：**计价错误**

英　　文：**valuation mistake；valuation error**

定义：计价错误是指基金管理人在基金资产估值或份额净值计价过程中发生的差错。

释义：根据中国证监会2007年颁布的《关于证券投资基金执行〈企业会计准则〉估值业务及份额净值计价有关事项的通知》规定，基金管理公司应制订估值及份额净值计价错误的识别及应急方案。当估值或份额净值计价错误实际发生时，基金管理公司应立即纠正，及时采取合理措施防止损失进一步扩大。当基金份额净值计价错误达到或超过基金资产净值的0.25%时，基金管理公司应及时向监管机构报告。当计价错误达到0.5%时，基金管理公司应当公告并报监管机构备案。

基金管理公司和托管银行在进行基金估值、计算或复核基金份额净值的过程中，未能遵循相关法律法规规定或基金合同约定，给基金财产或基金份额持有人造成损害的，应分别对各自行为依法承担赔偿责任。因共同行为给基金财产或基金份额持有人造成损害的，应承担连带赔偿责任。

（三）基金核算

词条名称：**基金会计核算**

英　　文：**fund accounting**

定义：基金会计核算是指收集、整理、加工有关基金投资运作的会计信息，准确记录基金资产变化情况，及时向相关各方提供财务数据以及会计报表的过程。

释义：基金管理公司是证券投资基金会计核算的责任主体，对所管理的基金应当以每只基金为会计核算主体，独立建账，独立核算，保证不同基金在名册登记、账户设置、资金划拨、账簿记录等方面相互独立。同时，由于基金托管人对基金管理公司计算的基金资产净值以及基金业绩报告负有复核责任，因此基金托管人也需要对所托管的证券投资基金进行会计核算，并将有关结果同基金管理公司相核对。

词条名称：**记账本位币**

英　　文：**bass currency for book-keeping;**

定义：记账本位币是指用于日常登记账簿和编制财务会计报告时用以表示计量的货币。

释义：境内基金核算以人民币为记账本位币，以人民币元为记账单位。

词条名称：**证券和衍生工具交易清算核算**

英　　文：**securities and derivatives transaction settlement and accounting**

定义：证券和衍生工具交易清算核算是指对证券投资基金投资于政策允许范围内的有价证券和衍生金融工具的买卖及回购交易等业务的会计核算。

释义：政策允许证券投资基金投资的有价证券和衍生金融工具包括股票、债券、权证资产支持证券、回购等。

对于股票投资，买入股票于交易日确认为股票投资。股票投资成本按交易日股票的公允价值入账，应支付的相关交易费用直接计入当期损益。资金交收日，按实际支付的价款与证券登记结算机构进行清算。卖出股票于交易日确认股票投资收益。股票投资收益按卖出股票成交总额与其成本和估值增值或减值的差额入账；同时将原计入该卖出股票的公允价值变动损益转入股票投资收益，卖出股票应逐日结转成本，结转的方法采用移动加权平均法。

对于债券投资（非货币市场基金），买入债券于交易日确认债券投资；债券投资按交易日债券的公允价值（不含支付价款中所包含的应收利息）入账，应支付的全部价款中包含债券起息日或上次除息日至购买日止的利息，应作为应收利息单独核算，不构成债券投资成本，应支付的相关交易费用直接计入当期损益。资金交收日，按实际支付的价款与证券登记结算机构进行资金交收。卖出债券应于交易日确认债券投资收益。债券投资收益按卖出债券应收取的全部价款与其成本、应收利息和估值增值或减值的差额入账；同时将原计入该卖出债券的公允价值变动损益转入债券投资收益，卖出债券应逐日结转成本，结转的方法采用移动加权平均法。到期收回债券本金和利息，债券投资收益按收回债券应收取的全部价款与其成本、应收利息和估值增值或减值的差额入账；同时将原计入该收回债券的公允价值变动损益转入债券投资收益。

对于权证投资，买入权证于交易日确认为权证投资。权证投资成本按交易日权证的公允价值入账，应支付的相关交易费用直接计入当期损益。资金交收日，按实际支付的价款与证券登记结算机构进行清算。卖出权证于交易日确认衍生工具收益。衍生工具收益按卖出权证成交总额与其成本和估值增值或减值的差额入账，同时将原计入该卖出权证的公允价值变动损益转入衍生工具收益。

对于资产支持证券投资，取得资产支持证券时，按公允价值入账；取得资产支持证券支付的款项时，区分属于资产支持证券投资本金部分和证券投资收益部分，将收到的本金部分冲减成本，将收到的收益部分冲减应计利息（若有）后的差额，计入资产支持证券利息收入，其他与资产支持证券投资相关业务的账务处理比照债券投资。

对于买入返售金融资产和卖出回购金融资产（回购），根据返售协议，按照应付和实际支付的金额确认入账；返售前，按照实际利率逐日计提利息，合同利率与实际利率差异较小的，也可采用合同利率计算确定利息收入；返售日，按照应收或实际收到的金额与账面余额和应收利息的差额，计算确认利息收入。根据回购协议，按照应收和实际收到的金额确认入账；融资期限内，按照实际利率逐日计提利息，合同利率与实际利率差异较小的，也可采用合同利率计算确定利息收入；到期回购时，按照应付或实际支付的金额与账面余额和应付利息的差额，计算确认利息支出。

词条名称：上市公司行为核算

英　　文：**listed company actions accounting**

定义：上市公司行为核算是指对与基金持有证券的上市公司有关的，所有涉及该证券权益变动并进而影响基金权益变动的事项，包括新股、红股、红利、配股等公司行为的会计核算。

释义：股票持有期间分派的股票股利，应于除权、除息日根据上市公司股东大会决议公告，按股权登记日持有的股数及送股或转增比例，计算确定增加的股票数量，在本账户“数量”栏进行记录。因持有股票而享有的配股权，配股除权日在配股缴款截止日之后的，在除权日按所配的股数确认未流通部分的股票投资，与已流通部分分别核算。配股除权日在配股缴款截止日之前的，按照权证的有关原则进行核算。股票投资应分派的现金股利，在除息日确认为股利收入。

词条名称：**资产利息核算**

英　　文：**asset interest accounting**

定义：资产利息核算是指对因基金持有金融资产而产生的利息进行的会计核算。

释义：各类资产的利息主要包括债券利息、银行存款利息、清算备付金利息、回购利息等。各类资产利息均应按日计提，并于当日确认为利息收入。

词条名称：**基金费用核算**

英　　文：**fund expenses accounting**

定义：基金费用核算是指对基金日常运作中产生的各项费用进行会计核算。

释义：基金费用核算包括计提基金管理费、托管费、预提费用、摊销费用等。这些费用一般也按日计提，并于当日确认为费用。

词条名称：**基金份额变化核算**

英　　文：**fund unit changes accounting**

定义：基金份额变化核算是指开放式基金对基金份额的申购与赎回情况、转入与转出情况以及基金份额拆分进行会计核算。

释义：基金管理公司于收到基金投资人申购或转换申请之日起，在规定的工作日内，对该交易的有效性进行确认。确认日，按实收基金的余额占基金净值的比例，计算有效申购或转换款中含有的实收基金部分，确认并增加实收基金，按基金申购或转换款与实收基金的差额，确认并增加损益平准金。

基金管理公司于收到基金投资人赎回或转换申请之日起，在规定的工作日内，对该交易的有效性进行确认。确认日，按实收基金的余额占基金净值的比例，对基金赎回款或转换转出款中含有的实收基金部分，确认并减少实收基金，按基金赎回款或转换转出款与实收基金的差额，确认并减少损益平准金。

词条名称：**基金资产估值核算**

英　　文：**fund asset valuation accounting**

定义：基金资产估值核算是指基金逐日对其资产按规定进行估值，并于当日将投资估值增（减）值确认为公允价值变动损益。

释义：在估值日，对采用公允价值模式计量的交易性金融资产、交易性金融负债等公允价值变动形成的损益进行确认；卖出股票、债券、权证等资产时，将原计入该卖出资产的公允价值变动损益转入“股票投资收益”、“债券投资收益”、“衍生工具收益”等科目。

词条名称：基金利润核算

英　　文：profit and profit distribution accounting

定义：基金利润核算是指会计期末结转基金损益，并按照规定对基金分红进行除权、派息、红利再投资等进行核算。

释义：证券投资基金一般在月末结转当期损益，按固定价格报价的货币市场基金一般逐日结转损益。

词条名称：基金财务会计报告

英　　文：fund financial statement

定义：基金财务会计报告是指反映基金某一特定日期的财务状况和某一会计期间的经营成果、净值变动等会计信息的文件。

释义：财务会计报告包括会计报表及其附注和其他应当在财务会计报告中披露的相关信息和资料。基金财务会计报表包括资产负债表、利润表和净值变动表等报表。基金会计报表附注包括重要会计政策和会计估计、会计政策和会计估计变更以及差错更正的说明、报表重要项目的说明和关联方关系及其交易等内容。

词条名称：基金会计核算复核

英　　文：fund accounting feview

定义：基金会计核算复核是指基金托管人对基金管理人进行的基金会计核算、估值、份额净值计价等业务进行复核。

释义：对于国内证券投资基金的会计核算，基金管理人与基金托管人按照有关规定、基金合同以及基金托管协议的约定，分别独立进行账簿设置、账套管理、账务处理。基金托管人对基金资产净值计算、基金份额净值计算、应收资金到账、基金费用开支及收入确定、基金收益分配等进行监督和核查，并且对基金管理人的会计核算进行复核并出具复核意见。

（四）基金财务报表分析

词条名称：持仓结构分析

英　　文：analysis of fund’s position

定义：持仓结构分析是指投资者根据基金各项资产占基金资产净值的比例，对基金的投资情况进行分析。

释义：根据相关规定，基金（特别是股票基金及混合基金）应在定期报告的投资组合报告中披露股票投资占基金资产净值的比例、债券投资占基金资产净值的比例、银行存款等现金类资产占基金资产净值的比例等指标。通过对这些指标进行分析，可以了解基金的资产配置情况与能力。

在基金的定期报告中，基金还应披露股票投资在各行业的分布情况，通过行业分布可以分析出基金的重点投资方向。

分析基金的持仓结构时，还可以将基金持仓结构的变化与基准指数的变化进行对比分析。

进行持仓结构的分析时应注意，股票投资占基金资产净值的比例如发生少许变动，并不意味着基金经理一定进行了增仓或减仓操作，因为市场波动也可能引起计算结果的变动。例如，期初某基金资产净值为 1 亿元，股票市值 8000 万元，现金 2000 万元。股票投资占基金资产净值的比例为 80%。期间基金经理未进行任何操作，但由于期间市场波动，期末股票市值变为 1.2 亿元，基金资产净值变为 1.4 亿元（不考虑费用和份额等变动），那么此时股票投资占基金资产净值的比例上升到了 85.7%。

词条名称：**盈利能力分析**

英　　文：**analysis of fund profitability**

定义：盈利能力分析是指投资者根据基金的各项利润指标对基金的盈利能力进行分析。

释义：在基金定期报告中，基金一般会披露本期利润、本期已实现收益、加权平均基金份额本期利润、本期加权平均份额净值利润率、本期基金份额净值增长率、期末可供分配利润、期末可供分配基金份额利润、期末基金资产净值、期末基金份额净值等指标。投资者可以通过这些指标分析基金的盈利能力和分红能力。

词条名称：**收入分析**

英　　文：**analysis of fund income**

定义：收入分析是指投资者对基金的收入情况以及收入来源进行分析。

释义：基金收入包括利息收入、投资收益、公允价值变动损益和其他收入。其中，利息收入包括存款利息收入、债券利息收入、资产支持证券利息收入和买入返售金融资产收入；投资收益包括股票投资收益、债券投资收益、资产支持证券投资收益、衍生工具收益和股利收益。

对于证券投资基金来说，这些收入是其份额净值变动的源泉，通过分析基金的收入结构可以了解基金的投资情况。对于大多数投资者来说，可能更关心基金份额净值及其变化情况，而不太关心引起份额净值变化的收入结构，这其实是一种误解。通过对基金收入来源的分析，尤其是通过基金间收入来源结构的比较分析，可以更为深入地了解该基金的具体投资状况。

词条名称：**费用分析**

英　　文：**analysis of fund expenses**

定义：费用分析是指投资者对基金在运作过程中产生的各种费用情况进行分析。

释义：基金费用一般包括管理人报酬、托管费、销售服务费、交易费用、利息支出和其他费用。由于目前管理人报酬、托管费和销售服务费是按资产净值的一定比例计提支付，在计算基金资产净值时已经将费用扣除，大部分股票基金投资者对此并不太敏感。但对于货币市场基金及债券基金来说，费用的高低对于基金净值有着较大的影响。

词条名称：**份额变动分析**

英　　文：**analysis of fund unit changes**

定义：份额变动分析是指投资者

对基金因申购、赎回等业务引起的份额变动进行分析。

释义：对于开放式基金来说，基金的份额会随申购、赎回活动而变动。基金在定期报告中一般会披露基金份额的变动情况和基金持有人的结构。通过对基金份额变动情况和持有人结构的比较分析，可以了解投资者对该基金的认可程度。

一般来说，如果基金份额变动较大，对基金管理人的投资有不利影响；反之则有助于基金投资的稳定。如果基金持有人中个人投资者较多，则该基金的规模相对会稳定；反之则基金规模不太稳定。但如果基金持有人中机构投资者较多，表明机构比较认可该基金的投资。

词条名称：投资风格分析

英　　文：**analysis of fund investment style**

定义：投资风格分析是指投资者通过基金持有证券的持仓规模以及持有证券的特点，对基金投资风格进行分析。

释义：不同基金有不同的投资风格。根据基金披露的投资组合情况，可以从不同角度对其进行分析，以了解基金的投资风格。主要分析内容有：

1. 持仓集中度分析。通过计算前10只股票投资市场占基金资产净值的比例，可以分析基金是否倾向于集中投资。

2. 基金持仓股本规模分析。通过基金持有股票的股本规模分析，可以了解基金所投资的上市公司的规模偏好。

3. 基金持仓成长性分析。通过分析基金所持有的股票的成长性指标，可以了解基金投资的上市公司的成长性。

基金投资者可以通过对投资风格进行分析来了解所买的基金的投资类型，从而更好地选择自己所偏好投资风格的基金。

十、公开募集证券投资基金信息披露[①]

（一）基金信息披露基本概念

词条名称：信息披露

英　　文：**fund information disclosure**

定义：信息披露是指基金信息披露义务人按照法律、行政法规和中国证监会的规定披露基金信息，并保证所披露信息的真实性、准确性和完整性的活动。

释义：基金信息披露义务人包括基金管理人、基金托管人、召集基金份额持有人大会的基金份额持有人等法律、行政法规和中国证监会规定的自然人、法人和其他组织。基金市场上的有关当事人在基金募集、上市交易、基金运作等一系列环节中，依照法律法规规定向社会公众进行信息披露。在我国，基金的信息披露具有强制性，《中华人民共和国证券投资基金

① 撰写：曹桢桢；审核：黄光霖；单位：泰达宏利基金管理有限公司。

法》和中国证监会2004年颁布的《证券投资基金信息披露管理办法》及一系列配套法规对基金信息披露的原则、内容、禁止行为等各方面做出了明确、严格的规定。因此，与市场上其他理财产品相比，基金的一个突出特点就是透明度较高。基金披露的各种公开信息是了解、识别基金的重要信息来源渠道。

词条名称：信息披露原则

英 文：**rules of fund disclosure**

定义：信息披露原则是指基金管理人、基金托管人和其他基金信息披露义务人应当依法披露基金信息，并保证所披露信息的真实性、准确性和完整性。

释义：基金信息披露义务人应当确保应予披露的基金信息在国务院证券监督管理机构规定时间内披露，并保证投资人能够按照基金合同约定的时间和方式查阅或者复制公开披露的信息资料。

词条名称：信息披露禁止行为

英 文：**prohibited acts for fund disclosure**

定义：信息披露禁止行为是指法律法规对于借公开披露基金信息为名编制、传播虚假基金信息，恶意进行信息误导，诋毁同行或竞争对手等行为做出的禁止性规定。

释义：基金信息披露禁止行为具体包括：(1) 禁止进行虚假记载、误导性陈述或者重大遗漏；(2) 禁止对基金的证券投资业绩进行预测；(3) 禁止违规承诺收益或者承担损失；(4) 禁止诋毁其他基金管理人、托管人或者基金销售机构；(5) 禁止登载任何自然人、法人或者其他组织的祝贺性、恭维性或推荐性的文字。

词条名称：信息披露分类

英 文：**classification of fund disclosure**

定义：信息披露分类是指基金信息披露大致可分为基金募集信息披露、运作信息披露和临时信息披露三大类。

释义：基金募集信息披露可以分为首次募集信息披露和存续期募集信息披露。首次募集信息披露主要包括基金份额发售前至基金合同生效期间进行的信息披露。在基金份额发售前，基金管理人需要编制并披露基金招募说明书、基金合同、基金托管协议、基金份额发售公告、基金合同生效公告等文件。存续期募集信息披露主要指开放式基金在基金合同生效后每6个月披露一次更新的招募说明书。

基金运作信息披露主要是指在基金合同生效后至基金合同终止前，基金信息披露义务人依法定期披露基金的上市交易、投资运作及经营业绩等信息。基金运作信息披露文件包括：基金份额上市交易公告书，基金资产净值和份额净值公告，基金年度报告、半年度报告、季度报告。

基金临时信息披露主要是指在基金存续期间，当发生重大事件或市场上流传误导性信息，可能引致对基金份额持有人权益或者基金份额价格产生重大影响时，基金信息披露义务人依法对外披露临时报告或澄清公告，并在公开披露日报相关监管部门备案。

词条名称：**指定媒介**

英　　文：**designated media**

定义：指定媒介是指中国证监会指定的用以进行信息披露的报刊、互联网网站及其他媒介。

释义：根据现行的法律规定，指定媒介是指中国证监会指定的全国性报刊，如《中国证券报》、《上海证券报》、《证券时报》等，基金管理人、基金托管人的互联网网站及其他媒介。

词条名称：**可扩展的商业报告语言**

英　　文：**extensible business reporting language，缩写 XBRL**

定义：可扩展的商业报告语言是指国际上将会计准则与计算机语言相结合，用于非结构化数据，尤其是财务信息交换的最新公认标准和技术。通过对数据统一进行特定的识别和分类，可直接为使用者或其他软件所读取及进一步处理，实现一次录入、多次使用。

释义：在基金信息披露中应用可扩展的商业报告语言，有利于促进信息披露的规范化、透明化和电子化，提高信息编报、传送和使用的效率和质量。对于编制信息披露文件的基金管理公司及进行财务信息复核的托管银行，采用可扩展的商业报告语言，将有助于其梳理内部信息系统和相关业务流程，实现流程再造，促进业务效率和内部控制水平的全面提高；对于分析评价机构等基金信息服务中介，将可望以更低成本和更便捷的方式获得高质量的公开信息；对于投资者，将更容易获得有用的信息，便于其进行投资决策；对于监管部门，借助可扩展的商业报告语言技术，可以进一步提高研究的深度和广度，提升监管效率和科学决策水平。

词条名称：**当事人信息披露义务**

英　　文：**disclosure responsibilities of fund manager，custodian and shareholder**

定义：当事人信息披露义务是指基金信息披露义务人应当按照法律、行政法规和中国证监会的规定及时披露基金信息，并保证所披露信息的真实性、准确性和完整性。

释义：基金信息披露义务人包括基金管理人、基金托管人、召集基金份额持有人大会的基金份额持有人等法律、行政法规和中国证监会规定的自然人、法人和其他组织。基金管理人主要负责办理与基金财产管理业务活动有关的信息披露事项，具体涉及基金募集、上市交易、投资运作、净值披露等各环节。基金托管人主要负责办理与基金托管业务活动有关的信息披露事项，具体涉及基金资产保管、代理清算交割、会计核算、净值复核、投资运作监督等环节。基金份额持有人主要负责与基金份额持有人大会相关的信息披露事项。

（二）基金募集信息披露

词条名称：**基金合同**

英　　文：**fund contract**

定义：基金合同是指约定基金管理

人、基金托管人和基金份额持有人权利义务关系的重要法律文件，投资者提出购买申请并缴纳基金份额认购款时，即表明其对基金合同的承认和接受。

释义：基金合同的主要披露事项包括：前言，基金的基本情况，基金份额的发售，基金备案，基金份额的交易、申购与赎回，基金合同当事人及权利义务，基金份额持有人大会，基金管理人、基金托管人的更换条件和程序，基金的托管，基金份额的登记，基金的投资，基金的财产，基金财产的估值，基金的费用与税收，基金的收益与分配，基金的会计与审计，基金的信息披露，基金合同的变更、终止与基金财产的清算，违约责任，争议的处理，基金合同的效力等内容。其中，包含的重要信息有基金的投资运作和基金份额发售安排方面的信息；基金合同特别约定的事项，包括基金合同各当事人的权利和业务、基金持有人大会、基金合同终止的事由和程序，以及基金财产的清算方式等内容。

词条名称：**托管协议**

英　　文：**custodian agreement**

定义：托管协议是指基金管理人与基金托管人签订的协议，其主要目的是明确双方在基金财产保管、投资运作、净值计算、收益分配、信息披露及相互监督等事宜中的权利、义务及职责，确保基金财产的安全，保护基金份额持有人的合法权益。

释义：托管协议的主要披露事项包括：基金托管协议当事人，基金托管协议的依据、目的和原则，基金托管人对基金管理人的业务监督和核查，基金管理人对基金托管人的业务核查，基金财产的保管，指令的发送、确认及执行，交易及清算交收安排，基金资产净值计算和会计核算，基金收益分配，基金信息披露，基金费用，基金份额持有人名册的保管，基金有关文件档案的保存，基金管理人和基金托管人的更换，禁止行为，基金托管协议的变更，终止与基金财产的清算，违约责任，争议解决方式，基金托管协议的效力，基金托管协议的签订等内容。

词条名称：**招募说明书**

英　　文：**prospectus**

定义：招募说明书是指基金管理人为发售基金份额而依法制作的，供投资者了解基金管理人的基本情况、说明基金募集有关事宜、指导投资者认购基金份额的规范性文件。

释义：招募说明书的主要披露事项包括：绪言、释义、基金管理人、基金托管人、相关服务机构、基金的募集、基金合同的生效、基金份额的交易、基金份额的申购与赎回、基金的投资、基金的业绩、基金的财产、基金资产的估值、基金的收益分配、基金的费用与税收、基金的会计与审计、基金的信息披露、风险揭示、基金的终止与清算、基金合同的内容摘要、基金托管协议的内容摘要、对基金份额持有人的服务、其他应披露事项、招募说明书的存放及查阅方式、备查文件等内容。开放式基金在基金合同生效后每6个月披露一次更新的招募说明书。

词条名称：**基金份额发售公告**

英　　文：**fund units offering announcement**

定义：基金份额发售公告是指基金管理人就基金份额发售的具体事宜编制的公告。

释义：基金份额发售公告在披露招募说明书的当日登载于指定媒介上。其内容主要包括：重要提示，本次募集基本情况、认购方式及相关规定，投资者场外认购的开户及认购程序，投资者场内认购的开户及认购程序，个人投资者的开户与认购程序，清算与交割，基金的验资与基金合同生效，本次募集当事人和中介机构，发售费用等。

词条名称：**基金合同生效公告**

英　　文：**fund contract effectiveness announcement**

定义：基金合同生效公告是指于基金合同生效的次日，由基金管理人在指定媒介上登载的宣告基金合同正式生效的公告。

释义：根据《中华人民共和国证券投资基金法》第五十九条的规定，基金管理人应当自募集期限届满之日起10日内聘请法定验资机构验资，自收到验资报告之日起10日内，向国务院证券监督管理机构提交验资报告，办理基金备案手续，并予以公告。根据中国证监会2004年颁布的《证券投资基金信息披露管理办法》第十一条的规定，管理人应在合同生效的次日披露合同生效公告。其公告格式应根据证券投资基金信息披露可扩展商业报告语言模板第4号《基金合同生效公告及十一类临时公告（试行）》中的基金合同生效公告制作。

（三）基金运作信息披露

词条名称：**净值公告**

英　　文：**NAV announcement**

定义：净值公告是指基金管理人定期披露基金资产净值、基金份额净值或基金份额累计净值等信息的公告。

释义：对于封闭式基金，基金管理人应当至少每周公告一次封闭式基金的资产净值和份额净值。

对于普通开放式基金，基金合同生效后，在开始办理基金份额申购或者赎回前，基金管理人应当至少每周公告一次基金资产净值和基金份额净值；开始办理基金份额申购或者赎回后，基金管理人应当在每个开放日的次日，披露开放日的基金份额净值和基金份额累计净值。

基金管理人应当公告半年度和年度最后一个市场交易日基金资产净值和基金份额净值。

词条名称：**定期报告**

英　　文：**periodic report**

定义：定期报告是指基金管理人定期披露基金相关运作信息的报告。

释义：基金定期报告包括基金季度报告、基金半年度报告、基金年度报告。

词条名称：**年度报告**

英　　文：**annual report**

定义：年度报告是指基金管理人在每个会计年度结束后90日内经过审计后予以披露的基金定期报告。

释义：基金年度报告披露的主要内容包括：基金简介、主要财务指标、基金净值表现及收益分配情况、基金管理人报告、基金托管人报告、审计报告、财务会计报告、投资组合报告、基金份额持有人情况、年度内开放式基金份额变动、重大事项揭示与备查文件等。投资者通过阅读基金年报，可以了解年度内基金管理人和托管人履行职责的情况、基金经营业绩、基金份额变动信息以及年度末基金财务状况、投资组合和持有人结构等信息。

词条名称：**半年度报告**

英　　文：**half-yearly report**

定义：半年度报告是指基金管理人在每个会计年度的前 6 个月结束后 60 日内编制完成并予以披露的基金定期报告。

释义：半年度报告总体反映基金上半年的运作及业绩情况，其主要内容包括：基金简介、主要财务指标与基金净值表现、管理人报告、投资组合报告、持有人结构、财务会计报告、重要事项揭示等。

词条名称：**季度报告**

英　　文：**quarterly report**

定义：季度报告是指基金管理人在每个季度结束之日起 15 个工作日内编制完成并披露的基金定期报告。

释义：基金季度报告主要包括：基金概况、主要财务指标和净值表现、管理人报告、投资组合报告、开放式基金份额变动等内容。

词条名称：**上市交易公告书**

英　　文：**announcement of listing and trading**

定义：上市交易公告书是指获准在证券交易所上市交易的基金，在其上市交易的三个工作日前，由基金管理人编制并披露基金相关信息的公告。要求披露基金上市交易公告书的基金品种主要有封闭式基金、上市开放式基金和交易型开放式指数基金。

释义：基金上市交易公告书的主要披露事项包括：基金概况、基金募集情况与上市交易安排、持有人户数、持有人结构及前 10 名持有人、主要当事人介绍、基金合同摘要、基金财务状况、基金投资组合报告、重大事件揭示等。

（四）基金临时信息披露

词条名称：**重大性标准**

英　　文：**materiality threshold**

定义：重大性标准是指基金进行临时信息披露的两种判断标准：对基金份额持有人权益或者基金份额的价格产生重大影响；影响投资者决策标准和影响证券市场价格标准。

释义：基金信息披露的标准在于使证券市场和投资者得到投资判断所需要的信息，但又要力图避免证券市场充斥过多的“噪音”，避免投资者陷于众多细小琐碎而又无关紧要的信息超载中。为此，基金信息披露中引入了“重大性”的概念。“重大性”概念有以下两种标准：对基金份额持有人权益或者基金份额的价格产生重大影响；影响投资者决策标准和影响证券市场价格标准。按照前一种标准，如果可以合理地预期某种信息将会对理性投资者的投资决策产生重大影响，则该信息为重大信息，应及时予以披露；按照后一种标准，如果相关信息足以导致或可能导致证券价值或市场价格发生重大变化，则该信息为重大信息，应予以披露。

词条名称：**临时报告**

英　　文：**temporary report**

定义：临时报告是指基金发生重大事件的2日内，由基金管理人编制并披露相关信息或事件的报告。

释义：基金临时报告的事件包括：基金份额持有人大会的召开，提前终止基金合同，延长基金合同期限，转换基金运作方式，更换基金管理人或托管人，基金管理人的董事长、总经理及其他高级管理人员、基金经理和基金托管人的基金托管部门负责人发生变动，涉及基金管理人、基金财产、基金托管业务的诉讼，基金份额计价错误金额达到基金份额净值的0.5%，开放式基金发生巨额赎回并延期支付，基金改按估值技术等方法对长期停牌股票进行估值等。

词条名称：**澄清公告**

英　　文：**clarification announcement**

定义：澄清公告是指由于上市交易基金的市场价格等事项可能受到谣言、猜测和投机等因素的影响，为防止投资者误将这些因素视为重大信息，基金信息披露义务人对这些谣言或猜测进行澄清所发布的公告。

释义：在基金合同期限内，在任何公共媒体中出现或者是在市场上流传的信息可能对基金份额价格或者基金投资者的申购、赎回行为产生误导性影响的，相关信息披露义务人知悉后，应当立即对该消息进行公开澄清。

十一、公开募集特殊证券投资基金品种的信息披露[①]

（一）货币市场基金

词条名称：**收益公告**

英　　文：**yield announcement**

定义：收益公告是指货币市场基金对每日分配收益情况的公告。

释义：货币市场基金由于每日分配收益，份额净值保持在1元不变，因此，货币市场基金不像其他类型基金那样定期披露基金份额净值信息，而是需要进行收益情况的公告。

收益公告的内容包括但不限于：每万份基金净收益和7日年化收益率。披露7日年化收益率时，应标注基金收益分配是按日结转份额还是按月结转份额。按照披露时间的不同，货币市场基金收益公告可分为三类：封闭期的收益公告、开放日的收益公告和节假日的收益公告。

词条名称：**封闭期收益公告**

英　　文：**lock-up period yield announcement**

定义：封闭期收益公告是指货币

① 撰写：曹桢桢；审核：黄光霖；单位：泰达宏利基金管理有限公司。

市场基金在其基金合同生效后的封闭期内，基金管理人于开始办理基金份额申购或赎回当日，在中国证监会的指定媒介上披露截至前一日的资产净值、基金合同生效至前一日期间的每万份基金净收益、前一日的7日年化收益率的公告。

释义：资产净值是指基金全部资产的价值总和，从基金资产中扣除基金所有负债即是基金资产净值。万份基金净收益是指每日每万份货币基金份额的净收益。7日年化收益率是指货币基金最近7天的年化收益率。

词条名称：**开放日收益公告**

英　　文：**open day yield announcement**

定义：开放日收益公告是指货币市场基金在每个开放日发布的说明收益情况的公告。

释义：货币市场基金应至少于每个开放日的次日在中国证监会指定媒介上披露开放日每万份基金净收益和7日年化收益率。每万份基金净收益是指每日每万份货币基金份额的净收益。7日年化收益率是指货币基金最近7天的年化收益率。

词条名称：**节假日收益公告**

英　　文：**holiday's yield announcement**

定义：节假日收益公告是指货币市场基金在每个法定节假日后发布的说明收益情况的公告。

释义：货币市场基金开放申购、赎回后，若遇法定节假日，应于节假日结束后第二个自然日披露节假日期间的每万份基金净收益、节假日最后一日的7日年化收益率，以及节假日后首个开放日的每万份基金净收益和7日年化收益率。

以周末为例，货币市场基金周二会披露上周六、周日两天的每万份基金净收益和周日的7日年化收益率，同时会披露周一当天的每万份基金净收益和7日年化收益率。

词条名称：**偏离度信息披露**

英　　文：**deviation information disclosure**

定义：偏离度信息披露是指货币市场基金在采用两种估值方法计算的基金资产净值发生重大偏离时，对偏离度进行披露的公告。

释义：为了客观体现货币市场基金的实际收益情况，避免采用摊余成本法计算的基金资产净值与按市场利率和交易市价计算的基金资产净值发生重大偏离，从而对基金份额持有人利益产生不利影响，基金管理人还会采用影子定价方法于每一估值日对基金资产进行重新估值。当两种估值之间差异的绝对值达到或超过0.5%时，货币市场基金应刊登偏离度公告。

偏离度公告主要包括以下三类：在临时报告中披露偏离度信息、在半年度报告和年度报告中披露偏离度信息、在投资组合报告中披露偏离度信息。

词条名称：**临时报告偏离信息披露**

英　　文：**deviation information disclosure in temporary report**

定义：临时报告偏离信息披露是

指在临时报告中披露偏离度信息。

释义：具体对偏离度的信息披露要求是：当影子定价与摊余成本法确定的基金资产净值偏离度的绝对值达到或超过0.5%时，基金管理人应当在事件发生之日起2日内就此事项进行临时报告，至少披露发生日期、偏离度、原因及处理方法。

词条名称：定期报告偏离信息披露

英　　文：deviation information disclosure in periodic report

定义：定期报告偏离信息披露是指在季度报告、半年度报告和年度报告中的重大事件揭示中披露偏离度信息。

释义：具体对偏离度的信息披露要求是：在季度报告、半年度报告和年度报告的重大事件揭示中，货币市场基金应披露报告期内偏离度的绝对值达到或超过0.5%的信息，包括事件发生的日期、偏离程度、进行临时报告的披露媒介和披露日期。

词条名称：投资组合报告偏离信息披露

英　　文：deviation information disclosure in investment portfolio report

定义：投资组合报告偏离信息披露是指在投资组合报告中披露偏离度信息。

释义：具体对偏离度的信息披露要求是：在投资组合报告中，货币市场基金应披露报告期内偏离度绝对值在0.25%～0.5%间的次数、偏离度的最高值和最低值、偏离度绝对值的简单平均值等信息。

（二）合格境内机构投资者（QDII）基金

词条名称：信息披露语言

英　　文：disclosure language

定义：信息披露语言是指合格境内机构投资者基金在披露相关信息时可采用的语言。

释义：合格境内机构投资者基金在披露相关信息时，可同时采用中、英文，并以中文为准。

词条名称：信息披露币种

英　　文：disclosure currency

定义：信息披露币种是指合格境内机构投资者基金在披露相关信息时可采用的币种。

释义：合格境内机构投资者基金在披露相关信息时，可单独或同时以人民币、美元等主要外汇币种计算并披露净值信息。涉及币种之间转换的，应披露汇率数据来源，并保持其一致性。

词条名称：三大文件特殊披露

英　　文：specific disclosure in fund contract, prospectus and custodian agreement

定义：三大文件特殊披露是指合格境内机构投资者基金在基金合同、招募说明书、托管协议中的特殊披露要求。

释义：在上述三大文件中具体的特殊披露要求有：

1. 境外投资顾问和境外托管人信

息。基金管理公司在管理合格境内机构投资者基金时，如委托境外投资顾问、境外托管人，应在招募说明书中披露境外投资顾问和境外托管人的相关信息，包括境外投资顾问和境外托管人的名称、注册地址、办公地址、法定代表人、成立时间，境外投资顾问最近一个会计年度资产管理规模，主要负责人教育背景、从业经历、取得的从业资格和专业职称介绍；境外托管人最近一个会计年度实收资本、托管资产规模、信用等级等。

2. 投资交易信息。如合格境内机构投资者基金投资金融衍生产品，应在基金合同、招募说明书中详细说明拟投资的衍生品种及其基本特性、拟采取的组合避险、有效管理策略及采取的方式、频率。如合格境内机构投资者基金投资境外基金，应披露基金与境外基金之间的费率安排。

3. 投资境外市场可能产生的风险信息，包括境外市场风险、政府管制风险、政治风险、流动性风险、信用风险等的定义、特征及可能发生的后果。

词条名称：**净值披露**

英　　文：**NAV disclosure**

定义：净值披露是指对合格境内机构投资者基金净值披露的要求。

释义：合格境内机构投资者基金应至少每周计算并披露一次净值信息。如投资衍生品，应在每个工作日计算并披露净值。与多数投资境内的基金不同，合格境内机构投资者基金的净值在估值日后2个工作日内披露，因此大部分合格境内机构投资者基金的净值披露时间晚于境内基金。

词条名称：**定期报告特殊披露**

英　　文：**specific disclosure in periodic report**

定义：定期报告特殊披露是指合格境内机构投资者基金定期报告中的特殊披露要求。其内容涉及境外投资顾问和境外资产托管人信息、境外证券投资信息、外币交易及外币折算相关的信息。

释义：定期报告特殊披露的具体内容包括：

1. 境外投资顾问和境外资产托管人信息。在基金定期报告的产品概况部分披露境外投资顾问和境外资产托管人的基本情况，在定期报告的管理人报告部分披露境外投资顾问为基金提供投资建议的主要成员的情况。

2. 境外证券投资信息。在基金投资组合报告中，合格境内机构投资者基金将根据股票所在证券交易所的不同，列表说明期末在各个国家（地区）证券市场的股票投资分布情况。除股票投资和债券投资明细外，还应披露基金投资明细及金融衍生产品组合情况。

3. 外币交易及外币折算相关信息。例如，在报表附注中披露外币交易及外币折算采用的会计政策，计入当期损益的汇兑损益等。

词条名称：**临时报告特殊披露**

英　　文：**specific disclosure in temporary report**

定义：临时报告特殊披露是指合

格境内机构投资者基金临时报告中的特殊披露要求。

释义：临时报告特殊披露具体是指当合格境内机构投资者基金变更境外托管人、变更投资顾问、投资顾问主要负责人变动、出现境外涉及诉讼等重大事件时，应在事件发生后及时披露临时公告，并在更新的招募书中予以说明。

（三）交易型开放式指数基金（ETF）

词条名称：两大文件特殊披露

英　　文：specific disclosure in fund contract and prospectus

定义：两大文件特殊披露是指针对交易型开放式指数基金特有的证券申购、赎回机制，以及一级市场与二级市场并存的交易制度安排，交易所的业务规则规定了交易型开放式指数基金合同和招募说明书中特殊的信息披露事项。

释义：两大文件特殊披露具体是指在基金合同和招募说明书中，需明确基金份额的各种认购、申购、赎回方式，以及投资者认购、申购、赎回基金份额涉及的对价种类等。

词条名称：申购、赎回清单公告

英　　文：announcement of portfolio composition file

定义：申购、赎回清单公告是指基金上市交易之后，基金管理人需向证券交易所、证券登记结算机构提供交易型开放式指数基金的申购、赎回清单，并通过证券交易所指定的信息发布渠道予以公告。

释义：申购、赎回清单主要包括最小申购、赎回单位对应的各组合证券名称、证券代码及数量等内容。当日发布的申购、赎回清单，当日不得修改。

词条名称：基金份额参考净值（IOPV）公告

英　　文：announcement of indicative optimized portfolio value（IOPV）

定义：基金份额参考净值公告是指在交易时间内，证券交易所根据基金管理人提供的基金份额参考净值计算方式、申购和赎回清单中的组合证券等信息，实时计算并公布基金份额参考净值。

释义：基金份额参考净值是指在交易时间内，申购、赎回清单中组合证券（含预估现金部分）的实时市值，主要供投资者交易、申购、赎回基金份额时参考。

十二、证券投资基金的业绩衡量

（一）净值收益率[①]

词条名称：净值增长率

英　　文：NAV growth rate

定义：净值增长率是指某只基金在某一段时间内的资产净值的增长率。

释义：净值增长率可以用来衡量某一段时间（如一年内）一只基金的业绩表现。净值增长率通常有多种计算方法，不同的需求目标对应不同的

---

① 撰写：胡春莎；审核：黄光霖；单位：泰达宏利基金管理有限公司。

净值增长率计算方法，比如，简单净值增长率、复权净值增长率等。

公式：净值增长率的计算公式为：

净值增长率 =（期末净值 - 期初净值）/期初净值

如果期间有分红或拆分：

则净值增长率 =（期末复权净值 - 期初净值）/期初净值

词条名称：**简单净值增长率**

英　　文：**simple NAV growth rate**

定义：简单净值增长率是指不考虑分红再投资或基金份额拆分的情况下，基金在某一段时间内的资产净值的增长率。

释义：即用期间基金资产净值差异除以期初资产净值，或期间单位资产净值差异除以期初单位资产净值。对于期间没有分红或折分基金而言，简单净值增长率即为基金期间的真实业绩表现；而对于期间分红或拆分的基金而言，该增长率不具有参考意义。

公式：简单净值增长率的计算公式为：

简单净值增长率 = 期末份额净值 + 期间每份基金的分红 - 期初份额净值/期初份额净值 × 100%

词条名称：**复权净值增长率**

英　　文：**adjusted NAV growth rate**

定义：复权净值增长率是指在考虑分红再投资或基金份额拆分的情况下，基金在某一段时间内的资产净值的增长率。

释义：复权净值增长率由于考虑了分红再投资，能更准确地对基金的真实投资变现做出衡量。

词条名称：**前复权净值增长率**

英　　文：**forward adjusted NAV growth rate**

定义：前复权净值增长率是指保持现有的基金单位净值不变，将以前的基金单位净值转换成分红或拆分后的口径，再计算基金在某一段时间内资产净值的增长率。

释义：即将分红金额用每日的收益率贴现后，从以前的每日单位净值中扣除，获得前复权的单位净值，然后再计算期间的净值增长率。

公式：前复权净值增长率的计算公式为：

前复权净值增长率 =（期间尾日的单位净值/期间首日的前一日复权单位净值 - 1）× 100%

期间首日前一日的复权单位净值 =（复权前单位净值 - 现金分红）÷（1 + 因份额拆分导致的基金份额变动比例）

词条名称：**后复权净值增长率**

英　　文：**backward adjusted NAV growth rate**

定义：后复权净值增长率是指分红或拆分前的单位净值不变，将分红或拆分后的单位净值换算成之前的口径，再计算基金在某一段时间内资产净值的增长率。

公式：后复权净值增长率的计算公式为：

后复权净值增长率 =（期间尾日的复权单位净值/期间首日的前一日单位净值 - 1）× 100%

期间尾日的复权单位净值 = （复权前单位净值）×（1 + 因份额拆分导致的基金份额变动比例）+ 现金分红

词条名称：**算术平均收益率**

英　　文：**arithmetic average rate of return**

定义：算术平均收益率是将各单个期间的收益率加总，然后除以期间数。

公式：算术平均收益率的计算公式为：

$$\text{算术平均收益率} = \frac{1}{n}\sum_{i=1}^{n} R_i$$

式中，R_i 为各期收益率；n 为期数。

词条名称：**几何平均收益率**

英　　文：**geometric average rate of return**

定义：几何平均收益率是将各个单个期间的收益率乘积，然后开 n 次方（n 为期间数）。

释义：几何平均收益率引入了复利的概念，即通过对时间进行加权来衡量最初投资价值的复合增值率。几何平均收益率的计算有个假定，即投资期间所获得的所有现金收益（如以现金形式派发的股息或红利等）都用于再投资。另外，它在计算过程中采用了即 1 加上收益率或用 1 减去亏损率的方法，进行如此技术处理的目的是为了避免几何平均数的计算因负的收益率的出现而变得毫无意义。

公式：几何平均收益率的计算公式为：

$$\text{几何平均收益率} = \sqrt[n]{\prod (1 + R_t) - 1}$$

式中，R_t 为各期收益率；n 为期数。

词条名称：**年化收益率**

英　　文：**annualized rate of return**

定义：年化收益率是指投资期限为一年所获的收益率，通常是把某一期间的收益率换算成年收益率。

释义：年化收益率是一种理论收益率，并不是真实的收益率。

公式：年化收益率的计算公式为：

$$\text{年化收益率} = (1 + K)^{D/T} - 1$$

式中，D 为一年的有效投资时间；T 为该统计期间的有效投资时间；D/T 为一年内重复投资的次数；K 为投资期间的收益率。

词条名称：**七日年化收益率**

英　　文：**7 days' annualized rate of return**

定义：七日年化收益率是指货币基金最近 7 天的年化收益率。

释义：七日年化收益率可以作为近期的盈利水平的参考，但不能完全代表这只基金的实际年收益率。

公式：七日年化收益率的计算公式为：

按日结转份额时：七日年化收益率 $= \left[\prod_{i=1}^{7}\left(1 + \frac{R_i}{10000}\right)^{\frac{365}{7}} - 1\right] \times 100\%$

按月结转份额时：七日年化收益率 $= \left(\sum_{i=1}^{7}\frac{R_i}{7}\right) \times \frac{365}{10000} \times 100\%$

式中，R_i 为最近第 i 个自然日（包括计算当日）的每万份基金净收益。

证券投资基金的业绩衡量

词条名称：**日万份净收益**

英 文：**daily net yield of 10 000 Units**

定义：日万份净收益是指每日每万份货币基金份额的净收益。

释义：货币基金投资者每持有一万份货币基金每日可以获得与日万份净收益数值相等的投资收益。

公式：日万份净收益的计算公式为：

日万份净收益 = 当日基金净收益/当日基金份额总额 × 10000

词条名称：**相对收益率**

英 文：**relative yield**

定义：相对收益率是指基金相对于业绩比较基准的超额收益率。

（二）风险调整收益

词条名称：**特雷诺指数**

英 文：**treynor index**

定义：特雷诺指数是指某个期间内投资组合收益率超过无风险利率部分与该投资组合收益率的系统性风险系数之比。

释义：第一个风险调整衡量方法是由特雷诺提出的，因此被称为“特雷诺指数”。它衡量的是基金份额系统性风险的超额收益率。

公式：特雷诺指数的计算公式为：

特雷诺指数 = $(R_p - R_f)/\beta_p$

式中，R_p 为考察期内基金 p 的平均回报率；R_f 为考察期内的无风险收益率；β_p 为基金 p 的系统风险。

词条名称：**夏普指数**

英 文：**Sharpe ratio**

定义：夏普指数是指在某个期间内投资组合的收益率超过无风险利率部分与该投资组合收益率的标准差之比。

释义：夏普指数是由诺贝尔经济学得主威廉·夏普于 1966 年提出的另一个风险调整衡量指标。它衡量的是投资组合单位风险所获得的收益。

公式：夏普指数的计算公式为：

夏普指数 = $(R_p - R_r)/\sigma_p$

式中，R_p 为基金的平均收益率；R_r 为无风险收益率；σ_p 为基金的标准差。

词条名称：**詹森指数**

英 文：**Jensen index**

定义：詹森指数是指投资组合的收益率与它所对应的基准组合收益乘以组合市场风险系数后的差值。

释义：詹森指数是由詹森在 CAPM 模型上发展出的一个风险调整收益的衡量指标，它衡量的是投资组合的超额收益。

公式：詹森指数的计算公式为：

詹森指数 = $R_p - [R_r + \beta(R_m - R_r)]$

式中，R_p 为基金的收益率；R_r 为无风险收益率；R_m 为市场组合收益率；β 为基金的市场风险系数。

词条名称：**信息比率**

英 文：**information ratio**

定义：信息比率是指基金的超额收益除以跟踪误差。

释义：信息比率衡量的是基金承受偏离指数的风险时能增加多少超过基准的收益。

公式：信息比率的计算公式为：

信息比率 = TD/TE

式中，TD 为基金与业绩比较基准的差异收益率的均值；TE 为基金的跟踪误差。

词条名称：**M^2 测度**

英　　文：**M^2 measure**

定义：M^2 测度是通过无风险利率下的借贷，将基金的标准差调整到与业绩比较基准相同的水平下，进而对基金的相对收益做出考察。

释义：该指数由诺贝尔经济学奖获得者 France Modigliani 与其孙女 Leah Modigliani（1997）提出。该指标赋予夏普比率以数值化的解释。该指标综合考虑了基金的风险与收益，各基金的 M^2 值排名能为投资者选择基金提供参考。

公式：M^2 测度的计算公式为：

$$M^2\text{测度} = R_p - R_m = \frac{\sigma_m}{\sigma_p}(R_p - R_r) - R_m + R_r$$

式中，R_p 为基金 p 的平均收益率；R_m 为基金 p 在 σ_m 水平下的平均收益率；R_r 为市场组合 M 的平均收益率；σ_m 为市场组合 M 的标准差；σ_p 为基金 p 的标准差；R_m 为无风险收益率。

词条名称：**经风险调整后的资本收益**

英　　文：**risk adjusted return on capital，缩写 RAROC**

定义：经风险调整后的资本收益是指单位风险下基金的超额收益率。

释义：经风险调整后的资本收益是用来衡量单位收益所承担的风险。

公式：经风险调整后的资本收益的计算公式为：

$$RAROC = (R_p - R_b) / \sigma_p$$

式中，R_p 为基金 p 的收益率；R_b 为业绩比较基准的收益率；σ_p 为基金 p 的净值收益率的标准差。

（三）择时能力与选证能力

词条名称：**现金比率变化法**

英　　文：**cash ratio method**

定义：现金比率变化法是指通过分析基金在不同市场环境下现金比例的变化来评价基金经理择时能力的一种方法。

释义：在市场繁荣期，成功择时能力表现为基金的现金比例或持有的债券比例应该较小；在市场萧条期，基金的现金比例或持有的债券比例应该较大。实际现金比例相对于正常现金比例的偏离，可被看作主动性择时活动所致。

公式：择时损益的计算公式为：

择时损益 =（股票实际配置比例 - 正常配置比例）× 股票指数收益率 +（现金实际配置比例 - 正常配置比例）× 现金收益率

说明：使用这种方法时，通常将债券等同于现金对待，即将实际现金比例与债券比例或收益相加，得到现金的配置比例或现金收益。

词条名称：**成功概率法**

英　　文：**success probability method**

定义：成功概率法是指根据对市场走势的预测而正确改变现金比例的百分比来对基金择时能力进行衡量的方法。

释义：使用成功概率法对择时能力进行评价的一个重要步骤是需要将市场划分为牛市和熊市两个不同阶段，通过分别考察基金经理在两种情况下的预测能力，从而对基金的择时能力做出衡量。

公式：成功概率的计算公式为：

$$成功概率 = (P_1 + P_2 - 1) \times 100\%$$

式中，P_1 为基金经理正确预测牛市的概率；P_2 为基金经理正确预测熊市的概率。

词条名称：**二次项法（T-M 模型）**

英　　文：**T-M model**

定义：二次项法，又称“T－M 模型”，是指假设一个成功的市场选择者，能够在市场处于涨势时提高其组合的 β 值，而在市场处于下跌时降低其组合的 β 值。将此与詹森单因素指数模型结合，就得到一个二次项的、可以将詹森的总体衡量分解为选股能力 α 和市场择时能力 γ 的模型。

释义：该方法由特雷诺与玛泽于 1966 年提出，因此又被称为“T－M 模型”。

公式：$R_i - R_r = \alpha + \beta_i(R_m - R_r) + \gamma_i(R_m - R_r)^2 + \xi$

式中，γ_i 为基金经理随市场涨跌而提升或降低组合系统性风险，该系数大于 0 标明基金经理具有成功的市场选择能力；R_i 为基金的收益率；R_f 为无风险收益率；R_m 为市场组合收益率；ξ 为残差。

词条名称：**双贝塔方法（H-M 模型）**

英　　文：**H-M model**

定义：双贝塔方法，又称“H-M 模型”，是指假设在具有择时能力的情况下，投资组合的 β 值只取两个值：市场上升时 β 取较大的值，市场下降时 β 取较小的值。通过在一般的回归方程中加入一个虚拟变量来对择时能力进行估计。

释义：双贝塔方法由亨芮科桑和莫顿于 1981 年提出的一种与 T－M 模型相似，却更为简单的对选股和择时能力进行评估的方法。T－M 模型和 H－M 模型关于选股和市场选择的表述很相似，只是对管理组合的 SML 线的非线性做了不同的处理。

公式：双贝塔方法的计算公式为：

$$R_i - R_r = \alpha + \beta_1(R_m - R_r) + \beta_2(R_m - R_r)D + \xi$$

式中，D 为虚拟变量；当 $R_m > R_f$ 时，$D = 1$；当 $R_m < R_f$ 时，$D = 0$；ξ 为残差。如果 β_2 为正，说明存在市场选择能力。

词条名称：**市场时机选择能力（C-L 模型）**

英　　文：**C-L model**

定义：市场时机选择能力，又称“C-L 模型”，是指通过分析基金在牛市和熊市的 β 值，评价基金择时能力的方法。

释义：Chang 和 Lewellen 于 1984 年对 H－M 模型进行了改进，使其能够分别得出基金在牛市和熊市的 β 值，即使在基金不具有择时能力时，也能够通过 β 值分析基金的特点。

公式：市场时机选择能力的计算公式为：

$$R_i - R_r = \alpha + \beta_{i1} \times (R_m - R_r) + D_1$$

$+\beta_{i2}(R_m - R_r) \times D_2 + \xi$

式中，当 $R_m > R_f$ 时，$D_1 = D_2 = 1$；当 $R_m < R_f$ 时，$D_1 = D_2 = 0$；β_{i1} 为牛市时基金的 β 值；β_{i2} 为熊市时基金的 β 值。

通过 $\beta_{i2} - \beta_{i1}$ 的值，可以判定基金经理的择时能力。当该值大于 0 时，表示基金经理具有择时能力。

（四）绩效收益衡量及贡献分析

词条名称：**全球投资表现标准**

英　　文：**global investment performance standards，缩写 GIPS**

定义：全球投资表现标准是指通过制定表现报告确保投资表现结果获得充分的声明与披露的道德标准，被投资经理广泛采用。

释义：全球投资表现标准已经逐渐成为各国接受的绩效呈现标准。

词条名称：**分组比较法**

英　　文：**composite comparison method**

定义：分组比较法是根据资产配置、风格、投资区域的不同等，将具有可比性的相似基金放在一起进行业绩的相对比较，其结果常以排序、百分位、星号等形式给出。

释义：分组比较法的基本思路是：通过恰当的分组，尽可能消除由于类型差异对基金经理人的相对投资业绩所造成的不利影响。

词条名称：**基准比较法**

英　　文：**benchmarking method**

定义：基准比较法是通过给被评价的基金定义一个适当的基准组合，比较基金收益率与基准组合收益率的差异，来对基金表现加以衡量的一种方法。

释义：基准组合是可投资、未经管理的，与基金具有相同风格的组合。

词条名称：**资产配置能力**

英　　文：**asset allocation ability**

定义：资产配置能力是指不同类别资产的实际权重与正常比例之差乘以相应资产类别的市场指数收益率的和。

释义：基金在不同资产类别上的实际配置与正常比例的偏离，代表了基金经理资产配置方面的积极选择。因此，不同类别资产的实际权重与正常比例之差乘以相应资产类别的市场指数收益率的和，就可以作为资产配置选择能力的一个衡量指标。

公式：资产配置贡献的计算公式为：

$$T_p = \sum_{i=0}^{n} (w_{pi} - w_{bi})\ r_{bi}$$

式中，基金 P 包括 n 类资产；w_{pi} 为基金 P 在第 i 类资产上的实际投资比例；w_{bi} 为基金 P 在第 i 类资产上的正常投资比例；r_{bi} 为第 i 类资产所对应的基金指数的收益率。

词条名称：**证券选择能力**

英　　文：**security selection ability**

定义：证券选择能力是指基金经理在证券选择方面对基金业绩的贡献，通常用基金在不同资产类别上的实际收益率与相应类别资产指数收益率的差异来表示。

释义：基金在不同类别资产上的实际收益率与相应类别资产指数收益率的差乘以基金在相应资产的实际权重的和，就可以作为证券选择能力的一个衡量指标。

公式：证券选择贡献的计算公式为：

证券选择贡献：$s_p = \sum_{i=0}^{n}(r_{pi} - r_{bi})w_{pi}$

式中，基金P包括n类资产；w_{pi}为基金P在第i类资产上的实际投资比例；r_{bi}为第i类资产所对应的基金指数的收益率；r_{bi}为基金在第i类资产上的实际收益率。

词条名称：**行业选择能力**

英　　文：**industry selection ability**

定义：行业选择能力是指不同行业资产的实际权重与正常比例之差乘以相应行业资产的市场指数收益率的和。

释义：行业选择能力指标是对基金在各类资产内部的细类资产的选择能力进行进一步衡量。

公式：行业选择能力的计算公式为：

$$T = \sum_{j=0}^{n}(w_{pi} - w_j)\ r_j$$

式中，基金P包括n类资产；w_{pi}为基金P在第j个行业上的实际投资比例；w_i为第j个行业在市场指数中的权重；r_j为第j个行业的行业指数在考察期内的收益率。

（五）组合特征①

词条名称：**标准差**

英　　文：**standard deviation**

定义：标准差是组合收益率与收益率均值的偏离程度。

释义：标准差能反映一个数据集的离散程度。

公式：标准差的计算公式为：

$$\text{标准差} = \sqrt{\sum_{i=0}^{n}[r_i - E(r)]^2 p_i}$$

式中，r_i为组合收益率；E（r）为组合收益率均值或预期收益率；p_i为组合收益率r_i的概率。

词条名称：**贝塔值**

英　　文：**beta（β）**

定义：贝塔值是反映单一证券或证券组合对市场组合方差的贡献率，即单一证券或证券组合与市场组合的贡献率。

释义：贝塔值可以看作单一证券或证券组合的风险测定。

公式：贝塔值的计算公式为：

$$\beta_i = \sigma_{im}/\sigma_{m2}$$

式中，β_i为证券i或组合i的贝塔值；σ_{im}为证券i或组合i相对于市场组合的波动率；σ_{m2}为市场组合的波动率。

词条名称：**阿尔法**

英　　文：**alpha（α）**

定义：阿尔法是反映投资组合的实际收益超过它所承受风险对应的预期收益的部分，是与投资业绩直接相关的收益。

释义：阿尔法是詹森在1968年发表的《1945～1964年间共同基金的业

① 撰写：胡春莎；审核：黄光霖；单位：泰达宏利基金管理有限公司。

绩》一文里提出的以 CAPM 模型为基础的业绩衡量指数，它能评估投资组合的业绩优于基准的程度。

词条名称：下行风险

英　　文：downside risk

定义：下行风险是指未来资产价格有可能低于预期目标价位的风险。

释义：下行风险是指投资中可能出现的最坏的情况，也是投资者可能需要承担的损失。不同投资的下行风险各异，有的很小，有的可能无限大。例如，购买股票就需要承担有限的下行风险，最坏的结果是投资者损失全部的投资成本，即本金。但是，卖空操作的下行风险却是无限的，因为被卖空股票的价格的上升空间就是无限的。

词条名称：承受风险价值

英　　文：value at risk，缩写 VaR

定义：VaR 一般被称为“风险价值”或“在险价值”，是指在一定的置信水平下，某一证券或证券组合在未来一段时间内的最大可能损失。

公式：承受风险价值的计算公式为：

$$VaR = E(\omega) - \omega^{**}$$

式中，E（ω）为平均每日收益 E（ω）；ω^* 为 $1-\alpha$ 置信水平下最低值收益。

词条名称：基金仓位

英　　文：fund position

定义：基金仓位是指基金投入股市的资金占基金所能运用的资产的比例，通常指股票市值占基金资产净值的比例。

释义：基金持有股票市值除以基金资产净值所得到的数值，通常以百分比的形式表现。

词条名称：行业集中度

英　　文：industry concentration

定义：行业集中度是指基金的前几大行业的股票资产占股票资产市值的比重。

释义：行业集中度越高，风险越大。一般用前三大或前五大行业的股票资产占股票资产市值的比重来衡量。

公式：行业集中度的计算公式为：

行业集中度 = 前三大或前五大行业的股票市值/基金股票投资总市值

词条名称：持股集中度

英　　文：concentration on stocks

定义：持股集中度是指基金持仓前几大股票市值占全部股票市值的比重。

释义：持股集中度越高，说明基金在重仓股的投资越多，其风险越高。一般用前十大股票市值占全部股票市值的比重来衡量。

公式：持股集中度的计算公式为：

持股集中度 = 前十大重仓股票投资市值/基金股票投资市值

词条名称：基金持股平均时间

英　　文：average holding period of stocks

定义：基金持股平均时间是指基金持有股票的平均时间，为基金换手率的倒数。

释义：基金持股平均时间的长短与基金收益率高低是否正相关，取决于市场走势以及基金管理人的投资能力。

公式：基金持股平均时间的计算公式为：

基金持股平均时间 = 基金资产净值/股票交易量 ×2

词条名称：**组合变现天数**

英　　文：**days of portfolio outstanding**

定义：组合变现天数是指组合中某类金融工具变现所需要的交易日数，该值越小，说明流动性越好。

公式：组合变现天数的计算公式为：

对于股票、权证、可转债、封闭式基金：

组合变现天数 = 个股的持有市值/样本期间内的日平均成交额 × 每日变现比例

对于债券：

组合变现天数 = 个券的持有市值 × 冲击系数/样本期间内的日平均成交金额

词条名称：**基金换手率**

英　　文：**fund turnover rate**

定义：基金换手率，又称“基金股票周转率”，是通过对基金买卖股票频率的衡量来反映基金的操作策略，通常可以用基金股票交易量的一半与基金平均净资产之比来衡量。

释义：用基金股票交易量的一半作为分子是由于“一买一卖”才构成一次完整的交易。

公式：基于换手率的计算公式为：

基金换手率 = 0.5 × 基金股票交易量/基金净值

词条名称：**基金折溢价率**

英　　文：**fund discount/premium rate**

定义：基金折溢价率是指基金二级市场的交易价格低于或高于基金份额净值的比率。

释义：当需求旺盛时，二级市场的交易价格会超过基金份额净值而出现溢价交易现象；相反，当需求低迷时，二级市场交易价格会低于基金份额净值而出现折价交易现象。

公式：基金折溢价率的计算公式为：

基金折溢价率 = （二级市场交易价格/基金份额净值 - 1） ×100%

词条名称：**平均剩余期限**

英　　文：**average remaining maturity of portfolio**

定义：平均剩余期限是指基金各投资品种的平均剩余期限。

释义：除浮动利率品种等特殊情况外，各投资品种的剩余期限是指计算日至资产或负债的到期日为止的剩余天数，浮动利率品种的剩余期限是指计算日距下一个利率调整日的剩余时间。

公式：平均剩余期限的计算公式为：

平均剩余期限 = （∑投资于金融

工具产生的资产×剩余期限－∑投资于金融工具产生的负债×剩余期限＋债券正回购×剩余期限）/（投资于金融工具产生的资产－投资于金融工具产生的负债＋债券正回购）

（六）基金评价

词条名称：评价业务

英　　文：evaluation business

定义：评价业务是指基金评价机构及其评价人员对基金的投资收益和风险或基金管理人的管理能力开展评级、评奖、单一指标排名或中国证监会认定的其他评价活动。

释义：从事基金评价业务应当有完善、系统的理论基础、标准和方法。

词条名称：评级

英　　文：rating

定义：评级是指依据科学的方法，通过对基金绩效的衡量，对基金经理或基金公司的投资能力做出评价。

释义：一般是基金评价机构及其评价人员运用特定的方法，对基金的投资收益和风险或基金管理人的管理能力进行综合性分析，并使用具有特定含义的符号、数字或文字展示分析结果。

词条名称：评价机构

英　　文：evaluation institution

定义：评价机构是指规范基金评价业务，对维护市场的公平竞争、保护投资者利益有重要意义的评价机构。

释义：基金评价机构对基金进行评价并通过公开形式发布基金评价结果。目前，基金的评价机构主要有晨星、天相、银河证券、上海证券、海通证券、招商证券、济安金信七家基金评级机构，以及《中国证券报》、《上海证券报》、《证券时报》三家基金评奖机构。

词条名称：评价标准

英　　文：evaluation standard

定义：评价标准是指依据科学的方法，通过对基金绩效的衡量，对基金经理或基金公司的投资能力做出评价的标准。

释义：对基金进行评价应当至少考虑下列内容：基金招募说明书和基金合同约定的投资方向、投资范围、投资方法和业绩比较基准等；基金的风险收益特征；基金投资决策系统及交易系统的有效性和一贯性等内容。对基金的分类应当以相关法律、行政法规和中国证监会的规定为标准，可以在法律、行政法规和中国证监会对基金分类规定的基础上进行细分；对法律、行政法规和中国证监会未做规定的分类方法，应当明确标注并说明理由。

十三、证券投资基金投资关注[①]

（一）基金特征

词条名称：风险收益

英　　文：fund risk and return

定义：风险收益是指基金面临损

① 撰写：解一辉、宋亚辉、叶乐天、蔡晓；审核：吴洁、丁颖、梁洪昀、乔梁；单位：建信基金管理有限责任公司。

证券投资基金投资关注

失的不确定性和获得的回报。

释义：基金面临的风险主要分为系统风险和非系统风险两大类。系统风险是指整体政治、经济、社会等环境因素对证券价格所造成的影响，包括政策风险、经济周期波动风险、利率风险和购买力风险等；非系统风险是指个别证券特有的风险，包括信用风险、经营风险、财务风险等。基金的收益是基金资产在运作过程中所产生的超过自身价值的部分。具体地说，基金收益包括基金投资所得红利、股息、债券利息、买卖证券价差、存款利息和其他收入等。

收益和风险通常是相对应的，不同类型的基金具备不同的风险收益特征。一般来说，股票基金的风险收益最高，混合基金、债券基金和货币市场基金依次递减。根据基金的类型和风险收益特征对基金进行选择分析，对投资者、基金管理公司、监管部门和基金行业的其他参与者而言都有重要意义。

词条名称：**业绩因素**

英　　文：**key factors influencing mutual fund performance**

定义：业绩因素是指影响基金风险和收益的主要因素，包括资产配置，市场情况，基金经理的选股或选债能力、择时能力和交易成本控制。

释义：决定基金业绩的基本因素是投资管理人，即基金管理公司的投资管理能力，具体包括投资理念、投资决策机制、投资风险管理、基金经理团队建设、基金经理业绩考核机制等。

在投资组合的管理过程中，影响基金业绩的主要因素包括资产配置，市场情况，基金经理的选股能力、择时能力和交易成本控制。基金在不同资产类别上的实际配置比例直接影响基金收益与风险。在配置中，风险资产的比例越高，承担的风险和收益可能越大。衡量市场涨跌情况的是比较基准的变化。由于基金大多数随市场情况变化，能否很好地拟合比较基准、保持稳定的风格也是决定基金业绩的重要因素。基金经理选股能力和择时能力是衡量基金经理投资能力的两个方面。选股能力强的基金经理对个股预测能力强，能够实现买低卖高；具有择时能力，是指能够正确估计市场走势，在牛市时，降低现金头寸或提高基金组合的 β 值；在熊市时，提高现金头寸或降低基金组合的 β 值。由于每次交易都有交易成本，这些成本要从基金资产中提取，因此避免频繁交易的波段操作，以低换手率来维护投资者利益，也是提高基金业绩的重要方面。

词条名称：**获利来源**

英　　文：**ways of mutual fund making profits; revenue model of mutual fund**

定义：获利来源是指基金资产在投资运作过程中获得基金利润的具体途径和方法。

释义：基金获利来源主要包括利息收入、投资收益、公允价值变动损益以及其他收入。

利息收入是指基金经营活动中因债券投资、资产支持证券投资、银行存款、结算备付金、存出保证金等而实现的利息收入，具体包括债券利息收入、资产支持证券利息收入、存款利息收入等。

投资收益是指基金经营活动中因买卖股票、债券、资产支持证券等实现的差价收益，因股票投资获得的股利收益，以及衍生工具投资产生的相关损益，具体包括股票投资收益、债券投资收益、资产支持证券投资收益、衍生工具投资收益、股利收益等。

公允价值变动损益是指基金持有的采用公允价值模式计量的交易性金融资产、交易性金融负债等公允价值变动形成的应计入当期损益的利得或损失。

其他收入是指除上述收入以外的其他各项收入，包括赎回费扣除基本手续费后的余额、手续费返还等。

例如，股票型基金的获利来源主要包括股票投资收益、股利收入、债券投资收益及利息收入等。

词条名称：**基金投资**

英　　文：**investments of mutual fund**

定义：基金投资是指基金管理人运用基金财产进行证券投资的方式和对象。

释义：《中华人民共和国证券投资基金法》规定：

1. 基金管理人运用基金财产进行证券投资，应当采用资产组合的方式。资产组合的具体方式和投资比例，依照本法和国务院证券监督管理机构的规定在基金合同中约定。

2. 基金财产应当用于下列投资：

（1）上市交易的股票、债券；

（2）国务院证券监督管理机构规定的其他证券及其衍生品种。

3. 基金财产不得用于下列投资或者活动：

（1）承销证券；

（2）违反规定向他人贷款或者提供担保；

（3）从事承担无限责任的投资；

（4）买卖其他基金份额，但是国务院证券监督管理机构另有规定的除外；

（5）向其基金管理人、基金托管人出资；

（6）从事内幕交易、操纵证券交易价格及其他不正当的证券交易活动；

（7）法律、行政法规和国务院证券监督管理机构规定禁止的其他活动。

词条名称：**投资获利方式**

英　　文：**return patterns of investing mutual fund; gains from mutual fund investment**

定义：投资获利方式是指基金投资者投资于基金过程中获得投资利润的来源，主要包括差价收入、分红收入等。

释义：投资者投资于基金过程中，获得投资利润的主要来源包括差价收入和分红收入等。

差价收入是指投资者申赎或买卖基金份额时，由于基金份额净值增长或市场价格升高所获得的收益，其中，开放式基金基金份额净值增长主要来源于基金投资的股票或债券升值及获取的红利、股息、利息等；封闭式基金市场价格升高主要来源于基金净值增长和二级市场价格上升。

分红收入是指根据国家法律法规和基金契约的规定，基金定期向投资者进行的收益分配。分红收入的方式有两种：现金分红方式和分红再投资方式。现金分红是指基金管理人根据投资者持有基金份额数量，将基金利润以现金形式直接分配给投资者；分红再投资是指将现金分红利润按基金份额净值折算为等值基金份额分配给投资者。

例如，投资者投资于股票型基金的获利方式主要包括基金份额净值上升带来的差价收入以及基金利润分配带来的分红收入。

（二）投资者策略

词条名称：**基金投资目标**

英　　文：**investment objective**

定义：基金投资目标是指投资者从事基金投资活动期望达到的目的。

释义：明确的投资目标，有助于投资决策有的放矢，有助于合理安排与实施投资计划。投资者在确立自己的投资目标时，需要评估自己的理财需求和投资偏好，并要关注流动性需求、投资期、预期回报和风险承受力等因素。

投资目标会确定投资者要达到什么样的财务目标，是实现稳定的资产增值，还是追求高成长机会。投资目标一旦确立，在运作中不宜随意改变。投资目标确立后，就基本决定了投资的风格和风险回报预期。

词条名称：**期望回报**

英　　文：**expected return**

定义：期望回报是指如果没有意外事件发生时，根据已知信息所预测能够得到的收益。

释义：回报是指资产在未来给其持有人带来的收益。期望回报是指人们根据当前掌握的各种信息，根据合理的分析评估，预计某一资产未来特定时间内能够给其持有者带来的收益。它是一种预期，并不一定成为现实，资产持有者最终取得的实际回报可能与预期一致，也可能存在差异。差异来自于当前预期未来发生的事件与实际发生的事件之间的偏差。期望回报与实际回报之间出现差异的可能性大小，以及一旦差异发生，差异程度的大小，体现了资产的风险水平。

期望回报可以根据过去该种金融资产或投资组合的平均收益来估算，也可以通过计算机模型模拟，或根据经验来确定。

公式：单个资产的期望回报等于各个情况下获得的回报与各自发生的概率的乘积之和。

资产组合的期望回报等于组合中单个资产期望回报的加权平均值。

词条名称：**投资期限**

英　　文：**investment period**

定义：投资期限是指投资预计持续的时间。

释义：投资期限是指从投资者开始投资至投资结束为止预计持续的时

间。对于投资活动，投资期限是一个重要的参数，它与投资目标、风险承受能力等都有密切的联系。

风险承受能力受到投资者什么时候需要取得投资收益，需要取得多少投资收益等因素的影响。通常来说，投资期限越短，风险承受能力就越弱，同时预期的收益也越低；投资期限越长，风险承受能力就越强，预期收益也相应提高。

投资者的投资期限应该与资金性质相匹配，期限的长短由资金的可用时间和投资者的投资目的确定。预计长期闲置的资金可以用作长期投资，而用作短期周转的资金更应关注投资对象的短期风险和流动性。如果资金可长期使用，而投资者又想获得到较高的利息，那么投资者不妨长期持有股票或持有到期日较远的债券，如果在持有一段时间后需要资金，也可在适当的时机卖出以收回资金用于其他。

投资者选择投资对象进行投资前，首先要明确自己的投资期限，然后找到合适的投资对象去匹配预定的投资期限，这样才能更好地实现自己的投资目标。

词条名称：**止损线**

英　　文：**stop loss line**

定义：止损线是指投资者为自己设置的最大亏损水平，达到该水平时，即不再持有相应的资产。

释义：止损线是投资者为自己设置的亏损标准，当亏损达到这个标准时，应及时平仓，避免更大的亏损，即止损。其目的在于一旦投资失误而出现亏损，也有一定限度。投资者可通过设置止损线把损失限制在一定范围内，但一旦因止损而不再持有资产，也会失去未来该资产增值的可能，这体现了预期收益与承担的风险对等的原理。

市场信息瞬息万变，投资者每天都会从市场中获取各种信息，这些信息都会对投资者情绪产生影响。止损线的设定是为了避免投资者受自身情绪的影响从而进行不理智的操作，只要投资者为自己设定好了止损线并严格执行，就能有效地避免情绪化的操作。

词条名称：**获利线**

英　　文：**profit line**

定义：获利线是指投资者为自己设置的盈利标准。

释义：获利线是投资者为自己设置的盈利标准，当盈利达到这个标准时，应及时平仓以获利了结，因此也称为“止盈线”。其目的就在于投资获利时及时锁定收益，落袋为安。

人性都有贪欲的一面，贪心也随着获利的增加而迅速膨胀，但投资者尤其是初入资本市场的投资者对市场风险知之甚少，根本无法预知风险来临，因此，如果能够预设一个获利线，等收益达到获利线时就坚决平仓，以克服贪念的影响，可以有效避免风险。

获利线的设置由投资者的风险承受能力、市场情况决定，投资者的风险承受能力越高、市场情况越好，获利线可相对设置的高一些。

词条名称：投资经验

英　　文：investment experience

定义：投资经验是指投资者的过往投资经历以及从中获取的知识或技能。

释义：投资经验是指投资者过往的投资实践经历以及从总结这些经历中得到的知识或技能。投资经验对于投资者了解市场的特点和风险至关重要，也是决定投资者自身风险承受能力的重要因素之一。

不同的投资者由于投资经历的不同，形成了不同的投资风格。投资是个性化的行为，实际操作需要由投资经验来支持，投资者无法仅仅通过勤奋努力学习来获得实战投资经验。因为实战投资经验需要时间的积累，更需要实践经验的堆积。所以，投资经验的积累十分重要。

正因为投资经验的重要性，所以各国证券监督管理机构在设定市场准入门槛的时候，都对投资经验做出了明确的要求。

词条名称：资金来源

英　　文：funding source

定义：资金来源是指获得资金的渠道。

释义：资金来源是指获得资金的渠道，即资金来自何处。个人的资金来源主要包括就业收入、贷款、投资收入、馈赠等。企业的资金来源分为自有资金、吸收资金、专项资金三大类。自有资金包括由国家财政投入的资金或企业内部形成的资金。吸收资金也称“借入资金”，主要包括企业向银行的借款及结算过程中形成的应付未付款等。专项资金是指企业除经营资金以外具有专门用途的资金。不同所有制、不同业务性质的企业，其资金来源及其构成也不相同。

根据《中华人民共和国反洗钱法》的规定，在中华人民共和国境内设立的金融机构应当依法采取预防、监控措施，履行反洗钱义务，因此必须对投资者的资金来源进行全面审查，对资金来源不明的情况要及时上报。

（三）市场特征

词条名称：偏向性特征

英　　文：bias；skewness；positive directional change

定义：偏向性特征是指由于经济发展而导致的股票价格总体上具有不断向上增长的长期历史趋势。

释义：偏向性特征主要体现在：（1）它是一种总体表现上的特征，而非个体表现上的特征；（2）它是一种长期历史趋势，而非短期市场现象。这里所说的“长期”，是指长达30年、50年、100年或200年等的历史跨度。

一般而言，股市是经济发展的晴雨表。长期来看，通常随着经济的增长，股市整体也能够取得正增长，另外，上市公司整体中最活跃的、处于生命周期上升阶段的上市公司的股价变化，是该特征的主要推动力，并且该推动力以不同行业“接力”的方式形成不断接替的动力，因此股票价格总体上（通常用股票综合指数表征）具有不断向上增长的长期历史趋势。

偏向性特征是长期持有投资战略的理论依据，要利用该特征获得较好的投资回报，投资者需注意：（1）必须具有投资风险分散化的资金管理措施，以投资组合的方式进行长期投资；（2）选择正确的样本，投资处于生命周期上升阶段的上市公司。

词条名称：**随机性特征**

英　　文：**randomicity；randomness；stochasticity**

定义：随机性特征是指股票价格变化是无法预知的，且其统计分布服从随机分布的特征。

释义：随机性特征主要体现在：股票价格不具有记忆性，其统计分布服从随机分布。一般而言，股票价格变化是对各种可以获得的信息的反映。由于可以获得的信息是不可预知的，因此股票价格变动的方向以及大小往往也是难以准确预测的。

随机性特征是最应当引起投资人重视的股票价格特征。该特征是挑战任何一种投资战略或投资方法的科学性或真伪性的最强劲的对手。股票投资史上已经出现过的成千上万种投资方法基本上都无法通过该特征的检验。投资者应善于进行投资方法偶然性和必然性的区分，股票市场“连赢”事件的发生并不代表该事件具有必然性。

词条名称：**跳跃性特征**

英　　文：**jump volatility**

定义：跳跃性特征是指股票价格在短时间内发生较大变化的特征。

释义：跳跃性特征主要体现在：（1）股票价格变化的突发性特征（包括变化的起始与终结）；（2）价格变化的急速性特征。

跳跃性特征的急速性使得股票价格的变化速度超越了市场绝大多数投资者的反应时间。跳跃性特征是股票价格变化过程中的突变形态。当重大的政治、经济和金融等事件发生时，或者当投资者获得大量改变原有预期的信息时，股票价格会因市场预期的快速改变而产生突发的、急速的大幅变化。

能否抓住股票价格变化的跳跃性，对于投资者投资获利具有非常重要的意义。对于投资者来说，不管是中短期投资者还是长期投资者，如果其持有股票期间正好抓住了股票价格变化的正向跳跃性期间或者避开了负向跳跃性期间，则其可能获得收益，否则可能承担损失。

词条名称：**周期性特征**

英　　文：**periodicity；recurrence**

定义：周期性特征是指股票价格波动的频率具有相对稳定的重复性的特征。

释义：周期性特征主要体现在股票价格相对稳定的重复性变化。按照出现的周期规律分，该特征包括规则周期和不规则周期。

从中短期来看，由于价格周期及其派生周期、心理周期等周期现象的存在，股票价格可以表现出较为一致的、可靠的且重复出现的变化；从长期来看，由于经济周期、商业周期、经营周期等周期现象的存在，股票市场会发生诸如牛、熊市更替的周期变化。

周期性特征是基本分析、技术分析、心理分析的理论基础。要利用该特征获得较好的投资回报，投资者需注意：(1) 周期的变异性。任何一次周期性现象的重复都不会是完全的重复。(2) 周期的市场心理基础。当股市周期处于转型期时，通常绝大多数市场参与者都将受到较为极端的心理和情绪的影响，从而无法利用股票价格的周期性进行投资。

词条名称：**心理性特征**

英　　文：**psychological effect**

定义：心理性特征是指股票价格变化受到市场参与者心理预期和情绪变化因素强烈影响的特征。

释义：心理性特征主要体现在：(1) 股票价格波动受市场参与者心理因素的影响，具有强烈的趋同性倾向；该倾向是指同一股票市场中的股票具有强烈的同涨同跌的变化倾向；(2) 股票价格波动受市场参与者心理因素的影响，具有强烈的振荡性倾向。

股票市场是众多市场参与者进行博弈的市场，因此股票市场的各种现象不可避免受到市场参与者的心理状态和情绪变化的强烈影响。

由于心理性特征的影响，股票价格变化具有趋同性特征。因此，投资者应高度重视市场风险并应采取相应防范措施。此外，投资者在投资战略的具体执行过程中，应防止受到市场心理的冲击而放弃已有的投资战略。

（四）历史借鉴

词条名称：**证券市场史**

英　　文：**history of securities market**

定义：证券市场史是指证券市场产生和发展的演变历程。

释义：证券市场是市场经济发展到一定阶段的产物，是为解决资本供求矛盾和流动性而产生的市场。

在商品经济的历史长河中，人类曾经历了一个长期没有证券市场的时代。证券市场从无到有，主要归因于以下三点：

1. 证券市场的形成得益于社会化大生产和商品经济的发展。随着生产力的进一步发展，产生了对巨额资金的需求，客观上需要有一种新的筹集资金的机制以适应社会经济进一步发展的要求。在这种情况下，证券与证券市场应运而生。

2. 证券市场的形成得益于股份制的发展。股份公司通过发行股票、债券向社会公众募集资金，实现资本的集中，用于扩大生产。股份公司的建立、公司股票和债券的发行，为证券市场的产生提供了现实的基础和客观的要求。

3. 证券市场的形成得益于信用制度的发展。信用工具一般都有流通变现的要求，而证券市场为有价证券的流通、转让创造了条件。因此，随着信用制度的发展，证券市场的产生成为必然。

纵观证券市场的发展历史，其进程大致可分为五个阶段：

1. 萌芽阶段。在资本主义发展初期的原始积累阶段，西欧就已有了证券的发行与交易。1602 年，在荷兰的阿姆斯特丹成立了世界上第一个股票交易所。1773 年，英国的第一家证券交易所成立，即为现在伦敦证券交易所的前身。1790 年美国成立了第一个证券交易所——费城证券交易所。

2. 初步发展阶段。20 世纪初，资本主义从自由竞争阶段过渡到垄断阶段。为适应资本主义经济发展的需要，证券市场以其独特的形式有效地促进了资本的积聚和集中，同时自身也获得了高速发展。

3. 停滞阶段。1929 ~ 1933 年，资本主义国家爆发了严重的经济危机，导致世界各国证券市场动荡，证券经营机构的数量和业务锐减。与此同时，加大证券市场管制力度的呼声越来越强烈，使证券市场的拓展工作陷入前所未有的停滞之中。

4. 恢复阶段。第二次世界大战后至20 世纪60 年代，因欧美与日本经济的恢复和发展以及各国的经济增长大大地促进了证券市场的恢复和发展，公司证券发行量增加，证券交易所开始复苏，证券市场规模不断扩大，买卖越来越活跃。

5. 加速发展阶段。从 20 世纪 70 年代开始，证券市场出现了高度繁荣的局面，不仅证券市场的规模更加扩大，而且证券交易日趋活跃，反映证券市场容量的重要指标——证券化率大大提高。

20 世纪 70 年代末期以来的中国经济改革大潮推动了中国资本市场的重新萌生和发展。改革开放以来中国资本市场的发展大致可以划分为三个阶段：

1. 新中国资本市场的萌生（1978—1992 年）。1978 年 12 月，以中共第十一届三中全会的召开为标志，经济建设成为国家的基本任务，改革开放成为中国的基本国策。随着经济体制改革的推进，企业对资金的需求日益多样化，新中国资本市场开始萌生。

2. 全国性资本市场的形成和初步发展（1993 ~ 1998 年）。1992 年 10 月，国务院证券管理委员会和中国证监会成立，标志着中国资本市场开始逐步纳入全国统一监管框架，区域性试点推向全国，全国性市场由此开始发展。

3. 资本市场的进一步规范和发展（1999 年至今）。1998 年 12 月，《中华人民共和国证券法》正式颁布并于 1999 年 7 月实施，这是新中国第一部规范证券发行与交易行为的法律，并由此确认了资本市场的法律地位。从此，中国资本市场进入了规范和发展阶段。

词条名称：**基金市场史**

英　　文：**history of mutual fund market**

定义：基金市场史是指证券投资基金的产生与发展的演变历程。

释义：1. 证券投资基金的产生与早期发展。证券投资基金是证券市场发展的必然产物。在个人经历了投资失败、被欺诈等惨痛教训之后，集合资金、专业管理、分散投资的封闭式信托投资基金受到人们的欢迎。早期的基金基本上是封闭式基金。1924 年 3 月 21 日诞生于美国的马萨诸塞投资信托基金是世界上第一个开放式基金。此后，美国成为全球基金业发展的中心。

1929 年的经济大危机与股市崩盘，使普遍进行杠杆操作的美国封闭式基金几乎全军覆没。美国监管部门开始对基金加强监管。1940 年出台的《投资公司法》与《投资顾问法》对基金在美国和全球的普及性发展影响深远。

2. 证券投资基金在全球普及性发展。20 世纪 30 年代美国基金业的发展遭受重创后，在 70 年代之前，美国基金业的发展非常缓慢。

1971 年货币市场基金的推出为美国基金业的发展注入了新的活力。20 世纪 80 年代随着养老基金制度改革以及随后 90 年代股票市场的持续大牛市，使美国基金业迎来大发展的时代。

从全球基金业的发展看，20 世纪 80 年代以后，随着世界经济的高速增长和全球经济一体化的迅速发展，一些发展中国家也认识到基金的重要性，相继制定了一系列法律、法规，规范基金业的发展，使基金在世界范围内得到了普及。

我国基金业的发展可以分为四个历史阶段：20 世纪 80 年代末至 1997 年 11 月 14 日国务院证券委员会颁布《证券投资基金管理暂行办法》之前，这一阶段中国基金业的发展带有很大的探索性与自发性；《证券投资基金管理暂行办法》颁布实施以后至 2004 年 6 月 1 日《中华人民共和国证券投资基金法》实施前，中国基金业的发展进入规范化的试点发展阶段；《中华人民共和国证券投资基金法》实施，为我国基金业的发展奠定了重要的法律基础，使我国基金业的发展进入一个新的发展阶段；2013 年 6 月 1 日，新基金法实施，使我国基金业进入财富管理时代。

词条名称：**投资理念史**

英　　文：**history of developments in investment philosophy**

定义：投资理念史是指体现投资者投资个性特征的，并促使投资者正常开展分析、评判、决策并指导投资者行为的，反映投资者投资目的和意愿的价值观的演变历程。

释义：投资理念由投资者的心理、哲学、动机以及技术层面所构成。当今世界主流的投资理念分为五种：

1. 价值投资理念。该理念是依靠对公司财务表现的基础分析找出那些市场价格低于其内在价值的股票。价值投资理念最早可以追溯到 20 世纪 30 年代，最早由本杰明·格雷汉姆提出。由于沃伦·巴菲特的使用，价值投资理念在 20 世纪 70 ~ 80 年代受到推崇。

2. 增长投资理念。该理念致力于寻找那些经营收益能够保证公司内在价值迅速增长的公司。菲利普·费舍尔在 20 世纪 50 年代最早采用这种价值投资理念的变种。彼得·林奇在 80 年代对其进行了大胆的扩展。

3. 指数投资理念。该理念通过购买股票来复制一个大的市场细分。格雷汉姆认为，指数投资理念对防守型投资者很有效。约翰·伯格在 20 世纪 80 年代推广了这种战略。

4. 技术投资理念。该理念采用各种图表来收集市场的行为，以此来显示投资者预期是上升还是下降，以及其他的“动力”指标。这种理念被威廉·奥尼尔大力推崇，并在 20 世纪 90 年代末被广泛采用。

5. 组合投资理念。该理念通过确

知能够承受的投资风险水平，并通过建立一个多元化的投资组合来承担这个风险水平。这个理念始于20世纪70年代初的伯顿·莫卡尔。

十四、证券投资基金选择[①]

（一）基金公司概况

词条名称：**公司职责**

英　　文：**responsibilities of fund management company**

定义：公司职责是指基金管理公司由于基金的契约关系产生的，对基金份额持有人和基金托管人的责任和义务。

释义：我国2012年12月28日经第十一届全国人民代表大会常务委员会第三十次会议修订，自2013年6月1日起施行的《中华人民共和国证券投资基金法》对基金管理公司具体职责有如下规定：

1. 基金的募集、交易和登记职责。依法募集资金，办理基金份额的发售和登记事宜；办理基金备案手续。

2. 基金的投资管理和利润分配职责。对所管理的不同基金财产分别管理、分别记账，进行证券投资；按照基金合同的约定确定基金收益分配方案，及时向基金份额持有人分配收益。

3. 基金的估值、会计核算和信息披露职责。计算并公告基金资产净值，确定基金份额申购、赎回价格；进行基金会计核算并编制基金财务会计报告；编制中期和年度基金报告；保存基金财产管理业务活动的记录、账册、报表和其他相关资料；办理与基金财产管理业务活动有关的信息披露事项。

4. 基金的其他法律职责。按照规定召集基金份额持有人大会；以基金管理人名义，代表基金份额持有人利益行使诉讼权利或者实施其他法律行为；国务院证券监督管理机构规定的其他职责。

从以上法律法规对基金管理公司职责的规定中可以看出，在整个基金的运作中，基金管理公司实际上处于中心地位，起着核心作用。基金管理公司依法进行基金财产的投资管理。与基金募集和管理有关的其他事务性工作，如基金份额的注册登记、基金资产的会计核算、基金的分红派息、持有人大会的召集、基金服务机构的选择通常也是由基金管理公司承担。

基金投资者投资基金最主要的目的就是实现资产的保值、增值，基金管理公司对此负有重大的责任。基金管理公司的投资管理能力与风险控制能力的高低直接关系到投资者投资回报的高低与投资目标能否实现。基金管理公司的作用除了直接体现在业务覆盖的广度、深度以及资产的保值增值上外，还体现在对基金持有人利益保护的责任上。基金管理公司管理的不是自己的资产，而是投资者的资产，因此其对投资者负有重要的信托责任。基金管理公司任何不规范的操作都有可能对投资者的利益造成损

---

① 撰写：王鸿冰、解一辉、刘国娜、郭晓婧、叶乐天、沈毅；审核：梁珉、吴洁、翟峰、王雁、梁洪昀、王涛；单位：建信基金管理有限责任公司。

证券投资基金选择

害。基金管理公司必须以投资者的利益为最高利益，严防利益冲突与利益输送。

词条名称：**公司业务**

英　　文：**fund management company's business**

定义：公司业务是指基金管理公司根据基金契约关系所从事的商业活动。

释义：在我国，基金管理公司可以开展的业务主要包括公募基金业务、特定客户资产管理业务、投资咨询服务、社保基金管理和企业年金管理业务、合格境内机构投资者业务等。整体来看，基金管理公司在业务上具有以下特点：

1. 基金管理公司管理的是投资者的资产，一般并不进行负债经营，因此从资产负债表来说，基金管理公司的经营风险相对具有较高负债的银行、保险公司等其他金融机构要低得多。

2. 基金管理公司的收入主要来自以资产管理规模为基础的管理费，因此资产管理规模的扩大对基金管理公司具有重要的意义。

3. 投资管理能力是基金管理公司的核心竞争力，因此，基金管理公司在经营上更多地体现出一种知识密集型产业的特色。

4. 开放式基金通常要求必须披露上一工作日的份额净值，而净值的高低直接关系到投资者的利益，因此基金管理公司的业务对时间与准确性的要求很高，任何失误与迟误都会造成很大问题。

词条名称：**投资风险控制**

英　　文：**investment risk control**

定义：投资风险控制是指基金管理公司按照投资管理业务的性质和特点构建组织架构，制定管理规章和操作流程，明确揭示可能存在的风险点并采取控制措施。

释义：投资风险是基金投资组合在构建和调整的过程中面临的主要风险。投资风险控制是基金投资运作管理的重要内容，贯穿基金投资管理的事前、事中和事后。基金公司的投资风险控制具体为：

1. 事前控制

（1）基金公司投资风险控制文化建设。

①把切实保护持有人利益作为基金公司的核心原则。

②将诚信和规范作为基金公司的核心价值观。

③要求投资管理人员签订合规承诺，并勤勉、尽职、忠实地履行投资管理的义务。

④对投资管理人员进行投资风险控制的专业知识培训。

（2）防止投资活动中的利益冲突。

①对基金公司投资管理人员个人从事股票投资活动进行有效管控。

②要求基金公司投资管理人员对直系亲属的股票账户及股票投资情况进行备案。

③投资管理人员投资公司旗下开放式基金应进行备案。

2. 事中控制

（1）防范利益输送，保证公平交易。

①保证不同资产投资组合的投资管理人员可以公平地利用公司投资研究平台等资源。

②隔离基金公司投资管理职能和交易执行职能，对所有投资品种实行集中交易，严格按照时间优先、价格优先的原则执行交易指令，保证各投资组合的公平交易。

③实行非集中竞价交易，如银行间市场交易、债券一级市场申购、非公开发行股票申购；并制定交易分配制度，保证各投资组合获得公平的交易机会。

④对同日、邻近日反向交易实行严格管控。如在股票交易中，严格禁止不同投资组合之间的同日反向交易（指数基金除外）。

⑤对开盘和尾盘交易、大宗交易进行严格控制。

⑥对异常交易进行严格监控。

（2）基金公司的投资决策委员会确定公司所管理各资产投资组合的投资决策程序、权限设置、投资原则和总体投资方案。风险管理委员会建立健全和监督执行公司的风险管理政策和风险控制制度，对投资风险控制情况进行监督。

（3）对各资产投资组合建立投资合规监控指标，明确禁止投资和限制投资证券和交易对手名单。

（4）通过投资备选库管理、大类资产配置管理、行业配置偏离管理、组合久期管理等控制市场风险，通过内部信用评级、交易对手分类管理等控制信用风险，通过分散持股、单一证券持有比例上限管理、流动受限品种持有总量限额管理等控制流动性风险。

（5）定期对各资产投资组合进行定量风险和绩效评估，从资产配置、行业配置、个股选择以及投资风格的角度，对投资组合的业绩进行归因分析，评估组合风险和收益的主要来源。基金经理根据风险和绩效评估报告，结合所管理基金的风险收益特征，对投资组合进行调整。

3. 事后控制

对投资风险管理和流程执行情况进行定期和不定期的监督检查。

（二）基金公司特点

词条名称：基本面

英　　文：corporate fundamentals

定义：基本面是指构成基金公司基本情况和特征的各方面因素的总和。

释义：基金公司的基本面是投资者选择基金公司的重要参考依据，具体包括以下因素：股东背景、管理团队、投资管理水平、业绩表现、品牌影响力、客户服务等。

股东实力及股东的重视程度为基金公司持续发展提供重要支持。国内基金业发展历史较短，基金公司的成立时间普遍不长，尤其在发展初期需要依靠股东在资金、人才、制度建设等各方面的支持。拥有深厚金融背景和雄厚实力的股东能够为基金公司提供较好的运营和发展的平台。

基金公司管理团队是否稳定，与基金公司能否取得持续的良性发展密切相关。基金公司股权结构稳定是管理团队稳定的前提。股权稳定的基金公司更容易形成稳健的企业文化和具有长期竞争力的团队。当股东变更波及管理层变动时，不可避免地会影响到基金运作，可能会使投资者利益受到损害。当然，也不排除股权变动有利于基金公司发展的情况，例如一些实力雄厚且重视基金公司发展的战略伙伴对基金的参股，对基金公司未来发展将会带来正面影响。

投资管理工作是基金公司的核心业务，因此投资管理水平的高低显示了基金公司的核心业务能力的强弱。基金公司的投资管理水平主要由投研团队的实力所决定，具备较高投资管理水平的基金公司必然拥有业绩出色且表现稳定的投研团队。

基金公司的业绩表现直接与投资者的投资收益相关。投资者观察基金公司的业绩表现时，应重点分析基金公司旗下产品业绩表现的整体性和持续性，选择那些整体业绩良好、业绩长期稳定的基金公司。

基金公司的品牌影响力直接影响到投资者对基金公司品牌的认可度，并成为左右投资者选择基金公司的关键因素之一。

深入、专业、优质的客户服务是基金公司提高投资者满意度，强化公司核心竞争力的重要方式。

词条名称：**制度面**

英　　文：**corporate infrastructure**

定义：制度面是指基金公司用以规范公司经营运作或员工职务行为的各项规则或管理模式的总和，包括运作管理、治理结构、信息披露等。

释义：从制度面来看，基金公司的管理和运作必须规范，这直接关系到基金资产的安全，是对投资者利益的有效保障。基金公司的制度面主要包括：基金公司的治理结构是否规范合理，基金公司对旗下基金的管理运作及相关信息的披露是否全面、准确、及时，基金公司的风险管理制度是否完善等。

基金公司应构建科学的公司治理结构，遵循以基金份额持有人利益为优先的原则，强化制衡机制，明确股东会、董事会、监事会、经理层的职责权限，完善决策程序，形成协调有效、相互制约的制度安排，以发挥各个利益相关者，特别是董事、监事的作用，以保护持有人利益，为社会创造价值。制度应当包括投资、研究、交易、基金运营、人力资源等方面的管理制度。

基金公司应建立完善的信息披露制度，设立专门的部门或岗位负责信息披露工作，进行信息的组织、审核和发布，保证公开披露的信息真实、准确、完整、及时，加强对公司信息披露的检查和评价，对存在的问题及时提出改进办法，对信息披露出现的失误提出处理意见并追究相关人员的责任。公司掌握内幕信息的人员在信息公开披露前不得泄漏其内容。

基金公司应建立完善的风险管理制度。基金公司的风险管理包括合规风险管理及投资风险管理。基金公司的合规风险管理是指基金公司的管理运作应符合国家法律法规、部门规章、行业自律组合行为规范、基金合同

（或特定客户资产管理合同）以及公司内部的管理制度和业务流程。基金公司的投资风险管理是指管理与投资相关的风险，通过风险预算管理和实时监控对投资风险进行事前监测、事中监控、事后监察，以更加有效地控制投资风险。

词条名称：**技术面**

英　　文：**professional expertise**

定义：技术面是指基金公司的投资团队和产品线等核心业务的构成及特征。

释义：基金公司的技术面是投资者选择基金公司的重要参考依据之一。从技术面角度来考察，优秀的基金公司必须拥有业绩出色且表现稳定的投研团队及完善的产品线。

优秀的投研团队是基金公司能够为投资者创造良好投资回报的保障。投资决策委员会是基金公司投资管理体系的最高决策机构，决策公司旗下基金的整体投资计划，包括投资策略、投资原则、投资目标、资产分配及投资组合的总体计划等。基金公司的投研团队在投资决策委员会的领导下完成对各只基金的投资管理工作，其中，基金经理主要负责证券选择和组合管理，一般来说，过往业绩是否良好以及投资经历是否丰富，是投资者选择基金经理的主要参考依据；而研究员主要从事宏观经济分析、行业发展状况分析和上市公司投资价值分析，为投资提供决策依据。

除了投研团队的投资业绩之外，团队的稳定性也是需要重点关注的因素，相对稳定的投研团队是基金投资业绩表现稳健的重要保障。

基金产品线是指基金管理公司所拥有的不同基金产品的总和。一般来说，投资者更倾向于选择那些产品线完善的基金公司，它们能够满足投资者多样化的理财需求。需要注意的是，具有鲜明特点的基金产品也会为基金公司形成突出的优势，未来将有更多的基金公司根据自身特点在某一个或几个产品类型方向上加以开发，形成特色鲜明的产品线。

词条名称：**市场面**

英　　文：**market performance**

定义：市场面是指在不同市场环境下，基金公司旗下基金整体业绩表现。

释义：基金公司旗下产品业绩直接与投资者的投资收益相关，是投资者选择基金公司的最为重要的参考因素之一。

首先，投资者应观察基金公司旗下基金的过往业绩表现。由于基金是一种中长期投资工具，因此在选择基金公司时，应着眼于基金公司的持续经营能力和基金产品的长期业绩表现。从过往业绩来评价基金，可以追溯的年限越长，评价的相对可靠性越高。一般来说，在其他因素不变（例如基金经理不变）的情况下，持续三年以上历史业绩良好的基金产品在未来获得更好的投资业绩的可能性会更大。同时，投资者不仅应考察基金在牛市中的业绩，还要看其在熊市中的表现，考察基金穿越经济周期的能力，综合评价基金产品的投资价值。

其次，还应分析基金公司旗下基金业绩表现的持续性及整体性。不能单纯关注某家公司某一只产品的短期业绩表现，要考察良好的业绩表现是否能够持续，还要全面考察公司管理的其他基金的业绩表现。单只基金的“独秀”并不能证明公司的整体实力，旗下基金整体业绩出色的公司更值得信赖。

不同的基金公司有各自的专长和特色，例如，有的公司在固定收益投资上有突出表现，而有的公司主动股票投资的能力更为出众。投资者应考察基金公司市场面的不同特点，根据自己的理财需要选择合适的基金公司以及基金产品。

（三）投资者条件

词条名称：**生命周期**

英　　文：**life cycle**

定义：生命周期是指投资者具备投资能力且拥有投资需求的整个人生发展阶段。

释义：生命周期理论由经济学家莫迪利亚尼、布伦博格与安多共同创建。该理论指出，个人需在相当长的时间内计划自己的消费和储蓄行为，以在自己的整个生命周期内实现消费的最佳配置。

将上述理论应用于基金投资实践，可以帮助投资者根据人生不同阶段的特点合理地分配财富的使用，并利用消费结余的可供投资的资金设计合理的基金理财方案，通过选择适当的基金产品，确定各类型基金在投资组合中的权重，实现个人或家庭财富保值增值。

通常来说，投资者在生命当中会经历四个阶段：累积阶段、加强阶段、消耗阶段和回馈阶段。

1. 累积阶段是指在职业生涯的早期至中期阶段（大致在 20 岁至 37 岁），投资者在该阶段努力积累财富，但是净资产相对较少，更倾向于投资较高风险的产品。

2. 加强阶段是在职业生涯中期以后的阶段（大致在 37 岁至 55 岁），投资者此时已经偿还了大部分的贷款，收入水平超过消费水平，该阶段的投资者倾向于中等风险的投资产品。

3. 消耗阶段（大致在 55 岁以后）是指投资者退休之后的时间，此时生活费用由社会保险资金和以前年度积累财富来保障。投资者在此阶段倾向于较低风险投资。

4. 回馈阶段与消耗阶段相似（大致在 55 岁以后），在该阶段，部分投资者的收入超过消费支出。该部分投资者会将自己多余的资产用于支持亲人朋友，建立慈善基金等。

生命周期理论的核心是投资者随着年龄的增长，调整投资组合中不同基金类型的权重，将投资组合逐渐转向更加安全的配置比例。

词条名称：**资产状况**

英　　文：**asset condition**

定义：资产状况是指投资者个人或家庭拥有或者控制的能以货币来计量的经济资源，包括各种财产、债权债务关系或其他财产性权利。

释义：资产是投资者个人或家庭的现有资产以及负债的总和，具体包括物资、存款、基金、股票、保险等金融产品以及不动产等投资品种。

资产可分为有形资产和无形资产。有形资产包括物资、存款等，无形资产包括债权、知识产权中的财产权利等。资产也可分为积极资产和消极资产，积极资产包括金钱、物资及各种财产权利，消极资产包括债务等。

个人或家庭资产是投资者理财的基础。投资人应结合个人或家庭的资产状况，预留生活必需以及应急的财产并清偿到期债务后，将结余资产用于投资以保值增值。

一般而言，个人或家庭资产可用于投资的资产数量越多，未来收入稳定程度越高，那么其风险承受能力越强，可以适当增加资产配置中权益类资产，如股票型或混合型基金的比重；反之，则应该尽可能多地配置低风险的产品，如债券型基金、短期理财基金和货币基金等。

词条名称：**投资组合情况**

英　　文：**investment portfolios**

定义：投资组合情况是指投资者根据预期收益率和风险承受能力制定投资策略，并按比例选择并持有的各种资产的总和。

释义：投资者为了避免过高风险或过低收益，可以根据分散投资的原则，选择若干不同风险收益特征的资产进行组合投资。投资组合由资产类别和各类资产所占的权重所决定。一般来说，投资者的预期收益目标较高，其投资组合中的高风险资产（包括股票、股票型基金等）就越多，投资者就必须承受更大的风险；反之，投资者的预期收益目标较低，其投资组合中的低风险资产（包括债券、债券型基金、存款等）更多，投资者需承受的风险也较低。

理性的投资者会在相同预期回报的投资组合中选择风险最小的投资组合；或在风险相同的组合中选择回报最高的组合，从而构建最优的投资组合。

投资者构建投资组合时，除了要考虑投资风险和预期收益之外，还应重点关注组合的流动性。相较于定期存款、不动产、艺术品等，开放式基金产品通常具有较好的流动性，只有少数基金产品，如合格境内机构投资者基金产品需要较长的赎回时间。封闭式基金在封闭期内不得申请赎回，但可以在二级市场挂牌交易，资金到账时间与股票交易相同，即确认交易的隔日，资金转入证券账户关联的银行账户。在各类型基金品种中，货币市场基金以其高流动性和较为稳定的投资收益，成为目前理财市场中最主要的流动性管理工具之一。对投资组合的流动性要求较高的投资者，可以考虑在组合中增加货币市场基金产品的比重。

词条名称：**风险承受能力**

英　　文：**risk tolerance**

定义：风险承受能力是指投资者所能承受的投资损失的可能性以及投资损失的程度。

释义：除了投资于无风险的资产

以外，未来能够取得的收益存在着不确定性，这就是风险。承受必要的风险，是获得（比无风险资产）更高投资收益的必要前提。由于各种原因，投资者实际获得的收益很可能不等于预期中的收益，在比较糟糕的情况下，实际收益可能低于预期，甚至为负。投资者能够承担多大程度的低于预期的收益水平，能够承担多大程度的负收益水平，而不至于影响正常生活，这就是投资者的风险承受能力。

股票型或混合型基金等权益类基金的预期收益较高，投资风险也较大，投资者可能面临短期波动并损失部分盈利甚至本金的可能；债券型基金或货币市场基金等固定收益类基金的预期收益较低，投资风险也较小，但其收益率可能无法达到投资者的预期，收益率可能低于同期通货膨胀率，无法实现资产保值增值的理财目标。

在面对发生概率相似或预期损失程度相当的风险时，不同风险承受能力的投资者所受到的影响存在较大差异。决定投资者风险承受能力的主要因素包括投资者的实际年龄、收入情况、财务状况等客观条件，以及投资者对投资期限、投资目标等的界定。

风险承受能力是区分投资者类型的主要标准。根据不同的风险承受能力，可将投资者分为风险偏好型、风险中立型、风险回避型等三种类型，其风险承受能力逐级递减。

风险偏好型的投资者更适合投资高风险的投资品种，如股票型基金或混合型基金，在他的投资组合中可以加大高风险基金产品的比重；风险中立型的投资者应该适当减少高风险基金产品的投资比例，增加固定收益类的基金产品；风险回避型的投资者应该以投资固定收益类的基金产品为主。

投资的成败首先取决于投资者对风险的认知程度。实践中，金融机构通常采用客户调查问卷等方式确认投资者的风险承受能力，并根据投资者的风险承受能力，配置与之适合的投资品种。

（四）基金适合性

词条名称：**投资目标**

英　　文：**investment goal；investment objective**

定义：投资目标是指基金的投资回报预期。

释义：每只基金都有明确的投资目标，并在招募说明书中予以明示，但并不涉及具体的投资策略和回报承诺。

一般来说，基金的投资目标一旦确立，在运作中不能随意改变。所以，投资目标基本决定了基金的投资风格和风险回报预期。投资者应该重点考察基金的投资目标，并明确个人的理财目标，选择那些与个人目标相匹配的基金产品，满足自己的理财需求。

根据投资目标的不同，可以将基金分为增长型基金、收入型基金和平衡型基金。增长型基金是以追求资本增值为基金目标，较少考虑当期收入，主要投资具有良好增长潜力的股票；收入型基金是以追求稳定的经常性收入为基本目标，主要投资于大盘蓝筹股、公司债、政府债券等稳定收益证券；平衡型基金则既注重资本增值，又注重当期收入。

一般而言，增长型基金风险大，收益预期高；收入型基金风险小，收益预期低；平衡型基金的风险、收益介于两者之间。投资者可以结合个人的理财目标加以选择。

词条名称：**投资对象**

英　　文：**investment object**

定义：投资对象是指证券投资基金进行投资活动时所选择的目标对象。

释义：证券投资基金以股票、债券等金融证券为投资对象。基金一般都有特定的投资对象。投资对象决定着一只基金的类型、风险水平及预期收益等。

一般来说，基金投资对象中预期收益和风险水平越高的品种占基金资产的权重越高，基金的预期收益和风险水平也就越高；反之，基金的预期收益和风险水平就越低。

依据投资对象的不同，可以将基金分为股票基金、债券基金、货币市场基金、混合基金等。根据2014年新《运作办法》的规定，股票基金是指以股票为主要投资对象的基金，基金资产80%以上投资于股票；债券基金主要以债券为投资对象，基金资产80%以上投资于债券；基金中基金以其他基金为投资对象，基金资产80%以上投资于其他基金份额；货币市场基金以货币市场工具（货币市场工具通常指到期日不足1年的短期金融工具，包括期限在1年以内的银行定期存款、央票、债券回购等）为投资对象；混合基金同时以股票、债券和货币市场工具等为投资对象，以期通过在不同资产类别上的投资实现收益与风险之间的平衡。

除上述几类主要的基金类型之外，还有以下几类投资对象较为特殊的公募基金品种，如合格境内机构投资者基金（QDⅡ）、基金中的基金（FOF）和联接基金等。

合格境内机构投资者基金的投资对象为境外证券市场的股票和债券等多种金融产品或工具。

基金中的基金是以其他基金为投资对象的基金，其投资组合由其他基金组成。目前，国内基金中的基金采用与合格境内机构投资者基金相结合的运作方式，即以基金中的基金的模式来管理合格境内机构投资者基金，主要投资于海外市场的基金产品，也称为“QDII－FOF”。

联接基金是以交易型开放式指数基金为投资对象的基金。交易型开放式指数基金是一种可以在交易所进行交易的开放式基金，它一般采用被动跟踪指数的投资策略。而交易型开放式指数联接基金主要以目标交易型开放式指数为投资对象，投资于目标交易型开放式指数的资产不得低于基金资产净值的90%。

另外，还有一些另类投资，其投资对象为金融衍生品、大宗商品、艺术品和古董、基础设施不动产等。

词条名称：**风险水平**

英　　文：**risk level；risk exposure**

定义：风险水平是指基金在运作投资过程中遭遇损失或其他不确定事

件的可能性的程度。

释义：投资者投资基金需要承担一定的风险，不同类型基金的风险水平各异。一般来说，基金的预期回报率越高，投资风险也越高。因此，投资者在选择基金时，必须先了解基金的风险水平，并准确评估自己的风险承受能力。

基金类型按照风险水平由高到低顺序排列为：

1. 股票型基金的投资风险高于混合型基金、债券型基金和货币市场基金，属于较高风险、较高预期收益的品种。它所面临的风险主要包括系统性风险、非系统性风险以及管理运作风险等。股票型基金通过分散投资可以大大降低个股投资的非系统性风险，但却不能回避系统性投资风险。

2. 混合型基金的投资风险低于股票型基金、高于债券型基金和货币市场基金，属于中等风险和预期收益的品种。混合型基金的投资风险主要取决于股票与债券配置的比例大小。一般而言，混合型基金中股票资产的比例较高而债券资产的比例较低时，风险及预期收益率就较高；反之，混合型基金中股票资产比例较低而债券资产的比例较高时，风险及预期收益率就较低。

3. 债券型基金的投资风险低于股票型和混合型基金、高于货币市场基金，属于中低风险品种。

4. 货币市场基金的投资风险低于股票型、混合型和债券型基金，属于低风险品种。

债券型基金、货币市场基金面临的风险主要包括利率风险、购买力风险、信用风险和流动性风险。

（五）基金经理

词条名称：基金经理经历

英　　文：experience of fund manager

定义：基金经理经历指基金经理的工作、教育等历史。

释义：基金经理经历是指基金经理接受教育，从事投资管理等工作的历史。工作经历是指基金经理从事投资管理等工作的历史，主要包含的内容有：从业时间，就职的机构，担任过的职位，工作职责，曾经管理过的基金名称、时间、业绩表现等。教育经历包括基金经理的所有教育经历。教育经历应包含的内容有：所在学校、院系、专业，学习时间，学位。

基金经理经历是投资者选择基金经理的重要参考要素之一。

词条名称：基金经理过往业绩

英　　文：historical performance of fund manager

定义：基金经理过往业绩是指基金经理过去进行投资管理工作的综合表现，主要包括收益率水平和风险控制水平。

释义：基金经理过往业绩是指基金经理过去进行投资管理工作取得的业绩。基金经理过往业绩可以在一定程度上反映出基金经理管理能力的持续性和稳定性。但正如基金的过往业绩并不预示其未来表现，基金经理的过往业绩同样无法预示其未来表现。

基金经理取得的业绩不仅和其自身的投资管理能力密切相关，也与资产规模、市场风格、所在团队的支持和帮助等有着很大的关系。所以投资者在选择基金时，应该辩证地看待基金经理的过往业绩，过往业绩固然是选择基金时非常重要的参考指标，但同时还要综合其他多个方面进行通盘考虑。

词条名称：基金经理的投资思想

英　　文：**investment philosophy of fund manager**

定义：基金经理的投资思想是体现基金经理投资个性特征，促使基金经理开展分析、评判、决策并指导基金经理行为，反映基金经理投资目的和意愿的价值观。

释义：基金经理的投资思想反映了基金经理的投资目的和意愿的价值观，由基金经理的心理、哲学、动机以及技术层面所构成。

成功的投资思想是不可能一次形成的，它靠的是累积。投资思想可以因人而异，成功的投资思想也不是完全相同的。

基金经理的投资思想反映了基金经理的个性特征，决定了基金经理的投资方法、投资手段和风险偏好，并最终在很大程度上决定了其管理基金的业绩，所以投资者在选择基金时一定要关注基金经理的投资思想。

（六）基金费率

词条名称：一次性费用

英　　文：**one - off charge**

定义：一次性费用是指投资者进行基金的认购、申购、赎回或转换时需要缴纳的费用，该类费用直接从投资者认购、申购、赎回或转换金额中一次性直接收取。

释义：投资者支付的一次性费用主要用于向基金销售机构支付销售费用以及广告费和其他营销支出。与此同时，投资者可以享受比封闭式基金更多的服务，如基金公司会向投资者提供基金价格、账户查询、理财咨询、市场咨询等方面的服务。具体地说，一次性费用包括认购费、申购费、赎回费、转换费等。

认购费和申购费是指投资者在基金发行期内或者开放期内购买基金单位时所缴纳的手续费。认购费和申购费分为前收费模式和后收费模式。在认购或者申购时支付，称为“前收费”；在赎回时支付，称为“后收费”。申购费率不得超过申购金额的5%。

基金管理人办理开放式基金份额赎回时应当收取赎回费。赎回费率不得超过赎回金额的5%，其中的25%应当归入基金资产。

转换费是指投资者按基金管理人的规定，在同一基金管理公司管理的不同开放式基金之间转换投资资金所需支付的费用。

公式：一次性费用的计算公式为：

净认购金额 = 认购金额/(1 + 认购费率)

认购费用 = 认购金额 - 净认购金额

净申购金额 = 申购金额/(1 + 申购费率)

申购费用 = 申购金额 - 净申购金额

赎回费用 = 赎回总额 × 赎回费率

词条名称：持有期间费用

英　　文：**on-going charge**

定义：持有期间费用是指投资人持有基金期间发生的基金销售服务和运作等费用。这些费用最终由投资人承担，用来支付基金管理人、基金托管人、销售机构等提供的服务，直接从基金资产中扣除。

释义：持有期间费用包括以下种类：（1）基金管理人的管理费；（2）基金托管人的托管费；（3）销售服务费；（4）按照国家有关规定和基金合同约定，可以在基金资产中列支的其他费用。

基金管理费是指基金管理人从管理基金资产中收取的费用。基金管理人可按照固定费率或固定费率加业绩提成的方式收取管理费。业绩提成是指固定管理费之外支付给基金管理人的与基金业绩挂钩的费用。按照固定费率收取的管理费按基金资产净值的一定比例按日计提。一般而言，基金风险程度越高，其基金管理费费率越高。

基金托管费是基金托管人保管基金资产，执行基金资产的清算与核算而收取的费用。同基金管理费一样，托管费也是从基金资产中计提的。

销售服务费是指基金管理人从基金资产中按照一定比例计提的，用于支付给销售机构的费用。一般不收取认购费和申购费的基金会收取销售服务费，已收取认购费和申购费的基金则不会收取销售服务费。

公式：持有期间费用的计算公式为：

每日应计提的管理费（托管费、销售服务费）＝前一日基金资产净值×费率÷当年天数

词条名称：前收费

英　　文：**front-end charge**

定义：前收费是指在投资者认购或者申购基金时收取认购费或申购费的收费模式。

释义：基金管理人收取投资者认购、申购费时，按照收取费用的时点不同，收费方式可分为前收费模式和后收费模式。

在前收费模式下，投资者认购、申购基金时必须一次性支付给基金管理人认购费或申购费。基金管理人可以根据投资者的认购金额、申购金额的数量制定不同的认购、申购费用标准。投资者购买基金的金额越大，适用的费率越低。

词条名称：后收费

英　　文：**back-end charge**

定义：后收费是指投资者赎回基金时收取认购或申购基金时产生的认购费或申购费的收费模式。

释义：基金管理人收取投资者认购、申购费时，按照收取费用的时点不同，收费方式可分为前收费模式和后收费模式。

在后收费模式下，基金管理人可以在投资者赎回基金时，根据投资者持有该基金的期限适用不同的认购、申购费率。持有期限越长，费率越低。后收费主要鼓励投资者长期投资，避免频繁的申购和赎回，保护长期投资者的利益。

后收费有时又称为“延缓的销售费用”，但不能将后收费和赎回费混为一谈，后收费属于销售佣金，只不过在形式和时间上不是在认购、申购时收取，而是在赎回时收取。赎回费是针对赎回行为本身收取的一次性费用。有些基金在申购费收取上采取后收费模式，同时也收取赎回费。

（七）基金历史业绩表现

词条名称：**时间对比**

英　　文：**historical performance comparison**

定义：时间对比是指对被评价基金不同期间的业绩表现进行自身前后对比，包括比较短期业绩、中期业绩和长期业绩的基金业绩评价方法。

释义：时间对比的基金评价方法需要对基金历史业绩进行时间长短的划分。通常基金历史业绩可以分为长期业绩、中期业绩和短期业绩。一般认为，长期业绩是指 3 年及以上的历史业绩；中期业绩是指 1 年至 3 年之间的历史业绩；而短期业绩是指 1 年以内的历史业绩。

时间对比的基金评价方法的优点在于可以避免投资者在评价一只基金的业绩表现时，由于仅仅考虑短期、中期或长期业绩而导致的认知上的片面性。例如，短期表现优异的基金，长期表现未必优异。对同一只基金历史业绩的全面考察可以帮助投资者深入了解该基金的总体业绩表现，从而减少信息偏差造成的投资失误。

应用时间对比的基金评价方法时需注意：对同一只基金进行时间对比的前提是比较周期内基金经理相对稳定，否则，时间对比是无意义的。

词条名称：**基准对比**

英　　文：**benchmark comparison**

定义：基准对比是指根据基金的投资目标、投资策略和投资风格，给被评价的基金定义一个适当基准组合，通过比较基金收益率与基准组合收益率的差异，来对基金表现加以衡量的一种基金评价方法。

释义：对一只基金进行基准对比之前，需要为其定义一个适当的基准组合。一个良好的基准组合应具有如下五个方面的特征：

1. 明确的组成成分，即构成组合的成分证券的名称、权重是非常清晰的。

2. 可实际投资的，即可以通过投资基准组合来跟踪积极管理的组合。

3. 可衡量的，即基准组合的收益率具有可计算性。

4. 适当的，即与被评价基金具有相同的风格与风险收益特征。

5. 预先确定的，即基准组合的构造先于被评估基金的设立。基准组合可以是全市场指数、风格指数，也可以是不同指数复合而成的复合指数。

基准对比的优点在于投资者可以通过基准对比快速直观地了解过去一段时间内基金相对于比较基准的业绩表现，因此基准对比得到了广泛的应用。基金业绩比较基准的选择与披露已经被纳入到我国的基金法律法规中。

应用基准对比时需注意：

1. 投资者对基金进行基准对比时，

需要注意基准指数的风格可能由于其中成分股性质的变化而发生变化。如价值指数中的成分股可能变成成长型的股票，如果不及时进行定期调整，该指数就不适宜再作为衡量价值基金表现的基准。

2. 公开的市场指数并不包含交易成本，而基金在投资中承担了交易成本，这导致了比较上的不公平。

词条名称：**同类对比**

英　　文：**composite comparison**

定义：同类对比是指根据基金的资产配置特征、风险收益特征、风格特征、投资区域特征等，将具有可比性的同类基金放在一起进行业绩的相对比较，其结果常以排序、百分位、星号等形式给出的基金评价方法。

释义：同类对比首先必须确定和待比较基金具有可比性的同类基金，通常根据基金的资产配置特征、风险收益特征、风格特征、投资区域特征等来确定同类基金。

同类对比的优点在于通过对基金进行同类的相对比较，可以尽可能地消除由于基金类型差异对基金经理人相对业绩所造成的不利影响。例如，一段时间以来，由于股票市场周期性波动的影响，成长型基金的表现普遍较好，而价值型基金的表现较差。如果将它们分在一组比较，价值型基金的相对表现就会普遍较差，这种由于市场原因而引起的基金业绩排名的相对变动将不利于对基金经理投资技巧高低的区分。

同类对比方法在实际应用中存在一系列潜在的问题：

1. 在如何分类上，要做到公平分类很困难，从而使比较的有效性受到质疑。

2. 很多基金分类含义模糊，因此有时投资者并不清楚在与什么进行比较。

3. 同类对比隐含地假设了同类基金具有相同的风险水平，但实际上同类基金之间的风险水平可能差异很大，未考虑风险调整因素的同类对比也就存在较大的问题。

4. 如果一个投资者将自己所投资的基金与同类中中位基金的业绩进行比较，由于在比较之前无法确定该基金的业绩，而且中位基金会不断变化，因此也就无法很好地进行比较。

5. 投资者更关心的是基金是否达到其投资目的，如果仅关注基金的同类对比，将会偏离绩效评价的根本目的。

十五、证券投资基金投资基础①

（一）获取基金信息

词条名称：**法定披露信息**

英　　文：**statutory disclosure information**

定义：法定披露信息是指基金市场上的有关当事人在基金募集、上市交易、投资运作等一系列环节中，依

---

① 撰写：朱玉、金钰、王广辉；审核：金钰、张佳倩、张蓉梅、朱玉；单位：东方基金管理有限责任公司。

照法律法规向社会公众披露的信息。

释义：投资者可以在基金管理人网站或其他指定媒介上查询基金的相关法定披露信息。法定基金信息披露大致可分为基金募集信息披露、运作信息披露和临时信息披露。

1. 基金募集信息披露，可分为首次募集信息披露和存续期募集信息披露。首次募集信息披露主要包括基金份额发售前至基金合同生效期间进行的信息披露。披露的文件包括招募说明书、基金合同、托管协议、基金份额发售公告等文件。存续期募集信息披露主要指开放式基金在基金合同生效后每6个月披露一次更新的招募说明书。

2. 基金运作信息披露，主要是指在基金合同生效后至基金合同终止前，基金信息披露义务人依法定期披露基金存续期间的上市交易、投资运作及经营业绩等信息。披露的文件包括基金份额上市交易公告书，基金资产净值和份额净值公告，基金年度报告、半年度报告、季度报告。

3. 基金临时信息披露，主要是指在基金存续期间，当发生重大事件或市场上流传误导信息，可能引致对基金份额持有人权益或者基金份额价格产生重大影响时，基金信息披露义务人依法对外披露临时报告或澄清公告。

词条名称：**其他披露信息**

英　　文：**other information for disclosure**

定义：其他披露信息是指基金市场上的有关当事人在法定披露信息之外向社会公众披露的信息。

释义：此类信息是公众可以普遍获得的书面、电子或者其他介质的信息，包括：（1）公开出版资料；（2）宣传单、手册、信函、传真、非指定信息披露媒介上刊发的与基金销售相关的公告等面向公众的宣传资料；（3）海报、户外广告；（4）电视、电影、广播、互联网资料、公共网站链接广告、短信及其他音像、通讯资料；（5）中国证监会规定的其他材料。

其他披露信息依然受到相关监管部门的监管，遵循实质性原则和形式性原则。实质性原则包括真实性原则、准确性原则、完整性原则、及时性原则和公平披露原则；形式性原则包括规范性原则、易解性原则和易得性原则。

（二）购买渠道及方式

词条名称：**购买渠道**

英　　文：**distribution channels**

定义：购买渠道是指投资者购买基金的渠道。

释义：目前购买基金的渠道主要有以下几种：商业银行代销、证券公司代销、基金管理公司直销、网上交易、利用交易所交易系统平台、证券咨询机构和专业基金销售公司。

对投资者来说，挑选基金申购渠道主要有两个考察点：一是该渠道的申购费用；二是该渠道的申购便捷性。

一般来说，在基金公司官方网站登录该基金公司的网上直销账户进行基金申购的费率是最便宜的，同时由于不需要经过代销环节，该渠道的赎回资金到账时间相对较快。但该渠道的缺点是当投资者需要申请不同基金公司的基金时，需要在不同基金公司开通账户，操作比较麻烦，同时，不同基金公司直销账户的合作银行也各不相同，可能投资者手中的银行卡并非该基金公司的直销合作银行，因此限制相对较多。

网上银行的“基金超市”网罗了大部分基金公司的旗下基金，因此免去了投资者多次开户、多次登录的繁琐手续，实现了一站式基金申赎服务；但缺点是可能比基金官网购买基金的费率要高。

证券账户虽然也可购买开放式基金，但大多数券商购买品种有限，一般也没有较大优惠，不是现在购买基金的主要选择。

近年来发展迅猛的第三方基金购买平台，则同时具备了一站式基金直销支付的便利优势和申购费按一定比例折扣的低价优势。其缺点是刚开办业务，购买的品种尚未覆盖大多数基金公司产品。投资者购买基金时，方便和优惠需要同时考虑，具体需根据投资者个人情况选择而定。

词条名称：**认购手续**

英　　文：**subscription procedures**

定义：认购手续是指在基金募集期内，投资者购买基金时需要办理的手续。

释义：投资人办理基金认购申请时，需要凭有效证件在销售机构柜台或网站填写认购申请表，并按照销售机构规定的方式全额缴款。一般情况下，已经正式受理的认购申请不得撤回。

投资者可以在基金生效之后向各基金销售机构咨询认购结果，也可以到各基金销售网点打印成交确认单；此外，若投资者事先选择，基金管理人将在基金生效之后按预留地址将成交确认单邮寄给投资者。

开放式基金的认购费率由基金管理人根据法律法规规定和基金类型进行设置。在具体实践中，基金管理人会针对不同的基金类型、不同的认购金额设置不同的认购费率。

基金份额的认购可采取前端收费和后端收费两种模式。后端收费模式的设计是为了鼓励投资者长期持有基金，所以其认购费率一般设计为随着基金份额持有时间的延长而递减，某些基金持有一定时间后费率可能降为零。根据中国证监会2013年修订并于当年8月1日起施行的《开放式证券投资基金销售费用管理规定》，对于持有期低于3年的投资人，基金管理人不得免收其后端认购费用。

词条名称：**申购手续**

英　　文：**purchase procedures**

定义：申购手续是指基金合同生效后，投资者购买基金时需要办理的手续。

释义：基金申购采用全额缴款方式，若资金在规定的时间内未全部到账，则申购不成功。申购不成功或无效，款项将退回投资者的资金账户。

投资者申请申购基金成功后，登记机构一般在T+1日为投资者办理增加权益的登记手续，投资者在T+2日起有权赎回该部分的基金份额。

投资者申购基金时，需根据基金申购费率的设置缴纳申购费。申购费的收取分为前端收费方式和后端收费方式。在前端收费方式下，对于不同的申购金额，基金管理人可以选取不同的申购费率标准。在后端收费方式下，申购费率一般设计为随着基金份额持有时间的延长而递减，某些基金持有一定时间后费率可能降为零。根据中国证监会2013年修订并于当年8月1日起施行的《开放式证券投资基金销售费用管理规定》，对于持有期低于3年的投资人，基金管理人不得免收其后端申购费用。基金销售机构可以对基金申购费用实行一定的优惠。

基金管理人可以从基金财产中计提一定比例的销售服务费，用于支付销售机构佣金、基金的营销费用以及基金份额持有人服务费等。并不是所有的基金都要收取销售服务费，基金是否收取销售服务费取决于基金合同。一般来说，对于不收申购费的部分债券型基金和货币型基金，基金管理人可以依照相关规定从基金财产中持续计提一定比例的销售服务费。至于收取方式，基本是在基金资产中按日计提。

部分基金具有不同的收费模式，如A、B、C三类或A、B两类。通常情况下，如果是分为A、B、C三类的基金，A类一般是代表收取前端申购费，B类代表收取后端申购费，而C类是不收取申购费，但按日从该类别基金资产中计提销售服务费；而A、B两类分类的基金，一般A类有申购费等，B类不收取申购费，但按日从该类别基金资产中计提销售服务费。投资者应按照计划持有基金的时间选择不同的收费方式，如持有时间较短，可以考虑购买按日收取销售服务费的基金。

（三）赎回渠道及方式

词条名称：赎回渠道

英　　文：**redemption channels**

定义：赎回渠道是指基金份额持有人赎回所持有的基金份额的基金销售机构。

释义：基金销售机构是指基金管理人以及经中国证监会及其派出机构注册的其他机构。

基金份额持有人可以通过基金管理人、商业银行（含在华外资法人银行）、证券公司、期货公司、保险机构、证券投资咨询机构、独立基金销售机构以及中国证监会认定的其他从事基金销售业务的机构赎回其所持有的相应基金份额。

词条名称：赎回手续

英　　文：**redemption procedures**

定义：赎回手续是指当基金份额持有人要求基金管理人购回其所持有的基金份额时，所需要办理的手续和缴纳的费用。

释义：投资者赎回基金份额成功后，登记机构一般在T+1日为投资者办理扣除权益的登记手续。投资者提交赎回申请成交后，基金管理人应通过销售机构按规定时间向投资者支付赎回款项。一般而言，自有效赎回申请之日起7个工作日内支付赎回款项。

除货币市场基金及中国证监会规定的其他品种外，办理开放式基金赎回时，一般需要缴纳赎回费。赎回费率不得超过基金份额赎回金额的5%，不低于赎回费总额的25%归入基金财产。通常，持有时间越长，适用的赎回费率越低。

根据中国证监会2013年修订并于当年8月1日实施的《开放式证券投资基金销售费用管理规定》，对于普通股票基金和混合基金，应当在基金合同、招募说明书中约定按照以下费用标准收取赎回费：

1. 收取销售服务费的，对持续持有期少于30日的投资人收取不低于0.5%的赎回费，并将上述赎回费全额计入基金财产。

2. 不收取销售服务费的，对持续持有期少于7日的投资人收取不低于1.5%的赎回费，对持续持有期少于30日的投资人收取不低于0.75%的赎回费，并将上述赎回费全额计入基金财产；对持续持有期少于3个月的投资人收取不低于0.5%的赎回费，并将不低于赎回费总额的75%计入基金财产；对持续持有期长于3个月但少于6个月的投资人收取不低于0.5%的赎回费，并将不低于赎回费总额的50%计入基金财产；对持续持有期长于6个月的投资人，应当将不低于赎回费总额的25%计入基金财产。

词条名称：**一次性赎回**

英　　文：**one-off redemption**

定义：一次性赎回是指投资者一次性将所持有的基金份额全部赎回。

释义：每份基金份额在赎回时通常将根据其持有期分笔确认赎回费率。通常当某笔赎回导致基金份额持有人持有的基金份额余额不足最低持有份额的要求（如100份）时，余额部分基金份额必须一同全部赎回。

词条名称：**分批赎回**

英　　文：**multi-time redemption**

定义：分批赎回是指投资者分批多次将所持有的基金份额赎回时需要办理的手续和产生的费用。

释义：如果分批赎回发生在同一开放日，则赎回金额与一次性赎回一样。如果分批赎回发生在不同的开放日，由于每日的基金份额净值不同，则相同赎回份额对应的赎回金额可能不同。每份基金份额在赎回时通常将根据其持有期限适用不同的赎回费率标准。

（四）特殊基金购买与赎回

词条名称：**交易型开放式指数基金（ETF）申购、赎回手续**

英　　文：**purchase and redemption of ETF**

定义：交易型开放式指数基金申购、赎回手续是指交易型开放式指数基金申购、赎回手续的购买与赎回的程序。

释义：交易型开放式指数基金申购、赎回手续不同于其他类型的基金，实行一级市场和二级市场并存的交易制度，并且实行独特的实物申购、实物赎回机制，即使用相应的一揽子指数成分股票进行申购、赎回。交易型开放式指数基金申购、赎回手续的证券申购与赎回一般以证券交付，但是为了在相关成分股股票停牌等情况下也能方便投资者申购、赎回，提高基金的运作效率，也会采取现金替代的方式。不同的交易型开放式指数基金申购、赎回手续对投资者账户要求不同，且不同的购买方式所需投资者账户也不相同。因此，投资者购买交易型开放式指数基金申购、赎回手续时，需依照基金要求开立相应账户。投资者申购、赎回的基金份额须为最小申购、赎回单位的整数倍，一般最小申购、赎回单位为 50 万份或 100 万份，所以只有资金达到一定规模的投资者才能参与交易型开放式指数基金申购、赎回手续的申购与赎回。交易型开放式指数基金申购、赎回手续采用“份额申购、份额赎回”的申购、赎回方式，并且交易型开放式指数基金申购、赎回手续交易的开放日为证券交易所的交易日，开放时间为 9：30－11：30 和 13：00－15：00。

交易型开放式指数基金申购、赎回手续申购、赎回费用由基金管理人在基金招募说明书中约定，在二级市场交易时参考相应的交易费用。

词条名称：**开放式上市基金（LOF）申购、赎回手续**

英　　文：**purchase and redemption of LOF**

定义：开放式上市基金申购、赎回手续是指开放式上市基金申购、赎回手续的购买与赎回的程序。

释义：开放式上市基金申购、赎回手续同时存在于一级市场和二级市场，而且都可以像开放式基金一样通过基金销售机构进行申购和赎回，同时也可以像封闭式基金一样通过交易所的系统买卖。投资者购买开放式上市基金申购、赎回手续时，须依照基金要求及购买方式开立相应账户。由于开放式上市基金申购、赎回手续是分系统登记的，登记在基金注册登记系统中的基金份额只能申请赎回，不能直接在证券交易所卖出；登记在证券登记结算系统中的基金份额既可以在证券交易所卖出，也可以直接申请赎回。基金份额持有人拟申请将登记在基金注册登记系统中的基金份额进行上市交易，必须先办理跨系统转托管，即将登记在基金注册登记系统中的基金份额转托管到证券登记结算系统。由于基金等的市场交易价格由系统撮合形成，主要由市场供需决定，而且开放式上市基金申购、赎回手续同时存在于一级市场和二级市场，两者之间很可能存在一定程度的价格偏离，当这种偏离足以抵消交易成本的时候，就存在理论上的套利机会。开放式上市基金申购、赎回手续的具体申购、赎回流程如下：

第一步：T 日，场内投资者以证券账户向交易所的交易系统申报基金的申购、赎回申请；场外投资者以开放式基金账户通过代销机构提交基金的申购、赎回申请。

第二步：T＋1 日，中国证券登记结算有限责任公司根据基金管理人传送的申购、赎回确认数据，进行场内、场外申购、赎回的基金份额登记过户处理。

第三步：T+2 日起，投资者申购的份额可进行交易。

词条名称：**分级基金申购、赎回手续**

英　　文：**purchase and redemption of split-capital fund**

定义：分级基金申购、赎回手续是指分级基金的购买、赎回的程序。

释义：开放式分级基金的申购、赎回包括场内和场外两种方式，既可在银行等代销机构进行销售赎回，又可在场内的交易网络进行销售赎回。选择不同的购买方式，对投资者账户的要求不同，因此投资者在购买分级基金时，需依据购买方式和基金要求开立相应的账户。分级基金是把母基金分为份额 A 和份额 B 两个子基金，其本质是将母基金的总收益按比例分给两个子基金。其中，份额 A 低风险、低收益，适合稳健的投资者；份额 B 高风险、高收益，适合积极的投资者。新募集的分级基金要求单笔购买金额的下限为：分开募集的分级基金，B 类份额单笔购买金额不得低于 5 万元；合并募集的分级基金，单笔购买的金额不得低于 5 万元。在每个开放日（T 日）的下一个工作日（T+1 日），基金登记机构对投资者的申购与赎回申请的有效性进行确认和成交确认。在 T+2 日后（包括该日），投资者可通过销售机构或销售机构规定的其他方式查询申购与赎回的成交情况。

词条名称：**短期理财债券基金申购、赎回手续**

英　　文：**purchase and redemption of short-term financing bond fund**

定义：短期理财债券基金申购、赎回手续是指运作周期较短的理财债券型基金的购买与赎回的程序。

释义：短期理财债券型基金是运作周期比较短的理财债券基金，其运作周期一般为一周、两周、一个月、两个月、一个季度或半年等。理财债券基金强调回归固定收益产品低风险和稳收益的本源，以绝对回报为投资理念。投资标的主要是银行定期存款及大额存单、短期融资券等。短期理财债券基金的申购、赎回与普通开放式基金相同，只是申购、赎回的开放日不同于普通开放式基金。短期理财债券基金在运作周期内，基金份额不能办理赎回业务，也不能上市交易；运作周期到期日，投资者可以赎回对应的基金份额；或者是运作周期结束后，设置日数不等的开放日，开放日内基金持有人可以赎回所持有的基金份额。由于短期理财债券型基金在风险控制和管理成本上更低，因此，其购买、赎回费率通常也较普通货币基金更低。

（五）投资方式

词条名称：**单笔投资**

英　　文：**large purchase**

定义：单笔投资是指利用相对大额的资金，一次性买入相对大量基金份额的基金投资方式。

释义：通过开立基金账户，缴纳包括申购费用在内的申购款项，并填写基金申购书，即可完成基金单笔投资。该投资方式方便快捷，受市场波动影响大，适合对市场有所研究的成熟投资者，以及风险承受能力高、资金充裕、追求高回报的投资者。

词条名称：**定期定额投资**

英　　文：**dollar cost averaging**

定义：定期定额投资是指定期从固定的资金账户中扣除相同数量的资金，用于购买指定基金产品的投资方式。

释义：定期定额投资通过向基金销售机构提出申请，并签订相关协议，约定具体扣款时间、扣款额度和扣款方式，由基金销售机构在指定账户中定期扣除固定金额的资金，投资于指定基金产品，类似于零存整取。若出现违约状况，如连续三次不满扣款金额要求，可导致定期定额投资自动终止。该投资方式通过长期投资分散风险，达到稳定的收益率，适合稳健型投资者。

（六）基金投资经验法则

词条名称：**马尔基尔资产管理五原则**

英　　文：**Malkiel's five principles of asset management**

定义：马尔基尔资产管理五原则是指普林斯顿大学经济学和金融学教授伯顿·马尔基尔（Burton G. Malkiel）在其著作中提出的在资产管理方面的五个原则性建议。

释义：伯顿·马尔基尔（Burton G. Malkiel）目前任职普林斯顿大学经济学和金融学教授、美国哲学协会投资委员会委员，曾任美国总统经济咨询委员会委员，史密斯巴尼、先锋集团、保德信人寿等公司的董事以及美国金融协会主席，美国经济协会成员。马尔基尔在自己的畅销书《漫步华尔街》（*A Random Walk Down Wall Street*）中阐述了他在资产管理方面的五个原则性建议：

1. 历史证明，风险与收益总是相伴而生。

2. 投资股票和债券的风险取决于持有资产的期限长短。

3. 定期定额投资可以降低投资风险。

4. 调整资产类别权重可以降低风险，还可能提高投资收益。

5. 注意区分对风险所持有的态度和实际承担风险的能力。

词条名称：**巴菲特“三要三不要”投资法则**

英　　文：**Buffett's six principles in investment**

定义：巴菲特“三要三不要”投资法则是指世界著名投资家巴菲特在其投资经验的基础上总结出的六条投资法则。

释义：沃伦·巴菲特（Warren Buffett）是全球著名的美国投资家，毕业于宾夕法尼亚大学沃顿商学院。巴菲特以其稳健型的投资方式而闻名，其投资理念的核心可归结为“三要三不要”投资法则。“三要”是指：

1. 要投资那些始终把股东利益放在首位的企业。

2. 要投资资源垄断型行业。

3. 要投资易了解、前景看好的

企业。

“三不要”是指：

1. 不要贪婪。
2. 不要跟风。
3. 不要投机。

词条名称：**彼得·林奇基金投资七大法则**

英　　文：**Peter Lynch's seven principles of fund investment**

定义：彼得·林奇基金投资七大法则是指著名股票投资家和证券投资经理彼得·林奇总结出的七条基金投资法则。

释义：彼得·林奇（Peter Lynch）是著名的股票投资家和证券投资基金经理。他毕业于宾夕法尼亚大学沃顿商学院，在富达公司出任过麦哲伦基金的基金经理人，使麦哲伦基金成为富达的旗舰基金，当时在全球范围投资绩效位列第一。现担任富达公司副主席，是富达基金托管人董事会成员之一。著有《战胜华尔街》《学以致富》等畅销书籍。彼得·林奇的基金投资七大法则如下：

基金投资法则一：尽可能投资于股票基金。从证券市场的长期发展来看，持有股票资产的平均收益率要远远超过其他类别资产。

基金投资法则二：忘掉债券基金。从资本增值的角度看，债券类资产收益远不如股票。

基金投资法则三：按基金类型来评价基金。投资者比较基金收益的差异，要基于同一投资风格或类型，而不能简单地只看收益率。

基金投资法则四：忽视短期表现，选择持续性好的基金。基金更长一段时期内业绩表现是否稳定，是否表现出持续性更为重要。

基金投资法则五：组合投资，分散基金投资风格。彼得·林奇认为，“随着市场和环境的变化，具有某种投资风格的基金管理人或一类基金不可能一直保持良好的表现。适用于股票的原则同样适用于基金。”

基金投资法则六：如何调整基金投资组合。彼得·林奇认为，“在往组合中增加投资时，选择近期表现持续不好的追加投资。注意不是在基金投资品种之间进行转换，而是通过追加资金来调整组合的配置比例。”

基金投资法则七：适时投资行业基金。彼得·林奇认为，“理论上讲，股票市场上的每个行业都会有轮到它表现的时候。适用于股票的原则同样适用于基金。”

词条名称：**安东尼·波顿投资法则**

英　　文：**Anthony Bolton's principles of investment**

定义：安东尼·波顿投资法则是指英国著名基金经理和投资人安东尼·波顿总结的“逆向进取”的投资法则。

释义：安东尼·波顿（Anthony Bolton）是英国最著名的基金经理和投资人。他毕业于剑桥大学，本科学习材料工程学，毕业后进入金融领域，被认为是英国乃至欧洲30年来最成功的基金经理，曾被《泰晤士报》评选为史上十大投资大师之一。安东尼·波顿担任富达国际有限公司的董事总经理兼高级投资经理，其管理的大多数基金的年均回报率都在20%以上。安东尼·波顿的投资法则可概括为："坚持逆向投资。"即在市场股价上涨时，避免过度看涨，适时退出；而在市场下跌、普遍预期悲观的情况下，抓住机遇，买入股票，获得更大的升值空间。

词条名称：**约翰·邓普顿15条投资法则**

英　　文：**John Templeton's fifteen principles of investment**

定义：约翰·邓普顿15条投资法则是指全球投资之父约翰·邓普顿在其著作《邓普顿教你逆向投资——熊市和牛市都稳赚的长赢投资法》中总结的15条投资法则。

释义：约翰·邓普顿（John Templeton）被《福布斯资本家》杂志称为"全球投资之父"及"历史上最成功的基金经理人之一"，被《纽约时报》评选为"20世纪全球十大顶尖基金经理之一"。他毕业于耶鲁大学，是邓普顿基金集团的创始人。退休后，邓普顿著书归纳了15条投资法则：

1. 信仰有助投资。
2. 要从错误中学习。
3. 投资不是赌博。
4. 不要听"贴士"。
5. 投资要做功课。
6. 跑赢专业机构性投资者。
7. 价值投资法。
8. 买优质股份。
9. 趁低吸纳。
10. 不要惊慌。
11. 注意实际回报。
12. 别将所有的鸡蛋放在同一个篮子里。
13. 对不同的投资类别抱开放态度。
14. 监控自己的投资。
15. 对投资抱正面态度。

十六、证券投资基金持有人

（一）持有人服务

词条名称：**持有人服务**①

英　　文：**fund unit holders service**

定义：持有人服务是指基金管理人对基金持有人的一系列服务。

释义：基金管理人通常设立独立的客户服务部门，通过一套完整的客户服务流程，一系列完备的软、硬件设施，以系统化的方式，主要应用以下几种方式来对持有人进行服务：

1. 电话服务中心。通常以多种设备为后援，同时开辟人工坐席和自动语音，对投资操作步骤、基金管理人相关介绍、基金普及知识等进行说明和解释。同时在人工坐席部分，客户服务人员将根据不同的客户类别为客户提供查询、咨询、投诉、建议等个性化服务。

2. 邮寄服务。基金管理人向基金持有人邮寄基金账户卡、交易对账单、

---

① 撰写：金钰、朱玉；审核：张佳倩、金钰；单位：东方基金管理有限责任公司。

投资策略报告等定期和不定期材料，使客户尽快了解其投资变动情况等信息。

3. 自动传真、电子信箱、手机短信。依赖强有力的系统支持，基金管理人定期或不定期地及时为基金持有人传递基金相关信息和资料。

4. 互联网服务。基金管理人及销售机构通过互联网向客户提供容量更大、范围更广的信息查询、基金交易、信息咨询或信息下载等服务。另外，通过互联网的网站链接等资源，客户可以方便地检索和查询更多的信息。

5. 媒体和宣传手册。基金管理人和销售机构会通过电视等各种媒体及宣传方式定期和不定期地为客户传达专业信息和投资理念。这类宣传对公司形象的树立和新产品的推介是不可或缺的组成部分。

6. 讲座、推介会、座谈会/“一对一”专人服务。为客户提供一个面对面交流的机会，这类活动可以帮助客户得到更充分的沟通和更及时的有效信息。

（二）持有人主要关注信息

词条名称：**基金净值**

英　　文：**net asset value，缩写 NAV**

定义：基金净值是指基金份额净值、基金资产净值等净值指标。

释义：开放式基金一般都是以基金份额净值作为每份基金份额的申购、赎回价格。但通过观察基金份额净值的绝对数量不能作为选择基金的标准，投资者需关注基金净值的相对数量，即时间上的变化趋势，与同类基金净值走势进行比较，得出基金的增长潜力，从而制定投资决策。基金净值每日均会改变，在收市后进行计算，通常于每个开放日的次日公布开放日的基金份额净值。

词条名称：**基金排名**

英　　文：**fund ranking**

定义：基金排名是指权威评级机构通过某个既定的标准分析和评估不同的基金，并对基金进行等级上的划分，得出基金排名。

释义：专业的基金评级机构根据评级模型对基金进行评估，通常使用经过风险调整的报酬率作为主要标准，将基金分为几个等级，主要比较同类型的不同基金的历史绩效等。权威评级机构排名可辅助投资者做出投资决策，提出参考性意见。投资者在考虑基金评级的同时，须与基金本身的风险相结合，也须考虑市场行情因素。

词条名称：**基金定期报告**

英　　文：**regular report of fund**

定义：基金定期报告是指基金管理人定期做出的基金运作信息披露，包括季度报告、半年度报告、年度报告。

释义：基金定期报告分为季度报告、半年度报告、年度报告。其中，季度报告的主要内容包括基金概况、主要财务指标和净值表现、管理人报告、投资组合报告、开放式基金份额变动等内容。除此之外，半年度报告与年度报告还包括基金管理人和托管人在年度报告披露中的责任、重要提示、基金财务会计报告持有人信息披露等内容。投资者主要关注基金定期报告中的净值表现、基金份额与仓位的变化情况、对基金运作的回顾与展望、基金投资组合与基金投资策略，据此了解、分析基金的投资运作情况，从而制定投资决策。

词条名称：基金临时报告

英　　文：interim report of fund

定义：基金临时报告是指在市场出现重大性事件后两日内，按照要求，由基金管理人根据需要披露的信息披露临时报告书。

释义：各国信息披露采用的“重大性”概念有以下两种标准：一种是影响投资者的决策标准；另一种是影响证券市场价格标准。当相关信息足以导致投资者决策改变或证券市场价格改变时，需要基金临时报告，进行信息披露。投资者需要关注临时报告中的相关信息，及时了解基金的相关情况：如基金份额持有人大会的召开；提前终止基金合同，延长基金合同期限；转换基金运作方式；更换基金管理人或托管人；基金管理人的董事长、总经理及其他高级管理人员、基金经理和基金托管人的基金托管部门负责人发生变动，涉及基金管理人、基金财产、基金托管业务的诉讼；基金份额净值计价错误达基金份额净值的0.5%，开放式基金发生巨额赎回并延期支付；基金修改估值技术方法等。

（三）持有期相关事项

词条名称：基金分红

英　　文：distribution of fund proceeds

定义：基金分红是指基金将利润的一部分按照一定比例派发给基金投资者。

释义：基金分红所分派的利润为基金净值的一部分，因而基金分红会导致基金净值下降。基金的分红方式包括：

1. 现金分红。其是指根据基金利润情况，基金管理人以投资者持有基金单位数量的多少，将利润分配给投资者。

2. 分红再投资转换为基金份额。其是指将应分配的净利润按除息后的份额净值折算为等值的新的基金份额，进行利润分配。

现金分红没有再投资风险；红利再投资可实现利润的增值，实现复利投资，更有利于长期投资者。投资者在购买基金时可选择基金分红方式，若没有选择分红方式，则默认为现金分红。投资者可在交易日的交易时间前往基金销售机构办理修改分红方式的业务。基金公司直销的客户，可通过网上交易或者电话的方式进行修改。

词条名称：基金转换

英　　文：conversion of fund unit

定义：基金转换是指投资者将其所持有的某一只基金份额转换为另一只基金份额的行为。

释义：基金转换业务可视为从一

只基金赎回份额，即“转出”；同时申购另外一只基金的基金份额，即“转入”。所涉及的基金，目前大部分转换必须是由同一只基金管理人管理的、在同一登记机构处登记的基金。投资者采用份额转换的原则提交申请，即在销售机构处以份额为单位提交转换申请，以转出和转入基金申请当日的份额净值为基础计算转入的份额。基金管理人按照转出基金的赎回费用加上转出与转入基金申购费用补差的标准收取费用。基金份额的转换通常还会收取一定的转换费用。

词条名称：**基金转托管**

英　　文：**custody transfer**

定义：基金转托管是指同一投资人将托管在一个代销机构的基金份额转出至另一代销机构的业务。

释义：基金持有人在进行转托管时，可以将其在一个销售机构（网点）所购买的基金份额一次性全部转出，也可以部分转出，但在转托管完成后转出和转入销售机构的基金份额余额都不得低于相关规定的最低持有份额。若转托管后投资者在该销售机构（网点）托管的某一基金份额余额低于最低份额，该转托管应确认为不成功。若投资者本基金份额余额原已低于最低份额，转托管时必须一次全部申请转出，若申请数量不是全部数量，登记机构将该转托管确认为不成功。

一般情况下，投资者于T日转托管基金份额成功后，转托管份额于T+1日到达转入方网点，投资者可于T+2日起赎回该部分基金份额。

词条名称：**非交易过户**

英　　文：**non-trade transfer**

定义：非交易过户是指在继承、捐赠、司法强制执行等非交易原因情况下所发生的基金单位所有权转移的行为。

释义：非交易过户是指不采用申购、赎回等交易方式，将一定数量的基金份额按照一定规则，从某一投资者的基金账户转移到另一投资者的基金账户的行为。其主要包括：

1. 继承。须申请人到指定网点柜台办理，提供登记机构或销售机构要求的相关文件，如继承书、身份证明、继承人和被继承人的基金账户、相应司法文件、基金交易卡、基金账户卡、申请人有效身份证件、受赠人的托管账户。经基金管理人相关部门批准后办理。基金管理人同时将相关文件在证监会备案。

2. 赠与。须赠与人到指定营业网点柜台办理，提供交易卡、账户卡、本人有效身份证件、受赠人的托管账户等材料，并填写相关业务申请表，经基金管理人相关部门批准后办理。基金管理人同时将相关文件提交证监会备案。

3. 司法强制执行。须由相关司法部门到指定营业网点柜台办理，提供相应的司法文件和转入的托管账户，并填写相关业务申请表，经基金管理人相关部门批准后办理。基金管理人同时将相关文件提交证监会备案。

十七、证券投资基金相关主体①

（一）基金当事人

词条名称：基金管理人

英　　文：**fund manager**

定义：基金管理人是指凭借专门的知识与经验，运用所管理基金的资产，根据法律、法规及基金合同的规定，按照科学的投资组合原理进行投资决策，谋求所管理基金资产不断增值，并使基金持有人获取尽可能多收益的机构。

释义：《中华人民共和国证券投资基金法》规定，基金管理人由依法设立的公司或者合伙企业担任。公开募集基金的基金管理人，由基金管理公司或者经国务院证券监督管理机构按照规定核准的其他机构担任。鉴于基金管理公司在证券投资基金运作中的特殊地位和作用，我国对基金管理公司实行较为严格的市场准入管理。

在整个基金的运作中，基金管理人起着核心作用。只有基金管理人有权发售基金份额，进行基金财产的投资管理。按照《中华人民共和国证券投资基金法》的规定，设立管理公开募集基金的基金管理公司应当具备下列条件，并经国务院证券监督管理机构批准：

1. 有符合本法和《中华人民共和国公司法》规定的章程。

2. 注册资本不低于1亿元人民币，且必须为实缴货币资本。

3. 主要股东应当具有经营金融业务或者管理金融机构的良好业绩、良好的财务状况和社会信誉，资产规模达到国务院规定的标准，最近3年没有违法记录。

4. 取得基金从业资格的人员达到法定人数。

5. 董事、监事、高级管理人员具备相应的任职条件。

6. 有符合要求的营业场所、安全防范设施和与基金管理业务有关的其他设施。

7. 有良好的内部治理结构、完善的内部稽核监控制度、风险控制制度。

8. 法律、行政法规规定的和经国务院批准的国务院证券监督管理机构规定的其他条件。

基金管理公司的主要业务是：

1. 证券投资基金业务，主要包括基金募集与销售、基金的投资管理和基金运营服务。

2. 特定客户资产管理业务，又称“专户理财业务”。

3. 投资咨询服务。

4. 全国社会保障基金管理。

5. 合格境内机构投资者业务。

基金管理公司治理应当遵循基金份额持有人利益优先的基本原则，建立组织机构健全、职责划分清晰、制衡监督有效、激励约束合理的治理结构，保持公司规范运作，维护基金份额持有人的利益。

基金公司治理应当强化制衡机制，明确股东会、董事会、监事会或者执行监事、经理层、督察长的职责权限，

① 撰写：赵静；审核：魏娜；单位：华商基金管理有限公司。

完善决策程序，形成协调高效、相互制衡的制度安排。治理结构应当符合以下要求：

1. 保持公司运作的独立性。

2. 实行独立董事制度，并保证独立董事充分发挥作用。

3. 建立健全督察长制度，完善内部监督和控制机制。

词条名称：**基金托管人**

英　　文：**fund custodian**

定义：基金托管人是指根据法律法规的要求，在证券投资基金运作中承担资产保管、交易监督、信息披露、资产清算与会计核算等相应职责的当事人。

释义：基金托管人是证券投资基金的主要当事人之一。在基金运作中引入基金托管人制度，有利于基金财产的安全和投资者利益的保护。《中华人民共和国证券投资基金法》规定，基金托管人由依法设立的商业银行或者其他金融机构担任。商业银行担任基金托管人的，由国务院证券监督管理机构会同国务院银行业监督管理机构核准；其他金融机构担任基金托管人的，由国务院证券监督管理机构核准。

担任基金托管人应当具备下列条件：

1. 净资产和风险控制指标符合有关规定。

2. 设有专门的基金托管部门。

3. 取得基金从业资格的专职人员达到法定人数。

4. 有安全保管基金财产的条件。

5. 有安全高效的清算、交割系统。

6. 有符合要求的营业场所、安全防范设施和与基金托管业务有关的其他设施。

7. 有完善的内部稽核监控制度和风险控制制度。

8. 法律、行政法规规定的和经国务院批准的国务院证券监督管理机构、国务院银行业监督管理机构规定的其他条件。

对于基金托管人的职责，《中华人民共和国证券投资基金法》对基金托管人应当履行的职责进行了明确规定：

1. 安全保管基金财产。

2. 按照规定开设基金财产的资金账户和证券账户。

3. 对所托管的不同基金财产分别设置账户，确保基金财产的完整与独立。

4. 保存基金托管业务活动的记录、账册、报表和其他相关资料。

5. 按照基金合同的约定，根据基金管理人的投资指令，及时办理清算、交割事宜。

6. 办理与基金托管业务活动有关的信息披露事项。

7. 对基金财务会计报告、中期和年度基金报告出具意见。

8. 复核、审查基金管理人计算的基金资产净值和基金份额申购、赎回价格。

9. 按照规定召集基金份额持有人大会。

10. 按照规定监督基金管理人的投资运作。

11. 中国证监会规定的其他职责。

基金托管人在基金运作中具有非常重要的作用，主要体现在以下三个方面：

1. 基金资产由独立于基金管理人的基金托管人保管，可以防止基金财产挪作他用，有利于保障基金资产的安全。

2. 基金托管人对基金管理人的投资运作（包括投资对象、投资范围、投资比例、禁止投资行为等）进行监督，可以促使基金管理人按照有关法律法规和基金合同的要求运作基金财产，有利于保护基金份额持有人的权益。

3. 基金托管人对基金资产所进行的会计复核和净值计算，有利于防范、减少基金会计核算中的差错，保证基金份额净值和会计核算的真实性和准确性。

词条名称：**基金份额持有人**

英　　文：**fund unit holder；fund shareholder**

定义：基金份额持有人就是基金投资者，是基金的出资人、基金资产的所有者和基金投资回报的受益人。

释义：按照《中华人民共和国证券投资基金法》的规定，我国基金份额持有人享有以下权利：分享基金财产收益，参与分配清算后的剩余基金财产，依法转让或者申请赎回其持有的基金份额，按照规定要求召开基金份额持有人大会或者召集基金份额持有人大会，对基金份额持有人大会审议事项行使表决权，对基金管理人、基金托管人、基金服务机构损害其合法权益的行为依法提出诉讼，基金合同约定的其他权利。公开募集基金的基金份额持有人有权查阅或者复制公开披露的基金信息资料，非公开募集基金的基金份额持有人对涉及自身利益的情况，有权查阅基金的财务会计账簿等财务资料。

（二）基金市场服务机构

词条名称：**销售机构**

英　　文：**sales institution**

定义：销售机构是指基金管理人以及经中国证监会及其派出机构注册的其他机构。

释义：基金管理人可以办理其募集的基金产品的销售业务。商业银行（含在华外资法人银行，下同）、证券公司、期货公司、保险机构、证券投资咨询机构、独立基金销售机构以及中国证监会认定的其他机构从事基金销售业务的，应向工商注册登记所在地的中国证监会派出机构进行注册并取得相应资格。

商业银行、证券公司、期货公司、保险机构、证券投资咨询机构、独立基金销售机构以及中国证监会认定的其他机构申请注册基金销售业务资格，应当具备下列条件：

1. 具有健全的治理结构、完善的内部控制和风险管理制度，并得到有效执行。

2. 财务状况良好，运作规范稳定。

3. 有与基金销售业务相适应的营业场所、安全防范设施和其他设施。

4. 有安全、高效的办理基金发售、申购和赎回等业务的技术设施，且符合中国证监会对基金销售业务信息管理平台的有关要求，基金销售业务的技术系统已与基金管理人、中国证券登记结算公司相应的技术系统进行了联网测试，测试结果符合国家规定的标准。

5. 制定了完善的资金清算流程，资金管理符合中国证监会对基金销售结算资金管理的有关要求。

6. 有评价基金投资人风险承受能力和基金产品风险等级的方法体系。

7. 制定了完善的业务流程、销售人员执业操守、应急处理措施等基金销售业务管理制度，符合中国证监会对基金销售机构内部控制的有关要求。

8. 有符合法律法规要求的反洗钱内部控制制度。

9. 中国证监会规定的其他条件。

词条名称：**登记机构**

英　　文：**registration agency**

定义：登记机构是指办理基金份额登记过户、存管和结算业务的机构。

释义：我国《证券投资法基金法》规定，开放式基金的登记业务可以由基金管理人办理，也可以由基金管理人委托基金服务机构代为办理。登记机构的主要职责是：建立并管理投资者基金份额账户；负责基金份额登记，确认基金交易；发放红利；建立并保管基金投资者名册；基金合同或者登记代理协议规定的其他职责。

词条名称：**律师事务所**

英　　文：**law firm**

定义：律师事务所是基金市场服务机构之一，从事证券投资基金法律业务。

释义：律师事务所需对基金招募说明书、基金清算报告等文件出具法律意见书。基金合同终止时，基金管理人应当组织清算组对基金财产进行清算。清算组做出的清算报告经会计师事务所审计、律师事务所出具法律意见书后，报国务院证券监督管理机构备案并公告。

根据《中华人民共和国证券投资基金法》中的相关规定，律师事务所接受基金管理人、基金托管人的委托，为有关基金业务活动出具法律意见书等文件，应当勤勉尽责，对所依据的文件资料内容的真实性、准确性、完整性进行核查和验证。其制作、出具的文件有虚假记载、误导性陈述或者重大遗漏，给他人财产造成损失的，应当与委托人一同承担连带赔偿责任。律师事务所未勤勉尽责，所出具的文件有虚假记载、误导性陈述或者重大遗漏的，责令改正，没收业务收入，暂停或者撤销相关业务许可，并处业务收入1倍以上5倍以下罚款。对直接负责的主管人员或其他直接责任人员给予警告，并处3万元以上10万元以下罚款。

词条名称：**会计师事务所**

英　　文：**accounting firm**

定义：会计师事务所是指为基金提供会计服务的中介服务机构。

释义：根据《中华人民共和国证券投资基金法》的相关规定，会计师事务所在基金方面的业务主要涉及以下方面：

基金管理人或托管人职责终止的，应当按照规定聘请会计师事务所对基金财产进行审计，并将审计结果予以公告，同时报国务院证券监督管理机构备案。

基金合同终止时，基金管理人应当组织清算组对基金财产进行清算。清算组做出的清算报告经会计师事务所审计、律师事务所出具法律意见书后，报国务院证券监督管理机构备案并公告。

根据《中华人民共和国证券投资基金法》的相关规定，会计师事务所接受基金管理人、基金托管人的委托，为有关基金业务活动出具审计报告、内部控制评价报告等文件，应当勤勉尽责，对所依据的文件资料内容的真实性、准确性、完整性进行核查和验证。其制作、出具的文件有虚假记载、误导性陈述或者重大遗漏，给他人财产造成损失的，应当与委托人承担连带赔偿责任。会计师事务所未勤勉尽责，所出具的文件有虚假记载、误导性陈述或者重大遗漏的，责令改正，没收业务收入，暂停或者撤销相关业务许可，并处业务收入1倍以上5倍以下罚款。对直接负责的主管人员和其他直接责任人员给予警告，并处3万元以上10万元以下罚款。

词条名称：**投资顾问机构**

英　　文：**investment consulting agency**

定义：投资顾问机构是指从事基金投资顾问业务活动的机构。

释义：基金投资顾问是指按照约定向基金管理人、基金投资人等服务对象提供基金以及其他中国证监会认可的投资产品的投资建议，辅助客户做出投资决策，并直接或者间接获取经济利益的业务活动。《中华人民共和国证券投资基金法》规定：“基金投资顾问机构及其人员提供基金投资顾问服务，应当具有合理的依据，对其服务能力和过往业绩进行如实陈述；不得以任何方式承诺或者保证投资收益，不得为本机构、人员以及他人的利益而损害基金等服务对象的合法权益。”基金投资顾问机构及其从业人员从事证券服务业务不得从事下列行为：

1. 泄露服务对象的投资决策计划信息。

2. 利用投资顾问服务与他人合谋操纵市场或者进行内幕交易。

3. 为本机构、特定客户或者利益相关者的利益损害服务对象的合法权益。

4. 以基金投资顾问机构从业人员个人名义收取投资顾问费用。

5. 中国证监会规定禁止的其他行为。

词条名称：**基金评价机构**

英　　文：**fund rating agency**

定义：基金评价机构是指从事基金评价业务活动的机构。

释义：基金评级是对基金过往业绩的一种评价，正确合理地使用评级结果，有助于投资者全面、迅速地了解基金过往的风险收益特征，为选择基金管理人等提供有益的参考。

根据中国证监会2009年颁布的《证券投资基金评价业务管理暂行办法》规定，基金评价机构应当加入中国证券业协会；在加入中国证券业协会后15个工作日内向中国证监会报送书面材料进行备案；应当具有健全的组织架构和完善的内部控制制度；有足够熟悉基金及其评价业务的专业人员；有完善、系统的评价标准、方法以及严谨的业务规范。基金评价人员应当具备基金从业资格。

（三）基金监管机构和自律组织

词条名称：基金监管机构

英　　文：fund regulatory commission

定义：基金监管机构和自律组织是指运用法律的、经济的以及必要的行政手段，对基金市场参与者的行为进行监督与管理的部门。

释义：中国证监会是我国基金市场的监管主体，其依法对基金市场参与者的行为进行监督管理，在涉及个别监管事项上，如基金托管资格核准、商业银行设立基金公司的审核及监管等，则由中国证监会联合其他有关金融监管部门实施联合监管。基金行业协会是证券投资基金行业的自律性组织，证券交易所负责组织和监督基金的上市交易，并对上市交易基金的信息披露进行监督。

词条名称：基金自律性组织

英　　文：investment fund self-regulatory organization; investment fund association

定义：基金自律性组织是指基金为协调内部相关成员关系而成立的自我约束的公约性组织。

释义：《中华人民共和国证券投资基金法》规定，基金行业协会是证券投资基金行业的自律性组织，是社会团体法人。其权力机构为全体会员组成的会员大会，协会章程由会员大会制定，并报国务院证券监督管理机构备案。基金行业协会应履行下列职责。

1. 教育和组织会员遵守有关证券投资的法律、行政法规，维护投资人合法权益。

2. 依法维护会员的合法权益，反映会员的建议和要求。

3. 制定和实施行业自律规则，监督、检查会员及其从业人员的执业行为，对违反自律规则和协会章程的，按照规定给予纪律处分。

4. 制定行业执业标准和业务规范，组织基金从业人员的从业考试、资质管理和业务培训。

5. 提供会员服务，组织行业交流，推动行业创新，开展行业宣传和投资人教育活动。

6. 对会员之间、会员与客户之间发生的基金业务纠纷进行调解。

7. 依法办理非公开募集基金的登记、备案。

8. 协会章程规定的其他职责。

十八、证券投资基金投资风险[①]

（一）基金风险收益特征

词条名称：股票基金风险收益

英　　文：risk-return of equity fund

定义：股票型基金在证券投资基金中通常属于高风险的品种，其预期

---

① 撰写：赵静；审核：魏娜；单位：华商基金管理有限公司。

风险与收益通常高于混合型基金、债券型基金和货币市场基金。

释义：股票基金提供了一种长期的投资增值性，但股票基金也面临一定的投资风险，主要包括系统性风险、非系统性风险以及管理运作风险。系统性风险即市场风险，是指由整体政治、经济、社会等环境因素对证券价格所造成的影响。非系统性风险是指个别证券特有的风险。管理运作风险是指由于基金经理对基金的主动性操作行为而导致的风险。股票基金通过分散投资可以大大降低个股投资的非系统性风险，但却不能回避系统性投资风险，而管理运作风险则因基金而异。

词条名称：**债券基金风险收益**

英　　文：**risk-return of bond fund**

定义：债券型基金在证券投资基金中通常属于中等风险的品种，其预期风险与收益通常高于货币市场基金，低于混合型基金和股票型基金。

释义：债券基金主要投资于国债、可转债、企业债。根据中国证监会对基金类别的分类标准，基金资产80%以上投资于债券的为债券基金。债券基金风险较低，收益一般；适合于追求本金相对安全、回报略高的稳健型、保守型投资者。债券基金的波动性通常要小于股票基金，因此常常被投资者认为是收益、风险适中的投资工具。债券基金主要的投资风险包括利率风险、信用风险、提前赎回风险以及通货膨胀风险。利率风险指的是债券的价格与市场利率变动密切相关，且呈反方向变动。信用风险指的是债券发行人没有能力按时支付利息、到期归还本金的风险。提前赎回风险指的是债券发行人有可能在债券到期日之前回购债券的风险。通货膨胀风险是指通货膨胀会吞噬固定收益所形成的购买力的风险。

词条名称：**混合基金风险收益**

英　　文：**risk-return of hybrid fund**

定义：混合型基金在证券投资基金中通常属于中等风险的品种，其预期风险与收益通常高于债券型基金和货币市场基金，低于股票型基金。

释义：混合基金同时以股票、债券等为投资对象，以期通过在不同资产类别上的投资实现收益与风险之间的平衡。混合基金的风险低于股票基金，预期收益则要高于债券基金。它为投资者提供了一种在不同资产类别之间进行分散投资的工具，比较适合较为保守的投资者。混合基金的投资风险主要取决于股票和债券配置比例的大小。一般而言，偏股型基金、灵活配置型基金的风险较高，但预期收益率也较高；偏债型基金的风险较低，预期收益率也较低；股债平衡型基金的风险与收益则较为适中。

词条名称：**货币基金风险收益**

英　　文：**risk-return of money market fund**

定义：货币基金在证券投资基金中通常属于低风险的品种，其预期风险与收益低于债券型基金、混合型基金和股票型基金。

释义：货币基金以货币市场工具为投资对象。与其他类型的基金相比，货币市场基金具有风险低、流动性好的特点。货币市场基金是厌恶风险、对资产流动性和安全性要求较高的投资者进行短期投资的理想工具，或是暂时存放现金的理想场所。需要注意的是，货币市场基金的长期收益率较低。货币市场基金同样会面临利率风险、购买力风险、信用风险、流动性风险。但由于我国货币基金不得投资于剩余期限高于397天的债券，投资组合的平均剩余期限不得超过180天，实际上货币市场基金的风险是较小的。

词条名称：**指数基金风险收益**

英　　文：**risk-return of index fund**

定义：指数基金的预期风险与收益与其跟踪的标的指数密切相关，通常低于投资范围类似的主动型基金。

释义：由于指数型基金都是严格按照契约跟踪指数，不同标的指数的风险收益特征反映了基金的风险收益特征。一方面，由于指数基金广泛地分散投资，任何单个股票的波动都不会对指数基金的整体表现构成影响，从而分散风险；另一方面，由于指数基金所钉住的指数一般都具有较长的历史可以追踪，因此在一定程度上指数基金的风险是可以预测的。

词条名称：**保本基金风险收益**

英　　文：**risk-return of capital/principal guaranteed fund**

定义：对于自认购期起持有基金至保本周期到期的持有人来说，保本基金属于预期风险和预期收益极低的证券投资基金品种，其预期风险和收益水平低于股票型基金、债券型基金及普通混合型基金。

释义：保本基金亏本的风险几乎等于零，但保本的性质在一定程度上限制了基金收益的上升空间。

保本基金的最大特点是其招募说明书中明确引入保本保障机制，以保证基金份额持有人在保本周期到期时，可以获得投资本金的保证。保本基金通常会将大部分资金投资于与基金保本期到期日一致的债券；同时，为提高收益水平，保本基金会将其余部分投资于股票、衍生品工具等高风险资产上，使得市场不论是上涨还是下跌，该基金于投资期限到期时都能保障其本金不遭受损失，因此比较适合那些不能忍受投资亏损、比较稳健和保守的投资者。保本基金也存在一定的投资风险。首先，保本基金有一个保本期，投资者只有持有到期后才会获得本金保证或收益保证；其次，保本的性质在一定程度上限制了基金收益的上升空间；再次，尽管投资保本基金亏本的风险几乎等于零，但投资者仍必须考虑投资的机会成本与通货膨胀损失。

词条名称：**合格境内机构投资者（QDII）基金风险收益**

英　　文：**risk-return of QDII fund**

定义：合格境内机构投资者基金的预期风险和预期收益与其投资范围密切相关。通常，股票型的合格境内机构投资者基金属于中等偏高的证券投资基金品种，其预期风险和收益水平低于全球股票型基金，高于债券基金及货币市场基金。

释义：不同于只能投资于国内市场的公募基金，合格境内机构投资者基金可以进行国际市场投资。通过合格境内机构投资者基金进行国际市场投资，不但为投资者提供了新的投资机会，而且由于国际证券市场常常与国内证券市场具有较低的相关性，也为投资者降低组合投资风险提供了新的途径。

合格境内机构投资者基金所面临的投资风险，主要有：（1）汇率风险。（2）国别/地区风险、新兴市场风险等特别投资风险。（3）市场风险。（4）流动性风险。由于合格境内机构投资者基金涉及跨境交易，基金申购、赎回的时间要长于国内其他基金。

（二）基金投资一般风险

词条名称：市场风险

英　　文：market risk；systematic risk

定义：市场风险就是系统性风险，是指由整体政治、经济、社会等环境因素对证券价格所造成的影响。

释义：市场风险包括政策风险、经济周期性波动风险、利率风险、购买力风险、汇率风险等。这种风险不能通过分散投资加以消除，因此又被称为“不可分散风险”。

当基金投资于股票市场时，上市公司的股价不但受其自身业绩、所属行业的影响，更会受到政府的经济政策、经济周期、利率水平等宏观因素的影响，从而使股票的价格表现出一种不确定性。当基金投资于国债市场时，同样，国债的价格也会随着利率的变动而大幅波动，即当利率上升时，国债价格会下降。所以，即使基金具有分散风险的功能，但由于股票、债券等市场存在固有的风险，基金投资也难免出现风险。

词条名称：流动性风险

英　　文：liquidity risk

定义：流动性风险是指由于投资者赎回时间和赎回数量的不确定所引起的基金资产变现的不确定损失。

释义：开放式基金流动性风险是指基金管理者在面临持有人赎回压力时，难以在合理的时间内以公允价格将其投资组合变现而引起资产损失或交易成本的不确定性。当流动性供给者与流动性需求者出现不匹配时，往往会导致流动性的降低。一般而言，流动性风险的大小取决于两个方面因素：从资金的供给角度看，取决于股票市场和货币市场；从资金需求的角度看，则要看基金持有人的结构。流动性风险是开放式基金运作中所有风险的集中表现，像管理风险、市场风险、操作风险等，都会通过流动性风险的积聚而爆发。

词条名称：管理风险

英　　文：management risk

定义：管理风险是指基金运作各当事人的管理水平给投资人带来的风险。

释义：管理风险具体是指：在基金管理运作过程当中，基金管理人对信息的占有和分析及对宏观面、行业发展、市场走势的判断能力，会较大程度上影响基金收益水平，即基金管理人的管理能力决定基金的收益状况。同时，基金管理人的投资管理制度、风险管理和内部控制制度是否健全，能否有效防范道德风险和其他合规性风险，以及基金管理人的职业道德水平等，也会对基金的风险收益水平造成影响。

词条名称：**操作风险**

英　　文：**operational risk**

定义：操作风险是指因人员操作失误、技术误差或设备运行故障可能造成的损失。

释义：相关当事人在业务各环节操作过程中，因内部控制存在缺陷或人为因素造成操作失误，或违反操作规程等引致的风险，如越权违规交易、会计部门欺诈、交易错误、IT系统故障等风险。

词条名称：**技术风险**

英　　文：**technology risk**

定义：技术风险是指当计算机、通信系统、交易网络等技术保障系统或信息网络支持出现故障导致的风险。

释义：当计算机、通信系统、交易网络等技术保障系统或信息网络支持出现异常情况，可能导致基金日常的申购、赎回无法按正常时限完成、注册登记系统瘫痪、核算系统无法按正常时限显示基金净值、基金的投资交易指令无法及时传输等风险。

词条名称：**政策风险**

英　　文：**policy risk**

定义：政策风险是指因国家宏观政策发生变化导致市场价格波动，对基金收益产生影响的风险。

释义：货币政策、财政政策、产业政策、法律环境等方面的变化对证券市场产生一定的影响，导致市场价格波动，进而影响基金的收益水平。

政策风险防范主要取决于市场参与者对国家宏观政策的理解和把握，取决于投资者对市场趋势的正确判断。由于政策风险防范的主要对象是政府管理当局，因而有其特殊性。

词条名称：**未知价风险**

英　　文：**unknown price risk；forward price risk**

定义：未知价风险是指投资者当日申购或赎回开放式基金时，无法知道会以什么价格成交的风险。

释义：开放式基金的申购和赎回交易采取未知价原则，即投资者当日进行基金交易时，并不知道当日的基金份额净值，基金份额净值通常要在当日交易时间后计算出来。因此，投资者进行基金交易时所参考的份额净值是之前基金开放日的数据，而当日基金份额净值尚无法确定。在市场存在较大波动的情况下，投资者可能要承担申购价格比预期过高或赎回价格比预期过低的风险。

词条名称：**不可抗力风险**

英　　文：**force majeure risk**

定义：不可抗力风险是指不能预

见、不能避免且不能克服的客观事件发生时给基金及投资者带来的风险。

释义：不可抗力事件包括战争、自然灾害和政治事件等。当不可抗力发生时，证券市场、基金管理人及基金销售代理人可能因不可抗力无法正常工作，从而有影响基金的申购和赎回按正常时限完成的风险。

在出现不可抗力时，基金管理人可以拒绝接受或暂停基金投资者的赎回申请，这样投资者必须承担所带来的赎回无法如期实现的风险。

十九、特殊证券投资基金品种风险[①]

（一）交易型开放式指数基金（ETF）投资风险

词条名称：标的指数波动风险

英　　文：index fluctuation risk

定义：标的指数波动风险是指因标的指数波动给基金业绩带来波动的风险。

释义：标的指数成分股的价格可能受到政治因素、经济因素、上市公司经营状况、投资人心理和交易制度等各种因素的影响而波动，导致指数波动，从而使基金收益水平发生变化的风险。

词条名称：标的指数偏离风险

英　　文：index tracking risk

定义：标的指数偏离风险是指因某些因素可能使基金投资组合的收益率与标的指数的收益率发生偏离，从而带来的投资风险。

释义：以下因素可能使基金投资组合的收益率与标的指数的收益率发生偏离：

1. 由于标的指数调整成分股或变更编制方法，使本基金在相应的组合调整中产生跟踪偏离度与跟踪误差。

2. 由于标的指数成分股发生配股、增发等行为导致成分股在标的指数中的权重发生变化，使本基金在相应的组合调整中产生跟踪偏离度和跟踪误差。

3. 成分股派发现金红利、新股市值配售收益将导致基金收益率超过标的指数收益率，产生正的跟踪偏离度。

4. 由于成分股停牌、摘牌或流动性差等原因，使本基金无法及时调整投资组合或承担冲击成本而产生跟踪偏离度和跟踪误差。

5. 由于基金投资过程中的证券交易成本，以及基金管理费和托管费的存在，使基金投资组合与标的指数产生跟踪偏离度与跟踪误差。

6. 在本基金指数化投资过程中，基金管理人的管理能力，例如跟踪指数的水平、技术手段、买入卖出的时机选择等，都会对本基金的收益产生影响，从而影响本基金对标的指数的跟踪程度。

7. 其他因素产生的偏离。如因受到最低买入股数的限制，基金投资组合中个别股票的持有比例与标的指数中该股票的权重可能不完全相同；因缺乏卖空、对冲机制及其他工具造成的指数跟踪成本较大；因基金申购与

---

① 撰写：赵静；审核：魏娜；单位：华商基金管理有限公司。

赎回带来的现金变动；因指数发布机构指数编制错误等，由此产生跟踪偏离度与跟踪误差。

词条名称：**标的指数变更风险**

英　　文：**index change risk**

定义：标的指数变更风险是指因标的指数变更给基金投资带来的风险。

释义：尽管可能性很小，但是当出现变更标的指数的情形时，交易型开放式指数基金将变更标的指数。基于原标的指数的投资政策将会改变，投资组合将随之调整，基金的收益风险特征将与新的标的指数保持一致，投资者须承担此项调整带来的风险与成本。

词条名称：**交易对手风险**

英　　文：**counterparty risk**

定义：交易对手风险是指基金在进行相关的投资交易过程中，某一交易对手违约对该基金所产生影响的风险。

释义：巴塞尔委员会认为，对未结算的证券、商品和外汇交易，从交易日开始都会面临交易对手风险，特别是交易对手的信用风险。交易对手信用风险可能与市场风险、流动性风险、法律和操作风险都有联系。

金融衍生品的发行商通常都是国际投资银行，各家投行之间业务交错复杂，并伴随着高行业集中度。一旦某一交易对手违约，将不可避免地会对其他交易对手产生连锁影响。一旦发生违约或需行使申索抵押品的权利时，抵押品会因不能迅速清算而产生相应的流动性风险；并且清算所需时间越长，抵押品的价值也会相应下降得越多，可跌至远低于原先提供的担保价值，从而使投资人蒙受重大损失。

词条名称：**参考基金份额净值（IOPV）决策风险**

英　　文：**decision-making risk-referencing IOPV**

定义：参考基金份额净值是指基金份额净值与实时的基金份额净值可能存在差异，基金份额净值计算可能出现错误，投资者若参考基金份额净值进行投资决策可能导致损失，从而产生风险。

释义：证券交易所在开市后根据申购、赎回清单和组合证券内各只证券的实时成交数据，计算并发布参考基金份额净值（IOPV），供投资者交易、申购、赎回基金份额时参考。基金份额净值与实时的基金份额净值可能存在差异，基金份额净值计算可能出现错误，投资者若参考基金份额净值进行投资决策可能导致损失，需投资者自行承担。参考基金份额净值决策和基金份额净值计算错误的风险是交易型开放式指数基金的特有风险之一。

词条名称：**折溢价风险**

英　　文：**discount/premium risk**

定义：折溢价风险是指基金份额在证券交易所的交易价格受诸多因素影响，存在不同于基金份额净值的情形，因而产生的风险。

释义：折溢价风险是交易开放式指数基金的特有风险之一。尽管交易型开放式指数基金将通过有效的套利机制使基金份额二级市场交易价格的折溢价控制在一定范围内，但基金份额在证券交易所的交易价格受诸多因素影响，存在不同于基金份额净值的情形，即存在价格折溢价的风险。

词条名称：套利风险

英　　文：arbitrage risk

定义：套利风险是指由于证券市场的交易机制和技术约束，完成套利需要一定的时间因而产生的风险。

释义：套利风险是交易型开放式指数基金的特有风险之一。由于证券市场的交易机制和技术约束，完成套利需要一定的时间，因此套利存在一定风险。同时，买卖一篮子股票和交易型开放式指数基金存在冲击成本和交易成本，所以折溢价在一定范围之内也不能形成套利。另外，当一篮子股票中存在涨停或临时停牌的情况时，也会由于买不到成分股而影响溢价套利，或卖不掉成分股而影响折价套利。

词条名称：交易型开放式指数基金（ETF）申购风险

英　　文：subscription risk of ETF

定义：交易型开放式指数基金申购风险是指投资者申购交易型开放式指数基金时，可能由于市场原因导致申购失败的风险。

释义：申购、赎回失败风险是指交易型开放式指数基金的申购、赎回清单中，可能仅允许对部分成分股使用现金替代，且设置现金替代比例上限，因此，投资者进行申购时，可能存在因个别成分股涨停、临时停牌等原因而无法买入申购所需的足够的成分股，导致申购失败的风险。

词条名称：交易型开放式指数基金（ETF）赎回风险

英　　文：redemption risk of ETF

定义：交易型开放式指数基金赎回风险是指投资者赎回交易型开放式指数基金时，可能由于市场原因导致赎回失败的风险。

释义：赎回对价的变现风险是指交易型开放式指数基金赎回对价主要为组合证券，在组合证券变现过程中，由于市场变化、部分成分股流动性差等因素，导致投资者变现后的价值与赎回时赎回对价的价值有差异，存在变现风险。

词条名称：基金退市风险

英　　文：delisting risk of ETF

定义：基金退市风险是指因交易型开放式指数基金被终止上市，导致基金份额不能继续进行交易的风险。

释义：因交易型开放式指数基金不再符合证券交易所上市条件被终止上市，或被基金份额持有人大会决议提前终止上市，导致基金份额不能继续进行二级市场交易的风险是交易型开放式指数基金的特有风险之一。

词条名称：第三方机构服务的风险

英　　文：agency service risk

定义：第三方机构服务的风险是指交易型开放式指数基金的多项服务委托第三方机构办理带来的风险。

释义：交易型开放式指数基金的多项服务委托第三方机构办理存在以

下风险：

1. 申购、赎回代理券商因多种原因，导致代理申购、赎回业务受到限制、暂停或终止，由此影响对投资者申购、赎回服务的风险。

2. 登记结算机构可能调整结算制度，如实施货银对付制度，对投资者基金份额、组合证券及资金的结算方式发生变化，制度调整可能给投资者带来理解偏差的风险。同样的风险还可能来自于证券交易所及其他代理机构。

3. 证券交易所、登记结算机构、基金托管人及其他代理机构可能违约，导致基金或投资者利益受损的风险。

（二）合格境内机构投资者（QDII）基金投资风险

词条名称：**汇率风险**

英　　文：**exchange rate risk; currency risk**

定义：汇率风险是指美元等外币相对于人民币的汇率变化将会影响合格境内机构投资者基金以人民币计价的基金资产价值，导致基金资产面临的风险。

释义：汇率风险是合格境内机构投资者基金全球投资所产生的特殊风险之一。合格境内机构投资者基金以人民币募集和计价，经过换汇后，投资于全球市场以多种外币计价的金融工具。此外，合格境内机构投资者基金可投资于全球成熟市场和新兴市场，部分新兴市场国家或地区可能对外汇实施管制，从而带来一定的货币汇兑风险。

词条名称：**国家/地区市场风险**

英　　文：**national/regional market risk**

定义：国家/地区市场风险是指全球投资受到各个国家或地区宏观经济的影响，使基金资产面临的风险。

释义：全球投资受到各个国家或地区宏观经济运行情况、货币政策、财政政策、产业政策、税法、汇率、交易规则、结算、托管以及其他运作风险等多种因素的影响，上述因素的波动和变化可能会使基金资产面临潜在风险。此外，全球投资的成本、全球市场的波动性也可能高于国内 A 股市场，存在一定的市场风险。国家或地区市场风险是合格境内机构投资者基金全球投资所产生的特殊风险之一。

词条名称：**新兴市场投资风险**

英　　文：**risk of investing in emerging markets**

定义：新兴市场投资风险是指投资于新兴市场的风险可能高于成熟市场，使得基金资产面临更大的波动性的风险。

释义：与成熟市场相比，新兴市场往往具有市场规模较小、发展不完善、制度不健全、流动性较差、波动性较高等特点。投资于新兴市场的风险可能高于成熟市场，使得基金资产面临更大的波动性和潜在风险。此外，新兴市场的经济环境、政治环境往往更不稳定，进一步加大了新兴市场的潜在投资风险。新兴市场投资风险是合格境内机构投资者基金全球投资所产生的特殊风险之一。

词条名称：**法律和政治风险**

英　　文：**legal and political risk**

定义：法律和政治风险是指由于各个国家或地区适用于不同法律法规的原因，可能导致合格境内机构投资者基金的某些投资行为在部分国家或地区受到限制，或合同不能正常执行，从而使基金资产面临损失的风险。

释义：由于各个国家或地区适用不同法律法规的原因，可能导致合格境内机构投资者基金的某些投资行为在部分国家或地区受到限制或合同不能正常执行，使得基金资产面临损失的可能性。基金所投资的国家或地区因政治局势变化（如罢工、暴动、战争等）或法令的变动，可能导致市场产生较大波动，从而给合格境内机构投资者基金的投资收益造成直接或间接的影响。此外，基金所投资的国家或地区可能会不时采取某些管制措施，如资本或外汇管制、对公司或行业的国有化、没收资产以及征收高额税收等，从而对基金收益以及基金资产带来不利影响。法律和政治风险是合格境内机构投资者基金全球投资所产生的特殊风险之一。

词条名称：**会计制度风险**

英　　文：**accounting system risk**

定义：会计制度风险是指由于各个国家或地区会计核算标准存在差异，可能导致基金经理对公司盈利能力、投资价值的判断产生偏差，从而对基金投资产生潜在风险。

释义：由于各个国家或地区对上市公司日常经营活动的会计处理、财务报表披露等会计核算标准的规定存在一定差异，可能导致基金经理对公司盈利能力、投资价值的判断产生偏差，从而给合格境内机构投资者基金投资带来潜在风险。会计制度风险是合格境内机构投资者基金全球投资所产生的特殊风险之一。

词条名称：**税务风险**

英　　文：**taxation risk**

定义：税务风险是指由于各个国家或地区在税务方面的法律法规存在一定差异，在当地投资时缴纳税金可能会影响基金收益的风险。

释义：由于各个国家或地区在税务方面的法律法规存在一定差异，当投资某个国家或地区市场时，该国家或地区可能会要求基金就股息、利息、资本利得等收益向当地税务机构缴纳税金，该行为会使基金收益受到一定影响。此外，各个国家或地区的税收规定可能发生变化，或者实施具有追溯力的修订，从而导致基金向该国家或地区缴纳在基金销售、估值或者出售投资当日并未预计的额外税项。

二十、私募基金用词①

（一）私募基金特点

词条名称：**J 曲线效应**

英　　文：**J－curve effect**

定义：J 曲线效应是指通常人们在

① 撰写：易叶舟、付军宁；审核：蒋明、田娜；单位：嘉实基金管理有限公司。

考察私募股权基金收益情况时，会以时间为横轴，以收益率为纵轴画出一条曲线。通过长期观察，人们发现这条曲线的轨迹大致类似于字母J，因此这种现象被形象地称为J曲线效应。

释义：私募股权基金的内部回报率通常呈现J曲线效应，即正回报通常出现在基金寿命的后几年。在这之前，即基金存续的早期阶段，私募股权基金有价值下降的趋势，这一阶段通常被称作“眼泪的山谷”（valley of tears）。

J曲线效应可以用创设成本和管理费用以及管理者所用的估值策略来解释。

1. 创设成本和管理费用。由于从初次募集资金中扣除创设成本和管理费用是一种惯例做法，因此基金资产的最初价值要小于投资者最初的投入资本，而且在早先的几年内，这些费用和创设成本与实际投入资本相比显得很高，因为这些费用和创立成本的计算基础是整个基金的规模，而非实际投资额。

2. 估值策略。当私募股权基金处于寿命前期时，需要以当时基金的资产估值计算投资组合价值和内部回报率。由于基金一般会使用保守的估值方法，因此早期基金将倾向于低估组合资产的账面价值或对表现不好的投资进行销账。

词条名称：**私募基金国际流行“2－20”收费模式**

英　　文：**“2－20” fee model**

定义：私募基金国际流行“2－20”收费模式是指私募基金管理公司收取基金规模2%左右的管理费和投资收益部分的20%作为佣金收入的一种收费模式。

释义：在这种收费模式下，管理人收取的费用包括两部分：2%基础管理费和20%业绩提成。2%的基础管理费与基金业绩无关，20%的业绩提成需满足一定条件才能提取。当私募基金产生盈利且同时达到基金条款中的某些要求（如基金收益超过8%才能提成等）时，私募基金管理人才能提取其中的20%作为回报。这种“2－20”收费模式是私募基金国际流行的收费模式，著名的美国索罗斯基金、老虎基金、中国香港惠理基金等都采用这种收费模式。

（二）私募基金相关条款

词条名称：**完全棘轮条款**

英　　文：**full ratchet provision; full-ratchet anti-dilution protection**

定义：完全棘轮条款是指如果公司后续发行的股票价格低于前一轮发行的优先股的转换价格，则前一轮优先股的转换价格应调整为新一轮股票的发行价格。

释义：完全棘轮条款是反稀释条款的一种，主要目的是在目标公司进行后续融资或者定向增发时，避免之前风险投资人的股份贬值或份额被过分稀释。

示例：某公司在A轮融资中以每股$1.00的价格发行了1 000 000股优先股，其与普通股的转换比例为1∶1（即转换价格为$1.00），并附有完全棘轮条款。之后，该公司在B轮融资

中又以每股 $0.50 的价格发行了 1 000 000 股优先股，其与普通股的转换比例也为 1∶1（即转换价格为 $0.50）。在完全棘轮条款下，此时 A 轮融资中优先股与普通股的转换比例将调整为 1∶2（即转换价格从 $1.00 调整为 $0.50），从而保证调整后 A 轮优先股的融资价格与 B 轮相等。

词条名称：**对赌协议**

英　　文：**valuation adjustment mechanism（VAM）**

定义：对赌协议是指投资方与融资方在达成协议时，双方对于未来不确定情况的一种约定。如果约定的条件出现，投资方可以行使一种估值调整协议权利；如果约定的条件不出现，融资方则行使一种权利。

释义：对赌协议其实是一种对管理者既激励又约束的特殊机制，其主要目的是为了降低投资风险、保护投资者。

相对于私募股权投资基金，被投资企业的管理层对企业的经营和未来发展具有更强的信息优势和控制优势，这些优势不可避免地存在着委托—代理问题。在私募股权投资基金投资之前，被投资企业存在虚报未来利润和夸大发展前景以获得高估值的可能性；在基金投资之后，被投资企业存在不努力经营甚至转移利润而损害基金利益行为的可能性。因此，私募股权投资基金在实践中逐步发展了估值调整机制——对赌协议。其一般表现形式为：如果接受投资的公司经营业绩能够达到协议所规定的一种额度，投资方在获得投资股份大幅增值的前提下，须向公司管理层支付一定数量的股份；反之，若接受投资的公司经营无法完成投资协议约定的经营指标，则须向投资方支付一定数量的股份，以弥补其投资收益的不足。

示例：下面以摩根斯坦利投资蒙牛这一案例来阐述对赌协议在实际私募股权投资中的应用。2003 年 10 月，摩根斯坦利等机构通过“可换股文据”对蒙牛乳业进行投资，并约定未来换股价格为 0.74 港元/股。另外，为了使预期增值的目标能够兑现，摩根士丹利等投资者还与蒙牛管理层签署了基于业绩增长的对赌协议。双方约定，2003 年至 2006 年，蒙牛乳业的复合年增长率不低于 50%。若达不到，蒙牛管理层要向摩根士丹利等机构支付最多不超过 7 830 万股蒙牛股票或支付等值现金；如果业绩增长达到目标，摩根士丹利等机构要向蒙牛管理团队支付同等股份。最后，蒙牛业绩增长达到预期目标。摩根士丹利等机构“可换股文据”的期权价值和给予蒙牛乳业管理层的股份奖励都得以兑现。

词条名称：**钩回条款**

英　　文：**claw-back provision**

定义：钩回条款指如果普通合伙人得到了超过事先协定的收益分成，或未能向有限合伙人返还全部出资并提供优先回报，普通合伙人必须退还其得到的超额分配，以弥补应支付给有限合伙人的金额。

释义：有限合伙协议在规定利益如何在有限合伙人和普通合伙人之间

进行分配时，通常会有钩回条款。

钩回条款是为了保护有限合伙人的利益而设置的，并建立在私募股权基金每单个项目退出后就分配的前提上。它要求普通合伙人从每单个项目获取的收益分配中拿出一定比例存入以有限合伙人名义专门开立的普通合伙人收益分成账户，收益分成账户中的资金用于确保有限合伙人收回其全部实缴出资额，也即作为某些投资项目亏损后补亏的有效方式。当有限合伙人取得的现金收入不足以满足分配要求时，收益分成账户内的资金进行回拨，直至有限合伙人收回全部实缴出资；在已确保有限合伙人收回全部实缴出资的前提下，普通合伙人可以自行支配收益分成账户的资金。如有限合伙协议终止时，有限合伙人仍无法收回全部投资，普通合伙人应将其从有限合伙人中获取的其他收益回拨，直至有限合伙人收回全部实缴出资。

示例：某有限合伙协议约定所募集的人民币基金在利润分配时，每个盈利项目普通合伙人应留存收益的40%用于弥补可能亏损项目的投资本金，同时若普通合伙人总体平均收益高于约定的有限合伙人总体投资收益的25%，超出部分应进行回拨，回拨部分按合伙人的实缴出资比例分配。

词条名称：**追补条款**

英　　文：**catch-up provision**

定义：追补条款是指普通合伙人向有限合伙人支付了优先收益后，再对普通合伙人投资回报追补的相应条款规定。

释义：追补条款是私募股权投资合伙协议中的常见内容。

示例：双方事先约定一个利润分成比例 m 以及门槛收益率 n，当实际收益率 r 超过 n 之后，超额部分全部追补给普通合伙人，直到普通合伙人获取的收益率占实际收益率 r 的比例达到 m 为止，此时实际收益率 r∗ = n/1 − m。此后基金若还有超额的收益，则超过 r∗ 的收益部分将按照固定的比例（例如，有限合伙人：80%，普通合伙人：20%）进行分配。

词条名称：**关键人条款**

英　　文：**key man clause**

定义：关键人条款是指当指定的基金管理团队的核心成员身故或离开基金时，基金将暂停投资或解散并清算。

释义：关键人物的退出、离开或者更换，可能对基金运作产生重大影响。关键人一般是指在基金募集、项目获取、投资决策、增值服务、投资退出等重要环节发挥关键性作用的团队核心成员。因此，关键人条款通常是私募股权基金有限合伙协议的必备条款。不同协议对关键人条款的规定有所不同，一般而言，是指关键人在整个基金存续期间不得离开，否则有限合伙人有权要求中止向基金进行出资承诺和后续投资，若未能在规定期限内就替代人选达成协议，基金将解散并进行清算。关键人士可以有一名或多名，人数不同也会影响协议的具体规定；若有多名关键人，即便其中一人离职，也不一定会对基金运作产生很大影响。

词条名称：承诺出资制

英　　文：capital commitment

定义：承诺出资制是指在基金募集（或首轮募集）的最后阶段，基金出资人只需将承诺出资总额的一定比例安排资金到位，基金即可宣告成立。剩余部分则在后续的基金运作中根据项目进度的需要陆续进行实缴。

释义：承诺出资是有限合伙形式基金的特点之一，这一资本金陆续到位的认缴实缴制度已成为行业标准。在操作上，首轮募集资金一般会快速投资于已就绪的投资项目。基金后续寻找、筛选并投资的项目，管理公司会根据实际情况向基金出资人发出缴纳通知（Capital Call）。在承诺出资后，基金出资人将在基金投资期内，根据管理公司的出资通知书分批缴纳资本金，直至累计的实际出资金额达到承诺出资总额。

与全部资金一次到位的出资方式相比，承诺出资制大大提高了资金的使用效率。闲置资金会产生时间成本，基金的闲置资金过多会降低基金的内部收益率（IRR），对基金整体业绩产生负面影响。所以一般情况下管理公司不会要求出资人一次性缴纳全部出资，除非该基金为基于单一项目的基金，或者是其他特殊情况。同时，基金管理人需要考虑出资人延迟缴纳出资的情况，避免因为资金不足而失去投资机会。

（三）私募基金退出方式

词条名称：上市退出

英　　文：initial public offering exit（IPO exit）

定义：上市退出，又称“IPO 退出”，是指私募股权投资基金通过所投资企业首次公开发行股份的方式退出投资。

释义：采用首次公开上市这种退出方式，对于企业而言，不仅可以保持风险企业的独立性，而且还可以获得在证券市场上持续融资的渠道。而对于股权投资基金来说，则可以获得非常高的投资回报，也是最佳的途径和最成功的标志。

但是，首先，推动企业公开上市所需时间周期相对比较长；其次，限制出售的条款，即只有在公开招股后的一定时期过后才能自由出售其所拥有的股份，大大限制了资本的流动性；最后，企业实现公开上市，要受自身发展情况和资本市场行情的影响，还需要支付昂贵的费用，所需要达到的标准和过程也比较繁琐。

词条名称：并购退出

英　　文：merger & acquisition exit（M&A Exit）

定义：并购退出是指私募股权投资基金所投资企业被其他企业兼并或收购，从而实现退出的一种方式。

释义：狭义的并购主要指吸收型并购（Merger），即并购后只有并购方仍然存在，而被并购公司则被解散和法人主体资格消失的并购方式。广义的并购除了吸收型并购外，还包括收购（Acquisition），即一个企业通过购买另一个企业的全部或部分股权或资产而取得该企业的全部或部分所有权的并购方式。

由于股票上市及股票升值需要一定的时间，或者企业难以达到首次公开上市的标准，许多股权投资基金会采用股权转让的方式退出投资。虽然并购的收益不及首次公开上市，但是资金能够很快从所投资的企业中退出并进入下一轮投资，因此并购也是股权投资基金退出的重要方式。特别是近年来IPO速度放缓，平均市盈率显著下滑，采用并购方式退出逐年增加。

词条名称：**管理层回购**

英　　文：**management buy-out (MBO)**

定义：管理层回购是指目标公司的管理者与经理层利用所融资本购买公司股份，以实现对公司所有权结构、控制权结构和资产结构的改变，进而获得产权预期收益的一种收购行为。

释义：管理层回购目前作为我国改变国有控股上市公司的产权结构、实现国有资产从竞争领域退出的重要方式，从本源来看，更适用于未上市企业的再创业活动和创业投资。

但是，管理层回购也存在诸多法律障碍。例如，《中华人民共和国公司法》规定管理层的董事、监事和经理在任职期间内不得转让自己的股份，不利于激励管理层和核心技术人员的积极性。对于股票期权计划中的股票来源和资金来源两个方面的内容，现有政策和法律也没有进行明确和具体的规定。此外，企业家是否能自己买自己的公司、有没有例外条例、是否有持股数量上的限制，如何保证股东和雇员的利益、在信息披露方面做何规定、收购后的公司承担哪些义务、管理层个人经济上的风险、信息披露的道德风险以及企业可持续发展的风险等，都需要在立法中明确。

词条名称：**清算退出**

英　　文：**liquidation exit**

定义：清算退出是指公司解散后，为最终了结现存的财产和其他法律关系，依照法定程序，对公司的财产和债权债务关系进行清理、处分和分配，以了结其债权债务关系，从而消除公司法人资格的法律行为。

释义：公司清算又分为破产清算和非破产清算两种。破产清算是指在公司不能清偿到期债务的情况下，依照破产法的规定所进行的清算；非破产清算则是指在公司解散的情况下，依照公司法的规定所进行的清算。

清算是私募股权投资基金退出的最后“防线”，但清算方式可能因剩余财产不足以弥补投资成本而导致投资亏损，所以也是私募股权投资基金最不愿意执行的方案。

二十一、投资禁止①

（一）人员禁止

词条名称：基金公司从业人员

英　　文：practitioner in fund management company

定义：基金公司从业人员是指在基金管理公司工作，从事证券投资基金业务的专业人员，应当取得从业资格和执业证书。

释义：基金公司从业人员包括基金管理公司聘用的管理人员和业务人员。管理人员包括机构法定代表人、高级管理人员、部门负责人、分支机构负责人等。业务人员包括从事基金宣传、销售、咨询、研究分析、投资管理、交易、监察稽核等业务的专业人员。

在证券投资禁止方面的要求有：

1. 法律法规明文允许基金公司从业人员投资的证券包括开放式基金、股权投资等，其中，持有开放式基金份额的期限不得少于6个月，高级管理人员、基金投资和研究部门负责人持有本公司管理的基金份额及基金经理持有本人管理的基金份额的期限不得少于1年，投资货币市场基金以及其他现金管理工具基金不受上述期限限制。基金公司从业人员应当自投资基金之日起5个工作日内真实、准确、完整地向本单位申报所投资基金的名称、时间、价格、份额数量、费率等信息。

2. 基金公司从业人员进行证券投资，应当事先向基金管理人申报，并不得与基金份额持有人发生利益冲突。公开募集基金的基金管理人应当建立从业人员进行证券投资的申报、登记、审查、处置等管理制度，并报国务院证券监督管理机构备案。

3. 公开募集基金的基金管理人的董事、监事、高级管理人员和其他从业人员，不得担任基金托管人或者其他基金管理人的任何职务，不得从事损害基金财产和基金份额持有人利益的证券交易及其他活动。

基金公司的其他工作人员是指基金公司聘用的从事上述业务以外其他工作的非基金从业人员，参照基金公司从业人员的有关规定进行管理。

词条名称：内幕知情人员

英　　文：insider

定义：内幕知情人员是指在基金管理公司所管理基金的内幕信息公开前直接或者间接获取内幕信息的人员。

释义：基金的内幕信息主要是指基金所投资、研究的证券的内幕信息，即《中华人民共和国证券法》第七十五条规定的，在证券交易活动中，涉及公司的经营、财务或者对公司证券的市场价格有重大影响的尚未公开的信息。

基金管理公司中的内幕知情人员通常包括：公司因履行工作职责而能获取基金管理公司所管理基金内幕信息的董事、监事、高级管理人员、投资管理人员及其配偶、父母、子女、其他因亲属关系获得内幕信息的人，利用

① 撰写：于慧娜，单位：银华财富资产管理（北京）有限公司；审核：林培富，单位：长盛基金管理有限公司。

骗取、套取、偷听、监听或者私下交易等非法手段，或通过其他途径获取基金管理公司所管理基金的内幕信息的人员。内幕知情人员不得利用基金的内幕信息买卖基金。

词条名称：**证券市场禁入人员**

英　　文：**person whose entry into securities market is banned; person banned from securities market**

定义：证券市场禁入人员是指因违反法律、行政法规或者国务院证券监督管理机构有关规定，情节严重的，被证券监管机构采取证券市场禁入措施的有关责任人员。

释义：基金行业可能被采取市场禁入措施的人员范围包括证券投资基金管理人、证券投资基金托管人的董事、监事、高级管理人员及其内设业务部门、分支机构负责人或者其他证券投资基金从业人员，其控股股东、实际控制人以及控股股东、实际控制人的董事、监事、高级管理人员等。

根据有关责任人员违反法律、行政法规或者中国证监会有关规定的严重程度不同，证券市场禁入措施可分为3年至5年的证券市场禁入措施，5年至10年的证券市场禁入措施和终身的证券市场禁入措施。

市场禁入人员，在禁入期间内，除不得继续在原机构从事证券业务或者担任原机构的董事、监事、高级管理人员职务外，也不得在其他任何机构中从事证券业务或者担任董事、监事、高级管理人员职务。

市场禁入措施主要是限制有关责任人员从事证券业务或者担任董事、监事、高级管理人员职务，对其证券投资并无限制。

（二）行为禁止

词条名称：**内幕交易**

英　　文：**insider trading; insider dealing**

定义：内幕交易是指基金行业内的内幕信息知情人员，在内幕信息公开前买卖相关证券，或者泄露该信息，或者建议他人买卖相关证券的行为。基金管理公司所管理的各类投资组合利用内幕信息进行交易的行为，应认定为基金管理公司的内幕交易行为。

释义：内幕交易行为的构成要件为：（1）行为主体为内幕知情人员；（2）相关信息为内幕信息；（3）行为人在内幕信息的价格敏感期内买卖相关证券，或者建议他人买卖相关证券，或者泄露该信息。

内幕交易的行为类型主要包括：（1）以本人名义，直接或委托他人买卖证券；（2）以他人名义买卖证券；（3）为他人买卖或建议他人买卖证券；（4）以明示或暗示的方式向他人泄露内幕信息。

具有下列情形之一的，可认定为以他人名义买卖证券：（1）直接或间接提供证券或资金给他人购买证券，且该他人所持有证券之利益或损失，全部或部分归属于本人；（2）对他人所持有的证券具有管理、使用和处分的权益。

内幕交易行为，涉嫌犯罪的，应当依法移送司法机关，追究其刑事责任。

词条名称：**利用非公开信息交易**

英　　文：**trading on nonpublic information**

定义：利用非公开信息交易是指基金行业内的非公开信息知情人员，利用因职务便利获取的内幕信息以外的其他未公开的信息，违反规定，从事与该信息相关的证券、期货交易活动，或者明示、暗示他人从事相关交易活动的行为。基金管理公司所管理的各类投资组合利用非公开信息进行交易的行为，应认定为基金管理公司的利用非公开信息交易行为。

释义：利用非公开信息交易与内幕交易在构成要件、行为类型、法律责任等方面都基本相同，最大的区别就是行为对象不同。内幕交易的行为对象是内幕信息，而利用非公开信息交易的行为对象是内幕信息以外的、一旦公开对证券的价格可能产生较大实质影响或影响投资者决策的尚未公开的信息，包括但不限于基金管理公司所管理投资组合的投资计划、投资决策、持仓、交易等重大信息。

利用非公开信息交易行为的构成要件为：（1）行为主体为非公开信息知情人员；（2）相关信息为内幕信息以外的非公开信息；（3）被利用的其他未公开信息必须是因职务便利获取的；（4）行为人在非公开信息的价格敏感期内买卖相关证券，或者建议他人买卖相关证券，或者泄露该信息。

利用非公开信息交易的行为类型主要包括：（1）以本人名义，直接或委托他人买卖证券；（2）以他人名义买卖证券；（3）为他人买卖或建议他人买卖证券；（4）以明示或暗示的方式向他人泄露非公开信息。

具有下列情形之一的，可认定为以他人名义买卖证券：（1）直接或间接提供证券或资金给他人购买证券，且该他人所持有证券之利益或损失，全部或部分归属于本人；（2）对他人所持有的证券具有管理、使用和处分的权益。

利用非公开信息交易行为，涉嫌犯罪的，应当依法移送司法机关，追究其刑事责任。

词条名称：**操纵证券交易**

英　　文：**securities trading manipulation**

定义：操纵证券交易是指行为人以不正当手段，影响证券交易价格或者证券交易量，扰乱证券市场秩序的行为。基金管理公司所管理的各类投资组合实施操纵证券交易行为的，应认定为基金管理公司的操纵证券交易行为。

释义：操纵证券交易价格是指行为人的行为是证券交易价格异常或形成虚拟的价格水平，或者证券交易量异常或形成虚拟的交易量水平的重要原因，主要包括以下情形：

1. 致使新股或其他证券上市首日出现交易异常的。

2. 致使相关证券当日价格达涨幅限制价位或跌幅限制价位，或形成虚拟的价格水平，或者致使相关证券当日交易量异常放大或萎缩，或形成虚拟的交易量水平的。

3. 致使相关证券的价格走势明显偏离可比指数的。

4. 致使相关证券的价格走势明显

偏离发行人基本面情况的。

5. 证券交易所交易规则规定的影响证券交易价格或者证券交易量的情形。

6. 中国证监会认定的影响证券交易价格或者证券交易量的其他情形。

操纵证券交易的行为主要有以下表现形式：

1. 连续交易操纵：单独或者通过合谋，集中资金优势、持股优势或者利用信息优势联合或者连续买卖，操纵证券交易价格或者证券交易量。

2. 约定交易操纵：与他人串通，以事先约定的时间、价格和方式相互进行证券交易，影响证券交易价格或者证券交易量。

3. 洗售操纵：在自己实际控制的账户之间进行证券交易，影响证券交易价格或者证券交易量。

4. 蛊惑交易操纵：利用不真实、不准确、不完整或不确定的重大信息，诱导投资者在不了解事实真相的情况下做出投资决定。

5. 抢帽子交易操纵：证券公司、证券咨询机构、专业中介机构及其工作人员，买卖或持有相关证券，并对该证券或其发行人、上市公司公开做出评价、预测或者投资建议。

6. 虚拟申报操纵：做出不以成交为目的的频繁申报和撤销申报，误导其他投资者。

7. 特定时间的价格或价值操纵：在计算相关证券的参考价格，或者结算价格，或者参考价值的特定时间，通过拉抬、打压或锁定手段，影响相关证券的参考价格或者结算价格，或者参考价值。

8. 尾市交易操纵：在即将收市时，通过拉抬、打压或锁定手段，操纵市场收市价格。

操纵证券交易行为给投资者造成损失的，行为人应当依法承担赔偿责任。

实施操纵证券交易行为，涉嫌犯罪的，应当依法移送司法机关，追究其刑事责任。

词条名称：**不公平交易**

英　　文：**unfair trading**

定义：不公平交易是指基金管理公司在投资管理活动中不公平对待不同投资组合，致使投资组合在投资机会、交易过程和结果等方面出现不公平现象的行为。

释义：根据法律法规的相关规定，基金管理公司应当执行公平交易机制的投资组合，包括封闭式基金、开放式基金、社保组合、企业年金、特定客户资产管理组合等；规范的范围至少应包括境内上市股票、债券的一级市场申购、二级市场交易等投资管理活动，同时应包括授权、研究分析、投资决策、交易执行、业绩评估等投资管理活动相关的各个环节。

不公平交易，既包括机会上的不公平，也包括结果上的不公平。其主要包括以下类别：（1）不同投资组合在获得投资信息上未享有公平的机会；（2）不同投资组合在获得投资建议上未享有公平的机会；（3）不同投资组合在实施投资决策方面未享有公平的机会；（4）不同投资组合在交易过程上不公平；（5）不同投资组合在交易结果上不公平。

词条名称：老鼠仓

英　　文：rat trading

定义：老鼠仓是指基金管理公司投资管理人员先使用个人资金在低位买入某只股票，然后自行或采取命令、诱导、唆使、强迫等手段，利用基金管理公司所管理投资组合的资金大量买入该股票，以拉升该股票价格，再率先卖出个人持有的该股票的行为。

释义：老鼠仓行为是利用非公开信息交易行为的一种主要表现形态。其构成要件为：

1. 行为人是能够自行决定或采取命令、诱导、唆使、强迫等手段影响基金管理公司所管理投资组合投资决策的人员，主要是投资组合经理。

2. 相关信息是投资组合的资金将大量买入某只股票，是未来要发生的信息。

3. 相关信息必须是行为人因职务便利获取的。

4. 行为人在非公开信息的价格敏感期内买卖相关证券，或者建议他人买卖相关证券，或者泄露该信息。

实施老鼠仓行为，涉嫌犯罪的，应当依法移送司法机关，追究其刑事责任。

词条名称：违规承诺收益

英　　文：illegal commitment to fund proceeds

定义：违规承诺收益是指基金管理人、基金销售机构的从业人员在未经证券监管部门许可的情况下，向投资者违规承诺投资所得收益的行为。

释义：违规承诺收益行为有两个构成要素：一是违反法律法规规定，即《中华人民共和国证券投资基金法》、中国证监会2013年修订颁布的《证券投资基金销售管理办法》等明确规定禁止“违规承诺收益”；二是承诺收益，实际上是指对投资本金及收益的承诺，有的是无担保的承诺，有的是有担保的承诺。

承诺收益在有的情况下不构成违规，如保本基金，或中国证监会批准的其他特殊情形等。

词条名称：编造、传播虚假信息

英　　文：fabrication and dissemination of false information

定义：编造传播虚假信息是指证券业从业人员编造与基金、基金管理公司相关的虚假信息，或者明知是虚假信息而故意传播，干扰投资者做出真实、客观的投资决策的行为。

释义：所谓编造，是指毫无根据的、无中生有、凭空捏造、胡编乱造，其结果是产生虚假的，即不存在、不真实、与事实不符的信息。所谓传播，是指采取各种方式广泛加以宣扬、散布、扩散，以让不特定的公众知悉。编造、传播方式可以多种多样，有的采取口头方式，有的采取书面方式，有的采用电话、电视、电影、录音、录像、互联网、电子邮件、手机短信、微信、传真等现代化的信息传播手段。

虚假信息通常是指与基金、基金管理公司相关的虚假信息，包括基金的过往业绩、投资收益、人员配备、公司的经营状况、内部控制水平、发展战略、所获荣誉等信息。

编造、传播虚假信息行为给投资

者造成损失的，行为人应当依法承担赔偿责任。

词条名称：**违规泄漏基金信息**

英　文：**illegal disclosure of fund information; disclosure of inside information**

定义：违规泄漏基金信息是指基金管理公司、基金托管和销售机构的从业人员违反有关信息披露规则，私自泄漏基金的证券买卖信息的行为。

释义：违规泄漏基金信息行为有两个构成要素：

1. 违反法律法规规定，即基金管理人、基金托管人具有法定的信息披露义务，符合法律法规规定的信息披露不构成违规泄漏基金信息行为。

2. 泄漏基金信息。泄露是故意把自己掌握或知道的基金信息让不应该知道的人知道，可以是口头泄露，也可以是书面泄露。基金信息，主要是指基金证券投资方面的非公开信息。

违规泄漏基金信息行为是利用非公开信息交易的一种行为类型。

词条名称：**利益输送**

英　　文：**interest transfer; interest tunneling**

定义：利益输送是指基金管理公司、基金托管和销售机构的从业人员为了谋求不正当利益，利用职务便利，通过各种不正当手段，将原本属于一方的资产和利润转移出去，输入给另一方占有，损害一方合法利益的行为。输送利益一方被称为“利益输出方”，接受利益输送一方被称为“利益接受方”。

释义：利益输送，原意是指通过地下通道转移资产行为。企业的控制者或内部人为了个人私利，将企业的资产和利润转移出去，构成少数股东或外部人利益侵占的行为。基金行业的利益输送，是指基金公司及其从业人员为了谋求获取更多的管理费、业绩报酬等不正当利益，将利益输出方的合法利益转移给利益接受方占有，从而直接或间接损害基金份额持有人、其他资产委托人的合法利益的行为。俗称的“抬轿子”和“接盘”等行为都属于利益输送行为。

在基金行业中，利益输送主要有以下几种表现形式：（1）基金管理公司利用投资组合向股东输送利益；（2）基金管理公司利用管理的公募基金产品向社保基金组合输送利益；（3）基金管理公司利用新发产品向老产品输送利益；（4）基金管理公司利用非自购产品向自购产品输送利益；（5）投资组合经理利用所管理的投资组合实施“老鼠仓”行为。除此之外，基金管理公司与代销银行、托管银行之间，公募基金与各种类型的私募基金、上市公司之间，也可能存在不同形式的利益输送。

基金管理公司及其从业人员的利益输送行为给投资者造成损失的，行为人应当依法承担赔偿责任。

词条名称：**挪用投资者资金和基金份额**

英　　文：**misappropriating of investor's fund and fund units**

定义：挪用投资者资金和基金份额

额是指基金管理公司、基金托管机构、基金销售机构、基金销售支付结算机构和基金登记机构等机构的从业人员利用职务便利，挪用投资者资金或基金份额，归个人使用或者借贷给他人的行为。

释义：在证券投资基金募集、销售、运作管理的不同阶段，发生挪用投资者资金和基金份额的主体各自不同。为了防止相关机构从业人员挪用投资者资金和基金份额，我国法律法规做了相关制度安排，包括：（1）托管人制度；（2）专门账户制度；（3）基金注册登记制度等。

但在上述制度安排下，相关机构从业人员仍然有可能通过徇私舞弊，采取不正当手段，挪用投资者资金和基金份额。相关机构从业人员挪用投资者资金和基金份额，给投资者造成损失的，行为人应当依法承担赔偿责任。

除证券投资基金外，基金管理公司的其他委托投资组合也应当遵从法律法规的有关规定，保护委托资金和投资组合份额的安全。

词条名称：误导性陈述

英　　文：**misleading statement**

定义：误导性陈述是指基金管理公司、基金托管人、基金销售机构等机构及其从业人员在投资产品信息披露文件中或者通过媒体等公开方式，做出使投资者对其投资行为发生错误判断并产生重大影响的陈述。

释义：根据《中华人民共和国证券投资基金法》的规定，基金管理人、基金托管人和其他基金信息披露义务人应当依法披露基金信息，并保证所披露信息的真实性、准确性和完整性。误导性陈述是违反准确性原则的一种行为。其构成要素为：（1）行为人公开发表陈述；（2）表述事实的语句不足够准确，包括表述模糊、容易引起歧义、复杂难以理解、半真性陈述、以偏概全或与事实完全不符等；（3）已公开的陈述导致投资者产生与事实不一致的错误认识；（4）该误导性陈述确实可能影响投资者的投资判断和决策。

相关机构及其从业人员的误导性陈述行为给投资者造成损失的，行为人应当依法承担赔偿责任。

二十二、权益保护①

（一）基金份额持有人权利

词条名称：收益分享权

英　　文：**profit sharing right**

定义：收益分享权是指基金份额持有人依其所持有的基金份额，享有获得基金收益的权利。

释义：基金收益是指基金资产在运作过程中所产生的各种收入，包括基金投资所得红利、股息、债券利息、买卖证券价差、存款利息以及其他收入，因运用基金资产带来的成本或费用的节约也应计入收益。与收益相对，基金的费用是指基金在运作过程中发

---

① 撰写：刁慧娜，单位：银华财富资本管理（北京）有限公司；审核：林培富，长盛基金管理有限公司。

生的、会导致所有者权益减少的、向与基金持有人分配利润无关的经济利益的总流出，具体包括管理人报酬、托管费、销售服务费、交易费用、利息支出和其他费用等。基金净收益是基金收益扣除按照有关规定可以在基金收益中扣除的费用后的余额。

基金份额持有人的收益分享权是指基金份额持有人获得基金净收益分配的权利。基金收益分配应当采用现金方式，开放式基金的基金份额持有人可以事先选择将所获分配的现金收益，按照基金合同有关基金份额申购的约定转为基金份额；基金份额持有人事先未做出选择的，基金管理人应当支付现金。

词条名称：**剩余财产分配权**

英　　文：**right of distribution of residual property**

定义：剩余财产分配权是指基金合同终止，基金份额持有人享有对基金财产按法定顺序清偿后的剩余财产的分配请求权。

释义：基金合同终止时，基金管理人应当组织清算组对基金财产进行清算。基金财产清算组成员由基金管理人，基金托管人，具有从事证券相关业务资格的注册会计师、律师以及中国证监会指定人员组成。基金财产清算组负责基金财产的保管、清理、估价、变现和分配，可以依法进行必要的民事活动。

履行法定的清算程序后，对经清算的基金剩余财产按下列顺序清偿：(1) 支付清算费用；(2) 缴纳所欠税款；(3) 清偿基金债务；(4) 按基金份额持有人持有的基金份额比例进行分配。

基金财产未按上述 (1) 至 (3) 项规定清偿前，不分配给基金份额持有人。

基金份额持有人对基金剩余财产的分配权受法律保护，任何单位和个人不得侵犯。

词条名称：**转让权/赎回权**

英　　文：**right of transferring; redeeming fund shares**

定义：转让权是指基金份额持有人依法享有转让或申请赎回其持有的基金份额的权利。

释义：广义上的转让权不仅包括在交易所或其他交易平台转让基金份额，还包括赎回基金份额的权利（即赎回权）。狭义上的转让权仅指基金份额持有人通过依法设立的证券交易场所与其他投资者进行交易，将所持有的基金份额转让出去。狭义上的转让权一般仅限于在证券交易所上市交易的基金。基金份额持有人的赎回权，是指基金份额持有人有权要求基金管理人购回其所持有的开放式基金份额。通常，赎回权仅限于开放式基金。

封闭式基金份额总额在基金合同期限内固定不变，基金份额持有人不得申请赎回；上市开放式基金，登记在证券登记结算系统中的基金份额只能交易，不能直接申请赎回，登记在注册登记系统中的基金份额只能申请赎回，不能直接交易；非上市开放式基金，只能申请赎回，不能进行交易。

词条名称：**持有人大会召集权**

英　　文：**fund unit holders' meeting convention right**

定义：持有人大会召集权是指基金份额持有人按照法律法规规定，自行召集基金份额持有人大会的权利。

释义：代表基金份额10%以上的基金份额持有人就同一事项要求召开基金份额持有人大会，而基金份额持有人大会的日常机构、基金管理人、基金托管人都不召集的，代表基金份额10%以上的基金份额持有人有权自行召集，并报国务院证券监督管理机构备案。

参加基金份额持有人大会的持有人的基金份额低于1/2的，召集人可以在原公告的基金份额持有人大会召开时间的3个月以后、6个月以内，就原定审议事项重新召集基金份额持有人大会。重新召集的基金份额持有人大会应当有代表1/3以上基金份额的持有人参加，方可召开。

基金份额持有人依法自行召集基金份额持有人大会的，基金管理人、基金托管人应当配合，不得阻碍、干扰。

代表基金份额10%以上的基金份额持有人就以下情形之一要求召开基金份额持有人大会的，可由基金管理人和基金托管人协商后修改基金合同，不需召开基金份额持有人大会：

1. 调低基金管理费、基金托管费等应由基金承担的费用。

2. 在法律法规和本基金合同规定的范围内调整基金的申购费率、调低赎回费率、变更或增加收费方式。

3. 因相应的法律法规发生变动必须对基金合同进行修改。

4. 对基金合同的修改不涉及本基金合同当事人权利义务关系发生重大变化。

5. 基金合同的修改对基金份额持有人利益无实质性不利影响。

6. 按照法律法规或本基金合同规定不需召开基金份额持有人大会的其他情形。

词条名称：**表决权**

英　　文：**voting right**

定义：表决权是指基金份额持有人可以出席或者委派代表出席基金份额持有人大会，对基金份额持有人大会审议事项予以表决的权利。

释义：基金份额持有人有权参加基金份额持有人大会，并对大会的审议事项做出同意、反对、弃权等意思表示。基金份额持有人所持每份基金份额享有平等的表决权，每一基金份额具有一票表决权。

召开基金份额持有人大会，召集人应当至少提前30日公告基金份额持有人大会的召开时间、会议形式、审议事项、议事程序和表决方式等事项。基金份额持有人大会可以采取现场方式召开，也可以采取通讯等方式召开。现场开会由基金份额持有人本人出席或通过授权委派其代理人出席；通讯方式开会是指按照基金合同的相关规定以通讯的书面方式进行表决。

基金份额持有人大会不得就未经公告的事项进行表决。

词条名称：**查阅权**

英　　文：**inspection right**

定义：查阅权是指公开募集基金

的基金份额持有人有权查阅或者复制公开披露的基金信息资料；非公开募集基金的基金份额持有人对涉及自身利益的情况，有权查阅基金的财务会计账簿等财务资料。

释义：公开募集基金实行强制信息披露制度，披露的信息主要包括募集信息、运作信息和临时信息等。基金信息披露采用多种形式，包括通过中国证监会指定的全国性报刊，基金管理人、基金托管人的互联网网站等媒介披露，并保证投资人能够按照基金合同约定的时间和方式查阅或者复制公开披露的信息资料。非公开募集基金管理人、基金托管人应当按照基金合同的约定，向基金份额持有人提供基金信息。

词条名称：**诉讼权**

英　　文：**litigation right**

定义：诉讼权是指基金份额持有人有权对基金管理人、基金托管人、基金服务机构损害其合法权益的行为依法提起诉讼，要求国家司法机关予以保护和救济。

释义：基金份额持有人是基金资产的所有者，包括基金管理人、基金托管人、基金服务机构在内的任何个人、机构损害基金或基金份额持有人的合法权益，基金份额持有人均有权以自己的名义对其提起诉讼。

根据《中华人民共和国证券投资基金法》的规定，在基金利益受到损害的时候，基金管理人有职责以基金管理人名义，代表基金份额持有人利益行使诉讼权利或实施其他法律行为。这属于双方事前约定的诉讼权的让渡。如果基金管理人怠于代表基金份额持有人行使诉讼权，基金份额持有人仍可以直接向国家司法机关提起诉讼。

（二）基金份额持有人大会

词条名称：**基金份额持有人大会**

英　　文：**fund unit holders' meeting**

定义：基金份额持有人大会由全体基金份额持有人组成，是基金的权力机构，依照有关法律法规、基金合同的规定行使职权。

释义：基金份额持有人大会应当按照法律法规、基金合同的规定履行各项必要的程序，包括召集、通知和公告、会议召开、议事、表决、计票、决议生效与公告等。基金份额持有人大会应由基金管理人召集；基金管理人未按规定召集或者不能召集时，由基金托管人召集；基金份额持有人也有权自行召集基金份额持有人大会。基金份额持有人大会可以采取现场方式召开，也可以采取通讯等方式召开。基金份额持有人大会的召开及决议的通过，均须符合一定的法定条件。生效的基金份额持有人大会决议对全体基金份额持有人、基金管理人、基金托管人均有约束力，基金管理人、基金托管人和基金份额持有人应当执行生效的基金份额持有人大会决议。

词条名称：**开会事由**

英　　文：**meeting grounds**

定义：开会事由是指基金份额持有人大会召开所依据的事实与理由，开会事由分为法定事由和约定事由等。

释义：根据《中华人民共和国证券投资基金法》的规定，以下事由属于法定应当召开基金份额持有人大会的：（1）决定基金扩募或者延长基金合同期限；（2）决定修改基金合同的重要内容或者提前终止基金合同；（3）决定更换基金管理人、基金托管人；（4）决定调整基金管理人、基金托管人的报酬标准；（5）基金合同约定的其他职权。

上述法定应当召开基金份额持有人大会的事由，只有经过基金份额持有人大会表决通过方能生效。其他事由，经过合法程序，也可以由召集人组织召开。

词条名称：**开会方式**

英　　文：**meeting mode**

定义：开会方式是指基金份额持有人大会的召开方式，包括现场开会和通讯方式开会。

释义：基金份额持有人大会的现场开会，是指由基金份额持有人本人出席或通过授权委派其代理人出席。现场开会时，基金管理人和基金托管人的授权代表应当出席。基金份额持有人大会的通讯方式开会，是指按照基金合同的相关规定，以通讯的书面方式进行表决。

除基金合同另有约定外，会议的召开方式一般由召集人确定。

词条名称：**开会条件**

英　　文：**meeting requirements; meeting conditions**

定义：开会条件是指保证基金份额持有人大会的召开合法有效，会议能够进入议事程序所需要满足的条件。

释义：基金份额持有人大会经过召集后，必须要满足一定的条件才能召开。《中华人民共和国证券投资基金法》规定，基金份额持有人大会的开会条件是应当有代表1/2以上基金份额的持有人参加。

结合实践，基金份额持有人大会的开会条件还包括以下内容：

1. 现场开会方式：参会人员的相关文件符合规定，并与登记机构记录相符。

2. 通讯开会方式：（1）出具书面意见人员提交的相关文件符合规定，并与登记机构记录相符；（2）召集人在监督人和公证机关的监督下按照规定的方式收取和统计书面表决意见。

参加基金份额持有人大会的持有人的基金份额低于前款规定比例的，召集人可以在原公告的基金份额持有人大会召开时间的3个月以后、6个月以内，就原定审议事项重新召集基金份额持有人大会。重新召集的基金份额持有人大会应当有代表1/3以上基金份额的持有人参加，方可召开。

词条名称：**一般决议**

英　　文：**ordinary resolution**

定义：一般决议是指应当经参加大会的基金份额持有人所持表决权的50%以上（不含50%）通过方能有效的基金份额持有人大会决议。

释义：基金份额持有人大会的事项包括一般事项和特别事项。特别事项是《中华人民共和国证券投资基金法》明确规定的，包括转换基金运作方式、更换基金管理人或者基金托管人、提前终止基金合同、与其他基金合并。除此之外，基金合同可约定其他事项为特别事项，如基金合同未做约定的，都属于一般事项。

一般事项，在基金份额持有人大会上仅须经出席会议的基金份额持有人（或其代理人）所持表决权的1/2以上通过，依此形成的决议称为"一般决议"。

词条名称：**特别决议**

英　　文：**special resolution**

定义：特别决议是指应当经参加大会的基金份额持有人所持表决权的2/3以上通过方能有效的基金份额持有人大会决议。

释义：基金份额持有人大会的特别事项分为法定特别事项和约定特别事项。法定特别事项是《中华人民共和国证券投资基金法》明确规定的，包括转换基金运作方式、更换基金管理人或者基金托管人、提前终止基金合同、与其他基金合并。约定特别事项，是法定特别事项之外，在基金合同中约定的其他特别事项。

特别事项，在基金份额持有人大会上须经出席会议的基金份额持有人（或其代理人）所持表决权的2/3以上通过，依此形成的决议称为"特别决议"。

（三）权益保护方法

词条名称：**协商**

英　　文：**consultation**

定义：协商是指基金合同当事人在自愿、平等基础上，直接进行磋商，以便达成一致意见的一种争议解决方式。

释义：当基金合同当事人之间发生因基金合同产生的或与该基金合同有关的争议时，各方根据法律法规、基金合同的规定，自愿通过友好磋商的方式解决争议，并对达成的一致解决意见，各方均自愿依照履行。但如果自一方提出协商解决争议之日起的一定时间内，争议未能以协商方式解决，或者任何一方未能遵守协商意见的，各方仍可通过其他方式解决争议。

词条名称：**调解**

英　　文：**mediation**

定义：调解是指基金合同当事人就争议的实体权利、义务，在第三方的主持或参与下，自愿进行协商，通过教育疏导，促成各方达成协议、解决纠纷的一种争议解决方式。

释义：基金合同当事人之间发生实体权利、义务争议的，可以通过调解解决。广义的调解分为诉内调解和诉外调解。

诉内调解，即法院调解，是指在人民法院审判人员的主持下进行的调解。

诉外调解的种类很多，因调解的主体不同，有仲裁调解、人民调解、行政调解、律师调解、其他调解等。

目前，大部分基金的基金合同中在"争议的处理"中约定的调解，一般指诉外调解，且不包括仲裁调解，而将仲裁与诉讼作为一种独立、完整的争议处理方式提出。

《中华人民共和国证券投资基金法》中规定基金行业协会有履行对会

员之间、会员与客户之间发生的基金业务纠纷进行调解的职责。

词条名称：投诉举报

英　　文：complaint/tip-off

定义：投诉举报是指公民、法人和其他组织认为基金公司、基金托管人、基金销售机构及其工作人员有违反法律、行政法规、规章或侵犯其合法权益的行为，可向中国证监会及其地方证监局、基金业协会或者该基金公司、基金托管人、基金销售机构反映情况，提出批评、建议、意见和投诉请求，或向有关部门检举报告该基金公司、基金托管人、基金销售机构及其工作人员的违法违规行为，要求依法处理的活动。

释义：依据我国有关信访的法律法规，投资者享有依法投诉举报的权利，投诉举报人可以通过书信、电话、传真、电子邮件、来访等形式投诉举报。

在证券期货市场，根据《中华人民共和国信访条例》、《中国证券监督管理委员会信访工作规则（试行）》有关规定，中国证监会实行信访工作责任制。各派出机构按照监管工作职责，负责处理属于辖区职责范围内的信访事项及中国证监会办公厅信访处交办的信访事项。同时，中国证券业协会接受投资者的咨询，处理投资者的投诉，可以根据投诉、举报进行调查。

基金监管法律法规规定，基金公司、基金销售机构应建立完备的客户投诉处理体系，基金公司督察长应当指导、督促公司妥善处理投资人的重大投诉，保护投资人的合法权益。

词条名称：仲裁

英　　文：arbitration

定义：仲裁是指平等主体的公民、法人和其他组织根据仲裁协议，自愿将纠纷提交仲裁员组成的仲裁庭予以裁决，以解决纠纷的一种方式。

释义：仲裁协议有两种形式：一种是在纠纷发生之前订立的，它通常作为合同中的一项仲裁条款出现；另一种是在纠纷之后订立的，它是把已经发生的争议提交仲裁的协议。目前，大部分基金的基金合同中都约定了仲裁条款，即事前仲裁协议。如果基金合同当事人发生纠纷，可以通过协商或者调解予以解决。当事人不愿通过协商、调解解决或者协商、调解不成的，可以根据基金契约的规定或者事后达成的书面仲裁协议，向仲裁机构申请仲裁，或向人民法院起诉。

根据《中华人民共和国仲裁法》的规定，仲裁实行一裁终局的制度，裁决做出后，当事人就同一纠纷再申请仲裁或者向人民法院起诉的，不予受理。

词条名称：诉讼

英　　文：litigation

定义：诉讼在此特指民事诉讼，是指民事纠纷当事人通过向具有管辖权的法院起诉另一方当事人的形式解决纠纷的方式，是由法院代表国家，以司法方式行使审判权、解决平等主体之间的纠纷。

释义：根据《中华人民共和国民事诉讼法》的规定，民法院受理公民之间、法人之间、其他组织之间以及他们相互之间因财产关系和人身关系提起的民事诉讼，适用本法的规定。民事诉讼当事人有平等的诉讼权利。诉讼程序分为一审和二审，第二审人民法院的判决、裁定是终审的判决、裁定。《中华人民共和国证券投资基金法》规定，基金份额持有人享有对基金管理人、基金托管人、基金服务机构损害其合法权益的行为依法提起诉讼的权利。

目前，大部分基金的基金合同中都将诉讼（民事诉讼）作为争议处理的一种方式予以列示。民事诉讼是一种法律行为，是由国家强制力介入，并对诉讼结果进行确认，因此往往使诉讼（民事诉讼）成为一种合法的、最有效的，也是最终的争议解决方式。因此，即使基金合同未约定诉讼的争议处理方式，基金当事人仍可以依法对争议事项提起诉讼。

二十三、投资者教育①

（一）投资原则

词条名称：**理性投资**

英　　文：**rational investment**

定义：理性投资是指基金投资者了解基金市场和各类基金产品的特点和风险，结合自身投资偏好和风险承受能力，选择与自身收益目标、风险承受能力等因素相匹配的基金进行投资的一种投资原则。

释义：投资者要遵循理性投资原则，应当从以下几方面着手：一是理性认识证券投资基金；二是理性认识自己；三是理性认识证券市场；四是理性认识基金管理公司及其产品；五是理性选择投资时机与投资周期等。

词条名称：**长期投资**

英　　文：**long-term investment**

定义：长期投资通常是指基金投资者持有基金的期限在一定时间以上的一种投资原则，长期投资是相对于短期投资而言的。

释义：从投资目标的角度看，一般将实现周期为3年以下的投资目标定义为短期目标；将3年到10年的投资目标定义为中期目标；而将10年以上的投资目标定义为长期目标。一般而言，将10年以上的投资定义为长期投资较为适合。

长期投资的优势是：随着投资时间的逐渐增长，投资的年化收益也会趋于稳定，而年化收益的稳定则表示投资者对未来预期收益的确定性逐渐增加，投资者便能够以此为基础制定长期的投资目标与相应的投资规划。

需要说明的是：长期投资并不完全等同于长期持有同样的基金产品固定不变，投资者在构建匹配自身风险收益特征的基金产品组合之后，还应适时调整、科学管理，做到动态的长期持有。

词条名称：**分散投资**

英　　文：**investment diversification; portfolio diversification**

定义：狭义的分散投资是指投资者通过将资金在不同区域、不同类型、不同投资风格、不同风险收益特征的

① 撰写：刁慧娜，单位：银华财富资本管理（北京）有限公司；审核：林培富，单位：长盛基金管理有限公司。

投资者教育

基金之间进行合理的配置，从而降低投资风险，保证预期收益稳定性的一种投资原则。广义的分散投资还包括在认购和申购时机、持有期限等的分散。

释义：基金的分散投资原则主要包括以下几种方法：

1. 基金品种分散法：是指分散投资于不同的基金品种。

2. 买入时机分散法：是指分期、分批地买入基金，其中主要包括定期定额投资。

3. 持有期限分散法：是指对不同的基金或同一基金的不同比例部分确定不同的持有期限，如短期、中期或长期等。

需要注意的是：分散投资并不是分散程度越高越好，而应当以最大可能地降低投资组合潜在的不确定风险为宜。

词条名称：**风险承受能力匹配**

英　　文：**risk bearing capacity matching**

定义：风险承受能力匹配是指基金投资者的风险承受能力类型和所持有的基金产品（组合）的风险等级之间具有合理的对应关系。法律法规禁止基金销售机构违背投资者意愿向投资者销售与其风险承受能力不匹配的基金产品。

释义：基金销售机构对基金投资者与基金产品进行风险承受能力匹配的程序包括：（1）基金管理人和基金代销机构之间互相进行审慎调查；（2）对基金产品的风险等级进行设置，对基金产品进行风险评价；（3）对基金投资人风险承受能力进行调查和评价；（4）对基金产品和基金投资者进行匹配。

基金产品风险评价至少包括以下三个等级：（1）低风险等级；（2）中风险等级；（3）高风险等级。

基金投资人的风险承受能力至少包括以下三个类型：（1）保守型；（2）稳健型；（3）积极型。

基金销售机构应当制定基金产品和基金投资人匹配的方法，在销售过程中由销售业务信息管理平台完成基金产品风险和基金投资人风险承受能力的匹配检验。

词条名称：**证券投资基金“体检”**

英　　文：**fund “health check”**

定义：证券投资基金“体检”是指基金销售机构、第三方咨询机构等通过各种分析指标和分析方法，对投资者持有基金或基金组合的风险收益特征和未来收益实现水平等进行综合检测、计量和评价，为投资者提供最优基金组合配置建议。

释义：各家基金销售机构、第三方咨询机构基金“体检”的方法与步骤不尽相同，通行的步骤包括：

第一步：通过定性定量的方法，以各种分析参数为坐标，列入所有基金的平均值，区分不同风险收益等级基金区间。

第二步：为投资者进行风险测评，根据每个人不同的风险偏好、投资经验、资产状况、风险承受能力、投资目标等进行综合测评，确定投资性格。

第三步：对投资者已购买的基金或基金组合进行全面分析诊断，可将基金划分为优质、良好、及格、次级等不同诊断等级。

第四步：根据诊断，向投资者出具“基金投资组合体检报告”，并提供优化的基金组合配置建议。

词条名称：**复利效应**

英　　文：**effect of compound interest**

定义：复利效应是指投资者投资于基金的资产在一个周期内获得收益之后，再将本金和收益一同投入新一周期的投资，这种投资方式经过若干周期后，资产规模（本金与收益总和）将超过仅以本金投入基金投资、收益不参与投资所获得的资产规模（本金与收益总和）。

公式：复利的计算公式为

$$FV = PV\ (1 + i)^n$$

式中，FV 为复利终值；PV 为复利现值；i 为周期内的固定收益率；n 为累计的周期。

释义：复利效应是现代理财领域一个重要概念，是相对于单利而言的，即以利生利，也就是俗称的“利滚利”。

示例：假设某投资者投资基金 100 万元，每年有 10% 的收益率，若以单利计算，投资者每年可获收益 10 万元，10 年可获收益 100 万元。而若以复利计算，虽然每年收益率也是 10%，但每年实际获得的收益却会不断增加，第一年可获收益 10 万元，第二年可获收益是 110 万元的 10%，即 11 万元，第三年则是 12.1 万元，等到第 10 年总投资所获收益将近 160 万元，资产规模增长约 1.6 倍。由此可见，通过复利效应，投资者投资 100 万元的本金，最终资产规模增长将约为 260 万元，比单利条件下多出约 60 万元，这便是“复利效应”。

（二）投资误区

词条名称：**“分红崇拜”**

英　　文：**dividend yield worship**

定义：“分红崇拜”是指投资者过度关注基金过往的收益分配次数、收益分配比例等，并以此作为衡量基金投资价值高低的决定性要素的一种错误投资心理。

释义：基金分红就是基金的收益分配，基金的收益分配不仅仅取决于收益的多少，还取决于基金合同中规定的基金收益分配原则等。真正决定投资者收益的是投资者持有基金期间该基金的净值增长率。

基金在进行收益分配之前，为了实现收益，就可能必须卖出已获利的证券，这往往会造成基金对该部分证券无法追回或者提高追回成本。从这个角度看，基金收益分配次数多、比例高，虽然一方面能使投资者即时获得现实收益，但另一方面也可能使投资者失去了潜在的收益。

因此，不能一概将基金分红情况看作是基金投资价值高低的唯一标准，“分红崇拜”是投资者在做出基金投资决策时应当避免的一种投资误区。

词条名称：**“基金经理崇拜”**

英　　文：**fund manager worship**

定义：“基金经理崇拜”是指投资者盲目崇拜基金经理，并以此作为衡量基金投资价值高低的决定性要素的一种错误投资心理。

释义：基金管理公司投资决策委员会负责决定基金总体投资原则、策略和持仓比例等事项，而依据基金经理是否拥有除此之外的具体投资决策权，基金公司的投资决策体系又分为集中决策制和分散决策制。无论哪种决策体系，基金的投资业绩都不仅仅是基金经理一个人所能完全决定的，与基金公司及其投资管理团队有着重要关系。

有些投资者非常关注，甚至是崇拜明星基金经理，在未考虑其他投资要素的情况下，就将自己的资金投资在该基金经理所管理的基金上，当该基金经理发生岗位调整、离职等变动时，也据此赎回、变换基金，这种做法显然是错误的。了解基金、做出正确投资选择，应当从多方面去分析和衡量，而不能单凭基金经理这一单一要素以偏概全。

词条名称：**“高净值恐惧”**

英　　文：**fear of high net value**

定义：“高净值恐惧”是指投资者将基金份额净值的高低作为衡量基金投资价值高低的决定性要素，排斥单位份额净值高的基金的一种错误投资心理。

释义：投资者存在“高净值恐惧”的投资心理，主要是由于投资者认为净值高的基金比净值低的基金价格高、上涨空间小、获利少、风险大等。基金的上涨空间取决于股票市场的总体表现和基金公司的管理能力等因素，与基金份额净值绝对值的高低没有关系。真正决定投资者收益的是基金持有期间基金的净值增长率，净值增长率主要是由该基金的管理人投资管理能力和基金风险的大小所决定。

投资者选择基金的时候不必恐高，买基金并没有价格贵贱之分，看一只基金值不值得投资，最重要的还是看基金的获利能力与风险控制水平。

词条名称：**“买新不买旧”**

英　　文：**newer is better**

定义：“买新不买旧”是指投资者优先选择认购募集期内的新发行基金，而排斥基金合同已生效并进入正式运作期的基金的一种错误投资心理。

释义：根据是否处于募集期，基金通常被划分为新基金和老基金，“买新不买旧”就是指投资者认购新发基金，而不申购老基金。

“买新”还是“买老”，其主要差别体现在：

1. 新基金在投资风格、业绩表现等方面的不确定性更高。

2. 普通新基金的认购费率通常低于老基金的申购费率。

3. 一般普通新基金封闭期内投资者是不能赎回的。

4. 老基金一般仓位较重，其净值涨跌受证券市场涨跌影响较大，新基金在建仓时机、建仓成本以及操作自由度方面的优势非常明显。

从中长期看，投资新基金还是老基金不应当是影响投资者投资决策的关键因素，中长期投资者还是要考察基金管理人的投资管理能力。不论“新老”，只有持续业绩优良的基金，才是投资者应当优先选择持有的基金。

词条名称：**“负债投资”**

英　　文：**leveraged investment**

定义：“负债投资”是指投资者通过贷（借）款方式，取得临时性资本，进行基金投资，以期取得预定的收益，在归还负债及其利息之后，剩余部分则为投资收益的一种投资方式。

释义：“负债投资”是指投资者在自有资本之外，利用借入资本进行投资，再以投资收益偿还负债本息的一种投资方式。“负债投资”不应一概被否定，一方面，适度的“负债投资”可以放大投资者的总资产，在基金净值增长率不变的前提下，增加投资者的投资收益；但另一方面，任何投资都有损失的可能，在投资未取得收益甚至损失本金的情况下，为了偿还负债，投资者将面临损失更多自有资本的风险。因此，投资者进行“负债投资”前，应当充分考虑自身的风险承受能力和投资本身的风险，如果要利用贷（借）款进行投资，也要在自身经济实力基础之上，保持合适的负债比例进行投资。

二十四、规则制度①

（一）证券投资基金监管法律体系

词条名称：**证券投资基金监管法律体系**

英　　文：**legal supervision system of security investment fund**

定义：证券投资基金监管法律体系是指基金监管所依据的一套以《中华人民共和国证券投资基金法》为核心，各类部门规章和规范性文件为配套，自律规则为补充的基金监管法律制度体系。

释义：证券投资基金监管法律体系从效力层次上划分，包括法律、部门规章、规范性文件和自律规则等；从制定主体上划分，包括全国人民代表大会及其常委会、中国证监会、中国证券投资基金业协会、证券交易所等；从调整对象上划分，包括基金服务机构监管、基金运作监管、基金行业人员监管等。

基金监管作为一种政府行政行为，必须依法展开。基金监管法律体系是基金监管体系的重要组成部分，是基金监管工作开展的法律依据。

图示：

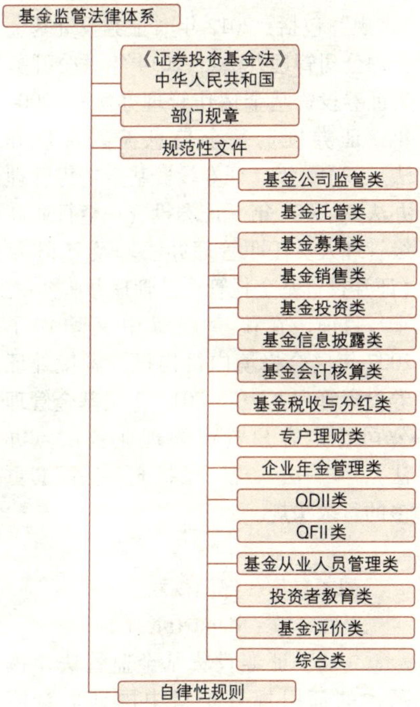

① 撰写：刁慧娜，单位：银华财富资本管理（北京）有限公司；审核：林培富，单位：长盛基金管理有限公司。

词条名称：《中华人民共和国证券投资基金法》及配套规章

英　　文：securities investment fund law and its complement regulations

定义：是指于2012年12月28日修订、并于2013年6月1日起正式实施的《中华人民共和国证券投资基金法》，及中国证监会为细化其有关规定而颁布的与其相配套的部门规章。

释义：《中华人民共和国证券投资基金法》及配套规章，在颁布实施之初，即指“一法六规”，“一法”就是现行的2012年《证券投资基金法》；“六规”包括：2012年《证券投资基金管理公司管理办法》、2014年《公开募集证券投资基金运作管理办法》、2004年《证券投资基金信息披露管理办法》、2013年《证券投资基金销售管理办法》、2004年《证券投资基金行业高级管理人员任职管理办法》及2013年《证券投资基金托管业务管理办法》。

目前，在配套规章中又增加了2007年《合格境内机构投资者境外证券投资管理办法》、2012年《基金管理公司特定客户资产管理业务试点办法》，“一法六规”已扩充一法配套更多的行政法规。

词条名称：部门规章

英　　文：department rules

定义：证券投资基金监管法律体系中的部门规章是指中国证监会或（中国证监会联合）其他有关金融监管部门根据《中华人民共和国证券投资基金法》等相关法律、行政法规，制定的调整基金公司监管事项并以令的形式予以公布的规范性文件。

释义：除了《中华人民共和国证券投资基金法》的相关配套规章，部门规章还包括2005年《商业银行设立基金管理公司试点管理办法》，2004年《货币市场基金管理暂行规定》，2006年《企业会计准则》，2004年《企业年金基金管理试行办法》、2006年《合格境外机构投资者境内证券投资管理办法》等。

词条名称：规范性文件

英　　文：normative documents

定义：规范性文件在此特指一般规范性文件，是指除了法律、行政法规、部门规章以外的，由中国证监会及其所属部门或（中国证监会联合）其他有关金融监管部门制定的具有约束力、调整证券投资基金有关事项的非立法性文件的总和。

释义：从狭义上讲，法律、法规和规章以外的具有约束力的文件是规范性文件，即一般规范性文件。

部门规章和规范性文件具有一定的区别：（1）部门规章的内容往往是法律、法规规定以规章形式规定的事项，一般规范性文件主要用于部署工作、通知特定事项、说明具体问题；（2）部门规章都必须以令的形式发布，一般规范性文件往往以通知、函等形式下发；（3）部门规章一般应报国务院备案。

基金监管法律体系中的规范性文件主要包括：（1）基金信息披露规范性文件；（2）基金管理公司规范性文件；

(3) 基金投资规范性文件；(4) 基金行业高级管理人员及其他从业人员规范性文件；(5) 基金销售规范性文件；(6) 基金估值、税收规范性文件等。

词条名称：**自律性规则**

英　　文：**self-discipline rules; self-discipline regulations; self-regulatory rules**

定义：自律性规则是指由证券投资基金自律性组织制定的对会员具有约束力的非立法性文件。

释义：中国证券投资基金业协会作为自律性组织，对基金业实施行业自律管理；证券交易所负责组织和监督基金的上市交易，并对上市交易基金的信息披露进行监督。

基金监管法律体系中的自律性规则主要包括：

1. 证券交易所规则：交易所上市规则、上市开放式基金业务指引和业务规则、交易型开放式指数基金业务实施细则等。

2. 行业协会规则：2013 年《证券投资基金产品创新评审规则（试行）》、2013 年《黄金 ETF 及联接基金会计核算和估值业务指引（试行）》、2012 年《中国证券投资基金业协会会员登记注册程序》等。

（二）证券投资基金监管规范性文件

词条名称：**基金公司监管文件**

英　　文：**rules and regulations regarding fund management company**

定义：基金公司监管文件是指由中国证监会及其所属部门制定的规范基金公司经营管理行为的规范性文件。

释义：基金公司监管类规范性文件的内容主要涵盖两个方面：一是市场准入等行政许可事项的审批；二是基金公司日常运作的持续监管。

基金公司监管类规范性文件，主要包括：2002 年《证券投资基金管理公司内部控制指导意见》、2006 年《证券投资基金管理公司治理准则（试行）》、2006 年《关于办理基金管理公司设立分支机构、变更名称及修改章程等行政许可事项审核有关问题的通知》、2008 年《关于证券投资基金管理公司在香港设立机构的规定》、2012 年《证券投资基金管理公司子公司管理暂行规定》等。

词条名称：**基金托管文件**

英　　文：**rules and regulations regarding fund custodian**

定义：基金托管文件是指由中国证监会及其所属部门制定的规范基金托管银行从事基金托管业务的规范性文件。

释义：基金托管类规范性文件的内容主要涵盖两个方面：一是市场准入监管；二是日常持续监管。日常持续监管的内容包括：(1) 对托管银行履行基金托管职责的监督；(2) 对基金托管部门内部控制的监督等。

基金托管类规范性文件主要包括：2005 年《证券投资基金信息披露内容与格式准则——第 7 号托管协议的内容与格式》、2006 年《托管银行监督基金运作情况报告的内容与格式指引（试行）》等。

词条名称：基金募集文件

英　　文：rules and regulations regarding fund raising

定义：基金募集文件是指由中国证监会及其所属部门制定的规范基金募集申请业务的规范性文件。

释义：基金募集类规范性文件的内容主要涵盖基金的开发设计、募集申请条件与程序、募集申请材料的齐备性与合规性、产品审核要件与程序等。

基金募集类规范性文件主要包括：2005年《关于进一步完善证券投资基金募集申请审核程序有关问题的通知》、2012年《关于进一步优化基金审核工作有关问题的通知》、2006年《证券投资基金内部审核指引第三号证券投资基金产品创新鼓励措施》、2011年《股票型（混合型）证券投资基金合同填报指引（试行）》、2007年《合格境内机构投资者（QDⅡ）产品审核指引（第一号）》、2009年《证券投资基金收益分配条款的审核指引》、2010年《关于保本基金的指导意见》、2012年《分级基金产品审核指引》、2012年《关于增设发起式基金审核通道有关问题的通知》、2012年《理财债券基金产品审核要点》等。

词条名称：基金销售文件

英　　文：rules and regulations regarding fund offering

定义：基金销售文件是指由中国证监会及其所属部门制定的规范基金销售机构及其销售行为、基金销售相关机构及其与销售业务相关服务行为的规范性文件。

释义：基金销售类规范性文件的内容主要涵盖四个方面：（1）基金销售机构的监管；（2）基金销售行为的监管；（3）基金销售相关机构的监管；（4）基金销售相关服务行为的监管等。

基金销售类规范性文件主要包括：中国证监会2007年颁布的《证券投资基金销售机构内部控制指导意见》、2007年颁布的《证券投资基金销售适用性指导意见》、2007年颁布的《证券投资基金销售业务信息管理平台管理规定》、2008年颁布的《关于证券投资基金宣传推介材料监管事项的补充规定》、2009年颁布的《开放式证券投资基金销售费用管理规定》、2011年颁布的《证券投资基金销售结算资金管理暂行规定》等。

词条名称：基金投资文件

英　　文：rules and regulations regarding fund investment

定义：基金投资文件是指由中国证监会及其所属部门制定的规范基金投资与交易行为的规范性文件。

释义：基金投资类规范性文件主要包括：2011年《证券投资基金管理公司公平交易制度指导意见》、2010年《证券投资基金参与股指期货交易指引》、2011年《关于证券投资基金投资中期票据有关问题的通知》、2009年《关于证券投资基金投资创业板上市证券的说明》、2009年《关于证券投资基金投资中小企业私募债券有关问题的通知》、1999年《基金公司进入银行间同业市场管理规定》、2005年《关于货币市场基金投资等有关问题的通知》、2005年《关于货币市场基金投资短期融资券有关问题的通知》、2005年《关于货币市场基金投资银行存款有关问题的通知》、2006年《关于基金投资非公开发行股票等流通受限证券有关问题的通知》等。

词条名称：**基金信息披露文件**

英　　文：**rules and regulations regarding fund information disclosure**

定义：基金信息披露文件是指由中国证监会及其所属部门制定的规范基金信息披露行为的规范性文件。

释义：基金信息披露包括基金募集信息披露、基金运作信息披露和基金临时信息披露等。基金信息披露类规范性文件的内容主要涵盖基金上述三类信息披露文件的内容与格式要求、及时性、准确性、真实性等方面。

基金信息披露类规范性文件主要包括：中国证监会2004年颁布的《证券投资基金信息披露内容与格式准则》、2003年颁布的《证券投资基金信息披露编报规则》、2008年颁布的《证券投资基金信息披露XBRL标引规范》、2010年颁布的《基金信息披露XBRL模板》等。

词条名称：**基金会计核算文件**

英　　文：**rules and regulations regarding fund accounting**

定义：基金会计核算文件是指由中国证监会及其所属部门制定的规范基金会计核算行为的规范性文件。

释义：基金管理公司是证券投资基金会计核算的责任主体，基金托管人需要对所托管的证券投资基金进行会计核算，并将有关结果同基金管理公司相核对。基金会计核算类规范性文件主要就是规范基金管理人、基金托管人进行日常的会计核算、编制基金会计报表、相互核对并以书面方式确认等一系列行为。

基金会计核算类规范性文件主要包括：2008年《关于进一步规范证券投资基金估值业务的指导意见》、2006年《关于基金管理公司及证券投资基金执行〈企业会计准则〉的通知》、2007年《关于证券投资基金执行〈企业会计准则〉估值业务及份额净值计价有关事项的通知》、2007年《关于证券投资基金执行〈企业会计准则〉有关衔接事宜的通知》等。

词条名称：**基金税收与分红文件**

英　　文：**rules and regulations regarding fund taxation and profit distribution**

定义：基金税收与分红文件是指由财政部、国税总局制定的有关基金税收的规范性文件，以及中国证监会及其所属部门制定的有关基金分红事项的规范性文件。

释义：基金税收类规范性文件主要包括：2008年《关于企业所得税若干优惠政策的通知》（财税［2008］1号）、2002年《关于开放式证券投资基金有关税收问题的通知》（财税［2002］128号）、2004年《关于证券投资基金税收政策的通知》（财税［2004］78号）、2005年《关于股息红利个人所得税有关政策得通知》（财税［2005］102 号）等。

基金分红类规范性文件主要包括：2009 年《证券投资基金收益分配条款的审核指引》等。

词条名称：**专户理财文件**

英　　文：**rules and regulations regarding special account management**

定义：专户理财文件是指中国证监会及其所属部门制定的有关基金公司特定客户资产管理业务的规范性文件。

释义：基金专户理财（又称“特定客户资产管理业务”）业务与证券投资基金业务是相互独立的，因此，基金专户理财类规范性文件的内容应当涵盖专户理财业务的各个业务环节，包括产品募集、销售、投资交易、信息报告和信息披露、费用和税收、收益和分配、监督管理等。

基金专户理财类规范性文件主要包括：中国证监会 2012 年颁布的《关于实施〈基金管理公司特定客户资产管理业务试点办法〉有关问题的规定》、2012 年修订并颁布的《基金管理公司特定多个客户资产管理合同内容与格式准则》、2012 年修订并颁布的《基金管理公司单一客户资产管理合同内容与格式准则》等。

词条名称：**企业年金管理文件**

英　　文：**rules and regulations regarding supplementary pension management**

定义：企业年金管理文件是指中国证监会及其所属部门或（中国证监会联合）其他有关金融监管部门制定的有关企业年金受托管理、账户管理、托管以及投资管理等方面的规范性文件。

释义：企业年金管理类规范性文件主要包括：2004 年《企业年金基金证券投资登记结算业务指南》；2004 年《企业年金基金管理机构资格认定暂行办法》、2004 年《企业年金基金管理运作流程》、2005 年《企业年金基金管理机构资格认定专家评审规则》、2004 年《关于企业年金基金证券投资有关问题的通知》等。

词条名称：**合格境内机构投资者（QDII）文件**

英　　文：**rules and regulations regarding qualified domestic institutional investor（“QDII”）**

定义：合格境内机构投资者文件是指中国证监会及其所属部门制定的有关合格境内机构投资者境外证券投资管理业务的规范性文件。

释义：合格境内机构投资者类规范性文件是指合格境内机构投资者境外证券投资管理业务的规范性文件，通常仅对其不同于境内证券投资管理业务的特殊内容进行规范，包括资格的审批、境外投资顾问、资产托管、资金募集、投资运作、信息披露、额度和资金管理、监督管理等。

合格境内机构投资者类规范性文件主要包括：2012 年《关于实施〈合格境内机构投资者境外证券投资管理试行办法〉有关问题的通知》、2008 年

《关于 QDII 基金季度报告编制及披露有关问题的通知》等。

词条名称：合格境外机构投资者（QFII）文件

英　文：rules and regulations regarding qualified foreign institutional investors（QFIIs）

定义：合格境外机构投资者文件是指中国证监会及其所属部门或（中国证监会联合）其他有关金融监管部门制定的有关合格境外机构投资者境内证券投资管理业务的规范性文件。

释义：合格境外机构投资者类规范性文件，即合格境外机构投资者境内证券投资管理业务的规范性文件，主要规范合格境外机构投资者的资格审批、托管、登记和结算、投资运作、资金管理和监督管理等方面事项。

合格境外机构投资者类规范性文件主要包括：2012 年《关于实施〈合格境外机构投资者境内证券投资管理办法〉有关问题的规定》、2011 年《合格境外机构投资者参与股指期货交易指引》，2012 年《合格境外机构投资者境内证券投资外汇管理规定》，2005 年《关于合格境外机构投资者营业税政策的通知》等。

词条名称：人民币合格境外机构投资者（RQFII）文件

英　文：rules and regulations regarding RMB qualified foreign institutional investors（RQFIIs）

定义：人民币合格境外机构投资者文件是指中国证监会及其所属部门或（中国证监会联合）其他有关金融监管部门制定的有关人民币合格境外机构投资者境内证券投资管理业务的规范性文件。

释义：人民币合格境外机构投资者类规范性文件，即人民币合格境外机构投资者境内证券投资管理业务的规范性文件，主要规范人民币合格境外机构投资者的资格审批、账户管理、投资额度、投资运作、资金管理和监督管理等方面事项。

RQFII 类规范性文件主要包括：2013 年《关于实施〈人民币合格境外机构投资者境内证券投资试点办法〉的规定》，2013 年《关于实施〈人民币合格境外机构投资者境内证券投资试点办法〉有关事项的通知》，2013 年《关于人民币合格境外机构投资者境内证券投资试点有关问题的通知》等。

词条名称：基金从业人员管理文件

英　文：rules and regulations regarding fund practitioners management

定义：基金从业人员管理文件是指中国证监会及其所属部门制定的有关基金从业人员监管的规范性文件。

释义：基金从业人员监管主要包括以下几类：（1）基金行业高级管理人员监管；（2）基金管理公司投资管理人员监管；（3）基金从业人员的离任审计及离任审查等。

对基金销售人员的监管主要是由证券业协会（基金业协会）制定自律规则，对销售执业行为进行管理。

基金从业人员管理类规范性文件主要包括：2006 年《证券投资基金管

理公司督察长管理规定》、2009年《基金管理公司投资管理人员管理指导意见》，2012年《基金经理注册登记规则》，2012年《关于基金从业人员投资证券投资基金有关事宜的规定》、2011年《基金行业人员离任审计及审查报告内容准则》、2011年《关于基金管理公司人员兼任香港子公司职务有关事项的通知》等。

词条名称：**投资者教育文件**

英　　文：**rules and regulations regarding investor education**

定义：投资者教育文件是指中国证监会及其所属部门制定的指导基金公司做好投资者教育工作的规范性文件。

释义：投资者教育类规范性文件主要是指导、规范基金公司向投资者普及证券知识、宣传政策法规、揭示市场风险、引导依法维权等各项活动，主要包括：2007年《关于证券投资基金行业开展投资者教育活动的通知》、2007年《关于进一步加强投资者教育、强化市场监管有关工作的通知》等。

词条名称：**基金评价文件**

英　　文：**rules and regulations regarding fund evaluation**

定义：基金评价文件是指中国证监会及其所属部门制定的规范基金评价业务以及基金管理人、基金销售机构及中国证监会指定信息披露媒介引用基金评价结果行为的规范性文件。

释义：基金评价是指基金评价机构及其评价人员对基金的投资收益和风险或基金管理人的管理能力开展评级、评奖、单一指标排名或中国证监会认定的其他评价活动。评级是指基金评价机构及其评价人员运用特定的方法对基金的投资收益和风险或基金管理人的管理能力进行综合性分析，并使用具有特定含义的符号、数字或文字展示分析结果的活动。

基金评价类规范性文件主要包括2009年《证券投资基金评价业务管理暂行办法》等。

词条名称：**综合文件**

英　　文：**comprehensive rules and regulations**

定义：综合文件是指对不能被单独划为中国证监会及其所属部门某一监管事项、基金管理公司某一种业务类别的，或者同时涉及多事项、多业务类别的事项进行规范、调整的规范性文件。

释义：综合类规范性文件，主要用于规范除了基金公司管理、基金托管、募集、销售、投资、信息披露、会计核算、税收与分红、专户理财、企业年金、QDII、QFII、RQFII、从业人员管理、投资者教育、基金评价以外内容的规范性文件，包括2005年《关于基金业务材料报送有关问题的通知》、2007年《关于做好第四批行政审批项目取消后的后续监管和衔接工作的通知》、2005年《证券投资基金监管职责分工协作指引》、2007年《关于进一步做好基金行业风险管理工作有关问题的通知》等。

二十五、海外参考词语①

（一）海外市场基金

词条名称：**欧盟可转让证券集合投资计划**

英　　文：**undertakings for collective investment in transferable securities (UCITS)**

定义：欧盟可转让证券集合投资计划是指遵守欧洲议会和欧盟委员会在1985年所制定的《可转让证券集合投资计划（UCITS）相关法律法规与行政规章协调指令》及其后续修订及补充的投资基金。

释义：在欧洲市场，提到基金投资往往会涉及“UCITS”一词。一个可转让证券集合投资计划（UCITS）一旦在某一欧盟成员国注册，即可在其他成员国销售。设立可转让证券集合投资计划（UCITS）的初衷是加速欧盟经济区的经济及金融服务一体化，但由于可转让证券集合投资计划（UCITS）具备较佳的信息披露及投资者保护，可转让证券集合投资计划（UCITS）在全球其他国家与地区也可以销售并取得成功。

词条名称：**投资公司**

英　　文：**investment company**

定义：投资公司是指根据美国1940年《投资公司法》（*The Investment Company Act of 1940*）所设立并符合该法及其他相关规定的公司型证券投资基金。

释义：在美国市场，基金一词往往与“投资公司”有关。一般来说，投资公司是由称为“基金经理”的专业金融从业者管理，向社会投资者公开募集资金以投资于证券市场的营利性的公司型证券投资基金。投资公司购买股票、债券、商业票据、商品或衍生性金融商品，以获得利息、股息或资本利得。根据美国投资公司机构（Investment Company Institute，ICI）的分类，投资公司主要有开放式投资公司，又称“共同基金”（Open－end Investment Companies，or Mutual Funds）；封闭式投资公司；上市交易型或称交易型开放式基金（Exchange－traded Funds，ETFs）；以及单位投资信托（Unit Investment Trusts，UITs）四大类型。

词条名称：**集合投资计划**

英　　文：**collective investment scheme**

定义：集合投资计划（或直接称为“基金”）是指由专业基金经理管理的集成投资计划。这些计划汇集了投资目标及风险承受程度相当的投资者的资金，并投资于股票、债券及货币市场工具。

释义：在中国香港市场，基金往往被称为“集合投资计划”。香港很多投资者都认同要投资于不同的证券及债券市场，最便捷的方式就是持有集合投资计划或基金。投资于集合管理计划，可以给投资者提供专业化管

---

① 撰写：陈正宪、易叶舟、付军宁；审核：付强、蒋明、田娜；单位：嘉实基金管理有限公司。

理运作、参与多元化的投资机会、风险分散，以及相对较好的流动性等好处。

词条名称：**投资信托**

英　　文：**investment trust**

定义：投资信托或共同基金是一种投资工具。

释义：在中国台湾市场，基金又称为“投资信托”。由证券投资信托公司募集发行受益凭证，由投资人申购所集合成的资金，经由证券投资信托公司的专家来操作，所产生的盈亏由投资人自行负担，在运作型态上分为开放式基金及封闭式基金。

（二）特殊基金品种

词条名称：**交易所交易产品**

英　　文：**exchange-traded product（ETP）**

定义：交易所交易产品是指在证券交易所上市交易的，追踪指数点位、股票价格、债券价格、商品价格等、或进行主动管理的衍生证券。

释义：交易所交易产品有几种不同类型，主要包括：（1）封闭式基金；（2）交易所交易衍生合约；（3）交易所交易基金（ETF）；（4）交易所交易票据（ETN）等。

词条名称：**房地产信托投资基金**

英　　文：**real estate investment trust（REIT）**

定义：房地产信托投资基金是一种以发行收益凭证的方式募集特定投资者的资金，由专门投资机构进行房地产投资经营管理，并将投资综合收益按比例分配给投资者的一种信托基金制度。

释义：按照房地产信托投资基金组织形态的不同，房地产信托投资基金可以分为契约型和公司型两种；按照投资人能否赎回分类，可分为封闭式和开放式。

根据房地产信托投资基金资金投向的不同，可以分为三大类：

1. 权益型：投资并拥有房地产，主要收入来源于房地产的租金。

2. 抵押型：投资房地产抵押贷款或房地产抵押支持证券（MBS），收益来源于房地产贷款利息。

3. 混合型：介于资产类和抵押类之间的一种房地产信托投资，具有资产类和抵押类房地产信托投资基金的双重特点，既从事抵押贷款服务，也拥有部分物业产权。

房地产信托投资基金主要有以下三个特点：

1. 收益主要来源于租金收入和房地产升值。

2. 收益的大部分将用于分红。

3. 房地产信托投资基金长期回报率较高，与股市、债市的相关性较低。

房地产信托投资基金最早产生于美国20世纪60年代初，由美国国会创立，意在使中小投资者能以较低门槛参与不动产市场，获得不动产市场交易、租金与增值所带来的收益。在亚洲，最早出现房地产信托投资基金的国家是日本。2009年初，中国人民银行会同有关部门形成了房地产信托投资基金初步试点的总体构架，但由于我国相关法律法规仍不完备，房地产信托投资基金一直未能正式启动。

截至2012年9月底，虽然我国公募基金中没有真正的房地产信托投资基金，但有三只以房地产信托投资基金为主要投资标的的合格境内机构投资者公募基金，属于基金中的基金。这三只基金分别为嘉实全球房地产证券投资基金、诺安全球收益不动产证券投资基金和鹏华美国房地产证券投资基金。

词条名称：**上市房地产基金**

英　　文：**listed property fund (LPF)**

定义：上市房地产基金是指由管理人、托管人和持有人组成，采用契约型基金的组织形式，并在交易所上市的房地产基金。

释义：上市房地产基金采用契约型基金形式，可以发挥管理人和受托人的作用，集合投资者的资金投资于产生以租金收入为主的物业。在结构上，管理人负责基金资金的投资和房地产的管理，管理公司也可以将具体的物业管理委托给物业管理公司。托管人（商业银行）为上市房地产基金的资产和资金提供托管服务，上市房地产基金持有人通过持有人大会行使最高决策权。

上市房地产基金的运营模式类似于上市公司的经营模式，以持有人利益最大化为根本目的。其主要的商业模式是通过投资租金收入为主的房地产和高比例的股息分配，为投资者提供稳定回报。管理公司主要通过四个方面实现上市房地产基金的增值：

1. 通过再出租现有的地产获取更高的租金；
2. 通过收购新的地产或项目开发实现新的收入增长；
3. 进行地产的再开发以提高收入；
4. 降低运行成本。

上市房地产基金的监管与普通的上市公司相似。在监管中，还必须针对上市房地产基金的特殊性进行专项监管，如发行审核中对上市房地产基金的资产要求、结构设计、参与方的职责等。

图示：

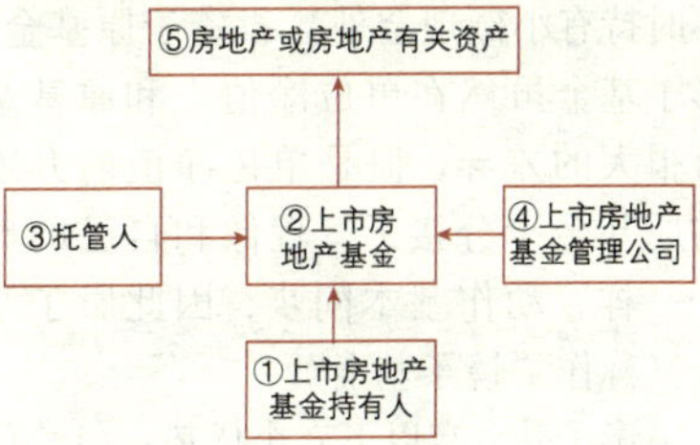

词条名称：**杠杆基金**

英　　文：**leveraged fund**

定义：杠杆基金是一类能为投资者获得数倍标的指数或业绩基准收益的基金类别。

释义：在我国，分级基金的进取类份额（B份额）一般也被认为是杠杆基金的一种。

（三）私募基金

词条名称：**影子基金**

英　　文：**mirror fund**

定义：影子基金是共同基金的一种，一般是指由寿险公司经营，投资者可通过其寿险保单参与另一家公司的共同基金。

释义：影子基金是由人寿保险公司设立的，其表现与市场上公开发售的基金基本同步。设立影子基金最主要的目的，是把那些表现好的基金的单位价值进行分割，降低投资门槛。比如美林世界矿业基金，当公司基金的单位净值大约是46.1美元时，而苏黎世人寿为它设立的影子基金目前的单位净值只有1.8美元。

每一只影子基金都对应于市场上公开发行的一只基金，该只基金称为原基金。影子基金的资产将全部（除不时持有小额现金外）投资于原基金。影子基金虽然在单位净值上和原基金有很大的差异，但是单位净值的升跌与原基金十分接近。就像和自己的影子一样，动作基本同步，因此影子基金又称作“镜子基金”。

影子基金有以下六个优势：（1）门槛低；（2）缴费灵活；（3）投资范围广；（4）无转换费用；（5）收益免税；（6）自主选择。

由于存在跟踪误差，影子基金并不能完全复制原基金的表现。

词条名称：**秃鹫基金**

英　　文：**vulture hedge fund**

定义：秃鹫基金是指专门投资于陷入困境的证券或公司的基金，如投资于违约或接近违约的高收益债券、破产或接近破产的股票等。

释义：“秃鹫基金”这个名字是一个比喻，将这类基金的投资者比作耐心盘旋的秃鹫，等着发掘迅速衰退的公司、主权债务或债务国。业内人士也将其称之为“不良债务基金”或“特殊情况基金”。

秃鹫基金是通过收购处于偿还危机的公司的违约债券，然后进行恶意诉讼，谋求高额利润的基金；有时也泛指那些买卖破产倒闭公司股权、债权、资产而获利的私募基金。

全美知名私募基金——孤星基金（Lone Star Funds），资产规模超过150亿美元，能间接撬动1000亿美元投资额度，是华尔街“秃鹫基金”的代表之一。

词条名称：**量子基金**

英　　文：**quantum fund**

定义：量子基金是全球著名的宏观对冲基金之一。

释义：1973年，乔治·索罗斯（George Soros）和吉姆·罗杰斯（Jim Rogers）创立了索罗斯基金，并于1979年将其更名为“量子基金”。之所以取名为“量子”，是源于索罗斯所赞赏的德国物理学家、量子力学的创始人海森堡提出“测不准定理”。索罗斯认为，就像微粒子的物理量子不可能具有确定数值一样，证券市场也经常处在一种不确定状态，很难去精确度量和估计。

量子基金投资于商品、外汇、股票和债券，并大量运用金融衍生产品和杠杆融资，从事全方位的国际性金融操作。量子基金之所以成为国际金融界的焦点，是由于索罗斯凭借该基金在20世纪90年代所发动的几次大规模货币狙击战。这一时期发生的几起严重的货币危机事件，如英镑危机、墨西哥经济危机和东南亚金融风暴，索罗斯及其量子基金都负有直接责任。

1998 年之后，投资失误使量子基金遭到重大损失。先是索罗斯对 1998 年俄罗斯债务危机及对日元汇率走势判断错误，使量子基金遭受重大损失，其后的美国科技股泡沫破灭使得该基金投资的网络股也大幅下跌。2000 年 4 月 28 日，索罗斯将“量子基金”更名为“量子捐助基金”（Quantum Endowment Fund），并宣称将改变其投资策略，主要从事低风险、低回报的套利交易。2011 年 7 月，索罗斯返还量子捐赠基金中的外部投资者资金，并宣布该基金将不再管理和接受外来资金。自此，量子捐赠基金转型为索罗斯的个人及家族财产基金。

词条名称：**老虎基金**

英　　文：**tiger fund**

定义：老虎基金是全球著名的宏观对冲基金之一。

释义：1980 年，朱利安·罗伯逊（Julian Robertson）集资 800 万美元创立了自己的公司——老虎基金管理公司，并于同年设立了旗下的宏观对冲基金——老虎基金。20 世纪 80 年代末至 90 年代初，老虎基金管理公司开始创下惊人业绩：朱利安·罗伯逊准确地预测到柏林墙倒塌后德国股市将进入牛市，同时沽空泡沫达到顶点的日本股市；1992 年以后，他又预见到全球债券市场的灾难；1993 年，老虎基金伙同量子基金攻击英镑、里拉成功，并在此次行动中获得巨大的收益。自此，老虎基金公司声名鹊起，并被众多投资者追捧。1998 年 8 月全盛时期，其资产管理规模曾高达 230 亿美元。

1998 年下半年，老虎基金公司在一系列的投资中失误，从此开始走下坡路。到 2000 年，公司的资产管理规模已从 230 亿美元的巅峰跌落到 65 亿美元，不得已结束旗下包括老虎基金在内的 6 只对冲基金的全部业务。

词条名称：**波特尔市场**

英　　文：**PORTAL market**

定义：波特尔市场是指纳斯达克创建并运营的用于《144A 规则》下证券交易的市场，又称“私募市场”。

释义：波特尔市场是纳斯达克从 1990 年起开始运营的市场，旨在交易《144A 规则》下有价证券的交易系统。《144A 规则》即“在私募市场面向机构的证券再销售”，其主要目的是吸引外国企业在美国资本市场发行证券，提高美国国内私募证券市场的流动性和有效性。根据《144A 规则》的规定，发行人可以发行不受美国证监会的注册和信息披露要求限制的证券，但这些证券只能在私募市场向合格的机构认购者（Qualified Institutional Buyer，QIB）发行，并只能在合格的机构认购者之间交易。波特尔市场即通常所称的“私募市场”，私募发行的股票可以在这里进行买卖。

2007 年 8 月纳斯达克上线了新的 PORTAL 系统，推出了 144A 股票集中交易与议价系统。新的系统更加正规化、更加透明，在新的系统当中，所有的合格机构投资者都可以看到其他合格机构投资者的交易情况。

波特尔市场的有价证券不在美国证券交易委员会登记，不受《1934年证券交易法》股票相关法规的约束，同时也不受《萨班斯—奥克斯利法案》的约束。但参与该市场的投资者必须拥有超过1亿美元的资产，且其背后的股东数不能超过499个。

第四部分　债券篇

编写说明

我国债券市场自1981年恢复国债发行开始，经过30年的发展，规模逐步扩大，品种日益丰富，市场体系和基础设施不断完善。但是，如果将债券市场规模与国民经济总量相比，其比例仍然低于其他成熟市场。中国债券市场除规模上滞后于经济发展，结构品种上也不够合理。债券持有人过度集中于商业银行，金融风险尚未得到有效分散和化解。各类公司信用类债券的运作都还未能充分体现债券特性，市场化约束机制未能有效建立起来，对于一些债券违约个案风险的行政化处理方式，已经使投资者形成政府信用背书的认知偏差。

总的来说，中国债券市场尚处于成长完善阶段，不仅未来发展空间巨大，更肩负着提高直接融资比重，分散银行系统风险，推动利率市场化，服务实体经济发展需要，促进经济结构转型的重大使命与责任。因此，普及债券市场知识，提高市场各方对于债券市场重要性的认识，是《中国资本市场投资词典》债券篇词条编写的出发点。

《中国资本市场投资词典》债券篇共涉及15个子目录，其中包括基本概念、债券类别、债券指数、债券市场相关主体、债券评估、债券信息、债券投资、债券交易和清算、价值分析、技术分析、投资技巧、投资者教育、规则制度、海外参考词语。在词条的编写过程中，广泛参考境内外相关资料，力求把握中国债券市场的最新动态，希望能够成为广大投资者了解债券相关知识的参考书。在词条的审核和定稿过程中，得到了中国上市公司协会、上海证券交易所债券业务部、国泰君安证券固定收益部的大力协作和支持，在此表示衷心的感谢。

一、基本概念①

（一）投资产品

词条名称：**债券**

英　　文：**bond**

定义：债券是指政府、金融机构、工商企业等直接向社会借债筹措资金时，向投资者发行，承诺按一定利率支付利息并按约定条件偿还本金的债权债务凭证。

释义：债券的本质是债的证明书。债券购买者与发行者之间是一种债权债务关系，债券发行人即债务人，投资者（债券持有人）即债权人。债券是一种有价证券。由于债券的利息通常是事先确定的，因此，债券是固定利息证券（定息证券）的一种。在金融市场发达的国家和地区，债券可以上市流通。

债券主要包括以下四种要素：

1. 债券的发行人（政府、金融机构、企业等机构）是资金的借入者；

2. 购买债券的投资者是资金的借出者；

3. 发行人（借入者）需要在一定时期还本付息；

4. 债券是债的证明书，具有法律效力。债券购买者与发行者之间是一种债权债务关系，债券发行人即债务人，投资者（或债券持有人）即债权人。

公式：最基本的债券收益率计算公式为：

债券收益率 =（到期本息和 − 发行价格）/（发行价格 × 偿还期限）×100%

由于债券持有人可能在债券偿还期内转让债券，因此，债券的收益率还可分为债券出售者的收益率、债券购买者的收益率和债券持有期间的收益率。各自的计算公式如下：

债券出售者的收益率 =（卖出价格 − 发行价格 + 持有期间的利息）/（发行价格 × 持有年限）×100%

债券购买者的收益率 =（到期本息和 − 买入价格）/（买入价格 × 剩余期限）×100%

债券持有期间的收益率 =（卖出价格 − 买入价格 + 持有期间的利息）/（买入价格 × 持有年限）×100%

词条名称：**资产证券化**

英　　文：**asset-backed securitization，缩写 ABS**

定义：资产证券化是指将缺乏流动性的资产转换为金融市场上流动性较强的证券的行为。

释义：资产证券化是以特定资产组合或特定现金流为支持，发行可交易证券的一种融资形式。传统的证券发行是以企业为基础，而资产证券化则是以特定的资产池为基础发行证券。

在资产证券化过程中，发行的以资产池为基础的证券就称为“证券化产品”。

一次完整的证券化融资的基本流程是：

1. 发起人将证券化资产出售给一

---

① 撰写：李科、宋乐；审核：施东辉；单位：上海证券交易所发展研究中心。

家特殊目的机构（Special Purpose Vehicle，SPV），或者由 SPV 主动购买可证券化的资产。

2. SPV 将这些资产汇集成资产池（Assets Pool），再以该资产池所产生的现金流为支撑，在金融市场上发行有价证券融资。

3. 最后用资产池产生的现金流来清偿所发行的有价证券。

尽管资产证券化的历史不长，但相关证券化产品的种类层出不穷，名称也千变万化。最早的资产证券化产品以商业银行房地产按揭贷款为支持，称为“按揭支持证券”（MBS）；随着可供证券化操作的基础产品越来越多，出现了“资产支持证券”（ABS）的称谓；再后来，由于混合型证券（具有股权和债权性质）越来越多，干脆用 CDOs（Collateralized Debt Obligations）概念代指证券化产品，并细分为 CLOs、COMs、CBOs 等产品。最近几年，还利用信用衍生产品构造出合成 CDOs。

词条名称：**债券回购交易**

英　　文：**bond repurchase，缩写 bond repo**

定义：债券回购交易是指以债券为抵押物进行短期资金融通的交易。

释义：在债券回购交易中，买卖双方按照一个互相认可的利率和期限，达成资金拆借协议。资金融入方以相应债券作足额抵押，获得一段时间内的资金使用权；资金融出方则获得相应期限的债券抵押权，并于回购到期日收回本金及相应利息。根据资金的融入与融出方向，债券回购交易又分为正回购与逆回购，其中，以债券为抵押融入资金被称为“正回购”，反之称为“逆回购”。

根据抵押品是否发生转移，债券回购交易又可分为质押式回购交易和买断式回购交易。

1. 质押式回购交易是指债券持有人在将债券质押的同时，将相应债券以标准券折算比率计算出的标准券数量为融资额度而进行的质押融资，交易双方约定在回购期满后返还资金和解除质押的交易。

2. 买断式回购交易是指债券持有人将债券卖给购买方的同时，交易双方约定在未来某一日期，卖方再以约定价格从买方购回相等数量同种债券的交易。

根据上海证券交易所的交易规则，在竞价交易中，债券质押式回购交易的申报数量为 100 手或其整数倍，债券买断式回购交易的申报数量为 1000 手或其整数倍。债券买断式回购交易以人民币 1000 元面值债券为 1 手，债券质押式回购交易以人民币 1000 元标准券为 1 手。

（二）市场指标

词条名称：**债券指数**

英　　文：**bond index**

定义：债券指数是指反映债券市场价格总体走势的指标体系。和股票指数一样，债券指数是一个比值，其数值反映了当前市场的平均价格相对于基期市场平均价格的位置。

释义：在指数样本债券的选择上，所有指数在取样时都把到期年限低于一年的债券排除在外，这样做主要是考虑短期债券反映的是短期货币拆借市场的变动情况，而不是资本市场的变动状况。因此把它们排除在外，能更客观地反映债券市场的情况。

2000年以来，全国同业拆借中心等机构陆续推出了同业中心银债指数等一系列针对不同市场、券种的债券指数，这些指数设计各有侧重，为不同风格的投资者调整投资组合、进行绩效评估提供了比较可靠、科学的决策依据，也为债券市场的金融创新奠定了良好的基础。市场上应用较为广泛的债券指数主要有：中国债券指数、上海证券交易所国债指数、中信债券指数、中国银行银债指数、银行间同业拆借中心银债指数。

在债券市场日趋国际化的情况下，为了能够给投资者提供与其投资组合完全可比的基准，指数也必须完成自身的国际化，表现为增加新的国际债券指数、新兴国家市场细分指数。2000年所罗门新增加的指数中包含了大量的国际性的债券指数，如所罗门全球综合投资级债券指数（Word Broad Invesment - grade Bond Index，World BIG）、所罗门全球货币市场指数等。

二、债券类别[①]

（一）债务人分类

词条名称：国债

英　文：**treasury bond，缩写 T-Bond**

定义：国债又称“国家公债”，是指国家以其信用为基础，按照债的一般原则，通过向社会筹集资金所形成的债权债务关系。国债是中央政府为筹集财政资金而发行的一种政府债券，是中央政府向投资者出具的、承诺在一定时期支付利息和到期偿还本金的债权债务凭证。国债的发行主体是国家，从而具有最高的信用度，被公认为是最安全的投资工具。

释义：从债券形式来看，我国的国债可分为凭证式国债、无记名（实物）国债、储蓄国债和记账式国债四种。

1. 凭证式国债：以“凭证式国债收款凭证”记录债权的一种国家储蓄债，可记名、挂失，从购买之日起计息，不能上市流通。在持有期内，持券人如遇特殊情况需要提取现金，可以到购买网点提前兑取。提前兑取时，除偿还本金外，利息按实际持有天数及相应的利率档次计算。

2. 无记名（实物）国债：以实物券的形式记录债权的一种实物债券，面值不等，不记名，不挂失，可上市流通。发行期内，投资者可直接在销售国债机构的柜台购买。

3. 储蓄国债：又称“电子式国债”，是政府面向个人投资者发行、以吸收个人储蓄资金为目的、满足长期储蓄性投资需求的不可流通记名国债品种。电子储蓄国债就是以电子方式记录债权的储蓄国债品种。

---

① 撰写：李科、宋乐、余昊；审核：施东辉、曾刚；单位：上海证券交易所发展研究中心。

4. 记账式国债：以记账形式记录债权，由财政部发行，通过证券交易所的交易系统发行和交易，可以记名、挂失以及上市转让。投资者进行记账式证券买卖，必须在证券交易所设立账户。由于记账式国债的发行和交易均无纸化，效率高，成本低，交易安全。

词条名称：**地方债**

英　　文：**municipal bond**

定义：地方债是指地方政府根据信用原则，以承担还本付息责任为前提而筹集资金的债务凭证，是有财政收入的地方政府及地方公共机构发行的债券。

释义：凡属地方政府发行的公债称为“地方公债”，简称“地方债”。它是作为地方政府筹措财政收入的一种形式而发行的，其收入列入地方政府预算，由地方政府安排使用。

地方政府债券一般用于地方交通、通讯、住宅、教育、医院和污水处理系统等公共设施的建设。同中央政府发行的国债一样，地方政府债券一般也是以当地政府的税收能力作为还本付息的担保。因此，国外没有将一般责任债券和收益债券构成的集合称为“地方政府债券”，而是称为“市政债券”。

词条名称：**公司债**

英　　文：**Corporate Bond**

定义：公司债是指上市公司依照法定程序发行，约定在一年以上期限内还本付息的有价证券。

释义：公司债是由中国证监会监管的中长期直接融资品种。公司债券是公司外部融资的一种重要手段，是企业融资的重要来源，同时也是金融市场上的重要金融工具之一。

按照债券本身情况划分，公司债券可分为是否记名、是否参加利润分配、是否可以提前赎回等；按照发行目的划分，公司债券又可分为普通公司债券、改组公司债券、利息公司债券、延期公司债券等；按发行人是否给予持有人选择权的条件划分，可分为附权公司债和不附权公司债。

词条名称：**企业债**

英　　文：**enterprise bond**

定义：企业债是指由中央政府部门所属机构、国有独资企业或其他形式企业发行的债券，发行主体不限于国有控股，它对发债主体的限制比公司债窄。

释义：在西方国家，只有股份公司才能发行企业债券，因此，在西方国家，企业债券即公司债券。在中国，企业债券泛指各种所有制企业发行的债券。

中国发行企业债券始于1983年。最初主要以集资方式出现，其票面形式、还本付息方式等基本方面很不规范。1987年3月27日，国务院颁布《企业债券管理暂行条例》，使中国企业债券在发行、转让、形式、管理等各个方面开始走向规范化。

1999年12月，国务院批准了中国人民银行《关于企业债券改由国家计委审批的请示》，国家计委统一负责下达企业债券发行规模和审批企业债发行。2003 年国家计委更名为国家发展和改革委员会，企业债的发行规模和审批由国家发展和改革委员会实施。

词条名称：**中小企业私募债**

英 文：**small and medium sized enterprises private placement bond**

定义：中小企业私募债是指中小微型企业在中国境内以非公开方式发行和转让，约定在一定期限还本付息的公司债券。

释义：2012 年 5 月 22 日，上海证券交易所和深圳证券交易所发布《中小企业私募债券业务试点办法》，标志着中小企业私募债正式启动。试点期间，中小企业私募债券的发行人为未上市中小微企业，暂不包括房地产企业和金融企业。中小企业私募债发行期限暂定在一年以上，发行利率不超过同期银行贷款基准利率的 3 倍。中小企业私募债实行严格的合格投资者制度，只有符合条件的合格机构投资者和合格个人投资者才能参与认购和转让。每期私募债券的投资者合计不得超过 200 人。

词条名称：**金融债**

英 文：**financial bond**

定义：金融债是指由银行和非银行金融机构发行的债券。在英、美等欧美国家，金融机构发行的债券归类于公司债券。在我国及日本等国家，金融机构发行的债券称为“金融债券”。金融债能够较有效地解决银行等金融机构资金来源不足和期限不匹配的问题。

释义：银行等金融机构的资金来源有三个渠道，即吸收存款、向其他机构借款和发行债券。存款资金在经济发生动荡的时候，易发生储户争相提款的现象，造成资金来源不稳定；向其他商业银行或中央银行借款所得的资金主要是短期资金，而金融机构往往需要进行一些期限较长的投融资，这样就出现资金来源和资金运用的期限不匹配矛盾。

发行金融债券可以使金融机构筹措到稳定且期限灵活的资金，从而有利于优化资产结构，扩大长期投资业务，有效解决资金来源与运用的期限不匹配问题。金融债券的资信通常高于其他非金融机构金融债券，违约风险相对较小，具有较高的安全性。

（二）付息分类

词条名称：**定息债券**

英 文：**fixed rate bond**

定义：定息债券是指在发行时规定利率在整个偿还期内不变的债券。

释义：根据债券利率在偿还期内是否变化，可将债券分为定息债券和浮息债券，其中，定息债券附有固定的票面息率，通常半年或一年支付一次利息。

词条名称：**零息债券**

英 文：**zero coupon bond**

定义：零息债券是指以贴现方式发行，不附息票，而在到期日按面值一次性支付本利的债券。

释义：零息债券发行时按低于票

面金额的价格发行，而在兑付时按照票面金额兑付，其利息隐含在发行价格和兑付价格之间。

零息债券的最大特点是避免了投资者所获得利息的再投资风险。零息债券是不派息的债券，投资者购买时可获折扣（即以低于面值的价格购买），在到期时收取面值。由于这些特性，零息债券对利率的改变特别敏感，债券价格与利率变动通常呈反比关系。

零息票债券属于折让证券，在整个借款的年期内不支付任何利息（息票），并按到期日赎回的面值的折让价买入。

公式：零息债券买入价与到期日赎回的面值之间的价差便是资本增值。

买入价计算公式为：买入价 = 面值 - 资本增值

词条名称：**浮息债券**

英　　文：**floating rate bond**

定义：浮息债券是指利率按一定时期以某一基准利率进行调整的债券，例如以银行同期储蓄存款利率为基准上浮某个百分点的债券。与固定利息债券相比，浮动利息债券是一种风险较低、收益稳定的债券，可避免市场利率剧烈变动的风险。

释义：浮息债券的利率是根据公式，以其他利率为基础计算得来的。国际金融市场的浮息债券一般根据3个月或6个月的伦敦同业拆借利率（Libor）加上一定的利差进行浮动，随着市场利率的变化而变化。

在中国，市场基础利率现在有两种：银行一年期定期存款利率和上海同业拆借利率（SHIBOR）。

公式：浮息债券的票面利率的计算公式为：

浮息债券票面利率 = 某市场基准现时利率 + 利差

词条名称：**附息债券**

英　　文：**coupon bond**

定义：附息债券，又称“分期付息债券”或“息票债券”，是指在债券券面上附有息票的债券，或是按照债券票面载明的利率及支付方式支付利息的债券。息票上标有利息额、支付利息的期限和债券号码等内容。

释义：附息债券通常一种长期债券，期限一般在5年以上。债券发行人每年或每半年按票面利率支付持券人利息，到期时归还持券人本金。

公式：对于一年付息一次的债券来说，按复利贴现的债券价值为：

$$P = C/1+r+C/(1+r)^2+C/(1+r)^3+\cdots+C/(1+r)^n+M/(1+r)^n = \sum C/(1+r)^t+M/(1+r)^n$$

按单利贴现方法的债券价值为：

$$P = \sum C/(1+r\times t)+M/(1+r\times n)$$

式中：P为债券的内在价值，即贴现值；C为每年收到的利息；M为票面价值；n为剩余年数；R为必要收益率；t为第t次，$0\leq t\leq n$。

（三）保证分类

词条名称：**信用债券**

英　　文：**debenture**

定义：信用债券是指没有抵押品，完全依靠公司良好的信誉而发行的债券，通常只有经济实力雄厚、信誉较高的企业才有能力发行这种债券。国家以其信用为基础，按照债的一般原则发行的国债，也是信用债券。

释义：投资者是否投资信用债券的依据是债券发行公司的资产性质、收益能力，以及信誉的好坏程度。因此，只有那些信用等级高的企业才有可能发行信用债券。

由于信用债券没有抵押品作为担保，因而须在债券契约中列出保护性条款。例如，保持一定的流动比率；在无能力支付利息时，其发行的债券即视为到期，债券持有人可要求立即还本；公司如再发行债券，信用债券持有人对发行者资产具有优先求偿权等。

词条名称：**信用风险缓释工具**

英　文：**credit risk mitigation**，缩写 **CRM**

定义：信用风险缓释工具是指信用风险缓释合约、信用风险缓释凭证及其他用于管理信用风险的简单的基础性信用衍生产品。

释义：2010 年 10 月 29 日，中国银行间市场交易商协会在公布的《银行间市场信用风险缓释工具试点业务指引》中提出信用风险缓释工具（CRM）这一概念。信用风险缓释工具具有可交易、一对多、标准化、低杠杆率等特点，被业内认为世界信用衍生品市场的一个创新，类似于国际上的信用违约互换（CDS）。

词条名称：**信用风险缓释合约**

英　文：**credit risk mitigation agreement**，缩写 **CRMA**

定义：信用风险缓释合约是指交易双方达成的，约定在未来一定期限内，信用保护买方按照约定的标准和方式向信用保护卖方支付信用保护费用，由信用保护卖方就约定的标的债务向信用保护买方提供信用风险保护的金融合约。

释义：信用风险缓释合约是一种金融衍生品，用于进行金融风险转移，类似于信用违约互换（Credit Default Swap，CDS），因此又称为“信贷违约掉期”，或是“贷款违约保险”。

词条名称：**信用风险缓释凭证**

英　文：**credit risk mitigation warrant**，缩写 **CRMW**

定义：信用风险缓释凭证是指由标的实体以外的机构创设的，为凭证持有人就标的债务提供信用风险保护的，可交易流通的有价凭证。

释义：信用风险缓释凭证的创设机构需要监管核准。卖掉信用风险缓释凭证，可以马上全部转移风险，能够避免多米诺骨牌效应，能降低像金融危机那样的系统性风险。

词条名称：**抵押债券**

英　文：**mortgage bond**

定义：抵押债券是指债券发行人在发行一笔债券时，通过法律上的适当手续将债券发行人的部分财产作为抵押，一旦债券发行人出现偿债困难，则出卖这部分财产以清偿债务。

释义：抵押债券的法律关系中有债券和信托协议两个凭证，涉及债券发行人、债券持有人和债券信托人三方面的关系。债券信托人代表债券持有人保管抵押品或留置品。债券发行人到期无力偿还本息时，债券持有人通过其信托人行使对抵押品或留置品的处理权。

词条名称：**担保债券**

英　　文：**guaranteed bond**

定义：担保债券是指由一定保证人做担保而发行的债券。当企业没有足够的资金偿还债券时，债权人可要求保证人偿还。

释义：根据《中华人民共和国担保法》，担保债券的保证人应是符合《中华人民共和国担保法》规定的企业法人，且应同时具备以下条件：

1. 净资产不能低于被保证人拟发行债券的本息。

2. 近三年连续盈利，且有良好的业绩前景。

3. 不涉及改组、解散等事宜或重大诉讼案件。

4. 中国人民银行规定的其他条件。

词条名称：**无担保债券**

英　　文：**debenture bond**

定义：无担保债券是指无特定的资产作为担保品，仅靠发行公司的信誉而发行的债券，又称“信用债券”。

释义：与有担保债券相比，无担保债券持有人承担的风险较大，因而往往要求较高的发行条件。为了保护投资人的利益，发行这种债券的公司往往受到种种限制，只有那些信誉卓著的公司才有资格发行。公司发行的这种债券又称“信用公司债”。此外，由于政府的绝对信用，发行的政府债也属于此类债券。

（四）偿权分类

词条名称：**一般债券**

英　　文：**general obligation bond**

定义：一般债券是指按还本付息方式所发行的债券。

释义：相对于可兑股债券、附认股权债券等债券新品种（合称为“与股权相联系的债券”）而言，一般债券通常指政府债券、金融债券和企业债券等。

词条名称：**次级债券**

英　　文：**subordinated debenture**

定义：次级债券是指偿还次序优于公司股本权益，但低于公司一般债务的一种债务形式。

释义：次级债里的“次级”，与银行贷款五级分类法（正常、关注、次级、可疑、损失）里的“次级贷款”中的“次级”是完全不同的概念。次级债券里的“次级”仅指其求偿权“次级”，并不代表其信用等级一定“次级”；而五级分类法里的“次级”则是与“可疑”、“损失”一并划归为不良贷款的范围。

次级债券的发行主体在国内主要是各大商业银行，发行资金用于补充资本充足率。商业银行业务不断扩张的同时，要满足巴塞尔协议（Basel Accord）的要求（资本充足率大于8%，核心资本充足率大于4%）的要求。但是，仅采用定向增发方式已不能满足银行对补充资本金的要求，而发行次级债作为一种较为简便的补充资本金的手段，其承销成本也较低，开始越来越频繁地为银行所采用。目前我国众多商业银行均发行过次级债券。

按照次级债券的定义，除非银行破产或清算，次级债务不能用于弥补银行日常的经营损失，即在正常的情况下，次级债务不能用于冲销银行的坏账，无法替代核心资本的功能。这也正是巴塞尔委员会在规定资本充足率指标的同时，又单独规定核心资本充足率指标的初衷。

（五）凭据分类

词条名称：**凭证式债券**

英　　文：**certificated bond**

定义：凭证式债券是指供债权人认购且形式为一种收款凭证，而不是债券发行人制定的标准格式的债券。

释义：我国的凭证式国债通过各银行储蓄网点和财政部门国债服务部面向社会发行，券面上不印制票面金额，而是根据认购者的认购额填写实际的缴款金额，是一种国家储蓄债。

凭证式国债可记名、挂失，以凭证式国债收款凭证记录债权，不能上市流通，从购买之日起计息。在持有期内，持券人如遇特殊情况需要兑取现金，可以到原购买网点提前兑取。提前兑取时，除偿还本金外，利息按实际持有天数及相应的利率档次计算。

词条名称：**记账式债券**

英　　文：**book-entry bond**

定义：记账式债券是指将投资者持有的债券登记于证券账户中，投资者仅取得收据或对账单以证实其所有权的一种债券。

释义：记账式债券是无实物形态的债券，利用账户，通过电脑系统完成债券发行和交易及其兑付的全过程，因此记账式国债又称“无纸化国债”。

我国从1994年开始发行记账式债券。目前，已经有记账式债券通过上海证券交易所和深圳证券交易所系统实现发行和交易。记账式国债具有成本低、收益好、安全性好、流通性强的特点。

（六）转换分类

词条名称：**可转换债券**

英　　文：**convertible bond**，缩写 **CB**

定义：可转换债券，简称“可转债”，是指在特定时间、按特定条件转换为普通股票的特殊企业债券。可转换债券兼具债权和股权的特征。

释义：1996年我国政府决定选择有条件的公司进行可转换债券的试点，国务院证券委员会1997年颁布《可转换公司债券管理暂行办法》，中国证监会2001年4月发布《上市公司发行可转换公司债券实施办法》，极大地规范、促进了可转换债券的发展。

可转换债券具有双重选择权的特征：一方面，投资者可自行选择是否转股，并为此承担转债利率较低的机会成本；另一方面，转债发行人拥有是否实施赎回条款的选择权，并为此要支付比没有赎回条款的转债更高的利率。双重选择权是可转换公司债券最主要的金融特征，它的存在使投资者和发行人的风险、收益限定在一定的范围以内，并可以利用这一特点对股票进行套期保值，获得更加确定的收益。

公式：

1. 转换比例：是指一定面额可转换债券可转换成普通股票的股数。用公式表示为：

转换比例 = 可转换债券面值/转换价格

2. 转换价格：是指可转换债券转换为每股普通股份所支付的价格。用公式表示为：

转换价格 = 可转换债券面值/转换比例

词条名称：**不可转换债券**

英　　文：**non-convertible bond**

定义：不可转换债券是指债券发行时没有约定可在一定条件下转换成普通股这一特定条件的债券。

释义：依公司债可否转换成股份，将公司债分为可转换公司债和不可转换公司债。

可转换公司债是指依约定条件和办法，由债券持有人选择决定是否将公司债转换成公司股份的公司债。不能转换为公司股份的公司债为不可转换公司债。

不可转换公司债债权人只享有到期得到本金和利息的权利。由于不可转换公司债不能转换成公司股份，其利率一般高于可转换公司债。

词条名称：**分离交易可转换债券**

英　　文：**bond with attached warrant**

定义：分离交易可转换债券，简称“分离交易可转债”，是一种附认股权证的公司债，可分离为纯债和认股权证两部分，从而赋予上市公司一次发行、两次融资的机会。

释义：分离交易可转债是债券和股票的混合融资品种，与普通可转债的本质区别是债券与期权可分离交易。中国证监会2006年颁布的《上市公司证券发行管理办法》首次将分离交易可转债列为上市公司再融资品种，并对其发行条件、发行程序、条款设定等方面做出较为具体的规定。

分离交易可转债不设重设和赎回条款，有利于发挥发行公司通过业绩增长来促成转股的正面作用，避免了普通可转债发行人往往不是通过提高公司经营业绩、而是以不断向下修正转股价或强制赎回方式促成转股而带给投资人的损害。上市公司改变公告募集资金用途的，分离交易可转债持有人与普通可转债持有人同样被赋予一次回售的权利，极大地保护了投资人利益。

（七）期限分类

词条名称：**中期票据**

英　　文：**medium-term note，缩写 MTN**

定义：中期票据是指具有法人资格的非金融企业在银行间债券市场按照计划分期发行的，约定在一定期限还本付息的债务融资工具，通常是指期限在5～10年之间的票据。

在欧洲货币（Eurocurrency）市场发行的中期票据，称为“欧洲中期票据”（EMTNs）。

释义：符合发行要求的非金融企业中期票据在银行间债券市场、面向银行间债券市场的所有投资人发行，由中国银行间交易商协会依据中国人民银行2008颁布的《银行间债券市场非金融企业债务融资工具管理办法》进行发行管理，通常具有以下特征：

1. 中期票据期限通常为3～10年。

2. 放宽发行主体的限制。只要具有法人资格的非金融企业在理论上均可发行中期票据；

3. 发行市场化。企业发行中期票据只需在中国银行间市场交易商协会注册，并由交易商协会向央行备案。

4. 发行方式灵活。中期票据完成注册之后，可以采用小额、连续或周期性的方式发行，在金额、期限和发行时间的选择上有很大的灵活性；既可以是浮动利率方式发行，也可以是固定利率方式发行；甚至可以利用市场的波动，抓住有利的市场窗口发行。

5. 持有人多元化和分散化。中期票据由银行间债券市场机构投资者持有，包括银行、证券等金融机构。这些机构投资者有不同的资产配置需求及风险偏好，有利于分散风险。

词条名称：**短期融资券**

英　　文：**commercial paper; short-term financing bond**，缩写 **CP**

定义：短期融资券是指具有法人资格的非金融企业，依照中国人民银行2008年颁布的《银行间债券市场非金融企业债务融资工具管理办法》的条件和程序，在银行间债券市场发行并约定在一定期限内还本付息的有价证券，是企业筹措短期（一年以内）资金的直接融资方式。

释义：短期融资券筹资存在以下几个优点：（1）短期融资券的筹资成本较低；（2）短期融资券筹资数额比较大；（3）发行短期融资券可以提高企业信誉和知名度。

短期融资券筹资又存在以下几个缺点：（1）发行短期融资券的风险比较大；（2）发行短期融资券的弹性比较小；（3）发行短期融资券的条件比较严格。

词条名称：**超短期融资券**

英　　文：**super & short-term commercial paper**，缩写 **SCP**

定义：超短期融资券是指具有法人资格、信用评级较高（一般为中央AAA级企业）的非金融企业在银行间债券市场发行的，期限在270天（9个月）以内的短期融资券。

释义：超短期融资券期限最短为7天，也可以此类推为14天、21天，最长期限不超过9个月。

超短期融资券不同于一般的企业债券产品，发行规模不受净资产40%的红线约束；而且超短期融资券有助于进一步丰富市场的利率期限结构、风险结构以及流动性结构，有利于形成短、中、长期兼备的市场化收益率曲线。

超短期融资券比短期融资券更为灵活，可以满足企业短期流动资金不足的“瓶颈”，有助于提高企业流动性管理水平，特别适合财务集中管理的大型企业集团；在利率上也比银行流动性贷款更有竞争优势、更市场化，不像银行贷款那样还要受制于央行的管制利率。

（八）国别分类

词条名称：国际债券

英　　文：**international bond**

定义：国际债券是指一国政府、金融机构、工商企业或国家组织为筹措和融通资金，在国外金融市场上发行的，以外国货币标价的债券。

释义：国际债券的重要特征是发行者和投资者属于不同的国家，筹集的资金来源于国外金融市场。国际债券的发行和交易既可用来平衡发行国的国际收支，也可用来为发行国政府或企业引入资金从事开发和生产。依发行债券所用货币与发行地点的不同，国际债券又可分为外国债券和欧洲债券。

国际债券的发行程序主要如下：

1. 发行人确定牵头经理人。接到发行人的授权书后，牵头经理人开始工作。

2. 牵头人帮助发行人在发行地国家表示发行债券的意向，征求该国政府许可。

3. 发行人与牵头人商定发行债券的基本条件，拟订条款。

4. 发行人与经理人签订发行协议。

5. 经理人与承销人签订承销协议，或与推销人签订推销协议。

6. 发行人通过承销人向广大投资人提交招募说明书，介绍和宣传债券。

7. 债券发行到投资者，即承销人将债券出售给广大投资人。

债券类别

词条名称：外国债券

英　　文：**foreign bond**

定义：外国债券是指外国借款人（政府、私人公司或国际金融机构）所在国与发行市场所在国具有不同的国籍，并以发行市场所在国的货币为面值货币发行的债券。

释义：外国债券只在一国市场上发行，并受该国证券法规制约。例如，扬基债券（Yankee Bond）是非美国主体在美国市场上发行的债券，武士债券（Samurai Bond）是非日本主体在日本市场上发行的债券，同样还有英国的猛犬债券（Bull-dog Bond）、西班牙的斗牛士债券、荷兰的伦勃朗债券，都是非本国主体在该国发行的债券。

词条名称：欧洲债券

英　　文：**Euro bond**

定义：欧洲债券是指一国政府、金融机构、工商企业或国际组织在国外债券市场上，以第三国货币为面值发行的债券。例如，法国一家机构在英国债券市场上发行的以美元为面值的债券，即为欧洲债券。

释义：欧洲债券的发行人、发行地以及面值货币分别属于三个不同的国家。欧洲债券不受任何国家资本市场的限制，免扣缴税，其面额可以发行者当地的通货或其他通货为计算单位。对多国公司集团及第三世界政府而言，欧洲债券是他们筹措资金的重要渠道。

欧洲债券产生于20世纪60年代，是随着欧洲货币市场的形成而兴起的一种国际债券。20世纪60年代以后，由于美国资金不断外流，美国政府被迫采取一系列限制性措施。1963 年 7 月，美国政府开始征收利息平衡税，规定美国居民购买外国在美发行的债券，所得利息一律要付税。1965 年，美国政府又颁布条例，要求银行和其他金融机构限制对国外借款人的贷款数额。这两项措施使外国借款者很难在美国发行美元债券或获得美元贷款。另一方面，20 世纪 60 年代，许多国家有大量盈余美元，需要投入借贷市场获取利息，于是一些欧洲国家开始在美国境外发行美元债券，这就是欧洲债券的由来。

词条名称：**熊猫债券**

英　　文：**panda bond**

定义：熊猫债券是指境外机构在中国发行的以人民币计价的债券，与日本的武士债券、美国的扬基债券统属于外国债券的一种。

释义：根据国际惯例，国外金融机构在一国发行债券时，一般以该国最具特征的吉祥物命名。据此，2005 年 9 月 28 日，财政部部长金人庆将国际多边金融机构首次在华发行的人民币债券命名为“熊猫债券”。

词条名称：**武士债券**

英　　文：**samurai bond**

定义：武士债券是指在日本债券市场上发行的外国债券，即日本以外的政府、金融机构、工商企业和国际组织在日本国内市场发行的，以日元为计价货币的债券。

释义：1970 年 12 月，亚洲开发银行发行第一笔武士债券。早期的武士债券发行者主要是国际机构。武士债券均为无担保发行，典型期限为 3 ~ 10 年，一般在东京证券交易所交易。

词条名称：**扬基债券**

英　　文：**Yankee bond**

定义：扬基债券是指在美国债券市场上发行的外国债券，即美国以外的政府、金融机构、工商企业和国际组织在美国国内市场发行的，以美元为计价货币的债券。

释义：扬基即 Yankee 的音译，意思是美利坚合众国，又称“美国债券”。扬基债券存在的时间已经很长，但在 20 世纪 60—70 年代，由于美国国内严格的金融管制和欧洲债券市场的竞争，其发行一直不景气。2008 年中期，为顺应金融市场改革的潮流，美国国会通过《证券交易修正案》，即《威廉姆斯法》（*Willams Act*），简化了扬基债券的发行手续。

（九）市场分类

词条名称：**交易所市场债券**

英　　文：**exchange market bond**

定义：交易所市场债券是指可以在证券交易所的交易系统上市交易，由中国证券登记结算公司统一托管与结算的债券。交易所债券市场和中国银行间债券市场共同构成国内主要的场内债券交易场所。

释义：目前，证券交易所的债券品种包括国债、地方债、企业债、公司债、分离交易可转债、可转债、中小企业私募债、资产支持证券等。

交易所市场债券在证券交易所交易必须根据国家有关的证券法律规定，

有组织地、规范地进行，其交易一般采用持续双向拍卖的方式，是一种公开竞价的交易。证券交易所有严密的组织管理机构，只有交易所的会员才能在市场内从事交易活动，投资者必须通过会员经纪人进行交易。

证券交易所的债券交易系统包括上海证券交易所的竞价撮合平台、固定收益证券综合电子平台、大宗交易系统，深圳交易所的竞价撮合平台、综合协议交易平台。

词条名称：银行间市场债券

英　　文：inter-bank market bond

定义：银行间市场债券是指通过中国外汇交易中心暨全国银行间同业拆借中心的银行间本币交易系统交易，由中央国债登记结算公司或银行间市场清算所（简称"上海清算所"）托管与结算的债券。

释义：银行间市场债券所包含的种类包括国债、地方债、政策性金融债券、商业银行金融债、证券公司金融债、央行票据、企业债、中期票据、短期融资券、资产支持证券等。

经过近几年的迅速发展，银行间债券市场目前已成为我国债券市场的主体部分，其托管量占我国整体债券市场托管总量的95%以上。

词条名称：柜台市场债券

英　　文：over-the-counter market bond

定义：柜台市场债券是指在银行的营业网点柜台（含电子银行系统）进行交易的债券。

释义：柜台市场债券由银行通过营业网点（含电子银行系统）与投资人进行债券买卖，并办理相关托管与结算等业务。

商业银行根据每天全国银行间债券市场交易的行情，在营业网点柜台挂出国债买入和卖出价，以保证个人和企业投资者及时买卖国债。商业银行的资金和债券余缺则通过银行间债券市场买卖加以平衡。

柜台债券市场在不同的发展阶段呈现出不同的形式上的特征。我国柜台债券市场交易的主要品种为国债。

（十）其他分类

词条名称：实物债券

英　　文：in-kind bond

定义：实物是指具有标准格式券面的实物债券，它与无实物票券的债券（如记账式债券）相对应。

释义：实物债券是一般意义上的债券，很多国家通过法律或法规对实物债券的格式予以明确规定。在其券面上，一般印制了债券面额、债券利率、债券期限、债券发行人全称、还本付息方式等各种债券票面要素。实物债券可上市流通。有时，实物债券的利率、债券期限等要素也可以通过公告向社会公布，而不在债券券面上注明。

无记名国债就属于这类债券，它以物权的形式记录债权、面值等，不记名，不挂失，可上市流通，不可提前兑现。

词条名称：金边债券

英　　文：gilt-edged bond

定义：金边债券泛指所有中央政

府发行的债券，即国债。

释义：早在17世纪，英国政府经议会批准，开始发行以税收保证支付本息的政府公债，该公债信誉度很高。当时发行的英国政府公债带有金黄边，因此被称为“金边债券”。在美国，经权威性资信评级机构评定为最高资信等级（AAA级）的债券，也称为“金边债券”。

中央政府是国家的权力象征，它以该国的征税能力作为国债还本付息的保证，投资者一般不用担心金边债券的偿还能力。为了鼓励投资者购买国债，大多数国家都规定国债投资者可以享受国债利息收入方面的税收优惠，甚至免税。因此，金边债券为投资者所热衷，流动性很强，并被广泛地用做抵押和担保。不过，由于国债的风险低、安全性和流动性好，它的利率一般也低于其他类型债券。

词条名称：**城投债**

英　　文：**quasi-municipal bond**

定义：城投债，又称“准市政债”，是指以地方投融资平台作为发行主体，公开发行的企业债和中期票据，其主业多为地方基础设施建设或公益性项目。

释义：城投债一般是相对于产业债而言的，主要是用于城市基础设施等投资。城投债起源于上海。1992年，为支持浦东新区建设，中央决定给予上海五方面的配套资金筹措方式，其中之一是1992～1995年每年发行5亿元浦东新区建设债券。

词条名称：**可赎回债券**

英　　文：**callable bond**

定义：可赎回债券，又称“可买回债券”，是指发行人有权在特定的时间，按照某个价格强制从债券持有人手中将其赎回的债券，是债券与看涨期权（call option）的结合体。

释义：可赎回债券的赎回条款通常在债券发行几年之后才开始生效。赎回价格一开始可能高于债券面值，随着时间推移，逐渐与债券面值重合；但也可以一开始就与面值相等。

在市场利率跌至比可赎回债券的票面利率低得多的时候，债券发行人如果认为将债券赎回并且按照较低的利率重新发行债券，比按现有的债券票面利率继续支付利息要合算，就会将其赎回。

债券发行人有时会只赎回一部分发行在外的债券。在这种情况下，有两种方法决定哪些债券将被赎回：一是计算机随机抽取债券的编号；二是所有债券的面值按一定比例被赎回。

词条名称：**信托计划**

英　　文：**trust plan**

定义：信托计划是指委托人基于对受托人的信任，将其财产权委托给受托人，由受托人按委托人的意愿以自己的名义，为受益人的利益或者特定目的进行管理或处分的行为。

释义：信托是一种为了他人利益或特定目的管理财产的一项制度安排，即“受人之托，代人理财”。利用信托原理，一个人（委托人）在没有能力或者不愿意亲自管理财产的情况下，可将财产权转移给自己信任并有能力管理财产的人（即受托人），并指示受托人将信托财产及其收益用于自己或者第三人（受益人）的利益。

根据银监会的相关规定，信托计划不得承诺保本和最低收益。最近几年，信托公司同银行以“银信合作”的方式推出了大量信托类理财产品，销售给银行的客户，通常具有一定的预期收益率。

词条名称：**银行理财产品**

英　　文：**bank financial product**

定义：银行理财产品是指商业银行在向客户提供理财顾问服务的基础上，接受客户的委托和授权，按照与客户事先约定的投资计划和方式进行投资和资产管理的业务活动。

中国银监会2005年颁布施行的《商业银行个人理财业务管理暂行办法》对于个人理财业务的界定是“商业银行为个人客户提供的财务分析、财务规划、投资顾问、资产管理等专业化服务活动”。商业银行个人理财业务按照管理运作方式的不同，分为理财顾问服务和综合理财服务。一般所说的“银行理财产品”是指其中的综合理财服务。

释义：商业银行在对潜在目标客户群分析研究的基础上，针对特定目标客户群开发设计并销售的资金投资和管理计划。

在理财产品这种投资方式中，银行只是接受客户的授权管理资金。商业银行不得利用个人理财业务，违反国家利率管理政策进行变相高息揽储。投资收益与风险由客户或客户与银行按照约定方式承担。

一般根据本金与收益是否保证，我们将银行理财产品分为保本固定收益产品、保本浮动收益产品与非保本浮动收益产品三类；按照投资方式与方向的不同，可分为新股申购类产品、银信合作产品、合格境内机构投资者（QDII）产品、结构型产品等。

词条名称：**证券公司资产管理计划**

英　　文：**security company's asset management plan**

定义：是指证券公司设立资产管理计划，与客户签订资产管理合同，将客户资产交由具有客户交易结算资金法人存管业务资格的商业银行或者中国证监会认可的其他机构进行托管，通过专门账户为客户提供资产管理的服务。

释义：根据中国证监会2013年修订并颁布的《证券公司客户资产管理业务管理办法》，证券公司可以依法从事下列客户资产管理业务：

1. 为单一客户办理定向资产管理业务。证券公司为单一客户办理定向资产管理业务，应当与客户签订定向资产管理合同，通过专门账户为客户提供资产管理服务。

2. 为多个客户办理集合资产管理业务。证券公司为多个客户办理集合资产管理业务，应当设立集合资产管理计划，与客户签订集合资产管理合同，将客户资产交由取得基金托管业务资格的资产托管机构托管，通过专门账户为客户提供资产管理服务。

3. 为客户办理特定目的的专项资产管理业务。证券公司为客户办理特定目的的专项资产管理业务，应当签订专项资产管理合同，针对客户的特殊要求和基础资产的具体情况，设定特定投资目标，通过专门账户为客户提供资产管理服务。

词条名称：**基金公司特定客户资产管理业务**

英　　文：**investment fund company's customer asset management plan**

定义：基金公司特定客户资产管理业务是指基金管理公司向特定客户募集资金或者接受特定客户财产委托担任资产管理人，由托管机构担任资产托管人，为资产委托人的利益，运用委托财产进行投资的活动。

释义：相对于共同基金，基金特定客户资产管理业务的投资范围更加广泛、投资比例更加灵活、投资风格更加多样化。具体来说，可以投资于股票、债券、证券投资基金、央行票据、短期融资券、资产支持证券、金融衍生品、商品期货以及证监会规定的其他投资品种。相对于共同基金，此业务在收费模式的设计上也更加灵活。

根据中国证监会2012年颁布并施行的《基金管理公司特定客户资产管理业务试点办法》，基金公司特定客户资产管理业务可分为特定单一客户资产管理业务和特定多个客户资产管理业务。

1. 单一客户资产管理业务，又称“一对一”专户理财业务。基金公司与客户签订特定单一客户资产管理合同，为客户“量身订制”符合其风险收益特征的个性化产品，在严格控制投资风险的基础上，为投资者谋求最大限度的绝对收益。客户委托的初始资产合计不得低于3000万元人民币。

2. 多个客户资产管理业务，又称“一对多”专户理财业务。客户投资起点为人民币100万元。单个资产管理计划的委托人不得超过200人，但单笔委托金额在300万元人民币以上的投资者数量不受限制。客户委托的初始资产合计不得低于3000万元人民币，但不得超过50亿元人民币。

三、债券指数[①]

（一）债券综合指数

词条名称：**中国债券总指数**

英　　文：**China all-bond index**

定义：中国债券总指数是全样本债券指数，样本涵盖交易所、银行间市场记账式国债（固定、浮动利率）、金融债，能客观反映全国债券市场总体走势情况。

释义：中国债券总指数的主要计算标准如下：

1. 指数的计算频率为每日一次。

2. 中国债券总指数的复查和调整是每月月末一次，调整分为常规性调整和非常规性调整。常规性调整包括新上市债券加入、到期债券的剔除，在该月中指数不加入或剔除任何债券。

① 撰写：李科；审核：施东辉；单位：上海证券交易所发展研究中心。

3. 对期间收回的现金，仍按最初的结构和权重进行再投资，并忽略交易费用。

词条名称：**中信全债指数**

英　　文：**CITIC bond index**

定义：中信全债指数属于中信标普固定收益系列指数，涵盖了在上海证券交易所、深圳证券交易所和银行间市场上市的债券，旨在追踪中国的国债、企业债、银行间债券和可转换债券市场。

释义：纳入中信全债指数的债券剩余期限须在一年以上，面值余额必须在1亿元以上，信用评级在投资级以上。符合上述标准的交易所债券全部纳入指数，银行间债券则根据券种和日期进行抽样选取。

词条名称：**中信银债指数**

英　　文：**CITIC inter-bank bond index**

定义：中信银债指数属于中信标普固定收益系列指数，涵盖了在银行间债券市场上市的债券。

释义：在银行间债券市场上进行交易的债券品种满足下列条件时进入中信标普银行间债券指数样本券的初选范围：

1. 到期期限：债券的剩余期限至少一年。

2. 固定利率：债券必须是固定利率债券，包括固定利率付息债券和一次还本付息债券。

3. 面值余额：至少1亿元。

4. 信用评级：投资级。

（二）国债指数

词条名称：**上证国债指数**

英　　文：**Shanghai stock exchange T-bond index；缩写 SSE T-bond index**

定义：上证国债指数是以上海证券交易所上市的所有固定利率国债为样本，按照国债发行量加权而成。

释义：上证国债指数自2003年1月2日起对外发布，基日为2002年12月31日，基点为100点，代码为000012。该指数在编制方法上借鉴了美林债券指数、摩根债券指数等国际成熟市场主流债券指数的编制方法和特点，并充分考虑了国内债券市场发展的现状。

1. 选样。

国债种类：在上海证券交易所上市的国债。

发行量：目前暂不考虑发行量限制。

国债剩余期限：国债的剩余期限在一年以上。

付息方式：固定利率付息和一次还本付息。

2. 指数修正。国债新上市，新上市合格国债自第二个交易日起计入指数。

暂停交易，当某一成分国债暂停交易时，不做调整，用该国债暂停交易的前一交易日收盘价计算指数。

发行量变动，凡有成分国债发生发行量变动，在成分国债的发行量变动日前修正指数。

月末最后一个交易日，将当月样本国债利息及再投资收益从指数中去除。

3. 指数调整。每月最后一个交易日，将剩余期限不到一年的国债剔除。

（三）企业债指数

词条名称：**上证企业债指数**

英　文：**Shanghai stock exchange enterprise bond index；缩写 SSE enterprise bond index**

定义：上证企业债指数是上海证券交易所企业债指数的简称，又称“企债指数”，是上海证券交易所编制的反映中国证券市场企业债整体走势和收益状况的指数。

释义：上证企业债指数以 2002 年 12 月 31 日为基日，基点 100 点，2003 年 6 月 9 日正式发布。该指数涵盖了所有在上海证券交易所和深圳证券交易所上市的剩余期限在一年以上的非股权连接类企业债，债券信用评级在投资级（BBB）以上。

词条名称：**中信标普企业债指数**

英　文：**S&P/CITIC corporate bond index**

定义：中信标普企业债指数是一个全面反映整个企业债市场的综合性权威债券指数。

释义：中信标普企业债指数覆盖了在上海证券交易所和深圳证券交易所上市的企业债。剩余期限在一年以上，票面余额超过 1 亿元人民币，信用评级在投资级以上的固定利率付息和一次还本付息债券均包含在该指数当中。该指数实时计算并予以公布，基期为 1999 年 12 月 30 日，基期点位 1000，代码 816021。

（四）公司债指数

词条名称：**上证公司债指数**

英　文：**SSE corporate bond index**

定义：上证公司债指数，简称“沪公司债”是首只综合反映上海证券交易所市场公司债券整体价格变动趋势的指数。

释义：上证公司债指数的样本由在上海证券交易所交易的公司债券组成，中证指数公司每日实时计算并向市场发布，为债券投资者提供新的业绩评价基准和分析工具。该指数基日为 2007 年 12 月 31 日，基点为 100 点，指数代码为 000022。

词条名称：**中证公司债指数**

英　文：**CSI corporate bond index**

定义：中证公司债指数，简称“公司债指”，是首只综合反映交易所市场公司债券整体价格变动趋势的指数。

释义：中证公司债指数的样本是由上海证券交易所和深圳证券交易所上市交易的公司债券组成，中证指数公司每日实时计算并向市场发布，为债券投资者提供新的业绩评价基准和分析工具。该指数基日为 2007 年 12 月 31 日，基点为 100 点，指数代码为 000923（上海）/399923（深圳）。

四、常用术语①

（一）市场基本用语

词条名称：**债券面值**

英　　文：**bond face value；par value**

定义：债券面值是指债券发行时所设定的票面金额，代表发行人借入并承诺于未来某一特定日期（如债券到期日）偿付给债券持有人的金额。

释义：债券面值包含两项基本内容：一是币种，二是票面金额。

1. 债券面值的币种可用本国货币，也可用外币，这取决于发行者的需要和债券的种类。一般来说，在国内发行的债券通常以本国本位货币作为面值的计量单位；在国际金融市场筹资，则通常以债券发行地所在国家或地区的货币或以国际上通用的货币为计量单位。

2. 币种确定后，还要规定债券的票面金额。票面金额定得较小，有利于中小投资者购买；票面金额定得较大，有利于少数大额投资者认购。目前，我国发行的债券一般是每张面额100元。

词条名称：**债券期限**

英　　文：**bond maturity**

定义：债券期限是指在债券发行时就确定的债券还本的年限。债券的发行人到期必须偿还本金，债券持有人到期收回本金的权利得到法律的保护。

释义：债券按期限的长短不同，可分为短期债券、中期债券和长期债券。短期债券，即还本期在1年或1年之内的债券；中期债券，即还本付息期限在1年以上、10年以下的债券；长期债券，即偿还期限在10年以上的债券。

债券发行期限的选择受以下两个因素影响：债券筹资的用途和能够承担的利率水平。

债券的期限越长，债券持有者资金周转越慢，在银行利率上升时有可能使投资收益受到影响。所以，为了获取与所承担的风险相对称的收益，债券的持有人一般对期限长的债券要求较高的收益率。

词条名称：**票面利率**

英　　文：**coupon rate**

定义：票面利率是指在债券上标识的利率，即一年的利息与票面金额的比例，它在数额上等于债券发行人每年应付给债券持有人的利息总额与债券总面值相除的百分比。

释义：票面利率的高低直接影响着债券发行人的筹资成本和投资者的投资收益，一般是债券发行人根据债券本身的情况和对市场条件的分析所做出决定。

债券的票面利率越低，债券价格的易变性也就越大。在市场利率提高的时候，票面利率较低的债券的价格

---

① 撰写：潘妙丽、徐洋、王晶晶、余昊；审核：司徒大年、潘妙丽、曾刚；单位：上海证券交易所发展研究中心。

下降较快。但是，当市场利率下降时，它们增值的潜力较大。

如果一种附息债券的市场价格等于其面值，则到期收益率等于其票面利率；如果债券的市场价格低于其面值（当债券贴水出售时），则债券的到期收益率高于票面利率。反之，如果债券的市场价格高于其面值（债券以升水出售时），则债券的到期收益率低于票面利率。

词条名称：**息票**

英　　文：**coupon**

定义：息票，又称“票面利率”，是指债券发行时所设定的定期应付给投资者的利息金额。

释义：在纸质债券年代，债券持有人可在债券付息日将息票从债券票面上剪下，至债券发行人处领取当期利息。虽然纸质债券已逐渐被电子化债券取代，但习惯上人们仍用“息票”一词来表示债券的利息。例如，对于6%息票债券，每100元人民币面值的债券约定每年支付6元人民币的利息，该金额可以以约定的单位在一年内分期支付。

词条名称：**付息期**

英　　文：**payment period**

定义：付息期是指债券发行时所设定的相邻付息日所间隔的时间。

释义：债券付息期越短，说明其付息频率越高，其久期也越短。如果某一种债券约定每年付息一次，付息期即为1年；如果某一种债券约定每年付息两次，付息期就是6个月；以此类推。

付息期会对债券的估值产生影响，其他要素相同的两种债券，付息期越短的债券内在价值越高，因为投资者能够更早地获得部分利息。

词条名称：**付息频率**

英　　文：**coupon frequency**

定义：付息频率是指债券发行时所设定的定期应付给投资者利息的频率。

释义：债券付息频率越高，其付息期越短。比较常见的债券付息频率主要有每月付息、每季度付息、每半年付息、每年付息和债券到期日一次性还本付息等。

付息频率会对债券的估值产生影响，其他要素相同的两种债券，付息频率越高的债券内在价值越高，因为根据时间价值理论，较早收到的利息具有更高的内在价值。

词条名称：**偿还期**

英　　文：**maturity**

定义：偿还期是指债券发行时所设定的偿还债券本金的期限。

释义：债券按偿还期的长短不同，可分为短期债券、中期债券和长期债券。债券偿还期越长，投资者越晚收回债券本金。其他要素相同的两种债券，偿还期越长，债券的久期越长，对利率的变动越敏感。对于投资者而言，债券的偿还期越长，投资风险越高，因此要求获得较高的必要收益率作为补偿。

（二）市场常用术语

词条名称：**基准利率**

英　　文：**benchmark interest rate**

定义：基准利率是整个利率体系中处于主导地位，对整个利率体系起决定性作用的利率。其他利率水平或金融资产价格均可根据这一基准利率水平来确定。

释义：各国资本市场发展程度不同。基准利率的内涵也不同，在利率市场化程度较低的国家，基准利率多是中央银行基准利率；在利率半市场化国家，基准利率或是中央银行基准利率，或是市场基准利率和中央银行基准利率并存；在利率市场化程度较高的国家，市场基准利率和中央银行基准利率往往具有很强的趋同性，如美国的联邦基金利率。

词条名称：**无风险回报率**

英　　文：**risk-free rate of return**

定义：无风险回报率是指没有风险情况下的投资收益率，是投资投放到某一投资项目上，能够肯定得到的报酬率。

释义：在我国，无风险回报率一般用同期银行存款利率或同期国库券利率代表；西方国家一般以固定利息的国债所提供的报酬率作为无风险回报率。

词条名称：**无风险资产**

英　　文：**risk-free asset**

定义：无风险资产是指收益固定、风险为零的资产。从数理统计的角度看，无风险资产是指投资收益的方差或标准差为零的资产。

释义：从理论上看，只有由中央政府发行的、期限与投资者的投资期长度相匹配的、完全指数化的债券才可视作无风险资产。在现实经济中，完全符合上述条件的流通中的有价证券非常少。在我国，无风险资产通常是指政府发行的国库券。

词条名称：**名义利率**

英　　文：**nominal interest rate**

定义：名义利率是指未经过通货膨胀调整的一定时期内利息与本金的比率。

释义：对于投资者而言，名义利率是较为直观的利率。虽然名义利率是实际货币量的比率，但并不能准确衡量投资者获得的真实收益，因为在整个债务的存续期内，货币的购买力发生了变化。例如，如果债券还本付息之前发生了通货膨胀，投资者获得的本息的货币购买力会发生贬值，因此投资者获得的真实收益必须剔除货币购买力变化的影响，而名义利率并不剔除这种影响。

词条名称：**利率平价**

英　　文：**interest rate parity，缩写 IRP**

定义：利率平价，又称“利息率平价”，是指所有可自由兑换货币的预期回报率相等时，外汇市场所达到的均衡条件。在此假定条件下，套利现象不会发生。

释义：在国际金融市场上，利率

平价理论是用来解释各国汇率决定的理论之一。该理论最早由英国经济学家凯恩斯提出，认为一种货币对另一种货币的升值或贬值必将被利率差异的变动所抵消。当本国利率低于外国时，投资者为获得较高收益，会将其资本从本国转移到外国，以进行套利活动，获取利息差额，直到通过利率的调整，两国的投资收益相等时，国际资本移动才会终止。

在利率平价的指导下，同即期汇率相比，利率低的国家的货币的远期汇率会上升，即该国货币升值，而利率高的国家的货币的远期汇率会下跌，即货币贬值。远期汇率同即期汇率的差价，约等于两国间的利率差。

利率平价理论没有考虑交易成本、且假定套利资金规模是无限的，因此具有一定的缺陷。现实世界中，利率平价往往难以成立。

除利率平价理论外，汇率决定理论还有国际借贷理论、购买力平价理论、国际收支理论、资产市场理论等。

词条名称：实际利率

英　　文：real interest rate; effective interest rate

定义：实际利率是指经过通货膨胀率调整的一定时期内利息与本金的比率。

释义：实际利率由名义利率减去通货膨胀率得出。实际利率考虑了债务存续期内货币购买力的变化，能够更准确地衡量投资者获得的真实收益。

公式：实际利率的计算公式为：

实际利率 =（1 + 名义利率）÷（1 + 通货膨胀率）－1

简化公式为：实际利率 = 名义利率 - 通货膨胀率。

示例：某一债券的名义利率为3%，而通货膨胀率为2%，则投资者获得的实际利率只有1%。

词条名称：远期利率

英　　文：forward interest rate

定义：远期利率是指未来特定时间段内的利率水平，它的计息起点在未来。

释义：给定的一组即期利率中即隐含了相应的远期利率。

示例：有如下一组即期利率：一年期3%、二年期5%、三年期6%，则隐含的远期利率为：

一年后的一年期远期利率 = $(1+50\%)^2 \div (1+30\%) - 1 = 7.04\%$

两年后的一年期远期利率 = $(1+60\%)^3 \div (1+5\%)^2 - 1 = 8.03\%$

一年后的两年期远期利率 = $(1+6\%)^3 \div (1+5\%) - 1 = 6.5\%$

词条名称：掉期利率

英　　文：swap interest rate

定义：掉期利率是指在利率掉期合同中，用于交换浮动利率而给出的固定利率。

释义：利率掉期是指双方约定在规定的一系列时间点上，按事先敲定的规则交换一笔借款，这笔借款的本金相同，但一方提供固定利率借款，另一方提供浮动利率借款。固定利率在合同订立时就已经确定，而浮动利率通常要基于金融市场的权威利率，如上海银行同业拆放利率（Shibor）或者伦敦银行同业拆放利率（Libor），合同中约定的固定利率即为这份利率掉期合同的掉期利率。

示例：某一份掉期合约，约定甲方向乙方提供一份利率为5%的固定利率贷款，乙方向甲方提供一份利率为Libor + 100个基本点的浮动利率贷款，则这份掉期合约的掉期利率为5%。

利率掉期合约主要是用作避险工具，使合约双方有机会重新组合已有的债务。除此以外，由于不同公司间在固定利率贷款和浮动利率贷款方面的比较优势，利率掉期合约也被用来降低双方的融资成本。

词条名称：**即期收益率**

英　　文：**spot rate**

定义：即期收益率，又称“当期收益率”，是指投资者当期所能获得的收益与投资支出的比率。

释义：即期收益率是一个较为直观的概念，用来衡量投资者当期获得的回报，但不能准确衡量整个投资时间段债券的实际回报率，到期收益率是更准确的衡量指标。

示例：某一10年期的债券面值为100元，年利率为10%，债券的市场价格为110元，则其即期收益率为：

$$100 \times 10\% \div 110 = 9.09\%$$

词条名称：**上海银行间同业拆放利率**

英　　文：**shanghai interbank offered rate**，缩写 **Shibor**

定义：上海银行间同业拆放利率，又被称为“中国版的Libor（伦敦银行同业拆放利率）”，自2007年1月4日起正式运行。上海银行间同业拆放利率是指中国大陆银行间同业拆放的重要参考利率，以位于上海的全国银行间同业拆借中心为技术平台计算、发布并命名，是由信用等级较高的银行组成报价团自主报出的人民币同业拆出利率计算确定的算术平均利率，是单利、无担保、批发性利率。

释义：推出上海银行同业拆放利率是中国大陆实现利率市场化迈出的重要一步，是衡量市场流动性的“晴雨表”之一。

目前，对社会公布的Shibor品种包括隔夜、1周、2周、1个月、3个月、6个月、9个月及1年。Shibor曲线上其余非标准期限品种Shibor值是根据相邻两个标准期限的Shibor线性插值计算出的。例如，Shibor曲线上3天的Shibor值是根据隔夜与一周的Shibor线性插值计算出的。

每个交易日根据各报价行的报价，剔除最高、最低各2家报价，对其余报价进行算术平均计算后，得出每一期限品种的Shibor，并于11：30对外发布。

Shibor报价银行团现由16家商业银行组成。报价银行是公开市场一级交易商或外汇市场做市商，在中国货币市场上人民币交易相对活跃、信息披露比较充分的银行。中国人民银行成立Shibor工作小组，依据中国人民银行2007年颁布的《上海银行间同业拆放利率（Shibor）实施准则》确定和调整报价银行团成员、监督和管理Shibor

运行、规范报价行与指定发布人行为。

词条名称：隔夜利率

英　　文：**overnight rate**

定义：隔夜利率是指一家金融机构向另一家金融机构借出的以一天为期限的贷款的利率。

释义：隔夜利率是银行间同业拆放利率中的一种，是发达货币市场最核心、最基本的利率。一般银行同业拆放利率还包括7天、2周、1个月等短期利率。

很多利率都会直接或间接地受到银行同业拆放利率，特别是隔夜利率的影响，这种影响甚至是跨地区、跨国界的。例如，伦敦银行间同业拆放利率（Libor）和美国联邦基金利率都会对全球金融市场产生影响。一般来说，隔夜利率可以准确地反映货币市场流动性的情况。

在利率市场化的国家中，央行不会直接管制存贷款利率，而是将银行间同业拆放利率，特别是隔夜利率作为调控的目标利率，通过市场化的手段，如公开市场操作等，将银行间同业拆放利率维持在目标范围内。

银行间的隔夜贷款一般都是无担保贷款，以银行的信誉作为保证。

词条名称：利率敏感性

英　　文：**interest rate sensitivity**

定义：利率敏感性是指固定收益产品价格对利率环境变动的敏感程度。

释义：利率敏感性越高，则在同等利率环境变动的情况下，该种固定收益产品的价格变动越大，反之亦然。久期是用来衡量固定收益产品短期利率敏感性的有效手段，一般来说，久期越长，则利率敏感性越高。

利率敏感性分析是常用的利率风险分析手段，在一个企业内，通常将其所有资产和负债的利率敏感性进行统筹的分析。

词条名称：回购利率

英　　文：**repo rate**

定义：回购利率是指回购协议上约定的回购方需支付的利率。

释义：回购协议是一种合约，约定回购方出售一定的金融资产以获得即时可用的资金，但同时也约定回购方必须在协议期满时再以更高的价格购回所卖证券。回购价格高出卖出价格的部分，便是该回购协议的利息，进而可以计算出该回购协议的利率，即回购利率。

回购协议本质上是一种短期抵押贷款，而回购利率实质上是一种短期抵押贷款利率。

词条名称：折价

英　　文：**discount**

定义：折价是指债券发行价格小于票面价值的情况，一般是由于债券的票面利率低于市场利率而造成的，其实质是对票面利率的调整。

释义：对于债券购买者而言，由于债券票面利率低于市场利率，日后各期获得的利息会低于其应得的利息，所以折价是对于日后利息损失的提前补偿。对于债券发行人而言，每期所需支付的利息也低于市场应付利息，发行人也就愿意接受按低于债券面值的价格出售债券，折价是为以后各期少付利息而提前付出的代价，相当于向投资者预付了一部分款项。

当投资者折价购入债券后，每期按票面利率计算的利息额小于实际得到的利息收入，只是应计利息的一部分，因此在会计实务处理中，为了使投资者的债券投资收益账户能正确反映实得利息，并使债券到期时债券投资账户的账面金额与债券的面值相等，应对折价予以分期摊销。对于债券的折价来说，投资者每期的利息收入加上每期摊销的折价，就是每期实得的利息收入。

词条名称：**溢价**

英　　文：**premium**

定义：溢价是指债券价格大于票面价值的差额，一般是由于债券的票面利率高于市场利率而造成的，其实质是对票面利率的调整。

释义：对于债券购买者而言，由于债券票面利率高于市场利率，日后各期获得的利息会高于其应得的利息，所以溢价是对于日后多得利息而提前付出的代价。对于债券发行人而言，每期所需支付的利息也高于市场应付利息，发行人也就会要求按高于债券面值的价格出售债券，溢价是为以后各期多付利息而提前收取的回报。

当投资者折价购入债券后，每期按票面利率计算的利息额高于实际得到的利息收入，因此在会计实务处理中，为了使投资者的债券投资收益账户能正确反映实得利息，并使债券到期时债券投资账户的账面金额与债券的面值相等，应对溢价予以分期摊销。对于债券的溢价来说，投资者每期的利息收入减去每期摊销的溢价，就是每期实得的利息收入。

词条名称：**平价**

英　　文：**par**

定义：平价是指债券发行价格等于票面价值的情况，即债券既没有折价也没有溢价，对应的债券即为平价债券。

释义：平价债券、折价债券与溢价债券比较如下：

1. 到期时间对债券价值的影响：随着时间的推移，债券的价值向面值逐渐回归。对于溢价债券，债券的价值逐渐下降，在到期日时，其价值等于面值；对于折价债券，债券价值逐渐升高，在到期日时，其价值等于面值；平价债券价值从总体来看始终等于面值。

2. 付息频率对债券价值的影响：在其他条件不变的情况下，溢价债券的价值随着付息频率和付息次数增加，债券的价值逐渐变大，即二者正相关。折价债券的价值随着付息频率和付息次数增加，债券的价值逐渐变小，即二者负相关。平价债券的价值不随付息频率和付息次数变化而变化。

词条名称：**债券内在价值**

英　　文：**intrinsic value of bond**

定义：债券内在价值是指债券的理论价格等于未来各期利息支付额的现值与到期偿还本金的现值之和。

释义：债券的内在价值由两部分构成：各期利息现值加总所得到的利息现值总和以及债券到期所收回本金的现值。两部分之和就是债券的内在价值。

债券内在价值的大小是投资人决策的依据，当债券的内在价值高于其市价时，即内在价值减报价后的净现值为正时，投资者倾向于购入；反之，该债券就会被视为不理想的债券。

公式：债券内在价值的计算公式为：

$$P=\frac{C}{1+r}+\frac{C}{(1+r)^2}+\frac{C}{(1+r)^3}+\cdots+\frac{C}{(1+r)^n}+\frac{M}{(1+r)^n}$$

式中：P 为债券的内在价值；C 为每期收到的利息（票面价值×票面利率）；M 为票面价值；n 为剩余期数；r 为必要收益率，即市场利率。

词条名称：**单利**

英　　文：**simple interest**

定义：单利是指按照固定的本金计算的利息，即只计算本金在借款期限中获得利息，不管时间多长，所生利息均不加入本金重复计算利息。这是利息计算的一种方法，一般取决于本金、资金借用的时间以及市场一般利率水平等因素。

释义：单利是与复利相对应的概念。单利的计算不把利息计入后期的本金；而复利的利息要并入后期的本金中重复计息。

公式：单利的计算公式为：

利息（I）＝本金（P）×利率（i）×时间（t）

式中，I 为利息；P 为本金；i 为利率；t 为时间，通常以年为单位。

示例：某五年期债券面值为 1000 元，年利率为 5%，每半年付息一次，以单利计息，则第一年投资者可以分别在年中和年末各获得利息 $1000\times5\%\times0.5=25$ 元。

如果该债券是每半年计息一次，每年付息一次，以复利计息，则第一年投资者可以在年末获得利息 $25\times(1+5\%\times0.5)+25=50.625$ 元。

词条名称：**复利**

英　　文：**compound interest**

定义：复利，又称“复合利息”，俗称“利滚利”，是指在每经过一个计息期后，都要将所得利息加入本金，以计算下期的利息。

释义：复利是将整个借款期限分割为若干段，前一段按本金计算出的利息要加入到本金中，形成更大的本金，作为下一段计算利息的本金基数，并以这个更大的基数计算利息。因此，计息频率越高，相同复利所对应的债券实际回报率越高。

复利是与单利相对应的概念。单利的计算不把利息计入后期的本金；而复利的利息要并入后期的本金中重复计息。

复利终值是指本金在约定的期限内以复利计息，逐期滚算到约定期末的本金之和。

公式：复利的计算公式为：

$$F=P\times(1+i)^n$$

式中，F 为终值；P 为本金；i 为

利率；n 为期数。

词条名称：**年金**

英　　文：**annuity**

定义：年金是指时间间隔相等、金额相等的现金流量，或一定时期每期金额相等的款项收付。

释义：年金最初源自发达市场国家，其实质是企业雇主以延期支付方式存在的职工劳动报酬的一部分。现在，年金已是一种常见的收付形式，如分期偿还贷款、信用卡分期付款、发放养老金、支付租金、提取折旧等，都属于年金收付形式。

年金按每次收付款项发生的时点不同，可分为普通年金、即付年金、递延年金、永续年金等。

1. 普通年金是指从第一期起，在一定时期内每期期末等额收付的系列款项，又称为“后付年金”。

2. 即付年金是指从第一期起，在一定时期内每期期初等额收付的系列款项，又称“先付年金”，与普通年金的区别仅在于付款时间不同。

3. 递延年金是指第一次收付款发生时间与第一期无关，而是隔若干期后才开始发生的系列等额收付款项，是普通年金的特殊形式。

4. 永续年金是指无限期等额收付的特种年金，也是普通年金的特殊形式，即期限趋于无穷的普通年金。

与年金相关的两个重要概念是年金终值和年金现值。年金终值是指包括各年存入的本金相加以及各年存入的本金所产生的利息。年金现值是指将在一定时期内按相同时间间隔在每期期末收入或支付的相等金额折算到第一期初的现值之和。

词条名称：**永续年金**

英　　文：**perpetual annuity**

定义：永续年金是指无限期等额收付的特种年金。

释义：永续年金是普通年金的特殊形式，即期限趋于无穷的普通年金。由于永续年金持续期无限，没有终止时间，因此没有终值，只有现值。其现值受两个因素影响：每次的支付金额和支付周期间的利率大小。

公式：如果满足以下计算条件：（1）每次支付金额相同，记为 A；（2）支付周期相同；（3）每段支付间隔的利率相同，记为 i。则永续年金的现值（记为 P）的计算公式为：

如果每个期间的期初支付：$P=(1+i)\times A\div i$

如果每个期间的期末支付：$P=A+i$

词条名称：**连续贴现**

英　　文：**continuous discount**

定义：连续贴现是指用来计算连续复利条件下现值的贴现率，即计息频率无穷大情况下的贴现率。

释义：连续贴现的实际效果大于其他复利贴现，是复利贴现的极限情况。在其他条件相同的情况下，连续贴现得到的现值最小。

公式：连续贴现现值的计算公式为：

$P=F\times e^{-rt}$

式中，P 为现值；F 为终值；e 为自然对数；t 为时间；r 为连续复利。

示例：终值为 1000 元，连续复利

常用术语

为5%，则贴现到一年前，可得一年前的现值为：

$1000 \times e^{-5\% \times 1} = 951.23$（元）

词条名称：**连续复利**

英　　文：**continuous compounding**

定义：连续复利是指本金在无限短的时间内按照复利计息。计息频率越高，则最后实际能获得的利息越多，连续复利是计息频率最高，即无穷大时的情况，所以也是同等利率数值下，能获得最多利息的利率。

释义：复利就是复合利息，是指每年的收益还可以产生收益，具体是将整个借贷期限分割为若干段，前一段按本金计算出的利息要加入到本金中，形成增大了的本金，作为下一段计算利息的本金基数，直到每一段的利息都计算出来，加总之后，就得出整个借贷期内的利息，俗称“利滚利”。连续复利是令复利次数趋近于无穷大的利率，其在理论金融学和实践中均有广泛的应用。

公式：连续复利终值的计算公式为：

$F = P \times e^{rt}$

式中，P为本金；F为最终的本息和，即终值；e为自然对数；t为时间；r为连续复利。

示例：本金1000元，连续复利为5%，一年后可获得本息合计为：

$1000 \times e^{5\% \times 1} = 1051.27$（元）

词条名称：**净现值**

英　　文：**net present value，缩写NPV**

定义：净现值是企业常用的项目投资分析方法，是指在项目计算期内，投资项目各年净现金流量的代数和，也是生产经营期各年净现金流量的现值与投资额的现值之间的差额。

释义：资金成本的确定是计算净现值的首要问题，不同的资金成本会产生截然不同的评价结果，从而影响对项目的选择。净现值的确定一般采用两种方法：一种方法可以根据资本成本来确定，另一种方法可以根据企业对该投资项目要求的最低资金利润率或资金的机会成本来确定。在实际工作中，企业往往根据资金的机会成本来确定资金成本。

净现值指标在实践中得到了广泛应用，但存在几个不足：指标为绝对量，往往缺乏可比性；对基准收益率有依赖性，而且这种影响是指标本身无法克服的；用净现值指标进行决策，在很大程度上依赖对未来现金流量的估计，而现有对未来现金流量的估计每年只给出一个值的做法不够准确，据此做出的决策会存在很大的风险；用净现值指标进行投资决策，如果净现值大于零就应该马上实施投资，否则不要投资，即投资有不可延迟性，这一点与现实相去甚远。

公式：净现值的计算公式为：

$NPV = NCF_1/(1+R) + NCF_2/(1+R)^2 + \cdots + NCF_n/(1+R)^n - I_0$

式中，NCF_n 为第n期的净现金流；R为资金成本；I_0 为初始投资额的现值。当 $NPV > 0$ 时，说明方案本身的投资报酬率大于资金成本，即该方案是可行的；当 $NPV < 0$ 时，说明方案本身的投资报酬率小于资金成本，则投资

常用术语

方案是不可行的。在比较各项目的过程中，净现值最大的方案为最优方案。

示例：某企业为了扩大生产规模，准备购置生产设备一台。购置设备目前需要价款40000元，预计使用年限为8年，报废后无残值。其中，该生产线年销售收入为37000元，年变动成本为28000元，该企业使用的资金成本为14%，可以通过计算净现值的大小来判断这一方案是否可行。

NPV =（37000 - 28000）/（1 + 14%）+（37000 - 28000）/（1 + $14\%)^2$ + … +（37000 - 28000）/（1 + $14\%)^8$ - 40000 = 1751（元）

词条名称：**基点**

英　　文：**basis point，缩写 BP**

定义：一个基点是指“百分之零点零一”（0.01%）或“一个百分点的一百分之一”。释义：基点在计算利率、汇率、股票价格等范畴被广泛应用，因为这些范畴需要牵涉极微小百分数的计算。以债券为例，基点是债券报价的最小衡量单位，如果某一债券的收益率从9%下降到8.75%，则称该债券的收益率下降了25个基点。

词条名称：**折现率**

英　　文：**discount rate**

定义：折现率是指根据资金具有时间价值这一特性，按复利计息原理把未来一定时期的现金流折算成现值的比率。

释义：在投资决策中，折现率是一个极其重要的概念，代表的是投资可以被接受的最小收益率，也就是投资必须达到的最低报酬水平。折现率越高，即要求的最低报酬率越高，现值就越低。折现率的小幅变化，会造成折现后现值的巨大差异，因此，折现率的选择直接关系到决策的正确性。

一般来说，影响折现率的基本因素有资金成本、投资项目的性质、经营风险、通货膨胀、经济周期、投资者的风险态度等。

在构成上，折现率由两部分构成，一是无风险报酬率；二是风险报酬率。

1. 无风险报酬率是指没有风险情况下的投资收益率，是货币时间价值和通货膨胀补偿率之和。在我国，无风险报酬率一般用同期银行存款利率或同期国库券利率表示。

2. 风险报酬率是报酬率中用来补偿投资风险的部分。一般来说，较大的风险需要较高的预期收益来补偿，较小的风险只需较低的预期收益来补偿。

公式：实践中，可以用资本资产定价模型来确定折现率，其计算公式为：

折现率 = 无风险收益率 + β ×（市场平均报酬率 - 无风险报酬率）

式中，β为投资项目的风险程度。

词条名称：**转股价格**

英　　文：**conversion price**

定义：转股价格是指可转换公司债券约定的转换成每股股票所需支付的价格。

释义：公司发行可转债后，因配股、增发、送股、分立及其他原因引起其股份变动的，发行人应调整转股价格，并予以公告。转股价格调整的原则及方式应在可转债招募说明书中事先约定，主要包括：

1. 派发股票股利、增发新股和配股等情况。当可转债发行后，出现发行人向股东派发股票股利、增发新股和配股、股份合并或分拆、股份回购、派息等情形，使股份或股东权益发生变化时，转股价格将进行调整。

2. 降低转股价格条款。当公司股票收盘价连续若干个交易日低于当期转股价格达一定比例，发行人可以将当期转股价格进行向下修正，作为新的转股价格。

我国法规对可转换公司债券的转股价格主要有两个方面的规定：

1. 针对一般上市公司发行可转换公司债券，其转股价格以公布募集说明书前30个交易日公司股票的平均收盘价为基础，并一定程度上浮，因此一般上市公司可转换公司债券发行时通常都会有一定的转换溢价。

2. 针对重点国有企业发行可转换公司债券，其转股价格是以拟发行股票的价格为基准，进行一定比例的折扣，因此重点国企发行时的转股价格是未知的，但转股溢价率小于零。

公式：转股价格的计算公式为：

转股价格 = 可转换债券面值／转换比例

词条名称：**代持**

英　　文：**bond custody**

定义：代持是指在银行间市场通过不转移实质所有权的交易，而请他人代其持有债券的业务。

释义：从具体操作上看，债券持有方通过银行间交易与代持方达成口头协议，约定将标的债券以一定的价格转让给代持方，经过一定期间再以事先约定的价格由债券持有方赎回。债券持有方通过支付代持方代持期间的资金使用费，保留了债券实质所有权相关的风险和报酬，代持方获得了代持期间让渡资金使用权费用。

债券代持相当于变相的杠杆。债券代持可为机构曲线实现多种目标，包括冲击排名、转移亏损（利润）或逃避监管。在业绩考核的时点，机构可以寻求代持方转移亏损或利润。中国人民银行明文禁止商业银行参与无实际资金往来的债券撮合业务、为债市丙类户垫资以及债券代持业务，但对券商和基金的相关业务并没有明确监管。

五、债券市场相关主体①

（一）债券发行主体

词条名称：**财政部**

英　　文：**ministry of finance**

定义：财政部是国务院直属部门，是主管财政收支、财税政策、国有资本金基础工作的宏观调控部门，同时负责国债的发行和管理。

释义：我国财政部成立于1949年10月。财政部的职能主要有：拟定财税发展战略、规划、政策和改革方案并组织实施，分析预测宏观经济形势，参与制定各项宏观经济政策，提出运

---

① 撰写：刘尚鑫；审核：曾刚、余昊；单位：上海证券交易所发展研究中心。

用财税政策实施宏观调控和综合平衡社会财力的建议，拟定中央与地方、国家与企业的分配政策，完善鼓励公益事业发展的财税政策等。

财政部负责拟定和执行政府国内债务管理的制度和政策，编制国债余额限额计划，依法制定地方政府性债务管理制度和办法，防范财政风险。

财政部发行的债券被称为“国债”，也称为“中央政府债”或“国家债券”。从功能上看，国债最初仅是政府弥补财政赤字的手段，后来在市场经济条件下成为政府筹集资金、扩大公共开支的重要手段，并且随着金融市场的发展，逐渐成为国家宏观经济调控手段之一。

词条名称：**地方政府城投公司**

英　　文：**local urban development investment corporation**，缩写 **UDIC**

定义：地方政府城投公司，简称“城投公司”，是指作为地方债发行主体的全国各大城市有地方政府背景的公司化投融资平台，全称为“城市建设投资公司”。

释义：1991 年，国务院进行新一轮政府投融资体制改革，要求地方政府不再直接负责基础设施建设，而是将其公司化运行，承担相应的政府职能。在此背景下，上海率先成立城投公司，之后，重庆、广东等省市也相继成立，主要由财政部门、建委共同组建，公司资本金和项目资本金由财政拨款，其余以财政担保向银行贷款。在性质上，此类城投公司属于事业单位或者国有独资公司，大多不具备赢利能力，而由政府补贴。

1995 年，《中华人民共和国预算法》开始实施。该法规定，地方政府不得发行地方政府债券。为解决地方政府在公共基础设施建设上的融资需求，地方投融资平台公司通过发行企业债券进行融资，是中国债券市场的“准市政债”和中国特色的地方政府债券。地方投融资平台通过发行债券融资，一方面为城市基础设施建设提供更加规范透明的融资渠道，同时也为广大机构投资者提供更好的固定收益类产品。

地方投融资平台的真正繁荣始于 2008 年下半年。在国家 4 万亿元投资政策刺激下，各家商业银行纷纷高调宣布积极支持国家重点项目和基础设施建设。为了做大做强地方投融资平台，各级政府把公用企事业单位的资产纳入城投公司，如自来水公司、公交公司、热力公司，燃气公司等，以更好地发挥投融资平台的作用。

但是，地方投融资平台的过快发展暴露出了很多风险隐患，从 2010 年开始，中央各部委不断下发文件，要求清查地方政府融资平台债务，严控贷款规模，加强风险控制和管理。

词条名称：**上市公司（债券）**

英　　文：**listed company**

定义：上市公司（债券）是指经过国务院或者国务院授权的证券管理部门批准，通过发行股票在证券交易所上市交易，作为发债主体的股份有限公司。

释义：按照《中华人民共和国公

司法》的规定，股份有限公司要上市必须经过国务院或者国务院授权的证券管理部门批准，未经批准，不得上市；上市后，公司需要定期披露财务报表，否则要被取消上市资格。

股份有限公司发展到一定规模后，往往将公司股票在交易所公开上市作为企业发展的重要战略步骤。上市公司最大的特点是可利用证券市场进行筹资，广泛吸收社会闲散资金，迅速扩大企业规模，增强产品的竞争力和市场占有率。从国际经验来看，世界知名的大企业几乎全是上市公司。

上市公司是目前公司债的主要发行主体。公司债券的发行应当符合《中华人民共和国证券法》、《中华人民共和国公司法》和中国证监会2007年颁布的《公司债券发行试点办法》规定的条件，并经中国证监会核准。除公司债券外，我国上市公司还可以发行可转换公司债券、可分离交易的可转换公司债券。

词条名称：经营企业（债券）

英　　文：**enterprise**

定义：经营企业（债券）是指从事生产、流通、服务等经济活动，以生产或服务满足社会需要，实行自主经营、独立核算，依法设立的作为发债主体的一种营利性的经济组织。

释义：经营企业一般是指以营利为目的，运用各种生产要素（土地、劳动力、资本和技术等），向市场提供商品或服务，实行自主经营、自负盈亏、独立核算的具有法人资格的社会经济组织。可进一步分为公司和非公司企业，后者如合伙制企业、个人独资企业等。

依照中国法律规定，公司是指有限责任公司和股份有限责任公司，具有企业的所有属性。因此，公司与企业是种属关系，凡公司均为企业，但企业未必都是公司。公司只是企业的一种组织形态。

我国企业债券的品种不断丰富，中国人民银行分别于2005年5月和2008年4月发布《短期融资券管理办法》和《银行间债券市场非金融企业债务融资工具管理办法》，为非金融企业提供了企业短期融资券和中期票据两个债务融资工具。

词条名称：金融机构

英　　文：**financial institution**

定义：金融机构是指作为金融债的发行主体，专门从事货币信用活动的中介组织，向公众募集资金，并将资金用于股票、债券、货币市场工具、银行存款或贷款等金融资产的机构。

释义：国际上常把金融机构划分为储蓄机构（如银行、储蓄银行、信用社等）和非储蓄机构（如证券公司、保险公司、信托公司等）。我国的金融机构按功能不可基本分为中央银行、银行、非银行金融机构和外资、侨资、合资金融机构四大类。

金融机构通常提供以下一种或多种金融服务：

1. 在市场上筹资从而获得货币资金，将其改变并构建成不同种类的更易接受的金融资产。

2. 代表客户交易金融资产，提供

金融交易的结算服务。

3. 自营交易金融资产，满足客户对不同金融资产的需求。

4. 为客户提供投资建议，保管金融资产，管理客户的投资组合。

5. 帮助客户创造金融资产，并把这些金融资产出售给其他市场参与者。

作为债券发行主体，金融机构发行的债券是金融债券。我国金融债券市场发展较快，品种不断增加，目前主要包括中央银行票据、政策性金融债券、商业银行债券、证券公司债券、财务公司债券和保险公司次级债务。

（二）债券投资主体

词条名称：**个人投资者**

英　　文：**individual investor**

定义：个人投资者是指投入资金购买某种资产以期望获取利益的自然人，该自然人同时也是作为认购主体的债券投资人。

释义：一般来说，证券的持有者包括个人投资者和机构投资者，个人投资者主要是相对于机构投资者而言的。

在证券市场发展初期，市场参与者主要是以个人投资者为主，即以自然人身份从事证券买卖的投资者。一般的股民就是指以自然人身份从事股票买卖的个人投资者。

词条名称：**机构投资者**

英　　文：**institutional investor**

定义：机构投资者是指用自有资金或者从分散的公众手中筹集的资金专门进行有价证券投资活动的法人机构，主要包括一些金融机构，包括银行、保险公司、共同基金、养老基金、信托公司、信用合作社、国家或团体设立的退休基金、大学捐赠基金等组织。

释义：机构投资者的性质与个人投资者不同，在投资来源、投资目标、投资方向等方面都与个人投资者有很大差别。机构投资者通常具有集中性、专业性的特点，比较注重理性投资和长期投资。在债券市场中，机构投资者通过投资不同期限、不同信用评级的债券，进行组合资产配置。

词条名称：**基金公司**

英　　文：**fund company**

定义：基金公司是指经中国证监会批准，在中华人民共和国境内设立的，从事证券投资基金管理业务，同时作为债券主要投资者的企业法人。

释义：根据2012年修订通过的《中华人民共和国证券投资基金法》，在中华人民共和国境内公开或者非公开募集资金设立证券投资基金，由基金管理人管理，基金托管人托管，为基金份额持有人的利益进行证券投资活动。公开募集基金的基金管理人，由基金管理公司或者经国务院证券监督管理机构按照规定核准的其他机构担任。设立管理公开募集基金的基金管理公司，应当具备下列条件，并经国务院证券监督管理机构批准：

1. 有符合《中华人民共和国证券投资基金法》和《中华人民共和国公司法》规定的章程。

2. 注册资本不低于1亿元人民币，

且必须为实缴货币资本。

3. 主要股东应当具有经营金融业务或者管理金融机构的良好业绩、良好的财务状况和社会信誉，资产规模达到国务院规定的标准，最近3年没有违法记录。

4. 取得基金从业资格的人员达到法定人数。

5. 董事、监事、高级管理人员具备相应的任职条件。

6. 有符合要求的营业场所、安全防范设施和与基金管理业务有关的其他设施。

7. 有良好的内部治理结构，完善的内部稽核监控制度、风险控制制度。

8. 法律、行政法规规定的和经国务院批准的国务院证券监督管理机构规定的其他条件。

基金公司管理的基金财产应当用于下列投资：上市交易的股票、债券，国务院证券监督管理机构规定的其他证券及其衍生品种。

词条名称：**证券公司**

英　　文：**securities company**

定义：证券公司是指依照《中华人民共和国公司法》和《中华人民共和国证券法》的规定设立，并经国务院证券监督管理机构审查批准而成立的专门经营证券业务、具有独立法人地位，从事债券投资活动的有限责任公司或者股份有限公司。

释义：证券公司是证券市场重要的中介机构，发挥着重要的作用：一方面，证券公司是证券市场投融资服务的提供者，为证券发行和投资者提供专业化服务；另一方面，证券公司也是证券市场重要的机构投资者。此外，证券公司还通过资产管理的方式为投资者提供证券及其他金融产品的投资管理服务。

证券公司的主要经营范围包括：

1. 证券经纪。

2. 证券投资咨询。

3. 与证券交易、证券投资活动有关的财务顾问。

4. 证券承销与保荐。

5. 证券自营。

6. 证券资产管理。

7. 其他证券业务。

中国证监会2011年颁布的《关于证券公司证券自营业务投资范围及有关事项的规定》明确了证券公司自营业务范围，并采取制定《证券公司证券自营投资品种清单》的方式对证券自营业务可投资品种做了规定。文件共规定了三类证券自营可投资品种：第一类是已经和依法可以在境内证券交易所上市交易的证券；第二类是已经和依法可以在境内银行间市场交易的部分证券，包括政府债券、国际开发机构人民币债券、央行票据、金融债券、短期融资券、公司债券、中期票据和企业债券八种；第三类是依法经证监会批准或者备案发行并在境内金融机构柜台交易的证券。

词条名称：**财务公司**

英　　文：**financial company**

定义：财务公司，又称“金融公司”，是为企业技术改造、新产品开发及产品销售提供金融服务，以中长期金融业务为主，同时从事债券投资的非银行机构。

释义：财务公司在我国分为两类：一类是金融机构类型的财务公司，是传统遗留问题；另一类是非金融机构类型的财务公司，属于企业集团财务公司。

一般意义上的财务公司不是商业银行的附属机构，是隶属于大型集团的非银行金融机构，由企业集团内部集资组建，其宗旨和任务是为本企业集团内部各企业筹资和融通资金，促进其技术改造和技术进步。

中国银监会2007年颁发《企业集团财务公司发行金融债券有关问题的通知》，明确财务公司可作为金融债发债主体。

词条名称：保险公司

英　　文：insurance company

定义：保险公司是指销售保险合约、提供风险保障的金融公司，享有收取保险费、建立保险费基金的权利；当保险事故发生时，有义务赔偿被保险人的经济损失；并同时从事债券投资的非银行金融机构。

释义：保险公司由发起人根据《中华人民共和国公司法》设立。该法具体规定了公司发起人的人数、公司债务的限额、发行股票的种类、税收、营业范围、公司的权利、申请程序、营业执照等。

一般而言，保险公司分为两大类型：人寿保险公司和财产保险公司。此外，还有一类专属保险公司，是由工商企业自己设立，旨在为该企业、附属企业以及其他相关企业的风险保险或再保险的保险公司。

保险公司是债券市场的重要参与者，不同期限和风险等级的债券有助于保险公司进行资产和负债匹配管理。

词条名称：商业银行

英　　文：commercial bank

定义：商业银行是指以经营工商业存、放款为主要业务，并以获取利润为目的，同时进行债券投资的货币经营企业。

释义：我国商业银行是依照《中华人民共和国商业银行法》和《中华人民共和国公司法》设立的吸收公众存款、发放贷款、办理结算等业务的企业法人，一方面，商业银行与一般工商企业一样，是以营利为目的的企业，具有从事业务经营所需要的自有资本，依法经营，照章纳税，自负盈亏；另一方面，商业银行又是不同于一般工商企业的特殊企业，其特殊性具体表现为经营对象的差异，商业银行是以金融资产和金融负债为经营对象，包括货币收付、借贷以及各种与货币运动有关的，或者与之相联系的金融服务。

我国商业银行投资业务主要对象是各种证券，包括国库券、市政债券或地方政府债券及公司债券。在我国债券市场，商业银行既是债券市场重要的交易参与者和主要承销机构，也是金融债券和次级债券的发行人。

词条名称：农村信用社

英　　文：rural credit cooperative

定义：农村信用社，农村信用合

作社，简称“农信社”是指经中国人民银行批准设立，由社员入股组成，实行民主管理，主要为社员提供金融服务，同时从事债券投资的农村合作金融机构。

释义：农信社是银行类金融机构的一类，以吸收存款为主要负债，以发放贷款为主要资产，以办理转账结算为主要中间业务，直接参与存款货币的创造过程。

农信社属于信用合作机构。信用合作机构是由个人集资联合组成的，以互助为主要宗旨的合作金融机构，以互助、自助为目的，在社员中开展存款、放款业务。信用社的建立与自然经济、小商品经济发展直接相关。由于农业生产者和小商品生产者对资金需要存在季节性、零散、小数额、小规模的特点，使得小生产者和农民很难得到银行贷款的支持，但客观上其生产和流通的发展又必须解决资本不足的困难，于是就出现了这种以缴纳股金和存款方式建立的互助、自助的信用组织。

词条名称：城市商业银行

英　　文：urban commercial bank

定义：城市商业银行是指经过城市信用社发展起来的，从事货币经营，同时进行债券投资的区域性银行类金融机构。

释义：城市商业银行是中国银行业的重要组成和特殊群体，是在中国特殊历史条件下形成的，是中央金融主管部门整肃城市信用社、化解地方金融风险的产物。

20世纪90年代中期，中央以城市信用社为基础，组建城市商业银行。截至2012年5月，全国共有城市商业银行137家，营业网点近万个，遍及全国各个省（市、自治区）。

经过十几年的发展，城市商业银行已经逐渐发展成熟，尽管其发展程度良莠不齐，但有相当多的城市商业银行已经完成了股份制改革，并通过各种途径逐步消化历史上的不良资产，降低不良贷款率，转变经营模式，在当地占有了相当大的市场份额。其中，更是出现了上海银行这样发展迅速、已经跻身于全球银行500强行列的优秀银行。

词条名称：政策性银行

英　　文：policy lender；non-commercial bank

定义：政策性银行是指由政府创立、参股或保证的，不以营利为目的，专门为贯彻、配合政府社会经济政策或意图，在特定的业务领域内直接或间接地从事政策性融资活动，充当政府发展经济、促进社会进步、进行宏观经济管理工具的同时进行债券投资的金融机构。

释义：政策性银行的产生和发展是国家干预、协调经济的产物。目前，我国有国家开发银行、进出口银行和农业发展银行三家政策性银行。

政策性银行与商业银行和其他非银行金融机构相比，有共性的一面，如要对贷款进行严格审查，贷款要还本付息、周转使用等。但作为政策性金融机构，有其独特的一面：一是政策性银行的资本金多由政府财政拨付；二是政策性银行经营时主要考虑国家的整体利益、社会效益，不以盈利为目标，但政策性银行的资金并不是财政资金，政策性银行也必须考虑盈亏，坚持银行管理的基本原则，力争保本微利；三是政策性银行有其特定的资金来源，主要依靠发行金融债券或向中央银行举债，一般不面向公众吸收存款；四是政策性银行有特定的业务领域，不与商业银行竞争。

六、债券评估①

（一）债券评估机构

词条名称：**发债中介信用评级公司**

英　　文：**credit rating agency，缩写 CRA**

定义：发债中介信用评级公司，又称“信用评级机构”，是指由专门的经济、法律、财务专家组成的，对证券发行人和证券信用进行等级评定的组织。

释义：信用评级机构是金融市场上重要的服务性中介机构，需要组织专业力量搜集、整理、分析并提供各种经济实体的财务及资信状况，储备企业或个人资信方面的信息，比如欠有恶性债务的记录、破产诉讼的记录、不履行义务的记录、不能执行法院判决的记录等。

一般情况下，信用评级主要包括接受委托、前期准备、现场调研、分析论证、专家评审、信息发布、跟踪监测等程序。在信用等级有效期内，评估项目组定期或不定期地搜集被评估对象的财务信息，关注与被评估对象相关的变动事项，并建立经常性的联系、沟通和回访工作制度。

目前国际上公认的最具权威性的专业信用评级机构有三家，分别是美国标准普尔公司、穆迪投资服务公司和惠誉国际信用评级有限公司。

证券信用评级的主要对象为各类公司债券和地方债券，有时也包括国际债券和优先股票，普通股股票一般不做评级。银行间债券市场长期债券信用等级划分为三等九级，符号表示分别为：AAA，AA，A，BBB，BB，B，CCC，CC，C，除 AAA 级、CCC 级以下等级外，每一个信用等级可用“+”、“-”符号进行微调，表示略高或略低于本等级。银行间债券市场短期债券信用等级划分为四等六级，符号表示分别为：A-1、A-2、A-3、B、C、D，每一个信用等级均不进行微调。

词条名称：**发债中介会计师事务所**

英　　文：**accounting firm**

定义：发债中介会计师事务所是指依法独立承担注册会计师业务的中介服务机构，是由有一定会计专业水平、经考核取得证书的会计师（如中国注册会计师、美国执业会计师、英国特许会计师、日本公认会计师等）组成的、受当事人委托承办有关审计、

---

① 撰写：刘尚鑫；审核：曾刚、余昊；单位：上海证券交易所发展研究中心。

会计、咨询、税务等方面业务的组织。

释义：在我国，会计师事务所可分类为有限责任公司、合伙制两种形式，在国外还有有限责任合伙制(LLP)。合伙设立的会计师事务所的债务，由合伙人按照出资比例或者协议的约定，以各自的财产承担责任，合伙人对会计师事务所的债务承担连带责任。会计师事务所符合下列条件的，可以是负有限责任的法人（负有限责任的会计师事务所以其全部资产对其债务承担责任）：

1. 不少于30万元的注册资本。
2. 有一定数量的专职从业人员，其中至少有5名注册会计师。
3. 国务院财政部门规定的业务范围和其他条件。

在债券承销发行过程中，会计师事务所应当按照本行业公认的业务标准和道德规范，对提供服务所涉及的文件进行认真审阅，确认其不存在虚假记载、误导性陈述或重大遗漏，并出具有关专业报告或意见，同时应出具承诺函，确认已履行义务。

词条名称：**发债中介法律事务所**

英　　文：**law firm**

定义：发债中介法律事务所，又称“律师事务所”是指中华人民共和国律师履行职务、进行业务活动的工作机构，律师事务所在组织上受司法行政机关和律师协会的监督和管理。

释义：《中华人民共和国律师法》第十四条规定：律师事务所是律师的执业机构。设立律师事务所应当具备下列条件：

1. 有自己的名称、住所和章程。
2. 有符合本法规定的律师。
3. 设立人应当是具有一定的执业经历，且3年内未受过停止执业处罚的律师。
4. 有符合国务院司法行政部门规定数额的资产。

业务上，律师事务所在规定的专业活动范围内，接受中外当事人的委托，提供各种法律服务；负责具体分配和指导所属律师的业务工作；根据需要，经司法部批准，可设立专业性的律师事务所，有条件的律师事务所可按专业分工的原则在内部设置若干业务组。

律师事务所为债券发行人提供必要的专业服务，核查信息披露文件的真实性、准确性和完整性，确保发行人充分了解有关法律制度和市场管理政策，以及所应承担的相关责任。

（二）债券评估等级

词条名称：**投资级**

英　　文：**low-yield bond**

定义：投资级，又称“投资级债券”，是指达到一定评级等级，违约风险较低的债券级别。

释义：通常，信用级别达到AAA，AA，A和BBB级的债券为投资级债券。AAA是信用最高级别，表示无风险，信誉最高，偿债能力极强，不受经济形势任何影响。AA是表示高级，较少风险，有很强的偿债能力。A是表示中上级，较少风险，支付能力较强，在经济环境变动时，易受不利因素影响。

BBB 表示中级，有风险，有足够的还本付息能力，但缺乏可靠的保证，其安全性容易受不确定因素的影响，这也是在正常情况下投资者所能接受的最低信用度等级。以上这四种级别一般被认为属投资级别，其债券质量相对较高。

词条名称：投机级

英　　文：speculative-grade bond

定义：投机级，又称“投机级债券”、“高收益债券”，是指信用级别较低，存在较大的违约风险，但收益率较高的债券级别。

释义：投资级债券主要投资者是保险机构、养老基金及高收益基金等具备足够投研实力和风险承受能力的机构，个人投资者通常通过持有高收益债券基金来参与高收益债券市场。美国是高收益债券的起源地，也是发展最为成熟的国家。

词条名称：垃圾级

英　　文：junk bond；high-yield bond

定义：垃圾级，又称“高风险债券”、“高收益债券”，是指信用评级甚低的债券，通常被标准普尔公司评为 BBB 或更低级别的债券。

释义：垃圾债券是在投机级债券中风险级别最高的一类债券。通常，那些不知名、财务状况较差或缺乏偿还力的公司大都没有较高的利润率和信用水平，因而他们发行的债券被评为垃圾债券的几率较高。

信用评级低的企业所发行债券的投资风险较高，因此需要以较高的息率吸引投资者认购。以标准普尔的信用评级估计，投资于 BB 级、B 级、CCC 级、CC 级或 C 级的债项或发行人，具有一定的投机性，而在不稳定的情况下，即使发行人或公司为投资者提供了一些保障，有关保障的作用也会被抵消，因此，垃圾债券通常向投资者提供高于其他债务工具的利息收益，所以垃圾债券又被称为“高收益债券”。

七、债券信息发布机构①

词条名称：上海证券交易所（债券）

英　　文：Shanghai stock exchange，缩写 SSE

定义：上海证券交易所，简称“上证所”、“上交所”是依据国家有关法规，经政府证券主管机关批准设立的集中进行证券交易的有形场所，是中国大陆两所证券交易所之一，位于上海浦东新区。

释义：上海证券交易所创立于 1990 年 11 月 26 日，同年 12 月 19 日开始正式营业，是不以营利为目的的法人，归属中国证监会直接管理。其主要职能包括：提供包括债券交易的证券交易场所和设施；制定证券交易所业务规则；接受上市申请，安排证券上市；组织、监督证券交易；对会员、上市公司进行监管；管理和公布市场

① 撰写：刘尚鑫；审核：曾刚、余昊；单位：上海证券交易所发展研究中心。

信息。上证所市场交易采用电子竞价交易方式，所有上市交易证券的买卖均须通过电脑主机进行公开申报竞价，由主机按照价格优先、时间优先的原则自动撮合成交。

上海证券交易所市场交易时间为每周一至周五，上午为前市，9：15 至 9：25 为集合竞价时间，9：30 至 11：30 为连续竞价时间；下午为后市，13：00 至 15：00 为连续竞价时间，周六、周日和上海证券交易所公告的休市日为市场休市。

上海证券交易所自成立之初即开办债券交易。1993 年，为发展我国国债市场，活跃国债交易，上海证券交易所推出国债期货和国债回购两大创新业务，其中国债回购已经发展成为债券市场一种基本的融资手段，直接促进了债券市场的发展，对资本市场的发展做出了重大贡献。

经过二十多年的发展，上海证券交易所债券市场持续快速发展，无论是市场规模还是市场规范等方面均取得长足的进步。截至 2013 年 6 月底，上海证券交易所债券现货上市品种数 1402 只，债券托管量 1.38 万亿元。债券品种包括国债、地方债、企业债、公司债、分离交易可转债、可转债、中小企业私募债、资产支持证券等。2013 年上半年，上海证券交易所债券市场总成交 25.1 万亿元，日均成交 2221 亿元。其中，现货成交 7090.6 亿元，日均成交 62.7 亿元；债券回购成交 24.4 万亿元，日均成交 2158.3 亿元。

词条名称：深圳证券交易所（债券）

英　文：**Shenzhen stock exchange**，缩写 **SZSE**

定义：深圳证券交易所，简称“深交所”，是依据国家有关法规，经政府证券主管机关批准设立的集中进行证券交易的有形场所，是中国大陆两所证券交易所之一，位于深圳，归属中国证监会直接管理。

释义：深圳证券交易所成立于 1990 年 12 月 1 日，于 1991 年 7 月 3 日正式营业。深圳证券交易所的主要职能包括：提供包括债券交易的证券交易场所和设施；制定业务规则；接受上市申请，安排证券上市；组织、监督证券交易；对会员进行监管；对上市公司进行监管；管理和公布市场信息；中国证监会许可的其他职能。

经国务院同意、中国证监会批准，2004 年 5 月起深圳证券交易所在主板市场内设立中小企业板块。2009 年 10 月，创业板在深圳证券交易所正式启动。

词条名称：中央国债登记结算有限责任公司

英　文：**China Central Depository & Clearing Co., Ltd.; Former China Government Securities Depository Trust & Clearing Co., Ltd.**，缩写 **CCDC**

定义：中央国债登记结算有限责任公司，简称“中央结算公司”，是为全国债券市场提供国债、金融债券、企业债券和其他固定收益证券的登记、托管、交易结算等服务的国有独资金融机构。

释义：20世纪90年代初，我国债券市场以国债市场为先导进入早期发展阶段。但由于市场基础设施建设滞后，缺乏债券集中托管和统一结算机制，出现了国家信用被冒用、投资者合法权益得不到有效保护、市场运行成本居高不下、金融风险加大等问题，阻碍了国债市场的健康发展。

为整顿国债市场秩序，保证市场安全、高效、低成本运行，促进债券市场健康发展，中国人民银行和财政部共同议定并报经国务院同意后，在原中国证券交易系统有限公司的基础上改组设立了中央国债登记结算有限责任公司，承担国债和国内其他债券的统一登记、托管和结算职能。

中央国债登记结算有限责任公司的业务范围包括：

1. 国债、金融债券、企业债券和其他固定收益证券的登记、托管、结算、代理还本付息。

2. 为中国人民银行公开市场业务系统和债券发行系统提供技术支持。

3. 担任债券基金与货币市场基金资产的托管人并办理基金单位的登记、托管、结算。

4. 债券市场与货币市场中介服务与信息服务、因特网信息服务。

5. 债券市场及货币市场的研究、咨询、培训与宣传。

6. 办理外币固定收益证券的托管、跨境结算并组织办理相关的资金结算和国际业务。

7. 根据管理部门授权，对债券次级托管进行监督。

8. 经中国人民银行、财政部批准的其他业务。

词条名称：**中国证券登记结算有限责任公司**

英　　文：**China Securities Depository & Clearing Co., Ltd.，缩写CSDCC**

定义：中国证券登记结算有限责任公司，简称“中国结算”，是为证券交易提供集中登记、存管与结算服务，不以营利为目的的法人。

释义：中国证券登记结算有限责任公司依据《中华人民共和国证券法》和《中华人民共和国公司法》组建。2001年3月30日，按照《中华人民共和国证券法》关于证券登记结算集中统一运营的要求，经国务院同意、中国证监会批准，中国证券登记结算有限责任公司组建成立。同年9月，其上海分公司、深圳分公司正式成立。从2001年10月1日起，中国证券登记结算有限责任公司承接了原来隶属于上海证券交易所和深圳证券交易所的全部登记结算业务，标志着全国集中统一的证券登记结算体制组织架构基本形成。

中国证券登记结算有限责任公司作为共同交收对手方与结算参与人进行债券交易的结算。结算参与人按照规定，以法人名义与中国证券登记结算有限责任公司完成结算事项。结算参与人应与客户签订债券质押式回购委托协议书，并按协议约定与客户完成结算事项。

词条名称：银行间市场清算所股份有限公司

英　　文：Shanghai Clearing House

定义：银行间市场清算所股份有限公司，简称“上海清算所”，是经财政部、中国人民银行批准成立的银行间市场专业清算机构。

释义：银行间市场清算所股份有限公司由中国外汇交易中心、中央国债登记结算有限责任公司、中国印钞造币总公司、中国金币总公司四家单位共同发起，按照《中华人民共和国公司法》的要求依法设立的股份有限公司，公司注册资本金3亿元人民币。

银行间市场清算所股份有限公司的主要业务是为银行间市场提供以中央对手净额清算为主的直接和间接的本外币清算服务，包括清算、结算、交割、保证金管理、抵押品管理；信息服务、咨询业务；以及相关管理部门规定的其他业务。

词条名称：中国外汇交易中心

英　　文：China Foreign Exchange Trading System，缩写 CFETS

定义：中国外汇交易中心，简称“交易中心”，负责提供全国银行间外汇、人民币同业拆借、债券以及汇率和利率衍生品交易系统并组织交易，是我国银行间债券市场的组织者和服务机构。

释义：中国外汇交易中心暨全国银行间同业拆借中心于1994年4月18日成立，是中国人民银行总行直属事业单位。中国外汇交易中心作为中国银行间外汇市场、货币市场、债券市场以及汇率和利率衍生品市场的具体组织者和运行者，近年来，在中国人民银行、国家外汇管理局的直接领导下，紧紧围绕人民币汇率、利率改革和金融市场发展，致力于银行间本外币市场基础设施建设、产品和机制创新。银行间本外币市场交易量屡创新高，交易机制不断创新，原生、衍生产品序列逐渐丰富，具有国际先进水平的交易平台成功上线，人民币基准汇率和利率引人瞩目，市场主体数量和类型不断增加，清算、信息、监管服务功能日益完善。

银行间市场已经成为我国金融市场中交易量最大的一个市场，涵盖外汇市场和货币、债券、衍生品市场。截至2013年6月末，银行间市场债券托管量达到23.4万亿元人民币，占整个中国债券市场近95%的份额。

八、债券投资①

（一）投资目的

词条名称：资产配置

英　　文：asset allocation

定义：资产配置是指根据投资需求，将投资资金在不同资产类别之间进行分配，通常是将资产在低风险、低收益证券与高风险、高收益证券之间进行分配。

释义：资产配置是投资过程中最重要的环节之一，也是决定投资组合

---

① 撰写：高尚鑫；审核：曾刚、余昊；单位：上海证券交易所发展研究中心。

相对业绩的主要因素。据有关研究显示，资产配置对投资组合业绩的贡献率达到90%以上。

资产配置可以帮助投资者降低单一资产的非系统性风险。从实际的投资需求看，资产配置的目标在于以资产类别的历史表现与投资者的风险偏好为基础，决定不同资产类别在投资组合中所占比重，从而降低投资风险，提高投资收益，消除投资者对收益所承担的不必要的额外风险。

将固定收益类产品加入资产配置有助于分散风险。投资者应当根据风险偏好，对债券产品进行配置。

词条名称：债券做市

英　　文：market making

定义：债券做市是指做市商针对一只或多只证券，人为制造交易量，以保证市场足够的流动性并以此赚取价差的行为。

释义：做市商向市场公布一个新的股票买卖价格的行为被市场称之为“做市”，做市商有权根据市场情况调节其经营的股票报价。

债券做市商一般是指经市场主管部门认定的，在债券市场上连续地报出债券现券买、卖双边价格，并按其报价与其他投资者达成交易，承担维持市场流动性义务且享有相应权利的金融机构。从国际债券市场的发展经验来看，债券交易绝大部分在场外市场进行，而在场外市场中，做市商居于核心位置，发挥着活跃市场、稳定市场的重要作用。

做市商制度公开、有序、竞争性的报价驱动机制是保障债券交易效率，提高市场流动性和稳定市场运行的有效手段，是场外债券市场有效运行的重要基础性制度之一。

词条名称：流动性管理

英　　文：liquidity management

定义：流动性管理是指商业银行通过合理调度资金（头寸），一方面保证其具有应付客户提存、偿还借款、满足必要贷款需求等支付能力；另一方面又不致形成资金的闲置，尽可能使其流动性缺口保持最小而进行的经营管理活动。

释义：流动性管理的目标在于适度，存量过大、流动性过高的同时意味着商业银行利润降低；反之，存量过小、流动性不足，客户合理的流动性需求得不到满足，又必然危及商业银行的正常经营，甚至使其陷入流动性危机。因此，适时、灵活地调节流量，对于流动性风险管理来说十分重要。

当资金流入量大于流出量而导致资金盈余时，需要及时调度资金头寸，扩大对盈利性资产的投入，以保持资金资产存量的适度性；当资金流入小于流出而导致资金存量不足时，就必须以较低的成本、较快的速度弥补资金缺口，以重新建立平衡。

词条名称：获利交易

英　　文：transaction

定义：交易都是以获利为目的。获利交易是指双方以货币为媒介的价值的交换，在证券行业交易，对象一般都是有价证券。

释义：按照交易对象的品种划分，获利交易的种类包括：股票交易、债券交易、基金交易以及其他金融衍生工具的交易。具体为：

（1）股票交易。股票交易是以股票为对象进行的流通转让活动。股票交易可以在证券交易所中进行，称为上市交易；也可以在场外交易市场进行，称为柜台交易。目前，我国通过证券交易所进行的股票交易均采用电脑竞价方式。

（2）债券交易。债券交易是以债券为对象进行的流通转让活动。按发行主体来划分，债券可为三大类：政府债券、公司债券和金融债券。

（3）基金交易。基金交易是以基金为对象进行的流通转让活动。

（4）金融衍生工具交易。建立在基础产品或基础变量之上，其价格随基础金融产品的价格（或数值）变动的派生金融产品的交易。

我国债券的获利交易市场主要由银行间债券市场和交易所债券市场和银行柜台债券市场三个部分构成。其中，交易所债券市场为场内市场，参与者为个人投资者和非银行机构，主要采取系统自动撮合的方式；银行间债券市场为场外市场，参与者为各类金融机构，主要采取询价交易的方式。

（二）投资收益

词条名称：**持有期收益率**

英　　文：**holding period return**，缩写 **HPR**

定义：持有期收益率是指债券持有人在持有期间获得的收益率，包括持有债券期间的利息收入和资本损益与债券买入价格的比率，能够综合反映债券持有期间的利息收入情况和资本损益水平。

释义：债券持有期是指从购入债券至售出债券或债券到期清偿之间的期间，通常以“年”为单位表示（持有期的实际天数除以360）。根据债券持有期长短和计息方式不同，债券持有期收益率的计算公式存在差异。债券持有期收益率可以根据具体情况换算为年均收益率。

公式：持有期收益率的计算公式为：

持有期收益率＝（持有期间利息收入＋债券卖出价－债券买入价）/债券买入价×100%

词条名称：**到期收益率**

英　　文：**yield to maturity**，缩写 **YTM**

定义：到期收益率，又称“最终收益率”，是指投资购买债券的内部收益率，即将债券未来全部现金流量（包括各期利息和最后偿还的本金）贴现到债券当前市场价格的贴现率。

释义：到期收益是指将债券持有到偿还期所获得的收益，包括到期的全部利息。它相当于投资者按照当前市场价格购买并且一直持有到满期时可以获得的年平均收益率。

公式：对处于最后付息周期的附息债券、贴现债券和剩余流通期限在一年以内（含一年）的到期一次还本付息债券，到期收益率计算公式为：

债券投资

到期收益率 =（到期本息和 - 债券买入价）/（债券买入价 × 剩余到期年限）×100%

长期债券到期收益率采取复利计算方式，相当于计算内部收益率。其计算公式为：

$$P = I/(1+Y) + I/(1+Y)^2 + \cdots + I/(1+Y)^t + M/(1+Y)^t$$

式中，Y 为到期收益率；P 为债券买入价；M 为债券面值；t 为剩余的付息年数；I 为当期债券票面年利息。

词条名称：**再投资收益率**

英　　文：**reinvestment yield**

定义：再投资收益率是指债券的利息或其他固定收益证券利息再投资产生的收益率。它反映了债券持有者将持有期间收到的利息收入、到期时收到的本息、出售时得到的资本收益等用于再投资所能实现的收益状况。

释义：对于零息债券而言，由于其不存在利息支付，所以应有的利息都是按照相同的利率进行再投资，其再投资收益率是可以预见并且锁定的；对付息债券而言，其再投资收益率随着市场利率的变动而变动，或高于或低于持有债券的收益率，具有不确定性，会面临再投资风险。

词条名称：**赎回/回售收益率**

英　　文：**callable bond yield；putable bond yield**，缩写 **CBY/PBY**

定义：赎回/回售收益率是指债券在赎回日/回售日以前的现金流现值与当前的市场价格相等的贴现率。

释义：对于嵌有赎回权/回售权的债券，应该用赎回/回售收益率衡量其收益，而不是应用到期收益率衡量。

对含有赎回权的债券而言，发行人有在到期日之前、市场利率下降时按照约定的价格赎回债券的权利；对含有回售权的债券而言，投资者有在到期日之前、市场利率上升时按照约定的价格将债券回售给发行人的权利，一旦行权，发行人必须无条件购买。

公式：赎回/回售收益率的计算与到期收益率类似。其计算公式为：

$$P = I/(1+Y) + I/(1+Y)^2 + \cdots + I/(1+Y)^n + F/(1+Y)^n$$

式中，P 为债券当前价格；Y 为赎回/回售收益率；N 为从开始持有到赎回/回售日经过的时间；F 为赎回/回售价格。

九、债券交易和清算[①]

（一）债券登记

词条名称：**债券登记机构**

英　　文：**registration authority**

定义：债券登记机构是指为债券的发行和交易活动办理证券登记、存管、结算业务的中介服务机构，是不以营利为目的的法人。

释义：债券登记机构是一个在债券交易中为买卖双方履行交易责任提供服务的机构，它自己不参加交易，不是交易的任何一方当事人，既不是

---

① 撰写：孙涛、李丹；审核：王琳琳、邓舒文、黄欢；单位：上海证券交易所发展研究中心。

证券的买入者，也不是卖出者，而是同时为买卖双方的交易提供服务，并且这种服务是连续的，贯穿于交易的整个过程，通过这种服务来保证证券交易顺利地、有秩序地完成。

词条名称：**初始登记**

英　　文：**initial registration**

定义：初始登记是指已发行的债券在证券交易所上市前，由登记结算机构根据债券发行人的申请维护债券持有人名册，并将债券记录到投资者证券账户中。

释义：初始登记是投资者后续进行买卖、转让、质押等流转和处置行为的前提。经过初始登记，投资者持有该债券的事实得到确认。

记账式国债通过招投标或其他方式发行的，中国结算公司根据财政部和证券交易所相关文件确认的结果，建立证券持有人名册，完成初始登记。记账式国债在证券交易所挂牌分销或在场外合同分销的，中国结算公司根据证券交易所确认的分销结果，办理记账式初始国债登记。公司债和企业债的初始登记与股份首次公开发行登记类似。

初始登记流程如下：

1. 已发行的证券在证券交易所上市前，证券发行人应当在中国结算公司规定的时间内提出办理证券初始登记的申请。

2. 中国结算公司审核申请材料后，办理证券持有人名册的初始登记。其中，通过证券交易所交易系统发行的证券，由中国结算公司根据网上发行认购结果，直接将证券登记到其持有人名下；通过网下发行的证券，由中国结算公司根据证券发行人提供的网下发行证券持有人名册，将证券登记到其持有人名下。

3. 中国结算公司完成证券持有人名册初始登记后，向证券发行人出具证券登记证明文件。

词条名称：**变更登记**

英　　文：**change of registration**

定义：变更登记是指由债券登记机构执行并确认记名债券过户的行为，一般以账户划转的方式在账户之间转移，并相应更改债权人名册。

释义：变更登记源于：

1. 现代证券交易的对象多为无纸化证券，由于没有实物载体，股东（或债权人）对相应证券的所有权无法凭借实物券来体现，而在证券账户上对股东（或债权人）的姓名、持有证券数量等资料进行登录，并依据证券账户相关资料生成股东名册（或债权人名册）发送给发行人，就可以使证券持有人获得股东（或债权人）的身份。

2. 在证券交易中，股东（债权人）的身份会不断发生改变，权利、义务不断在交易者之间转移，从而要求能够对已有的股权（债权）登记进行修改，即需要进行股权（或债权）过户。

债券变更登记包括交易所场内交易过户登记、非交易过户登记及其他变更登记。办理非交易过户登记限于以下情形：司法裁决过户；继承、捐赠、依法进行的财产分割；法人因解散、破产、被依法责令关闭；按照相关法律法规及登记结算机构业务规则认定的其他情形。其他变更登记是指司法冻结、质押、锁定等业务引起的变更登记。

词条名称：退出登记

英　　文：exit registration

定义：退出登记是指登记机构按照有关规定，在债券终止上市后，与发行人办理退出登记手续，将持有人名册等一系列资料移交发行人并公开公告的行为。

词条名称：质押登记

英　　文：collateral registration

定义：质押登记是指中央结算公司按照回购双方通过中央债券簿记系统发送并相匹配的回购结算指令，在融资方债券托管账户将回购成交合同指定的债券进行冻结的行为。以债券为质押进行回购交易，应办理质押登记。

释义：债券质押应由出质人向中央国债登记公司出示与质权人签订的主合同和债券质押协议，并提交书面的债券质押申请。债券质押申请书应按中央国债登记公司提供的标准格式填写，并签章。中央国债登记公司受理后，当即检查出质方债券托管余额，余额足够的，核对印鉴。对余额足够且印鉴相符的，办理债券质押登记，并向出质方和质权人分别出具债券质押登记确认书。

（二）交易制度

词条名称：净价交易

英　　文：clean price

定义：净价交易是指债券现券买卖时，以不含应计利息的价格报价并成交的交易方式。

释义：净价交易是将债券的报价与应计利息分解，债券持有期已计利息不计入报价和成交价格中，债券价格只反映本金市值的变化，债券持有人享有持有期按面值利率按天计算的利息收入。

公式：净价交易的计算公式为：

净价 = 全价 − 应计利息

其中：应计利息 = 票面利率 ÷ 365 天 × 已计息天数 × 债券面值

词条名称：债券大宗交易

英　　文：block trading

定义：债券大宗交易，又称“债券大宗买卖”，是指达到规定最低限额的单笔数额较大的债券买卖申报，买卖双方经过协议达成一致，并经交易所确定成交的债券交易。

释义：根据《上海证券交易所大宗交易实施细则》，债券现券或回购交易单笔买卖数量在 1 万手（含）以上或交易金额在 1000 万元（含）以上的，可以采用大宗交易方式；其成交价格由买卖双方自行协商确定。

词条名称：债券涨跌幅限制

英　　文：bond trading price limit

定义：债券涨跌幅限制是一种稳定市场的措施，具体是指证券交易所为了抑制交易者的过度投机行为，防止市场出现过分的暴涨暴跌，而在每天的交易中规定当日的证券交易价格在前一个交易日收盘价的基础上下波动的幅度。

释义：除涨跌幅限制外，海外金融市场还有市场断路措施与暂停交易、限速交易、特别报价制度、申报价与成交价档位限制、专家或市场中介人调节、调整交易保证金比率等稳定市场的措施。

根据上海证券交易所交易规则规定，股票和基金实行价格涨跌幅限制，债券交易则无涨跌幅限制。

词条名称：**债券回转交易**

英　　文：**bond intraday trading**

定义：债券回转交易是指投资者买入的债券经确认成交后，在交收完成前全部或部分卖出的行为。

释义：根据上海证券交易所交易规则，债券和权证实行当日回转交易，即当日买入的债券可在当日卖出，当日卖出的债券可在当日买入。回转交易能减少投资人的持仓风险，增强债券的流动性，为积极型的投资者所用。

词条名称：**债券远期交易**

英　　文：**bond forward trade**

定义：债券远期交易是指债券买卖双方约定在未来某一特定时期，按约定价格交易一定数量标的债券的行为。远期交易标的债券券种应为已在全国银行间债券市场进行现券交易的中央政府债券、中央银行债券、金融债券等。

释义：远期交易为市场参与者提供了套期保值的工具，市场投资者也可以根据自己对市场走势的判断进行远期交易，以获得约定成交价格和到期实际价格之间的差价，但要承担因判断错误发生亏损的风险。

词条名称：**利率互换**

英　　文：**interest rate swap**

定义：利率互换又称“利率掉期”，是指受合同约束的双方同意在未来某一特定日期以未偿还贷款本金为基础，相互交换利息支付的协议。

释义：利率互换的目的是减少融资成本，如一方可以得到优惠的固定利率贷款，但希望以浮动利率筹集资金，而另一方可以得到优惠的浮动利率贷款，却希望以固定利率筹集资金，则通过互换交易，双方均可获得希望的融资形式。

利率互换交易双方具有如下特征：

1. 利率互换固定利率支付者：在利率互换交易中支付固定利率，在利率互换交易中接受浮动利率，买进互换，是互换交易多头，称为支付方，是债券市场空头，对长期固定利率负债与浮动利率资产价格敏感。

2. 利率互换浮动利率支付者：在利率互换交易中支付浮动利率，在利率互换交易中接受固定利率，出售互换，是互换交易空头，称为接受方，是债券市场多头，对长期浮动利率负债与固定利率资产价格敏感。

利率互换的主要优点是：

1. 风险较小。因为利率互换不涉及本金，双方仅是互换利率，风险也只限于应付利息这一部分，所以风险相对较小。

2. 影响性微。这是因为利率互换对双方财务报表没有什么影响，现行的会计规则也未要求把利率互换列在报表的附注中，故可对外保密。

3. 成本较低。双方通过互换都实现了自己的愿望，同时也降低了筹资成本。

4. 手续较简，交易迅速达成。

利率互换的缺点就是该互换不像期货交易那样有标准化的合约，有时可能找不到互换的另一方。

词条名称：**债券做市商**

英　　文：**bond market marker**

定义：债券做市商是指在债券市场上不断向公众投资者报出某些特定债券的买卖价格（即双向报价），并在该价位上接受投资者的买卖要求，以其自有资金和债券与投资者进行交易的具备一定实力和信誉的证券经营法人。

释义：债券做市商作为特许经销商，通过这种不断买卖的方式来维持市场的流动性，满足公众投资者的投资需求。其优点是能够保证债券市场的流动性，即投资者随时都可以按照做市商的报价买入、卖出债券，不会出现买卖双方不均衡（如只有买方或卖方）而无法交易的情况。但是，由于做市商的利润是来自买卖报价之间的价差，在缺乏价格竞争的情况下，做市商可能会故意加大买卖价差，使投资者遭受损失。

按照是否具备竞争性的特点，做市商制度存在以下两种类型：

1. 垄断型做市商制度。即每只债券有且仅有一个做市商。垄断型做市商作为每只债券唯一的提供双边报价并享受相应权利的交易商，必须具有很强的信息综合能力，能对市场走向做出准确的预测，因其垄断性通常也可以获得高额利润。这种类型做市商的优点在于责任明确，便于交易所监督考核，缺点是价格的竞争性较差。

2. 竞争型做市商制度，又称“多元做市商制度”。即每只债券有多个做市商，且在一定程度上允许做市商自由进入或退出。

2007 年 7 月 25 日，上海证券交易所固定收益证券综合电子平台上线，在该平台上获核准的一级交易商有义务持续提供双边报价及对询价提供成交报价，承担了债券做市商职能。根据相关规定，一级交易商必须对交易所指定的关键期限国债进行做市，同时可以自主对平台上挂牌的其他固定收益证券进行做市。在做市要求方面，每交易日双边报价中断时间累积不得超过 60 分钟，国债双边报价价差不大于 10 个基点，单笔报价数量不得低于 1000 手。

词条名称：**自营商**

英　　文：**dealer**

定义：自营商是指在债券买卖中，是自己买卖债券而不是代理他人买卖债券的公司或个人。传统自营商是指不负责市场供求平衡及连续性，仅从本身利益角度出发进行证券买卖的自营商。

释义：自营商的利润或损失来自于同一债券的买卖价差。在不同时期，同一个人或公司可能会分别充当经纪商或自营商的角色。证券交易商以自营商家身份出现时，必须向对方客户说明以自营商而非代理人的身份参与业务。

词条名称：**一级交易商**

英　　文：**primary dealer**

定义：根据《上海证券交易所固定收益证券综合电子平台交易暂行规定》，一级交易商是指经上海证券交易所核准，在固定收益证券综合电子平台交易中持续提供双边报价及对询价提供成交报价的交易商。

释义：一级交易商是交易所债券市场上稳定的中坚力量。为了明确一级交易商的权利与义务，上海证券交易所制定了相应的规章制度，称之为“一级交易商制度”。

一级交易商对规定的交易品种提供确定买卖报价。一级交易商须维持富有竞争力的报价：价格和数量要满足特定要求，且每日买卖差价不超过规定的最大幅度；报价当日中断时间不得超过60分钟；一级交易商须对市场参与者的询价及时提供富有竞争力的报价。

（三）交易清算

词条名称：**欠库**

英　　文：**collateral shortage**

定义：欠库是指在债券质押式回购业务中，结算参与人提交的质押券不足的情况。

释义：不记名证券由结中国证券登记算有限责任公司集中保管、清算，通过该公司库存账户的转化完成交割。按净额交收后，如果券商没有足够的证券入库，则是欠库行为，由该公司扣收欠库券商的欠库价款，如价款不足，则用扣收款买入债券补足，差价和手续费由欠库券商承担，再按欠库价款的0.5%处以罚款。

词条名称：**质押券**

英　　文：**pledged securities**

定义：质押券是指递交给出借人或贷款方作为履约担保的证券。证券公司接受投资者的债券回购交易委托时，应要求投资者提交质押券。国债回购中，申报提交的质押券应当为国债；企业债回购中，提交的质押券应当为企业债。

释义：证券公司接受投资者的债券回购交易委托时，应要求投资者提交质押券。国债回购中申报提交的质押券应当为国债；企业债回购中，提交的质押券应当为企业债。

词条名称：**债券担保交收**

英　　文：**bond guaranteed settlement**

定义：中国证券登记结算有限责任公司提供两种交收方式：担保交收和非担保交收。担保交收指的是中央对手方（CCP）在任何情况下必须保证合约的正常进行，即便买卖中的一方不能履约，中央对手方也必须首先对守约方履行交收义务，然后再向违约方追究违约责任。债券二级市场和质押式债券回购均采用担保交收。

词条名称：**债券非担保交收**

英　　文：**bond nonguaranteed settlement**

定义：中国证券登记结算有限责任公司提供两种交收方式：担保交收和非担保交收。非担保交收是指中国证券登记结算有限责任公司作为结算组织者、不作为共同对手方，按规则规定或结算双方约定的方式组织开展的交收。国债买断式回购、购回交收采用的就是债券非担保交收。

释义：债券的二级市场和质押式债券回购均采用担保交收。

词条名称：债券兑付

英　　文：bond payment

定义：债券兑付是指债券到期后支付债券本金和利息的行为。

释义：债券本息兑付流程通常为：

1. 发行人不迟于兑付日上午将应付本息划至中央国债登记结算有限责任公司指定的银行账户。

2. 兑付日，中央国债登记结算有限责任公司按债权登记日登记的债券托管名册所记载的各持有人的托管余额计算本息并划到持有人指定的银行账户。

词条名称：结算备付金

英　　文：deposit reservation for balance

定义：结算备付金是指结算参与人根据规定，存放在其资金交收账户中用于债券交易及非交易结算的资金，其中，资金交收账户即结算备付金账户。

公式：结算备付金计算公式为：

最低结算备付金限额 = 上月证券买入金额/上月交易天数 × 最低结算备付金比例

释义：根据中国证券登记结算有限责任公司相关规定，债券品种（包括现券交易和回购交易）的最低结算备付金比例按10%计收。

（四）债券托管

词条名称：债券托管

英　　文：bond depository；bond custody

定义：债券托管是指债券投资人基于对债券托管机构的信任，将其所拥有的债券委托托管人进行债权登记、管理和权益监护的行为。目前，可在中央国债登记结算有限责任公司办理托管的债券包括：财政部发行的国债、政策性银行发行的政策性金融债和企业债。

释义：中华人民共和国财政部是全国债券托管业务主管部门，审查确认托管人的资格，对其托管业务进行监管。各级财政部门有权对本地区的托管业务进行监管。国债托管实行全国集中、统一管理的体制，财政部授权中央国债登记结算有限责任公司按照不以营利为目的的原则、主持建立和运营全国债券托管系统，并进行自律性管理。

词条名称：转托管

英　　文：depository transfer；custody transfer

定义：转托管是指同一投资人开立的两个托管账户之间托管债券的转移，即投资者持有的债券从一个托管账户转到属于该投资者的另一个托管账户进行托管的行为。

释义：转托管是投资者的一种自愿行为。投资者在哪个券商处买进的证券就只能在该券商处卖出，投资者如需将股份转到其他券商处委托卖出，则要到原托管券商处办理转托管手续。投资者在办理转托管手续时，可以将自己所有的证券一次性地全部转出，也可转出其中部分证券或同一券种中的部分证券。

词条名称：**托管账户**

英　　文：**custodial account**

定义：托管账户是指债券托管机构应市场参与者的要求为其开立的电子簿记账户，用以记载和反映其所持有的债券品种、托管数额及结算情况等信息。

释义：根据中央国债登记结算有限责任公司颁布的《债券托管账户开销户规程》第三条，中央结算公司设置甲、乙、丙三种债券一级托管账户。托管部负责为投资人办理开户手续。

1. 只有具备资格办理债券结算代理业务的结算代理人或办理债券柜台交易业务的商业银行法人机构方可开立甲类账户。甲类账户持有人与中央债券综合业务系统联网后，通过该系统直接办理债券结算自营业务和债券结算代理业务。

2. 不具备债券结算代理业务或不具备债券柜台业务资格的金融机构及金融机构分支机构可开立乙类账户。乙类账户持有人与中央债券综合业务系统联网后，可以通过该系统直接办理其债券结算自营业务。

3. 本条第 2 款所列机构亦可开立丙类账户。丙类账户持有人（以下称“委托人”）以委托的方式通过结算代理人在中央结算公司办理其自营债券的相关业务，不需与中央债券综合业务系统联网。

词条名称：**一级托管**

英　　文：**first class custody**

定义：一级托管是指中央国债登记结算有限责任公司为承办银行开立的代理总账户，总量记载投资人在该承办银行托管的国债债权，中央国债登记结算有限责任公司对一级托管账户的真实性、准确性、完整性和安全性负责。

释义：中央国债登记结算有限责任公司设置甲、乙、丙三种债券一级托管账户。只有具备资格办理债券结算代理业务的结算代理人或办理债券柜台交易业务的商业银行法人机构方可开立甲类账户；不具备债券结算代理业务或不具备债券柜台业务资格的金融机构以及金融机构的分支机构可开立乙类账户，亦可开设丙类账户。丙类账户与甲、乙类账户的区别在于不能通过中央债券综合业务系统联网交易，必须通过结算代理人来交易。

词条名称：**二级托管**

英　　文：**second class custody**

定义：二级托管是指承办银行为投资人开立的国债托管账户，明细记载投资人通过该承办银行购买的国债，承办银行对二级托管账户的真实性、准确性、完整性和安全性负责。

释义：中央国债登记结算有限责任公司（以下简称“中央结算公司”）是债券的一级托管人；经批准可办理记账式债券柜台交易的商业银行（以下称“承办银行”）为二级托管人。经中国人民银行授权，中央结算公司可对承办银行的二级托管账务进行核查。

（五）上市状态

词条名称：债券上市

英　　文：bond listing

定义：债券上市是指证券交易所承认并接纳某种债券在交易所市场上交易，债券上市必须符合证券交易所和政府有关部门制定的上市制度。

释义：与股票不同，企业债券有一个固定的存续期限，而且发行人必须按照约定的条件还本付息，因此，债券上市的条件与股票有所差异。

为了保护投资者的利益，保证债券交易的流动性，证券交易所接到发行人的上市申请后，一般要从以下几个方面对企业债券的上市资格进行审查：（1）债券的发行量必须达到一定的规模；（2）债券发行人的经营业绩必须符合一定条件；（3）债券持有者的人数应该达到一定数量。

词条名称：债券暂停上市

英　　文：suspension of bond listing

定义：债券暂停上市是指由于债券发行公司出现法定原因，暂时停止其发行的公司债券交易的制度。

释义：根据上海证券交易所和深圳证券交易所颁布的《公司债券上市规则》，当发行人首个会计年度亏损后，在下一个会计年度预计将出现继续亏损情形的，发行人应当在第二个亏损年度结束后的20个交易日内发布债券可能被暂停上市的风险提示公告，并在披露年度报告前至少发布两次风险提示公告。

发行人出现下列情形之一的，应当及时披露债券可能被暂停上市的风险提示公告。交易所自发行人上述公告披露之日起，对债券实施停牌处理，并在15个交易日内决定是否暂停债券上市交易：

1. 发行人有重大违法行为。

2. 发行人情况发生重大变化，不符合债券上市条件。

3. 发行人债券所募集的资金不按照核准或者批准的用途使用。

4. 发行人未按照债券募集办法履行义务。

5. 发行人最近两年连续亏损（以最近两年年度报告披露的当年经审计净利润为依据）。

6. 本所规定的其他情形。

词条名称：债券恢复上市

英　　文：bond relisting

定义：债券恢复上市是指被实施退市风险警示的公司债券在被证券交易所暂停上市期间，公司能够在法定披露期限内披露经审计的暂停上市后首个半年度报告，且经审计的半年度财务会计报告显示公司实现盈利，公司可以向证券交易所申请恢复上市。证券交易所上市委员会根据上市规则对公司申请进行审议，决定是否同意公司债券恢复上市。

释义：根据上海证券交易所和深圳证券交易所颁布的《公司债券上市规则》，发行人因出现最近两年连续亏损的情形导致其公司债券被暂停上市的，在发行人债券暂停上市期间，符合下列条件的，可以在发行人披露年度报告后5个交易日向交易所提出恢复公司债券上市的书面申请：

1. 在法定披露期限内披露经审计的公司债券暂停上市后首个年度报告。

2. 暂停上市后的首个会计年度经审计的财务会计报告显示发行人实现盈利（归属母公司净利润）。

发行人因出现最近两年连续亏损之外的情形导致其公司债券被暂停上市的，在交易所规定的期限内上述情形已消除的，可以在上述情形消除后5个交易日内向交易所提出恢复上市的书面申请。

词条名称：**债券终止上市**

英　　文：**termination of bond listing**

定义：债券终止上市是指彻底取消公司债券上市资格，或者取消公司债券挂牌交易资格的制度。

释义：根据上海证券交易所和深圳证券交易所颁布的《公司债券上市规则》，公司债券出现下列情形之一的，交易所将终止其上市交易：

1. 发行人有重大违法行为，经查实后果严重的。

2. 因发行人情况发生重大变化不符合债券上市条件，公司债券被暂停上市后，在限期内未能消除的。

3. 因发行人发行债券募集的资金不按照核准或者批准的用途使用，公司债券被暂停上市后，在限期内未能消除的。

4. 发行人未按照债券募集办法履行义务，经查实后果严重的。

5. 因发行人最近两年连续亏损，公司债券被暂停上市后，首个会计年度审计结果显示发行人继续亏损的。

6. 发行人解散或者被宣告破产的。

7. 债券到期的。

属于上述终止上市情形中第1项至第6项所列情形的，由交易所上市委员会进行审核，交易所根据上市委员会的审核意见做出是否终止该债券上市的决定。

属于上述终止上市情形中第7项情形的，交易所于债券到期前5个交易日终止其上市交易。

十、价值分析①

（一）价值原理

词条名称：**现值**

英　　文：**present value，缩写 PV**

定义：现值是指按合适的利率对未来的现金流量进行贴现而得到的价值。

释义：现值这个概念反映了金钱的时间价值，以及金融风险等诸多因素。当预期的现金流入需要等一个时期才能收到时，或预期的现金流出需要等一个时期才会支出时，这些收入或支出的现值要比收取或支付的实际数额少。相同数额的现金流，等待的时间越长，其现值也就越小。

现值计算为发生时间不同的现金

---

① 撰写：王亦奇；审核：卢涛；单位：上海证券交易所发展研究中心。

价值分析

流提供了基准相同的比较方法，因而被广泛应用于商业和经济学中。

示例：在3年后将要收到1000元，若折现率为6%，则该项资产的现值为 $1000/(1+6\%)^3$ 元，也即839.62元。

词条名称：**现金流**

英　　文：**cash flow**

定义：从广义的财务角度来说，现金流是指能够影响到现金账户所有变化的因素。狭义的现金流是指企业在一定会计期间的现金和现金等价物的流入和流出的数量。

释义：在现金流量表中，现金流主要由经营活动现金流、投资活动现金流和筹资活动现金流三大部分组成。每一部分又包括现金流入和现金流出，当现金流量表中的现金流入超出现金流出时，就是正现金流；反之，就是负现金流。

如果一个公司无法产生足够的正现金流来偿还它的流动负债，那么即便是该公司的资产数额超出负债数额，仍然可能破产。

（二）宏观分析

词条名称：**货币政策**

英　　文：**monetary policy**

定义：货币政策是指一国的中央银行（或者称“货币当局”）为了实现一定的宏观经济目标而对货币供应量或利率、汇率等经济指标进行调节和控制，所采取的指导方针及其相应的政策措施。

释义：货币政策分为扩张性的和紧缩性的两种。

1. 扩张性货币政策。在经济衰退时期，总需求小于总供给，为了刺激总需求，就要运用扩张性的货币政策。可以运用的货币政策工具包括降低贴现率、放松贴现条件、在公开市场上买进有价证券、降低法定准备率等。这些政策可以增加货币供给量，降低利率，刺激总需求。

2. 紧缩性货币政策。在经济高涨时期，总需求大于总供给，为了抑制总需求，就要动用紧缩性的货币政策。可以运用的货币政策工具包括提高贴现率、严格贴现条件、在公开市场上卖出有价证券、提高法定准备率等。这些政策可以减少货币供给量，提高利率，抑制总需求。

词条名称：**货币供应量**

英　　文：**money supply**

定义：货币供应量，也称“货币存量”，是指某一时点在一个经济体中流通的货币总量。主要由包含中央银行在内的金融机构供应的存款货币和现金货币两部分构成。

释义：一般来说，货币供应量被分为M1、M2和M3三类。M1反映经济中的现实购买力；M2不仅反映现实的购买力，还反映潜在的购买力；M3是根据金融工具的不断创新而设置的。若M1增速较快，则消费和终端市场活跃；若M2增速较快，则投资和中间市场活跃。中央银行和各商业银行可以据此判定货币政策。M2过高而M1过低，表明投资过热、需求不旺，有危机风险；M1过高而M2过低，表明需求强劲、投资不足，有涨价风险。

公式：按照2001年中国人民银行所修订货币供应量统计口径，我国现行对货币层次的划分是：

M0 = 流通中现金

狭义货币（M1） = M0 + 可开支票进行支付的单位活期存款

广义货币（M2） = M1 + 居民储蓄存款 + 单位定期存款 + 单位其他存款 + 证券公司客户保证金

M3 = M2 + 金融债券 + 商业票据 + 大额可转让定期存单等

词条名称：**财政政策**

英　　文：**fiscal policy**

定义：财政政策是指一国政府为实现一定的宏观经济目标，而调整财政收支规模和收支平衡的指导原则及其相应的政策措施。

释义：财政政策的手段主要包括税收、预算、国债、购买性支出和财政转移支付等。

经济萧条时，政府实行扩张性的财政政策，比如减税、增加政府购买和转移支付，进而影响消费和投资，增加总需求；经济高涨时，实行紧缩性的财政政策，如增税、减少政府支出等措施抑制总需求。

词条名称：**外汇储备**

英　　文：**foreign exchange reserve**

定义：外汇储备是指一国货币当局所持有的可自由兑换外国货币或对外流动性资产，也是一国政府保有的以外币表示的债权。其形式主要表现为现钞、国外银行存款和国外有价证券等。

释义：外汇储备经常被用来干预外汇市场，以维持该国货币的汇率。当国际收支出现逆差时，可以动用外汇储备支付、清偿国际收支逆差，促进国际收支平衡；当国内宏观经济不平衡，出现总需求大于总供给时，可以动用外汇组织进口，从而调节总供给与总需求的关系，促进宏观经济平衡；当汇率出现波动时，可以利用外汇储备干预汇率，使之趋于稳定。因此，外汇储备是实现经济均衡稳定的一个必不可少的手段。

词条名称：**大宗商品**

英　　文：**bulk commodity**

定义：大宗商品是指可进入流通领域，但非零售环节，具有商品属性，用于工农业生产与消费使用的大批量买卖的物质商品，通常包括能源类商品、基础原材料和大宗农产品三大类。在金融投资领域，大宗商品是指同质化、可交易、被广泛作为工业基础原材料的商品，如原油、有色金属、农产品、铁矿石、煤炭等。

释义：为了更好地实现价格发现和规避价格风险，可以将大宗商品设计为期货、期权等金融衍生品来交易。由于大宗商品多是工业基础原料，处于最上游，因此反映其供需状况的期货及现货价格变动会直接影响到整个经济体系的运行。

词条名称：**汇率**

英　　文：**exchange rate**

定义：汇率是指一国货币转换成另一国货币的比率，即用一种货币表示另一种货币的价格。

释义：汇率是国际贸易中最重要的调节杠杆，汇率的高低直接影响商品在国际市场上的成本、价格和国际竞争力。

示例：一件价值100元人民币的商品，如果美元对人民币汇率为6.25，则这件商品在国际市场上的价格就是16美元。如果美元汇率涨到8.00，则该商品在国际市场上的价格为12.5美元，商品价格降低，需求会上升，从而刺激该商品的出口；反之，如果美元汇率跌到5.00，则该商品在国际市场上的价格达到20.00美元，需求会下降，从而打击该商品的出口。

词条名称：**居民消费价格指数**

英　　文：**consumer price index**，缩写 **CPI**

定义：居民消费价格指数是指反映一定时期内居民所消费商品及服务价格总水平的变动趋势和变动程度的宏观经济指标。它是度量一组代表性消费商品及服务项目的价格水平随时间而变动的相对数，通常用来衡量通货膨胀水平。

释义：居民消费价格指数可按城乡分别编制城市居民消费价格指数和农村居民消费价格指数，也可按全社会编制全国居民消费价格总指数。

消费者消费价格指数追踪一定时期的生活成本，以计算通货膨胀。如果消费者消费价格指数升幅过大，表明通货膨胀已经成为经济不稳定因素，央行会有紧缩货币政策和财政政策的风险，从而造成经济前景不明朗。因此，该指数过高的升幅往往不被市场欢迎。

十一、技术分析①

（一）投资理论

词条名称：**子弹型组合**

英　　文：**bullet portfolio**

定义：子弹型组合是收益率曲线策略的一种，是指集中将资金投资于中等期限债券的组合，由于中间突出，所以叫子弹型组合。

释义：按子弹策略构建的投资组合，其目的是为了使组合中证券的到期集中在收益率曲线的一点。子弹组合是否能够优于哑铃组合将取决于收益率曲线的斜率，当收益率曲线很陡时，子弹组合的业绩才会经常优于哑铃组合。

词条名称：**哑铃组合**

英　　文：**barbell portfolio**

定义：哑铃组合是收益率曲线策略的一种，是指将债券投资资金集中配置在短期债券与长期债券两类债券上的一种组合。

释义：哑铃型投资法是集中将资金投资于短期债券和长期债券，不买入中期债券。买短期债券是为了保证债券的流动性，而持有长期债券是为了获取高利息。

投资者也可以根据市场利率水平的变化而改变长、短期债券的持有比

---

① 撰写：王亦奇、王晶晶；审核：卢涛、司徒大年；单位：上海证券交易所发展研究中心。

例。当市场利率水平上升时，可提高长期债券的持有比率；当市场利率水平下降时，可降低长期债券的持有比例。这种方法的关键在于对市场长、短期利率变化的准确预测。

哑铃投资法必须建立在准确预测基础上，需要对市场上各种期限和类型的债券进行大量的观察和预测，并做出反应。例如，当一个经理预期利率将下降时，他将集中持有长期限的债券，因为这种债券价格上涨最多。相反，当预期利率上升时，将集中持有短期限的债券，以防止债券价格下降。

词条名称：**积极投资策略**

英　　文：**active investment strategy**，缩写 **AIS**

定义：积极投资策略是指基于市场是无效的、可以获得风险调整后超额收益的判断，投资者通过主动预测市场利率的变化而做出投资管理的策略行为。

释义：持积极投资策略的投资者认为市场是弱式有效甚至是无效的，市场中存在错误定价且市场利率是可预测的，因此其可以通过合理运用信息来把握未来利率的走势，通过找出错误的证券价格定价或者通过对资产组合进行合理配置来获得高于市场平均回报率的超额收益，具体包括互换、期限分析、或有免疫等三种策略。

词条名称：**被动投资策略**

英　　文：**passive investment strategy**，缩写 **PIS**

定义：被动投资策略，又称"消极型投资策略"，是指投资者认为市场是有效的，投资目的不是战胜市场，而是控制风险或者获得与承担风险相适应的回报率的策略行为。

释义：持被动投资策略的投资者长期持有某个投资产品，并不去对投资品本身做分析或花费精力来研究提高资产整体表现的策略，其目的在于获得稳定的债券利息收入和到期安全收回本金，具体包括免疫、现金流匹配和指数化等三种策略。

词条名称：**套期保值策略**

英　　文：**hedging strategy**，缩写 **HS**

定义：套期保值策略是指在证券现货市场上买卖、同时在证券期货市场上进行相反操作，利用现货价格和期货价格到期聚合的特点，通过期货市场来转移证券现货市场价格风险的投资策略。

释义：套期保值的基本特征是：在现货市场和期货市场对同一种类的金融产品同时进行数量相等，但方向相反的买卖活动，即在买入和卖出现货资产的同时，在期货市场上卖出或买入同等数量的期货，经过一段时间，当现货资产价格变动而出现盈亏时，可以由期货交易商的亏盈抵消或弥补，消除收益的不确定性。

（二）图形分析

词条名称：**收益率曲线**

英　　文：**yield curve**

定义：收益率曲线是指具有相同风险、流动性及税收待遇，但期限不同的债券或其他金融工具收益率的图表。

释义：收益率曲线是分析利率走势和进行市场定价的基本工具，也是进行投资的重要依据，它直接体现了货币的时间价值，决定了固定收益证券的市场价格。

收益率曲线的纵轴代表收益率，横轴是距离到期的时间。在大多数情况下，收益率等于利率，但也往往会发生收益率与利率的背离，这就导致资本流入或流出某个领域或某个时间，从而使收益率向利率靠拢。

债券收益率在时期中的走势未必均匀，有可能形成向上倾斜、水平及向下倾斜三种收益曲线。在正常情况下，收益率曲线从左向右上升，因为年期越长收益率会越高，以反映投资风险随年期拉长而升高的情形。就这种收益率曲线而言，若长期收益率的升幅大于短期收益率，收益率曲线会变陡。倒挂的收益率曲线则是从左向右下滑，反映短期收益率高于长期收益率的异常情况。这可能是因为投资者预期通货膨胀率长期而言要下降，或是债券的供给将大幅减少，这两种预期都会压低收益率。

收益率曲线并非静止不变，随时可能发生快速的变动，主要受国家经济形势、风险因素、供求状况等因素的影响。其中一个最重要的因素就是期限，收益率和期限之间的关系称为“利率的期限结构”。

收益率曲线有很多种，如政府公债的基准收益率曲线、存款收益率曲线、利率互换收益率曲线及信贷收益率曲线等。国债的发行主体是国家，它具有最高的信用度，被公认为是最安全的投资工具，因而国债的收益率曲线被认为是无风险利率的最优体现，代表了市场中无风险资产的收益水平。基准收益率曲线是市场上其他证券的参照标准，其他各种金融资产均在这个曲线基础上，考虑风险溢价后确定适宜的价格。

示例：国债收益率曲线就是描述某一时点上一组上市交易的国债的收益率和它们所余期限之间相互关系的数学曲线。如果以国债收益率为纵轴，以到期期限为横轴，将每种国债的收益率与它的到期期限所组成的一个点拟合成一条曲线，就会形成一条国债收益率曲线。根据研究的收益率不同，可得到不同的收益率曲线，如到期收益率曲线、即期收益率曲线，远期收益率曲线。

词条名称：经济景气指数

英　　文：**economic boom index，缩写EBI**

定义：经济景气指数是指通过对企业家进行定期的问卷调查，并根据企业家对企业经营情况及宏观经济状况的判断和预期来编制的，反映企业生产经营状况、经济运行状况，预测未来经济发展变化趋势的指数。

释义：我国目前的经济景气指数分为经济学家信心指数、企业家信心指数、消费者信心指数和房地产景气指数四类。景气指数的表示范围为0～200之间，100为景气指数的临界值，表明景气状况变化不大；100～200为景气区间，表明经济状况趋于上升或改善，越接近200越景气；0～100为不景气区间，表明经济状况趋于下降或恶化，越接近0越不景气。

（三）指标分析

词条名称：**利率期限结构**

英　　文：**term structure of interest rate，缩写 TSIR**

定义：利率期限结构是指除到期期限不同，其他条件（如风险、流动性和税收等）均相同的情况下，各种有价证券的利率在某一时点的相互关系。

释义：利率期限结构表现为收益率曲线的形状，收益率曲线有三种类型：（1）向上倾斜曲线，即长期利率高于短期利率；（2）水平曲线，即长短期利率相等；（3）向下倾斜曲线，即短期利率高于长期利率。收益率曲线也有更复杂的形状，可以先上升而后又向下倾斜或相反，形成丘形曲线状。

对不同期限债券利率之间关系的利率结构理论目前有三种解释：（1）预期理论；（2）分割市场理论；（3）期限选择理论。预期理论可以较好地解释利率水平的波动和不同形状收益率率曲线的形成，却无法合理解释其通常向上倾斜的现实；市场分割理论虽然能较好地解释曲线上倾的形状，但对波动和不同形状曲线解释却力不从心；期限选择理论则较好地把两种理论的特点加以合并，能较好地解释关于利率期限结构的上述事实。

词条名称：**债券久期**

英　　文：**bond duration**

定义：债券久期是指债券在未来时期产生现金流的时间加权平均值，其权重是各期现金流现值在现金流现值总值中所占的比重。

释义：久期不仅仅是一个时间概念，其真正价值在于它能反映债券价格对利率变动的敏感性，是度量利率风险的一个重要工具。

债券价格变动百分比是久期和收益率变动百分比的函数，也就是说，收益率变动的越多或久期越长，债券价格变动的越多，债券的利率风险越大。

一般来说，久期和债券的到期收益率成反比，和债券的剩余年限及票面利率成正比。但对于一个普通的附息债券，如果债券的票面利率和其当前的收益率相当的话，该债券的久期就等于其剩余年限。还有一个特殊的情况是，当一个债券是贴现发行的无票面利率债券，那么该债券的剩余年限就是其久期。

公式：久期的计算公式为：

$$D = \frac{\sum_{t=1}^{n} \frac{tC_t}{(1+r)^t}}{\sum_{t=1}^{n} \frac{C_t}{(1+r)^t}}$$

式中，D 为久期；C_t 为第 t 期的现金流；t 为收到现金流的时期（$t=1, 2, \cdots, n$）；n 为现金流发生的次数；r 为到期收益率。

词条名称：**有效久期**

英　　文：**effective duration**

定义：有效久期，又称“期权调

技术分析

整的久期”，是指在附有嵌入式期权导致预期现金流量随着利率变动而改变时，债券价格对利率变化的反应程度。

释义：在麦考莱（F. R. Macaulay）久期模型研究中存在一个重要假设，即随着利率的波动，债券的现金流不会发生变化。然而这一假设对于具有隐含期权的金融工具，如按揭贷款、可赎回（或可卖出）债券等而言则很难成立。因此，Macaulay 久期模型不应被用来衡量现金流易受到利率变动影响的金融工具的利率风险。针对 Macaulay 久期模型这一局限，弗兰克·法博兹（Frank Fabozzi）提出了有效久期的思想。

有效久期直接运用以不同收益率变动为基础的债券价格进行计算，这些价格反映了隐含期权价值的变动，能够较准确地衡量具有隐含期权性质的金融工具的利率风险。

对于没有嵌入隐含期权的金融工具，有效久期与麦考莱久期是相等的。对于有嵌入隐含期权的债券，有效久期与久期通常不相等。

技术分析

词条名称：**债券凸性**

英　　文：bond convexity

定义：债券凸性是指在某一到期收益率下，利率发生变动而引起的价格变动的幅度（变动程度）。从数学计算的角度来看，债券的凸度等于债券价格对收益率的二阶导数除以债券价格，也就是价格—收益曲线的曲率。

释义：凸性是对债券价格—收益曲线弯曲程度的一种度量。两个债券的久期相同时，它们的风险不一定相同，因为它们的凸性可能是不同的。

图示：

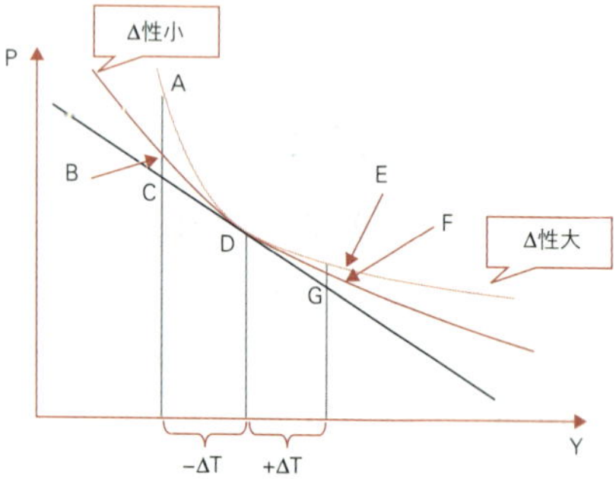

如上图所示，有两条描述债券收益率与价格关系的曲线，右侧的曲线为凸性大的曲线，左侧的曲线为凸性小的曲线。在收益率增加相同单位时，凸性越大，债券价格曲线弯曲程度越大，债券价格减少幅度越小；在收益率减少相同单位时，凸性大的债券价格增加幅度较大。因此，在久期相同的情况下，凸性大的债券，其风险较小。

在利率风险度量中，由于久期度量的是债券价格和到期收益率的近似线性关系，故计算得出的债券价格变动幅度存在误差，而凸性值对这种误差进行了调整，因此凸性被用来近似描述不能被久期解释的价值。

词条名称：**有效凸性**

英　　文：**effective convexity**

定义：有效凸性，又称“期权调整的凸性”，是指在附有嵌入式期权导致预期现金流量随着利率变动而改变时，利率发生变动而引起的债券价格变动的幅度（变动程度）。

释义：有效凸性弥补了债券标准凸性的缺陷，能够更准确地衡量具有隐含期权性质的金融工具的利率风险。

对无嵌入期权债券，标准凸性和有效凸性相同；对有嵌入期权债券，标准凸性和有效凸性通常不同。

词条名称：**到期风险溢价**

英　　文：**maturity risk premium**

定义：到期风险溢价是指债权人因为偏好短期债务而对期限长的债券要求更高的补偿，同一种类的债券的长期利率与短期利率之差，即为到期风险溢价。

释义：债券的到期日越长，其本金收回的不确定性越大，在此期间，市场利率等其他因素不确定性也增多，因此证券随着到期日的增多给持有者带来的风险增大。为了弥补这个风险，证券发行人必须要给予一定的补偿。在一般情况下，短期债券的到期日早于长期债券的到期日，因此短期债券的年利率最低，长期债券高于短期债券年利率。

词条名称：**流动性溢价**

英　　文：**liquidity premium**

定义：流动性溢价，是指流动性低的资产与同类流动性高资产的预期收益差额，是对债券流动性风险的风险补偿。

释义：流动性差的资产因涉及较高的交易成本，投资者对该资产要求较高的预期收益。这种流动性低的资产与同类流动性高资产的预期收益差额就是流动性溢价。国债的流动性好，流动性溢价很低；小公司发行的债券流动性较差，流动性溢价相对较高。

词条名称：**风险价值**

英　　文：**value at risk，缩写 VaR**

定义：风险价值是指资产组合在持有期间，在给定的置信区间内，由于市场价格变动所导致的最大预期损失的数值。

释义：风险价值按字面意思解释是按风险估价，在市场条件变化时，证券组合交易账户、财产交易头寸及衍生金融工具头寸等价值的变化。

其具体度量值定义为在足够长的一个计划期内，在一种可能的市场条件变化之下，市场价值变动的最大可能性。它是在市场正常波动情形下对资产组合可能损失的一种统计测度。

词条名称：**风险资本要求**

英　　文：**risk based capital requirement**

定义：风险资本要求是指银行和其他从事有风险投资的金融机构必须维持的流动准备金头寸水平。

释义：以银行为例，资本是其自身掌握的用以吸收亏损、应对流动性风险的资金。对于金融机构而言，其投资业务都会面临各种风险，风险资本要求就是行业内规定的为应对相应风险和潜在亏损而必须持有的准备金头寸。该资金头寸水平通过对资产结构和质量进行分析加权计算得到。

词条名称：**风险容忍度**

英　　文：**risk tolerance**

定义：风险容忍度是指投资者、个人或企业为实现特定目标而愿意承担的风险程度。

释义：风险容忍度是财务能力、是否愿意接受风险以及企业和个人整体风险预测共同作用的结果。可以制作风险图来进行风险预测，如风险可能性和影响程度矩阵。财务服务专家需要了解客户的风险容忍程度。

词条名称：风险调整贴现率

英　　文：risk adjusted discount rate

定义：风险调整贴现率是指在投资组合理论及资本预算分析中，用来计算有风险收入流现值的贴现率。

释义：在资本预算中，通过对投资组合面临的风险进行分析和计算，可以确定其预期收益与无风险利率之间的溢价水平，这个风险溢价根据该投资的风险特点而厘定，两者加总即为风险调整贴现率，在计算投资组合现值时以此为基础进行折现。

词条名称：风险调整回报率

英　　文：risk adjusted return

定义：风险调整回报率是指衡量投资组合赚取回报所承担风险的指标，一般以数字或评级表示。

释义：与风险调整贴现率近似，投资组合由于面临市场风险，这部分风险需要在无风险利率的基础上加一个风险溢价来得到补偿。这个风险溢价根据该投资的风险特点而厘定。

十二、投资技巧①

（一）操作常识

词条名称：到期收益计算

英　　文：calculation of yield to maturity

定义：到期收益率的计算，即计算债券未来全部现金流量（包括各期利息和最后偿还的本金）贴现到债券当前市场价格的贴现率。

释义：所谓到期收益，是指将债券持有到偿还期所获得的收益，包括到期的全部利息。

到期收益率又称“最终收益率”，是投资购买债券的内部收益率，即可以使投资购买债券获得的未来现金流量的现值等于债券当前市价的贴现率。它相当于投资者按照当前市场价格购买并且一直持有到满期时可以获得的年平均收益率。

公式：对处于最后付息周期的附息债券、贴现债券和剩余流通期限在一年以内（含一年）的到期一次还本付息债券，到期收益率计算公式为：

到期收益率 =（到期本息和 − 债券买入价）/（债券买入价 × 剩余到期年限）× 100%

长期债券到期收益率采取复利计算方式，相当于计算内部收益率。其计算公式为：

$$P = I/(1+Y)1 + I/(1+Y)2 + \cdots + I/(1+Y)t + M/(1+Y)t$$

式中，Y 为到期收益率；P 为债券买入价；M 为债券面值；t 为剩余的付息年数；I 为当期债券票面年利息。

词条名称：风险分析

英　　文：risk analysis

定义：风险分析是指对债券等金融资产投资之前，对其面临的各种可

① 撰写：王亦奇；审核：卢涛；单位：上海证券交易所发展研究中心。

能会对未来收益产生不确定影响的因素进行分析，进而做出最优的投资决策。

释义：对债券类产品而言，通常会面临流动性风险、信用风险、利率风险、汇率风险、再投资风险、提前偿付风险、通胀风险等各种影响未来收益的因素，因此在做出投资决策之前要对这些风险因素进行分析，以调整资金头寸和资产组合，实现期望收益和风险的匹配。

词条名称：**信用分析**

英　　文：**credit analysis**

定义：信用分析是对债务人的道德品格、资本实力、还款能力、担保及环境条件等进行系统分析，以确定是否给与贷款及相应的贷款条件。

释义：信用分析是为授与信用而进行的分析，因而特别是银行等金融机关要进行的分析，尤其要以贷款的安全性为核心来进行。

在信用分析中，不但要分析企业的财务报表，而且要分析研究企业经营者的本质、职工的素质、经营的组织、企业的历史、资本的种类、产品质量、设备状况、流通机构以及一般经济状况和同行企业的状况等非财务性资料，以此分析结果作为是否给予贷款的参考因素。

词条名称：**国家货币金融政策风险**

英　　文：**sovereign monetary policy risk**

定义：国家货币金融政策风险是指金融投资领域由于国家货币政策的变动而对投资收益带来的不确定性。

释义：国家为实现货币政策目标而采用的货币政策工具主要有三种：利率调整、法定存款准备金率调整和公开市场操作。

货币政策通过货币政策传导机制改变货币政策中介指标，对资本市场上金融资产的价格产生影响。货币政策的变动会给资产价格带来不确定性，进而影响投资者的投资收益。

词条名称：**组合投资原则**

英　　文：**portfolio investment strategy**

定义：组合投资原则，又称“分散投资”，是指将资金同时投资在不同的资产类型或不同的证券上。

释义：组合投资引入了对风险和收益对等原则的一个重要的改变，组合投资相对单一证券投资的一个重要的好处就是可以在不降低收益的同时降低风险，即通过组合投资可以改善风险—收益比率。

证券分散投资包括四个方面：对象分散法、时机分散法、地域分散法、期限分散法。在实际操作中，可以根据不同情况采取多种方法，但唯一的目的和作用就是降低投资风险。

（二）实用技巧

词条名称：**完全消极投资**

英　　文：**passive investment**

定义：完全消极投资是指完全采用消极投资策略的投资方式。

释义：完全消极投资可以获得不受市场利率波动影响的较为确定的收

益，主要有三种方式：免疫、指数化和现金流匹配。

1. 免疫是指通过将资产负债期限进行适当的搭配，使两种利率风险正好相互抵消，从而消除债券组合的利率风险的投资策略。

2. 现金流匹配是通过构造债券组合，使债券组合产生的现金流与负债的现金流在时间上和金额上正好相等的投资策略。

3. 指数化是指债券管理者构造一个债券资产组合，模仿市场上存在的某种债券指数的业绩，由此使该债券资产组合的风险回报与相联系的债券市场指数的风险回报相当的投资策略。

词条名称：**完全主动投资**

英　　文：**active investment**

定义：完全主动投资指完全采用积极投资策略的投资方式。

释义：完全主动投资者认为市场中存在定价错误、市场利率是可预测的，精明的投资者可以通过对市场的研究分析，采取相应的投资策略来获得超额收益，主要有互换和期限分析两种方式。

1. 互换是指将预期收益或现金流入低的债券组合换为预期收益和现金流入高的债券组合，包括替代互换、跨市场利差互换、利率预测互换、纯追求高收益债券和税收互换等。

2. 期限分析建立在对未来收益率曲线预测的基础之上，通过对各种债券投资组合在持有期内收益率进行计算，选择预期收益率最高的债券组合。

词条名称：**部分主动投资**

英　　文：**partially active investment**

定义：部分主动投资是指介于积极和消极策略之间的管理策略，如或有免疫投资策略。

释义：部分主动投资兼具积极投资和消极投资的特点，投资者可以实施积极的组合管理策略，直至市场表现不好，债券组合可接受的最低回报率的实现受到威胁时，债券组合的管理者才必须实施消极的管理策略。

以或有免疫投资策略为例，市场表现高于可接受的最低回报率时，对投资组合实施积极的管理策略；一旦市场表现低于最低回报率，就对债券组合实施免疫策略，在剩余的投资期限内，债券组合的回报率被锁定在既定的水平上。

词条名称：**骑乘效应**

英　　文：**riding effect**

定义：在债券持有期间，一只债券的剩余期限会逐渐变短，其收益率沿着收益率曲线下滑而给投资者带来的收益就被称为“骑乘效应”。

释义：利用骑乘效应的投资者买入年期即将退化的债券品种，等待其收益率出现快速下滑时，产生较好的市场价差回报。

示例：假设当前一级市场3年、6年、10年期债券收益率分别为3%、6%和10%，则3年与6年之间的利差为3%，10年和6年的利差为4%。对于需要投资3年的投资者甲来说，可以先买入6年债券然后在3年后卖出；同样，需要投资6年债券的投资者乙，也可以先买入10年债券然后6年后卖出。

词条名称：**梯形投资法**

英　　文：**trapezoidal investment**

定义：梯形投资法，又称“等期投资法”，就是每隔一段时间，在债券发行市场认购一批相同期限的债券；这样，投资者在以后的每段时间都可以稳定地获得一笔本息收入。

释义：梯形投资法就是将全部投资资金平均投放在各种期限的证券上的一种组合方式，投资者始终持有各种到期日证券，并且各种到期日的数量都是相等的。这种情况反映在图形上，形似间距相等的阶梯，故称“梯形投资法”。

示例：假定有从1年期到5年期的债券共5种，投资者有5000元，每种债券都买1000元。当1年期债券到期收回本金1000元后，再用它买进一种5年期的债券。如此反复，那么这个投资者每年都有1000元的债券到期。

这种方法的原则就是尽量不要在债券到期前卖出债券，这样就能不断地用到期的资金灵活地享受最新的高利率。即使利率下降，因为投资期限错开了，风险也不大。

词条名称：**三角投资法**

英　　文：**triangle investment**

定义：三角投资法是利用债券投资期限不同所获本息和也就不同的原理，使得在连续时段内进行的投资具有相同的到期时间，从而保证在到期时收到预定的本息和。这个本息和可能已被投资者计划用于某种特定的消费。

释义：三角投资法的特点是：在不同时期进行的债券投资的期限是递减的，因此被称作“三角投资法”。其优点是能获得比较固定的收益，又能保证到期得到预期的资金以用于特定的目的。

三角投资法和梯形投资法的区别是：虽然运用三角投资法的投资者都是在连续时期内进行投资，但是这些在不同时期投资的债券的到期期限是相同的，而不是债券的期限相同。

词条名称：**等级投资计划法**

英　　文：**grade investment**

定义：等级投资计划法是指投资者首先确定债券变动的一定幅度作为等级，这个幅度可以是一个确定的百分比，也可以是一个确定的常数。然后，每当债券价格下降一个等级时，就买入一定数量的债券；每当债券价格上升一个等级时，就卖出一定数量的债券。

释义：等级投资计划法是由股票投资技巧得来。其方法是投资者事先按照一个固定的计算方法和公式计算出买入和卖出债券的价位，然后根据计算结果进行操作。其操作要领是“低进高出”，即在低价时买进、高价时卖出。

只要债券价格处于不断波动中，投资者就必须严格按照事先拟订好的计划来进行债券买卖，而是否买卖债券则取决于债券市场的价格水平。

词条名称：**逐次等额买进摊平法**

英　　文：**equal investment method by flattening trade**

定义：逐次等额买进摊平法是指在确定投资于某种债券后，选择一个合适的投资时期，在这一段时期中定量定期地购买债券。

释义：逐次等额买进摊平法适用于债券价格具有较大的波动性，并且无法准确地预期其波动的各个转折点的情形，投资者可以运用逐次等额买进摊平操作法，不论这一时期该债券价格如何波动都持续地进行购买，这样可以使投资者的每百元平均成本低于平均价格。

运用这种操作法，每次投资时要严格控制所投入资金的数量，保证投资计划逐次等额进行。

词条名称：**金字塔式操作法**

英　　文：**pyramid investment**

定义：金字塔式操作法是一种倍数买进摊平法，是指当投资者第一次买进债券后，发现价格下跌时可加倍买进，在以后债券价格的下跌过程中，每一次购买数量都比前一次增加一定比例。

释义：金字塔式操作法成倍地加大了低价购入的债券占购入债券总数的比重，降低了平均总成本。由于这种买入方法呈正三角形趋势，形如金字塔形，所以称为“金字塔式操作法”。

十三、投资者教育①

词条名称：**破产风险**

英　　文：**bankruptcy risk**

定义：破产风险是指债券发行人的资产不足以偿还其负债所带来的风险。

释义：债券发行人或担保人无力偿付到期债务，意味着发行人将进入破产程序。一般会由法院指定的破产清算人或管理人负责清理发行人的资产、与债权人达成债务和解、停止发行人的业务活动、进行财产分配等。破产风险是债券发行人风险的重要方面，也是债券发行人其他风险的综合结果。

词条名称：**提前偿付风险**

英　　文：**prepayment risk**

定义：提前偿付风险又称“预付风险”，是指由于债券被发行人提前偿付，而使债券投资者预期的后续投资收益受到损失的风险。

释义：如果债券发行人在债券中嵌入了可提前偿付的条款，则在市场利率低于债券票面利率时，债券发行人可以选择提前还款，从而导致债券持有人的预期收益受到较大损失。而且，如果债券票面利率相对于市场利率越高，则债券投资人面临的预付风险越大。

提前偿付条款可以认为是一种隐含的期权，即债券发行人拥有的利率

① 撰写：徐维余；审核：廖士光；单位：上海证券交易所发展研究中心。

看涨期权，投资者可以通过期权公式计算其价值，并通过利率衍生产品对冲该种风险。

词条名称：**流动性风险**

英 文：**liquidity risk**

定义：流动性风险，又称“变动能力风险”，是指债券持有人不能按照目前合理的市场价格将其所持有的债券及时出售变现的风险。

释义：如果一种债券能够在较短时间内按市价大量出售，则说明这种债券的流动性较强，投资于这种债券所承担的流动性风险较小；反之，如果一种债券按市价卖出很困难，则说明其流动性较差，投资者会因此而遭受损失。一般来说，政府债券以及一些著名大公司债券的流动性较强。

对于计划持有债券直至期满日，且不必随时根据市场价格对资产进行定价的投资者来说，对流动性风险可以不必过多关注。

词条名称：**汇率风险**

英 文：**exchange rate risk**

定义：汇率风险是指当债券的本金或利息的支付币种是外国货币时，因汇率变动而给发行人或投资者带来的风险。

释义：发行国内债券，筹集和还本付息的资金都是本国货币，所以不存在汇率风险。发行国际债券，筹集到的资金是外国货币，汇率一旦发生波动，发行人和投资者都有蒙受意外损失或获取意外收益的可能。因此，国际债券很重要的一个风险是汇率风险。投资外币债券，在外币升值时可获利；反之，在外币贬值时就会面临损失。

词条名称：**利率风险**

英 文：**interest rate risk**

定义：利率风险是指利率变动导致债券价格与资产收益率发生变动的风险。

释义：由于大多数债券有固定的利率及偿还价格，市场利率波动将引起债券价格反方向变化。当市场利率上升且超过债券票面利率时，投资人不愿意购买债券，导致债券需求下降，债券价格因此下跌。反之，当市场利率下跌至低于债券票面利率时，投资者就会争相购买债券，使债券需求量上升，债券价格因此上涨。

债券价格受市场利率变动影响程度受到下列因素的影响：

1. 到期期限：到期日越长，利率风险越高。

2. 票面利率：票面利率越低（表示存续期间长，回收期较长），利率风险越高，零息债券利率风险最高。

3. 是否存在隐含选择权：如可赎回债券，价格不会超过赎回价格，所以价格比较确定。

4. 到期收益率：到期收益率越低，利率风险越大。债券价格与到期收益率的关系为一凸度，因此到期收益率下跌时价格上升的幅度与到期收益率上升时价格下跌的幅度并不相同。

利率风险的衡量单位有两种：

1. 价格变动百分比：当利率变动1%时，债券价格变动的百分比。

2. 价格金额变动：当利率变动1%时，债券价格金额绝对数值的变动。

对利率风险，可采取的防范措施是分散债券的期限，长短期配合。如果利率上升，短期投资可以迅速找到高收益投资机会，若利率下降，则长期债券能保持高收益。

词条名称：**再投资风险**

英　　文：**reinvestment risk**

定义：再投资风险是指债券持有人在债券持有期间以所获本息进行再投资所能实现的收入可能会低于最初购买该债券的收益率而产生的风险。

释义：由于再投资发生时的利率是不确定的，因此回报率也是不确定的。随着债券到期日的临近，投资者面临的再投资风险随之增大，对于长期债券，其风险也是相对最大的。长期债券的风险来自于市场风险，到期期限越长，市场风险越大，也就是交易价格变动的可能性越大。

再投资风险反映了利率下降对债券利息收入再投资收益的影响，这与利率上升所带来的价格风险（即利率风险）互为消长。

词条名称：**违约风险**

英　　文：**default risk**

定义：违约风险，又称“信用风险”，是指债券发行人在债券到期时无法还本付息而使投资者遭受损失的风险。

释义：企业发行债券后，其营运成绩、财务状况都直接反映在债券的市场价格上，一旦企业营运状况不良，企业就有可能丧失还本付息的能力，债券的市场价格就会下降。一般而言，政府债券被认为是无违约风险的“金边债券”。债券评级是反映债券违约风险的重要指标。

词条名称：**交易对手风险**

英　　文：**counterparty risk**

定义：交易对手风险是指债券交易的对手方不履行交易合约中所规定的相关义务而造成经济损失的风险。

释义：由于未结算的债券价格会随着市场因素的变化而变化，存在着较高的不确定性。因此，对于未结算的债券，从交易日开始就会面临交易对手风险，特别是交易对手的信用风险。

结算时，当债券价格的变化朝着不利于交易对手方的方向波动时，交易对手方有可能会拒绝履行交易合约中所规定的相关义务，从而给己方造成经济损失。

词条名称：**国家主权风险**

英　　文：**sovereignty risk**

定义：国家主权风险是指主权国家政府发行的债券存在评级下降、延期履约甚至拒绝履约情形而给债券投资者带来的风险。

释义：国家主权风险是由包括经济危机、政府更迭以及其他重大政治性事件在内的因素引起的债券偿付风险。主权国家政府或政府机构可能出于其自身利益和考虑，拒绝履行偿付债务或拒绝承担担保的责任，从而给投资者造成损失。

评估国家主权风险的常用方法一般有以下几种：核对清单式、德尔菲法、结构化的定性分析系统、政治经济风险指数、情景分析等。

词条名称：**展期风险**

英　　文：**rollover risk**

定义：展期风险是指债券发行人通过发行新债券替换即将到期的旧债券时，由于市场利率上升带来融资成本上升的风险。

释义：当现有债券即将到期时，债券发行人需要通过发行新债券进行融资，用来替换即将到期的债券。如果发行人在发行新债券融资时，市场利率上升（如高于即将到期债券的票面利率），则债券发行人会因为债券展期而带来融资成本增加的风险。

词条名称：**重新定价风险**

英　　文：**repricing risk**

定义：重新定价风险是指在投资组合中，由于资产与负债的到期期限（就固定利率而言）或重新定价期限（就浮动利率而言）存在差异，导致投资组合现值因利率的变动而带来的风险。

释义：重新定价风险，又称"期限错配风险"，是最主要和最常见的利率风险形式。由于投资组合中债券的期限结构和利息支付的频率不同，导致其价格波动幅度会随利率变化而不同，这就使得投资组合的现值随着利率的变化而发生波动。

对重新定价风险的管理方法主要有缺口分析、久期分析。

词条名称：**选择权风险**

英　　文：**option risk**

定义：选择权风险是指债券投资者或债券发行人因执行债券中嵌入的期权而使得债券发行人或投资者遭受损失的可能性。

释义：对于嵌入了某种期权条款的债券，当利率、汇率等市场条件发生变化时，可能会对债券投资者或债券发行人中的一方产生有利的影响。当债券投资者或债券发行人在执行债券所赋的期权时，就可能会给不利的一方（债券发行人或债券投资者）带来损失。

词条名称：**通货膨胀风险**

英　　文：**inflation risk**

定义：通货膨胀风险是指由于通货膨胀而使债券到期或出售时所获得的现金购买力减少，从而使投资者的实际收益低于名义收益的风险。

释义：通货膨胀风险，又称"购买力风险"，即在通货膨胀情况下，货币的购买力下降。债券是一种货币性资产，债券发行者在协议中承诺付给债券持有人的利息和本金都是事先约定好的固定金额，此金额不会因通货膨胀而有所增加，其结果是债券持有人从债券投资中得到的货币实际购买力越来越低。

在债券名义收益率不变的情况下，通货膨胀率越高，实际收益率越低。

中长期债券较之于短期债券，其通货膨胀风险尤为明显。

公式：债券投资实际收益率的计算公式为：

债券投资的实际收益率＝名义收益率－通货膨胀率

词条名称：回收性风险

英　　文：reclaim risk

定义：回收性风险是指当市场利率下降时，此前发行的有回收性条款的高息债券就有可能被强制收回产生的回收性风险。

释义：一些债券在发行时规定了发行人可提前收回债券的条款，这就有可能发生债券在一个不利于持有人的时刻被发行人收回的风险。可回收条款是债券中常见的一种有利于发行人的选择权。

当市场利率一旦低于债券利率时，收回债券对发行公司有利，这种状况使债券持有人面临着不对称风险，即在市场利率升高时承受了债券价格下跌的损失，但在市场利率降低时却没能获得债券价格上涨所带来的收益。

词条名称：税收风险

英　　文：tax risk

定义：税收风险是指由于与债券相关的税收政策变动引致债券价格变动，从而给投资者带来的风险。

释义：债券的交易与价格通常会受到政府税收政策的影响而出现重大变化，从而给投资者带来不确定性。

税收风险具有多种形式，投资于免税的政府债券的投资者面临着税率下调的风险，税率越高，免税的价值就越大，如果税率下调，免税的实际价值就会相应减少，则债券的价格就会下降；投资于免税债券的投资者还面临着所购买的债券被有关税收征管当局取消免税优惠的风险，这也可能造成收益损失。

词条名称：政策风险

英　　文：policy risk

定义：政策风险是指由于国家或地方政府的经济政策变化导致债券价格发生波动而产生的风险。

释义：政府有关债券市场的政策发生重大变化或是有重要的举措、法规出台，引起债券价格波动，从而会给投资者带来相应的风险。

政府对本国债券市场的发展通常有一定的规划和政策，以指导市场的发展和加强对市场的管理。政府关于债券市场发展的规划和政策应该是长期稳定的，在规划和政策既定的前提条件下，政府应运用法律手段、经济手段和必要的行政管理手段引导债券市场健康、有序地发展。

国家或地方的政策还会对债券发行主体造成影响，从而影响其偿付能力，这也会对债券的风险评估造成影响。

词条名称：免疫策略

英　　文：immunization strategy

定义：免疫策略是指构造一种投资组合，使得任何由利率变化引起的资本损失（利得）能被再投资的回报（损失）所弥补，从而使得利率的任何变动都不影响债券投资收益的策略，具体可分为目标期免疫策略和多期免疫策略。

释义：构造一个久期等于其负债的到期期限的债券组合，利用价格风险和再投资风险相互抵消的特点，从而保证一定时期内固定的现金流。当利率上升时，债券的价格下跌，但是债券利息的再投资收入将增加。当利率下降时，债券价格将上涨，但是债券利息的再投资收入将下降。这样可以消除债券组合的利率风险，从而达到“免疫”的效果。

十四、规则制度[①]

（一）债券市场监管制度

词条名称：**全国银行间债券市场金融债券发行管理办法**

英　　文：**Measures on Administration of Issuance of Financial Bonds in National Inter-bank Bond Market**

定义：《全国银行间债券市场金融债券发行管理办法》是由中国人民银行根据《中华人民共和国中国人民银行法》制定的，用以规范全国银行间债券市场金融债发行行为的行政规章。

释义：金融债券是指由依法在中华人民共和国境内设立的政策性银行、商业银行、企业集团财务公司及其他金融机构法人在全国银行间债券市场发行的，按约定还本付息的有价证券。

为促进债券市场发展，规范金融债券发行行为，维护投资者合法权益，中国人民银行制定了《全国银行间债券市场金融债券发行管理办法》，经2005年4月22日第5次行长办公会议通过，自2005年6月1日起施行。

词条名称：**信贷资产证券化试点管理办法**

英　　文：**Administrative Measures on Securitization of Credit Assets**

定义：《信贷资产证券化试点管理办法》是由中国人民银行、中国银监会根据《中华人民共和国中国人民银行法》、《中华人民共和国银行业监督管理法》、《中华人民共和国信托法》等法律及相关法规制定的，用以规范信贷资产证券化试点工作，保护投资人及相关当事人合法权益的行政规章。

释义：信贷资产证券化是指在中国境内，银行业金融机构作为发起机构，将信贷资产信托给受托机构，由受托机构以资产支持证券的形式向投资机构发行受益证券，以该财产所产生的现金支付资产支持证券收益的结构性融资活动。资产支持证券是由特定目的的信托受托机构发行的代表特定目的的信托的信托受益权份额。资产支持证券在全国银行间债券市场上发行和交易。

为规范信贷资产证券化试点工作，保护投资人及相关当事人的合法权益，提高信贷资产流动性，丰富证券品种，中国人民银行、中国银监会制定了《信贷资产证券化试点管理办法》。该办法共9章，61条，于2005年4月20日发布，自发布之日起实施。

词条名称：**证券公司短期融资券管理办法**

英　　文：**Measures on Administration of Short-term Financing Bonds of Securities Companies**

定义：《证券公司短期融资券管理

---

① 撰写：武俊桥、徐维余；审核：廖士光；单位：上海证券交易所发展研究中心。

办法》是由中国人民银行、中国银监会、中国证监会根据《中华人民共和国中国人民银行法》制定的，用以规范证券公司短期融资券的发行和交易，保护短期融资券投资人的合法权益的行政规章。

释义：证券公司短期融资券是指证券公司以短期融资为目的，在银行间债券市场发行的，约定在一定期限内还本付息的金融债券。证券公司短期融资券只在银行间债券市场发行和交易。

为进一步发展货币市场，拓宽证券公司融资渠道，经商中国证监会、中国银监会，中国人民银行制定了《证券公司短期融资券管理办法》，2004 年 10 月 18 日公布，自 2004 年 11 月 1 日起施行。

词条名称：**商业银行次级债券发行管理办法**

英　　文：**Measures on Administration of Issuance of Subordinated Bonds of Commercial Banks**

定义：《商业银行次级债券发行管理办法》是由中国人民银行、中国银监会根据《中华人民共和国中国人民银行法》、《中华人民共和国银行业监督管理法》和《中华人民共和国商业银行法》等法律制定的，用以规范商业银行发行次级债券行为，维护投资者合法权益的行政规章。

释义：商业银行次级债券是指由商业银行发行的，本金和利息的清偿顺序列于商业银行其他负债之后、先于商业银行股权资本的债券。次级债券可在全国银行间债券市场公开发行或私募发行。

为规范商业银行发行次级债券行为，维护投资者合法权益，促进商业银行资产负债结构的改善和自我发展能力的提高，中国人民银行和中国银监会于 2004 年联合颁布了本办法。

词条名称：**中国人民银行自动质押融资业务管理暂行办法**

英　　文：**Interim Measures of the People's Bank of China for Administration of Automatic Pledge Financing Businesses**

定义：《中国人民银行自动质押融资业务管理暂行办法》是由中国人民银行根据《中华人民共和国中国人民银行法》制定的，用以规范自动质押融资业务，加强银行体系流动性管理，提高清算效率，防范和化解支付风险的行政规章。

释义：自动质押融资是指成员行日间头寸不足时，通过自动质押融资系统向人民银行质押债券融入资金弥补头寸，待资金归还后自动解押质押债券的行为。由政府、中央银行、政策性银行等部门和单位发行，在中央国债登记结算有限责任公司托管的政府债券、中央银行债券、政策性金融债券，以及经人民银行认可的其他有价证券可用于自动质押融资。

本办法由中国人民银行制定，2005 年 11 月 3 日颁布，自 2005 年 12 月 8 日起施行。

词条名称：全国银行间债券市场债券远期交易管理规定

英　　文：**Provisions Governing Forward Transactions of Bonds in National Inter-bank Bond Market**

定义：《全国银行间债券市场债券远期交易管理规定》是由中国人民银行根据《中华人民共和国中国人民银行法》制定的，用以规范债券远期交易，维护市场参与者合法权益的行政规章。

释义：债券远期交易是指交易双方约定在未来某一日期，以约定价格和数量买卖标的债券的行为。远期交易标的债券券种应为已在全国银行间债券市场进行现券交易的中央政府债券、中央银行债券、金融债券和经中国人民银行批准的其他债券券种。

为促进我国债券市场发展，规范债券远期交易业务，防范市场风险，维护市场参与者合法权益，中国人民银行制定了《全国银行间债券市场债券远期交易管理规定》，于2005年5月11日颁布，自2005年6月15日起施行。

词条名称：全国银行间债券市场债券买断式回购业务管理规定

英　　文：**Provisions on Administration of Business of Buying back Bonds through Buyout in National Inter-bank Bond Market**

定义：《全国银行间债券市场债券买断式回购业务管理规定》是由中国人民银行根据《中华人民共和国中国人民银行法》和《中华人民共和国合同法》制定的，用以规范债券买断式回购业务，防范市场风险，维护市场参与者合法权益的行政规章。

释义：债券买断式回购业务是指债券持有人（正回购方）将债券卖给债券购买方（逆回购方）的同时，交易双方约定在未来某一日期，正回购方再以约定价格从逆回购方买回相等数量同种债券的交易行为。所有现券交易的债券都可进行买断式回购。

该规定经2004年3月22日中国人民银行第5次行长办公会议通过，2004年4月12日颁布，自2004年5月20日起施行。

词条名称：国债跨市场转托管业务管理办法

英　　文：**Provisions on Administration of Business of Cross-market Custody Transfer of Treasury Bonds**

定义：《国债跨市场转托管业务管理办法》是由财政部制定的，用以规范国债跨市场转托管行为的行政规章。

释义：国债跨市场托管是指同一国债托管客户将持有的国债在不同托管机构间进行的托管转移。国债是指财政部在中国境内发行并核准可跨市场交易的国债。托管机构包括中央国债登记结算有限责任公司、中国证券登记结算有限责任公司、记账式国债柜台交易托管机构。

为促进国债市场健康发展，维护投资者合法权益，提高国债市场运行效率，规范国债跨市场转托管行为，财政部于2003年12月1日颁布了《国债跨市场转托管业务管理办法》。

词条名称：**中华人民共和国国债托管管理暂行办法**

英　　文：**Interim Measures of the People's Republic of China for Administration of Treasury Bonds Custody**

定义：《中华人民共和国国债托管管理暂行办法》是由财政部制定的，用以规范国债托管行为，保护国债投资人合法权益，完善国债市场的监督机制，提高国债市场效率的行政规章。

释义：国债托管是指国债投资人基于对国债托管机构的信任，将其所拥有的国债委托托管人进行债权管理、实物券面保管与权益监护的行为。财政部授权中央国债登记结算有限责任公司按照不以营利为目的的原则主持建立和运营全国国债托管系统，并实行自律性管理。

该办法由财政部于1997年4月10日颁布，自发布之日起实施。

词条名称：**证券公司债券管理暂行办法**

英　　文：**Interim Measures for Administration of Bonds of Securities Companies**

定义：《证券公司债券管理暂行办法》是由中国证监会根据《中华人民共和国公司法》、《中华人民共和国证券法》及有关法律、行政法规制定的，用以规范证券公司债券的发行和转让行为，保护债券持有人合法权益的行政规章。

释义：证券公司发行债券适用本办法，但发行可转换公司债券的除外。中国证监会依法对证券公司债券的发行和转让行为进行监督管理，证券公司发行债券必须符合本办法规定的条件，并报经证监会批准，未经批准不得擅自发行或变相发行债券。证券公司债券经批准可以向社会公开发行，也可以向合格投资者定向发行。

该办法于2003年8月29日由中国证监会第43次主席办公会议审议通过，根据2004年10月15日中国证监会《关于修改证券公司债券管理暂行办法的决定》修订。

词条名称：**货币市场基金管理暂行规定**

英　　文：**Interim Provisions on Management of Monetary Market Funds**

定义：《货币市场基金管理暂行规定》是由中国证监会和中国人民银行根据《中华人民共和国证券投资基金法》、《证券投资基金运作管理办法》、《基金管理公司进入银行间同业市场管理规定》等有关规定制定的，用以规范货币市场基金的募集、运作及相关活动，保护投资人及相关当事人合法权益的行政规章。

释义：货币市场基金可以投资于现金，一年以内（含一年）的银行定期存款、大额存单，剩余期限在397天以内（含397天）的债券，期限在一年以内（含一年）的债券回购，期限在一年以内（含一年）的中央银行票据以及中国证监会、中国人民银行认可的其他具有良好流动性的货币市场工具。货币市场基金不得投资于股票、可转换债券、剩余期限超过397天的债券、信用等级在AAA级以下的企业债券，以及中国证监会、中国人民银行禁止投资的其他金融工具。

为规范货币市场基金的运作，保护基金投资人的合法权益，中国证监会、中国人民银行制定了《货币市场基金管理暂行规定》，2004 年 8 月 16 日颁布，自发布之日起施行。

（二）市场自律性规则

词条名称：**全国银行间债券市场债券买断式回购主协议**

英　　文：**Primary Agreement on Bonds Buyout-repurchase in National Inter-bank Bond Market**

定义：《全国银行间债券市场债券买断式回购主协议》是中国人民银行组织银行间债券市场参与者拟订的，旨在明确债券买断式回购交易双方权利和义务的基础协议。

释义：为加强银行间债券市场行业自律行为，明确债券买断式回购交易双方的权利和义务，中国人民银行组织银行间债券市场参与者拟订了《全国银行间债券市场债券买断式回购主协议》，并于 2004 年 5 月 18 日颁发。中国人民银行授权全国银行间同业拆借中心会同中央国债登记结算有限责任公司向银行间债券市场参与者公布并组织签署。

截至 2006 年 4 月 30 日，共有 532 家各类金融机构签署本协议。本协议与交易双方订立的成交合同共同构成完整的买断式回购合同。买断式回购合同在成交合同订立后立即生效。本协议对正回购方的权利义务、逆回购方的权利义务、违约情形、违约处理等方面进行了具体的规定。

词条名称：**全国银行间债券市场债券远期交易结算业务规则**

英　　文：**Settlement Rules on Bonds Forward Transaction in National Inter-market Bond Market**

定义：《全国银行间债券市场债券远期交易结算业务规则》是中央国债登记结算有限责任公司制定的，旨在规范全国银行间债券市场债券远期交易结算业务行为的自律性规则。

释义：为规范债券远期交易结算业务行为，维护远期交易参与者合法权益，中央国债登记结算有限责任公司制定了《全国银行间债券市场债券远期交易结算业务规则》，并于 2005 年 6 月 15 日起施行。

该规则对《全国银行间债券市场债券远期交易主协议》的签署及备案、远期交易的期限、结算条件、结算方式、结算指令、中央债券簿记系统、保证金集中保管、结算异常情况处理、违约处理等方面进行了具体的规定。

词条名称：**债券交易结算保证金集中保管操作细则**

英　　文：**Operating Rules on Centralized Custody of Cash Deposit in Settlement of Bond Transactions**

定义：《债券交易结算保证金集中保管操作细则》是中央国债登记结算有限责任公司制定的，旨在防范债券交易达成后未来结算违约风险、建立履约保障机制的自律性规则。

释义：为防范债券交易达成后未来结算违约风险，建立履约保障机制，中央国债登记结算有限责任公司制定了

《债券交易结算保证金集中保管操作细则》，并于2005年6月15日起实施。

该细则所称“保证金集中保管”，是指经债券交易双方约定，为提升其履约信用，将其用于向交易对手方提交履约保证的资金存放于中央国债登记结算有限责任公司，在相关交易结算未完成前委托中央国债登记结算有限责任公司予以冻结和保管的行为。中央国债登记结算有限责任公司根据结算成员自愿原则，为结算成员提供保证金集中保管服务，集中保管的保证金全额存入中央国债登记结算有限责任公司在中国人民银行的账户。

词条名称：**短期融资券托管结算操作细则**

英　　文：**Operating Rules on Custody and Settlement of Short-term Financing Bonds**

定义：《短期融资券托管结算操作细则》是中央国债登记结算有限责任公司制定的，旨在规范短期融资券的托管、结算和兑付行为的自律性规则。

释义：《短期融资券托管结算操作细则》由中央国债登记结算有限责任公司于2005年5月26日发布并生效，旨在贯彻落实中国人民银行制订的《短期融资券管理办法》的有关规定，规范短期融资券的托管、结算和兑付行为。

该细则规定：短期融资券应采用实名记账方式在中央国债登记结算有限责任公司进行登记托管；中央国债登记结算有限责任公司负责提供二级市场交易结算、代理兑付及相关信息发布服务；短期融资券发行人在首次发行前应与中央结算公司签订“短期融资券登记托管和代理兑付协议书”。

该细则还对短期融资券发行人的信息披露义务、短期融资券的本息兑付时限、本息未能兑付的公告等方面进行了具体规定。

词条名称：**自动质押融资业务实施细则**

英　　文：**Implementing Regulation for Automatic Pledge Financing Business**

定义：《自动质押融资业务实施细则》是中央国债登记结算有限责任公司制定的，旨在规范自动质押融资业务操作的实施细则。

释义：《自动质押融资业务实施细则》的全称为《中央国债登记结算有限责任公司自动质押融资业务实施细则》，是中央国债登记结算有限责任公司为配合中国人民银行对大额支付系统自动质押融资业务的管理，规范自动质押融资业务操作，依据《中国人民银行自动质押融资业务管理暂行办法》，于2006年4月30日制定并颁布的实施细则。

该实施细则对债券账户的开立与使用、质押融资业务资格及相关参数设置、质押融资业务处理、还款解押业务处理、人工终止扣款及质押债券清偿处理以及应急处理等方面给予了明确规定。

词条名称：**债券柜台交易结算业务规则**

英　　文：**Settlement Regulation of Over-the-counter Bond Trading**

定义：《债券柜台交易结算业务规

则》是中央国债登记结算有限责任公司制定的，旨在规范债券柜台交易结算业务操作的具体办法。

释义：《债券柜台交易结算业务规则》由中央国债登记结算有限责任公司根据中国人民银行颁布的《商业银行柜台记账式国债交易管理办法》制定，于2002年4月4日颁布生效。

根据该规则，柜台交易的债券实行两级托管体制，中央国债登记结算有限责任公司对承办银行在其开立的一级托管自营账户和代理总账户记录的真实性、准确性、完整性和安全性负责；承办银行对账户持有人在其办理柜台交易的营业网点开立的二级托管账户记录的真实性、准确性、完整性和安全性负责。

该规则从业务处理（托管账户、债权管理、柜台交易及二级结算和一级结算过户处理、转托管、司法冻结、质押和非交易过户）、数据技术处理、查询与账务复核等方面对债券柜台交易结算的操作流程进行了具体的规定。

词条名称：**银行间债券交易规则（试行）**

英　　文：**Trading Rules of Inter-Bank Bonds (Trial)**

定义：《银行间债券交易规则（试行）》是中国人民银行颁布的，旨在规范银行间债券交易行为的行政规章。

释义：为规范银行间债券交易行为，维护当事人合法权益，中国人民银行于1998年11月3日颁布并实施《银行间债券交易规则（试行）》。

该规则从交易基本原则与规则、交易程序、交易信息及其发布、违规处罚等方面对银行间债券交易行为进行了具体的规定。

十五、海外参考词语[①]

（一）结构性产品

词条名称：**结构融资**

英　　文：**structure financing**

定义：结构融资是指企业通过利用特定目的的实体（Special Purpose Entities or Special Purpose Vehicle，SPEs or SPV），将拥有未来现金流的特定资产剥离开来，并以该特定资产为标的进行融资。

释义：结构融资可以理解为：以现金资产将企业特定资产从其资产负债表中替换（资产置换），在资产负债率不变的情况下增加高效资产，主要是流量资产。通常我们说的“结构融资”主要从报表的结构考虑。

结构融资主要包含资产融资和资本融资两大类。资产融资主要有现金融资、应收账款融资、存货融资、订单融资、抵押贷款、分期付款、融资租入固定资产、回租等。资本融资主要有股权融资、所有者权益融资等。

词条名称：**证券资产证券化**

英　　文：**securities asset securitization**

定义：证券资产证券化是指将缺

---

① 撰写：李丹；审核：席朔漠、李萍；单位：上海证券交易所发展研究中心。

乏流动性、但具有可预期收入的证券资产，通过在资本市场上发行证券的方式予以出售，以获取融资，最大化提高资产的流动性的方式。

释义：证券资产证券化是资产证券化的四种形式之一，是证券资产的再证券化过程，即将证券或证券组合作为基础资产，再以其产生的现金流或与现金流相关的变量为基础发行证券。

证券资产证券化的一个最重要的形式就是证券投资基金，通过对现有证券资产组合的未来收益为基础发行新的证券。另外，证券衍生工具大部分也可以归纳为这一类。

词条名称：**按揭抵押贷款证券**

英　　文：**mortgage backed security，缩写 MBS**

定义：按揭抵押贷款证券是最早的资产证券化品种，是把金融机构发放的抵押贷款转化为抵押贷款证券（主要是债券），然后通过在资本市场上出售这些证券给市场投资者，以融通资金，并使贷款风险分散，由众多投资者承担。

释义：从本质上讲，发行抵押贷款证券是发放抵押贷款机构的一种债权转让行为，即贷款发放人把对贷款借款人的所有权利转让给证券投资者。

按揭抵押贷款证券最早产生于20世纪60年代的美国。它是由美国住房专业银行及储蓄机构利用其贷出的住房抵押贷款发行的一种资产证券化商品。其基本结构是：把贷出的住房抵押贷款中符合一定条件的贷款集中起来，形成一个抵押贷款的集合体（Pool），利用贷款集合体定期产生的本金及利息的现金流入发行证券，并由政府机构或由政府背景的金融机构对该证券进行担保。因此，美国的按揭抵押贷款证券实际上是一种具有浓厚的公共金融政策色彩的证券化商品。

抵押集合体所产生的本金与利息原封不动地转移支付给按揭抵押贷款证券的投资者，因此，按揭抵押贷款证券也被称为“抵押转手证券”（Pass-through Securities）。

词条名称：**抵押转手证券**

英　　文：**pass-through security**

定义：抵押转手证券又称作“过手证券”，是指将各种债权集中起来重新打包，然后划分成代表平等份额的证券进行出售。

释义：抵押转手证券是抵押贷款证券化市场的主要证券品种。抵押转手证券通过中介机构把借款人那里收到的钱转交给投资者。

最为常见的一种抵押转手证券是按揭抵押贷款证券，一般由政府担保，住房贷款人向原贷款银行或储蓄机构偿还的本金和利息由政府机构或投资银行在扣除手续费后转交给投资者。

词条名称：**资产支持证券**

英　　文：**asset-backed security，缩写 ABS**

定义：资产支持证券是指以银行、信用卡公司或其他信贷提供者的贷款凭证、应收账款为基础发行的债券或票据。

释义：根据中国人民银行和中国银

监会于2005年4月20日颁布的《信贷资产证券化试点管理办法》和中国银监会于2005年11月7日发布的《金融机构信贷资产证券化试点监督管理办法》，资产支持证券是指由银行业金融机构作为发起机构，将信贷资产信托给受托机构，由受托机构发行的以该财产所产生的现金支付其收益的受益证券。

换言之，资产支持证券就是由特定目的的信托受托机构发行的、代表特定目的的信托的信托受益权份额。信托机构以信托财产为限，向投资机构承担支付资产支持证券收益的义务。

其支付基本来源于支持证券的资产池产生的现金流。项下的资产通常是金融资产，如贷款或信用卡应收款。根据其条款规定，支付是有规律的。资产证券化支付本金的时间常依赖于涉及资产本金回收的时间，这种本金回收的时间和相应的资产支持证券相关本金支付时间的固有的不可预见性，是资产支持证券区别于其他债券的一个主要特征。

资产支持证券通常都经过“信用增级”，而增级的方式就是由银行信用证或发行者以外的机构担保。

词条名称：**债务抵押证券**

英　　文：**collateralized debt obligation，缩写 CDO**

定义：债务抵押证券是指以抵押债务信用为基础，基于各种资产证券化技术，对债券、贷款等资产进行结构重组，重新分割投资回报和风险，以满足不同投资者需要的创新性衍生证券产品。

释义：债务抵押证券是一种新兴的投资组合，近年来得到迅猛发展，是发展最快的证券化产品之一。

金融机构或货币经理人可以利用债务抵押证券分别达成移转风险或套取差价等目的。由于债务抵押证券的发行更为快速、弹性，可利用这一产品针对各种风险偏好的投资人，开发出不同信用风险的债券系列。

词条名称：**结构性票据**

英　　文：**structured note，**

定义：结构性票据是指一种结合固定收益型产品及衍生性金融产品的投资工具。

释义：结构性票据是通常以中期票据的形式出现的负债工具。结构性票据通过发行机构，将大部分的本金投资于固定收益型产品，利用剩余少数的本金从事衍生性金融产品的操作，同时达到保障本金与资产增值的目的。例如，利用95%的本金购买零息债券，5%的本金投资选择权等衍生性金融产品。

结构性票据虽有点像债券，但其性质和内在风险均与债券不同。结构性票据是由票据配合其他衍生工具如期权而组成的，回报与其他金融工具的表现挂钩。常见的有与单一或一篮子股票挂钩的股票挂钩票据，以及与一个或一组公司的信贷表现挂钩的信贷挂钩票据。

词条名称：**本息分离债券**

英　　文：**separate trading registered interest and principal securities，缩写 STRIPS**

定义：本息分离债券是指债券发行

后，把该债券的每笔利息支付和最终本金的偿还进行拆分，然后依据各笔现金流形成对应期限和面值的零息债券。

释义：本息分离债券常被称为“零息债券”，但从严格意义上讲，它是零息债券的衍生产品。本息分离债券是债券的一种形式，属于债券一级市场的范畴，进入二级市场的都是分离出来的零息债券。

本息分离债券设计简单，是实现投资组合的收益目标、对冲所面临的市场风险以及构造各种复合金融产品的非常有用的工具，它具有活跃债券市场、方便投资者等作用。

（二）利率衍生品

词条名称：**利率期货**

英　　文：**interest rate futures**

定义：利率期货是指基于债券类证券或银行同业存款的期货合约。理论上，债券期货合约的买方同意在合约到期时买入基础债券，而合约卖方同意卖出债务工具。它可以回避银行利率波动所引起的证券价格变动的风险。利率期货种类繁多，通常可以分为短期利率期货、长期利率期货及指数利率期货三大类。

释义：通常利率期货合约并非以交割的方式结算，而是在到期前对冲。

合约价值上升或下降的方向与利率变动的方向相反。例如，如果国债的收益率上升，那么国债期货的价格就会下跌；相反，国债的收益率下降时，国债期货价格会上涨。相信利率会上升或下降的投机者会买卖这类合约。

承担利率波动风险的公司，例如经纪公司、银行和保险公司，也可以运用这些合约为其持有的国债和其他债务避险。

词条名称：**利率期权**

英　　文：**interest rate option**

定义：利率期权是指基于基础债务证券的期权合约。期权与期货不同，它赋予买方在未来某一特定日期前以某一特定价格买入基础债券的权利，而这并不构成义务。期权的卖方承诺在合约到期前的任何时间以约定价格卖出债券。作为得到权利的代价，期权买方向卖方支付期权费。

释义：基于债券收益率的利率看涨期权的价值随收益率的上升而增加，利率看跌期权的价值随收益率的下降而增加。利率期权的基础资产包括短期、中期和长期国库券，定期存单，市政债券以及其他利率敏感性投资工具。

第五部分　期货及衍生品篇

编写说明

《中国资本市场投资词典》期货及衍生品篇以服务普通投资者参与期货市场为目标，在收录词条时以规范性、系统性、实用性和前沿性为基本原则。其中，规范性是指参考依据方面，借鉴历史文献、现有法律法规及国际通用原则来解释词条，这样能够确保词条信息的准确性、客观性和有效性；系统性是指内容安排方面，遵循国际通用的分类标准和严谨的逻辑体系，循序渐进地展开内容，这样有助于普通投资者系统掌握；实用性是指现实价值方面，根据中国期货市场的发展特点，收录并阐述对普通投资者投资实践有借鉴意义的词条；前沿性是指应用前景方面，兼顾了国际期货市场的最新发展趋势，对于普通投资者具有较强的启示作用。

《中国资本市场投资词典》期货及衍生篇约有500个词条，涉及16个子目录，其中包括基本概念、期货类别、期货品种、参考指标类别、合约条款、交易市场、市场服务、期货投资、期货交易、投资策略、投资禁止、权益与权益保护、风险与风险防控、投资者教育、规章制度和国外参考词汇。由于国际与国内期货市场的发展日新月异，期货及衍生品部分的词条编写也是一个长期的过程，仍然需要随着期货市场的发展不断完善和补充。

一、基本概念①

（一）投资产品

词条名称：**期货**

英　　文：**futures**

定义：期货是合约双方达成的同意在将来某个时刻以某个特定的价格购买或出售某项标的资产的标准化协议。

释义：期货与现货相对应，是由交易所统一制定的在将来特定时间和地点交割一定数量产品或金融资产的标准化合约。其特点是：期货合约在有组织的交易所内进行公开交易，买卖双方各自报出价格，期货合约在交易所内撮合成交，是一个集中交易市场；期货采用双向交易，既可先买后卖，也可以先卖后买；期货合约高度标准化，期货交易所规定了每份期货合约的标的资产、规格、合约规模、交割时间和方式等；在期货交易中，结算所是每一份期货合约的交易对家，每位投资者的买入或卖出实质上是与结算所进行结算，违约风险很小，属于中央结算模式；建立期货合约时，合约的任何一方都要缴纳初始保证金；在期货合约的期限内，每天都要对损益进行结算，并影响保证金账户的余额；从市场流动性看，期货合约更容易对冲；期货市场受到政府严格的法律监管。

词条名称：**期权**

英　　文：**options**

定义：期权是指一方授予另一方一种权利，使买方有权利（但无义务）以特定的价格在特定的时间内购买（买回）或出售（卖出）一种基础资产的合同，在这个固定日期之后，这项权利就不再存在。

释义：期权是给予交易的买方一个权利，而不是义务，可以在未来一段时间内，以一个固定的价格从另一方买入或向另一方卖出一个基础资产。对于期权的买方来说，付出权利金之后，就得到了一种权利。期权的买方可以根据市场情况判断，可以在期满前的任意时间（美式期权）或是到期日（欧式期权）执行权利，也可以放弃这种权利。对于期权的卖方而言，由于收取了权利金，必须承担相应义务。如果期权买方要求按合约规定执行买入或卖出的权利，则期权卖方必须按合约履行卖出或买进的义务。期权有两种类型，即看涨期权和看跌期权。看涨期权又称“买权”，购买看涨期权的投资者认为基础资产未来价格会上涨，希望能够在未来以一个既定的价格购买，以规避价格上涨风险，或者赚取市场价格与这个既定价格的差价。看跌期权又称“卖权”，购买看跌期权的投资者认为基础资产未来价格会下跌，希望能够在未来以一个既定价格卖出，以规避价格下跌风险，或者赚取市场价格与这个既定价格的差价。期权大类是指具有相同类型（看涨期权或看跌期权）、相同执行方式（美式、欧式或封顶期权）和相同基础资产的所有期权合约。期权系列

---

① 撰写：李路、刘宇；审核：张晓刚、郑凌云；单位：中国金融期货交易所。

是指在某种期权大类中，具有相同到期日和行权价格的所有期权合约。

（二）市场参考指标

词条名称：**现货价格**
英　　文：**spot price；cash price**
定义：现货价格是指商品在现货交易中的成交价格。
释义：现货交易是指一经成交立即交换商品所有权的买卖行为，一般是买主即时付款，但也可以采取分期付款和延期交付的方式。由于付款方式的不同，同一现货在同一时期可能出现不同的价格。现货价格是决定期货、期权等衍生品价格的重要因素。

词条名称：**股票价格**
英　　文：**stock price**
定义：股票价格是指股票在证券市场上买卖的价格。
释义：股票代表持有者的权利，这种权利的直接经济利益表现为股息和红利收入。理论上，股票价格就是为获得这种股息、红利收入的请求权而付出的代价，是股息资本化的表现。股票价格及其形成的股票价格指数是决定股权类衍生品价格的重要因素。

二、期货类别①

（一）商品期货

词条名称：**金属期货**
英　　文：**metal futures**
定义：金属期货是指以金属为标的物的期货。
释义：金属是当今世界期货市场中比较成熟的期货品种之一。目前，世界上的金属期货交易主要集中在伦敦金属交易所、纽约商业交易所和东京工业品交易所。伦敦金属交易所期货合约的交易价格被世界公认为是有色金属交易的定价标准。有色金属质量、等级和规格容易划分，交易量大，价格容易波动，耐储藏，很适合作为期货交易品种。目前交易的主要品种包括铜、铝、锌、锡、镍、铝合金期货合约。铜是其中的领头产品，它也是第一个被设立的金属期货品种，具有100多年的历史。

词条名称：**农产品期货**
英　　文：**agriculture futures**
定义：农产品期货是以农产品品种为交易标的的期货合约。
释义：农产品期货是世界上最早的期货品种。国际农产品期货市场最早产生于美国芝加哥，起步于小麦、玉米、大豆等谷物品种。随着现货生产和流通的扩大，19世纪后期到20世纪初，棉花、咖啡、可可等经济作物，黄油、鸡蛋、生猪、活牛等畜禽产品，木材、天然橡胶等林产品期货陆续上市。农产品期货一度成为期货市场的主要交易品种。

---

① 撰写：朱晓燕、刘琛、王学勤、李路、刘宇；审核：郭明、于力、汪深德、张晓刚、郑凌云；单位：上海期货交易所、大连商品交易所、郑州商品交易所。

词条名称：**能源化工期货**

英　　文：**energy and chemical industry futures**

定义：能源化工期货是指标的物为能源化工产品的期货，包括原油、燃料油、天然气、聚氯乙烯、焦炭、PTA、甲醇、天然橡胶等期货品种。

释义：能源期货出现于1978年，纽约商业交易所推出了热燃油期货，1981年推出油品期货，1983年推出石油期货，此后能源期货不断发展。时至今日，包括气温、二氧化碳等新兴品种相继出现。由于能源对各国经济、政治的重要性，在期货市场上，能源期货的重要性也日益突出。

化工产品与人们日常的生产生活息息相关，为农业、能源、交通、机械、电子、纺织、轻工、建筑、建材等工农业生产和日常生活提供原材料和各类商品。化工期货是以各类化工产品为标的物的期货，主要包括聚乙烯、聚丙烯、聚氯乙烯、磷酸氢二铵、尿素、硝酸铵、丙烷、燃料乙醇等。

目前，原油期货是全球最大的商品期货品种，是影响其他能源化工产品价格的重要因素。

（二）金融期货

词条名称：**股指期货**

英　　文：**stock index futures**

定义：股指期货是股票价格指数期货的简称，是指以股票价格指数为标的物的期货。

释义：股指期货的特点是：（1）合约的标的物是股票价格指数，不是具体的实物。投资者根据自己对股市走向的预期，报出不同的价格指数进行交易，如果认为指数会涨，便买进股指期货，反之则卖出股指期货；（2）合约价值和乘数大小有关。对于股票来说，股票的价值等于当时成交的市场价格，股指期货的合约价值等于投资者报出并以此成交的股票指数乘以合约事先规定的乘数；（3）股指期货实行现金交割。

词条名称：**利率期货**

英　　文：**interest rate futures**

定义：利率期货是指以特定的、与利率变动密切联系的债权债务工具为标的物的期货。

释义：利率期货的标的物必须是有债权债务关系的金融资产，而且这一金融资产的价格变动要与利率变动密切相关。利率期货种类繁多。从时间期限上看，利率期货可以分为短期利率期货和中长期利率期货。短期利率期货的标的物一般是期限在1年之内（含1年）的债权债务工具，如短期存款、三月期国库券等。中长期利率期货的标的物是期限在1年以上的债权债务工具，如五年期国债等。利率期货的参与者多为商业银行、保险公司等大型金融机构。短期利率期货主要采用现金交割方式，中长期利率期货（主要是国债期货）主要采用实物交割方式。

词条名称：**外汇期货**

英　　文：**foreign exchange futures**

定义：外汇期货是指以外国货币

（外汇）为标的物的期货。

释义：外汇期货是以汇率为标的物的期货合约，用来规避汇率风险，是金融期货中最早出现的品种。目前，外汇期货交易的主要品种有美元、英镑、欧元、日元、瑞士法郎等。从世界范围看，历史上外汇期货的主要市场在美国，集中在芝加哥商业交易所的国际货币市场。近年来，印度等新兴市场的外汇期货发展较快。外汇期货主要采用实物交割。外汇期货可以规避汇率风险，提高外汇市场流动性和优化投资者的投资组合。

三、期货品种

（一）金属期货①

词条名称：**铜期货**

英　　文：**copper futures**

定义：铜期货是指以铜为标的物的期货，具有100多年的历史。

释义：铜是与人类关系非常密切的有色金属，被广泛地应用于电气、轻工、机械制造、建筑工业、国防工业等领域，在我国有色金属材料的消费中仅次于铝。铜在电气、电子工业中应用最广、用量最大，占总消费量一半以上。

铜具有许多可贵的物理化学特性，如热导率和电导率很高，化学稳定性强，抗压强度大，易熔接，具抗腐蚀性、可塑性、延展性。纯铜可拉成很细的铜丝，制成很薄的铜箔，能与锌、锡、铅、锰、钴、镍、铝、铁等金属形成合金。铜是人类最早发现的古老金属之一，早在3 000多年前人类就开始使用铜。

自从1877年伦敦金属交易所成立以来，铜就是伦敦金属交易所主要期货品种之一。目前，国外从事铜期货交易的主要有伦敦金属交易所和纽约商品交易所。伦敦金属交易所的铜报价是行业内最具权威性的报价，其价格倾向于对贸易进行客观的反映，而纽约商品交易所的价格则更具投机性。

我国铜期货在上海期货交易所挂牌交易，交易代码为CU。根据2009年5月修订的铜标准合约文本，我国铜期货交易单位为5吨/手，最小变动价位为10元/吨，每日价格最大波动限制为不超过上一交易日结算价±3%，最低交易保证金为合约价值的5%，交割方式为实物交割。

词条名称：**铝期货**

英　　文：**aluminum futures**

定义：铝期货是指以铝为标的物的期货。

释义：铝是一种轻金属，不仅重量轻、质地坚硬，而且具有良好的延展性、导电性、导热性、耐热性和耐核辐射性，是国民经济发展的重要基础原材料。近50年来，铝已成为世界上最为广泛应用的金属之一。特别是近年来，铝作为节能、降耗的环保材料，无论应用范围还是用量都在进一步扩大，尤其是在建筑业、交通运输业和包装业，这三大行业的铝消费量一般占当年铝总消费量的60%左右。

① 撰写：朱晓燕；审核：郭明；单位：上海期货交易所。

我国铝期货在上海期货交易所挂牌交易，交易代码为 AL。根据 2009 年 5 月修订的铝标准合约文本，我国铝期货交易单位为 5 吨/手，最小变动价位为 5 元/吨，每日价格最大波动限制为不超过上一交易日结算价 ±3%，最低交易保证金为合约价值的 5%，交割方式为实物交割。

词条名称：**锌期货**

英　　文：**zinc futures**

定义：锌期货是指以锌为标的物的期货。

释义：锌具有良好的压延性、抗腐性和耐磨性，能和许多金属组成性能优良的各种合金，是 10 种常用有色金属中第三个重要的有色金属，广泛应用于有色、冶金、建材、轻工、机电、化工、汽车、军工、煤炭和石油等行业和部门。

我国锌期货于 2007 年 3 月 26 日在上海期货交易所挂牌交易，交易代码为 ZN。根据 2009 年 5 月修订的锌标准合约文本，我国锌期货交易单位为 5 吨/手，最小变动价位为 5 元/吨，每日价格最大波动限制为不超过上一交易日结算价 ±4%，最低交易保证金为合约价值的 5%，交割方式为实物交割。

词条名称：**铅期货**

英　　文：**lead futures**

定义：铅期货是指以铅为标的物的期货。

释义：铅是常用的有色金属，其年产销量在有色金属中为排在铝、铜和锌之后的第四位。铅的化学符号是 Pb（拉丁语 Plumbum），原子序数为 82，是所有稳定的化学元素中原子序数最高的，有较强的抗放射性穿透的性能。铅是一种银灰色、有光泽的重金属，在空气中易氧化生成一层氧化铅或碱式碳酸铅，使铅表面失去光泽并防止进一步氧化。铅的导电性能相当低，抗腐蚀性能很高，质地柔软，延性弱，展性强。

铅的消费领域集中在铅酸蓄电池、电缆护套、铅箔及挤压产品、铅合金、颜料及其他化合物、汽油添加剂、弹药和其他方面。其中，铅酸蓄电池中铅的消费量占到总消费量的 75% 以上。铅在没有任何物理和化学性能损失的情况下可以完全回收，目前可进入循环链的铅有 90% 得到回收。

我国铅期货于 2011 年 3 月 24 日在上海期货交易所挂牌交易，交易代码为 PB。根据 2013 年铅标准合约文本，我国铅期货交易单位为 25 吨/手，最小变动价位为 5 元/吨，每日价格最大波动限制为不超过上一交易日结算价 ±5%，最低交易保证金为合约价值的 8%，交割方式为实物交割。

词条名称：**螺纹钢期货**

英　　文：**rebar futures**

定义：螺纹钢期货是以螺纹钢为标的物的期货品种。目前上海期货交易所可以交易的钢材期货是螺纹钢期货和线材期货。

释义：螺纹钢是热轧带肋钢筋的俗称，常用的分类方法有两种：一是以几何形状分类，根据横肋的截面形状及肋间的间距不同进行分类或分型。

二是按用途对螺纹钢进行分类，如分为钢筋混凝土用普通钢筋及钢筋混凝土用热处理钢筋等。

螺纹钢广泛用于房屋、桥梁、道路等土建工程建设，大到高速公路、铁路、桥梁、涵洞、隧道、防洪水坝等公用设施，小到房屋建设的基础、梁、柱、墙、板，螺纹钢都是不可或缺的结构材料。目前我国在大力推广应用高强螺纹钢的使用，在满足同样的强度和标准尺下，采用三级螺纹钢比二级螺纹钢降低钢材消耗11% ~15%。

我国是螺纹钢生产大国，由于我国固定资产投资规模较大，螺纹钢基本上用于满足内需，其出口数量并不多。

我国螺纹钢期货在上海期货交易所挂牌交易，交易代码为 RB。根据2009 年螺纹钢标准合约文本，我国螺纹钢期货交易单位为 10 吨/手，最小变动价位为 1 元/吨，每日价格最大波动限制为不超过上一交易日结算价 ±3%，最低交易保证金为合约价值的5%，交割方式为实物交割。

词条名称：**线材期货**

英　　文：**wire rod futures**

定义：线材期货是以线材作为标的物的期货品种。

释义：线材大多用卷材机卷成盘卷供应，故又称为“盘条”或“盘圆”。线材主要用做钢筋混凝土的配筋和焊接结构件，或再加工（如拔丝、制钉等）原料。线材是用量很大的钢材品种之一。轧制后可直接用于钢筋混凝土的配筋和焊接结构件，也可经再加工使用。例如，经拉拔成各种规格钢丝，再捻制成钢丝绳、编织成钢丝网和缠绕成型及热处理成弹簧；经热、冷锻打成铆钉，冷锻及滚压成螺栓、螺钉等；经切削加工及热处理，制成机械零件或工具等。

线材一般用普通碳素钢和优质碳素钢制成。按照钢材分配目录和用途不同，线材包括普通低碳钢热轧圆盘条、优质碳素钢盘条、碳素焊条盘条、调质螺纹盘条、制钢丝绳用盘条、琴钢丝用盘条以及不锈钢盘条等。我国是世界上最大的线材生产国。

我国线材期货在上海期货交易所挂牌交易，交易代码为 WR。根据 2009年线材期货标准合约文本，我国线材期货交易单位为 10 吨/手，最小变动价位为 1 元/吨，每日价格最大波动限制为不超过上一交易日结算价 ±5%，最低交易保证金为合约价值的 7%，交割方式为实物交割。

词条名称：**黄金期货**

英　　文：**gold futures**

定义：黄金期货是以黄金为标的物的期货品种。

释义：黄金即金，化学元素符号为 Au。黄金的颜色为金黄色，有金属光泽，难分解。黄金具有良好的延展性，能压成薄箔，具极高的传热性和导电性，纯金的电阻为 2.4p。纯金具有良好的抗化学腐蚀性，是最好的电镀材料。

古代世界各地的人们都视黄金为出远门的最佳盘缠，时至今日，黄金仍然是世界通行的货币。只要手中拥有真正的黄金，世界各地的银行、首饰商、金商都能够把黄金兑换为当地的货币，在全世界通行无阻，其货币地位比美元还要稳固。黄金也是全世界都认可的资产，人们对黄金的贵重价值都有共识。

黄金作为最为重要的贵金属，在历史上长期发挥货币职能，因此，除了制作工艺品等工业用途外，还存在巨大的投资需求。目前，世界上的黄金期货交易主要集中在伦敦金属交易所、上海期货交易所和纽约商业交易所。

我国黄金期货在上海期货交易所挂牌交易，交易代码为 AU。根据 2008 年黄金期货标准合约文本，我国黄金期货交易单位为 1000 克/手，最小变动价位为 0.05 元/克，每日价格最大波动限制为不超过上一交易日结算价 ±3%，最低交易保证金为合约价值的 4%，交割方式为实物交割。

词条名称：**白银期货**

英　　文：**silver futures**

定义：白银期货是以银为标的物的期货品种。

释义：古代将银作为通货时称“白银”。白银的化学符号为 Ag，是颜色最白的金属。白银比黄金更坚硬，但比铜更柔软。白银也是除黄金之外所有金属中可塑性最强的。白银是最好的电导体，被用做衡量其他金属导电性的标准，被广泛用于集成电路和小型电池。同时，它又是最好的热导体，被用于太阳能硅板和汽车后窗户的防霜装置等。白银还具有最高的反射率，可以反射 95% 的可见光。白银兼具很好的杀菌性能，在现代医学、医用和运动用服装、化妆品等行业，白银的应用都在不断扩大。

白银在西方被称作“穷人的黄金”，具有很多和黄金相似之处：物理属性稳定，便于携带和分割，在自然界中相对稀缺，但是其稀缺性与黄金相差较多，造成其价值更为低廉。因此，在历史上黄金经常作为富有人家的储蓄形式，而白银则更经常承担日常支付的作用。白银在历史上承担过与黄金类似的货币作用，对投资者来讲，实物白银仍然可能作为现代金融系统之外避险资产的选择，所有支持黄金价格上涨的因素都有可能成为支持白银价格上涨的原因。目前，世界上的白银期货交易主要集中在伦敦金属交易所、上海期货交易所。

我国白银期货在上海期货交易所挂牌交易，交易代码为 AG。根据 2012 年白银期货标准合约文本，我国白银期货交易单位为 15 千克/手，最小变动价位为 1 元/千克，每日价格最大波动限制为不超过上一交易日结算价 ±3%，最低交易保证金为合约价值的 4%，交割方式为实物交割。

词条名称：**硅铁期货**

英　　文：**ferrosilicon futures**

定义：硅铁期货是以硅铁合金为标的物的期货合约。

释义：硅铁是主要由硅和铁等元素组成的合金。硅铁是以硅石、兰炭、铁元素（钢屑、球团矿等）为原料，用电炉冶炼制成的硅铁合金。由于硅和氧很容易化合成二氧化硅，所以硅铁常在炼钢时用作脱氧剂（还原剂），同时由于二氧化硅生成时放出大量的热，在脱氧的同时，对提高钢水温度也是有利的。同时，硅铁还可作为合金元素加入剂，广泛应用于低合金结构钢、弹簧钢、轴承钢、耐热钢及电工硅钢的冶炼之中。郑州商品交易所于2014年8月8日上市硅铁期货，代码为SF。硅铁期货的交易标的为硅铁合金，交易单位是5吨/手，最小变动单位是2元/吨，每日价格波动限制是上一交易日结算价±4%，遵循《郑州商品交易所期货交易风险控制管理办法》相关规定，最低交易保证金是合约价值的5%，最后交易日是合约交割月份的第10个交易日，最后交割日是合约交割月份的第12个交易日，交割方式为实物交割。

词条名称：**锰硅期货**

英　　文：**ferromanganese-silicon futures**

定义：锰硅期货是以锰硅合金为标的物的期货合约。

释义：锰硅合金是主要由锰、硅、铁等元素组成的合金，是一种用途较广、产量较大的铁合金。锰硅合金是炼钢常用的脱氧剂和合金剂，用作合金剂时能够提高钢材的强度、韧性等，在炼钢时，锰元素是必须添加的合金元素，所谓“无锰不成钢”。郑州商品交易所于2014年8月8日上市锰硅期货，代码为SM。锰硅期货的交易标的为锰硅合金，交易单位是5吨/手，最小变动单位是2元/吨，每日价格波动限制是上一交易日结算价±4%，遵循《郑州商品交易所期货交易风险控制管理办法》相关规定，最低交易保证金是合约价值的5%，最后交易日是合约交割月份的第10个交易日，最后交割日是合约交割月份的第12个交易日，交割方式为实物交割。

（二）农产品期货[①]

词条名称：**玉米期货**

英　　文：**corn futures**

定义：玉米期货是以玉米为标的物的期货合约。

释义：在全球三大谷物中，玉米总产量和平均亩产均居世界首位。中国玉米栽培面积和总产量均居世界第二位。玉米是世界上最重要的食粮之一，特别是一些非洲、拉丁美洲国家，现今全世界约有1/3人口将玉米作为主要粮食。玉米是制作复合饲料的最主要原料，也是制作工业酒精和烧酒的主要原料。

在国际玉米市场中，美国、中国、南美的产量和供应量对国际市场影响较大，特别是美国的玉米产量，成为影响国际供给最为重要的因素。美国、中国、欧盟、日本、巴西、墨西哥等国家和地区消费需求变化对玉米价格影响较大。近年来，各主要消费国玉米深加工工业发展迅速，大大推动了玉米消费需求的增加。

我国玉米期货于2004年9月22日

---

① 撰写：刘琛、李路、刘宇；审核：于力、张晓刚、郑凌云；单位：大连商品交易所、中国金融期货交易所。

在大连商品交易所挂牌交易，交易代码为C，交易单位为10吨/手，最小变动价位为1元/吨，日涨跌限制为上一交易日结算价的4%，最低交易保证金为合约价值的5%，交割方式为实物交割。

词条名称：黄大豆期货（一号期货、二号期货）

英　　文：**soybean futures（No.1，No.2）**

定义：黄大豆期货是以黄大豆为标的物的期货合约。

释义：大豆是一种重要的粮油兼用农产品。作为食品，大豆是一种优质、高含量的植物蛋白资源，其脂肪、蛋白质、碳水化合物、粗纤维的组成比例非常接近肉类食品。大豆的蛋白质含量为35%～45%，比禾谷类作物高6～7倍。作为油料作物，大豆是世界上最主要的植物油和蛋白饼粕的提供者。每1吨大豆可以制作出大约0.18吨豆油和0.8吨豆粕。大豆分为转基因大豆和非转基因大豆。1994年，美国孟山都公司推出的抗除草剂转基因大豆成为最早获准推广的转基因大豆品种。转基因技术可以使作物产量大幅增长。美国、巴西、阿根廷是转基因大豆主产国。中国是非转基因大豆主要生产国，大豆作物生产主要集中在黑龙江、吉林、辽宁、内蒙古、河南、山东等省区。

美国是全球大豆最大供应国，中国是国际大豆市场最大进口国，其生产量和进口量的变化对世界大豆价格产生较大的影响。

我国黄大豆一号期货、黄大豆二号期货分别于2002年3月15日、2004年12月22日在大连商品交易所挂牌交易，交易代码分别为A和B，交易单位为10吨/手，最小变动价位为1元/吨，日涨跌限制为上一交易日结算价的4%，最低交易保证金为合约价值的5%，交割方式为实物交割。

词条名称：豆粕期货

英　　文：**soybean meal futures**

定义：豆粕期货是以豆粕为标的物的期货合约。

释义：豆粕是大豆经提取豆油后得到的一种副产品，是棉籽粕、花生粕、菜粕等12种油粕饲料产品中产量最大、用途最广的一种。作为一种高蛋白质原料，豆粕不仅用做牲畜与家禽饲料的主要原料，还可以用于制作糕点食品、健康食品以及化妆品，此外，豆粕还作为抗菌素原料使用。近些年，水产养殖对豆粕的消费需求也呈快速增长态势。

美国、巴西、阿根廷、中国、印度、欧盟等国家和地区是世界主要豆粕生产区，其中，美国豆粕产量占全球30%以上的份额。2004年以后，东亚国家如中国、韩国、日本以及东南亚各国的豆粕消费量迅猛增长，中国在2008年之后超过欧盟成为世界最大的豆粕消费地区。

我国豆粕期货于2000年7月17日在大连商品交易所挂牌交易，交易代码为M，交易单位为10吨/手，最小变动价位为1元/吨，日涨跌限制为上一交易日结算价的4%，最低交易保证金为合约价值的5%，交割方式为实物交割。

词条名称：**豆油期货**

英　　文：**soybean oil futures**

定义：豆油期货是以豆油为标的物的期货合约。

释义：豆油是从大豆中提取出来的油脂。豆油用于烹饪的消费量约占全世界豆油总消费量的70%。豆油除直接食用外，还可用于食品加工。我国食品加工用油量约占豆油总消费量的12%，美国食品加工用油量约占其国内豆油总消费量的25%以上。豆油经过深加工，在工业和医药方面的用途也十分广泛，可制甘油、油墨、合成树脂、涂料、润滑油、绝缘制品和液体燃料等。

美国、巴西、阿根廷、中国是世界主要的大豆及豆油生产国，其产量约占世界总产量的80%。欧盟作为一个整体，产量占世界总产量的6%。从豆油消费的区域特点来看，主要的消费国家和地区是美国、中国、巴西和欧盟，日本、孟加拉国、墨西哥、伊朗的豆油消费量也较高。

我国豆油期货于2006年1月9日在大连商品交易所挂牌交易，交易代码为Y，交易单位为10吨/手，最小变动价位为2元/吨，日涨跌限制为上一交易日结算价的4%，最低交易保证金为合约价值的5%，交割方式为实物交割。

词条名称：**小麦期货（优质强筋小麦期货、硬白小麦期货）**

英　　文：**wheat futures（strong gluten wheat，hard white wheat）**

定义：小麦期货是以小麦为标的物的期货合约。

释义：小麦是世界上总产量第二的粮食作物，仅次于玉米。小麦在粮食作物中播种面积最大，世界上有43个国家，约40%的人口以小麦为主要食粮。中国小麦产量和消费量多年来一直在1亿吨左右，位居世界第一，是小麦的生产大国、消费大国，也是世界小麦贸易大国。全球小麦年产量和消费量都在6亿~7亿吨之间，贸易量为1亿吨左右。小麦生产大国主要有欧盟27国、中国、印度、美国、俄罗斯、加拿大、澳大利亚和巴基斯坦等国家和地区。这8个国家和地区小麦产量约占世界小麦总产量的75%。其中，欧盟27国和中国总产量超过1亿吨；其次是印度、美国和俄罗斯，总产量在5000万吨以上；最后是加拿大、澳大利亚和巴基斯坦，总产量在2000万吨以上。近几年，世界小麦总需求达到6亿吨以上。欧盟27国、中国、印度、俄罗斯、美国等是主要消费国，年消费小麦分别为1.25亿吨、1.18亿吨、8306万吨、3850万吨、3235万吨。全球小麦消费量近2年均在6.5亿吨左右。

我国优质强筋小麦期货于2002年3月28日在郑州商品交易所挂牌交易，交易代码为WS；硬白小麦期货于2012年1月8日修改为普通小麦期货，交易代码由WT改为PM。以上两种期货合约交易单位为10吨/手，最小变动价位为2元/吨，日涨跌限制为上一交易日结算价的3%，最低交易保证金为合约价值的5%，交割方式为实物交割。

词条名称：**棉花期货**

英　　文：**cotton futures**

定义：棉花期货是以棉花为标的物的期货合约。

释义：棉花是重要的轻纺原料。我国是世界上棉花产销量最大的国家，产量占全世界产量1/4以上，消费量占全世界消费量的近1/2，进口量占全世界产量的1/7左右。

棉花价格受到进出口、纺织需求、储备、国家政策等多种因素的影响。在播种面积一定的情况下，棉花生长周期较长，受气候变化影响较大。一般来说，棉花的播种面积主要受上年度棉花价格的影响，上年度棉花的价格较高，则本年度播种面积将增加，反之，则播种面积下降。投资者在充分研究棉花播种面积、气候条件、生长条件、生产成本以及国家农业政策等因素的变动情况后，对当期产量会有一个较合理的预测。

我国棉花期货于2004年6月1日在郑州商品交易所挂牌交易，交易代码为CF，交易单位为5吨/手，最小变动价位为5元/吨，日涨跌限制为上一交易日结算价的4%，最低交易保证金为合约价值的5%，交割方式为实物交割。

词条名称：**白糖期货**

英　　文：**sugar futures**

定义：白糖期货是以白糖为标的物的期货合约。

释义：白糖是天然甜味剂，是人们日常生活的必需品；同时也是饮料、糖果、糕点等含糖食品和制药工业中不可或缺的原料。白糖作为一种甜味食料，是人体所必需的三大养分之一，食用后能供给人体较高的热量，1千克食糖可产生3900大卡的热量。

生产白糖的原料主要是甘蔗，其次还有甜菜。地球上热带和亚热带地区许多国家都种植甘蔗，其主要分布在南美、加勒比海、大洋洲、非洲的大多数发展中国家和少数发达地区。甜菜生长于温带地区。主要分布在欧洲和北美发达国家，如欧盟、美国北部和加拿大，少量在亚洲地区，如日本、俄罗斯和我国北部等。我国食品工业、饮料业、饮食业等用糖行业的快速发展，推动了我国食糖工业消费稳步上升。

我国白糖期货于2006年1月6日在郑州商品交易所挂牌交易，交易代码为SR，交易单位为10吨/手，最小变动价位为1元/吨，日涨跌限制为上一交易日结算价的4%，最低交易保证金为合约价值的6%，交割方式为实物交割。

词条名称：**菜籽油期货**

英　　文：**rapeseed oil futures**

定义：菜籽油期货是以菜籽油为标的物的期货合约。

释义：菜籽油俗称“菜油”，是以油菜籽压榨所得的透明或半透明状液体，色泽呈棕黄或棕褐色。油菜籽含油率高，可达35%～45%，其主要用途是榨油。菜籽油在世界四大植物油中居第三位，也是我国消费的第三大植物油。我国是世界上最大的菜油生产国，同时菜油也是我国国产油料里榨油产量最大的油种，占国产油脂的42%。

欧盟、中国、印度、加拿大是世界菜油四大主产国和地区，其产量之和占世界菜油总产量的86%。欧盟、中国、印度、美国及加拿大是世界菜油的主要消费国家和地区，其合计消费量占全球消费总量的比重达到86%。

我国菜籽油期货于2007年6月8日在郑州商品交易所挂牌交易，交易代码为RO，交易单位为5吨/手，最小变动价位为2元/吨，日涨跌限制为上一交易日结算价的4%，最低交易保证金为合约价值的6%，交割方式为实物交割。

词条名称：**早籼稻期货**

英　　文：**early rice futures**

定义：早籼稻期货是以早籼稻为标的物的期货合约。

释义：早籼稻是生长期较短、收获期较早的籼稻谷，一般米粒腹白较大，角质粒较少，米质疏松。由于耐贮藏，早籼稻是各级储备粮的首选品种。早籼稻用途广泛，既可食用，也可饲用，还是米粉、酒精、味精、医药等主要加工原料。早籼米消费市场大，农民、部分低收入城镇居民和打工者以食用早籼米为主，饲料用粮、工业用粮对早籼稻需求量也较大。由于早籼稻是当年种植、当年收获的第一季主要粮食作物，因此早籼稻产量已经成为国家政策是否扶持粮食生产、农民种粮积极性高低的试金石。

世界稻谷产区主要集中在亚洲，其稻谷播种面积占全球的近90%，产量占全球的91%。世界稻谷消费量排名前5位的国家分别是中国、印度、印度尼西亚、越南和菲律宾。世界稻谷出口国主要是泰国、越南、印度、巴基斯坦、美国、中国和埃及，这7个国家的稻谷出口量占世界出口量的98%左右。

我国早籼稻期货于2009年4月20日在郑州商品交易所挂牌交易，交易代码为ER，交易单位为5吨/手，最小变动价位为1元/吨，日涨跌限制为上一交易日结算价的3%，最低交易保证金为合约价值的5%，交割方式为实物交割。

词条名称：**棕榈油期货**

英　　文：**palm oil futures**

定义：棕榈油期货是以棕榈油为标的物的期货合约。

释义：棕榈油是世界主要的植物油品种之一，在植物油体系中占据重要地位。油棕果经榨取得到毛棕榈油，毛棕榈油经过精炼，去除游离脂肪酸、天然色素等后，得到精炼棕榈油。对精炼棕榈油进行分提，得到24℃、33℃等不同熔点的棕榈油。目前，国内消费的棕榈油主要依靠进口，其中以24℃精炼棕榈油为主，占进口总量的60%以上。大连商品交易所棕榈油期货的交易标的为精炼棕榈油，熔点不超过24℃。

尽管棕榈油单产高、生产成本低，但全球大多数国家都不适宜油棕树的种植和生长，导致其主产国高度集中。马来西亚和印度尼西亚是世界最大的棕榈油生产国和出口国。中国是全球最大的棕榈油消费国，消费量占到全球消费量的13%左右，其次是印度尼西亚、印度、欧盟27国和马来西亚等国家和地区。

我国棕榈油期货于2007年10月29日在大连商品交易所挂牌交易，交易代码为P，交易单位为10吨/手，最小变动价位为2元/吨，日涨跌限制为上一交易日结算价的4%，最低交易保证金为合约价值的5%，交割方式为实物交割。

词条名称：**油菜籽期货**

英　　文：**rapeseed futures**

定义：油菜籽期货是以油菜籽为标的物的期货合约。

释义：油菜籽，简称“菜籽”，是草本十字花科作物，是我国主要油料作物和蜜源作物之一，其籽粒是制浸油脂主要原料品种之一。油菜籽栽培遍及全国，分为冬油菜和春油菜两种，栽培方式分为育苗移栽和免耕直播两种。

我国油菜籽种植面积占全国油料作物总面积的40%以上，产量占全国油料总产量的30%以上，居世界首位。

我国油菜籽期货于2012年12月28日在郑州商品交易所正式上市，交易单位是10吨/手，最小报价单位是1元/吨，每日价格波动限制是上一交易日结算价±4%，按照《郑州商品交易所期货交易风险控制管理办法》相关规定，最低交易保证金是合约价值的5%，最后交易日是合约交割月份的第10个交易日，如果最后交割日是仓单交割，则为合约交割月份的第12个交易日，如果最后交割日是车板交割，则为合约交割月份的次月20日，交割方式是实物交割。

词条名称：**菜籽粕期货**

英　　文：**rapeseed extraction futures**

定义：菜籽粕期货是以菜籽粕为标的物的期货合约。

释义：菜籽粕是油菜籽榨油后的副产物，其粗蛋白含量在32%以上，粗纤维含量在12%以下。油菜是我国主要油料作物之一，我国95%的油菜籽都用做生产食用油。目前，油菜籽的常见榨油工艺有动力旋转压榨和预压浸出工艺两种，前者的副产物是菜籽饼，后者的副产物是菜籽粕。

我国菜籽粕期货于2012年12月28日在郑州商品交易所上市，交易单位是10吨/手，最小报价单位1元/吨，每日价格波动限制是上一交易日结算价±4%，按照《郑州商品交易所期货交易风险控制管理办法》相关规定，最低交易保证金是合约价值的5%，最后交易日是合约交割月份的第10个交易日，最后交割日是合约交割月份的第12个交易日，交割方式是实物交割。

词条名称：**粳稻期货**

英　　文：**japonica rice futures**

定义：粳稻期货是以粳稻为标的物的期货合约。

释义：粳稻是粳型非糯性稻的果实，具有耐寒、耐弱光和忌高温的特点，主要分布在我国北方、长江中下游地区和温度较低的云贵高原高海拔地区及韩国、日本等。粳稻根据其播种期、生长期和成熟期的不同，可分为早粳稻、中粳稻和晚粳稻三类。一般早粳稻的生长期为 90～180 天，中粳稻为 125～150 天，晚粳稻为 150～180 天。近几年来，随着粳稻米需求量持续刚性增加，以及价格高涨、农民种植效益提高，加之国家加大优质稻谷种植结构调整等因素的支撑，我国粳稻（尤其是优质品种）种植面积不断增加。郑州商品交易所于 2013 年 11 月 18 日上市粳稻期货。粳稻期货合约的交易单位是 20 吨/手，最小变动价位是 1 元/吨，每日价格波动限制是上一交易日结算价 ±4%，遵循《郑商品交易所期货交易风险控制管理办法》相关规定，最低交易保证金是合约价值的 5%，最后交易日是合约交割月份的第 10 个交易日，最后交割日是合约交割月份的第 12 个交易日，交割方式为实物交割。

（三）能源化工期货①

词条名称：**燃料油期货**

英　　文：**fuel oil futures**

定义：燃料油期货是以燃料油为标的物的期货合约。

释义：在原油加工过程中，较轻的成分被优先分离出来，燃料油作为成品油的一种，是石油加工过程中在汽油、煤油、柴油之后从原油中分离出来的较重的剩余产物。燃料油的特点是黏度大，含非烃化合物、胶质、沥青较多，被广泛用于船舶锅炉燃料、加热炉燃料、冶金炉和其他工业炉燃料。

燃料油供应受国际原油价格和供求变化、炼油能力、进出口量、燃料油出口国及企业变化的影响；需求方面则取决于我国民营炼油企业的炼油规模、产能、产量，市场对成品油需求变化，以及政府对地方炼油的政策导向。

我国燃料油期货于 2004 年 8 月 25 日在上海期货交易所挂牌交易，交易代码为 FU。根据 2011 年 1 月修订的燃料油标准合约文本，我国燃料油期货交易单位为 50 吨/手，最小变动价位为 1 元/吨，日涨跌限制为上一交易日结算价 ±5%，最低交易保证金为合约价值的 8%，交割方式为实物交割。

词条名称：**线型低密度聚乙烯期货**

英　　文：**linear low-density polyethylene futures**

定义：线型低密度聚乙烯期货是一种以乙烯相关产品为标的物的期货合约。

释义：线型低密度聚乙烯简称“LLDPE”，具有强度高、韧性好、刚性强、耐热、耐寒等优点。线型低密度聚乙烯的主要应用领域是农膜、包装膜、电线电缆、管材、涂层制品等。

我国线型低密度聚乙烯期货于 2007 年 7 月 31 日在大连商品交易所挂牌交易，交易代码为 L。交易单位为 5 吨/手，最小变动价位为 5 元/吨，日涨跌幅限制为上一交易日结算价 ±4%，

① 撰写：王学勤、李路、刘宇；审核：汪琛德、张晓刚、郑凌云；单位：郑州商品交易所、中国金融期货交易所。

最低交易保证金为合约价值的6%，交割方式为实物交割。

词条名称：聚氯乙烯期货

英　　文：polyvinyl chloride futures

定义：聚氯乙烯期货是一种以乙烯相关产品为标的物的期货合约。

释义：聚氯乙烯，简称“PVC”，为热塑性树脂，与钢材、木材、水泥并称四大基础建材，是我国第一、世界第二大通用型合成树脂材料。世界聚氯乙烯的生产和消费主要集中在亚洲、北美和西欧地区。

我国聚氯乙烯期货于2009年5月25日在大连商品交易所挂牌交易，交易代码为V。交易单位为5吨/手，最小变动价位为5元/吨，日涨跌限制为上一交易日结算价±4%，最低交易保证金为合约价值的6%，交割方式为实物交割。

词条名称：焦炭期货

英　　文：metallurgical

定义：焦炭期货是以冶金焦炭为标的物的期货合约。

释义：焦炭是炭的一种，主要用于高炉炼铁和用于铜、铅、锌、钛、锑、汞等有色金属的鼓风炉冶炼，起还原剂、发热剂和料柱骨架作用。我国焦炭产量主要分布于华北、华东和东北地区。

焦炭作为炼钢的主要原料之一，其价格波动较大，受上下游产品价格的影响较大，参与企业较多，受宏观经济的影响也较大，因此无论是焦炭生产企业还是消费企业，避险需求都较大。

我国焦炭期货于2011年4月15日在大连商品交易所挂牌交易，交易代码为J，交易单位为100吨/手，最小变动价位为1元/吨，日涨跌限制为上一交易日结算价±4%，最低交易保证金为合约价值的5%，交割方式为实物交割。

词条名称：精对苯二甲酸期货

英　　文：pure terephthalic acid futures，PTA

定义：精对苯二甲酸期货是以精对苯二甲酸为标的物的期货合约。

释义：精对苯二甲酸是重要的大宗有机原料之一，可直接与乙二醇酯化后缩聚得到聚酯，还能制成工程聚酯塑料，还可用作增塑剂的原料和染料中间体，其主要用途是生产聚酯纤维（涤纶）、聚酯瓶片和聚酯薄膜，广泛用于与化学纤维、轻工、电子、建筑等相关的国民经济的各个方面，与人民生活水平的高低密切相关。

我国精对苯二甲酸期货于2006年12月18日在郑州商品交易所挂牌上市，交易代码为TA，交易单位为5吨/手，最小变动价位为2元/吨，日涨跌限制为上一交易日结算价±4%，按照《郑州商品交易所期货交易风险控制管理办法》相关规定，最低交易保证金为合约价值的6%，交割方式为实物交割。

词条名称：甲醇期货

英　　文：methyl alcohol futures

定义：甲醇期货是以甲醇为标的

物的期货合约。

释义：甲醇，又称“木醇”、“木精”，是无色、透明、易燃、易挥发的液体，略有酒精气味，通常由一氧化碳与氢气反应制得。甲醇是最简单的一元饱和醇，是基础性的化工原料和清洁液体燃料。甲醇主要用于生产甲醛、二甲醚、醋酸、甲基叔丁基醚、二甲基甲酰胺、甲胺、氯甲烷等一系列有机化工产品，涉及化工、能源、医药、农药、纺织等多个行业。近年来，随着原油价格上涨，甲醇燃料、甲醇制烯烃等新兴下游产品发展前景被看好，大大拓展了甲醇的使用范围。

我国甲醇期货于 2011 年 10 月 28 日在郑州商品交易所挂牌交易，交易代码为 ME，交易单位为 50 吨/手，最小变动价位为 1 元/吨，日涨跌限制为上一交易日结算价 ±4%，按照《郑州商品交易所期货交易风险控制管理办法》相关规定，最低交易保证金为合约价值的 6%，交割方式为实物交割。

词条名称：**天然橡胶期货**

英　　文：**natural rubber futures**

定义：天然橡胶期货是以天然橡胶为标的物的期货合约。

释义：通常所说的天然橡胶，是指从巴西橡胶树上采集的天然胶乳，经过凝固、干燥等加工工序而制成的弹性固状物。天然橡胶具有优良的回弹性、绝缘性、隔水性及可塑性等特性，经过适当处理后，还具有耐油、耐酸、耐碱、耐热、耐寒、耐压、耐磨等宝贵性质。所以，天然橡胶被广泛应用于日常生活、医疗卫生行业、交通运输业、工业、农业、气象、科学实验、国防、高精尖科学技术等。目前，世界上部分或完全用天然橡胶制成的物品已达 7 万种以上。

我国天然橡胶期货于 1993 年 11 月在海南中商交易所和上海商品交易所上市。1999 年 1 月 1 日后，天然橡胶期货合约只在上海期货交易所进行交易，交易代码为 RU。根据 2011 年 7 月修订的天然橡胶期货合约文本，其交易单位为 10 吨/手，最小变动价位为 5 元/吨，日涨跌限制为 ±3%，最低交易保证金为合约价值的 5%，交割方式为实物交割。

词条名称：**玻璃期货**

英　　文：**glass futures**

定义：玻璃期货是以玻璃为标的物的期货合约。

释义：玻璃，在中国古代亦称“琉璃”，是一种较为透明的固体物质，即在熔融时形成连续网络结构，冷却过程中粘度逐渐增大并硬化而不结晶的硅酸盐类非金属材料。玻璃主要分为平板玻璃和特种玻璃。近年来我国玻璃工业发展迅速，质量明显提高，品种显著增加，平板玻璃产量快速增长。我国平板玻璃总量已连续 23 年居世界第一，占全球总量超过 50%。宏观经济波动、产能增长、上游价格和下游需求都会影响玻璃价格。

玻璃期货于 2012 年 12 月 3 日在郑州商品交易所上市交易。玻璃期货的交易标的为平板玻璃，交易单位是 20 吨/手，最小变动单位是 1 元/吨，每日价格波动限制是上一交易日结算价±4%，按照《郑州商品交易所期货交易风险控制管理办法》相关规定，最低交易保证金是合约价值的6%，最后交易日是合约交割月份的第10个交易日，最后交割日是合约交割月份的第12个交易日，交割方式为实物交割。

词条名称：**焦煤期货**

英　　文：**primary coking coal futures**

定义：焦煤期货是以焦煤为标的物的期货合约。

释义：焦煤，也称“冶金煤”，是中等及低挥发的中等粘结性及强粘结性的一种烟煤。在中国煤炭分类国家标准中，是对煤化程度较高、结焦性好的烟煤的称谓。中国是世界上最大的炼焦煤生产国和消费国，受炼焦煤市场需求拉动，近几年中国炼焦煤产量持续增长，2003~2010年期间，中国炼焦煤产量增长了87.3%，年均增长超过10%。我国已探明焦煤储量661.95亿吨，占我国整个煤炭资源储量的6%。近年国内炼焦煤消费呈增长态势，年均增幅超过10%，炼焦煤国内消费占95%以上，国内炼焦煤消费主要用于钢铁行业与焦化行业。

我国焦煤期货于2013年3月22日在大连商品交易所上市，交易单位是60吨/手，最小变动价位是1元/吨，日涨跌停板幅度是上一交易日结算价的4%，最后交易日是合约月份第10个交易日，最后交割日是最后交易日后第3个交易日，最低交易保证金是合约价值的5%，交割方式为实物交割。

词条名称：**石油沥青期货**

英　　文：**bitumen futures**

定义：石油沥青期货是以石油沥青为标的物的期货合约。

释义：沥青主要是指由高分子的烃类和非烃类组成的黑色或暗褐色的固态或半固态粘稠状物质，它全部以固态或半固态存在于自然界或由石油炼过程制得。石油沥青是原油加工过程中的一种产品，在常温下是黑色或黑褐色的粘稠的液体、半固体或固体，主要含有可溶于三氯乙烯的烃类及非烃类衍生物，其性质和组成随原油来源和生产方法的不同而变化。工程中采用的沥青绝大多数是石油沥青，石油沥青是复杂的碳氢化合物与其他非金属衍生物组成的混合物。

我国的石油沥青期货于2013年10月9日在上海期货交易所挂牌交易，交易代码为BU。根据2013年的石油沥青标准合约文本，我国石油沥青期货交易单位为10吨/手，最小变动价位为2元/吨，每日价格最大波动限制为不超过上一交易日结算价±3%，最低交易保证金为合约价值的4%，交割方式为实物交割。

词条名称：**动力煤期货**

英　　文：**steam coal futures**

定义：动力煤期货是以动力煤为标的物的期货合约。

释义：从广义上来讲，凡是以发电、机车推进、锅炉燃烧等为目的，产生动力而使用的煤炭都属于动力用煤，简称动力煤。我国动力煤主要包括：不粘煤、长焰煤、褐煤、无烟煤、贫煤、弱粘煤、天然焦及部分未分类的煤种。随着国内经济发展，我国煤炭产量连续几年环比上升：2009 年，整合煤炭资源后，我国煤炭产量达到 30.5 亿吨，同比上涨 10.99%。2010 年、2011 年和 2012 年产量增速有所放缓，年增速分别达到了 6.23%、8.64% 和 3.98%。我国动力煤市场需求在较大程度上受宏观经济状况和相关下游行业发展的影响，属于典型的需求拉动型市场。郑州商品交易所于 2013 年 9 月 26 日上市交易动力煤期货。动力煤期货的交易标的为动力煤，交易价位是 200 吨/手，最小变动单位是 0.2 元/吨，每日价格波动限制是上一交易日结算价 ±4%，遵循《郑州商品交易所期货交易风险控制管理办法》相关规定，最低交易保证金是合约价值的 5%，最后交易日是合约交割月份的第 5 个交易日，最后交割日中，车（船）板交割为合约交割月份的最后 1 个日历日，而仓单交割为合约交割月份的第 7 个交易日，交割方式为实物交割。

（四）金融期货①

词条名称：**沪深 300 股指期货**

英　　文：**CSI 300 stock index futures**

定义：沪深 300 股指期货是指以沪深 300 指数作为标的物的期货合约。

释义：沪深 300 股指期货在中国金融期货交易所上市，合约标的是沪深 300 指数，合约乘数是每点 300 元，报价单位是指数点，最小变动价位是 0.2 点，合约月份为当月、下月及随后两个季月，交易时间是 9：15～11：30、13：00～15：15，最后交易日交易时间是 9：15～11：30、13：00～15：00，每日价格最大波动限制是上一个交易日结算价的 ±10%，最后交易日为合约到期月份的第三个周五（遇法定假日顺延），交割日期就是最后交易日，交割方式为现金交割，交易代码是 IF。

词条名称：**国债期货**

英　　文：**treasury bond futures**

定义：国债期货是指以国债作为标的物的期货合约。

释义：国债期货在中国金融期货交易所上市。首个合约为 5 年期国债期货，合约标的是面值为 100 万人民币、票面利率为 3% 的名义国债，可交割国债是合约到期月首日剩余期限为 4～7 年的记账式付息国债，报价方式是百元净价报价，最小变动价位是 0.002 元，合约月份是最近的 3 个季月，交易时间是 9：15～11：30、13：00～15：15，最后交易日交易时间是 9：15～11：30，每日价格最大波动限制是上一个交易日结算价的 ±2%，最后交易日为合约到期月份的第二个星期五，最后交割日是最后交易日后的第三个交易日，交割方式是实物交割，交易代码是 TF。

---

① 撰写：李路、刘宇；审核：张晓刚、郑凌云；单位：中国金融期货交易所。

四、参考指标类别

（一）现货价格①

词条名称：**金属现货价格**

英　　文：**metal spot price**

定义：金属现货价格是指金属在现货交易中的成交价格，通常指可以立即交货的实际商品的市场价格。

释义：现货价格是指商品在现货交易中的成交价格。现货交易是一经成交立即交换商品所有权的买卖行为，一般是买主即时付款，但也可以采取分期付款和延期交付的方式。由于付款方式不同，同一现货在同一时期往往可能出现不同的价格。现货价格是期货价格的基础，两者相互影响，而且绝大多数时间都是按同一方向，甚至同一幅度变动。如果现货价格上涨，也会带动期货价格上涨，期货价格是对未来实际交割现货价格的预期。所以，如果现货价格出现上涨趋势时，投资者就可以看多期货市场价格，反之亦然。同样，如果市场预期该产品价格未来走高，会先反映在期货价格上，现货价格也会随之上涨，反之亦然。当期货临近交割日时，期货价格与现货价格就会逐渐趋于一致，最终统一。在金属现货交易中成交的价格，就是金属现货价格。

词条名称：**农产品价格**

英　　文：**the price of agriculture products**

定义：农产品价格是指一系列相互关联的农产品的价格。

释义：广义的农产品是指在农业活动中获得的植物、动物、微生物及其产品，包括未经加工的种植业、畜牧业、渔业产品。农产品关系人民的基础生活，是人类的衣食之源、生存之本，为工业提供原料，因此其价格无论对于日常生活还是国家发展都有极大的影响。

词条名称：**能源化工品价格**

英　　文：**the price of energy and chemical industry products**

定义：能源化工品价格是指一系列相互关联的能源化工产品的价格。

释义：能源化工品，主要是指原油及其相关的一系列产品，主要包括原油、汽油、燃料油、天然气、聚氯乙烯、焦炭、精对苯二甲酸、甲醇、天然橡胶等。能源化工品涉及国家经济建设、军事发展、人民生活等方方面面，其价格无论对于国家发展还是日常生活都有极大的影响。由于其一系列产品都是在原油的提炼加工基础上得来的，因此其价格在很大程度上受原油价格的影响，且呈现出一致变动的特征。原油是能源化工品的基础原料，其价格是影响其他能源化工产品价格的重要因素。

---

① 撰写：朱晓燕、刘琛、王学勤；审核：郭朋、于力、汪琛德；单位：上海期货交易所、大连商品交易所、郑州商品交易所。

（二）股票价格①

词条名称：**沪深 300 指数价格**

英　　文：**CSI 300 index price**

定义：沪深 300 指数价格是指沪深 300 指数的价格。

释义：2005 年 4 月 8 日，上海证券交易所和深圳证券交易所正式向市场发布沪深 300 指数。该指数以 2004 年 12 月 31 日为基期，选 300 只规模大、流动性好的上市公司股票，基点为 1000 点。沪深 300 指数编制的目标是反映中国证券市场股票价格变动概貌和运行状况，并能够作为投资业绩的评价标准，为指数化投资和指数衍生产品创新提供基础条件。沪深 300 指数由上海证券交易所和深圳证券交易所合资设立的中证指数有限公司编制和管理。沪深 300 指数价格是基于沪深 300 指数的衍生品价格的重要影响因素。

词条名称：**沪深市场股票价格**

英　　文：**Shanghai and Shenzhen stock price**

定义：沪深市场股票价格是指上海证券交易所和深圳证券交易所中的股票价格。

释义：上海证券交易所成立于 1990 年 11 月 26 日，于同年 12 月 19 日开始正式营业。深圳证券交易所成立于 1990 年 12 月 1 日，于 1991 年 7 月 3 日正式营业。一大批国民经济支柱企业、重点企业、基础行业企业和高新科技企业通过在沪深证券交易所上市，既筹集了发展资金，又转换了经营机制。沪深市场股票价格是基于沪深市场股票的衍生品价格的重要影响因素。

五、合约条款②

（一）期货

词条名称：**期货合约**

英　　文：**futures contract**

定义：期货合约是指由期货交易所统一制定的，规定在将来某一特定的时间和地点交割一定数量标的物的标准化合约。

释义：根据合约标的物的不同，期货合约分成商品期货合约和金融期货合约。商品期货合约的标的物包括农产品、工业品、能源和其他商品及其相关指数产品；金融期货合约的标的物包括有价证券、利率、汇率等金融产品及其相关指数产品。

词条名称：**合约标的**

英　　文：**contract underlying asset**

定义：合约标的是指期货合约的基础资产。

释义：合约标的一般包括农产品、能源、贵金属等实物商品和股票、债券、货币等金融资产，也包括以实物商品或金融资产为基础，或者按一定规则和方法编制的指数，如股票指数、

① 撰写：李路、刘宇；审核：张晓刚、郑凌云；单位：中国金融期货交易所。

② 撰写：李路、刘宇；审核：张晓刚、郑凌云；单位：中国金融期货交易所。

货币指数、商品指数等。

词条名称：**合约乘数**
英　　文：**contract multiplier**
定义：合约乘数是指指数类期货报价的每一个点代表的一个固定金额。
释义：例如，在股指期货交易中，合约的价值是以一定的货币金额与标的指数的乘积来表示。这一定的货币金额是由合约固定的，称为“合约乘数”。因为金额固定，所以期货市场只以该合约的标的指数的点数来报出它的价格。

词条名称：**合约价值**
英　　文：**contract size**
定义：合约价值是指投资者每买卖一手期货合约在期货市场上所成交的金额。
释义：合约价值是指期货合约交易的单位乘以合约条款规定的单位合约数量决定的指数类期货的合约价值，由指数的点位和合约乘数的大小共同决定。股指期货的合约价值直接影响着股指期货的市场参与者的结构和交易的活跃性。例如，按照沪深300股指期货成交价为3000左右的点位来计算，合约乘数是300元/点时所决定的合约价值为90万元。商品期货的合约价值等于合约单位乘以期货价格。

词条名称：**合约月份**
英　　文：**contract month**
定义：合约月份是指期货合约到期要交割的月份，及期货合约到期的月份。
释义：例如，股指期货的合约月份是指股指期货合约到期交割所在的月份。沪深300指数期货合约月份为当月、下月及随后的两个季月，共4个月份。所谓季月就是3月、6月、9月、12月。

词条名称：**到期日**
英　　文：**expiration date**
定义：到期日是指期货或期权合约不再生效因而终止的日期。
释义：期货合约或期权合约一般会规定一个最后交易日。例如，期货合约到期日价格与现货合约相关；就期权而言，到期日决定期权存续时间长短，影响着期权的时间价值，无论是看涨期权还是看跌期权，其他条件相同时，到期日越长，期权的价值就越高。

词条名称：**交割日**
英　　文：**delivery date**
定义：交割日是指必须进行实物交割或现金交割的日期，如果不想进行交割，必须在交割日或最后交易日之前将期货合约平仓。
释义：实物交割，是指期货合约到期时，买卖双方以交割结算价进行期货合约标的物所有权转移，以了结未平仓合约的交割方式。现金交割，是指期货合约到期时，买卖双方以交割结算价来计算各自未平仓合约的盈亏，通过划转现金的方式了结期货合约的交割方式。

词条名称：**交割月份**
英　　文：**delivery month**
定义：交割月份是指期货合约到

期要交割的月份，即合约到期的月份。

释义：交割月份是指由期货交易所对期货统一规定的进行实物交割的月份，买方客户或卖方客户在期货合约到期时，应按照合约规定的数量和质量交付货款接收货物或交付货物接收货款，或者按照交割价结算差价，以履行期货合约。

词条名称：**结算价**

英　　文：**settlement price**

定义：期货交易实行当日无负债结算制度。每日交易结束后，对会员或客户进行交易及持仓状况结算，而结算的基准价格就是当日结算价。

释义：一般情况下，当日结算价格的确定有三种方式：（1）直接以当日收盘价作为当日的结算价；（2）以交易日最后一段时间内的平均价作为当日结算价，各个交易所规定的时间段长度各不相同；（3）以期货合约当日成交价格按成交量的加权平均价作为当日结算价。

词条名称：**交割价**

英　　文：**delivery price**

定义：交割价是指在期货合约到期时交割相关商品或指数的价格，由交易所或结算所确定。

释义：交割价是指在进行交割时用于交收时所依据的基准价格。不同的交易所以及不同的交割方式，其交割结算价的选取也不尽相同，包括期货合约交易的加权平均价或现货取一段时间的平均价。

词条名称：**最小变动价位**

英　　文：**tick size**

定义：最小变动价位是指最小的价格波动，即金融工具价格可变动的最小单位。

释义：最小变动价位，又称“最小价格波幅”，是指在进行某一合约的期货交易时，报价的最小变动额。最小价格波幅是由交易所根据其期货合约的实际交易情况而自行确定的。制定最小价格波幅的目的是为了进一步促进市场交易活动的开展，形成公开的、有意义的交易价格。

词条名称：**每日价格最大波动限制**

英　　文：**daily price limit**

定义：每日价格最大波动限制是指某个交易日期衍生品价格允许上涨或下跌的幅度。交易所通常对每个合约规定一个价格最大波动限制。

释义：每日价格最大波动限制是指期货合约在一个交易日中的交易价格不得高于或者低于规定的涨跌幅度，超过该涨跌幅度的报价将被视为无效，不能成交。

词条名称：**交易时间**

英　　文：**trading time**

定义：交易时间是指每日期货交易的时间段。

释义：例如，沪深300股指期货的交易时间是上午9：15～11：30，下午13：00～15：15；最后交易日交易时间是上午9：15～11：30，下午13：00～15：00。

词条名称：最低交易保证金
英　　文：the minimum trading margin
定义：最低交易保证金是指交易保证金的最低水平。
释义：交易保证金是指结算会员存入交易所专用结算账户中确保合约履约的资金，是已被合约占用的保证金。当买卖双方成交后，交易所按公布的标准按买入和卖出的持仓量向买卖双方分别收取交易保证金。

（二）期权

词条名称：期权合约
英　　文：option contract
定义：期权合约是指一方授予另一方一种权利，使买方有权（但无责任）以特定的价格在特定的时间内购买（买回）或出售（卖出）一种金融资产的合同。
释义：期权合约可以分为美式期权和欧式期权。美式期权是指一种可以在购买日与到期日之间任何时间行权的期权合约；欧式期权是指只能在合约到期前一段特定时间内行权的期权合约。

词条名称：看涨期权
英　　文：call option
定义：看涨期权是指其持有者具有在某一确定时间以某一确定价格购买某种标的资产的权利，又称“买权”。
释义：看涨期权即在期权合约到期日前或到期日，以约定价格（称为“履约价格”或“行权价格”）购买约定标的物的权利。购买看涨期权的投资者认为产品或期货合约的未来价格会上涨，希望能够在未来以一个既定价格购买，以规避价格上涨风险，或者赚取市场价格与这个既定价格的差价。

词条名称：看跌期权
英　　文：put option
定义：看跌期权指其持有者具有在某一确定时间以某一确定价格卖出某种标的资产的权利，又称“卖权”。
释义：看跌期权即在期权合约到期日前或到期日，以约定价格（称为“履约价格”或“行权价格”）卖出约定标的物的权利。购买看跌期权的投资者认为产品或期货合约的未来价格会下跌，希望能够在未来以一个既定价格卖出，以规避价格下跌风险，或者赚取市场价格与这个既定价格的差价。

词条名称：行权价格
英　　文：exercise price
定义：行权价格是指期权合约中规定的期权持有者买入或卖出标的资产的价格，又称“履约价格”。
释义：行权价格是买入期权持有者买入标的资产的价格，也是卖出期权持有者卖出标的资产的价格。行权价格是指期权合约中明确规定的，当期权买方（在未来某一时刻）执行期权权利时，标的物的交易价格。具体来说，在期权执行时，看涨期权持有者有权按照行权价格买入标的资产，而看跌期权持有者有权按照行权价格卖出标的资产。

词条名称：**权利金**
英　　文：**premium**
定义：权利金是指买进期权合约所需支付的代价，可视为由期权的内在价值及时间价值构成，又称期权金。
释义：权利金即是期权的市场价格。期权的买方将权利金支付给期权的卖方，从而获得期权合约所赋予的权利。

词条名称：**内在价值**
英　　文：**intrinsic value**
定义：内在价值又称“内涵价值”，是指根据标的资产的市场价格与期权行权价格之差计算得出的价值。
释义：期权的内在价值和时间价值共同构成了期权价格。对于一手期权而言，是在实值状态下若立即执行所能带来的收益，同时也规定虚值期权的内在价值为零。对看涨期权来说，如果当前标的证券的市场价格高于其行权价格，那么内在价值就是这两者的差额，否则内在价值为零；对看跌期权来说，如果其行权价格高于当前标的证券的市场价格，那么内在价值就是这两者的差额，否则内在价值为零。

词条名称：**时间价值**
英　　文：**time value**
定义：时间价值是指期权合约的购买者为购买期权而支付的权利金超过期权内在价值的那部分价值。
释义：期权的时间价值是指期权费的组成部分，取决于期权距离到期的时间及标的工具价格的波动程度。具体而言，是指期权权利金中由期权合约到期之前的剩余时间所带来的价值部份。一手期权价值中除了内在价值，就是时间价值。

词条名称：**平值**
英　　文：**at the money**
定义：平值是指期权的行权价格与其标的资产的市场价格相等。
释义：平值就是看涨期权的行权价格等于标的物的现价；看跌期权的行权价格等于标的物的现价。

词条名称：**实值**
英　　文：**in the money**
定义：实值是指看涨期权的行权价格低于于标的物的现价；看跌期权的行权价格高于标的物的现价。
释义：实值是用以描绘一手期权具有内在价值的术语。对于看涨期权而言，实值意味行权价格低于标的资产的市场价格；对于看跌期权而言，实值意味着行权价格高于标的资产的市场价格。

词条名称：**虚值**
英　　文：**out of the money**
定义：虚值是指看涨期权的行权价格高于标的物的现价；看跌期权的行权价格低于标的物的现价。
释义：虚值是用以描绘一手期权不具有内在价值的术语。对于看涨期权而言，虚值意味行权价格高于标的资产的市场价格；对于看跌期权而言，虚值意味着行权价格低于标的资产的市场价格。

词条名称：布莱克—斯克尔斯期权定价模型

英　　文：**Black-Scholes option pricing model**

定义：布莱克—斯克尔斯期权定价模型，简称“BS 模型”，是指布莱克与斯克尔斯在 20 世纪 70 年代提出的期权定价模型。

释义：期权定价模型基于对冲证券组合的思想。投资者可建立期权与其标的股票的组合来保证确定的报酬。在均衡时，此确定的报酬必须得到无风险利率。期权的这一定价思想与无套利定价的思想是一致的。所谓无套利定价，就是说任何零投入的投资只能得到零回报，任何非零投入的投资，只能得到与该项投资的风险所对应的平均回报，而不能获得超额回报（超过与风险相当的报酬的利润）。从布莱克—斯克尔斯期权定价模型的推导中，不难看出期权定价本质上就是无套利定价。该模型表明，期权价格的决定非常复杂，合约期限、股票现价、无风险资产的利率水平以及交割价格等都会影响期权价格。

词条名称：二项式期权定价模型

英　　文：**binomial model**

定义：二项式期权定价模型，又称“二叉树模型”，主要用于美式期权的估值。

释义：该模型假设股票价格的变动只有上升和下降两种可能，根据无套利机会的原理，可以构造出一个包含若干股股票和一份期权的组合，并使该组合的价值，无论股票价格上升还是下降，在有限期末都是确定的，也就是无风险的。这意味着该组合的收益率一定等于无风险收益率。因此，将该组合的期末确定价值按照无风险利率进行贴现，就得到了当前构造该组合所需的成本，再扣除组合中股票的价值，就得到了期权的价格。如果将股票价格的运动细分为多个时段，并在每个时段点运用模型计算期权价格，从期权有效期的末尾反复推导到开始位置，也将获得期权的当前价值。该模型只用到了无套利假设，而没有必要假设股票价格在每个节点上升和下降的概率。该模型也可以根据风险中性估值原理得到。

词条名称：隐含波动率

英　　文：**implied volatility**

定义：隐含波动率是指隐含在期权市场价格中的波动率，即使期权理论价格与市场价格相一致的波动率。

释义：在应用布莱克—斯克尔斯期权定价模型对期权定价时，假设标的资产价格、行权价格、剩余期限和无风险利率等保持不变，此时代入期权市场价格，得到的唯一变量就是隐含波动率。由于隐含波动率是由期权市场价格决定的波动率，而期权价格是供求关系平衡的产物，买卖双方博弈的结果，因此，隐含波动率反映的是市场人士所预期的标的资产的价格波动程度，在期权交易中有着重要意义。隐含波动率显示的是对价格波动剧烈程度的预期，并不反映对价格变动方向的预期。

词条名称：**行权价格间距**

英　　文：**strike price interval**

定义：行权价格间距指在基于同一标的资产的期权系列中，相邻行权价格的差。

释义：例如，通常情况下，对于价格低于$ 25 的股票，对应期权的行权价格间距为 2.50 点；对于价格位于$ 25 至$ 200 间的股票，对应期权的行权价格间距为 5 点；对于价格高于$ 200 的股票，对应期权的行权价格间距为 10 点。

六、交易市场[①]

（一）市场类别

词条名称：**场内交易市场**

英　　文：**exchange-traded market**

定义：场内交易市场，又称“交易所市场”，是指由交易所组织的，有固定交易场所和交易活动时间的集中交易市场。

释义：在衍生品市场中，很多标准化合约是在交易所挂牌交易的。交易所挂牌品种的交易公开、透明，为市场提供了良好的流动性，降低了交易所会员违约带来的信用风险。

词条名称：**场外交易市场**

英　　文：**over – the – counter market，OTC**

定义：场外交易市场，是指没有集中、统一的交易制度和场所，交易者主要通过电话或其他方式，私下协商进行一对一交易的市场。

释义：场外交易市场与场内交易市场相对，其交易的金融产品通常是非标准化的合约，主要通过交易双方私下协商进行一对一的交易。相对于场内交易市场，场外交易市场衍生品交易成本较低，但投资者面临着对手方可能违约的信用风险。

词条名称：**期货交易所**

英　　文：**futures exchange**

定义：期货交易所是指组织、管理期货交易，设计期货交易产品，制定交易规则及提供交易场所、设施和相关服务的市场机构。

释义：国际上首个现代意义上的期货交易所是 1848 年成立的芝加哥期货交易所（CBOT）。在现代市场条件下，期货交易所已成为具有高度系统性和严密性、高度组织化和规范化的交易服务组织。我国的期货市场创立于 20 世纪 90 年代，经过两次清理整顿，目前有 4 家期货交易所，分别是上海期货交易所、大连商品交易所、郑州商品交易所和中国金融期货交易所。我国的期货交易所是依照《期货交易管理条例》和《期货交易所管理

---

① 撰写：刘琛；审核：于力；单位：大连商品交易所。

办法》规定设立的，不以营利为目的，履行《期货交易管理条例》和《期货交易管理办法》规定的职责，按照交易所章程和交易规则实行自律管理的法人。

词条名称：交易大厅

英 文：trading floor

定义：交易大厅是指交易所内完成议价与买卖的公共场所。

释义：在早期交易中，交易大厅是交易者采用公开喊价方式完成议价与买卖的公共交易场所。随着电子撮合系统出现，交易大厅的主要功能转变为出市代表接受电话指令，并输入交易系统完成交易的公共场所。随着网络及远程自助交易的普及，交易大厅逐步演变为以信息展示及备份交易为主的公共场所。

（二）市场人员

词条名称：出市代表

英 文：floor trader

定义：出市代表是指受会员委派，并代表会员在交易所的交易大厅接受本会员的交易指令进行期货交易的人员。

释义：出市代表，又称“出市员”、“场内交易员”、“红马甲”，在早期期货交易中，所有的客户交易指令都是通过电话报给会员在场内的交易员，由交易员在场内输入交易所交易主机系统撮合成交。出市代表受会员委派，其在交易大厅与交易有关的行为由会员负责。目前，出市代表有电子化的趋势。

词条名称：交易主持

英 文：trading coordinator

定义：交易主持，又称“交易主持人”，是主持交易活动和维护交易秩序的场务管理人员。

释义：交易主持人的主要职责包括宣布开市、收市；执行按规定调整的涨、跌停板；监督和按规定执行强行平仓；按规定控制交易席位的交易权限；管理交易大厅；维护交易秩序等。

词条名称：经纪业务联系人

英 文：brokerage representative

定义：经纪业务联系人是指代表经纪人促成买卖方交易的销售人员。

释义：经纪业务联系人具有执业资格，由经纪人雇佣开展经纪业务，是经纪人与客户之间的联系者。

词条名称：结算交割员

英 文：settlement clerk

定义：结算交割员是经会员单位授权，代表会员办理结算和交割业务的人员。

释义：结算交割员，又称“结算员”、“交割员”，是会员单位成员，协助交易所结算交割业务，从业者应符合监管机构的相关从业规定。在中国，结算交割员应符合中国证监会关于期货从业人员资格的有关规定，经交易所培训合格，取得结算交割员培训合格证书，并经所属会员法人授权后取得交易所“结算交割员证”。在交易所办理结算与交割业务时，需出示“结算交割员证”。

（三）辅助机构

词条名称：**结算所**

英　　文：**clearing house**

定义：结算所，又称“清算所”，是为衍生品交易提供统一清算服务的机构，通常作为中央对手方对市场进行多边净额结算，承担期货交易中对手方违约风险。

释义：结算所作为结算保证金的收取、管理机构，承担相关风险控制责任，履行计算期货交易盈亏、担保交易履行和一定程度上的控制市场风险的职能。结算所有三种形式：作为交易所内设部门，执行结算业务；附属于一家交易所的独立结算机构；独立结算公司。我国期货交易所采用的是第一种形式。

词条名称：**结算银行**

英　　文：**settlement bank**

定义：结算银行是指衍生品交易中，根据客户指令进行结算操作以及资金清算的银行。

释义：服务于场内衍生品交易的结算银行等同于保证金存管银行。服务于场外衍生品交易的结算银行的主要职能有保管履约保证金、提供清算、监管交付环节及报告交易数据等。

词条名称：**中央对手方**

英　　文：**central counterparty**

定义：中央对手方是指结算过程中介入交易买卖双方之间，成为“买方的卖方”和“卖方的买方”，并承担履约责任的机构。

释义：结算机构作为中央对手方，介入买卖双方的合同关系，成为所有结算参与人唯一的交收对手。中央对手方制度的核心内容是担保交收。中央对手方介入买卖双方合同关系后，若买卖中的一方不能正常向中央对手方履约，中央对手方也必须向另一方履约，然后按照结算规则对违约方采取相应的处置措施。

词条名称：**期货保证金存管银行**

英　　文：**custodian bank**

定义：期货保证金存管银行是指取得期货保证金存管业务资格，并与交易所签订协议，为期货交易所、期货公司及其他期货市场参与者办理资金划转等业务的银行。

释义：期货保证金存管银行的主要职能是：根据期货交易所、期货公司及其他期货市场参与者的指令划转资金；通报资金结算不良行为和风险；提供专用结算账户资金情况；协助核查资金来源和去向等业务。

七、市场服务①

（一）服务机构

词条名称：**会员结算制度**

英　　文：**member clearing system**

定义：会员结算制度是指由期货

---

① 撰写：李路、刘宇、王学勤；审核：张晓刚、郑凌云、汪琛德；单位：中国金融期货交易所、郑州商品交易所。

交易所统一组织进行的每日无负债结算制度。

释义：会员结算制度分为全员结算制度和分级结算制度。上海期货交易所、大连商品交易所和郑州商品交易所实行的是全员结算制度，即交易所会员均具有与交易所进行结算的资格，交易所会员没有结算会员和非结算会员之分，交易所的会员既是交易会员，也是结算会员。中国金融期货交易所的分级结算制度是指交易所对结算会员进行结算，结算会员对非结算会员或投资者进行结算，旨在构建多层次会员结构，通过逐级承担来化解风险。交易所在当日交易结算后，核算出每个结算会员每笔交易的盈亏数额，以此调整结算会员的保证金账户，并将结果通知结算会员。结算会员根据期货交易所的结算结果，对非结算会员或投资者进行结算，并及时通知结算结果。若经结算，该结算会员（或非结算会员、投资者）的保证金不够，则交易所（或结算会员）应立即向结算会员（或非结算会员、投资者）发出追缴保证金通知，会员（或客户）应在规定时间内向交易所（或结算会员）追加保证金。与分级结算制度相对应，配套采取的是结算会员联保制度，结算会员通过缴纳结算担保金实现风险共担。

词条名称：**结算会员**

英　　文：**clearing member**

定义：结算会员是指具有与交易所或结算所进行结算资格的参与者。

释义：会员是指根据有关法律、行政法规和规章的规定，经交易所批准，有权在交易所内从事交易或者结算业务的企业法人或者其他经济组织。中国金融期货交易所的会员分为交易会员和结算会员。结算会员可以从事结算业务，具有与交易所进行结算的资格。结算会员按照业务范围不同，分为交易结算会员、全面结算会员和特别结算会员。

词条名称：**交易结算会员**

英　　文：**trading and clearing member**

定义：交易结算会员是指只能为其客户办理结算、交割业务的参与者。

释义：中国金融期货交易所的交易结算会员只能为其受托客户办理结算、交割业务，承担自身的风险。而全面结算会员既可以为其受托客户，也可以为与其签订结算协议的交易会员办理结算、交割业务。部分具有一定资金实力、有风险管理经验、运作较为规范的期货公司可以成为交易结算会员。

词条名称：**全面结算会员**

英　　文：**general clearing member**

定义：全面结算会员是指可以为其客户和与其签订结算协议的交易会员办理结算、交割业务的参与者。

释义：全面结算会员可以为客户和非结算会员进行结算，在中国金融期货交易所的会员分级结算制度中占据重要地位。少数资金实力雄厚、风险管理经验丰富、运作规范的期货公司可以成为全面结算会员。

词条名称：**特别结算会员**

英　　文：**special clearing member**

定义：特别结算会员是指只能为与其签订结算协议的交易会员办理结算、交割业务的参与者，其不能代理期货经纪业务。

释义：特别结算会员特指银行。在中国金融期货交易所的金字塔型会员结构中，顶端就是特别结算会员、全面结算会员，其次是交易结算会员，最下面是交易会员。

词条名称：**交易会员**

英　　文：**trading member**

定义：交易会员是指可以从事经纪或自营业务，不具有与交易所进行结算资格的参与者。

释义：中国金融期货交易所的会员分为交易会员和结算会员。大多数规模小、管理水平和风险控制能力有限的期货公司取得金融期货经纪业务资格后，只能从事经纪或自营业务，不能直接与期货交易所结算。

词条名称：**期货公司**

英　　文：**futures companies**

定义：期货公司是代理客户进行期货交易并收取交易佣金的中介组织。

释义：期货公司作为期货交易者与期货交易所之间的桥梁和纽带，属于非银行金融服务机构。其主要职能包括：根据客户指令代理买卖期货合约、办理结算和交割手续；对客户账户进行管理，控制客户交易风险；为客户提供期货市场信息，进行期货交易咨询，充当客户的交易顾问等。

期货公司一般设置如下业务部门：交易部门、结算部门、交割部门、财务部门、客户服务部门、研发部门、风险管理及合规部门、网络工程部门（或IT技术部门）、行政部门等。

在我国，期货公司业务实行许可证制度，由国务院期货监督管理机构按照其商品期货、金融期货业务种类颁发许可证。期货公司除可申请经营境内期货经纪业务外，还可以申请经营境外期货经纪、期货投资咨询以及国务院期货监督管理机构规定的其他期货业务。

中国证监会以期货公司风险管理能力为基础，综合考虑期货公司的市场竞争力、培育和发展机构投资者状况、持续合规状况，将期货公司分为A、B、C、D、E等5类11个级别，对期货公司实行分类监管、综合评价。

词条名称：**介绍经纪商**

英　　文：**introducing broker**

定义：介绍经纪商是指主要任务是为期货公司开发客户或接受期货、期权指令的机构或个人，但其不能接受客户的资金，且必须通过期货公司进行结算。

释义：在国际上，介绍经纪商既可以是机构，也可以是个人，但一般都以机构的形式存在。介绍经纪商可分为独立执业的介绍经纪商（IIB）和由期货公司担保的介绍经纪商（GIB），前者必须维持最低的资本要求，并保存账簿和交易记录；后者则与期货公司签订担保协议，借以免除对介绍经纪商的资本和记录的法定要求。

介绍经纪商的提法源于美国，在我国，为期货公司提供中间介绍业务的证券公司就是介绍经纪商。证券公司将客户介绍给期货公司，并为客户开展期货交易提供一定的服务，期货公司因此向证券公司支付一定的佣金。

根据《证券公司为期货公司提供中间介绍业务试行办法》，证券公司受期货公司委托从事中间介绍业务，应当提供下列服务：（1）协助办理开户手续；（2）提供期货行情信息和交易设施；（3）中国证监会规定的其他服务。证券公司不得代理客户进行期货交易、结算或交割，不得代期货公司、客户收付期货保证金，不得利用证券资金账户为客户存取、划转期货保证金。

（二）服务业务

词条名称：**经纪业务**

英　　文：**brokerage business**

定义：经纪业务是指代理买卖有价证券或相关产品的行为。期货经纪业务，是指期货公司通过其设立的期货营业部，接受客户委托，按照客户要求，代理客户买卖期货的业务。

释义：经纪业务是随着集中交易制度的实行而产生和发展起来的。由于在交易所内证券种类繁多，数额巨大，而交易大厅内席位有限，一般投资者不能直接进入交易所进行交易，因此只能通过特许的证券或期货经纪商作为中介来完成交易。

经纪业务包含四个要素：委托人、证券或期货经纪商、证券或期货交易所、证券或期货交易对象。其中，委托人是指依国家法律法规的规定，可以进行证券或期货买卖的自然人或法人。

在经纪业务中，证券（或期货）经纪商应遵循三个原则：（1）代理原则，即既不能参与证券（或期货）交易人的委托，也不能受理全权委托，只承担代理责任，对于证券（或期货）买卖后所形成的盈利与损失，无权参与分享，也无须承担责任；（2）效率原则，即接到客户的委托后，应尽快进行申报；（3）“三公”原则，即应做到资料、委托价格、成交情况公开，操作程序、交易结果公平、公正。

词条名称：**自营业务**

英　　文：**proprietary trading business**

定义：自营业务是证券或期货公司使用自有资金或者合法筹集的资金，以自己的名义在证券或期货市场从事以营利为目的并承担相应风险的业务。

释义：从国际上看，证券或期货公司的自营业务按交易场所不同分为场外自营买卖和场内自营买卖。场外自营买卖是指证券或期货公司通过柜台交易等方式，与客户直接洽谈成交的证券或期货交易。场内自营买卖是证券或期货公司通过集中交易场所，如股票交易所、期货交易所等，买卖证券或期货的行为。

自营业务有以下几个基本特点：（1）自主性，这是自营业务的首要特点，在不违反法律法规的条件下，从事自营业务的证券或期货公司在交易行为、交易方式、交易价格上具有自主性；（2）风险性，证券或期货价格的风险性决定了自营业务的高风险性；（3）收益性，证券或期货价格的波动风险带来的是价格差异，从价格差异中可以获得利润；（4）专业性，自营部门是一个专业部门，证券或期货公司通过集中大量经验丰富的专业操作人员和专业研究人员，取得稳定收益，有效防范风险；（5）保密性，自营资金投入的规模很大，其运作对所买卖的证券或期货价格具有很大的影响，一旦资金运作的方向、方式、规模等被其他人员知晓，将会给自营业务造成巨大的损失，因而自营业务的保密性十分重要。

词条名称：**投资咨询业务**

英　　文：**investment consulting business**

定义：投资咨询业务是指基于客户委托，证券或期货公司及其从业人员从事风险管理顾问、证券或期货研究分析、证券或期货交易咨询等营利性业务。

释义：2011 年 3 月 23 日，中国证监会发布《期货公司期货投资咨询业务试行办法》，标志着期货投资咨询业务的推出。按照该试行办法的规定，我国期货公司可以从事的投资咨询业务主要包括：（1）协助客户建立风险管理制度、操作流程，提供风险管理咨询、专项培训等风险管理顾问服务；（2）搜集整理期货市场信息及各类相关经纪信息，研究分析期货市场及相关现货市场的价格及其相关影响因素，制作、提供研究分析报告或资讯信息的研究分析服务；（3）为客户设计套期保值、套利等投资方案，拟订期货交易策略等交易咨询服务。

词条名称：**资产管理业务**

英　　文：**assets management business**

定义：资产管理业务是指证券公司作为资产管理人，依照有关法律法规及中国证监会于 2003 年 12 月 18 日发布的《证券公司证券资产管理业务试行办法》的规定，与客户签订资产管理合同，根据资产管理合同约定的方式、条件、要求及限制，对客户资产进行经营运作，为客户提供证券及其他金融产品的投资管理服务的行为。《期货公司资产管理业务试点办法》已于 2012 年 5 月 22 日由中国证监会审议通过并公布，自 2012 年 9 月 1 日起施行。

释义：资产管理业务是证券经营机构在传统业务基础上发展的新型业务。国外较为成熟的证券市场中，投资者大都愿意委托专业人士管理自己的财产，以取得稳定的收益。证券经营机构通过建立附属机构来管理投资者委托的资产。投资者将自己的资金交给训练有素的专业人员进行管理，避免了因专业知识和投资经验不足而可能引起的不必要风险，对整个证券市场发展具有一定的稳定作用。

词条名称：**风险管理业务**

英　　文：**risk management business**

定义：风险管理业务是指期货公

司通过设立风险管理子公司的形式为客户提供风险管理服务和产品，但应当充分揭示其业务和产品的风险。

释义：期货公司的风险管理子公司是依照《中华人民共和国公司法》设立，由一家期货公司控股50%以上的，以仓单服务、合作套保、定价服务、基差交易等风险管理服务为主要业务的有限责任公司。期货公司设立子公司开展以风险管理为主的业务试点，应当建立健全客户资信管理制度、内部控制制度、业务隔离制度、信息披露制度和记录保存制度。期货公司以出资额为限对子公司承担有限责任，不得为子公司提供融资和担保。中国期货业协会依据法律、行政法规、中国证监会的规定和协会自律规则，对期货公司设立子公司开展有关业务活动进行自律监管。

词条名称：**持续性经营规则**

英　　文：**continuous operation rule**

定义：持续性经营规则是指期货公司要在资本、资产、流动性、风险管理、内部控制等方面符合相关规定，达到持续性经营的相关要求。

释义：根据《期货交易管理条例》的规定，国务院期货监督管理机构应当制定期货公司持续性经营规则，对期货公司的净资本与净资产的比例，净资本与境内期货经纪、境外期货经纪等业务规模的比例，流动资产与流动负债的比例等风险监管指标做出规定；对期货公司及其分支机构的经营条件、风险管理、内部控制、保证金存管、关联交易等方面提出要求。

期货公司及其分支机构不符合持续性经营规则或者出现经营风险的，国务院期货监督管理机构可以对期货公司及其董事、监事和高级管理人员采取谈话、提示、记入信用记录等监管措施，或者责令期货公司限期整改，并对其整改情况进行检查验收。

2013年颁布的《期货公司风险监管指标管理办法》中规定，期货公司应当持续符合以下风险监管指标标准：（1）净资本不得低于人民币1500万元；（2）净资本与公司的风险资本准备的比例不得低于100%；（3）净资本与净资产的比例不得低于40%；（4）流动资产与流动负债的比例不得低于100%；（5）负债与净资产的比例不得高于150%；（6）规定最低限额的结算准备金要求。

期货公司应当按照中国证监会规定的标准计算各项业务的风险资本准备和公司的风险资本准备。各项业务风险资本准备由各项业务规模乘以一定比例（即风险系数）或按一定标准进行计算，加总各项风险资本准备得到期货公司风险资本准备。不同类别期货公司应当按照最近一期分类评价结果对应的分类计算系数乘以基准比例计算风险资本准备。

词条名称：**风险监管报表**

英　　文：**risk supervision report**

定义：风险监管报表是根据《期货公司风险监管指标管理办法》要求制定的，能够全面反映期货公司风险监管指标及相关信息的系列报表。

释义：从内容上看，风险监管报表包括期货公司风险监管指标汇总表、净资本计算表、资产调整值计算表、风险资本准备计算表、客户分离资产报表、客户权益变动表、经营业务报表和客户管理报表等。

期货公司应严格按照《期货公司风险监管指标管理办法》的要求编制、报送和保存风险监管报表。期货公司应当聘请具备证券、期货相关业务资格的会计师事务所对期货公司年度风险监管报表进行审计，应当报送月度和年度风险监管报表。期货公司应当于月度终了后的7个工作日内向公司住所地中国证监会派出机构报送月度风险监管报表，在年度终了后的4个月内报送经具备证券、期货相关业务资格的会计师事务所审计的年度风险监管报表。中国证监会派出机构可以根据审慎监管原则，要求期货公司不定期编制并报送风险监管报表。期货公司应当指定专人负责风险监管报表的编制和报送工作。

期货公司法定代表人、经营管理主要负责人、首席风险官、财务负责人、结算负责人、制表人应当在风险监管报表上签字确认，并应当保证其真实、准确、完整。上述人员对风险监管报表内容持有异议的，应当书面说明意见和理由，向公司住所地中国证监会派出机构报送。

期货公司应当每半年向公司董事会提交书面报告，说明净资本等各项风险监管指标的具体情况，该书面报告应当经期货公司法定代表人签字确认。该报告经董事会审议通过后，应当向公司全体股东提交或进行信息披露。

期货公司未按期报送风险监管报表或者报送的风险监管报表存在虚假记载、误导性陈述或者重大遗漏的，中国证监会派出机构应当要求期货公司限期报送或者补充更正。

八、期货投资①

（一）投资主体

词条名称：个人投资者

英　　文：individual investor

定义：个人投资者是指社会公众中从事证券、期货等投资的自然人，一般与机构投资者相对。期货个人投资者是指具备从事期货交易主体资格的自然人。

释义：个人投资者主要是个人，也就是市场上的散户。期货公司是投资者和交易所之间的纽带，除交易所自营会员外，所有投资者要从事期货交易都必须通过期货公司进行，个人投资者也不例外。期货市场上从事交易的买卖双方是通过各自的经纪公司在交易所的“席位”进行交易。

词条名称：机构投资者

英　　文：institutional investor

定义：机构投资者是指符合法律法规规定，可以从事证券、期货等投资，并注册登记或经政府有关部门批准设立的机构。期货机构投资者是指

① 撰写：郑亚男；审核：邹功达；单位：广发期货有限公司。

具备从事期货交易主体资格的法人和其他经济组织。

释义：机构投资者是与个人投资者相对的概念。与个人投资者相比，机构投资者有着明显的优越性。首先，机构投资者能够广泛积聚社会公众的零星款项，有机会投资更多的金融工具，提高社会资金的运作效率。其次，投资者能充分发挥自己的专业优势。机构投资者拥有经验丰富、精通投资业务的专业人才，可以为个人投资者提供服务。最后，机构投资者能够分散投资风险。个人投资者由于财力所限，通常只能投资于一种或少数几种标的证券，承担较大风险。机构投资者通过聚集相当数量的资金，能够同时投资于各种证券，可分散投资风险，并能保证获得平均收益。在发展成熟的金融市场，机构投资者通常占有相当大的比重。

（二）投资者类别

词条名称：套期保值者

英　　文：**hedger**

定义：广义的套期保值者是指那些通过放弃部分潜在收益来降低风险的人；狭义的套期保值者是指那些把期货市场作为价格风险转移的场所，利用期货合约作为将来在现货市场上进行买卖的商品的临时替代物，对其现在买进（或已拥有，或将来拥有）、准备以后出售或对将来需要买进商品的价格进行保值的机构和个人。

释义：商品期货的套期保值者通常是该商品的生产商、加工商、经营商或贸易商等，其初始动机是期望通过期货市场寻求价格保障，尽可能降低或转移不愿意承担的现货交易的价格风险，从而能够集中精力于本行业的生产经营业务上，并以此取得正常的生产经营利润。金融期货的套期保值者通常是金融市场的投资者、证券公司、银行、保险公司等金融机构或者进出口商等。套期保值者的本性决定其具有以下特点：规避风险，其目的是利用期货与现货盈亏相抵保值；经营规模大；头寸方向比较稳定，保留时间长。

词条名称：套利者

英　　文：**arbitrager**

定义：套利者是指在两个或更多市场上从事证券、货币或期货等交易，以博取差价获利的个人或机构。

释义：广义的套利者是指建立这样一种投资组合的交易者：在某种实物资产或金融资产（在同一市场或不同市场）拥有两个价格的情况下，以较低的价格买进、较高的价格卖出，从而获取无风险收益。狭义的套利者是指在期货市场上，利用不同合约月份、不同市场、不同商品之间的差价，同时买进和卖出相同或相近的数量相等、方向相反的合约，寻求价差利润的一种交易者。由于套利者必须瞬间进入两个或多个市场对同一品种或相关性很强的品种进行相反交易，因此套利者的交易特征包括：（1）在多个市场上的净头寸为零；（2）必须同时在多个市场上实现交易；（3）套利是通过价格联系来谋利的。期货市场上套利者的交易行为可以分为期现套利和价差套利。

词条名称：**投机者**

英　　文：**speculator**

定义：投机者是指试图通过市场交易牟取暴利的投资者。他们紧盯市场价格变化，以贱买贵卖的方式，希望以较少的资金来博取利润的投资者。

释义：投机者是按市场交易目的不同而划分出来的一类交易者，在期货市场上，与套利者和套期保值者并列。投机者愿意承担投机标的价格变动的风险，一旦预测价格将上涨，投机者就会买进；一旦预测价格将下降，投机者就会卖出，待价格与自己预料的方向变化一致时，再抓住机会进行对冲，以此牟利。

九、期货交易[①]

（一）开户

词条名称：**开户**

英　　文：**open an account**

定义：开户是指符合开户条件的投资者（包括个人或单位），按照规定的程序开设证券账户和资金账户的行为，具体包括期货开户、股市开户、汇市开户等多种类型。

释义：以期货开户为例，对开户客户的条件要求包括具有完全民事行为能力；有与进行期货交易相适应的自有资金或者其他财产，能够承担期货交易风险；有固定的住所；符合国家、行业的有关规定等。国家机关和事业单位、期货监管和中介机构，以及市场禁止进入者，不得从事期货交易。

开户的流程大致为：个人资料确认、申请交易编码、入金、交易、结算、出金、销户。

词条名称：**统一开户**

英　　文：**unified account opening**

定义：统一开户是指期货公司为客户开户时统一向各期货交易所申请交易编码，为每个客户设置一个统一的开户编码，建立并维护一个完整的期货市场客户数据资料库的整套流程。

释义：2009 年 9 月 3 日，期货保证金监控中心统一开户系统正式上线。具体的操作流程为：期货公司统一通过期货保证金监控中心向各期货交易所申请交易编码。期货保证金监控中心通过联网身份证查询服务系统和全国组织机构代码中心查询服务系统，对客户资料进行复核，并将通过复核的客户资料转发至各期货交易所。各期货交易所根据其业务规则为客户分配交易编码，并将交易编码通过保证金监控中心反馈给期货公司，最终完成整个开户过程。

统一开户系统解决了期货公司实名制验证的问题，落实了期货市场准入制度，从源头上规范了期货市场秩序；提高了开户的效率、准确性和安

---

① 撰写：李莉、应昊良、李路、刘宇；审核：王兵、林慧、张晓刚、郑凌云；单位：中国国际期货有限公司、上海东证期货有限公司、中国金融期货交易所。

全性；增强了期货公司交易结算系统的功能，提高了技术人员的业务技能，完善了开户流程。

词条名称：**开户实名制**

英　　文：**open an account with real-name registration**

定义：开户实名制是指客户在开户时，需要提供能够有效证明个人身份的证件或资料。

释义：根据中国证监会2007年《关于进一步加强期货公司开户环节实名制工作的通知》，期货投资者首次办理开户手续或者申请新的交易编码时，期货公司须采集并保存投资者影像资料；自然人投资者必须本人亲自办理开户手续，签署开户文件，不得委托代理人代为办理，开户时要出具本人身份证，期货公司应当对照核实投资者本人的真实身份；机构投资者开户时必须出具授权委托书、代理人的身份证和其他开户证件，期货公司应当对照核实代理人的真实身份；期货公司应当对照核实投资者期货结算账户户名与其本人姓名或者名称完全一致。

词条名称：**个人账户**

英　　文：**individual account**

定义：个人账户是指个人投资者申请开立的账户。

释义：个人账户是私人账户，一切权利属于投资者自己。在期货交易中，个人账户投资者需自负盈亏。符合开户条件的个人投资者携带个人身份证和银行卡，按照一定流程即可开立个人账户并进行期货交易。

词条名称：**法人账户**

英　　文：**corporate account**

定义：法人账户是指以公司或单位的法人名义开立的账户。

释义：法人是相对于自然人而言的，具有民事权利能力和民事行为能力，依法独立享有民事权利和承担民事义务的组织，是社会组织在法律上的人格化。法人账户是以公司或单位的法人名义开立的，开户时需要营业执照、代码证、银行开户许可证、法定代表人身份证等资料。

词条名称：**交易编码**

英　　文：**transaction code**

定义：交易编码是客户和从事自营业务的交易会员进行期货交易的专用代码，通过该编码可进行身份识别。

释义：交易编码由12位数字构成，前4位为会员号，后8位为客户号。一个投资者在交易所内只能有一个客户号，但可以在不同的经纪会员开户，所以交易编码的会员号可以不同，而客户号必须相同。根据会员和客户的需求不同，可按照从事套期保值交易、套利交易、投机交易等不同目的分别申请客户号。交易编码制度是进行客户管理的根本制度，也是控制市场风险的源头。

词条名称：**客户代码**

英　　文：**customer code**

定义：客户代码是指在交易编码中的客户号，为交易编码的后8位。

释义：交易编码是客户和从事自营业务的交易会员进行期货交易的专

用代码，通过该编码可进行身份识别。交易编码由12位数字构成，前4位为会员号，后8位为客户号，也即客户代码。一个投资者在交易所内只能有一个客户代码，但可以在不同的经纪会员开户，所以交易编码的会员号可以不同，而客户代码必须相同。

词条名称：**一户一码**

英　　文：**one customer one code**

定义：一户一码是指拥有交易所席位的所有期货代理机构，在代理客户交易前都必须为每一个客户到交易所申请交易编码，客户只能在自己的编码中进行交易，交易所对客户交易的确认是依编码确定。

释义：一户一码意味着一个投资者在交易所内只能有一个投资者编码，投资者无论在几家期货公司开户，只要开户资料是同一身份证或同一企业营业执照，那么该投资者在交易所内只能拥有唯一一个交易编码，为防止混码交易侵害客户利益而设计。

一户一码为期货市场的规范运作和治理整顿发挥了重要的作用；有利于交易所对市场的监管和稽查，可以有效防范市场风险和操纵行为；可以规范交易合约的现货交割；有助于网上交易和提高结算效率。

词条名称：**期货经纪合同**

英　　文：**the futures brokerage contract**

定义：期货经纪合同是指期货经纪公司接受客户开户申请时，与其协商并签订的有关双方权利和义务的协议。

释义：按照规定，期货经纪公司在接受客户进行期货交易之前必须与客户签署“期货经纪合同书”，而且为了确保合同的真实性和有效性以及保障合同真实持有人的切身利益，合同必须当面签署。

期货经纪合同对约定双方的权利和义务做出了明确的约定。由于合同具有法律效力，受到法律保护，双方必须按照合同的约定履行自己的权利和义务。合同通常包括下列内容：委托，保证金，强行平仓，通知事项，指定事项，指令的下达，报告和确认，现货月份平仓和实物交割，保证金账户管理，信息、培训和咨询，费用，免责条款，合同生效和修改，账户的清算，纠纷处理，其他事宜等。

词条名称：**期货交易风险说明书**

英　　文：**the risk of future trading manual**

定义：期货交易风险说明书是对客户在期货市场进行交易可能面临的风险的全面说明，旨在帮助客户了解期货交易的风险。

释义：按照规定，只有当客户已经知道期货交易的风险并在期货交易风险说明书上签字确认后，期货经纪公司才能与客户签署期货经纪合同。目前，国内各期货经纪公司制定的期货交易风险说明书在内容上基本相同。其主要内容包括头寸风险、保证金损失和追加的风险、被强行平仓的风险、交易指令不能成交的风险、套期保值面临的风险和不可抗力所导致的风险等。

客户签署说明书，是要求其在入市

交易之前全面了解期货交易法律法规、期货交易所规则及期货公司的业务规则，对自身的经济承受能力、风险控制能力、身体及心理承受能力做出客观判断，对期货交易做出仔细的研究。

（二）保证金

词条名称：**期货保证金账户**

英　　文：**futures margin account**

定义：期货保证金账户是指客户在期货市场上为进行保证金交易而开立的保证金账户。

释义：在期货市场上，交易者只需按期货合约价格的一定比率缴纳少量资金作为履行期货合约的财力担保，便可参与期货合约的买卖，这种资金就是期货保证金。为进行保证金交易，交易者需要开立保证金账户。

交易者在持仓过程中，会因市场行情的不断变化而产生浮动盈亏，保证金账户中实际可用来弥补亏损和提供担保的资金会随时发生增减。浮动盈利将增加保证金账户余额，浮动亏损将减少保证金账户余额。当浮动亏损使保证金账面余额低于维持保证金时，交易者必须在规定的时间内补充保证金，以免遭到强行平仓。

在我国，期货保证金按性质与作用的不同分为结算准备金和交易保证金两大类。结算准备金一般由会员单位按固定标准向交易所缴纳，为交易结算预先准备的资金。交易保证金是会员单位或客户在期货交易中因持有期货合约而实际支付的保证金，它又分为初始保证金和追加保证金两类。

词条名称：**专用资金账户**

英　　文：**special money account**

定义：专用资金账户是指交易所会员在期货交易所所在地的期货保证金存管银行开设的期货保证金账户，存放保证金及相关款项，专门用于会员与交易所之间的结算资金往来。

释义：根据各期货交易所结算细则规定，交易所与会员之间期货业务资金的往来通过交易所专用结算账户和会员专用资金账户办理。

交易所对会员存入交易所专用结算账户的保证金实行分账管理，为每一会员设立明细账户，按日序时登记核算每一会员出入金、盈亏、交易保证金、手续费等。期货公司会员对客户存入会员专用资金账户的保证金实行分账管理，为每一客户设立明细账户，按日序时登记核算每一客户出入金、盈亏、交易保证金、手续费等。

交易所可以在不通知会员的情况下，通过存管银行从会员的专用资金账户中收取各项应收款项，并可以随时查询该账户的资金余额和往来情况。会员开立、更名、更换或注销专用资金账户，应当向交易所提出申请，经同意后，凭交易所结算机构签发的“专用通知书”到存管银行办理。会员转让会员资格，受让方应当重新开立专用资金账户。

专用资金账户中的资金又分为交易保证金和结算准备金。交易保证金是指会员在交易所专用资金账户中确保合约履行的资金，是已被合约占用的保证金；结算准备金是会员为了交易结算，在交易所专用资金账户预先准备的资金，是未被合约占用的保证金。

词条名称：**初始保证金**
英　　文：**initial margin**
定义：初始保证金是指期货交易者在开始建立期货交易头寸时，按照交易金额的一定百分比缴纳的保证金。
释义：设立初始保证金的目的是当市场出现不利于投资者的价格变动时，它可以作为一种保障，以免投资者不履行合约给交易对方造成损失。

对于所缴纳的初始保证金的金额，不同交易所对不同品种有不同的规定，通常按买卖期货合约价值的一定比率计收，通常为5%～15%。

词条名称：**维持保证金**
英　　文：**maintenance margin**
定义：维持保证金是指当期货合约价格发生变动时，交易者必须保持其保证金账户内的最低保证金金额。
释义：维持保证金即维持账户的最低保证金，通常相当于初始保证金的75%。具体而言，当交易者的保证金余额低于这个额度时，交易者将会接到保证金催收通知，要求其补足金额至初始保证金的水平，以证明其有应付价格波动的能力，否则将被强迫出场。

词条名称：**结算准备金**
英　　文：**settlement reserve**
定义：结算准备金是交易所会员（客户）为了交易结算，在交易所（期货公司）专用结算账户预先准备的资金，是未被合约占用的保证金。在实际中，客户结算保证金也被称为“可用资金”。
释义：交易所会员（客户）缴纳的保证金分为结算准备金和交易保证金，其中，已经被合约所占用的为交易保证金；尚未被合约所占用的为结算准备金。结算准备金的最低余额由交易所规定。

结算准备金账户中存入的款项又可分为两部分：一是基础保证金，在正常的交易中不能被挪用，是一笔相对固定的款项；二是用于结算划转的可动用保证金。

由于期货交易实行当日无负债结算制度，每一个交易日，交易所对会员、会员对客户都要进行结算。当日盈利划入结算准备金，当日亏损从结算准备金中扣划。公式：当日结算准备金余额＝上一交易日结算准备金余额＋上一交易日交易保证金－当日交易保证金＋当日盈亏＋入金－出金－手续费（等）

词条名称：**交易保证金**
英　　文：**trading margin**
定义：交易保证金是会员（客户）在交易所（期货公司）专用结算账户中确保合约履行的资金，是已被合约占用的保证金。在实际中，客户交易保证金也被称为“保证金占用”。
释义：交易保证金分为初始保证金和追加保证金两类。初始保证金是交易者新开仓时所需缴纳的资金，它是根据交易额和保证金比率确定的；保证金账户中必须维持的最低余额称为维持保证金。交易者在持仓过程中，会因市场行情的不断变化而产生浮动盈亏，因而保证金账户中实际可用来弥补亏损和提供担保的资金会随时发生增减。当保证金账面余额低于维持保证金时，交易者必须在规定时间内补充保证金，需要新补充的保证金称为“追加保证金”。

词条名称：会员保证金
英　　文：**member margin**
定义：会员保证金是指交易所会员向交易所缴纳的保证金，用于会员与交易所的资金往来，通过交易所所在地期货保证金存管银行进行管理。

释义：会员保证金分为结算准备金和交易保证金两类。结算准备金是交易所会员为了交易结算，在交易所专用结算账户预先准备的资金，是未被合约占用的保证金。交易保证金是会员在交易所专用结算账户中确保合约履行的资金，是已被合约占用的保证金。

每一个交易日交易结束后，交易所对每一个会员的保证金进行结算。当日盈利划入会员结算准备金，当日亏损从会员结算准备金中扣划。当日结算时的交易保证金超过昨日结算时的交易保证金部分从会员结算准备金中扣划，当日结算时的交易保证金低于昨日结算时的交易保证金部分划入会员结算准备金。手续费、税金等各项费用从会员的结算准备金中直接扣划。

每日结算完毕后，会员的结算准备金低于最低余额时，该结算结果即视为交易所向会员发出追加保证金通知。

词条名称：客户保证金
英　　文：**customer margin**
定义：客户保证金是指客户向期货公司缴纳的保证金，用于客户与期货公司的资金往来。

释义：客户保证金分为结算准备金和交易保证金两类。结算准备金是客户为了交易结算，在期货公司专用结算账户预先准备的资金，是未被合约占用的保证金，又称为“可用资金”。交易保证金是客户在期货公司专用结算账户中确保合约履行的资金，是已被合约占用的保证金，又称为“保证金占用”。

每一个交易日交易结束后，期货公司对每位客户的保证金进行结算。当日盈利划入客户结算准备金，当日亏损从客户结算准备金中扣划。当日结算时的交易保证金超过昨日结算时的交易保证金部分从客户结算准备金中扣划，当日结算时的交易保证金低于昨日结算时的交易保证金部分划入客户结算准备金。手续费、税金等各项费用从客户的结算准备金中直接扣划。期货公司会员向客户收取的交易保证金不得低于交易所向会员收取的交易保证金。

每日结算完毕后，期货公司向客户发出交易结算单，当客户保证金低于期货公司规定的交易保证金水平时，期货公司按照期货经纪合同约定的方式通知客户追加保证金。

词条名称：追加保证金
英　　文：**call margin**
定义：追加保证金是指清算所或

期货公司规定的，在会员或客户保证金账户金额短少时，为使保证金金额维持在初始保证金水平，而要求会员或客户增加缴纳的保证金。

释义：交易者在期货开仓时需要缴纳初始保证金，在持仓过程中，会因市场行情的不断变化而产生浮动盈亏，因而保证金账户中实际可用来弥补亏损和提供担保的资金会随时发生增减，当保证金账面余额低于维持保证金时，交易者必须在规定时间内补充保证金，需要新补充的保证金称为“追加保证金”。

期货交易实行当日无负债结算制度，在每个交易日结束后，期货结算机构对期货交易保证金账户当天的盈亏状况进行结算，并根据结算结果进行资金划转。当交易发生亏损，进而导致保证金账户资金不足时，要求必须在结算机构规定的时间内向账户中追加保证金。

词条名称：有价证券充抵保证金

英　　文：**margin collateral by securities**

定义：有价证券充抵保证金是指在期货交易中，交易者可将符合交易所规定的有价证券充抵保证金使用。

释义：不同的交易所对可充抵保证金的有价证券有不同的规定，大体有以下几种：可在交易所流通的标准仓单、可流通并能够实现质押权登记的国债、交易所或中国证监会认定的其他有价证券。但期货交易的相关亏损、费用、货款和税金等款项应当以货币资金支付，不得以有价证券充抵的金额支付。

会员办理有价证券充抵业务时，须向交易所提出申请，经办人须提交单位法定代表人签发的“有价证券充抵专项授权书”。会员以客户的有价证券办理充抵业务时，应同时提交经客户签章的“客户专项授权书”。

有价证券充抵保证金的，充抵的期限不得超过该有价证券的有效期限，且每次充抵最长期限为6个月，期满再次充抵的，应当重新办理手续。

有价证券充抵保证金的金额不得高于以下标准中的较低值：有价证券基准计算价值的80%；会员在期货交易所专用结算账户中的实有货币资金的4倍。交易所在每日结算时，根据以上原则自动调整会员有价证券的充抵金额。

词条名称：出金

英　　文：**transfer out**

定义：出金是指投资者将资金由自有的交易账户划转到银行账户的过程。

释义：在期货交易中，客户出金可采用三种形式：银行转账（直接到银行办理入金手续）、网上银行划转（开通网上银行大额资金划转业务并自行划转）、银期转账（通过交易系统自行划转）。其中，银行户名与客户的户名及开户留存银行账户应当一致。

客户出金需要填写出金单，主要包括以下内容：出金日期、客户名及账号、出金金额、资金调拨人签字。为保证资金安全，资金调拨须本人办理。

客户出金金额以其账户内的可用金额为限。但在一般情况下，客户不能完全出金，需要在保证金账户中留底，不同期货公司对留底有不同规定，一般为500～1000元，不同期货公司对每日出金限额也有不同规定，且当日有仓单资金不得转出。

词条名称：入金
英　　文：**transfer in**
定义：入金是指投资者将资金由银行账户划转到自有的交易账户的过程。

释义：在期货交易中，客户入金可采用三种形式：银行转账（直接到银行办理入金手续）、网上银行划转（开通网上银行大额资金划转业务并自行划转）、银期转账（通过交易系统自行划转）。其中，客户保证金应以人民币资金缴纳，银行户名与客户的户名及开户留存银行账户应当一致。

客户入金需要填写入金单，主要包括以下内容：出金日期、客户名及账号、出金金额、资金调拨人签字。为保证资金安全，资金调拨须本人办理。

（三）交易

词条名称：开盘集合竞价
英　　文：**opening quotation call auction**
定义：开盘集合竞价是指当天在开盘之前还没有成交价的时候，由投资者根据前一天的收盘价、对当日股市的预测和自己所能接受的心理价格自由地进行买卖申报，电脑交易主机系统对全部有效委托进行一次集中撮合处理的过程。

释义：在期货市场中，开盘集合竞价在开市前5分钟内进行，其中前4分钟为期货合约买卖指令申报时间，后1分钟为集合竞价撮合时间。

集合竞价的原则为：（1）成交量最大；（2）高于基准价格的买入申报及低于基准价格的卖出申报全部成交；（3）在基准价格相同的买卖双方中有一方申报全部成交。能满足以上三原则，则是当日的开盘价。

以集合竞价方式产生成交价格的全过程完全由电脑交易系统进行程序化处理，并将处理后所产生的成交价格显示出来。集合竞价方式下价格优先、时间优先原则体现在交易系统，是将所有的买入和卖出申报按价格由高到低排出序列，同一价格下的申报原则按系统接受的先后顺序排序。

目前，世界各国证券市场主要采用集合竞价的方式来确定开盘价，可以在一定程度上防止人为操纵价格的现象。

词条名称：集中竞价制度
英　　文：**centralized bidding system**
定义：集中竞价制度是指在期货交易所买卖期货时，某一时点期货的成交价格由所有买者和卖者竞价确定，并且连续进行的制度。

释义：集中竞价交易是在期货交易所内进行期货买卖的一种交易方式，交易日为每周一至周五。国家法定假日和交易所公告的休市日，交易所市场休市。一般来讲，集中竞价是指两个以上的买方和两个以上的卖方通过公开竞价形式来确定期货买卖价格的情形。当买方中的投资者给出的最高价和卖方中的投资者给出的最低价相一致时，期货的交易价格确定，其买卖就可成交。

集中竞价包括集合竞价和连续竞价两种形式。其中，集合竞价是指对一段时间内接受的买卖申报一次性集中撮合的竞价方式；连续竞价是指对买卖申报逐笔连续撮合的竞价方式。

按照竞价方式不同，集中竞价交易可分为口头唱报竞价交易、书面申报竞价交易、电脑申报竞价交易。目前，我国各大期货交易所均采取集中竞价制度。

词条名称：公开喊价制度

英　　文：open outcry/double auction system

定义：公开喊价制度，又称“双向拍卖制度”，即买卖双方同时报价，目前主要使用在期货交易中。

释义：在期货交易中，期货经纪公司派驻交易所的交易代表通过手势和喊话的途径进行公开竞价，国外的期货和证券交易所曾在一定时期里采用人工喊价方式来完成场内交易。公开喊价属于竞价方式中的人工竞价方式。

其具体运作程序是：期货订单由电话或计算机传到交易厅内的工作台，然后通过传送员交给场内代理商，有时订单会从工作台直接用手势传到场内。场内代理商收到一批订单后，就开始用手势和喊叫参与拍卖。根据公开喊价的原则，只有最好的买方报价和卖方报价可以报出。例如，一个卖方报价报出以后，其他交易商就不能再报出比它高的卖方报价，只有比它更低的卖方报价可以报出。成交后双方记录对方号码、交易价格和数量，并用手势通告给交易场上方的交易所人员，他们将信息输入电脑，交易价格和数量被列示在交易大厅上方的电子屏幕上。一批订单完成后被传回场边的记录员，由他通过公司通知客户交易结果。

公开喊价制度的最大特点是客户订单可以通过代理商直接和其他客户的订单进行交易，价格通常由客户订单决定，由此形成了订单驱动市场。

公开喊价制度曾经被很多交易所采纳，因为其能够提高价格形成的透明性，但其缺点也是显而易见的：在报价系统上没有买卖价，而只有最新价；难以严格遵循价格优先、时间优先的交易原则；交易员的人为因素对交易的影响比较大；交易量和持仓量难以得到准确数字；交易所需要的时间较长且价格跳跃性很强。

随着电子计算机的应用和普及，电子自动交易已成为交易所的主流，以公开喊价方式进行买卖的期货交易逐渐减少，公开喊价制度基本退出期货交易的舞台。

词条名称：连续竞价制度

英　　文：continuous auction system

定义：连续竞价制度是指对买卖申报逐笔连续撮合的竞价方式。在开盘集合竞价结束后，证券交易所开始当天的正式交易，交易系统按照价格优先、时间优先的原则，确定每笔证券交易的具体价格。

释义：价格优先的原则为：在买进申报中，较高价格者优先；在卖出申报中，较低价格者优先。时间优先的原则为：买卖方向、价格均相同的，先申报者优先于后申报者成交，先后顺序按交易主机接受申报的时间确定。

在连续竞价制度下，成交价格的确定原则为：最高买入申报与最低卖出申报价格相同，以该价格为成交价；买入申报价格高于即时揭示的最低卖出申报价格时，以即时揭示的最低卖出申报价格为成交价；卖出申报价格低于即时揭示的最高买入申报价格时，以即时揭示的最高买入申报价格为成交价。

连续竞价制度的特点是：每一笔买卖委托输入电脑自动撮合系统后，当即判断并进行不同的处理：能成交者予以成交；不能成交者等待机会成交；部分成交者则让剩余部分继续等待。具体来说，若委托买卖全部成交，证券经营机构须及时通知委托人，并按规定的交割时间向委托人办理交割手续；若委托人的委托未能全部成交，证券经营机构在委托有效期内可继续执行，直到有效期结束；若委托人的委托未能成交，证券经营机构在委托有效期内可继续执行，等待机会成交，直到有效期结束。

词条名称：**计算机撮合成交**

英　　文：**computer matching transactions**

定义：计算机撮合成交是根据公开喊价的原理设计而成的一种计算机自动化交易方式，是指交易所的计算机交易系统对交易双方的交易指令进行配对的过程。

释义：在期货交易早期，采用的是公开喊价的方式。随着计算机技术的发展和普及，计算机撮合成交以其准确、连续、速度快、容量大的特点逐步取代了公开喊价，但有时会出现交易系统故障等因素造成的风险。

国内期货交易所均采用计算机撮合成交方式。计算机交易系统一般将买卖申报单以价格优先、时间优先的原则进行排序。当买入价大于、等于卖出价则自动撮合成交，撮合成交价等于买入价（bp）、卖出价（sp）和前一成交价（cp）三者中居中的一个价格。

词条名称：**头寸**

英　　文：**position**

定义：头寸是指投资者拥有或借用的资金数量，在期货中，是指投资者持有的仓位。

释义：在银行业中，头寸也称为“头衬”，就是款项的意思。银行在当日的全部收付款中收入大于支出款项，就称为“多头寸”，反之，付出款项大于收入款项，就称为“缺头寸”，暂时未用的款项大于需用量时称为“头寸松”，而资金需求量大于闲置量时称为“头寸紧”。

在证券期货业中，头寸是指期货投资者持有的仓位。在期货交易中建仓时，买入期货合约后所持有的头寸叫“多头头寸”，简称“多头”；卖出期货合约后所持有的头寸叫“空头头寸”，简称“空头”。未平仓多头合约与未平仓空头合约之间的差额叫做“净头寸”。

词条名称：**多头头寸**

英　　文：**long position**

定义：多头头寸是指在期货交易中，买入多头期货合约后所持有的头寸。

释义：多头，是指投资者或投机者预测未来市场的走向为上涨，于是先买入，再卖出，以赚取利润或差价。

如果交易人士在交易所内做多，当他买进一定数量的期货并继续持有，而不是立即平仓，此时就处于多头的地位，所持有的期货即为多头头寸。在一个交易人士持有多头头寸的情况下，如果市场行情上涨，将获得平仓获利的机会，在市场行情上升到一定水平之后，他便可以卖出持有的头寸，获利平仓。然而，当市场行情出现相反走势、并且下降的速度很快时，多头头寸的持有者就面临着发生巨额亏损的风险。如果保证金余额不足，则会被强制平仓，以避免发生更大的损失。

词条名称：**空头头寸**

英　　文：**short position**

定义：空头头寸是指在期货交易中，卖出空头期货合约后所持有的头寸。

释义：空头，是指投资者或投机者预测未来市场的走向为下降，所以就抛出手中的证券，然后再伺机买入。

如果交易人士在交易所内做空，当他卖出一定数量的期货继续持有，而不是立即平仓，此时就处于空头的地位，所持有的期货即为空头头寸。在一个交易人士持有空头头寸的情况下，如果市场行情下跌，这个空头头寸持有者就获得了平仓获利的机会，在市场行情上升到一定水平之后，他便可以买入对冲持有头寸，获利平仓。然而，当市场行情出现相反走势、并且上行的速度很快时，空头头寸的持有者就面临着发生巨额亏损的风险。如果保证金余额不足，则会被强制平仓，以避免发生更大的损失。

词条名称：**牛市**

英　　文：**bull market**

定义：牛市，又称“多头市场”，是指证券、期货市场行情普遍看涨，延续时间较长的大升市。

释义：证券、期货市场处于牛市时，投资者信心较强，对市场看好，买入者多于卖出者，预计股价、期货价格将会上涨，市场行情看涨。

形成牛市的因素很多，主要包括：（1）经济因素，经济处于繁荣时期、股份企业盈利增多、利率下降、新兴产业发展、温和的通货膨胀等都可能推动证券、期货价格上涨；（2）政治因素，政府政策、法令颁行或发生了突变的政治事件都可引起股票、期货价格上涨；（3）证券、期货市场本身的因素。

词条名称：**熊市**

英　　文：**bear market**

定义：熊市，又称“空头市场”，是指证券、期货市场行情普遍看淡，延续时间较长的大跌市。

释义：证券、期货市场处于熊市时，投资者信心不足，看空市场，卖出者多于买入者，部分投资人开始恐慌，纷纷抛出手中持股或持仓，保持空仓观望。

空头市场最大的特征，就是股价、期货价格下跌导致接手不积极，成交量随股价、期货价格创新低价而萎缩。下跌行情的次级行情里，成交量若无法再萎缩，股价、期货价格就容易出现反弹。如此不断下跌，出现新低价，小成交量亦创新纪录，直至成交量无法再萎缩，原始下跌行情就结束。

词条名称：**做多**

英　　文：**going long**

定义：做多是指预期价格将上涨而买进某种证券资产，期待涨价后高价卖出的行为。

释义：投资者对证券市场看好，预计证券资产价格将会上涨，于是趁低价时买进证券资产，待其价格上涨至某一价位时再卖出，以获取差额收益。在期货投资中，由于是保证金交易，如果投资者认定某一期货价格将上升，但手头资金不足时，可以通过缴纳保证金向期货公司借入资金买进证券，等待价格涨到一定程度时再卖出以获取价差。

词条名称：**做空**

英　　文：**going short**

定义：做空是指预期价格将下跌而卖出某种证券资产，期待降价后低价买回的行为。

释义：投资者对证券市场看跌，预计证券资产价格将会下降，于是趁高价时卖出证券资产，待其价格下跌至某一价位时再买入，以获取差额收益。在期货投资中，由于是保证金交易，如果投资者认定某一期货价格将下跌，则其完全可以在没有现货的情况下以当时的价格“先卖出货物”，即开出一张期货卖单，在合约到期时再用现货完成交割。如果到期时该品种确如该投资者判断那样下跌了，那么他就可以在市场上用较低的价格买到现货交付给合约买单持有者，而买单持有者则需按当时约定的价格支付货款，由此该做空的投资者可以获得差价收益。

词条名称：**下单**

英　　文：**place an order**

定义：下单是指客户在进行每笔交易前向期货公司业务人员下达交易指令，说明拟买卖合约的种类、数量、价格等的行为。

释义：客户在按规定足额缴纳开户保证金后，即可开始委托下单，进行期货交易。交易指令的内容一般包括：期货交易的品种及合约月份、交易方向、数量、价格、开平仓等。

国际上常用的期货交易指令有：市价指令（按当时的市场价格即刻成交）、限价指令（即按限定价格或更好的价格成交）、止损指令（即当市场价格达到客户预先设定的处罚价格时，变为市价指令予以执行）、触价指令、限时指令、长效指令、套利指令、取消指令等。

我国客户的下单方式有书面下单、电话下单和网上下单三种，其中网上下单是最主要的方式。

词条名称：**撤单**
英　　文：**cancel an order**
定义：撤单就是撤回未成交的委托单，不执行交易指令。

释义：客户下单后，在委托单未成交前，可以执行撤单操作。撤单的原因可能为价格变化导致成交后可能出现亏损、已经错过最佳交易时机、能以更好的价格买入或卖出等。

词条名称：**开仓**
英　　文：**take position**
定义：开仓又称“建仓”，是指期货交易者新建期货头寸的行为，包括买入开仓和卖出开仓。

释义：在期交易中，通常有两种开仓的操作方式：买入开仓，看涨行情而做多；卖出开仓，看跌行情而做空。无论是做多还是做空，下单买卖就称之为“开仓”。

词条名称：**平仓**
英　　文：**offset；close out**
定义：平仓是指期货交易者了结持仓的交易行为，了结的方式是针对持仓方向做相反地对冲买卖，即买入或者卖出与其所持期货的品种、数量及交割月份相同，但交易方向相反的期货合约。

释义：期货交易者在建仓之后尚没有平仓的合约，称为“未平仓合约”、“未平仓头寸”，又称“持仓”。在期货市场上、买入或卖出一份期货合约相当于签署了一份远期交割合同。如果交易者将这份期货合约保留到最后交易日结束，他就必须通过实物交割或现金清算来了结这笔期货交易。

在期货交易中，进行实物交割的是少数交易者，大部分投机者和套期保值者一般都在最后交易日结束之前择机将买入的期货合约卖出，或将卖出的期货合约买回，即通过一笔数量相等、方向相反的期货交易来冲销原有的期货合约，以此了结期货交易，解除到期进行实物交割的义务。这种买回已卖出合约或卖出已买入合约的行为就叫“平仓”。

平仓分为对冲平仓和强制平仓。对冲平仓是指期货交易者主动进行平仓，强制平仓则是由于交易者未及时追加交易保证金、违反交易头寸限制等违规行为，或是政策及交易规则临时发生变化，由交易所或期货公司强行平掉交易者的部分或全部仓位。

词条名称：**对锁仓**
英　　文：**lock position**
定义：对锁仓，又称“锁仓”、“对锁”、“锁单”，是指期货交易者做与现有仓位数量相等，但方向相反的开仓交易，以便不管期货价格向何方运动（或涨或跌）均不会使持仓盈亏再增减的一种操作方法。

释义：对锁仓的原因有：交易后无法判断后市发展，利用锁仓以获得研判时间，得到缓冲；交易错误，但对市场情况有所判断，希望借此获得修正错误的机会；交易正确，但对市场情况有所判断，希望借此获得更多盈利的行为。

对锁仓分为两种方式，即盈利锁仓与亏损锁仓。盈利锁仓是指投资者买卖的期货合约有一定幅度的浮动盈利，投资者感觉到原来的大势未变，但是市场可能出现短暂的回落或者反弹，投资者又不想将原来的低价买单或高价卖单轻易平仓，便在继续持有原来头寸的同时，反方向开立新仓。亏损锁仓是指投资者买卖的期货合约有了一定程度的浮动亏损，投资者看不清后市，但又不想把浮动亏损变成实际亏损，便在继续持有原来亏损头寸的同时，反方向开立新仓，企图锁定风险。

词条名称：**移仓**

英　　文：**transfer position**

定义：移仓有两个概念：（1）是指交易所会员把一个席位上的持仓转移到另外一个席位上的行为；（2）又称“倒仓”，是指当期货合约临近交割月时，平掉近期合约，同时买入相同数量的远期合约的行为。

释义：对于第一个概念，移仓包括两种情况：一种是非结算的会员更换为其结算的会员；另一种是当会员账户出现风险时，交易所将该会员受托投资者转移给另一家会员。移仓内容仅包括所移账户的持仓及相应的交易保证金，不包括当日的盈亏、交易手续费、税金、结算准备金等其他款项。

对于第二个概念，移仓的原因是由于期货合约存在最后交易日，随着期限临近，期货的保证金、持仓限额和交易活跃程度都将发生变化，在最后交易日来临前，必须将所有非交割的持仓逐渐平掉。具体而言，交易所的保证金在交割月前一个月开始上调，从资金的运作效率考虑，应将资金逐渐调整到保证金较低的远期合约；交易所的规定持仓量也将向下调整；随着主力移仓，临近交割期限的期货合约交易将逐渐冷淡，转向新的远期合约。

词条名称：**手续费**

英　　文：**commission**

定义：期货手续费是指期货交易者买卖期货合约成交后，按成交合约总价值的一定比例所支付的费用，相当于股票中的佣金。

释义：客户进行期货交易时需要缴纳一定的手续费，其中，固定的一部分上交交易所，另一部分由期货公司收取，期货公司收取的标准是在期货交易所的基础上加一部分，用于自身的运营。手续费收取的多少将会影响期货市场交易的活跃度，影响交易者的交易决策。

不同地区、不同期货公司对不同品种期货交易所收取的手续费是不一样的。在我国，单手金额较大、交易较活跃的期货品种，如铜、橡胶、股指等，按成交额的一定比例收取手续费，而单手金额较小或交易较不活跃的大多数期货品种，则按每手固定金额收取手续费。

词条名称：**双开**

英　　文：**double open**

定义：双开是指买卖双方都是入

市开仓，一方买入开仓，一方卖出开仓，持仓量增加。

释义：在期货交易中，一方想买，必然对应着另一方想卖。假设某投资者希望买入 N 手 A 合约，同时另一投资者希望卖出 N 手 A 合约，那么两者正好成交。两者同时开仓，且买卖合约的品种相同、数量相等，则为双开。此时开仓量等于现量，平仓量为零，持仓量增加。

词条名称：**双平**

英　　文：**double offset**

定义：双平是指买卖双方都持有未平仓合约，一方卖出平仓，一方买入平仓，持仓量减少。

释义：在期货交易中，假设某投资者持有 N 手 A 合约多头，希望卖出平仓，同时另一投资者持有 N 手 A 合约空头，希望买入平仓，那么两者正好成交，两者同时平仓，且买卖合约的品种相同、数量相等，则为双平。此时开仓量等于零，平仓量为现量，持仓量减少。

词条名称：**多换**

英　　文：**change long position**

定义：多换是多头换手的简称，即在买卖双方中，一方为买入开仓，另一方为卖出平仓，意味着“新的多头换出旧的多头”。

释义：在期货交易中，换手是指交易在两个多头方或者两个空头方之间进行，使同一方向的期货合约发生转移。假设某投资者持有 N 手 A 合约多头，希望卖出平仓，另一投资者希望买入 N 手 A 合约开仓，那么两者正好成交，一方平仓，另一方开仓，且买卖合约的品种相同、数量相等，则为多换，意味着“新买方向旧买方买进”。此时开仓量和平仓量相等，且均为现成交量的一半，持仓量不变。

词条名称：**空换**

英　　文：**change short position**

定义：空换是空头换手的简称，即在买卖双方中，一方为卖出开仓，另一方为买入平仓，意味着“新的空头换出旧的空头”。

释义：在期货交易中，换手是指交易在两个多头方或者两个空头方之间进行，使同一方向的期货合约发生转移。假设某投资者持有 N 手 A 合约空头，希望买入平仓，另一投资者希望卖出 N 手 A 合约开仓，那么两者正好成交，一方开仓，另一方平仓，且买卖合约的品种相同、数量相等，则为空换，意味着“旧卖方向新卖方买进”。此时开仓量和平仓量相等，且均为现成交量的一半，持仓量不变。

词条名称：**席位**

英　　文：**seat**

定义：席位是指证券交易所或期货交易所向证券商或期货商等会员提供的在交易大厅设置的用于报盘交易的终端或用于交易的电脑远程通讯端口，前者称为“有形席位”，后者称为“无形席位”。

释义：有形席位是指在交易所大厅中的座位，座位上有电话等通讯设备，场内交易员（红马甲）通过它传递交易和成交信息。证券商参与交易必须首先购买席位，席位购买后只能转让，不能撤销。拥有交易席位，就拥有了在交易大厅内进行交易的资格，交易席位代表会员在证券交易所拥有的权益，是会员享有交易权限的基础。

伴随信息技术的不断发展，交易方式由手工竞价模式发展为电脑自动撮合，交易席位也逐渐由有形席位变为无形席位。无形席位不是在交易大厅内的有形席位，不派驻交易员，会员直接通过计算机将委托输入交易所的撮合系统之中。相比有形席位，无形席位更加方便、快捷、安全、成本低。

随着证券和期货市场的发展，计算机和通讯技术的不断完善，用无形席位替代有形席位是大势所趋。

词条名称：**斩仓**

英　　文：**cut position**

定义：斩仓，又称“割肉”、“停损”，是指买入某种期货合约后，或是因价格走势相反，为避免损失扩大而低价卖出，或是因资金周转需求而低价卖出的行为。

释义：当期货价格走势相反时，不斩仓，有名义上的亏损，一旦斩仓，则变为现实的亏损，但及时斩仓能够避免更大更严重的亏损。

当期货价格走势已经突破反向关键价位且没有掉转迹象的；或大部分资金被套牢，而其他的期货合约可能会获得比斩仓亏损更大的收益；或预测价格走势长期向不利方向变动的时候，应该及时斩仓。当价格波动频繁而处于中间价位；或虽有背离但冲击支撑位（阻力位）受阻等的时候，可以不必立即斩仓。

具体的斩仓过程中，一般第一次减掉一半仓位。在斩掉一半仓位后，需见机行事，如果期货价格朝有利方向变动，则可以利用手中的另一半仓位减亏，甚至反亏为赢；如果期货价格继续朝不利方向变动，则完全斩仓出局或根据形势利用手中的现金低位补进，摊低总体成本，寻求解套机会。

词条名称：**最后交易日**

英　　文：**last trading day**

定义：最后交易日是指某种期货合约在交割月份中进行交易的最后一个交易日。过了这个期限的未平仓期货合约，必须按规定进行实物交割或现金交割。

释义：最后交易日是期货合约中的一个重要条款。无论交易者是买进还是卖出期货合约，只要在最后交易日之后还留有持仓头寸，这些头寸就必须进入交割程序。交易者如果不想进行交割，就必须在最后交易日或之前将原有仓位进行反向的平仓交易。

期货交易所根据不同期货合约标的物的现货交易特点等因素确定其最后交易日。最后交易日后尚未清算的期货合约，须通过买卖相关现货商品或现金结算方式交割。

词条名称：**挂盘基准价**

英　　文：**benchmark price**

定义：挂盘基准价是指新上市合约的挂盘基准价，由交易所确定并提前公布。挂盘基准价是决定新上市合约第一天交易涨停板的依据。

释义：根据各期货交易所交易细则规定，新上市合约的挂盘基准价由交易所确定并提前公布。

上海期货交易所、大连商品交易所还规定新上市合约挂盘当日涨跌停板为正常涨跌停板的2倍（交易保证金维持合约规定比例），如有成交，于下一交易日恢复到合约规定的涨跌停板；如当日无成交，下一交易日继续执行前一交易日涨跌停板和保证金。如3个交易日无成交，交易所可以对挂盘基准价做适当调整。对曾经有成交而目前无持仓的合约，交易所可以公布新的基准价。

（四）指令

词条名称：**报价驱动**

英　　文：**quote driven**

定义：报价驱动是指依赖做市商来完成买卖的一种交易方式。

释义：报价驱动机制是一种做市商市场。做市商是期货市场中具备一定实力和信誉的法人，他们做为特许交易商，不断向公众投资者报出期货商的买卖价格，并在该价位上接受投资者的买卖要求。在这一市场中，期货交易的买价和卖价都由做市商给出。做市商根据市场的买卖力量和自身情况报出一个买卖双向价格，表示愿意并有能力按此报价进行交易。由于做市商有充当其他投资者交易对手的义务，在仅靠自有资金和证券、没有其他融资渠道的情况下，做市商需要不断地调整买卖差价。

做市商报价的详细流程如下：做市商报出买卖价格，确定差价。投资者根据做市商的报价来决定投资策略，包括交易数量、频率、速度等。投资者的策略决定了做市商的利润及头寸。随后，做市商根据投资者的反应和实际情况进行下一轮报价，依此循环。投资者之间并不直接成交，而是从做市商手中买进证券或向做市商卖出证券。由于在报价驱动市场中不能看到其他投资者的订单，而只能看到做市商的报价，因此相对于指令驱动市场缺乏透明度。但是，考虑到报价驱动市场的订单能够确保执行，固而具有很高的流动性。

词条名称：**指令驱动**

英　　文：**order driven**

定义：指令驱动是指期货交易价格由买方订单和卖方订单共同驱动，市场交易中心以买卖双向价格为基准进行撮合的交易方式。

释义：指令驱动是与报价驱动相对的另一种交易方式。在一个指令交易市场中，所有的买家和卖家都报出自己愿意买、卖的期货价格和数量并进行委托，直到自己理想的商品价格出现并与其进行交易，所以通常这种交易方式只在电子交易平台上进行。期货交易价格由买方和卖方的力量直接决定，投资者买卖期货的对手是其他投资者。由于指令驱动市场会显示所有的买单和卖单，固而具有很高的透明度。但是，指令驱动市场的缺点是不能保证所有订单都能执行，因为只有买卖双方的理想价位互相匹配，交易才能达成。而在报价驱动市场，订单的执行可以得到保证。因此，相对于报价驱动市场，指令驱动市场的流动性较弱。

词条名称：**公开喊价**

英　　文：**open outcry**

定义：公开喊价是指期货交易中的一种竞价方式，其分为两种形式：连续竞价制和一节一价制。

释义：连续竞价制是指在交易所交易池内，由交易者面对面地公开喊价，表达各自买、卖合约的要求。报价时，既要发出声音，又要做出手势，以保证报价的准确性。这种喊价方式在期权和期货交易中尤为普遍。最早源于芝加哥期货交易所，对活跃场内气氛、维护公开公平公正的定价原则十分有利。一节一价制是指把每个交易日分为若干节，每节只有一个价格的制度。每节交易由主持人最先报价，所有场内经纪人根据其叫价申报买卖数量，直到在某个价格上买卖双方交易数量相等为止，这种方式在日本比较普遍。如今，电子交易平台基本已取代公开喊价。

词条名称：**交易指令**

英　　文：**orders**

定义：交易指令是期货投资者下达给期货交易经纪人和期货经纪公司的按何种价格、何种方式交易一定数量合约的订单。

释义：交易指令，又称“交易订单”。客户在按规定足额缴纳开户保证金后，即可开始交易，进行委托下单，即在每笔交易成交前向期货公司业务人员下达交易指令，说明买卖合约的种类、数量、价格等的行为。交易指令的内容一般包括：期货交易的品种、交易方向、数量、月份、价格、日期及时间，期货交易所名称，客户编码和账户，期货公司和客户签名等。通常，客户应先熟悉和掌握有关的交易指令，然后选择不同的期货合约进行具体交易。目前，我国期货交易所使用的交易指令主要分为三种：限价指令、市价指令、取消指令。

词条名称：**市价指令**

英　　文：**market orders**

定义：市价指令是以最优市价立即购买或出售一定数量的某种证券的指令。

释义：市价指令是期货交易中常用的指令之一，它是按当时市场价格即刻成交的指令。客户下达这种指令时，不须指明具体的价位，而是要求期货公司出市代表以市场上可执行的最好价格达成交易。下达指令后，期货公司会不断地为你买入，直到你的订单指定的数量达成。这种指令的特点是成交速度快，可以保证你的购买或出售指令能在短时间内执行，但不对价格做任何保证。一旦指令下达后，不可更改或撤销。

示例：一位投资者欲用市价指令购入 10 手大豆。现在市场上有 1 手 1900 元/手大豆，3 手 1950 元/手大豆和 20 手 2000 元/手大豆。市场指令会优先购入价格最低的 1 手 1900 元/手大豆，再买 3 手 1950 元/手大豆，最后买入 6 手 2000 元/手大豆。

词条名称：限价指令

英　　文：limit orders

定义：限价指令是指限定价格的买卖申报指令。限价指令为买进申报的，只能以其限价或限价以下的价格成交；为卖出申报的，只能以其限价或限价以上的价格成交。

释义：期货公司出市代表执行限价指令时，必须按限定价格或更好的价格成交。下达限价指令时，客户必须指明具体的价位。限价指令的特点是可以按客户的预期价格成交，但是成交速度相对较慢，有时甚至无法成交。限价指令当日有效，第二个交易日自动失效。当日未成交部分，交易者可以自行选择是否撤销。

词条名称：止损指令

英　　文：stop-loss orders

定义：止损指令是指当证券的市场价格达到客户预先设定的损失时，即变为市价指令予以执行的一种指令。

释义：止损是指当某一投资出现的亏损达到预定数额时，及时斩仓出局，以避免形成更大的亏损。投资者建仓后，出于控制风险的目的，接着下达一个触发条件的平仓指令，其作用在于控制亏损扩大；在某个价格条件满足时迅速通过交易所的交易系统发出平仓指令，这个条件往往是市场价格向投资者原有头寸不利的方向急速发展时出现，这个指令触发下达后，交易所交易系统将优先成交，因为这是一种割肉式的斩仓指令。除了可以控制风险，很多投资者会在自己要去度假或出差之前提前下达止损指令，以防止自己回到交易市场之后，投资出现巨大亏损。

词条名称：止盈指令

英　　文：take-profit orders

定义：止盈指令是指当证券的市场价格达到客户预先设定的盈利时，即变为市价指令予以执行的一种指令。

释义：与止损指令相反，止盈指令常被用于锁定投资者预先设定的盈利程度。当价格达到投资者预定的程度时，交易系统会根据之前的止盈指令自动平仓，以锁定盈利。使用止盈指令，可以使投资者达到预期盈利目的后规避市场可能下行的风险，更好地进行投资管理。但如果市场继续走高，指令下达后，投资者也将失去继续盈利的机会。

词条名称：撮合成交

英　　文：matching

定义：撮合成交是根据公开喊价的原理设计而成的一种计算机自动化交易方式，是指期货交易所的计算机交易系统对交易双方的交易指令进行配对的过程。

释义：卖方在交易市场委托销售订单/应单，买方在交易市场委托购买订单/应单。交易市场按照价格优先、时间优先原则确定双方成交价格并生成电子交易合同，并按交易订单指定的交割仓库进行实物交割。

撮合成交的前提是买入价必须大于或等于卖出价。如果买入价等于卖出价，那么系统会以卖出价成交。当买入价大于卖出价时，计算机会根据前一笔成交的交易价格来决定最新成交价。比如，买方出价是1399点，卖方出价是1397点。如果前一笔成交价为1397点或1397点以下，最新成交价就是1397点；如果前一笔成交价为1399点或1399点以上，则最新成交价就是1399点；如果前一笔成交价是1398点，则最新成交价就是1398点。由此可见，撮合成交这种交易方式相对公开喊价方式来说，具有准确、连续的特点，是期货交易中必不可少的一种交易方式，但有时会出现因交易系统故障等风险。

词条名称：**撮合原则**

英　　文：**matching principle**

定义：撮合原则是指在投资者的委托指令传递到交易所后，交易所系统处理委托指令过程中的逻辑程序。

释义：买卖指令到达交易所后是按照什么顺序执行？是价格高先执行还是先到达先执行，还是订单额越高越先执行？这些都是撮合原则所要解决的问题。交易指令的撮合原则主要有价格优先原则、时间优先原则、按比例分配原则、客户优先原则、做市商优先原则、经纪商优先原则等。当然，其中也有很多特例，以止损指令为例，当投资者需要割肉平仓时，交易所出于风险控制的考虑会优先处理，以避免造成巨额损失。这个原则叫“平仓单优先”。

词条名称：**价格优先，时间优先**

英　　文：**price priority time priority**

定义：价格优先，时间优先是指一种交易指令的撮合原则。价格优先是指：较高买进申报优先满足于较低买进申报，较低卖出申报优先满足于较高卖出申报。时间优先是指：同价位申报，先申报者优先满足。

释义：为了保证证券交易的公平，充分反映当事人双方的意愿，证券交易所实行价格优先和时间优先的成交原则。“价格优先，时间优先”的原则是：任意两笔委托单做比较，当进来时间一样时，谁买价高，谁卖价低，优先成交；当进来的订单价格一样时，谁进来早，优先成交。

词条名称：**平仓优先、时间优先**

英　　文：**open priority time priority**

定义：平仓优先、时间优先是一种期货合约交易指令的撮合原则。平仓优先是指：平仓交易指令优先于开仓交易指令。时间优先是指：任意两个交易指令若同为平仓指令或开仓指令，先申报者优先满足。

释义：期货连续竞价交易按照“价格优先、时间优先”的原则进行，这一点与A股市场相类似；但在遇到涨跌停板的极端行情之时，以涨跌停板价格申报的指令，按照“平仓优先、时间优先”的原则进行，以避免投资者因为没能及时平仓而蒙受巨大的经济损失，对期货和证券市场的稳定起着至关重要的作用。但是，当日新开仓位不适用于平仓优先原则。

词条名称：**尾盘指令**

英　　文：**ending orders**

定义：尾盘指令是指在当天交易日快结束前投资者下达的委托指令。

释义：在目前的期货交易中，尾盘指令更多的是指一种交易手法，而非指令本身。由于在每日收盘前，投资者的操作频率上升，尾盘往往是交易当天成交比较活跃的阶段，给交易手法的施展提供了较充足的流动性。一般而言，由于担心持仓隔夜风险，尾盘指令以平仓指令居多。尾盘指令的活跃有时会导致尾盘出现单边快速上涨或者下跌的行情。

（五）价格与行情

词条名称：**期货合约的交易价格**

英　　文：**transaction price of futures contract**

定义：在期货交易中，最终成交的价格就是期货合约的交易价格。

释义：本质上，期货交易的是现货的远期合同，比如交易铜期货合约，则交易的是未来买卖一定数量的铜的合约。期货合约的交易价格，则是达成的关于未来买卖一定数量现货的价格。期货合约的交易价格对于计算期货投资者的盈亏和保证金有着重要的意义。期货合约的投资者利用先后两次交易的交易价格的差来计算投资的盈亏。保证金则按照期货合约交易价格的一定比例来征收。

词条名称：**买入价**

英　　文：**bid price**

定义：买入价是指投资者在期货交易中对某种标的物委托买入的价格。

释义：在大多数证券期货交易所中，投资者根据实时行情中最新成交价格的变动而设定委托买入价格进行买入操作。一般来说，买入价格将按照不同投资者的个人风险偏好及心理价格而设定为低于当前最新成交价格，相反，如果设定的买入价高于当前最新成交价格，该笔委托将立刻成交。在期货行情交易软件的一档行情或五档行情的界面显示中，最高买入价往往反映在最新成交价格下方的紧邻位置，预示该价格为当前最有可能成交的买入价。

词条名称：**卖出价**

英　　文：**ask price**

定义：卖出价是指投资者在期货交易中对某种标的物委托卖出的价格。

释义：在大多数证券期货交易所中，投资者根据实时行情中最新成交价格的变动而设定委托卖出价格进行卖出操作。一般来说，卖出价格将按照不同投资者的个人风险偏好及心理价格而设定为高于当前最新成交价格，相反，如果设定的卖出价低于当前最新成交价格，该笔委托将立刻成交。在期货行情交易软件的一档行情或五档行情的界面显示中，最低卖出价往往反映在最新成交价格上方的紧邻位置，预示该价格为当前最有可能成交的卖出价。

词条名称：**开盘价**

英　　文：**opening price**

定义：开盘价是指某种标的物在交易所当天交易时间开始后的第一笔交易的成交价格。

释义：在大多数证券期货交易所中，标的物开盘价的产生一般都采用集合竞价以及成交额最大原则来确定。

如果开盘后该标的物一直没有成交发生，则取前一交易日的收盘价作为该当前交易日的开盘价。开盘价一定程度上表明了投资者对标的物价格在隔夜市场基本面情况影响下的集中反应。

词条名称：收盘价

英　　文：closing price

定义：收盘价是指某种标的物在交易所当天交易时间结束前最后一笔交易的成交价格。

释义：收盘价代表当前交易日内的最后成交价格。如当日没有成交，则采用最近一次的成交价格作为收盘价。收盘价是当前交易日中较为重要的一个成交价格，也是下一个交易日开盘价的依据，因此对于投资者有比较重要的参考意义。道氏理论认为，收盘价是最重要的价格，技术分析投资者一般用收盘价作为对行情走势进行分析的依据。

词条名称：成交价

英　　文：dealing price

定义：成交价是指经买卖双方充分参与，在一定的撮合原则下，由市场供需情况决定的公平、合理的价格。

释义：标的物成交价格的产生必须是买卖双方均愿意成交的价格，即买方愿意以该成交价格买入标的物；而卖方愿意以该成交价格卖出该标的物。成交价格产生的撮合方式分为集合竞价成交价格和连续竞价成交价格两种。集合竞价是指在规定时间内接受的买卖申报一次性集中撮合的竞价方式；连续竞价是指对买卖申报逐笔连续撮合的竞价方式。集合竞价期间未成交的买卖申报，自动进入连续竞价。

词条名称：一档行情

英　　文：first-best quoted price

定义：一档行情是指在期货交易软件或行情软件中，显示在最新成交价格上下各一个按序排列的委托买入价和卖出价。

释义：在期货行情软件中，在最新成交价格的上下方各显示买一和卖一两个价格，未成交的最低卖价就是卖一，未成交的最高买价就是买一，除了这两个价格外，软件不再提供更多的价格排序，比如次低的卖价和次高的买价。相对而言，一档行情比五档行情给予投资者的盘口价格信息量较少，提高了投资者委托出价的难度。

词条名称：五档行情

英　　文：five-best quoted price

定义：五档行情是指在期货交易软件或行情软件中，显示在最新成交价格上下各五个按序排列的委托买入价和卖出价。

释义：通常情况下，在期货行情软件中分别显示买卖各五个价格，即买一、买二、买三、买四、买五；卖一、卖二、卖三、卖四、卖五；也就是同一时间可以看到5个买盘价格和5个卖盘价格。未成交的最低卖价就是卖一，未成交的最高买价就是买一，其余类推。

词条名称：当日结算价

英　　文：settlement price of the day

定义：当日结算价是指某一期货

合约当日成交价格按照成交量的加权平均价。

释义：当日结算价采用该期货合约最后一小时按成交量加权的平均价。其原因是为了防止市场可能的操纵行为以及避免日常结算价与期货收盘价、现货次日开盘价发生太大的偏差。最后一小时无成交的，取前一小时成交价格按成交量加权的平均价作为当日结算价。该时段仍无成交的，则再往前推一小时，以此类推。当日交易时间不足一小时的，则取全时段成交量的加权平均价作为当日结算价。股指期货的每日结算价非常重要，因为它是结算持仓盈亏的基准。

词条名称：**涨跌停板制度**

英　　文：**price limits**

定义：涨跌停板制度，又称“每日价格最大波动限制制度”，是指期货合约在一个交易日中的价格波动不得高于或者低于规定的涨跌幅度，超过该涨跌幅度的报价将被视为无效报价，不能成交。

释义：涨跌停板制度是交易所针对各标的物设定的最大上涨、下跌的价格相对于上一交易日结算价的百分比。一般情况下，交易标的物的波动特性不同，设定的涨跌停板幅度也不同。涨跌停板制度是一种为反映市场合理价格波动和保护投资者之间的折中制度设计。在涨跌停板制度下，前一交易日结算价加上允许的最大涨幅构成当日价格上涨的上限，称为“涨停板”；前一交易日结算价减去允许的最大跌幅构成价格下跌的下限，称为“跌停板”。涨跌停板的幅度设定有百分比和固定数量两种形式，我国采用百分比形式。

词条名称：**加权平均价**

英　　文：**volume-weighted average price**

定义：加权平均价是将成交价按各自的成交量加权而算出的平均价。

释义：成交量加权平均价是成交总值和总成交量在一个特定时间段（通常为一天）的比率，是测算一个证券在交易时段的平均价格。而成交价成交量加权平均价则是在价格采集时采用了成交价格。以加权平均来计算价格是因为通常我们持有的股票或期货数量不同，不能用简单的算术平均值来衡量。

示例：商品 A 每手 1000 元，买了 20 手。商品 B 每手 3000 元，买了 10 手。如果以 A 和 B 平均价格 2000 元再乘以总共 30 手明显是不对的，因为 30 手里商品 A 的比重比商品 B 多得多。如果用加权平均法来计算就是：$(1000\times20+3000\times10)/(20+10)$，这种算法才能正确衡量在数量不同情况下的平均价格。

词条名称：**算术平均价**

英　　文：**the arithmetic average**

定义：算术平均价是指简单的算术平均数，是在期货成交过程中，每一种期货成交额之和除以成交量所形成的价格，它反映每一种期货的平均成交价格。

释义：用简单算术平均法计算期货的平均价格的计算公式为：

$$\overline{P} = \frac{P_1 + P_2 + \cdots + P_n}{n} = \frac{\sum P}{n}$$

式中，P_1，P_2，…，P_n 为一种期货的不同价格；n 为价格项数。

词条名称：**前收盘价**

英　　文：**previous closing price**

定义：前收盘价是指某个期货合约在期货交易所前一天交易活动结束前最后一笔交易的成交价格。

释义：对于收盘价来说，如当日没有成交，则采用最近一次的成交价格作为收盘价，因为收盘价是当日行情的标准，又是下一个交易日开盘价的依据，可据以预测未来市场行情；所以投资者进行行情分析时，一般采用收盘价作为计算依据。前收盘价一般是指前一交易日当天的最后一笔交易的成交价格，如前一交易日没有成交，按前述法则推导。

词条名称：**前结算价**

英　　文：**previous settlement price**

定义：前结算价是指前一交易日的结算价。结算价是指某种标的物根据交易结果和交易所有关规定对会员交易保证金、盈亏、手续费、交割货款和其他有关款项进行的计算、划拨。结算包括交易所对会员的结算和期货经纪公司会员对其客户的结算，其计算结果将被计入客户的保证金账户。

释义：目前，我国商品期货当日结算价是按照期货合约当日成交价格、成交量的加权平均价。当日无成交价格的，以上一交易日结算价作为当日结算价。股指期货交割结算价为最后交易日标的指数最后 2 小时的算术平均价。合约当日无成交的，当日结算价计算公式为：当日结算价 = 该合约上一交易日结算价 + 基准合约当日结算价 - 基准合约上一交易日结算价，其中，基准合约为当日有成交的离交割月最近的合约。合约为新上市合约的，取其挂盘基准价为上一交易日结算价。基准合约为当日交割合约的，取其交割结算价为基准合约当日结算价。采用上述方法仍无法确定当日结算价或者计算出的结算价明显不合理的，交易所有权决定当日结算价。前结算价就是指根据上述方式计算所得的前一交易日的结算价。

词条名称：**最高价**

英　　文：**highest price**

定义：最高价是指某种标的物在某段交易时间内所产生成交价的最大值。

释义：一般情况下，在一段交易时间内会产生多个标的物的成交价，这些交易价格中的最大值即为这段时间内该标的物的最高价。如果在该指定时间区间内该种标的物的价格未发生变化，则最高价等于该时间区间内任意时间点的价格；若在该指定时间区间内该标的物停牌或未发生交易，则最高价延续之前有交易发生时间段的收盘价。

词条名称：**最低价**

英　　文：**lowest price**

定义：最低价是指某种标的物在某一段交易时间内所产生的成交价格的最小值。

释义：一般情况下，在一段交易时间内会产生多个标的物的成交价，这些交易价格中的最小值即为这段时间内该标的物的最低价。如果在该指定时间区间内该种标的物的价格未发生变化，则最低价等于该时间区间内任意时间点的价格；若在该指定时间区间内该标的物停牌或未发生交易，则最低价延续之前有交易发生时间段的收盘价。

词条名称：**最新价**

英　　文：**latest price**

定义：最新价是指该标的物在某一个交易日当前所成交的最新成交价格。

释义：在期货交易中，最新价就是某一品种在某一时刻最新成交的价格。在盘中交易时，该价格伴随买卖双方的不断撮合成交而时时变动；收盘后，最新价即为收盘价。

词条名称：**涨跌**

英　　文：**price change**

定义：涨跌是指标的物当前价格与上一交易日收盘价之间的比较结果。

释义：当当前价格高于上一交易日收盘价时，表明标的物价格相较上一交易日表现为上涨；当当前价格低于上一交易日收盘价时，表明标的物价格相较上一交易日表现为下跌；否则，表明标的物价格与上一交易日收盘价持平。涨跌一般以价格差和价格变动百分比两种方式进行描述。价格差即为当前价格减去上一交易日收盘价所得的值，一般以元作为单位；该值为正时表明价格表现为上涨，为负时表明价格表现为下跌，为零时表明价格持平。价格变动百分比即为价格差与上一交易日收盘价之间的百分比。相较于作为绝对比较的价格差，价格变动百分比为一种相对比较方式。在对同一标的物价格涨跌做比较时，两种描述方式差别不大；而在对不同标的物价格涨跌做比较时，价格变动百分比对标的物价格的涨跌变化表现得更为直观。

词条名称：**最高买价**

英　　文：**best bid**

定义：最高买价是指在期货交易的委托单中，出价最高的委托买入价格。

释义：在期货交易软件中提供的五档行情数据中，在最新价的基础上，在某一时点上分别有最高的五个买价和最低的五个卖价顺序排列，供投资者及时了解买卖盘口的压力，最高买价即是五个买价中最高的价格，也是距离当前最新成交价格最近、且将最有可能获得成交机会的买入价格。

词条名称：**最低卖价**

英　　文：**best ask**

定义：最低卖价是指在期货交易的委托单中，出价最低的委托卖出价格。

释义：在期货交易软件中提供的五档行情数据中，在最新价的基础上，在某一时点上分别有最高的五个买价和最低的五个卖价按顺序排列，供投资者及时了解买卖盘口的压力，最低卖价即是五个卖价中最低的价格，也是距离当前最新成交价格最近、且将最有可能获得成交机会的卖出价格。

词条名称：**申买量**

英　　文：**bid volume**

定义：申买量是指某一期货合约在交易所交易系统中当日未成交的最高价位申请买入的下单数量，即对应申买价的委托数量。

释义：申买量是与申卖量相对应的概念。申买量数量的多少能够反映市场即时的需求情况，是市场宽度情况的反映，结合申卖量，可以为判断短期内的市场价格走势提供参考。当申买量非常大的时候，表明市场的需求非常大，买家数量溢出；反之，如果申买量非常小，则说明市场的需求不大。

词条名称：**申卖量**

英　　文：**ask volume**

定义：申卖量是指某一期货合约在交易所交易系统中当日未成交的最低价位申请卖出的下单数量，即对应申卖价的委托数量。

释义：申卖量是与申买量相对应的概念。申卖量数量的多少能够反映市场即时的供应情况，是市场宽度情况的反映，结合申买量，可以为判断短期内的市场价格走势提供参考。如果申卖量很高，说明大量投资者想要出货但还没有成功；反之，申卖量小，说明需要出货投资者数量不多。

词条名称：**成交量**

英　　文：**trading volume**

定义：成交量是指一段时间内对某项交易成交数量的累计。

释义：成交量是指某一时间段内各对应价格上，投资者买、卖对应标的物成交总数，代表着对应标的物市场的活跃程度。成交量大，表明该市场中投资者对于标的物的交易比较活跃；反之，表明市场较为冷清。因此，成交量经常作为某一市场流动性好坏的一个重要指标，它与整个市场容量的大小密切相关。在技术分析中，成交量是除了价格本身之外的一个重要参考依据，是判断交易标的物价格走势的重要依据。

我国成交量是单边计算，比如成交量是100手，这表明有100手被买家买入，也有100手被卖家卖出。与其相对的，计算买卖双方成交总量的方式称为“双边计算”。用刚才的例子，如果100手买入，100手卖出，成交量是200手，那么这种计算方式就是双边计算。国际上比较通用的是单边计算。

一个经常容易与成交量混淆的概念是成交额，通俗地讲，成交量是交易的数量，而成交额是交易金额。成交额用于衡量参与大盘交易资金的多少，也是一个重要的指标。

词条名称：**持仓量**

英　　文：**open interest**

定义：持仓量是指衍生品市场中投资者手中所持有的未平仓合约的总数，为市场中多头或空头的流通合约总数。

释义：在期货和期权市场中，任

何一个合约的成交必须在同一价格上同时存在买卖双方。持仓量就是用于描述买方手中持有的未平仓多头头寸的总数卖方手中持有的未平仓空头头寸总数。买、卖双方的持仓量具有总量相等、方向相反的特性。当交易者买入开仓，则构成买入持仓，又叫“多头”。反之则形成卖出持仓，又叫“空头”。在期货图形技术分析中，成交价格、持仓量和成交量的相互配合分析十分重要。正确理解成交价格、持仓量和成交量的变化关系，可以更准确地把握图形K线分析组合，有利于深入了解市场语言。

（六）结算与交割

词条名称：**结算**

英　　文：**clearing；settlement**

定义：结算是指根据期货交易所公布的结算价格，对交易账户的交易盈亏状况进行的资金清算和划转。

释义：我国境内期货结算制度分为两种：一种是全员结算制度，交易所对所有会员的账户进行结算，收取和追收保证金；另一种是分级结算制度，期货交易所只对结算会员结算，由结算会员对非结算会员进行结算，收取和追收保证金。在我国四家期货交易结算机构中，中国金融期货交易所采用会员分级结算制度，其余三家使用全员结算制度。我国四家期货交易所的结算机构均是交易所内部机构，因此，期货交易所既提供交易服务，也提供结算服务。在国际上，结算机构通常采用分级结算制度，这种“金字塔”形的分级结算制度通过建立多层次的会员结构，逐级承担并化解期货交易风险，形成多层次风险控制体制，确保期货交易的安全性。

期货交易的结算，由期货交易所统一组织进行。但交易所并不直接对客户的账户结算、收取和追收客户保证金，而由结算会员承担该工作。期货交易所应当在当日及时将结算结果通知结算会员。结算会员根据期货交易所的结算结果对其客户进行结算，并应当将结算结果按照与客户约定的方式及时通知客户。

词条名称：**交割**

英　　文：**delivery**

定义：交割是指期货合约到期时，交易双方通过该合约所载标的物所有权的转移，或者按照结算价进行现金差价结算，了结到期未平仓合约的过程。

释义：期货的交割方式有两种：一种是以标的物所有权转移方式进行的交割称为“实物交割”；另一种是按结算价进行现金差价结算的交割方式，称为“现金交割”。一般商品期货以实物交割方式为主，股票指数期货、短期利率期货多以现金交割方式为主。其中，实物交割又分为集中交割和滚动交割两种。

交割的作用是联系期货与现货的纽带。当市场过分投机、期货价格严重偏离现货价格时，交易者就会进行套利交易。当期货价格过高而现货价格过低时，交易者在期货市场上卖出期货合约，在现货市场上买进商品，这样，现货需求增多，现货价格上升，期货合约价格下降，期现价差缩小；当期货价格过低而现货价格过高时，交易者在期货市场上买进期货合约，在现货市场上卖出商品，这样，期货价格上升，现货供给增多，现货价格下降，使期现价差趋于正常。通过交割，期货、现货两个市场得以实现相互联动，期货价格最终与现货价格趋于一致。

词条名称：**交割手续费**

英　　文：**delivery fee**

定义：交割手续费是指交易所会员进行实物交割时，按规定向交易所缴纳的相关费用。

释义：从狭义上说，交割手续费单指各个期货交易所在会员进行交割时，按不同品种以交割结算价计算的交割金额的不同比例向会员收取的费用；从广义上说，交割手续费除了狭义概念上所指的单项费用外，还包括检验费、入库费、过户费、分检费、运费、仓储费等费用。一般来说，检验费、入库费由卖方承担，过户费、分检费是由买方承担。运费则是由双方各自承担。根据不同期货交易所的不同规定，不同品种的交割手续费存在差异。广义上的交割手续费也是投资者用来计算各品种不同月份合约之间合理价差以及某个合约持仓成本的重要依据。

词条名称：**盘中试结算**

英　　文：**intra-day trial clearing**

定义：盘中试结算是指在股指期货交易过程中，依据期货合约最新成交价或试算周期按成交量加权平均价确定的试结算价，对客户持仓进行定时或不定时的试结算。

释义：盘中试结算是期货公司在交易过程中一项风险控制措施，按结算时间来分，可分为定时盘中试结算和不定时盘中试结算。例如，中国金融期货交易所每天进行定时和不定时的盘中试结算，并可在交易过程中根据每一次盘中试结算的结果向风险较大的结算会员发出追加保证金的通知，并可通过期货保证金存管银行从结算会员专用资金账户中扣划。若全额扣划未能成功，结算会员必须按交易所的要求在规定时间内补足保证金。结算会员未能按时补足保证金的，交易所有权对其采取暂停开新仓、强行平仓等风险控制措施。中国金融期货交易所每日进行3次定时盘中试结算，分布为上午2次，下午1次。一般为上午10：30第一次，上午11：30第二次，下午2：00第三次，不定时盘中试算则无固定时间和次数限制。

词条名称：**净持仓盈利**

英　　文：**net position profit**

定义：净持仓盈利是指净持仓方向的持仓均价与当日结算价之差计算的净盈利。

释义：净持仓盈利反映所有持仓的总盈亏情况。在交易所进行强制减仓的情况下，会考察净持仓盈利情况，以当日涨跌停板价与该合约净持仓盈利投资者按持仓比例自动撮合成交。

词条名称：**当日盈亏**

英　　文：**profit/loss**

定义：当日盈亏是指期货合约以

当日结算价计算的盈利和亏损，当日盈利划入会员结算准备金，当日亏损从会员结算准备金中扣划。

释义：由于期货交易采用逐日盯市制度，结算部门在每日闭市后，会依据当日结算价计算会员的当日盈亏，根据盈亏方向相应地划转资金，而不是在合约结束时一次性结算总费用。在这种制度下，会员的每日的当日盈亏都会得到结算，也防止了拖债、负债现象的发生，大大降低了风险，保护了投资者和交易所的利益，有利于促进期货市场的稳定发展。

词条名称：**浮动盈亏**

英　　文：**floating profit/loss**

定义：浮动盈亏，又称“持仓盈亏”，是指按持仓合约的初始成交价与当日结算价计算的潜在盈亏。

释义：浮动盈亏反映的是持仓合约按当日结算价计算的未实现盈利或亏损，为账面盈亏，该盈亏伴随着每日结算价的变动而浮动。

如果浮动盈亏是正值，则表明为多头浮动盈利或空头浮动亏损，即多头建仓后价格上涨，或者空头建仓后价格上涨。如果是负值，则表明多头浮动亏损或空头浮动盈利，即多头建仓后价格下跌，或者空头建仓后价格下跌。简而言之，浮动盈亏并非投资者的实际盈亏，而是跟着结算价而变动的一个指标。

公式：浮动盈亏的计算方法为：

浮动盈亏 = （当天结算价 - 开仓价格） × 持仓量 × 合约单位 - 手续费

词条名称：**现金结算**

英　　文：**cash settlement**

定义：现金结算是指到期未平仓期货合约进行交割时，用结算价格来计算未平仓合约的盈亏，以现金支付的方式最终了结期货合约的交割方式。

释义：现金结算是与实物结算相对的概念。这种结算方式主要用于金融期货等期货标的物无法进行实物结算的期货合约。目前，国际上部分商品期货为结算方便，也采用这种方式进行结算。在我国，目前只有股指期货采用现金结算的方式，商品期货均采用实物结算的方式。

词条名称：**交割仓库**

英　　文：**delivery warehouse**

定义：交割仓库是指交易所指定的，为期货合约履行实物交割的交割地点。

释义：与远期合约遵循的契约自由原则不同，期货合约是标准化的，期货交易所须为各种标的物的期货合约制定标准化的数量、质量、交割仓库（地点）、交割时间、交割方式、合约规模等条款。因此，事先确定好的实物交割仓库是标准化期货合约的一个重要组成部分。

一些国家法律规定，只有政府授权部门批准的仓库才能作为期货交易的合法交割地点，而且立法授权商品交易所委派自己的商品质量检查员去仓库检验商品质量，以保证每一份期货合约交易都在商品质量、数量相符的实物交收基础上进行，防止在商品储存过程中的商品损坏或诈骗事件。

词条名称：**结算单**

英　　文：**settlement statement**

定义：结算单是指每日交易结束，期货交易所和期货公司完成结算业务后，期货公司提供给客户的对账单。

释义：期货结算是指根据交易结果和交易所有关规定，期货交易所对会员、会员对客户就交易保证金、盈亏、手续费、交割货款及其他有关款项进行计算、划拨的业务活动。因此，期货结算单是对期货交易市场的各个环节进行清算后所得出的结果，可以对会员和对客户的交易盈亏进行计算，从而将计算结果作为收取交易保证金或追加保证金的依据。

对普通投资者来说，能看懂结算单对了解期货公司的情况有着至关重要的作用。在国内，期货公司的结算单一般由七个部分构成，包括资金状况、出入金记录、成交记录、平仓明细、持仓明细、客户签署、追加保证金和强行平仓通知。投资者可以登录中国期货保证金中心，对公司结算单进行查询。

词条名称：**期货转现货**

英　　文：**exchange for physicals**

定义：期货转现货，简称“期转现”。期货转现货是指持有同一交割月份合约的多空双方之间达成现货买卖协议后，变期货部位为现货部位的交易。

释义：期货转现货的具体方法是：达成协议的双方共同向交易所提出申请，获得交易所批准后，分别将各自持仓按双方商定的平仓价格，由交易所代为平仓（现货的买方在期货市场须持有多头部位，现货的卖方在期货市场须持有空头部位）。同时，双方按达成的现货买卖协议进行与期货合约标的物种类相同、数量相当的现货交换。

期货转现货使买卖双方在确定现货买卖价格的同时，确定了相应的期货平仓价格，由此可以保证期、现市场风险同时锁定，利于套期保值的运用，从而降低持仓风险。同时，期货转现货避免了货物迂回运输，利于节约费用。

国内期货转现货交易的具体流程如下：买卖双方在交易日当天 14 点前，在标准仓单管理系统中提出申请，由交割部审核批准后办理。交易所在申请办理期货转现货的当日 15 点前，将买卖双方原持有的交割月份头寸，按申请日前一交易日该交割月份合约的结算价平仓。如果发生交割实物质量问题，会在相关会员协调下参照处理。

词条名称：**现金交割**

英　　文：**cash settlement**

定义：现金交割是指到期未平仓期货合约进行交割时，用结算价格来计算未平仓合约的盈亏，以现金支付的方式最终了结期货合约的交割方式。

释义：期货交割的方式有两种：实物交割和现金交割。现金交割主要用于金融期货等期货标的物无法进行实物交割的期货合约，如股票指数期货合约等。近年，国外一些交易所也探索将现金交割的方式用于商品期货。我国商品期货市场不允许进行现金交割。

在现金交割方式下，每一未平仓合约将于到期日结算时得以自动平仓，也就是说，在合约的到期日，空方无需交付期货标的物组合，多方也无需交付合约总价值的资金，只是根据交割结算价计算双方的盈亏金额，通过将盈亏直接在盈利方和亏损方的保证金账户之间划转的方式来了结交易。

词条名称：**实物交割**

英　　文：**physical delivery**

定义：实物交割是指期货合约到期时，交易双方通过该期货合约所载商品所有权的转移，了结到期未平仓合约的过程。

释义：期货交割的方式有两种：实物交割和现金交割。商品期货交易一般采用实物交割制度。虽然最终进行实物交割的期货合约所占比例非常小，但正是这极少量的实物交割将期货市场与现货市场联系起来，为期货市场功能的发挥提供了重要的前提条件。

在期货市场上，实物交割是促使期货价格和现货价格趋向一致的制度保证。当由于过分投机，发生期货价格严重偏离现货价格时，交易者就会在期货、现货两个市场间进行套利交易。当期货价格过高而现货价格过低时，交易者在期货市场上卖出期货合约，在现货市场上买进商品，现货需求增多，现货价格上升，期货合约供给增多，期货价格下降，期现价差缩小；当期货价格过低而现货价格过高时，交易者在期货市场上买进期货合约，在现货市场卖出商品，期货需求增多，期货价格上升，现货供给增多，现货价格下降，使期现价差趋于正常。通过实物交割，期货、现货两个市场得以实现联动，期货价格最终与现货价格趋于一致，使期货市场真正发挥价格发现的作用。

词条名称：**滚动交割**

英　　文：**rolling delivery**

定义：滚动交割是指期货合约进入交割月时，交割合约的卖方在交割月的交割时间内提出交割申请并按规定完成交割的交割方式。

释义：滚动交割是指期货合约进入交割月后，持有交割月合约及标准仓单的卖方可在交割月第一个交易日至交割月最后交易日前一交易日的交易时间提出交割申请，并按交易所规定的程序完成交割的交割方式。滚动交割由客户提出交割申请，会员代客户办理。办理时间为交割月第一个交易日至交割月最后交易日前一交易日。

需要注意的是，在非交割月不能进行滚动交割。另外，只要卖方提出滚动交割申请，交易所即按照“申报交割意向的买持仓优先，持仓时间最长的买持仓优先”原则选取买持仓进行配对，因此买方即使没有申请滚动交割，也有可能被动配对进入滚动交割。

词条名称：**仓单**

英　　文：**warrant**

定义：仓单是指仓库保管人员应存货人的请求而填发的有价证券。

释义：仓库公司或仓库经理人在

收存货主交来的货物时出给货主的收据，是一种货物所有权凭证。仓单既是收到货物的证明，又是凭以提货的根据。仓单不像提单那样可以通过背书流通转让。持有人将仓单转让给第三人时，须办理过户手续，第三人才能取得货物的所有权。

国内期货市场仓单注册流程大致如下：首先，客户的商品会被检验机构进行检验，在检验合格后，交易所会对其进行核查；其次，会员或客户委托指定交割仓库开具“标准仓单注册申请表”，并凭该申请表到交割部办理标准仓单注册。最后，由交割部为会员打印“标准仓单持有凭证”。

词条名称：**仓单注销**

英　　文：**write-off warrant**

定义：仓单注销是指注册仓单合法持有人到交易所办理退出流通手续的过程。

释义：标准仓单注销是指仓单持有人到交易所办理标准仓单提货手续的过程，主要包括以下步骤：（1）提交申请；（2）交易所根据会员申请及指定交割仓库的仓单情况开具“提货通知单”；（3）投资者在交易所开出“提货通知单”10个工作日内，持“提货通知单”原件、提货人身份证、提货人所在单位证明到指定交割仓库办理提货手续；（4）联系出库；（5）出库验收；（6）争议处理。

词条名称：**仓单抵冲**

英　　文：**warrant offset**

定义：仓单抵冲是指卖方会员标准仓单交到期货交易所后，其对应的交割月份期货合约持仓的全额交易保证金在结算后予以清退，盈亏由卖方会员承担。

释义：国家对标准仓单充抵期货交易保证金有很多非常细化的规定。比如，标准仓单只能充抵确定进行实物交割的空头头寸所交的交易保证金，用标准仓单充抵交易保证金的头寸必须进行实物交割，不得平仓了结。标准仓单只能充抵以标准仓单所代表的实物为标的物的头寸所交的交易保证金。确定进行实物交割的空头头寸的交易保证金可以全额用标准仓单充抵等等。投资者，还可以在《标准仓单管理办法》中了解更多相关法律。

词条名称：**电子仓单系统**

英　　文：**electronic warrant system**

定义：电子仓单系统是标准仓单管理的电子化系统，交易所、会员、投资者及指定交割仓库等仓单业务参与者可通过互联网，在电子仓单系统中办理与标准仓单有关的各项业务。

释义：电子仓单系统是连接交易所、指定交割仓库、会员、投资者的标准仓单综合性管理信息平台。该系统涵盖商品入库、仓单生成、交割、期转现、标准仓单作为保证金使用、质押、转让等各个业务环节，可在仓单业务参与者之间实现有效的信息共享，并可完全替代现有仓单管理系统中对纸质标准仓单的所有管理任务。

我国第一个电子仓单系统由上海期货交易所于2006年5月开始试运行，

同年7月正式上线。申请电子仓单系统的客户需要带上交易所用户协议、开户登记表、营业执照、税务登记表等资料，到期货经纪公司办理。

词条名称：**厂库交割**
英　　文：**factory delivery**
定义：厂库交割是指厂家取代仓库，出库时按照买方要求，在规定时间内提供相应质量和数量的实物，以履行交割义务。

释义：厂库是指钢材生产企业的仓库经交易所批准指定为钢材期货履行实物交割的地点。厂库标准仓单是指经过交易所批准的指定厂库按照交易所规定程序签发的，在交易所标准仓单管理系统生成的实物提货凭证。厂库交割，是以厂家取代传统意义上的仓库，以生产能力和相应的信用保证作为出具仓单（即厂库仓单）的依据。出库时，按照买方要求，在规定时间内提供相应质量和数量的实物，以履行交割义务。厂库在提交签发厂库标准仓单申请之前或同时，须按有关规定向交易所提供经交易所认可的与核定库容相对应的担保；当钢材价格发生较大波动时，交易所可根据市场变化情况要求指定厂库调整先前确定的担保；交易所在核定库容允许、并且厂库提供了符合规定的担保情况下，在3个交易日内决定是否批准厂库签发厂库标准仓单，且每一厂库核定库容的确定和调整，需经交易所批准并予以公布。

厂库交割与仓库交割是期货市场进行实物交割过程中的两种仓单形式，都要遵循期货交割的一般规则，二者都可用于交割、转让、提货以及交易所规定的其他用途。厂库交割与仓库交割相比，省去了交割预报、商品入库、验收等环节，加快了交割速度，节约了交割时间；而且，厂库交割制度遵循就近原则，缓解了钢材交割运输压力，节约了交割成本。按照规定，交易所对厂库交割全过程负有监督责任。

厂库交割也存在弊端，其中可能引发的问题包括交易所承担厂库违约风险、地域升贴水调整的合理性、厂库在规则允许的条件下利用信用操纵市场等。

词条名称：**交割地点**
英　　文：**delivery point**
定义：交割地点是指承办实物交割的仓库。事先确定好的实物交割仓库是标准化期货合约的一个重要组成部分。

释义：一个标准化的期货合约通常设有两个以上的交割地点。交割地点的选择和确定原则是便利买卖双方进行实物转移。在期货交易中，只有合约到期后需要进行实物交割时，交割地点才具有实际经济意义。因期货交易都是大宗买卖，因此，期货交易所为交易规定了统一的实货商品交收仓库，以防止商品在储存过程中出现损坏或遗失等现象。

交割时，卖方只要将符合标准的货物交到交易所指定的交割库验收合格即可，至于和哪个买家配对则是交易所的事情，买卖双方在最后交割时根本不知道、也没必要知道对方是谁。买方接收现货时，并非随意选择交割仓库，而是由交易所抽签选择，抽到哪里就到哪里提货。不同地点的交割库，在价格上会有升贴水，因为存在运费因素。比如，你在大连提货的价格是3000元/吨的话，到吉林对同样商品提货可能就是2985元/吨。

词条名称：**交割等级**

英　　文：**deliverable grades**

定义：交割等级是指由期货交易所统一规定的，准许在交易所上市交易的合约标的物的质量等级。

释义：进行期货交易时，交易双方无须对标的物的质量等级进行协商，进行实物交割时，按交易所期货合约规定的标准质量等级进行交割。期货交易所在制定合约标的物的质量等级时，常常采用国内或国际贸易中最通用和交易量较大的标准品的质量等级为标准交割等级。例如，大连商品交易所大豆期货的交割标准采用国家标准。一般来说，为了保证期货交易顺利进行，许多期货交易所都允许在实物交割时，实际交割的标的物的质量等级与期货合约规定的标准交割等级有所差别，即允许用与标准品有一定等级差别的商品作替代交割品。替代品的质量等级和品种一般由期货交易所统一规定。交货人用期货交易所认可的替代品代替标准品进行实物交割时，收货人不能拒收。用替代品进行实物交割时，价格需要升贴水。替代品的实际价格，一般按它在质量等级上是高于还是低于标准交割等级而进行升水或者贴水。替代品与标准品之间的等级差价，即升贴水标准，也由交易所统一规定，并可根据该合约标的物的市场行情适时调整。

词条名称：**交割日期**

英　　文：**delivery date**

定义：交割日期是指当选择权的买方要求选择权的卖方履行契约后，买卖双方依约分别支付对方所购买货币的日期。

释义：按交割日期不同，交割又分为五种：一是当日交割，即买卖双方在成交当天完成付款交割手续，这种方式可以使买卖双方较快地得到股票或现金；二是次日交割，即在成交后的下一个营业日才能办理成交的交割手续；三是例行交割，即买卖双方在成交之后，按照证券交易所的规定或惯例履行付款交割；四是选择交割，即买卖双方自主选择交割日期，这种交割方式通常在场外交易中使用；五是发行日交割，这种交割方式适用于新股发行。

词条名称：**定点交割**

英　　文：**designated delivery**

定义：定点交割是指实物交割者必须按规定将交割商品运送到指定交割仓库。

释义：一般情况下，实物交割发生在交易所指定的交割仓库。指定交割仓库是交割当事人交收实物的地点。交易所设定基准交割仓库。一些国家法律规定，只有政府授权部门批准的仓库才能作为期货交易的合法交割地点，而且立法授权商品交易所委派自己的商品质量检查员去仓库检验商品质量，以保证每一份期货合约交易都在商品质量、数量相符的实物交收基础上进行，防止在商品储存过程中发生商品损坏或诈骗事件。

词条名称：**仓单交付**

英　　文：**delivery of warrant**

定义：仓单交付是指交付仓单项下仓储物的所有权。

释义：仓单的交付只对那些由仓单而发生的权利以及对仓储物上的权利而具有物权转移的效力，而不涉及其他方面的权利关系，比如票据上的对前手背书人的追索权。尽管仓单的交付不是货物的直接交付，但具有法律上交付的意义，所有权的转移得到实现，风险的转移也随之完成。进行仓单交付时，被背书人基于仓储物已经交付储存与保管的事实，相信背书人即为仓储物的所有人，则在此情形下，被背书人取得仓储物的所有权。

词条名称：**仓单转让**

英　　文：**transfer of warrant**

定义：仓单转让是指转让仓单项下仓储物的所有权。

释义：仓单是保管人收到仓储物后给存货人开付的提取仓储物的凭证。仓单除作为已收取仓储物的凭证和提取仓储物的凭证外，还可以通过背书，转让仓单项下货物的所有权，或者用于出质。存货人在仓单上背书并经保管人签字或者盖章，转让仓单开始产生效力。存货人以仓单出质，应当与质权人签订质押合同，在仓单上背书并经保管人签字或者盖章，将仓单交付质权人后，质押合同开始产生效力。仓单可以多次背书或转让。

词条名称：**组合保证金**

英　　文：**portfolio marginlng**

定义：组合保证金是指一种基于投资组合的保证金计算模式。

释义：传统保证金模式在保证金的计算上仅考虑单一期权合约或部分特定期权合约组合（可冲抵）的保证金水平，其主要包括固定保证金数额/比例、Delta 保证金以及策略保证金。20 世纪七八十年代以来衍生品市场飞速发展，衍生工具品种的不断增加，使传统保证金模式无法准确地度量基于多品种投资组合的衍生品风险。随着计算能力的不断提高，基于投资组合的保证金计算模式应运而生。投资组合保证金模式以投资组合为单位，能够更为精确、动态地衡量市场的风险并反映各资产价格间的相关性，并以此计算更为合理的保证金水平。目前，全球的投资组合保证金模式主要包括 VaR、TIMS、SPAN、STANS 以及 OMS Ⅱ等，其中，SPAN 是目前最受市场认可的组合保证金模式，

十、投资策略

（一）交易投资策略[①]

词条名称：**基差**

英　　文：**basis**

定义：基差是某一特定地点某种

---

① 撰写：吴光静；审核：周勇；单位：江苏弘业期货有限公司。

商品的现货价格与同种商品的某一特定期货合约价格间的价差。

释义：理论上认为，期货价格是市场对未来现货市场价差的预估值，两者之间存在密切的联系。由于影响因素相近，期货价格与现货价格往往表现出同升同降的关系；但影响因素又不完全相同，因而两者的变化幅度不完全一致，现货价格与期货价格之间的关系可以用基差来描述。基差有时为正（此时称为反向市场），有时为负（此时称为正向市场），因此，基差是期货价格与现货价格之间实际运行变化的动态指标。不同的交易者，由于关注的商品品质不同，参考的期货合约月份不同、现货地点不同，所关注的基差也会不同。

影响基差的因素有：（1）时间差距。期货合约距到期时间长短，会影响持仓费的高低，进而影响基差值的大小。（2）品质差价。由于期货价格反映的是标准品级的商品价格，如果现货实际交易商品的品质与交易所规定的品级不一致，则该基差的大小就会反映这种品质差价。（3）地区价差。如果现货所在地与交易所指定交割地点不一致，则该基差大小就会反映两地的运费差价。

词条名称：**基差风险**

英　　文：**basis risk**

定义：基差风险是指基差的不确定性。

释义：实践中，期货价格和现货价差的变动不完全一致，在期货合约的有效期内，基差也是波动的，给套期保值者带来了无法回避的风险，因而影响套期保值效果。比如，对于金属、农产品等商品期货，由于供需不平衡以及仓储等原因，特别是在存在逼仓的情况下，可能导致基差变化较大，从而产生基差风险。

基差风险的来源主要有：（1）套期保值交易时，期货价格对现货价格的基差水平及未来收敛情况的变化；（2）影响持有成本因素的变化；（3）被套期保值的风险资产与进行套期保值的期货合约的标的资产不匹配；（4）期货价格与现货价格的随机扰动。

词条名称：**正向市场**

英　　文：**contango**

定义：基差可以用来表示市场所处的状态。当不存在品质价差和地区价差的情况下，期货价格高于现货价格或者近期月份合约价格低于远期月份合约价格时，基差为负值，这种市场状态称为“正向市场”或“正常市场”。

释义：由于持有现货需花费一定费用，期货价格通常高于现货价格，基差为负值，如期货价格中要包含持仓费用，所以正向市场主要反映了持仓费。在正向市场中，期货价格高出现货价格的部分与持仓费的大小有关，持仓费的多少与持有商品时间长短有关。一般来说，距离交割期限越近，持有商品的成本就越低，期货价格高出现货价格的部分就越少。当交割月到来时，持仓费降至为零，期货价格和现货价格将趋同。

词条名称：**反向市场**

英　　文：**backwardation**

定义：当不存在品质价差和地区价差的情况下，当现货价格高于期货价格或者近期月份合约价格高于远期月份合约价格时，基差为正值，这种市场状态称为“反向市场”，或“逆转市场”、“现货溢价”。

释义：出现反向市场有两个原因：一是近期对某种商品或资产需求非常迫切，远大于近期产量及库存量，使现货价格大幅度增加，高于期货价格，基差为正值；二是预计将来该商品的供给会大幅度增加，导致期货价格大幅度下降，低于现货价格，基差为正值。反向市场的价格关系并非意味着现货持有者没有持仓费的支出，只要持有现货并储存到未来某一时期，持仓费、保险费、利息成本的支出是必不可少的。只不过在反向市场上，由于市场对现货及近期月份合约需求迫切，购买者愿意承担全部持仓费来持有现货而已。在反向市场上，随着时间的推移，现货价格与期货价格如同在正向市场上一样，会逐步趋同，到交割期趋向一致。

词条名称：**套利**

英　　文：**arbitrage**

定义：套利是指利用相关市场或相关合约之间的价差变化，在相关市场或相关合约上进行方向相反的交易，以期价差发生有利变化而获利的交易行为。

释义：套利是利用不同（可以是时间不同，也可以是地区不同或品种不同）市场之间的不合理价格差异来谋取低风险利润的一种交易方式。进行套利时，交易者注意的是合约之间或不同市场之间的相互价格关系，而不是绝对价格水平。期货套利是指利用相关市场或相关合约之间的价差变化，在相关市场或相关合约上进行方向相反的交易，以期价差发生有利变化时同时将持有头寸平仓而获利的交易行为。套利具有风险较小、成本较低等特点，有利于期货市场价格发现功能的有效发挥，有助于市场流动性的提高。

词条名称：**持有成本**

英　　文：**cost of carry**

定义：持有成本是指持有某项资产直至到期日发生的成本，等于存储成本加上融资购买资产所支付的利息，再减去该资产的收益。

释义：持有成本假说是早期的商品期货定价理论，也称“持有成本理论”。卡尔多（Kaldor，1939）、沃金（Working，1949）和特尔瑟（Telser，1958）提出了持有成本假说，该假说认为，现货价格和期货价格的差（即持有成本）由三部分组成：融资利息、仓储费用和收益；该理论是以商品持有（仓储）为中心，分析期货市场的机制，论证期货交易对供求关系产生的积极影响。后来人们将持有成本理论运用于金融期货的定价，持有成本理论在期货定价方面得到了广泛的应用。

词条名称：**期现套利**

英　　文：**cash-futures arbitrage**

定义：期现套利是指利用期货市

场与现货市场之间不合理的价差，通过在两个市场上进行反方向交易，待价差趋于合理而获利的交易。

释义：具体来说有两种情形：如果价差远远高于持仓费，套利者就可以通过买入现货，同时卖出相关期货合约，待合约到期时，用所买入的现货进行交割，价差的收益扣除买入现货之后发生的持仓费用之后还有盈利，从而产生套利的利润。相反，如果价差远远低于持仓费，套利者就可以通过卖出现货，同时买入相关期货合约，待合约到期时，用交割获得的现货来补充之前所卖出的现货，价差的亏损小于所节约的持仓费，因而产生盈利。

词条名称：**正向套利**

英　　文：**positive arbitrage**

定义：正向套利是指在期货合约实际价格高于理论价格，即当期价高估时，买进现货，同时卖出期货。

释义：期货合约实际价格等于理论价格的情况很少见，大多数情况下，期货合约的实际价格与理论价格总是存在偏离。当期货合约实际价格高于理论价格，我们称之为“期价高估”。在期价高估时进行的买进现货同时卖出期货的操作就是正向套利交易。

例示：以股指期货为例，假定恒生指数理论价格为15124点，实际价格为15200点，比理论价格高出76点，此时交易者可以通过卖出恒指期货、同时买进对应的现货股票进行套利交易，这种交易策略就是正向套利策略。

词条名称：**反向套利**

英　　文：**reverse arbitrage**

定义：反向套利是指在期货合约实际价格低于理论价格，即当期价低估时，卖出现货，同时买进期货。

释义：期货实际价格等于理论价格的情况很少见，大多数情况下，期货合约的实际价格与理论价格总是存在偏离。当期货合约实际价格低于理论价格，我们称之为“期价低估”。在期价低估时进行的卖出现货同时买进期货的操作就是反向套利交易。

例示：以股指期货为例，假定恒生指数理论价格为15124点，实际价格为15040点，比理论价格低出84点，此时交易者可以通过买进期货、同时卖出相应的现货股票组合来套利，这种交易策略就是反向套利策略。

词条名称：**无套利区间**

英　　文：**no-arbitrage range**

定义：无套利区间是指考虑了交易成本后，正向套利的理论价格上移，反向套利的理论价格下移，因此形成的一个区间，称为“无套利区间”。

释义：在无套利区间中，套利交易者非但得不到利润，反而将会导致亏损。具体而言，若将期指理论价格上移一个交易成本之后的价位成为无套利区间的上界，将期指理论价格下移一个交易成本之后的价位成为无套利区间的下界，只有当实际的期指高于上界时，正向套利才能获利；反之，只有当实际期指低于下界时，反向套利才能获利，所以对于套利者来说，正确计算无套利区间的上下边界十分重要。

无套利区间的上下界宽幅主要是由交易费用和市场冲击成本两项决定。

词条名称：**跟踪误差**

英　　文：**tracking error**

定义：跟踪误差，又称“模拟误差”，是指实际买进或卖出的现货股票组合与指数的股票组合不一致，导致两者在未来的走势或回报不一致，从而导致的误差。

释义：准确的套利交易意味着卖出或买进股指期货合约的同时，买进或卖出与其相对应的股票组合。在期货市场上卖出或买进股指期货合约基本上不会有什么问题，然而在股票市场上对应的股票买卖比较困难，两者不一致会产生一定误差。跟踪误差来源于两个方面：（1）组成指数的成分股太多，短时间内同时买进或卖出这么多的股票难度较大，并且准确模拟将使交易成本大大增加，同时对于成交不活跃的股票而言，买卖的冲击成本非常巨大。通常交易者会通过构造一个取样较小的股票投资组合来代替指数，这就会产生模拟误差。（2）通常股指都是以市值为比例构造的，严格按比例复制很可能会产生零碎股，导致误差产生。

词条名称：**跨市套利**

英　　文：**cross market arbitrage**

定义：跨市套利是指在某个交易所买入（或卖出）某一交割月份的某种商品合约的同时，在另一个交易所卖出（或买入）同一交割月份的同种商品合约，以期在有利时机分别在两个交易所对冲在手的合约获利的操作。

释义：在期货市场上，许多交易所都交易相同或相似的期货商品，如芝加哥期货交易所、东京谷物交易所都进行玉米、大豆期货交易，伦敦金属交易所、纽约商业交易所都进行铜、铝等有色金属期货交易。一般来说，这些交易品种在各交易所间的价格会有一个稳定的差额，一旦这一差额发生短期的变化，交易者就可以在这两个市场之间进行套利，购买价格相对较低的合约，卖出价格相对较高的合约，以期在期货价格趋于正常时平仓，赚取低风险利润。

词条名称：**跨期套利**

英　　文：**calendar spread arbitrage**

定义：跨期套利是指利用同一市场（即同一交易所）的同种商品但不同交割月份的期货合约的价差进行的套利交易。

释义：跨期套利利用的是不同交割月份的不合理价差。具体来说，就是在同一交易所买入或卖出某一交割月份的某种商品期货合约的同时，卖出或买入另一交割月份的同一商品的期货合约，以期在有利时机同时将两种期货合约对冲平仓的交易。例如，在芝加哥期货交易所买入3月份的小麦期货的同时卖出7月份的小麦期货，期望未来在有利价位卖出3月份小麦期货同时买入7月份小麦期货平仓获利。这种套利形式是套利中最为常见的一种。

词条名称：**展期**

英　　文：**rollover**

定义：展期，即延期，是指往后推延预定的日期或期限。

释义：在期货交易中，展期是指投资者在平仓近月期货合约头寸的同时建立远月期货合约头寸，用远月期货合约调换近月期货合约，将持仓移到远月期货合约的交易行为。在套期保值交易中，由于合约月份不匹配或者合约流动性不足等原因，都可能引致展期行为。在应对展期风险时，一是可以选定合适的基差区间分批进行展期；二是密切关注近远期升贴水结构的变化，尽量在距离持仓期货合约到期仍有一段时间且下一个近月期货合约已有流动性的时候进行展期。

词条名称：**价差交易**

英　　文：**spread trading**

定义：价差交易是指利用期货市场上不同合约之间的价差进行的套利行为。

释义：在价差交易中，交易者不关注某一个期货合约价格的变动方向，而是关注相关期货合约之间的价差是否在合理的区间范围内。如果价差不合理，交易者可以利用这种不合理的价差对相关期货合约进行交易方向相反的交易，等待价差趋于合理时，再同时将两个合约平仓来获取收益。正是由于这种交易是根据相关期货合约的价差来进行的，所以这种交易被称为“价差交易”。在价差交易中，交易者要同时在相关合约上进行交易方向相反的交易，也就是说要同时建立一个多头部位和一个空头部位。

词条名称：**套期保值**

英　　文：**hedging**

定义：套期保值，又称“避险”、“对冲”。广义上的套期保值是指企业在一个或一个以上的工具上进行交易，预期全部或部分对冲其生产经营中所面临的价格风险的方式。

释义：期货的套期保值，是指企业通过持有与现货市场头寸相反的期货合约，或将期货合约作为其现货市场未来要进行交易的替代物，以期对冲价格风险的方式。套期保值的核心是风险对冲，也就是将期货工具的盈亏与被套期保值项目的盈亏形成一个相互抵充的关系，从而规避因价格变动带来的风险。利用期货工具进行套期保值操作，必须具备以下条件：（1）期货品种及合约数量的确定应保证期货与现货头寸的价值变动大体相当；（2）期货头寸应与现货头寸方向相反，或作为现货市场未来要进行的交易替代物；（3）期货头寸持有的时间段要与现货市场承担风险的时间段对应起来。具备以上三个条件，意味着期货市场与现货市场盈亏之间构成了抵充关系，可以降低企业面临的价格风险，商品或资产价格波动对企业生产经营活动的影响将会减少，企业通过套期保值可以实现稳健经营。

套期保值之所以能规避价格风险，是因为期货市场存在以下基本经济原理：第一，同种商品的期货价格走势与现货价格走势基本一致；第二，现货市场与期货市场的价格随期货合约到期日的临近，两者趋向一致。

词条名称：**多头套期保值**
英　　文：**long hedging**
定义：多头套期保值又称“买入套期保值”，是指套期保值者通过在期货市场建立多头头寸，预期对冲其现货商品或资产空头或者未来将买入商品或资产价格上涨风险的操作。
释义：多头套期保值主要适用于以下几种情况：（1）预计在未来要买入某种商品或资产，购买价格尚未确定时，担心市场价格上涨，购入成本提高；（2）目前尚未持有某种产品或资产，但已按固定价格将该商品或资产卖出（此时处于现货空头头寸），担心市场价格上涨，影响其销售收益或采购成本；（3）按固定价格销售某商品的产成品及其副产品，但尚未购买该商品进行生产（此时处于现货空头头寸），担心市场价格上涨，购入成本提高。

词条名称：**空头套期保值**
英　　文：**short hedging**
定义：空头套期保值，又称“卖出套期保值”，是指套期保值者在期货市场上建立空头头寸，对冲其目前持有的或未来将卖出商品或资产价格下跌风险的操作。
释义：空头套期保值主要适用于以下情形：（1）持有某种商品或资产（此时持有现货多头头寸），担心市场价格下跌，使其持有的商品或资产市场价值下降，或者使其销售收益下降；（2）已经按固定价格买入未来交收的商品或资产（此时持有现货多头头寸），担心市场价格下跌，使其商品或资产市场价值下降，或其销售收益下降；（3）预计在未来要销售某种商品或资产，但销售价格尚未确定，担心市场价格下跌，使其销售收益下降。

词条名称：**直接套期保值**
英　　文：**direct hedging**
定义：直接套期保值，又称“传统套期保值”，是指选择与被套期保值商品或资产相同、数量相等、月份相同（或相近）的期货合约进行的交易方向相反的套期保值。
释义：直接套期保值，又称“传统套期保值”，是指生产经营者在现货市场上买进或卖出一定量现货商品的同时，在期货市场上卖出或买进与现货品种相同、数量相当、但方向相反的期货合约，以一个市场的盈利弥补另一个市场的亏损，达到规避价格波动风险的目的。传统套期保值操作遵循四大原则：（1）商品种类相同原则，指所选择的期货商品必须和套期保值者将在现货市场买进或卖出的现货商品在种类上相同；（2）商品数量相等原则；（3）月份相同或相近原则；（4）交易方向相反原则。

词条名称：**交叉套期保值**
英　　文：**cross hedging**
定义：交叉套期保值是指选择与被套期保值商品或资产不相同，但相关的期货合约进行的套期保值。
释义：利用期货工具进行套期保值操作必须具备的第一个条件就是期货品种及合约数量的确定应保证期货

与现货头寸的价值变动大体相当，同一品种的期货价格和现货价格之间通常具有较高的相关性。但是如果不存在与被套期保值的商品或资产相同的期货合约，那么企业可以选择其他的期货合约进行套期保值，选择的期货合约头寸的价值变动应与实际的、预期的现货头寸的价值变动大体上相当，这种套期保值就称为“交叉套期保值”。一般来说，选择作为替代物的期货品种最好是该现货商品或资产的替代品，相互替代性越强，交叉套期保值的效果就会越好。

词条名称：**动态套期保值**

英　　文：**dynamic hedging**

定义：动态套期保值是指在套期保值目标和风险防范措施范畴内，根据企业经营和期货市场价格波动情况，对套期保值计划不断调整，力求实现保值效果最大化。

释义：由于基差的存在，套期保值很难实现完全锁定价格风险的目的，或者说完美套期保值很难实现，此时就需要运用动态套期保值。我们可以运用最小方差法和最小二乘法计算动态套期保值头寸。动态套期保值的特征是：运用投资组合理念进行套期保值，根据现货价格与期货价格的关系确定最佳套期保值比率，套期保值者可以根据自身的风险偏好，灵活调整套期保值比率。

词条名称：**静态套期保值**

英　　文：**static hedging**

定义：静态套期保值是指在套期保值初期，对现货资产按 1∶1 的比例建立期货头寸，并保持该头寸在合约的整个持有期内不变，等到期末时将该头寸对冲平仓。

释义：如果存在与被套期保值商品或资产相同的期货品种，并且期货价格和现货价格满足趋势相同且变动幅度相近的要求，企业可以选择与其现货数量相当的期货合约数量进行套期保值。此时，套期保值比率（即套期保值中期货合约所代表的数量与被套期保值的现货数量之间的比率）为1。这种套期保值就是静态套期保值。静态套期保值的假设前提：采取“套期保值—遗忘”策略，不考虑保证金的时间价值、不考虑交易成本等。静态套期保值不需要实时调整套期保值比例，该模型适用于一般的套保者。

词条名称：**完全套期保值**

英　　文：**perfect hedging**

定义：完全套期保值是指期货头寸与现货头寸盈亏完全抵充的套期保值。

释义：假设在套期保值操作过程中，期货头寸盈（亏）与现货头寸亏（盈）幅度完全相同，两个市场的盈亏完全抵充，此时就是完全套期保值或者理想套期保值。如果存在与被套期保值商品或资产相同的期货品种，并且期货价格和现货价格满足趋势相同且变化幅度相近的要求，企业就可以选择与现货数量相当的期货合约数量进行完全套期保值。这也体现了传统套期保值中“商品种类相同、数量相等、月份相同或相近、交易方向相反”

四大操作原则，在完全套保保值交易策略下，盈亏完全抵充是一种理想化的情形。

词条名称：**不完全套期保值**

英　　文：**imperfect hedging**

定义：不完全套期保值是指期货头寸与现货头寸的盈亏只是在一定程度上相抵的套期保值。

释义：实践中，套期保值操作效果更可能是不完全套期保值或者非理想套期保值，即两个市场的盈亏不能刚好完全相抵。导致不完全套期保值的原因有：（1）期货价格与现货价格变动幅度并不完全一致；（2）由于期货合约标的物可能与套期保值者在现货市场上交易的商品等级存在差异，当不同等级的商品在供求上出现差异时，则价格变动程度就会出现差异；（3）期货市场建立的头寸数量与被套期保值的现货商品之间存在差异，也会出现两个市场盈亏不一致。

词条名称：**最佳套期保值比率**

英　　文：**optimal hedge ratio**

定义：最佳套期保值比率是指套期保值中采用的期货合约所代表的数量与被套期保值的现货数量之间的比率，可以使得套期保值达到最佳效果。

释义：对于一般的企业来说，套期保值的动机既不是风险最小化，也不是利益最大化，而是两者的统一，即将企业的利润曲线的波幅压缩到企业稳健经营的可接受程度，往往这样的效果最佳。在完全套期保值中，按照“1:1”的套期保值比率操作，这种方式操作很简单。但是由于期货价格与现货价格波动幅度不完全相同，采取“1:1”的套期保值比率会带来基差变动的风险，造成不完全套期保值。因此，在实际操作中，企业可以结合不同的目的，同时根据风险偏好和可承受度，灵活选用套期保值比率，使得套期保值达到最佳效果。

公式：最佳套期保值比率等于套保期限内现货价格变动的标准差与期货价格变动的标准差的商乘以二者的相关系数。

词条名称：**牛市套利**

英　　文：**bull spread**

定义：牛市套利是指当市场出现供给不足、需求旺盛的情况，导致较近月份期货合约价格上涨幅度大于较远月份期货合约上涨幅度，或者较近月份期货合约价格下跌幅度小于较远月份期货合约下跌幅度时，买入较近月份期货合约同时卖出较远月份期货合约的操作。

释义：无论是正向市场还是反向市场，出现上述情形时，采取牛市套利的盈利可能性比较大。一般来说，牛市套利对于可储存商品且是在相同作物年度最有效。适用于牛市套利的可储存商品有小麦、棉花、大豆、糖、铜等。对于不可储存商品，不同交割月份的商品期货合约价格间的相关性很低或者根本不存在，进行牛市套利没有意义。进行牛市套利时，需要注意的一点是：在正向市场上，牛市套利的损失相对有限而获利潜力巨大。

词条名称：**熊市套利**

英 文：**bear spread**

定义：熊市套利是指当市场出现供给过剩、需求相对不足时，一般来说，较近月份期货合约价格下降幅度往往要大于较远月份期货合约价格的下降幅度，或者较近月份期货合约价格上升幅度小于较远月份期货合约价格的上升幅度时，卖出较近月份期货合约的同时买入较远月份期货合约的操作。

释义：当市场是熊市时，一般来说，较近月份的期货合约价格下降幅度往往要大于较远月份期货合约价格的下降幅度。如果是正向市场，较远月份期货合约价格与较近月份期货合约价格之间的价差往往扩大；如果是反向市场，则近期期货合约与远期期货合约的价差会缩小。此时我们可以进行熊市套利。进行熊市套利时要注意：当近期期货合约的价格已经相当低时，以至于其不可能进一步偏离合约价格时，进行熊市套利很难获利。

词条名称：**蝶式套利**

英 文：**butterfly spread**

定义：蝶式套利是指由共享居中交割月份一个牛市套利和一个熊市套利的跨期套利组合的操作。由于近期和远期月份的期货合约位于居中月份的两侧，形同蝴蝶的两个翅膀，因此称之为“蝶式套利”。

释义：蝶式套利的具体操作方法是：买入（或卖出）近期月份期货合约，同时卖出（或买入）居中月份期货合约，并买入（或卖出）远期月份期货合约，其中，居中月份期货合约的数量等于近期月份合约和远期月份期货合约数量之和。蝶式套利和普通跨期套利的相似之处，都是认为同一商品、但不同交割月份之间的价差出现了不合理的情况；其不同在于，普通跨期套利只涉及两个交割月份之间的价差，而蝶式套利认为居中交割月份期货合约价格与两旁交割月份期货合约价格之间的相关关系出现了差异情况。

词条名称：**鞍式**

英 文：**straddle**

定义：鞍式，又称“跨式套利”，是指马鞍式期权，即以相同的行权价格同时买进或者卖出不同种类的期权。

释义：根据投资者买卖方向不同，分为买入鞍式期权（买入跨式套利）、卖出鞍式期权（卖出跨式套利）。买入鞍式期权是以相同的行权价格同时买入看涨期权和看跌期权（月份、标的物也相同），适用于后市方向不明确、但认为会有显著的价格变动，波动性会增大；买入鞍式套利的最大风险是所支付的全部权利金。卖出鞍式期权是以相同的行权价格同时卖出看涨期权和看跌期权，适用于预计价格会变动很小或者没有变动，价格上升或者下跌的幅度收窄；卖出鞍式期权的最大收益是所收取的全部权利金。

词条名称：**勒式**

英 文：**strangle**

定义：勒式，又称“宽跨式套利”，是指勒束式期权组合，即投资者同时买进或卖出相同标的物、相同到期日，但不同行权价格的看涨期权和看跌期权。

释义：宽跨式套利比跨式套利成本低，但需要较大的波动才能达到损益平衡或获利。根据投资者买卖方向的不同，分为买入勒式期权组合（买入宽跨式套利）、卖出勒式期权组合（卖出宽跨式套利）。买入勒式期权组合是以较低的行权价格买入看跌期权，并以较高的行权价格买入看涨期权，适用于预测价格将有较大的变动、但无法确定其方向，市场波动率上升等情况；最大风险是支付的全部权利金。卖出勒式期权组合是以较高行权价格卖出看涨期权，并以较低行权价格卖出看跌期权，适用于预测价格将有变动、但无法确定其方向，市况日趋盘整、市场波动率下降等情况；最大收益是所收取的全部权利金。

词条名称：**贝塔值**

英　　文：**beta**

希　　文：**β**

定义：贝塔值，又称“Beta 系数”（β 系数），是指特定资产（或资产组合）的系统风险度量。

释义：贝塔值起源于资本资产定价模型（CAPM 模型），是一种风险指数，用来衡量个别股票或股票基金相对于整个股市的价格波动情况。β 系数是一种评估证券系统性风险的工具，用以度量一种证券或一个投资证券组合相对总体市场的波动性。对于单项资产来说，β = 1，表示该单项资产的风险收益率与市场组合平均风险收益率呈同比例变化，其风险情况与市场投资组合的风险情况一致；β > 1，说明该单项资产的风险收益率高于市场组合平均风险收益率，则该单项资产的风险大于整个市场投资组合的风险；β < 1，说明该单项资产的风险收益率小于市场组合平均风险收益率，则该单项资产的风险小于整个市场投资组合的风险。

词条名称：**阿尔法系数**

英　　文：**alpha**

希　　文：**α**

定义：阿尔法系数，又称“α 系数”，是指平均实际回报和平均预期回报的差额。

释义：α 系数是一项投资的绝对回报和按照 β 系数计算的预期回报之间的差额。绝对回报是实际回报减去无风险投资收益，预期回报是贝塔系数和市场回报的乘积，反映该投资由于市场整体变动而获得的回报。α > 0，表示投资的价格可能被低估，亦即表示该投资以投资技术获得平均比预期回报大的实际回报；α < 0，表示投资的价格可能被高估，亦即表示该投资以投资技术获得平均比预期回报小的实际回报；α = 0，表示投资的价格准确反映其内在价值，未被高估，也未被低估，亦即表示该投资以投资技术获得平均与预期回报相等的实际回报。

词条名称：**德尔塔值**

英　　文：**delta**

希　　文：**δ**

定义：德尔塔值，也可表示为“Δ”或“δ”，又称“对冲比”，是衡量期权价格变动与期权标的物价格变动之间的关系，也就是期权价格与期权标的物价格关系曲线的斜率。

释义：δ衡量的是期权价格对期权标的物价格变动所面临的风险程度的指标，δ的取值范围在-1与1之间。看涨期权的δ值是正值，范围从0到1；看跌期权的δ值是负值，范围从-1到0。随着期权到期日的临近，期权δ值也随着期权是实值、平值、虚值的不同而变化。在期权未到期之前，实值期权的δ>平值期权的δ>虚值期权的δ。δ值对于投机者与套期保值者来说都很重要，投机者可以利用δ值来帮助识别对标的物反应最强烈的期权。套期保值者利用δ值来计算对冲特定标的物所需要的期权合约的数量。

词条名称：**程序化交易**

英　　文：**program trading**

定义：程序化交易，又称“程式化交易”，是指所有利用计算机软件程序制定交易策略并实行自动下单的交易行为。

释义：程序化交易的买卖决策一般是在计算机的辅助下，将市场上各种讯息转化为程序参数，由计算机来代替人工发出买卖信号，执行下单程序。程序化交易在一定程度上克服了人类在期货交易时的一些心理弱点，能严守既定的交易策略及操作规范，确保整个交易过程中的一致性。程序化交易系统的实施，需要解决的主要问题是如何处理好市场数据、交易规则和交易者思想三者之间的协调。程序化交易的形式按交易者投资策略来划分，大致可分为价值发现型、趋势追逐型、高频交易型和低延套利型。

词条名称：**量化投资**

英　　文：**quantitative investment**

定义：量化投资就是利用计算机科技并采用一定的数学模型去实现投资理念，实现投资策略的过程。

释义：量化投资在海外的发展已有30多年的历史，其投资业绩稳定，市场规模和份额不断扩大，得到越来越多投资者的认可，但真正的量化基金在国内还比较少见。具体而言，数量化投资就是将投资理念及策略通过具体指标、参数的设计，体现到具体模型中，让模型对市场进行任何不带情绪的跟踪，所以量化投资本质上是利用数据和模型来进行投资决策工作。其主要工作内容包括量化选股、量化择时、股指期货套利、商品期货套利、统计套利、期权套利、算法交易、资产配置、风险控制等各个方面。

词条名称：**算法交易**

英　　文：**algorithmic trading**

定义：算法交易是指通过使用计算机程序来发出交易指令的方法。在交易中，程序可以决定的范围包括交易时间的选择、交易的价格，甚至包括最后需要成交的证券数量。

释义：根据各个算法交易中算法的主动程度不同，可以把算法交易分为被动型算法交易、主动型算法交易、综合型算法交易三大类。被动型算法交易除利用历史数据估计交易模型的关键参数外，不会根据市场的状况主动选择交易的时机与交易的数量，而是按照一个既定的交易方针进行交易。主动型算法交易根据市场交易状况做出实时的决策，判断是否交易、交易的数量、交易的价格等。综合型算法交易是前两者的结合。

词条名称：**高频交易**

英　　文：**high frequency trading**

定义：高频交易是指从那些人们无法利用的极为短暂的市场变化中寻求获利的程序化交易。

释义：根据美国商品期货交易委员会（CFTC）的观点，高频交易有如下四个方面的特征：一是通过算法程序进行决策、生成委托单、执行成交程序等；二是延时很短，目的在于最小化反应时间；三是指令进入系统的速度快、高速连接市场；四是信息量大，即不断有报单和撤单的交易行为。高频交易策略分为做市策略、事件驱动策略、套利策略和统计套利策略。

词条名称：**系统交易**

英　　文：**systematie trading**

定义：系统交易是指交易者运用交易系统来帮助解决交易过程中的信息收集、信息处理、交易决策、交易计划、交易执行等问题的系统性的交易方法。

释义：一个系统交易要包括自己的交易哲理以及具体的交易方法。不同的系统交易者需要不同的交易哲理，比如周期长短的不同、投资理念的差异。作为系统交易者，应该尽量排除一些不必要的主观性。交易系统的开发是一个系统工程。系统交易者根据自己的系统交易，将坚决执行系统交易的指令。建立简单的系统交易至少要包括三个部分：入市信号系统、离市信号系统、资金风险控制系统。

词条名称：**暗池**

英　　文：**dark pools**

定义：暗池是一种非公开的流动性交易场所。

释义：交易场所市场竞争日益激烈，交易技术愈发重要，造成每笔订单规模变小、市场参与者对于交易前和交易后的数据更加敏感。出于对交易中信息泄露的担忧，机构投资者开始广泛地使用暗池交易系统，即撮合未公开显示订单的交易平台。暗池交易系统的实质是一个“非公开的流动池”，原先主要是为机构投资者大宗交易提供匿名“批发市场”，其目的是防止机构投资者交易信息泄露和减少订单对市场的冲击。然而，当暗池交易系统所占交易比重日趋上升时，对暗池交易的监管日益重要，尤其是对其价格发现效率、透明度和市场公平性的重新评估。

（二）投资实战技巧①

词条名称：**投资理念**

英　　文：**investment philosophy**

定义：投资理念，又称“投资哲学”，是指投资主体摆脱投资行为的盲目性而建立的经实践检验是成功的投资原则和方法。

释义：投资理念是投资者或基金经理在投资过程中采用的指导思想和

---

① 撰写：郑亚男；审核：邹功达；单位：广发期货有限公司。

投资策略

方式方法。比如，一些投资者偏好固定收益证券，而另一些人则看重蓝筹股。成功的理念不可能一次形成，它靠的是积累。投资理念因人而异，成功的投资理念也不完全相同。认知产生理念，理念产生交易策略（交易法则），交易策略（交易法则）产生交易。理念处于理解和行动之间。

词条名称：**市场趋势**

英　　文：**market trend**

定义：市场趋势是指市场中资产价格变动的整体方向，是对一个或几个有确定意义的市场影响因素所做的持续反应，表现为具有统计相关特征的价格序列。

释义：从一般意义上讲，趋势就是市场何去何从的方向。通常情况下，市场不会朝任何方向直来直去，市场运动的特征就是曲折蜿蜒，它的轨迹酷似一系列前赴后继的波浪，具有相当明显的峰和谷。市场趋势可以看成这些波峰和波谷一次上升和下降的方向所构成。无论这些峰和谷是依次递升，还是依次递降，或者横向延伸，其方向就构成了市场的趋势。市场趋势的走向对市场交易和分析都至关重要。

根据未来价格走势方向的不同，市场趋势可以分为上升趋势、下跌趋势和横向延伸三种类型。根据考察时间跨度不同，市场趋势又可以分为长期趋势、中期趋势和短期趋势，或者称为主要趋势、次要趋势和短暂趋势。这些趋势同时并存，并共同作用于市场。投资者会根据自身投资的偏好和特点，依据市场趋势的不同，而选择不同的投资策略和交易方向。

词条名称：**顺势而为**

英　　文：**trend following**

定义：顺势而为是趋势跟踪策略的核心思想，即利用市场价格的长期、中期和短期波动进行追随买卖操作的投资策略。

释义：该交易策略关注市场趋势变动机制，利用买卖双向操作，在市场价格上升或下跌趋势中都可以获得收益。交易者利用当前市场价格、移动平均线和通道突破来判断市场趋势变动的一般方向，并以此发出交易指令。顺势而为的交易策略并不去尝试预测未来市场的变动方向和价格水平，而是当价格有所变动时，迅速对市场的运动产生反应。趋势跟踪交易者参与已经发生的而不是将要发生的趋势。一般说来，在期货市场上，大多数顺应趋势方法的焦点实际上是中期趋势，即可能延续数月者。短暂趋势主要用来选择出入市的时机。在中等的上升趋势中，短暂的回落可以用来建立多头头寸；而在中等的下降趋势中，短暂的上弹可以用来建立空头头寸。

词条名称：**牛市不言顶，熊市不言底**

英　　文：**don't pick top in bull markets, don't pick bottom in bear markets**

定义："牛市不言顶，熊市不言底"是股票投资箴语，即在牛市不要因价格大幅上涨而轻易断定市场顶部到来出货平仓；在熊市不要因价格大幅下跌而轻易判定市场底部而买入建仓。

释义：“牛市不言顶，熊市不言底”的实质就是顺势而为，而不要去预测市场的顶部和底部。根据趋势理论，一个市场主要趋势形成后不会轻易改变，处于上升趋势的牛市中，上升波浪会不断向上突破，而在下跌趋势的熊市中，下跌波浪也会将各个支撑点击穿。因此，在市场趋势发生实质性改变之前，牛市中的买入持仓不要轻易出场，而熊市中的空仓持币则不要轻易入场。

词条名称：**理性投资**

英　　文：**rational investment**

定义：理性投资是指投资者通过谨慎且符合逻辑的投资决策来实现自身收益最大化，或者达到与自身利益一致的最优效用水平的投资决策过程。

释义：理性投资要求投资者综合考虑投资收益、成本、风险等各种影响因素，在满足各种约束条件下，做出最优化自身效用水平的投资决策。例如，马科维茨的投资组合理论要求最优决策满足既定风险条件下的收益最大或既定收益条件下风险最小就是理性投资的一种表现；而行为金融学中描述的证券投资决策中的“选择性偏差”现象则是非理性投资的一种体现。

词条名称：**正确对待不确定性**

英　　文：**dealing with uncertainty correctly**

定义：正确对待不确定性是指投资者在决策方案制定过程中，要对事前无法控制的外部因素进行分析，尽量弄清和减少不确定性因素对经济效益的影响，预测投资对某些不可预见的政治与经济风险的抗冲击能力，尽可能避免投资后不能获得预期利润和收益的情况。

释义：不确定性在经济学中是一个关于风险管理的概念，是指经济主体未来的经济状况（尤其是收益和损失）的分布范围和状态。或者简单地说，不确定性是指经济行为者事先不能准确地知道自己的某种决策的结果，只要经济行为者的一种决策的可能结果不止一种，就会产生不确定性。正确对待不确定性，要求决策者科学合理地看待不确定性的存在，通过不确定性分析做出比较可靠、接近客观实际的估计或预测。例如，决策前进行平衡分析、敏感性分析和概率分析。

词条名称：**投资原则**

英　　文：**investment principle**

定义：投资原则是指进行实业投资或者金融投资时所遵循的原则。

释义：投资人有两个核心原则：一是一定要控制亏损；二是记住第一个原则，如有违背，按照第一个原则处理。国际投资大师伯顿·马尔基尔提出“生命周期投资”的五原则：第一，历史证明风险与收益总是相伴而生。第二，投资股票和债券的风险取决于持有资产的期限长短。第三，定期定额投资可以降低投资风险。第四，调整资产类别权重可以降低风险，还可能提高投资收益。第五，注意区分对风险所持有的态度和实际承担风险的能力。

词条名称：**资本保障原则**

英　　文：**capital protection principle**

定义：资本保障原则是指在具体交易时，期货投资者应当将盈亏限制在可控范围内，能够保有继续投资的本钱，在市场上生存下去，达到保障资本安全性的目的。

释义：保障资本经常被索罗斯等投资大师表达为“先生存，再赚钱”，“保存资本永远是第一位的”，“留得青山在，不怕没柴烧”。正确认识资本保障原则，需要避免四个认识误区：（1）既然保障资本是最重要的，那么投资者最好什么也不做，以避免可能的亏损。（2）落袋为安，是指交易者头寸处于有利形势时，急急忙忙平仓获利，以致失去了以后赚大钱的机会。（3）与市场战斗，指投资者做交易计划时认为自己对市场趋势非常有把握，忽略了很多风险和不确定因素，在交易时发现自己的判断和市场正好相反，成为市场的敌人，结果以惨败告终。（4）怀有侥幸心理。要想实现资本保障原则，需要做到：期货投资账户中用于风险投资的比例是一定的；资本保障始终贯穿交易全过程，是长期效益的体现；需要和其他原则配合使用，例如风险和收益原则是实现资本保障原则的基础，限制亏损和放大盈利原则是关键，止盈止损的时机、价位直接关系着资本保障原则能否有效进行。

词条名称：**限制亏损原则**

英　　文：**stop-loss principle**

定义：限制亏损原则是指进行金融投资时要严格控制亏损的程度和保证资产的安全，将亏损限于小额的原则。

释义：索罗斯在《金融炼金术》中对于限制亏损有两句话说明：“相对于近期盈利，我更关心交易资本的安全”和“我主要的还是着眼于限制亏损，而不是牟取暴利”。亏损是期货交易中不可或缺的一部分，但不能接受亏损是众多投资者在金融风险市场遭致失败的共同原因。因此，在通往财富的道路不在于盈利多少，而是在出现亏损的情况下，要正视亏损头寸，并做出审慎而果断的决策。

限制损失做法的重要性可生动地用鳄鱼规则予以体现。万一鳄鱼咬住你的脚，务必记住，你唯一的生存机会便是牺牲一只脚。若以期货市场的语言表达，限制亏损原则就是：当你知道自己犯错误时，要学会壮士扼腕，立即了结出场。一旦亏损达到投资者预定的界线，无论投资者的判断是对还是错，要立即止损离场，避免损失扩大。

词条名称：**放大盈利原则**

英　　文：**profit maximization principle**

定义：放大盈利原则是指投资时，尤其是在做期货交易中，当对市场趋势有着充足的信心时，应当把握住交易时良机，让盈利最大程度地增长。

释义：放大盈利，让盈利最大程度地增长，通常包含两层含义：一是判断正确时，对自己已经建立的头寸要有耐心，一直将头寸持有到对市场未来价格趋势不确定时再平仓，尽可能将盈利扩大，这也是通常意义上投资者对于放大盈利的理解；二是对趋势有较大把握时，在将风险控制在一定范围内的前提下，尽可能扩大自己的头寸，但考虑到一旦判断错误，可能面临相当高的风险，因此，该做法主要适用于资金实力雄厚的投资者。

限制损失、放大盈利原则和资本保障原则紧密联系在一起，违背了这些原则，投资者无法在市场上长期生存，必然退出市场。放大盈利一般有如下方法：（1）增加仓位，（2）增加交易次数，（3）找出更佳报酬/风险比的交易。

词条名称：**止盈止损原则**

英　　文：**stop-profit and stop-loss principle**

定义：止盈，又称“停利”、“止赚”。止损，又称“割肉”，就是在能够承受的风险损失价位挂单出货。止盈和止损主要探讨的是投资者的离场策略，即如何扩大盈利头寸和减少损失。

释义：止盈通俗理解是见好就收，不要过分追求盈利最高。止盈包括静态止盈和动态止盈两种方法。止盈通常需要遵循四个原则：转势止盈、回调到建仓价位立即止盈、技术点止盈和“回档30%”止盈。止损是指当某一投资出现的亏损达到预定数额时，及时斩仓出局，以避免造成更大的亏损，其目的是在投资失误时，把损失限定在较小的范围内。止损通常遵循三个原则：（1）按照计划止损，具体包括资金止损法、技术指标止损法和价格形态止损法；（2）和预期不相吻合止损；（3）反向止损，即投资者入市交易就发现自己的交易方向与市场价格走势相反，应当立即止损出局，再来重新审视自己的交易计划。

词条名称：**风险管理原则**

英　　文：**risk management principle**

定义：风险管理原则是指无论在任何情况下都绝对不要忽略或者低估潜在风险。投资者通过一系列措施将风险控制在可控可管理的范围之内，避免风险失控，避免投资者放任风险扩大而没有采取任何措施情况的出现。

释义：风险管理原则给投资者能够在市场中长期生存上了一个保险闸，一旦到达风险警戒位置，就止损出局；一旦有好的市场机会时，还可以进入市场进行交易。通过风险识别、风险衡量、风险评价和风险应对，采用多种管理方法、技术和工具，对投资活动所涉及的各种风险实施有效的控制和管理，采取主动行动，尽量使风险事件的有利后果最大，而使风险事件所带来的不利后果降到最低，以最少的成本保证投资安全、可靠地实施，从而实现投资的总体目标。

风险管理原则一般包括以总成本最低为总目标经济性原则；从投资整体上来考虑各项风险因素的整体性原则；必须时刻关注风险，针对不同的风险因素采用不同的风险管理方法的整体性原则。操作上可以通过分散化投资、设定止损位和利用杠杆等原则和方法来进行风险管理。

词条名称：风险收益对应原则

英　　文：principle of risk corresponds to return

定义：风险收益对应原则是指尽管期货市场是高风险、高收益的市场，但存在三类市场机会：风险收益大致对等的投资机会、高风险低收益的投资机会以及低风险高收益的投资机会。因此，投资者应尽可能寻找低风险高收益的机会，以降低风险、提高投资回报。

释义：风险收益对应原则主要发挥两个作用。（1）风险收益对应原则是实现资本保障和限制亏损、放大盈利原则的重要前提；（2）每笔交易都按照风险收益对应原则进行，就可以持续获利，进而获取高额利润。风险收益对应原则告诉我们，应当正确认识交易机会的风险/报酬比率，摒弃承担高风险不一定获取高收益的机会，抓住承担可见可控风险、且报酬明显高于风险甚至无法估量的情况，这是好的投资机会。风险/报酬比率的真正含义就是唯有明确了解某一交易的潜在风险和潜在报酬时，才能根据潜在的报酬拟定投资决策。

例示：以上涨趋势为例，风险/报酬比率 =（买进价位 - 出场价位）/（目标价位 - 买进价位），另外应该加入可能性因子，即应该在潜在利润和亏损额上，分别乘以上述利润和亏损出现的可能性（概率）。

具体操作可以通过从技术图表、心理以及国家调控价位等方面寻找低风险高收益的机会，实现风险收益对应原则。

词条名称：盈利模式多样化原则

英　　文：principle of profit model diversification

定义：盈利模式多样化原则是指交易者根据各种盈利模式的原理和技巧，对自身和市场情况做出判断，在不同市场或市场不同时期采取不同的盈利模式，以规避风险、扩大收益。

释义：多样化的盈利模式要求在操作上建立不同交易策略下的头寸，利用各种盈利模式对风险的依存度差别，从操作策略的层面分散风险、获取收益。具体的盈利模式主要有：日内交易、短线交易、波段交易、中线交易和长线交易。各种盈利模式的原理和技巧有较大区别，在选择具体的盈利模式组合时，投资者需要根据自身的交易特点和风险偏好类型以及具体的市场情况来选择。

词条名称：交易计划

英　　文：trading plan

定义：交易计划是指交易者为完成一定时间内的交易目标所制订的措施、方法和步骤。

释义：交易计划是为克服人类的弱点而设立的，交易者通过严格执行交易计划，可以有效规避因人类情绪或冲动而造成的风险。交易计划的制订建立在一定交易规则或交易策略基础之上，交易计划可以为投资者提供交易信号，并且提示相应的交易风险。制订交易计划，必须对未来交易过程中可能出现的各种情况有清醒的认识，进而设定对应的交易目标、措施和方法。交易计划制订后，在后续的交易过程中投资者必须严格执行，在交易周期完成后，投资者可以对交易计划进行修正和完善。

词条名称：交易计划内容

英　　文：content of a trading plan

定义：交易计划内容是指交易计划所必须涉及或者考虑的各种情况和相应的解决方法或规则。

释义：好的交易计划必须考虑交易过程中可能碰到的各种问题，并制定相应的规则和解决方法。通常来说，交易计划必须包含交易目标、买入策略、卖出策略、持有策略、资金管理和风险管理等内容。这六大部分又可以进一步细化，如买入策略主要是交易标的和交易时点的选择，其决策基础分为技术分析和基本面分析两大类，而这两大类又有多种分析工具和分析方法，买入策略的主要内容就是选定相应的分析工具和分析方法。

词条名称：交易计划制订步骤

英　　文：steps of making a trading plan

定义：交易计划制订步骤即确定交易计划内容的顺序和过程。

释义：制订交易计划需遵循一定的程序。第一，交易者需认清自我，并以此选择相应的交易目的和交易风格；第二，交易者应当确认自己的交易原则，这是后续交易决策的总纲；第三，交易者需要决定交易的时间范围，是短期交易还是长期交易；第四，交易者需制订选择交易标的的方法，比如趋势线方法；第五，交易者要选择确定进入时点的方法；第六，交易者将制订确定交易头寸的方法，或者说制订资金管理的方法；第七，交易者将制订退出策略；第八，交易者应当制订风险管理方法，如止损策略。

词条名称：交易计划实施

英　　文：implementation of a trading plan

定义：交易计划实施是指严格、准确地贯彻执行交易计划中所确定的各项交易策略与交易安排。

释义：完成交易计划的制订之后，只是一笔交易的良好开端，更重要的工作是坚决而迅速地执行所制定的这个交易计划。虽然说在所有交易者当中，有的交易者从来没有制订过交易计划，但是不能否认的是，大多数交易者从来没有执行过自己辛辛苦苦制订的交易计划，他们所进行的交易都是他们从来没有计划过的。这其中的原因来自两个方面：一个是思想上的错误认识；另一个是缺乏自律精神。一直以来，很多交易者都把损失与否作为衡量交易成功与失败的标准，正是这个错误观念使得人们的行为偏离了正轨。衡量交易成功与否不该用资金损失与否来界定，而要用是否执行了自己的计划、是否控制了风险来界定，如果一笔交易能够按照计划执行，那么这笔交易即使是亏损出局，也是成功的交易。

词条名称：**交易计划修订**

英　　文：**trading plan renewal**

定义：交易计划修订是指在严格执行交易计划过程中，交易参与者需要根据交易环境的变化，基于新形势做出新的分析判断，对原有的交易计划进行不断的修改和完善。

释义：交易计划和交易日记一样，也是需要不断检查和检讨的，在定期检查和检讨中，交易者会发现自己有哪些疏忽的地方，有哪些需要改进的地方，经过完善和改进，使自己的交易绩效进一步提高。交易者有必要经常记录自己的交易思路、操作记录、投资感悟，并不断对失败或成功的交易进行总结。

词条名称：**交易计划退出**

英　　文：**withdraw from trading plan**

定义：交易计划退出是交易计划内容中的一个环节，具体是指交易的退出策略。

释义：退出策略包括三个方面：（1）判断失误退出策略，即止损策略；（2）获得利润，成功完成交易退出策略；（3）在一段时间内价格的变化并没有如你预期的那样移动时，如何退出的策略。这里面最难的是止损策略的制定和执行，设立止损策略的前提是交易者要明白什么情况下，其判断是错误的，所以进行交易之前交易者一定要明白交易分析、判断工具的原理。止损执行难，是因为止损涉及对交易者自己先前判断的否定以及接受资金损失的现实，这对交易者是个极大的挑战，所以止损的执行远难于止盈的执行。

词条名称：**资金管理方法**

英　　文：**money management methods**

定义：资金管理方法，又称“资金管理体系”、“资金管理制度”，是指投资者对现金和现金等价物进行科学管理，从而提高资金投资效率，保证资金安全和完整的一系列资金配给原则。

释义：资金管理方法的实质是基于金融理论和数学模型制订的关于资金投入决策的完整方案。通过制订合理的资金管理方法，投资者可依据总资金以及许可的风险（根据投资者的风险偏好度获得）计算出最佳的投资种类以及交易的最优数量，从而降低投资风险，提高投资效率。虽然资金管理方法在一定程度上会降低投资者的期望收益，但能够有效分散投资风险，使资金投入的风险系数最小化，确保资金的长期安全。

词条名称：**资金管理体系的构成**

英　　文：**composition of money management system**

定义：资金管理体系的构成包括具体的交易原则和完整的投资步骤，两者共同构成一个完整的体系。资金管理体系主要包括头寸管理和风险管理两个组成部分。头寸管理不仅包括投资品种的选择和组合，还包括每笔交易资金的大小、头寸规模的确定、加码数量或减仓数量、何时加码等方面的内容；风险管理是指通过一些风险控制的措施，实现控制期货交易风险的目的，主要包括止盈和止损。风险管理的意义在于保障资本、避免过度交易或非理性交易。

释义：全面的资金管理体系必须评估市场选择、风险管理、头寸管理、特定交易风险评估以及资金配给等要素。决策步骤的具体顺序如下：（1）根据市场和自身情况寻找合适的投资机会，即可用机会；（2）通过计算风险和收益的期望值对可用机会进行排序；（3）计算用于交易的资本总额，控制总体暴露风险（计算各种风险资产的头寸）；（4）评估每笔交易的最大许可损失，并确定每笔交易数量；（5）对资金在各交易品种间进行分配。

词条名称：**头寸管理方法**

英　　文：**position management methods**

定义：头寸管理方法是资金管理体系的重要组成部分，其实质是对特定品种的头寸规模进行控制。

释义：在拟订资金管理方法时，一个重要的元素就是在选定交易品种后进行头寸管理，即决定该品种应该建立多少仓位。较高的仓位意味着更高的期望收益值，但也伴随着更大的风险，投资者要获得收益风险比最大化，就必须制定科学的头寸管理方法。头寸管理的主要内容包括：每笔交易的资金规模；账户规模处于何种情况下可采取加注策略，在何种情况下实行减仓或者减少资金投入；加注时，增加投资的规模可以达到多少等内容。头寸管理方法的作用就是通过综合考虑以下要素计算出合理的投资数量：每个品种上的投资金额占总资金的比例、交易的最大许可损失、行情与预期背离时的止损机制。头寸管理主要受初始资本大小、每次拥有多少头寸和心理因素的影响。科学的头寸管理能够帮助投资者提高获胜时的收益、减少失败时的损失，使投资者能够在市场中长期生存。

词条名称：**资金风险管理**

英　　文：**capital risk management**

定义：资金风险管理是指在投资过程中，为规避可能发生的风险、保证预期收益而制订的详细周密的交易计划或者采取一系列管理活动的总称。

释义：资金风险是对投资进行结算时，投资者可能无法收回全部原始投资额或者与预期收益存在较大差异的可能性。为规避这种可能性，对投资所面临的风险进行反应的管理活动就是资金风险管理，包括风险识别、分析以及对投资风险采取相应反应的过程。风险管理的主要方式是指投资者在确定好每笔交易投入的资金比例后，需要根据自己的风险承受能力，制定相应的风险管理措施。通过设置保护性止损措施，将风险控制在合理范围内，以达到保障资本的目的，避免发生失控的交易。通过止盈措施，将盈利保留住，避免市场逆转导致盈利转为亏损。

词条名称：**资金管理原则**

英　　文：**money management principles**

定义：资金管理原则是指在投资过程中，在应对风险收益情况及价格波动等方面的变化时，对资金实施以风险控制为目的的资金管理时所遵循的原则。

释义：资金管理是指资金的配置策略，以合理的风险控制来赢得持续获取利润的空间。交易者在面对多个交易机会时，首先，需要根据交易机会的回报潜力对其进行排序，进而决定选择哪些交易机会；其次，交易者要决定自己愿意使用的交易资金比例，以及如何在多个竞争机会之间分配资金。其目的是控制风险，保护资金不受到不当损失和过度的风险暴露，使利润最大化，如顺应中等趋势的方向交易、让利润充分增长、把亏损限于小额、依据交易计划进行交易等。从期货市场的实践来看，主要包括：（1）合理选择入市时机、设定头寸规模、确定获利和亏损的限度；（2）整个风险承担、风险暴露程度、每笔交易承担的风险程度、何时该更积极地承担风险、特定时刻所能够承担的最大风险等；（3）如何进行加仓、何时应该认赔平仓、投资组合的设计、多样化的安排等。

词条名称：**资金管理方法**

英　　文：**money management methods**

定义：资金管理方法是指通过控制每次交易使用的资金数量、资金比例，或根据现代投资理论计算得出最优合约数量来建立仓位的方法。

释义：常用的资金管理方法有：（1）固定金额交易法，即每次建仓金额保持在同一水平，该方法最大的好处是简单实用；（2）固定比例交易法，即每次建仓金额比例保持在同一水平；（3）现代投资理论，根据历史数据和各期货品种之间的相关性来计算得出建仓的最优合约数量。

词条名称：**资金管理法则**

英　　文：**money management rules**

定义：资金管理法则是根据交易者的投入资金规模、操作风格、经验素质等情况，制定适合自身的分笔投资额度和累积投资额度，止损和止盈比例，以达到合理、计划、有效地使用资金和规避风险获取收益的目的。

释义：一般情况下，交易者应该建立一定交易比例限制：如分笔资金限制在总资金的10%～15%以内；总投资额限制在总资金的50%以内，余下资金投资货币市场备用；分笔交易的总亏损金额限制在8%以内；进行分散化投资，控制投入同一品种的资金总额；每一次交易造成的损失不要超过总资金的1.5%；连续几次损失超过总资金的6%（不能超过8%）时，需要停止交易一段时间等；或者可以根据自己的交易经验来制定自己的资金管理法则。如交易规模限制在能够承受的范围之内、任何交易均严格设定止损、每笔交易的风险/报酬率至少应该是1∶3、承认错误、尽快转移到下一笔交易、制定切实可行的目标、限制损失，让盈利增长并适当保护利润、绝不为亏损头寸加码等，可作为常用的资金管理法则。

词条名称：**实战技巧**

英　　文：**actual skill**

定义：实战技巧是指在实际交易过程中，对基本交易方法和策略的灵活运用。

释义：实战技巧是指交易者经过长时间的实际操作，总结出来的成功经验、方法和策略。

词条名称：**期货交易方式**

英　　文：**mode of futures trading**

定义：期货交易方式是指交易者在期货交易中采取的方式和手段，我国期货交易方式是T+0交易。

释义：成交当天办理好价款清算交割手续，就称为“T+0交易”。T是英文Trade的首字母，是交易的意思。0是交易日当天，1是指交易日的第二天。T+0交易曾在我国证券市场上实行过，因为其投机性过大，为保证证券市场的稳定，现我国上海证券交易所和深圳证券交易所对股票和基金交易实行“T+1”的交易方式。即当日买进的，要到下一个交易日才能卖出。期货交易则可以当天建仓，当天就可以平仓。

词条名称：**期货交易准备**

英　　文：**preparations for futures trading**

定义：期货交易准备是指期货交易入市前的准备工作。

释义：期货交易准备包括选择经纪公司和经纪人以及开户等程序上的工作。准备重点包括：自身对风险的心理准备；知识上的准备，期货交易者应掌握期货交易的基本知识和基本技巧，了解所参与交易商品的交易规律，正确下达交易指令，使自己在期货市场上处于赢家地位；市场信息上的准备，在期货市场这个完全由供求法则决定的自由竞争的市场上，信息异常重要，谁能及时、准确、全面地掌握市场信息，谁就能在竞争激烈的期货交易中获胜。

词条名称：**计划入市技巧**

英　　文：**skills for planning to enter the market**

定义：计划入市技巧是指长期积累起来的一些计划进入市场者应该注意或者可以采用的相关经验和策略等。

释义：入市前根据个人经验，融合其他成功案例等，选择适合、可行的操作技巧，制订交易计划，制订止盈止损、加码等规则，要有策略、有技巧，不能盲目。

词条名称：**踏准时机入市**

英　　文：**enter to the market in the right time**

定义：踏准时机入市是指准确判断市场趋势，在合适的时点进入市场。

释义：首先，一般应采取基本分析法，仔细研究市场是处于牛市还是熊市。如果是牛市，要分析上涨空间可能有多大，能维持多长时间；熊市同理。其次，衡量风险和收益前景，在每次操作时，投资者要预测可获利的多少和所承担的风险，一般入市的风险报酬比率能够达到或者低于1：3时才入市，这时投资者承担的风险相对较小，反之则放弃。最后，决定入市的具体时间，可通过及时分析方法。

约翰·墨菲非常重视进场时机的选择，他认为，注重出、入时机的选择才能获得比别人更有利的价位。采用合适的分析方法，仔细研究市场。首先判断牛、熊市，分析上涨与下跌的空间及可能维持的时间。接下来，仔细衡量风险和收益前景，在操作时，投资者预测可获利空间及承担的风险；最后决定入市时间。

词条名称：**建仓头寸规模**

英　　文：**position size**

定义：建仓头寸规模是指在期货市场交易中建仓时，买入期货合约所持有的头寸叫“多头头寸”，简称“多头”，卖出期货合约所持有的头寸叫“空头头寸”，简称“空头”，其数量多少称之为“规模”。

释义：头寸管理是指设定账户资金中用于期货交易保证金的比例以及分配到每个交易品种的保证金比重。头寸管理是构建期货交易系统的核心部分。投资者打定主意在某市场建立头寸，并确定好合约品种、合约数量、头寸规模。确定头寸规模可根据设定总的保证金占账户资金的比重，通过计算投资品种波动性等方法估计风险，也可以先确定账户所面临的总风险，再分配各品种所承受的风险来确定建仓头寸规模，或者根据单笔交易亏损的比例来推算持仓的规模。建仓时应该注意，只有在市场趋势已明确上涨时才买入期货合约，在市场趋势已明确下跌时，才卖出期货合约。

词条名称：**建仓价位**

英　　文：**accumulate price**

定义：建仓价位，又称“建仓成本”，是指投资者通过新的买进、卖出交易确定自身的投资状况和位置时所建立的新增资产头寸的平均成本。

释义：在股票市场上，投资者根据市场和自身情况决定新增购买一定数量的某只股票后，根据设定的建仓方法一次性或分批投入购买该股票。建仓过程结束后，投资者为建立该头寸所投入的总资金成本除以其所持有的新增股票总数量，即为该股票的建仓价位。在衍生品市场上，投资者还可以通过卖出衍生品合约实现空头建仓。此时该头寸的建仓价位为卖出合约的总资金成本除以合约数量。

词条名称：**建仓过程**

英　　文：**accumulate process**

定义：建仓过程是指投资者在确定新增投资的资产标的后，根据建仓方法逐步建立资产头寸的过程。

释义：需要分步建仓的投资者为了实现利益最大化，会根据投资目标，采用特定的建仓方法在市场上进行持续交易，直到完成目标头寸的构建。建仓过程所需要的时间并不固定，会随着建仓目标和建仓方法而变化，一般持续几天到几个月。程序化交易的出现极大地提高了建仓效率，采用计算机程序进行自动建仓能大大缩短建仓过程。

词条名称：**建仓方法**

英　　文：**accumulate methods**

定义：建仓方法，又称“建仓策略”，是指投资者确定了目标资产后，根据市场情况和自身投资需求设立的一系列建仓原则，用以指导后续的建仓过程。

释义：投资者在对目标资产进行建仓时，即可选择简单地一次性投入建仓，也可按特定策略进行分步建仓。机构投资者及资金量较大的个人投资者由于建仓量较大，易对市场造成冲击并影响建仓成本，往往需要制订符合市场和交易情况的建仓方法。详细的建仓方法一般包括头寸方向、建仓数量、预期建仓价位以及建仓周期等参数的规定。随着程序化交易的普及，越来越多的投资者开始借助计算机程序实行算法交易，以减少人工成本。

词条名称：**金字塔加码**

英　　文：**pyramid overweight**

定义：金字塔加码属于资金运用策略。在账户出现浮动利润、走势仍有机会进一步发展、决定增加投资时，遵循“每次加码的数量比上次少”，就如：“金字塔”一样的原则，逐次加买数会越来越少。然而，有时候为了使损失交易的入场价格最终得以平衡或是被稀释削弱，也使用金字塔加码方式，但损失情况下通常不推荐使用该法。

释义：增加手中的持仓数量，基本上有三种情况：第一种是倒金字塔式，即每次加码的数量都比原有的旧货多；第二种是均匀式，即每次加码的数量都一样；第三种是金字塔式，即是每次加码的数量都比前一批合约少一半。如果行情一帆风顺的话，那么上述三种处理都能赚钱。如果行情逆转的话，择其优选之。

词条名称：**趋势改变前持有**

英　　文：**maintain position until the trend change**

定义：趋势改变前持有是指在证券、期货及其他金融市场中，资产持有者在市场趋势没有改变前，维持原有的投资策略。当市场趋势对投资者有利时，对已经加码的持仓，不要急于平仓了解，可将头寸继续持有，充分获取市场有利变动产生的利润，直到达到一个合适的价位再行平仓。

释义：股市、期市等都是沿趋势运行的。其趋势有三种：上涨、下滑和水平趋势，趋势运行具有渐进性。趋势主要受供求关系决定，是多、空双方较量的结果，而多、空力量对比是逐步变化的，因此在没出现明确趋势转变时，在面临市场对投资者有利时，对已经加码的持仓不要急于平仓，继续持有头寸，充分获取市场有利变动产生的利润。贯彻趋势改变前一直持有原则，在单边行情中将使投资者获得巨大的盈利。

词条名称：**错误加码**

英　　文：**overweight regardless of the direction**

定义：错误加码是指在证券、期货等市场中，投资者在判断错误的情况下，依然选择不断加大其投资筹码。

释义：投资者应设置止损原则，以规避投资风险。错误加码可能致使持有者出现更大亏损。投资者不能只考虑到判断正确时盈利的可能性，而忽视了交易的潜在风险。常见的错误加码有：逆势操作、盲目摸顶抄底、加死码摊成本、满仓操作、持仓综合症以及下单时犹豫不决、中线短线混乱等情形。

词条名称：满仓操作

英　　文：all-out strategy

定义：满仓操作是指投资者用所有的资金购买投资品种的交易操作方式。其除非变现手中的资产，否则无法追加投资。

释义：满仓操作是投资者在实际交易中采取的一种交易方式，形容投入了全部资金。在期货交易中，一般认为保证金占到全部资金的90%以上时，就被认为是满仓了。满仓操作面临的风险大，一般不建议满仓操作。事事无绝对，即便是大机构投资者也绝不可能完全控制突发事件和政策面或消息面的影响。财富的积累是和时间成正比的，这是国内外期货大师的共识。建议的操作方法是：拒绝满仓，每次开仓不超过总资金的30%，最多为50%，以防补仓或其他情况的发生。

词条名称：平仓止损

英　　文：close out positions to stop loss

定义：平仓止损是指当某一投资出现的亏损达到预定数额时，期货交易者买入或者卖出与其所持期货合约的品种、数量及交割月份相同，但交易方向相反的期货合约，以避免形成更大的亏损。

释义：平仓止损是期货投资术语，形容把损失限定在较小的范围内，用较少的代价换取较大的利益。止损是一种保护机制，投资者要养成良好的止损习惯，建议投资者对每笔交易在买入之前都先预设好止损点或止损计划，从而规避市场中的风险。但是，止损也要讲究一定的方法，避免频繁割肉。一般而言，止损有以下几种技巧：在重要支持或阻力位被突破后止损、绝对金额亏损达到后止损、自我的忍耐限度达到后止损等。

词条名称：锁仓

英　　文：locked position

定义：锁仓，又称“对锁”、“锁单”，是指期货交易者做数量相等，但方向相反的开仓交易，以便不管期货价格向何方运动（或涨或跌），均不会使持仓盈亏再增减的一种操作方法。

释义：锁仓是期货用语，也常见于外汇保证金、黄金保证金交易中。锁仓一般是指交易者在买卖合约后，当市场行情出现对自已的合约有风险或隐形风险时，开立与原先持仓相反的新仓，即持有多、空两笔买卖合约。锁仓有盈利锁仓与亏损锁仓之分。盈利锁仓就是投资者买卖的期货合约有一定幅度的浮动盈利，投资者感觉到原来的大势未变，但是市场可能出现短暂的回落或者反弹，投资者又不想将原来的低价买单或高价卖单轻易平仓，便在继续持有原来头寸的同时，反方向开立新仓。亏损锁仓就是投资者买卖的期货合约有了一定程度的浮动亏损，投资者看不清后市，但又不想把浮动亏损变成实际亏损，便在继续持有原来亏损头寸的同时，反方向开立新仓，企图锁定风险。锁仓的弊端是占用双倍保证金，降低了账户资金的使用效率，增加了投资成本。

词条名称：**获利出局**

英　　文：**profit taking**

定义：获利出局是指当合约价格朝着有利方向运动时，投资者用来锁定并实现盈利的一种方法。

释义：当合约价格比自己的买入价高或比卖出价低时（当然还要扣除交易手续费和印花税），投资者在理论上就已经获得了一个差价盈利。但这个盈利还只是停留在账面上，只要合约一天没了结，盈利就有减少的可能。投资者获利后顺利在理想价位平掉合约，将账面利润转化为现金实利。其操作包括设限亏损、放大盈利、变现浮动利润、暴力平仓和持续性获利等方式。

（三）技术分析方法[①]

词条名称：**量价比较**

英　　文：**price-volume comparison**

定义：成交量是重要的人气指标，它能反映市场的供求关系和买卖双方的力量。量价比较是通过对成交量和价格之间的关系进行分析，判断价格走势和价格运动的强烈程度。

释义：量价比较一般包括：（1）价格随成交量递增而上升，这种量增价涨的关系表示价格将继续上升。（2）在涨势中，价格随递增的成交量上涨，当价格调整后再上涨创出新高，成交量却没有创新高，形成量价背离，这暗示价格将回跌。（3）成交量是价格上涨的动力，价格上涨而成交量萎缩，这显示动力不足，价格将反转回跌。（4）价格随成交量递增而下跌，当成交量放大时，价格低位徘徊，没有创新低，这表明多头市场已经形成，价格将上涨。（5）价格向下跌破支撑线，同时出现大成交量，价格将继续下跌。（6）价格先随递增的成交量逐渐上升，后随成交量剧增而骤升，接着成交量大幅萎缩，价格急剧下跌。这表示涨势已经结束，反转即将成为大势。

词条名称：**内外盘比较**

英　　文：**sell-buy comparison**

定义：内外盘比较是指买入成交和卖出成交的比较。

释义：委托以卖方成交的纳入“外盘”，委托以买方成交的纳入“内盘”。“外盘”和“内盘”相加为成交量。经常外盘大，说明买方资金量大，力量较强，占据上风，期货合约价格一般上涨；反之，如果内盘大，说明卖方资金量大，力量较强，占据上风，期货合约价格一般下跌。

---

① 撰写：周競；审核：周勇；单位：江苏弘业期货有限公司。

词条名称：**线图分析**

英　　文：**chart analysis**

定义：线图分析即K线图分析。通过线图分析，投资者能够全面透彻地观察到市场的真正变化。

释义：投资者通过K线图，既可看到股价（或大市）的趋势，也可以了解到每日市况的波动情形。股价经过一段时间的盘档后，在图上即形成一种特殊区域或形态，不同的形态显示不同的意义。我们可以从这些形态的变化中摸索出一些规律。K线图形态可分为反转形态、整理形态及缺口和趋势线等。

词条名称：**趋势图分析**

英　　文：**trend analysis approach**

定义：趋势图分析是指通过趋势图来分析市场何去何从的方向，即分析市场趋势。

释义：在通常情况下，市场不会向任何方向直来直去，市场运动的特征就是蜿蜒起伏，具有相当明显的峰和谷。无论这些峰和谷是依次递升，还是依次递降，或者横向延伸，其方向就构成了市场的趋势。因此，上升趋势定义为一系列依次上升的峰和谷；把下降趋势定义为一系列依次下降的峰和谷；把横向延伸趋势定义为一系列依次横向伸展的峰和谷。趋势通常可划分为三种类型：主要趋势、次要趋势和短暂趋势。

词条名称：**反转图分析**

英　　文：**reverse cart analysis**

定义：反转图分析是指趋势正在发生重要反转，通过分析相关图表来分析市场。

释义：所有反转形态都具有六个基本要素：（1）在市场上事先确认有趋势存在，是所有反转形态存在的前提；（2）现行趋势即将反转的第一个信号，经常是重要的趋势线被突破；（3）形态的规模越大，则随之而来的市场动作越大；（4）顶部形态所经历的时间通常短于底部形态，但其波动性较强；（5）底部形态的价格范围通常较小，但其酝酿时间较长；（6）交易量在验证向上突破信号的可靠性方面，更具参考价值。反转形态主要包括头肩形、三重顶（底）、V字顶（底）、双重顶（底）以及圆形顶（底）。

词条名称：**整理图分析**

英　　文：**continuation patterns chart analysis**

定义：整理图分析是指市场多空僵持，陷入僵局，此时市场横盘整理，分析相关图表来判断后期走势。

释义：整理形态代表当前市场暂时休整，下一步市场运动将与此前趋势的原方向一致，而不是反转。主要的整理形态包括三角形、旗形、矩形。（1）三角形的形成表示市场内买方和卖方彼此争持，其通常分为上升三角形、下降三角形和对称三角形。（2）旗形势伴随着成交量的放大，价格出现大幅上升或下降，进入短期整理，直到走势再次突破。（3）矩形又称箱形，表示当前市场处于盘整阶段，价格在两条水平的平行线内运动，突破后仍将继续原来的走势。

词条名称：**方向标准离差指数**

英　　文：**direction of the standard deviation index**，缩写 **DDI**

定义：方向标准离差指数，分析DDI柱状线，由红变绿（正变负），卖出信号；由绿变红，买入信号。

释义：DDI用法：（1）ADDI与AD的交叉情况以及背离（背离是指脱离原来的、通常的、正常的或公认的轨道，或是偏离常规、常轨、习惯等）情况。（2）分析DDI柱状线，由红变绿（正变负），卖出信号（当MACD指标中的DIF线和MACD线在0值线以上运行了很长一段时间后，红色柱状线构成一顶比一底顶低的双顶形态时，表明价格的长期上升趋势可能结束，价格将开始一轮新的中长期下跌行情。此时，投资者应及时逢高卖出）；由绿变红，买入信号。（3）观察一段时间内股价相对于前一天向上波动和向下波动的比例，并对其进行分析。

词条名称：**方向移动指数趋向指标**

英　　文：**directional movement index**，缩写 **DMI**

定义：方向移动指数趋向指标，又称“趋势指标”、“趋向指标”和“动向指标”等。为方向移动指数。

释义：DMI的计算过程比较复杂，通常由DI，DX，ADX和ADXR四个指标组成。通过分析上升方向的变动和下降方向的变动在全部变动中所占比例，衡量该方向上多空双方力量的绝对强度，这是DMI的基本思想。（1）+DI，其表示上升方向线，-DI，其表示下降方向线。如果+DI=-DI，则说明向上和向下的力量相等，价格没有趋势，波动也没有方向，DX=0。（2）DX越大，价格就越具有趋势方向，DX越小，DX就越没有趋势方向。DX表明的是多空双方差异的相对水平。（3）无论在空头市场还是多头市场，ADX的曲线总是呈现上升的趋势。

词条名称：**均价**

英　　文：**moving average**，缩写 **MA**

定义：均价是指连续若干交易日的收盘价的算术平均数，连续交易日的数目就是MA的参数。

释义：MA最基本的作用是消除偶然因素影响，留下反映本质的数字。价格在波动过程中会不断出现上下起伏，当然，有些小级别的起伏肯定是不应该被考虑的。MA在某种程度上通过平价可以将小级别的趋势过滤掉。此外，MA还稍微有一点平均成本价格的含义。其优点体现为：（1）运用价格平均线可以观察价格总的走势，不考虑价格的偶然变动，这样可以选择出入市的时机；（2）其可以发出出入市信号，将风险水平降低。（3）其分析比较简单。

词条名称：**指数平滑移动平均线**

英　　文：**moving average convergence and divergence**，缩写 **MACD**

定义：指数平滑移动平均线是利用快速移动平均线和慢速移动平均线，在一段上涨或下跌行情中，两条线之间的距离拉大，而在涨势或跌势趋缓时，两条线又相互接近或交叉的特征，通过双重平滑运算后研判买卖时机的一种方法。

释义：MACD 主要由两部分组成，即离差值（DIF）、异同平均数（DEA），还包括围绕 0 轴波动的 MACD 柱状图。其中，离差值是核心，异同平均数是辅助。DIF 是快速平滑移动平均线和慢速平滑移动平均线的差。

词条名称：**乖离率**

英　　文：**bias**

定义：乖离率是表示计算期的股价指数或个股的收盘价与移动平均线之间的差距的技术指标。

释义：乖离率指标是目前股市技术分析中一种短中长期皆可的技术分析工具，其主要功能是测算股价在变动过程中与移动平均线的偏离程度，从而得出股价在剧烈变动时，因偏离移动趋势过远而可能造成的回档和反弹。乖离率指标认为，如果股价离移动平均线太远，不管是在移动平均线之上，还是在移动平均线之下，都不会保持太长的时间，而且随时会有反转现象发生，使股价再次趋向移动平均线。

词条名称：**商品通道指数顺势指标**

英　　文：**commodity channel index，缩写 CCI**

定义：商品通道指数顺势指标专门衡量股价是否超出常态分布的范围。

释义：CCI 指标波动于正无穷大和负无穷大之间，但又不需要以 0 为中轴线。如果行情是超出寻常的强势或跌势，KDJ、RSI、W%R 等超买超卖指标会突然间失去方向，而 CCI 指标在用于研究那些短期内暴涨暴跌股票的价格走势时，不会出现指标钝化现象，有利于投资者更好地研判涨跌行情。在熊市里，CCI 最有价值的应用是判断短线反弹的顶点。在牛市里，CCI 最有价值的应用是判断短线回调的底部拐点。

词条名称：**随机指标一**

英　　文：**KD stochastics，缩写 KD**

定义：随机指标一包括两条基于收盘价相对于给定时期内的价格区间（最高价与最低价的差）变化率而形成的两条曲线。

释义：当市场处于一个向上的趋势时，收盘价都将更接近当日价格区间的最高价；而当价格向下移动的时候，收盘价则将接近当日价格区间的最低点。随机指数可以用于任何时间周期，每周、每日、每小时，甚至短至每 5 分钟。

词条名称：**随机指标二**

英　　文：**KDJ stochastics，缩写 KDJ**

定义：随机指标二是以特定周期内股价波动所形成的最高价、最低价及最后一个计算周期的收盘价为基础数据，得出 K 值、D 值和 J 值，分别在指标的坐标上形成一个点，连接无数个这样的点位，就形成了一个完整的、能反映价格波动趋势的 KDJ 指标。

释义：KDJ 主要是利用价格波动的真实波幅来反映价格走势的强弱和超买超卖现象，当市场进入了无趋势阶段时，价格通常在一个区间内上下波动，在这种情况下，绝大多数跟随趋势的分析系统都不能正常工作，而随机指标却独树一帜。因此，对技术型投资者来说，跟随随机指标对症下药，能够从经常出现的无趋势市场环境中获利。

词条名称：**相对强弱指标**

英　　文：**relative strength index，缩写 RSI**

定义：相对强弱指标是以一定时间内股票价格的相对涨跌幅度为依据，来分析多空双方的意向和实力，并据此对股价变动的趋势进行预测，是目前股市技术分析中比较常用的中短线指标。

释义：RSI 是基于供需平衡的原理而产生的，通过比较一段时期内单只股票价格的涨跌幅度或整个市场指数的涨跌大小来分析判断市场上多空双方买卖力量的强弱程度，以判断股票价格的走势。强弱指标理论认为，任何市价的大涨或大跌均在 0～100 之间变动。根据常态分配，认为 RSI 值多在 30～70 之间变动，通常 80 甚至 90 时被认为市场已达到超买状态，至此市场价格自然会回落调整；当价格跌至 30 以下即被认为是超卖，市场价格将出现反弹回升。

词条名称：**威廉指标**

英　　文：**williams percent range，缩写 W&A**

定义：威廉指标是当天收盘价在过去一段日子的全部价格范围内所处的相对位置。

释义：W&A 主要作用在于辅助其他指标确认信号，是目前股市技术分析中比较常用的短线研判指标。W&A 是利用摆动点来度量股市的超买超卖现象，其在性质上属于动能指标，具有动能指标的摆动性能。它由一个极端摆动“超买点”到另外一个极端“超卖点”。从单摆的原理看，当单摆接近极端前，都有一个停顿，然后沿着原有趋势惯性向前，才会改变原有趋势。

词条名称：**波浪理论**

英　　文：**wave theory**

定义：波浪理论是指利用道·琼斯工业指数平均（Dow Jones Industrial Average，DJIA）作为研究工具，发现不断变化的股价结构性形态反映了自然和谐之美。

释义：美国证券分析家拉尔夫·纳尔逊·艾略特（R. N. Elliott）根据这一发现，提出了一套相关的市场分析理论，提炼出市场的 13 种形态（Pattern），或称之为“波”（Waves）。在市场上，这些形态重复出现，但是出现的时间间隔及幅度大小并不一定具有再现性。尔后，他又发现了这些呈结构性形态的图形可以连接起来，形成同样形态的更大图形。他因此提出了一系列权威性的演绎法则来解释市场的行为，并特别强调波动原理的预测价值，这就是久负盛名的艾略特波段理论，又称“波浪理论”。

词条名称：**黄金分割理论**

英　　文：**golden section theory**

定义：黄金分割理论是指黄金分

割率的最基本公式，是将 1 分割为 0.618和0.382。

释义：在股价预测中，根据该两组黄金比，有两种黄金分割分析方法。第一种方法：以股价近期走势中重要的峰位或底位，即重要的高点或低点为计算测量未来走势的基础，当股价上涨时，以底位股价为基数，跌幅在达到某一黄金比时较可能受到支撑。当行情接近尾声，股价发生急升或急跌后，其涨跌幅达到某一重要黄金比时，则可能发生转势。第二种方法：行情发生转势后，无论是止跌转升的反转抑或止升转跌的反转，以近期走势中重要的峰位和底位之间的涨幅作为计量的基数，将原涨跌幅按 0.191、0.382、0.5、0.618、0.809 分割为五个黄金点。股价在后转后的走势将有可能在这些黄金点上遇到暂时的阻力或支撑。

词条名称：**迪威周期理论**

英　　文：**dewey cycle theory**

定义：迪威周期理论是指爱德华·迪威经过对股市的深入研究提出的周期理论。

释义：迪威周期理论的基本内容是：（1）不相关却相似。影响股市的因素很多，从表面上看，这些因素似乎彼此不相关，但它们都在相似的周期上运行。（2）同时同步。在大体相同的时间，这些相似的周期有同步的变化。（3）周期分类。可分为长周期（2 年以上）、中周期（1 年）、短周期（几周）。（4）周期叠加。两个不同周期产生的波幅（A 波幅、B 波幅）可以叠加构成另一个复合波幅 C，从而更好地判断股价的走势。（5）周期比例。相邻的两个周期存在比例关系，一般认为是2。如果有一个 1 年的周期，则下一个短期周期应为半年，而下一个长期周期应为 2 年。（6）几乎同步。虽然不同周期的波幅不同，但是 A 波幅、B 波幅几乎同时到达底部或顶部。（7）周期波幅比例。如果周期长度较长，则波幅宽度较宽。如果周期长度较短，则波幅宽度较窄。2 倍是两个周期波幅的参考数，如 100 天的周期波幅大约是 50 天周期波幅的 2 倍。（8）左右转移。理论上计算，100 天周期的波幅最高值应该发生在中间 50 天处。如果波幅最高值左移，即不到 50 天股价提前到达波幅最高值，则行情提前终结；如果波幅最高值右移，即超过 50 天股价未到达波幅最高值，则行情可能暂时延续。

词条名称：**道氏理论**

英　　文：**dow theory**

定义：道氏理论是所有市场技术研究的鼻祖，是技术分析的基石，同时也是最著名的技术分析理论之一。其考虑的是趋势的方向，不预测趋势所涵盖的期间和幅度。

释义：道氏理论断言的主要内容是：（1）平均价格涵盖一切因素。（2）市场波动具有三种趋势：主要趋势、次要趋势和短暂趋势。（3）主要趋势可以分为三个阶段。第一阶段是建仓，第二阶段是上涨，第三阶段是市场高峰。（4）各种平均价格必须相互验证。（5）趋势必须得到交易量的验证。（6）只有发生了确凿无疑的反转信号，才能判断一个既定趋势已经完结，但确定趋势的反转并不容易。

词条名称：**随机漫步理论**

英　　文：**random walk theory**

定义：随机漫步理论，又称“随机游走”，是指价格的变动是随机且不可预测的。

释义：通常这种随机性被认为暗示市场是非理性的，然而恰恰相反，股价的随机变化表明了市场是正常运作或者说是有效的。随机漫步理论认为，价格的波动是随机的，像一个在广场上行走的人一样，价格的下一步将走向哪里是没有规律的。在证券市场中，价格的走向受到多方面因素的影响。一件不起眼的小事也可能对市场产生巨大的影响。从长时间的价格走势图上也可以看出，价格上下起伏的机会差不多是均等的。

词条名称：**亚当理论**

英　　文：**adam theory**

定义：亚当理论讲的是在全世界任何自由市场操作获利的道理。

释义：亚当理论指引投资者用特殊的方式观察市场，并指导其运用比较特别的方法从事市场操作。亚当理论是最纯粹、最简单和容易运用，并在市场上操作获利的方法。该理论只运用市场本身所透露的讯息，还告诉操作者，市场未来最可能运行的方向。运用亚当理论的预测技术，操作者可以预估并确实见到行进的路线。之后，操作者可以自问：“我要不要进场?”如果答案肯定，就立即进场。

词条名称：**相反理论**

英　　文：**Contrarian Theory**

定义：相反理论的基本要点是投资买卖决定全部基于群众的行为，认为不论股市或期货市场，当所有人都看好时，就是牛市开始到顶；当人人看淡时，熊市已经见底。

释义：运用相反理论时，真正的数据通常有两个：一是好友指数（Bullish Consensus）；另一个叫做“市场情绪指标”（Market Sentiment Index）。两个指标都是一些大经纪商、专业投资机构的期货或股票部门搜集的资料。资料来源为各大经纪商、基金、专业投资机构通讯录，甚至报纸、杂志的评论，计算出看好和看淡情绪的比例。以好友指数为例，指数由零开始，即所有人都绝对看淡；直到100%为止，即人人看好，包括基金、大经纪商、投资机构、报章杂志的报导。如果好友指数在50%左右，则表示看好看淡情绪参半。指数通常会在30～80之间升沉。如果是一面倒的看好看淡，显示牛市或熊市已经走到尽头，行将转角，即行情将反转。因为好友指数不同，都有不同的启示，详细的分析将会给投资者一个更清晰的概念，运用理论时也较有把握。

词条名称：**格伦威尔理论**

英　　文：**Granville's theory**

定义：移动平均线由著名的美国投资专家格伦威尔（Joseph E. Granville）于20世纪中期提出，因而称为“格伦威尔理论”，又称“均线理论”，是当今应用最普遍的技术指标之一，它可以帮助交易者确认现有趋势，判断将出现的趋势，发现即将反转的趋势。

释义：格伦威尔理论认为：(1) 当平均线从下降逐渐转为盘局或上升，而价格从平均线下方突破平均线，为买进信号。(2) 当价格虽跌破平均线，但又立刻回升到平均线上，此时平均线仍然保持上升势态，还为买进信号。(3) 当价格趋势线走在平均线上，价格下跌并未跌破平均线并且立刻反转上升，亦是买进信号。(4) 当价格突然暴跌，跌破平均线，且远离平均线，则有可能反弹上升，亦为买进信号。(5) 当平均线从上升逐渐转为盘局或下跌，而价格向下跌破平均线，为卖出信号。(6) 当价格虽然向上突破平均线，但又立刻回跌至平均线以下，此时平均线仍然保持持续下跌势态，还为卖出信号。(7) 当价格趋势线走在平均线下，价格上升却并未突破平均线且立刻反转下跌，亦是卖出信号。(8) 当价格突然暴涨，突破平均线，且远离平均线，则有可能反弹回跌，亦为卖出信号。

词条名称：**西蒙理论**

英　　文：**simon's theory**

定义：美国赫伯特·亚历山大西蒙（Herbere A · Simon）是决策理论的重要代表人物，因而他的理论被称为“西蒙理论”。西蒙在论述决策原则时认为：决策不可能实现最优化原则，只能采取令人满意的准则，即没有最好，只有较好。

释义：现实生活中，最优、最好的方案只是一种理论上的抽象和美好愿望而已，所以，进行决策时只要采取较好方案即可。

词条名称：**江恩理论**

英　　文：**Gann theory**

定义：江恩理论是以研究监测股市为主的理论体系，它是由 20 世纪最著名的投资大师威廉·江恩（Willian D. Gann）结合自己在股票和期货市场上的骄人成绩和宝贵经验提出的，是通过对数学、几何学、宗教、天文学的综合运用建立的独特分析方法和测市理论，包括江恩时间法则、江恩价格法则和江恩线等。

释义：江恩理论认为，股票、期货市场里也存在着宇宙中的自然规则，市场的价格运行趋势不是杂乱的，而是可通过数学方法预测的。江恩理论的实质就是在看似无序的市场中建立严格的交易秩序，可以用来发现何时价格会发生回调和将回调到什么价位。

十一、投资禁止[①]

（一）人员禁止

词条名称：**期货从业人员**

英　　文：**Futures Practitioners**

定义：期货从业人员是指在从事或涉及期货经营业务的机构中，从事期货业务的管理人员和专业人员。

释义：根据中国证监会颁布的《期货从业人员管理办法》，期货从业

① 撰写：李钟；审核：黄小平；单位：中国期货保证金监控中心。

人员是指：（1）期货公司的管理人员和专业人员；（2）期货交易所的非期货公司结算会员中从事期货结算业务的管理人员和专业人员；（3）期货投资咨询机构中从事期货投资咨询业务的管理人员和专业人员；（4）为期货公司提供中间介绍业务的机构中从事期货经营业务的管理人员和专业人员；（5）中国证监会规定的其他人员。

《期货从业人员管理办法》规定期货从业人员不得以本人或者他人名义从事期货交易。《期货从业人员执业行为准则（修订）》也规定从业人员不得以个人或者他人名义参与期货交易。从业人员违反该规定，情节严重的，撤销其从业资格，并在3年内或永久性拒绝受理其资格申请。

词条名称：**期货监管人员**

英　　文：**futures regulators**

定义：期货监管人员是指国务院期货监督管理机构、期货交易所、期货保证金安全存管监控机构和期货业协会的工作人员。

释义：中国证监会及其派出机构、期货交易所、中国期货保证金监控中心、中国期货业协会构成中国期货市场“五位一体”监管体系。“五位一体”监管体系的工作人员称为“期货监管人员”。

《期货交易管理条例》规定国务院期货监督管理机构、期货交易所、期货保证金安全存管监控机构和期货业协会的工作人员不得从事期货交易，期货公司不得接受其委托为其进行期货交易。

期货公司接受不符合规定条件的单位或者个人委托的，责令改正，给予警告，没收违法所得，并处违法所得1倍以上3倍以下的罚款；没有违法所得或者违法所得不满10万元的，并处10万元以上30万元以下的罚款；情节严重的，责令停业整顿或者吊销期货业务许可证。

词条名称：**内幕信息知情人员**

英　　文：**insider**

定义：内幕信息知情人员是指由于其管理地位、监督地位或职业地位，或者作为雇员、专业顾问履行职务，能够接触或者获得内幕信息的人员。

释义：根据《期货交易管理条例》的规定，内幕信息知情人员包括：期货交易所的管理人员以及其他由于任职可获取内幕信息的从业人员，国务院期货监督管理机构和其他有关部门的工作人员，以及国务院期货监督管理机构规定的其他人员。

根据《期货交易管理条例》，期货交易内幕信息知情人或者非法获取期货交易内幕信息的人，在对期货交易价格有重大影响的信息尚未公开前，利用内幕信息从事期货交易，或者向他人泄露内幕信息，使他人利用内幕信息进行期货交易的，没收违法所得，并处违法所得1倍以上5倍以下的罚款；没有违法所得或者违法所得不满10万元的，处10万元以上50万元以下的罚款。国务院期货监督管理机构、期货交易所和期货保证金安全存管监控机构的工作人员进行内幕交易的，从重处罚。

违反《期货交易管理条例》相关规定，情节严重，构成犯罪的，依法追究刑事责任。可参见《中华人民共和国刑法》第一百八十条【内幕交易、泄露内幕信息罪；利用未公开信息交易罪】。

（二）行为禁止

词条名称：**对敲**

英　　文：**matched orders**

定义：对敲是指行为人蓄意串通，双方分别扮演买方和卖方的角色，按事先约定的时间、价格和方式相互进行期货交易，影响期货交易价格或者期货交易量的行为。

释义：进行对敲的投资者，要么试图操纵期货交易价格，要么试图制造交投活跃的市场假象，诱导其他投资者做出错误的投资判断，从而达到获取利益或避免损失的目的。

对敲属于期货市场操纵行为。《期货交易管理条例》规定，禁止欺诈、内幕交易和操纵期货交易价格等违法行为。

词条名称：**分仓**

英　　文：**split the position**

定义：分仓是指期货投资者为了实现超量持仓，借用其他投资者的名义进行期货交易，从而规避交易所有关持仓限额规定的行为。

释义：为防范大户操纵市场价格、防止期货市场风险过度集中于少数投资者，交易所规定会员或客户可以持有的，按单边计算的某一合约投机头寸的最大数额，即为“持仓限额”。但部分投机大户为了实现超量持仓，借用其他投资者的账户进行分仓。这样尽管这组关联账户合并持仓超限，但单个账户却能规避交易所关于持仓限额的规定。

分仓行为涉嫌利用持仓优势操纵市场。《期货交易管理条例》规定，禁止欺诈、内幕交易和操纵期货交易价格等违法行为。

词条名称：**逼仓**

英　　文：**squeeze**

定义：逼仓是指交易者利用资金优势，通过控制期货交易头寸，或者在现货市场上垄断可供交割商品的供给，迫使对手方违约或以不利价格认赔平仓，从而牟取暴利的行为。

释义：逼仓的直接后果是使期货市场价格严重背离现货市场的真实供求关系，不仅损害其他期货投资者的合法权益，也损害社会公共利益。逼仓一般分为多逼空和空逼多两种形式。逼仓属于期货市场操纵行为。《期货交易管理条例》规定，禁止欺诈、内幕交易和操纵期货交易价格等违法行为。

词条名称：**多逼空**

英　　文：**short squeeze**

定义：多逼空是指当多头预期可供交割的现货商品不足时，凭借资金优势，在期货市场上建立足够的多头持仓以拉高期货价格，同时在现货市场上大量囤积可供交割的实物商品，迫使空头违约或以高价认赔平仓，从而牟取暴利的行为。

释义：在一些小品种的期货交易中，当市场操纵者预期可供交割的现货商品不足时，凭借其资金优势，在期货市场建立足够的多头持仓以拉高期货价格，同时在现货市场大量囤积可供交割的实物商品，从而也拉高现货价格。当合约临近交割时，迫使空头要么在期货市场以高价平仓、认赔出局，要么在现货市场以高价买入现货进行实物交割，这样多头均可从中牟取暴利。

词条名称：**空逼多**

英　　文：**long squeeze**

定义：空逼多是指空头利用资金或实物优势，在期货市场上大量卖出某种期货合约，使其拥有的空头持仓大大超过多方能够承接实物的能力，迫使多头违约或以低价认赔平仓，从而牟取暴利的行为。

释义：具有资金或实物优势的市场操纵者，在期货市场上大量卖出某种期货合约，使其拥有的空头持仓大大超过多方能够承接实物的能力，致使期货价格大幅下跌，迫使多头要么低价平仓、认赔出局，要么因为资金实力不足、无法接货而遭受违约罚款，这样空头均可从中牟取暴利。

词条名称：**内幕交易**

英　　文：**insider trading**

定义：内幕交易是指内幕信息的知情人员或者非法获取期货交易内幕信息的人员，在涉及期货交易或者其他对期货交易价格有重大影响的信息尚未公开前，从事与该内幕信息有关的期货交易，或者泄露该信息，或者明示、暗示他人从事上述交易活动的行为。

释义：内幕交易不仅损害其他期货投资者的合法权益，而且损害社会公共利益。内幕交易行为破坏了期货交易活动应当遵循的公开、公平、公正和诚实信用原则。

《期货交易管理条例》规定，禁止欺诈、内幕交易和操纵期货交易价格等违法行为。

根据《期货交易管理条例》，期货交易内幕信息知情人或者非法获取期货交易内幕信息的人，在对期货交易价格有重大影响的信息尚未公开前，利用内幕信息从事期货交易，或者向他人泄露内幕信息，使他人利用内幕信息进行期货交易的，没收违法所得，并处违法所得 1 倍以上 5 倍以下的罚款；没有违法所得或者违法所得不满 10 万元的，处 10 万元以上 50 万元以下的罚款。国务院期货监督管理机构、期货交易所和期货保证金安全存管监控机构的工作人员进行内幕交易的，从重处罚。

违反《期货交易管理条例》相关规定，情节严重，构成犯罪的，依法追究刑事责任。

词条名称：**抢先交易**

英　　文：**front running**

定义：抢先交易是指行为人在对期货市场相关品种合约公开做出评价、预测或者投资建议之前，自己或建议他人抢先买卖相关期货合约，以便从预期的市场变动中直接或者间接获取利益的一种不道德行为。

释义：在股票市场上，如果一家

券商或评级公司做出或者调整了对某只股票的评级，但是在研究报告正式发布之前自己抢先一步提前买卖，这就是股票市场上的抢先交易。抢先交易属于期货市场操纵行为。《期货交易管理条例》规定，禁止欺诈、内幕交易和操纵期货交易价格等违法行为。

词条名称：**操纵交易价格**

英　　文：**manipulation of futures trading prices**

定义：操纵交易价格是指以获取不当利益或转嫁风险为目的，利用其资金、信息等优势或者滥用职权操纵市场，影响期货交易价格，制造期货市场假象，诱导或者致使投资者在不了解事实真相的情况下做出期货投资决定，扰乱期货市场秩序的行为。

释义：《期货交易管理条例》规定，禁止欺诈、内幕交易和操纵期货交易价格等违法行为。根据《期货交易管理条例》，任何单位或者个人有下列行为之一，操纵期货交易价格的，责令改正，没收违法所得，并处罚款：（1）单独或者合谋，集中资金优势、持仓优势或者利用信息优势联合或者连续买卖合约，操纵期货交易价格的；（2）蓄意串通，按事先约定的时间、价格和方式相互进行期货交易，影响期货交易价格或者期货交易量的；（3）以自己为交易对象，自买自卖，影响期货交易价格或者期货交易量的；（4）为影响期货市场行情囤积现货的；（5）国务院期货监督管理机构规定的其他操纵期货交易价格的行为。单位有上述所列行为之一的，对直接负责的主管人员和其他直接责任人员给予警告，并处罚款。

违反《期货交易管理条例》相关规定，情节严重，构成犯罪的，依法追究刑事责任。

词条名称：**混码交易**

英　　文：**code-mixed trading**

定义：混码交易是指不采用一户一码（一个客户一个编码）进行交易，而是将两个或两个以上客户的资金放到同一个交易编码下进行交易的交易方式。

释义：混码交易其实就是一码多用、多户一码，为期货交易风险和纠纷埋下了隐患。

我国期货市场实行严格的一户一码制度。《期货交易管理条例》规定，期货公司应当为每一个客户单独开立专门账户、设置交易编码，不得混码交易。

十二、权益与权益保护①

（一）投资者权益

词条名称：**行情透明度**

英　　文：**quotation transparency**

定义：行情透明度，又称为“报价透明度”，是指投资者在交易过程中所能观察到的市场信息量的大小。

释义：《期货交易管理条例》规定：期货交易所应当及时公布上市品种合约的成交量、成交价、持仓量、最高价与最低价、开盘价与收盘价和其

① 撰写：李钟；审核：黄小平；单位：中国期货保证金监控中心。

他应当公布的即时行情，并保证即时行情的真实、准确。在行情透明度问题上，市场往往关心的是交易所对买卖盘的揭示范围（即投资者能看到几档行情）以及中小投资者与大机构在获取买卖盘数据信息方面的差异。

词条名称：**资产安全**

英　　文：**assets safety**

定义：资产安全是指期货市场客户保证金的安全。

释义：期货保证金的安全始终是监管部门矢志不移的追求目标，也是期货市场稳步发展的基础和监管部门维护客户合法权益的核心。为了比较彻底地解决期货保证金的安全管理问题，在完成保证金封闭管理的基础上，经国务院同意，2006 年 5 月中国证监会设立了中国期货保证金监控中心，将期货市场的客户资金全部纳入监控范围，改变了我国期货市场传统的保证金监管理念和方法。《期货交易管理条例》明确规定“应当建立健全保证金安全存管监控制度”，从行政法规的高度确认了我国创立的保证金安全监控体系的合法地位。

（二）权益保护

词条名称：**协商**

英　　文：**negotiation**

定义：协商，又称“谈判”，是指由争议当事人双方在平等自愿的基础上，按照有关法律和合同规定，直接进行磋商，自行达成协议，从而解决争议的一种方式。

释义：协商解决争议的最大特点在于其无须第三者介入，完全由当事人各方自行解决纠纷。

词条名称：**调解**

英　　文：**mediation**

定义：调解是指由争议当事人双方自愿将争议提交第三者，通过第三者的说服、疏导，促使当事人在平等协商基础上自愿达成协议，从而解决争议的一种方式。

释义：调解和协商的主要相同点是在当事人自愿的基础上进行的，两者都需要通过当事人的协商来解决争议。调解和协商的主要不同点在于调解是在第三者介入的情况下进行的，而协商则没有第三者介入。

词条名称：**仲裁**

英　　文：**arbitration**

定义：仲裁是指争议当事人在自愿基础上达成协议，将争议提交非司法机构的第三者审理，由第三者做出对争议各方均有约束力的裁决，从而解决争议的一种方式。

释义：仲裁在性质上是兼具契约性、自治性、民间性和准司法性的一种争议解决方式。仲裁是私人裁判行为，而非国家裁判行为，只适用于民事纠纷，行政案件、刑事案件不适用仲裁方式。

词条名称：**诉讼**

英　　文：**prosecution**

定义：诉讼是指争议当事人向具有管辖权的法院起诉另一方当事人，

从而解决争议的一种方式。

释义：诉讼作为一种解决争议的机制和一种专门法律活动，代表了对国家意志及法律权威的接受与服从。公共权力的使用，使得诉讼往往成为解决争议的最终手段。

词条名称：**期货投资者保障基金**

英　　文：**the protection fund for futures lnvestors**

定义：期货投资者保障基金是国家根据期货市场发展的需要而设立的，在期货公司严重违法违规或者风险控制不力等导致保证金出现缺口，可能严重危及社会稳定和期货市场安全时，补偿投资者保证金损失的专项基金。

释义：2007 年 4 月，经国务院批准，中国证监会、财政部发布《期货投资者保障基金管理暂行办法》，期货投资者保障基金（以下简称“保障基金”）正式设立。2007 年 6 月，中国证监会、财政部发布《关于指定中国期货保证金监控中心有限责任公司代管期货投资者保障基金的通知》，联合指定中国期货保证金监控中心作为保障基金的代管机构，负责基金资金的筹集、管理和使用。

保障基金作为专项基金，主要用于在期货公司严重违法违规或者风险控制不力等导致保证金出现缺口，可能严重危及社会稳定和期货市场安全时，补偿投资者保证金损失。但需要注意的是：期货交易活动实行公开、公平、公正和投资者投资决策自主、投资风险自担的原则，对于投资者在期货投资活动中因期货市场波动或者投资品种价值本身发生变化所导致的损失，由投资者自行负担。

保障基金的设立宗旨是建立健全防范和处置期货公司风险的长效机制，有效保障投资者合法权益，促进我国期货市场改革和稳定发展。

十三、风险与风险防控①

（一）风险分类

词条名称：**系统性风险**

英　　文：**systematic risk**

定义：系统性风险是指由政治、经济、社会等整体环境因素给资产价格所造成的风险。

释义：这种风险不能通过分散投资加以消除，因此又被称为“不可分散风险”。系统性风险的大小可以用贝塔（β）系数来衡量。

词条名称：**非系统性风险**

英　　文：**unsystematic risk**

定义：非系统性风险是指仅对个别行业或个别资产的价格产生影响的风险。

释义：非系统性风险通常由某一特殊的因素引起，与整个资产市场的价格不存在系统的、全面的联系，只对个别资产的价格产生影响。由于非系统风险可以通过多样化投资分散，也被称为“可分散风险”、“个别风险”。

① 撰写：李钟；审核：黄小平；单位：中国期货保证金监控中心。

词条名称：**市场风险**
英 文：**market risk**
定义：市场风险是指因资产的市场价格变化而产生的投资价值潜在损失的风险。
释义：各种资产的市场价格都处于变化之中，市场风险包括股票价格风险、商品价格风险、利率风险、汇率风险等。

词条名称：**信用风险**
英 文：**credit risk**
定义：信用风险是指因交易对手未能如期履约而导致损失的风险。
释义：信用风险这一概念在金融市场上使用广泛，主要是针对债务工具。信用风险最初是指因借款人无法按时还本付息而使贷款人遭受损失的风险，因而又称“违约风险”。

词条名称：**流动性风险**
英 文：**liquidity risk**
定义：流动性风险是指投资者在需要出售资产时，面临变现困难及不能在适当或期望的价格上变现的风险。
释义：流动性风险这一概念最初产生于商业银行管理领域，是指当商业银行流动性不足时，它无法以合理的成本迅速减少负债或变现资产获取足够的资金，从而影响其盈利水平甚至导致流动性危机。除了商业银行管理领域以外，任何金融工具也都存在流动性风险。

词条名称：**操作风险**
英 文：**operational risk**
定义：操作风险是指由于内部程序、人员和系统的不完备或失效，或由于外部事件造成损失的风险。
释义：巴塞尔银行监管委员会将操作风险分为由流程、人员、系统和外部事件所引发的四类风险，并具体细分为七种表现形式：内部欺诈，外部欺诈，雇用合同以及工作状况带来的风险事件，客户、产品以及业务带来的风险事件，有形资产的损失，业务中断和系统失灵，执行、传递及流程管理带来的风险事件。

词条名称：**法律风险**
英 文：**legal risk**
定义：《巴塞尔新资本协议》的规定，法律风险是一种特殊类型的操作风险，其包括但不限于因监管措施和解决民商事争议而支付的罚款、罚金或者惩罚性赔偿所导致的风险敞口。
释义：法律风险这一概念最初产生于商业银行管理领域，随后扩展到整个金融领域。

（二）风险防控

词条名称：**分级结算**
英 文：**multi-layer clearingsystem**
定义：分级结算是指交易所只对其结算会员进行结算，会员公司再对其客户进行结算。
释义：现代期货交易一般实行分级结算制度。这是提高结算效率的必然选择，也是国际期货市场的通行做法。期货交易所在对其会员进行结算时，可以实行全员结算制度或会员分级结算制度。

1. 实行全员结算制度的期货交易所会员由期货公司会员和非期货公司会员组成，均具有与期货交易所进行结算的资格。实行全员结算制度的期货交易所对会员结算，会员对其受托的客户结算。

2. 实行会员分级结算制度的期货交易所会员由结算会员和非结算会员组成。结算会员具有与期货交易所进行结算的资格，非结算会员不具有与期货交易所进行结算的资格。期货交易所对结算会员结算，结算会员对非结算会员结算，非结算会员对其受托的客户结算。

词条名称：**当日无负债结算制度**

英　　文：**mark-to-market settlement system**

定义：当日无负债结算制度，又称“逐日盯市”制度，是指当日交易结束后，期货结算机构对保证金账户当日盈亏状况进行结算，并根据结算结果进行资金划转。当交易发生亏损并进而导致保证金账户资金不足时，投资者必须在结算机构规定的时间内向账户中追加保证金，以满足当日无负债。

释义：结算完毕后，结算会员的结算准备金余额低于最低余额标准时，该结算结果即视为交易所向结算会员发出的追加保证金通知，两者的差额即为追加保证金金额。当日无负债结算制度是期货市场控制风险的重要手段。

词条名称：**单边市**

英　　文：**one-sided market**

定义：单边市指期货交易出现涨跌停板，单边无连续报价。

释义：某期货合约在某交易日收市前5分钟内出现只有停板价格的买入（卖出）申报、没有停板价格的卖出（买入）申报，或者一有卖出（买入）申报就成交、但未打开停板价格的情形。合约连续几个交易日出现同方向单边市时，交易所通常会采取提高交易保证金标准、限制开仓、限制出金、调整涨跌停板幅度等风险控制措施。

词条名称：**保证金制度**

英　　文：**margin system**

定义：保证金制度是指在期货交易中，期货交易者必须按照规定标准缴纳资金，用于结算及保证履约的风险管理制度。

释义：在期货交易中，期货合约的买方和卖方必须按照其所交易的期货合约价值的一定比例缴纳资金，用于结算和保证履约。期货交易应当严格执行保证金制度。期货保证金的收取是分级进行的，交易所向其会员收取保证金，作为交易所会员的期货公司向其客户收取保证金。期货交易所向会员收取的保证金属于会员所有，除用于会员的交易结算外，严禁挪作他用。期货公司向客户收取的保证金属于客户所有，除下列可划转的情形外，严禁挪作他用：（1）依据客户的要求支付可用资金；（2）为客户交存保证金，支付手续费、税款；（3）国务院期货监督管理机构规定的其他情形。期货交易所向会员、期货公司向客户收取的保证金，不得低于国务院期货监督管理机构、期货交易所规定的标准，并应当与自有资金分开，专户存放。交易所设定合约的最低保证金标准，并可根据期货市场风险调整其交易保证金水平。

词条名称：**德尔塔制度**

英　　文：**delta margin system**

定义：德尔塔制度是指通过期权标的资产的 Delta 系数来确定期权卖方所应缴纳的保证金水平的一种保证金收取模式。

释义：相对于传统保证金收取模式，德尔塔制度计算出的保证金数额较低，并且考虑了标的资产在不同价格下期权的风险，因此资金的使用效率较高。

词条名称：**标准化投资组合风险分析**

英　　文：**SPAN margin system**

定义：标准化投资组合风险分析是指通过模拟资产组合随市场状况的变化可能出现的各种结果，从而得到日亏损的最大可能值，然后再在估算的风险中减去可以相互抵消的风险，逐步修正得到一个比较合理的保证金水平的保证金收取模式。

释义：标准化投资组合风险分析系统（Standard Portfolio Analysis of Risk，SPAN）是一个基于投资组合的保证金计算与风险评估系统，它是美国金融市场对 1987 年的股灾反思之后，由芝加哥商业交易所（CME）根据总统顾问小组提出的加强风险控制的建议，于 1988 年设计推出的。经过多年的检验与改进，标准化投资组合风险分析系统得到了市场的广泛认可。其核心优势就是高效的资金风险管理能力。

词条名称：**熔断**

英　　文：**circuit breaker**

定义：熔断是指在期货交易中，当价格波幅触及所规定的点数时，交易随之停止一段时间，或交易虽可继续进行，但价格不能超过规定点数之外的一种交易机制。

释义：熔断机制的目的是让投资者在价格发生突然变化的时候有一个冷静期，防止做出过度反应。熔断机制有“熔而断”和“熔而不断”两种表现形式：“熔而断”是指当价格触及熔断点时，在随后的一段时间内停止交易；“熔而不断”是指当价格触及熔断点后，在随后的一段时间内虽可继续交易，但报价限制在熔断点之内。

熔断机制是 1987 年美国股灾发生后，为控制股票交易风险而引入的一种交易机制。其后又被引入期货市场。熔断机制的设立为期货交易起到了一个减震器的作用。因其与保险丝在电流过大时会熔断而使电路受到保护的情形相似，故形象地称之为“熔断机制”。我国期货市场目前还未实行熔断机制。

词条名称：**套期保值审批制度**

英　　文：**hedging quota system**

定义：套期保值审批制度是指交易所根据套期保值申请人的现货市场

交易情况、资信状况和市场情况，审批确定申请人套期保值额度的制度。

释义：为防范投机大户操纵市场价格、防止期货市场风险过度集中于少数投资者，交易所会实施持仓限额制度，又称为“投机头寸限仓制度”。有真实套保需求的投资者，可以申请套期保值额度，从而不受投机头寸限仓制度的限制。

具体操作时，客户申请套期保值额度应当向其开户的会员申报，会员对申报材料进行审核后向交易所办理申请手续。会员申请套期保值额度，直接向交易所办理申请手续。交易所根据现货、期货市场的情况以及申请人的申请材料、资信状况等进行审核，审批其套期保值额度。

词条名称：**风险警示制度**

英　　文：**risk warning system**

定义：风险警示制度是指当期货交易所认为有必要时，可以单独或者同时采取要求会员和客户报告情况、谈话提醒、书面警示、发布风险警示公告等措施中的一种或者多种，以警示和化解风险。

释义：当出现某些异常情形且交易所认为有必要时，有权要求会员或者客户报告情况，或者约见会员的高级管理人员或者客户谈话提醒风险。交易所通过情况报告和谈话，发现会员或者客户有违规嫌疑、交易头寸有较大风险的，有权对会员或者客户发出书面的“风险警示函”。在某些较大的异常情形下，交易所还可以发出风险警示公告，向全体会员和客户警示风险。

词条名称：**涨跌停板制度**

英　　文：**price limit system**

定义：涨跌停板制度是指规定期货合约在一个交易日中的交易价格不得高于或者低于规定的涨跌幅度，超出该涨跌幅度的报价将被视为无效、不能成交的一种风险管理制度。

释义：涨跌停板制度是为了防止期货合约交易价格暴涨暴跌，抑制过度投机现象，而对每个合约当天价格的涨跌幅度予以适当限制的一种交易制度，是一项重要的风险控制手段。涨跌停板幅度由交易所设定，交易所可以根据市场风险状况调整期货合约的涨跌停板幅度。

词条名称：**持仓限额制度**

英　　文：**position limit system**

定义：持仓限额制度，又称为“投机头寸限仓制度”，简称“限仓制度”，是指交易所规定会员或者客户按单边计算的某一合约投机持仓的最大数量的一种风险管理制度。

释义：为防范大户操纵市场价格，防止期货市场风险过度集中于少数投资者，交易所规定会员或客户可以持有的，按单边计算的某一合约投机头寸的最大数额。同一客户若在不同会员处开仓交易，其在某一合约单边持仓合计不得超出该客户的持仓限额。

词条名称：**大户报告制度**

英　　文：**large position reporting system**

定义：大户报告制度是指当会员或者客户持仓达到交易所规定的报告标准

或者交易所要求报告时，会员或者客户应当向交易所报告的一种风险管理制度。

释义：大户报告制度是与持仓限额制度紧密相关的另一个控制交易风险，防止大户操纵市场价格的风险控制手段。

上海期货交易所、郑州商品交易所和大连商品交易所均规定，当会员或客户某品种持仓合约的投机头寸达到交易所对其规定的投机头寸持仓限额80%以上（含本数）时，会员或客户应当向交易所报告其资金情况、头寸情况。交易所可以根据市场风险状况，制定并调整持仓报告标准。

词条名称：**强行平仓制度**

英　　文：**forced liquidation system**

定义：强行平仓制度是指当会员、客户违规时，为控制市场风险，交易所对其有关持仓实行平仓的一种强制措施。

释义：当会员或者客户出现结算准备金余额小于零并未能在规定时间内补足，持仓量超出其持仓限额标准，因违规受到交易所强行平仓处罚，或者根据交易所的紧急措施应当予以强行平仓，以及交易所规定应当予以强行平仓的其他情形时，交易所有权对相关会员或者客户实行强行平仓。强行平仓的价格通过市场交易形成。

词条名称：**强制减仓制度**

英　　文：**forced position reduction system**

定义：强制减仓制度是指当市场出现极端行情时，期货交易所按照一定的原则把已经亏损、但无法成交的报单与已经盈利、但并未发出成交报单的持仓进行撮合成交，减少市场的总持仓量，以此降低市场违约风险的一种风险管理制度。

释义：当期货交易价格出现同方向连续涨跌停板、单边无连续报价或者市场风险明显增大情况时，期货交易所可将当日以涨跌停板价格申报的未成交平仓报单，以当日涨跌停板价格与该合约净持仓盈利客户按照持仓比例自动撮合成交。

词条名称：**信息披露制度**

英　　文：**Information Disclosure System**

定义：信息披露制度是指期货交易所按有关规定公布期货交易相关信息的制度。

释义：《期货交易管理条例》规定：期货交易所应当及时公布上市品种合约的成交量、成交价、持仓量、最高价与最低价、开盘价与收盘价和其他应当公布的即时行情，并保证即时行情的真实、准确。期货交易所不得发布价格预测信息。未经期货交易所许可，任何单位和个人不得发布期货交易即时行情。《期货交易所管理办法》规定：期货交易所应当以适当方式发布下列信息：（1）即时行情；（2）持仓量、成交量排名情况；（3）期货交易所交易规则及其实施细则规定的其他信息。期货交易涉及商品实物交割的，期货交易所还应当发布标准仓单数量和可用库容情况。期货交易所应当编制交易情况周报表、月报表和年报表，并及时公布。期货交易所对期货交易、结算、交割资料的保存期限应当不少于20年。

词条名称：**交易编码制度**

英　　文：**trading code system**

定义：交易编码制度是指交易所分配专用代码给客户、非期货公司会员，以进行期货交易的一种客户管理制度。

释义：交易编码由会员号和客户号两部分共12位数字组成。其中，前4位数字是会员号，后8位数字是客户号。一个客户同一时期内在一个交易所只能有一个客户号。客户可以在不同的期货公司会员开户，其交易编码只是前4位会员号不同，而后8位客户号必须相同。《期货交易管理条例》规定：期货公司应当为每一个客户单独开立专门账户、申请交易编码，不得混码交易。此外，根据法律、行政法规、规章和有关规定需要对资产进行分户管理的特殊法人机构，可以为其分户管理的资产向交易所申请交易编码。交易编码制度从源头上防范与控制市场风险，是交易所客户管理的根本制度。

词条名称：**风险准备金制度**

英　　文：**risk reserve system**

定义：风险准备金制度是指由交易所设立资金，用于为维护期货市场正常运转提供财务担保和弥补因交易所不可预见风险带来亏损的制度。

释义：《期货交易所管理办法》规定，期货交易所应当按照手续费收入的20%的比例提取风险准备金，风险准备金应当单独核算，专户存储。中国证监会可以根据期货交易所的业务规模、发展计划以及潜在的风险决定风险准备金的规模。

词条名称：**结算担保金制度**

英　　文：**guarantee fund system**

定义：结算担保金制度是指由结算会员依照交易所规定缴存共同担保资金，用于应对结算会员违约风险的一种风险控制制度。

释义：实行会员分级结算制度的期货交易所应当建立结算担保金制度。结算担保金包括基础结算担保金和变动结算担保金。结算担保金由结算会员以自有资金向期货交易所缴纳。结算担保金属于结算会员所有，用于应对结算会员违约风险。

词条名称：**跨市场监管**

英　　文：**cross-market supervision**

定义：跨市场监管，又称“交叉监管”，是指鉴于股票市场与股指期货市场联系紧密，存在相互联动、风险传递的可能，为防范跨市场操纵和跨市场风险，及时发现和及时制止跨市场违法违规行为，保障股票市场与股指期货市场的安全运行和健康发展，由上海证券交易所、深圳证券交易所、中国金融期货交易所、中国证券登记结算公司和中国期货保证金监控中心五方建立的联合监管协作机制。

释义：2007年8月13日，上海证券交易所、深圳证券交易所、中国金融期货交易所、中国证券登记结算公司和中国期货保证金监控中心在上海签署了股票市场和股指期货市场跨市场监管协作系列协议，又称“1+3”协议。此举标志着股票现货市场和股指期货市场的跨市场监管协作体制框架正式建立。

词条名称：**跨市场监管协作系列协议**

英　　文：**cross-market supervision agreements**

定义：跨市场监管协作系列协议是指上海证券交易所、深圳证券交易所、中国金融期货交易所、中国证券登记结算公司和中国期货保证金监控中心于2007年8月13日在上海签署的股票市场与股指期货市场跨市场监管协作系列协议。

释义：该系列协议包括《股票市场与股指期货市场跨市场监管备忘录》以及《股票市场与股指期货市场跨市场监管信息交换操作规程》《股票市场与股指期货市场跨市场监管反操纵操作规程》《股票市场与股指期货市场跨市场监管突发事件应急预案》三个具体操作规程。上述备忘录及三个具体操作规程统称为“1+3”协议。

词条名称：**穿仓**

英　　文：**overloss**

定义：穿仓，俗称“爆仓”，是指期货投资者保证金账户中的客户权益为负值的风险状况。

释义：穿仓意味着客户不仅将开仓前账户上的保证金全部亏掉，而且还倒欠期货公司的钱。在保证金制度、涨跌停板制度、当日无负债结算制度等一些列风险管理制度的保障下，穿仓通常不会发生。但是，毕竟期货交易是部分保证金交易，有杠杆效应。在极端情形下，如果行情朝着不利方向剧烈变化，投资者的亏损就可能会超过其全部保证金，这时就会出现穿仓。一旦发生穿仓，投资者需要将亏空补足，否则会面临期货公司的法律追索。因此，期货交易一定要做好资金管理，避免重仓操作。

词条名称：**三板强减**

英　　文：**forced position reduction under the circumstance of one-sided market of the same direction in three consecutive trade days**

定义：三板强减是指若某期货合约连续三个交易日出现同方向单边市，交易所按一定的原则进行强制减仓以化解风险。

释义：三板强减是交易所在市场出现一些极端行情时所采取的一种风险管理制度。当某期货合约连续三个交易日出现同方向单边市时，交易所按一定的原则将已经亏损、但无法平仓的报单与已经盈利、但并未发出平仓报单的持仓自动撮合成交，让亏损方在连续第三个涨跌停板的价位上强制出局，以此减少市场总持仓量，降低整个市场的违约风险。三板强减的根本目的是阻断期货市场可能发生的系统性风险，保护大多数投资者的利益，并保持期货市场和整个国民经济的稳定。正因为有三板强减制度，2008年金融危机席卷全球时，我国期货市场才得以安然无恙。

词条名称：**梯度限仓**

英　　文：**different position limits at different trading stages**

定义：梯度限仓是指某一月份合约在其交易过程中的不同阶段，分别适用不同的限仓数额，进入交割月份的合约限仓数额从严控制。

释义：某月份合约持仓逐步减少，有利于市场的平稳运行。为使该月份合约持仓平稳减少，交易所通常对会员及客户的持仓限额会根据该合约运行的不同阶段（一般月份、交割月前一月份、交割月份）分别设定不同的数值，越临近交割，持仓限额越小。

词条名称：**关联账户**

英　　文：**linked accounts**

定义：若某行为人对他人的期货账户具有管理、使用、收益或处分等权限，从而对他人交易决策拥有决定权的行为或者事实，那么这一系列账户称为“关联账户”。

释义：部分客户为超量持仓或隐藏身份，达到影响价格和操纵市场目的，会使用一系列关联账户参与期货交易，也就是所谓的“分仓”。

十四、投资者教育①

（一）制度

词条名称：**投资者适当性制度**

英　　文：**investor suitability system**

定义：投资者适当性制度是根据股指期货的产品特征和风险特性，区别投资者的产品认知水平和风险承受能力，选择适当的投资者审慎参与股指期货交易，并建立与之相适应的监管制度安排。

释义：目前，我国期货市场只有股指期货市场实行投资者适当性制度。自2006年起，中国金融期货交易所在中国证监会的指导部署下，形成了一套具备清晰的核心理念和设计原则、明确的准入门槛、极具操作性的规则系列和严格的监管工作安排的适当性制度体系。在制度设计上，首次在资本市场建立具有可操作性的适当性制度指标体系；在法规保障上，首次建立涵盖行政监管、市场一线监管和行业自律监管的多层次法规体系；在监管安排上，首次在期货市场建立“五位一体”立体监管网络；在实施操作上，首次将适当性制度纳入市场一线监管。投资者适当性制度可以从源头上深化投资者风险教育，有效避免投资者盲目入市，真正做到保护投资者的合法权益。

词条名称：**仿真交易**

英　　文：**Mock Trading**

定义：仿真交易是指除资金为虚拟外，交易撮合与行情生成等与真实的交易相同的一种交易方式。

释义：投资者进行仿真交易的时候会得到一笔虚拟资金，参照真实的交易规则进行撮合交易。仿真交易在整体运行环境上已经与实盘交易非常贴近，可用于测试合约、规则、制度以

① 撰写：李路、刘宇；审核：张晓刚、郑凌云；单位：中国金融期货交易所。

及进行投资者教育的方式，但与真实交易环境相比，仿真交易在期现联动性、参与者交易策略等方面还存在较大差异，交易者在交易心理上也存在根本性的区别。

（二）投资者

词条名称：**自然人投资者**

英　　文：**natural person investor**

定义：自然人投资者是指投资者以自然人的名义开设期货交易账户。

释义：自然人开户时应提供本人身份证，留存印鉴或签名样本。以股指期货为例，自然人投资者开户时需要满足如下适当性标准：一是资金门槛要求，申请开户时，保证金账户可用资金余额不低于人民币50万元。二是具备股指期货基础知识，通过相关测试。三是股指期货仿真交易经历或者商品期货交易经历要求，客户须具备至少10个交易日、20笔以上的股指期货仿真交易成交记录或者最近3年具有至少10笔以上的商品期货成交记录。四是不存在严重不良诚信记录；不存在法律、行政法规、规章和交易所业务规则禁止或者限制从事股指期货交易的情形；同时还需通过期货公司的综合评估，包括投资者的基本情况、相关投资经历、财务状况和诚信状况等。

词条名称：**法人投资者**

英　　文：**legal person investor**

定义：法人投资者是指投资者以法人的名义开设期货交易账户。

释义：法人开户时，应提供企业法人营业执照影印件，并提供法定代表人及本单位期货交易业务执行人的姓名、联系电话，单位及其法定代表人或单位负责人印鉴等内容的书面材料，以及法定代表人授权期货交易业务执行人的书面授权书。法人投资者适当性制度对财务状况、业务人员、内控制度建设等方面提出了要求。

词条名称：**一般法人投资者**

英　　文：**general legal person investor**

定义：一般法人投资者是指特殊法人以外的法人；以及须经监管机构或者主管机关批准才能参与期货交易的其他法人。

释义：以股指期货为例，期货公司会员只能为符合下列标准的一般法人投资者申请开立股指期货交易编码：(1) 净资产不低于人民币100万元；(2) 申请开户时保证金账户可用资金余额不低于人民币50万元；(3) 具有相应的决策机制和操作流程；(4) 相关业务人员具备股指期货基础知识，通过相关测试；(5) 具有累计10个交易日、20笔以上的股指期货仿真交易成交记录；或者最近3年内具有10笔以上的商品期货交易成交记录；(6) 不存在严重不良诚信记录；不存在法律、行政法规、规章和交易所业务规则禁止或者限制从事股指期货交易的情形。

词条名称：**特殊法人投资者**

英　　文：**special legal person investor**

定义：参与股指期货交易的特殊

法人投资者包括证券公司、基金公司、合格境外机构投资者，以及须经监管机构或者主管机关批准才能参与股指期货交易的其他法人。

释义：中国金融期货交易所的期货公司会员只能为获得监管机构或者主管机关批准从事股指期货交易的特殊法人投资者申请开立股指期货交易编码。

十五、规章制度[①]

（一）主要法律法规

词条名称：**《期货交易管理条例》**

英　　文：**administrative regulations on futures trading**

定义：《期货交易管理条例》是我国国务院于 2007 年 3 月 6 日颁布的，调整期货市场运行中法律关系的行政法规，是我国《期货法》未出台前规范期货市场交易行为的最高位阶的制度规则，自 2007 年 4 月 15 日起施行。

释义：1999 年 6 月 2 日，我国国务院发布了第一个规制期货交易行为的行政法规——《期货交易管理暂行条例》，该条例于 1999 年 9 月 1 日起施行。2007 年，《期货交易管理条例》在我国国务院发布的《期货交易管理暂行条例》基础上形成，涵盖“总则”、“期货交易所”、“期货公司”、“期货交易基本规则”、“期货业协会”、“监督管理”、“法律责任”、“附则”八章。在总结我国期货市场监管制度发展十余年经验的基础上，结合考虑我国期货市场的现实特征和发展需求，《期货交易管理条例》厘清了一系列法律概念的含义，并通过制度设计进一步加强了期货市场的风险控制和监督管理，为期货市场的未来发展与创新预留了空间。

与《期货交易管理暂行条例》相比，《期货交易管理条例》最大的变化体现为：（1）扩展了规则的调整范围，使之涵盖金融期货合约和期权合约。（2）删除“期货经纪公司”中的“经纪”二字，明确“期货公司”的基本法律属性和含义，为期货公司开展多元化的金融服务业务形式扫清障碍。（3）明确期货交易所可以采取公司制，或会员制。（4）明确界定了“变相期货”。（5）确立了分级结算制度。（6）确立了期货业协会作为期货市场自律性组织的法律地位，并明确了期货业协会制定自律性规则，对期货从业人员资格的认定、管理以及撤销，组织期货从业人员业务培训，对于会员违规行为进行纪律处分等职责。

2012 年 12 月，《期货交易管理条例》进行了修订。

词条名称：**《期货交易所管理办法》**

英　　文：**measures for the administration of futures exchange**

定义：《期货交易所管理办法》是中国证监会于 2007 年 4 月 9 日发布的有关期货交易所设立、变更与终止、组织机构、会员管理、业务管理等规范内容的部门规章，自 2007 年 4 月 15 日起施行。

---

① 撰写：王彦鹏；审核：刘涛；单位：中国期货业协会。

释义：我国有关期货交易所监管的第一个部门规章是中国证监会于1999年8月31日发布，自1999年9月1日起实施的《期货交易所管理办法》。2002年5月17日，中国证监会对该管理办法进行了修订，并以部门规章的形式发布了《期货交易所管理办法》，该办法自2002年7月1日起实施。2007年《期货交易所管理办法》以2002年《期货交易所管理办法》为基础，细化与完善了2007年《期货交易管理条例》有关期货交易所监管的新要求，是2007年《期货交易管理条例》的配套性规则。该办法涵盖“总则”、“设立、变更与终止”、“组织机构”、“会员管理”、“基本业务规则”、“监督管理”、“法律责任”、“附则”八章。

词条名称：《期货公司管理办法》

英　　文：stipulations on the administration of futures companies

定义：《期货公司管理办法》是中国证监会于2007年3月28日发布的有关期货公司设立、变更与业务终止、公司治理、经纪业务规则、客户资产保护、监督管理等规范内容的部门规章，自2007年4月15日起施行，2014年10月29日废除。《期货公司监督管理办法》于2014年10月29日中国证监会令第110号公布。

释义：我国有关期货公司监管的第一个部门规章是中国证监会于2002年5月17日发布，自2002年7月1日起施行的《期货经纪公司管理办法》。《期货公司管理办法》以《期货经纪公司管理办法》为基础，细化与完善了2005年修订《中华人民共和国公司法》与2007年《期货交易管理条例》有关期货公司监管的新要求，是2007年《期货交易管理条例》的配套性规则。该办法涵盖“总则”、“设立、变更与业务终止”、“公司治理”、“经纪业务规则”、“客户资产保护”、“监督管理”、“法律责任”、“附则”八章。

词条名称：《期货从业人员管理办法》

英　　文：measures for the administration of futures practitioners

定义：《期货从业人员管理办法》是中国证监会于2007年7月4日公布的有关期货从业人员资格管理和执业行为规范的部门规章，自发布之日起施行。

释义：1999年8月31日，中国证监会发布了《期货业从业人员资格管理办法》，是第一个有关期货从业人员资格管理和执行行为规范的监管规则，自1999年9月1日起实施。2002年2月5日，中国证监会对于这一管理办法进行了修订，发布了《期货从业人员资格管理办法（修订）》，自2002年2月5日起实施。2007年《期货从业人员管理办法》是2007年《期货交易管理条例》的配套性规则，以2002年《期货从业人员资格管理办法（修订）》为基础，对2007年《期货交易管理条例》有关期货从业人员的监管规则进行了细化与完善。该办法涵盖“总则”、“从业资格的取得和注销”、“执业规则”、“监督管理”、“罚则”五章。

词条名称：**《期货投资者保障基金管理暂行办法》**

英　　文：**Interim Measures for the Administration of the Futures Investor Protection Fund**

定义：《期货投资者保障基金管理暂行办法》是中国证监会和财政部于2007年4月19日共同审议通过的有关期货投资者保障基金设立、筹集、使用和管理等规范内容的部门规章，自2007年8月1日起施行。

释义：《期货投资者保障基金管理暂行办法》依据《期货交易管理条例》制定，在我国第一次以部门规章的形式确立了期货投资者保障基金管理制度，明确界定了“期货投资者保障基金是在期货公司严重违法违规或者风险控制不力等导致保证金出现缺口，可能严重危及社会稳定和期货市场安全时补偿投资者保证金损失的专项基金”，具体涵盖“总则”、“保障基金的筹集”、“保障基金的管理和监管”、“保障基金的使用”、“罚则”、“附则”六章。

词条名称：**《关于建立股指期货投资者适当性制度的规定（试行）》**

英　　文：**Stipulations on Setting up a Stock Index Futures Investor Suitability System（On Trial）**

定义：《关于建立股指期货投资者适当性制度的规定（试行）》是中国证监会依据《期货交易管理条例》、《期货交易所管理办法》、《期货公司管理办法》制定，于2010年2月5日发布的有关股指期货投资者适当性制度的规范性文件，自2010年7月4日起施行。

释义：《关于建立股指期货投资者适当性制度的规定（试行）》在我国第一次以规范性文件的形式确立了股指期货投资者适当性制度。该规定将股指期货投资者适当性制度界定为根据股指期货的产品特征和风险特性，区别投资者的产品认知水平和风险承受能力，选择适当的投资者审慎参与股指期货交易，并建立与之相适应的监管制度安排。

词条名称：**《股指期货投资者适当性制度操作指引（试行）》**

英　　文：**Operational Guidance on Stock Index Futures Investors Suitability Regulations（on Trial）**

定义：《股指期货投资者适当性制度操作指引（试行）》是中国金融期货交易所为落实股指期货投资者适当性制度制定的规范期货公司会员有关股指期货投资者适当性制度业务操作的自律规则。

释义：《股指期货投资者适当性制度操作指引（试行）》于2010年2月8日发布，是中国金融期货交易所根据中国证券监督管理委员会《关于建立股指期货投资者适当性制度的规定（试行）》和中国金融期货交易所《股指期货投资者适当性制度实施办法（试行）》的有关规定制定的，对于股指期货投资者适当性标准操作要求、综合评估操作要求确立了明确标准，主要内容涵盖“可用资金要求”、“知识测试要求”、“交易经历要求”、“一般法人及特殊法人投资者的特殊要求”、“投资者基本情况评估”、“投资者投资经历评估”、“投资者财务状况评估”、“投资者诚信状况评估”等。

词条名称：《最高人民法院关于审理期货纠纷案件若干问题的规定》

英　　文：**The Supreme People's Court's Stipulations on Several Issues concerning the Futures Dispute Cases**

定义：《最高人民法院关于审理期货纠纷案件若干问题的规定》是最高人民法院根据《中华人民共和国民法通则》、《中华人民共和国合同法》、《中华人民共和国民事诉讼法》等有关法律、行政法规的规定，制定发布的有关审理期货纠纷案件若干问题的司法解释。

释义：《最高人民法院关于审理期货纠纷案件若干问题的规定》包括两个司法解释。《最高人民法院关于审理期货纠纷案件若干问题的规定一》由最高人民法院于2003年6月18日发布，自2003年7月1日起施行，主要包括“一般规定”、“管辖”、“承担责任的主体”、“无效合同责任”、“交易行为责任”、“透支交易责任”、“强行平仓责任”、“实物交割责任”、“保证合约履行责任”、“侵权行为责任”、“举证责任”、“保全和执行”等内容。《最高人民法院关于审理期货纠纷案件若干问题的规定（二）》由最高人民法院于2010年12月31日公布，自2011年1月17日起施行，明确了以期货交易所为被告或者第三人的、因期货交易所履行职责引起的商事案件的法院管辖，以及因期货交易纠纷而冻结、划拨账户中资金或者有价证券的条件等。

（二）自律规则

词条名称：《中国期货业协会章程》

英　　文：**Articles of Association of China Futures Assciation**

定义：《中国期货业协会章程》是中国期货业协会为明确协会宗旨、职责、组成、会费等事项，依据《期货交易管理条例》制定的有关中国期货业协会运作与管理的基础性自律规则。

释义：中国期货业协会于2000年12月29日成立。2001年1月22日，中国期货业协会首次发布《中国期货业协会章程》，该章程于2001年3月22日起实施。2006年，中国期货业协会会员大会对《中国期货业协会章程》进行了第一次修订，并于同年6月2日发布了修订后的章程。2010年9月20日，中国期货业协会会员大会对协会章程进行了第二次修订，该章程于2012年3月9日经民政部核准，于2012年3月22日发布。现行《中国期货业协会章程》涵盖“总则”、“职责”、“会员”、“组织机构”、“经费及资产管理”、“章程的修改”、“终止”及“附则”八章。

词条名称：《中国期货业协会会员管理办法》

英　　文：**Stipulations on China Futures Industry Association Member Administration**

定义：《中国期货业协会会员管理办法》是中国期货业协会为加强对会员的自律性管理，维护会员的合法权益，促进中国期货市场的健康稳定发展，制定的有关会员管理的期货行业自律规则。

释义：《中国期货业协会会员管理办法》依据《期货交易管理条例》和《中国期货业协会章程》制定，是对有关会员管理相关规则的细化与完善，区分了会员的类别，明确了会员资格取得、变动、终止的条件和程序，对于会员资格变动信息的管理，协会对会员的奖励与惩戒的形式与程序等，做出了具体规定，涵盖“总则”、“会员”、“会籍”、“日常管理”、“奖励与惩戒”、“附则”等六章。

词条名称：**《中国期货业协会会员自律公约》**

英　　文：**Member Self-discipline Convention of China Futures Association**

定义：《中国期货业协会会员自律公约》是中国期货业协会会员为加强期货行业自律，规范会员执业行为，提高会员商业道德，维护期货行业规范有序、公平竞争的发展环境，促进期货行业健康发展，通过共同协商制定的行业自律公约。

释义：2000 年 12 月 29 日，中国期货业协会第一次会员大会通过了《中国期货业协会会员自律公约》。2010 年 9 月 20 日，中国期货业协会第三次会员大会对《中国期货业协会会员自律公约》进行了修订。目前实施的《中国期货业协会会员自律公约》根据《中国期货业协会章程》制定，确立了公开、公平、公正和诚实信用原则，要求会员守法经营、合规执业、公平竞争、共同发展，明确规定会员不得从事内幕交易、操纵市场、任用无资格人员、欺诈客户、不正当竞争等违法违规行为，并明确了会员违反本自律公约时将受到的纪律惩戒。

词条名称：**《股指期货交易特别风险揭示》**

英　　文：**Special Risk Reminder on Stock Index Futures Transaction**

定义：《股指期货交易特别风险揭示》是中国期货业协会为避免客户因缺乏与期货交易有关的知识而盲目投资遭受损失，而制定的由期货公司向客户进行风险揭示的示范性文件。

释义：《股指期货交易特别风险揭示》明确要求客户了解期货基础知识、相关法律法规、股指期货交易风险，了解股指期货交易与股票交易、商品期货交易的区别及股指期货交易风险的特点，了解因我国尚属新兴加转轨市场，股指期货投资可能会面临的巨大风险等，同时要求客户配合执行投资者适当性制度，充分认识股指期货交易的风险，充分理解并遵循“买卖自负”的金融市场原则，并根据相关市场信息理性判断、自主决策，自行承担交易后果。该文件一经客户签字，即表明其已经阅读了《股指期货交易特别风险揭示》的各项内容并完全理解。

词条名称：**《期货公司执行股指期货投资者适当性制度管理规则（试行）》**

英　　文：**Rules on Futures Company Abiding by Stock Index Futures Investors Suitability Regulations**

定义：《期货公司执行股指期货投资者适当性制度管理规则（试行）》是

中国期货业协会为维护股指期货市场平稳、规范和健康运行，切实保护投资者合法权益，制定的督促期货公司会员单位严格执行股指期货投资者适当性制度的自律规则。

释义：《期货公司执行股指期货投资者适当性制度管理规则（试行）》根据《关于建立股指期货投资者适当性制度的规定（试行）》以及《中国期货业协会章程》等规定制定，是对相关规则的细化与完善，要求各会员单位构建和完善投资者适当性制度，了解客户分类管理为核心的客户管理和服务制度，揭示股指期货风险，确立客户开发责任追究制度，客户纠纷处理机制，并明确了对会员单位不遵守相关制度规则行为的纪律惩戒。

词条名称：《期货投资者信用风险信息共享管理办法实施细则（试行）》

英 文：The Futures Investor Credit Risk Information Sharing Management Implementation Details (for Trial Implementation)

定义：《期货投资者信用风险信息共享管理办法实施细则（试行）》是中国期货业协会为保障期货投资者信用风险信息数据库正常运行制定的有关期货投资者信用风险信息共享管理的行业自律规则。

释义：《期货投资者信用风险信息共享管理办法实施细则（试行）》根据《期货投资者信用风险信息共享管理办法（试行）》制定，是对相关规则的细化与完善，于2010年1月27日颁布施行。《期货投资者信用风险信息共享管理办法实施细则（试行）》明确了期货公司填报和更新客户信息的条件和及时性要求，细化了期货公司在数据库中填报信息和提交证据时应当遵守的程序，规范了投资者查询和提出异议的条件和程序，同时要求期货公司遵循保密性原则，并需指定专人妥善使用和保管公司登录的数据库用户名和密码，并不得泄露投资者信息等。《期货投资者信用风险信息共享管理办法实施细则（试行）》包括两个附件，即“报告格式”和“行业信息管理平台投资者信用风险信息模块操作手册”。

词条名称：《期货公司反洗钱客户风险等级划分标准指引》

英 文：Futures Company Anti-money Laundering Customer Risk Classification Standards Guide

定义：《期货公司反洗钱客户风险等级划分标准指引》是中国期货业协会为促进和规范期货公司的反洗钱工作，提高期货公司防范洗钱风险的能力，制定的规范期货公司反洗钱客户风险等级划分工作的自律规则。

释义：《期货公司反洗钱客户风险等级划分标准指引》根据《反洗钱法》、《金融机构反洗钱规定》、《金融机构客户身份识别和客户身份资料及交易记录保存管理办法》等制定，是对相关规则的细化与完善，明确了反洗钱风险等级的划分标准，明确界定了高风险等级客户、中风险等级客户、低风险等级客户的划分标准，确立了期货公司妥善保管客户风险等级划分的相关资料并对相关信息的保密义务，明确要求期货公司与客户初次建立业务关系时即应同时进行客户风险等级划分工作与客户身份识别工作，并对期货公司审核与调整客户风险等级的条件与时间做出了规定。《期货公司反洗钱客户风险等级划分标准指引》于2009年12月22日起施行。

词条名称：**《期货投资者教育工作指引》**

英　　文：**Futures Investor Education Work Guide**

定义：《期货投资者教育工作指引》是中国期货业协会为帮助期货投资者树立正确的投资理念，增强风险防范意识，促进期货市场健康稳定发展，制定的规范和引导会员单位的期货投资者教育工作的行业自律规则。

释义：《期货投资者教育工作指引》根据《中国期货业协会章程》制定，是对相关规则的细化与完善，界定了“期货投资者教育工作”、“会员单位”的概念，明确了投资者教育工作的目的和主要任务等，包括“总则”、“投资者教育工作的目的和主要任务”、“投资者教育工作的组织与制度安排”、“投资者教育工作的内容和形式”、“地方协会的投资者教育工作”、“投资者教育工作的检查与评价”、“附则”七章。《期货投资者教育工作指引》于2008年12月15日公布施行。

词条名称：**《〈期货经纪合同〉指引》**

英　　文：**Guidelines on Futures Brokerage Contract**

定义：《〈期货经纪合同〉指引》是中国期货业协会为规范期货公司的期货经纪业务活动而制定的“期货经纪合同”的指导性（示范）文本。

释义：《〈期货经纪合同〉指引》根据《期货公司管理办法》和《中国期货业协会章程》等制定，主要包括“期货交易风险说明书”、“客户须知”、“开户申请表”、“示范文本”、“附件一 手续费收取标准”、“附件二 期货交易委托代理人授权书”等内容。其中，“示范文本”涵盖“合同订立前的说明、告知义务”、“委托”、“保证金及其管理”、“交易指令的类型及下达”、“交易指令的执行与错单处理”、“通知与确认”、“风险控制”、“现货月份平仓和交割”、“信息、培训与咨询”、“费用”、“合同生效与变更”、“合同终止与账户清算”、“免责条款”、“争议解决”、“其他”等内容。《〈期货经纪合同〉指引》于2007年6月19日公布，并自公布之日起施行。

词条名称：**《中国期货行业反商业贿赂诚信公约》**

英　　文：**China Futures Industry Integrity Convention on Anti Commercial Bribery**

定义：《中国期货行业反商业贿赂诚信公约》是中国期货业协会全体会员为贯彻落实中央反商业贿赂工作方针和具体要求，促进期货行业健康发展，经协商制定的有关认真开展期货行业治理商业贿赂专项工作，规范会员行为的行业自律公约。

释义：《中国期货行业反商业贿赂诚信公约》是根据《中国期货业协会

章程》制定的行业自律公约，从维护期货行业整体形象、树立以“八荣八耻”为主要内容的社会主义荣辱观，开展公平竞争及不得不正当交易、自觉抵制商业贿赂、构建防治商业贿赂的长效机制等方面，对中国期货业协会全体会员提出了要求，同时规定如果会员违反公约，将按《中国期货业协会章程》及《中国期货业协会会员管理暂行办法》有关规定处理。

（三）交易所规则体系

词条名称：**交易所规则体系**

英　　文：**overview on exchange rules system**

定义：交易所规则体系是期货交易所为规范期货交易行为，加强对期货交易的自律管理，维护期货市场秩序，防范风险，保护期货交易各方的合法权益和社会公共利益，促进期货市场积极稳妥发展而制定的，主要用于规范交易、结算、交割（涵盖保税交割）、风险控制、指定仓库管理等事项的一系列自律规则的统称。

释义：交易所规则体系是一系列期货交易所自律规则的有机组成，以《期货交易所章程》为纲领性文件，以《期货交易所交易规则》为基础性规范文件，包括交易细则、交割细则、结算细则、风险控制管理办法、套期保值交易管理办法、违规管理办法、指定交割仓库管理办法、标准仓单管理办法、保税交割实施细则、股指期货投资者适当性制度操作指引等交易所自律规则。目前，我国的四家期货交易所——中国金融期货交易所、上海期货交易所、大连商品交易所、郑州商品交易所分别确立了相应的规则体系。

词条名称：**交易细则**

英　　文：**detailed trading rules**

定义：交易细则是期货交易所为规范期货交易，保护期货交易当事人的合法权益，保障期货交易的顺利进行，制定的有关期货交易活动的自律规则。

释义：交易细则是期货交易所根据国家有关期货交易活动的行政法规、规章、期货交易所交易规则等制定的，是对相关规则的细化和完善，一般包括“总则”、“席位管理”、“交易大厅管理”、“远程交易”、“价格”、“交易编码”、“信息管理”、“附则”等内容，同时其附件还提供了期货交易所发布信息的标准格式，一般包括“期货交易所即时行情（表式）”、“期货交易所每日行情（表式）”、“期货交易所每周行情（表式）”等。目前，我国四家期货交易所分别制定了交易细则，包括《中国金融期货交易所交易细则》、《郑州商品交易所期货交易细则》、《上海期货交易所交易细则》、《大连商品交易所交易细则》。

词条名称：**结算细则**

英　　文：**detailed clearing rules**

定义：结算细则是期货交易所为保护期货交易当事人的合法权益和社会公共利益，防范和化解期货市场风险，保障结算活动正常进行，制定的规范期货交易结算行为的自律规则。

释义：结算细则是期货交易所根据有关结算行为的行政法规、规章、期货交易所交易规则等制定的，是对相关规则的细化和完善，确定了交易所及其工作人员、交易所会员及其工作人员、客户和交易所指定保证金存管银行及其相关工作人员在期货交易所内从事结算活动的权利义务关系，一般包括“总则”、“结算机构”、“存管银行”、“日常结算”、“结算关系变更”、“客户移仓”、“交割结算”、“风险与责任”、“附则”等内容，其附件还提供了有关期货结算活动的样本文书，包括“专用通知书”、“客户专项授权书”、“上海期货交易所有价证券交存清单（样本）”、“上海期货交易所有价证券提取清单（样本）”、“上海期货交易所指定期货保证金存管银行名单”等。目前，我国四家期货交易所分别制定了结算细则，包括《中国金融期货交易所结算细则》、《上海期货交易所结算细则》、《郑州商品交易所结算细则》、《大连商品交易所结算细则》。

词条名称：交割细则

英　　文：detailed delivery rules

定义：交割细则是期货交易所为保证期货交割业务的正常进行，规范交易所、会员、客户及指定交割仓库的实物交割行为的自律规则。

释义：交割细则一般根据有关交割行为的行政法规、规章、期货交易所交易规则制定，对于各品种的交割单位、交割品级、交割质量、交割商品的包装、必要单证、交割地等做出了统一要求，规范了交割流程及参与交割各方在交割过程中的权利义务关系，一般包括“总则”、“交割流程”、“入库与出库”、“各品种的交割”、“期货转现货”、“交割费用”、“交割违约”、“附则”等内容，其附件一般包括质量检验机构和指定交割仓库的名单，以及期转现申请单样表等。目前，我国三家期货交易所制定了交割细则，包括《郑州商品交易所期货交割细则》、《上海期货交易所交割细则》、《大连商品交易所交割细则》。

词条名称：《结算会员结算业务细则》

英　　文：Detailed Rules on Clearing Member Settlement Business

定义：《结算会员结算业务细则》是中国金融期货交易所为加强对结算会员结算业务的监督管理，根据《期货公司金融期货结算业务试行办法》和《中国金融期货交易所交易规则》制定的交易所自律规则。

释义：《结算会员结算业务细则》自2010年2月20日发布实施。该细则将结算会员结算业务界定为中国金融期货交易所特别结算会员、全面结算会员对其受托交易会员办理的期货结算业务，规定了结算会员与交易会员签订结算协议应当包含的内容，明确了结算会员和交易会员在“交易”、“结算”、“风险管理”等方面的权利与义务关系，并规定会员违反细则将受到《中国金融期货交易所违规违约处理办法》有关规定处理，具体涵盖“总则”、“结算关系的确立与变更”、

"交易"、"结算"、"风险管理"、"监督管理"、"附则"七章。

词条名称：风险控制管理办法

英　　文：stipulations on risk control administration

定义：风险控制管理办法是期货交易所为加强期货交易风险管理，保护期货交易当事人的合法权益，保障期货交易的正常进行，制定的有关风险控制管理的自律规则。

释义：风险控制管理办法根据有关风险控制管理的行政法规、规章、期货交易所规则等制定，是对相关规则的细化与完善，量化了期货交易风险管理的具体指标，细化了风险管理的具体程序，明确了参与期货交易活动各方风险分配的权利与义务关系。风险控制管理办法一般包括总则、保证金制度、价格限制制度、持仓限额制度、大户持仓报告制度、强行平仓制度、强制减仓制度、结算担保金制度、风险警示制度和附则等内容，其附件一般包括"平仓数量的分配方法及步骤"等。目前，我国四家期货交易所分别制定了风险控制管理办法，包括《大连商品交易所风险控制管理办法》、《上海期货交易所风险控制管理办法》、《郑州商品交易所风险控制管理办法》、《中国金融期货交易所风险控制管理办法》。

词条名称：套期保值管理办法

英　　文：stipulations on hedging management

定义：套期保值管理办法是期货交易所为规范套期保值（与套利）业务管理，发挥期货市场功能，促进期货市场的规范发展，制定的自律规则。

释义：套期保值管理办法根据《期货交易管理条例》、《期货交易所交易规则》等制定，明确了会员、客户申请套期保值（或套利）额度的具体程序，细化了规范会员、客户套期保值行为的具体要求，制定了期货交易所对于套期保值（套利）行为的具体管理规定，一般包括"总则"、"套期保值额度的申请与审批"、"交易"、"套期保值监督管理"和"附则"等内容。目前，我国四家交易所分别制定了套期保值管理办法，包括《中国金融期货交易所套期保值与套利交易管理办法》、《上海期货交易所套期保值管理办法》、《郑州商品交易所套期保值管理办法》、《大连商品交易所套期保值管理办法》。

词条名称：指定交割仓库管理办法

英　　文：stipulations on the designated delivery warehouse administration

定义：指定交割仓库管理办法是期货交易所为加强交易所指定交割仓库的管理，规范交割行为，保证交割正常进行，制定的有关指定交割仓库管理的自律规则。

释义：指定交割仓库管理办法根据《中华人民共和国合同法》和《期货交易所交易规则》等有关规定制定，细化了指定交割仓库的申请与审批程序，规范了指定交割仓库的业务活动，明确了指定交割仓库在交割活动中的权利和义务，以及期货交易所对指定交割库的监督职责等。指定交割仓库管理办法一般包括“总则”、“申请和审批”、“权利和义务”、“日常业务”、“监督管理”和“附则”等内容。目前，我国上海期货交易所、大连商品交易所、郑州商品交易所分别制定了指定交割仓库管理办法，包括《上海期货交易所指定交割金库管理办法（试行）》、《上海期货交易所指定交割油库管理办法（试行）》、《大连商品交易所指定交割仓库管理办法》、《郑州商品交易所指定交割仓库管理办法》等。

词条名称：标准仓单管理办法

英　　文：stipulations on standard warehouse receipt administration

定义：标准仓单管理办法是期货交易所为保障期货交割业务正常进行，规范标准仓单的管理，制定的有关标准仓单管理的自律规则。

释义：标准仓单管理办法根据有关标准仓单管理的行政法规、规章、期货交易所规则等制定，是对相关规则的细化与完善，对“标准仓单”的概念做出了明确界定，明确了交易所、会员、投资者、指定交割仓库等标准仓单业务参与者在办理与标准仓单有关各项业务时的权利义务关系，一般包括“总则”、“标准仓单”、“交割预报”、“交割商品入库”、“标准仓单注册”、“标准仓单有效期”、“标准仓单的流通”、“标准仓单注销”、“交割商品出库”、“入库和出库复检”、“监督”、“争议和处理”、“附则”等内容。目前，我国三家期货交易所分别制定了标准仓单管理办法，包括《大连商品交易所标准仓单管理办法》、《郑州商品交易所标准仓单管理办法》、《上海期货交易所标准仓单管理办法》等。

词条名称：《保税交割实施细则（试行）》

英　　文：Detailed Rules for the Implementation of the Duty-free Delivery（on Trial）

定义：《保税交割实施细则（试行）》是上海期货交易所为保证期货保税交割业务的正常进行，制定的规范保税交割行为的自律规则。

释义：《保税交割实施细则（试行）》是上海期货交易所根据《期货交易管理条例》、《交易所交易规则》制定的，将“期货保税交割”界定为“以海关特殊监管区域或保税监管场所内处于保税监管状态的、期货合约所载商品作为交割标的物进行期货交割的过程”，区分了保税状态下或完税状态下的单一交割或混合交割，涵盖“保税标准仓单的生成”、“保税标准仓单的流转”、“保税标准仓单的注销”、“保税交割结算及发票流程”、“附则”等内容。《保税交割实施细则（试行）》于2010年12月23日发布，自2010年12月24日起实施。

十六、国外参考词汇

（一）国际监管机构及自律组织[①]

词条名称：**国际证监会组织**

英　　文：**International Organization of Securities Commissions，缩写 IOSCO**

定义：国际证监会组织是国际间各证券期货管理机构所组成的国际合作组织。

释义：国际证监会组织正式成立于1983年，总部设在加拿大的蒙特利尔市，其前身是成立于1974年的证监会美洲协会。目前共有81个正式会员、10个联系会员和45个附属会员。该组织的宗旨是：通过交流信息，促进全球证券市场的健康发展；各成员组织协同制定共同的准则，建立国际证券业的有效监管机制，以保证证券市场的公正有效；并共同遏止跨国不法交易，促进交易安全。

该组织结构包括：主席委员会，四个地区常设委员会（亚太、欧洲、美洲、非洲/中东地区委员会）、执行委员会（下设技术市场委员会和新兴市场委员会）、秘书长和咨询委员会。其中，执行委员会是其日常管理委员会，其由12个正式会员及4个区域委员会各一名代表组成，委员任期2年。秘书长负责日常事务，由执行委员会提名、主席委员会任命，任期为3年，服从于执委会并接受执委会主席的直接领导。咨询委员会由全部45个附属会员组成，多为各重要的证券交易所、金融机构或金融公司。中国证监会在国际证监会组织1995年的巴黎年会上加入该组织，成为其正式会员。按地区划分，中国证监会属亚太地区委员会正式成员。按市场发展状况划分，中国证监会是新兴市场委员会的正式成员。

词条名称：**世界交易所联合会**

英　　文：**World Federation of Exchanges，缩写 WFE**

定义：世界交易所联合会是全球证券、期货、期权交易所的行业组织。

释义：世界交易所联合会成立于1961年，永久会址设在法国巴黎。其前身是1957年欧共体8个成员国成立的欧洲证券交易所协会，随着伦敦证券交易所及其他证券交易所的加入，1961年该协会重组为“国际证券交易所联合会”，1966年和1970年纽约证券交易所和东京证券交易所分别加入该协会后，该联合会成为世界主要交易所的国际性组织。世界交易所联合会对会员的市场规模、法制化建设等诸方面都有严格的要求，因此取得世界交易所联合会会员资格被各国证券监管机构及市场参与者作为其证券市场达到国际认可标准的认同。世界交易所联合会的宗旨是：促进成员之间的紧密合作；为跨国证券交易和公开发售建立统一标准；宣传交易所自律在整个监管体系中的重要性；支持新兴市场的发展，使之最后达到世界交

---

① 撰写：朱晓燕；审核：郭朋；单位：上海期货交易所。

国外参考词汇

易所联合会的会员标准；推进全球金融市场规范化的进程。世界交易所联合会的决策机构为执行委员会，负责政策拟定、专案选定、会员大会准备及主要管理上的决策，14位执行委员会成员采用轮流制，两年一任，依地区代表性和发达市场与新兴市场综合考虑而定，但纽约、伦敦、巴黎、东京、德国证券交易所是永久会员。会费的缴纳依各交易所的中值及交易值的综合排行高低收取。

词条名称：**美国商品期货交易委员会**

英　　文：**Commodity Futures Trading Commission**，缩写 **CFTC**

定义：美国商品期货交易委员会是美国政府的一个独立机构，负责监管商品期货、期权和金融期货、期权市场。

释义：美国商品期货交易委员会是美国的金融监管机构之一，于1974年由美国国会建立，最初任务是监管美国的商品期货和期权市场。以后美国商品期货交易委员会的任务范围逐渐更新和扩展，尤其是在得到《2000年商品期货现代化法》（*Commodity Futures Modernization Act of* 2000，*CFMA*）的授权后。美国商品期货交易委员会确保期货市场的经济有效性，所采取的手段包括鼓励市场竞争，保护市场参与者免受欺诈、市场操纵和滥用交易行为的侵害，保证清算过程中的财务真实性。通过有效的监管，美国商品期货交易委员会使期货市场发挥价格发现和风险转移的功能。

美国商品期货交易委员会的任务是保护市场使用者免受欺诈、操纵和与商品、金融期权期货销售相关的滥用交易行为的侵害；培育开放、竞争和财务健康的期货和期权市场。

美国商品期货交易委员会的组织结构包括委员会委员、主席办公室和机构的运作部门。委员会由5位委员组成，这5位委员由总统提名，参议院批准，相互交叉服务5年，总统任命其中一人担任主席。来自同一政党的委员不得超过3人。

交易仓持仓报告（Commitments of Traders，COT Reports），是美国商品期货交易委员会每周五发布的一份报告，提交者来自芝加哥、纽约、堪萨斯城和明尼安纳波利斯的期货或期权交易所。这份报告将市场内的交易者分为三类，并分别记录和统计这三类交易者在当周周二收盘时的仓位分布，投资者从而可以对当周市场内各商品期货的供求状况有个大概了解。报告的主要作用在于为投资者提供较为及时的各个期货市场交易情况的信息，增进期货交易市场的透明度。

词条名称：**英国金融服务局**

英　　文：**financial service agency**，缩写 **FSA**

定义：英国金融服务局于1997年10月由证券投资委员会（Securities and Investments Board，SIB，成立于1985年）改制而成，为独立的非政府组织，为英国金融市场统一的监管机构，行使法定职责，直接向财政部负责。2013年，英国金融服务局被金融行为监管局（the Financial Conduct Authority）和审慎监管局（the Prudential Regulation Authority）替代。

释义：英国作为全球老牌金融中心，其财政部主要有两个金融监管部门：一是英格兰银行（BOE），主要任务是维持金融稳定；二是英国金融监管局（FSA），负责监管银行、保险以及投资事业，包括证券和期货。金融监管部门的宗旨是：对金融服务行业进行监管；保证金融市场的效率、有序、廉洁；帮助中小消费者取得公平交易机会。

依据《2000年金融和市场服务法》（*Financial services and Markets Act 2000*），英国金融服务局的主要职能包括：（1）维护英国金融市场及业界信心；（2）促进公众对金融制度的理解，了解不同类型投资和金融交易的利益和风险；（3）确保从业者有适当经营能力及财务结构健全，以保护投资者，并教育投资者正确认识投资风险；（4）监督、防范和打击金融犯罪。

词条名称：美国全国期货协会

英　　文：National Futures Association，缩写 NFA

定义：美国全国期货协会是根据美国《商品交易法》（*Commodiey Exchange Act*）第17节的规定，于1976年组建的期货行业自律组织，属非营利性会员制组织。《商品交易法》第17节源自1974年的《商品期货交易委员会法》第3章，该部分规定了期货协会的登记注册和美国商品期货交易委员会对期货专业人员自律管理协会的监管。1981年，美国商品期货交易委员会接受美国全国期货协会正式成为注册期货协会，1982年10月1日，美国全国期货协会正式开始运作。

释义：经美国商品期货交易委员会批准的美国全国期货协会规则主要为其制定了两大目标：（1）由期货业自己对那些交易所标准和监督系统之外的从业机构和人员进行有效的管理；（2）考虑到全体纳税人尤其是市场使用者的利益，通过消除现有的政府和自律组织职能中重复、交替和冲突的部分，通过削减联邦监管成本来达到对监管费用的良好控制。美国全国期货协会的主要职能在于使美国全国期货协会成员严格遵守联邦法律及美国商品期货交易委员会制定的规则，实施严格管理。美国全国期货协会也有自身的规则，用来监督经纪商对交易员和投资商的行为规范，使交易员和投资商免受欺骗。很多事实可以证明美国全国期货协会的管理模式是成功的。在美国全国期货协会开始活动后的20年之内，美国期货交易所及外汇市场的交易量扩大了几十倍，同时，客户的投诉率降低了72%。

词条名称：美国期货业协会

英　　文：Futures Industry Association，缩写 FIA

定义：美国期货业协会是一个国际性的、以期货经纪商为主要成员的期货协会组织。其宗旨是：与交易所一道，代表公众客户的利益，研究降低成本的方法，消除信誉谴责，通过教育的方式展开合作。

释义：美国期货业协会近年来的影响力已渐渐超出美国国界，成为一个国际性的期货协会组织。它吸引了来自国内外期货市场的参与者，目前美国期货业协会有200多个公司会员，包括正式会员和联合会员。美国期货业协会的正式会员一般是期货经纪商，其正式会员的期货业务差不多占美国期货交易所交易业务的80%；美国期货业协会的联合会员包括国际交易所、银行、法律和会计事务所、介绍经纪人、商品交易顾问、商品合资基金经理、其他市场用户以及总部设在美国的信息和设备供应商。作为一个法人会员，会员的雇员有资格加入美国期货业协会分部，并获得美国期货业协会出版物，使用美国期货业协会的法律、统计和信息资源，参加美国期货业协会举办的活动。美国期货业协会在纽约、芝加哥、伦敦等城市和日本都设立了分支机构。

词条名称：**期货与期权协会**

英　文：**Futures and Options Association，缩写FOA**

定义：期货与期权协会成立于1993年6月29日，总部设在英国伦敦，主要为那些从事期货、期权和其他衍生品业务或在他们的业务中使用这些产品的公司和机构服务的行业协会组织。在公开场合和监管领域代表会员的利益，并向会员提供一系列服务是其首要的任务。

释义：期货与期权协会的主要工作是与英国、欧洲和国际监管机构、政府和其他政治及交易实体进行建设性的交流，提高公众对期货和期权行业的认识和理解，制定标准化的行业文件、出版物和指引文件，安排训练课程和组建研究中心。

期货与期权协会在这一领域的主要角色是致力于某种程度影响其会员从事的衍生品业务的国际、欧洲和英国国内的监管政策、规则和程序。期货与期权协会现在的核心工作是关注欧洲委员会在金融服务方面完成单一市场的计划、英国金融服务监管改革、提议中的金融监管变化、引进个人监管问题等。在与政府联系方面，期货与期权协会一直保持与威斯特敏斯特、白宫和比利时的正常联系。在英国，这方面的工作包括向英国主要政党的政治家、政府领导介绍市场的情况。为了支持欧洲立法和监管，期货与期权协会作为欧洲议会金融服务组织的创始人，参加了该组织的顾问委员会。同时，期货与期权协会不断发布新闻、召开会议、出版调查或研究报告，为媒体提供业内信息，以促进公众对行业的了解。

词条名称：**国际掉期交易协会**

英　文：**International Swaps and Derivatives Association，缩写ISDA**

定义：国际掉期交易协会为非营利性组织，成立于1985年，目前有来自53个国家超过830个机构会员，其中包括世界主要从事衍生商品交易的金融机构、政府组织、使用OTC衍生商品管理事业风险的企业，以及国际性主要法律事务所等。

释义：国际掉期交易协会自成立以来，在衍生商品品种、国际掉期交易协会法律文件、净额结算及担保品方面的法律意见以及风险管理方面具有显著的贡献或参与，同时也致力于参与各国政府机关维持密切沟通管道，促使这个交易市场健康发展。

决策委员会成员的身份及其资质是这些个人所代表的公司和国际掉期交易协会严格保守的秘密，该委员会由15人组成，成员可替换。

国际掉期交易协会欧洲事务的决策委员会由国际掉期交易协会提名的10家投票的银行交易商和5家主要的投资公司组成。任何决策的做出需要12票以上的绝对多数同意。这些交易企业由一些全球最大的投资银行组成，它们是美银美林、巴克莱资本、法巴银行、瑞信、德意志银行、高盛、摩根士丹利、法兴和瑞银，投资公司也非常有影响力。

（二）国际主要期货市场①

词条名称：**芝加哥商业交易所集团**

英　　文：**Chicago Mercantile Exchange Group，缩写 CME Group**

定义：芝加哥商业交易所集团成立于1898年，是全球最大的场内衍生品交易市场。

释义：芝加哥商业交易所成立时是一个非营利性组织。2000年，芝加哥商业交易所完成股份化改制，成为一家股份公司。2002年，芝加哥商业交易所完成首次公开发行，成为一家在纳斯达克上市的上市公司。2007年，芝加哥商业交易所兼并芝加哥期货交易所成立了芝加哥商业交易所集团，与此同时，芝加哥商业交易所收购了在农产品与外汇期货、期权领域领先的芝加哥期货交易所。2008年，芝加哥商业交易所兼并与收购了纽约商业交易所和纽约商品交易所，使其成为全资子公司。纽约商业交易所主要经营能源期货和期权，包括原油、天然气、取暖油和汽油，同时包括OTC市场中的能源交易和通过芝加哥商业交易所进行清算。纽约商品交易所主要经营金属期货和期权，包括黄金、白银、铜。2010年3月，芝加哥商业交易所和道·琼斯合资成立了芝加哥商业交易所指数服务公司，分别占其90%和10%的股份。2010年12月，英国金融服务局同意芝加哥商业交易所在欧洲经营清算业务并在伦敦成立全资子公司负责多种资产和OTC市场的清算。芝加哥商业交易所主要上市产品有：欧元美元期货、国债期货、S&P 500指数、WTI原油期货。

词条名称：**欧洲期货交易所**

英　　文：**European Futures Exchange，缩写 EUREX**

定义：欧洲期货交易所是1998年德国期货交易所和瑞士期货期权交易所创建的一个共同的交易与清算平台，是德国交易所集团的一部分。

释义：欧洲期货交易所是一个全电子化的衍生品市场，总部位于苏黎世，德国期货交易所和瑞士期货期权交易所各持有50%的股份，交易的产品包括：股权类衍生品、红利类衍生品、波动率指数衍生品、ETF衍生品、

① 撰写：李路、刘宇；审核：张晓刚、郑凌云；单位：中国金融期货交易所。

国外参考词汇

利率衍生品、货币市场衍生品、商品期货和信用类衍生品等。欧洲期货交易所积极参与场外市场业务，设立了欧洲期货交易所债券市场和欧洲期货交易所回购市场。欧洲期货交易所股权类期货与期权产品主要包括：道·琼斯欧元 STOXX 50 指数期货与期权、道·琼斯行业指数期货与期权、SMI 瑞士股指期货与期权、DAX 德国股指期货与期权等；利率类期货与期权产品包括：欧洲短期、中期和长期债券期货等。

词条名称：**伦敦国际金融期货期权交易所**

英　　文：**London International Financial Futures and Options Exchange，缩写 LIFFE**

定义：成立于 1982 年，起初是一家金融期货和期权交易所，目前是洲际交易所（ICE）集团的一部分。

释义：伦敦国际金融期货期权交易所最初交易的产品包括世界上主要货币的利率合约，1992 年和 1996 年分别同伦敦期货交易市场和伦敦商品交易所合并后成立，1999 年完成公司重组，转变为一家营利性的商业组织。2002 年，伦敦国际金融期货期权交易所与泛欧交易所合并；2007 年泛欧交易所与纽约证券交易所合并，伦敦国际金融期货期权交易所更名为 NYSE Liffe。NYSE Liffe 目前是世界上衍生产品交易种类最多的交易所之一，包括五大交易产品：短期利率产品、债券、互换、股票和非金融产品。

词条名称：**纳斯达克—OMX 集团**

英　　文：**NASDAQ OMX Group**

定义：纳斯达克—OMX 集团是美国纳斯达克证券交易所与北欧证券交易商瑞典 OMX 公司并购后的新集团，于 2007 年 5 月 25 日成立。

释义：纳斯达克—OMX 集团是全球最大的证券交易公司之一、全球证券交易技术领袖和极具竞争力的衍生产品交易公司，其业务遍及世界各地，涵盖发达市场和新兴市场，在全球范围内提供的产品包括：多资产类别交易、资本形成解决方案、金融服务和交易所技术、市场数据产品和金融指数等。

词条名称：**芝加哥期权交易所**

英　　文：**Chicago Board Options Exchange，缩写 CBOE**

定义：芝加哥期权交易所是全世界重要的期权类产品交易场所。

释义：芝加哥期权交易所建立于 1973 年，于 2007 年公司化改制，2010 年上市，IPO 时的市盈率为 20.82。芝加哥期权交易所是全球第一家推出场内期权交易的交易所，在指数期权、股票期权方面居于全球领先地位。2004 年和 2006 年推出波动率指数的期货和期权产品。经过公司化改制，公司创新力量强大，具备良好的竞争力。芝加哥期权交易所的金融期权合约包括 700 多种股票现货期权，41 种指数的现金结算的指数期权，长期期权，变通期权和短期、5 年期、10 年期、30 年期利率期权。芝加哥期权交易所还拥有一家期货交易所，主要交易指数类金融期货合约。

词条名称：**纽约—泛欧交易所集团**
英　　文：**NYSE Euronext**
定义：纽约—泛欧交易所集团由纽约证券交易所集团（总部位于纽约）和欧洲证券交易所（总部位于巴黎）合并组成，于2007年4月在纽约证券交易所和欧洲证券交易所同时挂牌上市。2012年，纽约—泛欧交易所集团被洲际交易所（ICE）集团收购。

释义：纽约—泛欧交易所集团曾是全球规模最大、最具流动性的证券交易集团，为全球投资者及上市公司提供多样化的金融产品和服务。纽约—泛欧交易所集团在5个国家拥有6个现货股票交易市场和6个金融衍生品交易市场，在公司上市、现货股票、金融期权与期货、证券及利率衍生品、债券和市场数据等方面处于世界领先地位。

词条名称：**洲际交易所**
英　　文：**Intercontinental Exchange**，缩写 **ICE**
定义：洲际交易所是欧洲最大、世界第二大的受监管能源期货交易所。

释义：洲际交易所的交易分布于全球70多个国家，拥有4个受监管的期货交易所、2个场外交易市场以及5个受监管的清算所。覆盖的市场包括农业、信用、能源、股指以及外汇。在过去的历史里，洲际交易所的业务以场外交易见长，通过以相似的场外产品对场内标准化产品进行功能替代，利用“豁免监管”的制度优势转化为投资吸引力，依靠全电子化的技术革新加强竞争优势，凭借自己的清算所推进场外产品的场内化进程，获得了跨越式的发展。美国金融危机的爆发也为洲际交易所的发展壮大提供了新的契机。美国的《多德—弗兰克法案》（Dodd-Frank Act）出台以后，场外交易场内化成为新的监管要求和行业发展趋势。目前，洲际交易所的交易处理基础设施同时支持清算合约以及双边合约，涵盖数百种天然气、电力、成品油以及天然气的场外交易清算。

词条名称：**伦敦金属交易所**
英　　文：**London Metal Exchange**，缩写 **LME**
定义：伦敦金属交易所成立于1876年，是全球领先的金属交易所，其基础金属产品如铜、铝、铅、锌、锡、镍、铝合金等的交易约占全球基础金属交易的八成。

释义：伦敦金属交易所是基础金属的价格形成市场和全球定价中心，其拥有超大规模的产业客户群，全球金属行业的主流生产商都把在伦敦金属交易所注册品牌作为高品质的象征。伦敦金属交易所是一家会员制交易所，其股权由会员持有，其中，摩根大通是伦敦金属交易所的最大股东，持股率为10.9%；其次为高盛，持股9.5%。2012年6月，伦敦金属交易所被香港交易及结算所有限公司收购。

词条名称：**香港交易及结算所有限公司**
英　　文：**Hong Kong Exchanges and Clearing Limited**，缩写 **HKEx**
定义：香港交易及结算所有限公

司，简称“港交所”是中国香港地区最重要的证券及衍生产品的交易场所。

释义：香港交易及结算所有限公司（股票代码 HKEx：00388）是一家控股公司，2000 年 3 月 6 日成立，全资拥有香港联合交易所有限公司（简称“联交所”）、香港期货交易所有限公司（简称“期交所”）和香港中央结算有限公司（简称“结算所”）三家附属公司，是目前唯一经营香港证券市场的机构。2006 年 9 月 11 日，香港交易及结算所有限公司成为恒生指数成份股。

词条名称：**台湾期货交易所**

英　　文：**Taiwan Futures Exchange**

定义：台湾期货交易所是 1998 年 7 月 1 日正式成立的，中国台湾地区最重要的期货及其衍生品交易场所。

释义：台湾期货交易所的产品序列包括商品类与金融类的期货与期权产品，致力于国际合作与打造新型交易平台与服务。在台湾期货交易所上市交易的品种共有 9 个，分别是台湾证券交易所股价指数期货、电子类股价指数期货、金融保险类股价指数期货、小型台股指数期货、台股指数期权、股票期权、台湾 50 指数期货、10 年期公债期货、30 天期利率期货。

词条名称：**韩国交易所**

英　　文：**Korea Exchange**

定义：韩国交易所于 2005 年 1 月 27 日由韩国证券交易所、韩国 KOSDAQ 市场、韩国期货交易所合并组建而成。

释义：韩国交易所具有国际化、电子化的特点，综合监管系统和电子公告系统可以实现逐笔交易的实时监控。韩国交易所的期货市场部分主要交易五类产品：利率产品、指数产品、股票产品、外汇产品和商品产品。指数产品主要有 Kospi 200 期货、Kospi 200 期权和 Kostaq 50 指数期货、Kostaq 50 指数期权。其中，Kospi 200 期权是 2012 年全球成交量最大的期权合约。

词条名称：**印度国家证券交易所**

英　　文：**National Stock Exchange of IndiaM，缩写 NSE**

定义：印度政府于 1993 年联合部分国有金融机构新成立了电子化交易所——印度国家证券交易所，主要从事印度主要的股票及金融衍生品业务，近年来增长迅速，产品体系较为完善，覆盖现货、股权类和外汇类衍生品。

释义：2006 年，印度国家证券交易所股票期货交易量排名位于全球第一。2003 年 6 月，印度国家证券交易所上市利率期货，然而由于合约设计存在问题且银行不能参与交易，该合约仅交易了 3 个月后便废弃，直至 2008 年 10 月，印度储备银行（RBI）允许银行参与利率期货交易后才恢复交易。2008 年 8 月，印度国家证券交易所上市美元/卢比外汇期货，由印度储备银行和印度证券交易委员会（SEBI）共同监管。印度国家证券交易所形成了完整的金融衍生品序列，涵盖股权类、利率类和汇率类衍生品。

词条名称：**巴西证券期货交易所**

英　　文：**BM&F Bovespa**

定义：巴西证券期货交易所由原巴西期货交易所（BM&F）和巴西圣保罗证券交易所（Bovespa）于2009年合并而成。

释义：巴西证券期货交易所融合证券、基金以及衍生品市场的多种功能，提供综合性的交易平台，涵盖股票、债券、外汇等现货交易品种，还包括保证金的统一集中管理、IPO上市服务、场外交易产品登记、实时行情数据发布及相关软件的开发，还包括提供全新的交易系统和平台。

词条名称：**莫斯科银行间外汇交易所—俄罗斯交易系统联合交易所**

英　　文：**MICEX - RTS**

定义：莫斯科银行间外汇交易所—俄罗斯交易系统联合交易所是2013年俄罗斯交易系统证券交易所与莫斯科银行间外汇交易所（MICEX）合并而成。

释义：俄罗斯交易系统证券交易所成立于1995年，是俄罗斯第一个规范的股票市场。该交易所支持所有金融票据的交易，从现金证券到商品期货。交易所指数从1995年9月1日第一次开始计算，已经成为俄罗斯证券业主要的基准。俄罗斯交易系统证券交易所产品线包括：交易所传统市场，俄罗斯支持卢布与外币交易的唯一平台；交易所T+0市场，支持有固定资产与卢布存款的零散证券交易；交易所股票行市牌，非挂牌股票与债券交易的定价驱动市场；FORTS，期货与期权市场卢布定期结账。2011年12月19日，莫斯科银行间外汇交易所和俄罗斯交易系统证券交易所19日正式启动联合交易平台，这意味着两大交易所在法律意义上完成合并，组建了莫斯科银行间外汇交易所—俄罗斯交易系统联合交易所。

词条名称：**日本交易所集团**

英　　文：**Tokyo Exchange Group**

定义：东京证券交易所是日本的证券交易所之一，2013年与大阪证券交易所合并，成立日本交易所集团。

释义：东京证券交易所的事业体分为株式会社东京证券交易所及东京证券交易所自主规制法人等两个法人。东京证券交易所发展的历史虽然不长，但却是世界上最大的证券交易中心之一。东京证券交易所与大阪证券交易所、名古屋证券交易所并列为日本三大证券交易所，其市场规模位居世界前三，同时也是日本最重要的经济中枢。

词条名称：**新加坡交易所**

英　　文：**Singapore Exchange，缩写SGX**

定义：新加坡交易所成立于1999年，是亚太地区首家集证券及金融衍生产品交易于一体的公司制交易所。

释义：新加坡交易所股票是摩根士丹利新加坡自由指数（MSCI Singapore Free Index）、新加坡海峡时报指数（STI）等基准指数的组成部分。1999年，新加坡证券交易所（SES）和衍生品交易所（SIMEX）合并为新加坡交易所有限公司（SGX）；2009年，新加坡交易所宣布与英国Chi-XGlobal成立合营“黑池”Chi-East。2012年6月东盟交易所联盟正式启动，实现东盟国家交易所交易系统跨境连接，新加坡交易所、马来西亚交易所先加入，泰国证券交易所8月加入。新加坡交易所不仅汇集了诸多优秀上市公司，在吸引国际发行商方面也位列全球交易所前茅，并快速成为国际金融衍生品在亚洲的海外风险管理中心。新加坡交易所虽然所在区域较小，但其具有国际化视野和国际化布局，积极开拓海外市场。作为亚洲门户，新加坡交易所寻求在亚洲日益增长的投资者与寻求国际资本的上市公司之间搭建联系。新加坡交易所为客户提供广泛的股票指数衍生产品，特别侧重亚洲三大经济体——中国、印度和日本。新加坡交易所是管理亚洲资本和投资风险的首选场所，超过40%的新加坡交易所上市公司位于新加坡以外的国家，是亚洲最为国际化的交易所。

（三）国际主要期货产品①

词条名称：**铜期货（伦敦金属交易所）**

英　　文：**copper futures（LME）**

定义：在伦敦金属交易所（LME）上市的铜期货品种。

释义：铜的期货交易始于1877年，进行交易的铜有两种：阴级铜和铜棒。其中，阴级铜的交易最为活跃。所有交割的铜必须有伦敦金属交易所核准认可，并符合英国标准分类规格。铜工业很快就因为伦敦金属交易所的国际性定价机制而对其加以认可。这一功用对于伦敦金属交易所铜合约的不断成功至关重要。

目前，伦敦金属交易所拥有14家会员公司。会员经纪公司可以做自营，也为客户代理交易。与其他交易所不同的是，伦敦金属交易所3个月期货合约是连续的合约，所以每日都有交割。伦敦金属交易所为即期铜，也就是现货铜的贴水设立了底限，现货贴水不得低于3个月铜30美元，相反，现货升水却可以无限大。另外，伦敦金属交易所无涨跌停板限制。

伦敦金属交易所上市交易的铜期货合约单位为25吨，以美元报价，最小变动单位为0.5美元/吨，交割等级为阴极A级电解铜，所有交割的A级铜的品牌必须是伦敦金属交易所许可的，且必须符合BS6017-1981（1989）（即Cu-CATH-1阴极铜）的标准。交割日期：3个月内合约为每日交割；3~6个月期合约为每个星期三交割；7~63个月合约为每个月的第三个星期三交割。

词条名称：**铝期货（伦敦金属交易所）**

英　　文：**high grade primary aluminum futures（LME）**

定义：在伦敦金属交易所（LME）

---

① 撰写：朱晓燕、刘琛、王学勤、李路、刘宇；审核：郭朋、于力、汪琛德、张晓刚、郑凌云；单位：上海期货交易所、大连商品交易所、郑州商品交易所、中国金融期货交易所。

国外参考词汇

上市的铝期货品种。

释义：从 1987 年推出铝合约后，伦敦金属交易所的铝期货交易稳步增长，而且最近成为伦敦金属交易所交易量最大的合约。铝是仅次于钢铁的第二大金属。由于铝轻便、延伸性好、抗腐蚀性强，被广泛地用于建筑、包装、电子等行业。

伦敦金属交易所上市交易的铝期货合约单位为 25 吨，以美元报价，最小变动单位为 0.5 美元/吨，交割等级为 99.7% 的铝锭、T 型铝条和铝块。交割日期：3 个月内合约为每日交割；3 ~6 个月期合约为每个星期三交割；7 ~63 个月合约为每个月的第三个星期三交割。

词条名称：**铅期货（伦敦金属交易所）**

英　　文：**Lead Futures（LME）**

定义：在伦敦金属交易所（LME）上市的铅期货品种。

释义：因为铅具有柔软、柔韧和高度耐腐蚀的特性，是管道业和制造焊料的理想材料。20 世纪早期，汽车业的兴起和新消费领域的扩展（电池和汽油）为铅的使用创造出巨大的市场。近年来，出现了铅的若干新应用，如汽油添加剂、颜料、化工品、水晶玻璃和电池等。铅于世纪交接之时进入伦敦金属交易所，虽然早期的交易都是非正式的。截至 1903 年，铅已经在小型的二级市场内交易，但尚未有官方定价。

伦敦金属交易所上市交易的铅期货合约单位为 25 吨，以美元报价，最小变动单位为 0.5 美元/吨，交割等级为 99.97% 以上纯度铅。交割日期：3 个月内合约为每日交割；3 ~6 个月合约为每个星期三交割；7 ~63 个月合约为每个月的第二个星期三交割。

词条名称：**锌期货（伦敦金属交易所）**

英　　文：**Zinc Futures（LME）**

定义：在伦敦金属交易所（LME）上市的铜期货品种。

释义：锌在非酸性条件下对大气腐蚀的抵抗力使它在延长建筑物、车辆、船只和各种钢制品和结构的寿命方面大有作为。锌的阳电性使其能很容易地进行电镀。自伦敦金属交易所于 1877 年开张之际，非正式的锌交易即开始进行，并于 1915 年成为正式合约。

伦敦金属交易所上市交易的锌期货合约单位为 25 吨，以美元报价，最小变动单位为 0.5 美元/吨，交割等级为 99.995% 以上纯度锌。交割日期：3 个月内合约为每日交割；3 ~6 个月合约为每个星期三交割；7 ~63 个月合约为每个月的第三个星期三交割。

词条名称：**黄金期货（芝加哥商业交易所）**

英　　文：**gold futures（CME）**

定义：在芝加哥商业交易所下属的纽约商品交易所上市的黄金期货品种。

释义：1974 年 12 月 31 日推出的黄金期货合约，在 20 世纪 70 ~80 年代的国际期货市场上具有较大影响。

芝加哥商业交易所上市交易的黄金期货，交易代码为GC，交易单位为100盎司/手。交易市场为CME·Globex电子交易平台、CME·ClearPort清算平台，公开喊价（纽约）。交割交易可在有效合约月份进行。有效合约月份为2月、4月、6月、8月与12月。在任何特定日期，交割交易可按当日结算价或高于或低于结算价十个单位的任何有效价格增幅进行。

交割可在交割月首个营业日起开始的任何营业日或交割月中之后任何营业日进行，但不得迟于交割当月的最后一个营业日。交付的黄金应符合最低限度的995成色检测。

词条名称：大豆期货（芝加哥期货交易所）①

英　　文：**soybean futures contract（CBOT）**

定义：在美国芝加哥期货交易所挂牌交易的以大豆为交易标的的期货合约。

释义：芝加哥期货交易所大豆期货合约规模为5000蒲式耳（约136吨），报价单位为美分/蒲式耳，最小变动价位为0.25美分/蒲式耳，合约月份为1、3、5、7、8、9、11月，日价格限制为0.7美元/蒲式耳，当市场以涨跌停板收盘时可扩至1.6美元/蒲式耳，最后交易日为合约月份15日前的交易日，最后交割日为最后一个交易日后的第二个交易日。电子盘交易的大豆期货交易代码为ZS，交易时间为美国中部时间每周日至周五晚上7：00至第二天早上7：45，以及周一至周五早上8：30至下午1：15；场内公开喊价交易的大豆期货代码为S，交易时间为美国中部时间每周一至周五上午8：30至下午1：15。

词条名称：布伦特原油期货（洲际交易所）

英　　文：**Brent crude oil futures（ICE）**

定义：布伦特原油期货是以出产于北大西洋北海布伦特地区的原油为标的物的期货，因交易地点位于伦敦布伦特地区而得名，是目前世界上最重要的几种原油期货之一。

释义：原油期货是最重要的石油期货品种，目前世界上最重要的原油期货合约有三种：即纽约商业交易所（NYMEX）的轻质低硫原油（西得克萨斯中质油）期货、伦敦国际石油交易所（IPE）的布伦特原油期货和新加坡交易所（SGX）的迪拜酸性原油期货。

布伦特原油出产于北海的轻质低硫原油，主要在北欧加工，是市场油价的标杆。布伦特原油期货于1988年6月23日由伦敦国际石油交易所推出。2001年伦敦国际石油交易所被洲际交易所收购，如今，布伦特原油期货在洲际交易所和纽约商业交易所上市交易。

洲际交易所的布伦特原油期货合约交易代码为B，交易单位为1000桶（42000加仑）/手，最小价格波动为

---

① 撰写：刘琛；审核：于力；单位：大连商品交易所。

国外参考词汇

0.01 美元/桶，交割方式为实物交割或进行期转现。

词条名称：**天然气期货（芝加哥商业交易所）**

英　　文：**henry hub natural gas futures（CME）**

定义：亨利港（Herry Hub）天然气期货是以天然气为标的物的期货合约，因其交割地点在美国路易斯安那州的亨利港天然气加工中心而得名。

释义：天然气是一种多组分的混合气态化石燃料，主要成分是烷烃，其中，甲烷占绝大多数。天然气几乎占美国能源消费的1/4。1990 年 4 月 3 日，纽约商业交易所（NYMEX）上市天然气期货，交割地点是拥有连接 16 个州和州际 12 条天然气管道的 Henry Hub 天然气加工中心，其价格被广泛用作天然气的基准价格。

Henry Hub 天然气期货合约的交易代码为 NG，交易单位为 10000 百万英热单位（MMBtu）/手，最小变动价位为 0.001 美元/百万英热单位，也即 10 美元/手，交割方式为实物交割。

词条名称：**电子迷你标普 500 指数期货（芝加哥商业交易所）**

英　　文：**E – Mini S&P 500 index futures（CME）**

定义：电子迷你标普 500 指数期货是指电子迷你版的基于 S&P 500 指数的期货。

释义：电子迷你标准·普尔 500 期货指数仍是以标准·普尔 500 指数为标的物。合约规格是 50 美元 × E – mini S&P 500 期货价格，价格波动限制是按上一交易日结算价的 5%、10%、15% 和 20% 的跌幅逐级放开，最小跳动点是 0.25 个指数点（每张合约 12.50 美元）。套利交易为 0.10 个指数点（每张合约 5 美元），合约月份是 3、6、9、12 月，交易时间（中部时间）是全球性的，周一至周四，下午 3:45 至次日上午 8:15；周日或假期，下午 5:30 至次日上午 8:15，最后交易日是合约月份第三个周五芝加哥时间上午 8:30，最后结算日是合约月份第三个周五。

词条名称：**欧元斯托克 50 指数期货（欧洲期货交易所）**

英　　文：**Euro Stoxx 50 futures（Eurex）**

定义：欧元斯托克 50 指数期货是指基于 Euro Stoxx 50 指数的期货。

释义：在欧洲衍生品市场中，德意志交易所的 Eurex 交易平台（欧洲期货交易所）和纽约证券交易所集团的 Liffe 交易平台（伦敦国际金融期货期权交易所）是最主要的衍生品交易平台。在欧洲交易的主要股票指数有四种：法国 CAC 40 指数、德国 DAX 指数、FTSE 100 指数和 Euro Stoxx 系列指数。作为 Euro Stoxx 系列指数之一的 Euro Stoxx 50 指数位于几大股票指数交易量之首，且由德意志交易所集团独家经营。Euro Stoxx 50 指数是由欧元区 50 只蓝筹股组成，是提供投资欧元区大型绩优股的一个标杆指数。Euro Stoxx 50 指数期货和期权是欧洲期货交易所交易量最大的股指期货和期权合约。

词条名称：**恒生指数期货（香港交易及结算所有限公司）**

英　　文：**Hang Seng index futures（HKEx）**

定义：恒生指数期货是指基于恒生指数的期货。

释义：恒生指数期货的合约乘数是每指数点50港元，最低价格波幅是一个指数点，合约月份是现月、下月及之后的两个季月，开市前时段是上午8：45至上午9：15及中午12：30至下午1：00，交易时间是上午9：15至中午12：00及下午1：00至下午4：15（到期合约月份在最后交易日收市时间为下午4：00），最后交易日是该月最后第二个营业日，最后结算价是以最后交易日当天下列时间所报指数点的平均数为依据，下调至最接近的整数指数点：（1）香港联合交易所持续交易时段开始后的5分钟起至持续交易时段完结前的5分钟止期间每隔5分钟所报的指数点；（2）联交所收市时，交易所费用是3.50港元、证监会征费0.60港元、佣金是商议而得。

词条名称：**恒生国企股指数期货（香港交易及结算所有限公司）**

英　　文：**Hang Seng China enterprises index futures（HKEx）**

定义：恒生国企股指数期货是指基于恒生中国企业指数的期货。

释义：H股指数期货的合约乘数是每指数点50港元，最低价格波幅是一个指数点，合约月份是现月、下月及之后的两个季月，开市前时段是上午8:45至上午9:15及中午12:30至下午1:00，交易时间是上午9:15至中午12:00及下午1:00至下午4:15（到期合约月份在最后交易日收市时间为下午4:00），最后交易日是该月最后第二个营业日，最后结算价是以最后交易日当天下列时间所报指数点的平均数为依据，下调至最接近的整数指数点：（1）香港联合交易所持续交易时段开始后的5分钟起至持续交易时段完结前的5分钟止期间每隔5分钟所报的指数点；（2）香港联合交易所收市时，交易所费用是3.50港元、证监会征费0.60港元、佣金是商议而得。

词条名称：**10年期美国国债期货（芝加哥商业交易所）**

英　　文：**Year Treasury Note Futures 10（CME）**

定义：10年期美国国债期货是期限为10年的基于美国国债的利率期货。

释义：20世纪70年代以来，美国利率市场波动频繁，国债期货可以有效规避利率风险。美国国债期货是一个以短期、中期和长期三种合约为主导的市场。短期国债期货合约是一种以90天（13周）期国债为标的物的短期国债期货合约。中期国债期货合约的标的资产是息票利率为6%，剩余期限分别为10年、5年和2年的联邦政府债券。长期国债期货合约是以一种虚构的20年期、息票利率为6%的长期国债为标的物的期货合约。2010年1月11日，美国又推出了30年期的超长期国债期货合约。该合约以名义利率6%的30年期国债为标的，可交割物为自期货合约交割月份第一天距到期剩

国外参考词汇

余期限不低于25年的美国国债。

词条名称：欧元银行同业拆放利率期货（伦敦国际金融期货期权交易所）

英　　文：**Euribor futures（Liffe）**

定义：欧元银行同业拆放利率期货是一种基于欧洲银行间拆放款利率（Euribor）的利率期货。

释义：Euribor期货是在欧元诞生后，于1999年形成的基准短期利率的避险工具，其合约的大部分流动性来自伦敦的诸多欧洲货币，如Euromark（德国）、Eurolira（意大利）及PIBOR（法国）等。欧洲央行试图维持利率水平，以及未来欧洲央行的这些政策和美国联邦储备局的政策逐步分离，这些都为Euribor期货的发展提供了机遇。Euribor定点时间以布鲁塞尔为标准（与伦敦时差1小时），定点时间的利率是两个工作日前的上午11点，以360日为1年计息。泛欧交易所推出了3个月期欧元利率期货，交易活跃，成为全球短期利率产品定价的参考基准之一。

词条名称：欧洲美元期货（芝加哥商业交易所）

英　　文：**Eurodollar futures（CME）**

定义：欧洲美元期货是指一种基于欧洲美元的利率期货。

释义：欧洲美元是指存放在美国境外的美国银行或外国银行的美元，欧洲美元利率是指银行间存放欧洲美元的利率。开始的时候，主要是欧洲的美国银行或者本土银行存放美元，故称作“欧洲美元”，目前情况已不同，但是习惯上仍然称为“欧洲美元”。欧洲美元存款利率是公司融资的一个基准利率。欧洲美元期货是指以欧洲美元利率为标的资产的期货。最出名的是3个月期的欧洲美元期货，这一期货合约可以使投资者锁定未来名义本金为100万美元的3个月的利率，合约到期月份包括未来10年的3月、6月、9月和12月，投资者可以使用欧洲美元期货锁定10年后的3个月期的利率水平。有效期较短的合约到期月份不限于四个季月。交割方式是现金交割。

词条名称：欧元期货（芝加哥商业交易所）

英　　文：**Euro FX Futures（CME）**

定义：欧元期货是一种外汇期货，是指基于欧元的期货。

释义：欧元期货的合约种类是Euro FX欧元，交易地点在芝加哥商业交易所，既有大厅盘交易，也有电子盘交易，报价单位是美元，合约价值是125000欧元，最小变动单位是0.0001，每单位价值12.5美元，是季月合约，实物交割，没有价格限额，3月、6月、9月、12月是交割月，最后交易日是合约月份的第三个星期三之前的第二个交易日，如果次日恰逢交易所假期，则为此日的前一个营业日（注：最后交割的具体时点因合约的不同而稍有不同），交割日是交割月份的第三个星期三。

词条名称：**美元期货（巴西期货交易所）**

英　　文：**U. S. Dollar Futures（BM&F）**

定义：美元期货是一种外汇期货，是指基于美元指数期货。

释义：美元指数期货的计算原则是以全球各主要国家与美国之间的贸易量为基础，以加权平均的方式计算出美元的整体强弱程度，以100为强弱分界线。一共采取了10个国家为计算标的，以欧元、日元、瑞士法郎及英镑为主。美元指数期货主要的影响因素有美国国内经济、美国利率市场、美国证券市场以及欧洲金融市场等。

（四）国际主要场外交易产品①

词条名称：**人民币无本金交割远期外汇交易**

英　　文：**RMB Non-Delivery Forward**

定义：人民币无本金交割远期外汇交易是指合约到期时无需交割本金，仅就双方议定的人民币汇率与到期时即期人民币汇率间的差额进行清算的一种远期或期货工具。

释义：无本金交割远期外汇交易是一种为规避外汇管制而创设的衍生金融工具，主要在离岸市场交易。对传统外汇远期、若某种货币存在不可自由兑换的约束，合约到期时便无法进行本金交割。无本金交割远期外汇交易由于交易双方只使用一种可自由兑换货币进行净额结算，无需交割本金，因此很好地规避了货币不可自由兑换的限制。我国尚未实行人民币资本项下的可自由兑换，投资者不能通过一般的远期交易来规避人民币汇率波动的风险，在离岸市场交易的人民币/美元无本金交割远期外汇交易成为投资者进行外汇风险管理的重要渠道。

词条名称：**利率互换**

英　　文：**interest rate swap**

定义：利率互换是一种基于利率的互换交易。

释义：互换交易最早出现在外汇产品上。1981年世界银行与IBM公司在所罗门兄弟公司的撮合下完成瑞士法郎与美元的互换。此后，互换交易逐渐应用到其他标的资产上，包括利率、商品等。利率互换是一种互换合同，合同双方同意在未来的某一特定日期以未偿还贷款本金为基础，相互交换利息支付。利率互换的目的在于降低融资成本，如一方可以得到优惠的固定利率贷款，但希望以浮动利率筹集资金，而另一方可以得到浮动利率贷款，却希望以固定利率筹集资金，通过互换交易，双方均可获得希望的融资形式。

词条名称：**信用违约互换**

英　　文：**credit default swap，CDS**

定义：信用违约互换是指买方定

① 撰写：刘琛、李路、刘宇；审核：于力、张晓刚、郑凌云；单位：大连商品交易所、中国金融期货交易所。

期向卖方支付一定的费用，在信用主体违约时，卖方向买方支付补偿的一种金融衍生工具。

释义：在信用违约互换合约中，信用违约互换买方定期向信用违约互换卖方支付一定的费用，这个费用一般用基于面值的固定基点表示。如果不出现信用主体违约事件，则信用违约互换卖方没有任何现金流出；而一旦信用主体出现违约，信用违约互换卖方将有义务以面值购买买方所持债券，或补偿债券面值与违约事件发生后债券价值之间的差额。信用违约互换也常常会被对冲基金、投资银行等用于对赌某家公司的未来是否会破产，而交易者并不真的持有某家公司的债券。

词条名称：**总收益互换**

英　　文：**total return swap**

定义：总收益互换是指卖方将特定参照资产的总收益支付给买方，作为交换，买方支付以固定或浮动利率为基础的总收益给卖方的一种信用衍生工具。

释义：总收益互换的交易对象是参照资产的收益。总收益支付方或信用保险的买方定期根据参照资产的收益情况进行支付，支付额包括利息及参照资产市场价值的变动。信用保险的卖方则定期进行付款，支付额通常根据同业拆借利率浮动。总收益互换合约可用于债券、贷款、指数、股票及大宗商品等。总收益互换和信用违约互换的最大区别是：总收益互换不仅能把信用风险转移出去，而且能将其他风险（如利率风险、汇率风险等）也一并转移出去。

词条名称：**合成担保债务凭证**

英　　文：**synthetic collateralized debt obligation**

定义：合成担保债务凭证是一种用债券保险机制替代特殊目的机构购买资产的方式来承担信用风险敞口的担保债务凭证产品。

释义：担保债务凭证是一种结构化的资产支持证券（ABS），发起者将拥有的具有固定现金流的资产汇集打包，转移给特殊目的机构（SPV），特殊目的机构再据以发行不同信用品质的固定收益证券。传统担保债务凭证是将支撑的债务工具实际转移出售给了特殊目的机构，是实质出售。合成担保债务凭证并不是实质出售，而是由发起者与特殊目的机构订立担保债务凭证合同，将其贷款的信用风险转移出去。

（五）国际期货市场主要业务和参与者[①]

词条名称：**期货投资基金**

英　　文：**commodity pool**

定义：期货投资基金又称“商品投资基金”，是指广大投资者将资金集中起来，委托给专业的投资机构，并通过商品交易顾问（CTA）进行期货和期权交易，投资者承担风险并享受投

[①] 撰写：王学勤；审核：汪琛德；单位：郑州商品交易所。

国外参考词汇

资收益的一种集合投资方式。

释义：期货投资基金于1949年出现在美国，经过几十年的发展初具规模，特别是近十几年发展尤为迅猛。目前，期货投资基金不仅是个人投资者的重要投资工具，而且已成为机构投资者组合投资中不可或缺的一部分。

与对冲基金相比，期货投资基金的投资领域比对冲基金小得多，在组织形式上多采取公募形式，且在投资运作上更加规范稳健。

从组织形式上看，其类似于共同基金公司和投资公司。它与共同基金在集合投资方面存在共同之处，其明显差异是商品投资基金专注于投资期货和期权合约，既可以做多，也可以做空，可以投资于如外汇期货、利率期货、股指期货或商品期货中的某一类市场。期货投资基金从他人手中募集资金以投资于衍生品市场获取投资收益，给予中小投资者通过专业机构参与期货和期权市场投资、获取多元化的好处。

期货投资基金的组织结构包括：商品基金经理（CPO）、交易经理（TM）、商品交易顾问（CTA）、期货佣金商（FCM）、托管人及基金投资者。

词条名称：**个人管理账户**

英　　文：**individual accounts**

定义：个人管理账户属于广义期货投资基金的一种，是指由期货专家对投资者的期货账户进行跟踪式管理和个性化服务，根据投资者的需要设计各类投资方案，使投资者在承担最小风险的前提下获取最大收益。

释义：个人管理账户是最基本的管理期货投资形式，由最初的授权交易账户形式发展起来，适合于单一投资者，是期货投资基金的过渡形式。管理期货（Managed Futures）是指广义的期货投资基金。在国外，狭义的期货投资基金主要是指公募的期货投资基金。管理期货分为下列几种类型：公募的期货投资基金、私募的期货投资基金和个人管理期货账户。

根据投资类型，期货管理账户可分为套利、战略投资和投机。个人管理账户的优势是期货专家管理、组合投资规模效应、低交易成本、低市场冲击成本、杠杆交易运用以及市场流动性好。

一般来说，期货投资管理账户普遍采取开放式运行、封闭式管理模式。

词条名称：**商品基金经理**

英　　文：**commodity pool operators**

定义：商品基金经理是期货投资基金的主要管理人，是基金的设计者和运作的决策者，负责选择基金的发行方式、选择基金的主要成员、决定基金投资方向等。

释义：商品基金经理的职责主要是：（1）聘用交易顾问，组建并管理公开上市的基金和私募基金。商品基金经理直接聘用一个或多个商品交易顾问，或者聘用交易经理，让其来挑选商品交易顾问，由商品交易顾问进行每日的市场具体交易。商品基金经理通常为有限合伙公司。（2）聘用托管者，管理储备现金。（3）指导基金活动，组织基金的营销活动，通过监管保证金来控制基金的风险头寸，组织基金的后台行政管理。

在美国，每个注册商品基金经理都必须是全国期货协会（NFA）的成员，参与期货期权交易的成员必须通过全国期货协会的期货考试，一旦注册，商品基金经理必须经常向商品期货交易委员会和全国期货协会报告账户信息、保存相关记录。

词条名称：**交易经理**

英　　文：**trading manager**

定义：交易经理受聘于商品基金经理，主要负责帮助商品基金经理挑选商品交易顾问，监督商品交易顾问的交易活动，控制风险，以及在商品交易顾问之间分配基金。

释义：在期货投资基金中，商品基金经理负责组建和管理基金，交易经理受聘于商品基金经理，对其工作起辅助作用。其主要有三项职责：（1）帮助商品基金经理选择商品交易顾问；（2）监控商品交易顾问的交易活动，控制风险；（3）在商品交易顾问之间分配基金。

通常情况下，交易经理拥有商品交易顾问的详细资料，以备基金经理选择不同投资风格和特点的商品交易顾问。

词条名称：**期货投资组合管理者**

英　　文：**future portfolio manager**，缩写 **FPM**

定义：期货投资组合管理者是指接受个人管理期货账户投资者的委托，并为其设计、构造和实施期货投资基金投资策略的机构。

释义：个人管理账户的投资者多为机构投资者，如养老基金、保险公司等，其将期货投资基金作为投资组合的重要组成部分，以达到分散风险、优化组合的目的。其投资方式是将部分资金委托给独立的期货投资组合管理者进行管理。一般而言，期货投资组合管理者会雇佣多个商品交易顾问共同运作资金，投资于期货、期权或场外远期等交易。

词条名称：**商品交易顾问**

英　　文：**commodity trading advisor**

定义：商品交易顾问是可以向他人提供买卖期货、期权合约指导或建议，或以客户名义进行操作的自然人或法人。

释义：在商品投资基金中，商品交易顾问受聘于商品基金经理，对商品投资基金进行具体的交易操作、决定投资期货的策略。商品交易顾问不能接受客户资金，客户资金必须以期货佣金商的名义存入客户账户。商品交易顾问必须遵守期货监管机构——商品期货交易委员会的一系列规则。

商品交易顾问是期货投资方面的专家，不同的商品交易顾问有不同的风险偏好和工作方式。比如，商品交易顾问可以对其他人就买卖期货或期权合约的可行性或盈利性进行指导，间接地为客户期货交易的买卖提供建议，也可以通过书面出版物或其他媒介为大众提供咨询，通过建议和咨询获取报酬。

词条名称：**对冲基金**

英　　文：**hedge fund**

定义：对冲基金又称“避险基金”，是指“风险对冲过的基金”，是一种充分利用各种金融衍生品的杠杆效应，承担较高风险、追求较高收益的投资模式。

释义：美联储前主席格林斯潘认为，对冲基金是一种将客户限定于少数十分老练而富裕的个体的组织安排，采用有限合伙的形式以避开管制，并追求大量金融工具投资和交易运用下的高回报率的基金形式。对冲基金通常是不受监管的组合投资，其出资人一般在100人以下，而且对投资者有很高的资金实力要求。

对冲基金是私募基金，将所有合伙人的资本集合起来进行交易，可以通过做多、做空及杠杆交易（融资交易）等投资于公开市场上的证券、货币和衍生工具等任何资产品种。因此，期货和期权市场等衍生品市场实际上是对冲基金资产组合配置中的重要组成部分。对冲基金的显著特征是经常运用对冲的方法去抵消市场风险，锁定套利机会。

对冲基金与共同基金的差异主要体现在：对冲基金不需要在《美国联邦投资法》规定下注册，而共同基金则受到监管条约的限制。

词条名称：**做市商**

英　　文：**market maker**

定义：做市商是指在证券或衍生品市场上，由具备一定实力和信誉的证券或衍生品经营法人作为特许交易商，不断地向公众投资者报出某些特定证券或衍生品的买卖价格，并在该价位上接受公众投资者的买卖要求，以其自有资金及证券或衍生品与投资者进行证券或衍生品交易的机构。

释义：在做市商制度下，买卖双方不需等待交易对手出现，只要有做市商出面承担交易对手方，即可达成交易。做市商通过这种不断买卖来维持市场的流动性，满足公众投资者的投资需求。做市商通过买卖报价的适当差额来补偿所提供服务的成本费用，并实现一定的利润。

做市商的义务包括：持续达到特定的保存交易记录和履行财务责任的标准；不间断地主持买、卖双方的市场，并在价格最佳时按限额规定执行交易指令；发布有效的买卖两种报价，充当流动性提供者；在证券或衍生品交易完成后，在规定时间内报告交易情况，以便向公众公布。

做市商的权利包括：享有交易者的所有买卖盘的记录，以便及时了解发生单边市的预兆；融资融券等优先权；一定条件下的做空机制以及税收减免。

第六部分　信息技术与资讯篇

编写说明

目前，中国资本市场正处于改革开放与国际化的发展过程中，信息技术对资本市场发展愈发重要，因此，将信息技术相关用语规范化、标准化，保持与国际标准用语的一致性显得十分必要。

信息技术编写组在参考大量文献资料的基础上，经过严格的筛选整编，编出了中国资本市场投资词典－信息技术部篇。这一部分在兼顾资本市场信息技术基本术语的同时，重点收集了近年来出现的新技术、新业务方面的词汇。内容主要包括信息技术基础、信息技术应用、资讯信息等方面。对于每一个词条，给出了对应的英文名称、中文定义和释义，内容丰富、实用。有利于规范行业对于技术用语的统一理解，避免词义混淆。对于资本市场信息技术领域的专业人员来说，它是一部必备的工具书，对于其他专业的人员，它又是可以解疑释惑的参考书。

另一个重大的应用领域，就是行业正在制定的《证券期货业数据模型》。在这个模型中，大量使用了这本词典中定义的各种术语，作为数据命名的基本元素，从而大大地提高了数据命名的规范性。由此也可以看出，这本词典在未来一定会体现出很大的应用价值。

一、信息技术基础

（一）门户网站[①]

词条名称：**交易所网站**

英　　文：**official websites of exchanges**

定义：交易所网站是指交易所设立的网站。

释义：各大交易所都设有官方网站，如大陆地区的上海证券交易所、深圳证券交易所、上海期货交易所、郑州商品交易所、大连商品交易所、中国金融期货交易所；港台地区的香港交易所、台湾证券交易所等。

交易所网站可获取的信息主要有交易所简介、信息披露、市场数据、业务品种、法律法规、市场服务、业务平台、会员服务等。

以上海证券交易所和上海期货交易所网站为例：

上海证券交易所网站的信息披露包括交易提示、交易所公告、上市公司公告、基金公告、债券公告、权证公告以及交易信息披露。市场数据包括至少延时15分钟的行情信息、上证指数、统计数据、证券交易排名等。证券品种介绍包含股票、基金、债券、权证四种。

上海期货交易所网站的上市品种有铜、铝、锌、铅、黄金、白银、螺纹钢、线材、燃料油、天然橡胶、标准合约等。投资者可以在网站上看到延时30分钟的行情以及各种统计数据、品种手册、资源链接和ISIN编码介绍等。

主要交易所网站链接如下：

- 上海证券交易所
  http：//www. sse. com. cn
- 深圳证券交易所
  http：//www. szse. cn
- 上海期货交易所
  http：//www. shfe. com. cn
- 郑州商品交易所
  http：//www. czce. com. cn
- 大连商品交易所
  http：//www. dce. com. cn
- 中国金融期货交易所
  http：//www. cffex. com. cn
- 香港交易所
  http：//www. hkex. com. hk
- 台湾证券交易所
  http：//www. tse. com. tw

词条名称：**登记结算公司网站**

英　　文：**websites of depository and clearing companies**

定义：登记结算公司网站是指登记结算公司设立的网站。

释义：我国的登记结算公司主要有中国证券登记结算有限责任公司（中登公司）和中央国债登记结算有限责任公司（中债登），它们分别设有官方网站。

中登公司网站（http：//www. chinaclear. cn）提供公司介绍、市场信息、法律法规、业务规则、技术、服务与支持、研究和出版物以及开放式基金等信息。

---

① 撰写：庞康梅，单位：上海大智慧股份有限公司；审核：王毛路，单位：中国上市公司协会。

中债登网站（http：//www. chinabond. com. cn）则提供公司概况、新闻公告、债券种类、培训与交流、法律法规、债券数据、业务操作以及研究分析等信息。

词条名称：**投资者保护类网站**

英　　文：**websites for investor protection**

定义：投资者保护类网站是指为保护投资者合法权益而成立的机构或公司所设立的网站。

释义：目前我国的投资者保护类网站主要是中国证券投资者保护网（http：//www. sipf. com. cn），该网站由中国证券投资者保护基金有限责任公司设立。网站介绍了公司的呼叫响应、投资者调查评价、投资者教育、风险处置、资本市场 XBRL 信息系统建设、交易结算资金监控系统等业务。同时还提供年报月报、调查报告（涵盖信心调查、专项调查、综合调查）、证券投资者常态保护机制研究、证券公司风险及处置相关研究、证券市场纠纷调解与仲裁研究以及其他研究资料供投资者浏览及下载。

词条名称：**证券资讯类网站**

英　　文：**websites for securities information**

定义：证券资讯类网站是指为投资者提供财经资讯及金融市场行情的网站。

释义：证券资讯类网站能够及时为投资者提供全面的综合财经新闻和国内外金融市场行情，内容覆盖股票、基金、债券、期货、外汇、黄金、信托、理财、保险等领域。其内容更全，更新频率比报纸更快，更有部分网站 24 小时不间断更新。此外，部分网站设有博客、股吧、论坛等互动型栏目。通常，投资者可以通过点击各网站设在首页底部区域的“网站地图”查看网站的栏目设置和结构。

由于网站更新较快，投资者可以使用大多数网站都提供的关键词搜索功能，有针对性地浏览资讯。

以下列举部分目前知名度与综合性较高的证券资讯类网站：

- 和讯网 http：//www. hexun. com
- 巨潮网 http：//www. cninfo. com. cn
- 金融界 http：//www. jrj. com. cn
- 新浪财经 http：//finance. sina. com. cn
- 凤凰财经 http：//finance. ifeng. com
- 网易财经 http：//money. 163. com
- 搜狐财经 http：//business. sohu. com
- 腾讯财经 http：//finance. qq. com
- 华讯财经 http：//www. 591hx. com
- 证券之星 http：//www. stockstar. com
- 中国证券网 http：//www. cnstock. com
- 东方财富网 http：//www. eastmoney. com

词条名称：**证券交易类网站**

英　　文：**websites for online securities trading**

定义：证券交易类网站是指供投资者在线进行证券交易的网站。

释义：投资者只要登录开户的证券公司或基金公司所设立的网站，进入网上交易页面，输入账号及密码，便可进行在线交易。目前我国证券公司网站一般都提供在线交易服务。

词条名称：**基金类网站**

英　　文：**websites for fund information**

定义：基金类网站是指为投资者提供基金市场相关资讯以及法律法规介绍和查询的网站。

释义：与综合性证券资讯网站不同，基金类网站专注于基金领域，提供全方位的基金相关信息，包括资金净值、基金公告、基金评级、基金数据、基金知识等。此外，网站通常还设有基金论坛、基金评价分析工具等。投资者可使用其提供的简单基金筛选以及比较工具、基金收益管理工具等来辅助投资。

以下列举部分目前国内知名度较高的基金类网站：

- 好买基金网 http：//www. howbuy. com/
- 数米网 http：//www. fund123. cn
- 晨星网 http：//cn. morningstar. com
- 酷基金 http：//www. ourku. com
- 和讯基金 http：//funds. hexun. com
- 新浪基金 http：//finance. sina. com. cn/fund
- 全景基金 http：//www. p5w. net/fund
- 天天基金网 http：//fund. eastmoney. com
- 中国基金网 http：//www. cnfund. cn

词条名称：**期货类网站**

英　　文：**websites for futures information**

定义：期货类网站是指为投资者提供金融期货市场相关资讯以及法律法规介绍和查询的网站。

释义：投资者可以从各大期货交易所的官方网站获取交易及相关法律法规信息，也可从专门的商品网站获得期货交易资讯。除此之外，综合证券资讯类网站一般都设有专门的期货频道。

期货业协会网站（http：//www. cfachina. org）除了提供期货资讯，还设有从业资格条件、资格考试、会员管理与服务、投资者交易、政策法规、研究出版与培训等栏目，双月刊《中国期货》供读者免费浏览和下载。

期货日报网站（http：//www. qhrb. com. cn）是《期货日报》设立的官方网站，投资者可在该网站浏览到国内外商品和金融期货的市场资讯。

另外，还有不少专门网站为投资者提供更深入的行业资讯，如：

- 中国棉花信息网（http：//www. cottonchina. org）：提供棉花资讯与交易信息。
- 中国饲料行业信息网（http：//www. feedtrade. com. cn）：提供大豆、豆粕、玉米等相关资讯。
- 中国化工网（http：//china. chemnet. com）：提供 PTA 及各类化工材料相关信息。
- 秦皇岛煤炭网（http：//www. cqcoal. com）：提供及时、丰富的煤炭资讯。
- 上海金属网（http：//www. shmet. com）：权威金属门户网站，提供金属交易信息、相关资讯及专业评论。

（二）交易方式①

词条名称：**现场交易**

英　　文：**floor trading；spot trading**

定义：现场交易，即现场委托，是

① 撰写：庞康梅，单位：上海大智慧股份有限公司；审核：王毛路，单位：中国上市公司协会。

指投资者亲自到证券营业部，使用现场提供的交易终端进行委托的交易方式。

释义：在证券交易市场，普通投资者需要通过证券公司的代理才能在证券交易所买卖证券。在这种情况下，投资者向证券公司下达的买卖指令，称为“委托”。

随着网络和移动设备的普及，我国目前网上交易量占总交易量的比重在逐月增加。现场交易的吸引力已日渐减小，原因包括：

- 对时间和地点有限制。现场交易需要投资者在非节假日的交易时段内，即上午 9 点半至下午 3 点之间，亲自到证券营业部操作。
- 佣金相对较高。由于现场交易需要营业部提供设备、场地成本等，所以成本比非现场交易高，因此佣金也比非现场交易高。

词条名称：网上交易

英　　文：online trading

定义：网上交易是指投资者借助互联网获取证券交易所实时行情，并将交易指令下达给指定券商的电子交易方式。

释义：网上交易需要通过交易软件或者证券公司网站的页面客户端进行委托。投资者可以在家中或其他地点进行委托交易，并通过互联网查询成交、资金等情况。网上交易的功能与现场的自助委托终端无实质上的区别，是证券交易发展的主流。1997 年 3 月，中国华融信托投资公司湛江营业部推出视聆通多媒体公众信息网网上交易系统，是我国最先开展网上交易的机构。到 1999 年底，深圳有 30 多家证券公司营业部开通了网上交易。目前，我国绝大多数证券公司都已开展网上业务。

网上交易操作方便快捷，只要有上网终端如电脑、手机等，并接通互联网，就可以下达交易指令，没有场地限制。同时，网上交易费用低于传统交易收费，各交易方式费用由低到高依次为：网上交易收费 < 电话委托收费 < 柜台/现场委托收费。

词条名称：电话报单

英　　文：telephone trading

定义：电话报单是指投资者通过电话把委托要求报给证券公司，证券公司根据电话委托内容向证券交易所系统申报的交易方式。

释义：投资者必须首先开设电话委托专户方可进行电话报单。电话报单实质上就是将电话作为一个委托交易的终端。投资者进行电话委托时，只需拨打开户证券营业部的交易电话号码，然后根据电话语音的提示进行相应的操作即可。

随着网络和移动设备的普及，电话交易已不如过去流行，但仍有少部分群体习惯采用这种交易方式。在无法连接因特网的地方，电话交易可以作为一种补充的交易方式。

词条名称：移动交易

英　　文：trading through mobile devices

定义：移动交易是指投资者通过

移动设备，借助无线互联网获取证券交易所实时行情，并将交易指令下达给指定券商的电子交易方式。

释义：移动交易需要通过交易软件，或者通过证券公司网站的客户端进行委托。随着移动设备如平板电脑、智能手机普及率越来越高，投资者可以在任何地方进行委托交易，并查询成交、资金等情况。与传统电脑交易相比，移动设备更轻巧便携，投资者可以在交易时间内，随时随地查看行情以及下达交易指令，及时做出投资决策。目前使用移动交易设备浏览行情以及下达交易指令的投资人群正在不断壮大起来。

移动交易方式也有其独有的风险性，应引起投资者的注意，如：无线通信网/互联网可能出现中断、停顿、延迟，或在某些地区、地点被屏蔽或无法接收的情况，造成证券信息出现错误或委托及查询失败；移动终端本身可能出现电源不足、性能或软件系统与交易软件不匹配的情况，导致交易信息无法正常发送或接受；因投资者遗失移动交易终端而造成的信息泄露及账户被盗等。

（三）固定交易终端[①]

词条名称：**现场交易终端**

英　　文：**floor trading terminal**

定义：现场交易终端是指证券公司在其营业部为投资者配备的交易终端。

释义：证券公司一般会在营业部为投资者配备各种行情显示设备和交易终端设备。投资者可利用这些设备查看行情，并下达买卖指令。证券公司按照投资者资金多少，将其分为大户、中户和散户。营业厅的大户室或中户室会为每一位投资者配备电脑，投资者可以通过电脑查看行情并委托交易。而广大散户则坐在营业大厅观察行情显示墙，大厅周围往往排列着一排排电脑，这些电脑均配备行情委托交易软件。散户可以在这些电脑上进行自助交易。不过，现场交易要求投资者必须要有充裕的时间，对许多上班族来说很难实现。加之互联网的兴起，网上交易日渐受到投资者的青睐。

词条名称：**网上交易终端**

英　　文：**online trading terminal**

定义：网上交易终端是指集行情、资讯和交易服务于一体的投资理财平台及软件。

释义：随着信息技术的飞速发展，证券网上交易方式日渐兴起。投资者开始利用互联网资源获取证券的实时报价，分析市场行情，委托下单。这种方式突破了现场交易的局限，成本低、不受地域限制、高效便捷，深受投资者欢迎。于是，网上交易终端应运而生。目前存在的网上交易终端大体可以分为三大类：（1）移动运营商提供的交易平台及软件，如中国移动的“手机证券”，中国联通的“掌上股市”等；（2）券商自主开发的平台

---

① 撰写：蒋雪，单位：上海大智慧股份有限公司；审核：王毛路，单位：中国上市公司协会。

及软件；（3）第三方技术公司开发的交易平台及软件，如大智慧、同花顺等。按照交易系统的形式，网上终端又可以分为网页版交易平台和客户端软件两种。

词条名称：**页面交易端**

英　　文：**web-embedded transaction system**

定义：页面交易端是指投资者无需下载任何软件，即可直接在网页上进行交易的投资系统。

释义：目前，国内多家证券公司均已提供页面交易服务。投资者只需输入账号、交易密码、预留信息等内容，即可轻松登陆，进行买入/卖出、撤单、查询、转账等操作。投资者在使用页面交易时，尤其需要注意账户安全问题，一般需采取下载安全控件、定期更换密码、随时留意有无账户异常情况等措施保障资金安全。

词条名称：**VIP 客户端**

英　　文：**VIP client system**

定义：VIP 客户端是指证券公司为其 VIP 客户单独提供的网上交易系统。

释义：VIP 客户端仅供 VIP 客户使用，为其提供独立的行情、委托服务器、带宽线路、VIP 专用交易席位以及最丰富的资讯内容和最优质的服务。VIP 客户端的优势在于，简约、便捷的分析界面，专业、定制的板块页面，即时、全面的各类行情以及方便、个性化的选股工具。同时还能为 VIP 客户提供在线互动和远程协助服务。

（四）移动交易终端①

词条名称：**股票机**

英　　文：**mobile phone embedded with stock trading system**

定义：股票机，又称炒股机，是集成了券商炒股软件和无线数据通信硬件，为炒股量身定制的专业移动理财终端。

释义：股票机起源于 20 世纪 90 年代人们用 BP 机炒股的风潮。当时，BP 机已支持查看实时行情、公告、股评等。随着手机炒股人数的迅猛增长，普通手机已不能满足投资者的需求，专业的股票机应运而生。股票机与一般手机不同，便捷性、专业性和安全性突出。股票机开机即可直接进入行情与交易页面，操作简单、易学。而且，股票机采用封闭式设计理念，未经授权不可安装任何第三方软件，因此可以有效阻拦木马和病毒入侵，保证投资者的交易安全。

词条名称：**手机交易终端**

英　　文：**trading terminal for mobile phone**

定义：手机交易终端是指安装在手机上的交易终端。

释义：手机交易终端基于移动通信网络的数据传输功能，结合专业证券交易系统，让普通手机升级为综合性的证券业务处理终端。目前，除柜台、电话委托和网上交易这 3 种方式

① 撰写：蒋雪，单位：上海大智慧股份有限公司；审核：王毛路，单位：中国上市公司协会。

外，手机交易最受投资者的青睐。手机交易终端的优势在于，突破时间、空间限制，方便、快速，借助移动网络真正实现了随身、随时、随地进行证券投资。但手机交易也存在弊端，如屏幕小、计算能力有限、耗费流量、电池供电时间短以及安全漏洞等问题。

词条名称：**移动互联网设备交易终端**

英　　文：**trading terminal for mobile devices**

定义：移动互联网设备交易终端是指安装在移动互联网设备上的交易终端。

释义：移动互联网设备，是一种比智能手机屏幕更大、比上网本更易携带的终端产品，可以满足用户随时上网、便于携带的需要。投资者可以使用移动互联网设备实时了解市场行情，在线交易。移动互联网设备的优势在于，便于携带的同时，能够克服手机显示屏幕较小和运算能力有限的问题，大大提高了投资者的效率。

（五）网上信息安全①

词条名称：**病毒**

英　　文：**computer virus**

定义：病毒是指编制者在计算机程序中插入的破坏计算机功能或数据，影响计算机使用并且能够自我复制的一组计算机指令或者程序代码。

释义：一个程序需要经过用户授权才能调用系统资源，如内存等。所以许多病毒将自己隐藏在合法的可执行文件上，一旦用户运行该文件，病毒就可以在用户不知情的情况下取得系统控制权得以运行。由于市面上大部分用户使用的是微软的Windows操作系统，所以病毒作者通常选择Windows操作系统作为攻击对象。计算机病毒主要的传播途径有两种：可移动存储设备和网络。病毒根据其执行方式通常分为两类：驻留型和非驻留型。防范病毒的方法包括修补系统漏洞，安装并及时更新杀毒软件和防火墙，不点击可疑链接或程序。

词条名称：**木马**

英　　文：**trojan horse or trojan**

定义：木马，又称特洛伊木马，是指通过伪装吸引用户下载并执行的恶意程序，该程序在宿主电脑中植入后门程序后，施种木马者即可获得系统访问权，可以任意破坏、窃取目标电脑的文件，甚至远程操控目标电脑。

释义：病毒和木马同属于恶意软件，而与病毒不同的是，木马并不进行自我复制，没有传染性。木马主要是为了窃取宿主电脑中的数据，如密码、保密资料等。一个完整的特洛伊木马程序包括两个部分，即服务端和客户端。黑客通过客户端进入运行了服务端的电脑，通过隐蔽的进程，打开电脑端口，向指定邮箱或服务器发送数据。从种类上来讲，木马主要包括网游木马、网银木马、下载类木马、代理类木马、FTP木马、通讯软件类木马和网页点击类木马。这些木马通过修改图标、捆绑文件、错误显示、定制端口、自我销毁和木马更名等进行伪

① 撰写：童项，单位：上海大智慧股份有限公司；审核：王毛路，单位：中国上市公司协会。

装，并集成到程序里，隐藏于配置文件、启动组、驱动程序、普通文件、超级链接、注册表中。为了防止木马，请不要访问来历不明的网站，不要使用来历不明的软件，并及时更新系统补丁。

词条名称：**钓鱼**

英　　文：**phishing**

定义：钓鱼是指企图从电子通讯中，通过伪装成值得信任的机构获得如用户名、密码和信用卡明细等个人敏感信息的犯罪诈骗过程。

释义：钓鱼通常假冒自己的身份为社交网站、拍卖网站、在线支付平台或网络管理员等，以此来骗取无戒备心的受害者。黑客的主要目标是网上银行或在线支付业务的用户。最典型的网络钓鱼是将受害者引诱到与真正网站相差无几的假冒网站上，并获取受害者在此网站上输入的个人敏感信息，用来进行欺诈性金融交易，欺诈者从中获取经济利益，受害者经常遭受巨大的经济损失。常见的钓鱼技术包括欺骗性链接、过滤器规避、网站伪造、电话钓鱼等。有效防范钓鱼欺诈的方法有立法、提高公众防范意识、改进技术防护手段等。

词条名称：**杀毒软件**

英　　文：**anti-virus software**

定义：杀毒软件是指用于阻止、检测、清除恶意软件（如病毒、木马等）的软件。

释义：杀毒软件也称为反病毒软件或防毒软件，通常集成监控识别、病毒扫描和清除以及自动升级等功能，是计算机防御系统的重要组成部分。杀毒软件的任务是实时监控和扫描磁盘。大部分的杀毒软件还具有防火墙功能。杀毒软件并不能查杀所有病毒，有的能查到，但不一定能杀掉。因此，对被感染文件的处理方式包括清除、删除、禁止访问、隔离和不处理。杀毒软件滞后于病毒，因此，不能完全寄希望于靠杀毒软件保护电脑安全，不要随意打开陌生文件和不安全网页，要注意更新自己的隐私密码，这样才能维护自己的网络安全。

词条名称：**防篡改**

英　　文：**anti-defacement**

定义：防篡改是指通过防火墙、实时阻断、事件触发、核心内嵌、文件过滤驱动等技术，检验网页完整性，监测底层文件属性，确保网页文件不被非法改写的计算机技术。

释义：不法企图，恶意攻击，发泄不满都容易导致网页篡改。而篡改导致的快速传播的影响由于网络环境的复杂而难以追查，因此，有必要采用防篡改技术以保护信息安全。网页防篡改采用三种技术，包括外挂轮询技术、核心内嵌技术和事件触发技术。外挂轮询技术是利用一个网页读取和检测程序，以轮询方式读出要监控的网页，与真实网页相比较，来判断网页内容的完整性，对于被篡改的网页进行报警和恢复。核心内嵌技术是将篡改检测模块内嵌在Web服务器软件里，它在每一个网页流出时都进行完整性检查，对于篡改网页进行实时访问阻断，并予以报警和恢复。事件触发技术是利用操作系统的文件系统接口，在网页文件的被修改时进行合法性检查，对于非法操作进行报警和恢复。这一技术的使用有助于保证系统稳定运行，保证信息安全，减少负面影响。

词条名称：**防攻击**

英　　文：**anti-attack**

定义：防攻击是指防范任何有意识地收集、破坏、拒绝服务、减损或毁坏信息或信息系统资源的恶意行为。

释义：网络攻击是利用网络存在的漏洞和安全缺陷对网络系统的硬件、软件及系统中的数据进行的攻击。近年来，网络攻击呈现攻击工具越来越复杂、攻击速度越来越快、防火墙渗透率越来越高、对基础设施危害越来越大等特点。网络攻击的类型包括：木马与后门攻击、欺骗攻击、电子邮件攻击、拒绝服务攻击、安全漏洞攻击、端口扫描攻击、网络监听等。防范网络攻击的技术有：防火墙/虚拟专用网、入侵防护系统、病毒网关、漏洞评估、SSL VPN 网关、无线安全网关、网页内容过滤、电子邮件内容过滤等。普通网络用户可以采取的防攻击措施有：不随意打开来历不明的邮件和文件；避免下载不知名的软件和程式；设置较为复杂的密码；及时下载系统补丁；使用防毒软件和防火墙软件；定时更新防毒软件；设置代理服务器；对重要资料做好保护和备份等。

词条名称：**安全下载**

英　　文：**download protection**

定义：安全下载是指安全软件在用户从网上下载文件时，对要下载的文件进行安全检查，防止用户不小心下载到木马病毒的功能。

释义：一般拥有安全下载功能的安全软件，会在用户下载完一个文件的时候告知用户这个文件是否安全（或者仅仅在这个文件危险的时候进行提示）。当发现用户已经下载或即将下载的文件是病毒或者包含病毒时，一般会提醒或拦阻用户继续下载，或者在下载后提醒用户进行清除病毒的操作。

词条名称：**交易账号安全**

英　　文：**trading account security**

定义：交易账号安全是指防止恶意攻击盗取用户交易时所使用的账号，避免泄露个人敏感信息而造成经济损失。

释义：账号关系到资产安全，被他人盗用可能产生实际的经济损失，因此，账户安全是任何网上交易活动都非常关心的问题。造成账号被盗的原因通常包括密码过于简单、保管不当、木马程序、暴力破解和钓鱼网站。因此，进行网上交易要小心谨慎。不要从来历不明的网页链接访问证券公司或基金公司网站。在任何时候都不要透露账号密码等敏感信息，分别设定网银的登录密码，银行卡支付或取款密码，并尽量设置复杂密码，增强口令强度，定期进行修改。安装正版杀毒软件，不在公共场所（如网吧）使用网上银行或进行其他网上交易。

词条名称：**登录方式**

英　　文：**login mode**

定义：登录方式是指进入计算机系统或其他受限区域所需要的凭证的形式，在系统确认和对凭证进行授权后，给予用户进入某个特定环境的许可。

释义：常见的网站登录方式包括标准登录、安全登录、n 天内免登录、手机号码（动态密码登录）等。标准登录是指凭借用户名和密码进行登录；安全登录是指采用了安全控件，数据进行特定通道的安全传输的登录。勾选登录界面的“n 天内免登录”后，用户在 n 天内直接登录，不必输入用户名和密码。另外某些绑定手机号码的网站，可以用手机号码和收到的动态密码进行登录。

词条名称：**加密**

英　　文：**encryption**

定义：加密是指以某种特殊的算法改变原有的信息数据，使得未授权的用户即使获得了已加密的信息，但因不知解密的方法，仍然无法了解信息内容的计算机技术。

释义：加密可分为对称加密和非对称加密。对称加密双方采用共同密钥；非对称加密有两个密钥，即公共密钥和私人密钥。数据加密的基本过程是对原来为明文的文件或数据按某种算法进行处理，使其成为不可读的一段代码，通常称为“密文”。“密文”只有在输入相应的密钥之后才能显示出本来的内容，可以保护数据不被非法窃取。阅读加密技术广泛应用在电子商务、VPN 和数据安全方面。

图示：对称加密与非对称加密

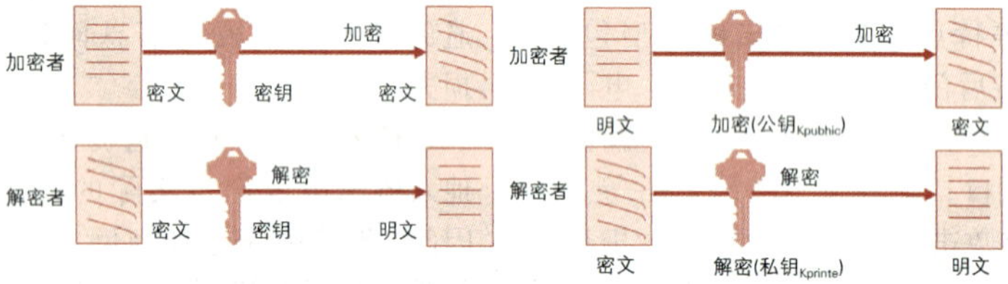

词条名称：**安全扫描**

英　　文：**security scanning**

定义：安全扫描，又称脆弱性评估，是指对工作站、服务器、交换机、数据库等各种对象可能存在的已知安全漏洞进行的逐项检测。

释义：安全扫描技术主要分为主机安全扫描技术和网络安全扫描技术。按照扫描过程的不同，又可以分为 Ping 扫描技术、端口扫描技术、操作系统探测扫描技术和已知漏洞扫描技术。安全扫描的目的是发现网络和主机中可能会被黑客利用的薄弱点，并尽可能地修复这些薄弱点，在黑客攻击前进行防范。将安全扫描技术与防火墙、入侵检测系统结合使用，能够有效提高网络的安全性。

词条名称：**郑商所期货行情中断事件**

英　　文：**ZCE real-time quote system failure**

定义：郑商所期货行情中断事件

是指2011年12月7日上午郑州商品交易所期货行情两度中断造成客户无法交易的事件。

释义：2011年12月7日上午9时25分，郑州商品交易所因前置机临时故障，导致交易暂停。9时40分，系统恢复正常。但9时47分左右，交易再次中断。随后郑商所发布公告称，由于信息系统发生技术故障，2011年12月7日10时00分起暂停交易，具体恢复时间另行通知。午后郑商所再度发表公告称，技术性故障已经排除，从13时30分起恢复正常交易。郑州商品交易所是目前全国四家期货交易所之一，主要交易白糖、强麦、郑棉、PTA、甲醇、菜籽油等。此次系统瘫痪为近年来罕见事故。根据其业务规则，当主系统出现故障时，应尽快切换到冗余系统，确保交易正常进行。这次事故暴露了期货交易所在业务连续性管理方面存在的不足，也凸显了网络安全稳定运行对现代金融市场的重要性。

（六）信息技术标准类别①

词条名称：**电子化信息披露**

英　　文：**electronic information disclosure**

定义：电子化信息披露是指运用信息技术和电子化手段，实现上市公司信息披露的全过程，包括电子公告文件的生成、报送、交换、发布以及数据采集和统计。

释义：伴随证券市场交易、结算、托管等环节的无纸化和电子化，上市公司信息披露电子化成为大势所趋。从1998年开始，证监会和沪深交易所就着手进行上市公司信息披露的电子化工作。1999年，上市公司年报全文开始在证监会指定信息披露网站上海证券交易所官网（http://www.sse.com.cn/）和巨潮资讯网（http://www.cninfo.com.cn/）发布。2005年，中国证监会发布《上市公司信息披露电子化规范》，为上市公司信息披露提供了统一、规范的数据表述方式，有助于实现证券业内、业间的上市公司信息共享，从而推动了我国上市公司信息披露和证券信息服务业健康、有序发展。目前，电子化信息披露正逐渐取代指定报刊（“七报一刊”，即《上海证券报》、《中国证券报》、《证券时报》、《金融时报》、《经济日报》、《中国改革报》、《中国日报》以及《证券市场周刊》），成为上市公司主流信息披露方式。

词条名称：**可扩展的商业报告语言信息披露**

英　　文：**use of extensible business reporting language in information disclosure，缩写XBRL**

定义：可扩展的商业报告语言信息披露是指上市公司使用基于XML（Extensible markup language，可扩展置标语言）的XBRL进行信息披露的方式。

释义：XBRL是XML的一个重要

信息技术基础

---

① 撰写：蒋雪，单位：上海大智慧股份有限公司；审核：王毛路，单位：中国上市公司协会。

分支和扩展，主要应用于商业和财务信息的定义和交换，是目前应用于非结构化信息处理尤其是财务信息处理的最新技术。1998 年 4 月，美国华盛顿州会计师 Charles Hoffman 首次提出 XBRL 的构想。1999 年 8 月，XBRL 国际联合会（XBRL International）成立，致力于在全球推行企业报告的 XBRL 化。XBRL 采用电子标签定义信息，便于应用程序读取，同时增加了数据的准确性和可靠性。它能满足各类机构和个人对上市公司日益提高的信息披露要求，从而日益显现出巨大的经济价值和社会效用。上海证券交易所和深圳证券交易所官网分别设有“上市公司 XBRL”和“XBRL 上市公司信息服务平台”，展示上市公司提交的 XBRL 格式报告以及 XBRL 相关信息。

二、信息技术应用

（一）交易账户开户方式①

词条名称：**证券开户**

英　　文：**open a securities accounts**

定义：证券开户是指投资者（个人或机构）开设证券账户和资金账户的行为。

释义：证券开户包括开立证券账户（又称股东账户）和资金账户。证券账户相当于投资者的证券存折，用于记录投资者持有的证券种类和数量。资金账户即证券交易结算资金账户，是指投资者用于证券交易资金清算的专用账户。目前，个人或机构投资者可办理沪深 A 股开户以及 B 股开户。2013 年 4 月 1 日起，境内居住的港澳台居民也可以开立 A 股账户。

开户流程：以个人投资者办理 A 股证券开户为例，投资者本人需携带有效身份证原件到证券营业柜台填写相关申请表格。自 2007 年开始，开办资金账户还需要填写《客户交易结算资金第三方存管协议》，并由证券开户本人携带本人银行借记卡去银行网点柜台确认，没有该银行借记卡者可在银行柜台另新办借记卡。目前部分证券公司也支持网上办理开户，如国泰君安、招商证券等。

证券开户的收费标准如下：

收费项目	收费标准	
	个人	机构
深 A	人民币：50 元	人民币：500 元
沪 A	人民币：40 元	人民币：400 元
深 B	港元：120 元	港元：580 元
沪 B	美元：19 元	美元：85 元

投资者完成开户之后，除了可以交易相应的股票，还可以直接申购赎回开放式基金、买卖国债和企业债等。同时，投资者也可以通过证券账户配置和投资证券公司的集合理财产品。

词条名称：**基金开户**

英　　文：**open a fund account**

定义：基金开户是指投资者（个人或机构）开设基金账户和资金账户的行为。

释义：个人或机构在投资基金之前需要开通基金账户，基金账户分为

---

① 撰写：高裔妮，单位：上海大智慧股份有限公司；审核：王毛路，单位：中国上市公司协会。

基金交易账户和基金 TA（Transfer Agent）账户。我们一般所说的基金账户是指基金 TA 账户。基金交易账户是银行为投资者设立的用于在该行进行基金交易的账户。该账户用于记录投资者的基金交易活动情况及其持有的基金份额。基金 TA 账户是注册登记人为投资者建立的用于管理和记录投资者交易该注册登记人所注册登记的基金种类、数量变化情况的账户。

交易账户与银行相关，TA 账户与基金公司相关。也就是说，如果投资者分别在几家不同的银行购买同一家基金公司的基金，会有几个不同的交易账户；同样，如果投资者在同一家银行购买几家不同基金公司的基金，就会有几个基金公司的 TA 账户。

目前基金账户有以下几种开通方式：第一，基金投资者可以根据自己想要买的基金，到相应的基金公司网站开通该公司的基金账户。第二，基金投资者可以到银行柜台办理基金账户。第三，基金投资者可以在证券公司办理股票开户的同时开通基金账户权限。

开户流程：以个人投资者办理基金开户为例，投资者本人需携带有效身份证原件至证券公司柜台，并填写相关表格申请开户。办理银行三方托管需要填写《客户交易结算资金第三方存管协议》，并由基金账户开户本人携带本人银行借记卡去银行网点柜台确认，没有该银行借记卡者仅需在银行柜台另新办借记卡即可。办理基金开户不需缴纳任何费用。目前，这个开户流程也可以在网上实现。

词条名称：**期货开户**

英　　文：**open a futures accounts**

定义：期货开户是指投资者（个人或机构）开设期货账户和资金账户的行为。

释义：目前我国期货开户包括商品期货开户和股指期货开户两种，投资者均需亲自到证券营业部办理。

开户流程：以个人投资者办理商品期货开户为例，投资者本人需携带有效身份证原件至证券公司柜台，签署相关协议书并填写申请表格，采集个人影像资料，设置资金密码和交易密码。然后持银期转账协议、本人身份证原件、银行借记卡（只限中国银行、农业银行、工商银行、交通银行、建设银行之一）至相应的银行网点办理银期转账手续。目前我国对商品期货开户没有资金限制，办理开户也不收费。

如果个人投资者想要办理股指期货开户，还需要满足以下条件：

（1）申请开户时保证金账户可用资金余额不低于人民币 50 万元。

（2）具备股指期货基础知识，通过相关测试，成绩在 80 分以上（现场测试）。

（3）具有至少 10 个交易日、累计 20 笔以上的股指期货仿真交易成交记录，或者最近三年内具有 10 笔以上商品期货交易成交记录。

（4）不存在严重不良诚信记录；不存在法律、行政法规、规章和交易所业务规则禁止或者限制从事股指期货交易的情形。

（5）投资者综合评估分值 70 分以

上（现场评估）。

词条名称：**股东卡**

英　　文：**shareholder's card**

定义：股东卡，又称证券账户卡，是指由证券登记机构发出的，证明投资者开立了某个证券账户并记录其交易和持股情况的有效凭证。

释义：证券账户是证券登记机构为了对证券投资行为进行准确、有效的记载、清算以及交割而给证券投资者设立的专门账户；每个证券账户配发一个股东代码。投资者交易时要将股东代码（或称证券账户号码）连同买卖委托一起提交给证券交易所，证券交易所凭这个号码来识别证券持有人及其股权。股东卡分为深圳A股、深圳B股、上海A股、上海B股和基金账户卡等几种。投资者可凭股东卡和本人有效身份证到指定的证券营业部门办理证券的交易、分红、派息、登记过户等事宜。若股东卡遗失，投资者也可凭本人有效身份证到证券营业厅办理挂失、补办等手续。

词条名称：**资金账户**

英　　文：**capital account**

定义：资金账户即证券交易结算资金账户，是指投资者用于证券交易资金清算的专用账户。

释义：资金账户主要分为现金账户和保证金账户两种。现金账户，是指客户通过证券公司买入或卖出证券时，必须在清算日或清算日之前交清全部价款或将证券交割给证券公司的资金账户。我国大部分个人和大额投资者，如保险公司、企业或政府的退休基金、互助基金等，开设的都是现金账户。保证金账户，是指客户按账户规定的保证金比例支付所购买证券的价款，余款由证券公司提供贷款垫支，贷款利息以证券公司的借款成本为基础折算的资金账户。在这种账户下，客户只需用少量的资金就可以买进大量的证券。

（二）典型交易处理流程[①]

词条名称：**下单**

英　　文：**order placing**

定义：下单是指客户在交易前向证券公司下达委托指令，说明拟买卖证券的种类、数量以及价格的行为。

释义：在投资者开立了证券账户和资金账户后，就可以开始委托买卖了。以买卖股票为例，投资者下单的方式主要有柜台委托下单、电话委托下单和网上委托下单等。目前网上委托已成为主流下单方式，投资者在登录投资账户之后，只需填写股票名称（代码）、买/卖数量以及价格，即可完成下单。在下达委托指令时，投资者可以选择限价委托或市价委托，委托价格应在有效申报价格范围内，如实行涨跌幅限制的证券不能超过其价格涨跌下限。超出限价范围的委托将做无效处理，系统自动撤单。如果投资者没有填写买卖股票的价格，则视为市价委托，将以市价成交。在委托未

信息技术应用

① 撰写：高裔妮、况家兴，单位：上海大智慧股份有限公司、上海期货交易所；审核：王毛路，单位：中国上市公司协会。

成交之前，委托人有权变更和撤销委托。在这个过程中，投资者应该注意，买入股票时的申报数量必须是100股及其整数倍，卖出股票时无此限制。

在期货交易中，客户按规定缴纳开户保证金后，即可委托下单。在网上下达交易指令后，只需要填写合约代码、选择买卖方向、选择开平仓、输入价格、输入数量即可完成下单过程。

词条名称：**证券公司处理**

英　　文：**order execution by securities companies**

定义：证券公司处理是指证券公司接到投资者的委托指令后，将指令内容传送到证券交易所进行撮合的过程。

释义：在证券交易所市场，证券交易的基本过程包括开户、委托、成交、结算等几个步骤。投资者需要通过证券公司的代理才能在证券交易所买卖证券。在这种情况下，投资者向证券公司下达买进或卖出证券的指令，称为委托。证券公司接到投资者的委托指令后，首先要对投资者身份的真实性和合法性进行审查。审查合格后，证券公司要将投资者委托指令的内容传送到证券交易所进行撮合。这一过程称为“委托的执行”，也称为“申报”或“报盘”。挂牌证券的交易，采用投资者通过证券营业部和交易席位申报委托、集中竞价（遵循价格优先、时间优先原则）、自动撮合成交的方式。最终由登记结算公司对证券与资金进行清算、交收。

图示：

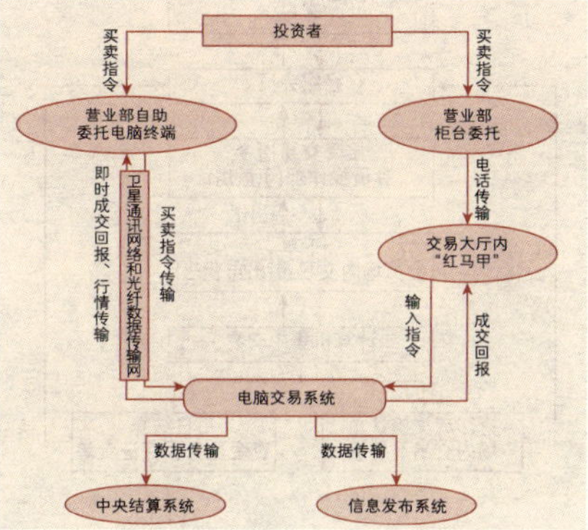

词条名称：**期货公司处理**

英　　文：**order execution by futures companies**

定义：期货公司处理是指期货公司根据投资者指令代理买卖期货合约、办理结算和交割手续。

释义：期货交易流程主要包括开户、下单、竞价、成交回报、结算、交割等环节。期货的交易在原则上与证券一样，按照价格优先、时间优先的原则进行计算机集中竞价。买卖期货合约的时候，双方都需要向结算所缴纳一小笔资金作为履约担保，这笔钱叫作保证金。每个交易日结束后，期货经纪公司要为普通投资者进行结算，结算的款项包括投资者当日盈亏、交易手续费、交易保证金。当每日结算后客户保证金低于期货交易所规定的保证金水平时，期货经纪公司按照期货经纪合同约定的方式通知客户追加保证金；客户不能按时追加保证金的，期货经纪公司应当将该客户部分或全部持仓强行平仓，直至保证金余额能够维持其剩余头寸。

图示：

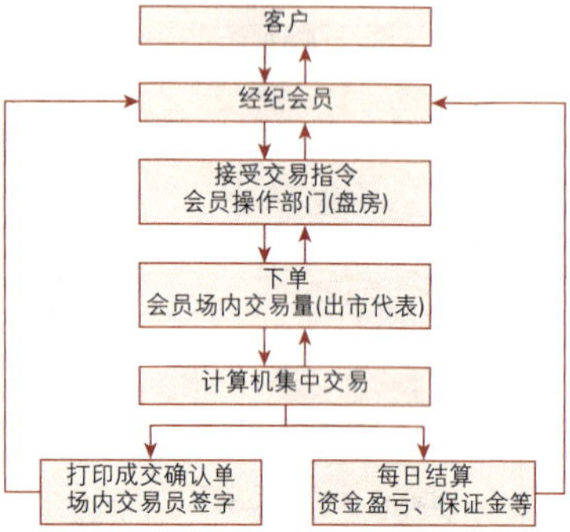

词条名称：**期货交易系统软件**

英　　文：**futures trading system software**

定义：期货交易系统软件，又称期货交易管理系统软件，是指期货经纪公司处理期货交易业务的软件系统。

释义：期货经纪公司使用的全面管理期货交易业务的系统软件，提供前台至后台的订单、报单、风控和结算完整解决方案，产品包括多交易中心、交易结算系统、银期平台等大容量金融交易平台，亦包括 VIP 客户、QFII 客户、机构客户交易清算，期货网上交易、策略交易等解决方案。

图示：系统结构图

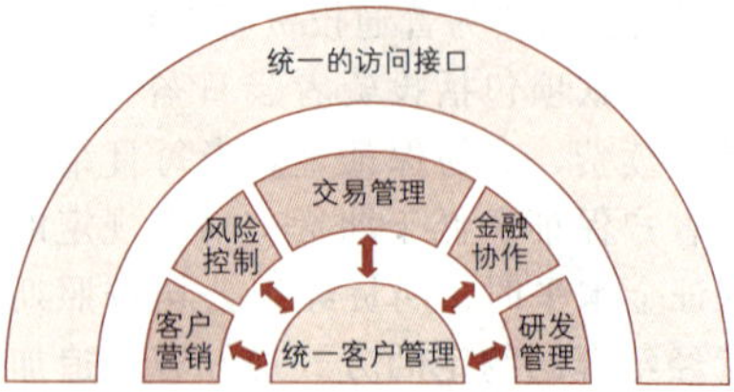

词条名称：**交易所撮合交易**

英　　文：**order matching**

定义：交易所撮合交易是指证券交易所按照规定的竞价交易原则撮合买卖申报成交的过程。

释义：证券交易所按照公开竞价的方式进行撮合交易。公开竞价的基本原则是“时间优先、价格优先”。时间优先，是指买卖方向、价格相同的，先申报者优于后申报者。先后顺序按证券交易所主机接受申报的时间确定。价格优先，是指较高价格买入申报优于较低价格买入申报，较低价格卖出申报优于较高价格卖出申报。

词条名称：**行情发布**

英　　文：**publishing of market quotes**

定义：行情发布是指由证券交易所发布相关市场行情信息的行为。

释义：行情包含沪深股市实时行情、港股行情、全球股市走势、权证、基金行情、期货行情、外汇行情、债券行情、黄金行情等。目前我国市场行情分为基本行情（Level－1）与增强行情（Level－2）两种。投资者可以通过各大交易所的官方网站、证券资讯类网站或投资类交易软件查看特定的实时市场数据。

行情发布为股票投资者开拓了投资渠道，扩大了投资的选择范围，适应了投资者多样性的投资动机。交易动机和利益的需求，一般来说，及早获得行情资讯能为投资者提供获得较高收益的可能性。

一般交易所官方网站行情为延时

基本行情，投资者如需获取增强行情数据，可以通过专业的投资软件，如大智慧金融终端查看。

词条名称：**成交发布**

英　　文：**transaction result notification**

定义：成交发布是指证券交易所交易系统接受申报后，根据订单的成交规则成功撮合配对后，向证券公司发布成交结果及明细的过程。

释义：证券交易所交易系统接受申报后，要根据订单的成交规则进行撮合配对。符合成交条件的予以成交，不符合成交条件的继续等待成交，超过了委托时效的订单失败。在成交价格确定方面，一种情况是通过买卖双方直接竞价形成交易价格；另一种情况是交易价格由交易商报出，投资者接受交易商的报价后，即可与交易商进行证券买卖。我国采用价格优先和时间优先原则。

买卖申报一经成交，交易所即将交易结果及明细发布给证券公司，后者随即再将交易结果发布给投资者，发布内容包含证券公司代号、委托书编号、委托种类、证券代号、成交数量、成交价格、成交金额、买卖类别、代理或自营及成交时间。

词条名称：**结算处理**

英　　文：**settlement and clearing**

定义：结算处理，即证券结算，是指证券交易成交后，对买卖双方应收应付的证券和价款进行核定计算，并完成证券由卖方向买方转移和相对应的资金由买方向卖方转移的过程。

释义：证券交易的结算可以划分为清算和交收两个主要环节。清算即对结算参与人的证券和资金的应收、应付和金额进行计算。交收即依据清算结果实现证券与价款的收付，从而结束整个交易过程。更为重要的是，由于结算是进行下一轮交易的前提，结算能否顺利进行，直接关系到交易后买卖双方权责关系的了结，从而直接影响交易的正常进行和市场的正常运转。

图示：

证券交易的结算流程

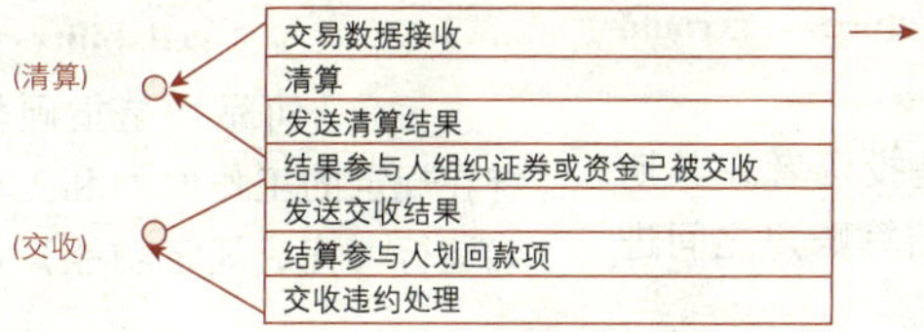

交易数据接收	→	深沪传输数据
清算	→	应收应付进行轧抵
发送清算结果	→	发给各结算参与人
结果参与人组织证券或资金已备交收	→	收到结果后进行组织
发送交收结果	→	中结公司发给结算参与人再发给证交所
结算参与人划回款项	→	向结算公司划出款项
交收违约处理	→	资金交收违约处理，证券交收违约处理

（三）支付方式[①]

词条名称：**银证转账**

英　　文：**bank-securities account transfer**

定义：银证转账是投资者在其证券保证金账户与银行结算账户之间进行资金调拨的金融业务。

释义：从2006年开始，我国所有的证券公司营业部取消现金柜台，投资者不能再直接将资金放在证券公司营业部，只能通过银证转账的方式进行资金存取。具体来说，是将银行储蓄系统与证券公司营业部的股票交易委托系统进行实时联网，投资者可通过电话银行、网上银行、网点自助设备以及证券公司的电话、网上交易系统、营业部的自助设备将资金在银行和证券公司之间来回划转。这种方式快捷、安全、方便，适用于证券交易结算资金存取比较频繁的投资者。无须奔波于银行或证券公司，即可轻松实现资金实时划拨。

词条名称：**银期转账**

英　　文：**bank-futures account transfer**

定义：银期转账是投资者在其期货保证金账户与银行结算账户之间进行资金调拨的金融业务。

释义：具体来说，投资者银行结算账户和期货保证金账户的开户行与期货公司的系统对接，建立一一对应关系后，即可通过网上银行、手机银行、电话银行或期货公司提供的交易渠道发出资金划转指令，实现全国范围内资金的定向、实时互转。同时投资者还可以通过银行提供的各种渠道查询期货保证金账户的可取余额。银期转账以快捷、安全的方式解决了期货投资者、期货公司、银行之间的资金划转问题，并大大提高了投资者资金的安全性。

词条名称：**期货资金和权益比对与查询**

英　　文：**inquiry and verification of futures fund and interest**

定义：期货资金和权益比对和查询是指期货投资者通过期货保证金监控中心查询系统查询和比对自己的期货资金和权益的行为。

释义：投资者凭本人用户名和密码登录期货保证金监控中心查询系统，检查期货公司向自己提供的结算信息是否与投资者在监控中心的查询结果一致。如有疑问，应及时向期货公司询问，也可以向公司所在地证监局反映。

（四）可靠性措施[②]

词条名称：**可靠性**

英　　文：**reliability**

定义：可靠性是指硬件或软件系统在规定的工作时间和工作条件下正确运行（完成规定功能）而不出现故

---

① 撰写：蒋雪、况家兴，单位：上海大智慧股份有限公司、上海期货交易所；审核：王毛路，单位：中国上市公司协会。

② 撰写：蒋雪，单位：上海大智慧股份有限公司；审核：王毛路，单位：中国上市公司协会。

障或失效的能力。

释义：可靠性是评价计算机系统的一种指标，通常用平均故障间隔时间（Mean Time Between Failure，MTBF）来衡量。系统的可靠性越高，平均故障间隔时间越长。组成系统的器件自身的可靠性或其他外部条件，都会对系统的可靠性造成影响。在系统设计中，采用避错、容错技术以及冗余结构，设计较完善的诊断、检测程序，都可以有效提高可靠性。

词条名称：**链路**

英　　文：**link**

定义：链路是指数据通信网络中两个设备或站点之间用于数据交换的通路，中间没有其他交换节点。

释义：链路是构成通信信道的组成部分。在进行数据通信时，两台计算机之间的通信路径往往要经过许多段链路。在网络结构中，因结构本身的复杂性、地理环境或使用情况的不可预知性，链路单点故障很容易发生，从而造成网络瘫痪。因此，为了保持网络的稳定性和可靠性，通常使用一些备份连接，即冗余链路或备份链路。

词条名称：**多点接入**

英　　文：**multi-point access**

定义：多点接入，又称信道共享技术，是指多个计算机用户共享一个公共信道的技术。

释义：多点接入技术有 3 种不同形式，即随机接入、受控接入和信道复用。其共同点是，尽量避免不同用户同时使用公用信道，否则会产生互相干扰的问题。随机接入的特点是，所有用户都可以根据自己的意愿随机地向信道发送信息。当两个或两个以上的用户同时在共享信道上发送信息时，就会产生冲突。这时，争用胜利者就可暂时占用共享信道发送信息。典型的随机接入技术有 ALOHA、CSMA、CSMA/CD。受控接入的特点是，各用户不能随意接入信道，必须服从一定的控制。受控接入又可以分为集中式控制（轮询技术）和分散式控制（令牌技术）。信道复用指的是，多个用户通过复用器（multiplexer）和分用器（demultiplexer）共享信道。主要用于将多个低速信号组合为一个混合的高速信号后，在高速信道上传输的情况。复用技术主要有频分多路复用（Frequency - Division Multiplexing，FDM）和时分多路复用（Time - Division Multiplexing，TDM）。

词条名称：**热备**

英　　文：**hot standby**

定义：热备是指为了解决不可避免的计划和非计划系统宕机问题，多台服务器互相备份、共同执行同一服务的方案。

释义：服务器热备可分为双机热备和多机集群热备。其中，双机热备按照工作中的切换方式，又可分为主—备方式（Active - Standby 方式）和双主机方式（Active - Active 方式）。主—备方式指的是，一台服务器处于某种业务的激活状态（Active 状态），另一台服务器处于该业务的备用状态（Standby 状态）。双主机方式指的是，两种不同业务分别在两台服务器上互为主备状态（Active - Standby 和 Standby - Active 状态）。证券交易对实时性要求很高，任何单点故障都有可能带来不可估量的损失。因此，证券公司的核心交易系统在交易期间必须永不停顿。在这种情况下，对交易系统主机进行双机热备，能有效提高系统整体的可靠性和可用性。

词条名称：**灾备**

英　　文：**backup for disaster recovery**

定义：灾备，全称灾难备份，是为了灾难恢复而对数据、数据处理系统、网络系统、基础设施、专业技术支持能力和运行管理能力进行备份的过程。

释义：这里的“灾难”，指的是由于人为或自然原因，造成信息系统严重故障或瘫痪，使信息系统支持的业务功能停顿或服务水平不可接受、达到特定的时间的突发性事件。

广义的灾备包含灾难备份和灾难恢复两层含义；狭义的灾备是指灾难备份系统，即用于灾难恢复目的，由数据备份系统、备用数据处理系统和备用的网络信息系统组成的信息系统。灾备的目的是为了确保关键业务的持续运行以及减少非计划宕机时间。

（五）软件基础①

词条名称：**登录**

英　　文：**logging in；signing in**

定义：登录是指向需要表明操作身份的软件系统内输入自己的身份证明（用户名或账号和密码）并提交给系统，以便系统登记此行为并提供相应的服务和操作权限。

释义：登录亦称登入，一般来说，登录界面包含用户名和密码输入框及登录按钮，也会有新用户注册以及帮助用户找回用户名和密码的按钮或链接。如果软件系统允许匿名访问，则不需要用户输入登录信息（用户名或账号和密码）即可进入系统。用户登录之后，如果不再需要访问该软件系统，可以选择登出或注销。

词条名称：**窗口**

英　　文：**window**

定义：窗口是指屏幕上与应用程序相对应的一个矩形区域，是用户与产生该窗口的应用程序之间的可视界面。

释义：窗口是用户界面中最重要的部分。每当用户开始运行一个应用程序时，该应用程序就会创建并显示一个窗口。每个窗口负责显示和处理某一类信息。用户可随意在任一窗口上工作，并在各窗口间进行切换。选中一个窗口后，用户可以根据需要对窗口进行以下操作：最小化、最大化以及关闭。

词条名称：**工具栏**

英　　文：**toolbar**

定义：工具栏是指计算机图形用户界面上综合了各种界面按钮、图标和其他输入输出元素的区域。

---

① 撰写：解前勇、庞康梅、郭恭，单位：上海大智慧股份有限公司；审核：王毛路，单位：中国上市公司协会。

释义：工具栏是显示位图式按钮行的控制条，而位图式按钮用来执行命令。相比菜单选项，工具栏按钮可以方便用户快速进行操作，提高效率。很多应用程序都有工具栏，包括办公软件、图形编辑软件以及网页浏览器。用户可以根据个人需要自定义工具栏，对工具栏中的按钮等项目进行添加、删除和位置调整。当用户将鼠标移动到某个工具栏按钮上时，会弹出一个提示小窗口，显示该按钮功能的简要说明。在某些软件中，有些工具栏可能处于关闭或隐藏状态，可在菜单栏上的相应栏目（如“视图菜单”或“查看菜单”）下进行勾选或打开。

下图是某交易软件，图形分析窗口中的工具栏，从左至右的按钮分别为：“选择股票”、“分时图”、“日K线图”、“选择指标”、“打开模板”、“平移画面”、“测量”、“价格还权”、“主图绘制系统指示”、“区间状态指示”、“条件选股”、“预警”、“系统测试”、“交易系统优选”、“公式管理”、“公式引入”、“资讯”、“动态信息”、“F10基本资料”和“帮助”。

图示：

词条名称：导航

英　　文：**navigation**

定义：导航是指帮助用户进入相应内容的快速操作入口。

释义：各种软件和网站都设有导航功能，基本上每个网站都有自己的网站导航系统，为网页的浏览者提供导航服务，也有专业的导航网站提供专业导航服务。网站导航是网站中最重要的元素，是网站提供给用户的最直接、最方便的访问网站内容的工具。总的来说，导航的核心目标是设计一个简便快捷的操作入口，帮助用户快速到达想要访问的相应内容。

词条名称：菜单

英　　文：**menu**

定义：菜单是指图形用户界面中可以让用户在数个有关联选项中选择自己需要的功能组件。

释义：菜单通常由可供选择的一组文字和符号组成，是一系列命令的列表。用户用鼠标单击其中一个选项后，就指定计算机执行一个特定动作或功能。菜单一般用来提供指向各种操作和功能的快捷途径，比如打开和保存文件、退出程式、操作数据等等。菜单有时会被分级组织起来，用户可以一级一级地展开菜单。菜单中若某一项目带有箭头，则选择该项目可以展开带有相关选项的二级菜单（子菜单）。

图示：菜单栏

词条名称：键盘精灵

英　　文：**keyboard wizard**

定义：键盘精灵是指交易软件中实现快速选择证券或指标的一个功能。

释义：键盘精灵是一种拼音代码查询技术，主要是为了让用户更加快速地进行操作。在证券交易或行情软件界面上，如果要查询某只股票，比如中国银行，用户只需输入其拼音首字母代码 ZGYH 即可；如果要查询某个指标，比如居民消费价格指数，用户只需输入 CPI 即可。此外，不少证券交易软件还支持拼音选板块和拼音选功能。键盘精灵有强大的智能搜索功能，在输入内容不全的情况下，键盘精灵将搜索出所有相关内容，并按照使用的频率进行排序。例如，输入 723 即可快速找到 600723 和 000723。

词条名称：**快捷键**

英　　文：**keyboard shortcut**

定义：快捷键是指计算机上用于快速调用一个软件或操作系统操作的一个或多个按键。

释义：通常快捷键是调用一个或多个计算机命令的替代方法。相比用户通过点击菜单和用户界面等方式来完成一个操作，快捷键可以加快用户的操作。比较常见的键盘快捷键包含 Ctrl 键、Shift 键、Alt 键、Esc 键和 Fn 键。多数情况下，用户需要同时按下多个按键才能完成操作。例如，用户按 Ctrl 键 + 字母键 Z 可以完成撤销操作，而按 Ctrl 键 + 字母键 C 可以完成复制操作。

词条名称：**市场行情**

英　　文：**market data**

定义：市场行情是指由证券交易所发布的相关市场行情信息。

释义：我国各大交易所都会发布其交易品种如股票、债券、期货、基金、衍生品等行情数据。目前我国市场行情基本行情（LEVEL－1）与增强行情（LEVEL－2）两种。

以股票行情数据为例，沪深交易所发布的基本行情内容相似，如证券代码、证券简称、前收盘价、最新成交价、当日最高价、当日最低价、当日累计成交数量、当日累计成交金额、实时最高五个价位买入申报价和数量、实时最低五个价位卖出申报价和数量等。增强行情信息内容更丰富：行情快照中包含了委买/委卖总量、委买/委卖均价，买卖盘由 5 档扩展到 10 档，最优买卖档位还有前 50 名的分档明细等。

词条名称：**报价牌**

英　　文：**quotation board**

定义：报价牌是指证券类网站或软件显示证券买卖价格以及相关信息的窗口。

释义：报价牌的优点是清楚、直观、一目了然。股票软件或网站的报价牌一般会显示个股代码、名称、最新价、涨跌额、涨跌幅、换手率、成交量/总手、最近一笔成交量/现手、成交额、买入价、卖出价、昨收价、今开价、最高价及最低价等信息。在行情软件中，用户可通过点击其中的某些字段，如涨跌幅字段，对报价牌窗口所显示的股票信息进行排序，有的软件还可以在报价牌窗口进行更为高级的条件选股。以大智慧金融终端为例，用户可以根据需求，在不同的市场（例如，沪指、沪 A、沪 B、深指、深 A、深 B 等）、自选股、板块股、条件选股的报价牌之间进行切换。

图示：大智慧金融终端的报价牌

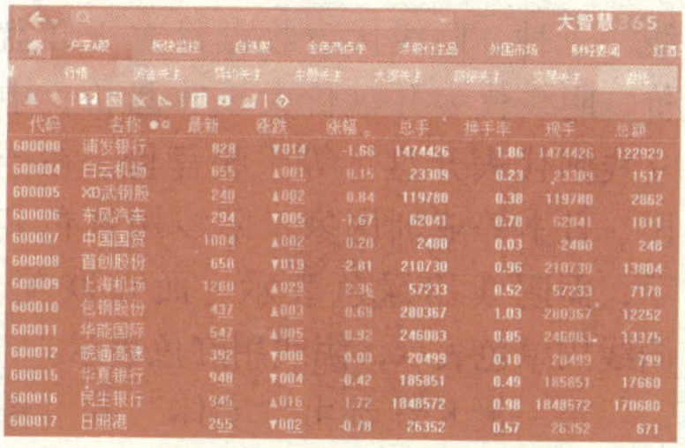

词条名称：**多图组合**

英　　文：**combination chart**

定义：多图组合是指将屏幕划分为多个显示不同内容的小窗口，便于同时观察多只股票或同一股票的不同分析周期的界面。

释义：多图组合包括：多股票组合、多周期组合、多日分时组合等情况。多股票组合：将屏幕划分为多个小窗口，每个小窗口显示一只股票的分时图，便于同时观察多只股票。用户可以根据需要自行设置显示图形数量。多周期组合：将屏幕划分为多个小窗口，各个小窗口分别显示同一股票不同分析周期的走势图。用户可以同时观察一只股票的分时线、分笔成交线、1 分钟线、5 分钟线、30 分钟线、60 分钟线和日线、周线、月线、年线等。多日分时组合：同屏显示同一股票的“多日的分时线”。

图示：大智慧金融终端的多图组合

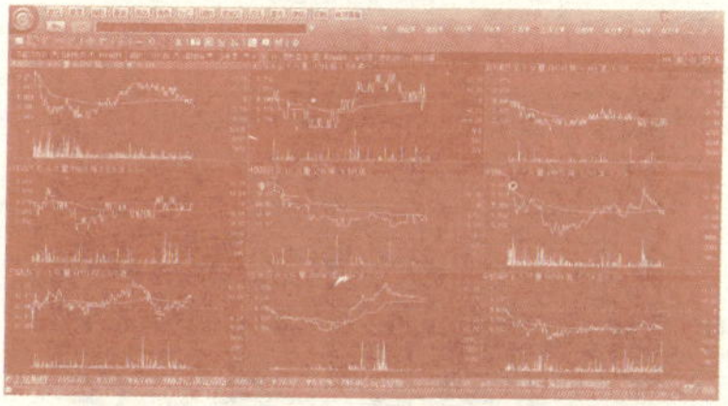

词条名称：**图形叠加**

英　　文：**superposition**

定义：图形叠加是指把两个或多个显示股票、板块或指数行情的走势图叠加，方便用户进行分析对比的功能。

释义：图形叠加功能主要是方便用户直观对比几只股票的价格走势，或者进行跨市场价格指数研究。用户根据需要可以叠加两只股票的日线图、周线图和月线图等，也可以叠加一只股票与上证综指的分时图，以观察该股票相对大市的走势。叠加图形后，用户可以选择锁定叠加图形进行保存，也可以根据需要删除已锁定的叠加图形。

词条名称：**平移画面**

英　　文：**image pan**

定义：平移画面是指在 K 线图下，用户自由平移行情画面，进而更好地分析 K 线历史行情的功能。

释义：在平移画面状态下，鼠标显示为小手形状。此时可以用鼠标左键自由拖动目标，实现上下左右平移；用鼠标右键拖动目标，可以实现水平和垂直方向的图形放大或缩小。若平移画面超出显示范围，可以双击鼠标还原显示。通过平移压缩，利用画线工具，可以有效地找到交叉突破点，从而进行分析研究。在主图叠加状态下，可用上述“小手”单独拖动叠加上来的那只股票的 K 线，调整与被叠加股票的 K 线的相对位置，便于比较。

信息技术应用

词条名称：**趋势线**

英　　文：**trend line**

定义：趋势线，亦称为趋势线，是指连接两个或多个重要价格点的一条斜切线。

释义：在证券交易中，投资者经常通过画趋势线来判断入场或离场的时机。以前，趋势线是直接画在纸上的，但后来则更多地利用画图软件。有些画图软件可以自动生成趋势线，不过大多数交易者喜欢自己画趋势线。画趋势线时，所选择的时间周期应与交易策略保持一致。例如，短线交易者倾向于根据1分钟图形来画趋势线，而长线交易者应利用60分钟图、日线图或周线图。在上升趋势中，将两个低点连成一条直线，就得到上升趋势线；在下降趋势中，将两个高点连成一条直线，就得到下降趋势线。上升趋势线起支撑作用，而下降趋势线起压力作用。趋势线可以分为支撑趋势线和阻力趋势线。趋势线连接的点数越多，其可靠性就越大。

词条名称：**K线图**

英　　文：**candlestick chart**

定义：K线图是指反映一段时间内证券、金融衍生工具或外汇价格走势的一种柱状图。

释义：K线图是线形图与柱状图的结合，常用于股票和外汇价格形态的技术分析中。每根K线（柱状）表示一定时间内价格波动的范围。K线的形状颇似一根根蜡烛，因此也称蜡烛图。

K线图的画法包含四个数据，即开盘价、最高价、最低价和收盘价。K线可分为“阳线”、“阴线”和“中立线”三种，阳线代表收盘价大于开盘价，阴线代表开盘价大于收盘价，中立线则代表开盘价等于收盘价。在中国、日本等亚洲国家，阳线用红色表示，而阴线用绿色表示。而在欧美，阳线用绿色表示，阴线用红色表示。

每一根K线都由“实体”和“影线”两部分组成，实体比影线粗，影线则依附于实体的上下两端。实体部份记录当天的开盘价和收盘价，影线部分则记录当天的最高价和最低价。影线又分为“上影线”和“下影线”两种，阳线的上影线表示最高价和收盘价的差距，下影线表示最低价和开盘价的差距；阴线的上影线则表示最高价和开盘价的差距，下影线表示最低价和收盘价的差距。

K线的长短取决于价差，若开盘价和收盘价的差距越大，则实体部份就会越长，所以开盘价等于收盘价的中立线的形状必定类似“一”、“十”、“⊥”、“丅”等文字。影线部份也是一样，价差越大影线就越长，无价差就无影线。

图示：

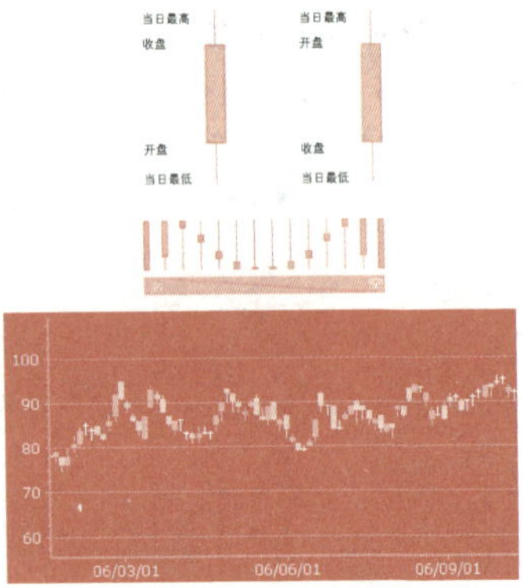

词条名称：**分时走势图**
英　　文：**intraday chart**
定义：分时走势图是指把证券市场的交易信息实时地用曲线在坐标图上加以显示的技术图形。

释义：坐标的横轴是开市的时间，纵轴的上半部分是股价或指数，下半部分显示的是成交量。分时走势图是现场交易的即时资料。分时走势图分为指数分时走势图和个股分时走势图。

词条名称：**预埋单**
英　　文：**parked order**
定义：预埋单是指投资者在证券市场开盘之前设定的委托单。

释义：预埋单是证券交易中的一种下单（委托交易）方式。与普通的交易委托不同的是，预埋单一般在开市前提交，好处是可以提前布局好买入和卖出点，达到快人一步的效果，但前提条件是要有良好的趋势判断能力。预埋单只在当天有效，当天达到委托价格则自动成交，当天不能成交的则自动撤单。

词条名称：**委托单**
英　　文：**order**
定义：委托单是指投资者向证券公司或券商发出的买入或卖出某证券的指令。

释义：一般而言，委托单通过电话或互联网发出。委托单必须包含证券代码、价格和交易量等信息。委托单有很多类型，比较常见的包括市价委托单和限价委托单。市价委托单是在当日结束前按下一个可成交的价格执行交易的委托；限价委托单是按指定的价格交易的委托，除非投资者取消委托或委托到期，限价委托单在执行前将一直有效。

词条名称：**委托队列**
英　　文：**order queue**
定义：委托队列是指显示当前最优价位（买一和卖一价位）的委托明细。

释义：按照价格优先、时间优先的交易规则，委买队列是委托价格从高到低的排序，如果委托价格相同，则委托时间在先的排序就在先；委卖队列则是委托价格从低到高的排序；同样地，如果委托价格相同，则委托时间在先的排序就在先。完整的委托队列的数据是动态变化的，它反映了市场对相应股票的买卖意愿。

委托队列为投资者提供更多的盘口交易细节信息，结合总买总卖均价和委托分布情况，投资者可以初步得到当日交易主要委托支撑及压力区域的判断，从而更优地设置自己的操作策略。

词条名称：**十档买卖盘**
英　　文：**best 10 bids & offers**
定义：十档买卖盘是指买入委托和卖出委托前 10 档的委托价和委托量。

释义：十档买卖盘属于 Level－2 行情，显示买一到买十和卖一到卖十这 20 个价位的挂单情况。十档买卖盘更易于发现个股的大委托单，可对其进行跟踪，进而帮助投资者更快、更高效地捕捉盘中机遇。

图示：

词条名称：盘口矩阵

英　　文：order matrix

定义：盘口矩阵是指展示各个价位上的累计成交量、当前委托量以及逐笔成交的看盘工具。

释义：盘口矩阵是一种看盘工具，属于 Level－2 行情（见下图）。累计的成交量分为内盘成交和外盘成交，分别用绿色区域和红色区域表示。“价格”一栏按价格高低列出了当日所有的成交价和未发生成交但曾经进入了 10 档买卖盘口揭示的委托价格。黄底的价格是最新成交价，价格前的星号表示该价位是当前委托的加权均价位置，最下面的蓝线表示最低价，最上面的蓝线表示最高价，左面的蓝色线表示开盘价。

图示：

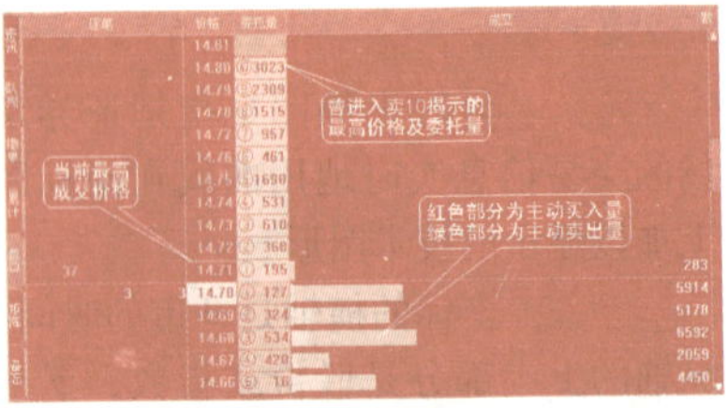

“逐笔”一栏揭示该价位上的逐笔成交，逐笔的揭示有两种方法——图例和数字。当采用图例的形式揭示逐笔时，每一个小柱代表一笔成交，主动性买入用红柱表示，主动性卖出用绿柱表示，柱线的高度代表分笔量，如果是大单用宽柱线表示，如果是特大单用空心宽柱线表示。当采用数字揭示时，每一个数字表示一笔成交，并随着成交笔数的增加往左滚动。

图示：

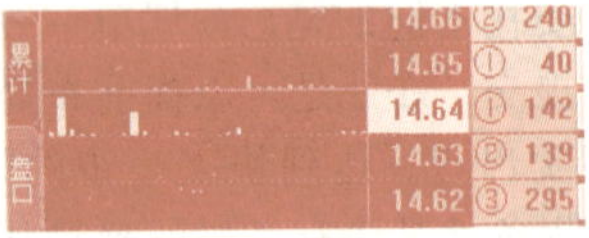

“委托量”一栏的①、②、③……表示买卖盘档位。

“成交”一栏列出可当日累计的成交量，分为内盘成交和外盘成交，分别用柱状线的绿色部分和红色部分表示。

切换逐笔的显示方式可点击窗口右上角的数、逐、图，分别表示用数字揭示、用图例揭示、不揭示逐笔。

词条名称：队列矩阵

英　　文：order queue matrix

定义：队列矩阵是指每一个委托价格上的队列，不仅可显示买一＼卖一的委托队列分布，还可以显示该买二\买三\买四、卖二\卖三\卖四等价位上的委托队列。

释义：队列矩阵也是一种看盘工具。它是在盘口矩阵的基础上增加了队列一栏，不仅仅揭示了当前买一和卖一上的委托单明细，而且还留存了其他档位曾经揭示过的委托单明细。

队列前面的时间是该队列的留存时间，即最近一次该价位作为买一或卖一时的时间。队列的颜色深浅表示该队列的可信度。如果队列是明亮的颜色表示该价位上当前的委托量还是记忆时的委托量，队列的可信度最高；如果颜色变暗一级，表明当前量大于记忆量，可能有新委托加入，队列可信度较高；如果颜色变暗两级，表明当前委托量小于记忆量，有撤单，留存的队列可信度较低。

图示：

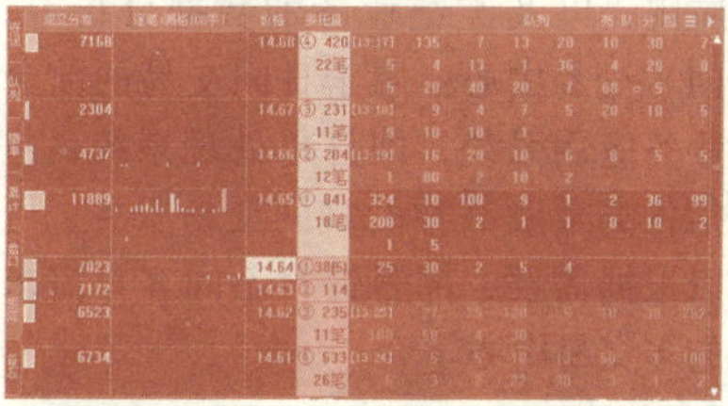

词条名称：**龙虎看盘**

英　　文：**orders overview by size**

定义：龙虎看盘是指展示盘中实时特大单、大单、中单、小单已成交委托单的统计饼状图。

释义：龙虎看盘分为逐单和逐笔两种类型，点击下图窗口右上角的“笔”或“单”可以切换逐单分析和逐笔分析。逐单分析通过饼图（柱图）的形式直观展示委托单中特大、大、中、小单子的成交量和占总量的比例；逐笔分析展示主动性买入和卖出的成交量及比例。龙虎看盘的主要作用是有助于让投资者清晰查看买卖单的比例，有效把握市场资金的变化情况。

图示：

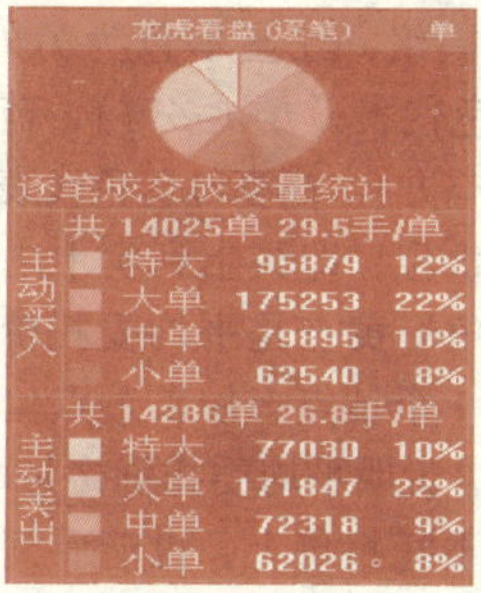

词条名称：**短线精灵**

英　　文：**short-term alert**

定义：短线精灵是指实时监控所有沪深 A 股的盘口异动，第一时间提示日内短线机会的工具。

释义：短线精灵实时监控沪深 A 股的涨跌、成交、盘口、资金流向及板块热点，迅速给出异动信息，帮助投资者及时把握市场机会。短线精灵根据交易所提供的即时海量数据，紧密、全面地监控沪深 A 股走势，及时反馈高开股、低开股、高开低走股、低开高走股、买方涌现股、卖方涌现股、急速上涨股、急速下跌股、买气转强股、卖压涌现股、强势拉抬股、弱势下跌股、创新高股、创新低股、涨停股、跌停股等 16 项短线操作的重要参考指标，在软件右下角处不断滚动显示，对于盘中的异动、大笔成交、大笔委托等都能够给出智能化的预警提示。

词条名称：**委托分布**

英　　文：**order distribution**

定义：委托分布是指当天所有累计委托单数的统计。

释义：委托分布可用于分析当前市场的买卖意愿。下图中，高亮色的颜色为一组，红蓝本色为另外一组，其中红色代表买方（多方），蓝色代表卖方（空方）。高亮红蓝色代表双方可见委托价位，即买十到卖十之间的区域。三角形黄点是平均委托价格，多空各有一个黄点，如果黄点位于高亮色内部，说明平均委托价格是可见的，在十档委托报价上，也能看到这个黄点；如果黄点落在高亮色外面，将不出现在十档委托报价上。委托的分布的图形是一个带有偏度的山峰形状，峰的高度定义为防御强度，宽度定义为防御纵深。一个很高的委托分布峰，相当于委托单高强度的集中在狭窄的价位空间内，如果主力用非常大的委托单在上方构筑压力，或在下方构筑支撑，在委托分布上，就会看到很高的峰。委托峰的宽度，揭示上行或下行阻力延伸的区域，越宽，其阵型越难于被彻底摧毁。

图示：

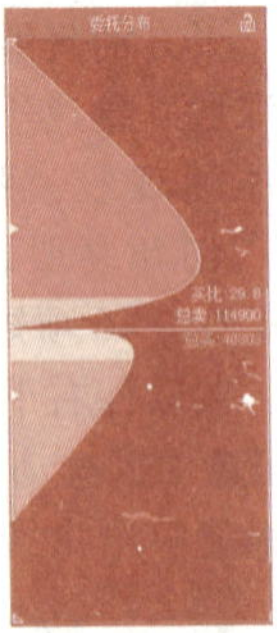

词条名称：**柜台系统**

英　　文：**operation platform for securities brokerage services**

定义：柜台系统是指证券公司在营业部柜台使用的业务系统软件。

释义：证券公司柜台系统一般指可以实现客户交易、账户存管、清算结算等业务的软件系统。目前我国柜台系统供应商主要有恒生电子、金证股份、顶点以及金士达等。

以“恒生证券经纪业务运营平台2.0”为例，该系统的主要功能有：（1）统一账户管理：存管客户的资产信息，包括账户的登记、变更管理，资产管理。（2）统一清算：集中解决客户资产的清算结算服务，同时用于各类金融品种业务的外部数据交换处理。（3）经营管理：实现针对业务需要的查询类、统计类、报表类的业务应用，以及经纪业务的数据分析等。（4）交易中心：用于日间交易的前台业务应用系统，即订单处理系统，包括各类金融品种的日间交易服务。可以根据需要，部署针对不同客户需求的多交易中心。

词条名称：**热自助软件**

英　　文：**self-service software**

定义：热自助软件是指在显示实时行情走势的同时，帮助客户快捷、方便地完成委托买入、委托卖出、撤单、查询等各种证券业务的软件。

释义：广泛用于证券公司营业部现场，由委托转换机收集客户端的各种委托及查询请求，将请求送往数据服务器进行处理，并实时反馈数据服务器的处理结果。主要功能包括股票买卖委托、资金查询、成交汇总查询和委托撤单等。

词条名称：**电话委托软件**

英 文：**telephone order software**

定义：电话委托软件是指投资者可通过电话向证券公司计算机系统输入委托指令，以完成证券买卖委托和有关信息查询的委托软件。

释义：投资者要和证券公司签订电话委托买卖契约，明确双方的权利和责任，填写专门的电话委托开户表，并亲自在柜台输入自己的电话委托交易密码后，才能进行电话委托。开设电话委托专户后，投资者可在任何一个地方直接拨通证券公司的电话委托热线，电话委托交易系统会自动用标准普通话，提示投资者通过电话机上的数字键输入密码、股票种类、数量、价格等，并自动将投资者委托情况复述一遍，提示投资者确认回答是与否，该系统会自动将复述及确认内容打印以备查验。只有在投资者确认而且系统回答委托完毕后，该委托才生效，并将委托输入交易所电脑系统。

词条名称：**总部管理系统**

英 文：**HQ management system**

定义：总部管理系统是指证券公司为了避免风险、减少差错、及时发现隐患所使用的系统工具。

释义：总部管理系统主要分为三个部分，营业部业务数据采集子系统；平行清算、对账和实时风险监控子系统；稽核分析子系统。目标是为了加强证券公司总部对下属营业部的管理，尽量避免风险、减少差错，及时发现隐患，缩短营业部故障停机时间，避免营业部数据丢失，更合理、高效地运用资源并更好地为投资者服务。系统提供一整套非常严格的职工操作管理体系，操作的详细情况，如工作站点、操作日期、所用程序、修改内容等，都记录在案，预防潜在的违纪犯罪。系统提供丰富的客户管理功能，不仅保留客户的交易数据，还可以对客户的各方面信息进行管理，包括客户身份证及其他有效证件、支票汇票等有价票据、协议书、重要客户委托单等，客户管理功能相当于一个小型的档案管理系统，能够有效地管理客户的档案，省去人工查找的麻烦。

词条名称：**法人清算系统**

英 文：**legal person clearing system**

定义：法人清算系统是指券商对证券业务的综合管理系统。

释义：法人清算系统主要包括数据预处理子系统，股份清算业务处理系统，资金清算业务处理系统，资金账务管理系统几个功能模块。系统的核心功能是清算和交收的管理，包含了多种证券交易品种的证券结算管理，例如：深沪 A 股、B 股、各种基金、国债及其他债券、国债回购、托管的国家股和法人股等；以及多币种的资金结算和管理；还包含了资金划拨电子化业务，各种法人存管业务，个性化操作用户管理，文件服务；以及灵活的报表管理系统。

词条名称：**清算系统**

英　　文：**clearing system**

定义：清算系统是指证券买卖双方在证券交易所进行的证券买卖成交之后，通过证券交易所将证券公司之间证券买卖的数量和金额分别予以抵消，计算应收、应付证券和应付股金的差额的一种程序。

释义：上海证券交易所和深圳证券交易所所采用的登记结算体系不同。上交所是"集中清算、集中登记"模式；深交所是"集中清算、分散登记"模式。从时间发生及运作的次序来看，股票清算后，即办理交割手续。所谓交割就是卖方向买方交付股票而买方向卖方支付价款。清算结果正确才能确保交割顺利执行；而只有通过交割，才能最终完成证券或资金收付，结束整个交易过程。清算与交割的区别在于：清算是对应收、应付证券及价款的计算，其结果是确定应收、应付数量或金额，并不发生财产实际转移；交割则是根据清算结果办理证券和价款的收付，发生财产实际转移。

词条名称：**财务系统**

英　　文：**financial system**

定义：财务系统，又称会计系统，是指根据财务目标设立组织机构、岗位，配置管理权责和人员，对经营活动、财务活动进行反映、监督、控制、协调的运作体系。

释义：公司治理很重要，但需要把治理与管理结合起来，财务系统则是公司治理与管理之间的桥梁和纽带。财务系统具有多币种的处理能力，可由用户定义记账本位币，并可以用任何币种为单位进行统计分析。财务系统为用户提供符合我国财务的多种格式的凭证和账簿。财务系统具有功能丰富，灵活性，通用性强，操作简便，严密可靠的特点，它是财务管理的一个核心部分，为企业的库存、采购、销售、生产等提供指导，为企业领导的决策提供及时、准确的财务信息。

词条名称：**资讯系统**

英　　文：**information system**

定义：资讯系统是指各个券商为客户开发的，提供专业咨询服务和理财顾问服务的重要工具。

释义：资讯系统是为投资者进行理财规划、资产配置、理财产品介绍和推荐的服务平台，也是一个客户与理财顾问进行沟通交流的平台。它同时提供各类资讯信息，理财技巧及资深分析师对个股、事件的点评，内容包括基金、外汇、债券等。投资者可以通过资讯系统进行账户持仓分析、个股资料查询等操作。

词条名称：**投行管理系统**

英　　文：**investment bank management system**

定义：投行管理系统是指证券公司投行部门的管理软件。

释义：投行管理系统，作用在于提高运做效率和管理水平，实现资源共享，加强项目动态监控，确保项目质量，提高投行业务竞争力和市场占有率。投行管理系统的框架设计体现了全程监控、协作生产和分工合作的特点。为满足业务管理要求，投行项目管理系统核心功能就是充分地流程化、标准化和规范化投行业务的每个处理环节。

词条名称：**资产管理系统**

英　　文：**asset management system**

定义：资产管理系统是指特定金融机构对客户资产进行资产管理活动的系统。

释义：资产管理是指专业的金融服务机构作为受托投资管理人，借助自身在人才、技术和信息等方面的专业优势，将委托人所委托的资产进行组合投资，从而实现委托资产收益最大化，资产所有者和管理者之间的法律关系为信托关系。资产管理的资金来源一般有三个渠道：机构、企业和个人，他们是资产管理行业的客户。其中，机构客户包括了政府和保险基金、慈善基金、养老基金等各类基金。

词条名称：**证券投资系统**

英　　文：**securities investment system**

定义：证券投资系统是指一套应用于证券公司自营业务、资产管理业务，实现其综合管理和业务支持的系统。

释义：证券投资系统涵盖了自营和资产管理业务所涉及客户管理、资金股份管理、投资交易实现、风险监控和财务核算等各业务管理过程。通过该系统，各部门不仅能够在统一信息化平台上完成其主要业务工作，大大提高工作效率，降低管理成本，而且能够真正实现投资全过程的控制投资风险，提高投资水平，实现资产保值与增值，服务于投资者，取信于投资者，对提升证券公司的管理水平和加强风险防范有重大意义。

词条名称：**投资顾问平台**

英　　文：**investment adviser platform**

定义：投资顾问平台是指由专业证券行情分析系统和投资问答、研报、期刊、股票池、实时消息等几大特色服务组成的综合资讯平台。

释义：投资顾问平台通过一整套个性化的平台及服务体系，为投资者提供专业、专属、专注的高端投资顾问服务。向每位用户提供完全个性化的账户诊断、投资分析、操作指导等服务，不同类型和特点的投资者获得的服务内容完全不同，是专属的个性化服务。包括实时资讯、在线咨询、盘中短信、电话一对一指导等多种服务形式。作为资产管理人士，投资顾问会向投资者提供专业的投资选择、投资组合以及理财规划建议等。

词条名称：**期货交易系统**

英　　文：**futures trading system**

定义：期货交易系统是指由相互关联的交易规则构成的一套完整的交易规则体系。

释义：期货交易系统就是通过高度的定量化、条理化和大量的数理分析，计算出交易和风险控制的有关参数，从而得出按照经验数值操作成功的概率。它一般是由行情判断子系统、资金管理子系统和风险管理子系统三部分构成。主要依靠那些已经在历史走势中得到验证的指标、形态、参数等技术分析方法，强化信号的作用，用以选择买卖时机和点位。由于这些方法已经在历史走势中得到过验证，因此在使用时基本不用进行过多分析，也不强调对未来走势的判断，只需按照一定的程序执行即可，评判交易系统的好坏，最关键是看在历史走势中的胜算。期货交易系统要经过实战阶段的检验，由于系统操作者本身也是交易系统的一部分，其能否克服自身的心理障碍是接近成功的重要条件之一。

词条名称：**快速下单软件**

英　　文：**quick order software**

定义：快速下单软件是指网上交易系统中可以让投资者免输入证券代码、买卖方向、委托价格等要素就可以直接下单的一种快捷方式。

释义：快速下单软件，较普通的交易系统，操作简单、易学、下单速度快等特点，还有条件预警单、止损止盈单、快捷平仓、快捷反手、快捷锁仓等功能。投资者在买卖证券时，由于价格变化快，采用一般的委托方式有时候不容易成交，而采用快速下单方式更容易抓住机会。市场上此类产品有：大智慧闪电下单、国金证券闪电下单等。

词条名称：**套利工具**

英　　文：**arbitrage tool**

定义：套利工具是指能通过价格差异，低买高卖来赚取无风险利润的各种资产及衍生证券。

释义：套利工具的出现，说明某种资产及衍生证券在同一市场或不同市场拥有两个价格，在这种情况下，套利者可以低价买入高价卖出，来赚取丰厚的收益。套利模式常被运用在股指期货、商品期货、期权、外汇市场中。套利种类包括跨期套利、跨市套利、基金套利等。套利具有有限风险、收益稳定、低波动率、易预测等优点，但绝好的套利机会很少频繁出现。

词条名称：**程序化交易软件**

英　　文：**program trading software**

定义：程序化交易软件是指在计算机和网络技术的支持下，瞬间完成预先设置好的组合交易指令的一种先进交易方式。

释义：程序化交易，就是投资者希望可以实现复杂的交易思路、并且能简单操作的智能交易系统，因此电子化交易系统很快就从交易功能的自动化向交易思路和交易策略的自动化转变。目前，程序化交易在美国金融市场上的运用已十分普及，成千上万的对冲基金、投资银行和做市商都在使用各种类型的模型进行程序化交易。在美国的股票期货基金中，程序化交易更占据了绝对主流，85%以上的股票期货基金以其作为主要交易方式。其优点在于能够稳定、精确地按原则处理数据，而人却不能长时间地机械操作。程序化交易也可以避免人性的贪婪和恐惧，会按照既定的规则去处理信号发出的指令。

词条名称：高频交易系统

英　　文：high-frequency trading system

定义：高频交易系统是指帮助投资者在那些人们无法利用的极为短暂的市场变化中，寻求获利的计算机化交易系统。

释义：高频交易从某种证券买入价和卖出价差价的微小变化，或者某只股票在不同交易所之间的微小价差中获利。这种交易的速度如此之快，以至于有些交易机构将自己的“服务器群组”（Server Farms）安置到了离交易所的计算机很近的地方，以缩短交易指令通过光缆以光速传播的距离。虽然高频交易对市场有好处，能够增加股票市场的流动性，但一旦程序出错或人为疏忽，都有可能对市场走势造成灾难性影响。如目前高频交易出问题的，多数是因为投资者向机器发出了错误指令。尽管到目前为止这种错误造成的影响还很有限，但已经多次造成市场剧烈波动。

词条名称：量化投资系统

英　　文：quantitative investing system

定义：量化投资系统是指根据历史数据制定不同投资策略来寻找能够带来收益的投资策略系统。

释义：相比较国外30年的量化投资发展，量化投资在国内证券市场还处在发展初期。量化投资系统几乎覆盖了投资的全过程，包括量化选股、量化择时、股指期货套利、商品期货套利、统计套利、算法交易，资产配置，风险控制等。它将传统投资组合理论与量化分析技术结合，极大地丰富了资产配置的内涵，是定性思想的量化应用。系统强大的信息处理能力，能有效地构建投资模型及投资组合，并根据市场变化趋势及时动态调整。其优点包括能够规避个人情绪、精力对投资组合的影响，易于发现深处而又复杂的数据规律等；其缺点包括不可控的自动化系统风险，在情势变迁时无法做出灵活的调整等。

三、资　　讯

（一）股票行情①

词条名称：上海证券交易所Level－1实时行情

英　　文：Shanghai Stock Exchange level－1 real-time market data

定义：上海证券交易所Level－1实时行情，是指上海证券交易所发布的基本即时行情信息。

释义：上海证券交易所LEVEL－1行情具体内容包括：

• 集合竞价期间内容：证券代码、证券简称、前收盘价格、虚拟开盘参考价格、虚拟匹配量和虚拟未匹配量。

• 连续竞价期间内容：证券代

① 撰写：庞康梅，单位：上海大智慧股份有限公司；审核：王毛路，单位：中国上市公司协会。

资讯

码、证券简称、前收盘价格、最新成交价格、当日最高成交价格、当日最低成交价格、当日累计成交数量、当日累计成交金额、实时最高五个买入申报价格和数量、实时最低五个卖出申报价格和数量。

目前，上海证券交易所官方网站提供延时至少15分钟的行情数据。投资者可以通过许多证券资讯类网站，如和讯网（http：//www.hexun.com）、新浪财经（http：//finance.sina.com.cn）以及投资交易类软件，如大智慧免费炒股软件，获取上海证券交易所LEVEL－1实时行情。

词条名称：**上海证券交易所Level－1延时行情**

英　　文：**Shanghai Stock Exchange level－1 delayed market data**

定义：上海证券交易所LEVEL－1延时行情，是指延时30分钟以上的LEVEL－1行情。

释义：投资者可在上交所官方网站浏览延时至少15分钟的行情数据。具体包括：

• 集合竞价期间内容：证券代码、证券简称、前收盘价格、虚拟开盘参考价格、虚拟匹配量和虚拟未匹配量。

• 连续竞价期间内容：证券代码、证券简称、前收盘价格、最新成交价格、当日最高成交价格、当日最低成交价格、当日累计成交数量、当日累计成交金额、实时最高五个买入申报价格和数量、实时最低五个卖出申报价格和数量。

词条名称：**上海证券交易所Level－2实时行情**

英　　文：**Shanghai Stock Exchange level－2 real-time market data**

定义：上海证券交易所Level－2实时行情是指上海证券交易所发布的升级版即时行情，即在Level－1行情的基础上增加增值信息的即时行情。

释义：Level－2行情在LEVEL－1行情基础上增加的主要内容如下：

• 交易品种信息：动态成交笔数、每个品种的逐笔价、量信息。

• 交易委托信息：委托买卖总量、加权平均、委买/委卖价格、最佳买卖价位上前50笔分笔委托量、十个价位上的委托量。

• 撤单信息：当日累计撤销买入/卖出委托数量最多的前10只股票。

• 行业排名：各行业成交金额实时统计、各行业成交金额前五位的个股实时排名、各行业成交金额占大盘总成交金额的比重。

• 债券收益率：实时的债券到期收益率。

上交所LEVEL－2行情属于高端行情，投资者可以使用大智慧软件如上海LEVEL－2版查看实时数据与分析。

词条名称：**深圳证券交易所基本行情**

英　　文：**Shenzhen Stock Exchange level－1 market data**

定义：深圳证券交易所基本行情是指由深圳交易所发布的即时、延时或定时基本行情数据信息。

释义：深圳证券交易所基本行情具体内容包括证券代码、证券简称、前收盘价、最新成交价、当日最高价、当日最低价、当日累计成交数量、当日累计成交金额、实时最高五个价位买入申报价和数量、实时最低五个价位卖出申报价和数量等。深交所基本行情采用深圳证券通信有限公司卫星通信系统传输，确保行情信息具有最强的实时性。目前，深交所官方网站提供延迟15分钟以上的行情数据。

词条名称：深圳证券交易所增强行情

英　　文：Shenzhen Stock Exchange level－2 market data

定义：深圳证券交易所增强行情是指深圳证券交易所在基本行情的基础上增加增值信息的升级版即时行情，是增值行情的首个产品系列。

释义：增强行情分为现场版和网络版，现场版适用于会员营业部的局域网用户，网络版适用于信息服务商的互联网用户。

与传统行情相比，增强行情有下列优势：

• 更优的数据传输方式，采用内存信息交换方式，方便用户更及时获取行情。

• 更丰富信息内容。行情快报中包含了委买/委卖总量、委买/委卖均价，买卖盘也由5档扩展到10档，最优买卖档位还有前50名的分档明细。

• 不同产品按频道发送，用户可以按需选择。

• 更灵活的数据接口，具有良好的灵活性和扩展性，且支持系统平滑升级。

• 具有严格的用户控制机制和信息加密手段，信息安全有充足的保障。

深交所增强行情两个版本对比如下：

对比项目	现场版增强行情	网络版增强行情
适用范围	会员营业网点、基金公司等局域网内部	信息运营商、会员网上交易、智能手机等广域网
数据内容	证券信息、公告、指数、10档行情（及最佳买卖档的50个分档明细）、增值信息	在现场版的基础上，增加逐笔委托、逐笔成交等
数据格式	基于FIX标准的FAST STEP协议	基于FIX标准的FAST STEP协议
通讯系统	高速单向卫星	设备托管或2MB以上高速双向链路
数据重传	无	有
更新速度	与基本行情一致	与基本行情一致
收费模式	按网点数收年费	许可年费＋用户月费

词条名称：香港交易所行情

英　　文：Hong Kong Exchange and Clearing Limited market data

定义：香港交易所行情是指由香港交易所发布的证券市场或衍生品市场的行情数据信息。

释义：香港交易所提供所有在港交所上市的证券产品的交易数据。Level－1行情包括上一交易日收盘价、当日最高价及最低价、最佳买/卖价、按收盘价及/或最后成交价、成交股

资讯

数/金额。Level－2 行情在此基础上增加内容为：（1）市场深度：即十个最佳买价及十个最佳卖价各自涉及的买卖盘数目及总需求；（2）每宗交易纪录：最新执行的交易资料；（3）买卖盘纪录：买方及卖方首 40 名轮候经纪资料。

此外，港交所还发布香港期货交易所有限公司（期交所）交易的产品以及在香港联合交易所（联交所）交易的股票期权的重要交易数据。Level－1 行情包括每日最高价及最低价、最佳买价/卖价及数量、最新成交价及成交量（合约张数）、累计成交量（合约张数）、拟定开市价格（COP）。LEVEL－2 行情在此基础上增加价格深度，即五个最佳买卖盘所涉及合约张数总额以及相关买/卖价。香港阿思达克财经网（http：//www. aastocks. com）提供免费的即时港股报价。投资者也可以通过大智慧港股通软件查看香港恒生指数、香港期交所 Level－1 实时行情以及联交所实时行情。

（二）期货行情①

词条名称：**上海期货交易所行情**

英　　文：**Shanghai Futures Exchange market data**

定义：上海期货交易所行情是指上海期货交易所发布的即时或延时行情数据信息。

释义：上海期货交易所发布的行情涵盖铜、铝、锌、铅、黄金、白银、螺纹钢、线材、燃料油以及天然橡胶等。行情内容包括：合约名、最新价、涨跌、持仓量、成交量、成交金额、买卖价、昨结算价、今开盘价、最低价、最高价。

投资者可以在上海期货交易所官网（http：//www. shfe. com. cn）查看延时 30 分钟的行情以及支持查看日、周、月、年统计数据和历史数据等。

投资者也可以通过和讯期货网（http：//futures. hexun. com）免费查看延时 15 分钟的行情数据，或者选择专业投资软件如大智慧期货专业版查看实时数据与分析。

词条名称：**郑州商品交易所行情**

英　　文：**Zhengzhou Commodity Exchange market data**

定义：郑州商品交易所行情是指郑州商品交易所发布的实时交易行情和延时交易行情。

释义：郑州商品交易所行情覆盖：棉花、白糖、强麦、硬麦、菜籽油、PTA、早籼稻以及甲醇等。行情内容包括：合约名、昨结算价、今开盘价、最高价、最低价、最新价、涨跌、最高买价、最低卖价、成交量（手）、持仓量、今结算价、买盘量以及卖盘量。投资者可以在郑州商品交易所官方网站（http：//www. czce. com. cn）查看延时行情，也可以通过专业投资软件如大智慧期货专业版查看实时数据与分析。

资讯

———

① 撰写：庞康梅，单位：上海大智慧股份有限公司；审核：王毛路，单位：中国上市公司协会。

词条名称：大连商品交易所Level－1行情

英　　文：Dalian Commodity Exchange level－1 market data

定义：大连商品交易所LEVEL－1行情是指大连商品交易所发布的实时或延时行情数据信息。

释义：大连商品交易所LEVEL－1行情覆盖：玉米、黄大豆1号、黄大豆2号、豆粕、豆油、棕榈油、聚乙烯、聚氯乙烯、焦炭以及焦煤等。LEVEL－1行情内容包括：（1）交易品种的名称、交割月份；（2）开市价、最高价、最低价、收市价、最新价、申买价、申卖价、结算价、前结算价格；（3）与前一交易日结算价比较后的涨跌情况；（4）申买量、申卖量、成交量、持仓量。投资者可以在大连商品交易所官方网站查看延时行情，也可以通过专业投资软件如大智慧期货专业版查看实时数据与分析。

词条名称：大连商品交易所Level－2行情

英　　文：Dalian Commodity Exchange level－2 market data

定义：大连商品交易所Level－2行情是指大连商品交易所在LEVEL－1行情的基础上增加增值信息的即时行情。

释义：LEVEL－2行情在LEVEL－1行情基础上增加的主要内容有（1）5级深度委托行情：买一到买五、卖一到卖五；（2）最佳买卖位上前10笔分笔委托量；（3）加权平均委买价格；（4）加权平均委卖价格；（5）委托总买量；（6）委托总卖量；（7）实时结算价；（8）分价位成交量统计：提供5个成交量最大的价位区间，分别显示每个价位区间上的买开、卖开、买平、卖平成交量。

投资者可以通过投资软件如大智慧期货专业版查看大连商品交易所LEVEL－2行情实时数据与分析。

词条名称：中国金融期货交易所Level－1行情

英　　文：China Financial Futures Exchange level－1 market data

定义：中国金融期货交易所Level－1行情是指中国金融期货交易所发布的即时或延时行情数据信息。

释义：中国金融期货交易所LEVEL－1内容包括：合约名称、交割月份、最新价、涨跌、成交量、持仓量、申买价（最优一笔）、申卖价（最优一笔）、申买量（最优一笔）、申卖量（最优一笔）、结算价、开盘价、收盘价、最高价、最低价、前结算价、成交额。投资者可以在中国金融期货交易所查看延时15分钟的行情，也可以通过投资软件如大智慧期货专业版查看实时数据与分析。

词条名称：中国金融期货交易所Level－2行情

英　　文：China Financial Futures Exchange level－2 market data

定义：中国金融期货交易所Level－2行情是指中国金融期货交易所在Level－1行情的基础上增加增值信息的即时行情。

释义：中国金融期货交易所 LEVEL－2 行情内容包括：合约名称、交割月份、最新价、涨跌、成交量、持仓量、申买价（最优五笔）、申卖价（最优五笔）、申买量（最优五笔）、申卖量（最优五笔）、结算价、开盘价、收盘价、最高价、最低价、前结算价、成交额。

投资者可以通过投资软件如大智慧期货专业版，查看中国金融期货交易所 LEVEL－2 行情实时数据与分析。

（三）债券行情①

词条名称：**上海证券交易所债券行情**

英　　文：**SSE bond market**

定义：上海证券交易所债券行情是指上海证券交易所发布的债券相关行情。

释义：上海证券交易所官网发布的行情信息主要包括日内走势、历史K线、一周图表、行情报表、分类排序、指数行情等。其中，“分类排序”细分为今日涨跌幅前六名、5分钟涨跌幅前六名、今日成交额前六名、今日成交量前六名、今日量比前六名、今日振幅前六名。上证所官网提供债券代码列表，投资者可直接输入代码查询行情。其行情数据最少延迟15分钟。投资者还可通过上证债券信息网（http：//bond. sse. com. cn）及时了解债券行情。上证债券信息网于2011年12月23日正式上线，该网站专门设有“行情展示”，提供交易前行情、成交行情以及竞价系统综合排名。

词条名称：**深圳证券交易所债券行情**

英　　文：**SZSE bond market**

定义：深圳证券交易所债券行情是指深圳证券交易所发布的债券相关行情。

释义：深圳证券交易所官网提供分时、日线、周线、月线图以及开盘价、最新价、涨跌、涨幅、最高价、最低价、成交量、成交额、卖一至卖五、买一至买五等行情数据，以及历史行情查询。所载数据延时15分钟以上。投资者还可以通过各大财经类网站了解更加详细的债券相关信息，如发行额、发行价、期限、每年付息、年利率、计息日、到期日、信用级别等。

词条名称：**银行间债券市场行情**

英　　文：**inter-bank bond market**

定义：银行间债券市场行情是指依托于中国外汇交易中心暨全国银行间同业拆借中心（简称同业中心）和中央国债登记结算公司（简称中央登记公司）的，包括商业银行、农村信用联社、保险公司、证券公司等金融机构进行债券买卖和回购的市场的相关行情。

释义：在中国，主要由中央国债登记结算有限责任公司和中国外汇交易中心（暨全国银行间同业拆借中心）提供银行间债券市场相关信息服务。

---

①　撰写：蒋雪，单位：上海大智慧股份有限公司；审核：王毛路，单位：中国上市公司协会。

资讯

中国债券信息网（http://www.chinabond.com.cn）由中央结算公司主办，专门设有“中债数据”，提供实时行情和历史行情。其中，实时行情包括实时行情统计、现券交易结算实时行情、质押式回购交易结算实时行情、买断式回购交易结算实时行情。历史行情涵盖现券、质押式回购、买断式回购期限品种利率、买断式回购期限品种价格、买断式回购债券品种价格等信息。中国外汇交易中心官网（http://www.chinamoney.com.cn）为投资者提供现券市场做市报价（中金公司、农业银行、建设银行、民生银行、浦发银行、渣打银行）和现券市场成交行情（成交量前十名）。

（四）基金行情①

词条名称：**上海证券交易所基金行情**

英　　文：**SSE fund market**

定义：上海证券交易所基金行情是指上海证券交易所发布的基金相关行情。

释义：上海证券交易所官网提供基金本日延时行情（所有数据至少延迟15分钟），包括开盘价、最高价、最低价、当前价、前日收盘价、涨跌幅（%）、成交量以及成交金额（元）。此外，也提供基金的基本信息、份额结构、经营状况、成交概况和投资组合。基金列表包括封闭式基金列表、ETF列表和实时申赎货币基金列表三类，另有基金管理公司列表和申请成立基金管理公司机构列表。投资者也可登录上证基金通（fund.sseinfo.com）查阅基金行情。该网站设有每日净值、基金筛选、投资者教育、法律与法规、机构名录和权益须知。投资者在了解基金当日和历史净值的同时，还可以轻松查阅基金相关知识，访问各基金公司官网。

词条名称：**深圳证券交易所基金行情**

英　　文：**SZSE fund market**

定义：深圳证券交易所基金行情是指深圳证券交易所发布的基金相关行情。

释义：深圳证券交易所官网提供最新基金净值，并专门设有LOFs业务专栏、ETFs业务专栏以及分级基金专栏。各专栏除提供单位基金净值外，还包含业务动态和业务规则。其中ETFs业务专栏中还有ETFs申购赎回清单和ETFs公告。深圳证券交易所网上设有基金/QFII业务专区，即深圳证券交易所基金公司业务办理及信息交流电子平台，投资者可在线办理各项基金业务。该电子平台采用数字证书技术，能够充分保证系统和用户操作的安全性。2010年12月，深圳证券交易所推出上市基金品牌——乐富基金（http://www.szse.cn/main/lefu/）。乐富基金涵盖深交所所有上市基金品种，投资者可使用深圳证券统一账户登录，进行乐富基金的交易和申

① 撰写：蒋雪，单位：上海大智慧股份有限公司；审核：王毛路，单位：中国上市公司协会。

购赎回。

词条名称：**开放式基金报价**

英　　文：**open-ended fund offer**

定义：开放式基金报价是指基金管理人按照一定的计价方式在每个交易日对外公开发布的申购价和赎回价。

释义：开放式基金是指基金份额总额不固定，基金份额可以在基金合同约定的时间和场所申购或者赎回的基金。开放式基金没有发行规模限制和固定的存续期，投资者可随时向基金管理人提出申购或赎回申请。开放式基金的交易价格取决于每一基金份额净资产值的大小。其中，申购价 =（基金份额净资产值）+（一定的购买费）；赎回价 =（基金份额净资产值）-（一定的赎回费）。投资者还可以通过各大基金类网站了解详细的开放式基金报价信息，如单位净值、累计净值、日增长值、日增长率、申购和赎回状态等。

（五）外汇行情①

词条名称：**基本汇率**

英　　文：**base exchange rate**

定义：基本汇率，又称直盘或基础汇率，是指本国货币与国际上某一种关键货币的汇率。

释义：各国在制定汇率时不可能将本币与各国货币对比分别确定汇率，而是选取一种关键货币作为主要对比对象，由此确定的汇率是本币与其他各国货币之间汇率套算的基础，称为基本汇率。由于美元在国际贸易和金融领域占主导地位，许多国家都将本币兑美元的汇率定为基本汇率。

词条名称：**交叉汇率**

英　　文：**cross rate**

定义：交叉汇率，又称交叉盘、套算汇率，是指本币与非关键货币通过基本汇率套算得出的汇率。

释义：在制定出基本汇率后，本国货币与其他非关键货币通过基本汇率套算得出的兑换比率，就是交叉汇率。国际市场上，两种非美元货币之间的汇率通常都为交叉汇率。交叉汇率的货币在外汇交易中又被称为交叉盘，如英镑兑日元。中国人民银行于1993年底开始允许国内银行开展面向个人的实盘外汇买卖业务。至1999年，我国外汇实盘买卖逐渐成为一种新兴的投资方式，并进入快速发展阶段。外汇买卖已经成为除股票之外最大的投资市场之一。

计算方法：在已知两种货币对美元的基础汇率后，可以套算出两种货币之间的交叉汇率。例如，已知1美元 = 107.300日元 = 1.4226新加坡元，则：1新加坡元 = 107.300 ÷ 1.4226 = 75.4253日元。

在套算汇率买入价与卖出价时，情况会复杂一些，需要进行交叉相除或同边相乘。例如，已知USD/JPY = 120.00 - 120.10；DEM/JPY = 66.33 - 66.43，则USD/DEM = 120.00/66.43 - 120.10/66.33 = 1.8064 - 1.8106（交叉相除）；已知EUR/GBP = 0.6873 - 0.6883；GBP/USD = 1.5995 - 1.60332，

资讯

① 撰写：刘海龙，单位：上海大智慧股份有限公司；审核：王毛路，单位：中国上市公司协会。

则 EUR/USD = 0.6873 × 1.5995 – 0.6883 × 1.60332 = 1.0993 – 1.1036（同边相乘）。

词条名称：**人民币中间价**

英　　文：**Yuan central parity rate**

定义：人民币中间价是指人民币兑主要货币的汇率中间价，是由中国外汇交易中心制定的当日银行间即期外汇市场（含 OTC 方式和撮合方式）及银行柜台交易汇率的中间价。

释义：中国人民银行授权中国外汇交易中心在每天银行间外汇市场开盘前，向所有做市商进行询价，并将全部做市商报价作为人民币对美元汇率中间价的计算样本，在去掉最高价及最低价后，将剩余做市商报价进行加权平均，最终得到当日人民币对美元的汇率中间价。人民币对其他主要货币如欧元、英镑、港元及加拿大元的汇率中间价，由中国外汇交易中心在人民币对美元汇率中间价的基础上结合每天上午 9 时国际外汇市场上各主要货币与美元的汇价套算得出。中国外汇交易中心在每个工作日上午 9 时 15 分对外公布人民币对各主要外币的汇率中间价。人民币外汇中间价是即期银行间外汇市场及银行挂牌汇价的重要参考标准。我国规定，当日银行间即期外汇市场美元对人民币交易价的上下浮动区间不得超出中间价的 1%，欧元、日元、港元等对人民币不得超出中间价的 3%。现汇买卖价差和现钞买卖价差不得超过中间价的 1% 和 4%。

词条名称：**人民币即期**

英　　文：**RMB spot rate**

定义：人民币即期，又称人民币即期汇率或人民币现汇汇率，是指使用外汇即期买卖人民币的汇率。

释义：人民币即期汇率是银行间市场上即期买卖人民币的汇率。所谓即期汇率，即外汇买卖成交后，买卖双方在当天或两个营业日内进行交割所使用的汇率。外汇市场上挂牌的汇率，除明确标注为“远期汇率”外，一般均指即期汇率。我国实行银行间市场浮动区间管理。人民币即期汇率在银行间外汇市场上随供需情况变化，但浮动不得超出中国外汇交易中心当日公布的中间价的相应范围（美元对人民币在中间价上下 2% 浮动，欧元、日元、港元、英镑对人民币在中间价上下 3% 浮动）。

词条名称：**外汇牌价**

英　　文：**forex quote**

定义：外汇牌价是指外汇指定银行的外汇兑换挂牌价。

释义：经国家外汇管理局及其分支局批准经营结汇、售汇业务的银行（外汇指定银行）以中国人民银行公布的人民币对美元的基础汇率为依据，结合国际外汇市场行情，自行套算出人民币对其他货币的中间价，根据该中间价制定各挂牌货币的外汇买入价、外汇卖出价、现钞买入价和现钞卖出价，统称为外汇牌价。外汇牌价均为从银行角度出发的报价，买入价是指银行买入外汇的价格，卖出价是指银行卖出外汇的价格，两者之间的差价就是银行的收入。由于与现汇相比，银行买入现钞需要承担一定的现金保管和海外调运费用，因此银行的现钞买入价一般低于现汇买入价。在我国，外汇牌价采取人民币直接标价法（一定数量的外币折合多少人民币）挂牌公布。银行外汇牌价在一天中不会改变，但在不同日期会有变动。目前我国各大外汇指定银行均在其官网每日更新外汇牌价信息。

图示：

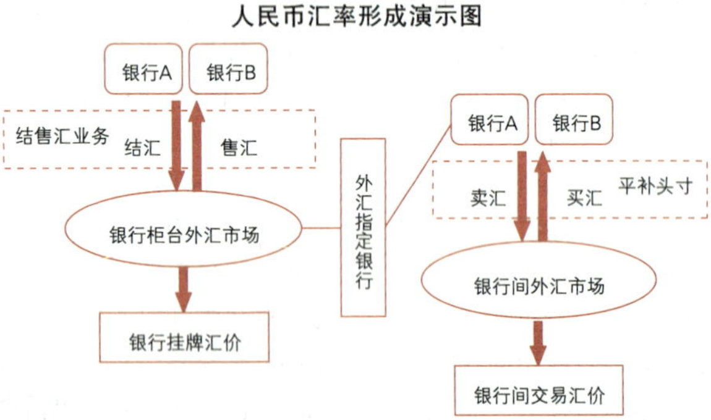

（六）行情传送①

词条名称：**推送行情**

英　　文：**stock quotes delivered via push technology**

定义：推送行情是指使用服务器推送技术（Push）发送的行情数据。

释义：服务器与客户端之间的数据传输方式主要有服务器推送（Server Push）和客户请求（Client Pull）两种。推送行情，指服务器将产生的行情数据主动推送给客户端（用户）。目前市面上的推送行情软件有全推送行情软件和非全推送行情软件两种。非全推送行情又称混合行情，是推送与请求相结合的数据传输方式。通俗来讲，全推送行情能实现所有证券数据的同步发送（约每3秒发送一次），无论用户是否查看该股票信息，客户端内存中都会收到该股的最新行情数据，用户查看时无停滞感。推送行情对服务器有更高的要求，需要服务商提供大量的宽带资源和支付较高的服务成本，但是通过推送行情，用户可以动态监控全部股票行情，实现盘中指标预警和条件选股等高级操作。由于行情数据储存在服务商的服务器上，推送行情软件必须每日保证收盘作业，否则次日开盘股票没有昨日数据。

词条名称：**请求行情**

英　　文：**stock quotes delivered via pull technology**

定义：请求行情是指使用客户请

① 撰写：刘海龙，单位：上海大智慧股份有限公司；审核：王毛路，单位：中国上市公司协会。

资讯

求（Client Pull）技术发送的行情数据。

释义：请求行情，又称点播行情，是指服务器在接收到客户端（用户）请求后发送给客户端的个别所需数据。通俗来讲，该传输方式仅在客户查看某只股票时由服务器向客户端瞬时发送该只股票的全部行情信息，没有查看的股票行情信息不会自动更新。请求行情可以节约服务器和客户端的宽带资源。另外，由于客户端在查看股票信息时会将存储在服务器上的历史数据下载到本地供以后调用，无须每日进行收盘作业，就可以翻阅历史行情。盘后也可补充下载历史数据。请求行情的缺点是股票间切换存在延迟，无法满足短线投资者对于行情接收速度的要求，同时由于其特定的数据传输方式，请求行情不能实现盘中选股、盘中预警的功能，或者预警结果与实际结果相差巨大，无法用来进行全市场股票预警。提供点播行情的炒股软件以通达信、经典版大智慧、钱龙为代表。其中，相比提供全推行情的软件，它们的服务器承受的压力也小很多。

词条名称：**离线行情**

英　　文：**stock quotes available in offline mode**

定义：离线行情是指用户无须联网即可查看的历史行情。

释义：大部分证券行情软件都支持离线行情浏览，但需要用户在联网状态下下载历史行情数据包。用户可使用行情软件提供的盘后下载功能于每日闭市后下载当日及最近2-3天的行情数据，或通过软件官网等渠道下载较大的行情数据包。行情软件在运行及收盘作业中会自动保存部分行情，如用户浏览过的股票行情，该数据一般也可在无网络状态下浏览。基本上所有的炒股软件都支持离线行情查看。如投资者在使用大智慧软件时，在“工具”菜单中（大智慧软件的最上面一行）选择“数据下载”，便可以下载股票历史数据。下载完毕之后点击“工具”菜单中的“中断连接”即可离线查看。

词条名称：**卫星行情**

英　　文：**stock quotes delivered via satellites**

定义：卫星行情是指通过卫星通信系统传输的行情信息。

释义：我国的上海证券交易所及深圳证券交易所使用卫星系统向各营业部发送实时证券行情，通过这种方式发送的行情信息被称为卫星行情。卫星通信是微波接力通信的一种形式，地球站之间利用地球同步轨道卫星作为中继站进行信息传送。其特点是：（1）通信信息的传送可以在卫星覆盖的任何地点间进行，通信成本与通信距离无关；（2）以广播方式工作，便于实现多方向多地点的传送信息；（3）通信传输中间结点少，便于监控和故障排除。以上海证券交易所为例，上证所的卫星通信系统包括单向卫星广播系统和VSAT双向卫星系统，前者称为“上海单向小站”，后者称为“上海双向小站”。上海单向小站负责向各营业部发送实时行情、重要通知、投资者教育节目、上市公司年报、公告信息等单向信息。上海双向小站负责与营业部间交互有关委托申报、成交回报、成交记录数据等双向信息。

词条名称：地面行情

英　　文：**stock quotes delivered via high-speed ground networks**

定义：地面行情是指通过高速地面通信系统传输的行情信息。

释义：除了卫星行情传输系统外，证券交易所与各会员营业部间还设有高速地面传输专线。以上海证券交易所为例，上证所的地面网由SDH网和DDN网组成。SDH系统是基于光纤传输架构的高速数字数据传输交换网，能实现会员单位总部及区域中心与上证所交易系统的连接，传输速率为2Mbps至155Mbps。该系统主要应用有委托申报、成交回报、成交记录、地面行情、大宗交易、固定收益平台等。DDN由传输电路和数字交叉复用设备组成，已覆盖全国，是面向所有专线或专线网络用户的一个基础电信数据传输网，能为用户提供中、高速点对点，点对多点传输电路，传输速率64Kbps－2Mbps。该系统上的主要应用有委托申报、成交回报、成交记录数据等。证券交易所的天空网（卫星行情系统）和地面网（地面行情系统）互为备份，将证券实时行情和各种信息传递到全国各地。

资讯

词条名称：行情广播

英　　文：**stock quotes delivered via data-casting**

定义：行情广播是指通过数据广播技术传输行情信息的技术和业务。

释义：数据广播是一种利用卫星广播和电视广播的覆盖网或其他独立数据广播通道实现的数据传输的信息技术和业务，是继声音广播、图像广播之后出现的第三种广播技术。数据广播的技术实现方式是使用单一的系统前端（Headend），连续、滚动地将已编辑整理好的内容，经过信息传输网络，传送到地域广泛的、能够处理此类56 ST数据的用户智能设备上去，如电脑、电视机机顶盒、手提设备等。数据广播的信息内容包括视频、音频、软件程序、流式数据及其他数字多媒体形式。数据广播在实质上就是传统广播媒体——报纸、电台、电视在数字时代的一次升级，是一种高效的数字信息传输手段。卫星数据广播是数据广播的重要形式。卫星数据广播具有：（1）通讯距离远、覆盖范围广；（2）无地理条件限制；（3）服务快速；（4）费用与通信距离无关等优势，目前已在证券行情信息传输、公众多媒体信息传输方面得到应用。股票行情传输是证券公司的一项基础性业务，它的服务质量对证券公司的运营至关重要，因此各个证券公司都投入了大量资金建设自己的行情接收系统。证券公司会选择通信公司的宽带广播系统进行股票行情及其他市场行情的传输。上海证券通信公司的宽带广播卫星系统在业内知名度较高，因为它较好地满足了券商对新的卫星通信系统的要求。该系统具有转发深市行情，对沪深证券交易所行情互为备份的功能，有助于券商应付突发异常状况。

图示：卫星广播系统

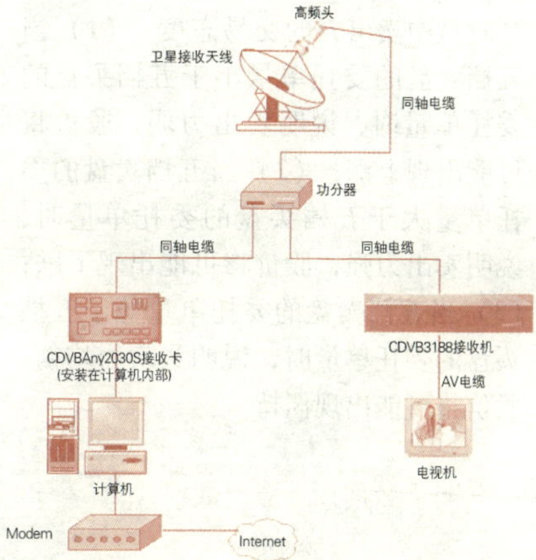

（七）行情数据①

词条名称：**买一**

英　　文：**best bid price**

定义：买一是指个股当前时刻委托买入的挂单中委买价最高的挂单的价格及总计手数。

释义：买一是交易软件盘口右侧数据中五个买进挂单队列中，排在首位的买盘数据。证券交易所在开盘后由电脑遵循价格优先及时间优先的原则撮合交易。价格优先原则，即价格较高的买入申报优先于价格较低的买入申报，价格较低的卖出申报优先于价格较高的卖出申报。时间优先原则是指对于买卖方向、价格相同的申报，先申报者优先于后申报者，先后顺序按交易主机接受申报的时间确定。在实际交易中，电脑会根据某一时刻的买一和卖一撮合交易。

与买一类似，个股当前时刻委托买入的挂单中委买价第二高的挂单的价格及总计手数，即为买二数据。以此类推，买三、卖四、买五的委买价依次降低，其在挂单队列中的位置也依次下降。买卖上下五档数据可以作为投资者下单及研判股票走势的依据。例如，如果投资者希望尽快卖出一定份额的股票，可以按照买一的价格申报委托单，主动出击买盘。如果投资者急于卖出一定份额的股票，同时不看好该股的未来走势时，可以选取买二、买三甚至买四的价格申报委托单，以确保抢在其他投资者前卖出。

五档买盘是多头主力的前沿阵地，是投资者委托买进筹码的交易数据动态显示区。五档买盘中实时出现的卖出委托单量的动态变化，可以反映出当时盘中买进方的交易态度。（1）当五档买盘的委托单量小于五档卖盘的委托单量时，说明买进力弱，股价将可能出现下跌；（2）当五档买盘的委托单量大于五档卖盘的委托单量时，说明买进力强，股价将可能出现上涨；（3）当五档买盘的委托单量等于五档卖盘的委托单量时，说明买卖力均衡，股价将可能出现僵持。

根据传统看盘习惯，大部分交易软件都将实时交易的买卖盘口数据显示区设置在右上方。普通行情软件可以查看十个价位即买一至买五和卖一至卖五的挂单情况。基于上证所 Level -2 的高级行情软件可以查看买一至买十及卖一至卖十的十档行情。

---

① 撰写：刘海龙，单位：上海大智慧股份有限公司；审核：王毛路，单位：中国上市公司协会。

图示：盘口数据显示区

词条名称：**卖一**

英　　文：**best ask price**

定义：卖一是指个股当前时刻委托卖出的挂单中委卖价最低的挂单的价格及总计手数。

释义：卖一是交易软件盘口数据中五个卖出挂单队列中排在最下方的卖盘数据。同卖一类似，个股当前时刻委托卖出的挂单中委卖价第二低的挂单的价格及总计手数，即为卖二数据。以此类推，卖三、卖四、卖五的委卖价依次升高，其在挂单队列中的位置也依次上升。买卖上下五档数据可以作为投资者下单及研判股票走势的依据。例如，如果投资者想要尽快买入一定份额的股票，可以按照卖一的价格申报委托单，主动出击卖盘。如果投资者急于买入一定份额的股票，同时看好该股走势时，可以按照卖二、卖三甚至卖四的价格申报委托单，以确保抢在其他投资者前买入。

五档卖盘是空头主力的前沿阵地，是投资者委托卖出筹码的交易数据动态显示区。五档卖盘中实时出现的卖出委托单量的动态变化，可以反映出当时盘中卖出方的交易态度。（1）当五档卖盘的委托单量小于五档买盘的委托单量时，说明卖出力弱，股价将可能出现上涨；（2）当五档卖盘的委托单量大于五档买盘的委托单量时，说明卖出力强，股价将可能出现下跌；（3）当五档卖盘的委托单量等于五档买盘的委托单量时，说明买卖力均衡，股价将可能出现僵持。

词条名称：**上涨家数**

英　　文：**gainers**

定义：上涨家数是指股价较上一交易日收盘价出现上涨的个股数量。

释义：上涨家数计算的是某一时刻某一大盘指数中股价较上一交易日收盘价上涨的个股数量，在中国内地的行情软件中通常用红色显示。在股指运行过程中，由于个股的涨跌情况随时变化，上涨家数也会不断变化。当上涨家数大于下跌家数时，说明盘中做多意愿大于做空意愿，股指未来出现上涨的可能性较大。如果股指在经过了一轮下跌行情后，连续多日出现上涨家数大于下跌家数的情况，投资者可据此判断股指有望止跌反弹。如果该情况出现时，股指正处于上涨行情中，则说明市场的做多能量依然充足，投资者可以期待后市继续上涨。一般来说，上涨家数、平盘家数和下跌家数在行情软件中会同涨跌幅、成交额、最高、最低等信息共同显示在窗口右侧的信息框中。投资者可以将这些信息用于技术分析中。

图示：股指信息框

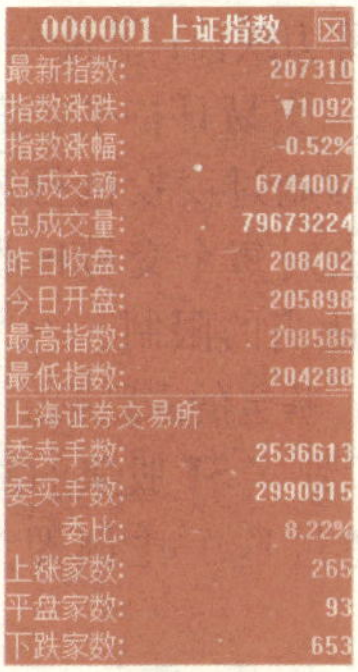

词条名称：下跌家数

英　　文：**losers**

定义：下跌家数是指股价较上一交易日收盘价出现下跌的个股数量。

释义：下跌家数计算的是某一时刻某一大盘指数中股价较上一交易日收盘价下跌的个股数量，在中国内地的行情软件中通常用绿色显示。在股指运行过程中，下跌家数大于上涨家数时，说明盘中做空意愿大于做多意愿，股指未来出现下跌的可能性较大。如果在股指运行到市场高位时，盘中连续多日出现下跌家数大于上涨家数的情况，则投资者应警惕股指见顶转跌。如果出现该情况时，股指正处于下跌通道中，则表明股指短期内难以扭转跌势。

词条名称：平盘家数

英　　文：**unchanged**

定义：平盘家数是指股价较上一交易日收盘价持平的个股数量。

释义：平盘家数计算的是某一时刻某一大盘指数中股价较上一交易日收盘价持平的个股数量，在中国内地的行情软件中通常用白色显示。由于平盘家数对股指走势的研判作用较小，某些简易版行情软件如手机行情软件，常常省略平盘家数，仅显示上涨家数和下跌家数。

（八）排行分类①

词条名称：技术指标排序

英　　文：**ranking by technical indicators**

定义：技术指标排序是指根据技术指标对个股进行排名。

释义：技术指标，是指用一定的数学方法，对金融市场原始数据进行处理后得出的指标值。技术指标种类繁多，根据其设计原理和应用法则的不同可分为十大类型，即“大势型”、“超买超卖型”、“趋势型”、“能量型”、“成交量型”、“均线型”、“图表型”、“选股型”、“路径型”、“停损型”。根据技术指标对个股进行排序，可以为投资者的操作行为提供指导方向。例如，将当前报价牌窗口中的“股票列表”按用户所选的技术指标进行排序，可以快速找到最符合条件的股票。

图示：

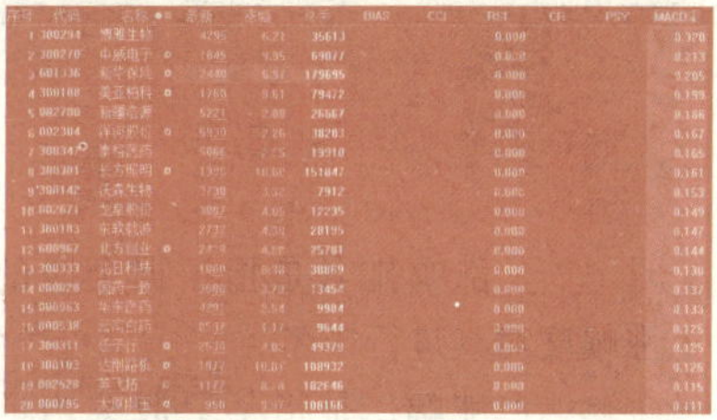

① 撰写：高裔妮、况家兴，单位：上海大智慧股份有限公司、上海期货交易所；审核：王毛路，单位：中国上市公司协会。

词条名称：板块涨幅排序

英　　文：ranking by sectors' gains

定义：板块涨幅排序是指根据板块的上涨幅度对其进行排名。

释义：股票板块，是指具有某一共同特征的个股组成的股票群体。板块划分的依据主要有行业、地域和概念。其中，行业是根据上市公司所从事的领域划分的，如农、林、牧、渔业，电力，纺织服装，医药等；地域主要是根据省份划分的，如辽宁沿海、江苏沿海等；概念是根据权重、热点、特色题材划分的，如 CDM 项目、新上海、鄱阳湖等。

图示：

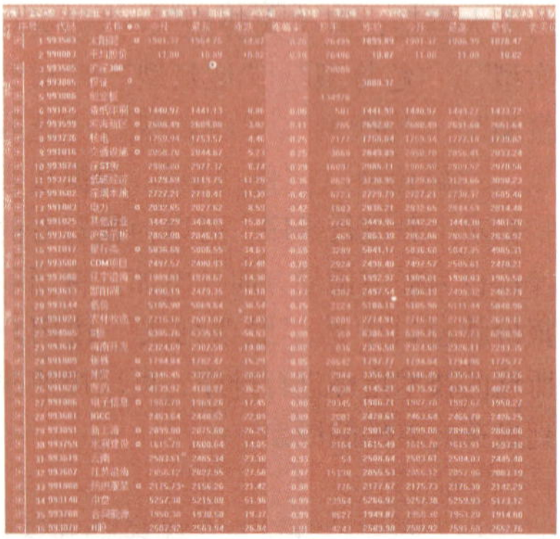

词条名称：涨幅排名

英　　文：ranking by gains

定义：涨幅排名是指根据个股的上涨幅度对其进行排名。

释义：涨幅，是指某只股票当前的价格相较于上一交易日收盘价的上涨幅度。其计算公式是：涨幅＝（现价－上一个交易日收盘价）/上一个交易日收盘价×100%。若涨幅为正，说明股价上涨；若涨幅为负，说明股价下跌，亦称为跌幅；若涨幅为0，说明股价与前一交易日持平。为保护投资者利益，抑制过度投机行为，证券交易所一般会对每个交易日股价的涨跌幅度进行适当的限制。沪、深交易所规定股票、基金的涨跌幅上限为10%，其中 ST 股票、* ST 股票的涨跌幅上限为5%，超过这一比例即为“涨停”或“跌停”。

图示：

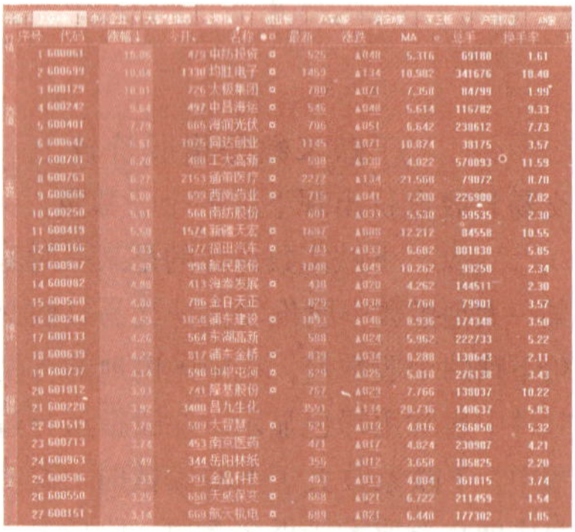

词条名称：综合排名

英　　文：comprehensive ranking

定义：综合排名是指行情系统或财经类网站中 9 个排成方阵的小窗口同屏列出投资者所选市场的 9 项个股排名。

释义：一般来讲，经常被列为综合排名项目的有：今日涨幅排名、5 分钟涨幅排名、今日跌幅排名、5 分钟跌幅排名、委比正序排名、委比逆序排名、今日振幅排名、今日量比排名、成交总金额排名、换手率排名、资金净流入排名、资金净流出排名、高价股排名、低价股排名等。

图示：

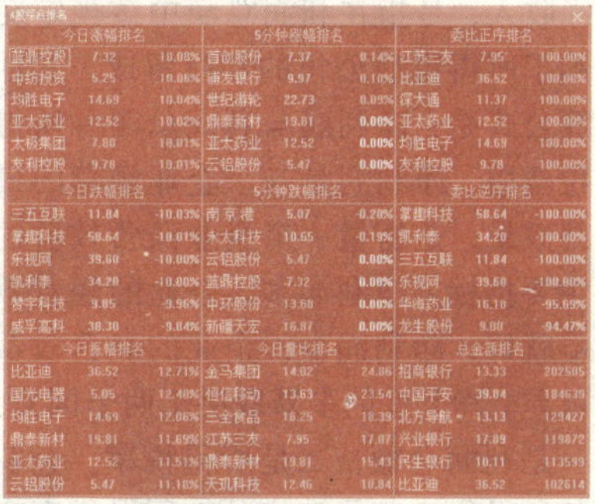

词条名称：每股收益排行

英　　文：ranking by earnings per share（EPS）

定义：每股收益排行是指根据上市公司的每股收益对个股进行排名。

释义：每股收益，又称每股税后利润、每股盈余，是指税后利润与股本总数的比率。其计算公式是：每股收益 =（本期毛利润 - 优先股股利）/ 期末总股本。每股收益能够综合反映公司的经营成果以及股票的获利水平和投资风险，是投资者等信息使用者据以评价企业盈利能力、预测企业成长潜力，进而做出相关经济决策的重要财务指标之一。

图示：

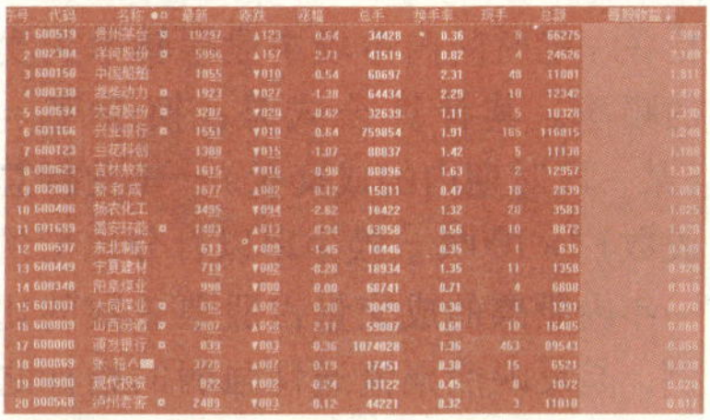

词条名称：净资产收益率排行

英　　文：ranking by rate of return on common stockholders' equity（ROE）

定义：净资产收益率排行是指根据上市公司的净资产收益率对个股进行排名。

释义：净资产收益率，又称股东权益报酬率、净值报酬率、权益报酬率、权益利润率、净资产利润率等，是指净利润与平均股东权益的比值。这一比值体现了上市公司自有资本获得净收益的能力，是衡量其盈利能力的重要指标。该指标越高，说明投资带来的收益越高；反之越低，说明企业所有者权益的获利能力越弱。同时，净资产收益率也是衡量股东资金使用效率的重要财务指标。一般来讲，负债增加会导致净资产收益率的上升。企业资产包括两部分：一部分是股东的投资即所有者权益，是股东投入的股本、企业公积金和留存收益等的总和；另一部分是企业借入和暂时占用的资金。企业适当地运用财务杠杆可以提高资金的使用效率，一般来说，能够增加盈利。但借入的资金过多会增大企业的财务风险。

图示：

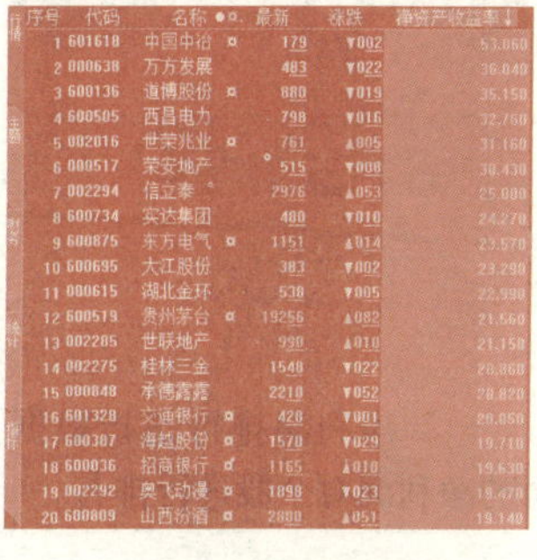

词条名称：主营收入排行

英　　文：ranking by prime operating revenue

定义：主营收入排行是指根据上市公司的主营收入对个股进行排名。

释义：主营收入，是指企业持续的、主要的经营活动所取得的、对企业经济利益有举足轻重作用的收入。包括企业销售商品、提供劳务等主营业务所获取的收入。比如，制造业销售产品、半成品和提供工业性劳务作业的收入；商品流通企业销售商品的收入；旅游服务业的门票收入、客户收入、餐饮收入等。企业应设置“主营业务收入”账户，用于核算企业在销售商品、提供劳务等日常活动中所产生的收入。在此账户下，应按照主营业务的种类设置明细账，进行明细核算。期末，应将此账户的余额转入“本年利润”账户，结转后本账户应无余额。

图示：

序号	代码	名称	最新	涨跌	主营收入↓
1	600028	中国石化	447	▼003	69557107
2	601857	中国石油	791	▼010	41527699
3	601628	中国人寿	1492	▲040	20839600
4	601390	中国中铁	254	▼002	14792027
5	601398	工商银行	404	▼002	14776000
6	601186	中国铁建	447	▲002	13022037
7	601939	XD建设银	412	▼012	12558400
8	601288	农业银行	259	▼001	11933100
9	601668	中国建筑	336	▼000	11132757
10	601318	中国平安	3740	▲102	11086600
11	601988	中国银行	263	▼001	10785600
12	601618	中国中冶	179	▼002	7499165
13	600050	中国联通	335	▼005	7270853
14	600019	宝钢股份	418	▲001	6540090
15	600104	上汽集团	1362	▲039	6158519
16	601088	中国神华	1816	▲006	6003900
17	601601	中国太保	1750	▲046	5422500
18	601336	新华保险	2509	▲228	3725600
19	601328	交通银行	428	▼001	3681300
20	600011	华能国际	548	▲006	3213618

词条名称：净利润排行

英　　文：ranking by net profit

定义：净利润排行是指根据上市公司的净利润对个股进行排名。

释义：净利润，又称税后利润或净收入，是指在利润总额中按规定交纳了所得税后公司的利润留成。其计算公式是：净利润 = 利润总额 – 所得税费用。净利润是一个企业经营的最终成果，是衡量一个企业经营效益的主要指标。净利润多，企业的经营效益就好；净利润少，企业的经营效益就差。净利润的多寡取决于两个因素：一是利润总额，二是所得税率。企业的所得税率都是法定的，所得税率愈高，净利润就愈少。

图示：

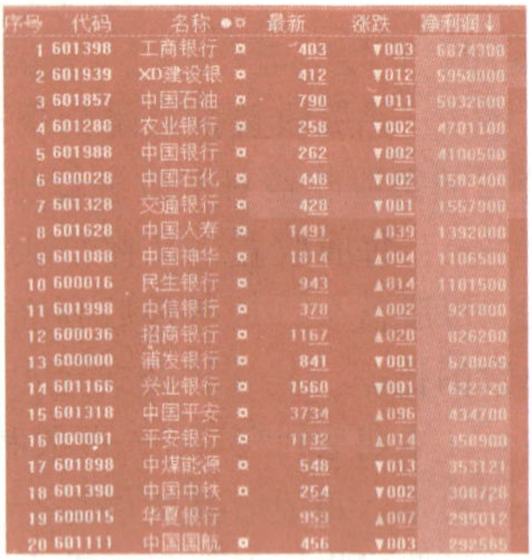

序号	代码	名称	最新	涨跌	净利润↓
1	601398	工商银行	403	▼003	6874300
2	601939	XD建设银	412	▼012	5956000
3	601857	中国石油	790	▼011	5032600
4	601288	农业银行	258	▼002	4701100
5	601988	中国银行	262	▼002	4100500
6	600028	中国石化	448	▼002	1583400
7	601328	交通银行	428	▼001	1557900
8	601628	中国人寿	1491	▲039	1392000
9	601088	中国神华	1814	▲004	1106500
10	600016	民生银行	943	▲014	1101500
11	601998	中信银行	378	▲002	921800
12	600036	招商银行	1167	▲020	826200
13	600000	浦发银行	841	▼001	678069
14	601166	兴业银行	1560	▼001	622320
15	601318	中国平安	3734	▲096	434700
16	000001	平安银行	1132	▲014	358900
17	601898	中煤能源	548	▼013	353121
18	601390	中国中铁	254	▼002	308728
19	600015	华夏银行	959	▲007	295012
20	601111	中国国航	456	▼003	292565

词条名称：换手率排行

英　　文：ranking by turnover rate

定义：换手率排行是指根据换手率对个股进行排名。

释义：换手率，又称周转率，是指在一定时间内市场中股票转手买卖的频率。其计算公式是：换手率 =（某一段时期内的成交量）/（发行总股数）×100%。换手率以百分比衡量一年内股票的成交量占股票总数的比例，是反映股票流通性强弱的指标之一。换手率可以代表某只股票的活跃程度，换手率高表示其进出市场比较容易，具有较强的变现能力。投资者可以将换手率与股价走势结合，对未来股价做出预测和判断。

图示：

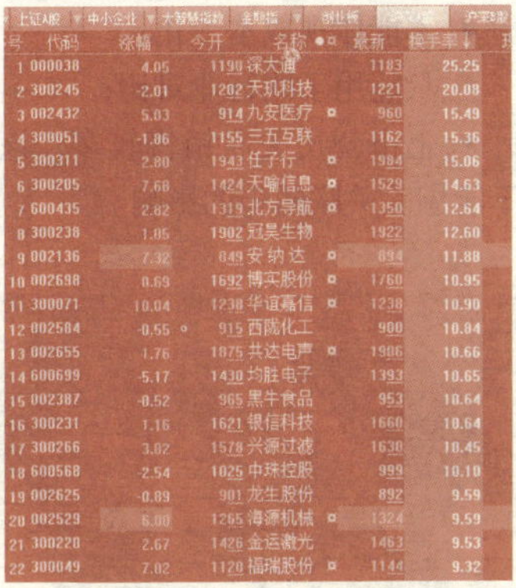

词条名称：**市盈率排行**

英　　文：**ranking by price to earnings ratio（P/E ratio）**

定义：市盈率排行是指根据上市公司的市盈率对个股进行排名。

释义：市盈率，又称本益比、价格收益比，常缩写为“P/E”，是指一个考察期（通常为12个月）内股票价格与每股收益的比率。市盈率把企业的股价与其制造财富的能力联系起来。投资者可利用该比率评估某只股票的投资价值，或者用来对不同公司的股票进行比较。市盈率越低，代表投资者能够以相对较低的价格购入股票。理论上，股票的市盈率愈低，表示该股票的投资风险越小，愈值得投资。市盈率指标对市场具有整体性的指导意义。投资者应以动态眼光看待市盈率，并充分考虑股票市场的特性。比较不同行业、不同国家、不同时段的市盈率是不大可靠的。比较同类股票的市盈率较有实用价值。根据计算方式的不同，一般可将市盈率分为：

- 静态市盈率＝股票现价/当期每股收益
- 预测市盈率＝股票现价/未来每股收益的预测值
- 动态市盈率＝静态市盈率（p/e）/平均增长率（r）。其中，p代表收盘价；e代表每股净利；r代表平均增长率。

图示：

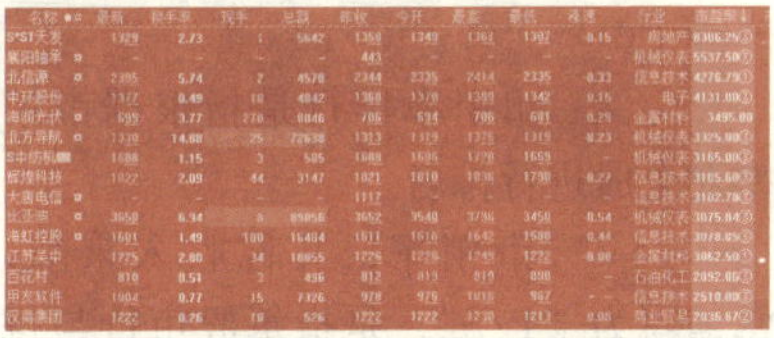

词条名称：**市净率排行**

英　　文：**ranking by price to book ratio（P/B ratio）**

定义：市净率排行是指根据上市公司的市净率对个股进行排名。

释义：市净率，也称市账率，常缩写为“P/B”，是指每股股价与每股净资产的比率。市净率可用于投资分析，是评估股票孰贱孰贵的指标之一。一般来说，市净率较低的股票，投资价值较高；相反，则投资价值较低。但在判断股票投资价值时还要考虑当时的市场环境以及公司的经营情况、盈利能力等因素。在评估高风险企业或企业资产大量为实物资产的企业时，市净率尤为受到重视。此外，市净率的作用还体现在可以作为确定新发行股票初始价格的参照标准。

图示：

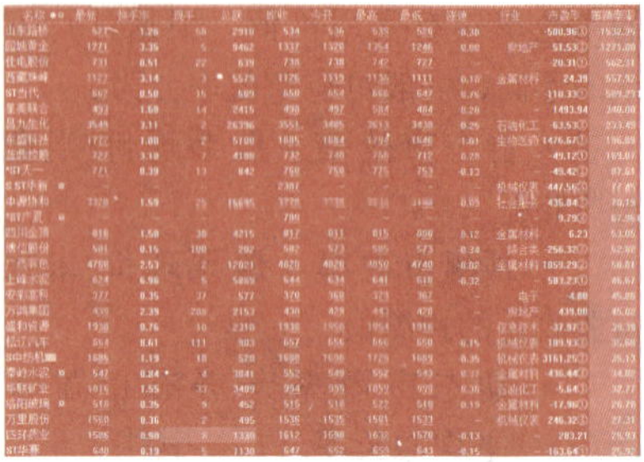

词条名称：**市销率排行**

英　　文：**ranking by price to sales ratio（P/S ratio）**

定义：市销率排行是指根据市销率对个股进行排名。

释义：市销率，又称收入乘数，常缩写为“P/S”，是指每股市价与每股销售收入的比率。市销率是证券市场中出现的一个新名词，有两种计算方式：（1）市销率 = 总市值/主营业务收入；（2）市销率 = 股价/每股销售额。市销率通俗来讲，就是股票市场愿意为公司一元钱的营业额支付多高的价格。市销率越低，说明该公司股票目前的投资价值越大。从理论上来说，个股的市销率由上市公司的成长性、销售收入和投资者要求的收益率决定，是衡量股票是否被高估的一个指标。该指标主要适用于销售成本率较低的服务类企业，或者销售成本率趋同的传统行业中的企业。

市销率的优缺点如下：

优点主要有：

- 稳定可靠、不易操控；
- 不出现负值，对于亏损企业，也能计算出一个有意义的价值乘数；
- 收入乘数对价格政策和企业战略变化敏感，可以反映这种变化的后果。

缺点主要有：

- 不能体现成本变化；
- 只能用于同行业对比；
- 上市公司关联销售较多，该指标不能剔除关联销售的影响。

图示：

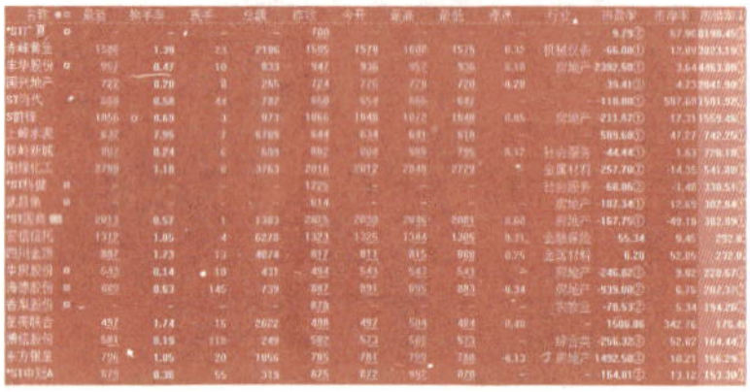

词条名称：**持仓排名**

英　　文：**ranking by open interest**

定义：持仓排名是指期货交易所发布的会员单位每天的成交量和持仓量的排名。

释义：期货交易所在每天结算后会按规定公开会员单位的成交量和持仓量排名。持仓排行表中一般包含以下信息：名次、会员简称、成交量（手）、增减量。持仓量，又称订货量，是指买入（或卖出）的头寸在未了结平仓前的总和。期货市场中，持仓量是（买和卖）双边计算的，因此一般是偶数。通过分析持仓量的变化，可以了解市场多空力量的大小及其变化。正确理解成交量和持仓量的变化关系，有利于更加准确地把握市场走势。以下四种为常见的成交量与持仓量的变化关系：（1）成交量逐步增加，持仓量同步增加。此种情况在期货走势中最常见，多发生在单边行情开始时期，价位趋势处于动荡之中。（2）成交量逐步减小，持仓量逐步增加。这种情况往往是大行情来临的前兆，此时多空双方的力量和市场外部因素的共同作用使市场在动态中达到了一种平衡。（3）成交量逐步增加，持仓量逐步减小。此种情况一般发生在一段行情中继的过程中，并且伴有多杀多、空杀空的现象。（4）成交量逐步减少，持仓量逐步减少。此种情况多发生在一波行情逐步结束时，成交量和持仓量的同步收缩，证明多空双方或其中一方对后市失去信心，资金正逐步退场。

（九）证券投资与交易分析①

词条名称：**基本面分析**

英　　文：**fundamental analysis**

定义：基本面分析，又称基本分析，是指通过经济因素评估证券价值的分析方法。

释义：基本面分析，是利用财务分析和经济学相关研究评估证券的投资价值、判断证券的合理价位、提出相应投资建议的一种分析方法。基本面分析的核心假设是，证券的价格由其内在价值决定，受宏观因素、产业因素、公司因素及市场因素的影响。其中，宏观因素、产业因素、公司因素属于市场外部因素，被称为基本因素，是基本面分析的对象。宏观经济分析探讨经济运行及经济政策对证券价格的影响，评估的变量包括：国内生产总值（GDP）、经济增长率、货币供应量、失业率、通货膨胀率、利率、汇率等。行业分析研究行业所属的市场类型、生命周期、区域经济发展形态等对证券价格的影响。公司分析是基本面分析的重点，研究公司的竞争能力、盈利能力、经营管理能力、发展潜力、财务状况、经营业绩及潜在风险等，考核的变量有：资产负债率、主营业务收益率、固定资产周转率、市盈率、现金流量等。基本面分析适用于在相对成熟的证券市场中进行中长期投资决策，不适用于精度要求较高的短期投资及买卖时机的决策。

词条名称：**技术分析**

英　　文：**technical analysis**

定义：技术分析是指通过市场行为的历史记录（主要是图表）来预测价格走势并决定投资的策略。

释义：技术分析以市场过去和现在的行为为研究对象，从中归纳出典型的市场行为，从而对证券市场的未来趋势作出预测。市场行为包括：价格的高低、价格的变化、价格变化所伴随的成交量，以及完成这些变化所经过的时间。技术分析理论建立在三个假设之上：市场行为包含一切信息；价格沿趋势移动；历史会不断重演。技术分析理论试图用大量的统计资料来预测市场走势，主要包括以下几类：K线理论、切线理论、形态理论、技术指标理论、波浪理论和循环周期理论。技术分析师通常使用多种方法和

---

① 撰写：王墨兰，单位：上海大智慧股份有限公司；审核：王毛路，单位：中国上市公司协会。

工具进行分析，其中价格图表是最主要的一种。技术分析师通过寻找原型图样，如知名的头肩反转型态，以及研究此类型的指标如价格、成交量与价格的移动平均等进行分析。他们也会通过投资者心理（市场氛围）的指标来操作交易。技术分析经常与基本面分析相冲突。一些交易者会单独使用技术分析或基本面分析，而有些人则同时使用这两者来做交易。技术分析广泛用于投资交易中，一些研究表明，在外汇市场里，技术分析的使用要比基本面分析更为广泛。

图示：K线分析

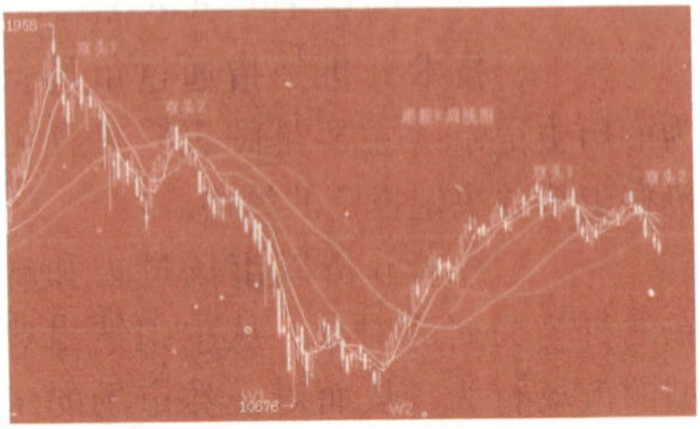

词条名称：行为分析

英　　文：behavioral analysis

定义：行为分析是指主要研究市场参与者的心理及市场情绪如何影响价格波动的分析方法。

释义：市场行为主要表现在市场的价格变化上。市场行为分析理论认为，证券市场的价格并不只由证券的内在价值决定，在很大程度上还受到投资主体行为的影响，即投资者心理与行为对证券市场的价格及其变动具有重大影响。传统经济学认为，市场行为是由物质动机驱动的，投资者所作的经济决策是追求最大利益的理性选择。然而，现实证明市场行为并非理论描述的那样理性，人们的投资决策会受到认知缺陷、自控缺陷、风险偏好、情绪因素等多方面因素的影响。行为分析即是通过研究和总结投资者的心理特征和行为特征，分析和预测证券市场的方法。对投资者来讲，进行市场行为分析有助于预测市场趋势及价格波动，并选择合适的时机操作。市场行为分析忽略传统的经济因素，倾向于采用更多的实例来验证直接反映在价格波动上的投资者行为意图。在市场行为分析中，随着乐观和悲观的驱动价格波浪的出现，分析师将触顶或触底的价格值记录下来进行研究。

词条名称：量化分析

英　　文：quantitative analysis

定义：量化分析是指利用统计、数值模拟和其他定量模型进行证券市场相关研究的一种方法。

释义：量化分析是以统计为基础、数学方法为手段、金融理论为指导、计算机技术为依托，考察金融行为中的各种数量关系、预测金融发展趋势、检验金融决策效果的定量分析方法。它是继传统的基本分析和技术分析之后发展起来的一种重要的证券投资分析方法。量化分析的过程一般包括四个基本步骤：（1）建立模型；（2）估计参数；（3）验证理论；（4）运用模型进行市场分析和预测。通过量化分析，投资者可以在整个市场寻找投资机会。量化分析者利用电脑筛选投资机会，将投资思想通过具体指标、参数的设计体现在模型中，并据此对市场进行客观的跟踪分析。他们借助计算机强大的数据处理能力进行投资决策，可保证在控制风险的前提下，实现收益最大化。量化分析广泛应用于证券估值、组合构造与优化、策略制定、绩效评估、风险计量与风险管理等投资相关领域。

图示：量化分析的过程

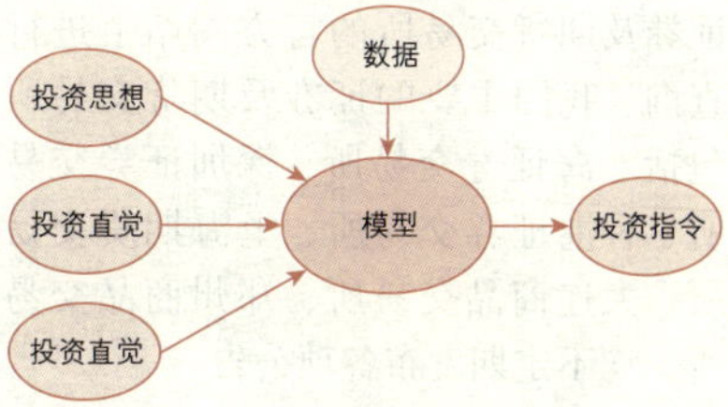

词条名称：**技术指标**

英　　文：**technical indicator**

定义：技术指标是指用一定的数学方法，对金融市场原始数据进行处理后得出的指标值。

释义：按照一定的方法对证券市场的原始数据，如开盘价、最高价、最低价、收盘价、成交量和成交金额等进行处理后得出的数值，就是技术指标值。将指标绘成图标，便可从定量的角度对股市进行预测。

目前，证券市场上存在多种技术指标。比如，相对强弱指标（RSI）、随机指标（KD）、趋向指标（DMI）、平滑异同平均线（MACD）、能量潮（OBV）、心理线（PSY）、乖离率（BIAS）等。技术指标种类繁多，仅使用一种指标容易出现错误。因此，在实际应用中，应采用若干个具有互补性的指标组合进行分析，从而可以极大地提高预测精度和决策水平。

图示：MACD 指标

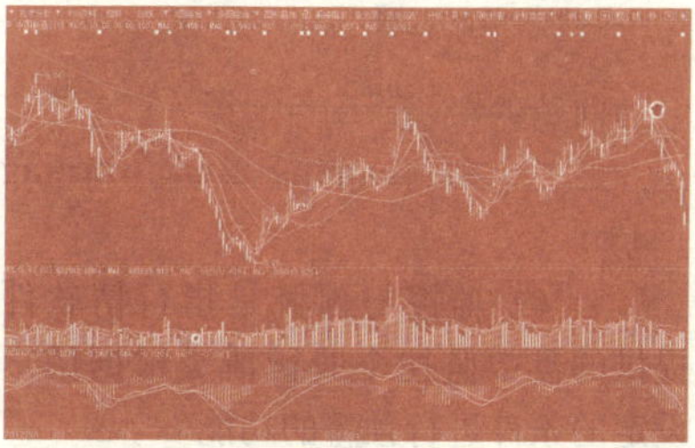

词条名称：**画线工具**

英　　文：**line-drawing tool**

定义：画线工具是指股票分析软件中的一种工具，投资者可以通过此类工具在技术分析图上画出分析市场行情的各种线图。

释义：画图工具种类繁多，常见的有：两点线段、平行直线、矩形选框、周期线、费波拉契线、百分比线等。举例来讲，两点线段又称“趋势线”。选取一点做为趋势线起点，按住鼠标左键不放并移动鼠标到目标位置，松开鼠标左键即可生成趋势线段。选取线中任意一点按住鼠标左键不放，移动鼠标可平移该线。

如图，趋势线的画法：

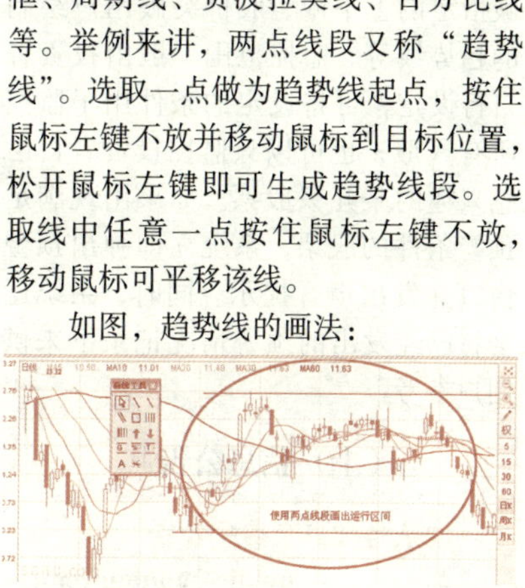

（说明：趋势线可以用来衡量股价的波动方向。上升趋势中，将两个低点连成一条直线，可得到上升趋势线。下降趋势中，将两个高点连成一条直线，可得到下降趋势线。上升趋势线是支撑线的一种，下降趋势线是压力线的一种）。

词条名称：**监控与预警**

英　　文：**monitor and warning system**

定义：监控与预警是指行情软件提供的盘中监控个股行情及根据用户设定的条件进行预警的功能。

释义：行情软件中的监控与预警系统可以按照用户预先设定的预警条件，对自定义范围内的股票进行监控，实时、快速地捕捉出现异动的股票。以大智慧行情软件为例，预警系统的监控条件有以下几类：交易系统发出买入或卖出信号、选股条件成立、股票价格突破指定的上下限、股票涨跌幅突破指定的上下限、股票成交量突破指定的上下限、股价突破用户绘制的趋势线等。监控范围一般由投资者自行设定，可将设定的条件用于监控所有A股，也可以只监控投资者自己感兴趣的某几只股票。如果出现满足预警条件的股票，系统立即弹出预警窗口并发出声音提示。同时，系统还会将已经发出的预警情况记录下来供用户参考。

（十）信息公告[①]

词条名称：**交易所公告**

英　　文：**public announcement of stock/futures exchanges**

定义：交易所公告是指证券及期货交易所发布的官方公告。

释义：与上市公司公告、基金公告、债券公告等各上市机构依照相关信息披露规定在交易所网站上发布的公告不同，交易所公告是交易所代表自身发布的公告。证券交易所公告一般包括以下几类：公司上/退市公告、股票停复牌公告、公司报告预约公告、债券申报赎回公告、基金融资风险提示公告及一般性事务公告（如交易及管理规则发布及变更、放假通知、系统升级改造）等。交易所公告可在各证券及期货交易所的官方网站上进行查询。我国主要的证券及期货交易所包括上海证券交易所、深圳证券交易所、香港证券交易所、上海期货交易所、大连商品交易所、郑州商品交易所，均不定期发布各项公告。

图示：上海证券交易所发布的暂停个股交易的公告。

上海证券交易所公告

N新华龙（603399）在今日上午交易中出现异常情况。根据《上海证券交易所交易规则》、《关于加强新股上市初期交易监管的通知》有关规定，本所决定，自2012年08月24日10时50分开始暂停N新华龙（603399）交易，自2012年08月24日14时55分起恢复交易。

本所提醒投资者谨慎投资，注意风险。

特此公告。

上海证券交易所
2012年08月24日

---

① 撰写：王墨兰，单位：上海大智慧股份有限公司；审核：王毛路，单位：中国上市公司协会。

词条名称：**上市公司公告**

英　　文：**listed companies announcement**

定义：上市公司公告是指由上市公司按照相关规定公开发布的信息。

释义：按照中国证券监督管理委员会通过的《上市公司信息披露管理办法》中的相关规定，上市公司应及时发布以下几类公告：招股说明书、募集说明书、上市公告书、定期报告和临时报告等。其中，投资者可持续关注上市公司的定期报告和临时报告。定期报告包括年度报告、中期报告和季度报告。上市公司年度报告应包含以下内容：公司基本情况；主要会计数据和财务指标；公司股票、债券发行及变动情况；期末股票、债券总额；股东总数及其持股变动情况、年度报酬情况；董事会报告等。上市公司临时报告应包含以下内容：公司经营方针和经营范围的重大变化；公司重大投资行为和重大的购置财产决定；公司发生的重大亏损或者重大损失等。投资者可以从证券交易所官方网站查询以上相关内容，如上交所上市公司公告（http：//www. sse. com. cn/disclosure/listedinfo/announcement/）和深交所上市公司公告（http：//disclosure. szse. cn/m/drgg. htm）。上市公司公告一般为 PDF 格式，可供投资者免费下载。此外，投资者还可以在知名财经网站直接查阅上市公司公告信息，如新浪财经的公司公告栏目（http：//vip. stock. finance. sina. com. cn/corp/view/vCB _ BulletinGather. php? stock_str = &gg_date = &ftype =0）。

词条名称：**基金公告**

英　　文：**fund announcement**

定义：基金公告是指由基金管理公司按照相关规定公开发布的信息。

释义：按照中国证券监督管理委员会通过的《证券投资基金信息披露管理办法》中的相关规定，基金市场的有关当事人在基金募集、上市交易、投资运作等一系列环节中，应通过中国证监会指定的全国性报刊和基金管理人、基金托管人的互联网网站等媒介披露相关信息资料，并保证投资人能够按照基金合同约定的时间和方式查阅或复制。基金公告应包含以下内容：基金募集信息、基金运作信息、基金临时信息。主要基金公告类型有：基金招募说明书；基金合同；基金托管协议；基金份额发售公告；基金募集情况；基金合同生效公告；基金份额上市交易公告书；基金资产净值和基金份额净值公告；基金份额申购、赎回价格公告；基金定期报告（包括基金年度报告、基金半年度报告和基金季度报告）；涉及基金管理人、基金财产、基金托管业务的诉讼、临时报告、澄清公告；中国证监会规定的其他信息。投资者可以通过上交所（http：//www. sse. com. cn/disclosure/fund/announcement/）和深交所（http：//disclosure. szse. cn/m/jjgg. htm）的基金公告栏查询基金公告，其格式均为 PDF，可直接下载。

资讯

词条名称：**债券公告**

英　　文：**bond announcement**

定义：债券公告是指债券发行机

构依据相关法律规定公开发布的信息。

释义：在我国，债券发行机构如政府、银行、非银行金融机构、公司等应依据相关法律规定公开发布一系列与债券相关的信息。根据债券类型的不同，可将债券公告分为国债公告、公司债/企业债公告、分离债公告、可转债公告以及国债、公司债回购折算公告等。以公司债券公告为例，发行人应在《证券法》规定的期间内，向证券交易所提交至少包含如下内容的定期报告：发行人概况；发行人上半年财务会计状况或经审计的年度财务报告；已发行债务兑付利息是否存在违约以及未来是否存在按期偿付风险的情况说明；债券跟踪评级情况说明；涉及和可能涉及影响债券按期偿付的重大诉讼事项；已发行债券变动情况；交易所要求的其他事项。投资者可以在上海及深圳证券交易所官方网站查阅债券公告，其中上交所的债券公告数目及种类相对较多。上交所及深交所的债券公告均为 PDF 格式，可以直接下载。

词条名称：**权证公告**

英　　文：**warrants announcement**

定义：权证公告是指由权证发行人发布的与权证相关的信息。

释义：权证一般由标的证券的发行公司或标的证券发行公司以外的第三方如证券公司、投资银行等发行，主要分为认购权证和认沽权证两种。权证公告通常由权证发行人发布。在我国，上海证券交易所将权证公告分为发行上市、创设注销、持续信息披露以及特别提示等几类。其中，权证发行公告主要包含以下信息：发行人、发行日期、存续期间、权证类型、发行数量、发行价格、行权价格、到期日、行权结算方式、行权比例等。投资者可以通过上交所和深交所官网中的“权证公告”一栏查阅以上相关信息。上交所的权证公告信息相对较为全面，内容和种类较多。沪深交易所官网的权证公告均为 PDF 格式，可直接下载。此外，投资者还可以通过知名网站查询权证相关信息，如新浪财经、东方财富、中华财经网等。

（十一）相关新闻①

词条名称：**时事新闻**

英　　文：**current news**

定义：时事新闻是指通过报纸、期刊、广播电台、电视台等媒体报道的事实性消息。

释义：时事新闻是与国计民生、社会建设、人民生活密切相关的领域中新近发生的重要新闻。它是一种与时俱进的新闻报道，每天 24 小时不间断地播报世界、地区新闻。时事新闻重在描述事件发生的事实，因此其时间性和空间性很强。时事新闻内容包罗万象，主要有政治、财经、军事、科技、体育、娱乐、时尚、文化等。世界著名的新闻通讯社有美联社（AP）、路透社（Reuters）、法国新闻社（AFP）、俄通社－塔斯社（Agency

---

① 撰写：王墨兰，单位：上海大智慧股份有限公司；审核：王毛路，单位：中国上市公司协会。

of Russia - TASS)、国际文传电讯社(Interfax)、德新社(DPA)、日本共同通讯社等。中国权威官方通讯社是新华社。此外，还有几大权威新闻网站，如新浪新闻、搜狐新闻、网易新闻及大公网等。

词条名称：**宏观新闻**

英　　文：**macroeconomic news**

定义：宏观新闻是指关于我国国民经济发展的、全局的、综合的整体性问题的报道。

释义：宏观新闻报道国民经济总体活动，内容涉及我国的经济发展速度、积累和消费、产业结构、能源政策等。与国民经济体有关的总量都是其报道内容，例如，国民收入、总投入、总供给、总消费、总就业等。我国宏观经济新闻大体包括如下内容：宏观经济政策、宏观经济走势、宏观经济成就和可持续发展报道。国内著名的报道宏观新闻的网站有：

网易财经“宏观要闻”栏目http://money.163.com/special/00252G50/macro.html。

财经网“宏观”栏目 http://economy.caijing.com.cn/index.html。

新华网“宏观经济”栏目http://www.xinhuanet.com/fortune/hg.htm。

词条名称：**产业新闻**

英　　文：**industry news**

定义：产业新闻是指媒体报道的关于国民经济中各行各业的事实消息。

释义：产业新闻以国民经济中的各行各业为报道对象，特别是当前经济中的热门行业，如汽车、家电、能源、医药、IT、房地产、电信等。产业新闻的报道内容包括各种产业的动态，如政策解读、市场趋势、技术与专利、供需与消费、国内外动态、上下游龙头企业动向等。国内外报道产业新闻的知名网站有：

人民网“产业”栏目 http://scitech.people.com.cn/GB/41163/index.html。

中国经济网“产业经济”栏目 http://www.ce.cn/cysc/。

21世纪经济报道“产经”栏目 http://www.21cbh.com/channel/biz/。

财经网“产经”栏目 http://industry.caijing.com.cn/index.html。

彭博社新闻 http://www.bloomberg.com/news/industries/。

彭博商业周刊 http://investing.businessweek.com/research/sectorandindustry/news/news.asp。

词条名称：**财经新闻**

英　　文：**financial news**

定义：财经新闻，又称经济新闻，是指关于人类社会新近发生或变动的经济关系、经济活动和经济现象的报道。

释义：财经新闻是新闻的一个类别，与时事新闻、社会新闻、法制新闻、体育新闻等成平行关系。其内容包括人类社会生活中的经济关系、经济活动和经济现象，贯穿人类物质及精神产品生产、流通、传播、交换、

资讯

消费的全过程。也就是说，凡是与人类经济生活有关系的一切内容都可作为财经新闻的报道对象。财经新闻一般通过电视、广播、报刊、网络等途径传播。财经新闻的专业性较强，常常涉及经济学领域的诸多问题。我国著名的财经新闻媒体有：《证券时报》、《中国证券报》、《21 世纪经济报道》、财经网（http：//www. caijing. com. cn/）等。国外著名的财经新闻媒体有：彭博社（Bloomberg）、路透社（Reuters）、《华尔街日报》（The Wall Street Journal）、《纽约时报》（New York Times）、《财富》（Fortune）等。财经媒体报道内容极为丰富，例如，财经网的资讯涵盖宏观、地产、证券、金融、产经、汽车、科技、政经等内容，此外还设有评论、专栏等栏目。

词条名称：**市场报道**

英　　文：**market news**

定义：市场报道是指媒体报道的关于金融市场的事实消息。

释义：市场报道的报道对象是金融市场，包括直接融资市场和间接融资市场。财经新闻媒体的市场报道内容一般可以按照区域或交易产品分类。按区域可分为中国市场、美国市场、欧洲市场、亚洲市场、日本市场等。按交易品种可分为外汇市场、期货市场、股票市场、基金市场、债券市场等。

词条名称：**债券新闻**

英　　文：**bond news**

定义：债券新闻是指媒体报道的关于债券市场的真实消息及相关评论。

释义：债券新闻的内容涵盖所有债券市场的相关信息，如债券发行和交易、债券行情、债券公告发布、债市研究、债券数据报道等内容。国内外知名的债券新闻网站有：

中国证券报“债券新闻”栏目

http：//www. cs. com. cn/zq/zqxw/；

新浪财经“债券”栏目

http：//finance. sina. com. cn/bond/；

东方财富网“债券”栏目

http：//bond. eastmoney. com/news/czqxw. html；

路透社“债券”栏目

http：//www. reuters. com/finance/bonds。

词条名称：**期货新闻**

英　　文：**futures news**

定义：期货新闻是指媒体报道的关于期货市场的真实消息及相关评论。

释义：期货新闻的内容涵盖所有期货市场的相关信息。期货市场主要包括商品期货市场和金融期货市场。其中，商品期货市场包括农产品期货，如棉花、大豆、小麦、玉米、天然橡胶、棕榈油等；金属期货，如铜、铝、锡、锌、黄金、白银等；能源期货，如原油、燃料油等。金融期货市场包括股指期货、利率期货、外汇期货。期货新闻主要是对以上市场的期货行情、评论及相关研究的报道。我国知名的期货新闻媒体，除新浪财经等主流财经媒体外，专业性及针对性较强的是《期货日报》（http：//www. qhdb. com. cn/Newspaper/PageNavigate. aspx）。

词条名称：**基金新闻**

英　　文：**funds news**

定义：基金新闻是指媒体报道的关于基金市场的真实消息及相关评论。

释义：基金新闻内容涵盖所有基金市场的相关信息。中国基金网（http://www.chinafund.cn/）是我国专业的基金门户网站，提供及时、全面的基金资讯，包括基金净值、基金公告、基金评级、基金数据、基金知识等。投资者可以从该网站获得股票基金、债券基金、货币基金等各类基金的相关信息。另外，投资者还可以从名家论市、投资建议、潜力基金和机构报告等栏目中，获得关于基金市场的深入报道。

词条名称：**外汇新闻**

英　　文：**foreign exchange news**

定义：外汇新闻是指媒体报道的关于外汇市场的真实消息及相关评论。

释义：外汇新闻内容涵盖所有外汇市场的相关信息，一般包括：外汇市场行情、人民币汇率分析、外汇交易情况等。投资者可以从国内外知名媒体网站上查找到外汇新闻，如：

新浪财经“外汇”栏目 http://finance.sina.com.cn/forex/。

和讯外汇 http://forex.hexun.com/。

全景网 http://www.p5w.net/forex/。

彭博外汇及货币市场新闻 http://www.bloomberg.com/news/currencies/。

路透社外汇及市场新闻 http://www.reuters.com/finance/currencies。

词条名称：**地产新闻**

英　　文：**property news**

定义：地产新闻是指媒体报道的关于房地产行业及市场的真实消息及相关评论。

释义：地产新闻主要报道关于房地产行业及市场的重要信息。我国最专业、最权威的房地产门户网站是中国房地产信息网。该网站由中国建设部住宅与房地产业司主办，网站内容除包括及时的地产新闻外，还包括相关法律法规、信用档案、资质资格、公积金监管、拆迁管理等信息。此外，投资者还可以通过其他较为权威的网站浏览最新的地产新闻，如中国房地产网（http://www.china-crb.cn/）。该网站提供各类地产资讯和相关评论，内容包含地产政策、地产市场、地产公司、建材、工业地产、商业地产、旅游地产等。

（十二）相关数据①

词条名称：**政府数据**

英　　文：**government data**

定义：政府数据是指国家和地方政府发布的一系列统计数据。

释义：国家统计局发布的数据共有1060项，如累计国内生产总值、居民消费价格分类指数、人口出生率及增长率、工业产品产量及增速等。各地方统计局也会定期公布各项数据，如工业交通情况，投资、房地产、建筑

① 撰写：郭恭，单位：上海大智慧股份有限公司；审核：王毛路，单位：中国上市公司协会。

业情况，贸易外经旅游情况，价格指数，农业指标等。政府数据是国家经济状况的客观反映。公开政府数据可以让国民和世界了解国家一年来的经济情况，也可以用来进行横向和纵向比较，以便加深对目前经济状况的了解，判断未来经济走势，进行经济决策。

词条名称：**行业数据**

英　　文：**industry data**

定义：行业数据是指国家统计局定期发布的行业数据。

释义：行业数据内容覆盖农、林、牧、渔业、采掘业、制造业、建筑业、交通运输业、仓储业、信息技术业、金融、保险业、房地产业、社会服务业等。行业数据是行业研究报告的基础，能较为客观地体现出一个国家各行各业的现状及发展情况。

词条名称：**交易所数据**

英　　文：**stock exchange data**

定义：交易所数据是指证券及期货交易所发布的各项数据。

释义：我国主要的证券及期货交易所有：上海证券交易所、深圳证券交易所、香港证券交易所、上海期货交易所、大连商品交易所、郑州商品交易所。交易所数据涵盖行情信息、指数信息、中证系列指数、交易数据和统计数据等几大类数据。行情信息包括日内走势、历史K线、一周图表、行情报表、分类排序；指数信息包括指数行情、指数体系与蓝筹股市场、信息披露与动态；交易数据包括成交概况和证券交易排名；统计数据包括股票、基金、债券、权证等相关数据。市场上的各类证券信息平台一般都会在交易所数据的基础上开发数据模型，供用户使用。

词条名称：**仓单数据**

英　　文：**warrants data**

定义：仓单数据是指期货交易所定期公布的交易所交割仓库的注册仓单数量。

释义：期货标准仓单，是指由期货交易所统一制定的，交易所指定交割仓库，在完成交货商品验收、确认合格后，发给货主的实物提货凭证。标准仓单是期货库存数据的重要组成部分，也是判断市场涨跌的重要信息依据之一。伦敦金属交易所（LME）等国外交易所实行每日公布注册仓单数制度。国内的上海期货交易所也实行“日报制度”；大连商品交易所、郑州商品交易所的期货仓单和库存报告均在每个星期五公布。

（十三）研究报告[①]

词条名称：**宏观研究**

英　　文：**macroeconomics study**

定义：宏观研究是指对总量经济活动即国民经济总体活动的研究。

释义：宏观研究的对象是整个国民经济或国民经济总体及其经济活动和运行状态，包括总供给与总需求；国民经济的总值及其增长速度；国民经济中的主要比例关系；物价的总水

资讯

① 撰写：郭恭，单位：上海大智慧股份有限公司；审核：王毛路，单位：中国上市公司协会。

平；劳动就业的总水平与失业率；货币发行的总规模与增长速度；进出口贸易的总规模及其变动等。宏观研究的主要任务是：对国民经济和社会发展运行的基本态势、发展趋势进行跟踪监测，对经济运行中急需解决的重大问题进行分析研究，提出对策性建议；对经济社会发展战略、产业结构、地区布局等重大问题进行研究，提出前瞻性的政策思路；对经济社会发展中的重要理论和实践问题进行研究，提供有价值的研究报告，从而为各产业部门、各级地方政府和中外企业制定发展战略、规划和重大决策提供参考。宏观经济研究院是国家发改委直属研究机构，以政策研究和咨询为主，为国家宏观经济和社会发展决策服务，同时面向社会，为各行业、各级地方政府和中外企业提供决策咨询服务。此外，各大银行和券商等金融机构都有专门的宏观研究团队，定期发布宏观研究报告，投资者可从各大财经类网站获得相关信息。

词条名称：**行业研究**

英　　文：**industry research**

定义：行业研究是指对国民经济中各行各业的综合研究。

释义：行业研究介于产业研究与市场研究之间，糅合两者的精华，属于企业战略研究的范畴。其主要研究内容是：行业内部各企业间的相互关系、行业本身的发展、行业间的互动联系以及行业的空间区域分布等。具体包括：行业的生存背景、产业政策、产业布局、产业生命周期；该行业在整体宏观产业结构中的地位以及各自的发展演变方向与成长背景；行业市场内的特征、竞争态势、市场进入与退出的难度以及市场的成长性；行业在不同条件下及成长阶段中的竞争策略和市场行为模式等。行业研究会关注一大批与行情相关的个股，对中小投资者有指导作用。投资者一方面可以了解整个行业的具体情况，另一方面还可以知道应具体关注哪些个股。

词条名称：**公司研究**

英　　文：**corporate research**

定义：公司研究是指对某一上市公司进行全方位的分析和预测，为投资者进行投资决策提供有价值的参考。

释义：券商或投行的专职财务研究人员会就上市公司的经营情况、盈利情况和财务情况做出分析和预测，提供给投资者参考。他们通常会针对某一个股给出强烈推荐、推荐、观望、卖出、强烈卖出等建议，对市场有一定的导向作用。

词条名称：**策略研究**

英　　文：**strategic research**

定义：策略研究是指券商基于对重点公司的长期跟踪以及对市场热点的判断，为投资者提供的具有时效性和操作性的投资建议。

释义：策略研究报告的主要内容有：研判盘面、预测趋势、挖掘热点等。以国信证券的策略研究报告为例，其策略研究团队会给出每支推荐个股的合理估值和推荐理由。此外还提供核心假设风险、有别于市场的认识、股价表现催化剂、盈利预测和财务指标等信息。策略研究所采用的数据均来自合规渠道，作者基于其本人的职业理解，根据对数据和行情的分析推荐个股，建议仓位配置和行业板块配置等，力求做到客观、公正。与公司研报不同的是，策略研究对整个市场或行业板块的分析更全面，更有利于投资者了解行业动态和热点。

词条名称：**市场评论**
英　　文：**market review**
定义：市场评论是指分析师针对金融市场新近发生的新闻热点发表意见、为投资者提供建议的新闻体裁。

释义：在市场评论中，分析师围绕市场热点，对其在宏观经济形势以及个股影响方面进行数据分析，为投资者提供建设性的预测，对市场有一定的引导作用。以招商银行的"金融市场评论"栏目（http：//www. cmbchina. com/cmbinfo/finremark/）为例，其内容主要包括中国市场评论、国际市场评论和贵金属市场评论。分析师一般会在评论中针对某一市场进行回顾与展望。比如，在发布于2013年6月9日的中国市场评论"资金抽紧几时休?"中，分析师依次回顾了外围市场走势、政策面及资金面、利率走势及债券市场、信用市场走势等，并在此基础上对未来市场走势进行了合理预测。

（十四）市场资讯[①]

词条名称：**信息地雷**
英　　文：**info alert**
定义：信息地雷是指与公司股价波动密切相关的公司公告、交易所信息披露等公开信息。

释义：在交易软件中，信息地雷通常以小白点、小箭头、小星号等标注在指数或个股K－线图上以及行情列表指数或个股名称旁，点击即可以查看与个股及指数相关的新闻和公告等信息。悬挂在K－线图上的信息地雷能够完整地展现个股的成长历程。在行情列表，如果个股名称旁标有信息地雷标志，说明该股分时走势图上有信息地雷出现。地雷颜色发亮，表示信息地雷出现在当天半小时以内；颜色发暗，说明信息地雷出现在当天半小时以前。信息地雷中的信息通常由资讯商提供，包含实时和历史咨询，免去投资者每天浏览众多网站和报纸的麻烦，也能避免因漏掉重要信息而造成不必要的损失。目前，国内许多金融终端如大智慧、同花顺等，都提供信息地雷功能。

图示：悬挂在K－线图上的信息地雷

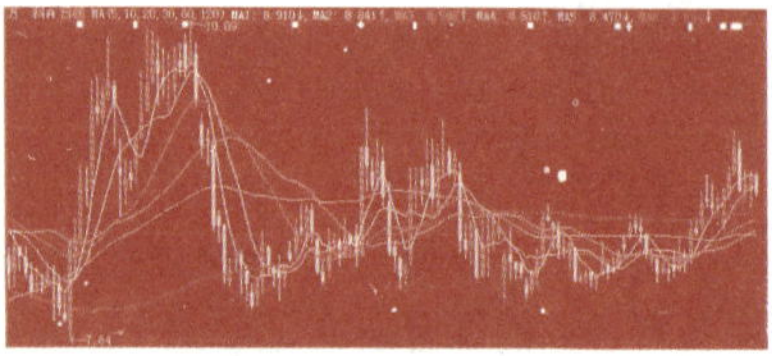

词条名称：**实时股票行情**
英　　文：**real time stock quote**
定义：实时股票行情是指股票在

① 撰写：童项，单位：上海大智慧股份有限公司；审核：王毛路，单位：中国上市公司协会。

资
讯

某一时刻的实际价格，不同于投资者在大多数网页上看到的延时价格。

释义：基本的股票实时行情包括买价和卖价。大部分交易软件至少提供5档行情，即买一到买五、卖一到卖五。同时，实时股票行情还提供开盘价、收盘价、成交数量、最高价、最低价、成交笔数、成交额等数据。在中国股票市场，实时股票行情包括上海证券交易所行情和深圳证券交易所行情。

词条名称：股票基本面信息（大智慧F10、万得F9）

英 文：**fundamentals**

定义：股票基本面信息是指包括上市公司概况、财务信息、行业地位等在内的、可能影响上市公司股价的基本面信息。

释义：一般股票行情软件中都为查看股票基本面信息设置了专门的窗口和快捷键。在大智慧软件中，查看股票基本面信息的快捷键为F10；在万得软件中查看股票基本面信息的快捷键为F9。以大智慧软件为例，进入个股查看界面后，按F10可进入该股的基本面信息窗口，也可以在行情列表界面用鼠标或键盘使光标选中一只股票后，按F10直接进入个股的基本面信息窗口或F10信息窗口。大智慧传统行情软件中F10窗口可查看的信息包括：主营构成、财务报表、股本分红、股东构成、投资者持仓等，为投资者分析个股基本面情况提供了重要的决策依据。大智慧更高级别的软件版本中在F10资料中加入了饼状图、柱状图等图形化信息，方便投资者进行比较和决策。

图示：大智慧传统行情版的股票基本信息窗口

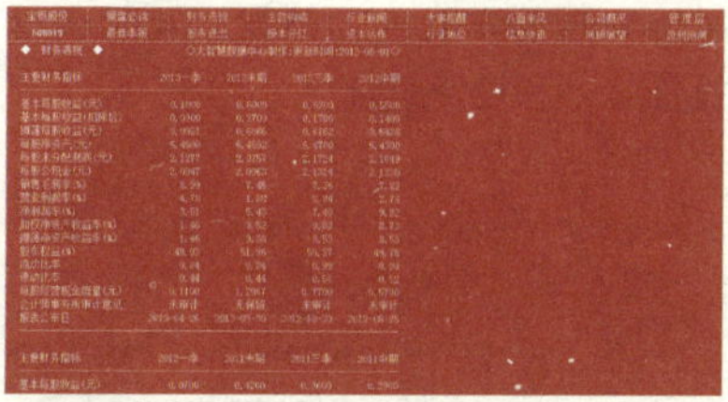

词条名称：跑马灯

英 文：**marquee**

定义：跑马灯是指行情软件中滚动显示最新消息及信息的矩形显示条。

释义：在金融终端中，跑马灯通常用来显示证券的即时行情，或播报投资者订阅的相关信息和公告。行情跑马灯的显示内容包括证券名称、代码、现价、涨跌以及涨跌幅度等。跑马灯一般位于软件界面的顶端或底部，有的软件可在最小化后在桌面上显示行情跑马灯。通常情况下，在软件中可以设置跑马灯显示的内容、形式、滚动速度等，有的软件还可以设置隐藏跑马灯。

图示：大智慧行情分析系统最小化后显示的跑马灯

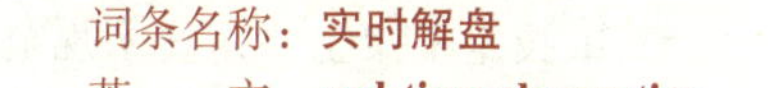

词条名称：实时解盘

英 文：**real-time observation**

定义：实时解盘，又称实时观察，是指交易平台的专业人士根据市场热点、突发新闻和实时数据作出的针对行业、板块或特定公司的评论。

释义：在实时解盘中，观察员提

供专业、即时的市场观察简报，对重大突发事件可能造成的市场大幅波动进行预警。投资者通过实时解盘可以了解大盘的实时变动情况，及时调整投资策略和投资组合。

词条名称：可扩展的商业报告语言①

英　　文：eXtensible Business Reporting Language，缩写 XBRL

定义：可扩展的商业报告语言是一种基于 XML（可扩展的标记语言，eXtensible Markup Language）的计算机电子化标记语言，是一种支持信息建模、语义表达、业务信息交换的全球开放标准和技术。

释义：XBRL 使用 XML 语法及相关的 XML 技术，如 XML Schema、XLink、XPath、名称空间等阐明语义含义。XBRL 对语义含义的表达通常应用在业务报告领域。XBRL 的主要用途之一是定义和交换商业和金融信息，如财务报表，是应用于非结构化信息处理尤其是财务信息处理的先进标准和技术。基于 XBRL 标准和技术的财务报告能够降低公司编制与发布财务报告的成本，提高投资者或财务分析人员获得信息的准确性，提高信息披露的透明度，是 21 世纪财务报告的语言。

XBRL 技术框架主要由技术规范（Specification）、分类标准（Taxonomy）和实例文档（Instance Document）组成，技术框架如图示所示。

图示：

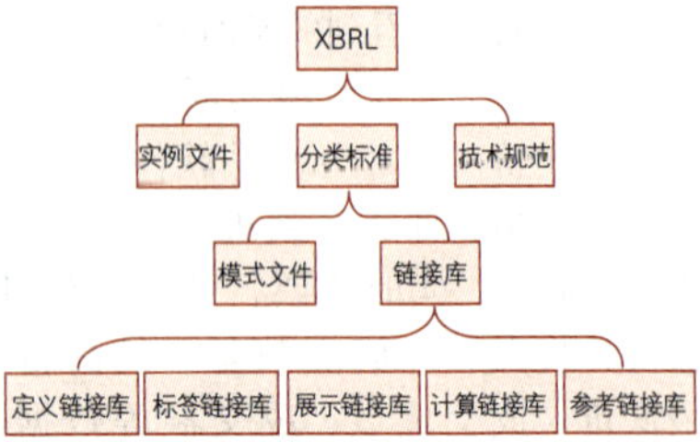

技术规范（Specification）是由 XBRL 国际组织定义、世界各国在应用 XBRL 过程中必须遵循的基本技术规则和工作准则。目前最主要的 XBRL 技术规范是 XBRL Specification 2.1，技术规范体系中还包括维度（Dimension）、公式（Formula）、版本（versioning）、网页展现（Inline）等规范。

分类标准（Taxonomy）指各领域在应用 XBRL 技术规范时，根据各自的会计准则或行业应用所定义的适用于本地区或本行业的数据字典，是生成实例文档的基础。分类标准由 XML 模式文件（Schema）和 XML 链接库（Linkbase）组成。模式文件定义了元素、属性和简单关系，链接库定义了计算、展示、标签和引用等扩展关系。理论上，不同应用领域都有各自定义的分类标准，目前国际上影响比较大的分类标准包括美国证监会批准的《2012 版美国 GAAP 财务报告分类标准》、国际财务报告委员会 IFRS 几乎

———————

① 撰写：张兴东、初壮，单位：深圳证券通信有限公司、XBRL 国际组织技术委员会成员，中信信托技术部总经理，原中国证监会 XBRL 项目组核心成员；审核：李为，单位：中国证券监督管理委员会，曾任 XBRL 国际组织执委会委员。

每年都升级的《国际会计准则分类标准》等。为进一步规范制定各个应用领域制定分类标准，XBRL国际组织还提出了一个附加的指引《财务报告分类标准架构》（FRTA1.0），供参考。

实例文档（Instance document）指按照相关的分类标准生成的报告文件，例如企业的财务报表。实例文档是以XBRL格式存储的数据文件，一般由支持XBRL技术的计算机软件生成。与普通文本文档不同，实例文档的数据被XBRL标签所标记，可被计算机软件识别、校验和转换。

中国的XBRL技术国际领先、在资本市场的应用令人瞩目。投资者能够在线查询上市公司的基本情况、主要财务数据、资产负债表、利润分配表和现金流量表等明细数据。深圳证券交易所2009年推出XBRL信息服务平台（http://xbrl.cninfo.com.cn/），是面向中小投资者，以XBRL标准化数据为基础，集展示、分析及下载上市公司信息等功能于一身的信息服务平台，提供XBRL动态信息和上市公司财务报告信息，投资者可以非常直观、方便、快捷地查到定期报告中的财务指标，并且可以对同一家公司多年财务指标或多家公司某个财务指标进行比较和展示。上海证券交易所推出的上市公司XBRL网站（http://listxbrl.sse.com.cn/ssebrl/companyInfoAction.do），可以方便地提取上市公司财务报告数据，进行同行业财务数据比较和本公司历史数据比较。中国证监会2009年推出的基金信息披露网站（http://fund.csrc.gov.cn/），是中国基金信息披露义务人按照法规规定，以XBRL文档形式向中国证监会报备并对外信息披露的专用网站。基金投资者可以在这个网站上查询全行业基金的定期报告、净值公告及临时公告。XBRL在中国应用与推行中有两家IT公司：新利多和吉贝克公司做了很多开创性工作。

新利多公司最早承接了上交所的XBRL开发与实施。也参与了中国证监会基金XBRL早期的研发工作。吉贝克公司承建了中国证监会基金信息披露网站。并参与了证监会IPO XBRL项目开发和建设。

XBRL在中国的全面应用还有待时日。分类标准还不统一，能够做XBRL应用软件的开发商还太少，配套的产业链还没有形成。但是XBRL在中国的应用前景是广阔的、商机是巨大的。

（十五）市场主要资讯终端①

词条名称：彭博终端

英　　文：Bloomberg Professional Service

定义：彭博终端是指一套由彭博有限合伙企业（Bloomberg L.P.）提供的，供专业人士访问彭博专业™服务（Bloomberg Professional™ service）的计算机系统，用于查询和分析实时的全球金融市场数据，并可进行金融交易。

释义：彭博1982年由迈克尔·布隆伯格（Michael Bloomberg）创立。彭博专业™服务（Bloomberg Profession-

① 撰写：童项，单位：上海大智慧股份有限公司；审核：王毛路，单位：中国上市公司协会。

资讯

al™ Service）是彭博的核心产品，为用户整合了数据信息、新闻资讯、深度报告的24小时金融服务。终端用户使用的客户端是一个Windows程序，基于客户端—服务器的架构建立。该终端使用的GUI（图形用户界面）也是彭博特有的。截至2012年底，彭博终端全球的销售量超过30万台，销售收入约占总营业收入的85%。在中国，彭博的中文服务主要包括中文财经资讯和中国汇市、货币市场、利率互换市场的实时查询服务。

词条名称：**路透终端**

英　　文：**Thomson Reuters Eikon**

定义：路透终端，即汤姆森·路透Eikon桌面金融信息服务平台，是指专为客户提供强大的新一代金融信息服务解决方案，帮助客户获取实时/历史数据，开展金融市场各项交易的金融终端软件。

释义：路透社终端提供的服务主要包括：即时信息服务、即时汇率行情、行情分析、技术分析和外汇交易。遍布全球的路透社记者将即时的政治、财经、商品等各种新闻汇集到路透社编辑中心，然后再输送到各地的终端。路透社为用户提供图表终端机，利用图表终端可以绘出各种技术图表，以帮助用户进行技术分析。在外汇交易方面，许多高级经济学家、银行家、金融专家和分析专家每天负责撰写汇市评论和走势分析，然后输入路透社电脑中心，用户可随时查看。即时汇率版面还可以为交易员即时显示世界各大银行外汇买卖的参考数据。通过路透社的交易机，交易员可以与系统内任何一家银行交易外汇。在交易和结算完成时，打印机就会把交易记录自动打印出来，便于核对和存档。

词条名称：**大智慧终端**

英　　文：**DZH Financial Terminal**

定义：大智慧终端是指上海大智慧股份有限公司开发的PC版金融终端软件，依靠强大的后台系统，提供全息高速盘口、行业SWOT分析、主题投资库、价值发现系统和SV资金流分析等功能。

释义：大智慧终端覆盖沪深市场的全息高速盘口，以及上交所Level2和深交所Level2行情。针对中国香港市场，提供联交所延时行情和H股数据。针对国内期货市场，提供天津渤海商品交易所、上海航运指数期货、郑州商品交易所、大连商品交易所、中国金融期货交易所、上海期货交易所和上海黄金交易所的行情。在海外指数方面，提供延时全球各国主要指数。在外汇市场方面，提供延时精简全球外汇和贵金属以及精简人民币外汇市场的行情数据。在海外期货方面，提供精简欧洲洲际交易所、精简延时芝加哥商业交易所、延时精简美国纽约商业交易所、延时精简美国芝加哥期货交易所、延时精简洲际交易所（美国）和延时精简新加坡期货行情。在海外证券方面，提供延时精简美国纽约市场和延时精简美国纳斯达克市场行情。除此之外，大智慧金融终端还提供申万指数、延时精简台湾证券交易所、国际酒业交易所、三板市场、大智慧指数、NW市场、上证所固定收益行情、中证指数和板块指数的行情数据。

词条名称：**万得终端**

英　　文：**Wind Financial Terminal**

定义：万得终端是指上海万得信息技术股份有限公司开发的一款针对中国金融市场数据与信息的 PC 版终端软件，内容覆盖股票、债券、基金、指数、权证、商品期货、外汇、宏观行业等，为证券分析师、基金经理等专业金融人士提供最准确、及时、完整的金融资讯。

释义：万得终端将行情报价、数据提取、分析工具、组合管理、财经信息等多种功能应用融为一体，为专业投资研究人员提供了综合性的解决方案。万得终端提供国内沪深交易所、三大期货交易所以及中金所等日内高频行情，可查看 10 档盘口数据及主笔成交数据。万得终端可与 Excel 进行数据链接。通过终端中的函数，用户可在 Excel 中动态获取实时行情、投资品种资料、财务数据、宏观行业数据等内容。万得终端的财务预测与估值系统（Evaluator）可以基于上市公司已披露的财务数据和用户对公司“经营效率”和“财务政策”的预期，自动完成对目标公司未来资产负债表、利润表和现金流量表的计算。另外，万得资讯金融终端采用开放式的体系架构和用户接口，允许券商、基金管理公司等基于本系统构造个性化的研发支持、电子商务、投资决策、信息管理等专业应用。

词条名称：**同花顺终端**

英　　文：**iFinD Financial Terminal**

定义：同花顺终端是指浙江核新同花顺网络信息股份有限公司研发的一款在线实时金融信息软件，专注于整合与资本市场密切相关的信息资源，为政府、企业、中介、媒体、投资者等提供金融数据和情报服务。

释义：同花顺金融数据终端包含宏观经济、行业经济、海外经济、公司经营、金融商品、估值定价工具、数据运用工具等内容。可为审计、资产评估、资信评级等中介机构提供全面、准确的数据资源以及专业、完善的动态情报。

索 引

D

索引

G

H

J

L

M

索引

Q

R

S

T

Y

Z

索引

后记

本词典的编撰、出版是中国资本市场的一个公益项目，发起人是中国资本市场的资深人士聂庆平、张野、张新文、胡汝银、贺强、常青、廖一、李为等。以众包及众筹（众筹作者、众包团队）的方式完成的。词典总体构架由资本市场公司法专家、中国证监会北京局原局长、中国资本学院创始人、参与中国股份制改革早期设计的张新文构架。六个部分的词条注释众包给了六个主要团队：基础部分：深交所团队（肖立见负责）；股票部分：海通证券团队（汪异明负责）、证监会团队（刘青松）；债券部分：上交所团队（曾刚负责）；基金部分：基金业协会团队（钟蓉萨负责）；期货部分：金融交易所团队（张晓刚负责）；信息技术部分：大智慧团队（王毛路、江涛负责）。团队负责人对每个部分的结构负责。词条作者对词条释义负责，每一个词条还有审核人员负责审核。我们可以追溯其姓名和所在单位。全书的英文词条主要由上海外国语大学副校长杨力教授及原证监会国际部国际合作处处长、中国上市公司协会公共关系管理部杨智颖主任负责审核。

编撰这本词典的起因是为了完成三个心愿：填补空白、纪念证监会的岁月、做一个公益项目。填补没有中国资本市场投资词典空白的心愿。1992 年时任美国证监会主席阿瑟·莱维特访华时送给刘鸿儒主席一本金融投资词典，即《巴伦金融投资词典》，刘鸿儒主席交给了聂庆平，庆平很快翻译出来，并出版。这是 20 世纪 90 年代和 21 世纪初很长一段时间中国最好的金融投资词典。涉及股票、债券、银行、公司金融、税法、共同基金、金融监管等词汇，并且有很好的解释。21 世纪初资本市场发展很快，很多投资产品出现于市场，但是没有一本合适的词典能够满足当时投资者及监管者对创新和发展的探索及研究的需求。2008 年《巴伦金融投资词典》在国内有了第六版的中文版，但其译文释义远不如庆平翻译的版本专业。1994 年我到证监会国际部工作，庆平翻译的平装本词典，一直是我在国际部工作用的“红宝书”。后来这本词典绝版了。再后来有了第八版原版。虽然我已经离开国际部去了信息中心，但对这本词典情有独钟。每次碰到庆平都要谈及与他合作翻译第八版。终于有一天庆平被我说动，同意与我一同组织一个小组，准备翻译第八版。可是，小组开会的时候，廖一提出，我们不如编辑一本中国自己的投资词典。我们应该把中国资本市场的术语统一编撰出来。这个建议得到了大家的认同，于是我们把翻译团队改成了编撰团队。这项决定很快得到信息中心张野主任、市场部霍达主任的支持，他们即刻指派了得力的处长参与这项工作。当时证监会期货部祁春波副主任、王毛路处长、王春玲处长、上海外国语大学网络公司陈靓等人组成了早期的编委会办公室，王毛璐任秘书长，王春玲任副秘书长。很多重要文件都是这两位秘书长起草和完成的。

因为是公益项目，作者和团队都是兼职完成的。编辑部的工作从证监会起步，后来编辑部的核心成员被派到参与中国上市公司协会筹备工作，工作非常紧张，我们是在紧张的各种任务的挤压下，一点一点地推动着项目的进行。项目启动时是2011年3月。主编张新文局长刚刚从北京证监局局长的位置转岗到资本学院主持筹备工作。他是学者型官员，每年都要出版关于公司治理及资本市场的相关著作。2011年那一个夏天，我们常常去他原北京证监局的老办公室开会。办公室里堆满了书籍，我们几乎没有坐的地方，我们站着看着他往电脑中录入每一个词条，并与我们讨论。他在那里完成了词典的整体设计。关于总体结构，我们开过若干会议，无论是学术派还是经验派都与他激烈争吵过。新文曾经要辞掉主编的位置，但是被我们挽留了。这期间我们经历了各种各样的问题和困难，但因为我们都执着于一个信念，我们的词典是独特的、有意义的。我们坚持到了最后。这本词典是中国资本市场第一本投资词典，是中国资本市场改革与发展的印记，是中国资本市场创设与发展的历史风云录。

编委会早期成员是由证监会、交易所、证券公司、期货公司、高校等市场知名人士组成的。最初的会议参加者有贺强、常青、胡汝银、廖一、林义相、左小蕾、胡俞越等。从一开始我便多次与上交所首席经济学家胡汝银讨论词典编撰的目标，他曾作为上交所负责人参加过资本市场畅销书《证券知识读本》的编撰工作。关于投资，他曾写过“资本市场发展和证券投资的道、法、术、势”的犀利文章。讨论中，他明确提出应编撰一本定位于标准的、实用的、普及性与学术性兼顾的、具有中国资本市场特色的投资词典。面向广大的普通投资者、高校大学生、翻译工作者。关于词典的用途，期货专家常青教授从第一次会议便提出：我们要编出一本能告诉投资者这个投资产品是什么和如何投资的词典。即具有事典特点的词典。告诉投资者这个投资产品是什么和如何去用的指南式的词典。根据专家们的意见，我们设计了释义标准、选词原则、词条释义体例。词条审核原则和标准。我们开了多次碰头会、研讨会、调研会，在上交所、深交所、中国金融交易所、大连商品交易所、郑州商品交易所、河南证监局、中国登记结算公司、上海大智慧公司等机构。在中国证监会、中国上市公司协会等单位，我们动员了证监会机关和证监会系统的专业人士作为志愿者参与这项公益活动。

近年来，投资者教育与保护的话题从来没有像今天这样被放在重要的位置。2013年，国务院办公厅发布《关于进一步加强资本市场中小投资者合法权益保护工作的意见》，全面构建了中小投资者保护制度体系。2015年初证监会在全国证券期货监管工作会议提出：保护投资者合法权益，是资本市场健康运行的内在要求，是维护社会公平正义和关系亿万人民群众切身利益的大事，也是改革创新和促进监管转型的重要保障。这本词典生逢其时，将是投资者教育和保护的基础教材、实用工具和投资指南。

2015年春夏之交，熊去牛来，中国资本市场投资热潮再起，新三板市场红红火火，“互联网+”口号人人皆知，消费互联网时代开始让步产业互联网时代，互联网金融为投资者提供了多种投资品种和投资渠道，移动互联网上各种理财宝宝令人目不暇接，风口行业投资者翘首以待。上交所首席经济学家胡汝银认为：“要成功地进行证券投资，必须行道、得法、优术、取势。就是要遵从社会经济和资本市场的自然法则和道德法则，格物致知，守正出奇，掌握规律，顺势而为，理性专业，精益求精。在术的层面上，要投资，就必须做好、做足功课，要胜人一筹，就必须掌握更多的相关知识、信息，具有更强的能力，包括持续学习、持续提升、持续改进的能力。”我们的投资词典会出app版，成为投资者跟进市场、财富增值和管理的一块敲门砖。

词典的编撰从一开始便得到了中国证监会机关及系统内的老领导

及同事的支持。我的博士生导师刘鸿儒主席、耿亮理事长、桂敏杰理事长、范福春主席、姜洋主席、吴利军理事长、聂庆平、朱玉辰、张慎峰、李正强、洪磊、祁斌、张野、宋安平、霍达、刘青松、李东萍、贾文勤、张永伟、慧梅、周小舟、王春玲、苏梅、胡强、王莉莉、徐李斌等，在字典项目启动和进行中他们都有让我难忘的故事和感动的一刻。他们出主意、提建议、参与编写、组织讨论、提供保障、还为我们争取国家出版基金。没有他们的关心、鼓励和支持，这本词典不可能面世。对帮助过我们的同事及业内人士不能一一表达谢意。只能在此一并致谢。包括几年来为我们审核编撰的每一个团队的负责人、词条编写人员、审核人员，出版社的刘瑞思主任及责编付克华博士。

词典顾问团队中很多人是中国资本市场起步、改革、创新、发展的设计者、亲历者和见证者。我们中的很多人把自己的黄金时代都献给了中国资本市场。为纪念“那座楼、那盏灯”，纪念我们在证监会度过的难忘岁月，此书献给曾在保利大厦、方庄、金阳大厦、富凯大厦、新时代大厦工作过的证监会的所有同事。为纪念中国资本市场改革发展30年走过的路，此书也献给中国资本市场的开拓者、改革者、创新者。

编委会　李为

2015年4月30日于北京

主编简介

张新文（主编），曾任中国革命历史博物馆社会主义研究室副主任，国家经委企业改革局经济师，国家体改委经济管理司副处长、处长、流通体制改革司副司长，中国证监会上市部副主任，中国证监会北京局党委书记、局长，中国资本市场学院筹备办主任等职。兼任过中国经济史学会理事、北京金融学会副会长、中国证券仲裁委员会委员、中国证券期货行政处罚委员会委员、中国证券发行审查委员会委员、中国上市公司重组委员会委员、北京市场研究所研究员、对外经贸大学和中国人民大学兼职教授、深圳交易所和大型公司博士后工作站指导导师等社会职务。曾在我国公司制和资本市场初创与完善阶段，以主办者和参与者的身份，在方向策划、制度设计、方案制订、试点操作、法规制定、问题解决、健康完善等方面担当了重要角色，发挥了重要作用。

肖立见（资本市场知识篇），1956 年生，湖南衡阳人，毕业于西南财经大学，法学博士。曾任深交所综合研究所常务副所长，现任《证券市场导报》编辑部主任、深圳证券交易所综合研究所主任研究员、西南财经大学兼职教授、国家自然科学基金会管理科学部评议专家委员、全国博士后科学基金会评审专家委员。先后主持国家社科规划基金课题《国有企业隐性失业公开化研究》、国家自然科学基金课题《中国证券市场现状实证分析》等国家重点课题。曾应邀为中央电视台拍摄资本市场成立 20 周年专题片《大市·中国》提供专业指导。

汪异明（股票及衍生品篇），1993 年毕业于厦门大学财政金融系，获经济学博士学位。历任国家国有资产管理局科研所应用研究室主任、国家审计署办公厅调研处副处长（正处级）、海通证券客户服务中心副总经理、海通证券研究所所长、海通证券投资决策委员会委员、经纪业务委员会委员、国际业务委员会委员，享受国务院政府特殊津贴。

拥有扎实的经济、产业研究功底，主持或参与过多项国家级和省部级重点课题，出版专著、教材十余部，在《光明日报》、《经济学动态》、《中国工业经济》等国家级权威报刊发表学术论文百余篇，具有多年从事证券研究、经纪、资产管理和私募股权投资业务的丰富经验，目前仍兼任中国资产评估协会企业价值评估委员会委员。

刘青松（股票及衍生品篇），1967年11月生，中共党员。1993年毕业于中国人民大学国民经济计划与管理专业，获经济学硕士学位，2000年8月至2002年5月在美国天普大学法学院脱产学习，获法学硕士学位。1993年3月参加工作，曾任国家计委研究室干部、中国租赁有限公司深圳公司总经理，中国证监会发行监管部主任科员，国际合作部副处长，香港交易所副总裁、上市科副总监，天津市政府研究室副主任，天津市泰达国际控股（集团）有限公司党委副书记、总经理，中国证监会研究中心研究员（正司局级）等职务。2012年5月至今任中国证监会河南监管局党委书记、局长。

钟蓉萨（基金篇），1966年6月生，汉族。现任中国证券投资基金业协会党委委员、副会长。曾在中国环境保护公司工作。1992年11月进入中国证监会，先后在信息统计部、信息中心、机构监管部工作，历任主任科员、副处长、处长。2007年1月至2011年6月，任中国证券业协会党委委员、副秘书长。2011年6月至2012年4月，任中国证券业协会党委委员。2012年4月至2013年9月，任中国证券投资基金业协会党委委员、副秘书长。2013年9月至今，任中国证券投资基金业协会党委委员、副会长。

胡汝银（债券篇），著名的中青年经济学家，在产业组织、现代公司理论、现代金融市场和新制度经济学等方面有较深的造诣，自1995年开始获国务院特殊津贴，1997年起任上海证券交易所研究中心主任，2012年起任上海证券交易所首席经济学家，是中央直接联系专家、中国金融学会学术委员会委员与常务理事、上海市政府特聘决策咨询专家。1988年获复旦大学经济学博士学位。1988～1993年担任华东理工大学经济发展研究所所长、教授，为华东理工大学工商经济学院创始人之一。1988年和1992年曾两度获得孙冶方经济科学著作奖。

曾刚（债券篇），北京大学金融学博士，2002年进入上海证券交易所工作，先后在研究中心和产品开发部工作，现任上海证券交易所资本市场研究所总监助理。研究领域主要包括交易机制、市场监管、产品设计、公司治理、国际金融中心建设等，曾牵头研究多个证券市场重大课题，包括上海证券市场“十一五”规划、上海证券市场“十二五”规划等，在金融类核心期刊和证券市场主流媒体上发表研究成果二十余篇。

张晓刚（期货篇），现任中国金融期货交易所研发部总监，高级经济师。1991 年毕业于上海交通大学获工学士学位，2000 年毕业于复旦大学管理学院获工商管理硕士学位，2014 年获上海交通大学上海高级金融学院高级管理人员工商管理硕士学位。1993 年进入期货界，先后任职于上海金属交易所、上海期货交易所，2006 年加入中国金融期货交易所，任研发部负责人。目前主要负责交易所战略规划和创新业务研究。

王毛路（信息技术与资讯篇），现任中信信托信息技术部副总经理，担任全国金融标准化技术委员会委员，中国上市公司协会上市公司行业分类委员会委员，中证资本市场统计监测中心上市公司控股股东分类委员会委员。曾任中国上市公司协会信息统计部主任，中国证监会信息中心规划处副处长。

江涛（信息技术与资讯篇），有 16 年的财经证券媒体采编及管理经验、12 年的图书出版经验以及 10 年的市场活动策划组织经验。先后参与了《中国金融信息》（周刊）、《财经时报（新证券）》等报刊的创刊，主持了《中国证券期货》（周刊）、《证券市场红周刊》（北京）的改刊及改版。在《红周刊》策划组织过“国际投资大师年会”系列，在上海大智慧股份公司策划并举办“国际投资家高峰论坛”、“量化投资国际高峰论坛”等大型活动。策划并主编了“从容投资理财”、“基金经理投资笔记”等丛书。曾担任《证券市场红周刊》副主编、上海大智慧培训中心总监等职务。